图书情报领域
实用多元统计

主编 周爱民

TUSHU QINGBAO LINGYU SHIYONG DUOYUAN TONGJI

郑州大学出版社
郑州

图书在版编目(CIP)数据

图书情报领域实用多元统计/周爱民主编. —郑州:郑州大学出版社,2017.11
ISBN 978-7-5645-0776-3

Ⅰ.①图… Ⅱ.①周… Ⅲ.①图书情报工作–多元统计 Ⅳ.①G250

中国版本图书馆 CIP 数据核字(2016)第 249538 号

郑州大学出版社出版发行	
郑州市大学路 40 号	邮政编码:450052
出版人:张功员	发行部电话:0371-66966070
全国新华书店经销	
郑州龙洋印务有限公司印制	
开本:890 mm×1 240 mm 1/16	
印张:48	
字数:1697 千字	
版次:2017 年 11 月第 1 版	印次:2017 年 11 月第 1 次印刷

书号:ISBN 978-7-5645-0776-3   定价:168.00 元

本书如有印装质量问题,由本社负责调换

作者名单

主　编

周爱民

副主编

刘　燕　刘若瑾

编　委（按姓氏笔画排序）

刘　燕　刘若瑾　李亚梅

宋小录　张亚敏　周爱民

皇甫青红

前　言

《管子》中曾有过这样的阐述："不明于数欲举大事，如舟之无楫而欲行于大海也。"意思是说，心中无统计得来的数可依，想办大事很危险，要成功根本不可能。

在数字化的今天，统计无处不在。管理界有一句名言：决策科学化靠的是90%的信息和10%的判断。信息统计研究的是事物量变引起质变的度，研究事物的是数量规律，统计是用数据说话的，通过统计工作得出的认识通常有方法依据和信息支持。在基础数据上依据数据之间的相关性进行深入提炼加工成有用指标，通过指标考察，得到待解释的、反映情形的数据，深入分析原因及影响因素。军事、经济、社会、地理、医学、管理、情报分析等无不与统计有关。

图书情报领域是数字化的主要领域，定量化研究被广泛应用于情报研究的各个方面，图书情报领域的定量化研究可正确分析、挖掘各种信息和数据，为充分合理地利用图书情报资源提供科学依据，这提高了图书情报领域研究、利用信息的质量和效率。图书情报领域常用的定量化方法有统计、运筹学、模糊数学等，本书只涉及多元统计。

在图书情报管理中，经常会遇到一系列管理性技术问题。例如，须对某种国外专业类期刊的订阅质量进行综合评价，以做出是否有必要继续订阅该期刊的决策。这需要多元统计中的主成分分析法。

在大量的图书馆藏书中，对图书情报的分类通常是按学科和专业名称进行分类。并且，这种分类主要是靠经验和专业知识来进行的。随着人类对自然和社会认识的不断加深，学科与学科之间的交叉越来越普遍，图书情报分类越来越细，要求也越来越高。此时，光凭经验和专业知识对图书情报资源进行分类，往往不能达到预期的目的。解决此类问题的方法之一就是聚类分析。

在图书情报的编目中，经常会遇到需要进行专业判别的问题。一本新书可以编排在A类，也可以编排在B类，但到底编排在哪一类更好、更科学呢？多元统计有判别分析法与之相对。

图书情报管理的重要环节是图书情报管理中资源结构配置，资源结构配置的关键是图书情报资源的价值综合评价，由于学科与专业方向的多样性，导致图书情报资料的个体信息差异较为明显。另外，由于学科及专业之间知识的互相融合，又直接导致图书情报信息间的部分重叠。如何有效地提取图书情报资源的个体信息特征，又如何合理地度量图书情报资源间的公共属性？这就是因子分析法的挥洒空间。

有的同学在电子阅览室通过上网查找学术论文，有的同学通过学习提高自己的电脑操作水平，有的同学则沉迷于网上聊天和游戏。那么，我们的问题是电子阅览室对学生的学习有何影响？这就是方差分析法施展拳脚的天地。

国外公共图书馆建设有标准可依，但标准不能包含所有情形，当遇到标准情形之外时，如何得到建设依据？这就需要回归分析来规制。

知识图谱理论与方法近年来成为科学计量学研究的最前沿，应用数学、图形学、信息可视化技术等理论与方法同传统的科学计量学引文分析方法结合起来，用可视化的图谱形象地展示学科的结构与发展，一般认为同时被引用的文献在主题上具有或多或少的相似性，两个不同的作者被同一篇文章引用，那么这两个作者的关系密切，研究相近。如果著者的同被引次数越多，则证明二者之间的相关度越高，"距离"就越近。将一个学科内的重要作者加以分类，关系较为密切的著者会较为集中，从而形成不同研究方向和研究领域内的著者聚类结果，使之可视化，便可绘制一个学科结构知识图谱。作者同被引次数的统计是作者同被引分析的关键和基础。共被引分析关注的重点不是作者共被引次数的高低，而是共被引所形成的相似性，因此绘制一个学科结构知识图谱的第一步是将原始矩阵转换为相关矩阵，揭示作者间的相似和不相似程度。知识图谱的基础就是相关分析法和多维标度法。作者之间的相似、某研究领域、思想流派或其他学术共同体在学科里的相对位置如何判断？这也是多维尺度分析问题。

汪燕、唐涌就远程教育研究方法进行了国内外统计比较，得到数据如下：

		美国	英国	加拿大	澳大利亚	中国
收集资料的方法	数据库	7%	8%	4%	3%	0
	访谈	24%	16%	27%	34%	50%
	量表(问卷)法	48%	46%	27%	17%	63%
	观察法	2%	12%	7%	10%	0
	文献法	24%	26%	20%	17%	0
	实验法	9%	4%	4%	3%	0
分析资料的方法	元分析	2%	2%	2%	0	0
	比较分析	16%	12%	4%	10%	0
	定性分析	22%	20%	29%	28%	25%
	话语分析	5%	4%	2%	3%	0
	内容分析	11%	2%	9%	7%	0
	描述统计	19%	22%	24%	24%	50%
	二元相关	13%	6%	5%	3%	25%
	t 检验	6%	0	4%	3%	0
	方差分析	10%	2%	7%	0	0
	多元回归	8%	4%	5%	0	0
	多变量分析	3%	2%	2%	0	0
	因子分析	6%	2%	0	3%	0
	主成分分析	0	2%	0	0	0
	聚类分析	0	0	0	0	13%
	社会网络分析	0	2%	2%	3%	0
	引文分析	0	0	0	0	0
	非参数检验	5%	4%	0	3%	0
	结构方程模型	0	0	4%	0	0
	叙事研究	1%	0	0	0	0
展示研究结果的方法	表示法	76%	54%	75%	64%	
	图示法	24%	46%	25%	36%	17%

一篇文献中往往出现多种方法并存的情形，所以各列的百分比之和远大于1。这篇文献尽管是远程教育研究方法的统计，但它反映了在各个领域中国与西方研究方法的区别，中国定性研究的多，西方定量研究的多，所以中国在定量研究方面与西方相比有较大差距。中国研究者的统计素质有待进一步提高。

如何揭示图书情报资料之间的横向联系，如何更好地管理现有图书情报资源，如何更好地发现、挖掘现有图书情报资源的价值，以及如何更好地搞好图书情报的动态管理、资源评价、互动操作性服务与信息咨询等一系列问题的解决，都有赖于图书馆员多元统计素质的提高。一本由浅入深、深入浅出，符合馆员目前素质的书籍是必要的阶梯。本书作者自不量力，试图先搭起这个阶梯，希望能起到抛砖引玉的作用，引出能力高的作者建造更好的阶梯。

本书试图突出以下三个特点。

内容丰富。除"结构方程"（SPSS 基础模块中没有包含）、"广义线性模型""广义混合模型"（图书情报领域不常用）等多元统计方法外，IBM SPSS 中其他多元统计方法基本都有涉及。因"回归分析"方法丰富，过去已单独出书论述过，所以没有包含在本书中。

通俗易懂。本书内容详细，图示多，每个 SPSS 的操作过程都有具体实例，内容循序渐进，由浅入深，利于读者学习掌握，必要处补充理论论述，如"方差分量"一章，一般书很少涉及，个别书虽有所涉及，但仅用 SPSS 得出方差估计就完事了，至于这个方差有何用则闭口不提。本书提供了建模过程中的设计矩阵求法、提供了应用过程需要的理论方法——加权最小二乘法。提供了利用 Excel 计算矩阵的加、减、乘、求逆等运算，为"方差分量"模型的深入应用铺垫了基础。又如"线性混合模型"一章，一般书很少涉及，个别书虽有所涉及，但很少给出详细建模过程，模型的固定部分填哪些变量？随机部分填哪些变量？若没有详细建模过程，如何填如坠入雾里，不知所措。本书较详细论述了建模过程。

实用性强。本书的例题数据来自于期刊、书籍中，都是一些作者从实际问题中提炼出来的数据，有很强的实用性。本书例题多、理论少、SPSS 操作过程详细。当实在找不到合适例子时，才从其他领域找例题。个别内容重点论述，如方差分析比一般 SPSS 论著中有关内容篇幅大得多。详细论述了一般 SPSS 论著中不讲或不详细讲的试验设计。

尽管本书所用的例题大部分是图书情报领域的研究数据，但基本原理、模型结构、分析方法相同，其他领域的读者可触类旁通，所以此书可供经济、社会、教育、心理等领域的读者参考，凡学习 SPSS 操作的读者皆可参考本书。

作者认为给出例子，让读者从数据输入开始学习，比练习学习软件效果要好，读者从头到尾参加无间断的学习，可以消除对学习的恐惧，有利于培养学习信心。所以每个例子都给出图书情报方面具体的所有数值（几个少数例子除外，实在找不到相关例子），这也是编写此书的困难所在，多元统计在图书情报方面的应用不少，但数据都不完整，可作为例子价值的数据非常少，有时根本找不到，不得不借用其他领域的例子，请读者谅解。

本书是《图书情报领域实用回归分析》的姐妹篇，所以书中不再陈述回归分析的相关内容。本书共十三章，内容较多，不一一介绍。周爱民全书通稿。其中刘若瑾编写第一章和第三章，宋小录编写第四章，李亚梅编写第五章和第六章，张亚敏编写第七章和第八章，皇甫青红编写第九章，刘燕编写第十章。其余章节由周爱民编写。

感谢郑州大学图书馆领导多年来对作者撰写本书的关心和支持，感谢郑州大学图书馆同事们在本书撰写过程中给予作者的便利和帮助。

由于作者水平有限，加上时间仓促，错误难免，欢迎批评指正。

编　者

2017 年 4 月

目 录

第一章 两组多元均值比较 ··· 1
 第一节 两组多元均值在图书情报领域的应用 ······························· 1
 第二节 单一样本 t 检验的 SPSS 操作步骤 ·································· 3
 第三节 独立样本 t 检验的 SPSS 操作步骤 ·································· 6
 第四节 配对样本 t 检验的 SPSS 操作步骤 ································· 12

第二章 方差分析 ··· 16
 第一节 引言 ··· 16
 第二节 方差分析在图书情报领域的应用 ······································ 17
 第三节 数据方差齐性检验的 SPSS 操作步骤 ······························ 17
 第四节 单因素完全随机设计方差分析 ·· 20
 第五节 单因素随机单位组设计方差分析 ···································· 30
 第六节 双因素方差分析 ··· 50
 第七节 多因素方差分析 ··· 101
 第八节 协方差分析 ·· 124
 第九节 重复度量数据的方差分析 ·· 133
 第十节 轮廓分析 ·· 158
 第十一节 多元方差分析 ··· 179

第三章 相关分析 ··· 267
 第一节 相关分析 ·· 267
 第二节 偏相关分析 ·· 279
 第三节 距离分析 ·· 283

第四章 主成分与因子分析 ·· 297
 第一节 主成分法 ·· 297
 第二节 因子分析 ·· 312

第五章 聚类分析 ··· 333
 第一节 聚类分析在图书情报领域的应用 ·································· 334
 第二节 K-均值聚类的 SPSS 操作步骤 ···································· 335
 第三节 两步聚类的 SPSS 操作步骤 ·· 341
 第四节 系统聚类的 SPSS 操作步骤 ·· 350

第六章 判别分析 ··· 357
 第一节 判别分析在图书情报领域的应用 ································· 357

第七章　调查问卷质量的信度分析·········374
- 第一节　调查问卷质量的信度分析的基本概念·········374
- 第二节　信度分析在图书情报领域的应用·········376
- 第三节　利用SPSS进行信度分析的操作步骤·········376

第八章　对应分析·········385
- 第一节　对应分析的基本概念·········385
- 第二节　对应分析在图书情报领域的应用·········386
- 第三节　二元对应分析在SPSS中的实现·········386

第九章　多维标度法·········439
- 第一节　多维标度法在图书情报领域的应用·········439
- 第二节　距离数据对称矩阵的多维标度法的SPSS操作步骤·········440
- 第三节　距离数据正不对称矩阵的多维标度法的SPSS操作步骤·········449
- 第四节　矩形距离数据的多维标度法的SPSS操作步骤·········460
- 第五节　正对称个体差异模型距离数据多维标度法的SPSS操作步骤·········461
- 第六节　相似正对称数据的多维标度法的SPSS操作步骤·········470
- 第七节　相似数据为正不对称矩阵的多维标度法的SPSS操作步骤·········479
- 第八节　相似矩形数据的多维标度法的SPSS操作步骤·········480
- 第九节　多个距离阵多维标度法的SPSS操作步骤·········491
- 第十节　样本与指标共现的多维标度法的SPSS操作步骤·········501

第十章　方差分量模型·········510
- 第一节　Excel表格中的矩阵运算（预备知识）·········510
- 第二节　方差分量理论基础·········522
- 第三节　方差分量模型的SPSS操作步骤·········523

第十一章　多水平线性模型·········540
- 第一节　多水平线性模型的基本概念·········540
- 第二节　多水平线性模型在图书情报领域的应用·········542
- 第三节　二层多水平线性模型·········545
- 第四节　二水平线性模型的SPSS操作步骤·········547
- 第五节　二水平拟线性模型的SPSS操作步骤·········572
- 第六节　重复测量数据的多水平模型及SPSS操作步骤·········583
- 第七节　协方差结构·········612
- 第八节　三水平混合模型·········616

第十二章　试验设计·········671
- 第一节　试验设计在图书情报领域的应用·········671
- 第二节　$A \times B$析因设计·········672
- 第三节　正交试验设计·········688

第十三章　联合分析·········734

（第二节　利用SPSS进行判别分析的操作步骤·········358）

第一章 两组多元均值比较

均值比较指一个定类变量的类别在定距尺度上的均值大小差异的分析。均值比较为常见的多变量统计分析技术。

在调查研究中，均值不相等的两个样本不一定来自均值不同的总体，能否用样本的均值估计总体均值？两个变量均值接近的样本是否来自均值相同的总体？两个样本某变量的均值不同，其差异是否有统计学意义？它能否说明总体之间存在差异？这些都是研究工作中经常必须面对的问题，解决它们就需要进行均值比较和 t 检验（本书关于 t 检验的处理：文字叙述中以"t 检验"为准，截图中为"T 检验"）。

均值比较包括单一样本 t 检验、独立样本 t 检验、配对样本 t 检验等几方面内容。

t 检验分三种形式：

（1）在实际工作中，我们往往需要检验一个样本平均数与已知的总体平均数是否有显著差异，即检验该样本是否来自某一总体。

（2）已知的总体平均数一般为一些公认的理论数值、经验数值或期望数值，检验的目的是检验样本均值所代表的未知总体与已知总体均数是否有差异。

（3）如果研究者仅对单一的变量的平均数加以研究的 t 检验叫单一样本 t 检验，是用来比较一组数据的均值和一个设定的数值有无差异。

第一节 两组多元均值在图书情报领域的应用

图书情报领域的均值比较应用十分广泛，主要集中在以下五个方面。

一、提供评价指标、探讨差异、发现优势、寻找差距、归类

例：影响因子、即年指标、他引率等都是平均值。

例：探讨项目团队科研人员的信息查询行为和创新行为的互动机制，比较不同项目级别科研人员的信息查询行为和创新行为的差异，可为提高信息查询行为和创新行为制定相应的对策。

例：国外商标在中国保护的月份均值与其他国家有着显著的不同。

例：考察本科生与研究生对图书馆数字资源的了解程度及途径、使用图书馆数字资源的具体类别、满意度、使用技术情况、对培训的了解和意见的反馈。

例：不同年级学生的信息素养是否存在显著差异？

例：在各个系各抽两个班进行配对，分别以以用户搜索行为为导向的信息检索课教学模式和一般信息检索课教学模式进行教学，对比两种模式的评价值，看是否存在显著差异。

例：高校图书馆的利益相关者群体包括图书馆员、图书馆管理者、教师、学生、高校、文献和设备供应商、其他高校图书馆、社会捐助方等。以某大学图书馆为例，尝试探讨其主要利益相关者的利益诉求的先后顺序。

例：在公众、图书馆学学生和图书馆员心目中，图书馆职业究竟是不是女性职业？对图书馆员而言究竟是正面印象多还是负面印象多？图书馆工作究竟是不是一个好工作？是否有性别差异？

例：自我配对，215 位有效读者短信通知服务和短信续借服务开展前后相同时间内图书借阅总数、逾期次数、逾期罚款总金额、每次罚款金额和逾期比率等指标的比较。

例：通过比较各学科开放和非开放期刊各项评价指标均值差异，了解当前高水平学术期刊和一般期刊的开放程度。

例：通过各项评价指标的均值比较，了解各种期刊的特色，为学科的期刊分类提供了依据。

例：老年人网络健康信息检索情感、认知在情境组内是否存在显著差异？

例：对国内 100 所"211"高校图书馆和美国 30 所研究型大学图书馆网站的参考咨询服务进行调查，对比分析国内外图书馆参考咨询服务的特点和差异。

例：检验采用在统一命题下，不同读者文献检索途径、文献检索范围、所需提供检索服务项目比较，找到中专生、大学专科生、大学本科生、研究生利用文献的差异，从而科学化地改进学校图书馆的服务策略，改善图书馆的藏书量。

例：从信息素养整体层面、信息意识、信息知识、信息能力、信息道德各个层面进行分析，并从不同学校、性别、年级、学科性质进行差异性分析。

例：研究图书馆用户行为时，以中国知网数据库为研究对象，对信息资源各质量维度进行用户调查，运用均值分析、独立样本 t 检验及 IPA 理论（重要性-表现性评价法）对数据库资源质量的绩效感知和重要性期望感知的差异进行分析。

例：分析用户借阅情况、数字资源及网上信息服务使用情况，看不同性别与计算机水平的用户行为的差异性。

例：对不同性别、用户是否上网、用户是否曾利用电子资源 3 个不同群体的特征进行独立样本 t 检验。

例：使用 t 检验对年级和性别进行组别统计量分析，同时进行独立样本检验 t 检验，结果发现大三学生花费在阅读上的时间最多，而大四学生最少。

例：去年的某一个期刊指标与前年的期刊指标差异显著吗？

二、影响因素分析，通过均值比较，既可分析影响某某方面的主要因素，也可为回归分析、因子分析、方差分析、结构方程等方法确定主要变量

例：分析影响图书馆工作人员组织承诺水平的主要因素。

例：战略运算能力对图书馆知识型员工网络信息行为的影响研究。

例：高校图书馆网站可用性的维度构成及其影响要素研究。

例：合作信息查寻与检索相关性的主要因素。

例：微博用户学术信息交互行为的主要影响因素。

例：健康知识和网络检索知识缺乏是检索健康信息时主要的认知障碍。

例：青少年的内在性动机、成就性动机和社交性动机对社会化阅读行为均有显著影响，但社交性动机是他们开展社会化阅读活动最为重要的动机因素。

例：经过测试发现，信息素质教育游戏能够激发学生的兴趣和主动学习热情，并有效实现知识传授，学习支架在帮助学生主动学习、扩充知识、提高技能方面具有重要的辅助和促进作用。

例：利用 t 检验找出显著性指标，从显著性指标对国内外大学网站信息资源利用情况进行深入研究和比较分析。

三、通过部分均值与全部均值的比较，了解部分对象所处的态势

例：通过部分期刊评价指标的均值与全国期刊的评价指标的均值的比较，了解这部分期刊在全国期刊群中所处的位置。

四、通过某个领域部分均值与另一个领域部分均值的比较，了解这两个领域在某方面的相对位置，注意比例也是均值的一种

例：中国入选 ESI 期刊论文被引用的平均水平显著地低于日本。

例：6 种期刊中，《中华神经外科杂志》被引次数≥5 的文章所占比例最高（23.9%）。

例：6 种期刊中，零引用文章最少的为《中华神经医学杂志》（14.5%）。

例：IM 收录的我国医科大学学报的比较中，仅平均引文率的比较有统计学差异；IM 收录的我国 13 种生物医学期刊收录前后的比较显示：除被引半衰期、他引率及国际论文比外其他指标均有统计学差异。

五、通过某个时段与另一个时段、某一群体与另一群体的指标比较，了解事物的变化规律

例：用户使用移动图书馆时，不同使用时间的用户的具体体验感受也存在一定的差异。

例：利用问卷调查所获的数据，将其与全体图书馆工作人员、男性馆领导等群体进行比较，并进行不同地域间的群体内部比较，采用描述性统计、t 检验、单因素方差分析为主要统计手段，系统剖析了当今女性图书馆领导在基本人口学信息、快乐指数、工作满意度和组织承诺各指标上的特征。

第二节 单一样本 t 检验的 SPSS 操作步骤

例：罗国锋统计了北京 2008~2012 年 8 种图书情报期刊的影响因子，见表 1-1：

表 1-1　图书情报期刊影响因子数据

刊名	影响因子
中国图书馆学报	3.05
图书情报工作	1.19
情报学报	2.51
大学图书馆学报	2.49
情报理论与实践	1.59
情报资料工作	1.31
现代图书情报技术	0.9
国家图书馆学刊	1.52

已知全国其他地方 2008~2012 年 11 种图书情报期刊的影响因子均值为 1.419，问北京 2008~2012 年 8 种图书情报期刊的影响因子的均值与全国图书情报期刊的影响因子的均值（已知值）有无差异？

一、输入数据

输入数据后得图 1-1：

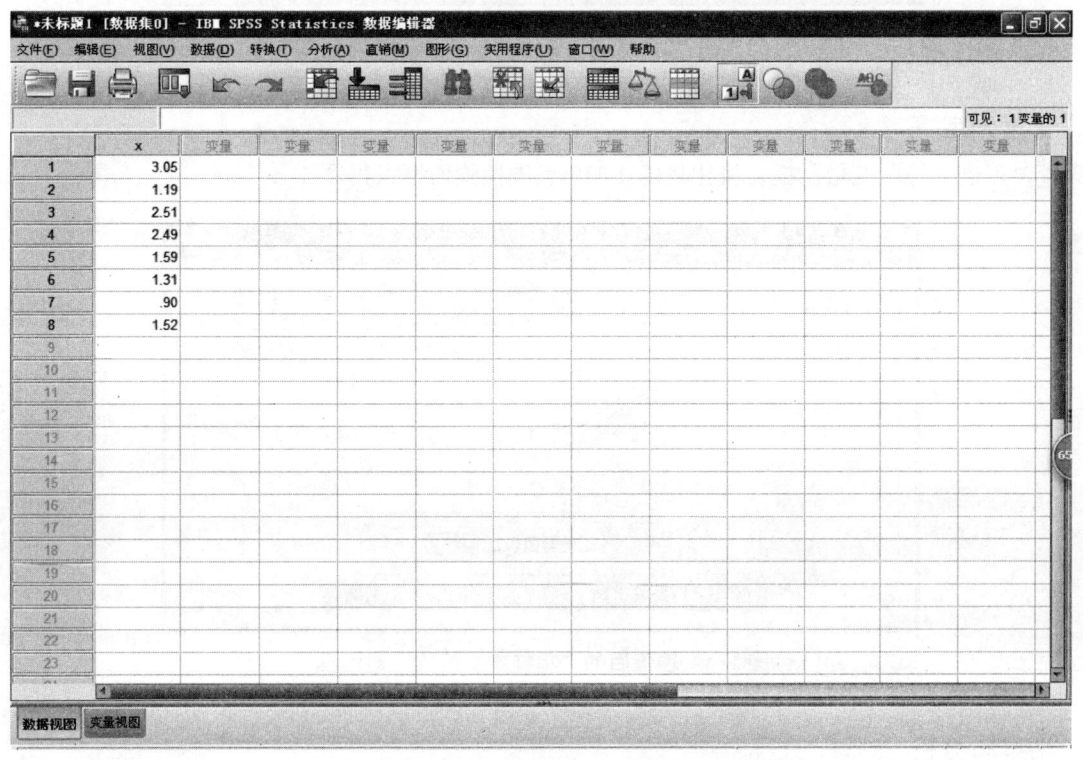

图 1-1　单一样本 t 检验的 SPSS 数据输入格式

二、分析路径

点击菜单中的"分析"键，鼠标下滑到"比较均值"，鼠标右滑，再下滑到"单样本 t 检验"，见图

1-2：

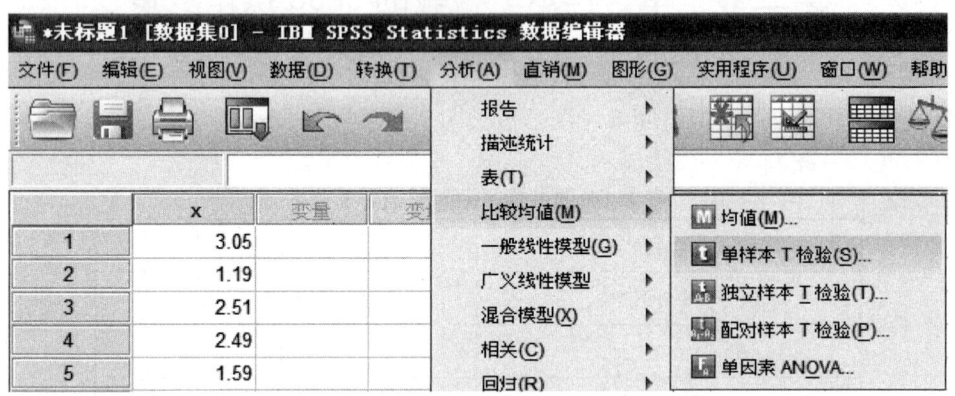

图 1-2　分析路径

点击之，得到"单样本 t 检验"对话框，见图 1-3：

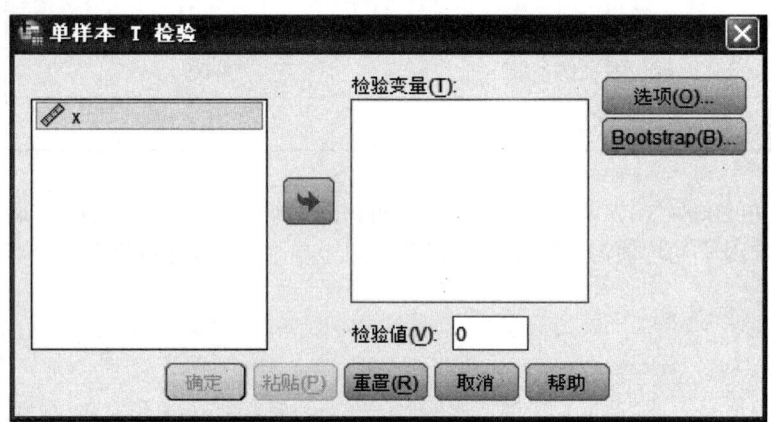

图 1-3　"单样本 t 检验"对话框

三、变量确定

将变量 x 点进"检验变量"框，将比较值 1.419 点进检验值框，得图 1-4：

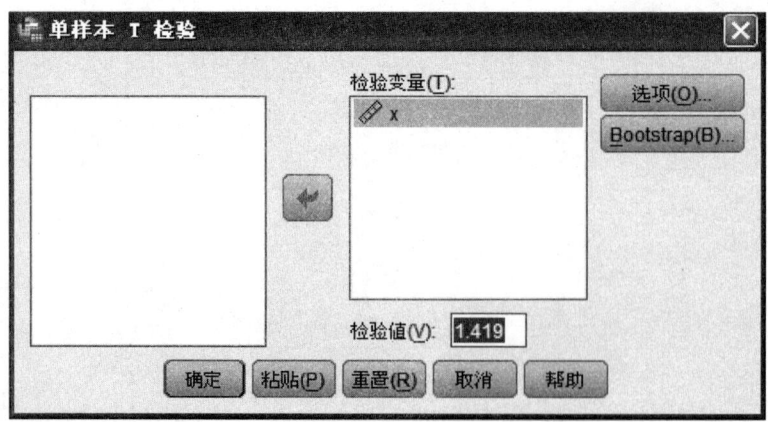

图 1-4　输值后的"单样本 t 检验"对话框

四、结果与分析

点击"确定"键，得到检验结果，其中单个样本统计量见表 1-2：

表 1-2 单个样本统计量

	N	均值	标准差	均值的标准误
x	8	1.8200	0.76384	0.27006

这个结果告诉我们：有 8 个样本，北京 2008~2012 年 8 种图书情报期刊的影响因子的均值为 1.82，标准差为 0.76384，均值的标准误为 0.27。

单个样本检验见表 1-3：

表 1-3 单个样本检验

	检验值 = 1.419					
	t	df	Sig.(双侧)	均值差值	差分的 95% 置信区间	
					下限	上限
x	1.485	7	0.181	0.40100	−0.2376	1.0396

这个结果告诉我们：北京 2008~2012 年 8 种图书情报期刊的影响因子与全国他地图书情报期刊的影响因子均值相差 0.401，显著性概率为 0.181>0.05，说明北京 2008~2012 年 8 种图书情报期刊的影响因子与全国他地图书情报期刊的影响因子差异不显著。

例：焦秋阳调查了食品工业学科核心期刊 2012 年的载文量，数据如下。

食品与发酵工业：547 篇，食品工业科技：2472 篇，食品科学：1712 篇，中国油脂：272 篇，中国粮油学报：312 篇，食品与生物技术学报：220 篇，茶叶科学：81 篇，食品科技：877 篇，食品与机械：419 篇，中国乳品工业：200 篇，食品工业：613 篇，中国食品学报：377 篇，中国食品添加剂：204 篇，食品研究与开发：804 篇，河南工业大学学报（自然科学版）：131 篇，粮食与油脂：172 篇，中国调味品：369 篇，粮食与饲料工业：218 篇。又知 2008 年食品工业学科核心期刊的载文量均值为 410.722 篇，现在想知食品工业学科核心期刊的载文量是否有显著差异。由 SPSS 软件得到结果，其中单个样本统计量见表 1-4：

表 1-4 单个样本统计量

	N	均值	标准差	均值的标准误
x	18	555.5556	615.13846	144.98952

本表告诉我们描述性统计量表呈现单个样本的描述性统计量的值，包括参与统计的单个样本个数 N、均值、标准差、均值的标准误。本例中调查了食品工业学科核心期刊 18 种杂志，2012 年平均载文量为 555.5556 篇，标准差为 615.13846，均值的标准误为 144.98952。

单个样本检验见表 1-5：

表 1-5 单个样本检验

	检验值 = 410.722					
	t	df	Sig.(双侧)	均值差值	差分的 95% 置信区间	
					下限	上限
x	0.999	17	0.332	144.83356	−161.0676	450.7347

本表告诉我们单个样本 t 检验的结果，包括 t 值、自由度（df）、双侧 t 检验的概率（Sig）、均值的差值、差分的 95% 置信区间。本例中 t 检验的 t 值为 0.999，自由度 df=17，双侧 t 检验的概率 Sig=0.332。由于显著性水平为 0.05，而 0.332>0.05，因此接受虚无假设，即 2012 年调查所得各期刊平均载文量，与 2008 年调查所得食品工业学科核心期刊的载文量均值为 410.722 篇无显著差异。

第三节 独立样本 t 检验的 SPSS 操作步骤

在实际工作中,还经常会遇到推断两个样本平均数差异是否显著的问题,以了解两样本所属总体的平均数是否相同。因实验设计不同,一般可分为非配对或成组设计两样本平均数的差异显著性检验和配对设计两样本平均数的差异显著性检验。

非配对设计或成组设计是指当进行只有两个处理的实验时,将实验单位完全随机地分成两个组,然后对两组随机施加一个处理。在这种设计中两组的实验单位相互独立,所得的两个样本相互独立,其含量不一定相等。

如果研究者仅对两个的变量的平均数加以研究,这样的 t 检验叫独立样本 t 检验,如:某省五种图书情报期刊的影响因子的均值与另一个省的五种图书情报期刊的影响因子的均值有无差异。

例:*ESI* 数据库研究入选的中日俄韩期刊数据,见表 1-6:

表 1-6 *ESI* 数据库研究入选的中日俄韩期刊数据

领域	中国	日本	俄罗斯	韩国
农业科学	1	8	0	2
生物学和生物化学	2	6	0	2
化学	13	7	6	4
临床医药学	4	29	1	3
计算机科学	1	2	2	1
工程科学	5	5	4	6
环境科学与生态学	2	3	1	0
地质科学	5	9	6	1
免疫学	1	1	0	0
材料科学	11	5	4	2
数学	4	6	6	1
微生物学	0	4	0	2
分子生物学和遗传学	2	3	0	0
综合交叉学科	1	0	0	0
神经系统学与行为学	1	0	0	0
药理学与毒理学	1	6	0	1
物理学	7	4	12	1
植物与动物学	4	17	1	3
社会科学总论	1	3	0	0
空间科学	1	0	3	0

(顾东蕾、邱家学数据)

若分析两个国家用独立样本 t 检验,想同时分析 3 个以上的国家,须用方差分析,我们仅分析中国与日本的数据。为用独立样本 t 检验，数据表需要重新排列，用 1 表示中国，用 2 表示日本，表重新排列，见表 1-7：

表 1-7 按国别排列的表

观测值序号	国别 x	入选刊数 y
1	1	1
2	1	2
3	1	13
4	1	4
5	1	1
6	1	5
7	1	2
8	1	5
9	1	1
10	1	11
11	1	4
12	1	0
13	1	2
14	1	1
15	1	1
16	1	1
17	1	7
18	1	4
19	1	1
20	1	1
21	2	8
22	2	6
23	2	7
24	2	29
25	2	2
26	2	5
27	2	3
28	2	9
29	2	1
30	2	5
31	2	6
32	2	4
33	2	3
34	2	0
35	2	0
36	2	6
37	2	4
38	2	17
39	2	3
40	2	0

一、输入数据

输入数据后得图 1-5：

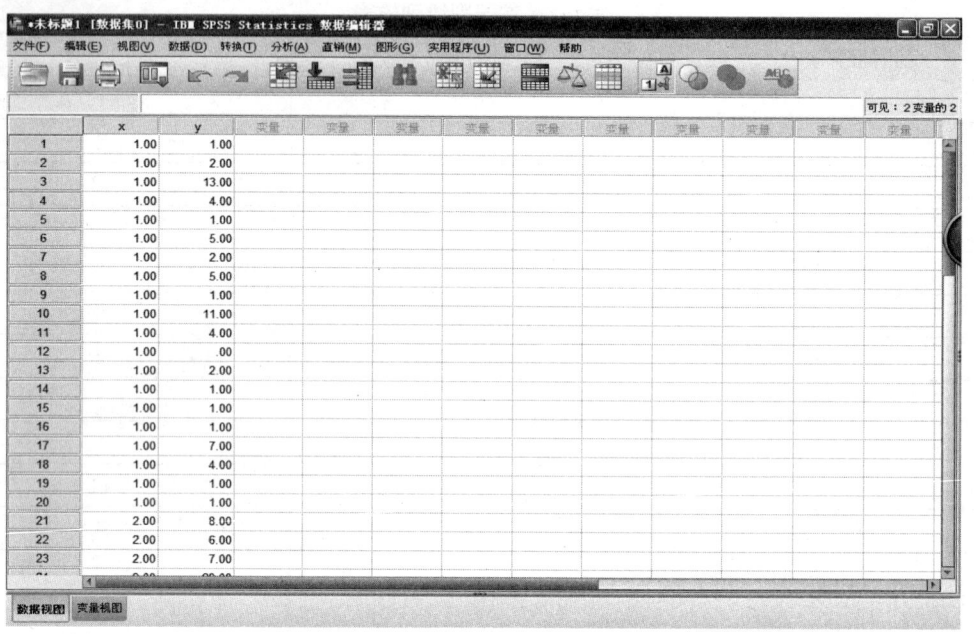

图 1-5 独立样本 t 检验 SPSS 数据输入格式

二、分析路径

点击菜单中的"分析"，鼠标下滑到"比较均值"，鼠标右滑，再下滑到"独立样本 t 检验"，见图 1-6：

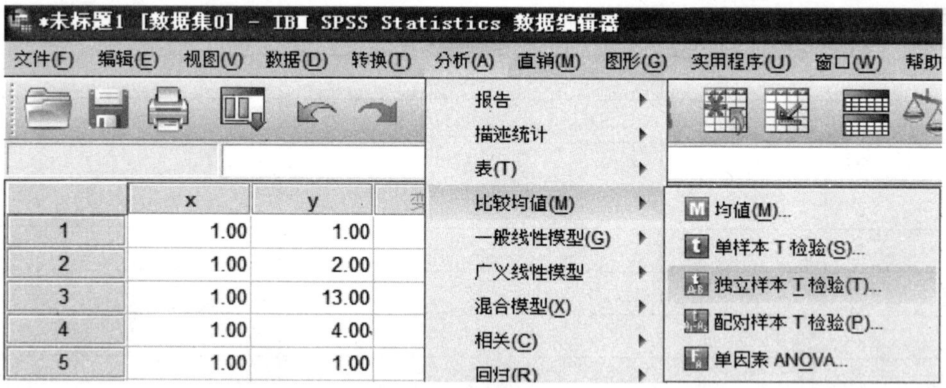

图 1-6 分析路径

点击之，得到"独立样本 t 检验"对话框，见图 1-7：

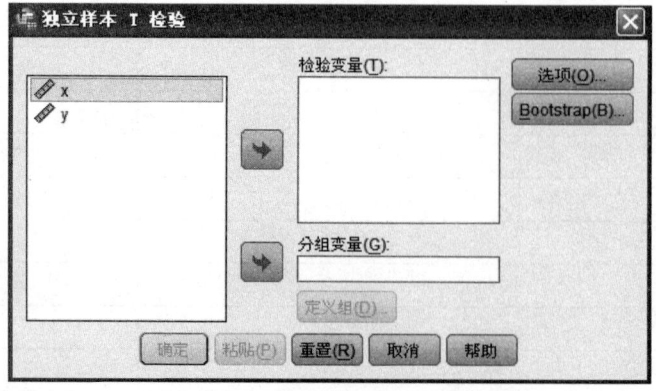

图 1-7 "独立样本 t 检验"对话框

三、变量确定

将 y 点进"检验变量"框,将 x 点进"分组变量"框,见图 1-8:

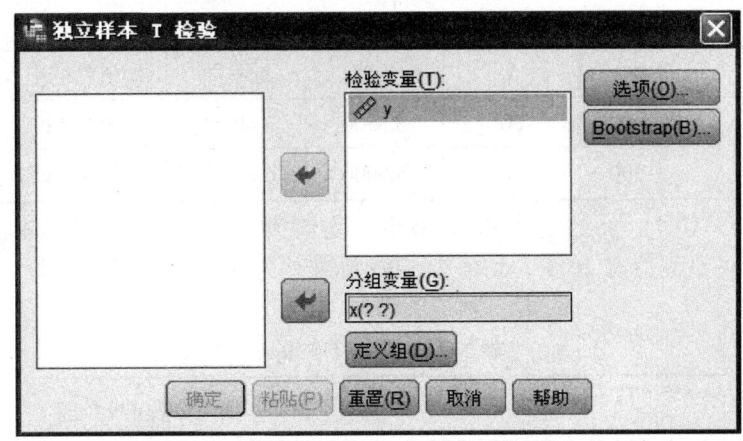

图 1-8 变量输入后的"独立样本 t 检验"对话框

点击"定义组"键,得到"定义组"对话框,见图 1-9:

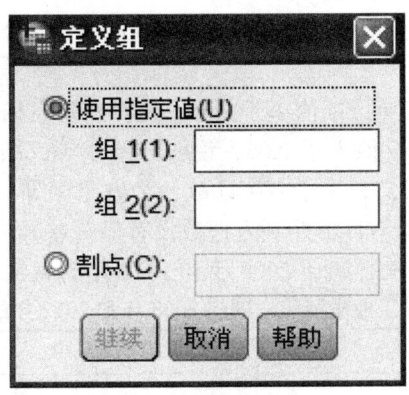

图 1-9 "定义组"对话框

在"组 1"框中输入 1,即用 1 表示第一组,在"组 2"框中输入 2,即用 2 表示第二组,此时,"继续"键被激活,点击"继续"键,返回到"独立样本 t 检验"对话框,见图 1-10:

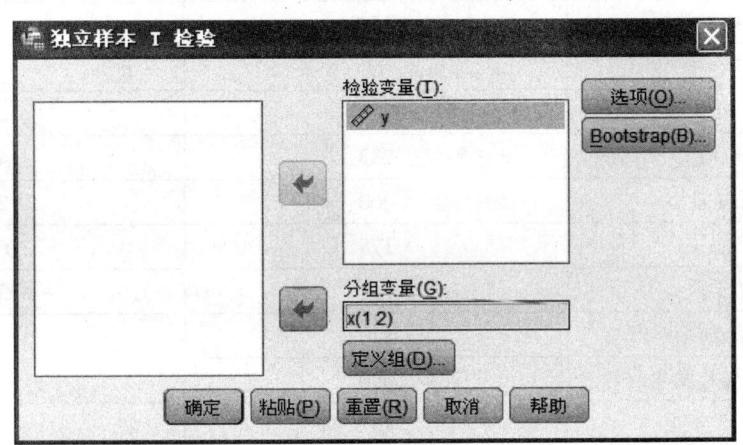

图 1-10 "独立样本 t 检验"对话框

此时"分组变量"框有了 x（12）。

四、结果与分析

点击"确定"键，得到结果，其中组统计量见表1-8：

表1-8　组统计量

	y	N	均值	标准差	均值的标准误
x	1.00	20	3.3500	3.49850	0.78229
	2.00	20	5.9000	6.68777	1.49543

此表告诉我们：$x=1$时，y的观测值有20个，均值为3.35，标准差为3.4985，均值的标准误为0.78229；$x=2$时，y的观测值有20个，均值为5.9，标准差为6.68777，均值的标准误为1.49543。

独立样本检验见表1-9：

表1-9　独立样本检验

		方差方程的Levene检验		均值方程的t检验						
		F	Sig.	t	df	Sig.(双侧)	均值差值	标准误差值	差分的95%置信区间	
									下限	上限
y	假设方差相等	1.323	0.257	−1.511	38	0.139	−2.55000	1.68769	−5.96654	0.86654
	假设方差不相等			−1.511	28.674	0.142	−2.55000	1.68769	−6.00341	0.90341

此表告诉我们：若"Levene检验"的Sig值小于0.05，说明方差不相等，结果须看"假设方差不相等"Sig值；反过来，若"Levene检验"的Sig值大于0.05，说明方差相等，结果须看"假设方差相等"Sig值。而本例的"Levene检验"的Sig值为0.257，大于0.05，故认为方差相等，所以要看"假设方差相等"Sig值，此值为0.139，大于0.05，故认为中国与日本期刊入选数没有显著差异。

例：焦秋阳调查了食品工业学科核心期刊2008年和2012年的载文量数据，见表1-10：

表1-10　食品工业学科核心期刊2008年和2012年的载文量数据

刊名	2008年	2012年
食品与发酵工业	503	547
食品工业科技	1071	2472
食品科学	1666	1712
中国油脂	278	272
中国粮油学报	297	312
食品与生物技术学报	153	220
茶叶科学	75	81
食品科技	924	877
食品与机械	233	419
中国乳品工业	200	200
食品工业	178	613
中国食品学报	167	377
中国食品添加剂	170	204
食品研究与开发	690	804
河南工业大学学报	132	131
粮食与油脂	180	172
中国调味品	247	369
粮食与饲料工业	229	218

设 2008 年为 1，2012 年为 2，对数据重新分组，重复 SPSS 操作过程，得到结果，其中组统计量见表 1-11：

表 1-11　组统计量

	y	N	均值	标准差	均值的标准误
x	1.00	18	410.7222	420.75392	99.17265
	2.00	18	555.5556	615.13846	144.98952

此表告诉我们：$x=1$ 时，y 的观测值有 18 个，均值为 410.7222，标准差为 420.75392，均值的标准误为 99.17265；$x=2$ 时，y 的观测值有 18 个，均值为 555.5556，标准差为 615.13846，均值的标准误为 144.98952。

其中独立样本检验见表 1-12：

表 1-12　独立样本检验

		方差方程的 Levene 检验		均值方程的 t 检验					差分的 95% 置信区间	
		F	Sig.	t	df	Sig.(双侧)	均值差值	标准误差值	下限	上限
y	假设方差相等	0.657	0.423	−0.824	34	0.415	−144.83333	175.66211	−501.82169	212.15502
	假设方差不相等			−0.824	30.050	0.416	−144.83333	175.66211	−503.55796	213.89129

本表是独立样本 t 检验报表，对于这个报表我们仅关心三个 Sig 值，数据方差相等与否，要看 F 检验的结果，F 检验若检验值小于 0.05，则认为有显著差异，数据方差不相等；F 检验若检验值大于 0.05，则认为无显著差异，数据方差相等。平均数差异显著与否要看 t 检验的结果。数据方差相等与不相等，t 检验的值不相同。用 t 检验，若检验值小于 0.05，则认为均值有显著差异，否则认为均值无显著差异。本例中 F 的 Sig 值为 0.423，则数据方差相等。由上表知等方差时，t 检验的 Sig 值为 0.415。0.415 大于 0.05，根据虚无假设，认为 2008 年与 2012 年期刊平均载文量无显著差异。注意若数据存在异方差，则 t 检验的 Sig 值便是 0.416，后边分析相同。

例：张力等人用等距抽样方法每年抽取 2 期为频次，规律性读取 2001~2010 十年间论文并归纳论文采用的方法信息，数据见表 1-13：

表 1-13　中外期刊论文方法对比数据

方法	外刊	中刊
定性	624	1124
定量	970	163
归纳	967	224
演绎	223	1058
通用	986	1274
专用	204	8
实证	1135	225
非实证	55	1058
实验	241	13
非实验	948	1269

这也是两独立样本检验问题，不再详述。

第四节 配对样本 t 检验的 SPSS 操作步骤

配对设计是指先根据配对的要求将实验单位两两配对，然后将配成对子的两个实验单位随机地分配到两个处理组中。配对的要求是：配成对子的两个实验单位的初始条件尽量一致，不同对子间实验单位的初始条件允许有差异，每一个对子就是实验处理的一个重复。配对的方式有两种：自身配对和同源配对。

将受试对象按某些重要特征相近的原则配成对子，有同源配对，即一组同一受试对象接受两种不同的处理，然后对两个处理的均值进行 t 检验。如：把一种核心期刊评价体系换成另一种核心期刊评价体系看成一种处理，那么两种体系对图书情报领域期刊的一种期刊评价进行配对成一组，就是同源配对。还有一种异源配对，即不同的受试对象按某些特征相近的原则配对（如：双胞胎、同窝、同性别、同体重等），然后一组接受一种处理，另一组不接受处理，并对两组处理的差值进行 t 检验，叫配对样本 t 检验。目的是检验两个相关样本所代表的未知总体是否有差异。如：从图书情报领域取两种大致相当的期刊，从数学领域取两种大致相当的期刊，从物理领域取两种大致相当的期刊，从化学领域取两种大致相当的期刊，用两种核心评价体系进行评价（排队顺序数），求其差值，进行 t 检验。

也可以对两种处理的平均值进行 t 检验。

总之，选取何种 t 检验方法，是由您的数据特点和您的结果要求决定的。

t 检验会算出一个统计量 t，SPSS 根据这个统计量 t 算出差异的显著概率 Sig，只要你看一看 Sig 的值就可以了。一般来讲，若 Sig 值大于 0.05，说明差异不显著，从而认为两组数据之间平均值是相等的。反之，若 Sig 值小于 0.05，说明差异显著，从而认为两组数据之间平均值是不相等的。总之我们只要注意 Sig 值就可以了。

例：美国某商学院教授试图研究校内书店和校外联销书店之间有关新教科书价格的差异，他随机选取了 12 种商学院教学用书，并记录了 12 种书的两种书店的销售价格，见表 1-14：

表 1-14 12 种书的两种书店的销售价格

书种	校内书店价格 x_1 /元	校外联销书店价格 x_2 /元
1	55	50.95
2	47.5	45.75
3	50.5	50.95
4	38.95	38.5
5	58.7	56.25
6	49.9	45.95
7	39.95	40.25
8	41.5	39.95
9	42.25	43
10	44.95	42.25
11	45.95	44
12	56.95	55.6

一、输入数据

输入数据后得图 1-11：

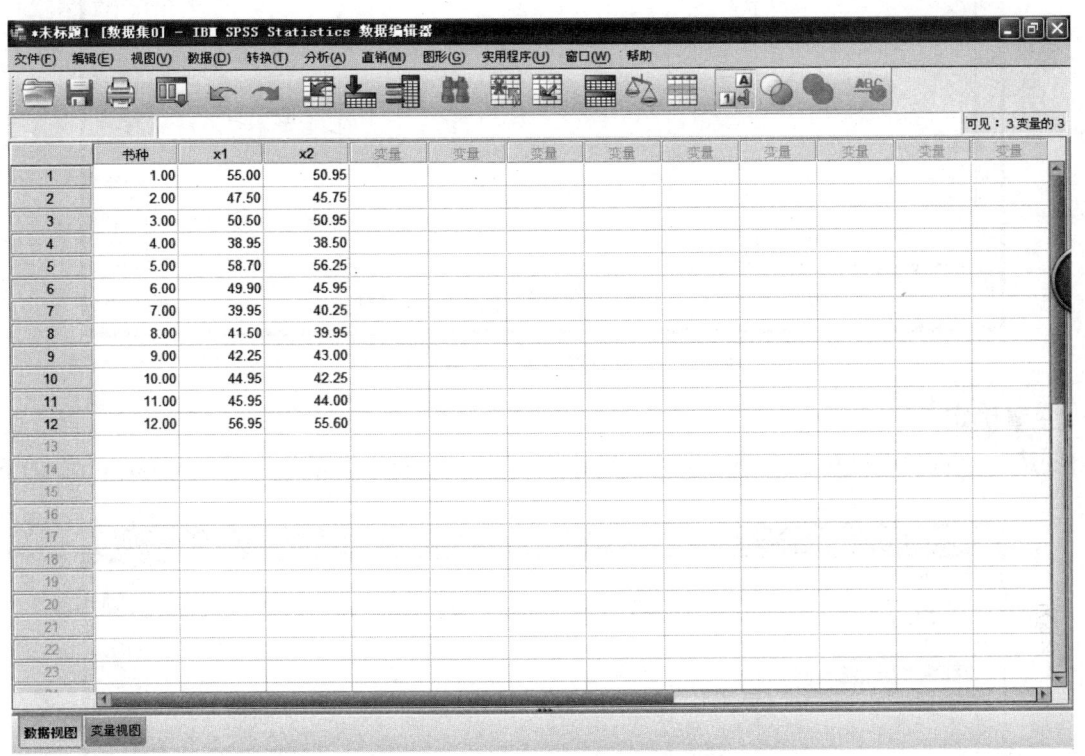

图 1-11 SPSS 数据输入格式

二、分析路径

点击菜单中的"分析"，鼠标下滑到"比较均值"，鼠标右滑，再下滑到"配对样本 t 检验"，见图 1-12：

图 1-12 分析路径

点击之，得到"配对样本 t 检验"对话框，见图 1-13：

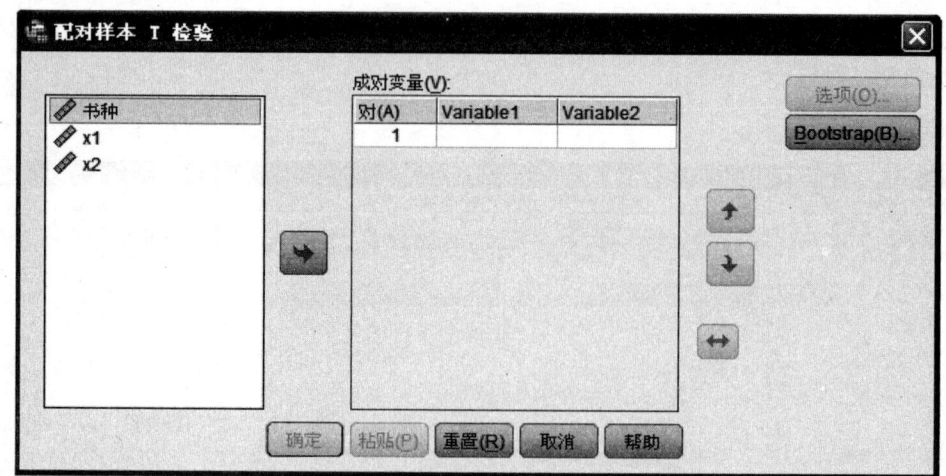

图 1-13 "配对样本 t 检验"对话框

三、变量确定

把自变量 x_1 点进"成对变量"表中的"Variable 1"的下框,把自变量 x_2 点进"Variable 2"的下框,见图 1-14:

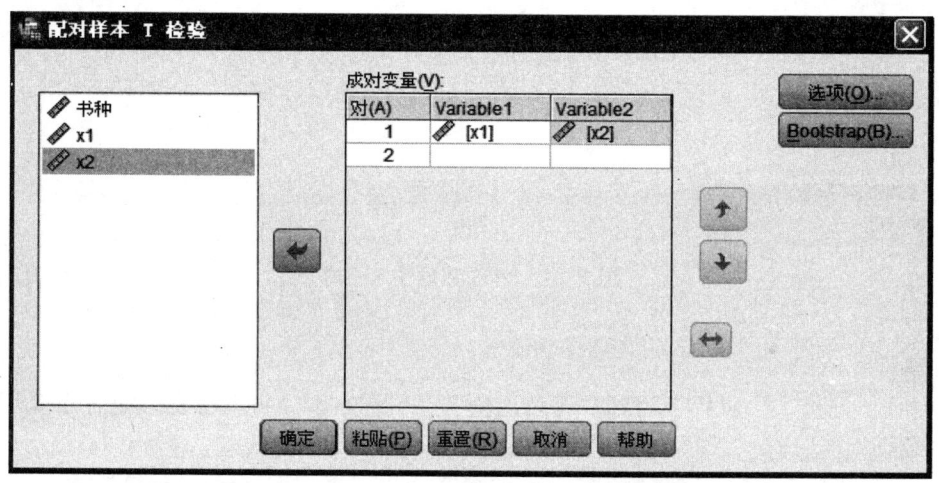

图 1-14 输值后的"配对样本 t 检验"对话框

四、结果与分析

默认"选项"中的其他设置,点击"确定"键,得到结果,其中成对样本统计量见表 1-15:

表 1-15 成对样本统计量

		均值	N	标准差	均值的标准误
对 1	x_1	47.6750	12	6.66031	1.92267
	x_2	46.1167	12	6.02349	1.73883

此表告诉我们:校内书店书的均价为 47.6750 元,校外联销书店书的均价为 46.1167 元。样本都是 12 种。
其中成对样本相关系数见表 1-16:

表 1-16 成对样本相关系数

		N	相关系数	Sig.
对 1	x_1 & x_2	12	0.973	0.000

此表告诉我们:两种书店价格相关度为 0.973。若不相关就没有比较的必要了。

其中成对样本检验见表 1-17：

表 1-17　成对样本检验

		成对差分					t	df	Sig.(双侧)
		均值	标准差	均值的标准误	差分的 95% 置信区间				
					下限	上限			
对 1	$x_1 - x_2$	1.55833	1.60409	0.46306	0.53914	2.57752	3.365	11	0.006

此表告诉我们：两个书店差价平均值为 1.55833 元，显著概率高达 Sig=0.006<0.05，即差异是显著的。

例：焦秋阳调查了食品工业学科核心期刊 2008 年和 2012 年的载文量数据，以 2008 年与 2012 年同刊配对，得到如下结果，其中成对样本统计量见表 1-18：

表 1-18　成对样本统计量

		均值	N	标准差	均值的标准误
对 1	y_1	410.7222	18	420.75392	99.17265
	y_2	555.5556		615.13846	144.98952

该表给出了描述性统计量，包括：均值、样本容量（N）、标准差和均值的标准误。

其中成对样本相关系数见表 1-19：

表 1-19　成对样本相关系数

		N	相关系数	Sig.
对 1	y_1 & y_2	18	0.858	0.000

相关性高的两组数据配对，否则无意义，表中数据是：相关系数为 0.858，显著性概率 $P < 0.001$，因此非常显著，即 2008 年载文数据与 2012 年载文数据显著相关，可以用配对样本 t 检验对其分析。

其中成对样本检验结果见表 1-20：

表 1-20　成对样本检验

		成对差分					t	df	Sig.(双侧)
		均值	标准差	均值的标准误	差分的 95% 置信区间				
					下限	上限			
对 1	$y_1 - y_2$	−144.83333	333.73206	78.66140	−310.79438	21.12772	−1.841	17	0.083

该表是配对样本 t 检验的结果，包括配对样本 t 检验的均值、标准差、均值的标准误、差分的 95% 置信区间、t 检验的 t 值、自由度（df）、显著性概率（Sig）。本表的结果是：2008 年载文数据减 2012 年载文数据的均值为 −144.83333，标准差为 333.73206，均值的标准误为 78.66140，95% 的置信区间的上限为 21.12772，下限为 −310.79438，自由度为 17，显著性概率 $P=0.083$，略大于 0.05，即 2008 年载文平均数据与 2012 年载文平均数据不同，但达不到显著程度。

第二章 方差分析

第一节 引言

t 检验只适用于测定 2 个样本的差异显著性。多个处理时不宜用 t 检验，分别做两两比较，而应该用方差分析，即当检验多个平均间差异显著与否时，要用到方差分析。方差分析法就是将所要处理的观测值作为一个整体，按照变异的不同来源把观测值总变异的平方和及自由度分解为多个部分，如将总变异分解为由实验条件不同引起的组间变异和由误差引起的组内变异，获得不同变异来源的均方与误差的均方，通过比较不同变异来源的均方和误差的均方，判断各样本所属总体方差是否相等。如果组间变异大于某临界值，就认为差异是由实验条件的不同引起的，即各处理间差异显著。

方差分析是在随机干扰存在的情况下，把因素变化所产生的影响分离出来进而做出因素变化对研究对象是否有显著性影响的推断，或者说方差分析是一种以分析数据的变异为基础，以 F 值为统计量的计量资料的假设检验方法。它要求各组（或各单元格）观察值独立地、来自等方差的、正态总体。

方差分析的作用：通过分解样本方差，比较若干个总体均值来鉴别各种因素对所研究指标的影响大小。

方差分析需要满足的前提条件有总体正态分布和各处理方差齐性。

不过，在方差分析中，只要各组（或各单元格）样本含量不低于 30，方差分析的结果就是稳健的，是否服从正态分布对其没有影响或影响最小。但是在各组（或各单元格）样本含量低于 30 的情况下，就要对各组（或各单元格）数据分布是否服从正态分布进行检验。

方差分析主要包括单因素方差分析、多因素方差分析、协方差分析、多元方差分析等。

注意方差分析的 5 个检验：

（1）Bartlett 球形度检验。判断标准是 Sig 值越小越好，若 Sig<0.05，则显著，否则不显著。

（2）协方差矩阵等同性 Box 检验。判断标准是 Sig 值越大越好，若 Sig>0.05，则显著，否则不显著。

（3）多变量显著性检验。判断标准是 Sig 值越小越好，若 Sig<0.05，则显著，否则不显著。

（4）误差方差等同性 Levene 检验。判断标准是 Sig 值越大越好，若 Sig>0.05，则显著，否则不显著。

（5）Mauchly 的球形度检验（仅重复度量时用）。判断标准是 Sig 值越大越好，若 Sig>0.05，则显著，满足协方差矩阵球形对称的条件，不需要对结果进行校正。可直接利用"采用的球形度"给出的显著性概率来判断"主体内效应的检验"表中变量的显著性，否则不显著，要用其他方法如"Greenhouse-Geisser""Huynh-Feldt""下限"等给出的显著性来判断变量是否显著。

因素一般是主因，用 x_i 来表示，每个 x_i 又有许多值，一般情形下没有随机误差，被称为固定因子。结果用 y_i 来表示，每个 y_i 又有许多值，y_i 有随机误差。自变量 x_i 一般是分类变量。若有自变量 x_i 是连续变量，则称为协变量。因变量是定距变量，连续变量最好。

因变量总体服从正态分布。方差齐性。

当自变量中出现连续变量时，就要用到协变量方差分析。

当 x_i 的 i 取值仅为 1，y_i 的 i 取值仅为 1 时的方差分析叫单因素方差分析。

当 x_i 的 i 取值大于 1，y_i 的 i 取值仅为 1 时的方差分析叫多因素方差分析。

当 y_i 的 i 取值仅为 1 时的方差分析叫一元方差分析，简称方差分析。

当 y_i 的 i 取值大于 1 时的方差分析叫多元方差分析。

协方差分析是关于如何调节协变量对因变量的影响效应，从而更加有效地分析实验处理效应的一种统计技术，也是对实验进行统计控制的一种综合方差分析和回归分析的方法。

第二节　方差分析在图书情报领域的应用

一、将方差分析用于比较差异

姚海燕、邓小昭运用文献调查法、问卷调查法、观察法和访谈法等研究方法，了解重庆主城区和库区儿童的课外阅读环境现状，基于 SPSS 软件的因子分析结果，利用单因素方差分析法从学校和家庭位置两个维度比较了主城区和库区儿童的课外阅读环境。结果表明，主城区与库区儿童的课外阅读环境存在显著性差异。

董文鸳采用问卷调研的方式，从手机移动阅读年限、阅读频率、阅读目的、阅读时间、读物类型、阅读方式与付费阅读等方面揭示了浙江省大学生手机移动阅读行为现状。同时通过独立样本 t 检验和单因素方差分析方法，证实性别、年级、学科和地区对大学生手机移动阅读行为现状有不同程度的影响。

二、将方差分析用于寻找主要影响因素，确立指标

苏福采用问卷调查的方法对广州的各种知识密集型机构的咨询顾问进行调研。通过方差分析，研究咨询顾问自身特征对信息获取渠道、图书馆资源认可度、常用信息资源类型、无法获取的信息类型、获取过程中的障碍、自身信息能力评价等信息获取行为是否有显著性影响。

景晶采用 Bass 的多元因素领导量表（MLQ），对不同地区、不同类型近 200 所高校的 500 名馆员进行问卷调查，以探讨影响高校图书馆馆长领导风格的因素。

李超、徐建华、柳金石采用 t 检验和方差分析，重点探讨男性、30 岁以下者、普通员工、月收入低于 1000 元者（2008 年的工资）、大专及以下学历者和高校图书馆员等群体消极心理体验产生的原因。

第三节　数据方差齐性检验的 SPSS 操作步骤

方差分析的基本条件之一是方差齐性，所以先略述一下因变量数据方差齐性检验的 SPSS 操作步骤。

一、输入数据

输入数据后得图 2-1：

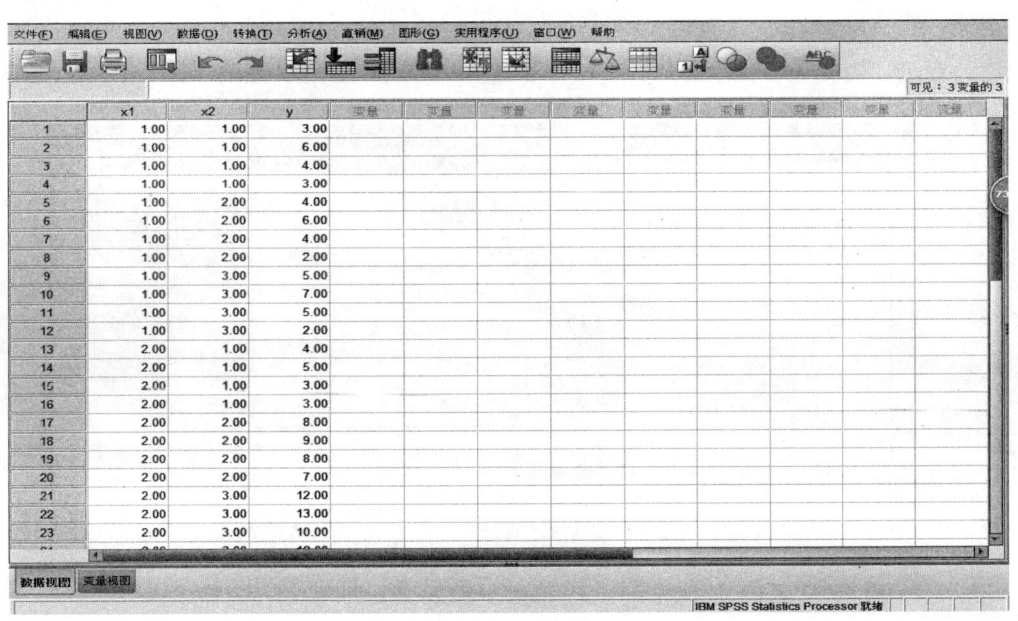

图 2-1　SPSS 数据输入格式

二、分析路径

点击"分析"键,然后鼠标下滑到"比较均值",鼠标右滑,接着下滑到"单因素 ANOVA",见图 2-2:

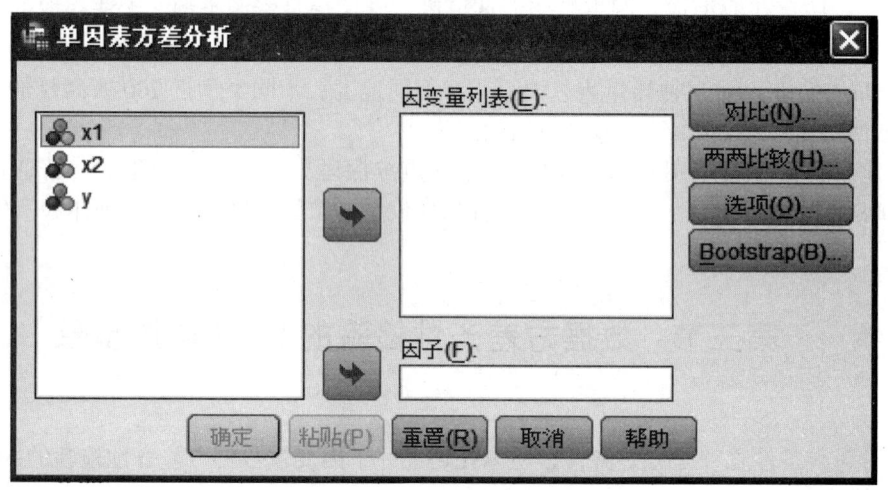

图 2-2　单因素方差分析的分析路径

点击之,得到"单因素 ANOVA"对话框,见图 2-3:

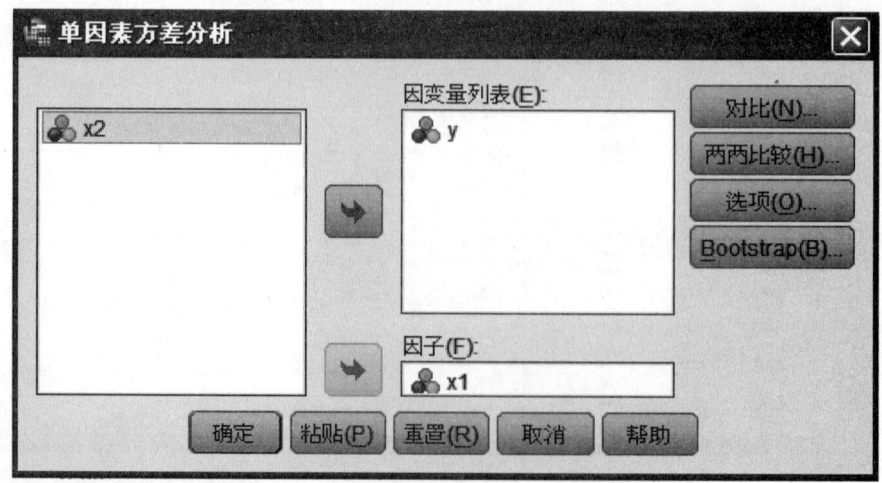

图 2-3　"单因素 ANOVA"对话框

三、变量确定

将因变量　点进"因变量列表"框,将某一个自变量(比如说是　)点进"因子"框,见图 2-4:

四、结果与分析

点击"选项"键,得到"选项"对话框,见图 2-5:
选择"方差同质性检验",见图 2-6:

图 2-5 单因素"选项"对话框

图 2-6 对话框内检验方法被确定

点击"继续"键,返回到"单因素 ANOVA"对话框,见图 2-7:

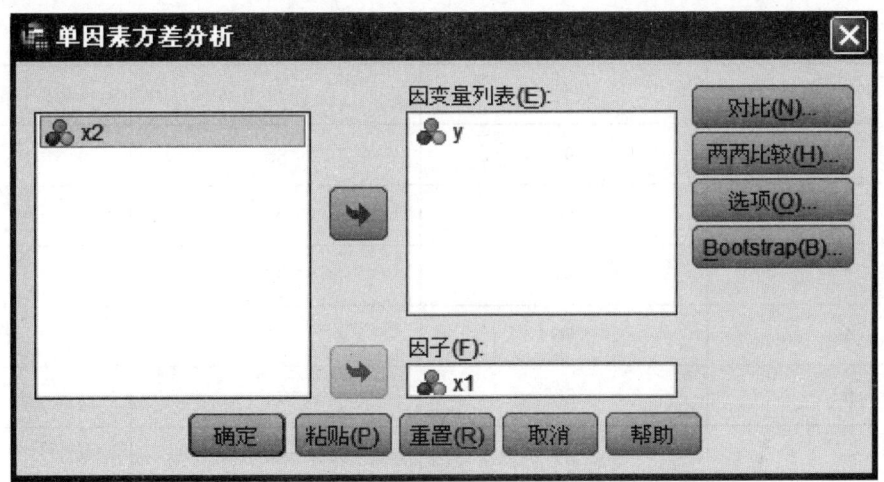

图 2-7 "单因素 ANOVA"对话框

点击"确定"键,得到方差齐性检验结果,见表 2-1:

表 2-1 方差齐性检验

y			
Levene 统计量	df_1	df_2	显著性
6.821	1	22	0.016

检验假设 H_0:$\sigma_1 = \sigma_2 = \sigma_3 = \cdots = \sigma_k$,即各处理组方差相等;

H_1:$\sigma_i \neq \sigma_j$,即各处理组方差不全相等。

若显著性概率 $p < 0.05$，则拒绝 H_0，接受 H_1。

因本例显著性概率为 0.016，故拒绝 H_0，接受 H_1，各处理组方差不全相等，即方差非齐。碰到此类情形，不要继续进行一般方差分析，而应进行对数、倒数或函数的转换，选择适当的转换形式，直到齐性检验变为不显著。如果还不行就只能用非参数的单因素分析或用混合效应模型或广义线性模型。

如果所有变量都方差齐性，那么才能进行方差分析。

第四节　单因素完全随机设计方差分析

单因素方差分析是指对单因素实验结果进行分析，检验因素对实验结果有无显著性影响的方法。单因素方差分析指的是自变量只有一个的方差分析，实验的设计一般是将被试随机分配到不同的自变量水平，这样不同的分组就代表着不同的自变量水平，值得注意的是，自变量虽然只有一个，但是因变量可以有两个甚至更多。

单因素完全随机设计方差分析的 SPSS 操作步骤：

完全随机设计方差分析和随机区组设计资料方差都属于单因素方差分析。完全随机设计与随机区组设计的区别在于：完全随机设计没有把混杂因素（如年龄、体重等）考虑进去，而随机区组设计通过设置区组而使得混杂因素在同一区组内均匀分配（比如区组 1 的年龄都是 10~20，区组 2 的年龄都是 20~30……然后每个区组内的 K 个对象分别接受一种处理）。

例：为了了解电子阅览室对学生的学习有何影响，我们选取了 27 名测试者，分为 3 组，一组 9 人。第一组为条件 A：从不上电子阅览室；第二组为条件 B：经常上电子阅览室，但目的主要为学习；第三组为条件 C：经常来电子阅览室，但以娱乐为主。然后对 27 名测试者以各组为单位，做一成绩统计，见表 2-2：

表 2-2　阅览室读者成绩与阅读习惯调研数据

序号	条件 A	条件 B	条件 C
1	92	86	81
2	86	93	80
3	87	97	72
4	76	81	82
5	80	94	83
6	87	89	89
7	92	98	76
8	83	90	88
9	84	91	83

注意，27 名学生的分配是随机的，不是事先规定的，分配好后按约束条件执行，若事先规定好了，就不能用完全随机设计方差分析，而应用区组设计了。

我们把表重新整理一下，见表 2-3：

表 2-3 重新整理后的数据

序号 D	条件 x	成绩 y
1	A	92
2	A	86
3	A	87
4	A	76
5	A	80
6	A	87
7	A	92
8	A	83
9	A	84
10	B	86
11	B	93
12	B	97
13	B	81
14	B	94
15	B	89
16	B	98
17	B	90
18	B	91
19	C	81
20	C	80
21	C	72
22	C	82
23	C	83
24	C	89
25	C	76
26	C	88
27	C	83

显然这是一元单因素方差分析。我们用 1 代表 A，用 2 代表 B，用 3 代表 C，见表 2-4：

表 2-4 方差分析格式

序号 D	条件 x	成绩 y
1	1	92
2	1	86
3	1	87
4	1	76
5	1	80
6	1	87
7	1	92
8	1	83
9	1	84
10	2	86
11	2	93
12	2	97
13	2	81
14	2	94
15	2	89
16	2	98
17	2	90
18	2	91
19	3	81
20	3	80
21	3	72
22	3	82
23	3	83
24	3	89
25	3	76
26	3	88
27	3	83

本例的方差齐性检验结果见表 2-5：

表 2-5 方差齐性检验

y			
Levene 统计量	df_1	df_2	显著性
0.007	2	24	0.993

因显著性概率 Sig=0.993＞0.05，满足方差齐性要求，可以继续方差分析。

一、输入数据

点击"数据视图"，把表格中的数据复制粘贴到 SPSS 界面，见图 2-8：

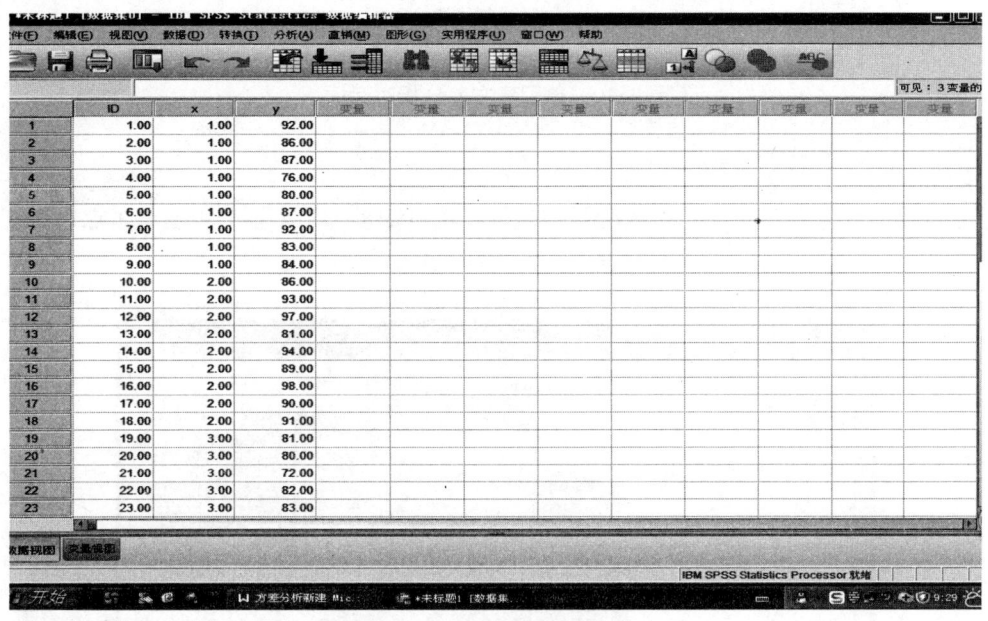

图 2-8 SPSS 数据输入格式

二、分析路径

点击菜单中的"分析"键，鼠标下滑到"比较均值"，鼠标右滑，再下滑到"单因素 ANOVA"，见图 2-9：

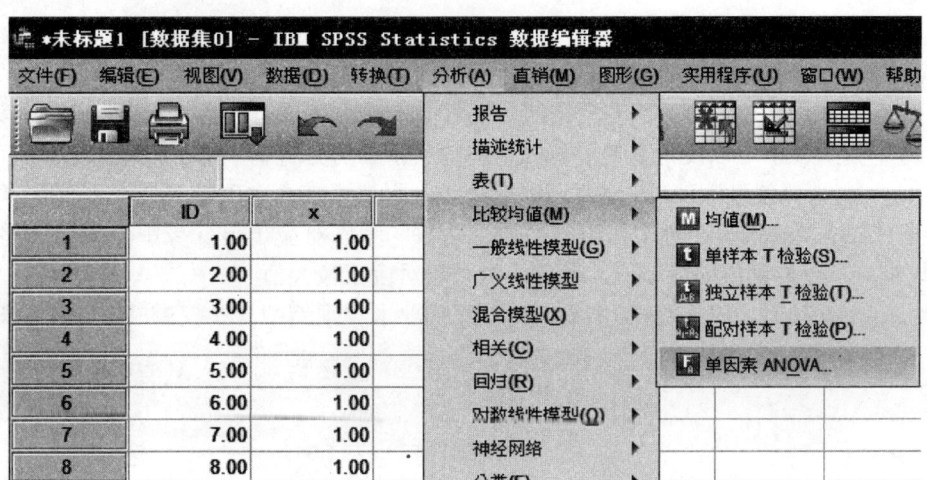

图 2-9 单因素方差分析的分析路径

点击之，得图 2-10：

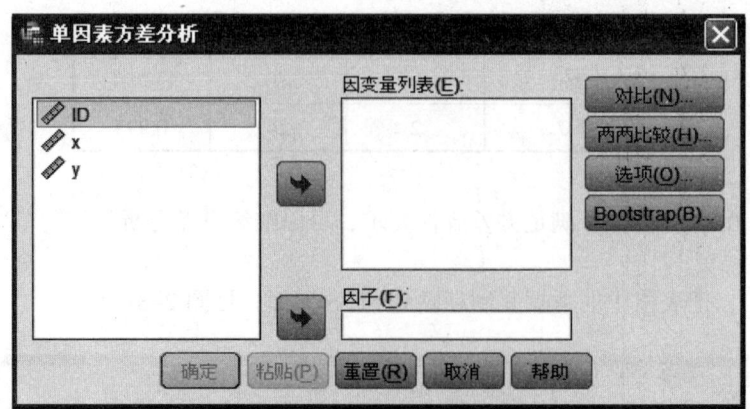

图 2-10　单因素方差分析对话框

三、变量确定

将因变量 y（数值型连续变量）点进因变量列表框，将自变量　（类别分组变量）点进自变量列表框，置 ID 于不顾，得图 2-11：

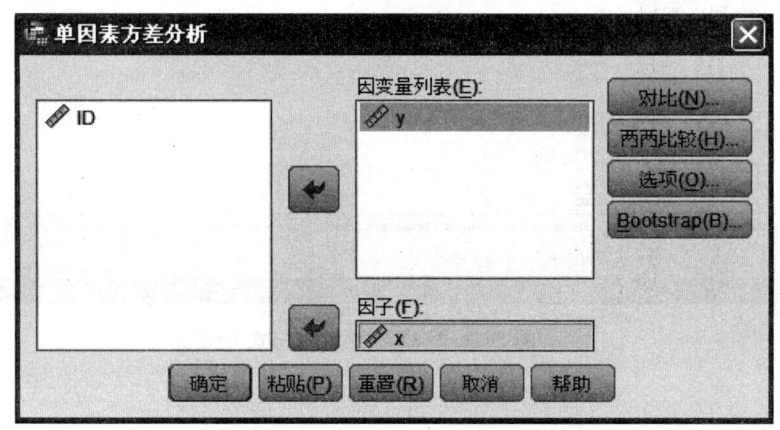

图 2-11　对话框内变量被确定

四、结果与分析

单击主对话框右上角的"对比"按钮，设置对照分析，得图 2-12：

点击"多项式"选项前的框，可对因变量按照自变量的水平次序进行趋势性检验。此时，度（D）框变亮，在 Degree（次数）下拉列表中可以设置自变量与因变量的关系如何分解，有线性（默认选项）、二次项、立方、四次项和五次项。一般选择线性默认项。若线性趋势不好，再选择较高次项趋势，若还不行，继续抬高次数。在对照比较选项中，可以输入因变量中每组的系数，系数的顺序对应于自变量中分类值的递增顺序，列表中的第一个系数对应于分类变量的最小值，最后一个系数对应于最大值。

根据系数的顺序对应于自变量中分类值的递增顺序的要求，本例中，x 仅有三个分类，即 1、2、3，所以我们先添加 1，如图 2-13 所示：

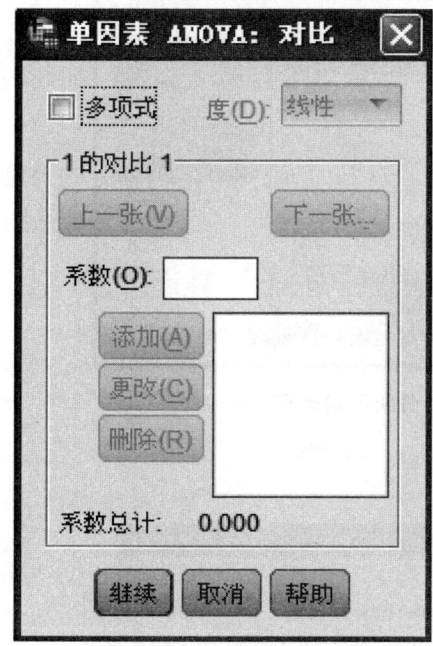
图 2-12 单因素方差对比对话框

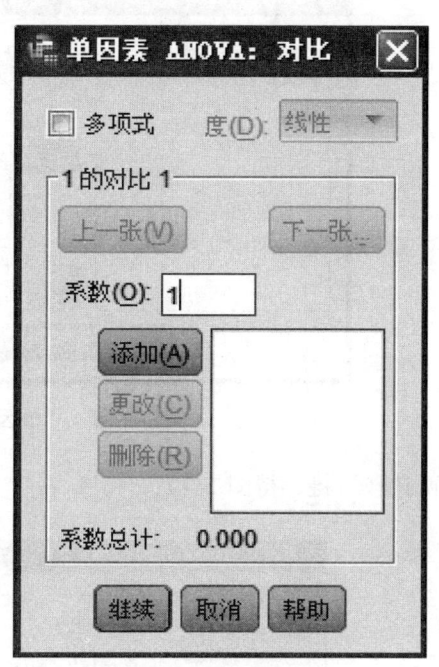
图 2-13 对话框内添加系数

点击中间的"添加"键,得图 2-14:
然后用同样的方法,把 2 和 3 也添加进去,得图 2-15:

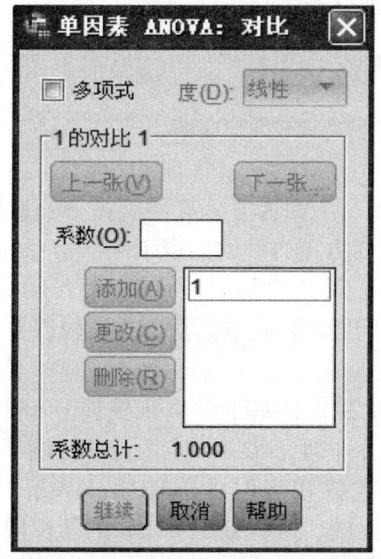
图 2-14 对话框内一个系数被确定

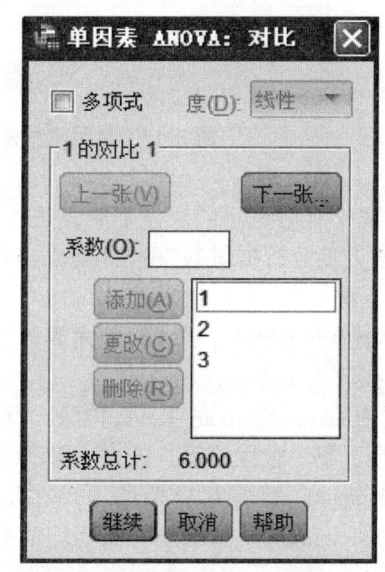
图 2-15 对话框内所有系数被确定

如果输入的几组系数中有错误,可单击"上一张"按钮往前翻或单击"下一张"按钮往后翻,找到出错的一组系数。点击错误的数据,就会出现"删除"键,点击出错的数据,再点击"删除"键即可。

"对比"键主要用于事先比较分析,即在方差分析之前或者不对数据做方差分析时,对自变量各个水平上的因变量的差异进行对比检验。

本例中点击"继续"键,返回到"单因素方差分析"对话框。

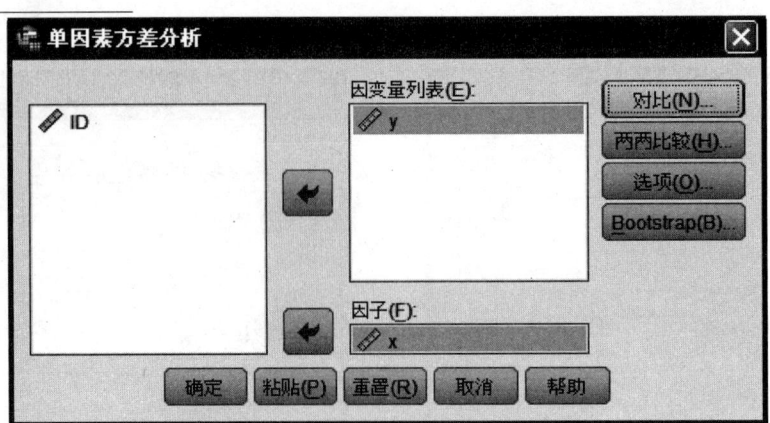

图 2-16 "单因素方差分析"对话框

点击"两两比较"键,得图 2-17:

图 2-17 单因素方差分析"两两比较"对话框

注意上面对话框中有两组不同假设下的方法可供选择,上面为方差齐性前提下的方法,下面为方差不齐时的方法。单因素方差分析提供的"两两比较"多重比较在方差齐性的假设条件下共有 14 种可选用的方法,常用的主要有以下 5 种:

(1) LSD(最小显著差法),用 t 检验完成各组均值间的配对比较,对多重比较误差率不做任何矫正,检验敏感性高,存在放大 1 类错误的危险。

(2) S-N-K(Student-Newman-Keuls 检验,又称 q 检验),基于学生化极差分布(Studentized Range Distribution),进行子集一致性检验,该方法保证总的 α 水平等于实际设定值,即控制了 1 类错误。

(3) Tukey(Honestly 显著差异检验),在组间样本数相等时才能使用;基于学生化极差分布(Studentized Range Distribution)进行所有组间均值的配对比较,用所有配对比较的累积误差率作为实验误差率。

(4) Bonferroni(Bonferroni 检验),进行各组均值间的配对比较,通过设置每个检验的误差率来控制整个误差率。

(5) Scheffe(Scheffe 检验),适用于每一组有不相等的样本数,是各种方法中最严格、检验力最低的一种,常用于探索性研究。

不同检验方法所依据的检验准则稍有差异,检验结果也不完全相同。在这里,选择 LSD 和 Tukey 两种比较方法,选中复选框之后,再单击"继续"按钮。界面返回到"单因素方差分析"对话框,见图 2-18:

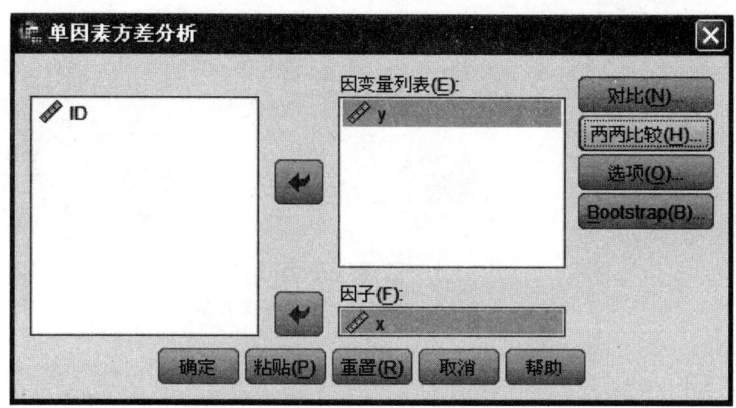

图 2-18 "单因素方差分析"对话框

单击主对话框右上角的"选项"按钮，选择输出统计量，见图 2-19：

图 2-19 单因素选项对话框

（1）"描述性"复选项用来输出因变量的被试个数、均值、标准差、标准误、最小值、最大值和各组中每个因变量的 95% 置信区间。

（2）"固定和随机效果"复选项用来输出固定效应模型的标准差、标准误和 95% 置信区间，随机效应模型的标准误、95% 置信区间及方差成分间估计值。

（3）"方差同质性检验"复选项用来输出 Levene 方差齐性检验结果。

（4）"Brown-Forsythe"和"Welch"两个复选项用来输出 Brown-Forsythe 和 Welch 两种统计量，以检验各组均值是否相等，当不能确定方差齐性假设时，这两个统计量优于 F 统计量。

（5）"均值图"复选项用来描绘因变量的均值分布情况。

（6）"缺失值"栏用来选择该分析处理缺失值的方法，有两个选项：一是"按分析顺序排除个案"，从分析中剔除参与分析的含有缺失值的个案；二是"按列表排除个案"，从分析中剔除所有含缺失值的个案。默认选项为"按分析顺序排除个案"。由于本例无缺失值，我们不理会"缺失值"栏。

此处选中"描述性""方差同质性检验"和"均值图"复选框。点击"继续"键返回主对话框，见图 2-20：

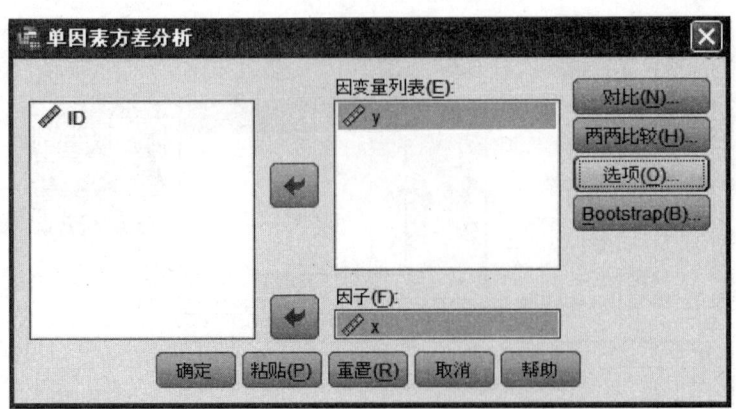

图 2-20 "单因素方差分析"对话框

整个分析设置完成，单击"确定"按钮即可运行程序，得到结果，其中描述见表 2-6：

表 2-6　描述

y							
	N	均值	标准差	标准误	均值的 95% 置信区间		极小值	极大值
					下限	上限		
1.00	9	85.2222	5.21483	1.73828	81.2137	89.2307	76.00	92.00
2.00	9	91.0000	5.33854	1.77951	86.8964	95.1036	81.00	98.00
3.00	9	81.5556	5.31769	1.77256	77.4680	85.6431	72.00	89.00
总数	27	85.9259	6.44459	1.24026	83.3765	88.4753	72.00	98.00

表 2-6 给出的是基本描述性统计量表。从表中可以看出，在 3 种条件下，样本数量分别为 9、9、9，其中第二组成绩最好，第一组成绩较好，第三组成绩最差，这一点也可以通过均值折线圈得到印证。

方差齐性检验结果见表 2-7：

表 2-7　方差齐性检验

y			
Levene 统计量	df_1	df_2	显著性
0.007	2	24	0.993

上表是方差齐性检验结果。从表中可以看出，方差齐性检验计算出的 P 值为 0.993，在显著性水平为 0.05 的前提下，通过方差齐性检验，即不同班组成绩认为是来自于相同方差的不同总体，满足方差分析的前提。也就是方差相等，或方差齐性。

方差分析结果见表 2-8：

表 2-8　ANOVA

y							
			平方和	df	均方	F	显著性
组间	组合		408.074	2	204.037	7.289	0.003
	线性项	对比	60.500	1	60.500	2.161	0.155
		偏差	347.574	1	347.574	12.417	0.002
	二次项	对比	347.574	1	347.574	12.417	0.002
组内			671.778	24	27.991		
总数			1079.852	26			

表中给出了方差的两个来源，即"Between Groups"（组间）和"Within Group"（组内）。第3列是检验统计量的自由度（df），组间自由度为2，组内自由度为24，总自由度（Total df）为26。

第2列表示偏差平方和（Sum of Squares），其中组间偏差平方和为408.074，组内偏差平方和为671.778，总偏差平方和为1079.852。在组间离差平方和可以被线性解释的部分为60.5，只是极小部分，所以此例不宜用线性模式，而应用非线性多项式模式。

均方为偏差平方和和自由度的商，分别为204.037和27.991，两者之比为F分布的观测值7.289。针对假设H_0，组间均值存在显著性差异，计算F分布观测值为7.289，而对应的概率P值为0.002。默认显著性水平为0.05的前提下，认为不同组间的成绩有显著差异。对比检验结果见表2-9：

表2-9 对比检验

		对比	对比值	标准误	t	df	显著性（双侧）
y	假设方差相等	1	511.8889[a]	6.59857	77.576	24	0.000
	不假设等方差	1	511.8889[a]	6.63069	77.200	15.955	0.000

注：a 表示对比系数总和不为零

第1列：按方差齐性和非齐性划分，前面已得出方差具有齐性的结论，所以选择"假设方差相等"一行的数据得出结论。

第2列和第3列：对比检验的是不同组均值是否有显著性差异，不同组均值之差为511.8889。

第4列：标准误。

第5列：计算的t值，是第2列与第3列之比。

第6列：自由度。

第7列：t检验的P值。从P值可以看出均小于0.05，因此不同组的效应均值之间在0.05水平上有显著差异性，从"对比值"栏内值的符号和描述统计量表中Mean栏内的数据不难得出各对比组均值之差。多重比较结果见表2-10：

表2-10 多重比较

	(I) x	(J) x	均值差（I-J）	标准误	显著性	95% 置信区间	
						下限	上限
LSD	1.00	2.00	−5.77778*	2.49403	0.029	−10.9252	−0.6304
		3.00	3.66667	2.49403	0.155	−1.4807	8.8141
	2.00	1.00	5.77778*	2.49403	0.029	0.6304	10.9252
		3.00	9.44444*	2.49403	0.001	4.2970	14.5919
	3.00	1.00	−3.66667	2.49403	0.155	−8.8141	1.4807
		2.00	−9.44444*	2.49403	0.001	−14.5919	−4.2970

注：因变量为y；* 表示均值差的显著性水平为0.05

上表是利用LSD检验方法显示两两组别之间成绩均值的多重比较检验结果。表中星号表示在显著性水平为0.05的情况下，相应的两组均值存在显著差异。第6列Sig是检验统计量的观测值在不同分布中的概率P值。显然一、二组，二、三组有显著差异。组均值见表2-11：

表2-11 组均值

			alpha = 0.05 的子集	
	x	N	1	2
Student-Newman-Keuls[a]	3.00	9	81.5556	
	1.00	9	85.2222	
	2.00	9		91.0000
	显著性		0.155	1.000

注：将显示同类子集中的组均值，a 表示将使用调和均值样本大小 = 9.000

此表给出了 x 取各种值时的平均值。把平均值绘成图 2-21：

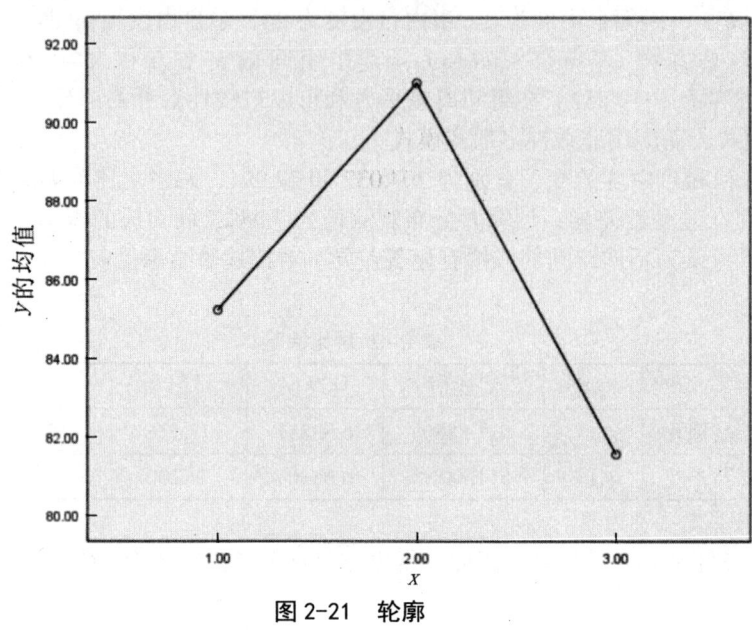

图 2-21　轮廓

第五节　单因素随机单位组设计方差分析

上一节单因素完全随机设计方差分析时，不考虑编号分组的作用，所有样本一起进行方差分析，但有时需要考虑分组后的方差分析，要考虑分组对方差分析的影响，这就是单因素随机单位组设计方差分析。

随机区组的每个区组的被试应该有差异，否则就不需要分组了，直接完全随机就可以了。随机区组的前提是：区组间异质，区组内的被试尽可能同质。

一、正态性

若随机变量 x 服从一个位置参数为 μ、尺度参数为 σ 的概率分布，且其概率密度函数为

$$f(x) = \frac{1}{\sqrt{2\pi}\sigma} \exp\left(-\frac{(x-\mu)^2}{2\sigma^2}\right),$$

则这个随机变量就称为正态随机变量，正态随机变量服从的分布就称为正态分布。

通常认为，只要各组样本含量大于 30，我们就认为方差分析的结果比较稳健，可以按照渐近正态分布的方法来处理，但是如果各组样本含量低于 30，正态性检验就比较重要，事实上，方差分析对资料正态性的要求等价于要求所有残差服从总体均数为 0 的正态分布，因此在样本量较小的情况下，只要对残差数据进行正态性检验即可。

二、方差齐性

不同样本的总体方差相同，叫方差齐性。

对于完全随机区组设计而言，由于区组是按照配伍条件设定的，同一区组内个体随机分到不同的处理水平下，所以从设计上来说，它应满足处理间方差齐性。对于方差齐性的检验，可以通过残差图进行分析。

三、独立性

随机区组设计方差设计的变异来源就可以分为 3 部分，因素、区组、误差。随机区组设计具有可加性，如果处理效应增加 2，区组效应增加 3，那么总效应就增加 5。从严格的实验设计上而言，这就要求了处理与区组之间具有独立性，但是在实际应用中，人们通常忽略了这个前提条件，没有关注处理与区组之间是否有交互作用，也就是模型出现非可加性时，仍用可加性的检验。此时，模型要添加交互项。

四、随机设计的基本模式

有 b 个实验处理、实验对象被划分为 a 个区组，每个水平组合有 n 次重复，其中每个区组内的实验对象是实验处理的整数倍（至少为 1 倍，保证一个区组能向每一实验对象处理分配一个实验对象），以便将每个区组中的实验对象随机、均等地分配到各种实验处理中去。

五、随机区组设计的用途

用于随机区组设计的多个样本均数比较，其统计推断是推断各样本所代表的各总体均数是否相等。随机区组设计考虑了个体差异的影响，可分析处理因素和个体差异对实验效应的影响，所以又称两因素实验设计，比完全随机设计的检验效率高。该设计是将受试对象先按配比条件配成配伍组，每个配伍组有三个或三个以上受试对象，再按随机化原则分别将各配伍组中的受试对象分配到各个处理组。随机区组设计使用区组方法减小误差变异，即用区组方法分离出由无关变量引起的变异，使它不出现在处理效应和误差变异中。

例：图书馆用 3 种方法对全校 4 个学科属性（文、理、工、医）的 48 名学生进行了图书馆借阅教育，然后让其找书，根据找到时间的长短打分，得到数据见表 2-12：

表 2-12 图书馆借阅教育成绩

方法	学科属性	分数
a	文	87
a	文	98
a	文	89
a	文	85
a	理	76
a	理	77
a	理	75
a	理	66
a	工	78
a	工	87
a	工	45
a	工	77
a	医	89
a	医	23
a	医	76
a	医	67
b	文	65
b	文	66
b	文	67
b	文	65
b	理	65
b	理	65
b	理	66

续 表

方法	学科属性	分数
b	理	45
b	工	56
b	工	67
b	工	78
b	工	34
b	医	56
b	医	43
b	医	34
b	医	23
c	文	23
c	文	34
c	文	45
c	文	34
c	理	45
c	理	56
c	理	87
c	理	54
c	工	54
c	工	32
c	工	78
c	工	54
c	医	54
c	医	43
c	医	21
c	医	34

显然，以理、工、文、医来分组，组内有同质性，且理、工、文、医是事先规定好的，不能用随机方差分析。从直接原因看，借阅水平直接与教育方法相关，当然也与每个人的接受能力有关，但与学科属性是否有关，这是我们关心的问题，所以我们用单因素随机区组设计方差来分析。我们把学科属性也看作一个变量。我们用 1、2、3 来代替 a、b、c，用 1、2、3、4 来代替文、理、工、医，见表 2-13：

表 2-13 方差分析格式

方法 x_1	学科属性 x_2	分数 y
1	1	87
1	1	98
1	1	89
1	1	85
1	2	76
1	2	77
1	2	75
1	2	66
1	3	78
1	3	87
1	3	45
1	3	77
1	4	89
1	4	23
1	4	76
1	4	67
2	1	65
2	1	66
2	1	67
2	1	65
2	2	65
2	2	65
2	2	66
2	2	45
2	3	56
2	3	67
2	3	78
2	3	34
2	4	56
2	4	43
2	4	34
2	4	23
3	1	23
3	1	34
方法 x_1	学科属性 x_2	分数 y

续 表

方法 x_1	学科属性 x_2	分数 y
3	1	45
3	1	34
3	2	45
3	2	56
3	2	87
3	2	54
3	3	54
3	3	32
3	3	78
3	3	54
3	4	54
3	4	43
3	4	21
3	4	34

六、单因素随机区组设计方差分析的 SPSS 实现

1. 输入数据

把数据输入得图 2-22：

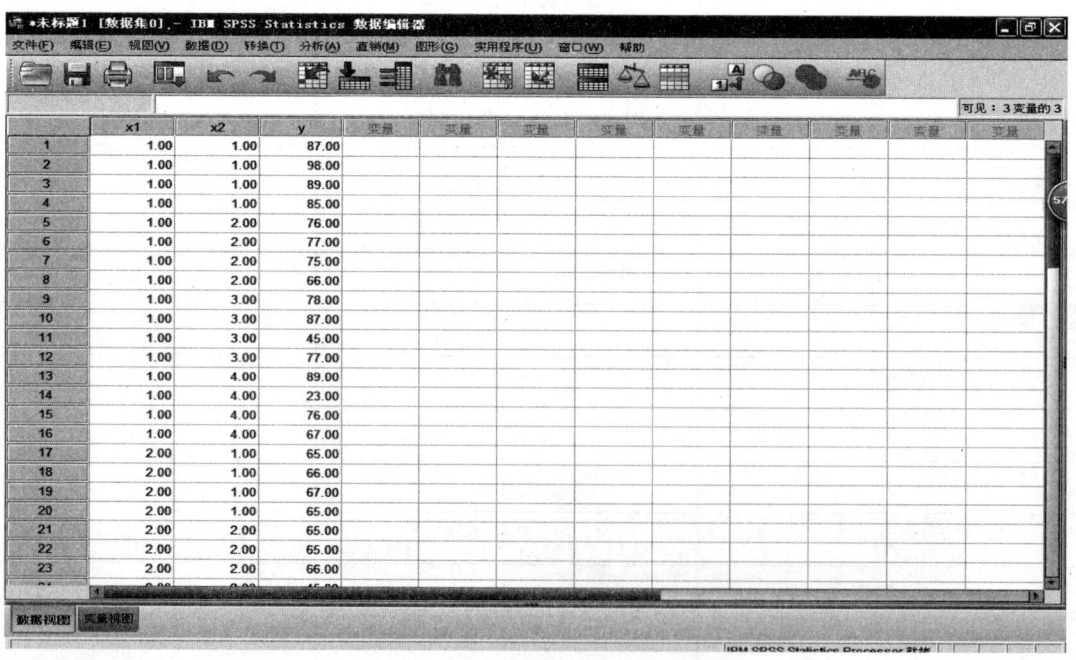

图 2-22　SPSS 数据输入格式

2. 分析路径

点击菜单中的"分析"键，鼠标下滑到"一般线性模型"，接着右滑到"单变量"，见图 2-23：

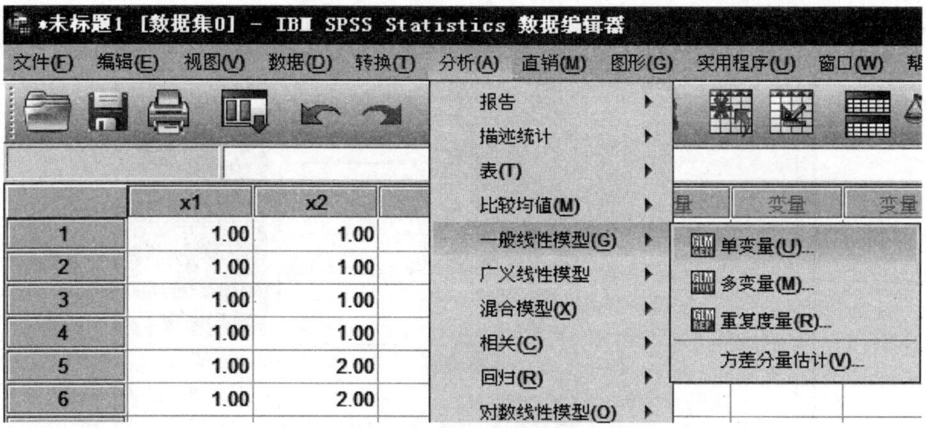

图 2-23 单变量方差分析的分析路径

点击之,得到"单变量"对话框,见图 2-24:

图 2-24 "单变量"对话框

3. 变量确定

需要注意的是,因素变量是分类变量,其中固定因素变量是反映处理的因素,该因素在样本中所有可能的水平都出现了。随机因素是随机设置的因素,是在确定模型时需要考虑会对实验有影响的因素,所有可能的取值没有都出现或不可能都出现,可见固定因子和随机因子是由实验设计决定的。若我们还要在初二和高二各抽三个班进行不同教学方法的实验,那么,不同教学方法所有水平必然全出现,所以不同教学方法是固定因素,年级没有都出现,所以年级是随机因素。本例中 x_1、x_2 的各个水平全有值,即所有水平全出现了,所以是固定因子。

协变量是指连续变量,是排除了分类变量后的自变量,协变量主要用于协方差分析;

选入 WLS 权重的变量是权重变量。

在单变量对话框中,把 y 点进因变量框,把 x_1、x_2 点进固定因子框,见图 2-25:

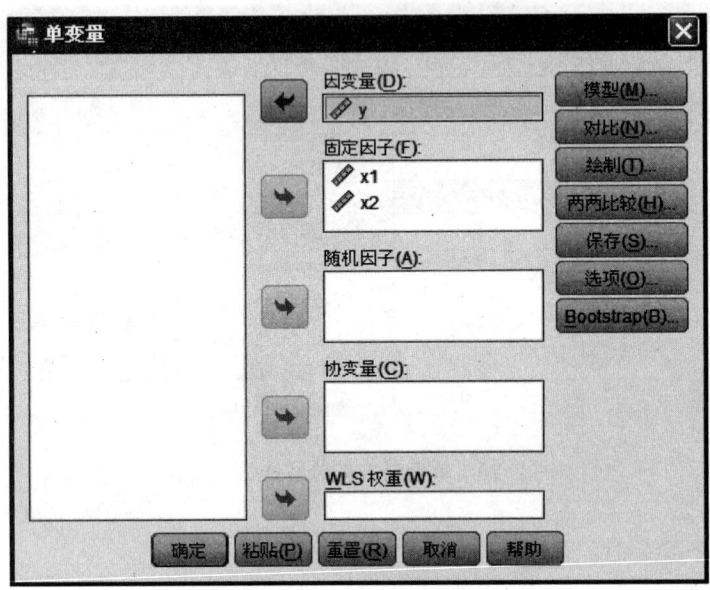

图 2-25　对话框内变量被确定

4. 模型确定

在"单变量"对话框中，点击"模型"键，设置要分析的模型，得到"单变量：模型"对话框，见图 2-26：

图 2-26　"单变量：模型"对话框

在指定模型栏中需要选择两种模型中的一个：全模型是系统默认的模型，包括所有因素主效应、交互效应、协变量主效应等。点击"单变量：模型"对话框中的"设定"键，对话框被激活，得到模型设定界面，见图 2-27：

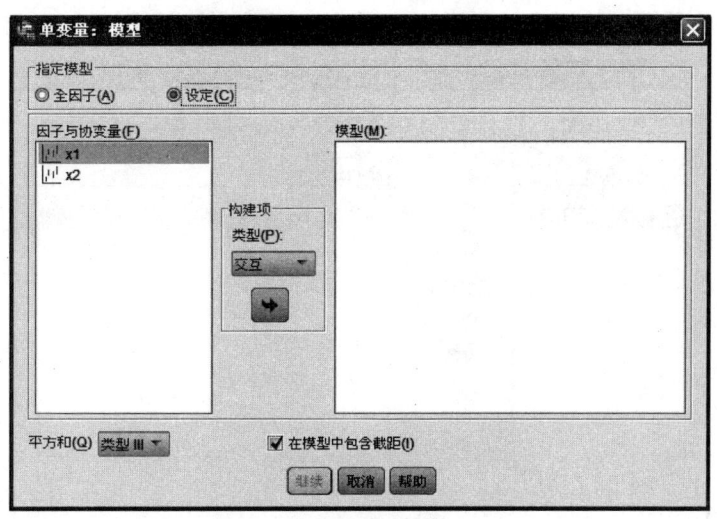

图 2-27 模型设定界面

在自定义模型中，用户可以选择自己实验中感兴趣的效应，选中该单选按钮后，下面的因子与协变量、构建项和模型区域将被激活。接下来依次介绍一下这些选项的作用。

因子与协变量：该列表框中列出了所有定义过的自变量名。

构建项：单击下拉按钮可以选择多种不同的效应，有主效应、交互项、所有二阶项、所有三阶项、所有四阶项和所有五阶项共 6 种。其中所有 n 阶项是指对选定的多个自变量指定分析所有的 n 阶交互作用。

平方和：提供了 4 种分解平方和的方法。

类型 1：分层处理平方和法，即仅对模型主效应之前的每项进行调整，适用于平衡的方差分析模型、多项式回归模型、嵌套模型。

类型 2：对其他所有效应都进行调整，一般适用于平衡的方差分析模型、主因子效应模型、回归模型和嵌套设计。

类型 3：是系统默认的处理方法，对其他任何效应都将进行调整。可以将所计算的残差代入单元频数计算中，此处理方法对于没有缺失单元格的不平衡模型也适用。

类型 4：对于没有缺失单元格的往往使用此方法，此处理方法可以对任何效应的 F 值计算平方和。

在模型中包含截距：如果选中该复选框，表明在模型中包括截距。如果能够确定回归线通过圆点，可以将截距排除在外。

本例感兴趣的是图书馆借阅教育中 3 种方法水平下实验结果的差异性，假设区组设计因素与区组间不存在交互作用，所以只选择了两个固定因素的主效应。在"构建项"栏的类型下拉列表中选择了主效应，见图 2-28：

图 2-28 对话框内类型被确定

再将两个变量选入右侧的模型列表框中，即把 x_1、x_2 从"因子与协变量"框点进"模型"框，得图 2-29：

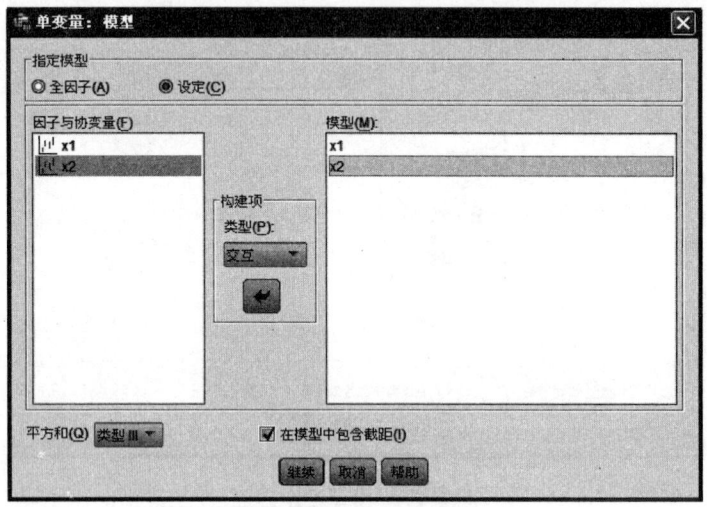

图 2-29　对话框内模型变量被确定

点击"继续"键，返回到"单变量"对话框，见图 2-30：

图 2-30　"单变量"对话框

5. 对比设置

单击主对话框右上角的对比按钮，设置对照分析，得到"单变量：对比"对话框，见图 2-31：

图 2-31　"单变量：对比"对话框

"因子"列表框列出了所有定义过的因素变量名，后面括号中将显示当前定义的对照方法，（无）表示不做对照比较。从"因子"列表框中选择要改变对照方法的自变量后，单击"对比"下拉列表的下拉按钮，"更改对比"栏中各项被激活。展开对照方法表，选择某一种合适的对照方法后，单击"更改"按钮，选中的对照方法将显示在上面的自变量后面的括号里。可供选择的对照方法有："无"选项、"偏差"选项、"简单"选项、"差值"选项、Helmert 选项、"重复"选项和"多项式"选项。当选择第二、三选项时，下面的"参考类别"被激活，可以选择第一个水平或最后一个水平作为参考水平。本例中将不再设置对照分析，有兴趣的读者可以尝试一下。我们点击"继续"键，返回到"单变量"对话框，见图 2-32：

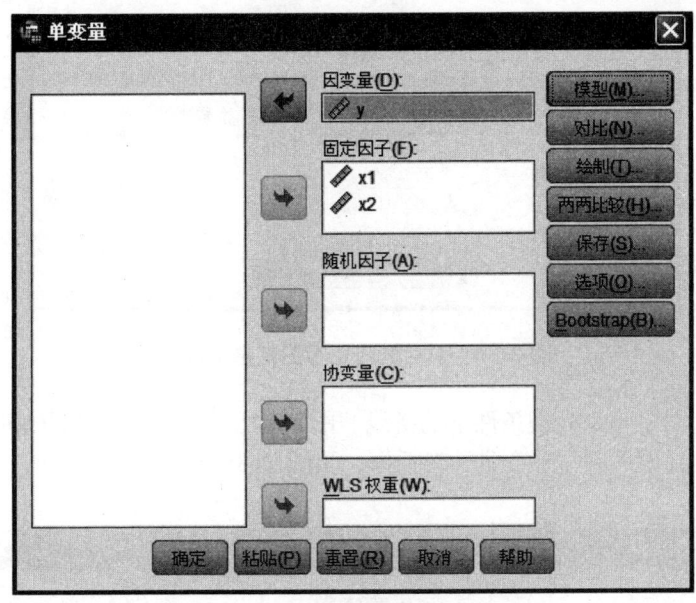

图 2-32　"单变量"对话框

6. 输出因变量均值轮廓图形的设置

单击主对话框中的"绘制"按钮，得到"单变量：轮廓图"对话框，见图 2-33：

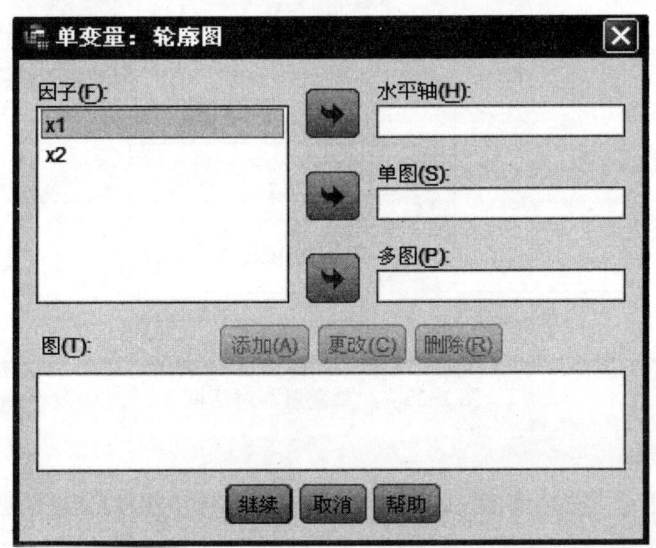

图 2-33　"单变量：轮廓图"对话框

"因子"列表框中列出了主对话框中所定义的自变量名，"水平轴"为横坐标框，"单图"为纵坐标框，"多图"为分立图框，选入此框的变量有多少个水平，就会有多少幅图形。"图（T）"中每个点表明因变量在自变量每个水平上的边际均值的估计值。在此将 x_1 输入"水平轴"框，将 x_2 选入到"单图"框，此时，"添加"键变亮，单击"添加"按钮，软件自动将所选自变量移入下面的"图（T）"文本框中，见图 2-34：

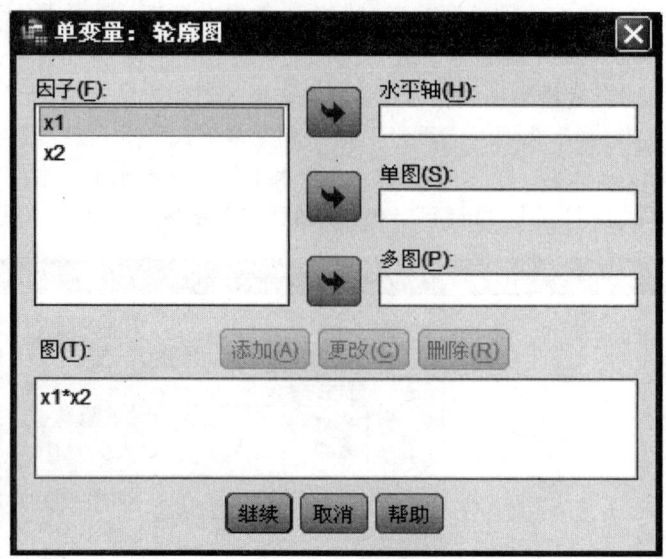

图 2-34 对话框内轮廓图变量被确定

此时要求程序在一个图中输出处理条件下的折线"图（T）"，以便于判断处理条件与区组是否存在交互作用。单击"继续"键，返回到"单变量"对话框，见图 2-35：

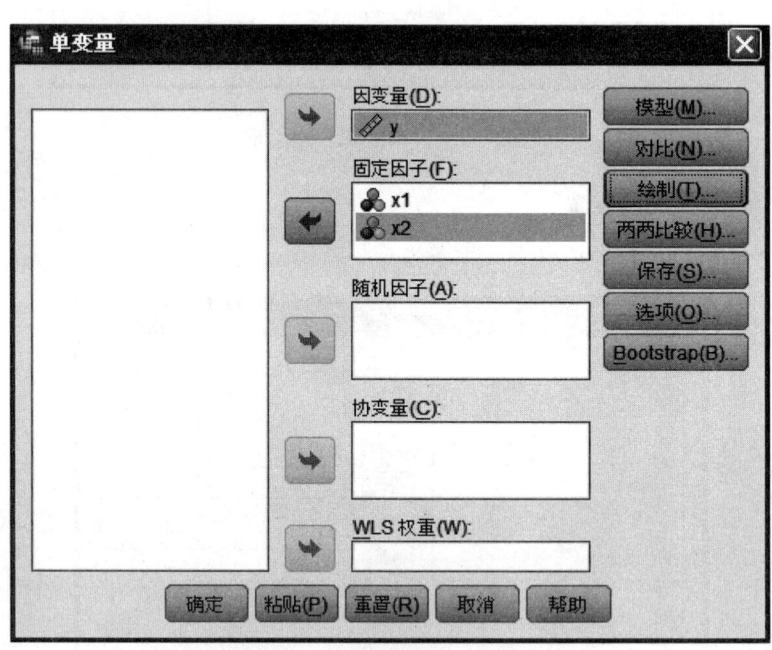

图 2-35 "单变量"对话框

7. 两两比较的设置

在"单变量"对话框中，点击"两两比较"键，得到"两两比较"对话框，见图 2-36：

第二章 方差分析

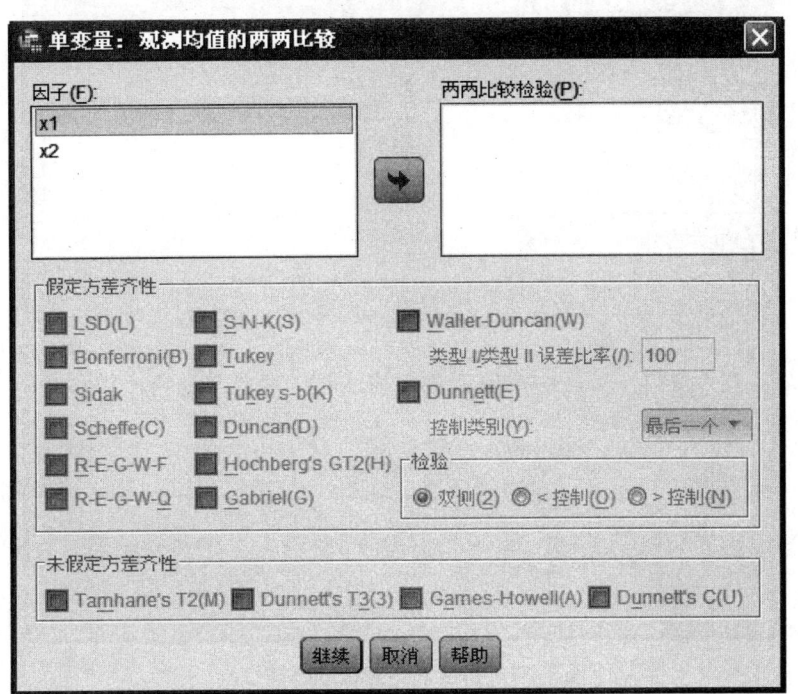

图 2-36 "两两比较"对话框

在"两两比较"对话框的左侧列出了因素变量，如果需要，用户可以在该对话框中将指定进行比较分析的变量选入到右侧变量列中。本例将两个变量全选入右侧变量列中，见图 2-37：

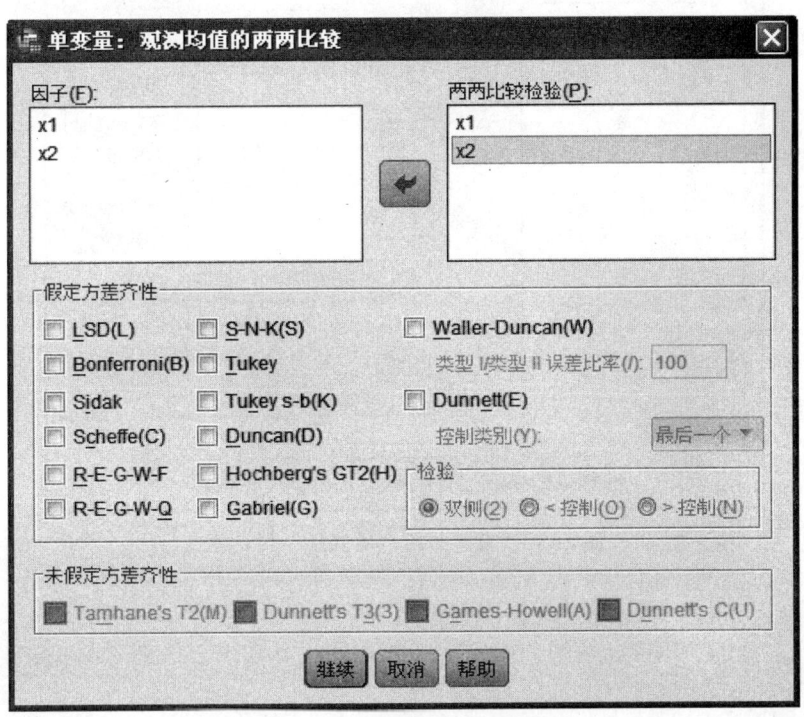

图 2-37 对话框内变量被确定

不同检验方法所依据的检验准则稍有差异，检验结果也不完全相同。在这里，选择 LSD 和 Tukey 两种比较方法，得图 2-38：

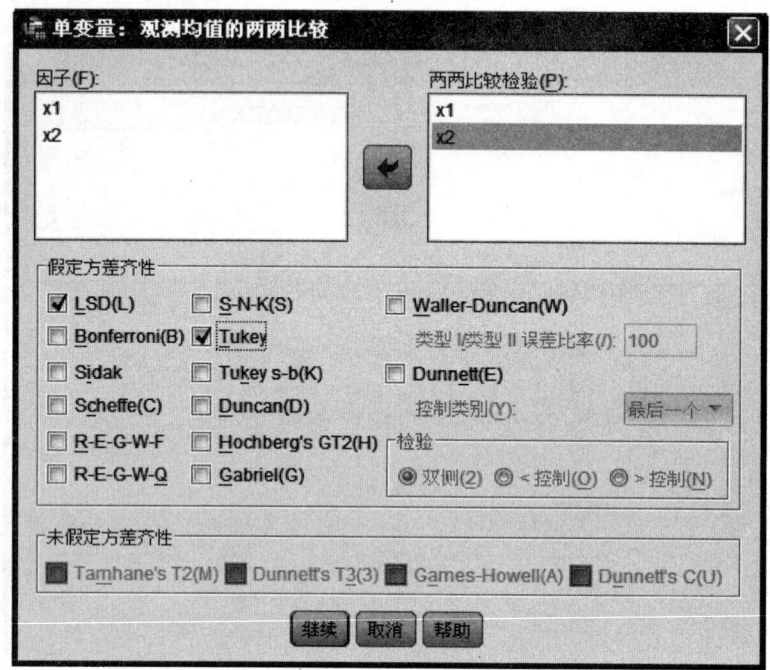

图 2-38　对话框内检验准则被确定

点击"继续"键，返回到"单变量"对话框，见图 2-39：

图 2-39　方差分析"单变量"对话框

8. 保存

单击主对话框右上角的"保存"按钮，设置将要保存的运算结果，得到"单变量：保存"对话框，见图 2-40：

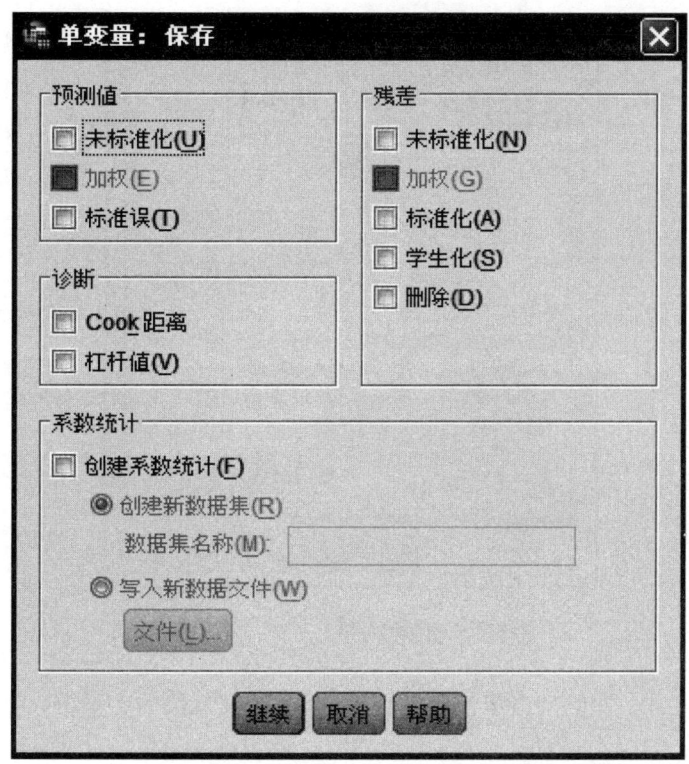

图 2-40 "单变量：保存"对话框

在此对话框中可以将预测值、诊断值和残差等以新变量的形式保存到数据文件中去，以便于在其他统计分析中使用这些值。如果在"单变量"对话框中选择了"加权最小二乘法"，那么"加权法"复选项就会被激活，选中后则保存加权后的非标准化预测值或残差。在"系数统计"栏中可以将系数协方差矩阵保存为一个新文件。此处将不做任何设置。单机"继续"键，返回到"单变量"对话框，见图 2-41：

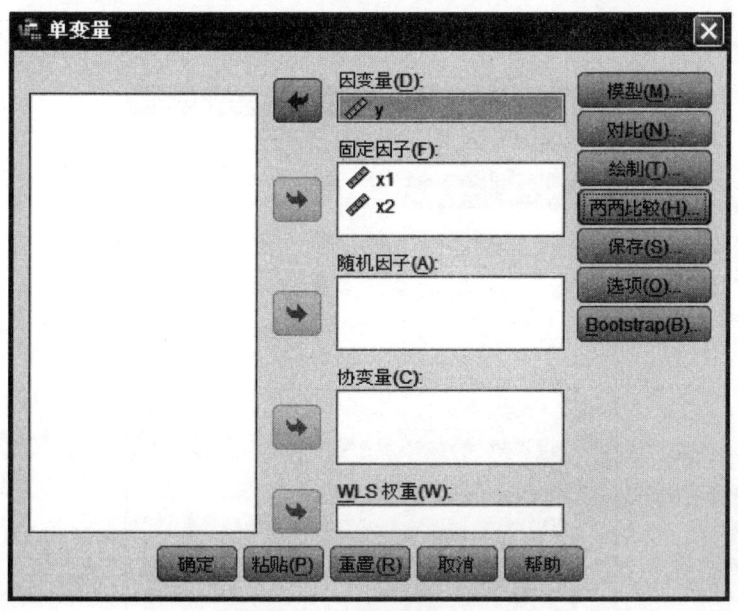

图 2-41 "单变量"对话框

9. 选项确定

为了设置要输出的统计量，在"单变量"对话框中，点击"选项"键，得到"单变量：选项"对话框，见图 2-42：

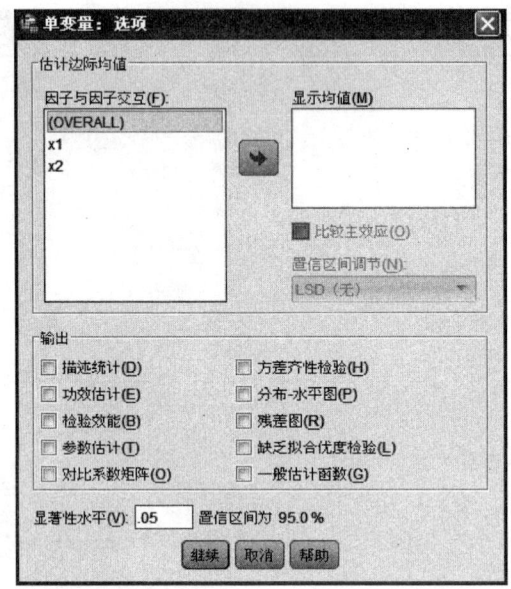

图 2-42 "单变量：选项"对话框

在"估计边际均值"栏中，左侧列出了各个效应项，需要计算均值的变量可以被点进右侧的"显示均值"列表框中，选入后下面的"比较主效应"复选框被激活，选中该复选框后下面的"置信区间调节"下拉列表框被激活。该下拉列表框列出了做组间事后比较时，置信区间和显著性水平调整的3种方法：LSD选项（对显著性水平没有做调整）、Bonferroni选项（固定了每个检验的显著性水平，适用于要比较的对数比较少的情况）和 Sidak 选项（固定了全部检验的总的显著性水平，比 Bonferroni 检验更为严格）。

在"输出"栏中可以选择输出描述统计量、效应大小估计值、实际统计显著性大小、以回归分析的形式表现的参数估计值、对比系数矩阵、方差齐性检验、观测均值与标准差（Spread vs. level plot）、方差的图形、残差图、自变量和因变量的关系是否描述充分等。

在"显著性水平"中可以设置置信区间的显著性水平，默认为 95% 的置信区间，显著性水平为 0.05。

本例在"单变量：选项"对话框中，选中"方差齐性检验""功效估计""残差图"，见图 2-43：

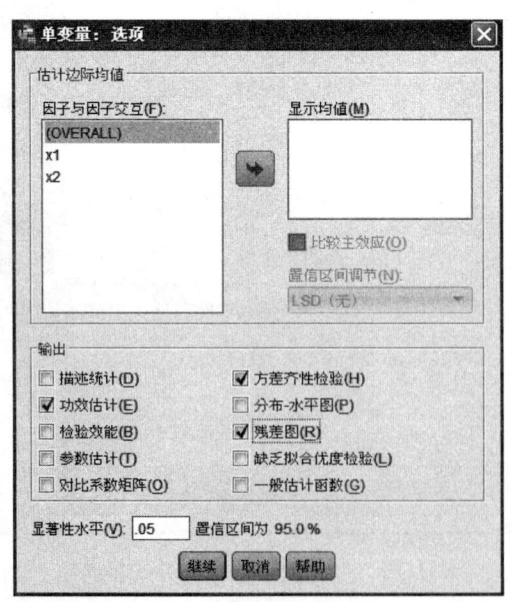

图 2-43 对话框内输出项被确定

点击"继续"键，返回到"单变量"对话框，见图 2-44：

图 2-44 "单变量"对话框

10. 结果与分析

点击"确定"键，得到结果，主体间因子描述见表 2-14：

表 2-14　主体间因子

		N
x_1	1.00	16
	2.00	16
	3.00	16
x_2	1.00	12
	2.00	12
	3.00	12
	4.00	12

主体间因子表示样本数据来自于方法和属性各种情形的个数，如来自于方法 1、2、3 的样本都是 16 个，来自于属性 1、2、3、4 的样本都是 12 个。

误差方差等同性的 Levene 检验结果见表 2-15：

表 2-15　误差方差等同性的 Levene 检验 [a]

F	df_1	df_2	Sig.
0.725	11	36	0.707

注：因变量为 y；检验零假设，即在所有组中因变量的误差方差均相等；
a 表示设计：截距 + x_1 + x_2

由于方法是 3 种，属性是 4 种，所以一共有 12 种组合，12-11=1，所以有 df_1=11，共有 48 个样本，48-12=36，所以有 df_2=36。由误差方差等同性的 Levene 检验表得知，在显著水平为 0.05 的水平下，Sig=0.707，远大于 0.05，所以各组总体方差是相等的，满足方差齐性检验的前提条件。

主体间效应的检验结果见表 2-16：

表 2-16 主体间效应的检验

源	III型平方和	df	均方	F	Sig.	偏 Eta 方
校正模型	8929.625[a]	5	1785.925	6.772	0.000	0.446
截距	167796.750	1	167796.750	636.304	0.000	0.938
x_1	6487.875	2	3243.938	12.301	0.000	0.369
x_2	2441.750	3	813.917	3.086	0.037	0.181
误差	11075.625	42	263.705			
总计	187802.000	48				
校正的总计	20005.250	47				

注：因变量为 y，a 表示 R 方 = 0.446（调整 R 方 = 0.380）

主体间效应的检验的目的就是检验组间截距、变量、变量交互项是否显著。由上表可知：① 校正模型极为显著，所以模型的使用是正确的；② x_1 和 x_2，即方法与属性各自的显著性均很高，说明方法与属性对读者的学习分数都有明显的影响。

为了进一步研究到底哪些方法之间的差异是显著的，可以进行事后检验，检验结果见表 2-17：

表 2-17 多个比较

	(I) x_1	(J) x_1	均值差值 (I-J)	标准 误差	Sig.	95% 置信区间	
						下限	上限
Tukey HSD	1.00	2.00	18.7500*	5.74136	0.006	4.8014	32.6986
		3.00	27.9375*	5.74136	0.000	13.9889	41.8861
	2.00	1.00	-18.7500*	5.74136	0.006	-32.6986	-4.8014
		3.00	9.1875	5.74136	0.257	-4.7611	23.1361
	3.00	1.00	-27.9375*	5.74136	0.000	-41.8861	-13.9889
		2.00	-9.1875	5.74136	0.257	-23.1361	4.7611
LSD	1.00	2.00	18.7500*	5.74136	0.002	7.1635	30.3365
		3.00	27.9375*	5.74136	0.000	16.3510	39.5240
	2.00	1.00	-18.7500*	5.74136	0.002	-30.3365	-7.1635
		3.00	9.1875	5.74136	0.117	-2.3990	20.7740
	3.00	1.00	-27.9375*	5.74136	0.000	-39.5240	-16.3510
		2.00	-9.1875	5.74136	0.117	-20.7740	2.3990

注：因变量为 y，基于观测到的均值，误差项为均值方（错误）= 263.705，* 表示均值差值在 0.05 级别上较显著

上表给出了 Tukey HSD 和 LSD 两种检验法，从 Sig 看都有方法 1 与方法 2，方法 1 与方法 3 有显著差异，但方法 2 与方法 3 无显著差异。

各种方法的均值比较结果见表 2-18：

表 2-18 各种方法的 y 均值比较

x_1		N	子集	
			1	2
Tukey HSD[a,b]	3.00	16	46.7500	
	2.00	16	55.9375	
	1.00	16		74.6875
	Sig.		0.257	1.000

注：已显示同类子集中的组均值，基于观测到的均值，误差项为均值方（错误）= 263.705，a 表示使用调和均值样本大小 = 16.000，b 表示 Alpha = 0.05

方法 3 和方法 2 在同一个子集中，表明方法 3 和方法 2 之间的差异无统计学意义。
方法 1 独自在一个子集中，表明方法 1 与方法 3 或方法 2 的差异有统计学意义。
各个系别的多个比较见表 2-19：

表 2-19 多个比较

	(I) x_2	(J) x_2	均值差值 (I-J)	标准 误差	Sig.	95% 置信区间	
						下限	上限
Tukey HSD	1.00	2.00	−1.5833	6.62955	0.995	−19.3171	16.1504
		3.00	1.5000	6.62955	0.996	−16.2338	19.2338
		4.00	16.2500	6.62955	0.083	−1.4838	33.9838
	2.00	1.00	1.5833	6.62955	0.995	−16.1504	19.3171
		3.00	3.0833	6.62955	0.966	−14.6504	20.8171
		4.00	17.8333*	6.62955	0.048	0.0996	35.5671
	3.00	1.00	−1.5000	6.62955	0.996	−19.2338	16.2338
		2.00	−3.0833	6.62955	0.966	−20.8171	14.6504
		4.00	14.7500	6.62955	0.133	−2.9838	32.4838
	4.00	1.00	−16.2500	6.62955	0.083	−33.9838	1.4838
		2.00	−17.8333*	6.62955	0.048	−35.5671	−0.0996
		3.00	−14.7500	6.62955	0.133	−32.4838	2.9838
LSD	1.00	2.00	−1.5833	6.62955	0.812	−14.9623	11.7956
		3.00	1.5000	6.62955	0.822	−11.8790	14.8790
		4.00	16.2500*	6.62955	0.018	2.8710	29.6290
	2.00	1.00	1.5833	6.62955	0.812	−11.7956	14.9623
		3.00	3.0833	6.62955	0.644	−10.2956	16.4623
		4.00	17.8333*	6.62955	0.010	4.4544	31.2123
	3.00	1.00	−1.5000	6.62955	0.822	−14.8790	11.8790
		2.00	−3.0833	6.62955	0.644	−16.4623	10.2956
		4.00	14.7500*	6.62955	0.032	1.3710	28.1290
	4.00	1.00	−16.2500*	6.62955	0.018	−29.6290	−2.8710
		2.00	−17.8333*	6.62955	0.010	−31.2123	−4.4544
		3.00	−14.7500*	6.62955	0.032	−28.1290	−1.3710

注：因变量为 y，基于观测到的均值，误差项为均值方（错误）= 263.705，* 表示均值差值在 0.05 级别上较显著

从 Tukey HSD 检验看，文与理、工、医都无显著差异。理与医的 Sig 值为 0.048，略小于 0.05，即理与医有显著差异，其余都无显著差异。但从 LSD 检验看，医与文、理、工都有显著差异。其余都无显著差异。
各个系的 y 均值比较结果见表 2-20：

表 2-20　各个系的 y 均值比较

	x_2	N	子集 1	子集 2
Tukey HSD[a,b]	4.00	12	46.9167	
	3.00	12	61.6667	61.6667
	1.00	12	63.1667	63.1667
	2.00	12		64.7500
	Sig.		0.083	0.966

注：已显示同类子集中的组均值，基于观测到的均值，误差项为均值方（错误）= 263.705，a 表示使用调和均值样本大小 = 12.000，b 表示 Alpha = 0.05

4 与 2 不在同一个子集中，也就是文与医不在同一个子集中，其余都在同一个子集中。

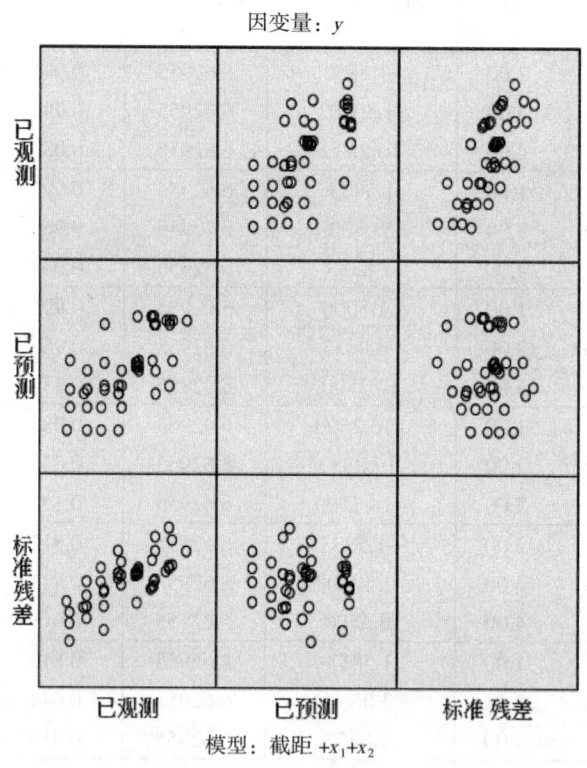

图 2-45　矩阵散点

图 2-45 是矩阵散点，此图可判断方差是否齐性，所有的行变量都是纵坐标（观察值），所有的列变量都是横坐标（预测值），中间的点表示残差，残差点若均匀分布，则表示方差齐性，反之，若残差点有规律分布，则表示有异方差，此时就要考虑"模型"中的其他选项，如交互效应、协变量主效应等。好在矩阵散点图中的残差点较均匀分布，即方差齐性，不必考虑其他选项。

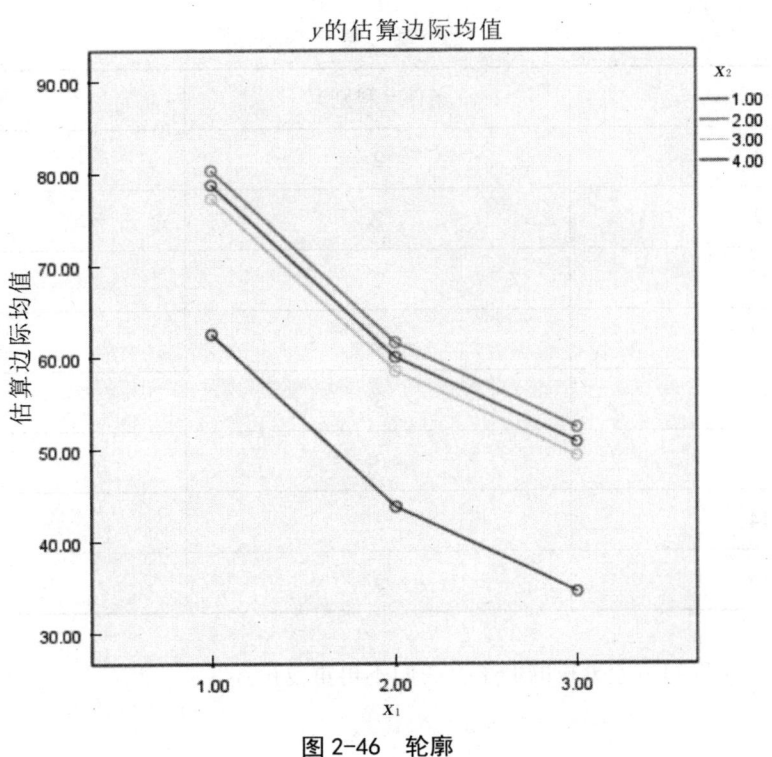

图 2-46 轮廓

图 2-46 是轮廓，从此图也可看到：文、理、工三者轮廓线在一起，医轮廓线单独隔离开来。各条轮廓线平行，说明无交互作用。

例：文科、理科、工科各出 5 人对期刊采购工作进行评价，得到评价数据（分数），见表 2-21：

表 2-21 期刊采购工作评价数据

文科	理科	工科
4	2	2
2	1	1
1	4	6
5	7	4
2	5	7

文科用 1 表示，理科用 2 表示，工科用 3 表示，我们把表重新整理成方差分析格式，见表 2-22：

表 2-22 方差分析格式

序号	条件（科别）	评价
1	1	4
2	1	2
3	1	1
4	1	5
5	1	2
6	2	2
7	2	1

续 表

序号	条件（科别）	评价
8	2	4
9	2	7
10	2	5
11	3	2
12	3	1
13	3	6
14	3	4
15	3	7

显然这也是一元随机区组方差分析的例子，我们不再重复论述。

第六节　双因素方差分析

方差分析用于对两个及两个以上样本均数差别的显著性检验，双因素方差分析是检验在两种因素影响下，两个以上总体的均值彼此是否相等的一种统计方法。

我们先介绍两个效应概念。

简单效应：在某因素同一水平上，另一因素不同水平对实验指标的影响称为简单效应。

主效应：由于因素水平的改变而引起的平均数的改变量称为主效应。

两因素方差分析的目的是分析各个自变量的独立作用、各个自变量之间的交互作用和其他的随机变量对因变量的影响，即分析是一个因素起作用，还是两个因素共同起作用，还是两个因素都不起作用。两个因素共同起作用时，是各自独立作用，还是有交互作用。对于无交互作用的两因素方差分析，其结果与对每个因素分别进行单因素方差分析的结果完全相同。

有时，主效应都无统计学意义，但交互项却有统计学意义。

一、无交互影响的双因素方差分析

如果因素 A 和因素 B 对实验结果的影响是相互独立的，则可以分别考察各自的影响，这种双因素方差分析称为无交互作用的双因素方差分析。

无交互影响的双因素方差分析是在模型中仅考虑主效应、不考虑交互效应的一种方差分析方法。

例：4 个读者用 2 种方法给 2 个馆员评价，得表 2-23 的数据：

表 2-23 馆员评价数据

馆员	方法	编目数量
1	1	49
2	1	45
1	1	46
2	1	42
1	1	50
2	1	47
1	1	49
2	1	47
1	2	46
2	2	45
1	2	46
2	2	43
1	2	45
2	2	44
1	2	43
2	2	42

我们认为读者评价水平无差异，试分析方法是否有差异？馆员之间是否有差异？

1. 输入数据

输入数据和变量名后，得图 2-47：

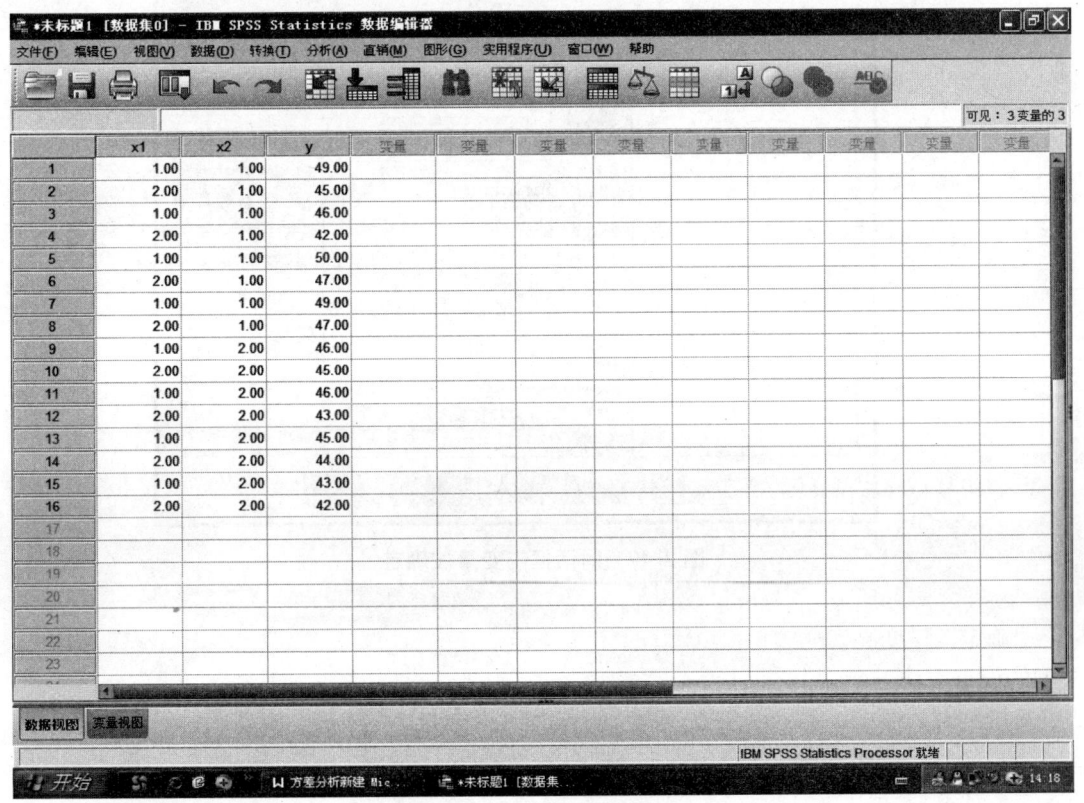

图 2-47 SPSS 数据输入格式

2.变量确定

在 SPSS 中,点击"分析",鼠标下滑到"一般线性模型",再右滑到"单变量",点击之,得到"单变量"对话框,见图 2-48:

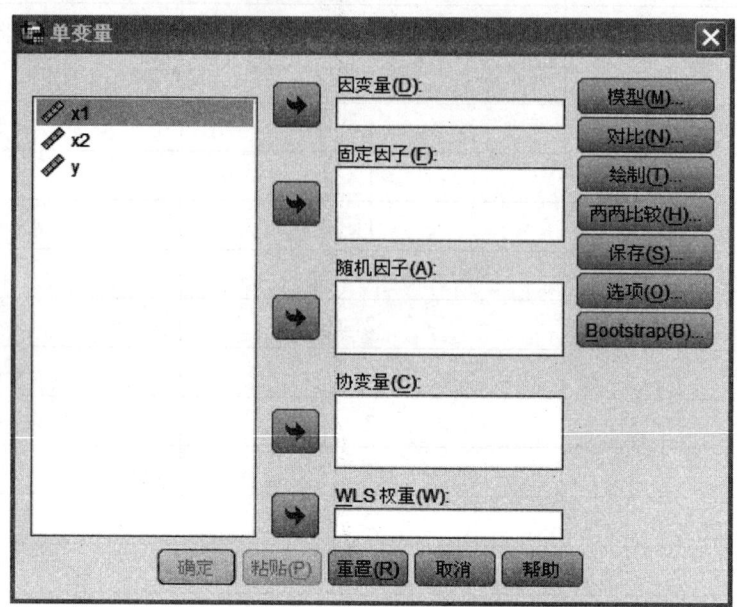

图 2-48 "单变量"对话框

将 y 点进"因变量"框,将 x_1、x_2 点进"固定因子"框中,得图 2-49:

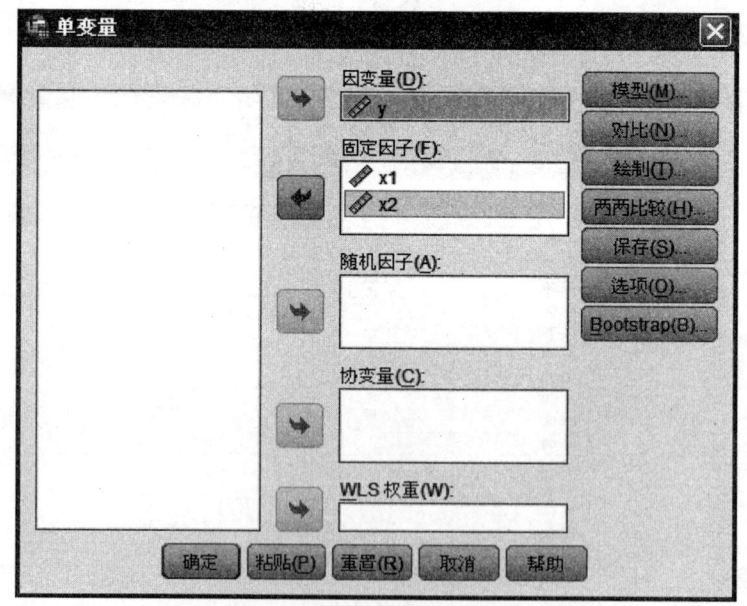

图 2-49 对话框内变量被确定

此时,"确定"键变亮。

3.模型的设定方法

在"单变量"对话框中,点击"模型"键,就会得到"单变量:模型"对话框,见图 2-50:

图 2-50 "单变量:模型"对话框

在指定模型栏中需要选择两种模型中的一个:全模型是系统默认的模型,包括所有因素主效应、交互效应、协变量主效应等,如全模型包括所有因素变量的主效应和所有的交互效应。例如有三个因素变量,全模型包括三个因素变量的主效应、两两的交互效应和三个因素的交互效应。此模型不需要做进一步的设置,单击"继续"按钮即可返回主对话框;若不想用全模型,可点击"单变量:模型"对话框中的"设定"键,"单变量:模型"对话框被激活,见图 2-51:

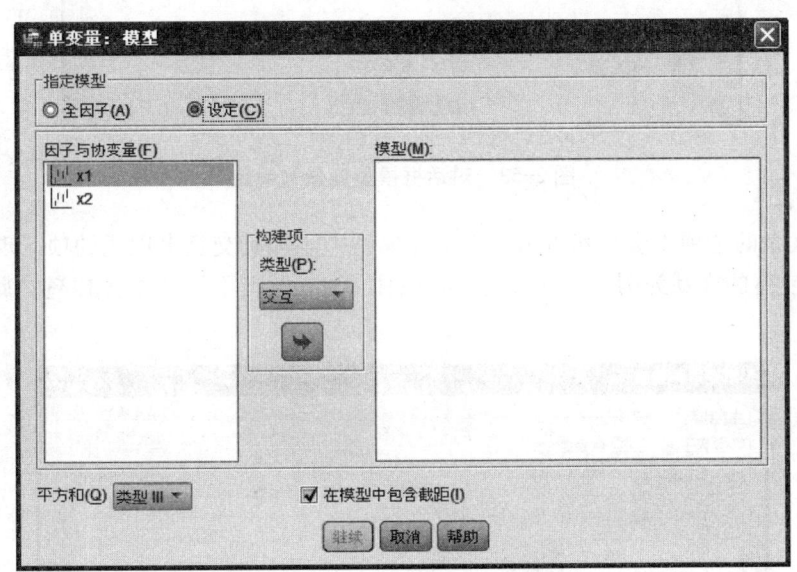

图 2-51 被激活的"单变量:模型"对话框

在"设定"模型中,用户可以选择自己实验中感兴趣的效应。选择了"设定"后,原被屏蔽的"因子与协变量""模型"和"构建项"栏被激活,接下来依次介绍一下这些选项的作用。

在"因子与协变量"框中自动列出可以作为因素变量的变量名,因素变量的名后面的括号中标有字母"F"和可以作为协变量的变量名,其变量名后面的括号中标有字母"C"。本例中,因无协变量,所以无变量名后的括号和括号中的注释。这些变量都是由用户在主对话框中定义过的。根据表中列出的变量名建立模型,其方法如下:

在"构建项"栏右面的有一向下箭头按钮(下拉按钮),单击该按钮可以展开一小菜单,可以选择多种不同的效应,有主效应、交互项、所有二阶项、所有三阶项、所有四阶项和所有五阶项共 6 种。其中所有 n 阶项是指对选定的多个自变量指定分析所有的 n 阶交互作用。

在下拉菜单中用鼠标单击某一项,下拉菜单收回,选中的类型占据矩形框。如选"交互"项,见图 2-52:

图 2-52 "构建项"类型被选定

将自变量从"因子与协变量"点进"模型"框,得图 2-53:

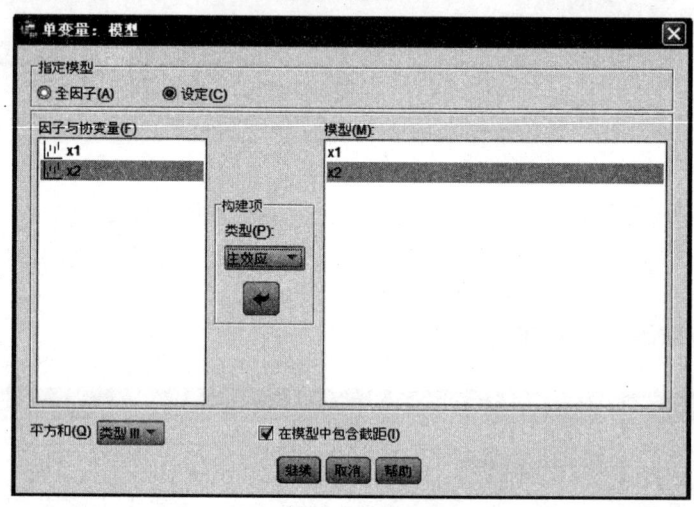

图 2-53 对话框模型变量被确定

除主效应外,其余的选项不会自然得出,必须在模型中添加其交互多项式的项。现在的问题是,如何添加交互项?以 x_1 与 x_2 的交互为例,先点击 x_1,再按住"Shift"键不放,再点击 x_2,此时 x_1 与 x_2 都变色,见图 2-54:

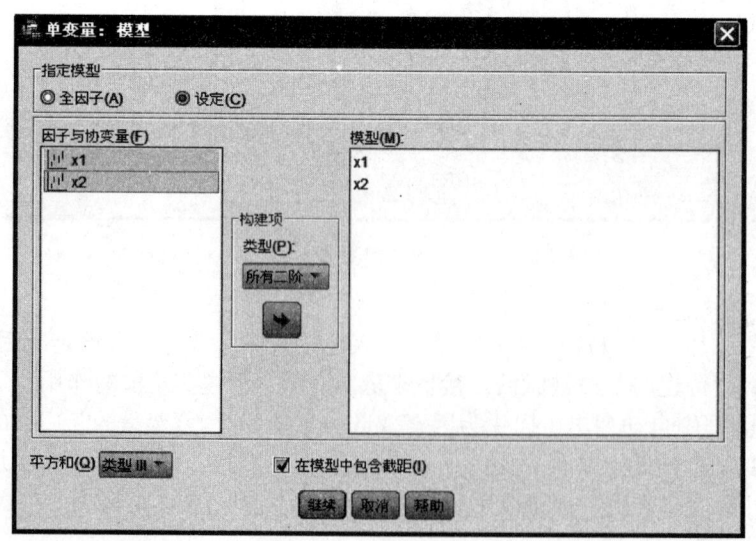

图 2-54 交互项的挑选

再点击"右拉"键,将其点进模型框,得图 2-55:

图 2-55 交互项的确定

"单变量：模型"对话框还有如下两项选择。

（1）单击"平方和"下拉按钮：提供了 4 种分解平方和的方法。

类型 1：分层处理平方和法，即仅对模型主效应之前的每项进行调整，适用于平衡的方差分析模型、多项式回归模型、嵌套模型。确定一级交互效应之前必须先确定主效应的离差，确定二级交互效应之前必须先确定一级交互效应的离差，其他同理；多项式回归模型，其中，高次项确定前先确定低次项；嵌套模型，一级效应嵌套于二级效应之中，二级嵌套于三级之中，依次类推。

类型 2：对其他所有效应都进行调整，一般适用于平衡的方差分析模型、主因子效应模型、回归模型和嵌套设计。

类型 3：是系统默认的处理方法，是最多应用的方法，适应于类型 1 和类型 2 所列的模型，对其他任何效应都将进行调整。可以将所计算的残差代入单元频数计算中，此处理方法对于没有缺失单元格的平衡或不平衡模型也适用。

类型 4：对于有缺失单元格的平衡或非平衡设计的往往使用此方法，此处理方法可以对任何效应的 F 值计算平方和。

（2）在模型中包含截距：如果选中该复选框，表明在模型中包括截距。如果能够确定回归线通过圆点，可以将截距排除在外。

在此先不做任何设定，先认可全模型。

点击"继续"键，返回到"单变量"对话框，见图 2-56：

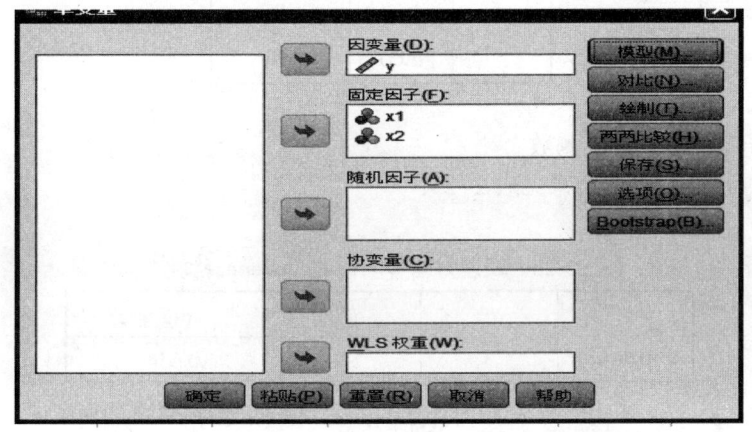

图 2-56 "单变量"对话框

4. 模型的判断

开始分析时,我们并不知道模型是什么样,所以先用全模型计算一下。全模型是系统默认模型。

在"单变量"窗口,按"选项"键,就会出现"单变量:选项"对话框,见图2-57:

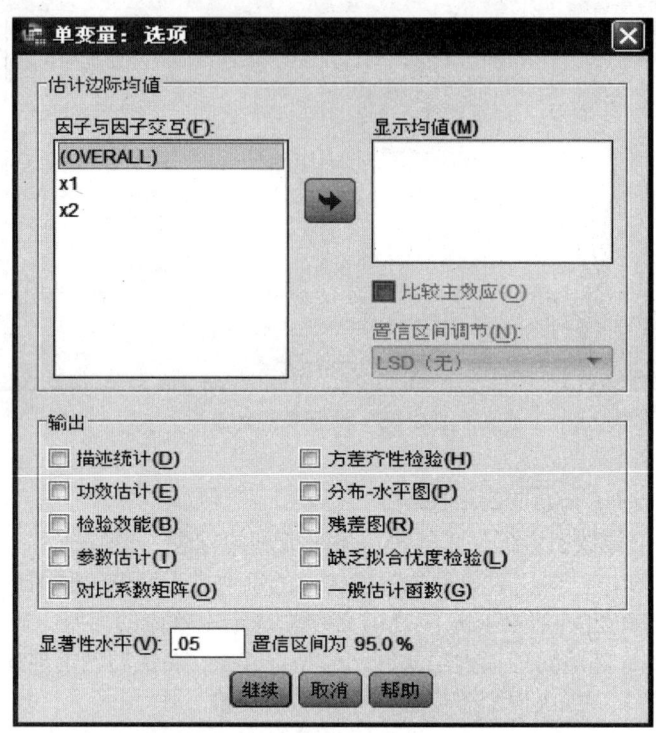

图2-57 "单变量:选项"对话框

在"估计边际均值"框中,列出"模型"对话框中指定的效应项,在该框中选定因素变量的各种效应项。单击"右拉"按钮就将左边"因子与因子交互"下的"OVERALL(全模型)"选入右边"显示均值"下的方框中,以显示单元格及边际均值。选"方差齐性检验",其他一切SPSS系统设置都被默认,直接点击"确定"键,得到统计结果。其中主体间因子见表2-24:

表2-24 主体间因子

		N
x_1	1.00	8
	2.00	8
x_2	1.00	8
	2.00	8

本表告诉主体因子各个水平的观测数。

误差方差等同性的Levene检验结果见表2-25:

表2-25 误差方差等同性的 Levene 检验 [a]

F	df_1	df_2	Sig.
0.585	3	12	0.636

注:因变量为 y;检验零假设,即在所有组中因变量的误差方差均相等;a 表示设计:截距 + x_1 + x_2 + $x_1 * x_2$

因Sig=0.636 > 0.05,故认为误差方差等同,满足误差等方差的要求,可以进行方差分析。

主体间效应的检验结果见表2-26:

表 2-26 主体间效应的检验

源	III型平方和	df	均方	F	Sig.
校正模型	53.187ª	3	17.729	5.789	0.011
截距	33215.063	1	33215.063	10845.735	0.000
x_1	22.563	1	22.563	7.367	0.019
x_2	27.563	1	27.563	9.000	0.011
$x_1 * x_2$	3.063	1	3.063	1.000	0.337
误差	36.750	12	3.063		
总计	33305.000	16			
校正的总计	89.937	15			

注：因变量为 y；a 表示 R 方 =0.591（调整 R 方 =0.489）

从此表可看到，主效应的显著概率 Sig 一个是 0.019，一个是 0.011，都远小于 0.05，非常显著，而交互项 $x_1 * x_2$ 的显著概率 Sig 是 0.337，远大于 0.05，故交互项不显著，所以模型是主效应模型。

由于模型是主效应模型，但前边的运算是按全模型来计算的，结果有误差，下面我们用主效应模型来重新运算，按前边步骤，得到主效应模型界面，见图 2-58：

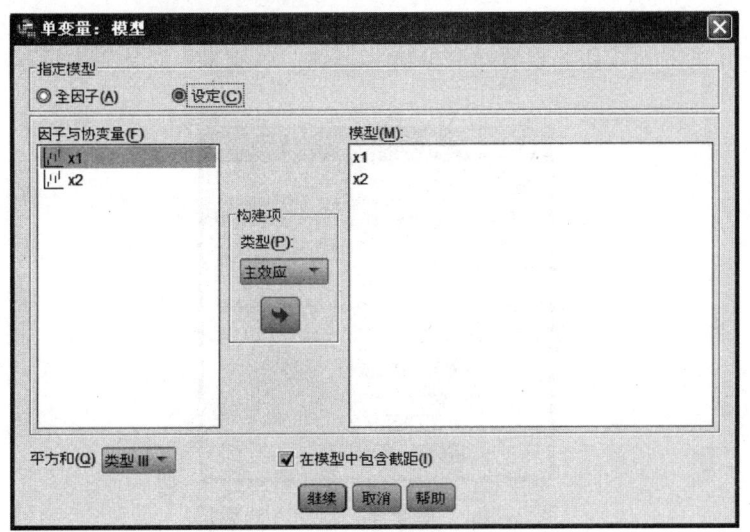

图 2-58　对话框内构建项被选定

点击"继续"键，返回到"单变量"对话框，见图 2-59：

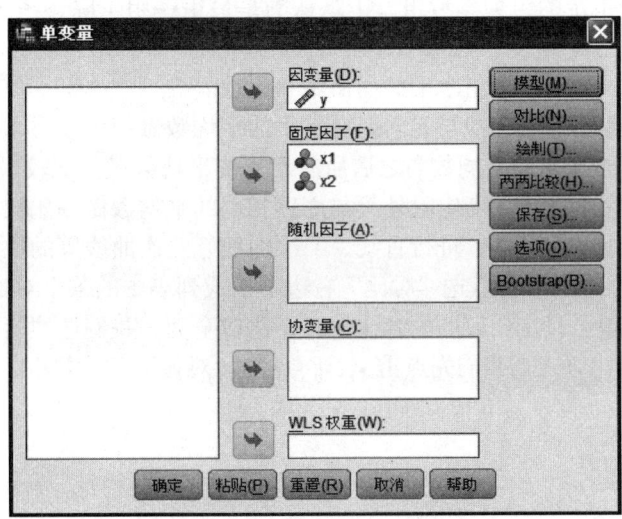

图 2-59　"单变量"对话框

5. 对比设置

两因素方差分析过程通常分两步，首先对因素主效应和交互效应进行综合检验，如果效应显著，然后再做进一步其他检验。效应显著与否？需要进行对比分析。

第一因素的主效应：在平衡第二因素各水平之间效应的前提下，因变量在第一因素各水平上的均值是否存在显著差异。

第二因素的主效应：在平衡第一因素各水平之间效应的前提下，因变量在第二因素各水平上的均值是否存在显著差异。

两因素的交互效应：因变量在第一因素各水平上的均值差异是否是第二因素各水平的变异函数。也就是说，在两个因素的共同作用下，因变量在因素各水平上的差异是否显著。

上述三类效应只要有一类显著，都须做事后检验。如果仅有因素主效应显著，则需要进行多重比较，以发现具体差异发生在哪些水平之间，通常不需要解释因素主效应，而应对交互效应做进一步检验。

对比正是用以检验因素水平间的差异的方法。如前所述，不论是主效应或是单纯主效应的检验，如果显著的话，就要进行比较，以检查各因素在各水平之间是否存在差异。某因素某个水平上某因变量的估计均数，散点联线后显示估计均数随两个因素不同水平组合的变化趋势，若平行线条，表示两因素没有交互作用，若有交叉，存在交互作用。借此，我们可以分析模型给的"交互项"是否合理。这里的前提"不论是主效应或是单纯主效应的检验，如果显著的话"非常重要，满足了这个前提后，才能用轮廓图判断交互项是否存在。

单击主对话框右上角的对比按钮，设置对照分析，得到"单变量：对比"对话框，见图 2-60：

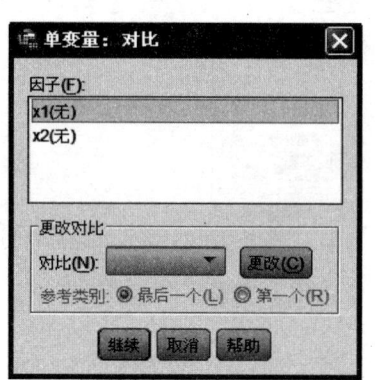

图 2-60 "单变量：对比"对话框

可按照研究者的需要，做各种设定。按"x_1"再点选"对比"右边下拉式列表中的"无""偏差""简单""差值""Helmert""重复""多项式"等选项。

偏差：以参考类别中指定的组为参考组，（默认的是最后一组）除参考水平外，将每个水平的平均数均与所有水平的均值做一比较。

简单：每个水平的平均数与参考组水平的均值做一比较。

差值：将因素的每个水平的平均数与先前所有水平的平均数做一比较。

Helmert：将因素的每个水平的平均数与之后所有水平的平均数做一比较。

重复：将每个水平的平均数（参考组除外）与之后相邻的平均数做一比较。

多项式：根据因子变量的水平数，进行直线、二次曲线、三次曲线等的比较。

按"某个包含对比的变量"，再点选"对比"右边下拉式列表中的某个对比，再按"更改"，完成更改。

显然从定义看，"简单"设定比较的内容比较多、比较全面，我们选"简单"设定。

首先我们定义 x_1 的对比方式，我们先点击 x_1，再点击"对比"的下拉框，得图 2-61：

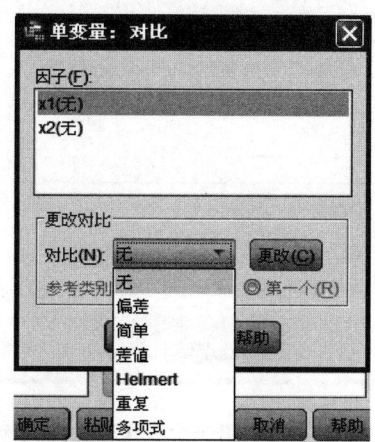

图 2-61 对比方式选择菜单

我们选择"简单",得图 2-62:

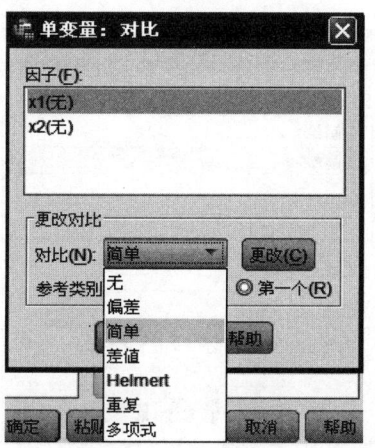

图 2-62 对比方式选择菜单的选定

点击之,"简单"就被选进了对比框,见图 2-63:

图 2-63 对话框内对比方式被选好

但这一步并没有走完,可以发现,因子框中的 x_1 后边的括号中的标注仍然是"无",还是必须点击"对比"后的"更改"键,点击"更改"键后,得图 2-64:

图 2-64 对话框内第一个变量对比方式被确定

此时，可以发现，因子框中的 x_1 后边的括号中的标注已是"简单"。接着我们用类似的方法定义 x_2 的对比方式，得图 2-65：

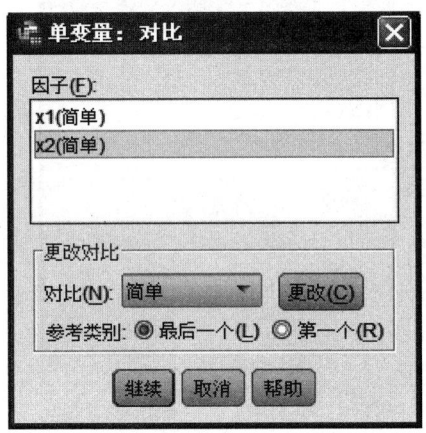

图 2-65 对话框内所有变量对比方式被确定

点击"继续"键，返回到"单变量"对话框，见图 2-66：

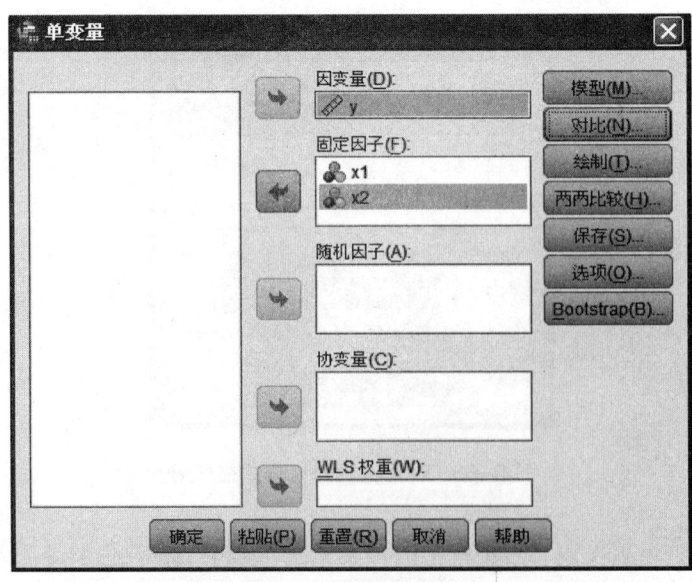

图 2-66 "单变量"对话框

6. 图形设置

设置该窗口的目的在于让读者选择要绘制的趋势图。

在主对话框中单击"绘制"按钮，打开"单变量：轮廓图"对话框，如图 2-67 所示：

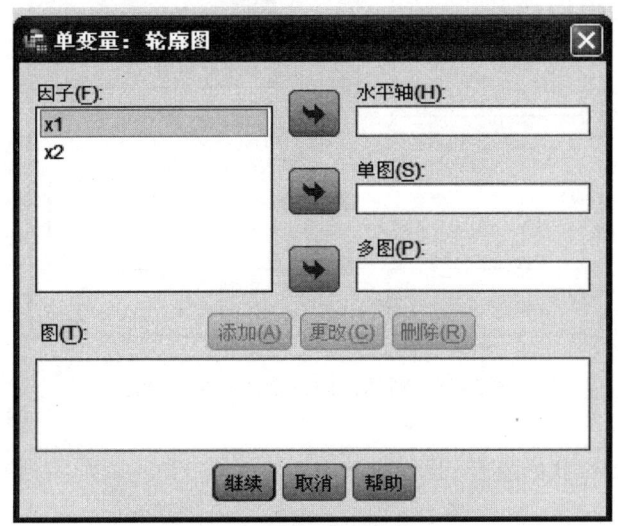

图 2-67 "单变量：轮廓图"对话框

在该对话框中设置均值轮廓图。

均值轮廓图用于比较边际均值。轮廓图是线图，图中每个点表明因变量在因素变量每个水平上的边际均值的估计值。如果指定了协变量，该均值则经过协变量调整的均值。因变量做轮廓图的纵轴，一个因素变量做横轴。

做单因素方差分析时，轮廓图表明该因素各水平的因变量均值。

双因素方差分析时，指定一个因素做横轴变量，另一个因素变量的每个水平产生不同的线。如果是三因素方差分析，可以指定第三个因素变量，该因素每个水平产生一个轮廓图。双因素或多因素轮廓图中的相互平行的线表明在因素间无交互效应，不平行的线表明有交互效应。

"因子"框中为因素变量列表。

横坐标（水平轴）框，选择"因子"框中一个因素变量做横坐标变量。被选的变量名反向显示，单击向右拉箭头按钮，将变量名送入相应的横坐标轴框中。如我们选择 x_1 作为横坐标变量，则有：

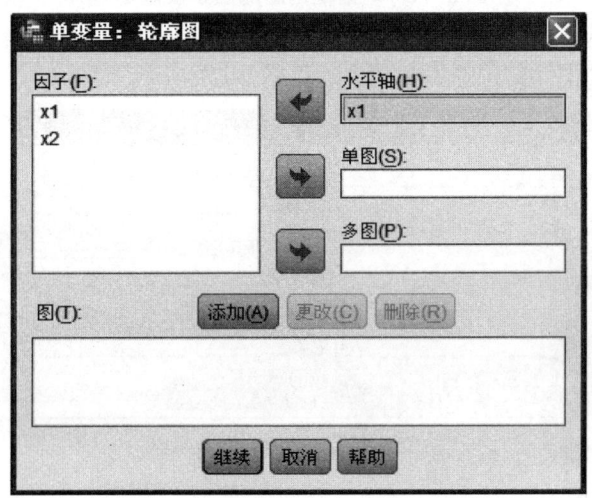

图 2-68 对话框内水平轴因子被选定

如果只想看该因素变量各水平的因变量均值分布，可单击"添加"按钮，将所选因素变量移入下面的"图"框中；如只想看 x_1 各水平的因变量均值分布，可单击"添加"按钮后，得图 2-69：

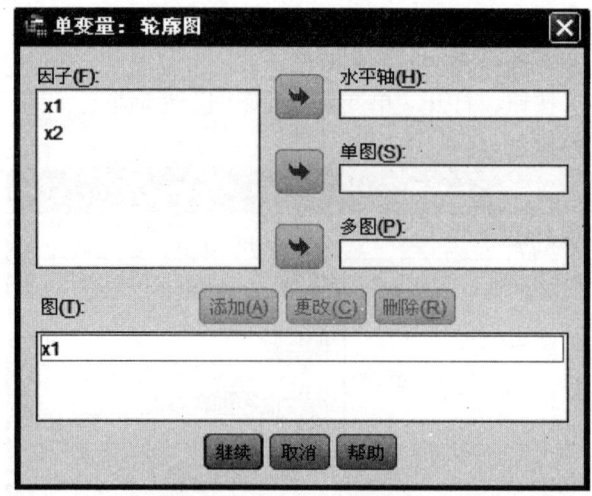

图 2-69　对话框内一个图因素被选定

若想取消添加的因子，那么我们点击"图"中被添加的因子，如 x_1，则 x_1 所在的行全部变色，且"删除"键变亮，见图 2-70：

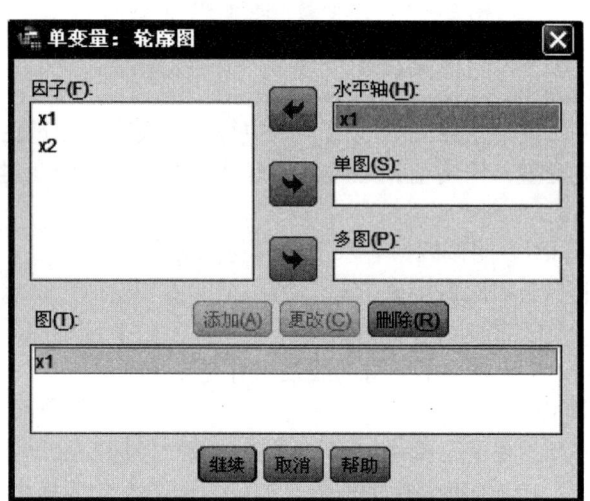

图 2-70　对话框内删除因素被确定

点击"删除"键，x_1 从"图"的选择框中消失。见图 2-71：

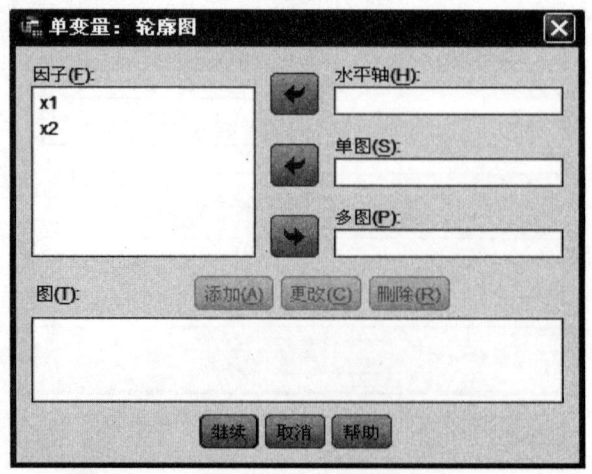

图 2-71　删除因素后的"单变量：轮廓图"对话框

本例不删除 x_1，同理把 x_2 也添加进去，得图 2-72：

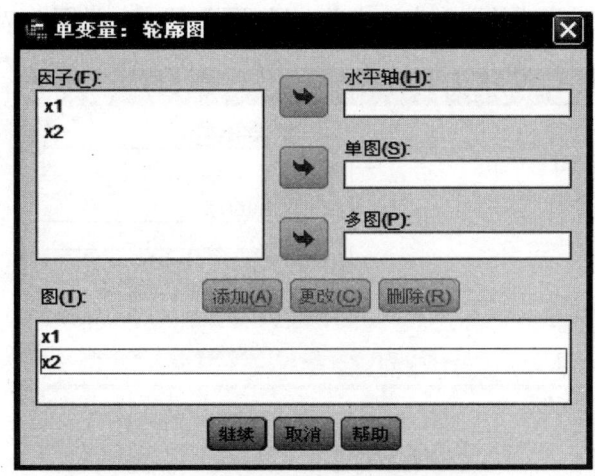

图 2-72　对话框内所有图因素被确定

如果想看两个因素变量组合的各单元格中因变量均值分布，或想看两个因变量间是否存在交互效应，那么，在前一个"因子"选择的基础上（但不添加），再选择"因子"框中另一个因素变量，如 x_2，点击之，则此因子变色，见图 2-73：

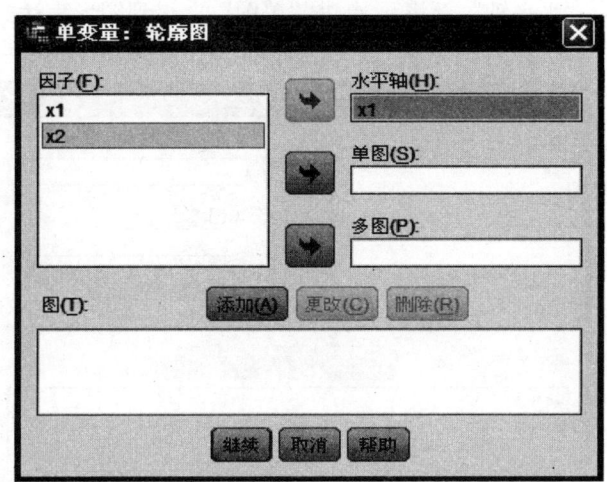

图 2-73　交互因素一个选好另一个未选好的"单变量：轮廓图"对话框

单击右拉按钮将变量名送入"单图"框中，见图 2-74：

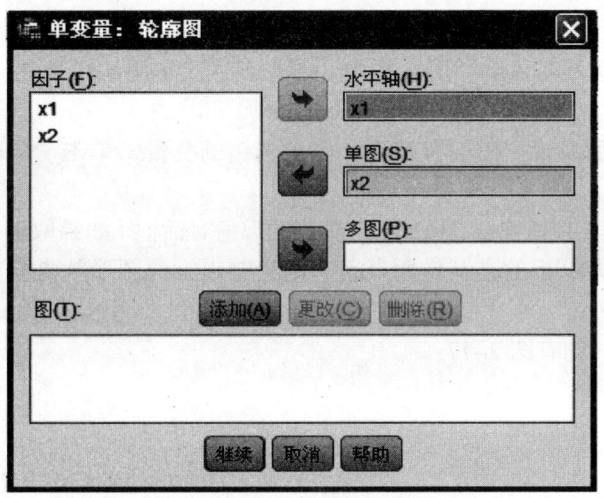

图 2-74　对话框内交互因素选好但未被确定

单击"添加"按钮，将自动生成的图形表达式送入到"图"栏中，见图2-75：

图 2-75　对话框内一个交互因素被确定

分母框中的变量的每个水平将在图中是一条线。图形表达式是用"*"连接的两个因素变量名。用同样的方法将 x_2 设为"水平轴"，将 x_1 点进"单图"，得到图形表达式，见图2-76：

图 2-76　对话框内所有交互因素被确定

多图框。如果在"因子"栏中还有因素变量，可以按上述方法，将其送入"多图框"框中，单击"添加"按钮，将自动生成的图形表达式送入到"图"栏中。图形表达式是用"*"连接的三个因素变量名。分图变量的每个水平生成一张线图。

若将图形表达式送到框后发现"图"有错误，单击选错的变量，单击"删除"按钮，将其取消，再重新输入正确内容。

在检查无误后，按"继续"按钮确认，返回到"单变量"主对话框。如果取消做的设置单击"取消"按钮。

如果独立样本双因素方差分析的交互作用显著，则绘制出来的图形就是自变量在因变量上的交互作用图。

本例上述几种图形都选，则有图 2-77：

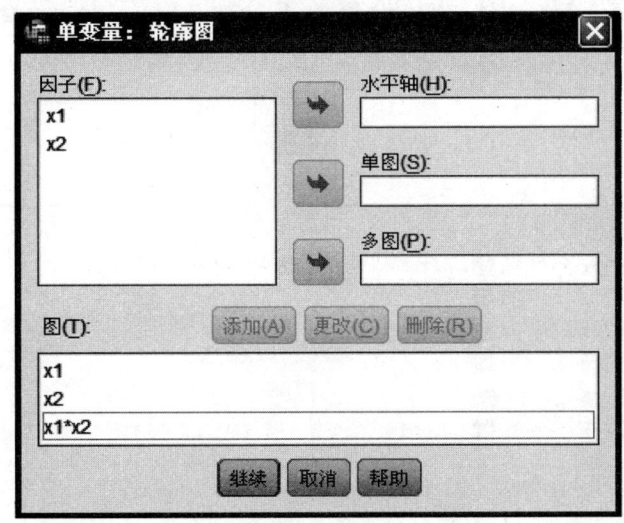

图 2-77 几种图形都选的"单变量:轮廓图"对话框

点击"继续"键,返回到"单变量"对话框,见图 2-78:

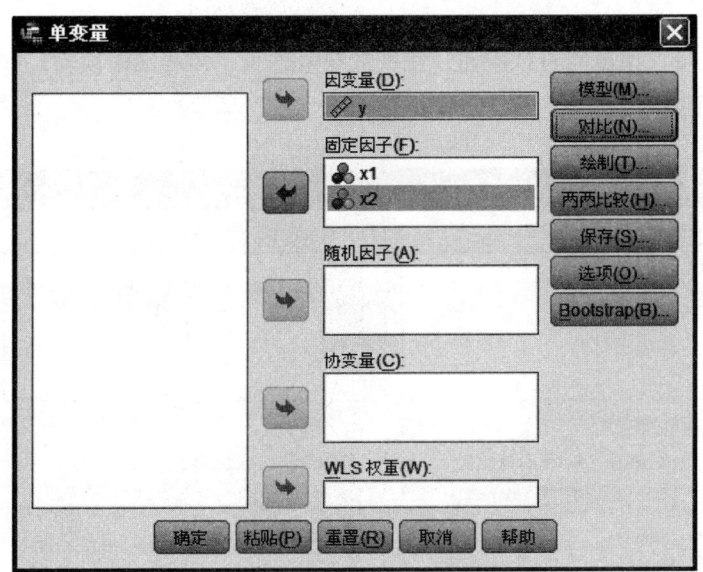

图 2-78 "单变量"对话框

7. 观测均值的两两比较

科研中经常遇到比较多个总体水平是否相等的问题。当总的检验拒绝零假设 H_0,认为各实验组总体水平不全相等时,研究者时常想回答哪些实验组间的总体水平不同,哪些实验组总体水平更高,哪些较低,这就需要进一步做两两比较。

两两比较方法在单因素随机单位组设计方差分析中已讲过,这里仅给出操作过程。

在主对话框中单击"两两比较"选择,打开"单变量:观测均值的两两比较"对话框,见图 2-79:

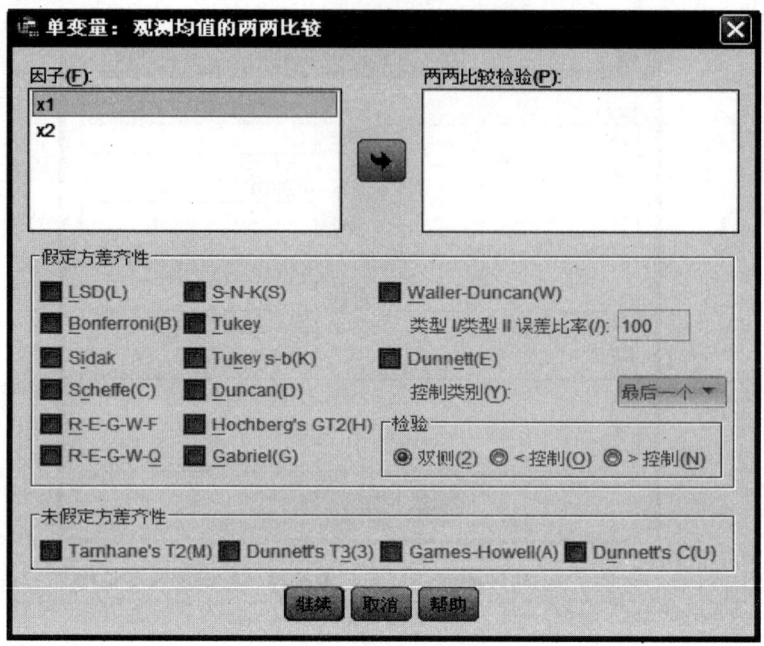

图 2-79 "单变量：观测均值的两两比较"对话框

从"因子"框选择变量，单击向右拉按钮，使被选变量进入"两两比较检验"框。本例子选择了"x_1"和"x_2"，得图 2-80：

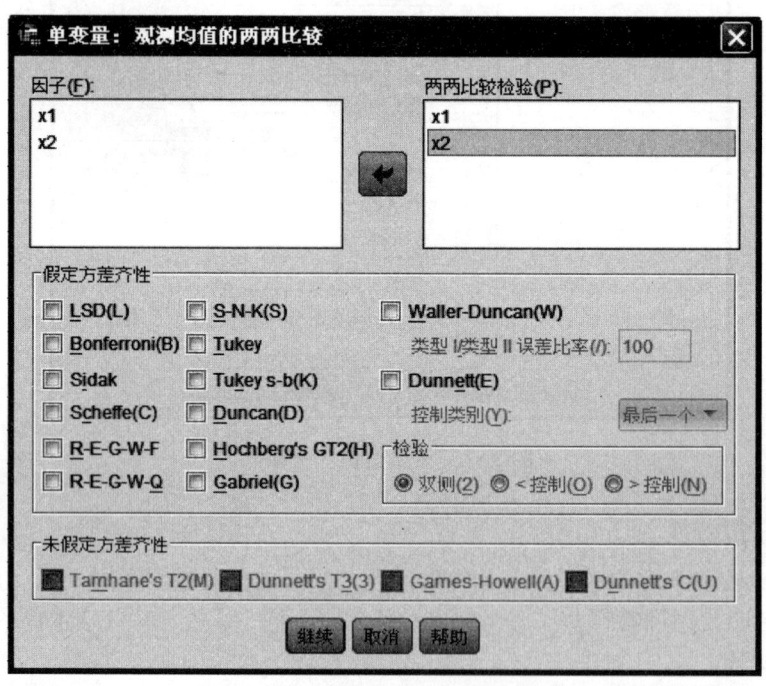

图 2-80 对话框内变量被确定

此时，"假定方差齐性"对话框中的选择框变亮。在"假定方差齐性"对话框中选择多重比较方法。常用的方法有 3 种：LSD（最小显著差数法）、Tukey（最小显著极差的 q 法）、Duncan（新复极差 SSR 法）。其实任何一种方法都可以。

本例子选择了"Scheffe"，见图 2-81：

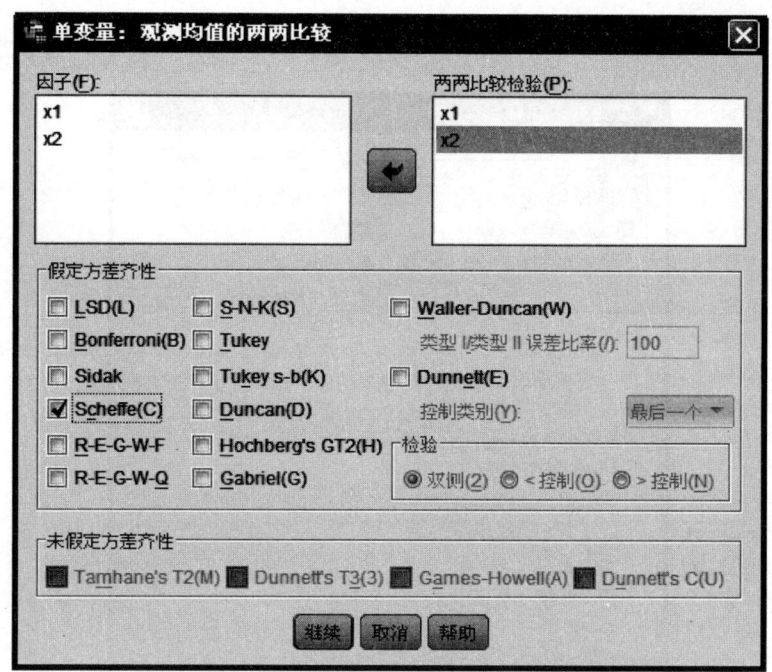

图 2-81　对话框内方差检验方法被确定

我们不考虑"未假定方差齐性"的情形，点击"继续"键，返回到"单变量"对话框，见图 2-82：

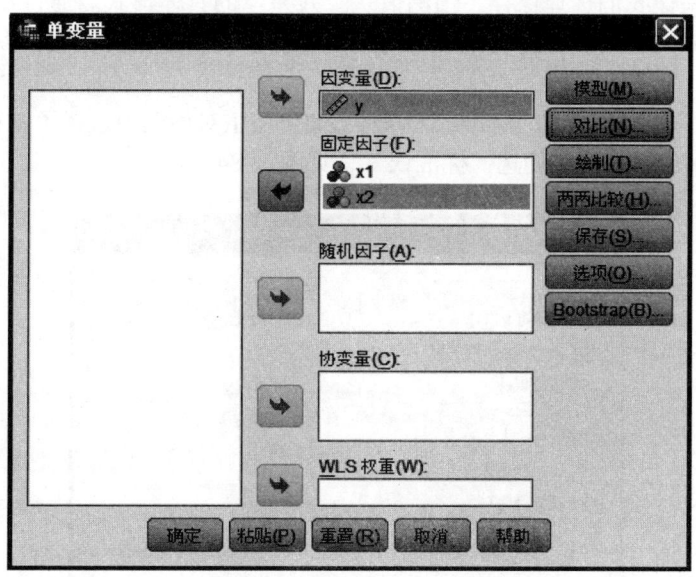

图 2-82　"单变量"对话框

8. 保存

在"单变量"窗口，点击"保存"键，得到"单变量：保存"对话框，见图 2-83：

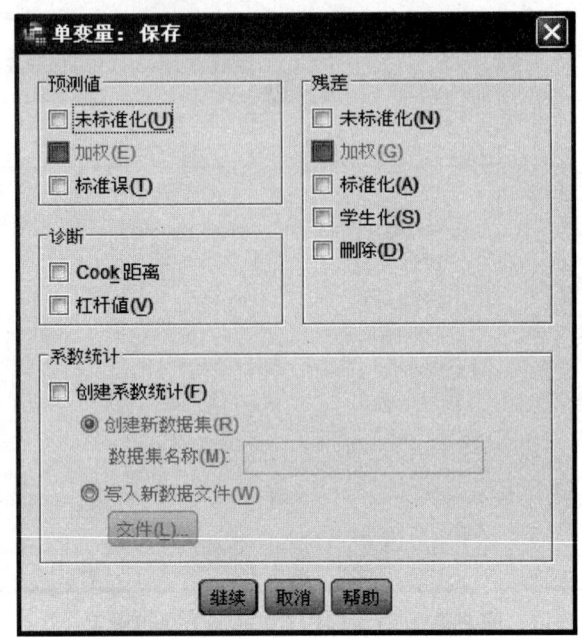

图 2-83 "单变量：保存"对话框

设置此窗口的目的是让我们选择保存"预测值""残差"的具体形式。通过在对话框中的选择，可以将所计算的预测值、残差、诊断和检测值作为新的变量保存在编辑数据文件中，以便于在其他统计分析中使用这些值。

"预测值"框中有"未标准化"和"标准误"两种。如果在主对话框中选择了 WLS 变量，选中该复选项，将保存加权非标准化预测值。本例我们选"标准误"，见图 2-84：

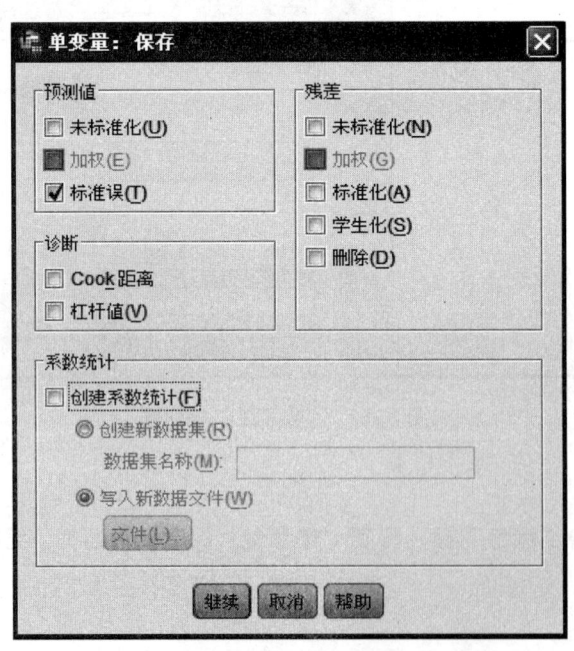

图 2-84 对话框内预测值的判断指标被确定

"残差"框中有"未标准化""标准化""学生化"和"剔除残差"（自变量值与较正预测值之差）之分。如果在主对话框中选择了 WLS 变量，选中该复选项，将保存加权非标准化残差。本例我们选"标准化"，见图 2-85：

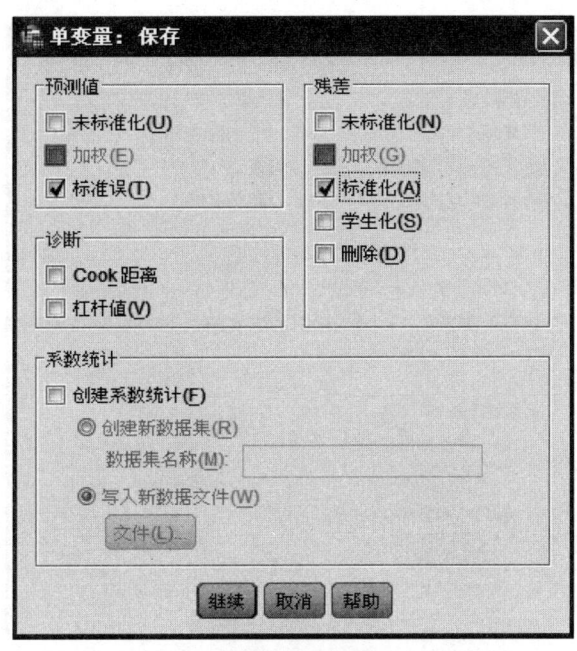

图 2-85 对话框内残差输出方式被确定

在"诊断"框有"Cook 距离"和"杠杆值"选项。Cook 距离越大,表示此观察值对回归系数影响越大,杠杆值越大,表示此观察值对拟合效果影响越大。一个影响回归系数,一个影响决定系数。本例两个选项都选,见图 2-86:

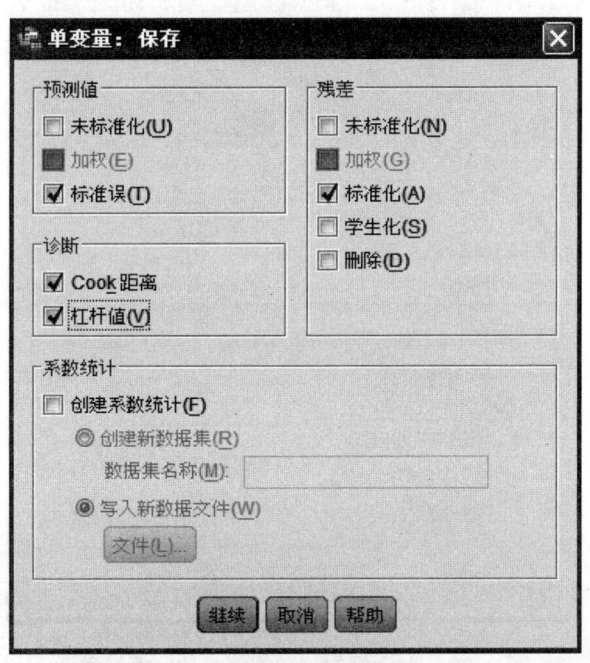

图 2-86 对话框内诊断指标被确定

在"系数统计"框中设置与参数估计值相关的保存选项,包括参数估计值及其置信区间、估计值的方差-协方差矩阵等。勾选"创建系数统计"复选框,见图 2-87:

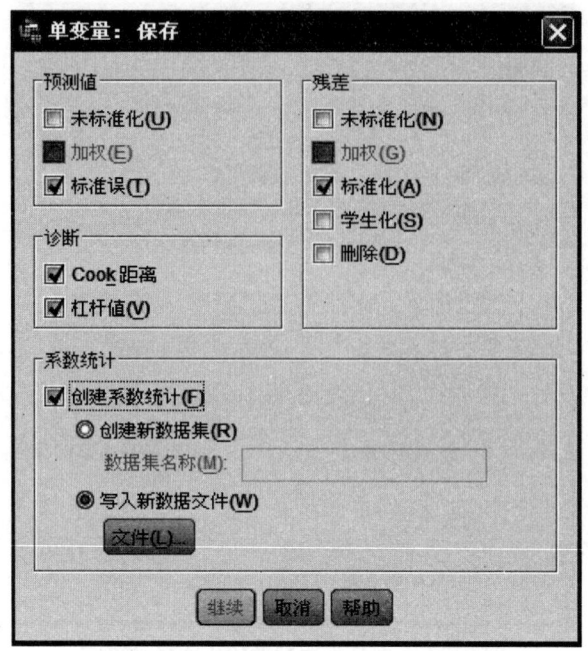

图 2-87　对话框内系数统计方式被确定

创建新数据集：在"数据集名称"后指定数据名称。选择了此选项后，"数据集名称"框被激活，见图 2-88：

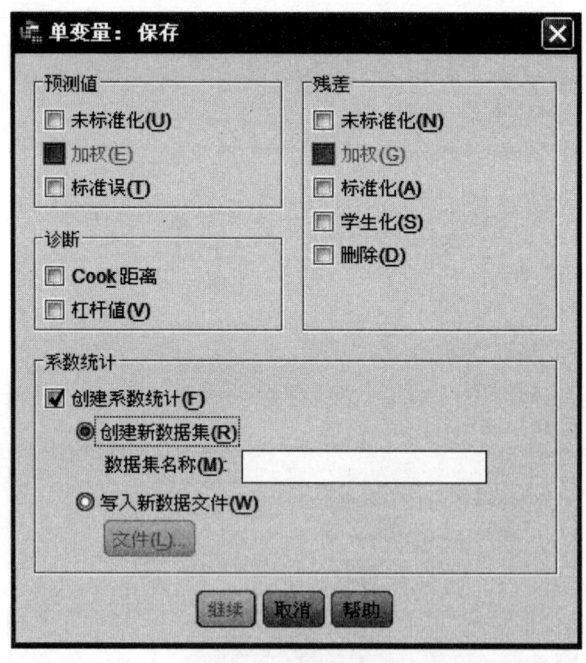

图 2-88　对话框内"数据集名称"框被激活

我们可以在此框中指定数据名称，本例我们指定数据名称为：馆员评价，见图 2-89：

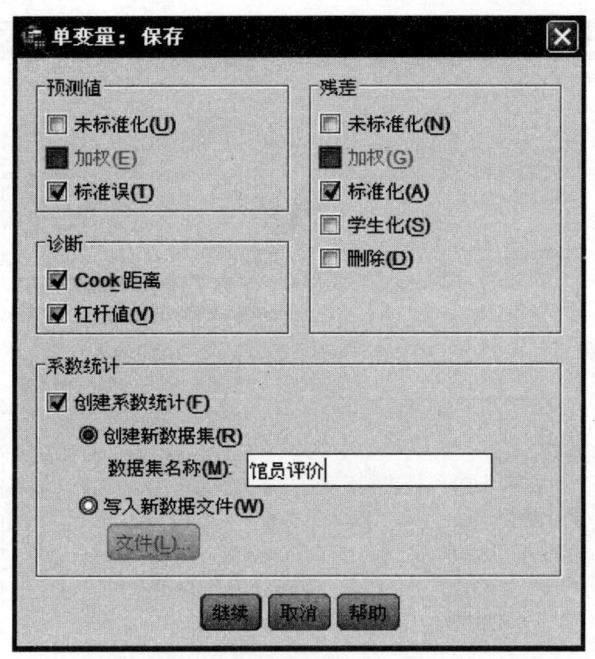

图 2-89 "数据集名称"框中指定名称

点击"继续"返回到"单变量"对话框,见图 2-90:

图 2-90 "单变量"对话框

9. 选项

在"单变量"窗口,按"选项"键,就会出现"单变量:选项"对话框,见图 2-91:

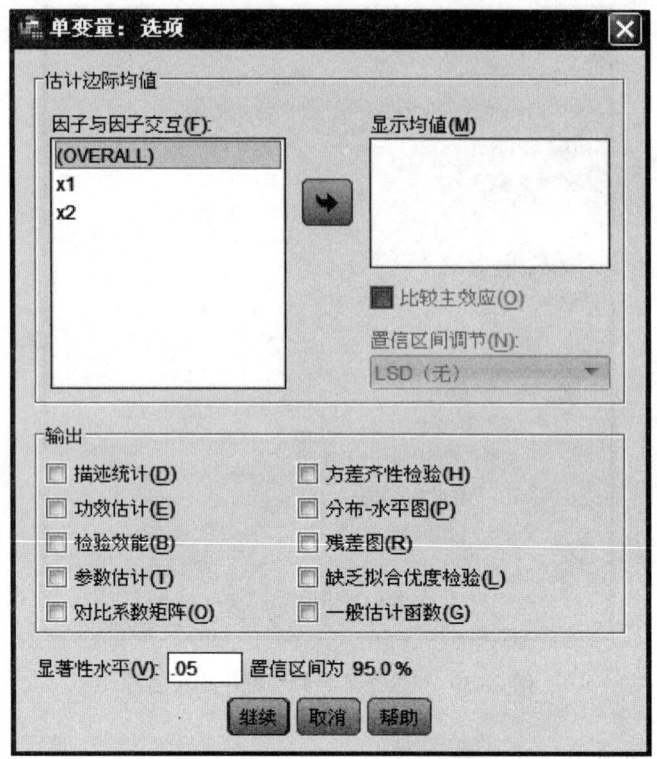

图 2-91 "单变量：选项"对话框

在"估计边际均值"框中，列出"模型"对话框中指定的效应项，在该框中选定因素变量的各种效应项。单击右拉按钮就将左边"因子与因子交互"下的"OVERALL（全模型）"选入右边"显示均值"下的方框中，以显示单元格及边际均值。此种选法说明模型中包含了交互项。若我们模型中仅包含主效应，那么不能选"OVERALL（全模型）"，而应选具体的变量名进入右边"显示均值"下的方框中。本例的"显示均值"选择为"x_1"和"x_2"，见图 2-92：

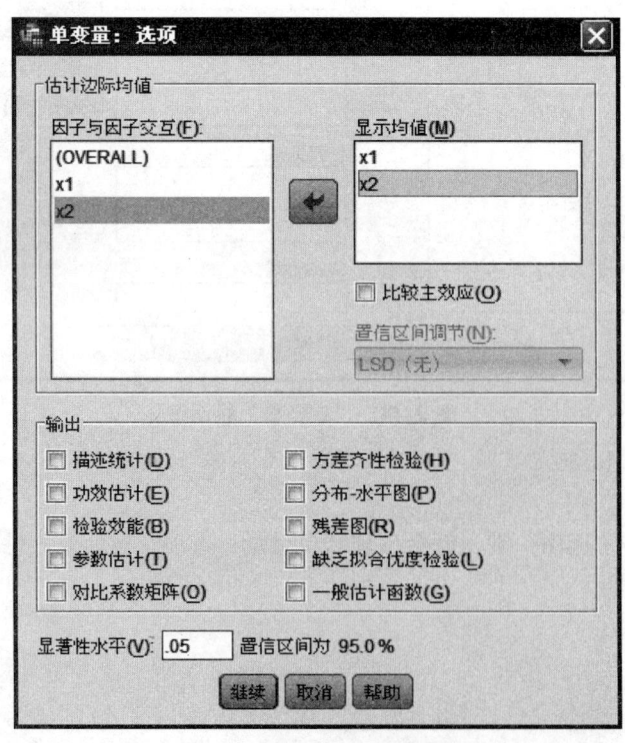

图 2-92 对话框内因子被确定

若模型中选择了主效应，则产生估计的边际均值表；若模型中选择了二维交互效应，产生的估计边际均值表实际上是典型的单元格均值表；若模型中选择了三维交互效应，也是单元格均值表。在模型中选主效应时，"比较主效应"复选项已被激活。我们选择此框，"置信区间调节"框被激活，见图2-93：

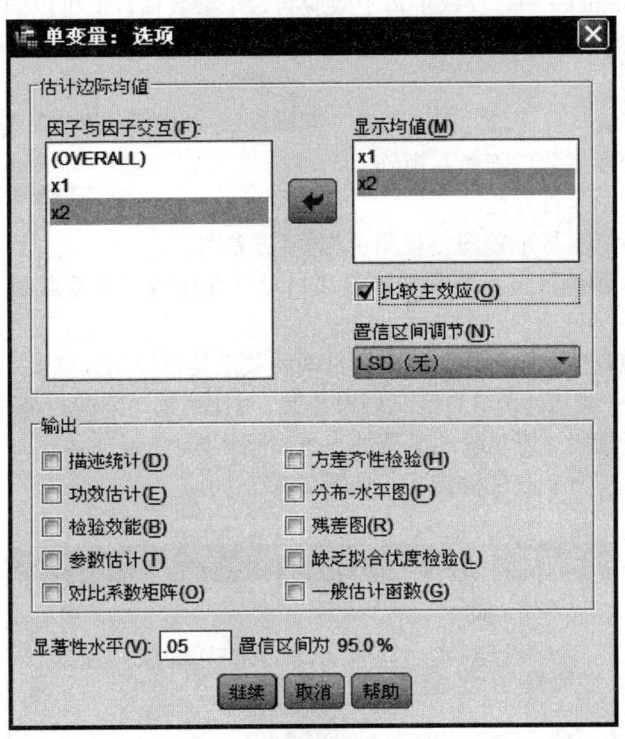

图2-93 对话框内主效应被确定

此框下面的"比较主效应"复选项，对主效应的边际均值进行组间的多重比较。

"置信区间调节"参数框可进行多重组间比较。打开下拉菜单，共有3个选项：LSD（无）、Bonferroni、Sidak。这几种比较法在"两两比较"中已讲过，在此不再重复，我们选其中之一即可。本例选择Sidak法，见图2-94：

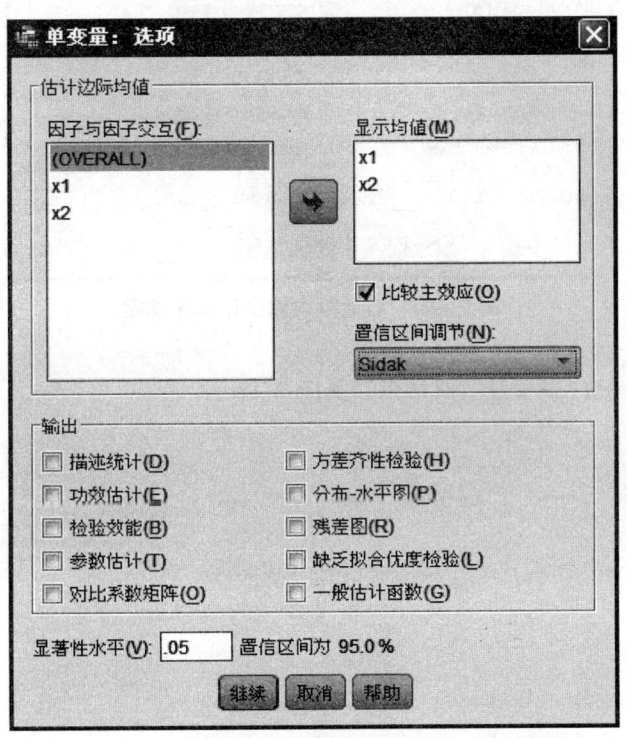

图2-94 对话框内"置信区间调节"参数被确定

在"输出"方框中,指定我们想要得到的统计量。可多选。

描述统计:观测量的均值、标准差和每个单元格中的观测量数。它反映了每个效应与每个参数估计值可以归于因素的总变异的大小。

功效估计:给出偏 eta-Square 值,反映了每个效应与每个参数估计值可以归于某个因素的变异的大小。

检验效能:给出计算功效的显著性 Alpha 值,该值应该在 0.01 与 0.99 之间(系统默认显著性水平是 0.05)。

参数估计:给出各因变量与自变量的回归系数、标准误、t 检验的 t 值、显著性概率和 95% 的置信区间。

对比系数矩阵:显示变换系数矩阵和 L 矩阵。

方差齐性检验:检验方差是否齐性。

分布-水平图:观测量均值-标准差图、观测量均值-方差图。

残差图:给出观测值、预测值散点图和观测量数目对标准化残差的散点图,还有正态和标准化残差的正态概率图。

缺乏拟合优度检验:检查独立变量和非独立变量间的关系是否被充分描述。

一般估计函数:可根据一般估计函数自定义假设检验,对比系数矩阵的行都是一般估计函数的线性组合。

"显著性水平":用于指定多重比较的显著性水平。默认为 0.05。

本例选取"描述统计""方差齐性检验",见图 2-95:

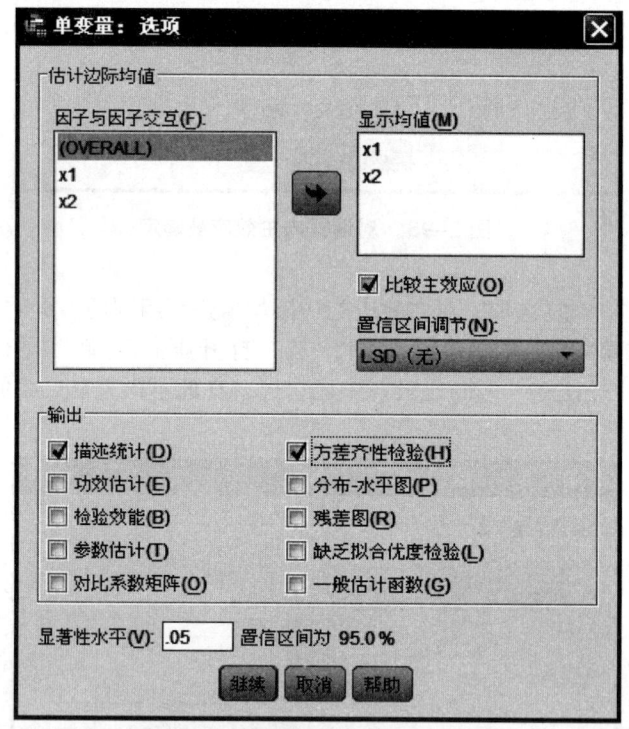

图 2-95 对话框内输出目标被确定

点击"继续"键,返回到"单变量"对话框,见图 2-96:

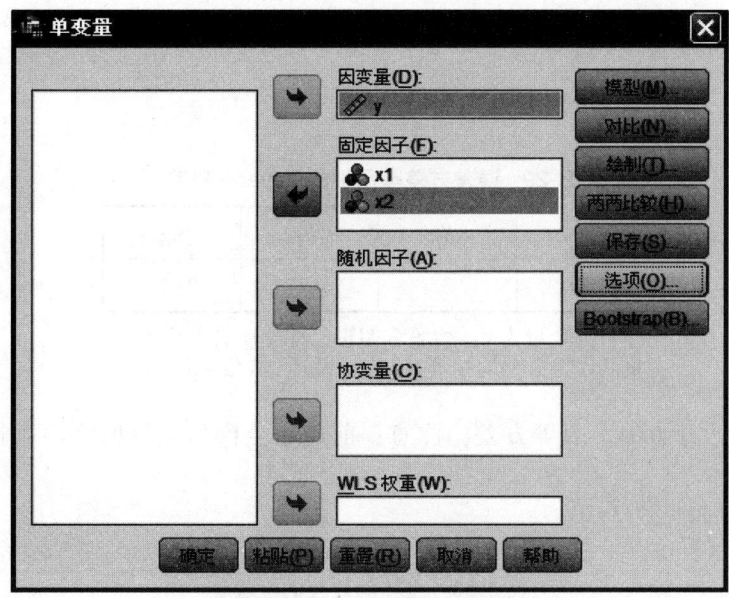

图 2-96 "单变量"对话框

10. 结果与分析

在多因素方差分析窗口框中点击"确定"键，SPSS 就会根据设置进行运算，并将结算结果输出到 SPSS 结果输出窗口中。

主体间因子数见表 2-27：

表 2-27 主体间因子

		N
x_1	1.00	8
	2.00	8
x_2	1.00	8
	2.00	8

共 16 个观测数据，4 个读者，2 个馆员，每个馆员 8 个观测数据，2 种方法 2 个类别，每个有 8 个观测数据。

数据的描述性统计量见表 2-28：

表 2-28 描述性统计量

x_1	x_2	均值	标准 偏差	N
1.00	1.00	48.5000	1.73205	4
	2.00	45.0000	1.41421	4
	总计	46.7500	2.37547	8
2.00	1.00	45.2500	2.36291	4
	2.00	43.5000	1.29099	4
	总计	44.3750	1.99553	8
总计	1.00	46.8750	2.58775	8
	2.00	44.2500	1.48805	8
	总计	45.5625	2.44864	16

注：因变量为 y

第一个馆员用第一种方法得分 48.5，用第二种方法得分 45。第二个馆员用第一种方法得分 45.25，用第二种方法得分 43.5。

误差方差等同性的 Levene 检验结果见表 2-29：

表 2-29　误差方差等同性的 Levene 检验[a]

F	df_1	df_2	Sig.
0.601	3	12	0.626

注：因变量为 y；检验零假设，即在所有组中因变量的误差方差均相等，a 表示设计：截距 + x_1 + x_2

因 Sig=0.626，显然大于 0.05，故等方差。注意：前边用全模型估计时，显著性概率是 Sig=0.636 > 0.05，二者略有差异。

主体间效应的检验结果见表 2-30：

表 2-30　主体间效应的检验

源	Ⅲ型平方和	df	均方	F	Sig.
校正模型	50.125[a]	2	25.062	8.184	0.005
截距	33215.063	1	33215.063	10845.735	0.000
x_1	22.563	1	22.563	7.367	0.018
x_2	27.563	1	27.563	9.000	0.010
误差	39.813	13	3.063		
总计	33305.000	16			
校正的总计	89.937	15			

注：因变量为 y；a 表示 R 方 = 0.557（调整 R 方 =0.489）

显然，截距、变量 x_1、x_2 都很显著。

x_1 均值比较检验结果见表 2-31：

表 2-31　检验结果

源	平方和	df	均方	F	Sig.
对比	22.563	1	22.563	7.367	0.018
误差	39.813	13	3.063		

注：因变量为 y

显然各馆员分数均值差异显著。

自变量 x_1 二水平估计结果见表 2-32：

表 2-32　估计

x_1	均值	标准 误差	95% 置信区间	
			下限	上限
1.00	46.750	0.619	45.413	48.087
2.00	44.375	0.619	43.038	45.712

注：因变量为 y

本表给出了馆员一与馆员二的均值、标准误差和 95% 置信区间的上、下限。

自变量 x_1 二水平对比结果见表 2-33：

表 2-33　成对比较

(I) x_1	(J) x_1	均值差值（I-J）	标准 误差	Sig.^{a}	差分的 95% 置信区间 ^{a}	
					下限	上限
1.00	2.00	2.375*	0.875	0.018	0.485	4.265
2.00	1.00	-2.375*	0.875	0.018	-4.265	-0.485

注：因变量为 y，基于估算边际均值，* 表示均值差值在 0.05 级别上较显著，a 表示对多个比较的调整：Sidak

本表告诉我们，馆员一比馆员二的均值多 2.375 分，差距是显著的。

x_2 均值比较检验结果见表 2-34：

表 2-34　检验结果

源	平方和	df	均方	F	Sig.
对比	27.563	1	27.563	9.000	0.010
误差	39.813	13	3.063		

注：因变量为 y

本表告诉我们，不同方法所得分数的差异是显著的。

对单变量 x_2 的估计值见表 2-35：

表 2-35　估计

x_2	均值	标准 误差	95% 置信区间	
			下限	上限
1.00	46.875	0.619	45.538	48.212
2.00	44.250	0.619	42.913	45.587

注：因变量为 y

本表给出了方法一与方法二的均值、标准误差和 95% 置信区间的上、下限。

自变量 x_2 二水平对比结果见表 2-36：

表 2-36　成对比较

(I) x_2	(J) x_2	均值差值（I-J）	标准 误差	Sig.^{a}	差分的 95% 置信区间 ^{a}	
					下限	上限
1.00	2.00	2.625*	0.875	0.010	0.735	4.515
2.00	1.00	-2.625*	0.875	0.010	-4.515	-0.735

注：因变量为 y，基于估算边际均值，* 表示均值差值在 0.05 级别上较显著，a 表示对多个比较的调整：Sidak

本表告诉我们，方法一比方法二的均值多 2.625 分，不同方法评价结果差异是显著的。

本表告诉我们，对因变量 y 而言，不同方法评价结果差异是显著的。

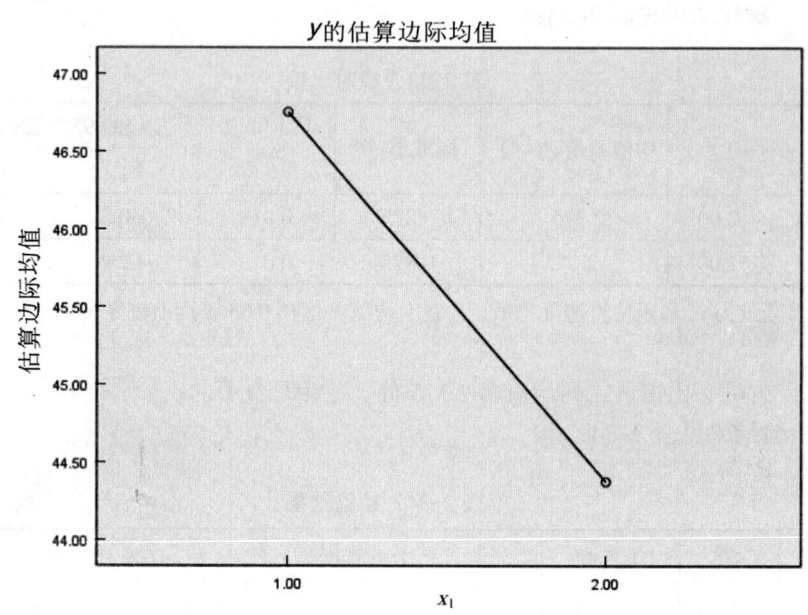

图 2-97　馆员一的均值与馆员二的均值轮廓

图 2-97 是馆员一的均值与馆员二的均值轮廓，本图告诉我们，馆员一的均值比馆员二的均值多。

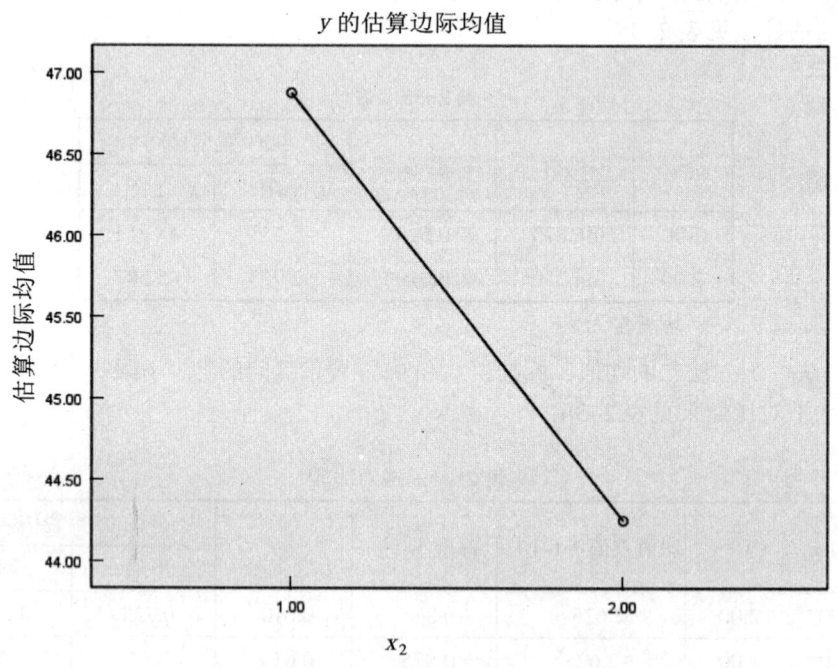

图 2-98　方法一的均值与方法二的均值轮廓

图 2-98 是方法一的均值与方法二的均值轮廓，本图告诉我们，用方法一比方法二得出的均值多。

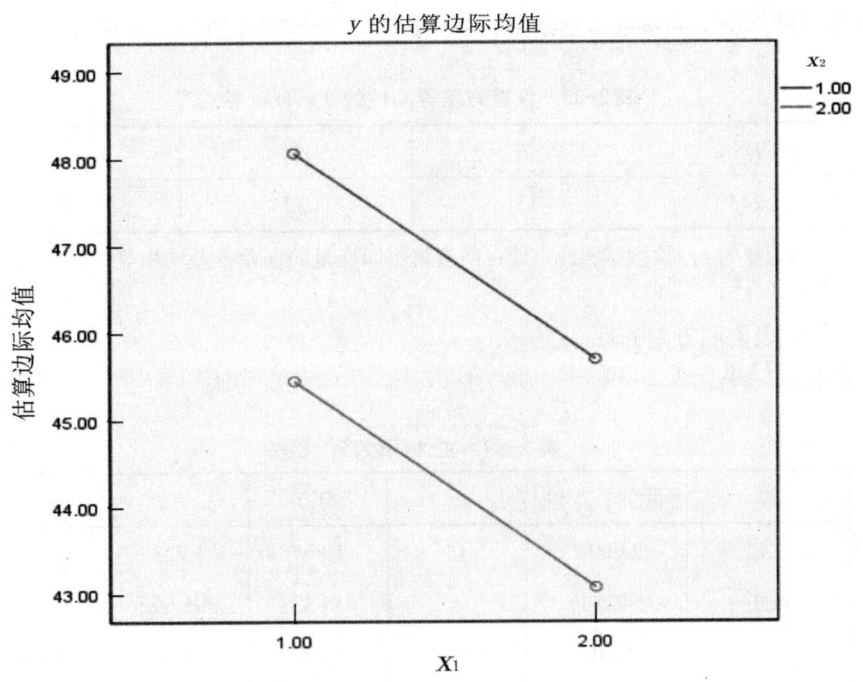

图 2-99 馆员和方法轮廓图的合并

图 2-99 是馆员和方法轮廓图的合并,本图给出了两种方法评价两位馆员的轮廓,显然不相交,证明无交互作用。

二、仅有交互项的两因素方差分析

本节的统计方法与下节统计方法完全一样,所以仅列出结果,只须知道仅有交互项的模型是存在的事实即可。

例:(虚拟数据)四位编目员分别编目 4 个领域的书籍,我们用 1、2、3、4 表示四位编目员,用 1、2、3、4 表示 4 个领域,一个月的编目量见表 2-37:

表 2-37 馆员编目数量

编目员 x_1	领域 x_2	书数 y
1	1	11
1	2	13
1	3	15
1	4	8
2	1	14
2	2	10
2	3	11
2	4	12
3	1	9
3	2	8
3	3	8
3	4	11
4	1	14
4	2	9
4	3	9
4	4	14

用与前节全模型操作类似的步骤得到结果,其中误差方差等同性的 Levene 检验见表 2-38:

表 2-38　误差方差等同性的 Levene 检验 [a]

F	df_1	df_2	Sig.
1.245	15	32	0.291

注:因变量为 y;检验零假设,即在所有组中因变量的误差方差均相等;a 表示设计:截距 $+x_1+x_2+x_1*x_2$

因 0.291>0.05,此表说明方差齐性。

主体间效应的检验结果见表 2-39:

表 2-39　主体间效应的检验

源	III 型平方和	df	均方	F	Sig.
校正模型	28.000[a]	15	1.867	1.723	0.096
截距	645.333	1	645.333	595.692	0.000
x_1	5.500	3	1.833	1.692	0.188
x_2	1.667	3	0.556	0.513	0.676
x_1*x_2	20.833	9	2.315	2.137	0.055
误差	34.667	32	1.083		
总计	708.000	48			
校正的总计	62.667	47			

注:因变量为 y,a 表示 R 方 $=0.447$(调整 R 方 $=0.188$)

此表说明主效应都不显著,但交互效应基本显著。

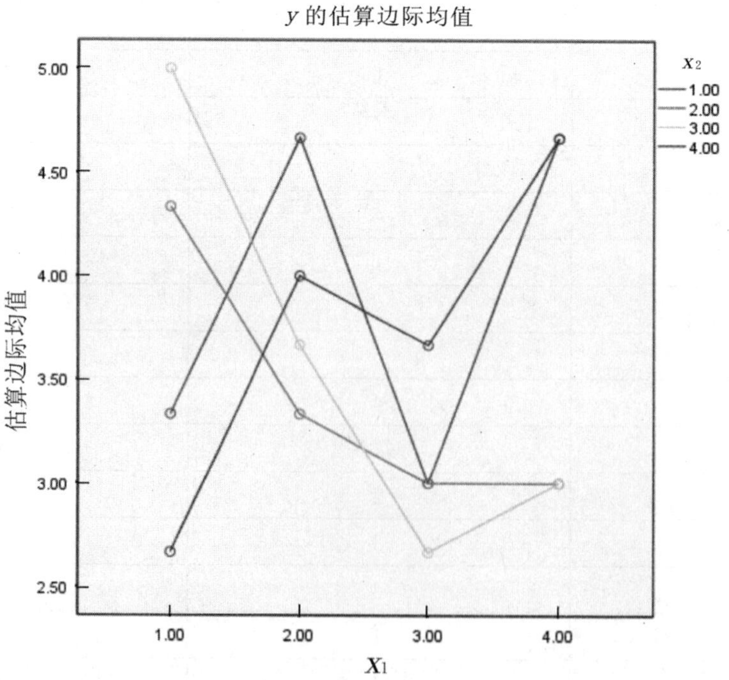

图 2-100　无主效应,仅有互效应的轮廓

图 2-100 是无主效应，仅有互效应的轮廓。

三、有交互影响的双因素方差分析

在实际应用中，一个实验结果(实验指标)往往受多个因素的影响。不仅这些因素会影响实验结果，而且这些因素的不同水平的搭配也会影响实验结果。某个因素的各个单独效应随另一因素的变化而变化时，则称这两个因素间存在交互作用，它是主效应解释不了的部分。在多因素的方差分析中，交互作用被当成一个新因素来处理。

如果因素 A 和因素 B 除各自对实验结果的影响外，还产生额外的新影响，那么这种额外的影响被称为交互作用，这时的双因素方差分析则被称为有交互作用的双因素方差分析。

有交互影响的双因素方差分析与无交互影响的双因素方差分析的操作步骤基本一致，但要注意，若因素 A 与因素 B 的交互作用显著，则须对因素 A 各水平下、因素 B 不同水平间的简单效应进行分析。

双因素方差分析有四种情形："全模型"、两个主效应、一个主效应加一个交互效应(此组合有两种情形)。若把模型定义为"全模型"，则操作过程如下。

例：某图书馆统计了流通、期刊、信息三部门的 30 名职工工资，数据见表 2-40：

表 2-40　职工工资数量

性别 x_1	部门 x_2	工资 y
1	1	3488
1	1	3436
1	1	4112
1	1	4468
1	1	4076
0	1	2076
0	1	2808
0	1	3220
0	1	2232
0	1	2364
1	2	2988
1	2	3064
1	2	3604
1	2	2760
1	2	3524
0	2	3536
0	2	3060
0	2	2740
0	2	2800
0	2	2684
1	3	4420
1	3	4576
1	3	4340
1	3	3612
1	3	3992
0	3	3252
0	3	3940
0	3	4024
0	3	4136
0	3	3268

性别中用 1 表示男，0 表示女；部门中用 1 表示流通，2 表示期刊，3 表示信息。试分析性别、部门对工资有无显著影响。

SPSS 的操作步骤如下。

1. 输入数据

将数据输入到 SPSS 界面，见图 2–101：

	x1	x2	y
1	1.00	1.00	3488.00
2	1.00	1.00	3436.00
3	1.00	1.00	4112.00
4	1.00	1.00	4468.00
5	1.00	1.00	4076.00
6	.00	1.00	2076.00
7	.00	1.00	2808.00
8	.00	1.00	3220.00
9	.00	1.00	2232.00
10	.00	1.00	2364.00
11	1.00	2.00	2988.00
12	1.00	2.00	3064.00
13	1.00	2.00	3604.00
14	1.00	2.00	2760.00
15	1.00	2.00	3524.00
16	.00	2.00	3536.00
17	.00	2.00	3060.00
18	.00	2.00	2740.00
19	.00	2.00	2800.00
20	.00	2.00	2684.00
21	1.00	3.00	4420.00
22	1.00	3.00	4576.00
23	1.00	3.00	4340.00

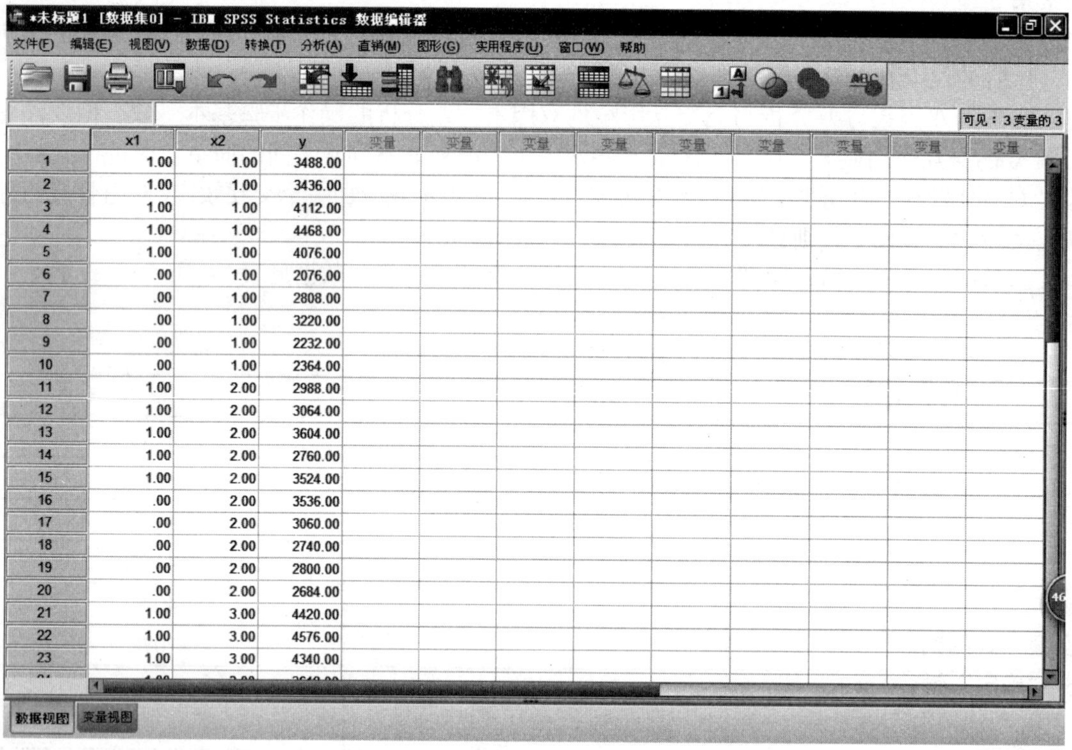

图 2–101　SPSS 数据输入格式

2. 变量确定

在 SPSS 中，点击“分析”，鼠标下滑到“一般线性模型”，鼠标右滑到“单变量”，点击之，得到“单变量”对话框，见图 2–102：

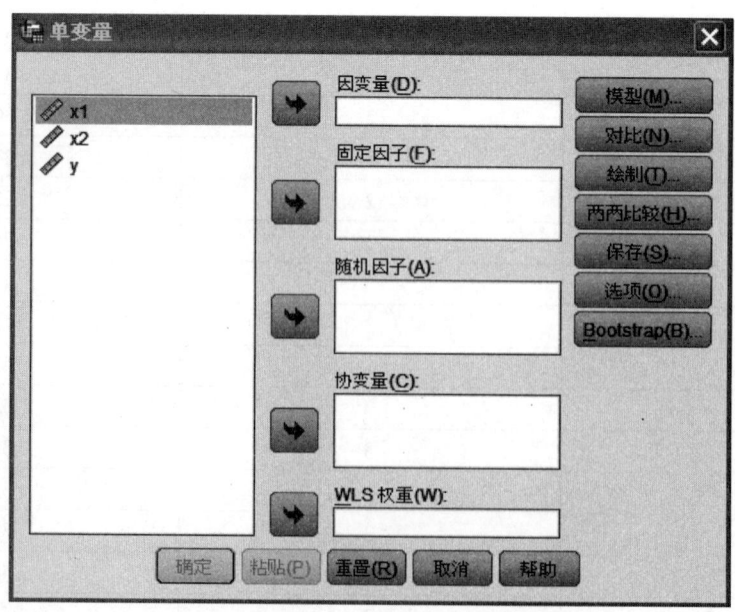

图 2–102　“单变量”对话框

将 y 点进"因变量"框,将 x_1、x_2 点进"固定因子"框。固定因子就是分类自变量,协变量是连续自变量,见图 2-103:

图 2-103 对话框内变量被确定

此时,"确定"键变亮。

3. 模型形式的判断

点击"确定"键,得到系统默认的"全模型"结果,其中主体间效应的检验结果见表 2-41:

表 2-41 主体间效应的检验

源	III 型平方和	df	均方	F	Sig.
校正模型	9822080.000^a	5	1964416.000	11.761	0.000
截距	3.509E8	1	3.509E8	2100.714	0.000
x_1	3550080.000	1	3550080.000	21.254	0.000
x_2	4424960.000	2	2212480.000	13.246	0.000
$x_1 * x_2$	1847040.000	2	923520.000	5.529	0.011
误差	4008832.000	24	167034.667		
总计	3.647E8	30			
校正的总计	13830912.000	29			

注:因变量为 y,a 表示 R 方 = 0.710(调整 R 方 = 0.650)

可看到数据的交互项非常显著,所以应利用含交互项的模型,除全模型外,模型还有下列两种可能:

$$x_1 + x_1 * x_2$$

$$x_2 + x_1 * x_2$$

我们看 $x_1 + x_1 * x_2$ 的结果,主体间效应的检验结果见表 2-42:

表 2-42　主体间效应的检验

源	Ⅲ型平方和	df	均方	F	Sig.
校正模型	9822080.000ª	5	1964416.000	11.761	0.000
截距	3.509E8	1	3.509E8	2100.714	0.000
x_1	3550080.000	1	3550080.000	21.254	0.000
$x_1 * x_2$	6272000.000	4	1568000.000	9.387	0.000
误差	4008832.000	24	167034.667		
总计	3.647E8	30			
校正的总计	13830912.000	29			

注：因变量为 y，a 表示 R 方 = 0.710（调整 R 方 = 0.650）

我们看 $x_2 + x_1 * x_2$ 的结果，主体间效应的检验结果见表 2-43：

表 2-43　主体间效应的检验

源	Ⅲ型平方和	df	均方	F	Sig.
校正模型	9822080.000ª	5	1964416.000	11.761	0.000
截距	3.509E8	1	3.509E8	2100.714	0.000
$x_1 * x_2$	5397120.000	3	1799040.000	10.770	0.000
x_2	4424960.000	2	2212480.000	13.246	0.000
误差	4008832.000	24	167034.667		
总计	3.647E8	30			
校正的总计	13830912.000	29			

注：因变量为 y，a 表示 R 方 = 0.710（调整 R 方 = 0.650）

4. 模型确定

从调整后的决定系数看，都是 0.65，三个模型几乎一样好，根据简单原则，不选全模型，所以任选一个 $x_1 + x_1 * x_2$ 为模型。

点击"模型"键，得到"单变量：模型"对话框，见图 2-104：

图 2-104　"单变量：模型"对话框

将"因子与协变量"框中的 x_1 点进模型框,点击"因子与协变量"框中的 x_1,再按"Shift"键不放,接着点击 x_2,此时 x_1 与 x_2 同时变色,连成一片,见图 2-105:

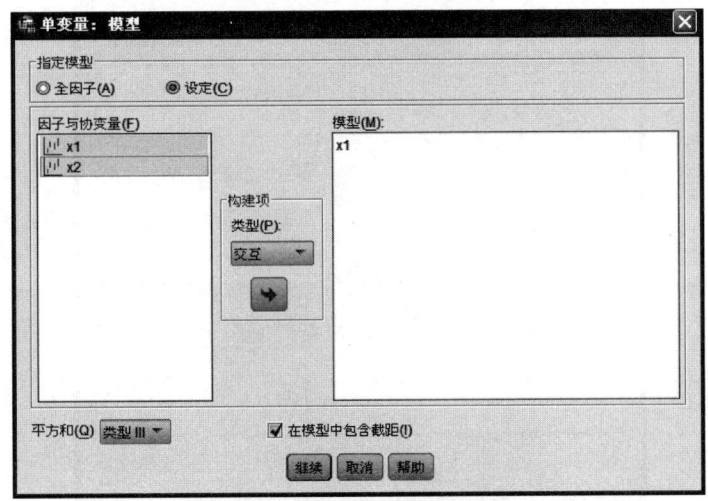

图 2-105　对话框内交互变量被选定

将其点进模型框,得图 2-106:

图 2-106　对话框内变量被确定

点击"继续"键,返回到"单变量"对话框,见图 2-107:

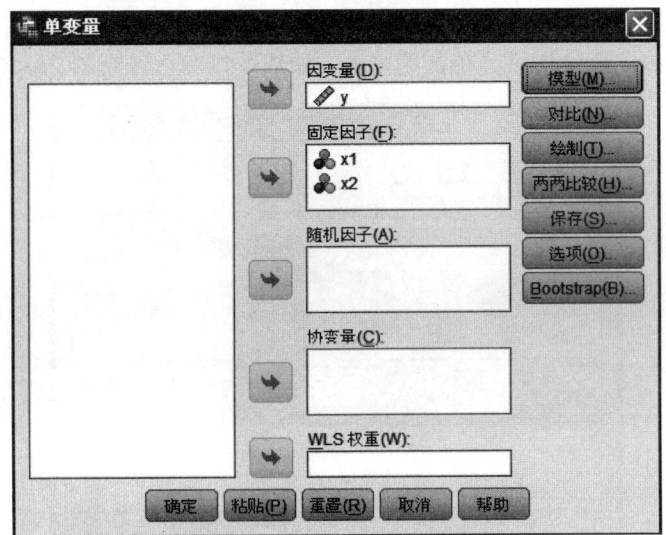

图 2-107　"单变量"对话框

5. 图形设置

在主对话框中单击"绘制"按钮，打开"单变量：轮廓图"对话框，见图 2-108：

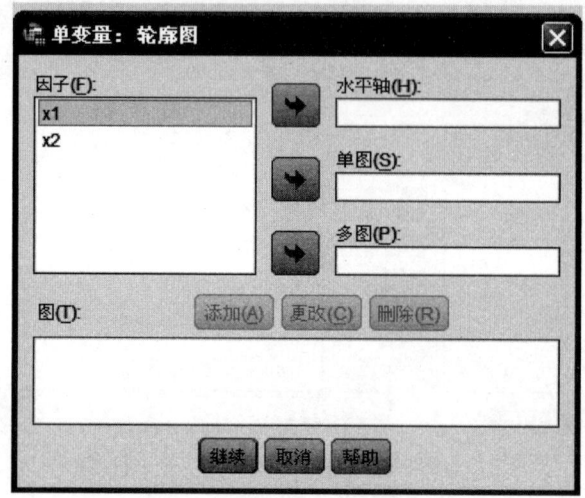

图 2-108 "单变量：轮廓图"对话框

横坐标（水平轴）框，选择"因子"框中一个因素变量做横坐标变量。单击向右拉箭头按钮，将变量送入相应的横坐标轴框中。如我们选择 x_1 作为横坐标变量，则有图 2-109：

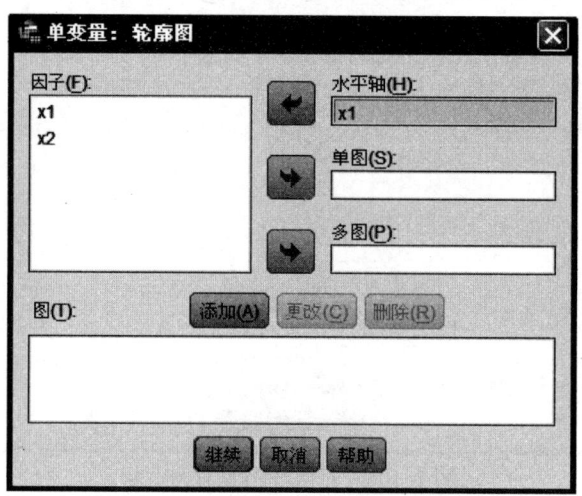

图 2-109 对话框内横坐标变量被选定

如只想看该因素变量各水平的因变量均值分布，则单击"添加"按钮，将所选因素变量移入下面的"图"框中；如只想看 x_1 各水平的因变量均值分布，则单击"添加"按钮后，有图 2-110：

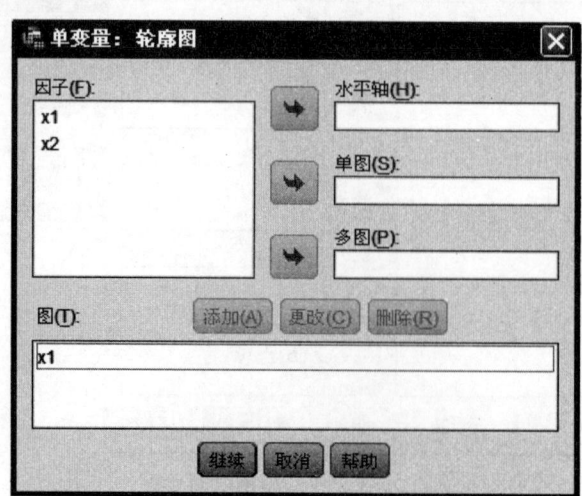

图 2-110 对话框内一个横坐标变量被确定

若想取消添加的因子,则点击"图"中被添加的因子,其所在的行全部变色,且"删除"键变亮,点击"删除"键即可删除。

同理把 x_2 也添加进去,得图 2-111:

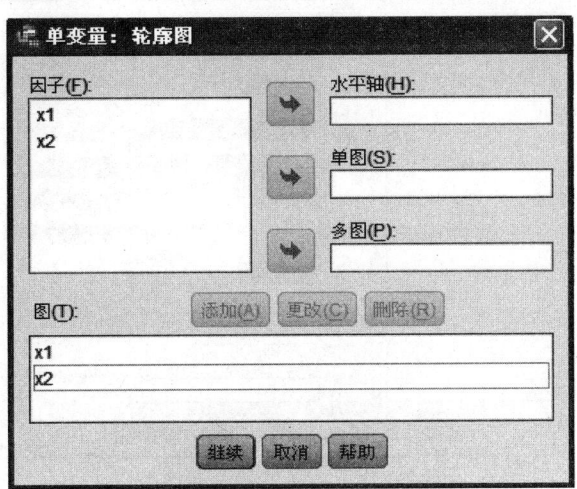

图 2-111 对话框内两个横坐标变量被确定

别忘记两个因变量间存在交互效应。那么,再先把一个"因子"选入"水平轴"(但不添加),再选择"因子"框中另一个因素变量,单击右拉按钮将变量名送入"单图"框中,见图 2-112:

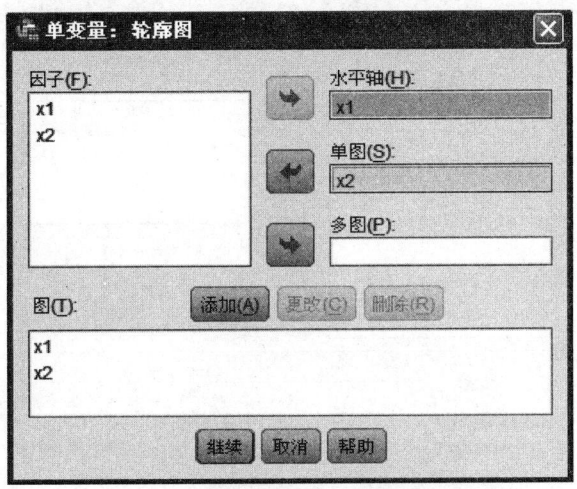

图 2-112 对话框内交互因素被选定

单击"添加"按钮,将自动生成的图形表达式送入"图"栏中,见图 2-113:

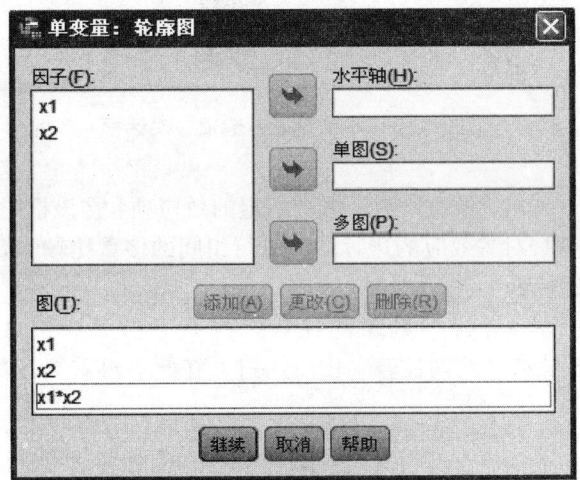

图 2-113 对话框内交互因素被确定

图框中的变量的每个水平将在图中是一条线,图形表达式是用"*"连接的两个因素变量名,表示交互项。在检查无误后,按"继续"键确认,返回到"单变量"对话框,见图2-114:

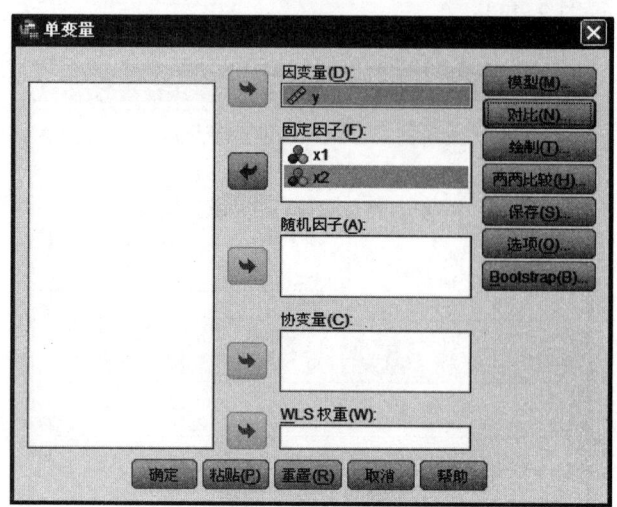

图2-114 "单变量"对话框

6. 选项

在"单变量"窗口,按"选项"键,就会出现"单变量:选项"对话框,见图2-115:

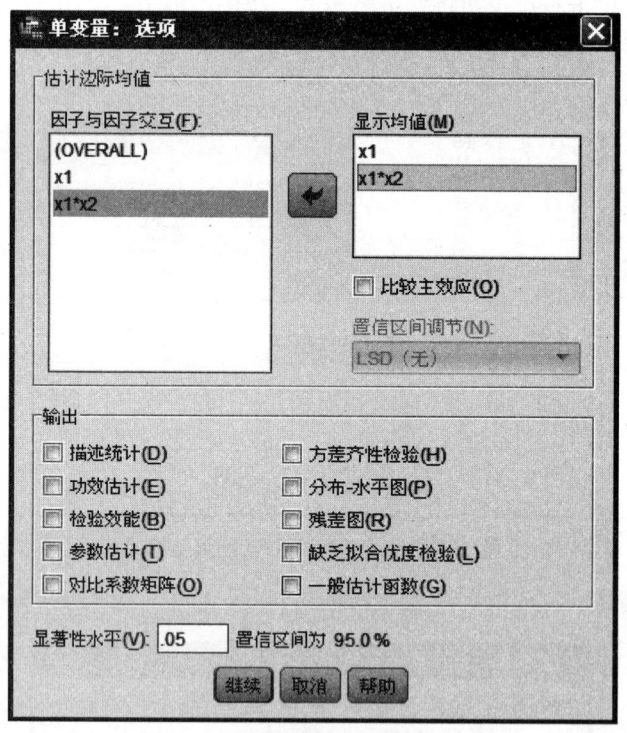

图2-115 "单变量:选项"对话框

在"估计边际均值"框中,列出"模型"对话框中指定的效应项,在该框中选定因素变量的各种效应项。此框下面的"比较主效应"复选项,对主效应的边际均值进行组间的多重比较。若选择了"比较主效应"复选项,则"置信区间调节"参数框被激活。

"置信区间调节"参数框可进行多重组间比较。打开下拉菜单,共有三个选项:LSD(无)、Bonferroni、Sidak。这几种比较法在"两两比较"中已讲过,在此不再重复,我们选其中之一即可。本例选择Sidak法,见图2-116:

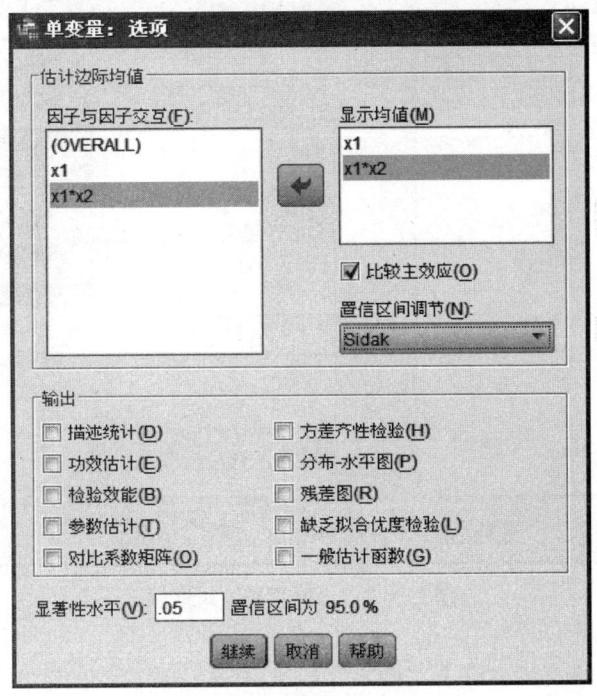

图 2-116 对话框内"置信区间调节"参数被确定

在"输出"方框中,指定要求输出的统计量。

本例选取"描述统计""方差齐性检验""参数估计",见图 2-117:

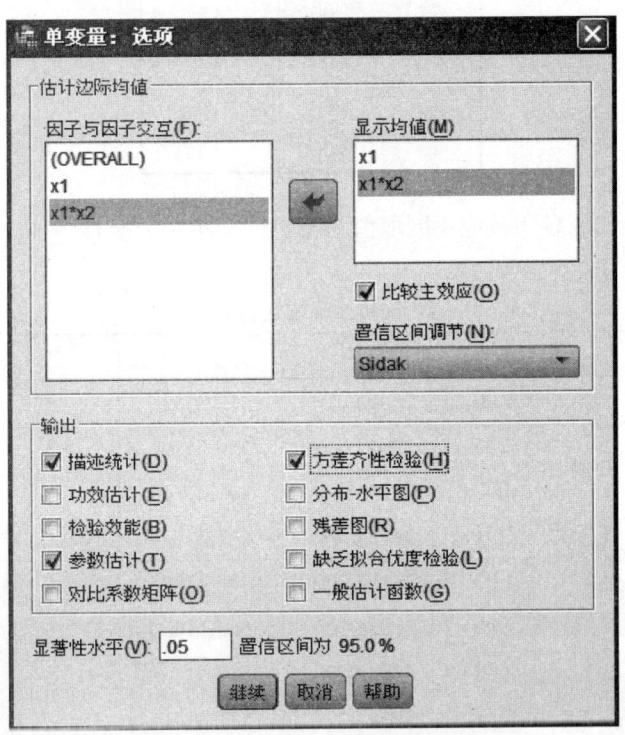

图 2-117 对话框内输出项被确定

点击"继续"键,返回到"单变量"对话框,见图 2-118:

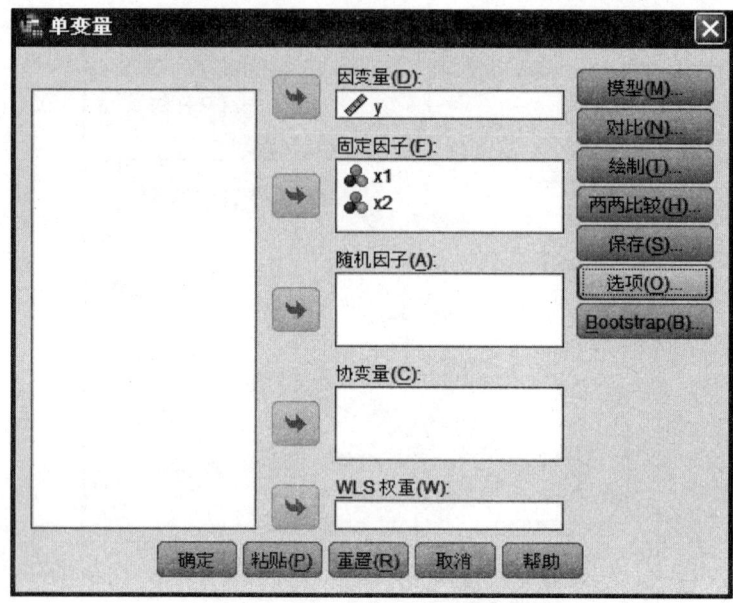

图 2-118 "单变量"对话框

7. 结果与分析

其余步骤全部默认系统的设置,点击"确定"键,SPSS 查看窗口的输出结果,其中主体间因子见表 2-44:

表 2-44 主体间因子

		N
x_1	0.00	15
	1.00	15
x_2	1.00	10
	2.00	10
	3.00	10

"主体间因子"表格给出了各主效应不同取值水平下的样本个数统计。

描述性统计量见表 2-45:

表 2-45 描述性统计量

x_1	x_2	均值	标准 偏差	N
0.00	1.00	2540.0000	467.80338	5
	2.00	2964.0000	350.66793	5
	3.00	3724.0000	429.27846	5
	总计	3076.0000	638.24939	15
1.00	1.00	3916.0000	442.23975	5
	2.00	3188.0000	362.11600	5
	3.00	4188.0000	386.54366	5
	总计	3764.0000	571.82415	15
总计	1.00	3228.0000	842.68776	10
	2.00	3076.0000	356.18722	10
	3.00	3956.0000	456.19489	10
	总计	3420.0000	690.59974	30

注:因变量为 y

"描述性统计量"表格给出了观察样本各个分组的基本统计特征,包括均值、标准偏差等。

误差方差等同性的 Levene 检验结果见表 2-46:

表 2-46 误差方差等同性的 Levene 检验 [a]

F	df_1	df_2	Sig.
0.383	5	24	0.856

注:因变量为 y;检验零假设,即在所有组中因变量的误差方差均相等;a 表示设计: 截距 + x_1 + $x_1 * x_2$

"误差方差等同性的 Levene 检验"表格输出的是方差齐性检验结果,因 Sig=0.856 > 0.05,说明非齐性不显著,满足了方差分析的基本假设:要求各组(或各单元格)观察值独立地、来自等方差的、正态总体。

主体间效应的检验结果见表 2-47:

表 2-47 主体间效应的检验

源	Ⅲ型平方和	df	均方	F	Sig.
校正模型	9822080.000[a]	5	1964416.000	11.761	0.000
截距	3.509E8	1	3.509E8	2100.714	0.000
x_1	3550080.000	1	3550080.000	21.254	0.000
$x_1 * x_2$	6272000.000	4	1568000.000	9.387	0.000
误差	4008832.000	24	167034.667		
总计	3.647E8	30			
校正的总计	13830912.000	29			

注:因变量为 y,a 表示 R 方 =0.710(调整 R 方 = 0.650)

各种 Sig=0.000,说明模型、截距、x_1、交互项 $x_1 * x_2$ 都非常显著。

参数估计结果见表 2-48:

表 2-48 参数估计

参数	B	标准 误差	t	Sig.	95% 置信区间	
					下限	上限
截距	4188.000	182.776	22.913	0.000	3810.770	4565.230
[x_1=0.00]	-464.000	258.484	-1.795	0.085	-997.484	69.484
[x_1=1.00]	0[a]	.	.	.	.	.
[x_1=0.00] * [x_2=1.00]	-1184.000	258.484	-4.581	0.000	-1717.484	-650.516
[x_1=0.00] * [x_2=2.00]	-760.000	258.484	-2.940	0.007	-1293.484	-226.516
[x_1=0.00] * [x_2=3.00]	0[a]	.	.	.	.	.
[x_1=1.00] * [x_2=1.00]	-272.000	258.484	-1.052	0.303	-805.484	261.484
[x_1=1.00] * [x_2=2.00]	-1000.000	258.484	-3.869	0.001	-1533.484	-466.516
[x_1=1.00] * [x_2=3.00]	0[a]	.	.	.	.	.

注:因变量为 y,a 表示此参数为冗余参数,将被设为零

$[x_1 = 0]$ 的系数为 -464,这说明在其他条件相同的情况下,女性比男性的工资低 464 元。

$[x_1 = 0][x_2 = 1]$ 的系数为 -1184,这说明在其他条件相同的情况下,流通部女性比信息部女性的工资少 1184 元。

$[x_1=0][x_2=2]$ 的系数为 -760，这说明在其他条件相同的情况下，流通部女性比信息部男性的工资少 760 元。

$[x_1=1][x_2=1]$ 的系数为 -272，这说明在其他条件相同的情况下，期刊部女性比信息部女性的工资少 272 元。

同理可对男生的工资做出近似解释。

因变量估计值见表 2-49：

表 2-49 估计

x_1	均值	标准 误差	95% 置信区间	
			下限	上限
0.00	3076.000	105.526	2858.206	3293.794
1.00	3764.000	105.526	3546.206	3981.794

注：因变量为 y

此表给出了男女性的平均工资、标准误差、95% 置信区间的上下限。

成对比较结果见表 2-50：

表 2-50 成对比较

(I) x_1	(J) x_1	均值差值(I-J)	标准 误差	Sig.[a]	差分的 95% 置信区间[a]	
					下限	上限
0.00	1.00	-688.000*	149.236	0.000	-996.007	-379.993
1.00	0.00	688.000*	149.236	0.000	379.993	996.007

注：因变量为 y，基于估算边际均值，* 表示均值差值在 0.05 级别上较显著，a 表示对多个比较的调整：Sidak

此表告诉我们，男女性的平均工资相差 688 元，差异显著，给出了男女性平均工资差值、标准误差、95% 置信区间的上下限。

单变量 x_1 检验结果见表 2-51：

表 2-51 单变量检验

	平方和	df	均方	F	Sig.
对比	3550080.000	1	3550080.000	21.254	0.000
误差	4008832.000	24	167034.667		

注：因变量为 y，F 检验 x_1 的效应，该检验基于估算边际均值间的线性独立成对比较

此表告诉我们，x_1 的不同水平间差异非常显著。

x_1 与 x_2 的交互效应见表 2-52：

表 2-52 $x_1 * x_2$

x_1	x_2	均值	标准 误差	95% 置信区间	
				下限	上限
0.00	1.00	2540.000	182.776	2162.770	2917.230
	2.00	2964.000	182.776	2586.770	3341.230
	3.00	3724.000	182.776	3346.770	4101.230
1.00	1.00	3916.000	182.776	3538.770	4293.230
	2.00	3188.000	182.776	2810.770	3565.230
	3.00	4188.000	182.776	3810.770	4565.230

注：因变量为 y

此表说明流通部、期刊部、信息部女性的平均工资分别是：2540、2964、3724，流通部、期刊部、信息部男性的平均工资分别是：3916、3188、4188。给出了标准误差、95% 置信区间的上下限。

图 2-119 是男女性平均工资轮廓，显然男性的平均工资高于女性。

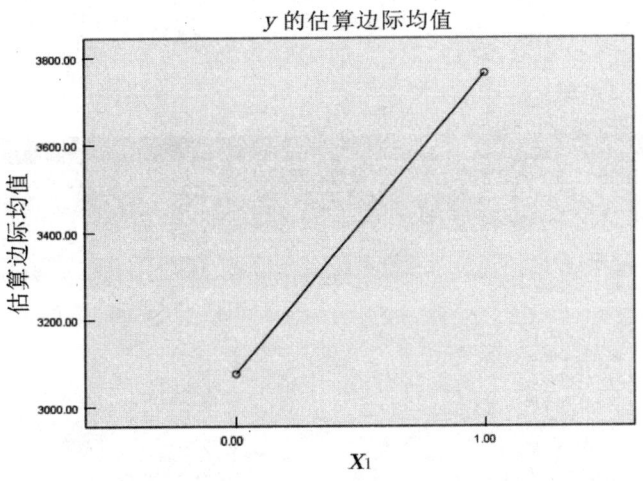

图 2-119　男女性平均工资轮廓

图 2-120 是三部门平均工资轮廓，显然信息部门平均工资远高于其他两个部门。

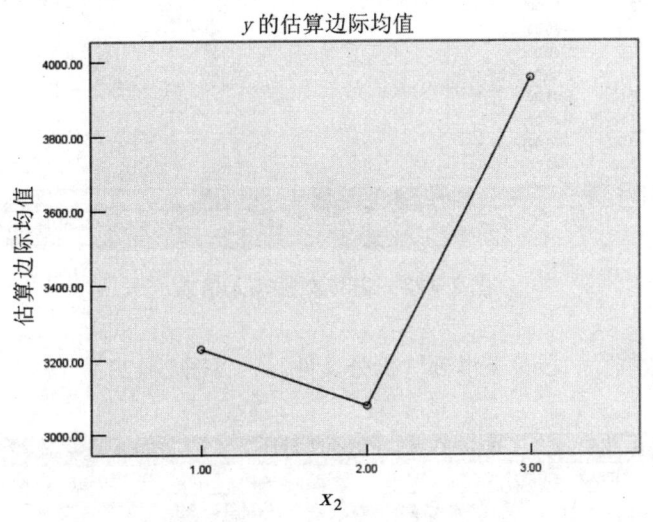

图 2-120　三部门平均工资轮廓

图 2-121 是三个部门男女平均工资轮廓，告诉我们，部门与性别有交互作用。

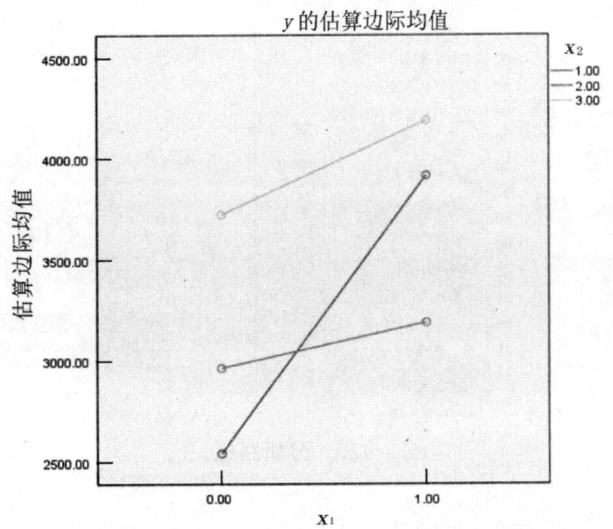

图 2-121　三个部门男女平均工资轮廓

若因素 A 与因素 B 的交互作用显著，则须对因素 A 各水平下、因素 B 不同水平间的简单效应进行分析。所以我们还得重新操作 SPSS。

8. 文件分割

返回到 SPSS 界面，见图 2-122：

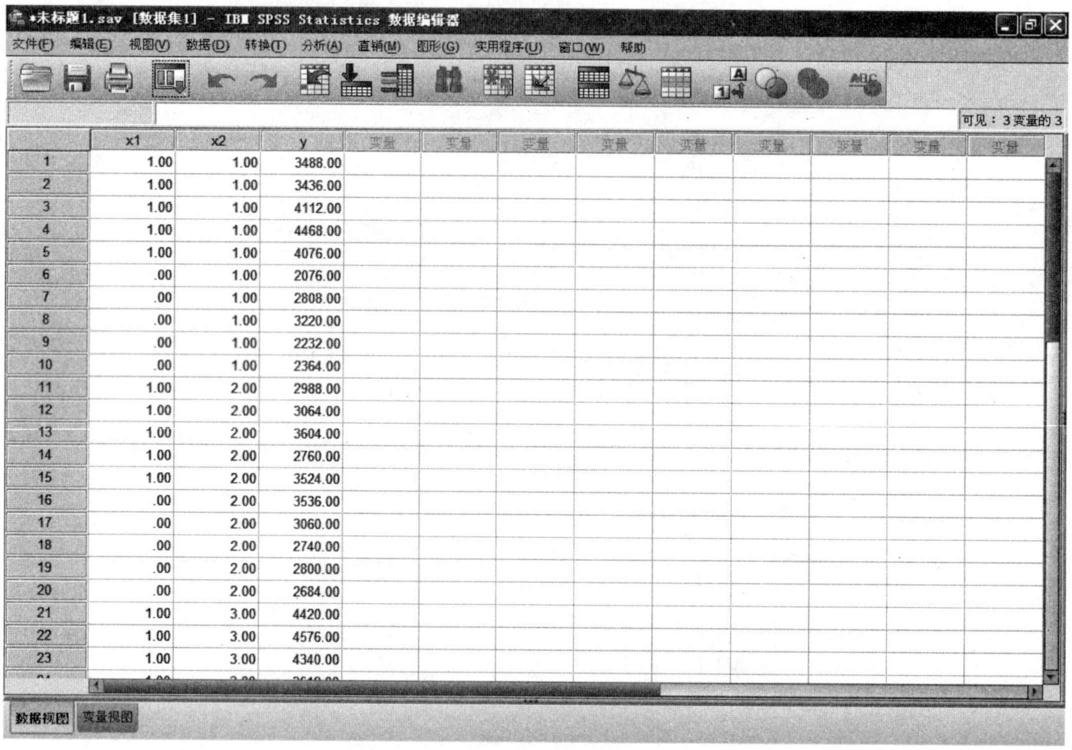

	x1	x2	y
1	1.00	1.00	3488.00
2	1.00	1.00	3436.00
3	1.00	1.00	4112.00
4	1.00	1.00	4468.00
5	1.00	1.00	4076.00
6	.00	1.00	2076.00
7	.00	1.00	2808.00
8	.00	1.00	3220.00
9	.00	1.00	2232.00
10	.00	1.00	2364.00
11	1.00	2.00	2988.00
12	1.00	2.00	3064.00
13	1.00	2.00	3604.00
14	1.00	2.00	2760.00
15	1.00	2.00	3524.00
16	.00	2.00	3536.00
17	.00	2.00	3060.00
18	.00	2.00	2740.00
19	.00	2.00	2800.00
20	.00	2.00	2684.00
21	1.00	3.00	4420.00
22	1.00	3.00	4576.00
23	1.00	3.00	4340.00

图 2-122　SPSS 数据输入格式

点击“菜单”中的“数据”，鼠标下滑到“拆分文件”，见图 2-123：

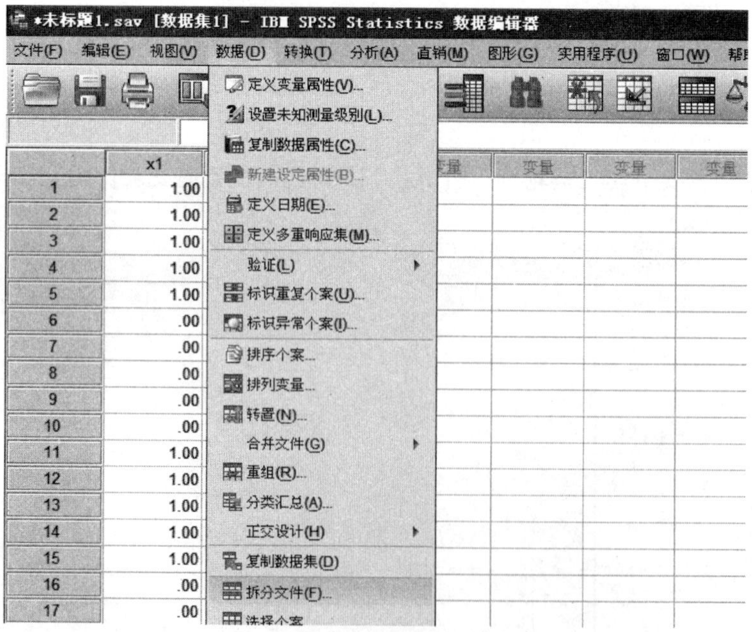

图 2-123　分析路径

点击之，得到“分割文件”对话框，见图 2-124：

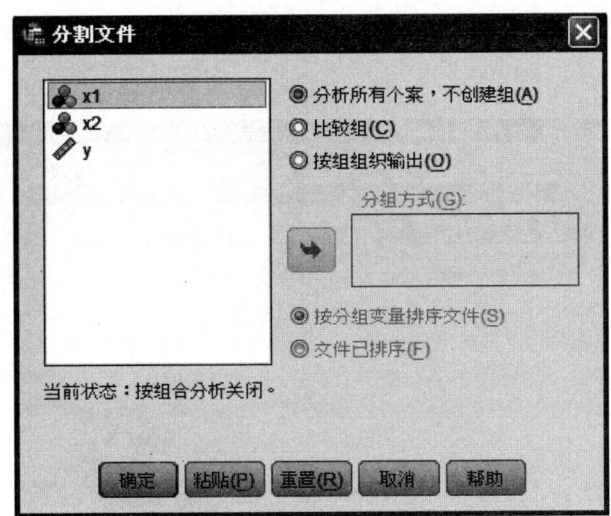

图 2-124 "分割文件"对话框

选择"按组组织输出",此时"分组方式"框被激活,见图 2-125:

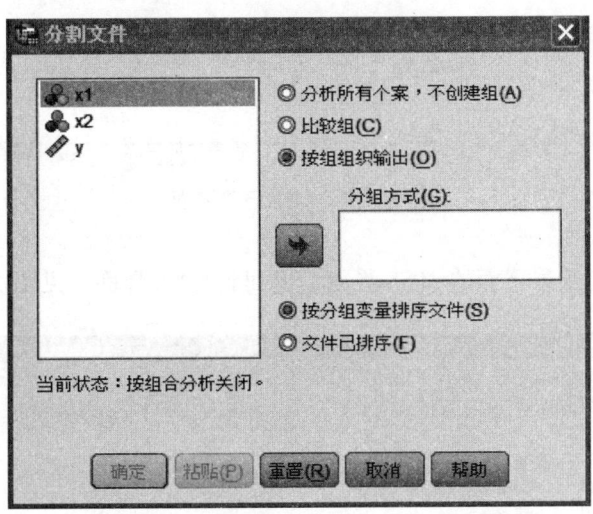

图 2-125 对话框内"分组方式"被激活

若以后欲取消分组,选"分析所有个案,不创建组","分割文件"对话框又返回到原始状态。

我们分组都是按自变量分组,进行单因素方差分析,把某个自变量点进"分组方式"框,比如说把 x_1 点进"分组方式"框(一般用类别少的变量进行分割,用类别多的作为方差分析的因子),见图 2-126:

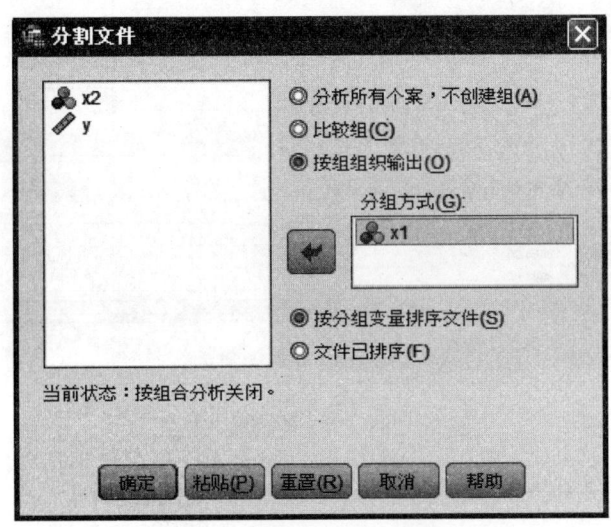

图 2-126 对话框内分组变量被确定

二因素只能放一个变量进"分组方式"框，m 个因素可放 $m-1$ 个变量。点击"确定"键，得图 2-127：

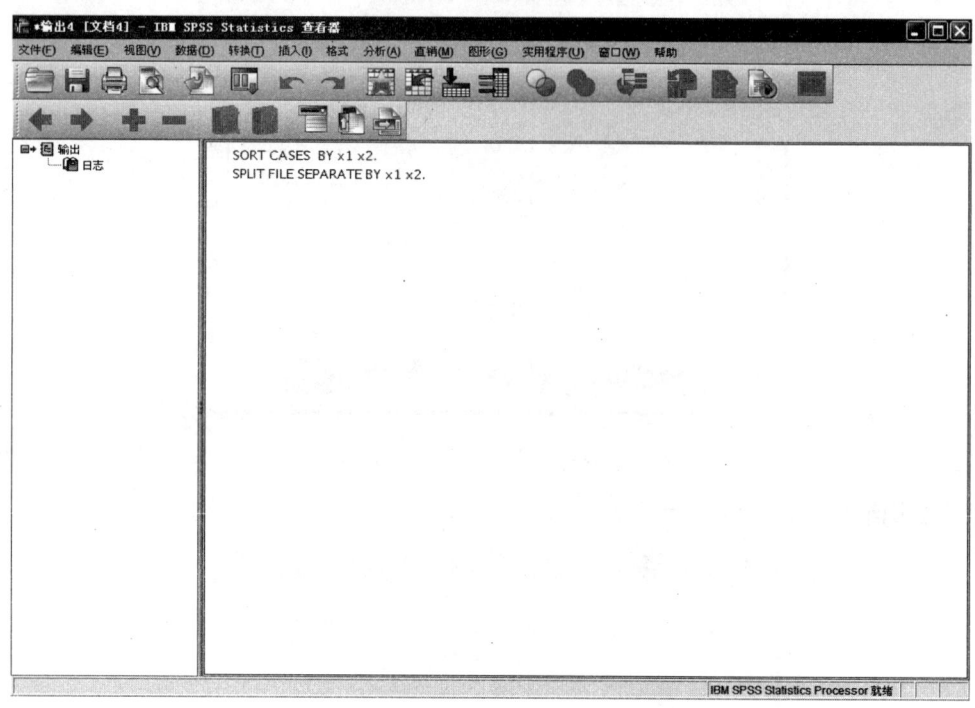

图 2-127　日志记录界面

我们不理睬这个结果，点击最下面的 SPSS 界面，返回到 SPSS 界面，见图 2-128：

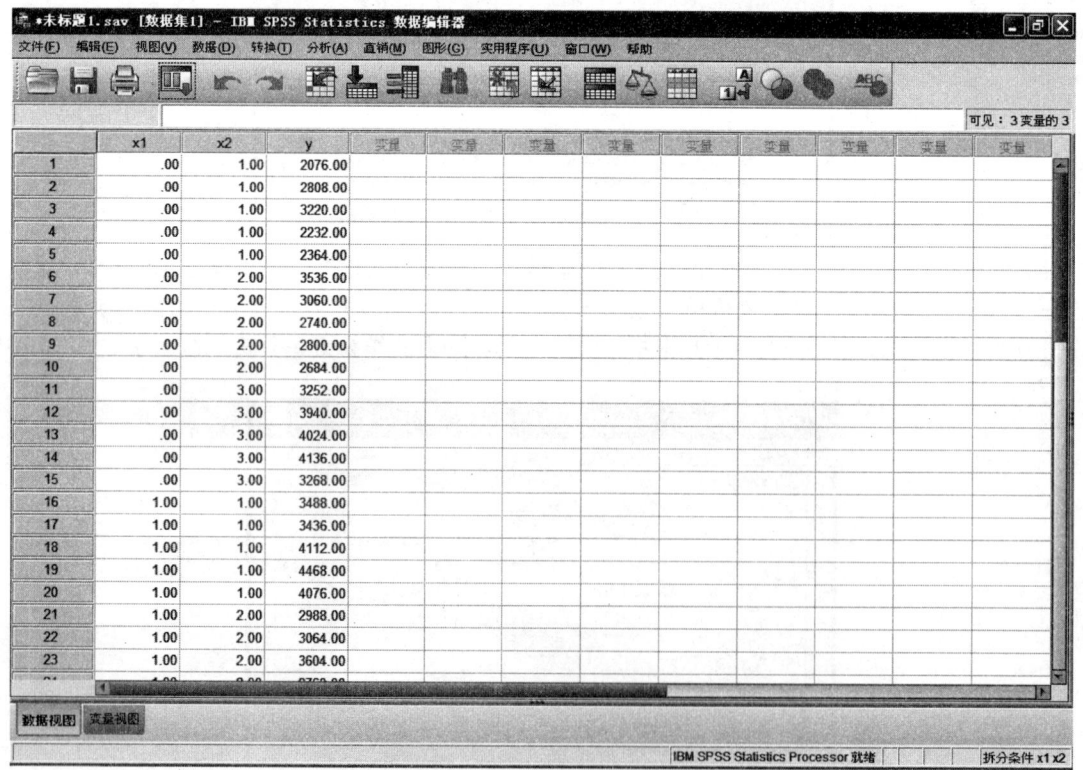

图 2-128　SPSS 数据输入格式

9. 单因素方差分析

点击菜单中的"分析",鼠标下滑到"比较均值",鼠标右滑,接着下滑到"单因素 ANOVA"(单因素方差分析),见图 2-129:

图 2-129　单因素方差分析分析路径

点击之,得到"单因素方差分析"对话框,见图 2-130:

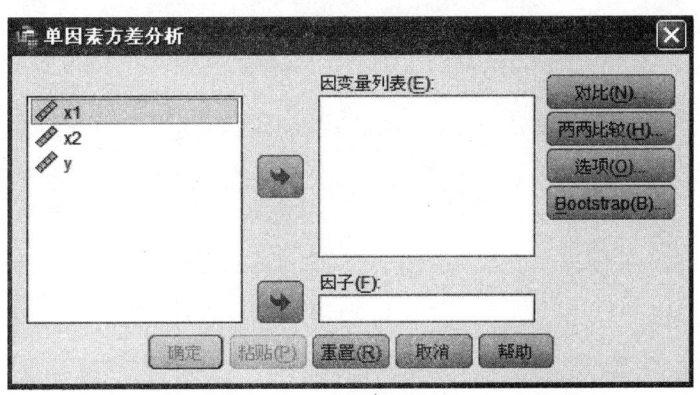

图 2-130　"单因素方差分析"对话框

在"单因素方差分析"对话框中,将 y 点进"因变量列表"框,将 x_2 点进"因子"框。注意:分组方式变量与因子不能是同一个变量,见图 2-131:

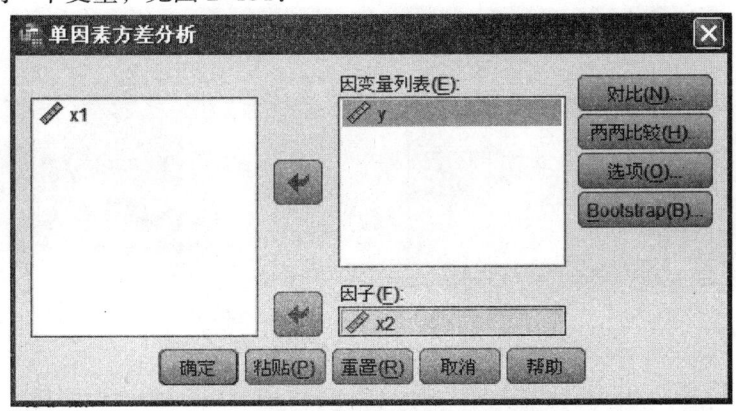

图 2-131　对话框内变量被确定

点击"两两比较"键,得到"单因素 ANOVA:两两比较"对话框,见图 2-132:

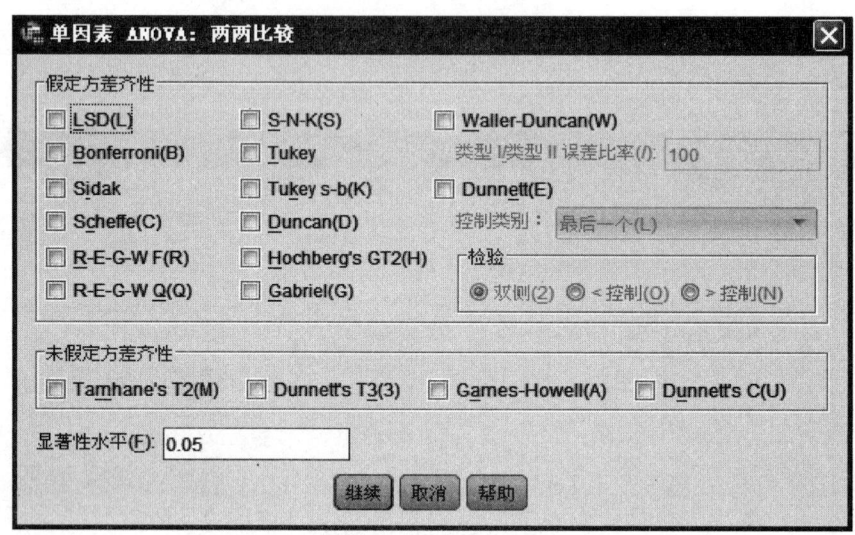

图 2-132 "单因素 ANOVA：两两比较"对话框

选择"Scheffe（C）"项作为事后比较方法，见图 2-133：

图 2-133 对话框内比较方法被确定

点击"继续"键，返回到"单因素方差分析"对话框，见图 2-134：

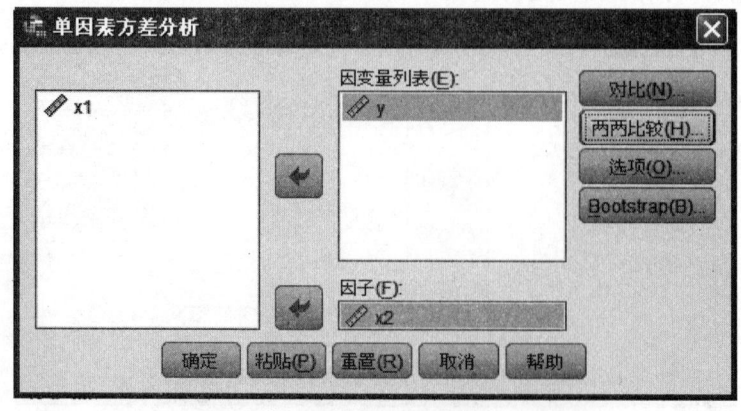

图 2-134 "单因素方差分析"对话框

点击"选项"键，得到"单因素 ANOVA：选项"对话框，见图 2-135：

图 2-135　"单因素 ANOVA：选项"对话框

选择"描述性（D）"和"方差同质性检验（H）"两个选项，见图 2-136：

图 2-136　对话框内选定了输出统计量

点击"继续"键，返回到"单因素方差分析"对话框，见图 2-137：

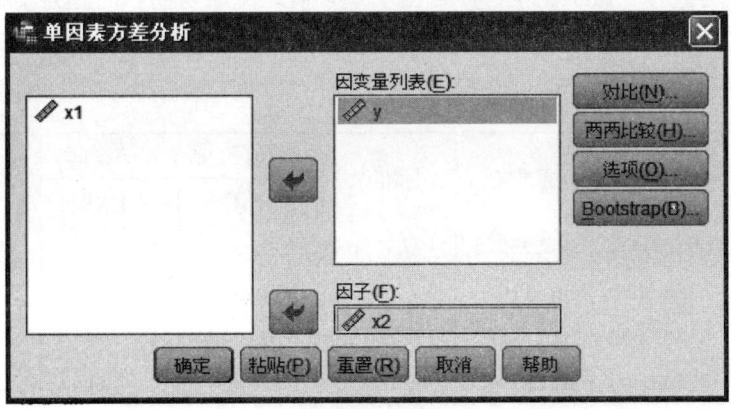

图 2-137　"单因素方差分析"对话框

点击"确定"键,得到结果,其中 $x_1=0$ 时描述结果见表 2-53:

表 2-53 描述[a]

	N	均值	标准差	标准误	均值的 95% 置信区间		极小值	极大值
					下限	上限		
1.00	5	2540.0000	467.80338	209.20803	1959.1454	3120.8546	2076.00	3220.00
2.00	5	2964.0000	350.66793	156.82347	2528.5883	3399.4117	2684.00	3536.00
3.00	5	3724.0000	429.27846	191.97917	3190.9804	4257.0196	3252.00	4136.00
总数	15	3076.0000	638.24939	164.79528	2722.5493	3429.4507	2076.00	4136.00

注:因变量为 y,a 表示 $x_1=0.00$

本表告诉我们,流通、期刊、信息三个部门女性的平均工资分别为 2540 元、2964 元、3724 元,图书馆女性平均工资为 3076 元,并给出了标准误、平均工资上下限、极小值、极大值。

$x_1=0$ 时方差分析结果见表 2-54:

表 2-54 ANOVA[a]

	平方和	df	均方	F	显著性
组间	3598720.000	2	1799360.000	10.261	0.003
组内	2104352.000	12	175362.667		
总数	5703072.000	14			

注:因变量为 y,a 表示 $x_1=0.00$

此表是方差分析表,三个组间女性的差异是显著的,显著概率高达 0.003,远小于 0.05。

$x_1=0$ 时多重比较结果见表 2-55:

表 2-55 多重比较[a]

(I) x_2	(J) x_2	均值差(I-J)	标准误	显著性	95% 置信区间	
					下限	上限
1.00	2.00	-424.00000	264.84914	0.313	-1162.2875	314.2875
	3.00	-1184.00000*	264.84914	0.003	-1922.2875	-445.7125
2.00	1.00	424.00000	264.84914	0.313	-314.2875	1162.2875
	3.00	-760.00000*	264.84914	0.044	-1498.2875	-21.7125
3.00	1.00	1184.00000*	264.84914	0.003	445.7125	1922.2875
	2.00	760.00000*	264.84914	0.044	21.7125	1498.2875

注:因变量为 y,* 表示均值差的显著性水平为 0.05,a 表示 $x_1=0.00$

三个部门女性的平均值一一做了比较,并给出了差异值,流通与期刊的差异不显著,但信息与另外的两个部门的平均值差异是显著的。

$x_1=1$ 时描述结果见表 2-56:

表 2-56 描述[a]

	N	均值	标准差	标准误	均值的 95% 置信区间		极小值	极大值
					下限	上限		
1.00	5	3916.0000	442.23975	197.77563	3366.8868	4465.1132	3436.00	4468.00
2.00	5	3188.0000	362.11600	161.94320	2738.3736	3637.6264	2760.00	3604.00
3.00	5	4188.0000	386.54366	172.86758	3708.0427	4667.9573	3612.00	4576.00
总数	15	3764.0000	571.82415	147.64436	3447.3343	4080.6657	2760.00	4576.00

注:因变量为 y,a 表示 $x_1=1.00$

本表告诉我们，流通、期刊、信息三个部门男性的平均工资分别为 3916 元、3188 元、4188 元，并给出了标准误、平均工资上下限、极小值、极大值。

$x_1=1$ 时方差分析结果见表 2-57：

表 2-57　方差分析

	平方和	df	均方	F	显著性
组间	2673280.000	2	1336640.000	8.422	0.005
组内	1904480.000	12	158706.667		
总数	4577760.000	14			

注：因变量为 y，a 表示 $x_1 = 1.00$

此表是方差分析表，三个组间男性的差异是显著的，显著概率高达 0.005，远大于 0.05。

$x_1=1$ 时多重比较见表 2-58：

表 2-58　多重比较[a]

（I）x_2	（J）x_2	均值差（I-J）	标准误	显著性	95% 置信区间	
					下限	上限
1.00	2.00	728.00000*	251.95767	0.042	25.6485	1430.3515
	3.00	−272.00000	251.95767	0.573	−974.3515	430.3515
2.00	1.00	−728.00000*	251.95767	0.042	−1430.3515	−25.6485
	3.00	−1000.00000*	251.95767	0.007	−1702.3515	−297.6485
3.00	1.00	272.00000	251.95767	0.573	−430.3515	974.3515
	2.00	1000.00000*	251.95767	0.007	297.6485	1702.3515

注：因变量为 y，* 表示 均值差的显著性水平为 0.05，a 表示 $x_1 = 1.00$

三个部门男性的平均值一一做了比较，并给出了差异值，流通与期刊的差异显著，信息与流通的平均值差异不显著，信息与期刊的平均值差异显著。

第七节　多因素方差分析

多因素方差分析是对一个独立变量是否受一个或多个因素或变量影响而进行的方差分析。其方法是利用数学模型的可分解性，检验在不同因素的不同水平组合影响下，因变量均数是否有差异，若有差异，那么从差异的总变异中分解出条件误差（组间）和随机误差（组内），并进行对比，从中找出影响实验结果的主要因素。在这个过程中可以分析每一个因素的作用，也可以分析因素之间的交互作用，以及分析协方差，以及各因素变量与协变量之间的交互作用。该过程要求因变量服从多元正态分布，且总体中各单元的方差相同，这叫方差齐性。因变量和协变量必须是数值型变量，协变量与因变量不彼此独立。因素变量是分类变量，可以是数值型，也可以是长度不超过 8 的字符型变量。固定因素变量是反映处理的因素，随机因素是随机地从总体中抽取的因素。

多因素分交互作用显著与不显著两种情形讨论。但无交互作用的多元方差分析与二因素交互作用的方差分析基本无区别，所以，下边仅讨论有交互作用的多元方差分析。

多因素方差分析与二因素方差分析的区别在于：固定因子包含的自变量多；全模型与交互模型不完全一致，交互模型中不必含所有交互项，可能只含部分交互项，除一次交互项外，可含高次交互项，所以必须用"设定"键设定。

因三因素方差分析的交互项很难解释，我们不再拆分数据进行单独方差分析。

例：图书馆员自我刻板印象是指不以事实为依据，仅根据过去有限经验对图书馆员这一职业群体形成一种固定的印象，并以此作为判断其成员个性的依据。它的操作性定义是关于图书馆员群体的特征"属性"行为的一组观念，或者是对于该群体及其成员相联系的特征或属性的认知表征。专家给出每一个被考察馆员自我刻板印象分。表中还给出了每一个被考察馆员的学历分类（1表示高；2表示低）、职称分类（1表示高；2表示低）、性别（1表示男、2表示女）。自我刻板印象分见表2-59：

表2-59 自我刻板印象分

学历 x_1	职称 x_2	性别 x_3	自我刻板印象分 y
1	1	1	16.26
1	1	2	19.38
1	1	2	23.6
1	1	1	27.43
1	2	1	20.48
1	2	2	34.88
1	2	2	49.1
1	2	1	47.44
2	1	1	18.32
2	1	2	24.85
2	1	2	39.45
2	1	1	32.08
2	2	1	45.5
2	2	2	50.3
2	2	2	55.26
2	2	1	66.64

我们对数据进行多因素方差分析。

SPSS操作步骤如下。

一、输入数据

输入数据后界面见图2-138：

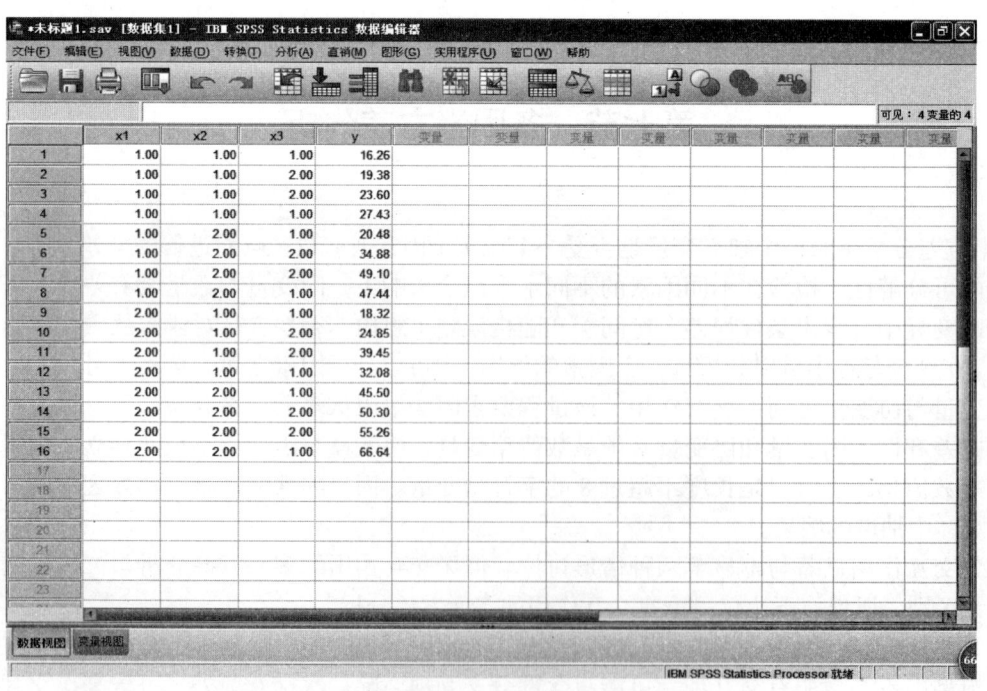

图2-138 SPSS数据输入格式

二、分析路径

在SPSS中，点击"分析"，鼠标下滑到"一般线性模型"，鼠标右滑到"单变量"，见图2-139：

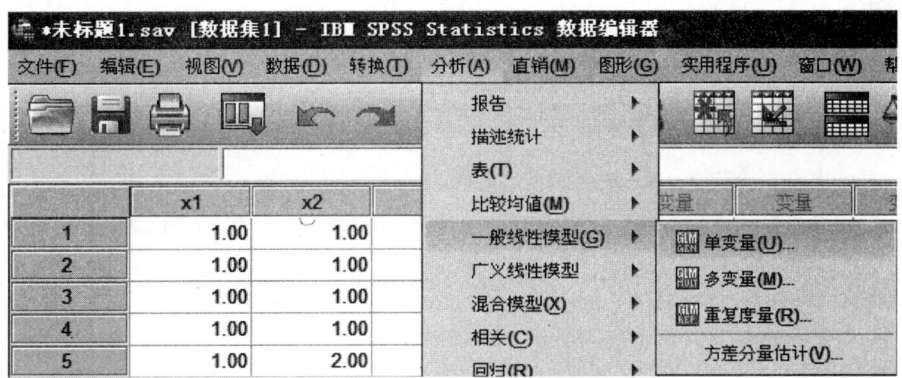

图 2-139 多因素方差分析的分析路径

点击"单变量",得到"单变量"对话框,见图 2-140:

图 2-140 "单变量"对话框

三、变量确定

在"单变量"对话框中,把因变量 y 点进"因变量"框;把分类自变量 x_1、x_2、x_3 点进"固定因子"框,见图 2-141:

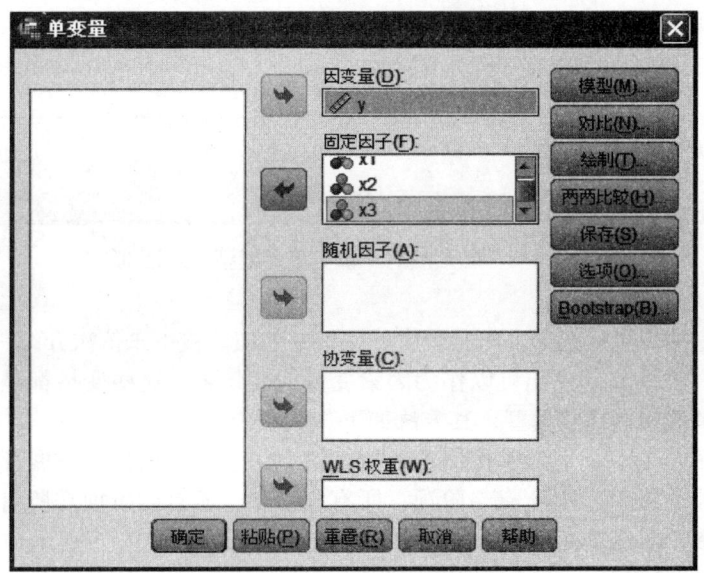

图 2-141 对话框内变量被确定

四、模型确定

在"单变量"对话框中,点击"模型"键,就会得到"单变量:模型"对话框,见图2-142:

图2-142 "单变量:模型"对话框

在指定模型栏中需要选择两种模型中的一个:全模型是系统默认的模型,包括所有因素主效应、交互效应、协变量主效应等。例如,有三个因素变量,全模型包括三个因素变量的主效应、两两的交互效应和三个因素的交互效应。此模型不需要做进一步的设置,单击"继续"按钮即可返回主对话框;若不想用全模型,可点击"单变量:模型"对话框中的"设定"键,原被屏蔽的"因子与协变量""模型"和"构建项"栏被激活,见图2-143:

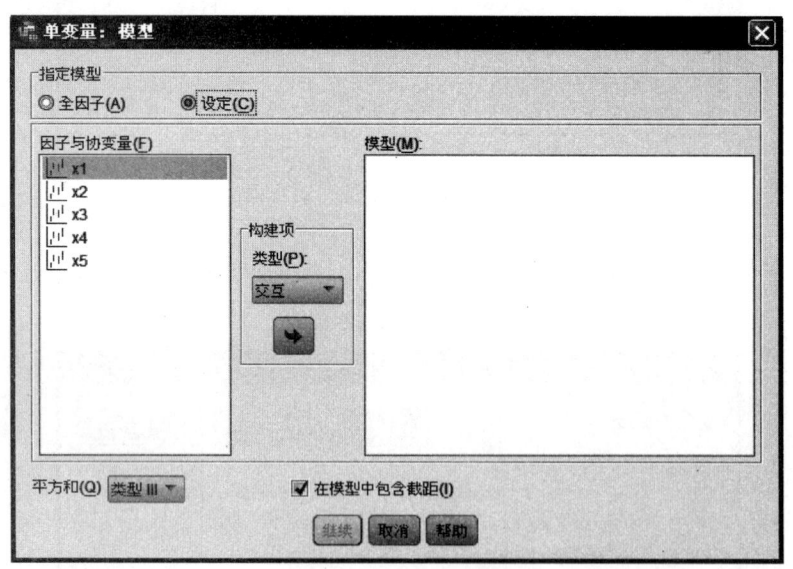

图2-143 激活后的"单变量:模型"对话框

在"设定"模型中,用户可以选择自己实验中感兴趣的效应。接下来依次介绍一下这些选项的作用。

在"因子与协变量"框中自动列出可以作为因素变量的变量名。这些变量都是由用户在主对话框中定义过的。根据表中列出的变量名建立模型,其方法如下。

在"构建项"栏右面的有一向下箭头按钮(下拉按钮),单击该按钮可以展开一小菜单,可以选择多种不同的效应,有主效应、交互项、所有二阶项、所有三阶项、所有四阶项和所有五阶项共6种。其中所有n阶项是指对选定的多个自变量指定分析所有的n阶交互作用。

在下拉菜单中用鼠标单击某一项,下拉菜单收回,选中的类型占据矩形框。如选"交互"项,见图2-144:

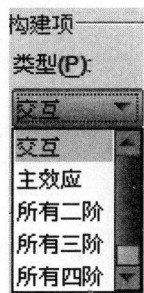

图 2-144　模型构建下拉框

根据我们的经验选取具体类型。我们已选取具体模型中的所有项必须一一填入，具体方法是：首先将主效应项一一点入模型框，见图 2-145：

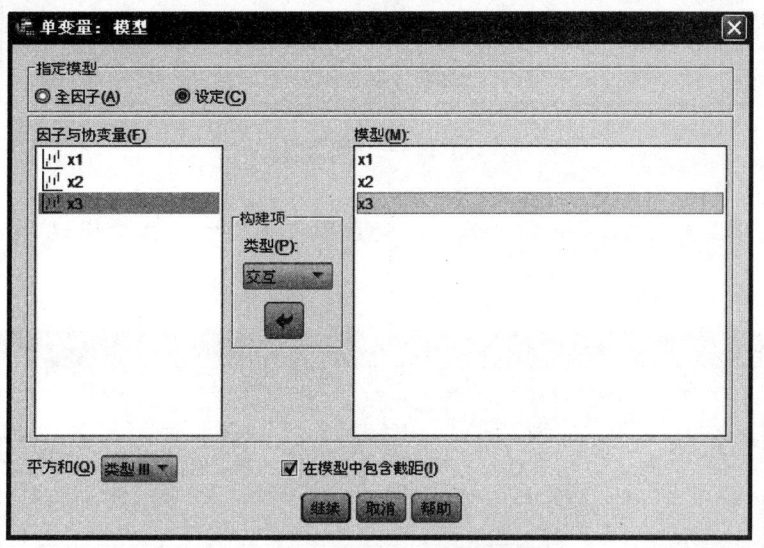

图 2-145　对话框内主效应被确定

然后填入交互项，如我们想添加交互项 $x_1 x_2 x_3$，那么在"因子与协变量"框中点击 x_1 后，按住"Shift"键不放，接着点击 x_2 和 x_3，就会出现 x_1、x_2 和 x_3 连片变色，见图 2-146：

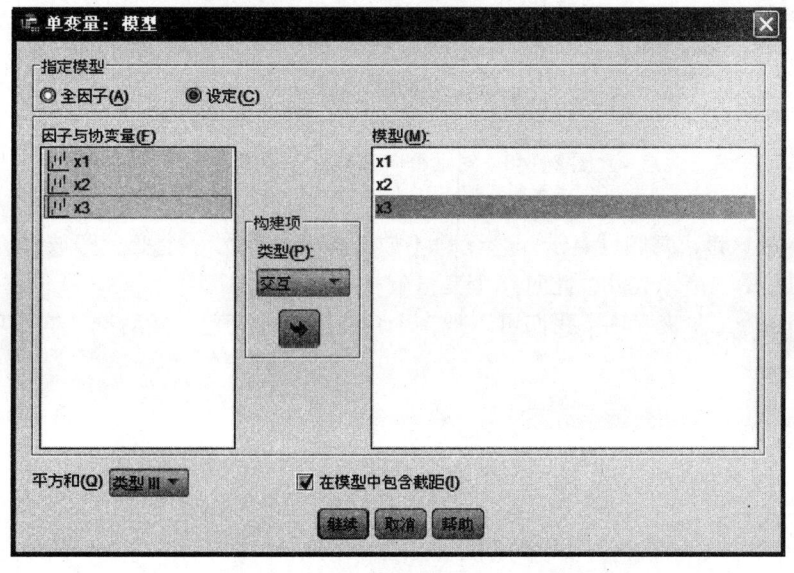

图 2-146　对话框内交互项的选定

选"构建项"的"所有三阶"项,见图 2-147:

图 2-147　对话框内三阶交互项的选定

然后点击"构建项"栏下的右拉箭头按钮,交互项"$x_1 x_2 x_3$"就会出现在"模型"框中,见图 2-148:

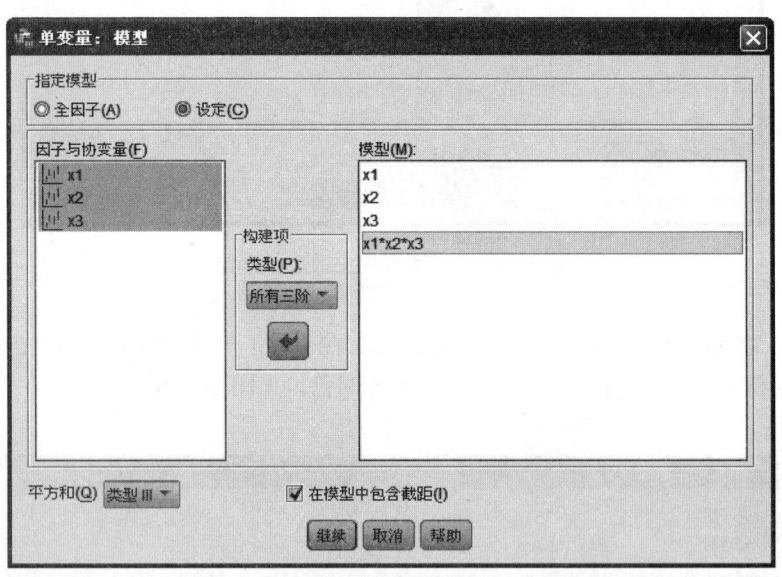

图 2-148　对话框内三阶交互项确定

有时几个变量不在一起,我们可点击一个变量不放,把它拖到另一个变量旁放开,此时两个变量就在一起了,再把其余的变量也拖来放开,此时几个变量就在一起了。

若我们想添加一部分二阶交互项,我们可以把多个自变量连片变色,然后选"构建项"的"所有二阶"项,见图 2-149:

图 2-149 对话框内二阶交互项的选定

然后点击"构建项"栏中的右拉箭头按钮,得图 2-150:

图 2-150 对话框内二阶交互项的加入

然后在模型空白处点击一下,得图 2-151:

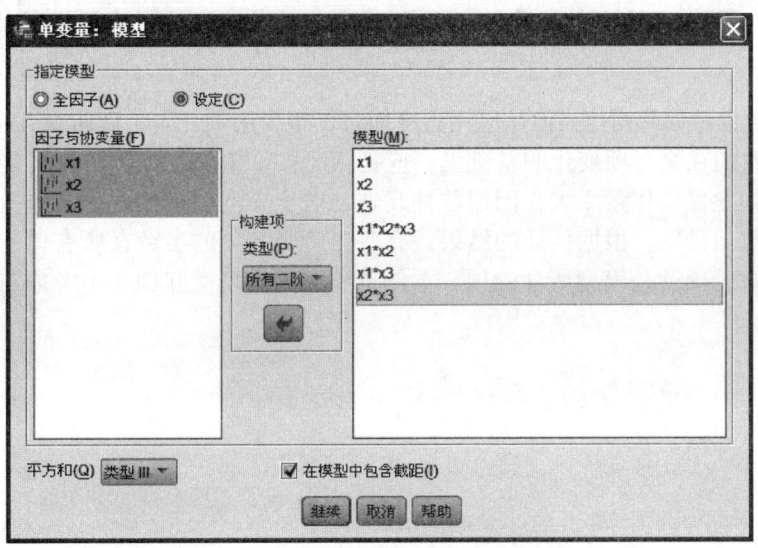

图 2-151 对话框内二阶交互项确定

然后点击模型框中我们不需要的某项，比如说 x_1x_3，见图 2-152：

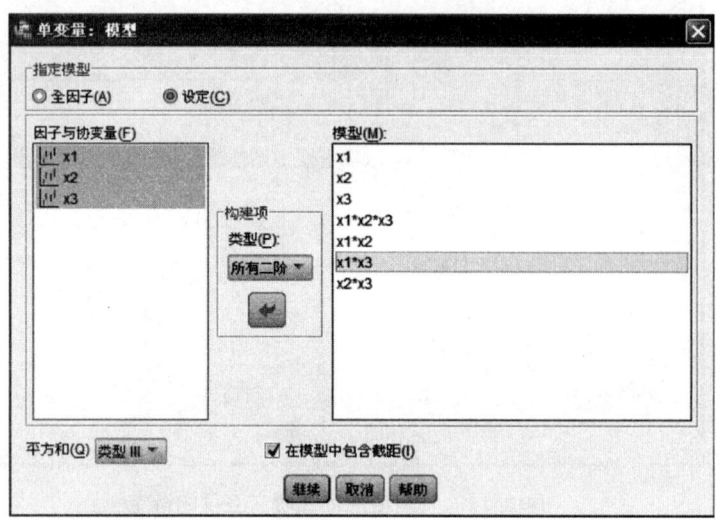

图 2-152　对话框内多余项的选定

然后点击"构建项"下的左拉键，x_1x_3 在模型框中就消失了。其他交互项都可如此构建。见图 2-153：

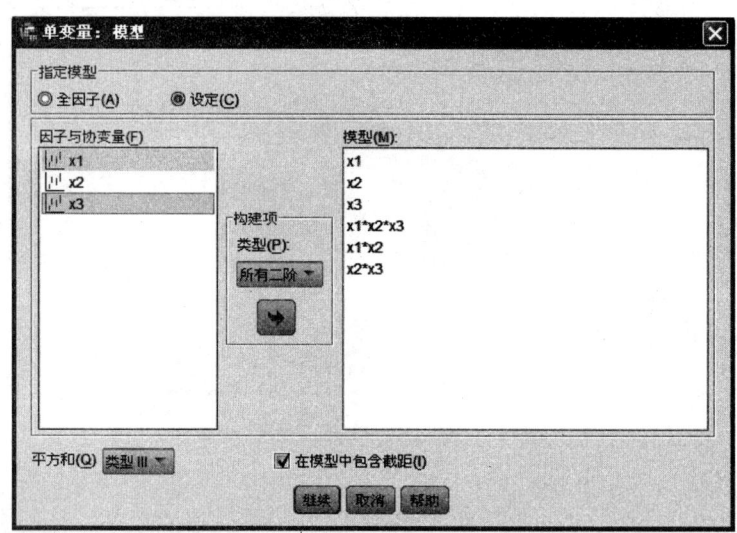

图 2-153　对话框内消除了 x_1x_3 项

三阶、四阶交互项也可如此构建，但从应用角度而言，很少用到三阶、四阶交互项。

从理论上而言，我们在交互项变化的基础上，应把模型的二阶交互项的各种可能性都列出来，然后挑选最好的模型，不过如此做工作量太大，因而往往是选二阶全交互项模型先做方差分析，在后边"选项"的"输出"中选"参数估计"。根据估计的结果，有些二阶交互项的参数在所有值上都不显著，那么这些交互项可被剔除，剩余的项就是模型所含的项。本例选所有的二阶交互项，不考虑三阶项，所以将三阶项剔除，见图 2-154：

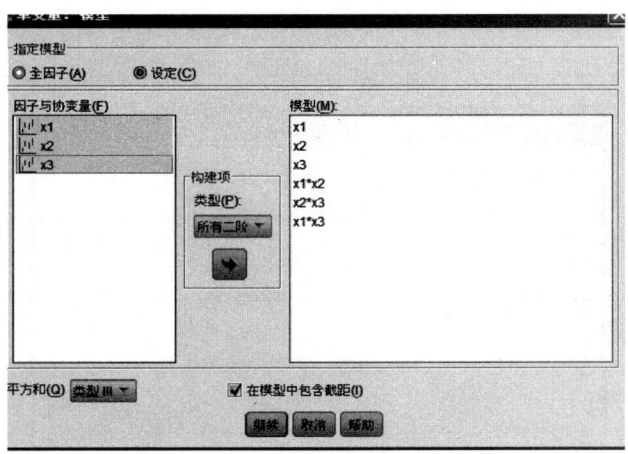

图 2-154　对话框内三阶项被消除

点击"继续"键，返回到"单变量"对话框，见图 2-155：

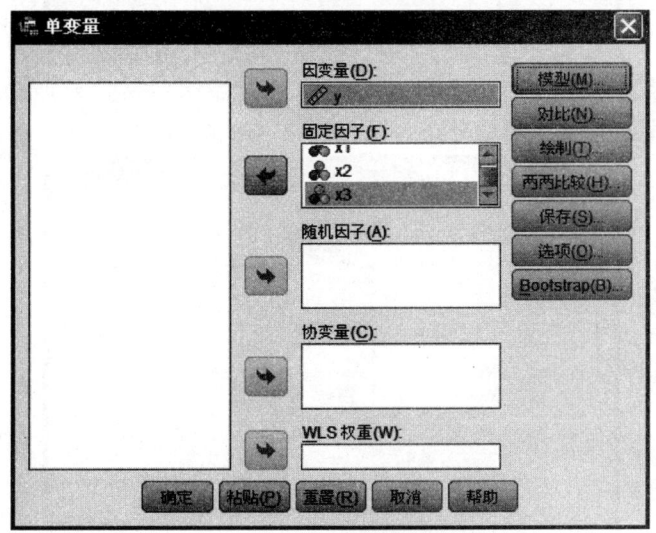

图 2-155　"单变量"对话框

五、绘制轮廓图

多因素方差分析与二因素方差分析的另一个区别在于：出现了第三个变量、第四个变量，甚至第五个变量，由于我们不考虑三阶以上的交互项，所以仍然是一个变量填入"水平轴"，另一个变量填入"单图"，由于有多个二阶交互项，所以要填入多次。如本例有三个二阶交互项，所以得填入三次。

点击"绘制"键，得到"单变量：轮廓图"对话框，见图 2-156：

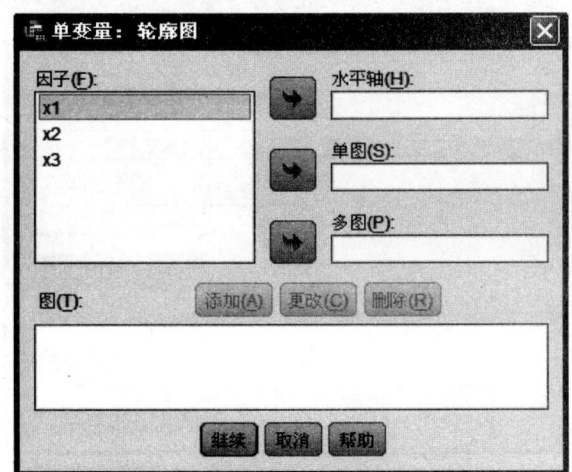

图 2-156　"单变量：轮廓图"对话框

横坐标（水平轴）框，选择"因子"框中一个因素变量做横坐标变量，单击向右拉箭头按钮，将变量名送入相应的横坐标轴框中。如我们选择 x_1 作为水平轴，见图 2-157：

图 2-157　对话框内水平轴因素被选定

如果只想看该因素变量各水平的，因变量均值分布，单击"添加"按钮，将所选因素变量移入下面的"图"框中。例如只想看 x_1 各水平的因变量均值分布，那么单击"添加"按钮，得图 2-158：

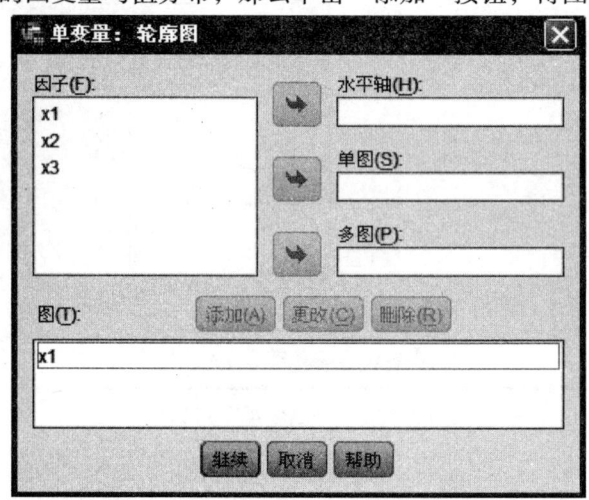

图 2-158　对话框内水平轴因素被确定

若想取消添加的因子，那么我们点击"图"中被添加的因子，如 x_1，则 x_1 所在的行全部变色，且"删除"键变亮，见图 2-159：

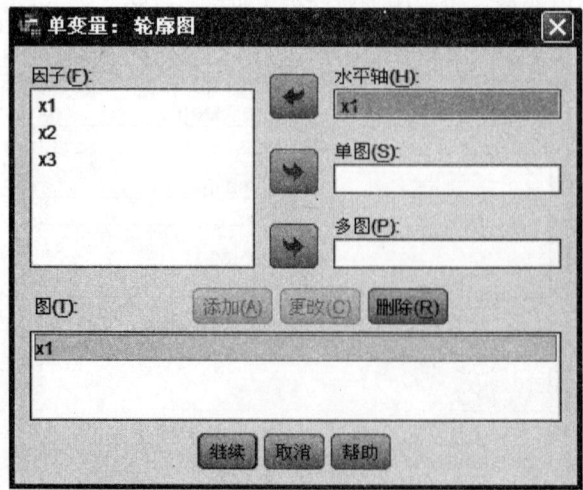

图 2-159　对话框内删除因素被选定

点击"删除"键即可删除。本例不删除，同理把 x_2、x_3 也添加进去，见图 2-160：

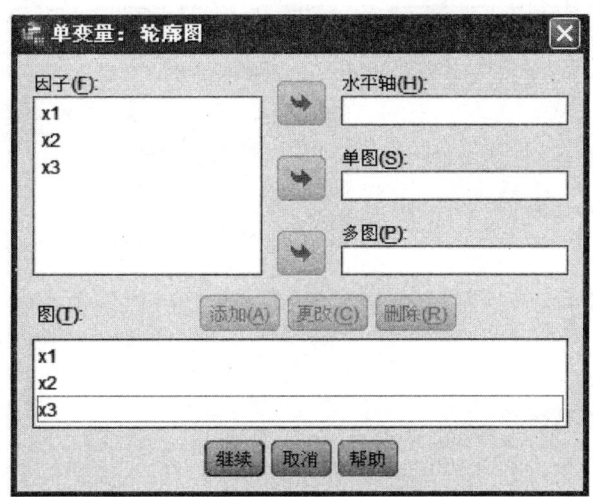

图 2-160　对话框内所有水平轴因素被确定

别忘记两个因变量间存在交互效应。我们需要混合图来识别，那么，把一个"因子"如 x_1 选入"水平轴"（但不添加），见图 2-161：

图 2-161　对话框内混合图的水平轴因素的选定

再选择"因子"框中另一个因素变量，如 x_2，点进"单图"框，见图 2-162：

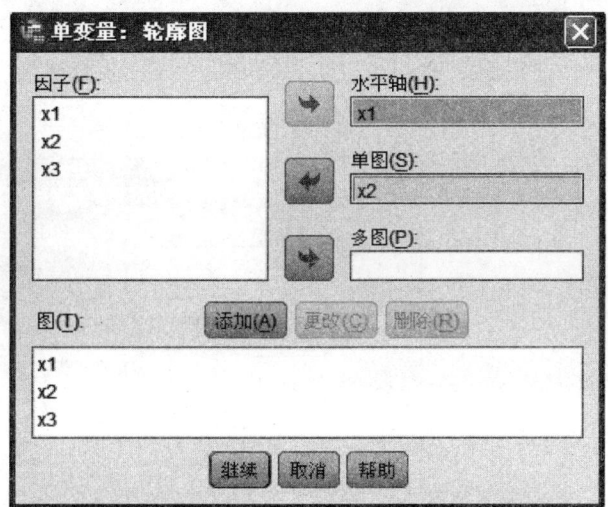

图 2-162　对话框内混合图的单图因素的选定

再点击"添加"键,交互项x_1*x_2进入了"图"框,见图2-163:

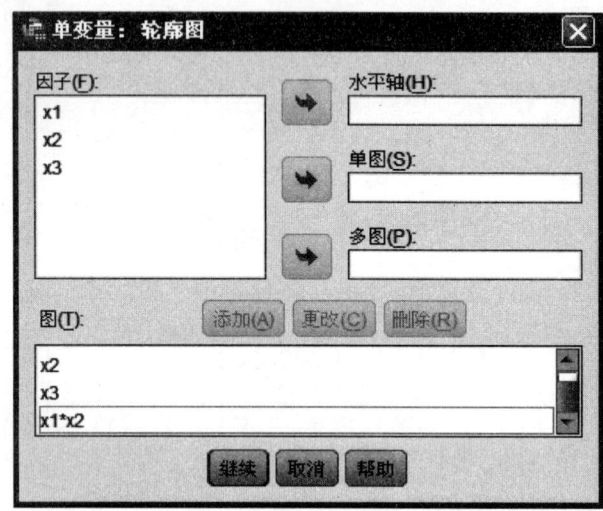

图2-163 对话框内混合图因素被确定

直至所有的混合图项都被点进"图"框,见图2-164:

图2-164 对话框内所有混合图因素被确定

点击"继续"键,返回到"单变量"对话框,见图2-165:

图2-165 "单变量"对话框

六、输出结果的选择

在"单变量"窗口，按"选项"键，得到"单变量：选项"对话框，见图2-166：

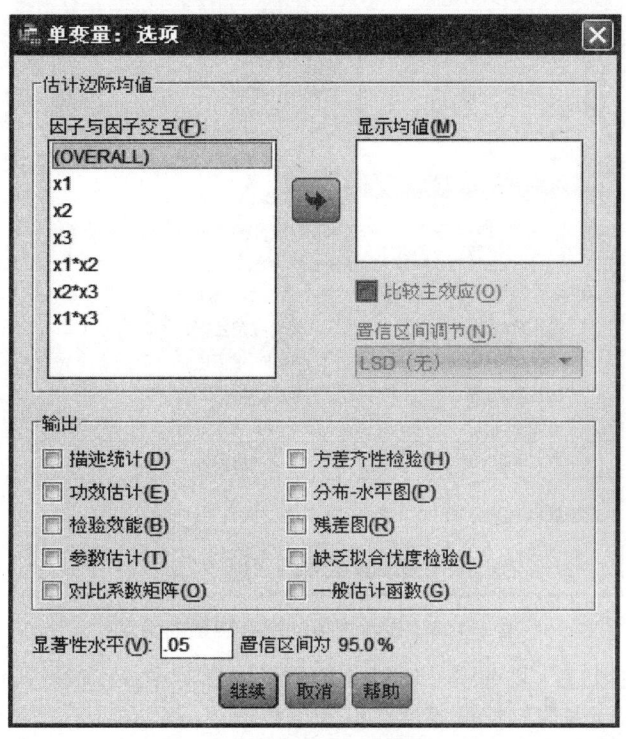

图 2-166 "单变量：选项"对话框

在"估计边际均值"框中，列出"模型"对话框中指定的效应项，在该框中选定因素变量的各种效应项。如 x_1，单击右拉按钮将其点进"显示均值"框，见图2-167：

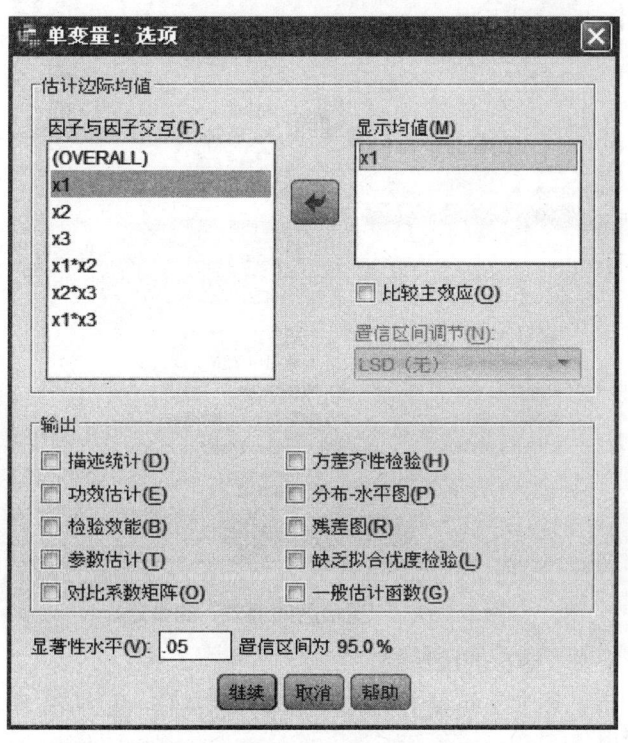

图 2-167 显示均值因素的确定

就将左边"因子与因子交互"框中所有的变量项 x_1、x_2、x_3、x_1*x_2……全部点进"显示均值"下的方框中，见图2-168：

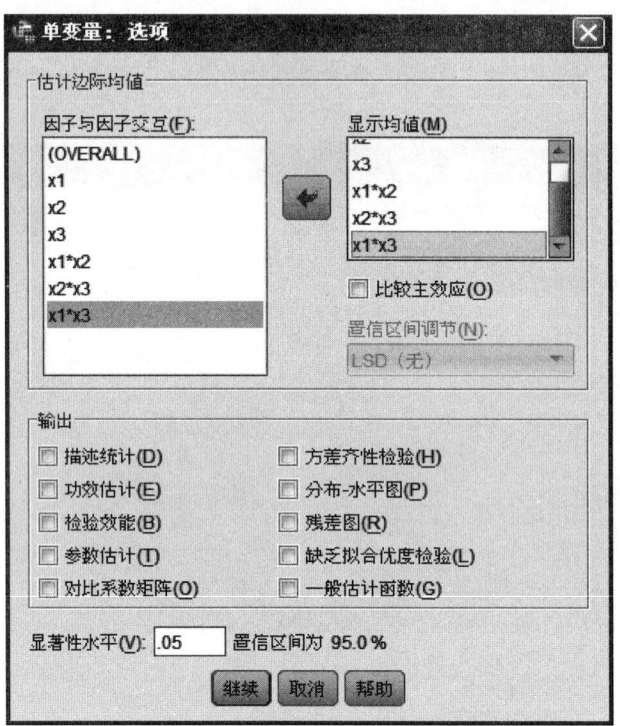

图 2-168　显示均值的所有因素的确定

此框下面有个"比较主效应"复选项，通过此选项可选择对主效应的边际均值进行组间多重比较方法。点击此键后，"置信区间调节"框被激活，打开下拉菜单，共有三个选项：LSD（无）、Bonferroni、Sidak。这几种比较法在"两两比较"中已讲过，在此不再重复，我们选其中之一即可，本例选择 Sidak 法，见图 2-169：

图 2-169　"置信区间调节"的设定

在"输出"方框中，指定要求输出的统计量。

描述统计：观测量的均值、标准差和每个单元格中的观测量数。它反映了每个效应与每个参数估计值可以归于因素的总变异的大小。

功效估计：给出偏 eta-Square 值，即 η^2 值，反映了每个效应与每个参数估计值可以归于某个因素的变异的大小。

检验效能：给出计算功效的显著性 Alpha 值，即 α 值，该值应该在 0.01 与 0.99 之间（系统默认显著性水平是 0.05）。

参数估计：给出自变量的回归系数、标准误、t 检验的 t 值、显著性概率和 95% 的置信区间。

对比系数矩阵：显示变换系数矩阵和 L 矩阵。

方差齐性检验：显示方差齐性检验值。

分布–水平图：观测量均值–标准差图、观测量均值–方差图。

残差图：给出观测值、预测值散点图和观测量数目对标准化残差的散点图，还有正态和标准化残差的正态概率图。

缺乏拟合优度检验：检查独立变量和非独立变量间的关系是否被充分描述。

一般估计函数：可根据一般估计函数自定义假设检验，对比系数矩阵的行都是一般估计函数的线性组合。

显著性水平：用于指定多重比较的显著性水平。默认为 0.05。

本例选取"描述统计""方差齐性检验""参数估计""残差图"，见图 2-170：

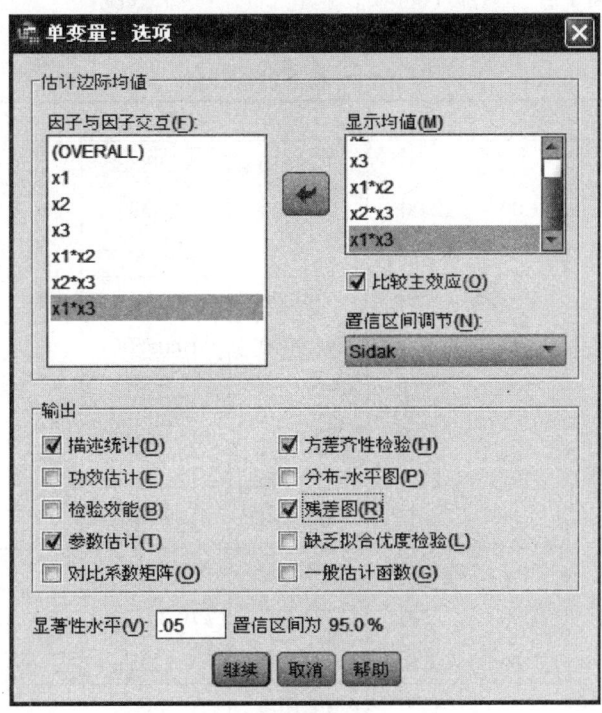

图 2-170 对话框内输出项被确定

点击"继续"键，返回到"单变量"对话框，见图 2-171：

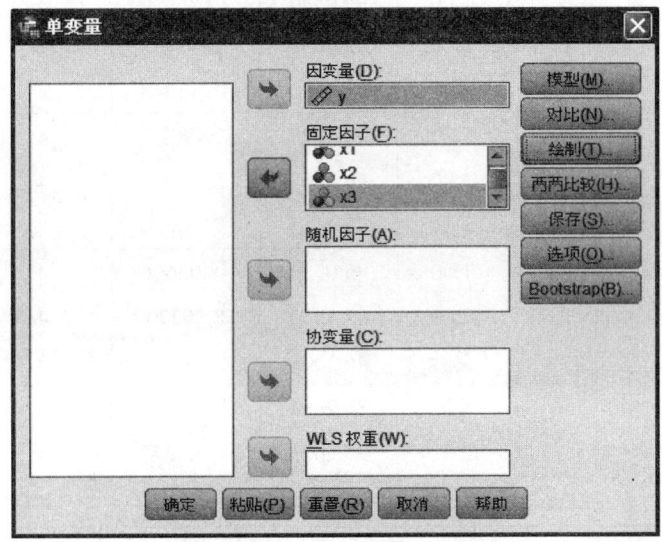

图 2-171 "单变量"对话框

七、结果与分析

其他选项一律采用系统默认的选择,点击"确定"键,得到结果,其中主体间因子见表2-60:

表2-60　主体间因子

		N
x_1	1.00	8
	2.00	8
x_2	1.00	8
	2.00	8
x_3	1.00	8
	2.00	8

"主体间因子"表格给出了各主效应不同取值水平下的样本个数统计。

描述性统计量见表2-61:

表2-61　描述性统计量

x_1	x_2	x_3	均值	标准 偏差	N
1.00	1.00	1.00	21.8450	7.89838	2
		2.00	21.4900	2.98399	2
		总计	21.6675	4.87903	4
	2.00	1.00	33.9600	19.06360	2
		2.00	41.9900	10.05506	2
		总计	37.9750	13.27913	4
	总计	1.00	27.9025	13.81519	4
		2.00	31.7400	13.29484	4
		总计	29.8213	12.71832	8
2.00	1.00	1.00	25.2000	9.72979	2
		2.00	32.1500	10.32376	2
		总计	28.6750	9.12051	4
	2.00	1.00	56.0700	14.94824	2
		2.00	52.7800	3.50725	2
		总计	54.4250	9.06596	4
	总计	1.00	40.6350	20.58378	4
		2.00	42.4650	13.47192	4
		总计	41.5500	16.13448	8
总计	1.00	1.00	23.5225	7.49020	4
		2.00	26.8200	8.73918	4
		总计	25.1713	7.73837	8
	2.00	1.00	45.0150	18.93606	4
		2.00	47.3850	8.75270	4
		总计	46.2000	13.71540	8
	总计	1.00	34.2688	17.59824	8
		2.00	37.1025	13.65277	8
		总计	35.6856	15.28571	16

注:因变量为 y

"描述性统计量"表格给出了观察样本各个分组的基本统计特征，包括均值、标准偏差等。总结中有些值是对观测值的平均，有些则是对各个总结值的再平均。N标出了被平均的数的个数。

误差方差等同性的Levene检验结果见表2-62：

表2-62 误差方差等同性的 Levene 检验[a]

F	df_1	df_2	Sig.
2.672	7	8	0.096

注：因变量为y；检验零假设，即在所有组中因变量的误差方差均相等；a表示设计：截距 + x_1 + x_2 + x_3 + $x_1 * x_2$ + $x_2 * x_3$ + $x_1 * x_3$

"误差方差等同性的Levene检验"表格输出的是方差齐性检验结果。当Sig值大于α（α一般取0.05）时，表明在α水平上拒绝H_0假设，接受H_1，可以认为各样本方差齐性（也就是等方差）。本例显著性检验的Sig值为0.096，大于0.05，这说明方差齐性，这符合方差分析的基本假设：要求各组（或各单元格）观察值独立地、来自等方差的、正态总体。若数据不满足等方差的要求，那么可用后边介绍的线性混合模型来解决。

主体间效应的检验结果见表2-63：

表2-63 主体间效应的检验

源	Ⅲ型平方和	df	均方	F	Sig.
校正模型	2445.259[a]	6	407.543	3.462	0.047
截距	20375.421	1	20375.421	173.075	0.000
x_1	550.254	1	550.254	4.674	0.059
x_2	1768.833	1	1768.833	15.025	0.004
x_3	32.121	1	32.121	0.273	0.614
$x_1 * x_2$	89.161	1	89.161	0.757	0.407
$x_2 * x_3$	0.860	1	0.860	-0.007	0.934
$x_1 * x_3$	4.030	1	4.030	0.034	0.857
误差	1059.536	9	117.726		
总计	23880.216	16			
校正的总计	3504.795	15			

注：因变量为y，a表示R方=0.698（调整R方=0.496）

这是一个典型的方差分析表，首先是所用方差分析模型的检验，校正模型的Sig值为0.047，小于0.05，因此所用模型有统计学意义。第二行是截距，其Sig值为0，小于0.05，有统计学意义。第三行是变量x_1，其Sig值是0.059，略大于0.05，基本有统计学意义。第四行是变量x_2，其Sig值是0.004，小于0.05，有统计学意义。第五行是变量x_3，其Sig值是0.614，其Sig值远大于0.05，无统计学意义，这说明各个馆员自我刻板印象分在性别间无显著差异。第六至八行是所有的交互项，其Sig值都远大于0.05，这些项不显著，说明所有交互作用都不显著。剩余的两个变量的校正模型还是不错的，其决定系数为0.698，对多因素而言，已经很不错。截距、职称x_2非常显著，学历x_1有点不显著。

参数估计值见表2-64：

表 2-64 参数估计

参数	B	标准误差	t	Sig.	95% 置信区间 下限	95% 置信区间 上限
截距	55.108	7.177	7.679	0.000	38.873	71.343
[x_1=1.00]	−15.446	9.397	−1.644	0.135	−36.703	5.810
[x_1=2.00]	0^a	.	.	.	.	.
[x_2=1.00]	−25.286	9.397	−2.691	0.025	−46.543	−4.030
[x_2=2.00]	0^a	.	.	.	.	.
[x_3=1.00]	−1.366	9.397	−0.145	0.888	−22.623	19.890
[x_3=2.00]	0^a	.	.	.	.	.
[x_1=1.00] * [x_2=1.00]	9.443	10.850	0.870	0.407	−15.102	33.987
[x_1=1.00] * [x_2=2.00]	0^a	.	.	.	.	.
[x_1=2.00] * [x_2=1.00]	0^a	.	.	.	.	.
[x_1=2.00] * [x_2=2.00]	0^a	.	.	.	.	.
[x_2=1.00] * [x_3=1.00]	−0.927	10.850	−0.085	0.934	−25.472	23.617
[x_2=1.00] * [x_3=2.00]	0^a	.	.	.	.	.
[x_2=2.00] * [x_3=1.00]	0^a	.	.	.	.	.
[x_2=2.00] * [x_3=2.00]	0^a	.	.	.	.	.
[x_1=1.00] * [x_3=1.00]	−2.007	10.850	−0.185	0.857	−26.552	22.537
[x_1=1.00] * [x_3=2.00]	0^a	.	.	.	.	.
[x_1=2.00] * [x_3=1.00]	0^a	.	.	.	.	.
[x_1=2.00] * [x_3=2.00]	0^a	.	.	.	.	.

注：因变量为 y，a 表示此参数为冗余参数，将被设为零

此表是参数估计的输出结果，高学历（x_1=1）的人比低学历的人的自我刻板印象分 y 低 15.446，高职称（x_2=1）的人比低职称的人的自我刻板印象分 y 低 25.286，性别及交互项都不太显著，不再解释。

x_1 的估计结果见表 2-65：

表 2-65　x_1 的估计

x_1	均值	标准误差	95% 置信区间 下限	95% 置信区间 上限
1.00	29.821	3.836	21.143	38.499
2.00	41.550	3.836	32.872	50.228

注：因变量为 y

此表给出了 x_1 取不同值时的均值、标准误差、95% 置信区间。

x_1 的成对比较结果见表 2-66：

表 2-66 成对比较

(I) x_1	(J) x_1	均值差值（I-J）	标准误差	Sig.[a]	差分的 95% 置信区间[a]	
					下限	上限
1.00	2.00	−11.729	5.425	0.059	−24.001	0.544
2.00	1.00	11.729	5.425	0.059	−0.544	24.001

注：因变量为 y，基于估算边际均值，a 表示对多个比较的调整：Sidak

此表给出了学历 x_1 取不同值时的两个均值的差、标准误差、显著性的概率、95% 置信区间。注意 Sig 值是变量 x_1 是否显著的 Sig 值，因 0.059>0.05，故在 0.05 的显著性水平上，不同学历的馆员的自我刻板印象分有差异，但不太显著。

x_1 的单变量检验见表 2-67：

表 2-67 x_1 的单变量检验

	平方和	df	均方	F	Sig.
对比	550.254	1	550.254	4.674	0.059
误差	1059.536	9	117.726		

注：因变量为 y，F 检验 x_1 的效应，该检验基于估算边际均值间的线性独立成对比较

此表给出了 x_1 均值与各个观测值的差的平方和、自由度、均方、F 检验值、显著性的概率。因 0.059 略大于 0.05，故在 0.05 的显著性水平上，不同学历的馆员的自我刻板印象分有差异，但不太显著。

x_2 的估计结果见表 2-68：

表 2-68 x_2 的估计

x_2	均值	标准误差	95% 置信区间	
			下限	上限
1.00	25.171	3.836	16.493	33.849
2.00	46.200	3.836	37.522	54.878

注：因变量为 y

此表给出了 x_2 取不同值时的均值、标准误差、95% 置信区间。

x_2 的成对比较见表 2-69：

表 2-69 x_2 的成对比较

(I) x_2	(J) x_2	均值差值（I-J）	标准误差	Sig.[a]	差分的 95% 置信区间[a]	
					下限	上限
1.00	2.00	−21.029*	5.425	0.004	−33.301	−8.756
2.00	1.00	21.029*	5.425	0.004	8.756	33.301

注：因变量为 y，基于估算边际均值，* 表示均值差值在 0.05 级别上较显著，a 表示对多个比较的调整：Sidak

此表给出了 x_2 取不同值时的两个均值的差、标准误差、显著性的概率、95% 置信区间。因 0.004 远小于 0.05，故在 0.05 的显著性水平上，不同职称的馆员的自我刻板印象分有显著差异。

x_2 单变量检验结果见表 2-70：

表 2-70 x_2 单变量检验

	平方和	df	均方	F	Sig.
对比	1768.833	1	1768.833	15.025	0.004
误差	1059.536	9	117.726		

注：因变量为 y；F 检验 x_2 的效应，该检验基于估算边际均值间的线性独立成对比较

此表给出了 x_2 均值与各个观测值的差的平方和、自由度、均方、F 检验值、显著性的概率。x_2 的显著性概率为 0.004，远小于 0.05，故在 0.05 的显著性水平上，不同职称的馆员的自我刻板印象分有显著差异。

x_3 估计值见表 2-71：

表 2-71　x_3 估计

x_3	均值	标准误差	95% 置信区间	
			下限	上限
1.00	34.269	3.836	25.591	42.947
2.00	37.103	3.836	28.425	45.780

注：因变量为 y

此表给出了 x_3 取不同值时的均值、标准误差、95% 置信区间。

x_3 成对比较结果见表 2-72：

表 2-72　x_3 成对比较

（I）x_3	（J）x_3	均值差值（I-J）	标准误差	Sig.^{a}	差分的 95% 置信区间 ^{a}	
					下限	上限
1.00	2.00	-2.834	5.425	0.614	-15.106	9.439
2.00	1.00	2.834	5.425	0.614	-9.439	15.106

注：因变量为 y，基于估算边际均值，a 表示对多个比较的调整：Sidak

此表给出了 x_3 取不同值时的两个均值的差、标准误差、显著性的概率、95% 置信区间。Sig 值为 0.614，远大于 0.05，故 x_3 不显著，这说明不同性别的馆员的自我刻板印象分无显著差异。

x_3 的单变量检验结果见表 2-73：

表 2-73　x_3 的单变量检验

	平方和	df	均方	F	Sig.
对比	32.121	1	32.121	0.273	0.614
误差	1059.536	9	117.726		

注：因变量为 y；F 检验 x_3 的效应，该检验基于估算边际均值间的线性独立成对比较

此表给出了 x_3 均值与各个观测值的差的平方和、自由度、均方、F 检验值、显著性的概率。Sig 值为 0.614，远大于 0.05，故 x_3 不显著，这说明不同性别的馆员的自我刻板印象分无显著差异。

x_1 与 x_2 的共同作用的结果见表 2-74：

表 2-74　$x_1 * x_2$

x_1	x_2	均值	标准误差	95% 置信区间	
				下限	上限
1.00	1.00	21.668	5.425	9.395	33.940
	2.00	37.975	5.425	25.703	50.247
2.00	1.00	28.675	5.425	16.403	40.947
	2.00	54.425	5.425	42.153	66.697

注：因变量为 y

此表给出了将因素 x_1 固定在某一水平上，因素 x_2 在不同水平时因变量的均值、标准误差和均值 95% 置信区间。

x_2 与 x_3 的共同作用的结果见表 2-75：

表 2-75 $x_2 * x_3$

x_2	x_3	均值	标准误差	95% 置信区间	
				下限	上限
1.00	1.00	23.523	5.425	11.250	35.795
	2.00	26.820	5.425	14.548	39.092
2.00	1.00	45.015	5.425	32.743	57.287
	2.00	47.385	5.425	35.113	59.657

注：因变量为 y

此表给出了将因素 x_2 固定在某一水平上，因素 x_3 在不同水平时因变量的均值、标准误差和均值 95% 置信区间。

x_1 与 x_3 的共同作用的结果见表 2-76：

表 2-76 $x_1 * x_3$

x_1	x_3	均值	标准误差	95% 置信区间	
				下限	上限
1.00	1.00	27.903	5.425	15.630	40.175
	2.00	31.740	5.425	19.468	44.012
2.00	1.00	40.635	5.425	28.363	52.907
	2.00	42.465	5.425	30.193	54.737

注：因变量为 y

此表给出了将因素 x_1 固定在某一水平上，因素 x_3 在不同水平时因变量的均值、标准误差和均值 95% 置信区间。

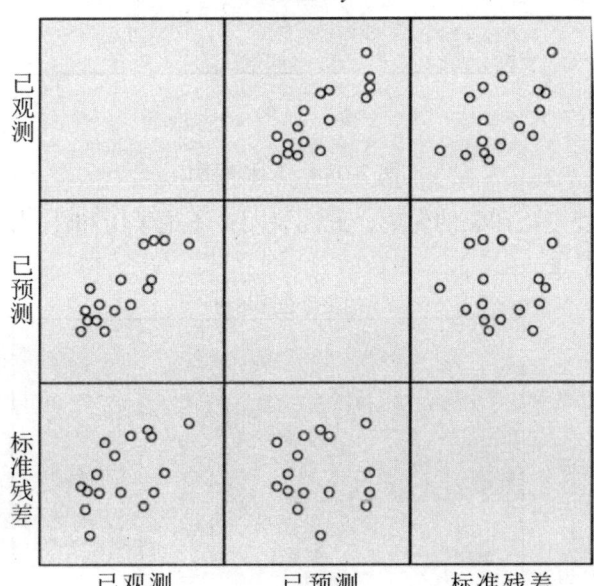

图 2-172 矩阵散点

图 2-172 是图书馆员自我刻板印象的矩阵散点，字竖排列表示纵轴，字行排列表示水平轴，所以对顶角的两个图形是绕 45° 轴对称的，含散点的有 6 个图形，实际上是 3 对反对称图形：y 的观测值与预测值

的图形、y 的观测值与标准残差值的图形、y 的预测值与标准残差值的图形。y 的观测值与预测值的散点图形越是直线越好，我们的图中达不到这点，说明模型不太适合此数据。y 的观测值与标准残差值的图形、y 的预测值与标准残差值的图形中的散点越乱越好，说明无异方差，从这个角度而言，模型还不错。

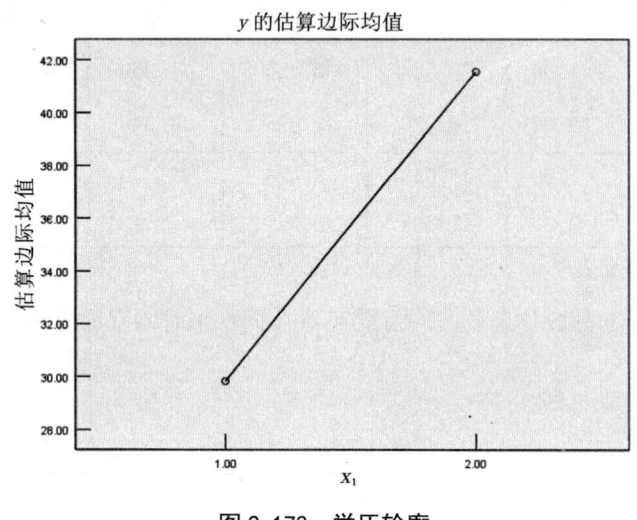

图 2-173　学历轮廓

图 2-173 是有关学历自我刻板印象的轮廓，此图说明，不论职称和性别，单从学历上看，低学历馆员比高学历馆员自我刻板印象严重。

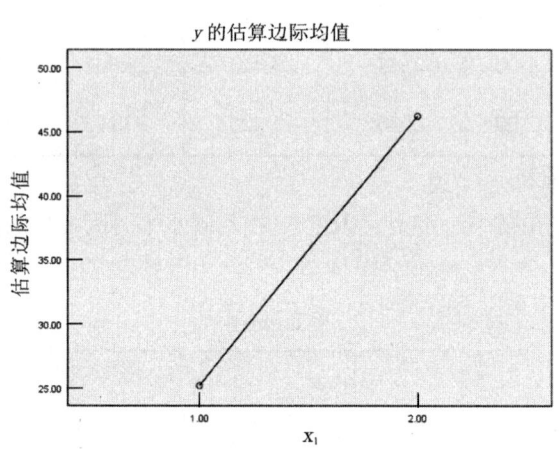

图 2-174　职称轮廓

图 2-174 是有关职称自我刻板印象的轮廓，此图说明，不论学历和性别，单从职称上看，低职称馆员比高职称馆员自我刻板印象严重。

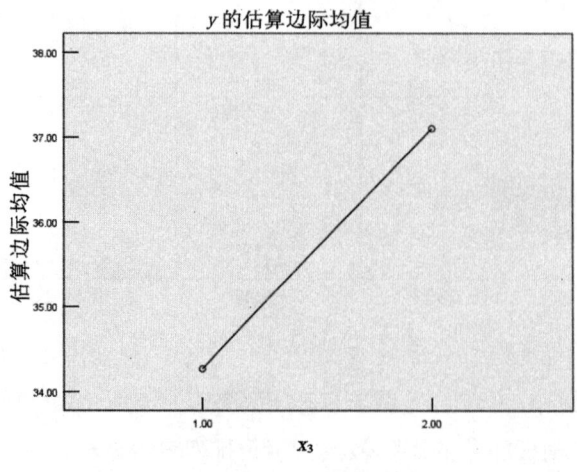

图 2-175　性别轮廓

图 2-175 是有关性别自我刻板印象的轮廓，此图说明，不论学历和职称，单从性别上看，女馆员比男馆员自我刻板印象严重。

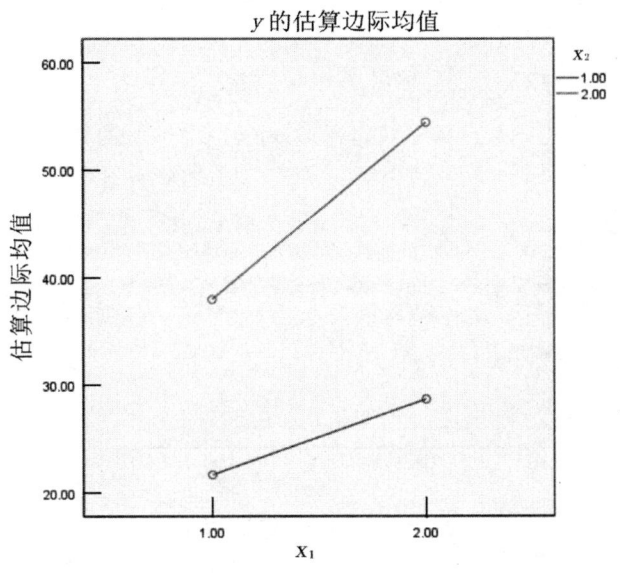

图 2-176　学历与职称混合

图 2-176 是学历与职称混合，虽然已有低学历馆员比高学历馆员自我刻板印象严重和低职称馆员比高职称馆员自我刻板印象严重的结论，但不同学历、不同职称的变化态势是什么？此图回答了此问题，从图可看到，低职称的馆员无论学历高低，其自我刻板印象都比高职称馆员严重，这说明职称才是自我刻板印象的主要因素。从图还可看到，低职称的馆员随着学历的下降，自我刻板印象加重较快；高职称的馆员随着学历的下降，自我刻板印象加重较慢。另外不同学历、不同职称的馆员的自我刻板印象线不相交，说明学历与职称无交互作用。

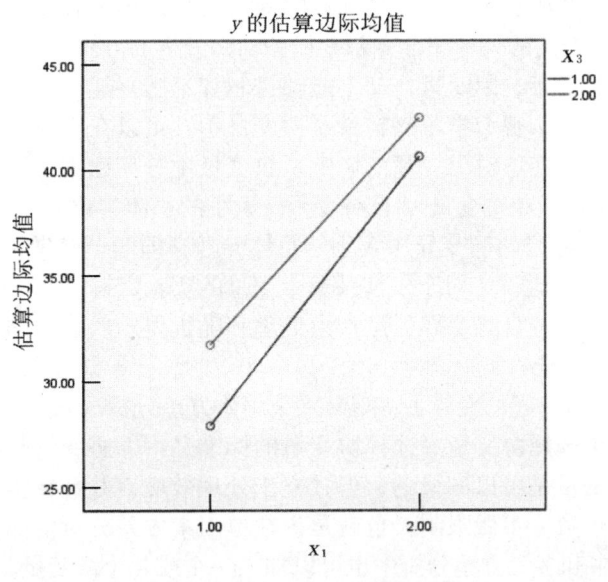

图 2-177　学历与性别混合

图 2-177 是学历与性别混合，此图可看到学历越低的馆员自我刻板印象越严重，女馆员比同学历的男馆员自我刻板印象严重，但差异不大。另外不同学历、不同性别的馆员自我刻板印象线不相交，说明学历与性别无交互作用。

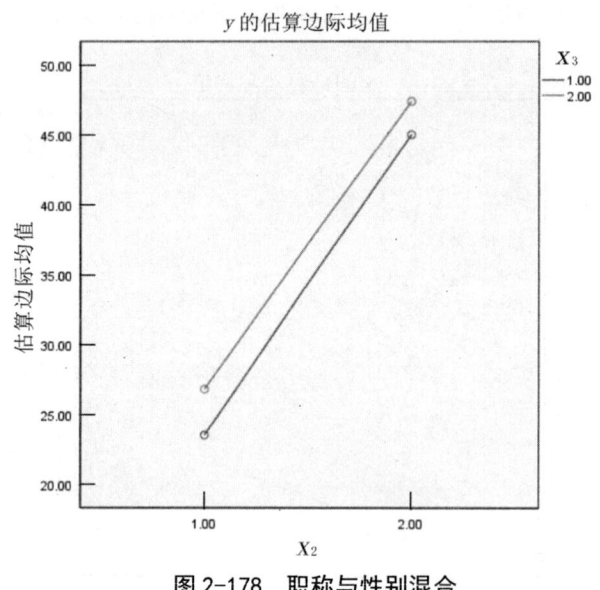

图 2-178　职称与性别混合

图 2-178 是职称与性别混合，此图可看到职称越低的馆员自我刻板印象越严重，女馆员比同学历的男馆员自我刻板印象严重，但差异不大。另外不同职称、不同性别的馆员自我刻板印象线不相交，说明职称与性别无交互作用。

第八节　协方差分析

协方差分析是关于如何调节协变量对因变量的影响效应，从而更加有效地分析实验处理效应的一种统计技术，也是对实验进行统计控制的一种综合方差分析和回归分析的方法。

当研究者知道有些协变量会影响因变量，却不能够控制和不感兴趣时（例如当研究学习时间对学习绩效的影响，学生原来的学习基础、智力学习兴趣就是协变量），可以在实验处理前予以观测，然后在统计时运用协方差分析来处理。将协变量对因变量的影响从自变量中分离出去，可以进一步提高实验精确度和统计检验灵敏度。方差是用来度量单个变量"自身变异"大小的总体参数，方差越大，该变量的变异越大；协方差是用来度量两个变量之间"协同变异"大小的总体参数，即两个变量相互影响大小的参数，协方差的绝对值越大，两个变量相互影响越大。对于仅涉及单个变量的实验资料，由于其总变异仅为"自身变异"（如单因素完全随机设计实验资料，"自身变异"是指由处理和随机误差所引起的变异），因而可以用方差分析法进行分析；对于涉及两个变量的实验资料，由于每个变量的总变异既包含了"自身变异"又包含了"协同变异"（是指由另一个变量所引起的变异），则必须采用协方差分析法来进行分析，才能得到正确结论。

在协方差分析中，要慎重选择协变量。选择协变量的标准是：①协变量与因变量有高相关；②协变量与自变量的变化无关；③协变量是可以测量的，但独立于处理效应，并且在实验中不可能进行控制。至于协变量、因变量和自变量的个数，不做限制。也就是说在单因素方差分析情况下，也可以加入一个或几个协变量，在多因素方差分析中和多元方差分析中也可以加入一个或几个协变量。协变量就是连续型变量。

协方差分析的组别变量可以是多个，对于多个组别变量的情形，只须在"固定因子"框中多输几个变量，其他与一个变量没有多大差别，所以我们此处以一个简单的含协变量的单因素方差分析为例，来介绍协方差分析的基本操作、输出结果解释与结论。

例：邵国莉为了通过对期刊陈列位置的研究，探讨读者阅读习惯与阅读心理对期刊阅读量的影响，选择了 10 种学术期刊作为调查对象，设置高、中、低三档位置，每一档位置均按相同顺序放置该 10 种学术期刊，连续观察 20 天，采样来自某大学图书馆某阅览室的统计数据。读者人数是一个不可控的干扰因素，因为读者人数的增多自然会引起期刊阅读量的增加，随之很可能会掩盖期刊陈列位置对期刊阅读量的影响，所以读者人数是协变量，因此此问题是协方差分析问题。期刊位置与期刊借阅量对应数据见表2-77：

表2-77 期刊位置与期刊借阅量对应数据

因素	因素（A）					
水平	低位置（A_1）		中位置（A_2）		低位置（A_3）	
日期	x（阅览室读者数）	y（阅读量）	x（阅览室读者数）	y（阅读量）	x（阅览室读者数）	y（阅读量）
1	85	5	90	8	83	4
2	93	6	102	10	89	5
3	92	4	98	9	91	4
4	83	2	90	7	85	4
5	95	7	93	7	89	5
6	112	9	121	11	98	7
7	87	5	90	6	83	4
8	96	6	95	7	88	5
9	83	3	93	6	80	3
10	91	4	113	9	86	5
11	99	8	120	13	92	6
12	85	3	88	5	81	4
13	92	4	99	6	89	5
14	96	5	101	8	99	7
15	101	8	97	8	93	6
16	89	6	90	7	91	5
17	82	4	88	6	83	4
18	91	5	95	7	87	5
19	83	4	87	5	81	3
20	98	6	111	8	102	8

为了研究方便，读者数用x_1表示，位置用x_2表示，其中 $x_2=1$ 表示低位置、$x_2=2$ 表示中位置、$x_2=3$ 表示高位置，阅读量用y表示。我们把表重新排列一下，方差分析数据格式见表2-78：

表 2-78 方差分析数据格式

x_1	x_2	y
85	1	5
93	1	6
92	1	4
83	1	2
95	1	7
112	1	9
87	1	5
96	1	6
83	1	3
91	1	4
99	1	8
85	1	3
92	1	4
96	1	5
101	1	8
89	1	6
82	1	4
91	1	5
83	1	4
98	1	6
90	2	8
102	2	10
98	2	9
90	2	7
93	2	7
121	2	11
90	2	6
95	2	7
93	2	6
113	2	9
120	2	13
88	2	5
99	2	6

续　表

x_1	x_2	y
101	2	8
97	2	8
90	2	7
88	2	6
95	2	7
87	2	5
111	2	8
83	3	4
89	3	5
91	3	4
85	3	4
89	3	5
98	3	7
83	3	4
88	3	5
80	3	3
86	3	5
92	3	6
81	3	4
89	3	5
99	3	7
93	3	6
91	3	5
83	3	4
87	3	5
81	3	3
102	3	8

协方差分析的 SPSS 操作步骤如下。

一、输入数据

输入数据后 SPSS 界面见图 2-179：

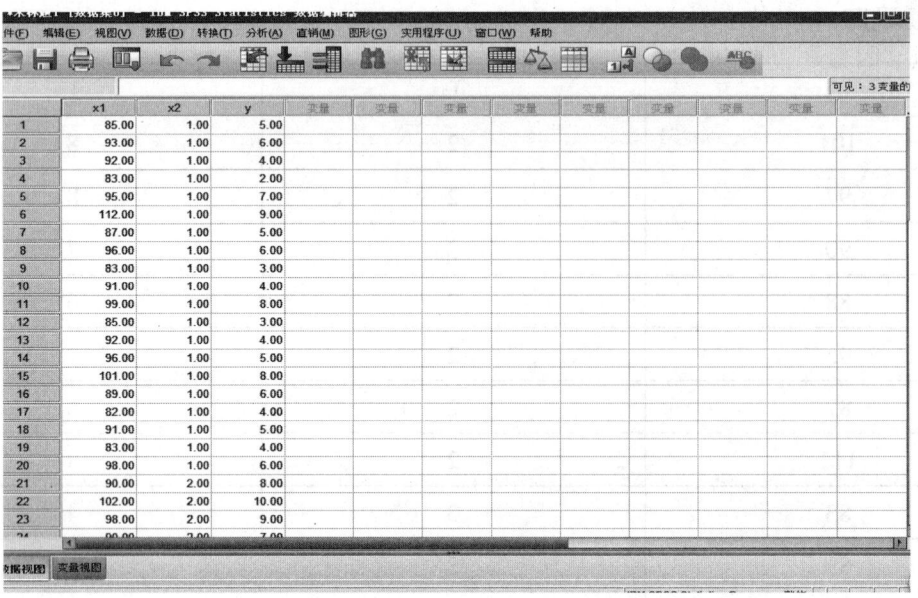

图 2-179　SPSS 数据输入格式

二、分析路径

在 SPSS 中，点击"分析"，鼠标下滑到"一般线性模型"，鼠标右滑到"单变量"，见图 2-180：

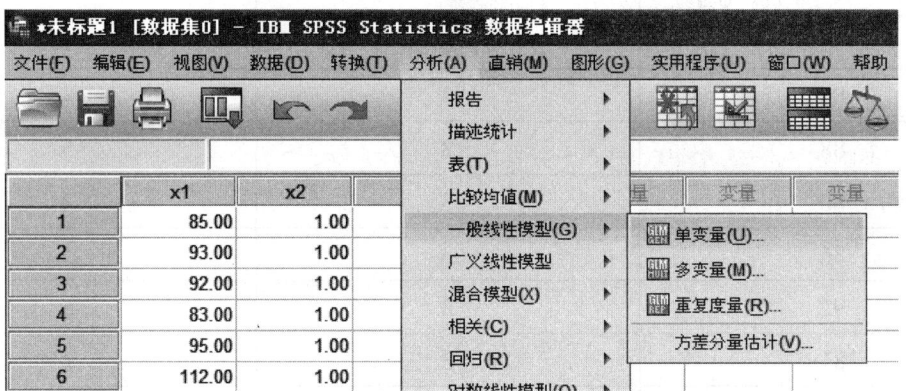

图 2-180　协方差分析分析路径

点击之，得到"单变量"对话框，见图 2-181：

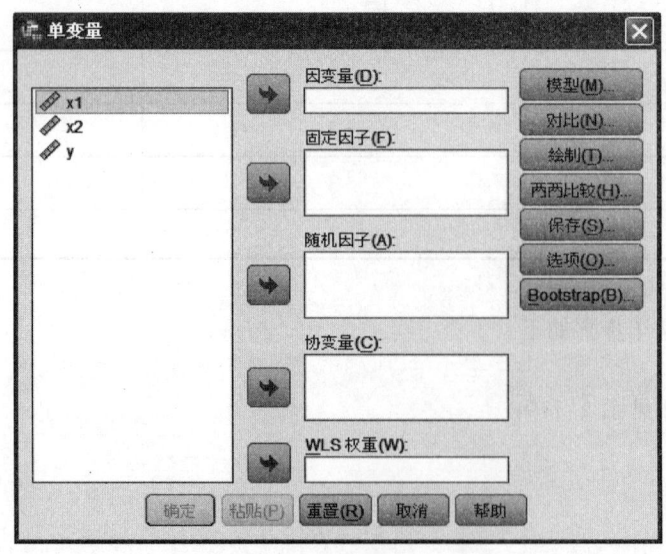

图 2-181　"单变量"对话框

三、变量确定

将 y 点进 "因变量" 框，将分类变量 x_2 点进 "固定因子" 框，将 x_1 点进 "协变量" 框，见图 2-182：

图 2-182 对话框内变量被确定

四、条件检验

在进行协方差分析时，必须先检验自变量与协变量之间是否有交互作用，确认没有交互作用才可继续进行以下操作，否则得出的结果没有意义。进行协方差分析之前，需要检验数据是否满足假设要求。单击 "模型" 按钮，得到 "单变量：模型" 对话框，见图 2-183：

图 2-183 "单变量：模型" 对话框

为了检验，选中 "指定模型" 选项组下的 "设定" 单选按钮，此时界面被激活，见图 2-184：

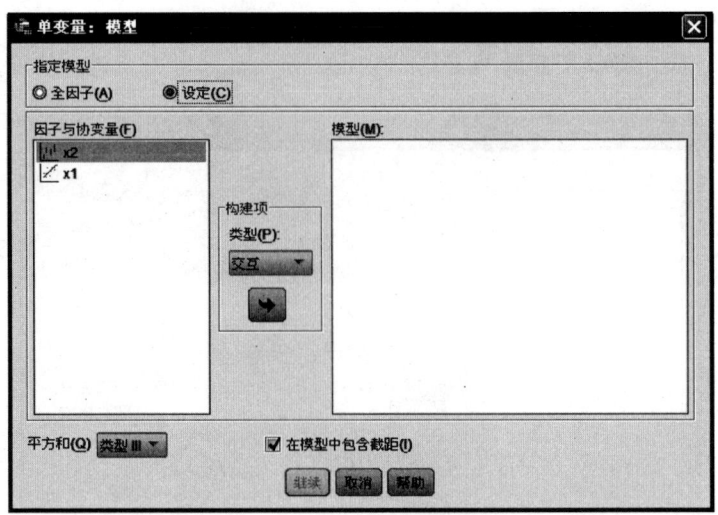

图 2-184 对话框内界面被激活

将"因子与协变量"列表框中的 x_1、x_2 点进"模型"框,前面已讲过交互项的设置方法,此处不再赘述,在"模型"中设置交互项 $x_1 * x_2$,见图 2-185:

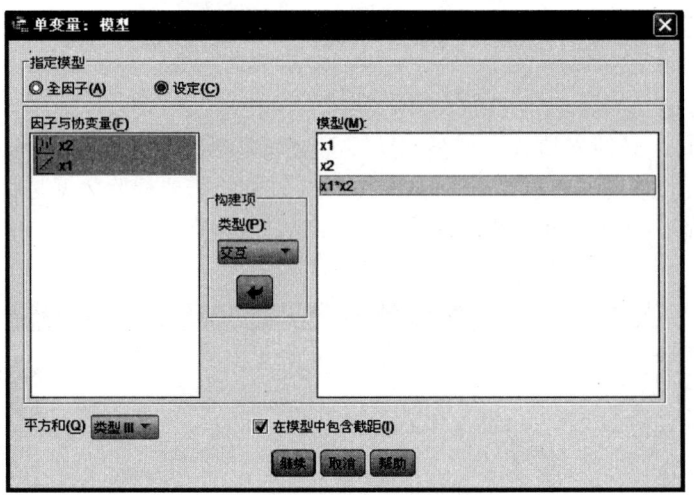

图 2-185 对话框内加入交互项

将"$x_1 * x_2$"选入"模型"中,目的在于检验各组回归斜率是否相等,回归斜率相等是协方差分析的重要前提。若有多个分类变量,就要添加多个含协变量的交互项。单击"继续"按钮返回主对话框。单击"确定",输出检验的结果,其中主体间效应的检验结果见表 2-79:

表 2-79 主体间效应的检验

源	Ⅲ 型平方和	df	均方	F	Sig.
校正模型	218.341^a	5	43.668	54.344	0.000
截距	51.457	1	51.457	64.036	0.000
x_1	115.849	1	115.849	144.170	0.000
x_2	2.829	2	1.414	1.760	0.182
$x_2 * x_1$	1.695	2	0.847	1.055	0.355
误差	43.392	54	0.804		
总计	2374.000	60			
校正的总计	261.733	59			

注:因变量为 y,a 表示 R 方 =0.834(调整 R 方 =0.819)

回归斜率检验结果如上表所示,从表中"x_1*x_2"一栏可以发现,交互作用统计量的 Sig 值为 0.355,明显 Sig 值远大于 0.05,没有统计学意义,即交互作用不显著。因此可以认为满足各组斜率相同的前提要求。

五、分析路径

选择菜单"分析""一般线性模型""单变量"命令,弹出"单变量"对话框。因因变量、自变量、协变量前边已设置过,所以这些变量会自动出现在"单变量"对话框中,单击"模型"按钮,弹出"单变量:模型"对话框,选择"指定模型"选项组下的"设定"单选按钮,此时各种变量及交互项已在"模型"列表框中。我们剔除不显著的交互项,单击"继续"按钮,返回主对话框(图略)。

六、输出结果确定

单击"选项"键,得到"单变量:选项"对话框。将"因子与因子交互"列表框中的"x_2"选入右边"显示均值"列表框中,并勾选"比较主效应"复选框,见图 2-186:

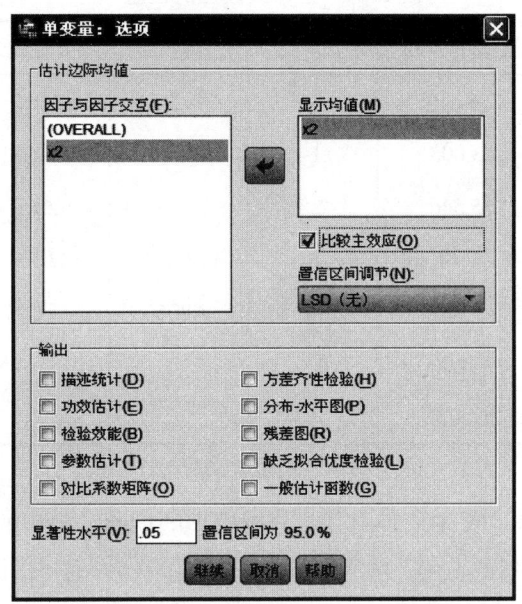

图 2-186 对话框内确定了比较对象

单击"继续"键,返回"单变量"对话框,见图 2-187:

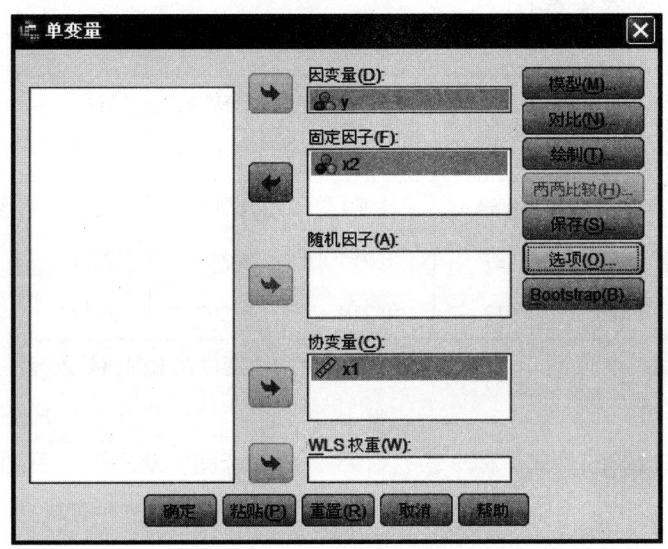

图 2-187 "单变量"对话框

七、结果与分析

单击"确定"键,得到协方差分析结果。其中 x_2 的主体间因子见表 2-80:

表 2-80 主体间因子

		N
x_2	1.00	20
	2.00	20
	3.00	20

"主体间因子"表格给出了各主效应不同取值水平下的样本个数统计。

主体间效应的检验结果见表 2-81：

表 2-81 主体间效应的检验

源	III 型平方和	df	均方	F	Sig.
校正模型	216.646[a]	3	72.215	89.695	0.000
截距	53.005	1	53.005	65.834	0.000
x_2	15.546	2	7.773	9.655	0.000
x_1	127.613	1	127.613	158.501	0.000
误差	45.087	56	0.805		
总计	2374.000	60			
校正的总计	261.733	59			

注：因变量为 y，a 表示 R 方 =0.828（调整 R 方 =0.819）

这是一个典型的方差分析表，首先是所用方差分析模型的检验，模型的 Sig 值为 0.000，小于 0.05，因此所用模型有统计学意义。第二行是截距，其 Sig 值为 0，小于 0.05，有统计学意义。第三行是变量 x_2，其 Sig 值为 0，第四行是变量 x_1，其 Sig 值是 0.000，小于 0.05，都有统计学意义。这说明模型非常显著，自变量也显著，不同位次的学术期刊的阅读量有显著差异。模型的决定系数为 0.828，对多因素而言，已经很不错。截距、位次 x_2 非常显著。

x_2 各水平均值估计值见表 2-82：

表 2-82 估计

x_2	均值	标准 误差	95% 置信区间	
			下限	上限
1.00	5.396[a]	0.201	4.993	5.799
2.00	6.687[a]	0.215	6.256	7.117
3.00	5.717[a]	0.210	5.297	6.137

注：因变量为 y，a 表示模型中出现的协变量在下列值处进行评估：x_1 = 92.7333

此表给出了 x_2 取不同值时的均值、标准误差、95% 置信区间。从均值可看到：学术期刊摆放的位置高与低都不好，摆在中间，即 x_2 =2，期刊阅读量最高；摆高一点，即 x_2 =3，阅读量次之；低一点，即 x_2 =1，期刊阅读量最低。

x_2 各水平均值成对比较结果见表 2-83：

表 2-83 成对比较

(I) x_2	(J) x_2	均值差值（I-J）	标准误差	Sig.[a]	差分的 95% 置信区间[a]	
					下限	上限
1.00	2.00	-1.290*	0.298	0.000	-1.888	-0.693
	3.00	-0.321	0.287	0.269	-0.896	0.255
2.00	1.00	1.290*	0.298	0.000	0.693	1.888
	3.00	0.970*	0.315	0.003	0.338	1.601
3.00	1.00	0.321	0.287	0.269	-0.255	0.896
	2.00	-0.970*	0.315	0.003	-1.601	-0.338

注：因变量为 y，基于估算边际均值，* 表示均值差值在 0.05 级别上较显著，a 表示对多个比较的调整：最不显著差别（相当于未做调整）

此表给出了 x_2 取不同值时的三个均值的差、标准误差、显著性的概率、95% 置信区间。因 $x_2=2$ 与 $x_2=1$ 的差异的显著性概率为 0.000，远小于 0.05，故在 0.05 的显著性水平上，期刊摆放在中间位置与摆放在最低位置的阅读量有显著差异。$x_2=1$ 与 $x_2=3$ 的差异的显著性概率为 0.269，大于 0.05，期刊摆放在最高位置与摆放在最低位置的阅读量无显著差异。$x_2=2$ 与 $x_2=3$ 的差异的显著性概率为 0.003，远小于 0.05，故在 0.05 的显著性水平上，期刊摆放在中间位置与摆放在最高位置的阅读量有显著差异。

x_2 的单变量检验结果见表 2-84：

表 2-84 单变量检验

	平方和	df	均方	F	Sig.
对比	15.546	2	7.773	9.655	0.000
误差	45.087	56	0.805		

注：因变量为 y；F 检验 x_2 的效应，该检验基于估算边际均值间的线性独立成对比较

此表给出了 x_2 均值与各个观测值的差的平方和、自由度、均方、F 检验值、显著性的概率。x_2 的显著性概率为 0.000，远小于 0.05，故在 0.05 的显著性水平上，不同位置的期刊阅读量有显著差异。

第九节　重复度量数据的方差分析

对一组或多组受试对象，在 k（$k \geq 3$）个不同的时间点上，从每个个体（或样本）上重复观测同一个指标的具体取值的设计，统称为重复度量设计。对此用标准的方差分析是不合适的，因为它不符合标准方差分析的前提假定：数据之间的独立性。

数据重复测自同一目标，测量结果有相关性，显然它们之间不满足独立性要求。不仅如此，相邻的两个数据之间的关系十分密切，相隔越远的两个数据之间的相关程度越低。数据之间实际存在的这种相关程度不等的现象，使常规的方差分析方法变得效果不佳。如果重复度量数据的方差分析的前提条件得到满足，可采用常规的重复度量数据的方差分析；如果前提条件得不到满足，如何对这种设计资料进行数据处理呢？常用的方法有单变量方差分析法、正交回归模型法、多变量方差分析法、混合模型分析法和多元方差分析法等。

重复度量数据统计分析也不能用重复进行各时间点的 t 检验来代替。t 检验无法体现不同时间点的数据是否来自同一受试对象，而每个受试对象的多次重复量值间具有相关性，进行统计分析时必须加以考虑，否则将获得不正确的分析结果，如果对重复度量数据在多个时间点做多次 t 检验，必然增大假阳性错误。

重复度量数据方差分析的前提条件，即方差齐性条件和协方差球对称性条件。即在对重复度量资料进行

方差分析时，除要求样本是随机的、在处理的同一水平上观测是独立的、每一水平的测定值都来自正态总体外，还特别强调协方差的复合对称性或球形性。协方差球对称指协方差阵的对角线各个元素相等，非对角线各个元素为0。如果其概率值Sig大于设定的检验水平α，一般取0.05，则认为协方差球对称性质得到满足，可以进行重复度量数据的方差分析，否则，拒绝H_0假设，接受H_1，不能直接进行重复度量数据的方差分析，应对受试对象内所有变异的自由度进行校正，包括时间效应、处理和时间交互效应及个体内误差三者的自由度。前提条件未经检验就直接用常规分析方法常会导致统计方法的误用。因为前提条件不满足时，所得到的概率都偏低，使得差异容易显著，即犯I型错误的概率增大。只有满足前提条件，才可以保证单变量方差分析的有效性，使得重复观察资料可按常规方法进行分析。球形检验的结果只是决定你将要用哪种输出结果，是单变量的还是多变量的。这里特别要注意：球形检验的结果不是决定你是否使用重复度量的方差分析（这是在实验设计时的事情），而是决定在重复度量方差分析之后你选择哪种输出结果。如果选择单变量的，要么它满足球形检验，要么你就必须对结果进行校正。通常，如果不满足，最好还是选择多变量的结果。

通常有两种不同的校正因子，Greenhouse-Geisser Epsilon（G-G）和Huynh-Feldt Epsilon（H-F）。一般使用HF校正系数，因为GG校正系数被证实太保守了，从而不能够观察到组间的差别。默认状况下，系统会自动对每个单变量F检验（涉及对象内因子的效应）输出经GG和HF校正后的P值的。

即便球形假定不成立，多变量方法检验仍然是有效的。这就是说，当球形假定成立时，单、多变量的结果都可以用，差别不大；当球形假定不成立时，要么用多变量的结果，要么就用校正后的单变量的结果。

重复度量设计特点有四点：①重复度量通常要考虑处理分组与重复度量的时间点两个因素；②不同的观察单位按随机化原则分配到各处理组，同一观察单位测量结果按时间顺序排列，不同于随机区组设计；③同一观察单位各时间点重复度量值存在不同程度的相关；④观察值之间有随重复度量时间变化的趋势。

在重复度量分析中，通常有四种多变量分析的方法，分别是Wilks' Lambda、Pillai's Trace、Hotelling-Lawley Trace 和Roy's Greatest Root。通常用第一种方法（Wilk）。假设H_0：各时间点的y值相等，H_1为各时间点的y值不相等或不全相等。若概率Sig值小于α值（一般取$\alpha=0.05$），则认为H_1成立，H_0不成立，即时间变量显著，时间有效应或部分有效应。反过来，若概率Sig值大于α值（一般取$\alpha=0.05$），则认为H_1不成立，H_0成立，即时间变量不显著，时间无效应，可以取消时间变量。

对于对象内因子的检验，上面说了可以有很多种检验的方法，单变量的、多变量的，以及校正后单变量的。而对于对象间因子的检验，只有一种方法，也就是一般的线性模型。

当取样成员配对了，但数目不一定相同，不同条件下的测量可以当作重复度量来看待。即各个处理，即组别所含的观测成员数不必相同。注意一个成员只能在一个处理中，否则成了前后对照设计，而不是重复度量。重复度量的观测时间是等距的，若观测时间不等距，需要用多水平模型方法。

一、单组重复度量的方差分析

1. 单组重复度量的方差分析的基本模式

单组重复度量指仅有不同时段的测量值，无处理等级，是重复度量的方差分析中最简单的一种。注意，一定要把每次测量作为一个变量。

两组多水平重复度量数据SPSS界面排列模式见表2-85：

表2-85 两组多水平重复度量数据SPSS界面排列模式

每组内受试者编号	测量时间（j）				
	1	2	3	4	p
1	y_{11}	y_{12}	y_{13}	...	y_{1p}
2	y_{21}	y_{22}	y_{23}	...	y_{2p}
...	...	...	...	...	...
S	y_{s1}	y_{s2}	y_{s3}	...	y_{sp}

2. 单组重复度量的方差分析的SPSS操作步骤

例：邱均平统计了2005年至2008年我国图书情报学期刊的学术影响因子，数据见表2-86：

表 2-86 2005 年至 2008 年我国图书情报学期刊的学术影响因子

序号 x_1	刊名	2005 年 y_1	2006 年 y_2	2007 年 y_3	2008 年 y_4
1	中国图书馆学报	1.6906	1.3529	1.0035	1.1684
2	情报学报	1.152	0.9409	1.2682	1.1829
3	大学图书馆学报	1.0318	1.0071	0.9925	0.9627
4	图书馆	0.7129	0.8531	0.8498	0.5975
5	情报理论与实践	0.6548	0.5768	0.5853	0.478
6	图书情报工作	0.5829	0.4718	0.4342	0.6871
7	图书情报知识	0.54	0.5108	0.534	0.5599
8	图书馆论坛	0.5879	0.5297	0.357	0.3568
9	情报资料工作	0.5452	0.4083	0.3579	0.4262
10	现代图书情报技术	0.5549	0.412	0.3636	0.4065
11	图书馆杂志	0.3903	0.561	0.2632	0.3688
12	情报科学	0.4061	0.4097	0.3674	0.3744
13	图书馆工作与研究	0.4248	0.4613	0.2568	0.3248
14	情报杂志	0.3772	0.3461	0.3495	0.3283
15	图书与情报	0.2915	0.273	0.2005	0.4828
16	图书馆理论实践	0.2941	0.2713	0.2492	0.2685

重复度量数据的方差分析有特殊的格式，我们把数据输入 SPSS 界面，见图 2-188：

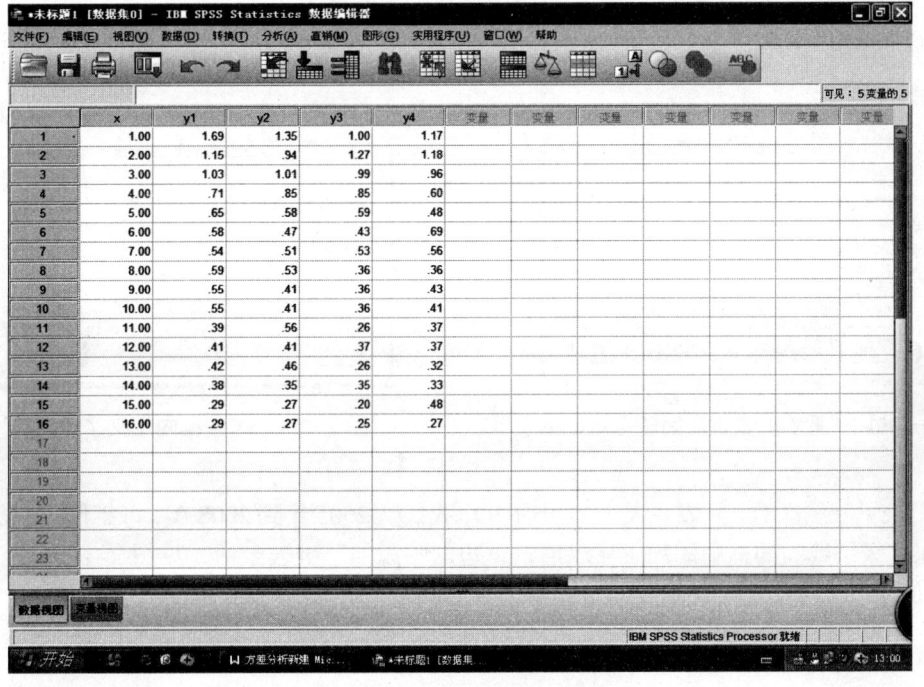

图 2-188 SPSS 数据输入格式

（1）分析路径

点击"分析"，鼠标下滑到"一般线性模型"，接着鼠标右滑到"重复度量"，见图2-189：

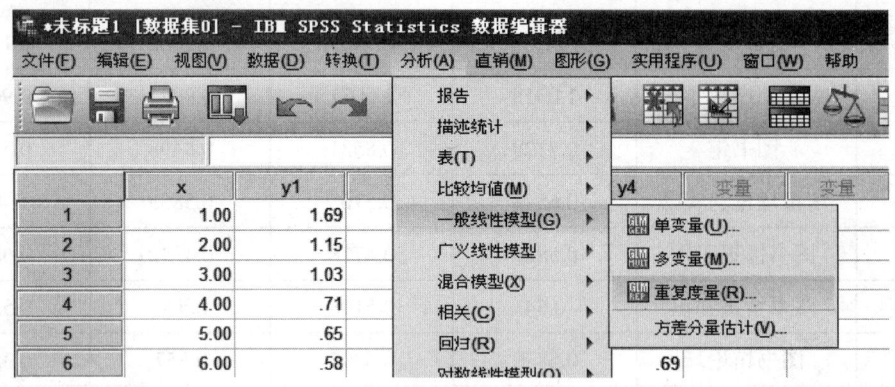

图 2-189　"重复度量"分析路径

（2）定义重复度量因子

点击"重复度量"得到"重复度量定义因子"对话框，见图2-190：

其中"被试内因子名称"一般指被重复度量因素的名称，默认为"因子1"，读者可自己定义名称，我们去掉"因子1"，填写成"时间"，见图2-191：

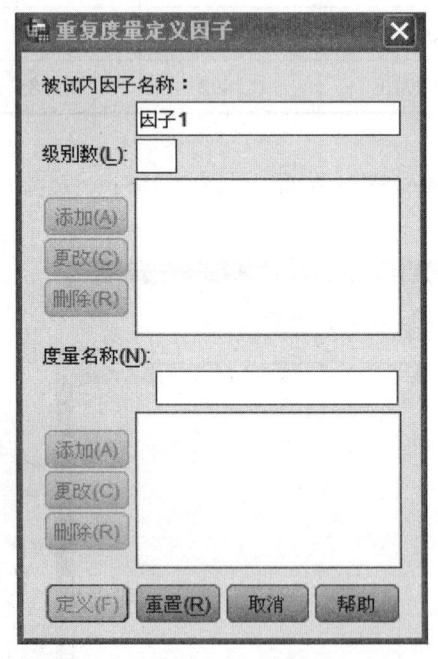

图 2-190　"重复度量定义因子"对话框

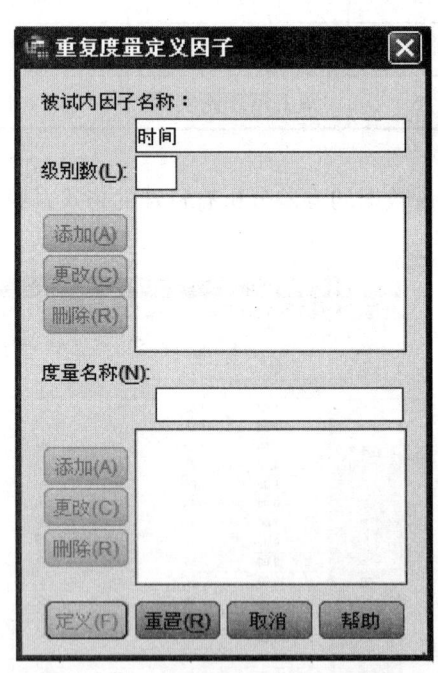

图 2-191　对话框内定义了"名称"

"级别数"表示观测次数，一般要大于2、小于99，我们从2005年到2008年，每年仅测一次，故本例"级别数"为4。在"级别数"的框中添加了4以后，下边的"添加"键被激活，见图2-192：

单击"添加"后，可设定重复度量确定因素为"时间（4）"，见图2-193：

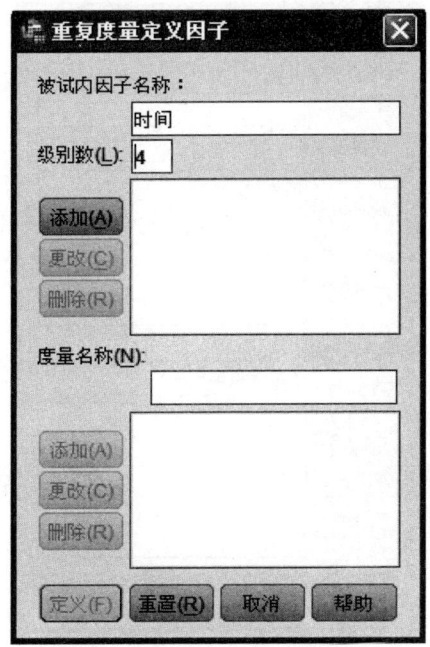
图 2-192 对话框内限定了"级别"

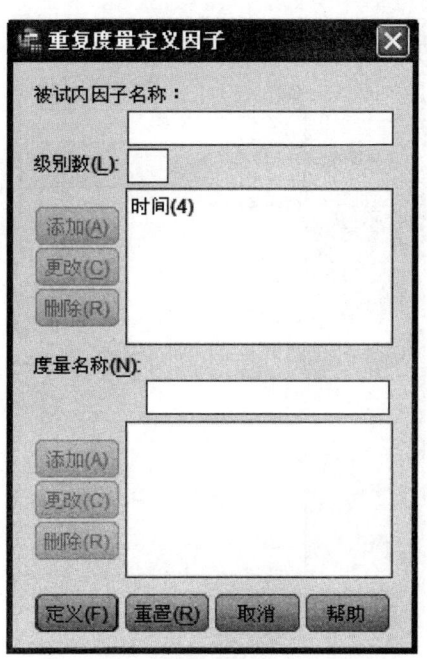
图 2-193 对话框内确定了"级别"

如果添加错了,我们可以点击被添加的因素,本例为"时间(4)",此时"删除"键被激活,见图 2-194:

点击"删除"键,被添加的因素就被删除,见图 2-195:

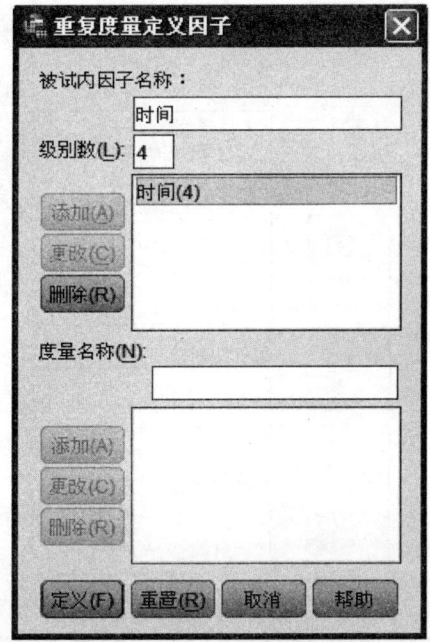
图 2-194 限定了删除对象的"重复度量定义因子"对话框

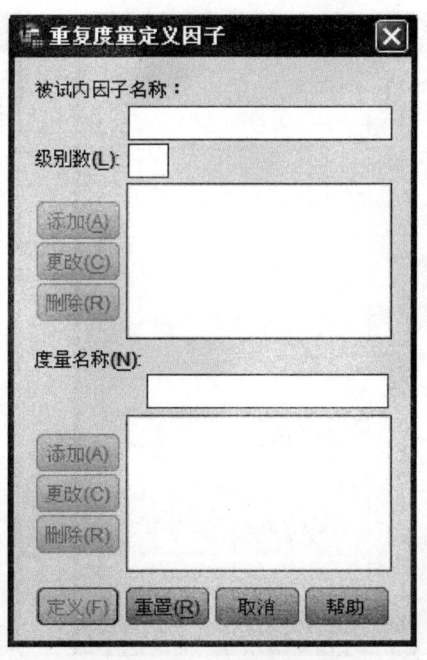
图 2-195 删除后的"重复度量定义因子"对话框

本例无添加错,所以不删除,仍保留原来的添加结果,见图 2-196:

"度量名称"仅是一个名称,一般指考察对象 Y,本例设定为"学术影响因子",见图 2-197:

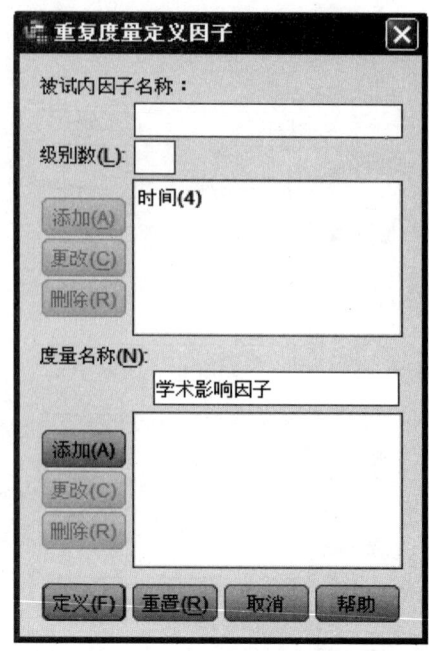

图 2-196 "重复度量定义因子"对话框   图 2-197 对话框内限定了"度量名称"

然后点击"添加"键,见图 2-198:
(3)定义变量具体"度量名称"的字母代号
单击"定义",打开"重复度量"对话框,见图 2-199:

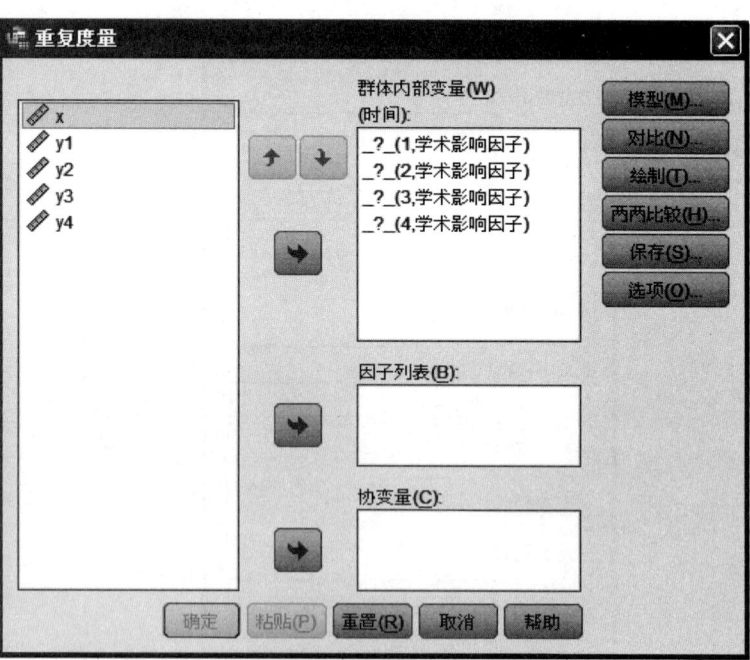

图 2-198 对话框内确定了"度量名称"   图 2-199 "重复度量"对话框

"群体内部变量"列表给出了变量名称,本例的变量名称为"1,学术影响因子""2,学术影响因子""3,学术影响因子""4,学术影响因子"。左边框给出了变量的字母代号,注意变量 x 是期刊的名称,不是因子变量,我们不管它。本例无因子变量,若有应点进"因子列表"框,点击左框中的 y_1,此时 y_1 变色,见图 2-200:

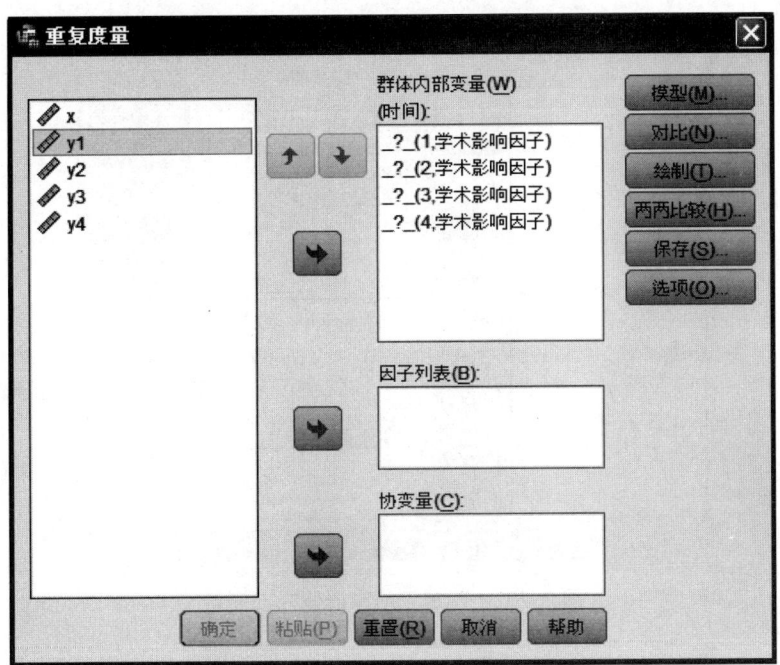

图 2-200　选定了一个群体内部变量

点击右拉键,则变量 y_1 被点进"群体内部变量"框,见图 2-201:

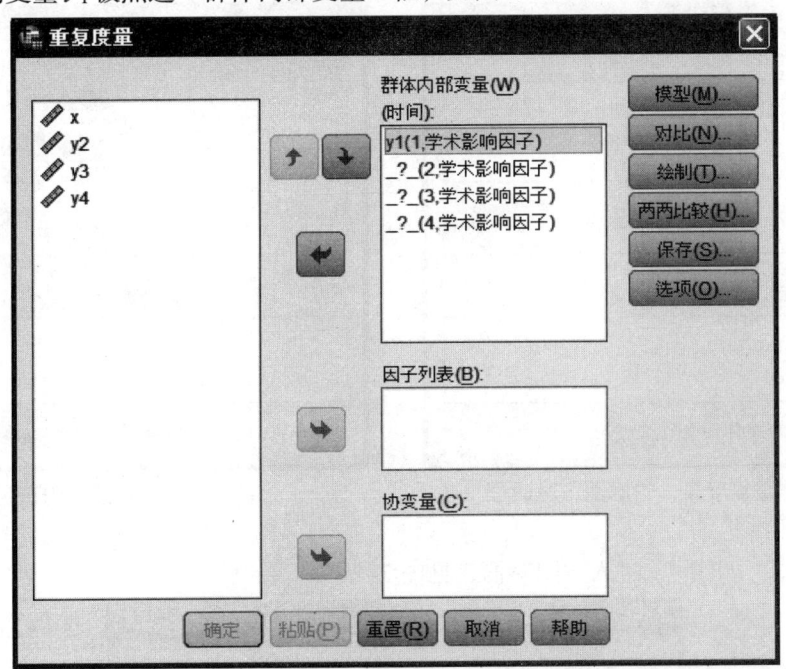

图 2-201　确定了一个群体内部变量

我们把其余的变量 y_2、y_3、y_4 也点进"群体内部变量"框,见图 2-202:

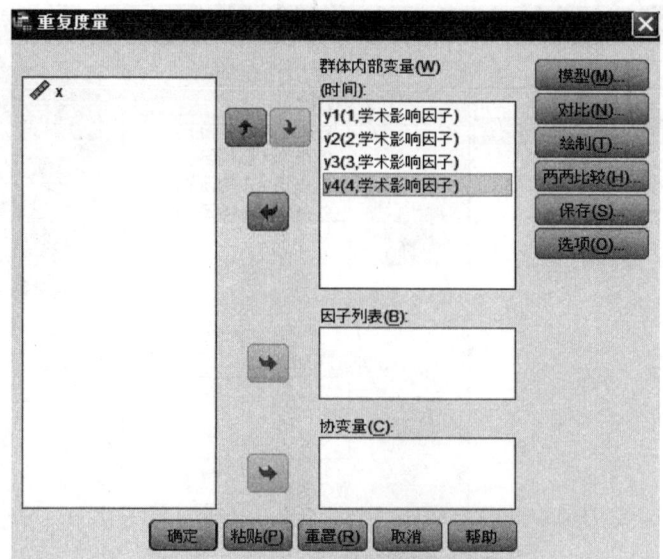

图 2-202　确定了所有群体内部变量

（4）绘制轮廓图

点击"绘制"键，得到"重复度量：轮廓图"对话框，见图 2-203：

把"因子"框中的"时间"点进"水平轴"框，此时"图"框上边的"添加"键被激活变色，见图 2-204：

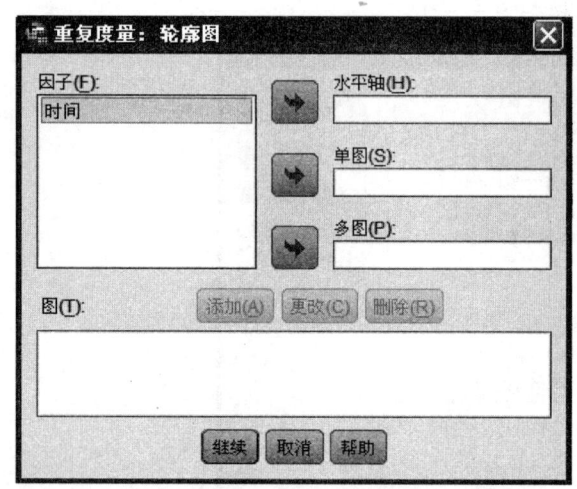

图 2-203　"重复度量：轮廓图"对话框

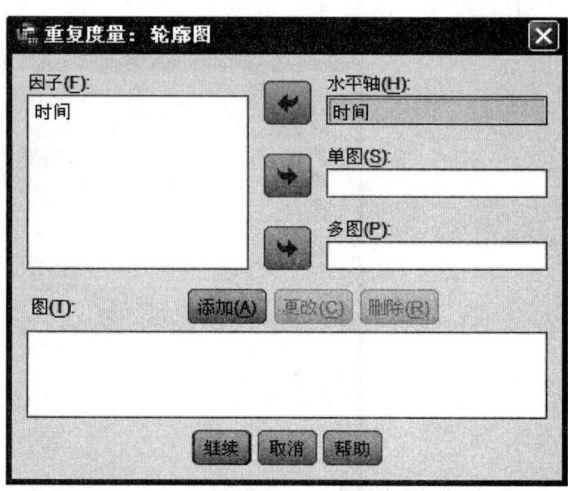

图 2-204　对话框内选定了水平轴

点击"添加"键，"时间"进入"图"框，见图 2-205：

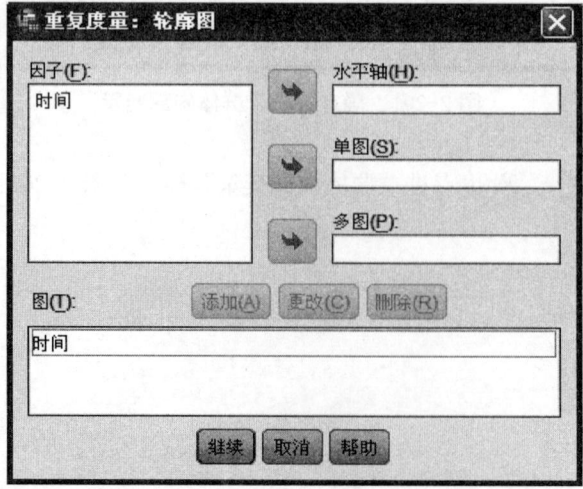

图 2-205　对话框内确定了水平轴

点击"继续"键,返回到"重复度量"对话框,见图 2-206:

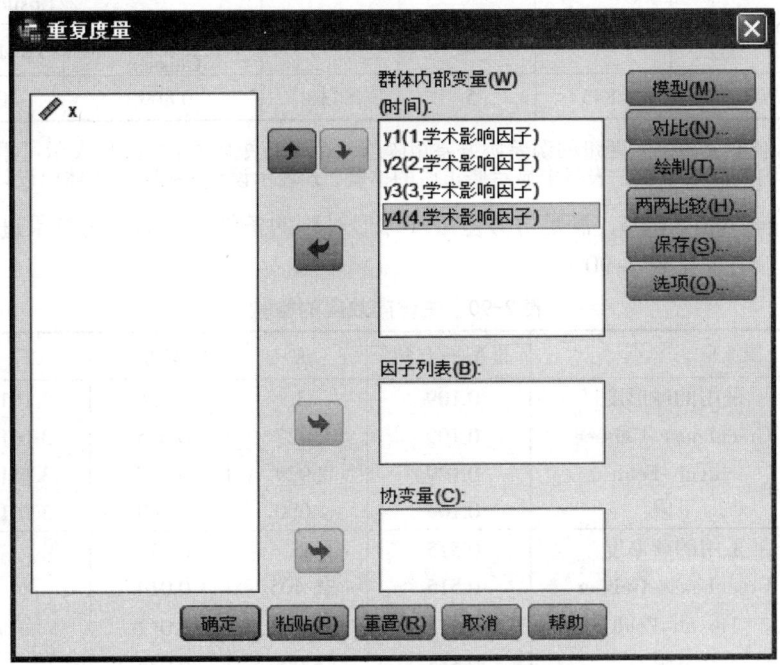

图 2-206 "重复度量"对话框

其他一切默认,点击"确定"键,得到结果,其中主体内因子见表 2-87:

表 2-87 主体内因子

时间	因变量
1	y_1
2	y_2
3	y_3
4	y_4

本表告诉我们主体内变量有哪些。

多变量检验结果见表 2-88:

表 2-88 多变量检验[b]

效应		值	F	假设 df	误差 df	Sig.
时间	Pillai 的跟踪	0.294	1.801[a]	3.000	13.000	0.197
	Wilks 的 Lambda	0.706	1.801[a]	3.000	13.000	0.197
	Hotelling 的跟踪	0.416	1.801[a]	3.000	13.000	0.197
	Roy 的最大根	0.416	1.801[a]	3.000	13.000	0.197

注:a 表示精确统计量;b 表示设计:截距;主体内设计:时间

本表告诉我们 Sig=0.197>0.05,认为不同时间里测量的学术影响因子总体均值无显著差异。若 4 种检验不一致时,Pillai 的跟踪的结果最稳健。

Mauchly 的球形度检验结果见表 2-89:

表 2-89　Mauchly 的球形度检验

主体内效应	Mauchly 的 W	近似卡方	df	Sig.	Epsilon^a		
					Greenhouse-Geisser	Huynh-Feldt	下限
时间	0.703	4.845	5	0.436	0.809	0.976	0.333

注：检验零假设，即标准正交转换因变量的误差协方差矩阵与一个单位矩阵成比例；a 表示可用于调整显著性平均检验的自由度，在"主体内效应的检验"表格中显示修正后的检验；b 表示设计：截距；主体内设计：时间

本表告诉我们 Sig=0.436＞0.05，满足协方差矩阵球形对称的条件，不需要对结果进行校正。

主体内效应的检验结果见表 2-90：

表 2-90　主体内效应的检验

源		Ⅲ型平方和	df	均方	F	Sig.
时间	采用的球形度	0.109	3	0.036	3.161	0.034
	Greenhouse-Geisser	0.109	2.427	0.045	3.161	0.045
	Huynh-Feldt	0.109	2.929	0.037	3.161	0.035
	下限	0.109	1.000	0.109	3.161	0.096
误差（时间）	采用的球形度	0.515	45	0.011		
	Greenhouse-Geisser	0.515	36.405	0.014		
	Huynh-Feldt	0.515	43.941	0.012		
	下限	0.515	15.000	0.034		

所谓"主体内"，就是重复度量的各个时间点 y_1、y_2、y_3、y_4 之内，上表是用各个时间点进行分组的方差分析表，给出四种统计量，第一种为满足球形假设的情况，后三种对自由度进行了校正。表 2-90 告诉我们协方差矩阵球形对称的条件，不需要校正，表 2-90 告诉我们组内因子的Ⅲ型平方和为 0.109，误差偏差平方和为 0.515，自由度是 3，年的显著性概率 Sig=0.034，小于 0.05，则认为变量"年"显著，即不同时间里测量的影响因子的总体均值差异有统计学意义。

既然学术影响因子以年为变量显著，那么观测值如何随时间变化呢？主体内对比的检验回答了此问题。主体内对比的检验结果见表 2-91：

表 2-91　主体内对比的检验

源	时间	Ⅲ型平方和	df	均方	F	Sig.
时间	线性	0.070	1	0.070	4.382	0.054
	二次	0.030	1	0.030	2.953	0.106
	三次	0.008	1	0.008	0.990	0.336
误差（时间）	线性	0.241	15	0.016		
	二次	0.154	15	0.010		
	三次	0.121	15	0.008		

本表提供了重复度量资料随时间的变化趋势，线性趋势的 Sig=0.054，接近 0.05，较显著，二次趋势的 Sig=0.106，远大于 0.05，不显著，三次趋势的 Sig=0.336，远大于 0.05，也不显著，故认为重复度量资料随时间的变化趋势基本是线性趋势。

主体间效应的检验结果见表 2-92：

表 2-92　主体间效应的检验

源	Ⅲ型平方和	df	均方	F	Sig.
截距	21.424	1	21.424	55.995	0.000
误差	5.739	15	0.383		

一般而言，本表应是重复度量方差分析的主要结果，以前的表主要涉及模型的前提和适应性，本表仅给出了截距的显著性，截距的 Sig 值是 0，非常显著，说明各种期刊的学术影响因子总体均值有显著差异。

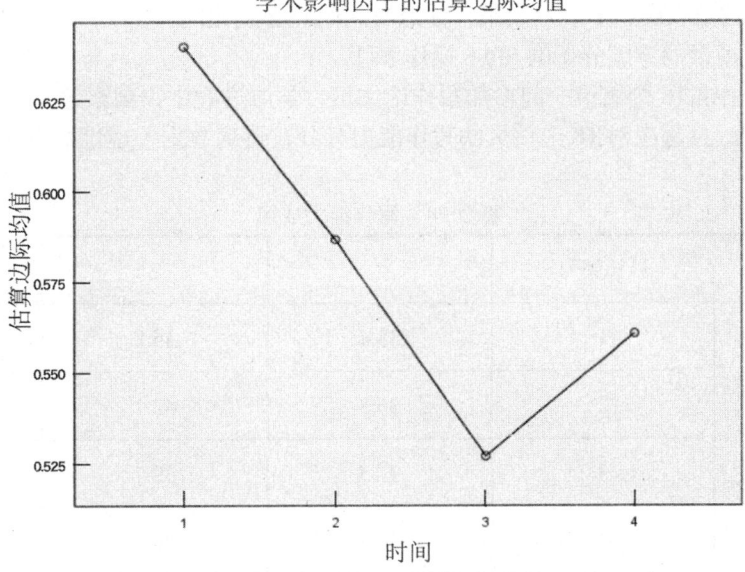

图 2-207　学术影响因子轮廓

从此图可看出 2005 年到 2007 年，学术影响因子的平均值是直线下降，2008 年学术影响因子的平均值有所上升。

其实图书馆图书各分类逐年借阅量数据也是单组重复度量的方差分析问题，这里不再重复。

二、多组单因素时间间隔相同重复度量的方差分析

1. 多组单因素重复度量的方差分析模式

注意：多组单因素重复度量的方差分析一定要把分组作为第一个变量，把每个实验处理作为第二个变量，把每次测量点作为第三个变量。单因素就是实验处理变量。

假设全部观察单位测定结果用 y_{ijk} 表示，下标的意义分别为：i（$i=1, 2, 3, \cdots, m$）处理因素的水平数；j（$j=1, 2, 3, \cdots, n_i$）为每个处理组内受试对象的序号；k（$k=1, 2, 3, \cdots, p$）为测量时间点数。显然，处理方法是一个因素，测量时间也是一个因素，则二因素 s 水平的重复度量方差分析平衡数据的排列模式见表 2-93：

表 2-93　多组单因素重复度量方差分析平衡数据的排列模式

分组因素的水平 i	每组内受试者编号 j	测量时间点（k）				
		1	2	3	$\cdots$	p
处理 1	1	y_{111}	y_{112}	y_{113}	$\cdots$	y_{11p}
	2	y_{121}	y_{122}	y_{123}	$\cdots$	y_{12p}
	$\cdots$	$\cdots$	$\cdots$	$\cdots$	$\cdots$	$\cdots$
	n_1	y_{1n_11}	y_{1n_12}	y_{1n_13}	$\cdots$	y_{1n_1p}
处理 2	1	y_{211}	y_{212}	y_{213}	$\cdots$	y_{21p}
	2	y_{221}	y_{222}	y_{223}	$\cdots$	y_{22p}
	$\cdots$	$\cdots$	$\cdots$	$\cdots$	$\cdots$	$\cdots$
	n_2	y_{2n_21}	y_{2n_22}	y_{2n_23}	$\cdots$	y_{2n_2p}
$\cdots$	$\cdots$					
处理 m	1	y_{m11}	y_{m12}	y_{m13}	$\cdots$	y_{m1p}
	2	y_{m21}	y_{m22}	y_{m23}	$\cdots$	y_{m2p}
	$\cdots$	$\cdots$	$\cdots$	$\cdots$	$\cdots$	$\cdots$
	n_m	y_{mn_m1}	y_{mn_m2}	y_{mn_m3}	$\cdots$	y_{mn_mp}

这里假定各组观察对象数不相等，称之为不平衡数据，在 SPSS 软件上可直接进行计算。每组内受试者编号 j 一般只用于排列数据顺序，不表示出来。注意时间间隔必须相同。

2. 多组单因素重复度量的方差分析的 SPSS 操作步骤

例：三个学校的图书馆 18 个馆员一起参加写作论文班，学习过程中，观察这 18 个馆员写作论文提高程度 3 次，时间间隔相同，且每次对 18 个馆员的写作能力打分，得到数据（虚拟数据）见表 2-94：

表 2-94 写作能力成绩

分组 x	目标编号	1	2	3
A 校	1	38.4	45.8	91.4
	2	36.3	42.1	92.1
	3	37.5	39.7	90.7
	4	36.2	44.4	88.5
	5	32.8	42	87.1
	6	34.8	44	90.2
B 校	1	40.4	45.7	95.3
	2	39.1	40.1	90.2
	3	41.2	43.8	87.9
	4	30.8	47.4	88.4
	5	35.5	44.2	90.1
	6	35	42.8	86.3
C 校	1	38.4	45.8	91.4
	2	36.3	42.1	92.1
	3	37.5	39.7	90.7
	4	36.2	44.4	88.5
	5	32.8	42	87.1
	6	34.8	44	90.2

（1）输入数据

重复度量数据的方差分析有特殊的格式，根据表 2-94，我们把数据输入到 SPSS 界面，见图 2-208：

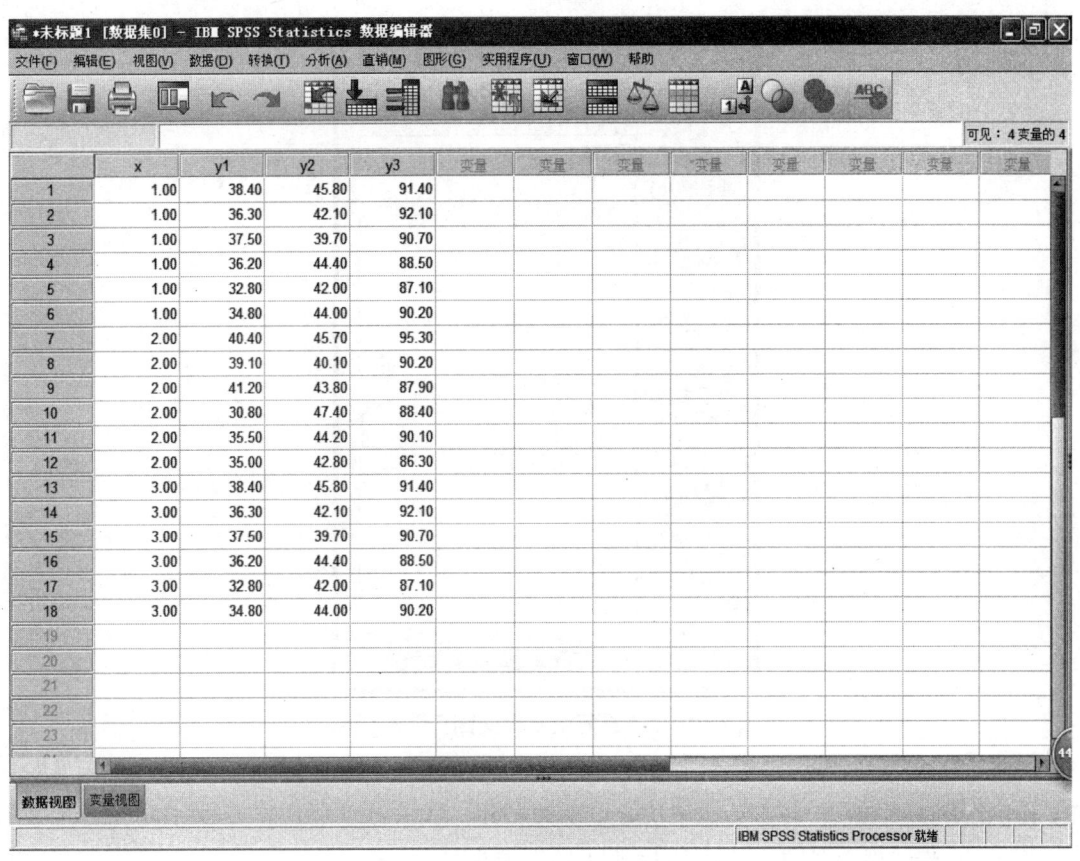

图 2-208　SPSS 数据输入格式

（2）分析路径

点击"分析"，鼠标下滑到"一般线性模型"，接着鼠标右滑，再下滑到"重复度量"，见图 2-209：

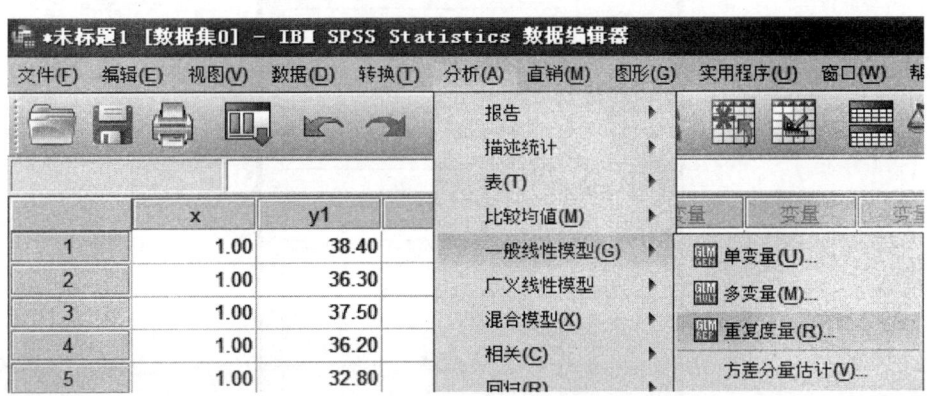

图 2-209　重复度量的方差分析的分析路径

（3）定义重复度量因子

点击"重复度量"得到"重复度量定义因子"对话框，见图 2-210：

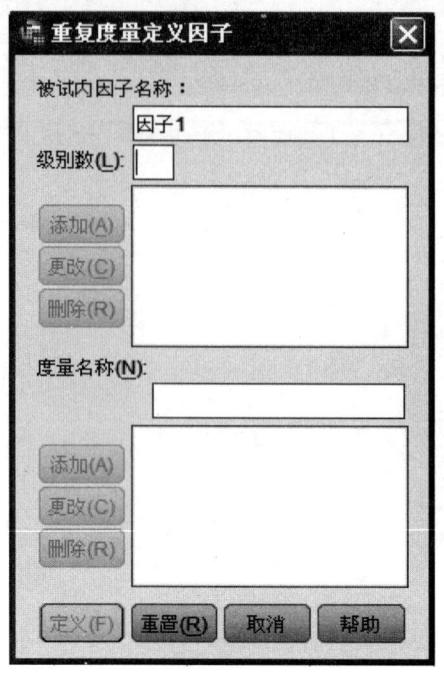

图 2-210 "重复度量定义因子"对话框

其中"被试内因子名称"一般指被重复度量因素的名称,默认为"因子 1",读者可自己定义名称,我们去掉"因子 1",填写成"时间",见图 2-211:

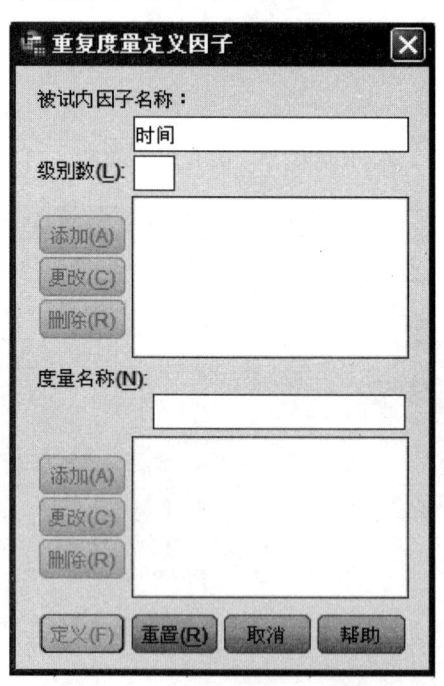

图 2-211 对话框内定义了因子名称

"级别数"表示观测次数,一般要大于 2、小于 99,我们从第一天到第三天,共观察三次,故本例"级别数"为 3。在"级别数"的框中添加了 3 以后,下面的"添加"键被激活,见图 2-212:

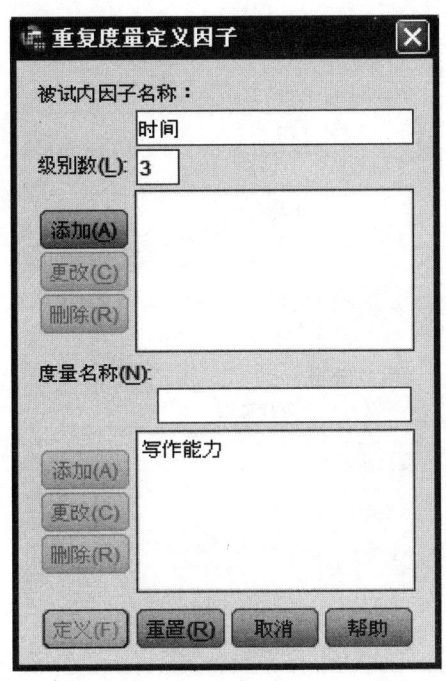

图 2-212 对话框内选定了级别数

点击"添加"键,见图 2-213:

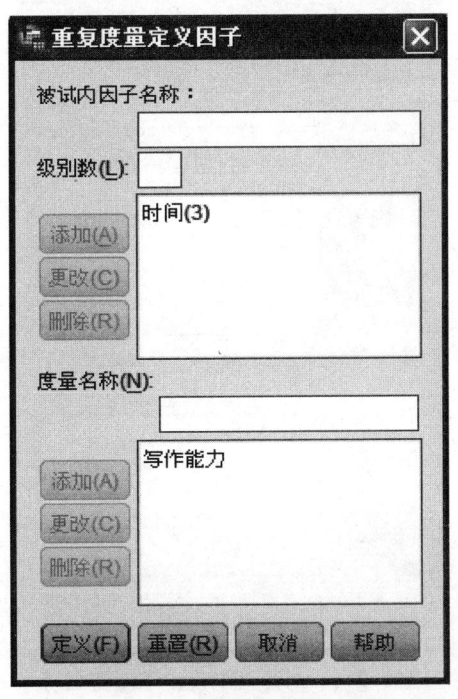

图 2-213 对话框内确定了级别数

"度量名称"仅是一个名称,一般指考察对象 y 代表的含义,本例设定为"写作能力",见图 2-214:

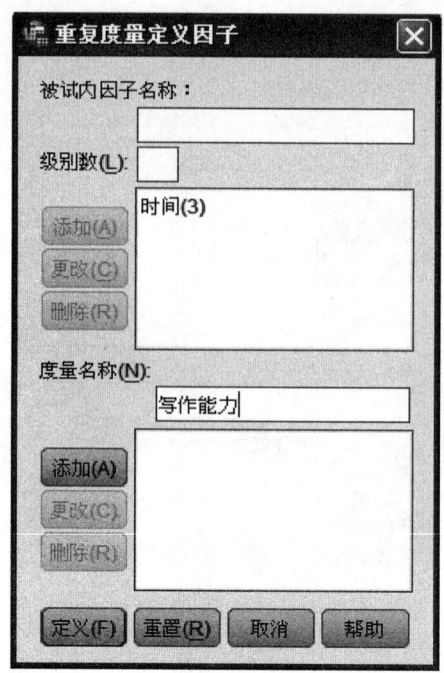

图 2-214　对话框内选定了度量名称

此时，下框左边的"添加"键被激活，然后点击"添加"键，结果见图 2-215：

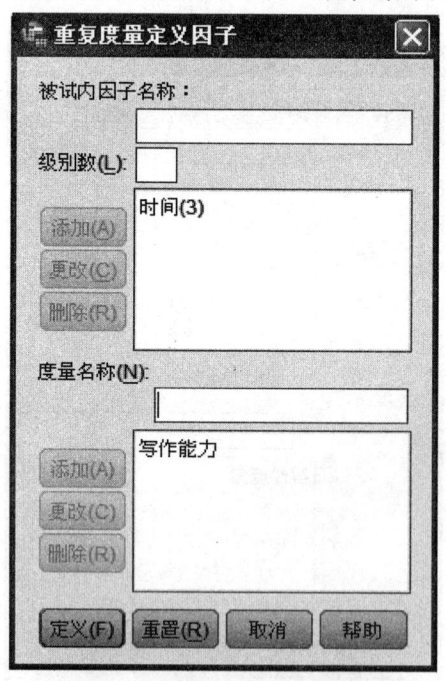

图 2-215　对话框内确定了度量名称

（4）定义变量具体"度量名称"的字母代号

单击"定义"，打开"重复度量"对话框，见图 2-216：

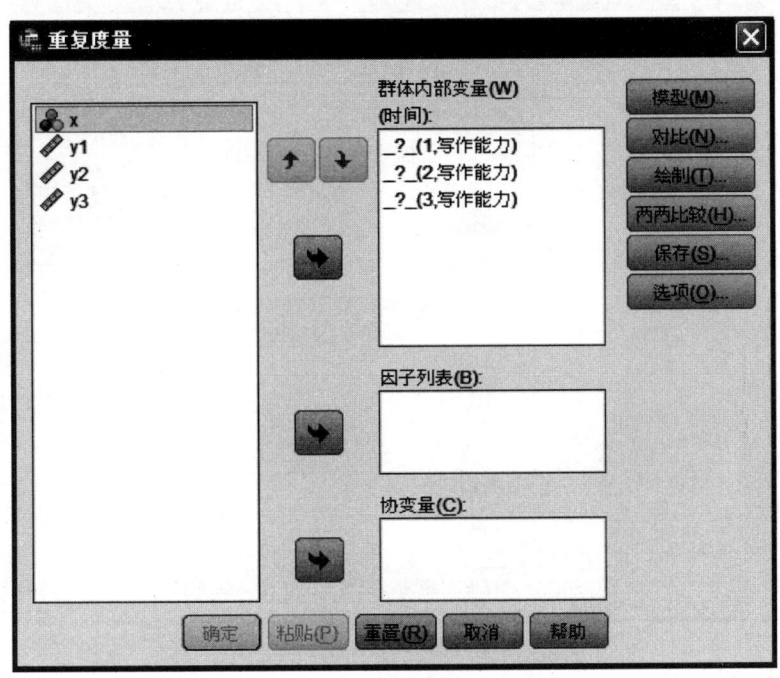

图 2-216 "重复度量"对话框

"群体内部变量"列表给出了变量名称,本例的变量名称为"1 写作能力""2 写作能力"……分别对应第一天的 y_1、第二天的 y_2 ……所以把 y_1 点进"群体内部变量"框,见图 2-217:

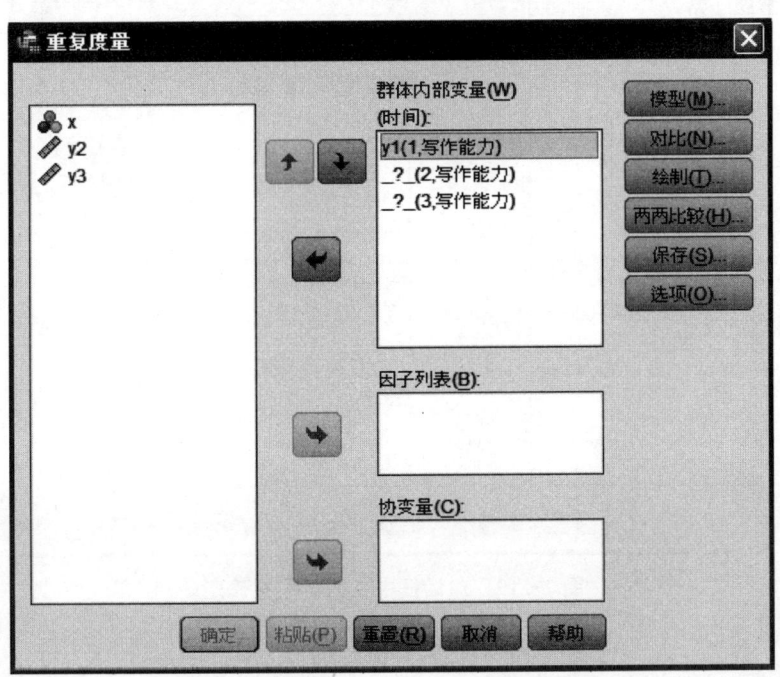

图 2-217 对话框内确定了一个群体内部变量

我们把其余的变量 y_2、y_3 也点进"群体内部变量"框,见图 2-218:

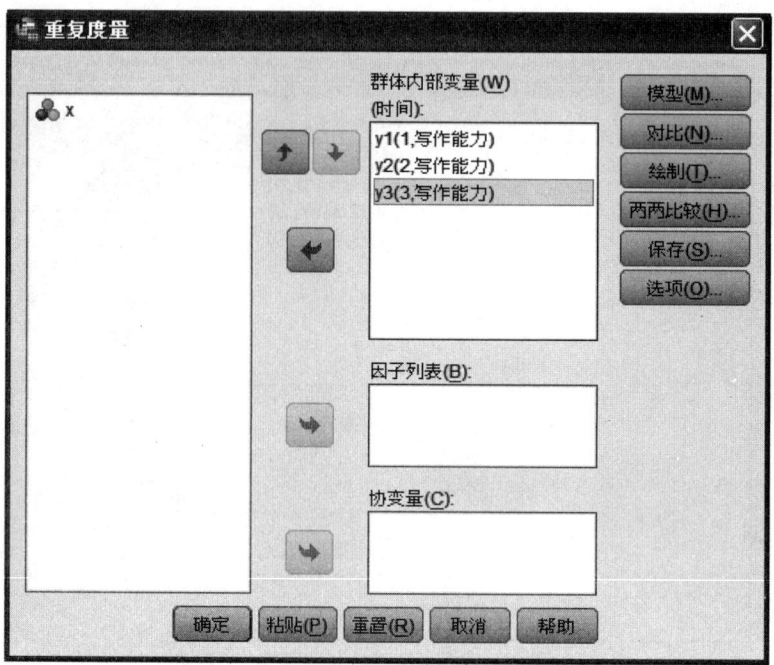

图 2-218　对话框内确定了所有群体内部变量

把分类变量 x 点进"因子列表"框，见图 2-219：

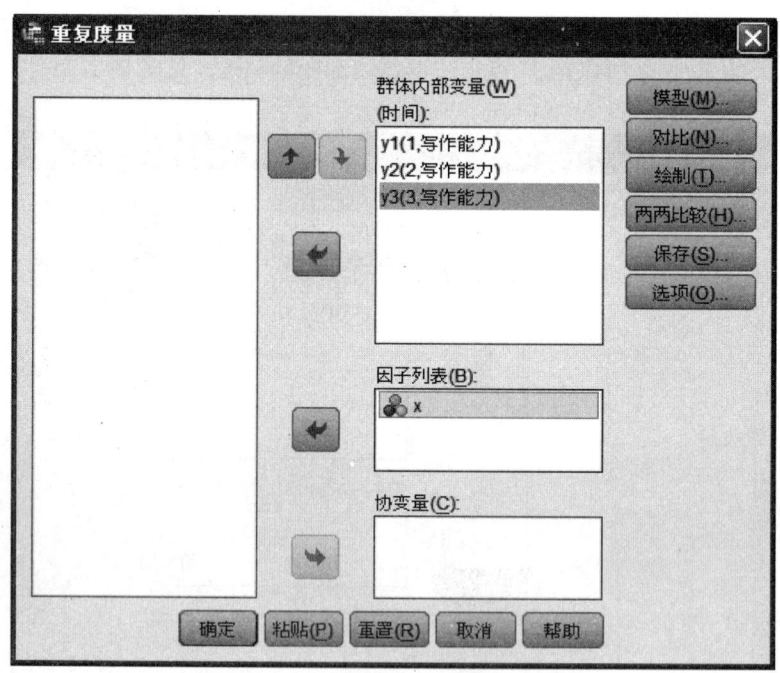

图 2-219　对话框中"因子"被确定

本例仅有一个处理因素，所以只把分类变量 x 点进"因子列表"框，若分类变量有多个，就把所有分类变量都点进来。

（5）绘制轮廓图

点击"绘制"键，得到"重复度量：轮廓图"对话框，见图 2-220：

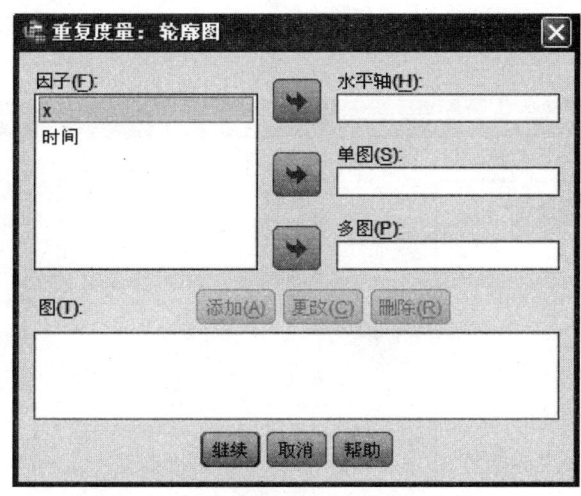

图 2-220 "重复度量：轮廓图"对话框

把"时间"变量点进"水平轴"框，把 x 点进"单图"框（若还有更多变量可点进"多图"框），见图 2-221：

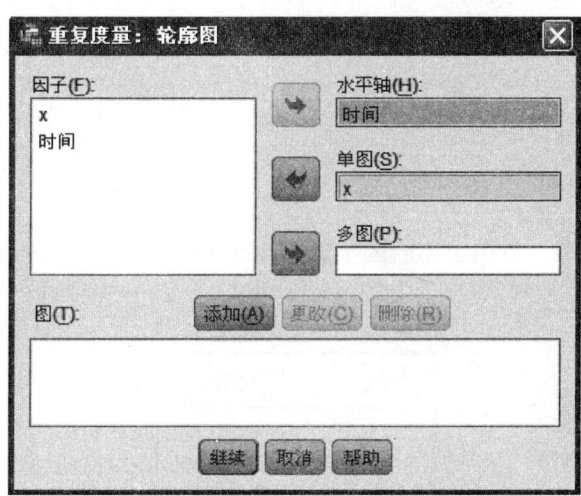

图 2-221 对话框中水平轴和单图变量被选定

此时，"添加"键被激活，点击"添加"键，见图 2-222：

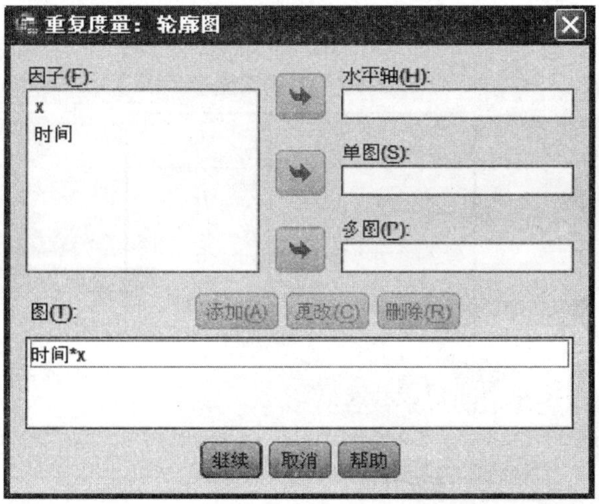

图 2-222 对话框中水平轴和单图变量被确定

这个图表示在时间和 x 张成的二维平面绘制轮廓图。点击"继续"键,返回"重复度量"对话框,见图 2-223:

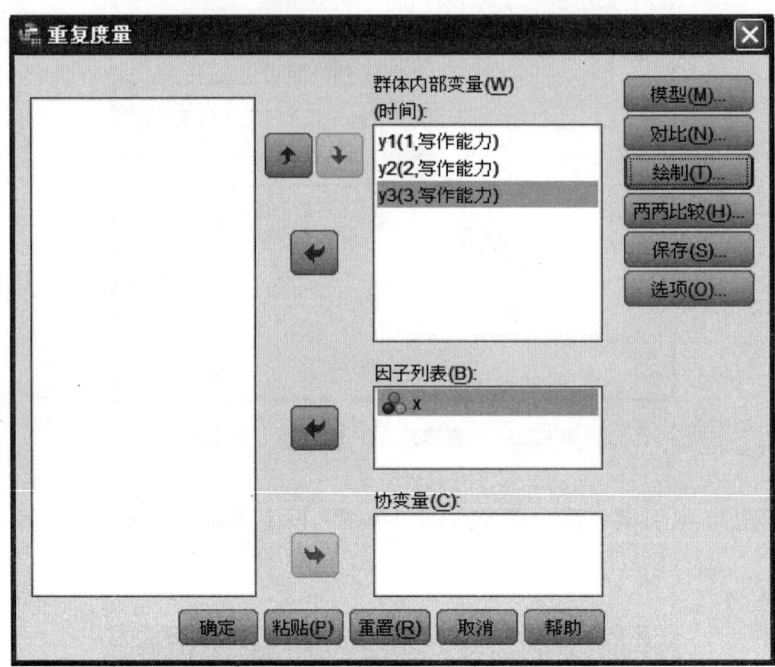

图 2-223 "重复度量"对话框

其他设置一律默认。

(6) 结果与分析

点击"确定"键,得到结果,其中主体内因子见表 2-95:

表 2-95 主体内因子

时间	因变量
1	y_1
2	y_2
3	y_3

本表告诉我们主体内变量有哪些。

主体间因子见表 2-96:

表 2-96 主体间因子

		N
x	1.00	6
	2.00	6
	3.00	6

本表告诉我们主体间变量取各种值的观察数各有多少。显然是 6 个。

多变量检验结果见表 2-97:

表 2-97 多变量检验

效应		值	F	假设 df	误差 df	Sig.
时间	Pillai 的跟踪	0.999	5572.636^a	2.000	14.000	0.000
	Wilks 的 Lambda	0.001	5572.636^a	2.000	14.000	0.000
	Hotelling 的跟踪	796.091	5572.636^a	2.000	14.000	0.000
	Roy 的最大根	796.091	5572.636^a	2.000	14.000	0.000
时间 * x	Pillai 的跟踪	0.103	0.408	4.000	30.000	0.801
	Wilks 的 Lambda	0.897	0.392^a	4.000	28.000	0.813
	Hotelling 的跟踪	0.115	0.374	4.000	26.000	0.825
	Roy 的最大根	0.115	0.863^b	2.000	15.000	0.442

注：a 表示精确统计量；b 表示该统计量是 F 的上限，它产生了一个关于显著性级别的下限；c 表示设计：截距 + x；主体内设计：时间

本表告诉我们，Sig=0.000<0.05，认为不同时间里测量的写作能力总体均值不同有统计学意义，差异显著。若 4 种检验不一致时，Pillai 的跟踪的结果最稳健，但时间与处理的交互作用不显著。因此时间与分组变量的交互项不显著。

Mauchly 的球形度检验结果见表 2-98：

表 2-98 Mauchly 的球形度检验

主体内效应	Mauchly 的 W	近似卡方	df	Sig.	Epsilon^a		
					Greenhouse-Geisser	Huynh-Feldt	下限
时间	0.747	4.089	2	0.129	0.798	0.997	0.500

注：检验零假设，即标准正交转换因变量的误差协方差矩阵与一个单位矩阵成比例；a 表示可用于调整显著性平均检验的自由度，在"主体内效应的检验"表格中显示修正后的检验；b 表示设计：截距 + x；主体内设计：时间

协方差球对称指协方差阵的对角线各个元素相等，非对角线各个元素为 0。如果其概率值 Sig 大于设定的检验水平 α，一般取 0.05，则认为协方差球对称性质得到满足，可以进行重复度量数据的方差分析，否则，拒绝 H_0 假设，接受 H_1，不能直接采用的球形度的检测结果判断变量的显著性，应采用后边三种修正自由度后的结果判断变量的显著性。进行重复度量数据的方差分析，应对受试对象内所有变异的自由度进行校正，包括时间效应、处理和时间交互效应及个体内误差三者的自由度。显然表 2-99 告诉我们，本例的 Sig 值为 0.129，大于 0.05，则认为协方差球对称性质得到满足，不需要修正。

主体内效应的检验结果见表 2-99：

表 2-99　主体内效应的检验

源		III 型平方和	df	均方	F	Sig.
时间	采用的球形度	30521.053	2	15260.527	2976.567	0.000
	Greenhouse–Geisser	30521.053	1.596	19125.707	2976.567	0.000
	Huynh–Feldt	30521.053	1.994	15308.343	2976.567	0.000
	下限	30521.053	1.000	30521.053	2976.567	0.000
时间 * x	采用的球形度	4.507	4	1.127	0.220	0.925
	Greenhouse–Geisser	4.507	3.192	1.412	0.220	0.892
	Huynh–Feldt	4.507	3.988	1.130	0.220	0.925
	下限	4.507	2.000	2.253	0.220	0.805
误差(时间)	采用的球形度	153.807	30	5.127		
	Greenhouse–Geisser	153.807	23.937	6.425		
	Huynh–Feldt	153.807	29.906	5.143		
	下限	153.807	15.000	10.254		

由于球形度的检测结果说明了数据协方差球对称性质得到满足，因此我们只看采用的球形度的结果，本表告诉我们采用的球形度结果证明时间显著（第一行结果），但时间与处理的交互作用不显著。若协方差球对称性质没有得到满足，那么 Greenhouse–Geisser 法和 Huynh–Feldt 法都给出了自由度的修正值。本例不需要修正，时间与处理的交互作用的 Sig 值为 0.925，非常不显著，所以只有抛弃交互项。选模型时，只保留主效应模型。

主体内对比的检验见表 2-100：

表 2-100　主体内对比的检验

源	时间	III 型平方和	df	均方	F	Sig.
时间	线性	25824.490	1	25824.490	8364.659	0.000
	二次	4696.563	1	4696.563	655.355	0.000
时间 * x	线性	3.380	2	1.690	0.547	0.590
	二次	1.127	2	0.563	0.079	0.925
误差(时间)	线性	46.310	15	3.087		
	二次	107.497	15	7.166		

本表说明写作能力即可用时间的线性函数表示，也可用二次函数表示，都非常显著。时间 * x 不显著说明时间与组别的交互作用不显著。

主体间效应的检验结果见表 2-101：

表 2-101　主体间效应的检验

源	III 型平方和	df	均方	F	Sig.
截距	172517.127	1	172517.127	20587.861	0.000
x	3.853	2	1.927	0.230	0.797
误差	125.693	15	8.380		

本表说明学校总体均值差异不显著。

自变量 x 各水平均值见表 2-102：

表 2-102　x

x	均值	标准误差	95% 置信区间	
			下限	上限
1.00	56.333	0.682	54.879	57.788
2.00	56.900	0.682	55.446	58.354
3.00	56.333	0.682	54.879	57.788

本表说明三个学校的均值各是多少。从均值看学校差异不显著。

三个考察时间段的均值见表 2-103：

表 2-103　时间

时间	均值	标准误差	95% 置信区间	
			下限	上限
1	36.333	0.661	34.925	37.742
2	43.333	0.538	42.186	44.480
3	89.900	0.556	88.716	91.084

本表说明三个考察时间段的均值各是多少。说明三个时间段成绩有显著差异，水平越来越高。

时间与学校的交互作用见表 2-104：

表 2-104　x * 时间

x	时间	均值	标准误差	95% 置信区间	
				下限	上限
1.00	1	36.000	1.145	33.560	38.440
	2	43.000	0.932	41.013	44.987
	3	90.000	0.963	87.948	92.052
2.00	1	37.000	1.145	34.560	39.440
	2	44.000	0.932	42.013	45.987
	3	89.700	0.963	87.648	91.752
3.00	1	36.000	1.145	33.560	38.440
	2	43.000	0.932	41.013	44.987
	3	90.000	0.963	87.948	92.052

本表说明三个学校三个时间段的均值各是多少。可看出第一个学校与第三个学校在三个时间段的均值完全相同。

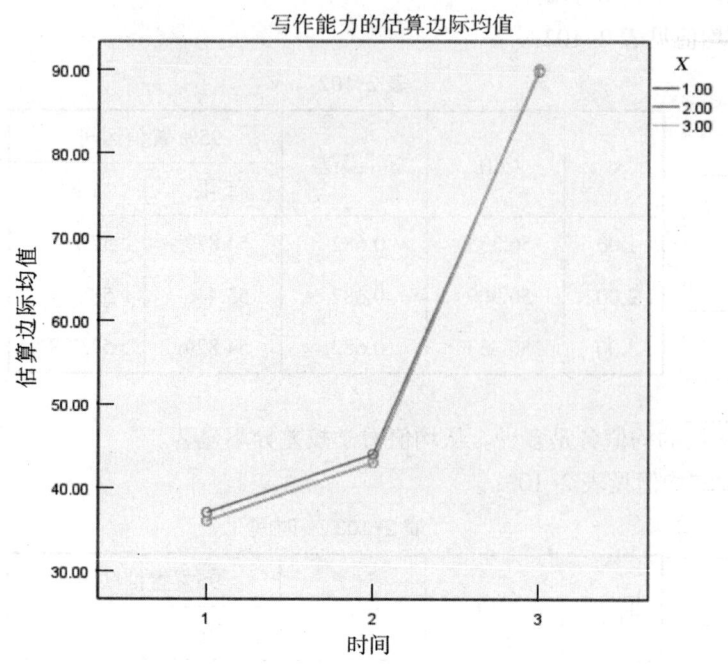

图 2-224 写作能力轮廓

图 2-224 是三个学校的轮廓，第一个学校与第三个学校在三个时间段的均值完全相同。所以只绘制出两条折线。本图说明方法的趋势基本平行，即无交互作用。三个学校的写作能力提高基本一致。

三、多组二因素时间间隔相同重复度量的方差分析

多组二因素重复度量方差分析的格式见表 2-105：

表 2-105 三组多水平重复度量方差分析的格式

分组因素	x_1	x_2	测量时间（t）				
			1	2	3	…	p
1	1	1	y_{1111}	y_{1112}	y_{1113}	…	y_{111p}
1	1	2	y_{1121}	y_{1122}	y_{1123}	…	y_{112p}
…	…	…	…	…	…	…	…
1	1	n_2	y_{11n_21}	y_{11n_22}	y_{11n_23}	…	y_{11n_2p}
1	2	1	y_{1211}	y_{1212}	y_{1213}	…	y_{121p}
1	2	2	y_{1221}	y_{1222}	y_{1223}	…	y_{122p}
…	…	…	…	…	…	…	…
1	2	n_2	y_{12n_21}	y_{12n_22}	y_{12n_23}	…	y_{12n_2p}
1	n_1	1	y_{1n_111}	y_{1n_112}	y_{1n_113}	…	y_{1n_11p}
1	n_1	2	y_{1n_121}	y_{1n_122}	y_{1n_123}	…	y_{1n_12p}
…	…	…	…	…	…	…	…

续 表

分组因素	x_1	x_2	测量时间（t）				
			1	2	3	...	p
1	n_1	n_2	$y_{1n_1n_21}$	$y_{1n_1n_22}$	$y_{1n_1n_23}$	...	$y_{1n_1n_2p}$
2	1	1	y_{2111}	y_{2112}	y_{2113}	...	y_{211p}
2	1	2	y_{2121}	y_{2122}	y_{2123}	...	y_{212p}
...	...	...	...	...	...	...	...
2	1	n_2	y_{21n_21}	y_{21n_22}	y_{21n_23}	...	y_{21n_2p}
2	2	1	y_{2211}	y_{2212}	y_{2213}	...	y_{221p}
2	2	2	y_{2221}	y_{2222}	y_{2223}	...	y_{222p}
...	...	...	...	...	...	...	...
2	2	n_2	y_{22n_21}	y_{22n_22}	y_{22n_23}	...	y_{22n_2p}
...	...	...	...	...	...	...	...
2	n_1	1	y_{2n_111}	y_{2n_112}	y_{2n_113}	...	y_{2n_11p}
2	n_1	2	y_{2n_121}	y_{2n_122}	y_{2n_123}	...	y_{2n_12p}
...	...	...	...	...	...	...	...
2	n_1	n_2	$y_{2n_1n_21}$	$y_{2n_1n_22}$	$y_{2n_1n_23}$	...	$y_{2n_1n_2p}$
...	...	...	...	...	...	...	...
s	1	1	y_{s111}	y_{s112}	y_{s113}	...	y_{s11p}
s	1	2	y_{s121}	y_{s122}	y_{s123}	...	y_{s12p}
...	...	...	...	...	...	...	...
s	1	n_2	y_{s1n_21}	y_{s1n_22}	y_{s1n_23}	...	y_{s1n_2p}
s	2	1	y_{s211}	y_{s212}	y_{s213}	...	y_{s21p}
s	2	2	y_{s221}	y_{s222}	y_{s223}	...	y_{s22p}
...	...	...	...	...	...	...	...
s	2	n_2	y_{s2n_21}	y_{s2n_22}	y_{s2n_23}	...	y_{s2n_2p}
...	...	...	...	...	...	...	...
s	n_1	1	y_{sn_111}	y_{sn_112}	y_{sn_113}	...	y_{sn_11p}
s	n_1	2	y_{sn_121}	y_{sn_122}	y_{sn_123}	...	y_{sn_12p}
...	...	...	...	...	...	...	...
s	n_1	n_2	$y_{sn_1n_21}$	$y_{sn_1n_22}$	$y_{sn_1n_23}$	...	$y_{sn_1n_2p}$

其中 $y_{sn_1 1p}$ 表示第 s 种处理、x_1 取值为 n_1、x_2 取值为 1、第 p 次测量值。

例：每省各取 10 个图书馆，每个图书馆取 10 人，用 3 种模式服务，连续观测 4 次，探讨服务模式的作用，这就是三组重复度量的问题。

限于数据的获取，不再深入讨论。

第十节　轮廓分析

一、轮廓分析概念

当我们将由 p 种处理（如测验、问卷调查等）组成的一个处理组施加于两组或多组对象时，可采用轮廓分析法。设所有响应均在相似的单元中表出，再假定不同组的响应彼此独立。自然要问：总体的均值向量是否都相等？在轮廓分析中，诸均值向量的相等性问题分成几种可能性。

考虑总体均值向量 $\mu_1'=(\mu_1,\mu_2,\mu_3,\mu_4)$，它代表对第一组四种处理的平均响应，这些用直线连接的均值，见图 2-225：

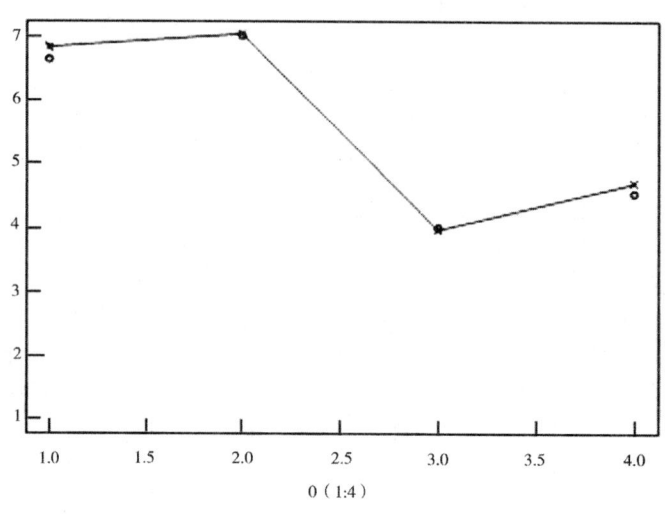

图 2-225　轮廓

这些折线图就称为总体 1 的轮廓，对每个总体（组）都设 $\mu_1'=(\mu_{11},\mu_{12},\cdots,\mu_{1p})$ 和 $\mu_1'=(\mu_{21},\mu_{22},\cdots,\mu_{2p})$ 分别为总体 1 和总体 2 对 p 种处理的平均响应。假设 $H_0:\mu_1=\mu_2,\cdots,\mu_{1p})$ 意味着对这两个总体来说，p 种处理的效应相等。

（1）两轮廓是否平行？等价地说，假设

H_{01}：$\mu_{1i-1}=\mu_{2i}-\mu_{2i-1}, i=2,3,\ldots,p$，是否可接受？

（2）假如两轮廓是平行的，那么它们是否重合？等价地说，假设

H_{02}：$\mu_{1i}=\mu_{2i}, i=1,2,\ldots,p$，是否可接受？

（3）假如两轮廓重合，它们是水平的吗？即所有均值是否都等于同一常数？等价地说，假设

H_{03}：$\mu_{11}=\mu_{12}=\cdots=\mu_{12}=\mu_{22}=\cdots=\mu_{23}$，是否可接受？

若平行零假设显著性概率 P 小于 0.05，则说明两个轮廓不平行，反之，若显著性概率 P 大于 0.05，则说明两个轮廓平行。

当两个总体的轮廓平行时，第 1 个总体的轮廓或者高于第 2 个总体的轮廓（对所有 i，$\mu_{1i}>\mu_{2i}$），或者低于第二个总体的轮廓，或者重合，三者必居其一。两总全体的轮廓重合吗？第二步中的零假设可必定为如下等价形式：

$H_{02}:l'\mu_1=l'\mu_2$

若重合零假设显著性概率 P 小于 0.05，则说明两个轮廓不重合，反之，若显著性概率 P 大于 0.05，则

说明两个轮廓重合。

若两总体的轮廓重合，则均来自同一正态总体，下一步要研究是否所有变量具有相同的均值，因而其公共轮廓是水平的。

当 H_{01} 和 H_{02} 被接受时，可用 n_1+n_2 个观测值来估计其公共均值向量 μ。如果其公共轮廓是水平的，即 $\mu_1 = \mu_2 = \cdots = \mu_p$，那么第 3 步的零假设可改写为：

$H_{03}: C\mu = 0$

水平零假设若显著性概率 P 小于 0.05，则说明两个轮廓不是水平的，反之，若显著性概率 P 大于 0.05，则说明两个轮廓是水平的。

二、轮廓分析中平行和重合检验的 SPSS 软件操作

例：杨思洛、曹慧统计了 2003~2012 年中外图书馆学学者引用文献类型百分比，数据见表 2-106：

表 2-106 学者引用文献类型百分比数据

年份		2003	2004	2005	2006	2007	2008	2009	2010	2011	2012
国内	期刊 x_1	62.8	57.2	51.2	55.8	54.5	52.5	54.2	54.3	54.6	45.8
	图书 x_2	17.5	17.7	16.4	10.3	12.9	13.8	16.2	15.8	16.3	16.1
	网络 x_3	11.1	17.7	27.1	24	23.6	26.6	22.6	22.7	20.3	24.9
	学位论文 x_4	0.6	0.8	0.9	0.7	1.1	1.6	1.2	1.6	1.6	3
	会议论文 x_5	2.6	2.1	1.6	3	2.3	2.3	2.4	2.3	2	3.8
	报纸 x_6	1.7	1.5	0.8	2	2.2	1	1.5	1.2	0.6	0.9
	科技报告 x_7	1.7	0.8	0.6	1.2	0.9	1	0.7	0.8	0.8	1.1
	其他 x_8	2	2.2	1.4	3	2.5	1.2	1.2	1.3	3.8	4.4
国外	期刊 x_1	41.2	52.7	43.3	47.6	52.6	45.7	53.5	45.9	55.5	46.6
	图书 x_2	17.4	11.2	13.6	8.4	11.4	9.7	9.9	8.9	6	8.2
	网络 x_3	17.3	15.8	19.9	20.4	15.6	18.5	17.4	15.9	14.6	16.8
	学位论文 x_4	0.5	1.3	1.1	2.8	0.8	0.8	1.2	2.2	0.8	1
	会议论文 x_5	4.2	3.4	2.4	3.3	3.3	2.9	2.4	3.7	4.1	3.9
	报纸 x_6	1.3	1.3	2.2	2.8	1	2	0.9	0.4	1.3	1.6
	科技报告 x_7	2.4	0.4	0.7	0.2	0.4	0.4	0.6	0.4	1.6	1.3
	其他 x_8	15.7	13.9	16.8	14.5	14.9	20	14.2	22.6	16.2	20.6

试分析国内外引文类型的异同。

我们令国内为一组，国外为二组，将表重新排列，见表2-107：

表2-107 原数据的转置

组别	x_1	x_2	x_3	x_4	x_5	x_6	x_7	x_8
1	62.8	17.5	11.1	0.6	2.6	1.7	1.7	2
1	57.2	17.7	17.7	0.8	2.1	1.5	0.8	2.2
1	51.2	16.4	27.1	0.9	1.6	0.8	0.6	1.4
1	55.8	10.3	24	0.7	3	2	1.2	3
1	54.5	12.9	23.6	1.1	2.3	2.2	0.9	2.5
1	52.5	13.8	26.6	1.6	2.3	1	1	1.2
1	54.2	16.2	22.6	1.2	2.4	1.5	0.7	1.2
1	54.3	15.8	22.7	1.6	2.3	1.2	0.8	1.3
1	54.6	16.3	20.3	1.6	2	0.6	0.8	3.8
1	45.8	16.1	24.9	3	3.8	0.9	1.1	4.4
2	41.2	17.4	17.3	0.5	4.2	1.3	2.4	15.7
2	52.7	11.2	15.8	1.3	3.4	1.3	0.4	13.9
2	43.3	13.6	19.9	1.1	2.4	2.2	0.7	16.8
2	47.6	8.4	20.4	2.8	3.3	2.8	0.2	14.5
2	52.6	11.4	15.6	0.8	3.3	1	0.4	14.9
2	45.7	9.7	18.5	0.8	2.9	2	0.4	20
2	53.5	9.9	17.4	1.2	2.4	0.9	0.6	14.2
2	45.9	8.9	15.9	2.2	3.7	0.4	0.4	22.6
2	55.5	6	14.6	0.8	4.1	1.3	1.6	16.2
2	46.6	8.2	16.8	1	3.9	1.6	1.3	20.6

1. 输入数据

将数据复制粘贴到SPSS界面，见图2-226：

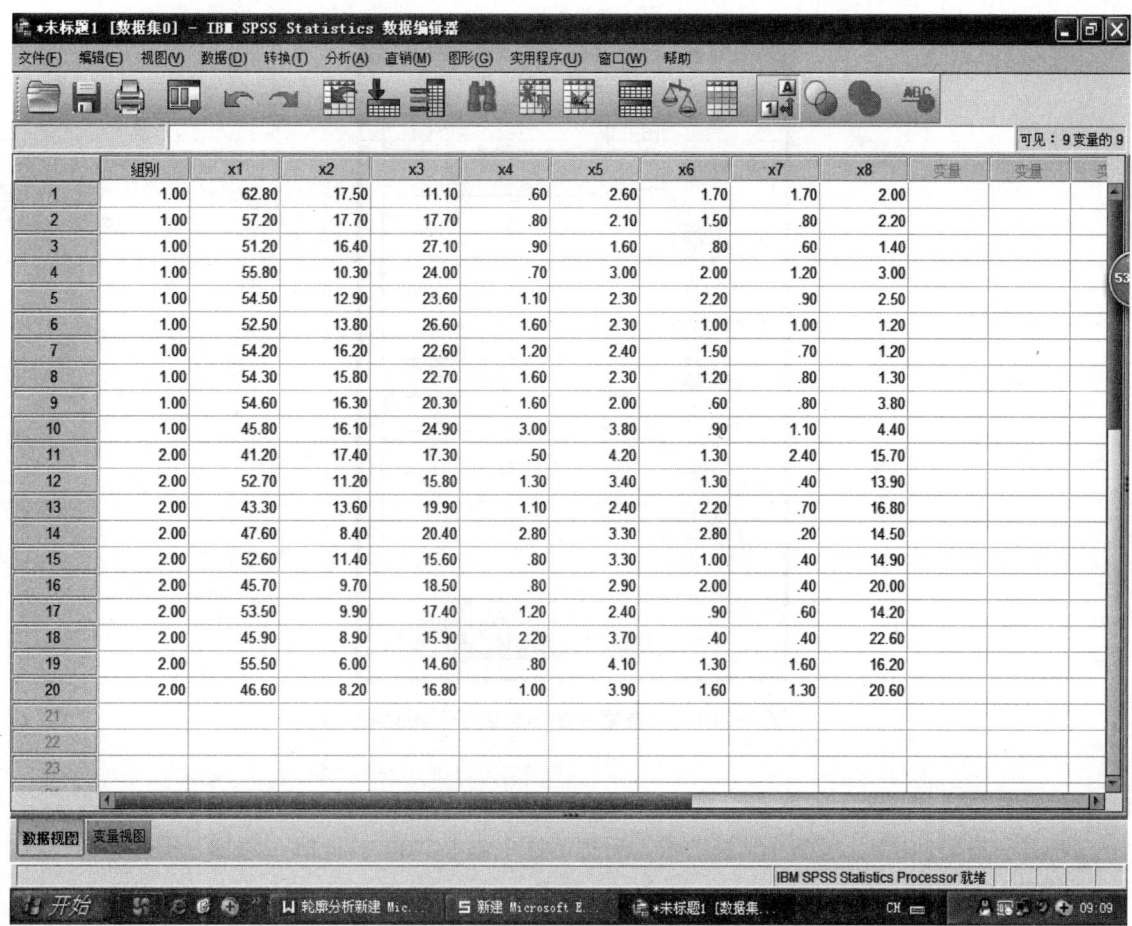

图 2-226　SPSS 数据输入格式

2. 分析路径

点击"分析"，鼠标下滑到"一般线性模型"，接着鼠标右滑，再下滑到"重复度量"，见图 2-227：

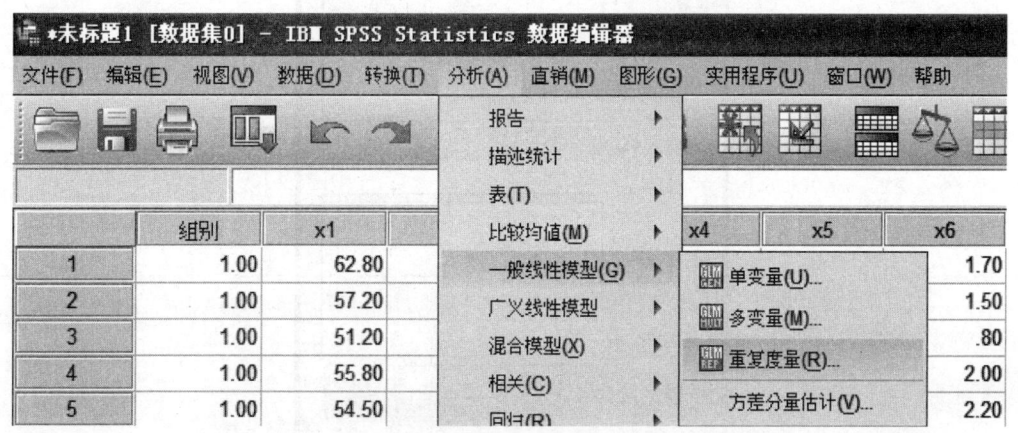

图 2-227　分析路径

点击之，得到"重复度量定义因子"对话框，见图 2-228：

图 2-228 "重复度量定义因子"对话框

3. 变量确定

由于我们的指标是 8 个,所以在"级别数"后边的框中添上"8",此时"添加"键被激活,点击"添加"键,见图 2-229:

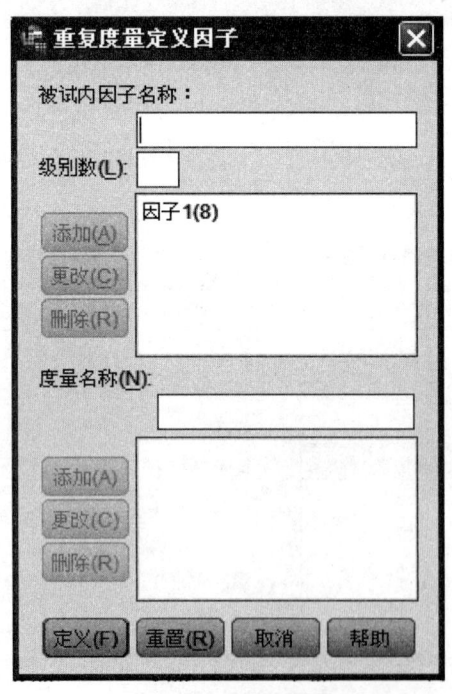

图 2-229 对话框中因子级别数被确定

此时,"定义"键被激活,点击"定义"键,见图 2-230:

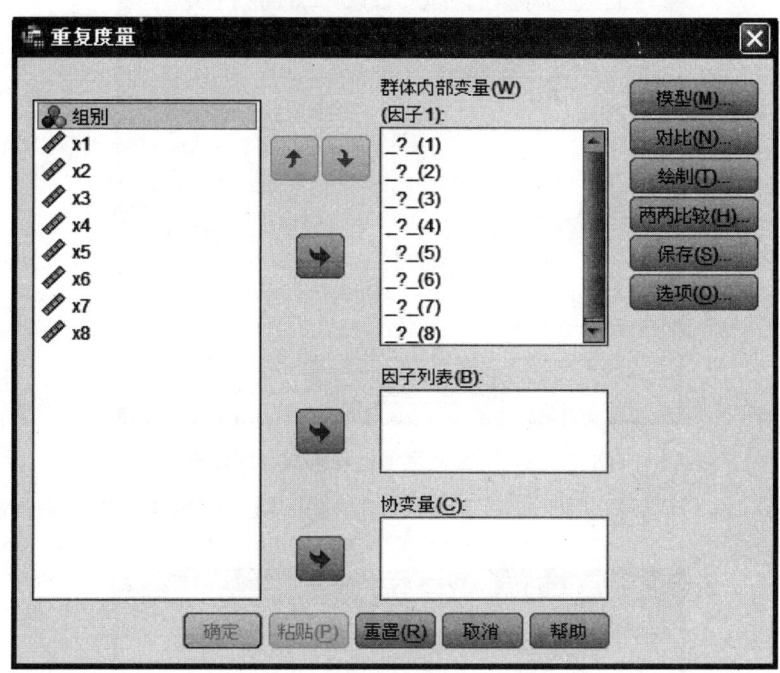

图 2-230　根据级别数定义了 8 个因子

将指标 x_1，x_2，…，x_8 点进"群体内部变量"框，将"组别"点进"因子列表"框，见图 2-231：

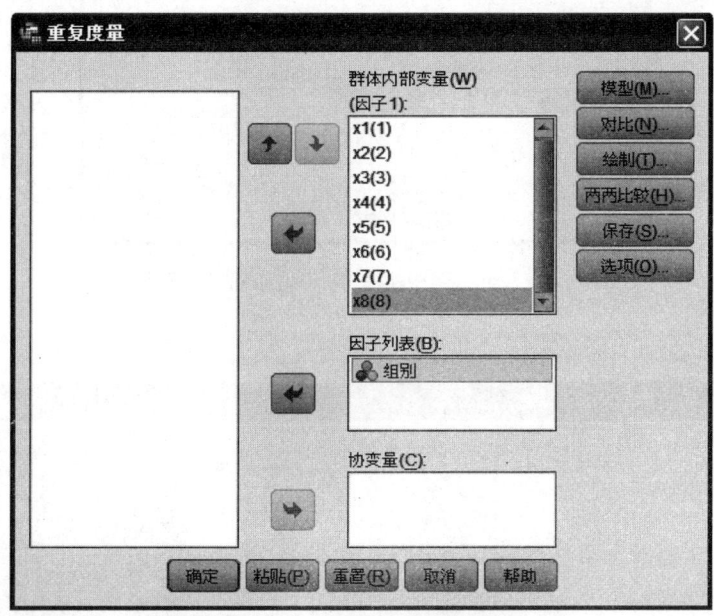

图 2-231　因子含义被确定

4. 轮廓图的绘制

点击"绘制"键，得到"重复度量：轮廓图"对话框，见图 2-232：

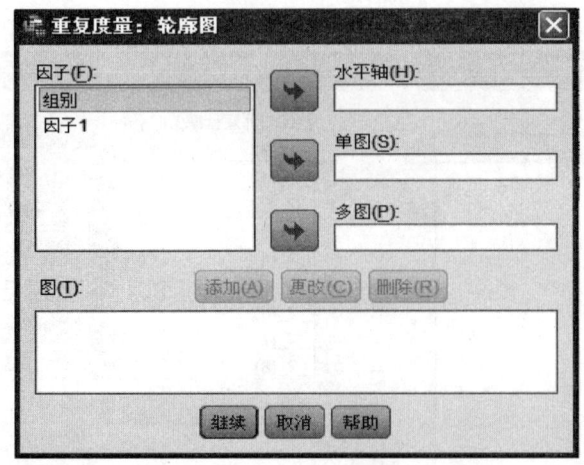

图 2-232 "重复度量：轮廓图"对话框

把"因子1"点进"水平轴"框，把"组别"点击"单图"框，此时"添加"键被激活，点击"添加"键得图 2-233：

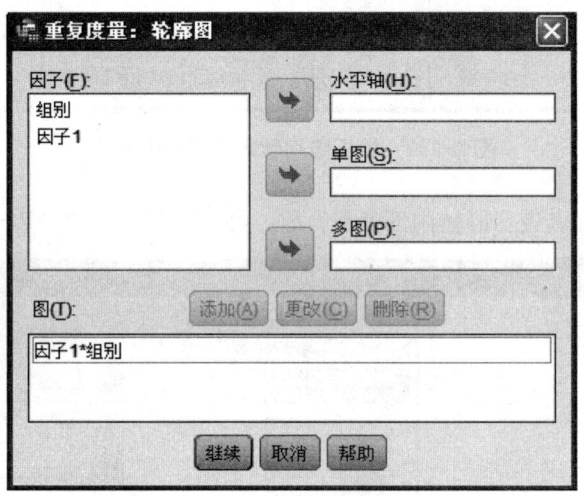

图 2-233 对话框中水平轴和单图的因子被确定

点击"继续"键，返回到"重复度量"对话框，见图 2-234：

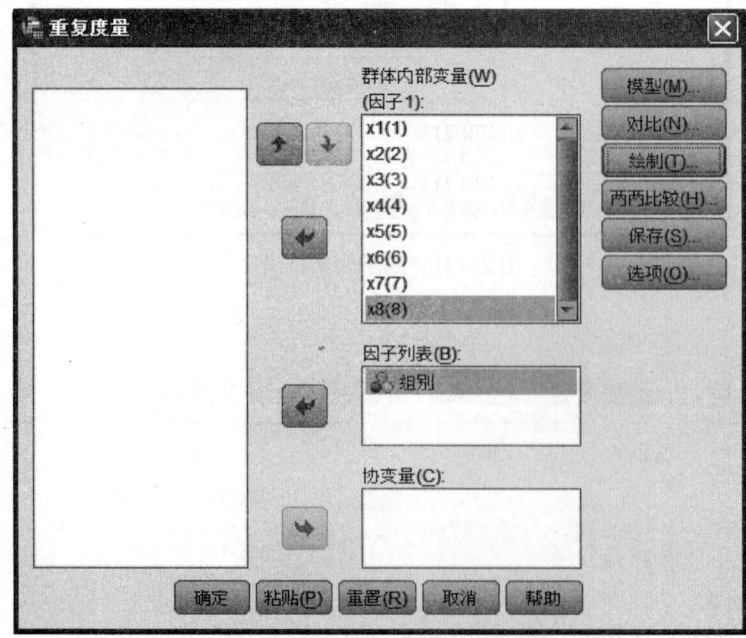

图 2-234 "重复度量"对话框

5. 结果与分析

点击"确定"键,得到结果,其中主体内因子见表 2-108:

表 2-108 主体内因子

因子 1	因变量
1	x_1
2	x_2
3	x_3
4	x_4
5	x_5
6	x_6
7	x_7
8	x_8

此表告诉我们考察指标是 8 个。

主体间因子见表 2-109:

表 2-109 主体内因子

		N
组别	1.00	10
	2.00	10

此表告诉我们考察的组有 2 个,每个组有 10 个考察对象。

多变量检验结果见表 2-110:

表 2-110 多变量检验

效应		值	F	假设 df	误差 df	Sig.
因子 1	Pillai 的跟踪	1.000	3721.219[a]	7.000	12.000	0.000
	Wilks 的 Lambda	0.000	3721.219[a]	7.000	12.000	0.000
	Hotelling 的跟踪	2170.711	3721.219[a]	7.000	12.000	0.000
	Roy 的最大根	2170.711	3721.219[a]	7.000	12.000	0.000
因子 1 * 组别	Pillai 的跟踪	0.928	21.975[a]	7.000	12.000	0.000
	Wilks 的 Lambda	0.072	21.975[a]	7.000	12.000	0.000
	Hotelling 的跟踪	12.819	21.975[a]	7.000	12.000	0.000
	Roy 的最大根	12.819	21.975[a]	7.000	12.000	0.000

注:精确统计量,设计:截距 + 组别,主体内设计:因子 1

此表主要反映平行检验结果,因子 1 * 组别 Pillai 的跟踪的平行检验结果是:$F=21.975$,显著性概率为 0.000,小于 0.05,非常显著,说明在 8 个指标上,国内外引用对象不完全平行、不一致。

主体间效应的检验结果见表 2-111:

表 2-111　主体间效应的检验

源	Ⅲ 型平方和	df	均方	F	Sig.
截距	25005.000	1	25005.000	2.250E8	0.000
组别	0.000	1	0.000	2.250	0.151
误差	0.002	18	0.000		

此表是重合轮廓检验（相合性检验）的结果，组别的显著性概率 Sig=0.151 > 0.05，说明有

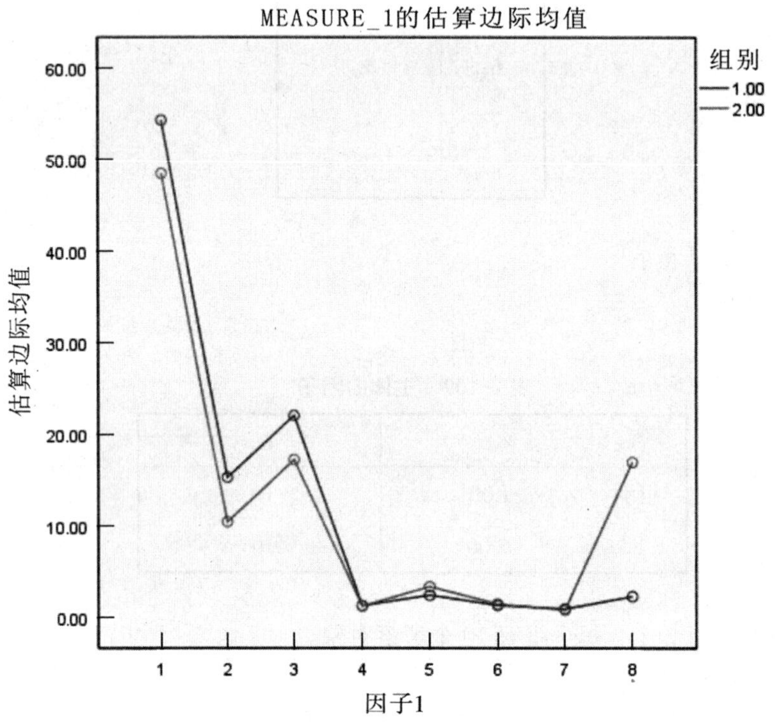

图 2-235　轮廓

图 2-235 是轮廓，此图验证了前面的结论。

三、轮廓分析中水平检验的 SPSS 软件操作

如果轮廓平行，并且重合，那么轮廓图应是一组折线，如果各个段折线还是水平的，那么各个段折线合起来必是一条水平直线。即各组的平均值是一样的。

两组数据只有满足了平行轮廓才有必要做重合轮廓检验，只有满足了重合轮廓才需要进一步做水平轮廓检验。

例：20 名本科生读者和 20 名研究生读者分别对某学术博客进行评价，指标为：有用性 x_1、易用性 x_2、信息质量 x_3、博客适配度 x_4、利用效果 x_5，最满分是 10 分，最不满分是 1 分，评价结果见表 2-112：

表 2-112 某博客的评价数据

本科生调查结果						研究生调查结果					
编号	x_1	x_2	x_3	x_4	x_5	编号	x_1	x_2	x_3	x_4	x_5
1	6	7	6	4	3	1	8	7	6	5	4
2	7	7	6	7	3	2	8	8	6	8	2
3	7	8	7	7	6	3	6	7	6	8	5
4	5	7	6	9	8	4	4	8	7	8	9
5	9	7	6	8	5	5	8	6	5	7	6
6	8	8	7	8	7	6	9	8	7	8	8
7	8	7	6	9	8	7	7	6	7	8	9
8	9	7	6	8	7	8	8	6	7	8	6
9	8	5	7	8	5	9	9	6	7	8	4
10	6	8	7	7	5	10	5	8	8	6	6
11	5	7	6	8	7	11	4	7	5	8	6
12	6	7	8	9	6	12	7	7	7	8	7
13	5	8	3	4	4	13	4	7	4	5	5
14	4	8	7	8	7	14	5	9	8	8	8
15	7	5	7	6	8	15	8	6	8	7	7
16	6	8	7	7	8	16	7	8	7	9	7
17	9	6	8	8	7	17	8	7	6	7	5
18	8	9	6	9	3	18	9	8	7	8	4
19	8	7	6	7	6	19	9	7	6	6	7
20	6	8	3	9	5	20	5	9	4	8	6

我们令本科生为一组，研究生为二组，将表重新排列一下，见表 2-113：

表 2-113　重构后的博客评价数据

组别	x_1	x_2	x_3	x_4	x_5
1	6	7	6	4	3
1	7	7	6	7	3
1	7	8	7	7	6
1	5	7	6	9	8
1	9	7	6	8	5
1	8	8	7	8	7
1	8	7	6	9	8
1	9	7	6	8	7
1	8	5	7	8	5
1	6	8	7	7	5
1	5	7	6	8	7
1	6	7	8	9	6
1	5	8	3	4	4
1	4	8	7	8	7
1	7	5	7	6	8
1	6	8	7	7	8
1	9	6	8	8	7
1	8	9	6	9	3
1	8	7	6	7	6
1	6	8	3	9	5
2	8	7	6	5	4
2	8	8	6	8	2
2	6	7	6	8	5
2	4	8	7	8	9
2	8	6	5	7	6
2	9	8	7	8	8
2	7	6	7	8	9
2	8	6	7	8	6
2	9	6	7	8	4
2	5	8	8	6	6
2	4	7	5	8	6
2	7	7	7	8	7
2	4	7	4	5	5
2	5	9	8	8	8
2	8	6	8	7	7
2	7	8	7	9	7
2	8	7	6	7	5
2	9	8	7	8	4
2	9	7	6	6	7
2	5	9	4	8	6

1. 输入数据

将数据复制粘贴到 SPSS 界面，见图 2-236：

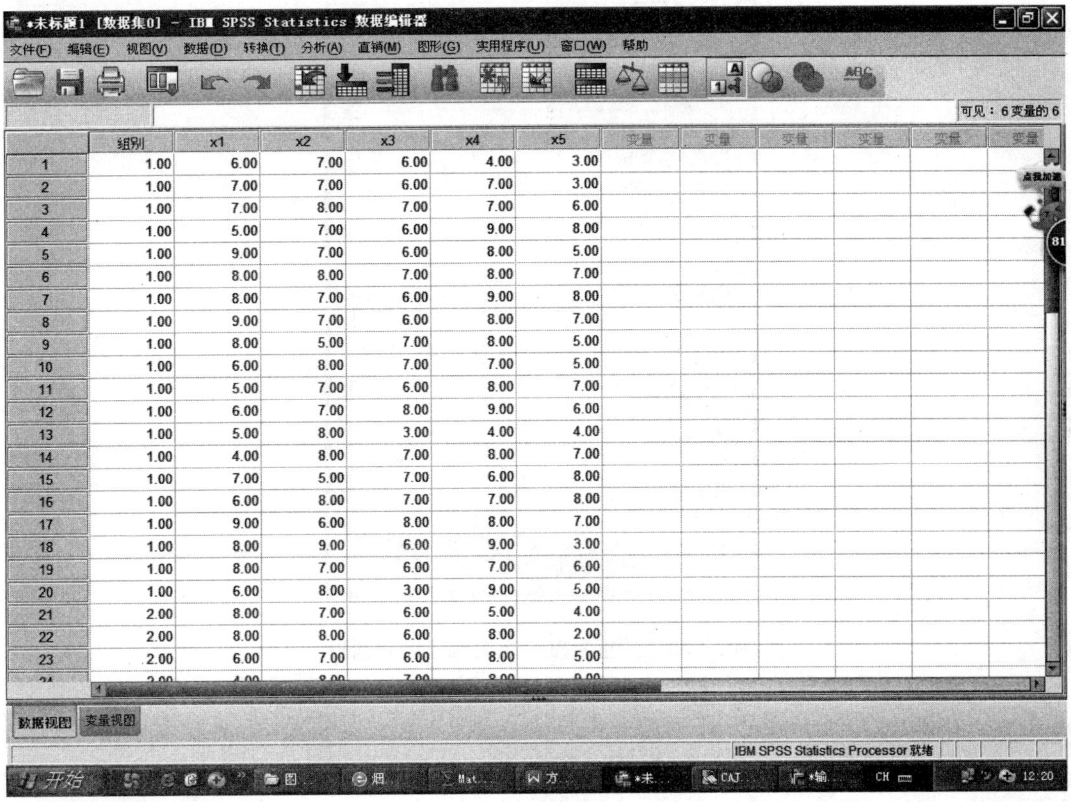

图 2-236　SPSS 数据输入格式

2. 分析路径

点击"分析"，鼠标下滑到"一般线性模型"，接着鼠标右滑，再下滑到"重复度量"，见图 2-237：

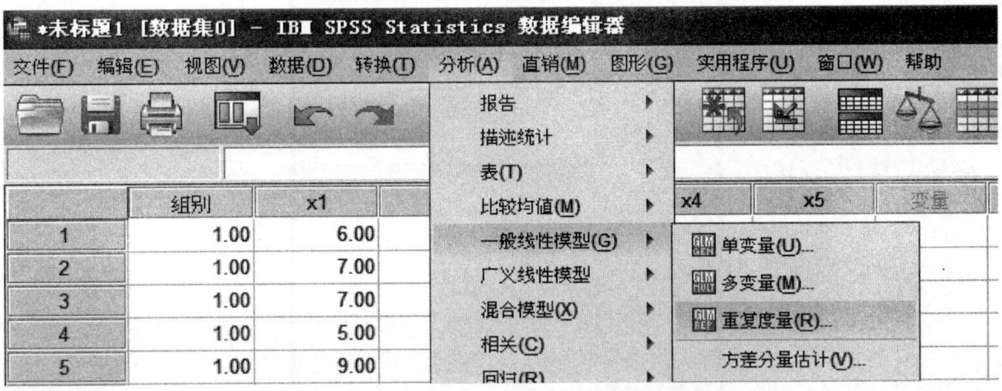

图 2-237　分析路径

点击之，得到"重复度量定义因子"对话框，见图 2-238：

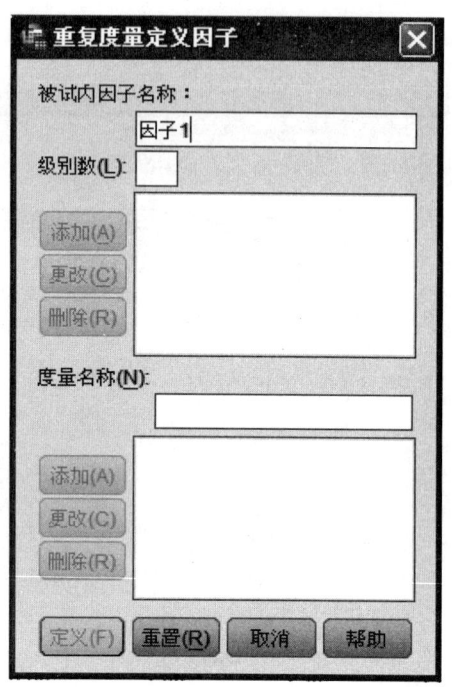

图 2-238 "重复度量定义因子"对话框

3. 变量确定

由于我们的指标是 5 个,所以在"级别数"后边的框中添上"5",此时"添加"键被激活,点击"添加"键,见图 2-239:

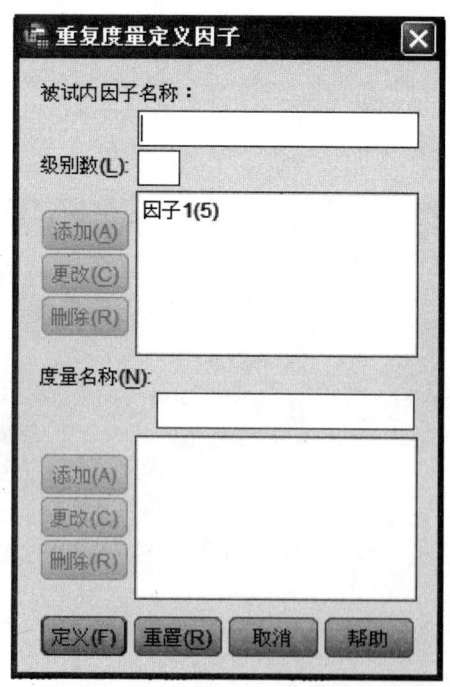

图 2-239 对话框中因子级别数被确定

此时,"定义"键被激活,点击"定义"键,见图 2-240:

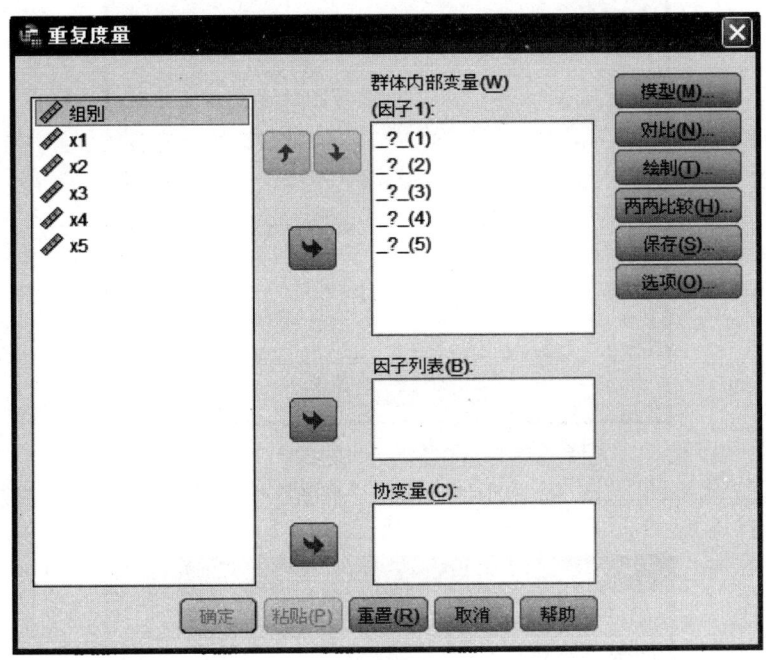

图 2-240　根据级别数定义了 5 个因子

将指标 $x_1, x_2, \cdots, x_5$ 点进"群体内部变量"框,将"组别"点进"因子列表"框,见图 2-241：

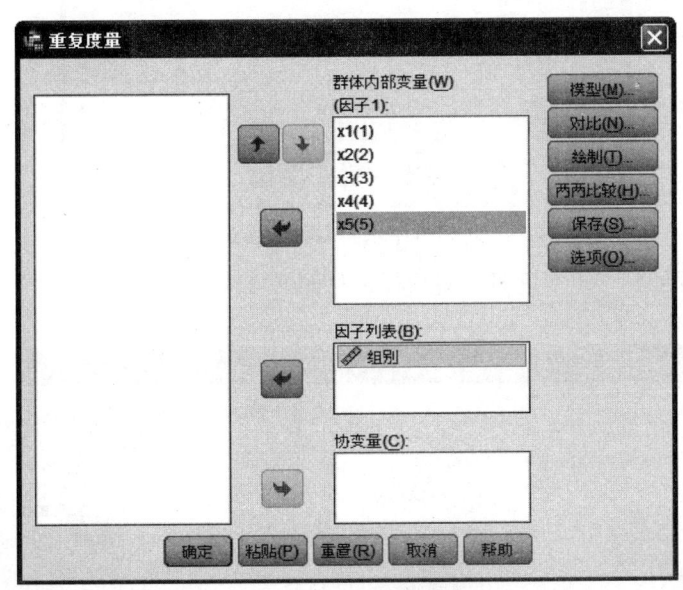

图 2-241　因子含义被确定

4. 轮廓图的绘制

点击"绘制"键,得到"重复度量:轮廓图"对话框,见图 2-242：

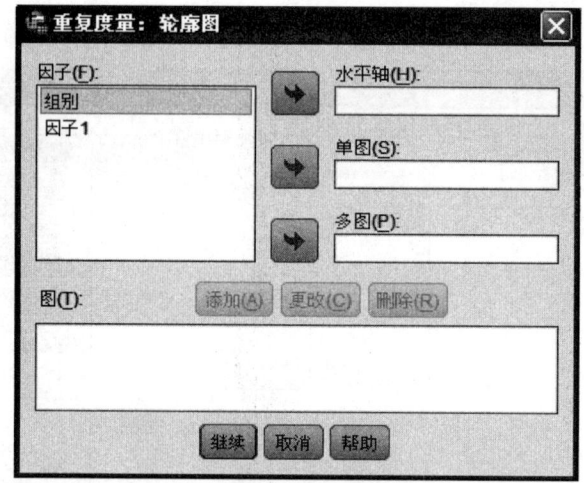

图 2-242 "重复度量：轮廓图"对话框

把"因子1"点进"水平轴"框,把"组别"点进"单图"框,此时"添加"键被激活,点击"添加"键得图 2-243：

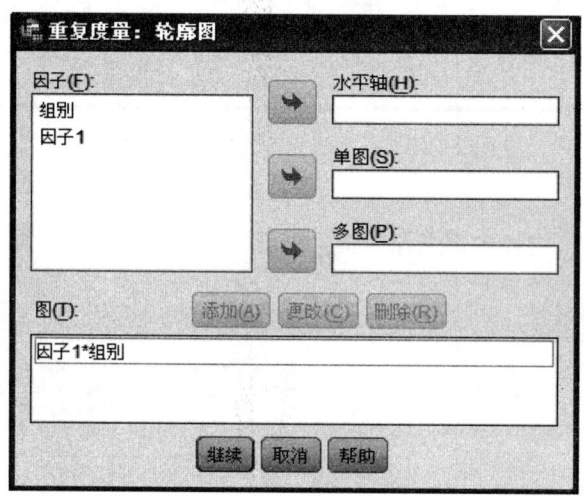

图 2-243 对话框中水平轴和单图的因子被确定

点击"继续"键,返回到"重复度量"对话框,见图 2-244：

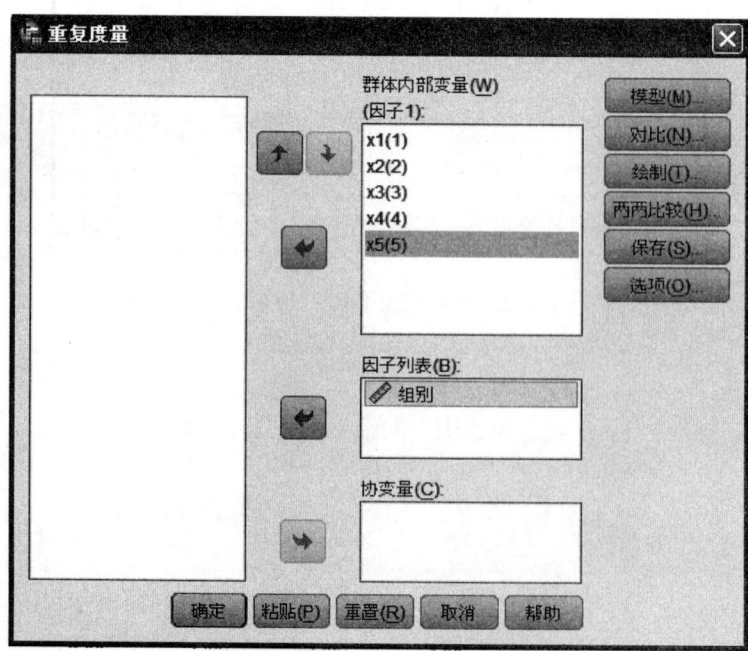

图 2-244 "重复度量"对话框

5. 结果与分析

点击"确定"键,得到结果。其中多变量检验结果见表 2-114:

表 2-114 多变量检验

效应		值	F	假设 df	误差 df	Sig.
因子 1	Pillai 的跟踪	0.465	7.597^a	4.000	35.000	0.000
	Wilks 的 Lambda	0.535	7.597^a	4.000	35.000	0.000
	Hotelling 的跟踪	0.868	7.597^a	4.000	35.000	0.000
	Roy 的最大根	0.868	7.597^a	4.000	35.000	0.000
因子 1 * 组别	Pillai 的跟踪	0.008	0.073^a	4.000	35.000	0.990
	Wilks 的 Lambda	0.992	0.073^a	4.000	35.000	0.990
	Hotelling 的跟踪	0.008	0.073^a	4.000	35.000	0.990
	Roy 的最大根	0.008	0.073^a	4.000	35.000	0.990

注:精确统计量,设计:截距+组别,主体内设计:因子 1

此表主要反映平行检验结果,因子 1 * 组别 Pillai 的跟踪的平行检验结果是:$F=0.073$,显著性概率为 0.99,大于 0.05,极不显著,说明在 5 个指标上,本科生和研究生对博客评价完全平行。

主体间效应的检验结果见表 2-115:

表 2-115 主体间效应的检验

源	Ⅲ型平方和	df	均方	F	Sig.
截距	9166.580	1	9166.580	3582.168	0.000
组别	0.180	1	0.180	0.070	0.792
误差	97.240	38	2.559		

此表是重合轮廓检验(相合性检验)的结果,组别的显著性概率 Sig=0.792 > 0.05,说明有重合之处。

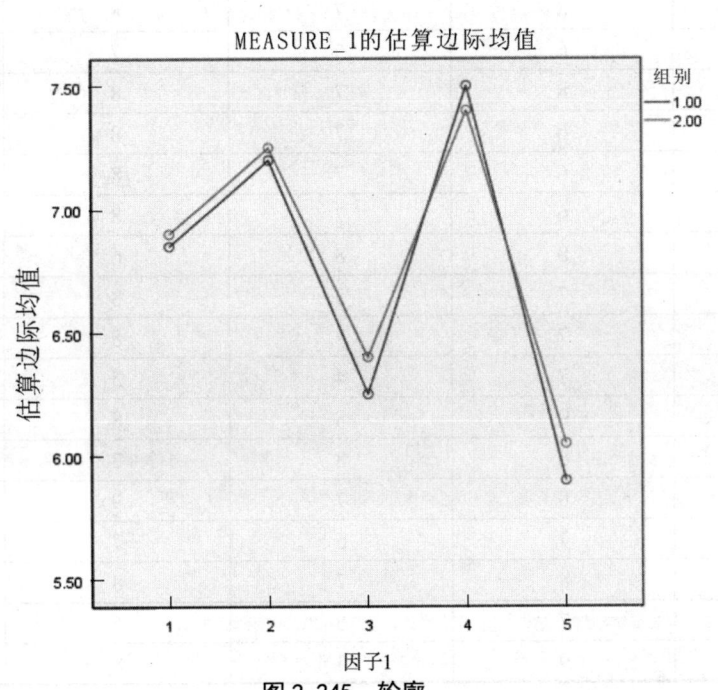

图 2-245 轮廓

图 2-245 是轮廓，此图验证了前面的结论。从此图也可看出轮廓图不是水平直线，下面从运算和检验角度证明轮廓图不是水平直线。

二组轮廓图既平行，又有重合，组别已经无任何意义，我们去掉组别变量，见表 2-116：

表 2-116 不分组评价数据

x_1	x_2	x_3	x_4	x_5
6	7	6	4	3
7	7	6	7	3
7	8	7	7	6
5	7	6	9	8
9	7	6	8	5
8	8	7	8	7
8	7	6	9	8
9	7	6	8	7
8	5	7	8	5
6	8	7	7	5
5	7	6	8	7
6	7	8	9	6
5	8	3	4	4
4	8	7	8	7
7	5	7	6	8
6	8	7	7	8
9	6	8	8	7
8	9	6	9	3
8	7	6	7	6
6	8	3	9	5
8	7	6	5	4
8	8	6	8	2
6	7	6	8	5
4	8	7	8	9
8	6	5	7	6
9	8	7	8	8
7	6	7	8	9
8	6	7	8	6
9	6	7	8	4
5	8	8	6	6
4	7	5	8	6
7	7	7	8	7
4	7	4	5	5
5	9	8	8	8
8	6	8	7	7
7	8	7	9	7
8	7	6	7	5
9	8	7	8	4
9	7	6	6	7
5	9	4	8	6

1. 输入数据

将数据复制粘贴到 SPSS 界面，见图 2-246：

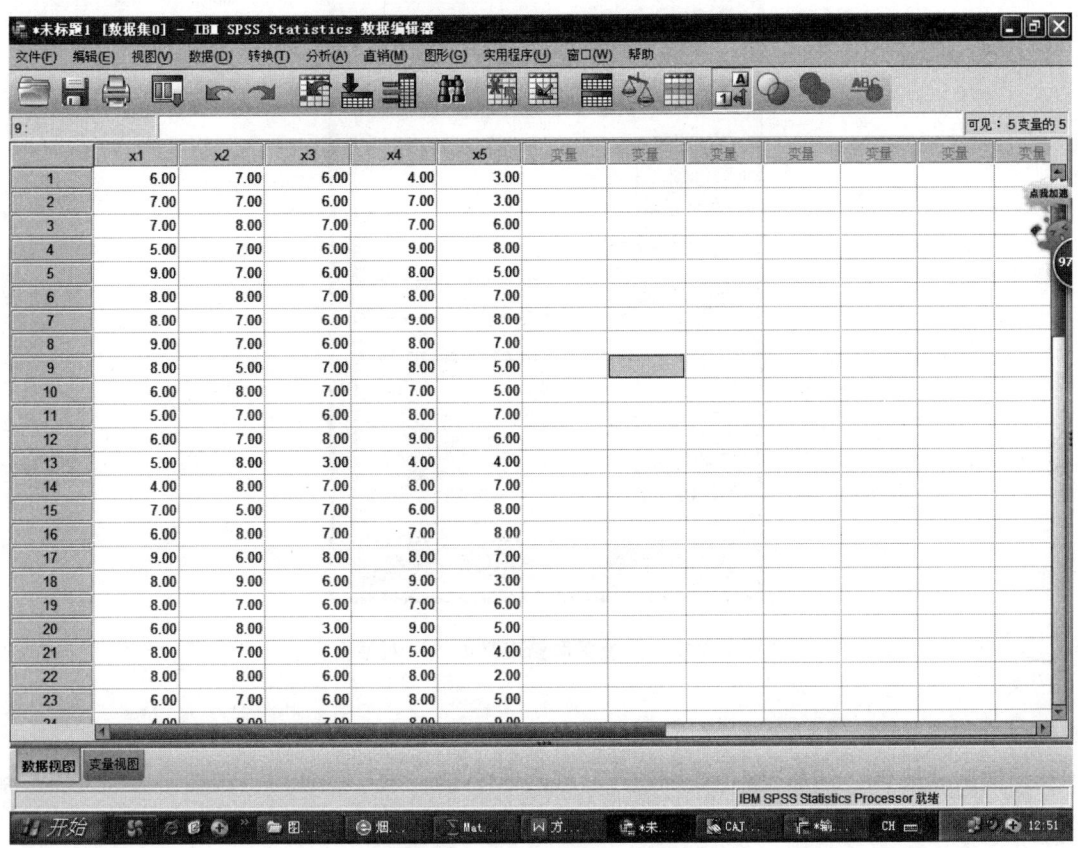

图 2-246　SPSS 数据输入格式

2. 分析路径

点击"分析"，鼠标下滑到"一般线性模型"，接着鼠标右滑，再下滑到"重复度量"，见图 2-247：

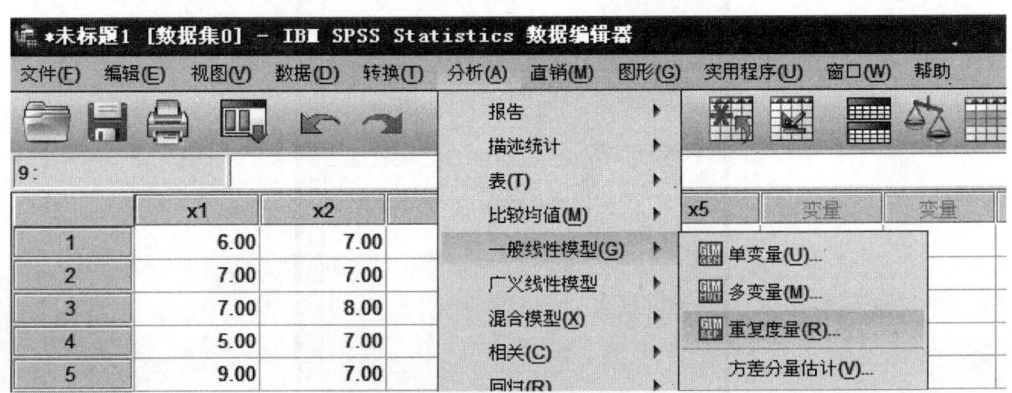

图 2-247　分析路径

点击之，得到"重复度量定义因子"对话框，见图 2-248：

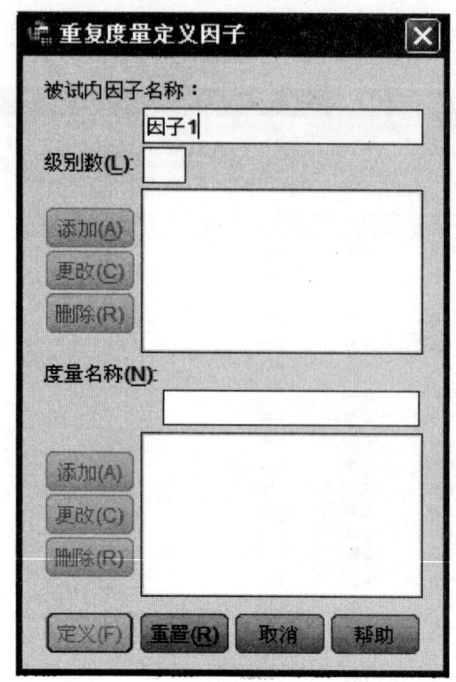

图 2-248 "重复度量定义因子"对话框

3. 变量确定

由于我们的指标是 5 个，所以在"级别数"后边的框中添上"5"，此时"添加"键被激活，点击"添加"键，见图 2-249：

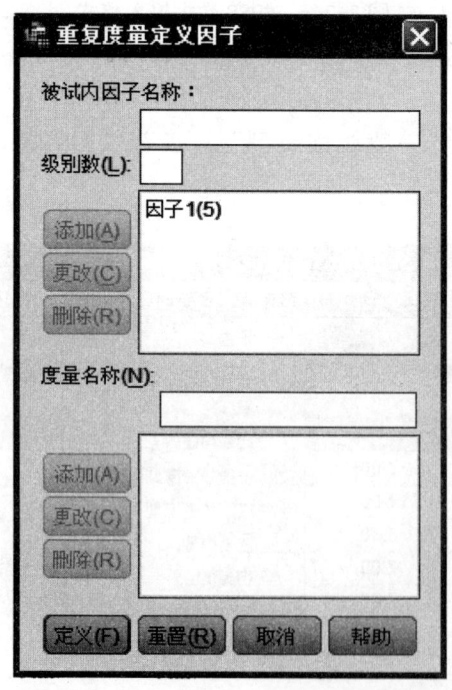

图 2-249 对话框中因子级别数被确定

此时，"定义"键被激活，点击"定义"键，得到"重复度量"对话框，见图 2-250：

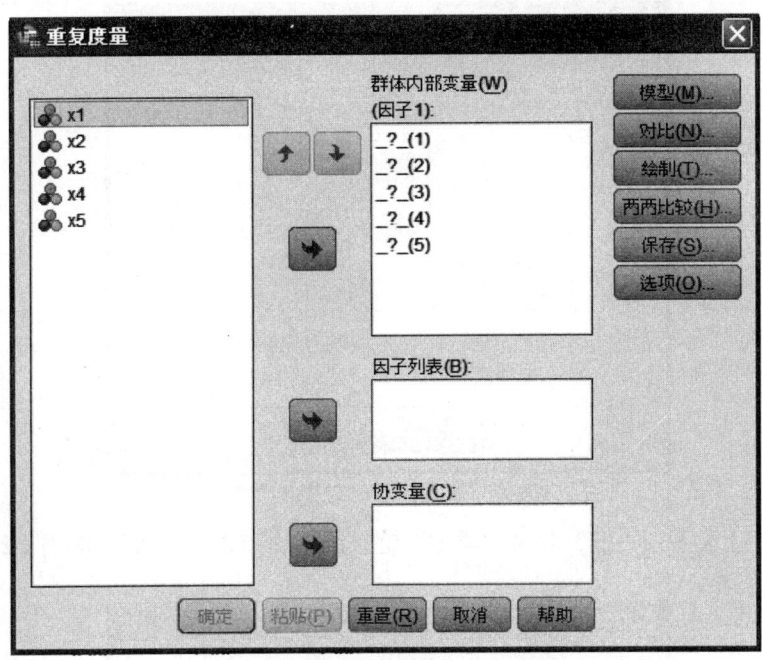

图 2-250　根据级别数定义了 5 个因子

将指标 x_1，x_2，$\cdots$，x_5 点进"群体内部变量"框，见图 2-251：

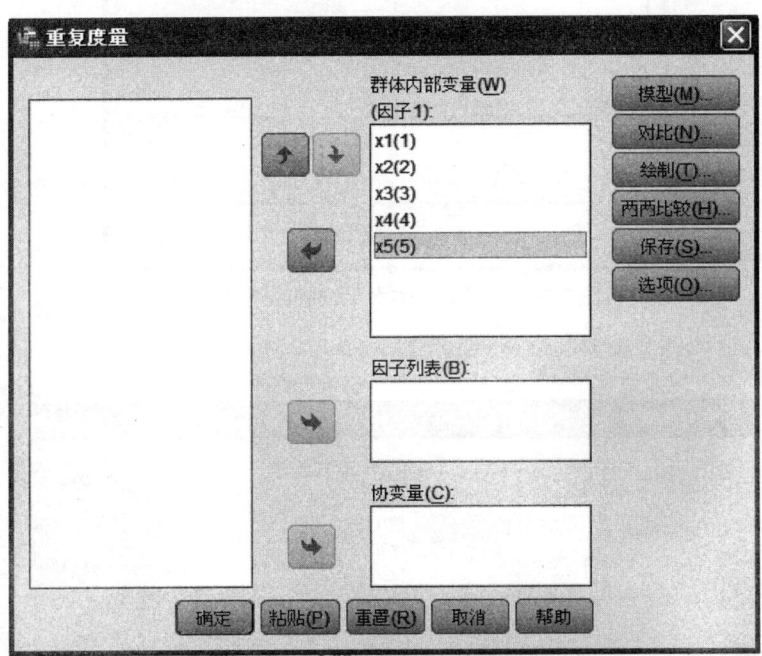

图 2-251　因子含义被确定

4. 轮廓图的绘制

点击"绘制"键，得到"重复度量：轮廓图"对话框，见图 2-252：

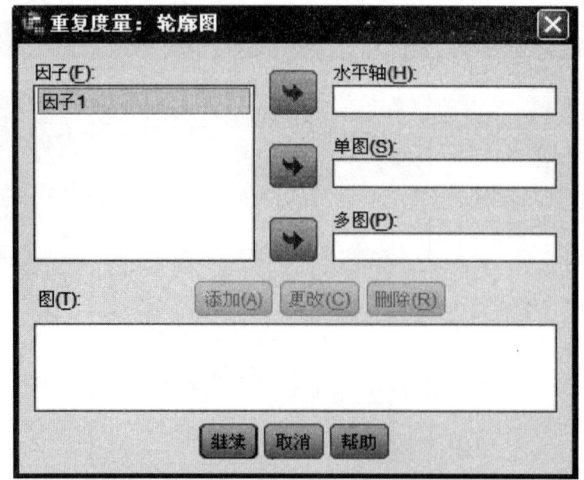

图 2-252 "重复度量：轮廓图"对话框

把"因子 1"点进"水平轴"框，此时"添加"键被激活，点击"添加"键得图 2-253：

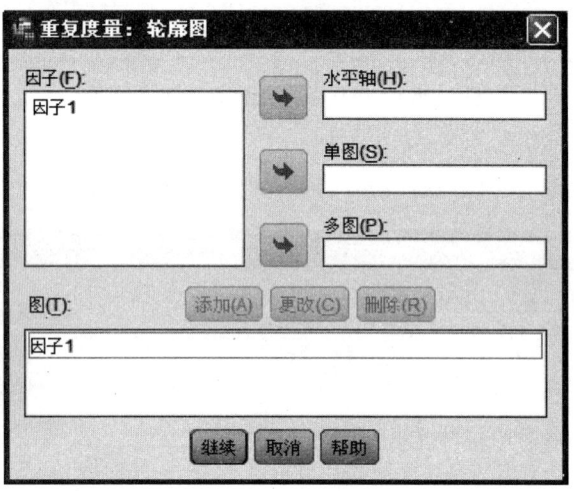

图 2-253 对话框中水平轴的因子被确定

点击"继续"键，返回到"重复度量"对话框，见图 2-254：

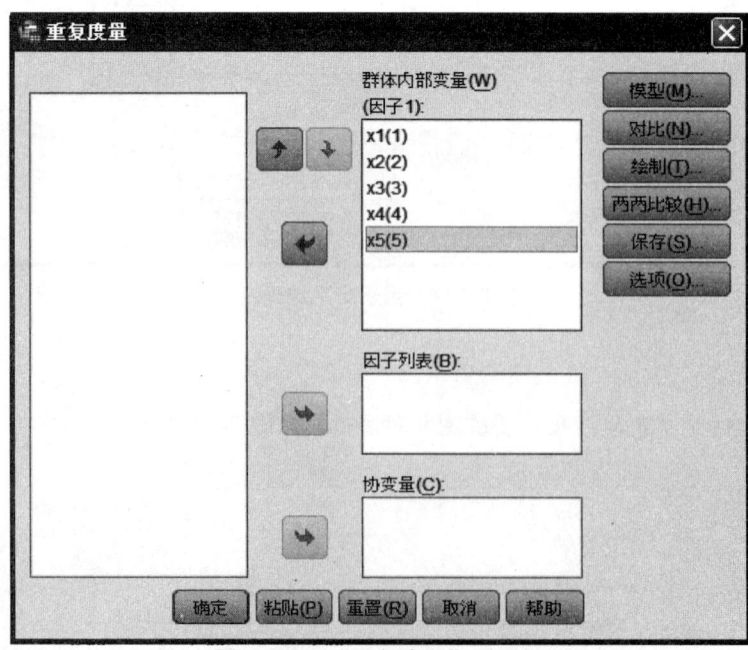

图 2-254 "重复度量"对话框

5. 结果与分析

点击"确定"键,得到结果。多变量检验结果见表 2-117:

表 2-117　多变量检验

效应		值	F	假设 df	误差 df	Sig.
因子 1	Pillai 的跟踪	0.463	7.762	4.000	36.000	0.000
	Wilks 的 Lambda	0.537	7.762	4.000	36.000	0.000
	Hotelling 的跟踪	0.862	7.762	4.000	36.000	0.000
	Roy 的最大根	0.862	7.762	4.000	36.000	0.000

注:设计:截距,主体内设计:因子 1

本表是水平检验结果,因 Sig=0,远小于 0.05,所以非常显著,不水平,说明 5 个问题的平均评分不同。

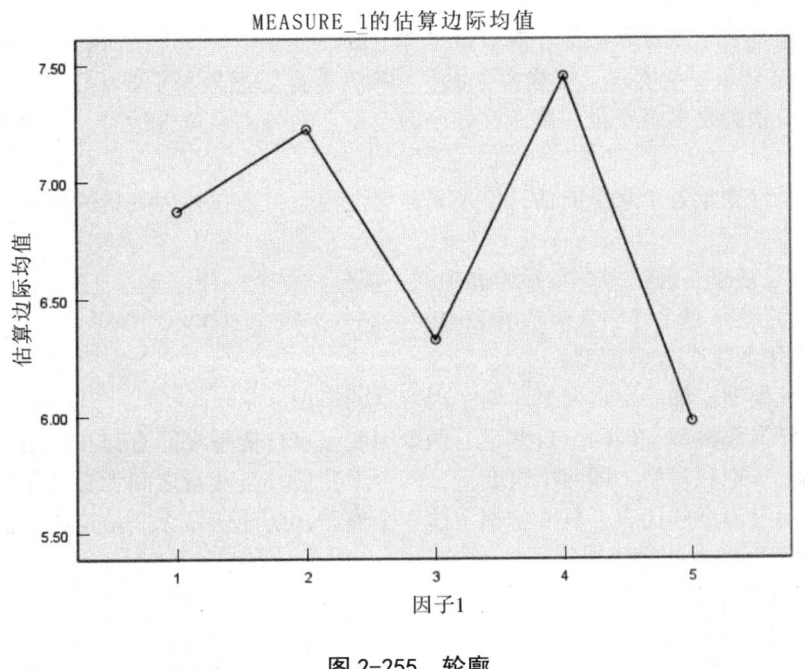

图 2-255　轮廓

图 2-255 是轮廓。从图中可看出 5 个指标平均分不同。

第十一节　多元方差分析

在考虑多个之间没有相关关系的因变量时,我们可以将其分解成多个单因素方差分析,然而在考虑多个之间有一定相关关系的因变量时,单因素方差分析无法分析出因素对多个因变量的协方差结构模式的影响,必须用多元方差分析。

因变量之间相关吗?回答此问题的方法是巴特利特球形检验法。巴特利特球形检验法是以相关系数矩阵为基础的。它的零假设相关系数矩阵是一个单位阵,即相关系数矩阵对角线的所有元素均为 1,所有非对角线上的元素均为零。巴特利特球形检验法的统计量是根据相关系数矩阵的行列式得到的。如果该值较大,且其对应的相伴概率值小于指定的显著水平时,拒绝零假设,表明相关系数矩阵不是单位阵,原有变量之间存在相关性。Bartlett 球形检验就是检验因变量之间的相关性,因变量之间不相关,则不适用多元方差分析。

所以我们说,多元方差分析就是有多个因变量之间存在一定相关关系的分析,它把多个因变量看成一个整体,分析因素对多个因变量整体的影响,发现总体的最大组间差异。几个因变量应该属于同一种质的不同的形式,比如一个问卷的几个不同的维度。多元方差分析的作用是检验不同样本间是否存在显著差异。

由于多元方差分析非常复杂,所以在应用中一般只有两个元,自变量可多个。

多元方差分析的基本条件:

(1)观测样本之间相互独立。即案例观测值之间相互独立。

(2)各个因变量为正态分布,且方差相等。需误差方差等同性的Levene检验,显著概率要大于0.05,否则方差非齐。

(3)因变量之间为多元正态分布。

(4)观测样本要大,各个分组中要有一定的案例。

(5)各因变量之间具有相关性。相关性需要Bartlett的球形度检验,显著概率要小于0.05,否则因变量之间不相关。若显著概率要小于0.05,说明因变量之间有足够的相关水平来进行多元方差分析。

(6)每一组都有相同的方差-协方差矩阵。需要协方差矩阵等同性的Box检验,显著概率要大于0.05,否则没有相同的方差-协方差矩阵。

(7)多变量检验是多个变量和截距在因变量总体上的显著性检验,即把所有因变量看成一个总体,看变量是否显著,若变量显著,说明这个变量各个水平均数有差异。显著水平要小于0.05,越小越显著。

(8)主体间效应检验是多个变量和截距在各个因变量上的分别显著性检验。显著水平要小于0.05,越小越显著。

(9)参数估计是自变量各个水平的估计值及其显著性检验,还包括因变量的单元方差分析。显著水平要小于0.05,越小越显著。

(10)多变量检验结果是前边多变量检验表中的一部分,完全一样。

(11)单变量检验结果是主体间效应检验表中的一部分,完全一样。

多元方差分析常用的3个分析模型:

(1)单因素二元模型。即一个自变量、两个因变量的模型。

(2)双因素二元饱和模型。即两个自变量、两个因变量、自变量之间有交互作用的模型。

(3)双因素二元非饱和模型。即两个自变量、两个因变量、自变量之间无交互作用的模型。

这3个模型是所有模型的代表,只要掌握了这3个模型,其他模型无非是这3个模型的自变量和因变量的扩展,没有什么不可逾越的障碍。

一、单因素多元方差分析

1. 单因素多元方差分析概念

当自变量只有一个时的多元方差分析就是单因素多元方差分析。模型只能是单因素二元模型,没有交互项,所以也叫两样本单因素方差分析。

多自变量的单因变量方差分析与一元方差分析相似,参照一元方差分析即可。这里主要涉及的是多因变量的方差分析。当实验设计中同时存在多个因变量时,计算过程变得越来越复杂,但计算的逻辑思想与本质没变。单因变量方差分析检验的是一个因变量上,组间差异是否随机出现;多因变量方差分析则检验的是一群因变量的组合其组间差异情况。在多因变量方差分析中,会从多个因变量中根据组间差异最大化的原则生成一个新的因变量,这个新的因变量是多个因变量的组性组合;采用多因变量方法是为了避免Ⅰ类错误膨胀;但大多数情况下,多因变量的效力都不如单因变量高。例如,调查使用两种教科书的学生数学和物理技能进步情况,这时含有两个因变量,我们的假设是这两个因变量都受教科书的影响,我们就须进行多元方差分析。我们通过比较误差方差/协方差矩阵与效应方差/协方差矩阵可得到多变量的F值(Wilks' lambda),而不是单变量的F值。这里包含了协方差的原因在于:两个测量结果存在相关,这在进行统计学检验时我们必须考虑进去。很显然,如果对同一个因变量测量两次,我们根本得不到新信息,但如果测量两个相关的因变量,却可以得到一些新信息。但是新变量也含有一些重复的信息,这种重复的信息可在变量间的协方差中表现出来。

2. 单因素多元方差分析的SPSS操作步骤

例:有一位研究者想研究体育锻炼与馆员健康及心情愉悦的关系,随机抽取60名不同图书馆的馆员进行测试,并将他们随机分为两组,一组的被试者每周锻炼5小时,另一组的被试者不进行体育锻炼。为了更全面地描述个体健康的概念，选取了身体健康与心情愉悦程度作为观测指标，并设计了调查问卷进行调查，满分 100 分，得到如下数据。

两组馆员，每组 30 人，他们的健康状况与愉快程度调查数据见表 2-118：

表 2-118 健康状况与愉快程度调查数据

不锻炼		每组锻炼 5 小时	
愉快程度	健康状况	愉快程度	健康状况
70	82	82	88
77	85	82	98
75	84	81	89
76	86	85	90
79	87	86	93
68	79	88	97
76	83	87	94
79	88	88	96
79	86	89	95
80	86	86	94
80	85	88	93
77	85	89	97
76	81	82	96
75	79	83	92
77	78	79	88
74	85	87	96
69	79	84	96
77	79	85	95
78	78	83	93
79	82	85	95
73	84	86	94
72	84	84	93
80	87	84	95
82	86	85	96
79	81	87	93
80	84	87	97
80	84	82	94
72	80	81	90
79	86	81	89
79	81	77	85

我们把表重新排列一下，用 1 表示不锻炼，用 2 表示锻炼，见表 2-119：

表 2-119 分组后的健康状况与愉快程度调查数据

锻炼状况 x	愉快程度 y_1	健康状况 y_2
1	70	82
1	77	85
1	75	84
1	76	86
1	79	87
1	68	79
1	76	83
1	79	88
1	79	86
1	80	86
1	80	85
1	77	85
1	76	81
1	75	79
1	77	78
1	74	85
1	69	79
1	77	79
1	78	78
1	79	82
1	73	84
1	72	84
1	80	87
1	82	86
1	79	81
1	80	84
1	80	84
1	72	80
1	79	86
1	79	81
2	82	88
2	82	98
2	81	89
2	85	90

续 表

锻炼状况 x	愉快程度 y_1	健康状况 y_2
2	86	93
2	88	97
2	87	94
2	88	96
2	89	95
2	86	94
2	88	93
2	89	97
2	82	96
2	83	92
2	79	88
2	87	96
2	84	96
2	85	95
2	83	93
2	85	95
2	86	94
2	84	93
2	84	95
2	85	96
2	87	93
2	87	97
2	82	94
2	81	90
2	81	89
2	77	85

愉快程度与健康状况有一定的相关性，所以，这是一个单因素多元方差分析的问题。

（1）输入数据

将数据输入 SPSS 界面，变量名为：锻炼状况 x、愉快程度 y_1、健康状况 y_2，见图 2-256：

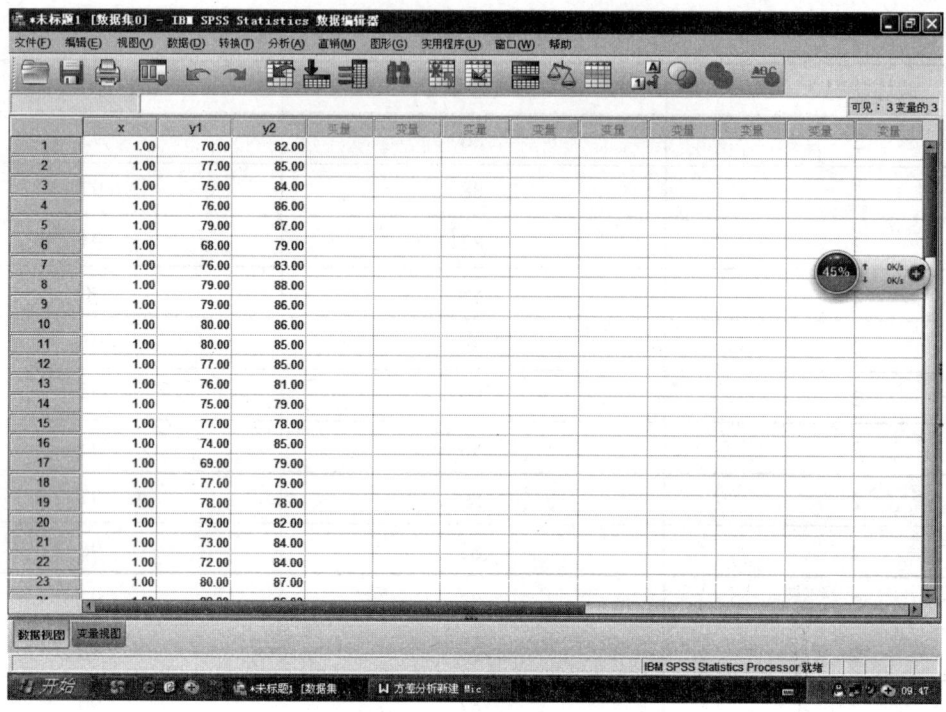

图 2-256　SPSS 数据输入格式

（2）分析路径

点击菜单"分析"，鼠标下滑到"一般线性模型"，鼠标右滑，接着下滑到"多变量"，见图 2-257：

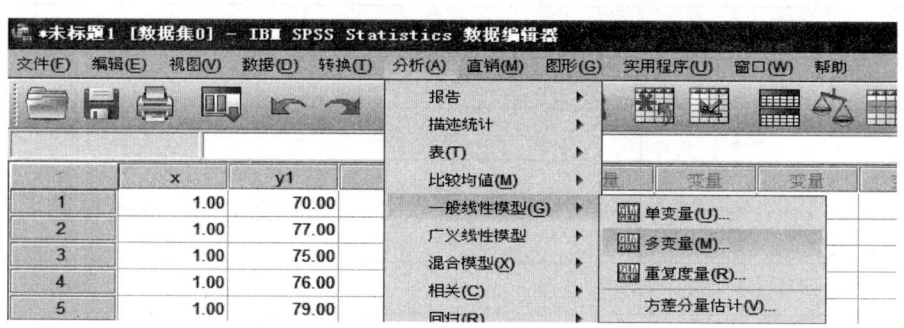

图 2-257　分析路径

点击之，得到"多变量"对话框，见图 2-258：

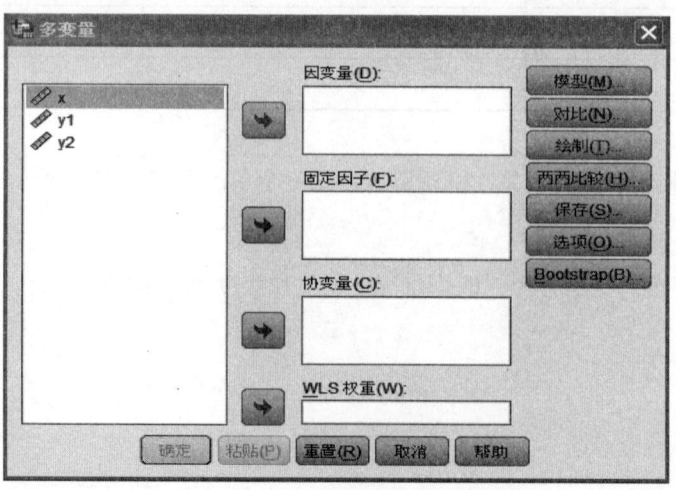

图 2-258　"多变量"对话框

（3）变量确定

将因变量 y_1、y_2 点进"因变量"框，将自变量 x 点进"固定因子"框，见图 2-259：

图 2-259　对话框中变量被确定

（4）Bartlett 球形检验、多变量检验、主体间效应的检验

Bartlett 球形检验就是检验因变量之间的相关性，若不相关，就不必用多变量方差分析。

点击"选项"键，得到"多变量：选项"对话框，见图 2-260：

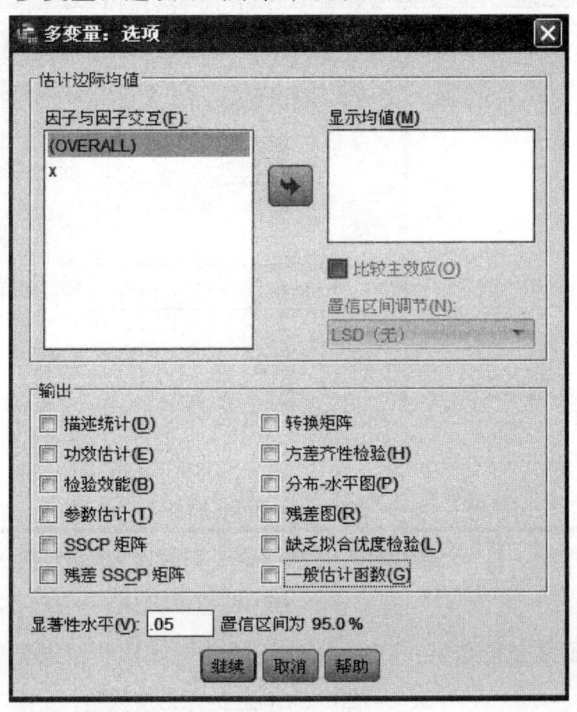

图 2-260　"多变量：选项"对话框

我们选择"残差 SSCP 矩阵"，见图 2-261：

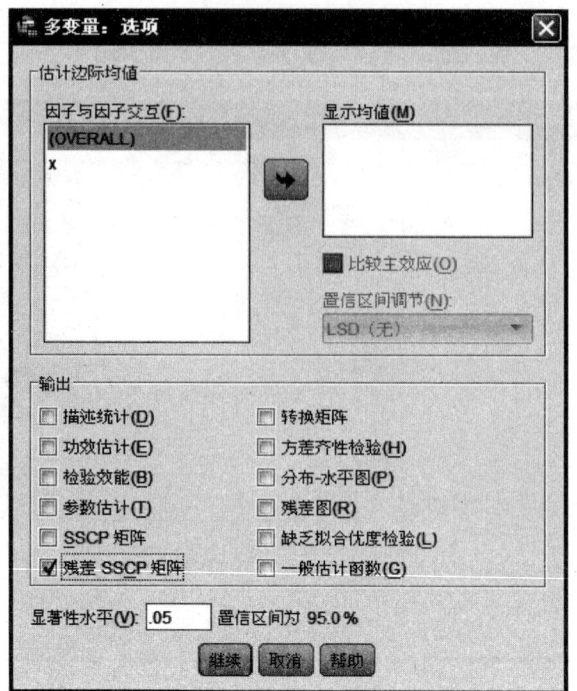

图 2-261　输出项被确定

点击"继续"键，返回到"多变量"对话框，见图 2-262：

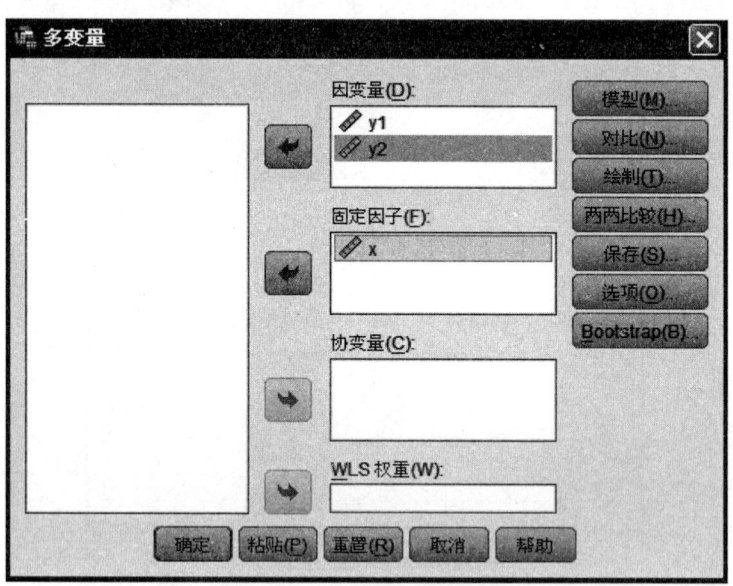

图 2-262　"多变量"对话框

直接点击"确定"，得到多变量结果，其中 Bartlett 的球形度检验结果见表 2-120：

表 2-120　Bartlett 的球形度检验

似然比	0.000
近似卡方	22.172
df	2
Sig.	0.000

注：检验零假设，即残差协方差矩阵与一个单位矩阵成比例；a 表示设计：截距 + x

显然 Bartlett 的球形度检验所得的概率 Sig=0.000，非常显著，说明残差协方差矩阵与一个单位矩阵不成比例。单位矩阵各列不相关，那么不成比例就是两个因变量间是相关的。要用多元方差分析。

多变量检验结果见表 2-121：

表 2-121 多变量检验

效应		值	F	假设 df	误差 df	Sig.
截距	Pillai 的跟踪	0.999	26777.637[a]	2.000	57.000	0.000
	Wilks 的 Lambda	0.001	26777.637[a]	2.000	57.000	0.000
	Hotelling 的跟踪	939.566	26777.637[a]	2.000	57.000	0.000
	Roy 的最大根	939.566	26777.637[a]	2.000	57.000	0.000
x	Pillai 的跟踪	0.744	82.991[a]	2.000	57.000	0.000
	Wilks 的 Lambda	0.256	82.991[a]	2.000	57.000	0.000
	Hotelling 的跟踪	2.912	82.991[a]	2.000	57.000	0.000
	Roy 的最大根	2.912	82.991[a]	2.000	57.000	0.000

注：a 表示精确统计量，b 表示设计：截距 + x

多变量检验是整体性检验，若整体检验结果不显著，说明自变量 x 不显著，没有自变量何谈多元方差分析？因此，一旦多变量检验（整体检验）结果不显著，分析结束。本例多变量检验 Sig < 0.05，非常显著，分析得以继续进行。

主体间效应的检验结果见表 2-122：

表 2-122 主体间效应的检验

源	因变量	III 型平方和	df	均方	F	Sig.
校正模型	y_1	928.267[a]	1	928.267	84.556	0.000
	y_2	1570.817[b]	1	1570.817	163.148	0.000
截距	y_1	388815.000	1	388815.000	35417.134	0.000
	y_2	467283.750	1	467283.750	48533.022	0.000
x	y_1	928.267	1	928.267	84.556	0.000
	y_2	1570.817	1	1570.817	163.148	0.000
误差	y_1	636.733	58	10.978		
	y_2	558.433	58	9.628		
总计	y_1	390380.000	60			
	y_2	469413.000	60			
校正的总计	y_1	1565.000	59			
	y_2	2129.250	59			

注：a 表示 R 方 = 0.593（调整 R 方 = 0.586），b 表示 R 方 = 0.738（调整 R 方 = 0.733）

方差分析的主体间效应的检验（个别单变量检验）如果不显著，说明至少有某个因变量不显著，变成了单因变量方差分析（一般不超过两个因变量），因此，分析结束。本例主体间效应的检验非常显著，分析得以继续进行。

有了上述检验保证后，我们继续进行多元方差分析。

（5）模型确定

模型只能是单因素二元模型，没有交互项。二个元单因素，系统只能给出唯一的模型，即系统默认模型，无须设置。

（6）对比方式的设置

单击"对比"按钮，弹出"多变量：对比"对话框，见图 2-263：

图 2-263　"多变量：对比"对话框

在"对比"类型里选择"简单"，单击"更改"键，并把"参考类别"设为"第一个"，作为进行对比的参考水平，见图 2-264：

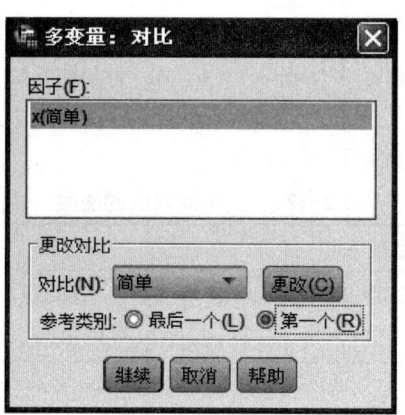

图 2-264　对话框中设置了"对比"类型和"参考类别"

单击"继续"键，返回"多变量"对话框，见图 2-265：

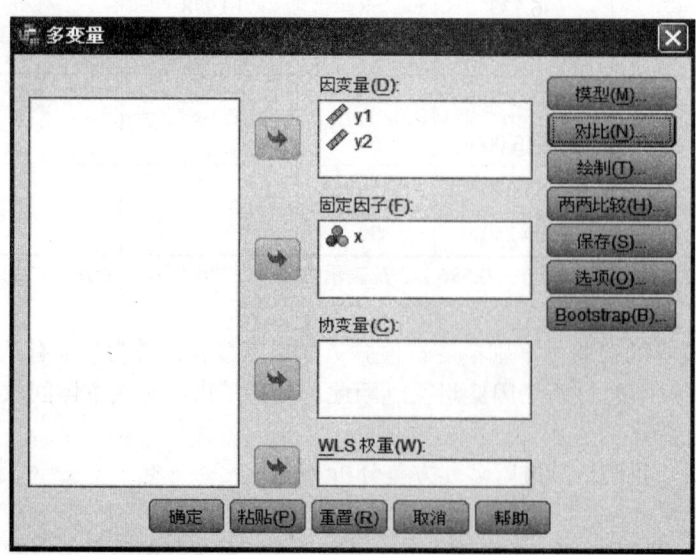

图 2-265　"多变量"对话框

（7）两两比较

单击"两两比较"选项，进入"多变量：观察到的均值的两两比较"对话框，见图2-266：

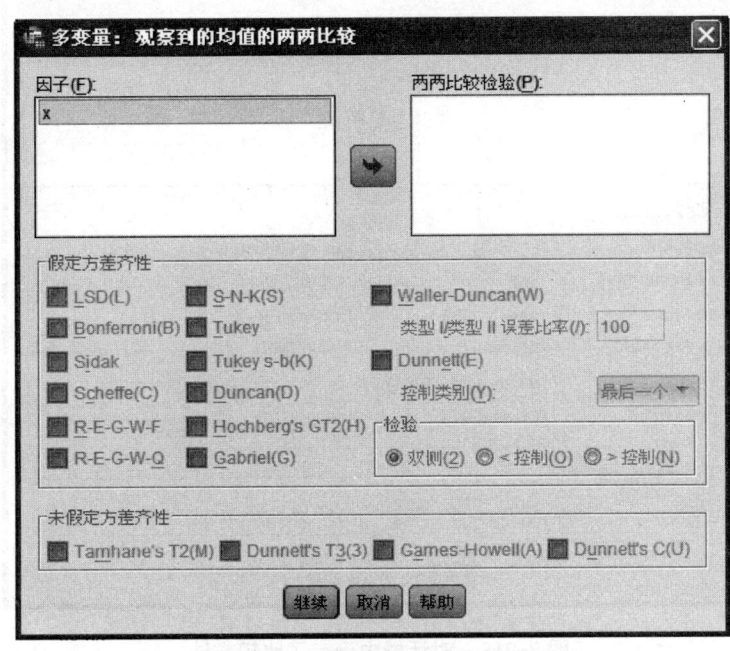

图2-266 "多变量：观察到的均值的两两比较"对话框

这里我们选择"x"变量作为被检验变量，我们把自变量x从"因子"框点进"两两比较检验"框，此时界面所有选择项被激活，见图2-267：

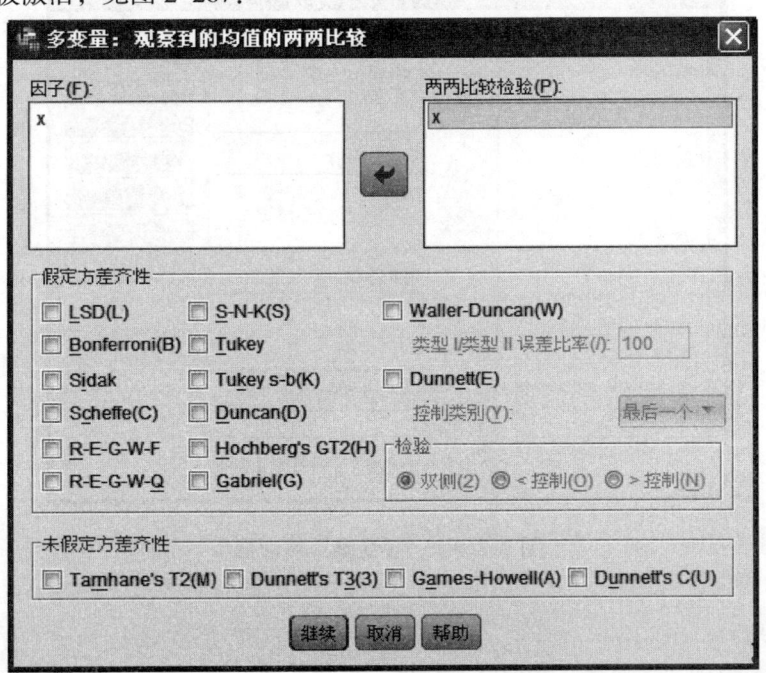

图2-267 对话框中确定了比较因子

我们不知道方差齐性是否得到满足，所以在"假设方差齐性"下任意勾选一个"Tukey"选项，在"未假定方差齐性"下任意勾选一个"Dunnett's T3"选项，见图2-268：

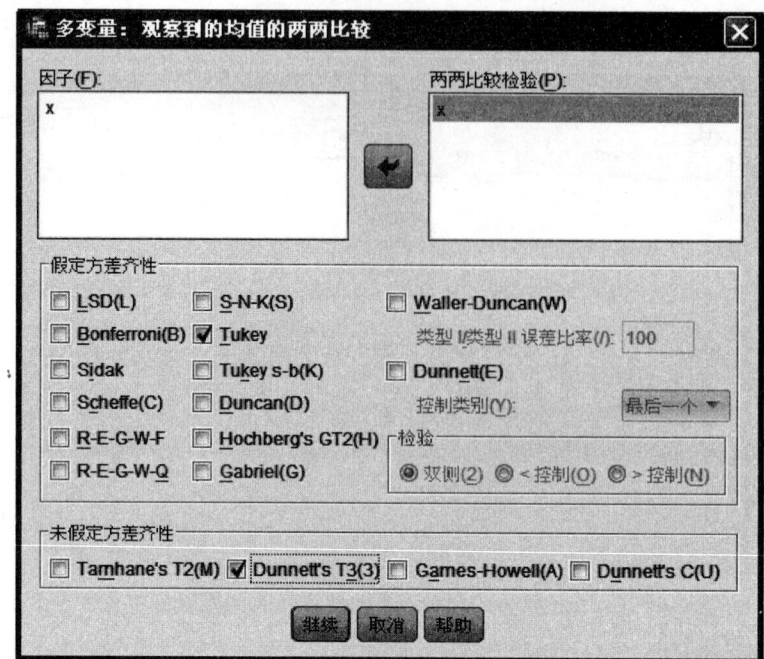

图 2-268　对话框中确定了比较方法

单击"继续"按钮，回到"多变量"对话框，见图 2-269：

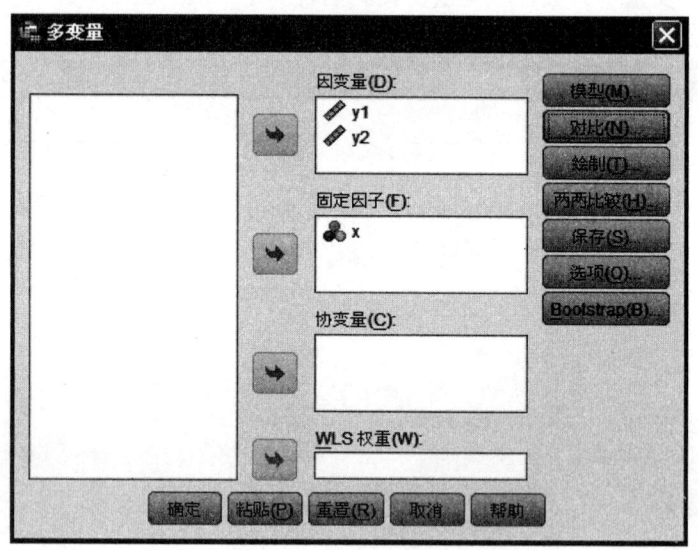

图 2-269　"多变量"对话框

（8）输出选项设置

单击"选项"键，得到"多变量：选项"对话框，见图 2-270：

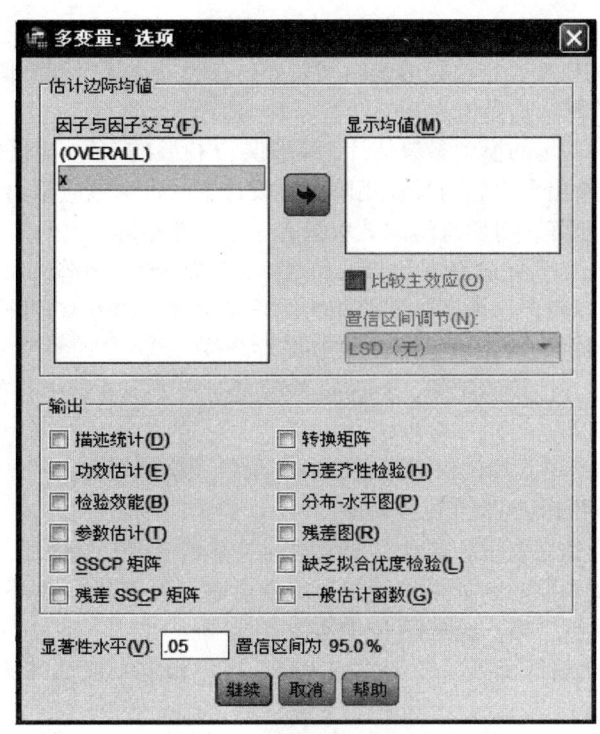

图 2-270 "多变量：选项"对话框

其中"估计边际均值"的"因子与因子交互"框中列出了在模型对话框中的所指定的效应项，在该框中选定自变量的各种效应项到"显示均值"框，根据选择的效应，则产生对应的估计边际均值表。

因子这里我们选择变量 x 作为要显示均值的变量，此时，"比较主效应"框被激活，我们选择"比较主效应"选项，对主效应的边际均值进行组间的配对比较，见图 2-271：

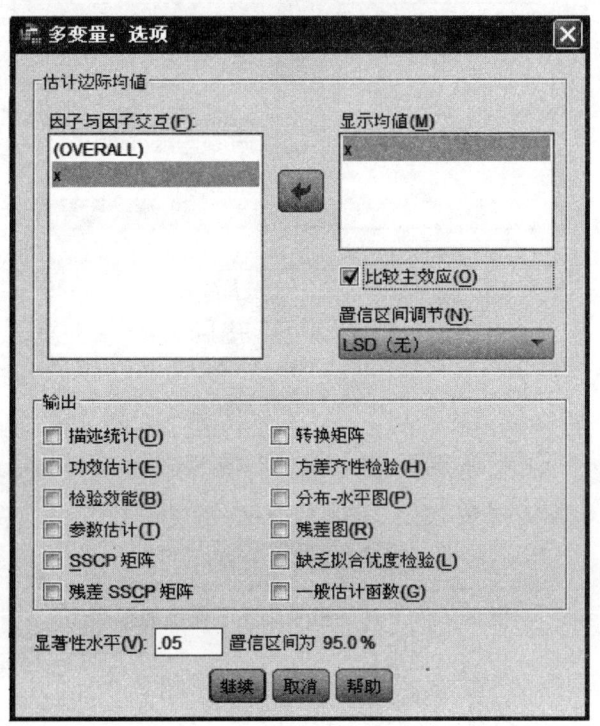

图 2-271 对话框中确定了须显示均值的因子

"输出"选项组中可以选择输出以下选项：

描述统计：输出描述统计量，有观测量的均值、标准差和每个单元格中的观测量数。

功效估计：输出效应量估计，它是由一个自变量所解释的变异（SSH）对自变量解释的变异和未计入模型解释的变异总和（SSH+SSE）之比。

检验效能：给出 F 检验的概率，它检验的是组间差异，在假设是基于观测值时，检验各种假设的功效，计算功效的显著性水平，系统默认临界值为 0.05。

参数估计：给出了各因素变量的模型参数估计、标准误、t 检验的 t 值，显著性概率和 95% 的置信区间。

SSCP 矩阵：对每个效应给出平方和与叉积矩阵，对设计中的每个效应给出假设的和误差的 SSCP 矩阵，每个组间效应有不同的 SSCP 矩阵，对所有组间效应只有一个误差矩阵。

残差 SSCP 矩阵：给出 SSCP 残差的平方和与叉积矩阵，残差 SSCP 矩阵的维度与模型中因变量数相同，残差的协方差距阵为 SSCP 除以残差自由度，残差相关矩阵是由残差协方差矩阵标准化得来的。

转换矩阵：显示对因变量的转换系数矩阵或 M 矩阵。

方差齐性检验：给出方差齐性检验结果，Levene 检验是对每个因变量进行的检验，检验在所有因素的水平组合间因变量方差是否相等。

分布-水平图：绘制观测量单元均值对标准差和观测量单元均值对方差的图形。

残差图：给出现测值*预测值*标准化残差图。

缺乏拟合优度检验：检查独立变量和非独立变量间的关系是否被充分描述，执行一种拟合不足检验（它要求对一个或几个自变量重复观测），如果检验被拒绝就意味着当前的模型不能充分说明响因变量与预测因素之间的关系，可能有变量被忽略，或是模型中需要其他项。

一般估计函数：产生表明估计函数一般形式的表格，可以根据一般估计函数通过 LMATRIX 子命令自定义假设检验。

在最下面的"显著性水平"框中可以改变多重比较的显著性水平。

在上面所有的选项中，我们仅勾选"描述统计""功效估计""方差齐性检验"三个选项，检验的显著性水平使用默认的水平 0.05，见图 2-272：

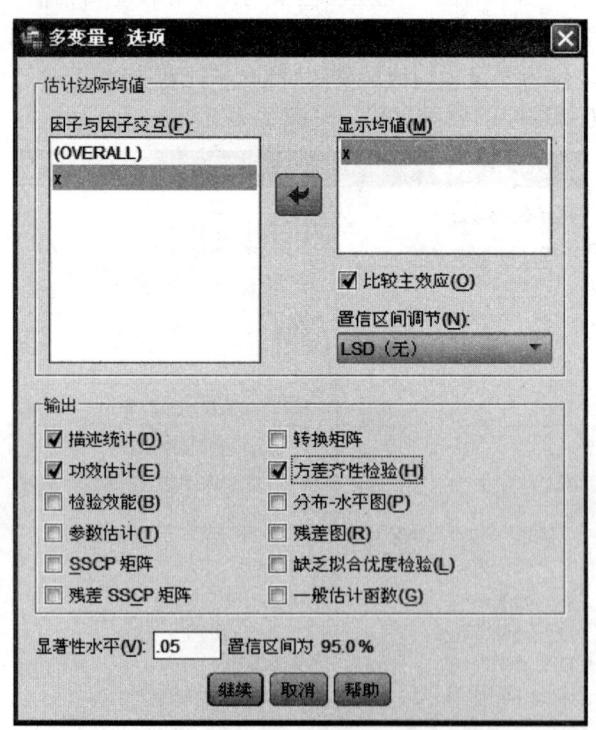

图 2-272　对话框中确定了输出的指标

单击"继续"按钮，回到"多变量"对话框，见图 2-273：

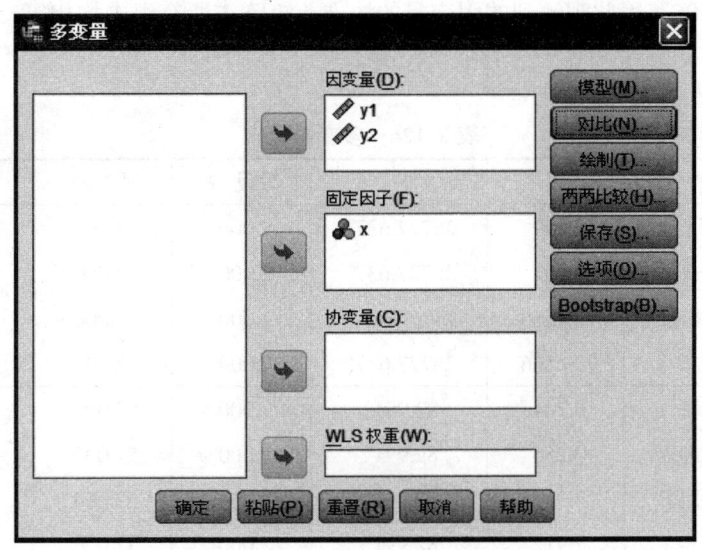

图 2-273 "多变量"对话框

其他的对话框按系统默认设置。

（9）结果与分析

单击"确定"按钮，得到结果，其中主体间因子见表 2-123：

表 2-123 主体间因子

		N
x	1.00	30
	2.00	30

本表给出了 x 在各种取值情形下的观测频数。

描述性统计量见表 2-124：

表 2-124 描述性统计量

	x	均值	标准偏差	N
y_1	1.00	76.5667	3.58813	30
	2.00	84.4333	3.01357	30
	总计	80.5000	5.15028	60
y_2	1.00	83.1333	2.99117	30
	2.00	93.3667	3.21079	30
	总计	88.2500	6.00741	60

本表给出了 y_1、y_2 在 x 取各种值情形下的均值、标准偏差、观测频数，为以后的分析提供了重要的参考数据。

协方差矩阵等同性的 Box 检验结果见表 2-125：

表 2-125 协方差矩阵等同性的 Box 检验[a]

Box 的 M	4.153
F	1.333
df_1	3
df_2	605520.000
Sig.	0.262

注：检验零假设，即观测到的因变量的协方差矩阵在所有组中均相等；a 表示设计：截距 + x

由于 Sig=0.265 > 0.05，因此观测到的因变量的协方差矩阵在所有组中均相等，即每一组都有相同的方差-协方差矩阵。

多变量检验结果见表 2-126：

表 2-126 多变量检验

效应		值	F	假设 df	误差 df	Sig.	偏 Eta 方
截距	Pillai 的跟踪	0.999	26777.637[a]	2.000	57.000	0.000	0.999
	Wilks 的 Lambda	0.001	26777.637[a]	2.000	57.000	0.000	0.999
	Hotelling 的跟踪	939.566	26777.637[a]	2.000	57.000	0.000	0.999
	Roy 的最大根	939.566	26777.637[a]	2.000	57.000	0.000	0.999
x	Pillai 的跟踪	0.744	82.991[a]	2.000	57.000	0.000	0.744
	Wilks 的 Lambda	0.256	82.991[a]	2.000	57.000	0.000	0.744
	Hotelling 的跟踪	2.912	82.991[a]	2.000	57.000	0.000	0.744
	Roy 的最大根	2.912	82.991[a]	2.000	57.000	0.000	0.744

注：a 表示 精确统计量，b 表示 设计：截距 + x

多变量检验是把所有因变量看成一个整体用来比较主因子是否显著的，本表的各种检验的 Sig=0.000 < 0.005，即变量非常显著，这说明各组的总体均值向量不等，即自变量 x 和截距都有贡献，显著不为 0。但是到底在哪些因变量上存在显著的差异，本表不回答此问题。

误差方差等同性的 Levene 检验结果见表 2-127：

表 2-127 误差方差等同性的 Levene 检验[a]

效应	F	df_1	df_2	Sig.
y_1	0.607	1	58	0.439
y_2	0.021	1	58	0.884

注：检验零假设，即在所有组中因变量的误差方差均相等；a 表示设计：截距 + x

因 y_1 的 Sig=0.439，大于 0.05，则所有组中因变量 y_1 的误差方差均相等。

因 y_2 的 Sig=0.884，大于 0.05，则所有组中因变量 y_2 的误差方差均相等。

主体间效应的检验结果见表 2-128：

表 2-128 主体间效应的检验

源	因变量	III型平方和	df	均方	F	Sig.	非中心 参数	观测到的幂[b]
校正模型	y_1	928.267[a]	1	928.267	84.556	0.000	84.556	1.000
	y_2	1570.817[c]	1	1570.817	163.148	0.000	163.148	1.000
截距	y_1	388815.000	1	388815.000	35417.134	0.000	35417.134	1.000
	y_2	467283.750	1	467283.750	48533.022	0.000	48533.022	1.000
x	y_1	928.267	1	928.267	84.556	0.000	84.556	1.000
	y_2	1570.817	1	1570.817	163.148	0.000	163.148	1.000
误差	y_1	636.733	58	10.978				
	y_2	558.433	58	9.628				
总计	y_1	390380.000	60					
	y_2	469413.000	60					
校正的 总计	y_1	1565.000	59					
	y_2	2129.250	59					

注：a 表示 R 方 = 0.593（调整 R 方 = 0.586），b 表示使用 alpha 的计算结果 =0.05，c 表示 R 方 =0.738（调整 R 方 = 0.733）

自变量不同到底在哪些因变量上会引起显著的差异，则需要用到这个表。因所有的 Sig=0.000，小于 0.05，非常显著，说明愉快程度 y_1、健康状况 y_2 都与锻炼状况 x 显著有关。

参数估计结果见表 2-129：

表 2-129　参数估计

因变量	参数	B	标准误差	t	Sig.	95% 置信区间 下限	95% 置信区间 上限	非中心参数	观测到的幂[a]
y_1	截距	84.433	0.605	139.576	0.000	83.222	85.644	139.576	1.000
	[x=1.00]	−7.867	0.855	−9.195	0.000	−9.579	−6.154	9.195	1.000
	[x=2.00]	0[b]	.	.	.	.	.	.	.
y_2	截距	93.367	0.567	164.809	0.000	92.233	94.501	164.809	1.000
	[x=1.00]	−10.233	0.801	−12.773	0.000	−11.837	−8.630	12.773	1.000
	[x=2.00]	0[b]	.	.	.	.	.	.	.

注：a 表示使用 alpha 的计算结果 =0.05；b 表示此参数为冗余参数，将被设为零

本表给出了自变量 x 取不同值时，因变量 y_1、y_2 的值，以及截距值、参数、标准误差、95% 置信区间的上下限，还有变量某个水平的显著性。

主体间 SSCP 矩阵见表 2-130：

表 2-130　主体间 SSCP 矩阵

			y_1	y_2
假设	截距	y_1	388815.000	426247.500
		y_2	426247.500	467283.750
	x	y_1	928.267	1207.533
		y_2	1207.533	1570.817
误差		y_1	636.733	336.967
		y_2	336.967	558.433

注：基于 Ⅲ 型平方和

多变量模型中，模型中的效应引起的平方和及误差平方和用矩阵形式表示。这些矩阵称为 SSCP（离差矩阵）矩阵。在两个方案对比时，标准离差越大，说明风险越大；同样，标准离差率越大，说明风险也越大。

对比结果见表 2-131：

表 2-131　对比结果（K 矩阵）

x 简单对比[a]		因变量 y_1	因变量 y_2
级别 1 和级别 2	对比估算值	−7.867	−10.233
	假设值	0	0
	差分（估计 − 假设）	−7.867	−10.233
	标准误差	0.855	0.801
	Sig.	0.000	0.000
	差分的 95% 置信区间　下限	−9.579	−11.837
	差分的 95% 置信区间　上限	−6.154	−8.630

注：a 表示参考类别 =2

本表说明不锻炼比锻炼的愉快程度少 7.867，还给出了标准误差，以及少分的上下限。

本表说明不锻炼比锻炼的健康状况少 10.233，还给出了标准误差，以及少分的上下限。

单变量检验结果见表 2-132：

表 2-132 单变量检验结果

源	因变量	平方和	df	均方	F	Sig.	非中心参数	观测到的幂[a]
对比	y_1	928.267	1	928.267	84.556	0.000	84.556	1.000
	y_2	1570.817	1	1570.817	163.148	0.000	163.148	1.000
误差	y_1	636.733	58	10.978				
	y_2	558.433	58	9.628				

注：a 表示使用 alpha 的计算结果 =0.05

本表告诉我们，锻炼与否对愉快程度和健康状况都有显著差异。

均值估计结果见表 2-133：

表 2-133 估计

因变量	x	均值	标准误差	95% 置信区间	
				下限	上限
y_1	1.00	76.567	0.605	75.356	77.778
	2.00	84.433	0.605	83.222	85.644
y_2	1.00	83.133	0.567	81.999	84.267
	2.00	93.367	0.567	92.233	94.501

本表告诉我们，当 x 取不同值时，因变量 y_1、y_2 对应的平均值、标准误差、95% 置信区间的上下限各是多少。成对比较结果见表 2-134：

表 2-134 成对比较

因变量	(I) x	(J) x	均值差值（I-J）	标准 误差	Sig.[a]	差分的 95% 置信区间[a]	
						下限	上限
y_1	1.00	2.00	-7.867*	0.855	0.000	-9.579	-6.154
	2.00	1.00	7.867*	0.855	0.000	6.154	9.579
y_2	1.00	2.00	-10.233*	0.801	0.000	-11.837	-8.630
	2.00	1.00	10.233*	0.801	0.000	8.630	11.837

注：基于估算边际均值，* 表示均值差值在 0.05 级别上较显著，a 表示对多个比较的调整：最不显著差别（相当于未做调整）

本表告诉我们，锻炼比不锻炼的愉快程度高 7.867，健康状况高 10.233，差异显著。

二、无交互项的二因素二元方差分析

当自变量有两个时的二元方差分析就是二因素二元方差分析，二因素二元方差分析有无交互的二因素二元方差分析和有交互的二因素二元方差分析，本节仅讨论无交互的二因素二元方差分析。

无交互的二因素二元方差分析的 SPSS 操作步骤如下。

例：某校有文、理、工三个属性学科，统计了每个属性学科 24 名学生借书类别，数据见表 2-135：

表 2-135　借阅数据

属性学科 x_1	性别 x_2	专业书籍 y_1	休闲书籍 y_2
1	1	5	6
1	1	5	7
1	1	9	9
1	1	7	6
1	2	4	4
1	2	3	4
1	2	6	5
1	2	6	6
2	1	7	6
2	1	7	7
2	1	9	11
2	1	6	8
2	2	6	6
2	2	5	5
2	2	5	4
2	2	4	5
3	1	14	15
3	1	7	11
3	1	14	16
3	1	10	8
3	2	14	13
3	2	12	10
3	2	12	10
3	2	8	7

1. 输入数据

将数据输入 SPSS 界面，变量名属性学科 x_1、性别 x_2、专业书籍 y_1、休闲书籍 y_2，见图 2-274：

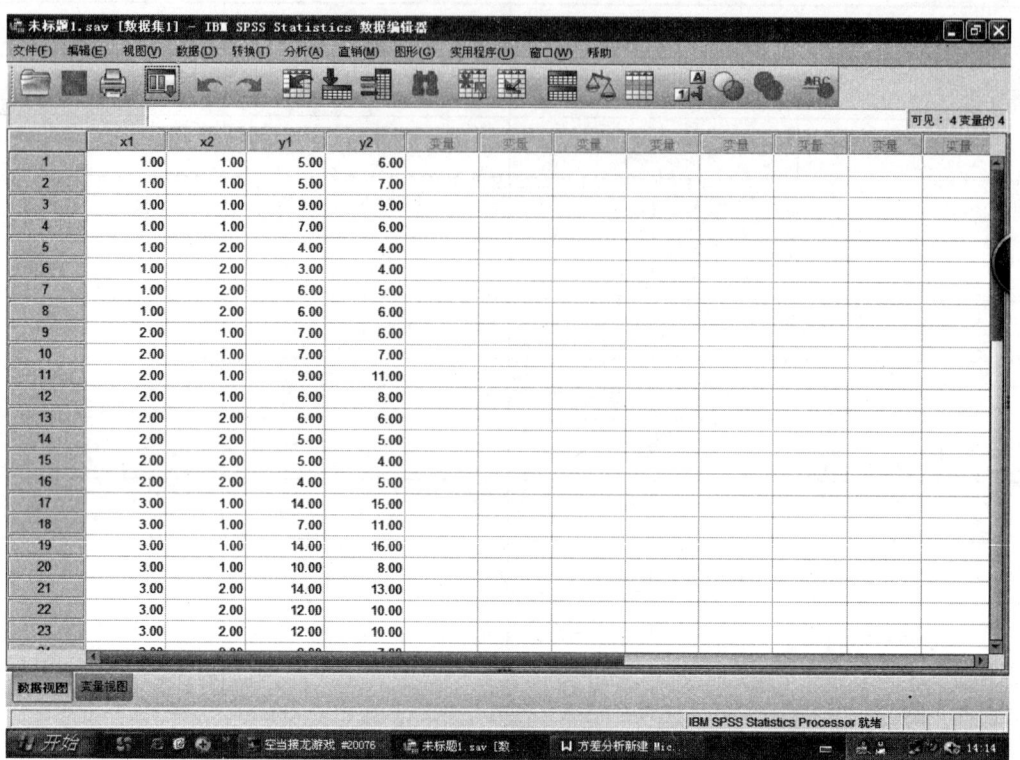

图 2-274　SPSS 数据输入格式

2. 分析路径

点击菜单"分析",鼠标下滑到"一般线性模型",鼠标右滑,接着下滑到"多变量",见图 2-275:

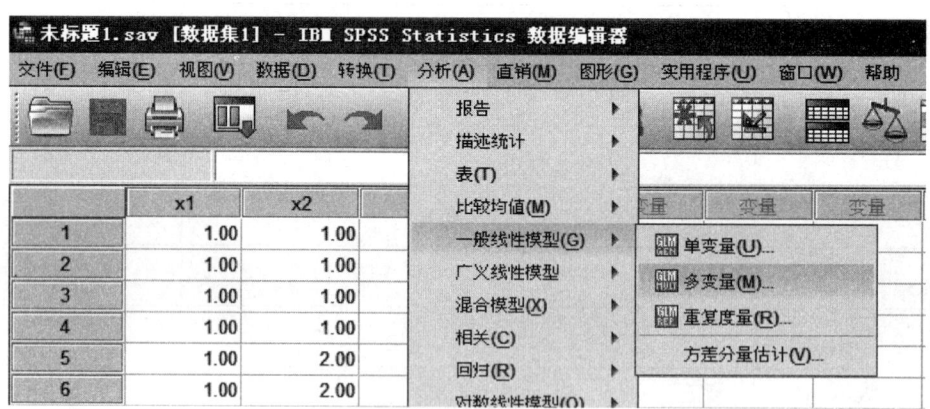

图 2-275　分析路径

点击之,得到"多变量"对话框,见图 2-276:

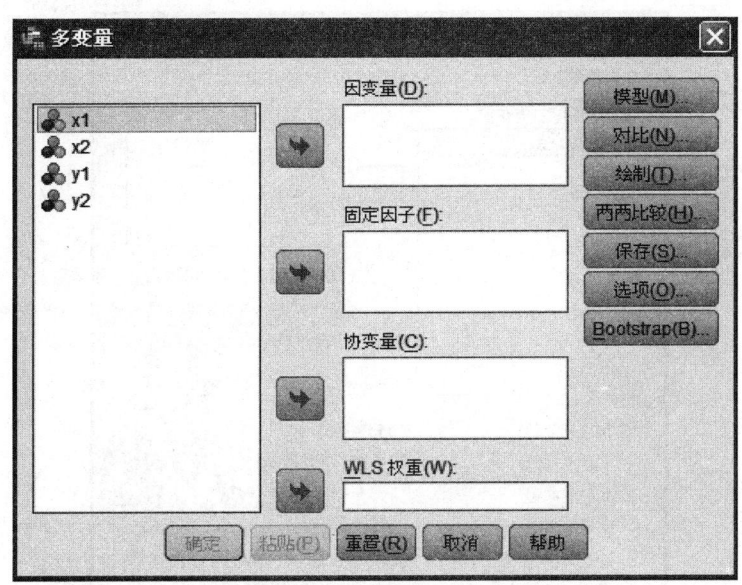

图 2-276 "多变量"对话框

3. 变量确定

将因变量 y_1、y_2 点进"因变量"框，将自变量 x_1、x_2 点进"固定因子"框，见图 2-277：

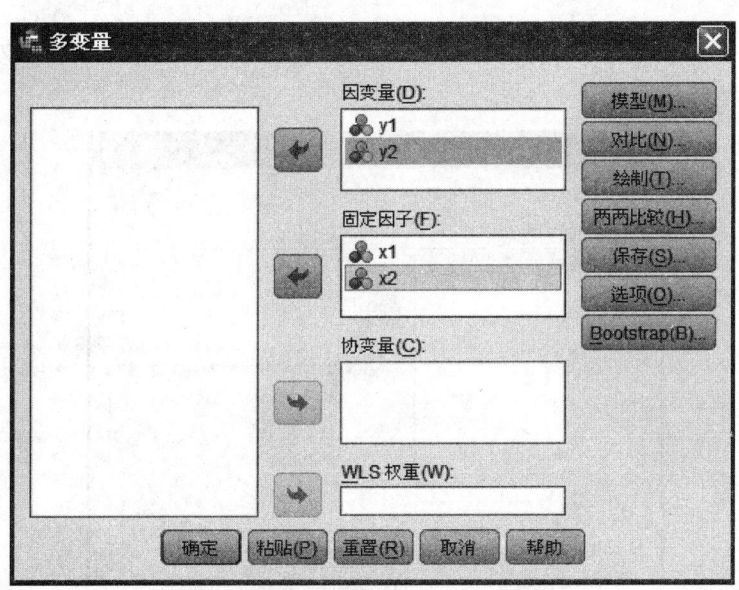

图 2-277 对话框中变量被确定

4. Bartlett 球形检验、多变量检验、主体间效应的检验

Bartlett 球形检验就是检验因变量之间的相关性，若不相关，就不必用多变量方差分析。

点击"选项"键，得到"多变量：选项"对话框，见图 2-278：

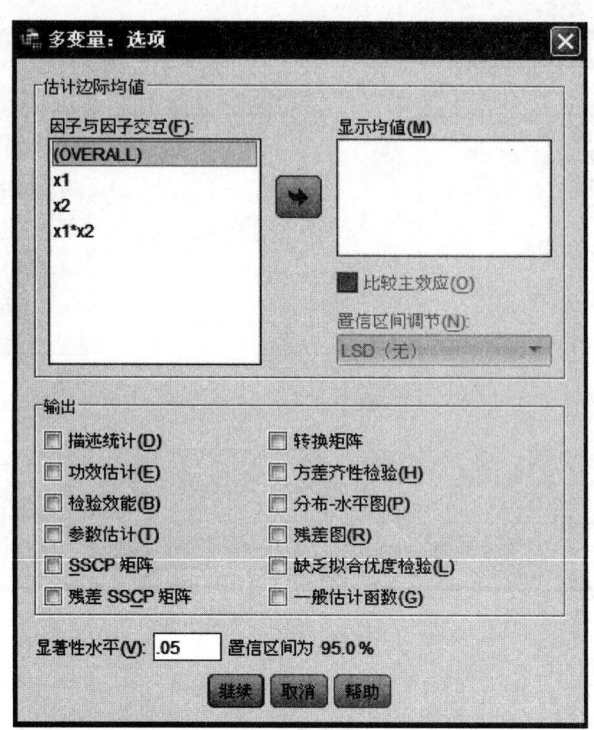

图 2-278 "多变量：选项"对话框

我们选择"残差SSCP矩阵"和"方差齐性检验"。目前我们不关心均值，所以不必将"因子与因子交互"框中因子拖入"显示均值"框，见图 2-279：

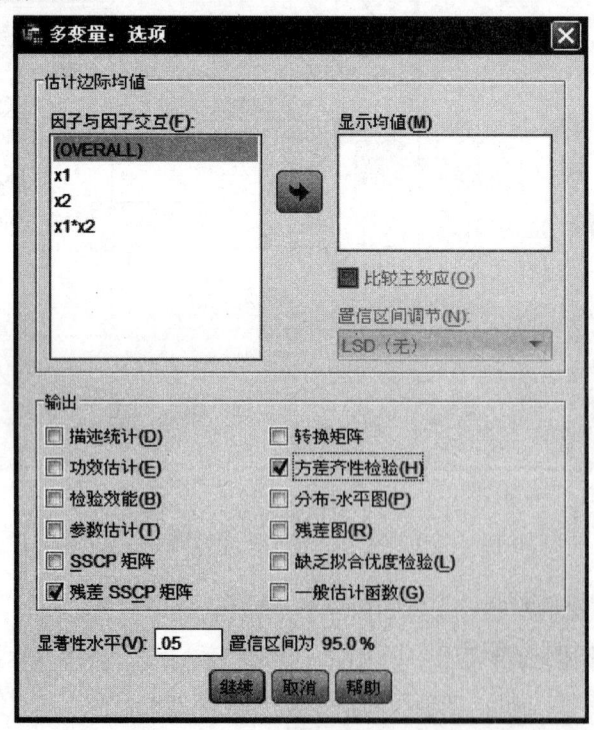

图 2-279 对话框中输出项被确定

点击"继续"键，返回到"多变量"对话框，见图 2-280：

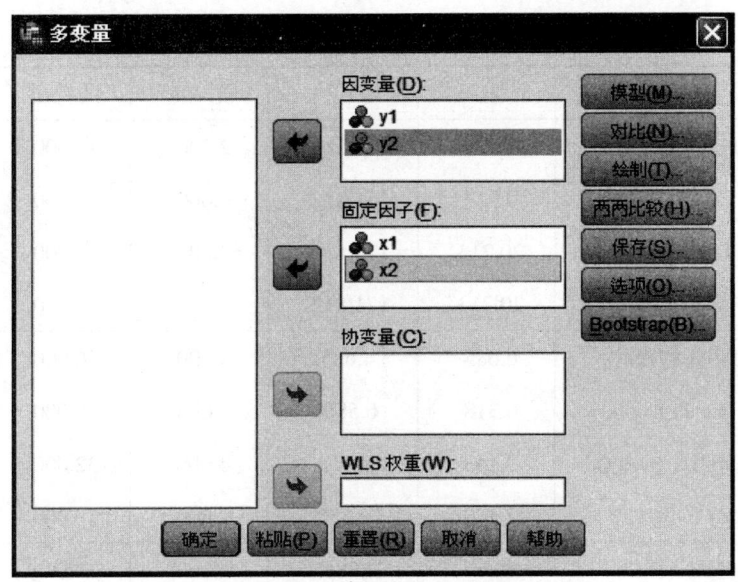

图 2-280　"多变量"对话框

直接点击"确定",得到多变量检验结果:

Bartlett 的球形度检验结果见表 2-136:

表 2-136　Bartlett 的球形度检验

似然比	0.000
近似卡方	16.047
df	2
Sig.	0.000

注:检验零假设,即残差协方差矩阵与一个单位矩阵呈
比例; a 表示设计:截距 + x_1 + x_2 + $x_1 * x_2$

因 Sig=0.000 < 0.05,否定了检验零假设,即残差协方差矩阵与一个单位矩阵呈比例,单位矩阵是一个各列无关阵,现在否定了这个假设,则残差协方差矩阵是一个相关矩阵,即两个因变量相关,可以进行多元方差分析。

协方差矩阵等同性的 Box 检验结果见表 2-137:

表 2-137　协方差矩阵等同性的 Box 检验

Box 的 M	20.518
F	0.972
df_1	15
df_2	1772.187
Sig.	0.482

注:检验零假设,即观测到的因变量的协方差矩阵在
所有组中均相等; a 表示设计:　截距 + x_1 + x_2 + $x_1 * x_2$

因 Sig=0.482 > 0.05,说明零假设成立,即观测到的因变量的协方差矩阵在所有组中均相等。满足"每一组都有相同的方差-协方差矩阵"的要求。

多变量检验结果见表 2-138:

表 2-138　多变量检验 ^{c}

效应		值	F	假设 df	误差 df	Sig.
截距	Pillai 的跟踪	0.953	171.812^a	2.000	17.000	0.000
	Wilks 的 Lambda	0.047	171.812^a	2.000	17.000	0.000
	Hotelling 的跟踪	20.213	171.812^a	2.000	17.000	0.000
	Roy 的最大根	20.213	171.812^a	2.000	17.000	0.000
x_1	Pillai 的跟踪	0.685	4.685	4.000	36.000	0.004
	Wilks 的 Lambda	0.318	6.585^a	4.000	34.000	0.000
	Hotelling 的跟踪	2.143	8.571	4.000	32.000	0.000
	Roy 的最大根	2.140	19.256^b	2.000	18.000	0.000
x_2	Pillai 的跟踪	0.365	4.886^a	2.000	17.000	0.021
	Wilks 的 Lambda	0.635	4.886^a	2.000	17.000	0.021
	Hotelling 的跟踪	0.575	4.886^a	2.000	17.000	0.021
	Roy 的最大根	0.575	4.886^a	2.000	17.000	0.021
$x_1 * x_2$	Pillai 的跟踪	0.176	0.868	4.000	36.000	0.493
	Wilks 的 Lambda	0.825	0.857^a	4.000	34.000	0.500
	Hotelling 的跟踪	0.210	0.841	4.000	32.000	0.509
	Roy 的最大根	0.204	1.832^b	2.000	18.000	0.189

注：a 表示精确统计量；b 表示该统计量是 F 的上限，它产生了一个关于显著性级别的下限；c 表示设计：截距 $+ x_1 + x_2 + x_1 * x_2$

此表说明把所有因变量看成一个整体时，主效应 x_1 的显著性概率最大为 Sig=0.004，x_2 的显著性概率为 Sig=0.021，都小于 0.05，即主效应显著，交互项 $x_1 * x_2$ 的显著性概率至少为 Sig=0.189，大于 0.05，即交互效应不存在。x_1 显著说明不同学科借书总体均值有差异。x_2 的显著说明不同性别学科借书总体均值有差异。

误差方差等同性的 Levene 检验结果见表 2-139：

表 2-139　误差方差等同性的 Levene 检验

	F	df_1	df_2	Sig.
y_1	2.676	5	18	0.056
y_2	2.540	5	18	0.066

注：检验零假设，即在所有组中因变量的误差方差均相等；a 表示

设计：截距 $+ x_1 + x_2 + x_1 * x_2$

因 y_1 的 Sig=0.056 > 0.05，y_2 的 Sig=0.066 > 0.05，说明零假设成立，即在所有组中因变量的误差方差全相等，满足等方差要求。有了这些理论保证之后，我们说，对此组数据可进行多元方差分析。

5. 模型确定

重复前面的过程，到得到"多变量"对话框，见图 2-281：

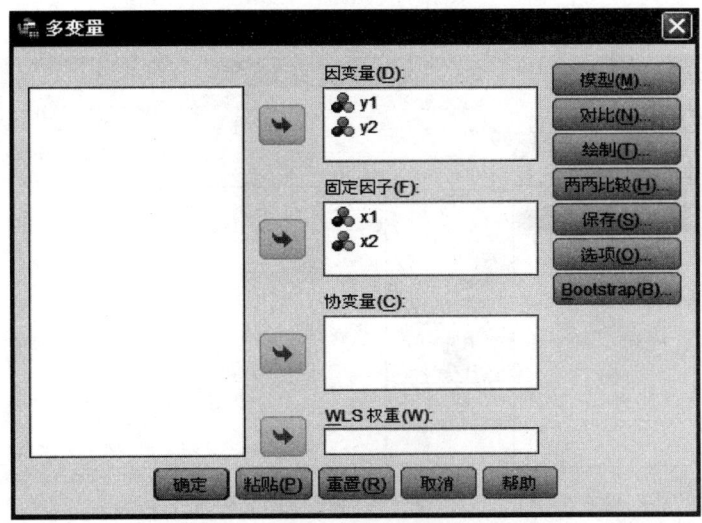

图 2-281 "多变量"对话框

点击"模型"键,得到"多变量:模型"对话框,见图 2-282:

图 2-282 "多变量:模型"对话框

点击"设定"键,界面被激活,见图 2-283:

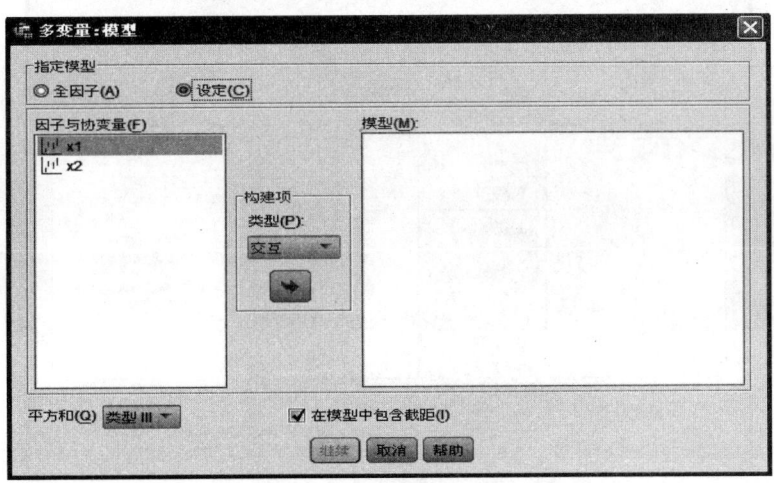

图 2-283 对话框被激活

将"因子与协变量"框中的变量 x_1、x_2 点进"模型"框,见图 2-284:

图 2-284 对话框中模型变量被确定

点击"构建项"框的下拉键,见图 2-285:

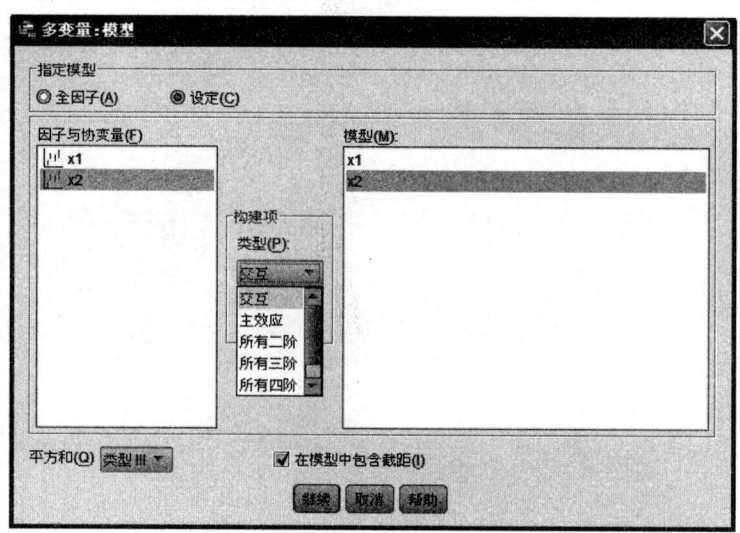

图 2-285 "构建项"框的类型选项

选择"主效应",见图 2-286:

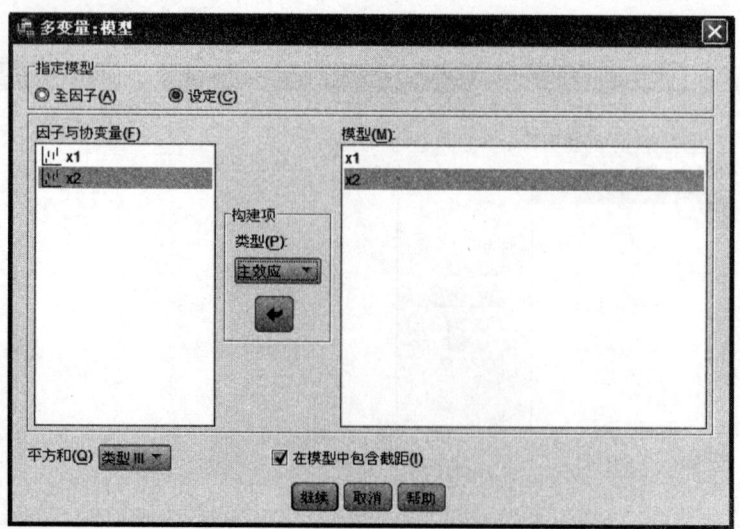

图 2-286 "构建项"框的类型被确定

点击"继续"键返回到"多变量"对话框，见图 2-287：

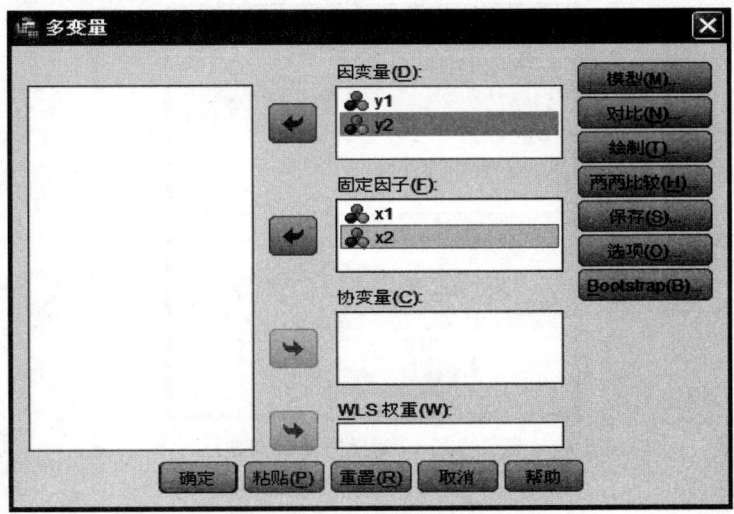

图 2-287 "多变量"对话框

6. 点击"对比"按钮，弹出"多变量：对比"对话框
见图 2-288：

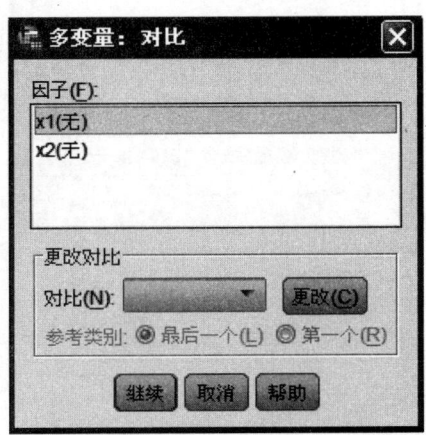

图 2-288 "多变量：对比"对话框

点击 x_1，使其变色，然后点击"对比"的下拉键，得图 2-289：

图 2-289 对比方法选项

我们选择"简单",见图 2-290:

图 2-290 对比方法被选定

点击"更改"键,得图 2-291:

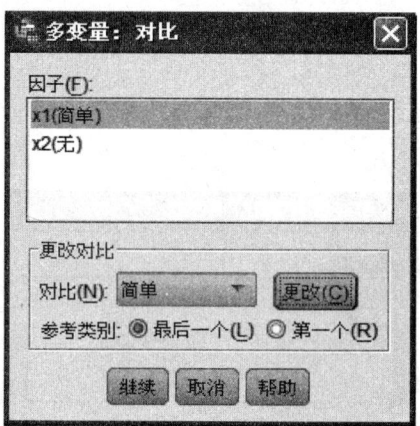

图 2-291 对比方法被确定

用相同的方法将 x_2 的对比方法改成"简单",见图 2-292:

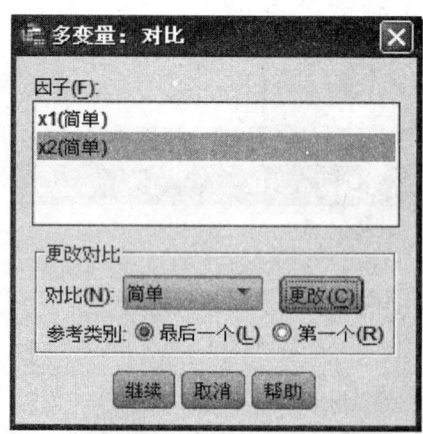

图 2-292 所有变量的对比方法被确定

并把"参考类别"设为"第一个",作为进行对比的参考水平,见图 2-293:

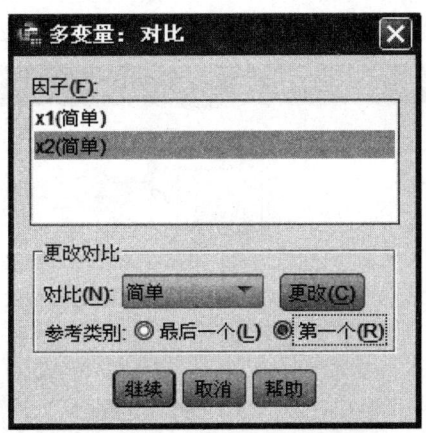

图 2-293　变量对比的参考类别被确定

点击"继续"键，返回"多变量"对话框，见图 2-294：

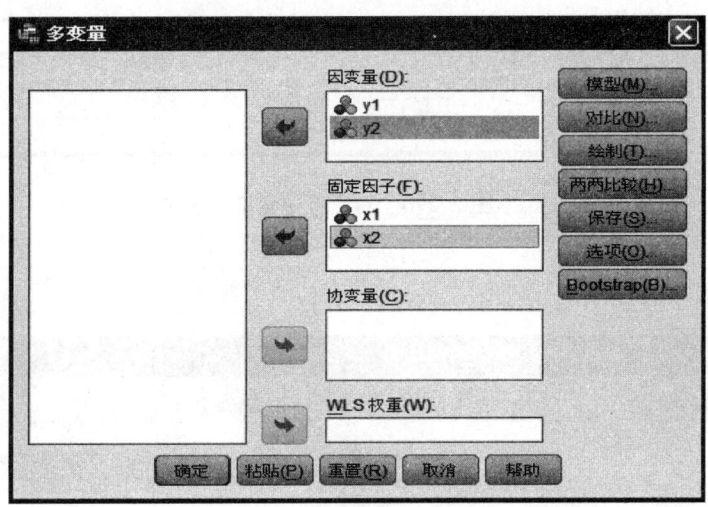

图 2-294　"多变量"对话框

7. 两两比较

点击"两两比较"选项，进入"多变量：观察到的均值的两两比较"对话框，见图 2-295：

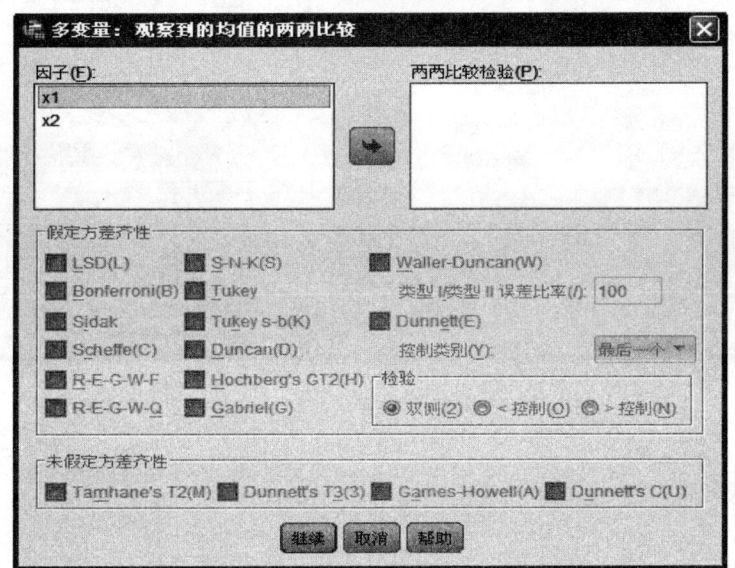

图 2-295　"多变量：观察到的均值的两两比较"对话框

这里我们选择"x_1、x_2"变量作为被检验变量,我们把自变量"x_1、x_2"从"因子"框点进"两两比较检验"框,此时界面所有选择项被激活,见图 2-296:

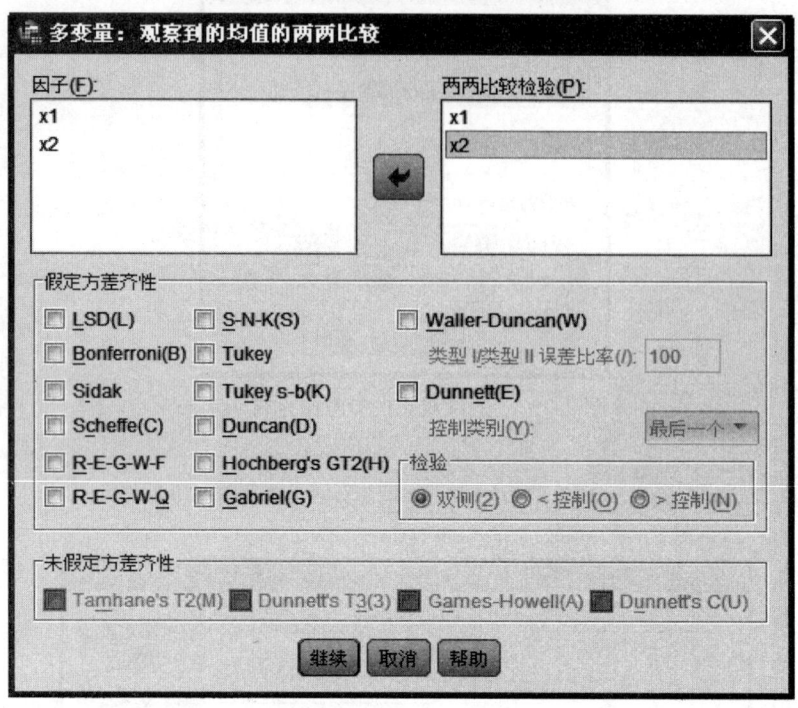

图 2-296　对话框中变量被确定

在"假设方差齐性"下勾选 Tukey 选项,见图 2-297:

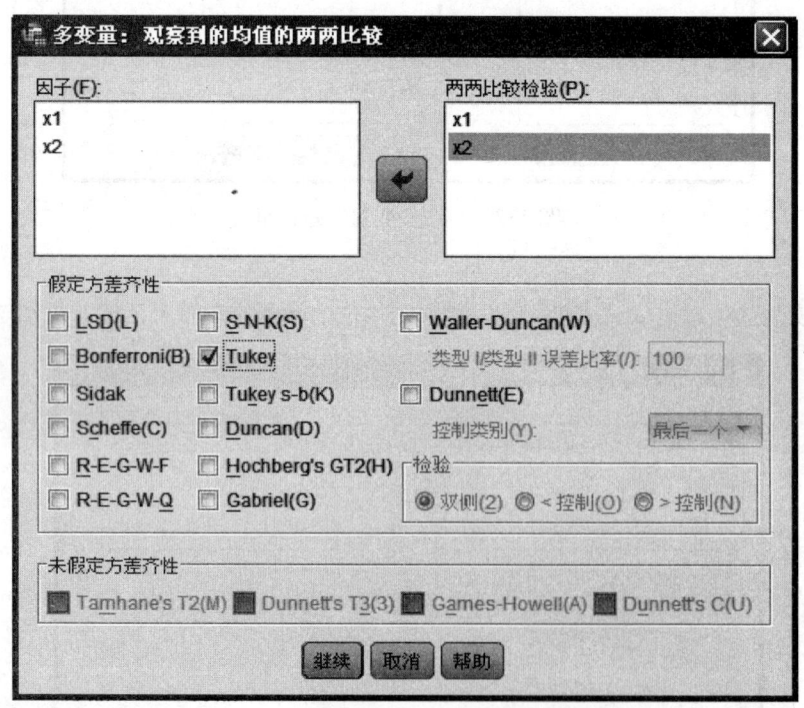

图 2-297　对话框中变量比较方法被确定

点击"继续"按钮,回到"多变量"对话框,见图 2-298:

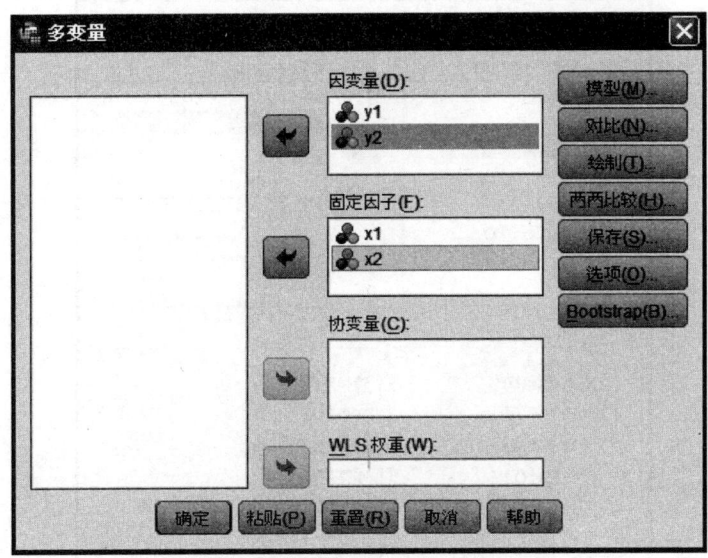

图 2-298 "多变量"对话框

8. 输出选项设置

点击"选项"键,得到"多变量:选项"对话框,见图 2-299:

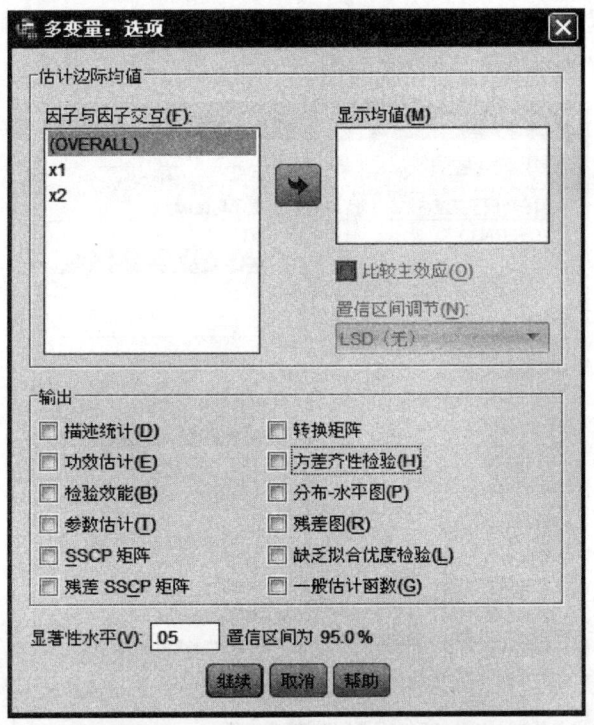

图 2-299 "多变量:选项"对话框

因子这里我们选择变量 x_1、x_2 进入"显示均值"框,此时,"比较主效应"框被激活,我们选择"比较主效应"选项,对主效应的边际均值进行组间的配对比较,见图 2-300:

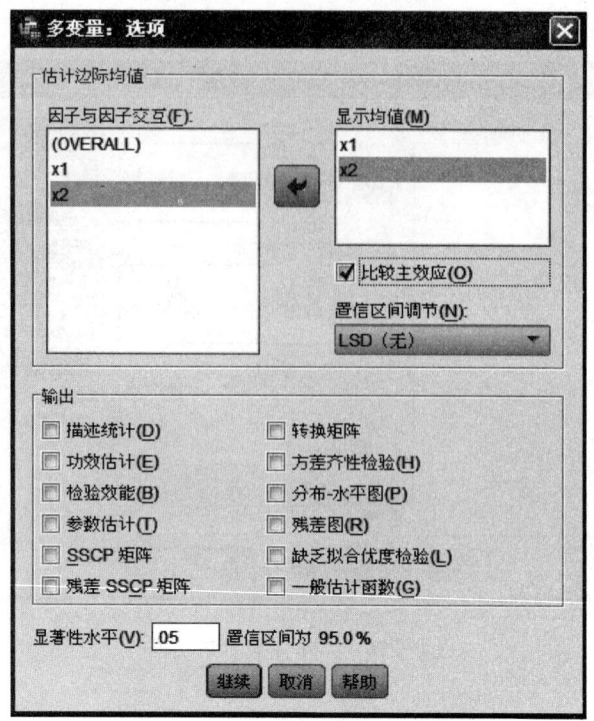

图 2-300　对话框中比较项目被确定

我们仅勾选"描述统计""功效估计"两选项，去掉"残差 SSCP 矩阵"和"方差齐性检验"的选项，检验的显著性水平使用默认的水平 0.05，见图 2-301：

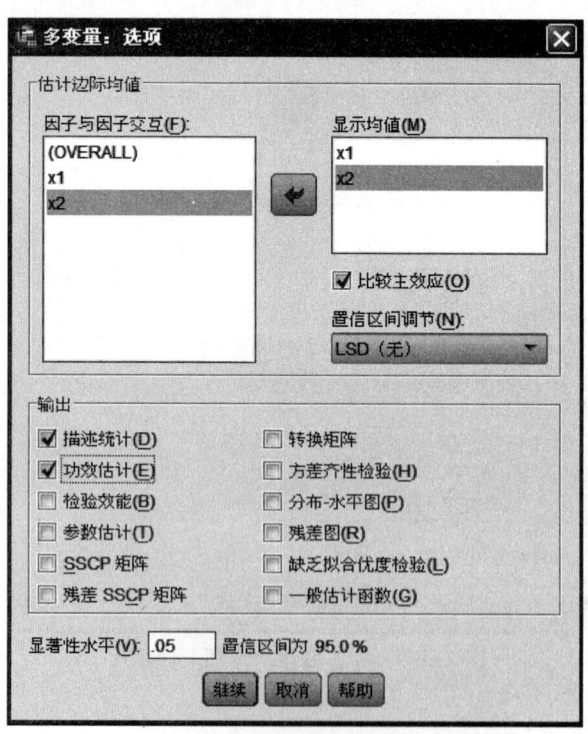

图 2-301　对话框中输出指标被确定

点击"继续"按钮，回到"多变量"对话框，见图 2-302：

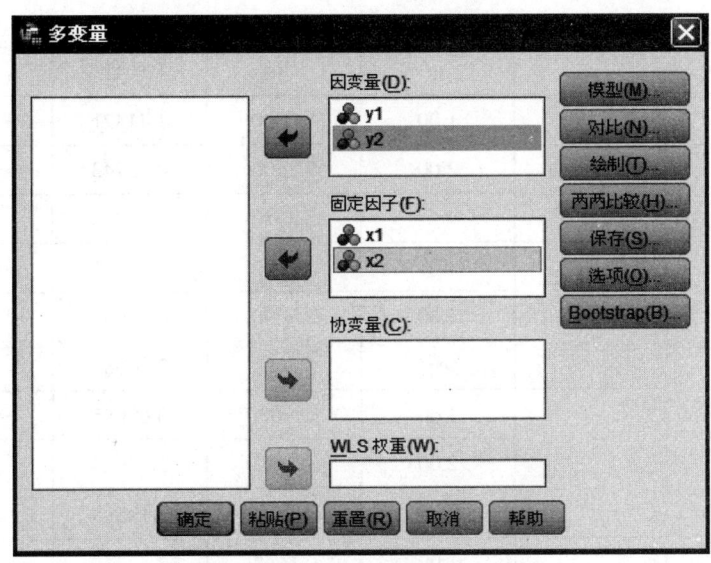

图 2-302　"多变量"对话框

其他的对话框按系统默认设置。

9. 结果与分析

点击"确定"键,得到结果,其中主体间因子见表 2-140：

表 2-140　主体间因子

		N
x_1	1.00	8
	2.00	8
	3.00	8
x_2	1.00	12
	2.00	12

本表告诉我们,x_1、x_2 取各种值时的样本观测数。

描述性统计量见表 2-141：

表 2-141　描述性统计量

	x_1	x_2	均值	标准偏差	N
y_1	1.00	1.00	6.5000	1.91485	4
		2.00	4.7500	1.50000	4
		总计	5.6250	1.84681	8
	2.00	1.00	7.2500	1.25831	4
		2.00	5.0000	0.81650	4
		总计	6.1250	1.55265	8
	3.00	1.00	11.2500	3.40343	4
		2.00	11.5000	2.51661	4
		总计	11.3750	2.77424	8
	总计	1.00	8.3333	3.05505	12
		2.00	7.0833	3.62963	12
		总计	7.7083	3.34247	24

续 表

	x_1	x_2	均值	标准偏差	N
y_2	1.00	1.00	7.0000	1.41421	4
		2.00	4.7500	0.95743	4
		总计	5.8750	1.64208	8
	2.00	1.00	8.0000	2.16025	4
		2.00	5.0000	0.81650	4
		总计	6.5000	2.20389	8
	3.00	1.00	12.5000	3.69685	4
		2.00	10.0000	2.44949	4
		总计	11.2500	3.19598	8
	总计	1.00	9.1667	3.43335	12
		2.00	6.5833	2.90637	12
		总计	7.8750	3.37912	24

本表告诉我们，因变量在各种情形下的平均值、标准误差、观测样本数。

多变量检验见表 2-142：

表 2-142 多变量检验

效应		值	F	假设 df	误差 df	Sig.	偏 Eta 方
截距	Pillai 的跟踪	0.951	186.310[a]	2.000	19.000	0.000	0.951
	Wilks 的 Lambda	0.049	186.310[a]	2.000	19.000	0.000	0.951
	Hotelling 的跟踪	19.612	186.310[a]	2.000	19.000	0.000	0.951
	Roy 的最大根	19.612	186.310[a]	2.000	19.000	0.000	0.951
x_1	Pillai 的跟踪	0.673	5.077	4.000	40.000	0.002	0.337
	Wilks 的 Lambda	0.328	7.077[a]	4.000	38.000	0.000	0.427
	Hotelling 的跟踪	2.039	9.176	4.000	36.000	0.000	0.505
	Roy 的最大根	2.036	20.364[b]	2.000	20.000	0.000	0.671
x_2	Pillai 的跟踪	0.358	5.295[a]	2.000	19.000	0.015	0.358
	Wilks 的 Lambda	0.642	5.295[a]	2.000	19.000	0.015	0.358
	Hotelling 的跟踪	0.557	5.295[a]	2.000	19.000	0.015	0.358
	Roy 的最大根	0.557	5.295[a]	2.000	19.000	0.015	0.358

注：a 表示精确统计量；b 表示该统计量是 F 的上限，它产生了一个关于显著性级别的下限；c 表示设计：截距 $+x_1+x_2$

本表告诉我们，当把所有因变量看成一个整体时，自变量 x_1 的显著概率最大为 Sig=0.002 < 0.05，非常显著。自变量 x_2 的显著概率为 Sig=0.015 < 0.05，非常显著。截距的显著概率为 Sig=0.000 < 0.05，非常显著。

主体间效应的检验结果见表 2-143：

表 2-143 主体间效应的检验

源	因变量	III型平方和	df	均方	F	Sig.	偏 Eta 方
校正模型	y_1	171.708[a]	3	57.236	13.428	0.000	0.668
	y_2	178.292[b]	3	59.431	14.094	0.000	0.679
截距	y_1	1426.042	1	1426.042	334.555	0.000	0.944
	y_2	1488.375	1	1488.375	352.974	0.000	0.946
x_1	y_1	162.333	2	81.167	19.042	0.000	0.656
	y_2	138.250	2	69.125	16.393	0.000	0.621
x_2	y_1	9.375	1	9.375	2.199	0.154	0.099
	y_2	40.042	1	40.042	9.496	0.006	0.322
误差	y_1	85.250	20	4.262			
	y_2	84.333	20	4.217			
总计	y_1	1683.000	24				
	y_2	1751.000	24				
校正的总计	y_1	256.958	23				
	y_2	262.625	23				

注：a 表示 R 方 =0.668（调整 R 方 =0.618），b 表示 R 方 = 0.679（调整 R 方 = 0.631）

本表告诉我们，自变量 x_1 在因变量 y_1 中显著性为 Sig=0.000，在因变量 y_2 中显著性为 Sig=0.000，都非常显著。自变量 x_2 在因变量 y_1 中显著性为 Sig=0.154，不显著，在因变量 y_2 中显著性为 Sig=0.006，非常显著。y_1 的决定系数是 0.618，y_2 的决定系数是 0.631。

定制假设检验指数见表 2-144：

表 2-144 定制假设检验指数

1	对比系数（L'矩阵）	x_1 的简单对比（参考类别 = 3）
	转换系数（M 矩阵）	单位矩阵
	对比结果（K 矩阵）	零矩阵
2	对比系数（L'矩阵）	x_2 的简单对比（参考类别 = 2）
	转换系数（M 矩阵）	单位矩阵
	对比结果（K 矩阵）	零矩阵

这是对比假设检验的假定。

x_1 对比结果见表 2-145：

表 2-145　对比结果（K 矩阵）

x_1 简单对比[a]		因变量	
		y_1	y_2
级别 1 和级别 3	对比估算值	−5.750	−5.375
	假设值	0	0
	差分（估计 − 假设）	−5.750	−5.375
	标准误差	1.032	1.027
	Sig.	0.000	0.000
	差分的 95% 置信区间　下限	−7.903	−7.517
	差分的 95% 置信区间　上限	−3.597	−3.233
级别 2 和级别 3	对比估算值	−5.250	−4.750
	假设值	0	0
	差分（估计 − 假设）	−5.250	−4.750
	标准 误差	1.032	1.027
	Sig.	0.000	0.000
	差分的 95% 置信区间　下限	−7.403	−6.892
	差分的 95% 置信区间　上限	−3.097	−2.608

注：a 表示参考类别 = 3

自变量 x_1 有 3 个水平，对自变量 x_1 而言，水平 1 的因变量 y_1 值比水平 3 的因变量 y_1 值差 5.75，水平 2 的因变量 y_1 值比水平 3 的因变量 y_1 值差 5.25，可知水平 3 的效应最大，其次是水平 2 的效应，水平 1 的效应最小，且差异都显著，显著性概率高达 Sig=0.000。对自变量 x_1 而言，水平 1 的因变量 y_2 值比水平 3 的因变量 y_2 值差 5.375，水平 2 的因变量 y_2 值比水平 3 的因变量 y_2 值差 4.75，可知水平 3 的效应最大，其次是水平 2 的效应，水平 1 的效应最小，且差异都显著，显著性概率高达 Sig=0.000。

x_2 对比结果见表 2-146：

表 2-146　对比结果（K 矩阵）

x_2 简单对比[a]		因变量	
		y_1	y_2
级别 1 和级别 2	对比估算值	1.250	2.583
	假设值	0	0
	差分（估计 − 假设）	1.250	2.583
	标准 误差	0.843	0.838
	Sig.	0.154	0.006
	差分的 95% 置信区间　下限	−0.508	0.835
	差分的 95% 置信区间　上限	3.008	4.332

注：a 表示参考类别 = 2

自变量 x_2 有 2 个水平，对自变量 x_2 而言，水平 1 的因变量 y_1 值比水平 2 的因变量 y_1 值多 1.25，可知水平 1 的效应最大，但差异不显著，显著性概率仅为 Sig=0.154 > 0.05。

对自变量 x_2 而言，水平 1 的因变量 y_2 值比水平 2 的因变量 y_2 值多 2.583，可知水平 1 的效应最大，且差异都显著，显著性概率高达 Sig=0.006 < 0.05。

x_1 各水平平均值估计结果见表 2-147：

表 2-147 估计

因变量	x_1	均值	标准误差	95% 置信区间	
				下限	上限
y_1	1.00	5.625	0.730	4.102	7.148
	2.00	6.125	0.730	4.602	7.648
	3.00	11.375	0.730	9.852	12.898
y_2	1.00	5.875	0.726	4.361	7.389
	2.00	6.500	0.726	4.986	8.014
	3.00	11.250	0.726	9.736	12.764

本表告诉我们，自变量 x_1 取不同值时，两个因变量对应的均值各是多少，标准误差、95% 置信区间的上下限各是多少。

围绕 x_1 两水平的成对比较见表 2-148：

表 2-148 成对比较

因变量	(I) x_1	(J) x_1	均值差值 (I-J)	标准误差	Sig.^{a}	差分的 95% 置信区间^a	
						下限	上限
y_1	1.00	2.00	−0.500	1.032	0.633	−2.653	1.653
		3.00	−5.750*	1.032	0.000	−7.903	−3.597
	2.00	1.00	0.500	1.032	0.633	−1.653	2.653
		3.00	−5.250*	1.032	0.000	−7.403	−3.097
	3.00	1.00	5.750*	1.032	0.000	3.597	7.903
		2.00	5.250*	1.032	0.000	3.097	7.403
y_2	1.00	2.00	−0.625	1.027	0.550	−2.767	1.517
		3.00	−5.375*	1.027	0.000	−7.517	−3.233
	2.00	1.00	0.625	1.027	0.550	−1.517	2.767
		3.00	−4.750*	1.027	0.000	−6.892	−2.608
	3.00	1.00	5.375*	1.027	0.000	3.233	7.517
		2.00	4.750*	1.027	0.000	2.608	6.892

注：基于估算边际均值，a 表示对多个比较的调整：最不显著差别（相当于未做调整），* 表示均值差值在 0.05 级别上较显著

本表告诉我们，同一个自变量 x_1 取不同水平时，因变量对应的差值是多少，显著概率是多少，差分的 95% 置信区间的上下限各是多少。

y_1 对于 x_1 的各个水平而言，一水平的 y_1 值比二水平的 y_1 值仅少 0.5，极不显著，但一水平的 y_1 值比三水平的 y_1 值竟然少 5.75，差异及其显著。二水平的 y_1 值比三水平的 y_1 值竟然少 5.25，差异及其显著。

y_2 对于 x_1 的各个水平而言，一水平的 y_2 值比二水平的 y_2 值仅少 0.625，极不显著，但一水平的 y_2 值比三水平的 y_2 值竟然少 5.375，差异及其显著。二水平的 y_2 值比三水平的 y_2 值竟然少 4.75，差异及其显著。

x_2 两水平平均值估计结果见表 2-149：

表 2-149 估计

因变量	x_2	均值	标准误差	95% 置信区间	
				下限	上限
y_1	1.00	8.333	0.596	7.090	9.577
	2.00	7.083	0.596	5.840	8.327
y_2	1.00	9.167	0.593	7.930	10.403
	2.00	6.583	0.593	5.347	7.820

本表告诉我们，自变量 x_2 取不同值时，两个因变量对应的均值各是多少，标准误差、95% 置信区间的上下限各是多少。

围绕 x_2 两水平的成对比较见表 2-150：

表 2-150 成对比较

因变量	(I) x_2	(J) x_2	均值差值（I-J）	标准误差	Sig.[a]	差分的 95% 置信区间[a]	
						下限	上限
y_1	1.00	2.00	1.250	0.843	0.154	-0.508	3.008
	2.00	1.00	-1.250	0.843	0.154	-3.008	0.508
y_2	1.00	2.00	2.583*	0.838	0.006	0.835	4.332
	2.00	1.00	-2.583*	0.838	0.006	-4.332	-0.835

注：基于估算边际均值，a 表示对多个比较的调整：最不显著差别（相当于未做调整），* 表示均值差值在 0.05 级别上较显著

本表告诉我们，同一个自变量 x_2 取不同水平时，因变量对应的差值是多少，显著概率是多少，差分的 95% 置信区间的上下限各是多少。

y_1 对于 x_2 的各个水平而言，一水平的 y_1 值比二水平的 y_1 值仅多 1.25，极不显著。

y_2 对于 x_2 的各个水平而言，一水平的 y_2 值比二水平的 y_2 值多 2.583，差异极其显著。

围绕 x_1 多水平的成对比较见表 2-151：

表 2-151　多个比较

因变量	(I) x_1	(J) x_1	均值差值（I-J）	标准误差	Sig.	95% 置信区间	
						下限	上限
y_1	1.00	2.00	−0.5000	1.03229	0.879	−3.1117	2.1117
		3.00	−5.7500*	1.03229	0.000	−8.3617	−3.1383
	2.00	1.00	0.5000	1.03229	0.879	−2.1117	3.1117
		3.00	−5.2500*	1.03229	0.000	−7.8617	−2.6383
	3.00	1.00	5.7500*	1.03229	0.000	3.1383	8.3617
		2.00	5.2500*	1.03229	0.000	2.6383	7.8617
y_2	1.00	2.00	−0.6250	1.02673	0.817	−3.2226	1.9726
		3.00	−5.3750*	1.02673	0.000	−7.9726	−2.7774
	2.00	1.00	0.6250	1.02673	0.817	−1.9726	3.2226
		3.00	−4.7500*	1.02673	0.000	−7.3476	−2.1524
	3.00	1.00	5.3750*	1.02673	0.000	2.7774	7.9726
		2.00	4.7500*	1.02673	0.000	2.1524	7.3476

注：基于观测到的均值，误差项表示为均值方（错误）= 4.217，* 表示均值差值在 0.05 级别上较显著

这是 Tukey HSD 法比较的结果。本表告诉我们，同一个自变量 x_1 取不同水平时，因变量对应的差值是多少，显著概率是多少，差分的 95% 置信区间的上下限各是多少。

y_1 对于 x_1 的各个水平而言，一水平的 y_1 值比二水平的 y_1 值仅少 0.5，极不显著，但一水平的 y_1 值比三水平的 y_1 值竟然少 5.75，差异极其显著。二水平的 y_1 值比三水平的 y_1 值竟然少 5.25，差异极其显著。

y_2 对于 x_1 的各个水平而言，一水平的 y_2 值比二水平的 y_2 值仅少 0.625，极不显著，但一水平的 y_2 值比三水平的 y_2 值竟然少 5.375，差异极其显著。二水平的 y_2 值比三水平的 y_2 值竟然少 4.75，差异极其显著。

本例我们没有设置轮廓图，也可以设置轮廓图，只要点击"绘制"键，就可得到"多变量：绘制"对话框，将一个变量输入"水平轴"框，另一个变量输入"单图"框，并点击"添加"键，然后点击"继续"键，返回到"多变量"对话框，再进行其他操作即可。

三、有交互的二因素二元方差分析

有交互的二因素二元方差分析的 SPSS 操作步骤如下。

上节讨论了无交互的二因素二元方差分析，本节接下来讨论有交互的二因素二元方差分析。

例：3 个民族，有城市有乡下，用文化试卷和情报试卷对 24 个人进行考评，得分数据见表 2-152：

表 2-152 试卷得分

民族	农村		城市	
	文化程度	情报素养分	文化程度	情报素养分
1	80	65	90	74
	78	60	85	58
	68	58	96	72
	78	62	96	70
2	71	51	75	62
	75	53	80	68
	70	50	88	81
	76	53	87	70
3	73	54	71	63
	70	57	82	72
	67	48	76	66
	75	59	70	60

我们把表重新整理一下，农村用 1 表示，城市用 2 表示，见表 2-153：

表 2-153 数据输入格式

民族 x_1	地域 x_2	文化程度 y_1	情报素养分 y_2
1	1	80	65
1	1	78	60
1	1	68	58
1	1	78	62
1	2	90	74
1	2	85	58
1	2	96	72
1	2	96	70
2	1	71	51
2	1	75	53
2	1	70	50
2	1	76	53
2	2	84	62
2	2	87	68
2	2	88	81
2	2	87	70
3	1	73	54
3	1	70	57
3	1	67	48
3	1	75	59
3	2	71	63
3	2	82	72
3	2	76	66
3	2	70	60

这显然是一个多因素多元方差分析的问题。

1. 输入数据

将数据输入 SPSS 界面，变量名民族 x_1、地域 x_2、文化程度 y_1、情报素养分 y_2，见图 2-303：

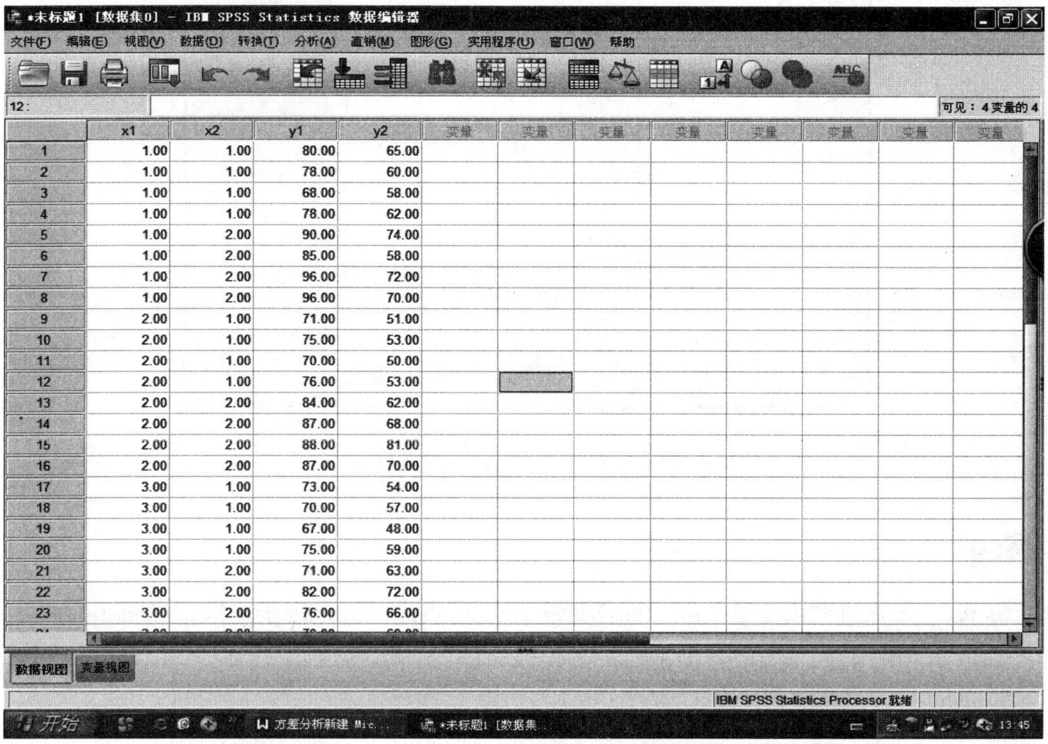

图 2-303　SPSS 数据输入格式

2. 分析路径

点击菜单"分析"，鼠标下滑到"一般线性模型"，鼠标右滑，接着下滑到"多变量"，见图 2-304：

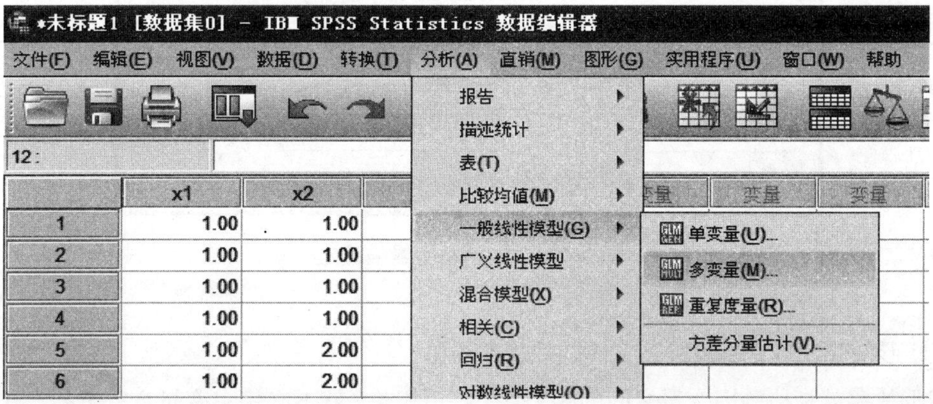

图 2-304　分析路径

点击之，得到"多变量"对话框，见图 2-305：

图 2-305 "多变量"对话框

3. 变量确定

将因变量 y_1、y_2 点进"因变量"框，将自变量 x_1、x_2 点进"固定因子"框，见图 2-306：

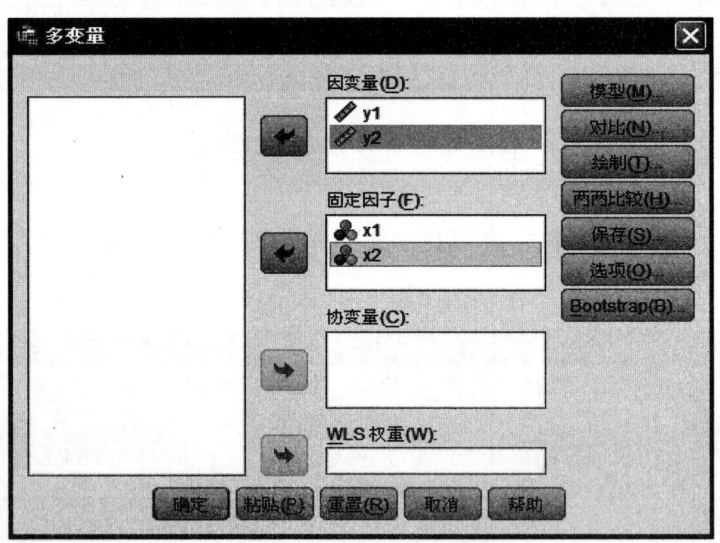

图 2-306 对话框变量被确定

4. Bartlett 球形检验、多变量检验、主体间效应的检验

Bartlett 球形检验就是检验因变量之间的相关性，若不相关，就不必用多变量方差分析。点击"选项"键，得到"多变量：选项"对话框，见图 2-307：

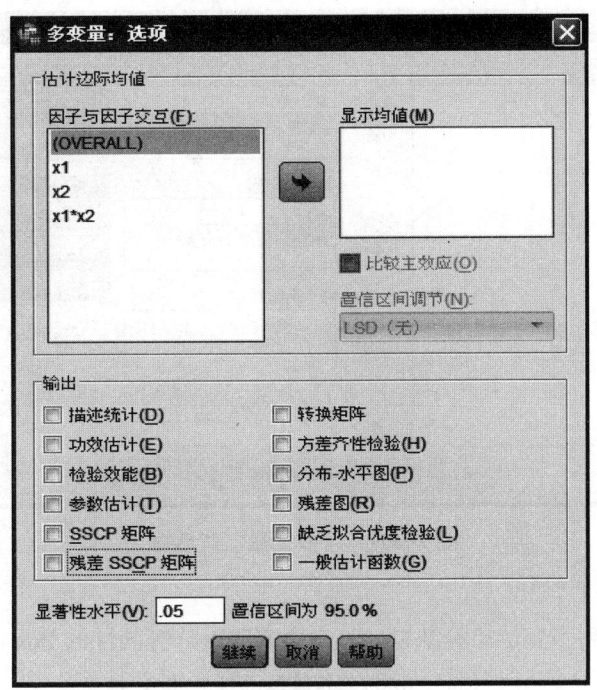

图 2-307 "多变量：选项"对话框

我们选择"残差 SSCP 矩阵"和"方差齐性检验"，见图 2-308：

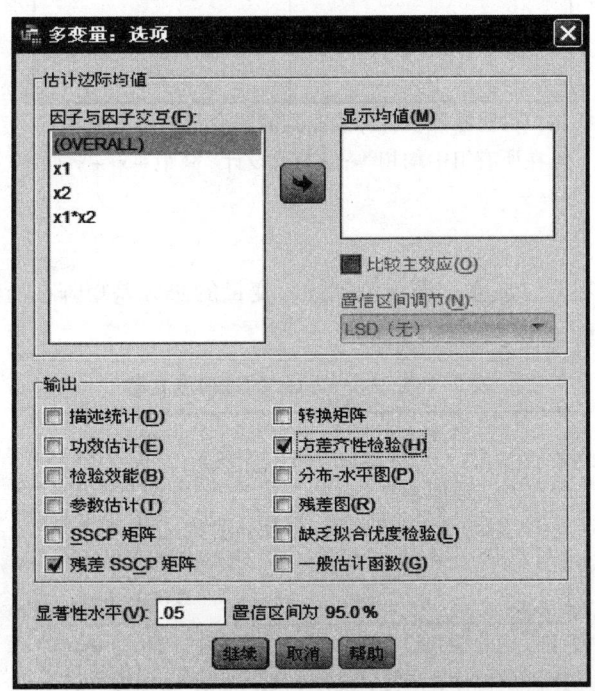

图 2-308 对话框中输出项被确定

点击"继续"键，返回到"多变量"对话框，见图 2-309：

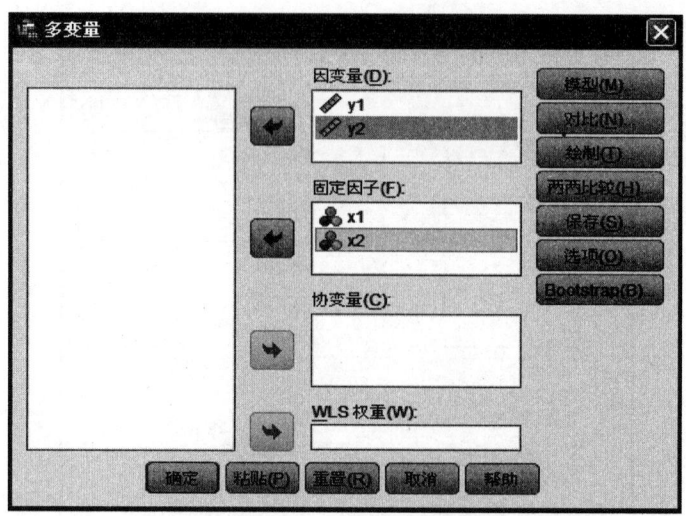

图 2-309 "多变量"对话框

直接点击"确定",得到多变量检验结果,其中协方差矩阵等同性的 Box 检验结果见表 2-154:

表 2-154　协方差矩阵等同性的 Box 检验

Box 的 M	34.139
F	1.617
df_1	15
df_2	1772.187
Sig.	0.062

注:检验零假设,即观测到的因变量的协方差矩阵在所有组中均相等;a 表示设计:截距 + x_1 + x_2 + x_1 * x_2

Sig=0.062 > 0.05,说明零假设成立,即观测到的因变量的协方差矩阵在所有组中均相等。Bartlett 的球形度检验结果见表 2-155:

表 2-155　Bartlett 的球形度检验

似然比	0.000
近似卡方	12.415
df	2
Sig.	0.002

注:检验零假设,即残差协方差矩阵与一个单位矩阵成比例;a 表示设计:截距 + x_1 + x_2 + x_1 * x_2

显然 Bartlett 的球形度检验所得的概率 Sig=0.002 < 0.05,非常显著,说明检验零假设不成立,两个因变量间是相关的。要用多元方差分析。

多变量检验结果见表 2-156:

表 2-156 多变量检验

效应		值	F	假设 df	误差 df	Sig.
截距	Pillai 的跟踪	0.998	3828.005[a]	2.000	17.000	0.000
	Wilks 的 Lambda	0.002	3828.005[a]	2.000	17.000	0.000
	Hotelling 的跟踪	450.354	3828.005[a]	2.000	17.000	0.000
	Roy 的最大根	450.354	3828.005[a]	2.000	17.000	0.000
x_1	Pillai 的跟踪	0.703	4.875	4.000	36.000	0.003
	Wilks 的 Lambda	0.334	6.199[a]	4.000	34.000	0.001
	Hotelling 的跟踪	1.880	7.519	4.000	32.000	0.000
	Roy 的最大根	1.819	16.370[b]	2.000	18.000	0.000
x_2	Pillai 的跟踪	0.695	19.395[a]	2.000	17.000	0.000
	Wilks 的 Lambda	0.305	19.395[a]	2.000	17.000	0.000
	Hotelling 的跟踪	2.282	19.395[a]	2.000	17.000	0.000
	Roy 的最大根	2.282	19.395[a]	2.000	17.000	0.000
$x_1 * x_2$	Pillai 的跟踪	0.724	5.111	4.000	36.000	0.002
	Wilks 的 Lambda	0.369	5.498[a]	4.000	34.000	0.002
	Hotelling 的跟踪	1.459	5.838	4.000	32.000	0.001
	Roy 的最大根	1.259	11.330[b]	2.000	18.000	0.001

注：a 表示 精确统计量；b 表示 该统计量是 F 的上限，它产生了一个关于显著性级别的下限；c 表示 设计：截距 + x_1 + x_2 + $x_1 * x_2$

多变量检验是整体性检验，若整体 Lambda 检验结果不显著，说明自变量不显著。没有自变量何谈多元方差分析？因此，一旦多变量检验（整体 Lambda 检验）结果不显著，分析结束。本例多变量及其交互项检验非常显著，分析得以继续进行。

误差方差等同性的 Levene 检验结果见表 2-157：

表 2-157 误差方差等同性的 Levene 检验

	F	df_1	df_2	Sig.
y_1	1.618	5	18	0.206
y_2	1.139	5	18	0.376

注：检验零假设，即在所有组中因变量的误差方差均相等；
a 表示 设计：截距 + x_1 + x_2 + $x_1 * x_2$

因两个 Sig 都大于 0.05，本表说明在所有组中因变量的误差方差均相等。

主体间效应的检验结果见表 2-158：

表 2-158 主体间效应的检验

源	因变量	Ⅲ 型平方和	df	均方	F	Sig.
校正模型	y_1	1367.375[a]	5	273.475	14.683	0.000
	y_2	1130.833[b]	5	226.167	7.754	0.000
截距	y_1	149310.375	1	149310.375	8016.664	0.000
	y_2	92008.167	1	92008.167	3154.566	0.000
x_1	y_1	482.250	2	241.125	12.946	0.000
	y_2	110.083	2	55.042	1.887	0.180
x_2	y_1	715.042	1	715.042	38.391	0.000
	y_2	888.167	1	888.167	30.451	0.000
x_1*x_2	y_1	170.083	2	85.042	4.566	0.025
	y_2	132.583	2	66.292	2.273	0.132
误差	y_1	335.250	18	18.625		
	y_2	525.000	18	29.167		
总计	y_1	151013.000	24			
	y_2	93664.000	24			
校正的总计	y_1	1702.625	23			
	y_2	1655.833	23			

注：a 表示 R 方 =0.803（调整 R 方 = 0.748），b 表示 R 方 = 0.683（调整 R 方 =0.595）

方差分析的主体间效应的检验（个别单变量检验）如果不显著，说明至少有某个因变量不显著，变成了单因变量方差分析（一般不超过两个因变量），因此，分析结束。本例主体间效应的检验非常显著，分析得以继续进行。对于 y_2 而言，x_1 的显著性概率为 Sig=0.18>0.05，说明 x_1 在 y_2 中不显著。x_1*x_2 在 y_2 中不显著。

有了上述检验保证后，我们继续进行多元方差分析。

5. 两两比较检验

在"多变量"对话框的界面，见图 2-310：

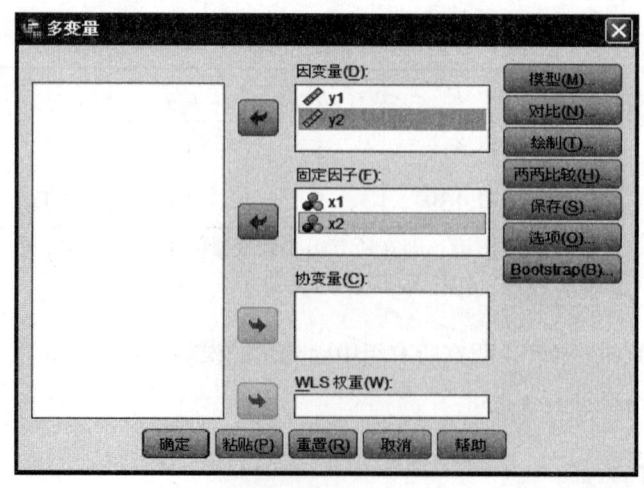

图 2-310

点击"两两比较"，就会出现"多变量：观察到的均值的两两比较"对话框，见图 2-311：

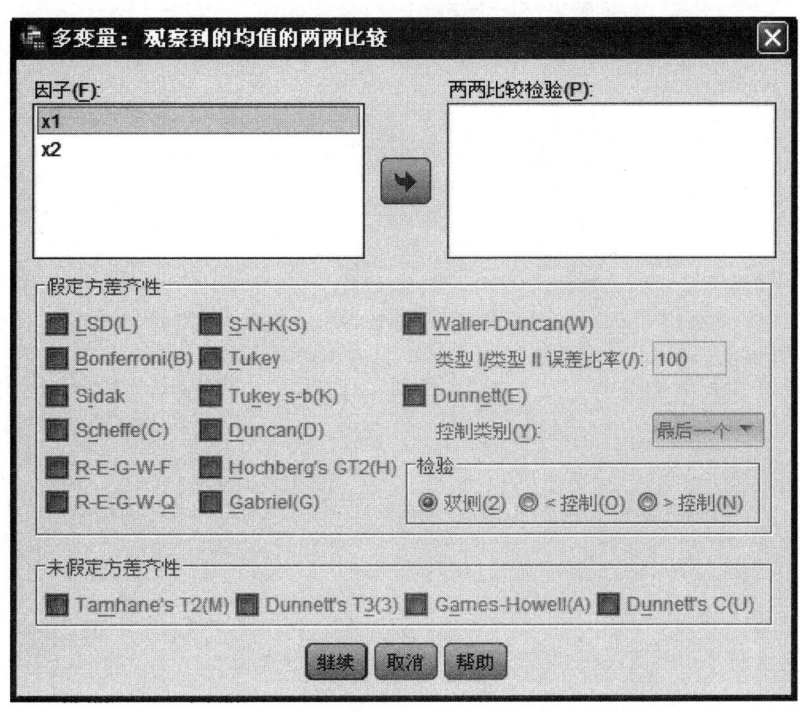

图 2-311 "多变量：观察到的均值的两两比较"对话框

我们将一个要考察的自变量从"因子"框点进"两两比较检验"框，如我们想考察因子 x_1 的单纯主要效果，就将因子 x_1 点进"两两比较检验"框。若我们想考察两个因子，可以将两个因子点进"两两比较检验"框。我们在这里仅点进一个。此时界面"假定方差齐性"框被激活，见图 2-312：

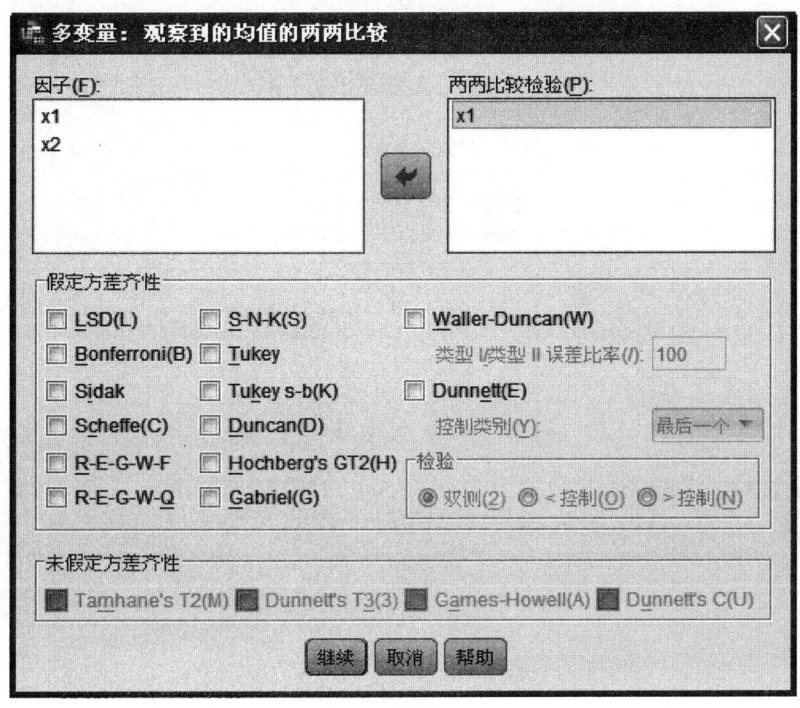

图 2-312 对话框被激活

在"假定方差齐性"方框内选取"Scheffe（C）"，见图 2-313：

图 2-313　对话框中对比方法被确定

点击"继续"键，返回到"多变量"对话框，见图 2-314：

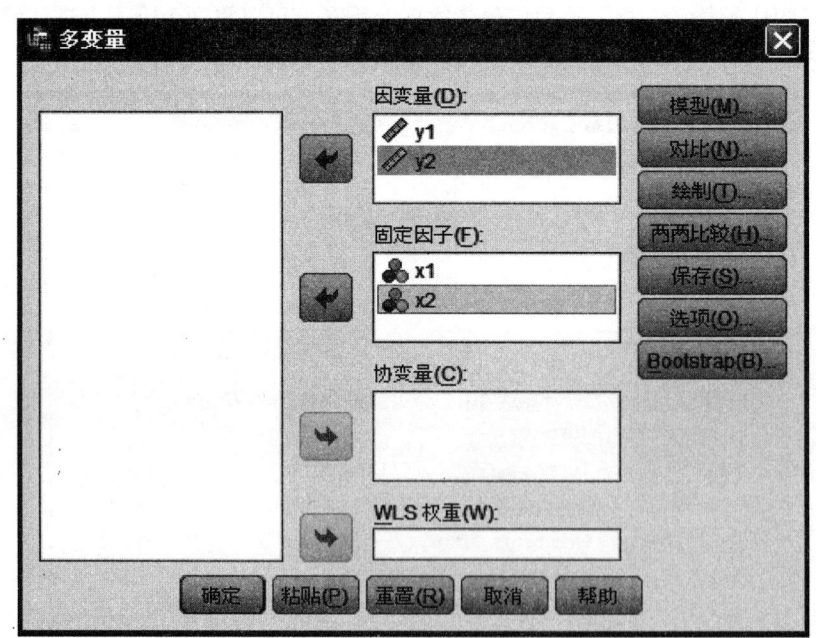

图 2-314　"多变量"对话框

6. 模型确定

点击"模型"键，得到"多变量：模型"对话框，见图 2-315：

图 2-315 "多变量：模型"对话框

点击"设定"键，界面被激活，见图 2-316：

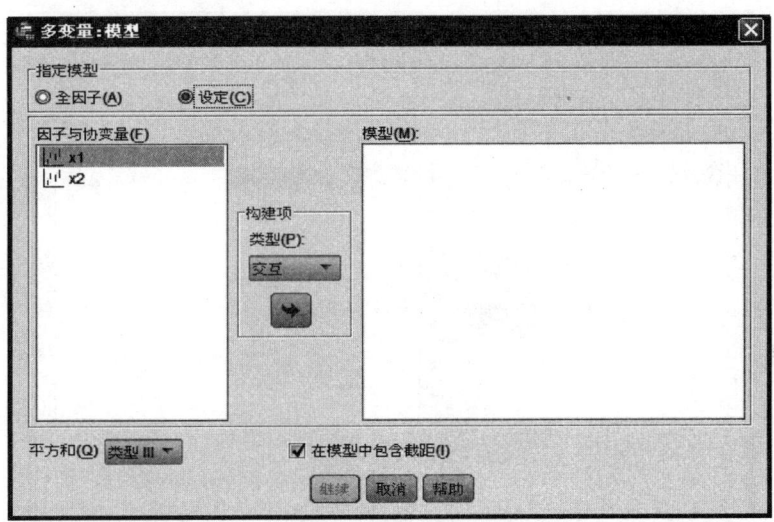

图 2-316 对话框被激活

将"因子与协变量"框中的变量 x_1、x_2 点进"模型"框，见图 2-317：

图 2-317 对话框中模型变量被确定

点击"构建项"框的下拉键，见图 2-318：

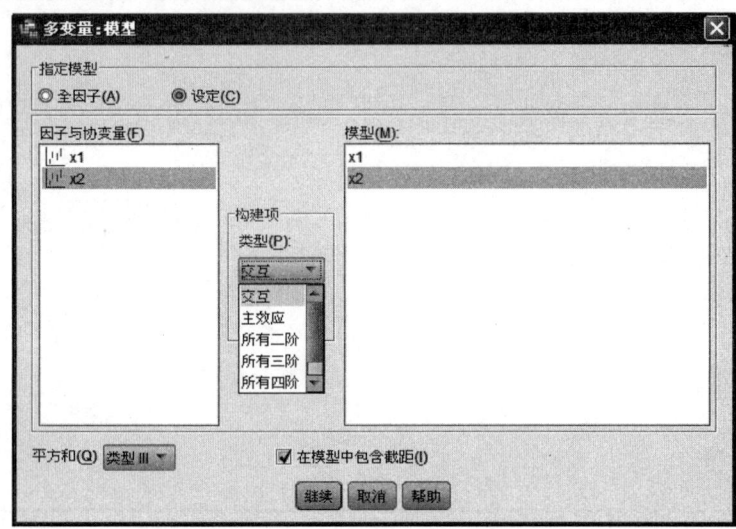

图 2-318 "构建项"的类型选项

选择"主效应"，见图 2-319：

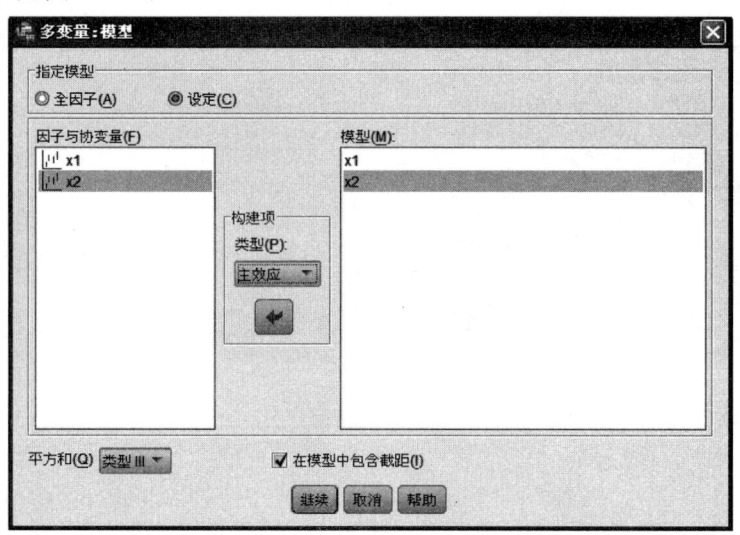

图 2-319 "构建项"的类型被确定

点击"继续"键返回到"多变量"对话框，见图 2-320：

图 2-320 "多变量"对话框

7. 对比设置

单击"对比"按钮，弹出"多变量：对比"对话框，见图 2-321：

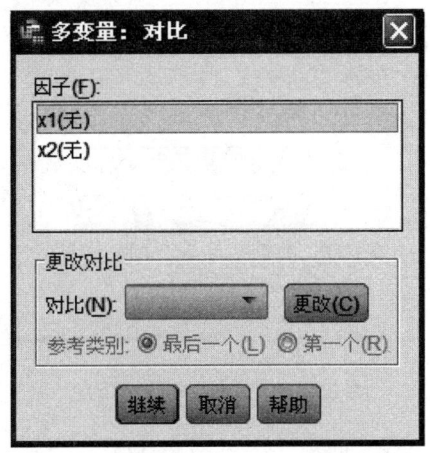

图 2-321　"多变量：对比"对话框

点击 x_1，使其变色，然后点击"对比"的下拉键，见图 2-322：

图 2-322　对比方法的选项

我们选择"简单"，见图 2-323：

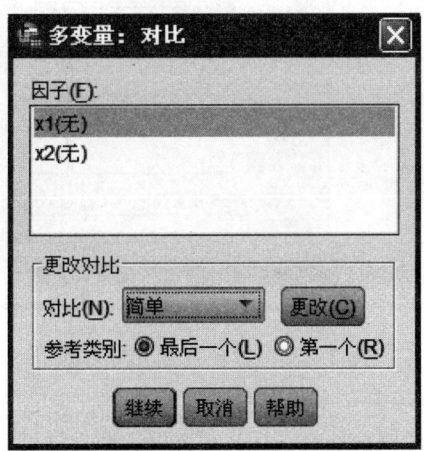

图 2-323　对比方法被选定

点击"更改"键,见图 2-324:

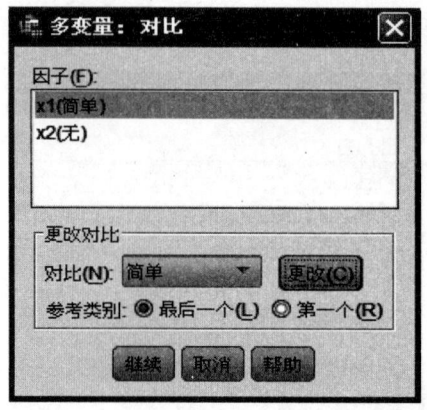

图 2-324　对比方法被确定

用相同的方法将 x_2 的对比方法改成"简单",见图 2-325:

图 2-325　所有对比变量的对比方法被确定

单击"继续"键,返回"多变量"对话框,见图 2-326:

图 2-326　"多变量"对话框

8. 选项设置

单击"选项"键,得到"多变量:选项"对话框,见图 2-327:

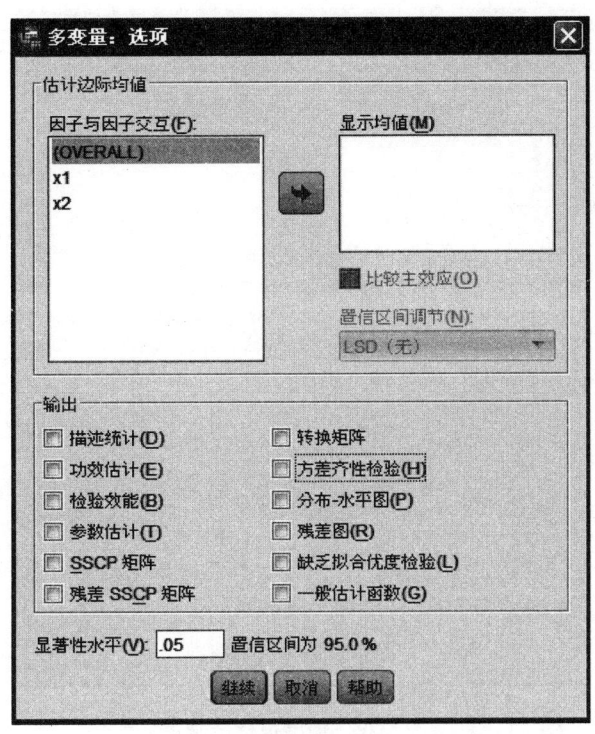

图 2-327 "多变量:选项"对话框

因子这里我们选择变量"OVERALL"进入"显示均值"框,见图 2-328:

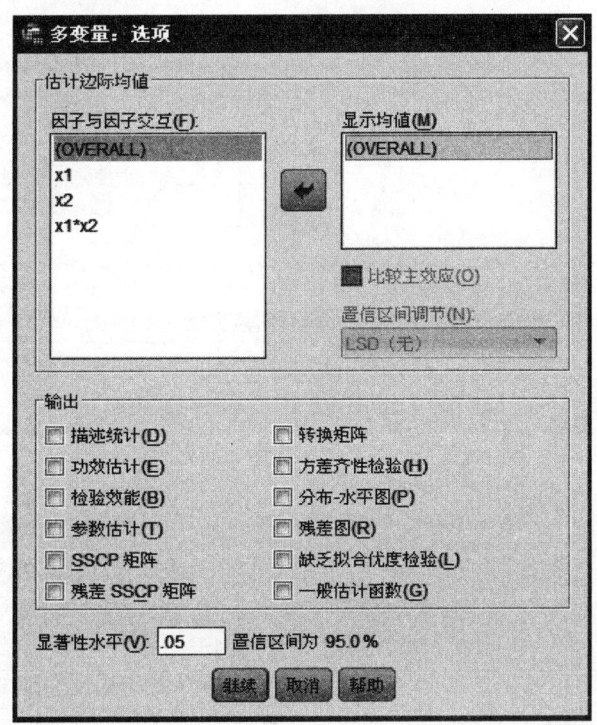

图 2-328 显示均值的目标被确定

选"描述统计",见图 2-329:

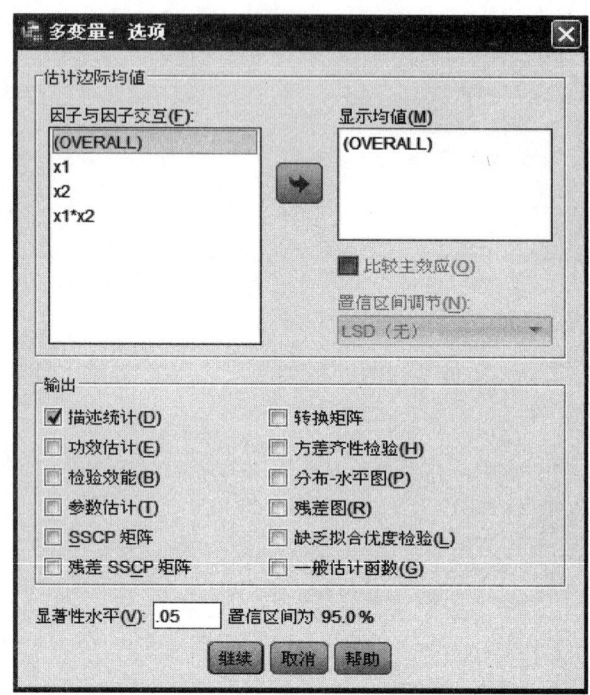

图 2-329　输出指标被确定

单击"继续"按钮,回到"多变量"对话框,见图 2-330:

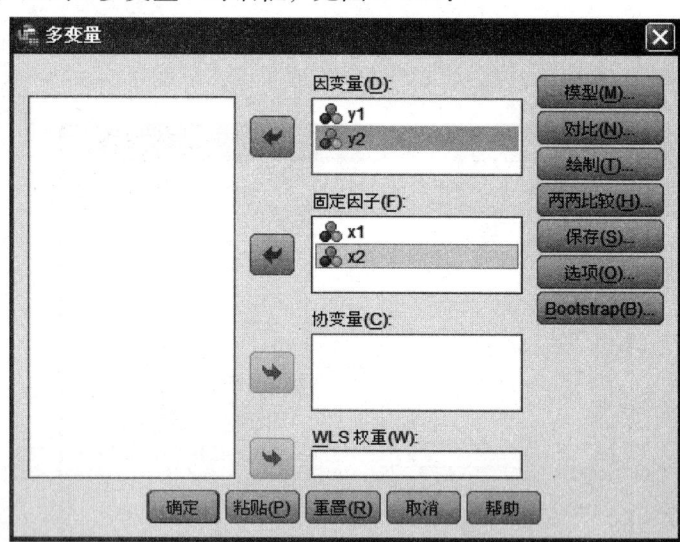

图 2-330　"多变量"对话框

其他的对话框按系统默认设置。

9.结果与分析(省略了前面已有的结果)

点击"确定"键,得到结果,其中主体间因子见表 2-159:

表 2-159　主体间因子

		N
x_1	1.00	8
	2.00	8
	3.00	8
x_2	1.00	12
	2.00	12

本表告诉我们自变量的各个水平取的样本数。

描述性统计量见表 2-160：

表 2-160　描述性统计量

	x_1	x_2	均值	标准 偏差	N
y_1	1.00	1.00	76.0000	5.41603	4
		2.00	91.7500	5.31507	4
		总计	83.8750	9.77515	8
	2.00	1.00	73.0000	2.94392	4
		2.00	86.5000	1.73205	4
		总计	79.7500	7.55456	8
	3.00	1.00	71.2500	3.50000	4
		2.00	74.7500	5.50000	4
		总计	73.0000	4.65986	8
	总计	1.00	73.4167	4.23102	12
		2.00	84.3333	8.47814	12
		总计	78.8750	8.60390	24
y_2	1.00	1.00	61.2500	2.98608	4
		2.00	68.5000	7.18795	4
		总计	64.8750	6.40173	8
	2.00	1.00	51.7500	1.50000	4
		2.00	70.2500	7.93200	4
		总计	61.0000	11.21224	8
	3.00	1.00	54.5000	4.79583	4
		2.00	65.2500	5.12348	4
		总计	59.8750	7.35697	8
	总计	1.00	55.8333	5.16691	12
		2.00	68.0000	6.56437	12
		总计	61.9167	8.48485	24

本表告诉我们因变量在自变量各种水平组合时的均值、标准偏差、样本数。

x_1 对比结果见表 2-161：

表 2-161　对比结果（K 矩阵）

x_1 简单对比 [a]		因变量	
		y_1	y_2
级别 1 和级别 3	对比估算值	10.875	5.000
	假设值	0	0
	差分（估计−假设）	10.875	5.000
	标准 误差	2.158	2.700
	Sig.	0.000	0.081
	差分的 95% 置信区间　下限	6.342	−0.673
	上限	15.408	10.673
级别 2 和级别 3	对比估算值	6.750	1.125
	假设值	0	0
	差分（估计−假设）	6.750	1.125
	标准 误差	2.158	2.700
	Sig.	0.006	0.682
	差分的 95% 置信区间　下限	2.217	−4.548
	上限	11.283	6.798

注：a 表示参考类别 = 3

本表告诉我们因变量在自变量取水平 1 与水平 3 时的差值，y_1 在 x_1 为 1 时的值比在 x_1 为 3 时的值大 10.875，y_2 在 x_1 为 1 时的值比在 x_1 为 3 时的值大 5，y_1 在 x_1 为 2 时的值比在 x_1 为 3 时的值大 6.75，y_2 在 x_1 为 2 时的值比在 x_1 为 3 时的值大 1.125。显然有 y_1 在 x_1 为 1 时的值最大，y_1 在 x_1 为 2 时的值次之，y_1 在 x_1 为 3 时的值最小。并给出了标准误差、显著性概率、差分的 95% 置信区间的上下限。y_1 在三个水平上的差异是显著的，y_2 在三个水平上的差异是不显著的。

总均值见表 2-162：

表 2-162　总均值

因变量	均值	标准 误差	95% 置信区间	
			下限	上限
y_1	78.875	0.881	77.024	80.726
y_2	61.917	1.102	59.601	64.233

本表告诉我们因变量总均值、标准误差、95% 置信区间的上下限。

定制假设检验指数见表 2-163：

表 2-163 定制假设检验指数

	对比系数（L'矩阵）	x_1 的简单对比（参考类别=3）
1	转换系数（M 矩阵）	单位矩阵
	对比结果（K 矩阵）	零矩阵
2	对比系数（L'矩阵）	x_2 的简单对比（参考类别=2）
	转换系数（M 矩阵）	单位矩阵
	对比结果（K 矩阵）	零矩阵

本表告诉我们，假设检验指数有两种取法，一种参考类别取 $x_1=3$，另一种参考类别取 $x_2=2$。

单变量检验我们结果见表 2-164：

表 2-164 单变量检验结果

源	因变量	平方和	df	均方	F	Sig.
对比	y_1	482.250	2	241.125	12.946	0.000
	y_2	110.083	2	55.042	1.887	0.180
误差	y_1	335.250	18	18.625		
	y_2	525.000	18	29.167		

本表告诉我们，x_1 对 y_1 显著，但对 y_2 不显著，但不意味着 x_1 与 y_2 无关，因为交互项 x_1*x_2 与 y_2 有关。

x_2 简单对比的对比结果见表 2-165：

表 2-165 对比结果（K 矩阵）

x_2 简单对比 [a]		因变量	
		y_1	y_2
级别 1 和级别 2	对比估算值	−10.917	−12.167
	假设值	0	0
	差分（估计−假设）	−10.917	−12.167
	标准 误差	1.762	2.205
	Sig.	0.000	0.000
	差分的 95% 置信区间　下限	−14.618	−16.799
	上限	−7.215	−7.535

注：a 表示参考类别=2

本表告诉我们因变量在自变量取水平 1 与水平 2 时的差值，y_1 在 x_2 为 1 时的值比在 x_2 为 2 时的值小 10.917。y_2 在 x_2 为 1 时的值比在 x_2 为 2 时的值小 12.167。显然有 y_1 在 x_2 为 2 时的值最大。并给出了标准误差、显著性概率、差分的 95% 置信区间的上下限。y_1、y_2 在二个水平上的差异是显著的。

因变量的单变量检验结果见表 2-166：

表 2-166 单变量检验结果

源	因变量	平方和	df	均方	F	Sig.
对比	y_1	715.042	1	715.042	38.391	0.000
	y_2	888.167	1	888.167	30.451	0.000
误差	y_1	335.250	18	18.625		
	y_2	525.000	18	29.167		

本表告诉我们，x_2 对 y_1、y_2 都显著。

当两个因子的交互作用达到显著时，必须进一步进行单纯主要效果检验。若考察 A 因子的单纯主要效果，就要将数据文件以 B 为组别进行分割，以 A 为固定因子进行多元方差分析。如果单纯主要效果达到显著，就要进一步考察方差分析结果及其事后比较结果。

若考察 B 因子的单纯主要效果，就要将数据文件以 A 为组别进行分割，以 B 为固定因子进行多元方差分析。如果单纯主要效果达到显著，就要进一步考察方差分析结果及其事后比较结果。

10. 拆分文件

在数据界面点击菜单中的"数据"键，鼠标下滑到"拆分文件"，见图 2-331：

图 2-331 分析路径

点击之，得到"分割文件"对话框，见图 2-332：

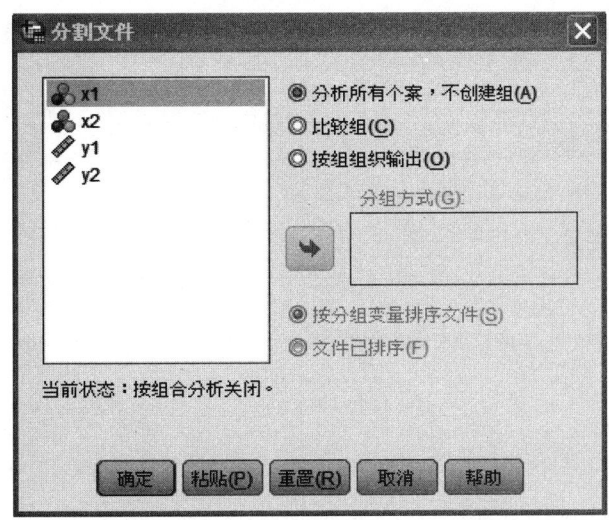

图 2-332 "分割文件"对话框

选择"按组组织输出",此时"分组方式"框被激活,见图 2-333:

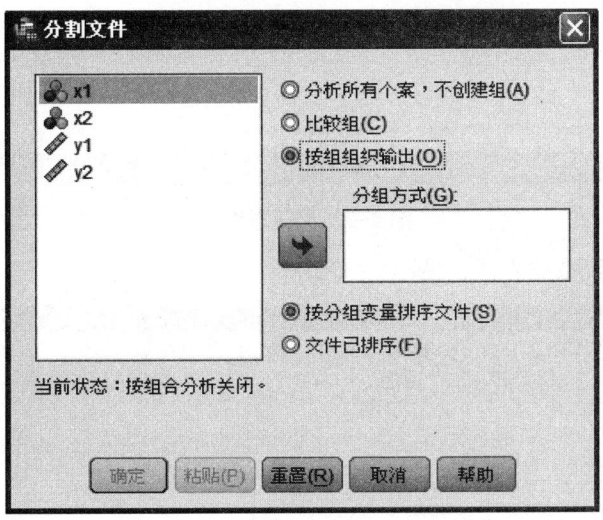

图 2-333 "分组方式"框被激活

将地域变量 x_2 点进"分组方式"框,见图 2-334:

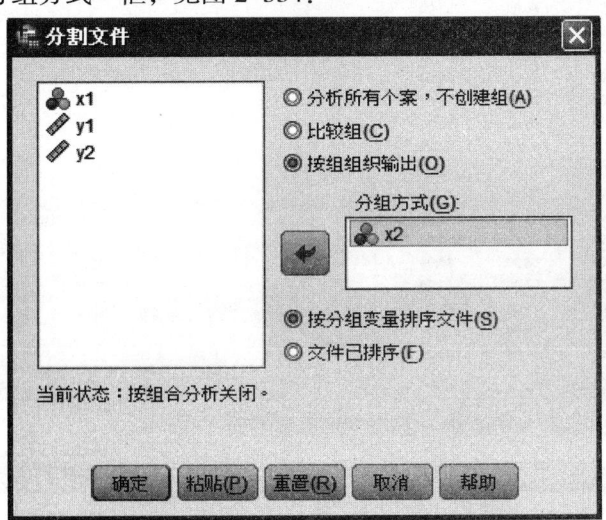

图 2-334 "分组方式"的变量被确定

点击"确定"键,得到日志界面,见图 2-335:

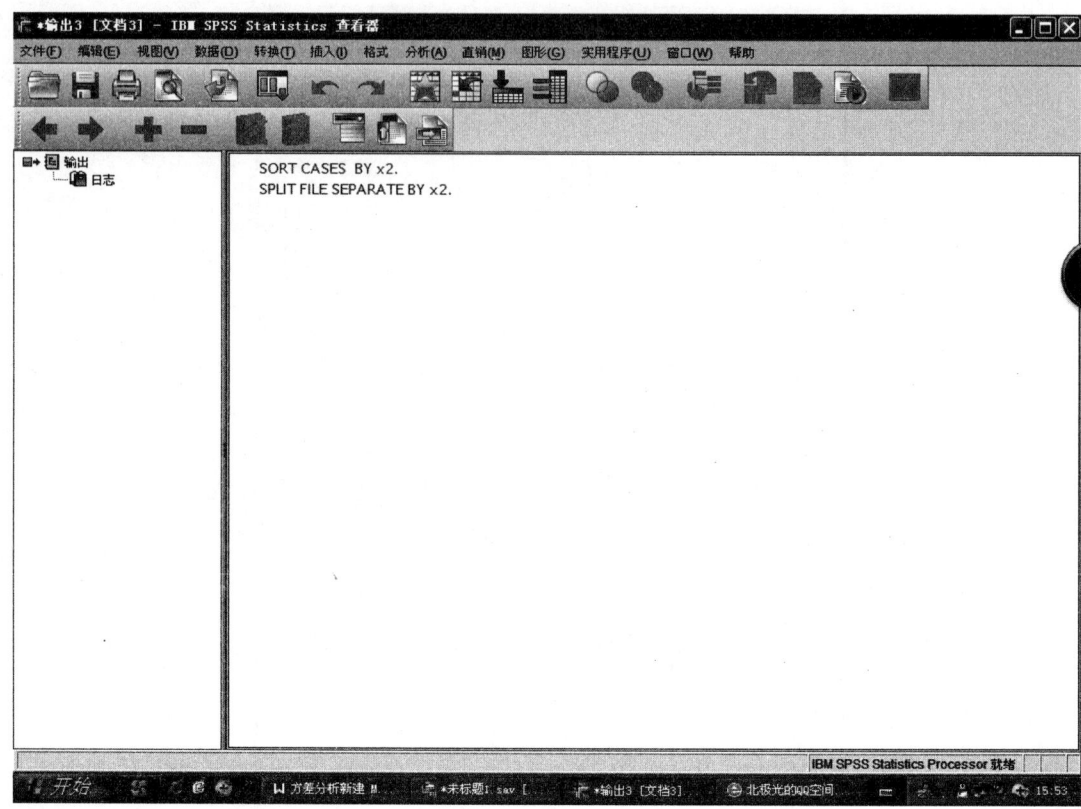

图 2-335　日志界面

我们删除此界面，返回到数据界面，见图 2-336：

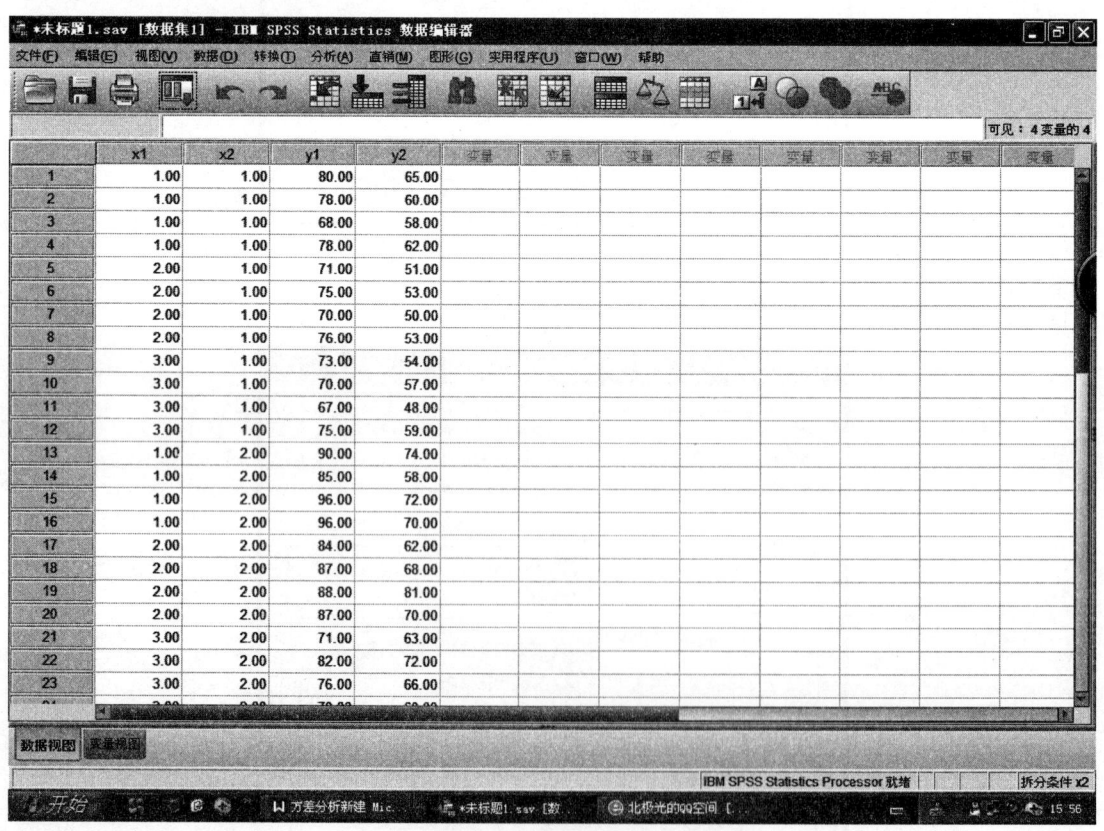

图 2-336　数据输入方式

11. 变量确定

重复前边的步骤："分析"→"一般线性模型"→"多变量"，得到"多变量"对话框，见图

2-337：

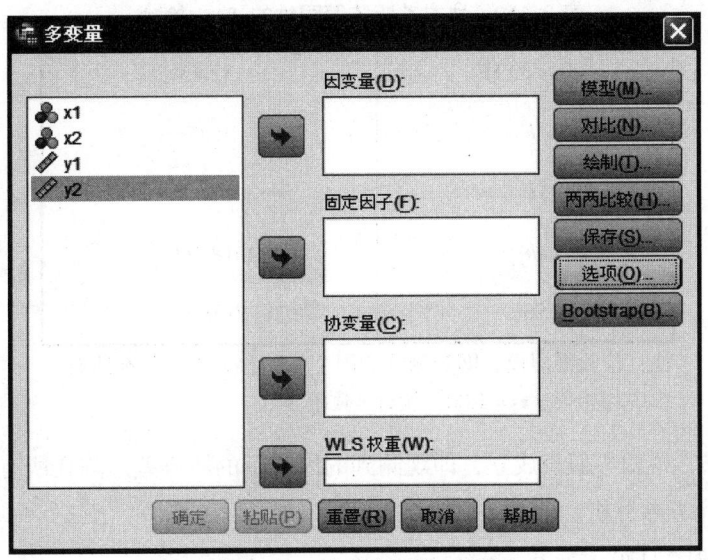

图 2-337 "多变量"对话框

将因变量 y_1、y_2 点进"因变量"框，将分组变量以外的另一个自变量 x_1 点进"固定因子"框，其他一切设置同前。

12. 地域单纯的主要效果及其分析

x_1 的主体间因子见表 2-167：

表 2-167　主体间因子

		N
x_1	1.00	4
	2.00	4
	3.00	4

注：$x_2 = 1.00$

本表说明在 $x_2 = 1$ 的前提下，研究地域单纯的主要效果变量的样本有 12 个。每个水平有 4 个样本。

描述性统计量见表 2-168：

表 2-168　描述性统计量

	x_1	均值	标准 偏差	N
y_1	1.00	76.0000	5.41603	4
	2.00	73.0000	2.94392	4
	3.00	71.2500	3.50000	4
	总计	73.4167	4.23102	12
y_2	1.00	61.2500	2.98608	4
	2.00	51.7500	1.50000	4
	3.00	54.5000	4.79583	4
	总计	55.8333	5.16691	12

注：$x_2 = 1.00$

本表给出了 $x_2 = 1$，即考察对象是农村，且 x_1 取不同水平时，各个因变量的均值、标准偏差、样本数。

协方差矩阵等同性的 Box 检验结果见表 2-169：

表 2-169　协方差矩阵等同性的 Box 检验

Box 的 M	13.643
F	1.537
df_1	6
df_2	2018.769
Sig.	0.162

注：检验零假设，即观测到的因变量的协方差矩阵在所有组中均相等；$x_2 = 1.00$；设计：截距 + x_1

因 Sig=0.126 > 0.05，说明零假设成立，即观测到的因变量的协方差矩阵在所有组中均相等。满足等协方差要求，可以进行多元方差分析。

多变量检验结果见表 2-170：

表 2-170　多变量检验

效应		值	F	假设 df	误差 df	Sig.	偏 Eta 方
截距	Pillai 的跟踪	0.998	1830.589^a	2.000	8.000	0.000	0.998
	Wilks 的 Lambda	0.002	1830.589^a	2.000	8.000	0.000	0.998
	Hotelling 的跟踪	457.647	1830.589^a	2.000	8.000	0.000	0.998
	Roy 的最大根	457.647	1830.589^a	2.000	8.000	0.000	0.998
x_1	Pillai 的跟踪	0.885	3.572	4.000	18.000	0.026	0.443
	Wilks 的 Lambda	0.226	4.410^a	4.000	16.000	0.014	0.524
	Hotelling 的跟踪	2.929	5.125	4.000	14.000	0.009	0.594
	Roy 的最大根	2.750	12.374^b	2.000	9.000	0.003	0.733

注：精确统计量；该统计量是 F 的上限，它产生了一个关于显著性级别的下限；$x_2 = 1.00$；设计：截距 + x_1

自变量 x_2 为 1 的前提下，x_1 的最大 Sig=0.026 < 0.0，说明 x_1 非常显著。

Bartlett 的球形度检验结果见表 2-171：

表 2-171　Bartlett 的球形度检验

似然比	0.005
近似卡方	6.969
df	2
Sig.	0.031

注：检验零假设，即残差协方差矩阵与一个单位矩阵成比例；$x_2 = 1.00$；设计：截距 + x_1

自变量 x_2 为 1 的前提下，由于 Sig=0.031 < 0.05，否定了零假设，残差协方差矩阵与一个单位矩阵不成比例，各列相关，需要用多元方差分析。

误差方差等同性的 Levene 检验结果见表 2-172：

表 2-172　误差方差等同性的 Levene 检验

	F	df_1	df_2	Sig.
y_1	0.738	2	9	0.505
y_2	1.694	2	9	0.237

注：检验零假设，即在所有组中因变量的误差方差均相等；
$x_2 = 1.00$；设计：截距 + x_1

在自变量 x_2 为 1 的前提下，因 Sig 值一个为 0.505，另一个为 0.237，都大于 0.05，说明零假设成立，即在所有组中因变量的误差方差均相等，满足误差等方差要求。

主体间效应的检验结果见表 2-173：

表 2-173　主体间效应的检验

源	因变量	III型平方和	df	均方	F	Sig.	偏 Eta 方
校正模型	y_1	46.167^a	2	23.083	1.378	0.301	0.234
	y_2	191.167^b	2	95.583	8.393	0.009	0.651
截距	y_1	64680.083	1	64680.083	3861.498	0.000	0.998
	y_2	37408.333	1	37408.333	3284.634	0.000	0.997
x_1	y_1	46.167	2	23.083	1.378	0.301	0.234
	y_2	191.167	2	95.583	8.393	0.009	0.651
误差	y_1	150.750	9	16.750			
	y_2	102.500	9	11.389			
总计	y_1	64877.000	12				
	y_2	37702.000	12				
校正的总计	y_1	196.917	11				
	y_2	293.667	11				

注：$x_2 = 1.00$

自变量 x_2 为 1 的前提下，自变量 x_1 对因变量 y_1 为 0 的显著概率为 Sig=0.301>0.05，所以自变量 x_1 对因变量 y_1 不显著。其调整决定系数为 0.064。自变量 x_1 对因变量 y_2 为 0 的显著概率为 Sig=0.009 < 0.05，所以自变量 x_1 对因变量 y_2 非常显著。其调整决定系数为 0.573。

x_1 各级对比结果见表 2-174：

表 2-174 对比结果（K 矩阵）

x_1 简单对比[a]		因变量	
		y_1	y_2
级别 1 和级别 3	对比估算值	4.750	6.750
	假设值	0	0
	差分（估计−假设）	4.750	6.750
	标准 误差	2.894	2.386
	Sig.	0.135	0.020
	差分的 95% 置信区间　下限	−1.797	1.352
	上限	11.297	12.148
级别 2 和级别 3	对比估算值	1.750	−2.750
	假设值	0	0
	差分（估计−假设）	1.750	−2.750
	标准 误差	2.894	2.386
	Sig.	0.560	0.279
	差分的 95% 置信区间　下限	−4.797	−8.148
	上限	8.297	2.648

注：参考类别 = 3，$x_2 = 1.00$

自变量 x_2 为 1 的前提下，y_1 在 x_1 的一水平比三水平的值多 4.75，标准误差为 2.894，差分的 95% 置信区间的上下限分别为 11.297 和 −1.979，差值不显著。y_2 在 x_1 的一水平比三水平的值多 6.75，标准误差为 2.386，差分的 95% 置信区间的上下限分别为 12.148 和 1.352，差值显著。y_1 在 x_1 的二水平比三水平的值多 1.75，标准误差为 2.894，差分的 95% 置信区间的上下限分别为 8.297 和 −4.797，差值不显著。y_2 在 x_1 的二水平比三水平的值少 2.75，标准误差为 2.386，差分的 95% 置信区间的上下限分别为 2.648 和 −8.148，差值不显著。

多个比较结果见表 2-175：

表 2-175 多个比较

Scheffe

因变量	(I) x_1	(J) x_1	均值差值（I−J）	标准 误差	Sig.	95% 置信区间	
						下限	上限
y_1	1.00	2.00	3.0000	2.89396	0.602	−5.4437	11.4437
		3.00	4.7500	2.89396	0.308	−3.6937	13.1937
	2.00	1.00	−3.0000	2.89396	0.602	−11.4437	5.4437
		3.00	1.7500	2.89396	0.836	−6.6937	10.1937
	3.00	1.00	−4.7500	2.89396	0.308	−13.1937	3.6937
		2.00	−1.7500	2.89396	0.836	−10.1937	6.6937
y_2	1.00	2.00	9.5000*	2.38630	0.010	2.5375	16.4625
		3.00	6.7500	2.38630	0.057	−0.2125	13.7125
	2.00	1.00	−9.5000*	2.38630	0.010	−16.4625	−2.5375
		3.00	−2.7500	2.38630	0.538	−9.7125	4.2125
	3.00	1.00	−6.7500	2.38630	0.057	−13.7125	0.2125
		2.00	2.7500	2.38630	0.538	−4.2125	9.7125

注：基于观测到的均值，误差项为均值方（错误）= 11.389，* 表示均值差值在 0.05 级别上较显著，a 表示 $x_2 = 1.00$

自变量 x_2 为 1 的前提下，y_1 在 x_1 的一水平的值比在 x_1 的二水平的值多 3，标准误差为 2.89396，差值的显著概率为 0.602，不显著。y_1 在 x_1 的一水平的值比在 x_1 的三水平的值多 4.75，标准误差为 2.89396，差值的显著概率为 0.308，不显著。y_1 在 x_1 的二水平的值比在 x_1 的三水平的值多 1.75，标准误差为 2.89396，差值的显著概率为 0.836，不显著。

自变量 x_2 为 1 的前提下，y_2 在 x_1 的一水平的值比在 x_1 的二水平的值多 9.5，标准误差为 2.3863，差值的显著概率为 0.01，显著。y_2 在 x_1 的一水平的值比在 x_1 的三水平的值多 6.75，标准误差为 2.3863，差值的显著概率为 0.07，不显著。y_2 在 x_1 的二水平的值比在 x_1 的三水平的值少 2.75，标准误差为 2.3863，差值的显著概率为 0.538，不显著。

x_1 主体间因子见表 2-176：

表 2-176　主体间因子

		N
x_1	1.00	4
	2.00	4
	3.00	4

注：$x_2 = 2.00$

在 $x_2 = 2$ 的前提下，研究地域单纯的主要效果的变量 $x_2 = 1$ 的样本有 12 个，每个水平有 4 个样本。

描述性统计量见表 2-177：

表 2-177　描述性统计量

	x_1	均值	标准 偏差	N
y_1	1.00	91.7500	5.31507	4
	2.00	86.5000	1.73205	4
	3.00	74.7500	5.50000	4
	总计	84.3333	8.47814	12
y_2	1.00	68.5000	7.18795	4
	2.00	70.2500	7.93200	4
	3.00	65.2500	5.12348	4
	总计	68.0000	6.56437	12

注：$x_2 = 2.00$

在 $x_2 = 2$ 的前提下，给出了 x_1 取不同水平时，各个因变量的均值、标准偏差、样本数。

协方差矩阵等同性的 Box 检验结果见表 2-178：

表 2-178　协方差矩阵等同性的 Box 检验

Box 的 M	14.367
F	1.619
df_1	6
df_2	2018.769
Sig.	0.138

注：检验零假设，即观测到的因变量的协方差矩阵在所有组中均相等；$x_2 = 2.00$；设计：截距 + x_1

在 $x_2=2$ 的前提下，因 Sig=0.138 > 0.05，说明零假设成立，即观测到的因变量的协方差矩阵在所有组中均相等，满足等协方差要求，可以进行多元方差分析。

多变量检验结果见表 2-179：

表 2-179 多变量检验

效应		值	F	假设 df	误差 df	Sig.	偏 Eta 方
截距	Pillai 的跟踪	0.998	1986.398[a]	2.000	8.000	0.000	0.998
	Wilks 的 Lambda	0.002	1986.398[a]	2.000	8.000	0.000	0.998
	Hotelling 的跟踪	496.600	1986.398[a]	2.000	8.000	0.000	0.998
	Roy 的最大根	496.600	1986.398[a]	2.000	8.000	0.000	0.998
x_1	Pillai 的跟踪	0.900	3.684	4.000	18.000	0.023	0.450
	Wilks 的 Lambda	0.145	6.509[a]	4.000	16.000	0.003	0.619
	Hotelling 的跟踪	5.590	9.783	4.000	14.000	0.001	0.737
	Roy 的最大根	5.534	24.903[b]	2.000	9.000	0.000	0.847

注：$x_2=2.00$，设计：截距 + x_1

在 $x_2=2$ 的前提下，x_1 的最大 Sig=0.023 < 0.05，说明 x_1 非常显著。

误差方差等同性的 Levene 检验结果见表 2-180：

表 2-180 误差方差等同性的 Levene 检验

	F	df_1	df_2	Sig.
y_1	3.200	2	9	0.089
y_2	0.210	2	9	0.815

注：检验零假设，即在所有组中因变量的误差方差均相等；$x_2=2.00$；设计：截距 + x_1

在 $x_2=2$ 的前提下，因 Sig 值一个为 0.089，另一个为 0.815，都大于 0.05，说明零假设成立，即在所有组中因变量的误差方差均相等，满足误差等方差要求。

x_1 主体间效应的检验结果见表 2-181：

表 2-181 主体间效应的检验

源	因变量	Ⅲ型平方和	df	均方	F	Sig.	偏 Eta 方
校正模型	y_1	606.167[a]	2	303.083	14.785	0.001	0.767
	y_2	51.500[b]	2	25.750	0.549	0.596	0.109
截距	y_1	85345.333	1	85345.333	4163.187	0.000	0.998
	y_2	55488.000	1	55488.000	1181.993	0.000	0.992
x_1	y_1	606.167	2	303.083	14.785	0.001	0.767
	y_2	51.500	2	25.750	0.549	0.596	0.109
误差	y_1	184.500	9	20.500			
	y_2	422.500	9	46.944			
总计	y_1	86136.000	12				
	y_2	55962.000	12				
校正的总计	y_1	790.667	11				
	y_2	474.000	11				

注：$x_2=2.00$

在 $x_2=2$ 的前提下,自变量 x_1 对因变量 y_1 为 0 的显著概率为 Sig=0.001 < 0.05,所以自变量 x_1 对因变量 y_1 显著。其调整决定系数为 0.715。自变量 x_1 对因变量 y_2 为 0 的显著概率为 Sig=0.596 > 0.05,所以自变量 x_1 对因变量 y_2 不显著。其调整决定系数为 0.089。

x_1 对比结果见表 2-182:

表 2-182 对比结果(K 矩阵)

x_1 简单对比 a		因变量	
		y_1	y_2
级别 1 和级别 3	对比估算值	17.000	3.250
	假设值	0	0
	差分(估计−假设)	17.000	3.250
	标准 误差	3.202	4.845
	Sig.	0.000	0.519
	差分的 95% 置信区间 下限	9.758	−7.710
	上限	24.242	14.210
级别 2 和级别 3	对比估算值	11.750	5.000
	假设值	0	0
	差分(估计−假设)	11.750	5.000
	标准 误差	3.202	4.845
	Sig.	0.005	0.329
	差分的 95% 置信区间 下限	4.508	−5.960
	上限	18.992	15.960

注:参考类别 = 3, x_2 = 2.00

在 $x_2=2$ 的前提下,y_1 在 x_1 的一水平比三水平的值多 17,标准误差为 3.202,差分的 95% 置信区间的上下限分别为 24.242 和 9.758,差值非常显著。y_2 在 x_1 的一水平比三水平的值多 3.25,标准误差为 4.845,差分的 95% 置信区间的上下限分别为 14.21 和 −7.71,差值不显著。y_1 在 x_1 的二水平比三水平的值多 11.75,标准误差为 3.202,差分的 95% 置信区间的上下限分别为 −18.992 和 4.508,差值非常显著。y_2 在 x_1 的二水平比三水平的值少 5,标准误差为 4.845,差分的 95% 置信区间的上下限分别为 15.96 和 −5.96,差值不显著。

x_1 各水平多个比较结果见表 2-183:

表 2-183 多个比较

Scheffe

因变量	(I) x_1	(J) x_1	均值差值（I-J）	标准 误差	Sig.	95% 置信区间	
						下限	上限
y_1	1.00	2.00	5.2500	3.20156	0.308	-4.0912	14.5912
		3.00	17.0000*	3.20156	0.002	7.6588	26.3412
	2.00	1.00	-5.2500	3.20156	0.308	-14.5912	4.0912
		3.00	11.7500*	3.20156	0.016	2.4088	21.0912
	3.00	1.00	-17.0000*	3.20156	0.002	-26.3412	-7.6588
		2.00	-11.7500*	3.20156	0.016	-21.0912	-2.4088
y_2	1.00	2.00	-1.7500	4.84481	0.937	-15.8857	12.3857
		3.00	3.2500	4.84481	0.803	-10.8857	17.3857
	2.00	1.00	1.7500	4.84481	0.937	-12.3857	15.8857
		3.00	5.0000	4.84481	0.605	-9.1357	19.1357
	3.00	1.00	-3.2500	4.84481	0.803	-17.3857	10.8857
		2.00	-5.0000	4.84481	0.605	-19.1357	9.1357

注：基于观测到的均值，误差项为均值方（错误）= 46.944，* 表示 均值差值在 0.05 级别上较显著，$x_2 = 2.00$

自变量 x_2 为 2 的前提下，y_1 在 x_1 的一水平的值比在 x_1 的二水平的值多 5.25，标准误差为 3.20156，差值的显著概率为 0.308，不显著，95% 置信区间的上下限为 14.9512 和 -4.0912。y_1 在 x_1 的一水平的值比在 x_1 的三水平的值多 17，标准误差为 3.20156，差值的显著概率为 0.002，极为显著，95% 置信区间的上下限为 26.3412 和 7.6588。y_1 在 x_1 的二水平的值比在 x_1 的三水平的值多 11.75，标准误差为 3.20156，差值的显著概率为 0.016，显著，95% 置信区间的上下限为 21.0912 和 2.4088。

自变量 x_2 为 2 的前提下，y_2 在 x_1 的一水平的值比在 x_1 的二水平的值少 1.75，标准误差为 4.84481，差值的显著概率为 0.937，极不显著，95% 置信区间的上下限为 12.3857 和 -15.8857。y_2 在 x_1 的一水平的值比在 x_1 的三水平的值多 3.25，标准误差为 4.84481，差值的显著概率为 0.803，极不显著，95% 置信区间的上下限为 17.3857 和 -10.8857。y_2 在 x_1 的二水平的值比在 x_1 的三水平的值多 5，标准误差为 4.84481，差值的显著概率为 0.605，不显著，95% 置信区间的上下限为 19.1357 和 -9.1357。

四、单因素设计资料的多元方差分析

单因素设计资料的多元方差分析与前边的单一样本 t 检验有点类似，但单一样本 t 检验对应的是一个指标，而单因素设计资料的多元方差分析对应的是一组且相关的指标。

单因素设计资料的多元方差分析的 SPSS 操作步骤如下。

例：（李传华数据）了解某地不同时期儿童生长发育情况，随机调查了 20 名 8 岁儿童的身高（y_1）、体重（y_2）、胸围（y_3）三项指标，显然，在儿童时期三项指标通报变化，有极强的相关性。调查结果见表，试检验本次儿童生长发育调查结果是否高于 10 年前的平均水平（121.57 cm，21.54 kg，57.98 cm）。单因素在这里是时间而不是编号。儿童生长发育数据见表 2-184：

表 2-184　儿童生长发育数据

编号	身高 y_1 /cm	体重 y_2 /kg	胸围 y_3 /cm
1	141.2	31.8	63.6
2	130.2	23	62.5
3	130.4	24.4	62.6
4	130.8	26.8	61.4
5	128.2	26.1	63.9
6	129.5	24.6	51.2
7	128.2	22.3	60
8	124.2	19.5	53.2
9	123	22.6	61
10	124.9	18.8	56.6
11	136.1	26.4	60.2
12	131.2	24.3	59.6
13	133.9	27.2	65.8
14	131.4	27.9	63.3
15	126.5	25.1	63.3
16	126.1	22.7	57.3
17	127.5	22.9	59.6
18	125.3	22.7	65.1
19	124.8	23.1	60.2
20	121.4	19.1	56.5

1. 输入数据

将数据复制粘贴到 SPSS 界面，见图 2-338：

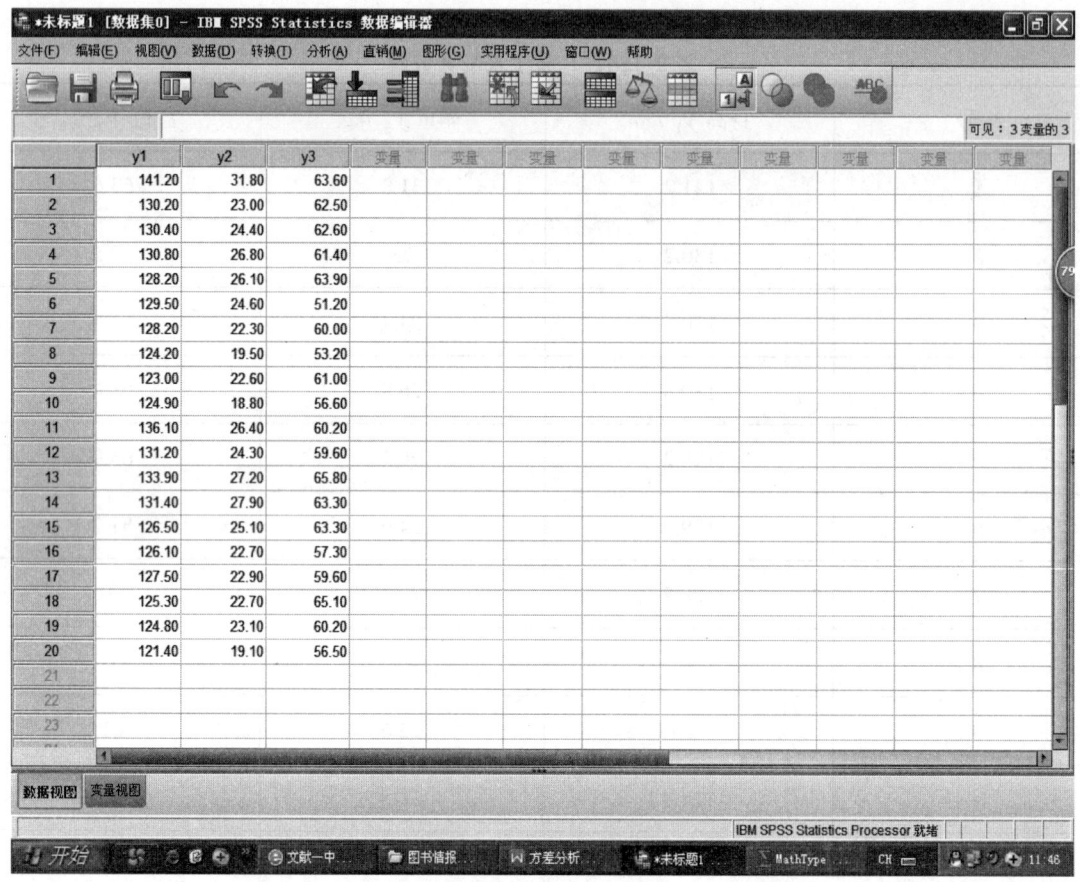

图 2-338　数据输入格式

2. 各数据减去 10 年前的数据

SPSS 中数据要一列一列分步去减，无法同时减去。我们先减第一列。

点击菜单中的"转换"，鼠标下滑到"计算变量"，见图 2-339：

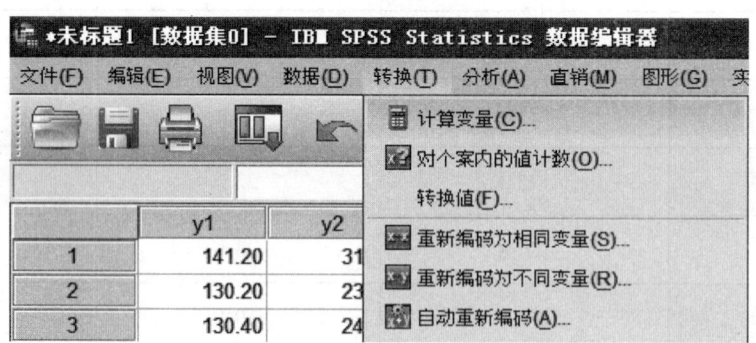

图 2-339　差值分析路径

点击之，得到"计算变量"对话框，见图 2-340：

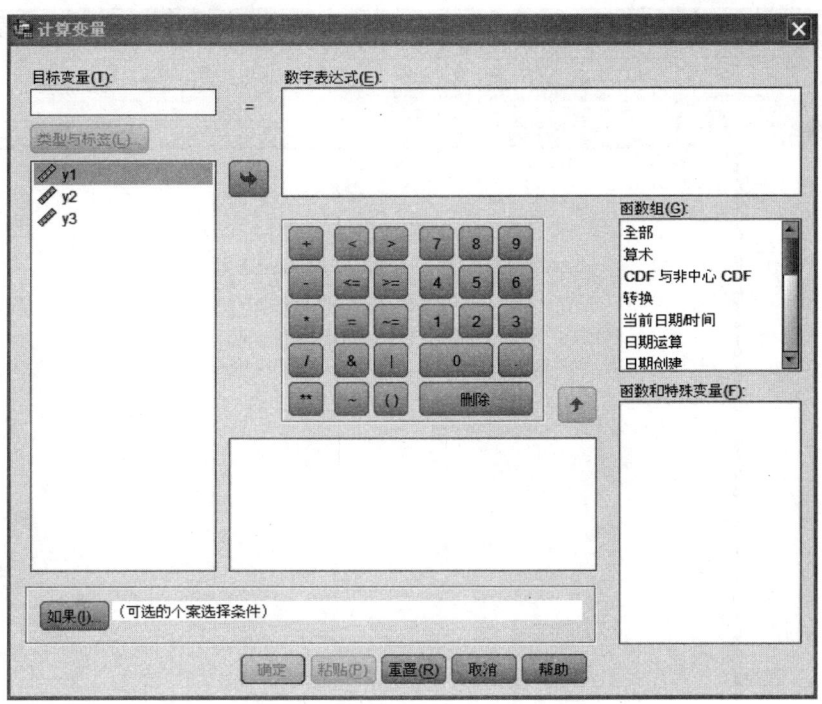

图 2-340 "计算变量"对话框

在"目标变量"框输入一个新变量,比如说是 x_1,在"数字表达式"框输入计算式,我们要计算 y_1 减去对应的 10 年前的数据,即 y_1-121.57,见图 2-341:

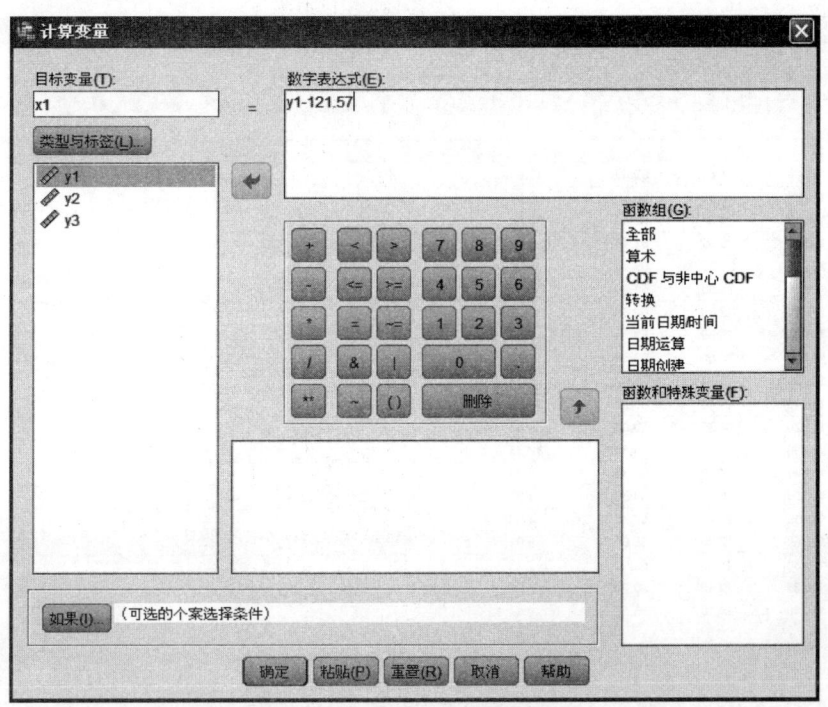

图 2-341 运算表达式的确定

点击"确定"键,得到日志界面,见图 2-342:

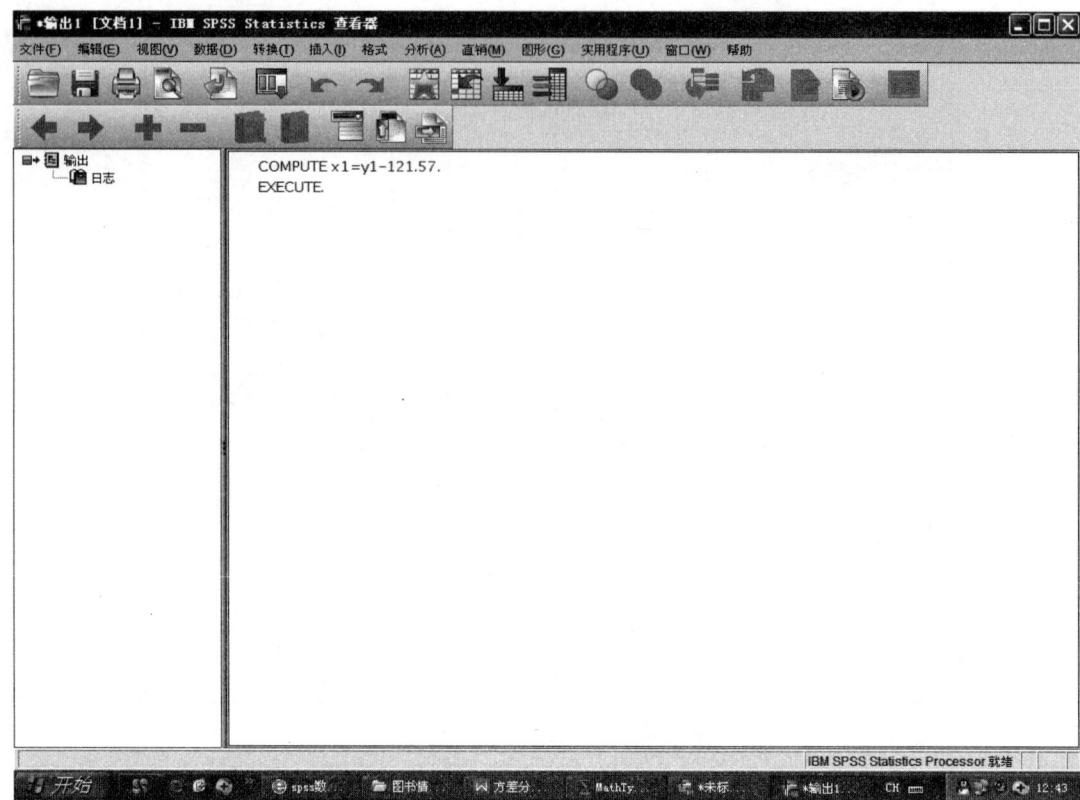

图 2-342　无用的日志页

删除此界面，得到差值，见图 2-343：

图 2-343　一列差值的结果

x_1 就是我们计算出的差。用同样的方法可计算 $y_2-21.54$、$y_3-57.98$，见图 2-344：

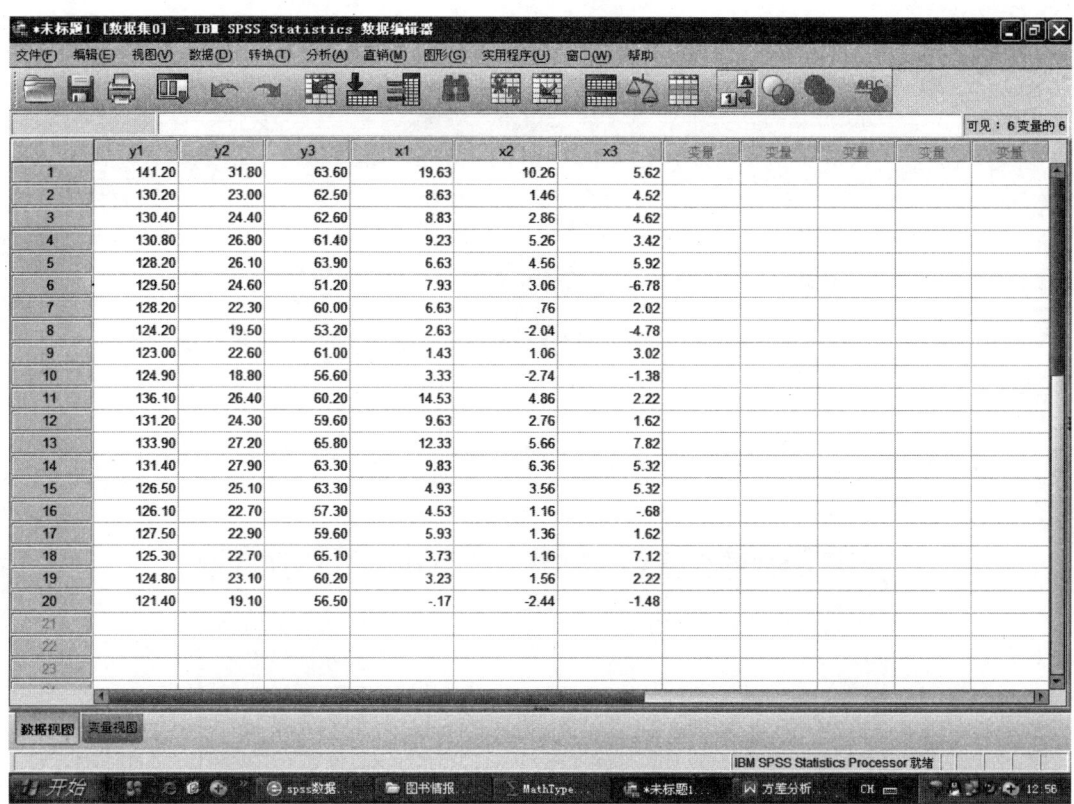

图 2-344 多列差值的结果

删除 y_1、y_2、y_3 列，见图 2-345：

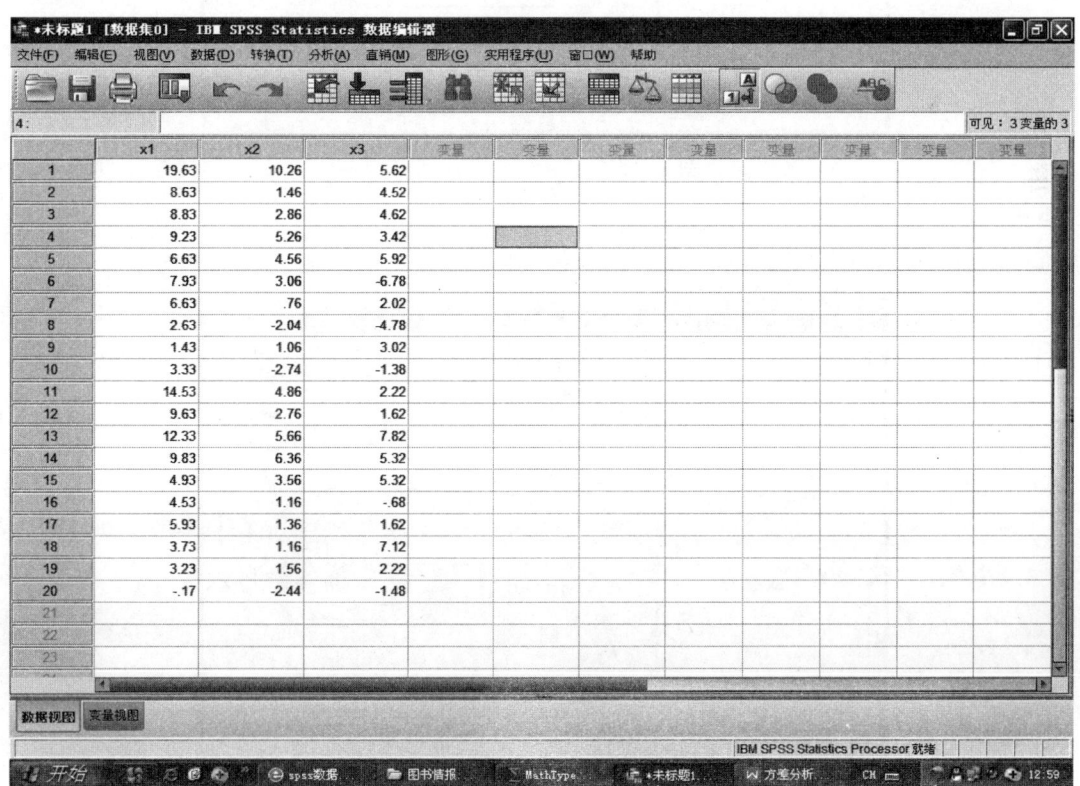

图 2-345 仅保留的差值结果

3. 分析路径

点击菜单中的"分析"，鼠标下滑到"一般线性模型"，接着右滑，再下滑到"多变量"，见图

2-346：

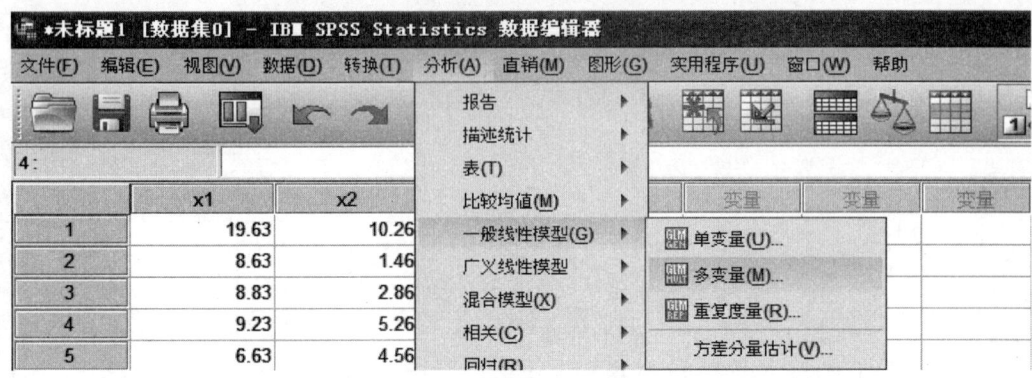

图 2-346　分析路径

点击之，得到"多变量"对话框，见图 2-347：

图 2-347　"多变量"对话框

4. 变量确定

将左框中的所有变量点进"因变量"框，见图 2-348：

图 2-348　对话框中变量被确定

5. 输出结果的确定

点击"选项"键，得到"多变量：选项"对话框，见图 2-349：

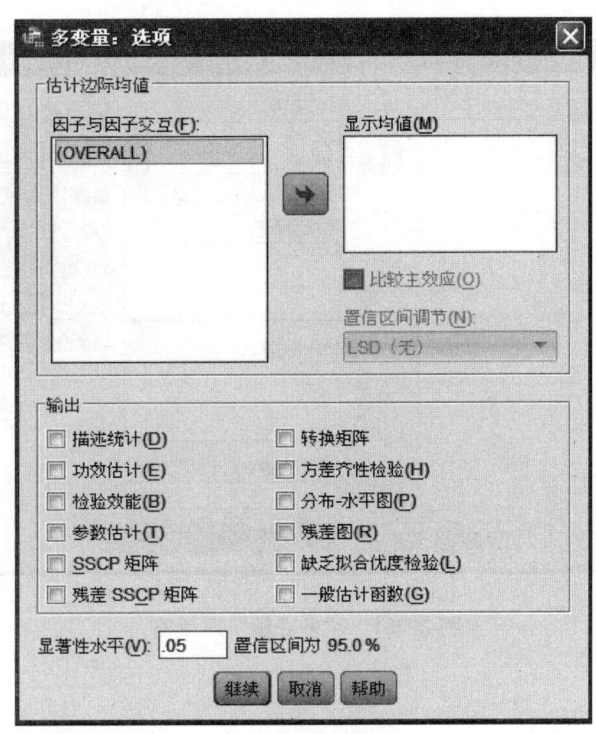

图 2-349　"多变量：选项"对话框

选择"输出"框中的"描述统计"选项，见图 2-350：

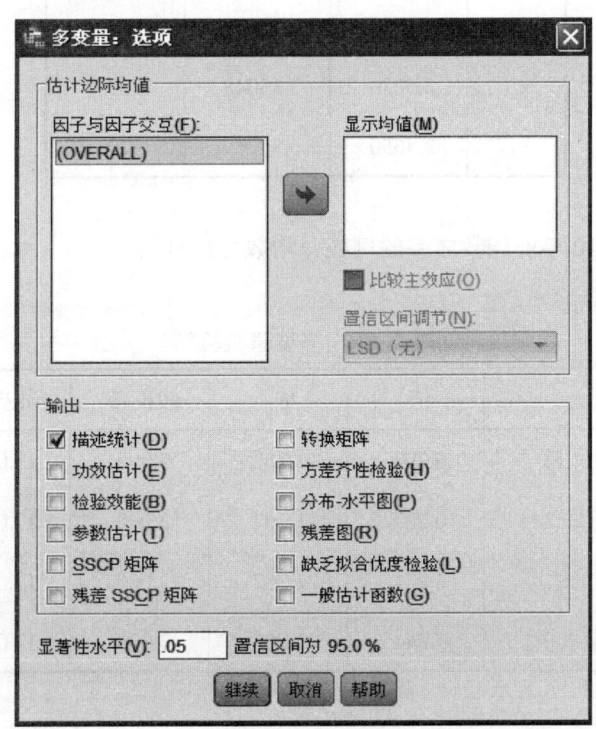

图 2-350　对话框中输出结果被确定

点击"继续"键，返回到"多变量"对话框，见图 2-351：

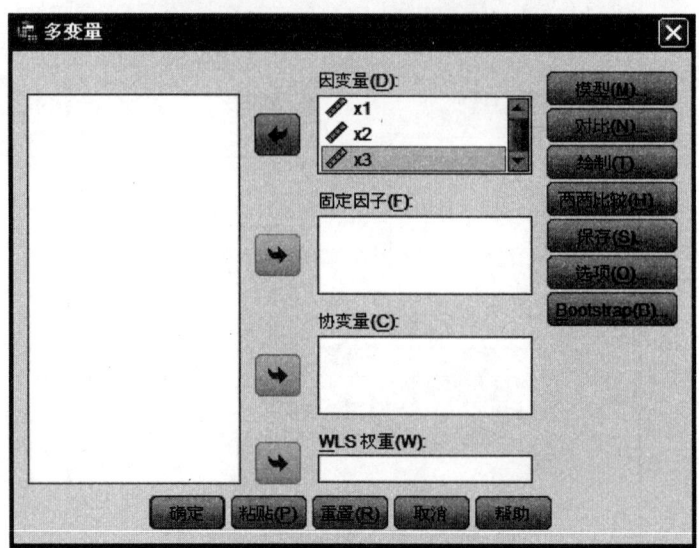

图 2-351 "多变量"对话框

6. 结果与分析

点击"确定"键,得到结果,描述性统计量见表 2-185:

表 2-185 描述性统计量

	均值	标准 偏差	N
x_1	7.1700	4.71575	20
x_2	2.5250	3.15048	20
x_3	2.3650	3.82767	20

本表给出 3 个因变量与 10 年前均数之差的例数、均数与标准差。

多变量检验见表 2-186:

表 2-186 多变量检验[b]

效应		值	F	假设 df	误差 df	Sig.
截距	Pillai 的跟踪	0.793	21.767[a]	3.000	17.000	0.000
	Wilks 的 Lambda	0.207	21.767[a]	3.000	17.000	0.000
	Hotelling 的跟踪	3.841	21.767[a]	3.000	17.000	0.000
	Roy 的最大根	3.841	21.767[a]	3.000	17.000	0.000

注:a 表示精确统计量,b 表示 设计:截距

本表给出 4 种多元方差分析统计量的检验结果,都非常显著,说明 3 个因变量与 10 年前均数差别显著。

主体间效应的检验见表 2-187:

表 2-187 主体间效应的检验

源	因变量	Ⅲ型平方和	df	均方	F	Sig.
校正模型	x_1	0.000[a]	0	.	.	.
	x_2	0.000[b]	0	.	.	.
	x_3	0.000[a]	0	.	.	.
截距	x_1	1028.178	1	1028.178	46.235	0.000
	x_2	127.513	1	127.513	12.847	0.002
	x_3	111.865	1	111.865	7.635	0.012
误差	x_1	422.528	19	22.238		
	x_2	188.585	19	9.926		
	x_3	278.369	19	14.651		
总计	x_1	1450.706	20			
	x_2	316.098	20			
	x_3	390.234	20			
校正的总计	x_1	422.528	19			
	x_2	188.586	19			
	x_3	278.369	19			

注：a 表示 R 方 =0.000（调整 R 方 =0.000），b 表示 R 方 =0.000（调整 R 方 =0.000）

本表给出三种指标各自的一元方差分析结果，因为只有均数，所以模型只含截距，各个截距都非常显著。

五、配对设计资料的多元方差分析的 SPSS 操作步骤

例：（宇传华数据）对 9 名乳腺癌患者进行大剂量化疗，测量化疗前后血液中尿素氮 BUN（mg%）与血清肌酐 Gr（mg%）水平，数据见表 2-188。若二水平都有显著变化，说明化疗对患者的肾功能有影响，否则无影响。9 名乳腺癌患者测量结果见表，试问化疗是否对患者的肾功能有影响？

表 2-188 乳腺癌患者化疗前后肾功能检测结果

患者标号	尿素氮 BUN		血清肌酐 Gr	
	治疗前	治疗后	治疗前	治疗后
1	11.7	10.6	1.3	0.8
2	8.8	7.9	1.2	0.6
3	13.2	11.8	0.9	0.8
4	15.7	15.2	0.9	0.8
5	9.7	6.5	0.8	0.6
6	10.2	13.8	0.5	0.8
7	12.4	13.7	1.2	1.1
8	9.8	11.3	0.7	0.6
9	14.6	13.8	0.9	0.8

患者我们用 x_1 表示，处理用 x_2 表示，我们用 1 表示治疗前，用 2 表示治疗后，用 y_1 表示尿素氮，用 y_2 表示血清肌酐，重新排列后得表 2-189：

表 2-189　数据输入格式

x_1	x_2	y_1	y_2
1	1	11.7	1.3
1	2	10.6	0.8
2	1	8.8	1.2
2	2	7.9	0.6
3	1	13.2	0.9
3	2	11.8	0.8
4	1	15.7	0.9
4	2	15.2	0.8
5	1	9.7	0.8
5	2	6.5	0.6
6	1	10.2	0.5
6	2	13.8	0.8
7	1	12.4	1.2
7	2	13.7	1.1
8	1	9.8	0.7
8	2	11.3	0.6
9	1	14.6	0.9
9	2	13.8	0.8

1. 输入数据

将数据复制粘贴到 SPSS 界面，见图 2-352：

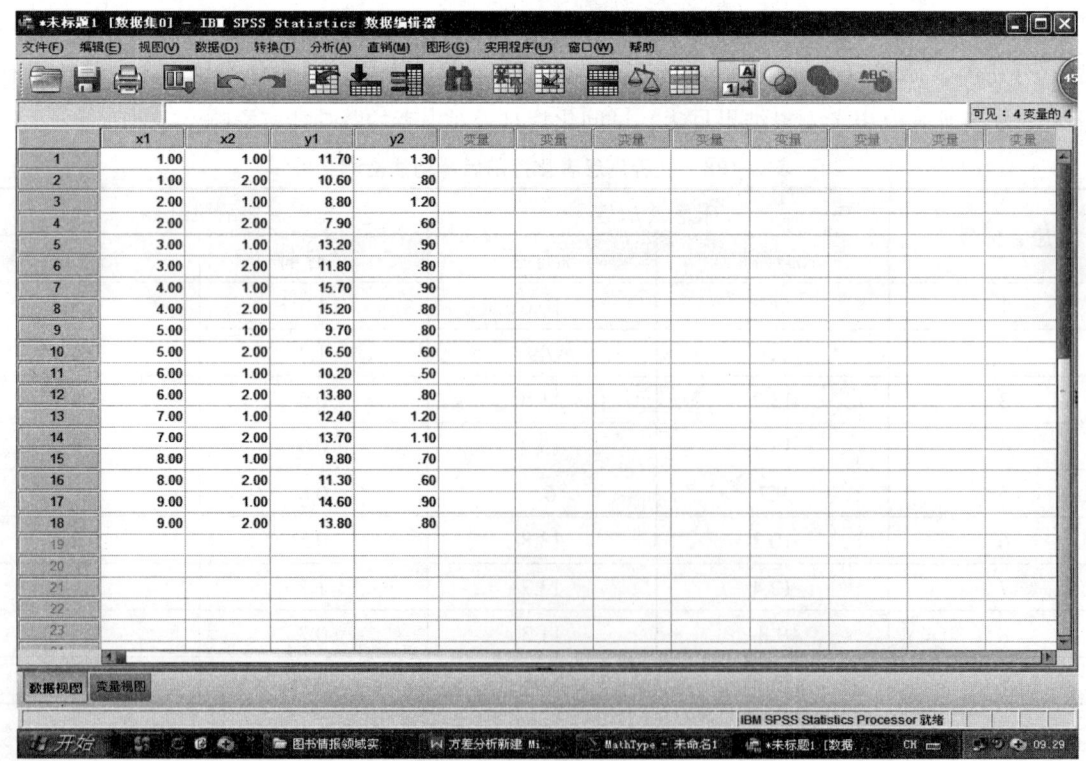

图 2-352　数据输入格式

2. 分析路径

点击菜单中的"分析"，鼠标下滑到"一般线性模型"，鼠标右滑，接着下滑到"多变量"，见图 2-353：

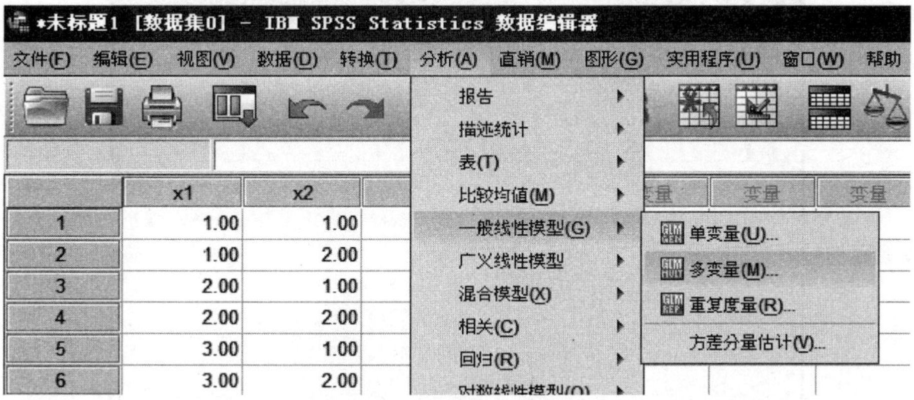

图 2-353 分析路径

点击之，得到"多变量"对话框，见图 2-354：

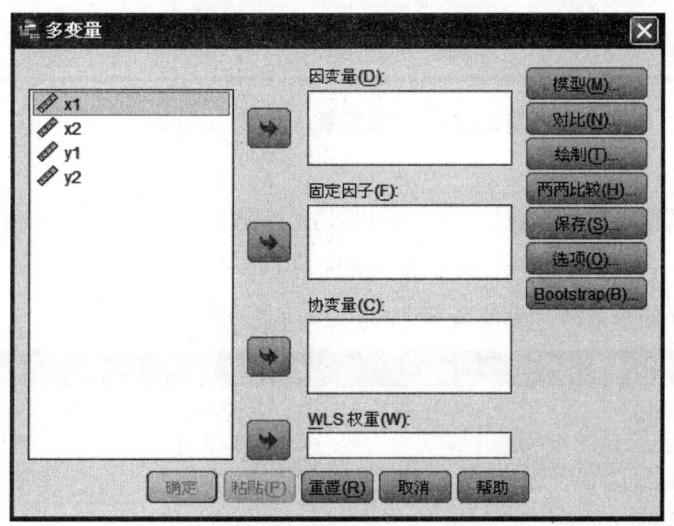

图 2-354 "多变量"对话框

3. 变量确定

将 y_1、y_2 点进"因变量"框，将 x_1、x_2 点进"固定因子"框，见图 2-355：

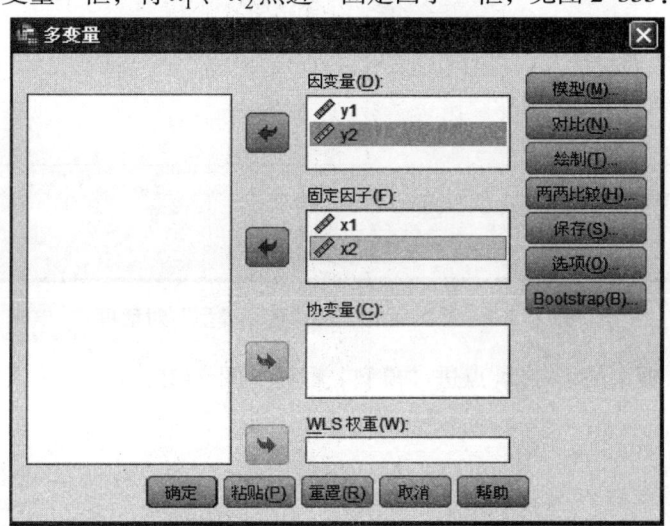

图 2-355 对话框中变量被选定

4. 模型确定

点击"模型"键,得到"多变量:模型"对话框,见图 2-356:

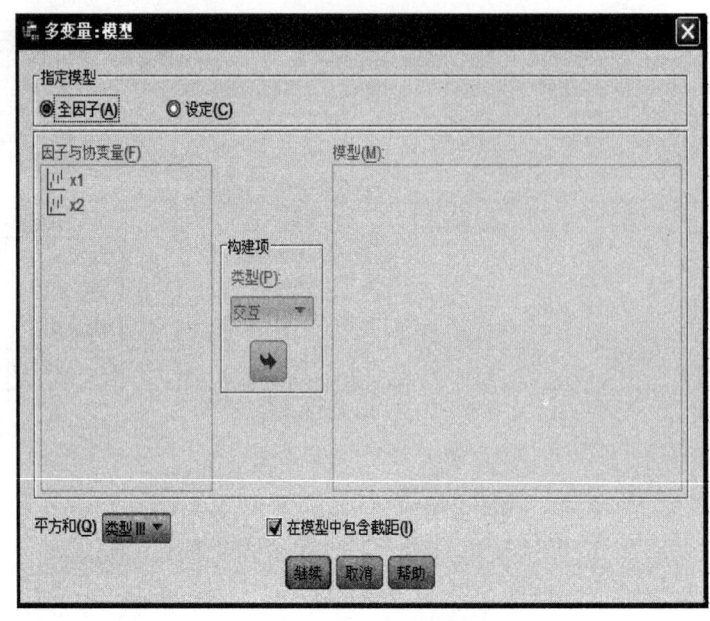

图 2-356 "多变量:模型"对话框

这是默认的"饱和模型"界面,我们关心的问题是化疗是否对患者的肾功能有影响,就是化疗处理变量 x_2 是否显著,所以我们只分析"主效应"即可。

点击"设定"键,界面被激活,见图 2-357:

图 2-357 激活后的"多变量:模型"对话框

将"因子与协变量"框中的 x_1、x_2 点进"模型"框,见图 2-358:

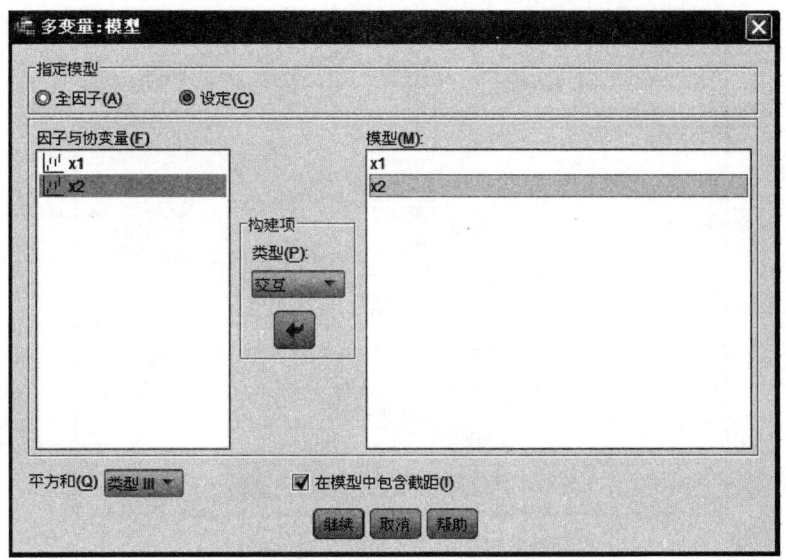

图 2-358　对话框中变量被确定

点击"构建项"框中"类型"下拉键，见图 2-359：

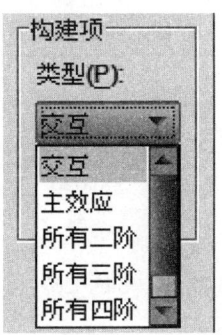

图 2-359　"构建项"框中的待选项

我们选择"主效应"，见图 2-360：

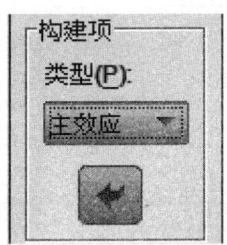

图 2-360　"构建项"框中类型被确定

点击"继续"键，返回到"多变量"对话框，见图 2-361：

图 2-361 "多变量"对话框

5. 结果与分析

点击"确定"键,得到结果,多变量检验结果见表 2-190:

表 2-190 多变量检验

效应		值	F	假设 df	误差 df	Sig.
截距	Pillai 的跟踪	0.994	546.626^a	2.000	7.000	0.000
	Wilks 的 Lambda	0.006	546.626^a	2.000	7.000	0.000
	Hotelling 的跟踪	156.179	546.626^a	2.000	7.000	0.000
	Roy 的最大根	156.179	546.626^a	2.000	7.000	0.000
x_1	Pillai 的跟踪	1.537	3.315	16.000	16.000	0.011
	Wilks 的 Lambda	0.035	3.772^a	16.000	14.000	0.008
	Hotelling 的跟踪	11.073	4.152	16.000	12.000	0.008
	Roy 的最大根	9.347	9.347^b	8.000	8.000	0.002
x_2	Pillai 的跟踪	0.390	2.235^a	2.000	7.000	0.178
	Wilks 的 Lambda	0.610	2.235^a	2.000	7.000	0.178
	Hotelling 的跟踪	0.639	2.235^a	2.000	7.000	0.178
	Roy 的最大根	0.639	2.235^a	2.000	7.000	0.178

注:a 表示精确统计量;b 表示该统计量是 F 的上限,它产生了一个关于显著性级别的下限;c 表示 设计:截距 + x_1 + x_2

显然 x_2 的显著性概率 Sig 为 0.178,大于 0.05,所以不显著,即化疗对患者的肾功能无影响。

六、重复度量资料的多元方差分析的 SPSS 操作步骤

重复度量资料的方差分析,也可用多元方差分析法。重复度量资料的方差分析与重复度量资料多元方差分析法的区别在于:重复度量资料的方差分析不需要自变量,重复度量资料多元方差分析法必须有自变量,否则无法计算。若自变量是分类变量叫固定因子,若自变量是连续变量叫协变量。

例:(余松林数据)27 只大鼠被随机分为 3 组,第 1 组 10 只为对照组,吃普通食物,第 2 组 7 只吃饲料 A,第 3 组 10 只吃饲料 B。饲养第 1、2、3 和 4 周末测量其体重,用 y_1、y_2、y_3 和 y_4 分别表示各时

间点的体重增加值。饲养前的初始体重用 x_1 表示，组别用 x_2 表示。数据见表 2-191：

表 2-191　三种饲料下大鼠体重增加数据

鼠号	体重 x_1	组别 x_2	第一周增加体重 y_1	第二周增加体重 y_2	第三周增加体重 y_3	第四周增加体重 y_4
1	57	1	29	28	25	33
2	60	1	33	30	23	31
3	52	1	25	34	33	41
4	49	1	18	33	29	35
5	56	1	25	23	17	30
6	45	1	20	23	16	31
7	51	1	24	32	29	22
8	63	1	28	21	18	24
9	49	1	18	23	22	28
10	57	1	25	28	29	30
11	59	2	26	36	35	35
12	54	2	17	19	20	28
13	56	2	19	33	43	38
14	59	2	26	31	32	29
15	57	2	15	25	23	24
16	52	2	21	24	19	24
17	52	2	18	35	33	33
18	61	3	25	23	11	9
19	59	3	21	21	10	11
20	53	3	26	21	6	27
21	59	3	29	12	11	11
22	51	3	24	26	22	17
23	51	3	24	17	8	19
24	56	3	22	17	8	5
25	58	3	11	24	21	24
26	45	3	15	17	12	17
27	53	3	19	17	15	18

1. 输入数据

将数据复制粘贴到 SPSS 界面，见图 2-362：

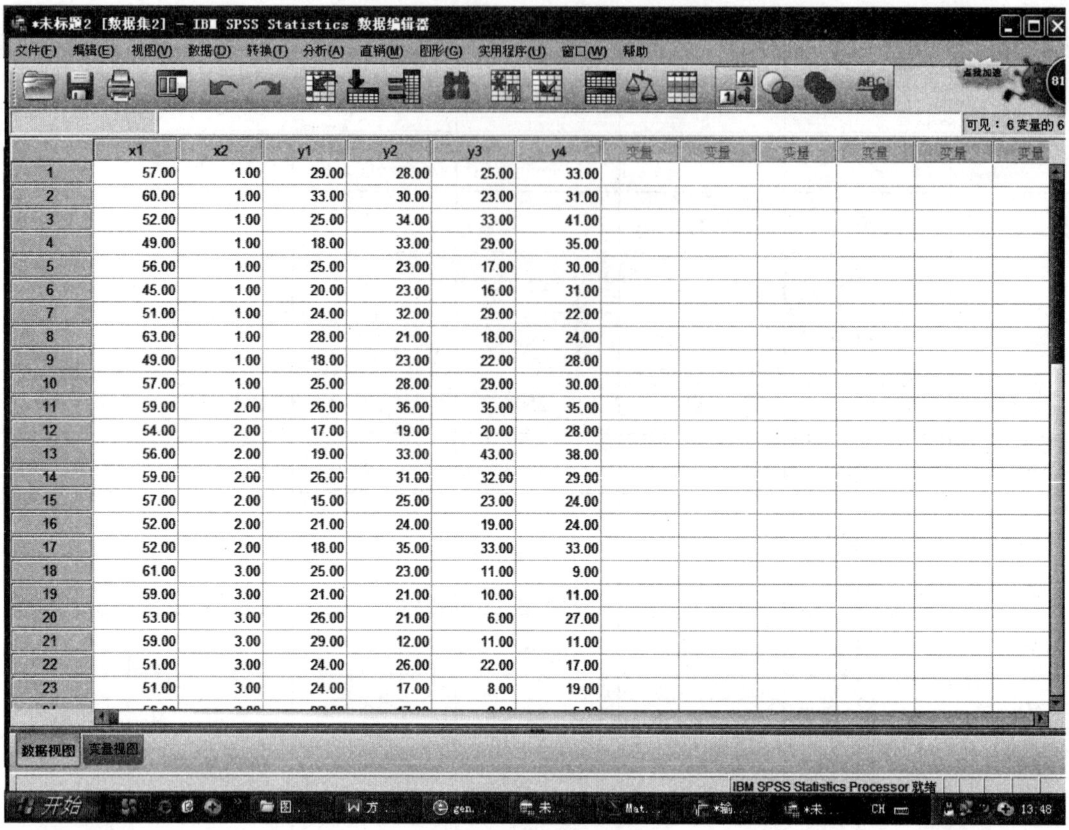

	x1	x2	y1	y2	y3	y4
1	57.00	1.00	29.00	28.00	25.00	33.00
2	60.00	1.00	33.00	30.00	23.00	31.00
3	52.00	1.00	25.00	34.00	33.00	41.00
4	49.00	1.00	18.00	33.00	29.00	35.00
5	56.00	1.00	25.00	23.00	17.00	30.00
6	45.00	1.00	20.00	23.00	16.00	31.00
7	51.00	1.00	24.00	32.00	29.00	22.00
8	63.00	1.00	28.00	21.00	18.00	24.00
9	49.00	1.00	18.00	23.00	22.00	28.00
10	57.00	1.00	25.00	28.00	29.00	30.00
11	59.00	2.00	26.00	36.00	35.00	35.00
12	54.00	2.00	17.00	19.00	20.00	28.00
13	56.00	2.00	19.00	33.00	43.00	38.00
14	59.00	2.00	26.00	31.00	32.00	29.00
15	57.00	2.00	15.00	25.00	23.00	24.00
16	52.00	2.00	21.00	24.00	19.00	24.00
17	52.00	2.00	18.00	35.00	33.00	33.00
18	61.00	3.00	25.00	23.00	11.00	9.00
19	59.00	3.00	21.00	21.00	10.00	11.00
20	53.00	3.00	26.00	21.00	6.00	27.00
21	59.00	3.00	29.00	12.00	11.00	11.00
22	51.00	3.00	24.00	26.00	22.00	17.00
23	51.00	3.00	24.00	17.00	8.00	19.00

图 2-362　数据输入格式

2. 分析路径

点击菜单中的“分析”，鼠标下滑到“一般线性模型”，鼠标右滑，接着下滑到“多变量”，见图 2-363：

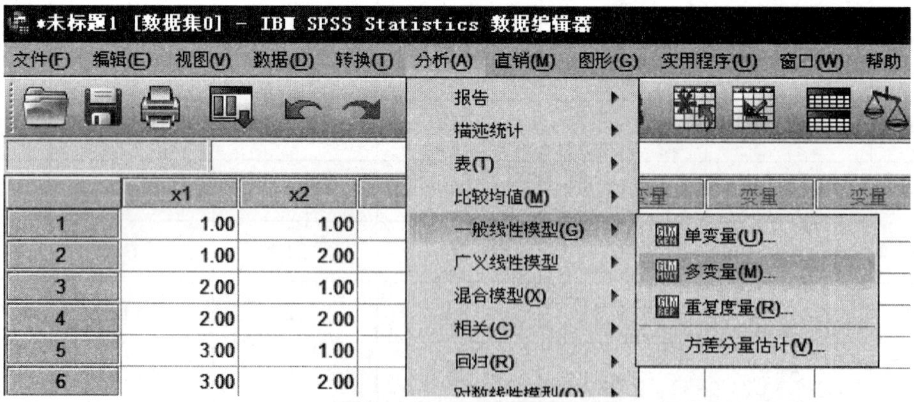

图 2-363　分析路径

点击之，得到“多变量”对话框，见图 2-364：

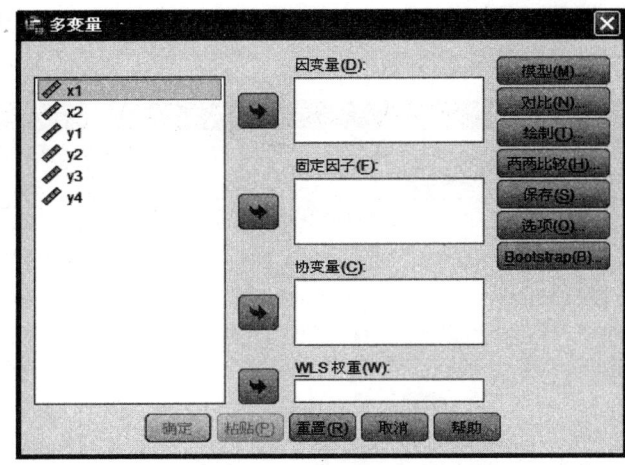

图 2-364 "多变量"对话框

3. 变量确定

将 y_1、y_2、y_3、y_4 点进"因变量"框,将 x_1 点进"协变量"框,将 x_2 点进"固定因子"框,见图 2-365:

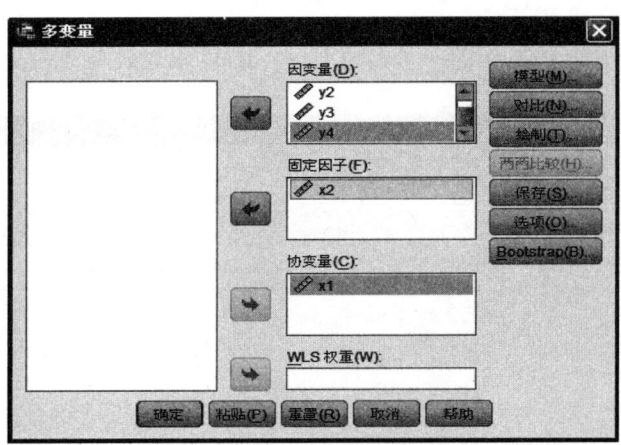

图 2-365 对话框中变量被选定

4. 模型确定

点击"模型"键,得到"多变量:模型"对话框,见图 2-366:

图 2-366 "多变量:模型"对话框

这是默认的"饱和模型"界面,我们关心的是主效应,所以我们只分析"主效应"即可。

点击"设定"键,界面被激活,见图2-367:

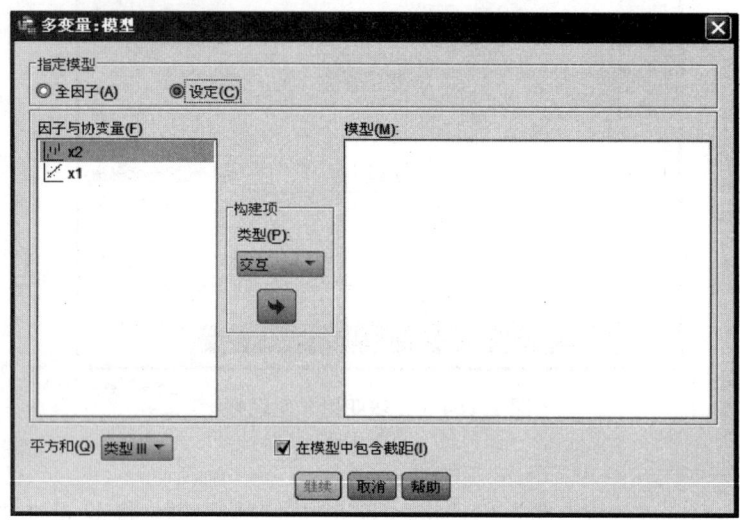

图2-367 激活后的"多变量:模型"对话框

将"因子与协变量"框中的x_1、x_2点进"模型"框,见图2-368:

图2-368 对话框中变量被确定

点击"构建项"框中"类型"下拉键,见图2-369:

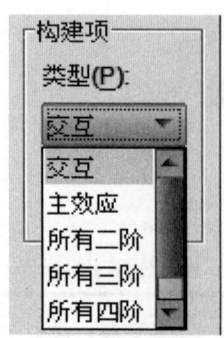

图2-369 "构建项"框中的待选项

我们选择"主效应",见图 2-370:

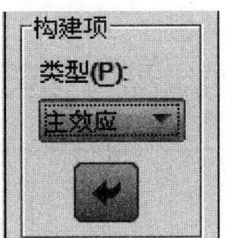

图 2-370

点击"继续"键,返回到"多变量"对话框,见图 2-371:

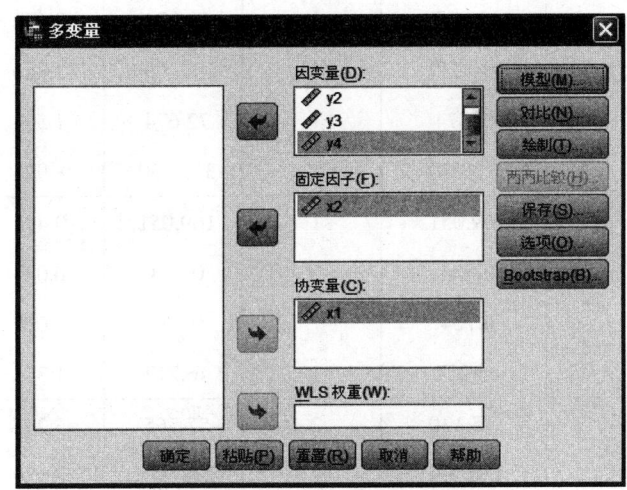

图 2-371 "多变量"对话框

5. 结果与分析

点击"确定"键,得到结果,多变量检验结果见表 2-192:

表 2-192 多变量检验

效应		值	F	假设 df	误差 df	Sig.
截距	Pillai 的跟踪	0.336	2.526^a	4.000	20.000	0.073
	Wilks 的 Lambda	0.664	2.526^a	4.000	20.000	0.073
	Hotelling 的跟踪	0.505	2.526^a	4.000	20.000	0.073
	Roy 的最大根	0.505	2.526^a	4.000	20.000	0.073
x_1	Pillai 的跟踪	0.354	2.739^a	4.000	20.000	0.058
	Wilks 的 Lambda	0.646	2.739^a	4.000	20.000	0.058
	Hotelling 的跟踪	0.548	2.739^a	4.000	20.000	0.058
	Roy 的最大根	0.548	2.739^a	4.000	20.000	0.058
x_2	Pillai 的跟踪	0.919	4.460	8.000	42.000	0.001
	Wilks 的 Lambda	0.251	4.974^a	8.000	40.000	0.000
	Hotelling 的跟踪	2.303	5.470	8.000	38.000	0.000
	Roy 的最大根	1.958	10.278^b	4.000	21.000	0.000

注:a 表示 精确统计量;b 表示 该统计量是 F 的上限,它产生了一个关于显著性级别的下限;c 表示 设计:截距 + x_1 + x_2

此表告诉我们，截距不显著，x_1 基本显著，x_2 非常显著。

主体间效应的检验结果见表 2-193：

表 2-193 主体间效应的检验

源	因变量	Ⅲ型平方和	df	均方	F	Sig.
校正模型	y_1	250.722^a	3	83.574	4.651	0.011
	y_2	477.406^b	3	159.135	6.016	0.004
	y_3	1316.702^c	3	438.901	9.651	0.000
	y_4	1380.223^d	3	460.074	13.117	0.000
截距	y_1	12.074	1	12.074	0.672	0.421
	y_2	102.279	1	102.279	3.866	0.061
	y_3	72.674	1	72.674	1.598	0.219
	y_4	313.030	1	313.030	8.924	0.007
x_1	y_1	169.051	1	169.051	9.408	0.005
	y_2	0.554	1	0.554	0.021	0.886
	y_3	0.764	1	0.764	0.017	0.898
	y_4	46.217	1	46.217	1.318	0.263
x_2	y_1	115.130	2	57.565	3.204	0.059
	y_2	476.096	2	238.048	8.999	0.001
	y_3	1311.300	2	655.650	14.417	0.000
	y_4	1332.923	2	666.461	19.001	0.000
误差	y_1	413.278	23	17.969		
	y_2	608.446	23	26.454		
	y_3	1045.964	23	45.477		
	y_4	806.740	23	35.076		
总计	y_1	14131.000	27			
	y_2	17861.000	27			
	y_3	14396.000	27			
	y_4	19012.000	27			
校正的总计	y_1	664.000	26			
	y_2	1085.852	26			
	y_3	2362.667	26			
	y_4	2186.963	26			

注：a 表示 R 方 = 0.378（调整 R 方 = 0.296），b 表示 R 方 = 0.440（调整 R 方 = 0.367），c 表示 R 方 = 0.557（调整 R 方 = 0.500），d 表示 R 方 = 0.631（调整 R 方 = 0.583）

可见，原始体重 x_1 仅对第一周体重增加值有效，对后续体重增加值无效，而饲料 x_2 对各周体重增加值都有效。

第三章　相关分析

事物或现象之间的关系是错综复杂的，但大致可以分为三种情况。第一种是因果关系，这种关系说明的是事物之间相互依存、互为因果的关系，是事物之间存在的一种必然关系，即一种引起与被引起的关系，因在前、果在后的顺序是不能颠倒的。第二种是共变关系，例如夏天冷饮的销量和中暑人数的关系。当天气炎热时，两者都会增加，但通常我们不认为它们之间有什么因果关系。事实上两者皆起因于天气炎热的因素，它们之间并没有直接的关系。第三种是相关关系，即两类现象在发展变化的方向与大小方面存在一定的联系，但不是前面两种关系。两个变量之间不精确、不稳定的变化关系称为相关关系。

具有相关关系的两种现象之间的关系是比较复杂的，甚至可能包含有暂时尚未认识的因果关系及共变关系在内。例如，同一组学生的数学成绩和语文成绩之间的关系。

第一节　相关分析

一、相关分析在图书情报领域的应用举例

相关分析在图书情报领域有非常广泛的应用，下面仅举两个例子。

谭晓辉、李亚君以《中国图书馆学报》《图书情报工作》《大学图书馆学报》《情报学报》《图书馆杂志》五种期刊为研究对象，通过中国期刊全文数据库的引文资源，研究期刊工作研究论文被引的相关性，得出了图书情报类期刊之间具有很高的被引相关性。

李远明抽取某馆外借部门2004年度有关数据作为样本进行分析，该馆外借部门馆藏文献册数（馆藏文献种数）分别与馆藏文献种数（馆藏文献册数）、外借文献册数、外借文献种数、外借文献人次、新进文献册数、新进文献种数的皮尔逊相关系数均大于0.8，且相伴概率值均小于指定的显著性水平0.05，说明该馆外借部门馆藏文献册数（馆藏文献种数）分别与馆藏文献种数（馆藏文献册数）、外借文献册数、外借文献种数、外借文献人次、新进文献册数、新进文献种数高度正相关，而与该馆外借部门新进文献复本率、按种统计利用率无显著相关。

二、相关分析基本概念

事物或现象的相关种类可以从方向、形态及变量个数诸多方面划分。

1. 正相关、负相关和零相关

正相关是指两列变量变动方向相同，一列变量由大到小或由小到大变化时，另一列变量亦由大到小或由小到大变化。如身高与体重，身高越长，体重就越重。

负相关是指两列变量变动方向相反，一列变量由大到小或由小到大变化时，另一列变量反而由小到大

或由大到小变化。例如随着计算练习次数增加或练习时间加长，计算错误就越少等。

零相关是指两列变量之间没有关系，即一列变量变动时，另一列变量做无规律的变动，又称为无相关。如相貌与人的行为等现象之间的关系，都属于零相关。

2. 线相关和曲线相关

直线相关是指两列变量中的一列变量在增加（或减少）时，另一列变量随之而增加（或减少），或这一列变量在增加时，另一列变量则相应地减少。它们之间存在一种直线关系，或线性相关。直线相关可用直线拟合。

曲线相关是指两列伴随相变化的变量，未能形成直线关系。曲线相关有很多种，不能用曲线拟合。

3. 完全相关、强相关和弱相关

完全相关是指两列变量的关系是一一对应、完全确立的关系。在坐标轴上描绘两列变量时会形成一条直线。

强相关又称高度相关，即当一列变量变化时，与之相对应的另一列变量增大（或减少）的可能性非常大。在坐标图上则表现为散点图较为集中在某条直线的周围。

弱相关又称低度相关，即当一列变量变化时，与之相对应的另一列变量增大（或减少）的可能性较小。亦即两列变量之间虽然有一定的联系，但联系的紧密程度较低。在坐标图上表现出散点比较分散地分布在某条直线的周围。

相关还有以下几个概念：

正相关，是指两个变量变动方向相同，一个变量由大到小或由小到大变化时，另一个变量亦由大到小或由小到大变化。即其数据曲线的切线斜率始终大于零。如身高与体重，身高越长，体重就越重。也就是说，在正相关的情况下，一个变量随着另一个变量的变化而发生相同方向的变化（两个变量同时变大或变小），见图 3-1：

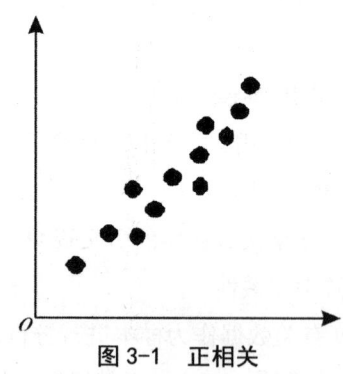

图 3-1　正相关

负相关，是指两列变量变动方向相反，一列变量由大到小或由小到大变化时，另一列变量反而由小到大或由大到小变化，见图 3-2：

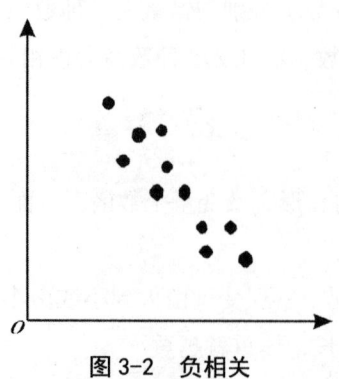

图 3-2　负相关

完全正相关，指两者呈正相关，相关系数 $r=1$ 时为完全正相关，见图 3-3：

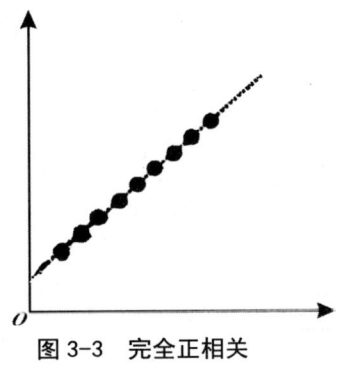

图 3-3　完全正相关

完全负相关，指两者呈负相关，相关系数 $r=-1$ 时为完全负相关，见图 3-4：

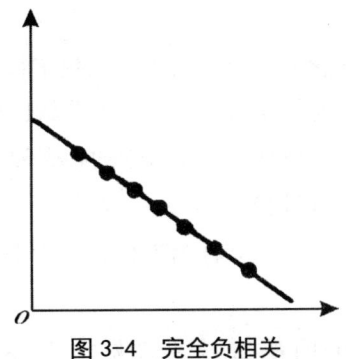

图 3-4　完全负相关

零相关，即没有关系，变量 x 和 y 之间的关系十分散乱，无法找出它们之间的联系，各现象间表现为相互独立，见图 3-5：

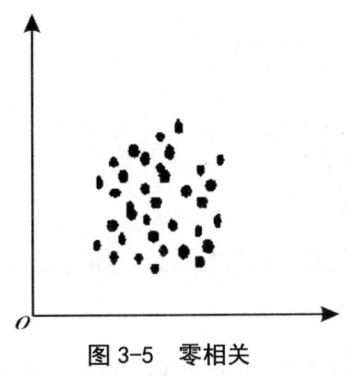

图 3-5　零相关

曲线相关，又称非线性相关，是指两列伴随相变化的变量，自变量 x 值发生变动，因变量 y 也随之发生变动，这种变动不是均等的，未能形成直线关系，在图像上的分布是各种不同的曲线形式，见图 3-6：

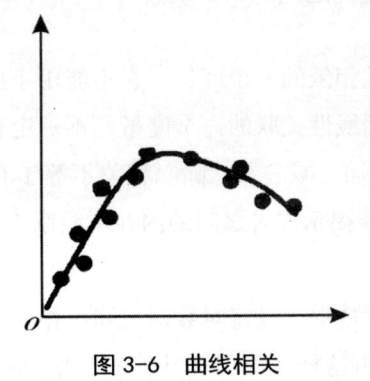

图 3-6　曲线相关

因变量不随自变量的变化而变化的关系，见图 3-7，或自变量不变，但因变量却随意变化的关系，见

图 3-8：

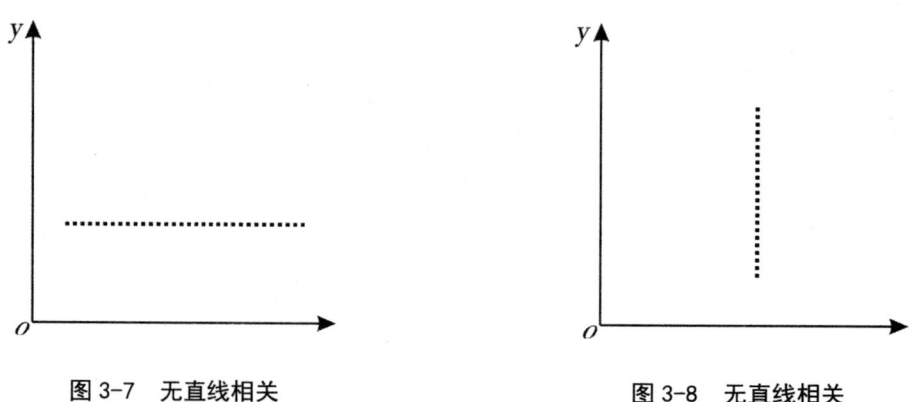

图 3-7　无直线相关　　　　图 3-8　无直线相关

4. 相关系数

用来描述两个随机变量相互之间变化方向及密切程度的数字特征量称为相关系数。一般用 r 表示（样本相关系数常用 r 表示，而总体相关系数常用 ρ 表示）。相关系数也称线性相关系数、皮氏积矩相关系数等。它由卡尔·皮尔森在 1880 年提出，现已广泛地应用于科学的各个领域。

相关系数取值范围为 $[-1,1]$，$r>0$ 表示正相关，$r<0$ 表示负相关，$|r|$ 表示变量之间相关程度的高低。特殊地，$r=1$ 称为完全正相关，$r=-1$ 称为完全负相关，$r=0$ 称为不相关。通常 $|r| > 0.8$ 时，认为两个变量有很强的线性相关性。

当两个变量都是正态连续变量，而且两者之间呈线性关系，表示这两个变量之间的相关称为积差相关。积差相关系数计算公式：

$$r_{ij} = \frac{\sum_{k=1}^{n}\left(x_{ki} - \bar{x}_i\right)\left(x_{kj} - \bar{x}_j\right)}{\left\{\left[\sum_{k=1}^{n}\left(x_{ki} - \bar{x}_i\right)^2\right]\left[\sum_{k=1}^{n}\left(x_{kj} - \bar{x}_j\right)^2\right]\right\}^{\frac{1}{2}}}$$

在线性关系不显著时，还可以考虑采用秩相关系数，如斯皮尔曼秩相关系数等。这里不再讨论。

5. 相关系数相关性质

（1）对称性：x 与 y 的相关系数（r_{xy}）和 y 与 x 之间的相关系数（r_{yx}）相等。

（2）相关系数与原点和尺度无关。

（3）若 x 与 y 统计上独立，则它们之间的相关系数为零；但 $r=0$ 不等于说两个变量是独立的，即零相关并不一定意味着独立性。

（4）相关系数是线性关联或线性相依的一个度量，它不能用于描述非线性关系。

（5）相关系数只是两个变量之间线性关联的一个度量，不一定有因果关系的含义。

相关系数只能比较，不能直接做加、减、乘、除。相关不等于有因果关系，相关系数只能描述两个变量之间的变化方向及密切程度，并不能揭示二者之间的内在本质联系。

6. 相关分析适用条件

（1）相关分析的对象必须是成对数据，且每对数据之间是相互独立的。

（2）样本容量大于等于 30，只有这样才能保证计算的数据具有代表性，计算出的积差相关系数才可以有效说明两个变量的相关关系。

(3)两变量的所属总体都呈正态分布,至少是接近正态的单峰分布。
(4)两个变量都是由测量所得的连续性数据。
(5)两变量间的相关是线性相关。
(6)没有共变因素的影响。

三、相关分析的 SPSS 操作步骤

1. 打开 SPSS 软件

2. 点击"变量视图",并填入变量代号

见图 3-9:

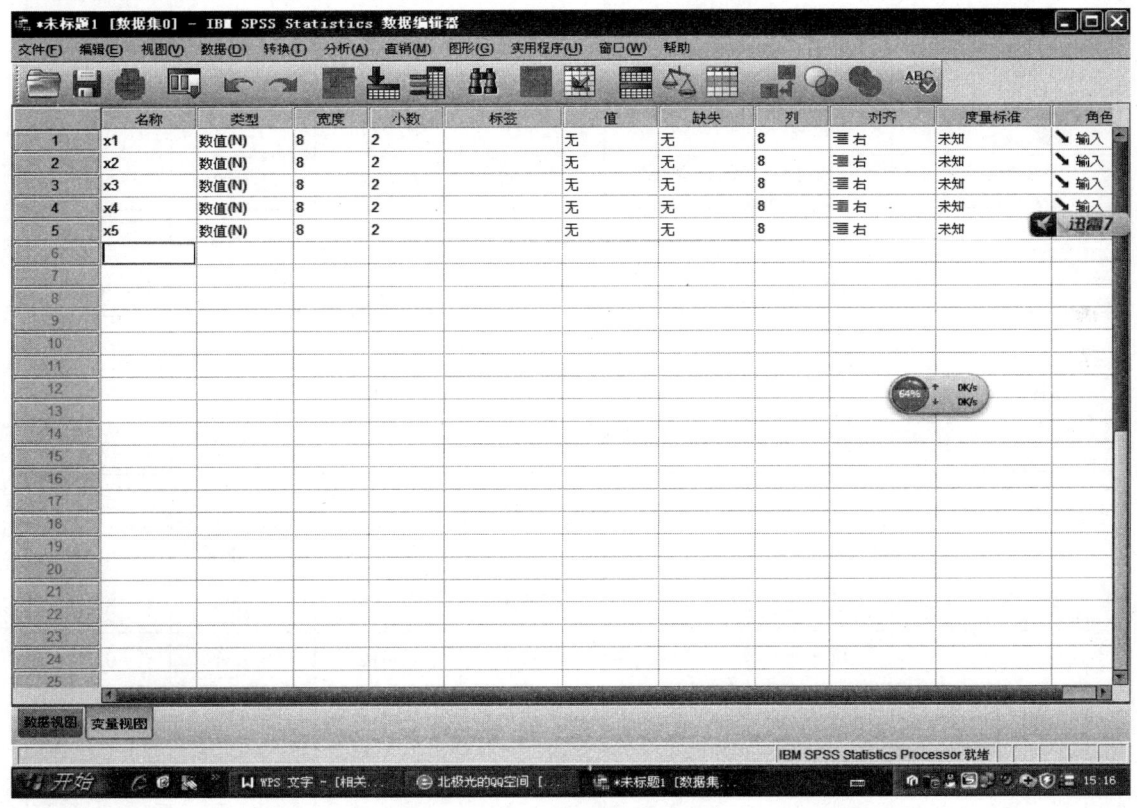

图 3-9 "变量视图"界面

3. 点击"数量视图",并填入数据

以陈巍、李文兰数据为例。

陈巍、李文兰收录图书情报类核心期刊的 2003~2008 年 H 指数、2004~2007 年 web 即年下载率与相应的影响因子、五年影响因子、他刊影响因子、被引频次等文献计量学指标,数据见表 3-1:

表 3-1 图书情报类核心期刊的 2003～2008 年指标

	时间	H 指数	影响因子	五年影响因子	他引影响因子	被引频次
中国图书馆学报	2003 年	9	1.938	1.461	1.799	453
	2004 年	10	1.818	1.439	1.739	530
	2005 年	9	1.69	1.375	1.544	541
	2006 年	8	1.353	1.11	1.256	539
	2007 年	7	1.003	0.893	0.909	491
	2008 年	6	1.168	1.378	1.06	585

续 表

	时间	H 指数	影响因子	五年影响因子	他引影响因子	被引频次
情报学报	2003 年	8	1.167	1	1.11	353
	2004 年	7	1.587	1.099	1.417	414
	2005 年	7	1.152	0.865	1.04	383
	2006 年	7	0.941	0.816	0.84	365
	2007 年	7	1.268	1.366	1.415	430
	2008 年	6	1.183	0.9511	0.988	3490
大学图书馆学报	2003 年	7	1.218	0.729	1.163	331
	2004 年	8	1.421	0.977	1.37	377
	2005 年	8	1.032	0.914	0.947	381
	2006 年	8	1.007	0.853	0.946	376
	2007 年	7	0.992	0.73	0.872	362
	2008 年	7	0.963	0.766	0.929	455
图书情报工作	2003 年	7	0.836	0.615	0.784	
	2004 年	7	0.829	0.585	0.772	666
	2005 年	5	0.582	0.47	0.537	685
	2006 年	5	0.472	0.385	0.425	679
	2007 年	4	0.434	0.358	0.398	632
	2008 年	6	0.687	0.512	0.651	955
情报资料工作	2003 年	5	0.809	0.552	0.761	2？
	2004 年	5	0.727	0.511	0.693	261
	2005 年	5	0.545	0.438	0.494	250
	2006 年	5	0.408	0.322	0.385	237
	2007 年	4	0.358	0.305	0.321	229
	2008 年	3	0.464	0.34	0.443	335
现代图书情报技术	2003 年	6	0.738	0.584	0.687	250
	2004 年	6	0.722	0.586	0.737	316
	2005 年	6	0.555	0.462	0.524	307
	2006 年	4	0.412	0.564	0.385	323
	2007 年	5	0.364	0.294	0.33	287
	2008 年	5	0.406	0.32	0.366	362
图书馆论坛	2003 年	6	0.738	0.474	0.637	369
	2004 年	6	0.697	0.541	0.654	517
	2005 年	6	0.588	0.494	0.522	560

续 表

	时间	H 指数	影响因子	五年影响因子	他引影响因子	被引频次
	2006 年	5	0.53	0.436	0.492	630
	2007 年	5	0.357	0.293	0.342	536
	2008 年	6	0.358	0.285	0.342	548
图书情报知识	2003 年	6	0.644	0.492	0.623	235
	2004 年	5	0.657	0.366	0.629	285
	2005 年	5	0.54	0.278	0.513	289
	2006 年	5	0.511	0.217	0.486	295
	2007 年	6	0.534	0.193	0.507	262
	2008 年	5	0.56	0.445	0.518	380
情报理论与实践	2003 年	5	0.576	0.505	0.539	307
	2004 年	6	0.61	0.544	0.583	356
	2005 年	5	0.655	0.51	0.625	354
	2006 年	5	0.577	0.455	0.555	376
	2007 年	5	0.585	0.455	0.554	371
	2008 年	5	0.498	0.444	0.443	437
图书馆杂志	2003 年	4	0.403	0.294	0.377	316
	2004 年	6	0.488	0.366	0.448	390
	2005 年	5	0.39	0.278	0.348	361
	2006 年	4	0.298	0.217	0.275	290
	2007 年	5	0.37	0.193	0.254	266
	2008 年	5	0.369	0.264	0.352	421
情报科学	2003 年	4	0.375	0.315	0.365	392
	2004 年	5	0.421	0.343	0.404	509
	2005 年	4	0.404	0.299	0.386	506
	2006 年	5	0.41	0.294	0.382	517
	2007 年	5	0.367	0.292	0.352	540
	2008 年	6	0.374	0.316	0.350	639
图书与情报	2003 年	2	0.427	0.306	0.411	132
	2004 年	4	0.349	0.344	0.322	175
	2005 年	3	0.292	0.286	0.274	188
	2006 年	4	0.273	0.247	0.253	174
	2007 年	3	0.202	0.182	0.188	176
	2008 年	5	0.483	0.307	0.438	259

续 表

	时间	H 指数	影响因子	五年影响因子	他引影响因子	被引频次
图书馆工作与研究	2003 年	3	0.356	0.22	0.344	151
	2004 年	4	0.512	0.31	0.503	222
	2005 年	4	0.425	0.276	0.417	209
	2006 年	4	0.461	0.325	0.444	263
	2007 年	3	0.257	0.2	0.237	195
	2008 年	3	0.325	0.253	0.314	305
情报杂志	2003 年	3	0.194	0.152	0.165	300
	2004 年	5	0.374	0.274	0.348	465
	2005 年	5	0.377	0.258	0.347	586
	2006 年	4	0.346	0.18	0.323	630
	2007 年	4	0.35	0.249	0.327	710
	2008 年	4	0.328	0.253	0.308	776

填入数据后得图 3-10：

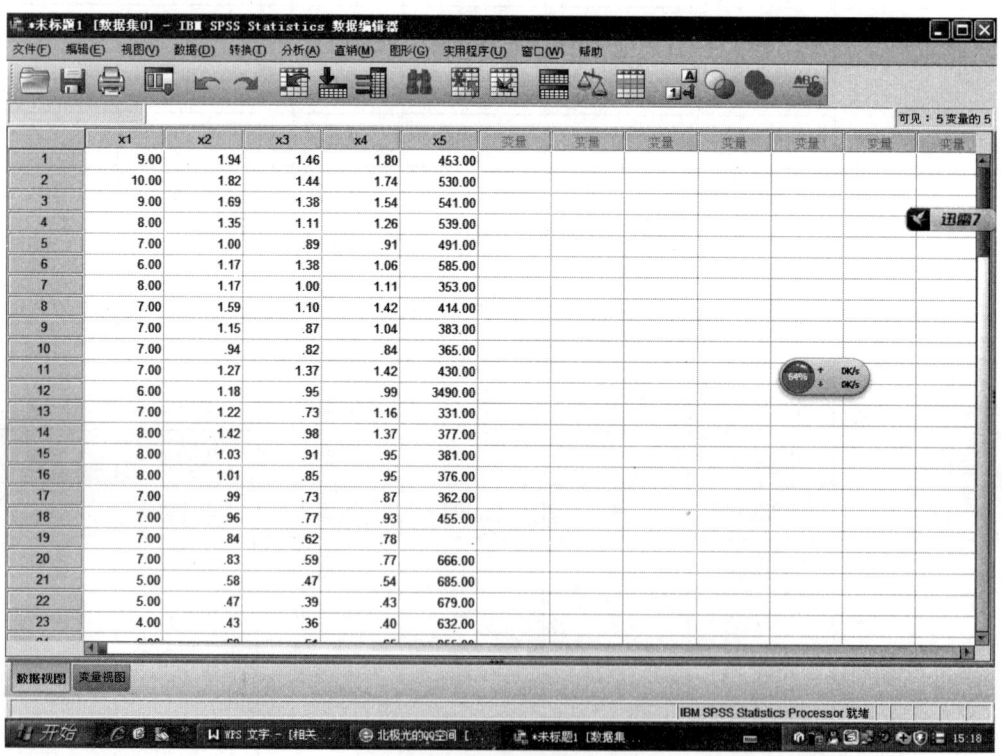

图 3-10　SPSS 数据输入格式

4. 绘制散点图

点击菜单中的"图形"键，下滑到"旧对话框"，再右滑，接着下滑到"散点/点状"，见图 3-11：

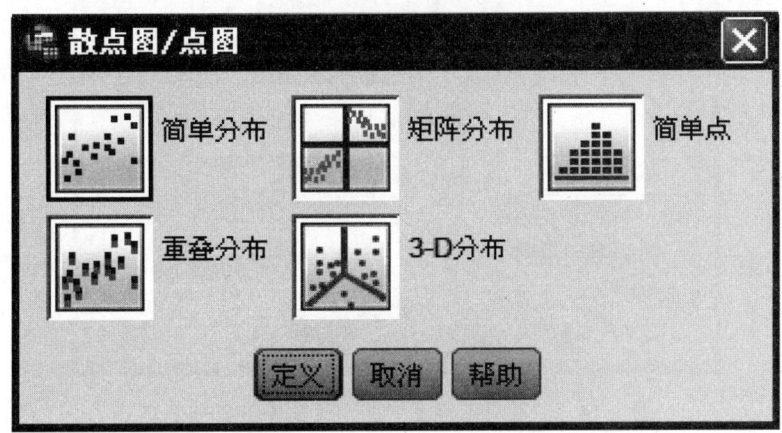

图 3-11 绘制散点图分析路径

点击"散点/点状",得到各类散点图总对话框,见图 3-12:

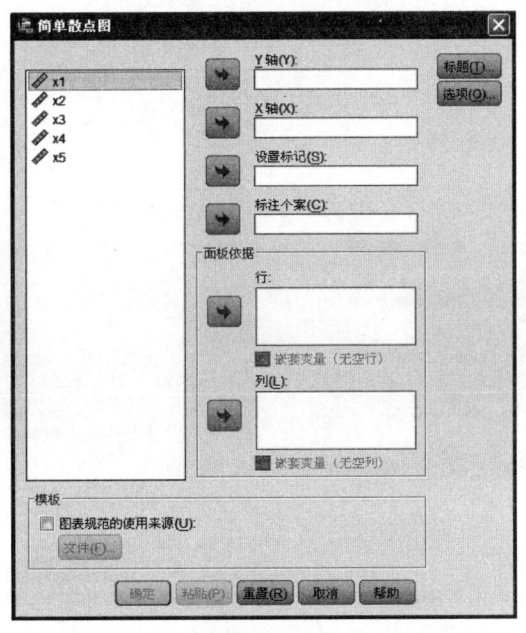

图 3-12 各类散点图总对话框

5. 点击"定义",SPSS 软件默认"简单分布"散点图,得到"简单散点图"子对话框见图 3-13:

图 3-13 "简单散点图"子对话框

6.变量确定

在左侧的列表框中选择一个变量进入"Y轴"框,再选择一个不同的变量进入"X轴"框,这样 n 个变量须做 C_n^2 次散点图,通过散点图可以分析二者之间是否存在线性相关关系。可以进一步进行相关分析。如选 x_1 进入"Y轴"框,选 x_2 进入"X轴"框,见图3-14:

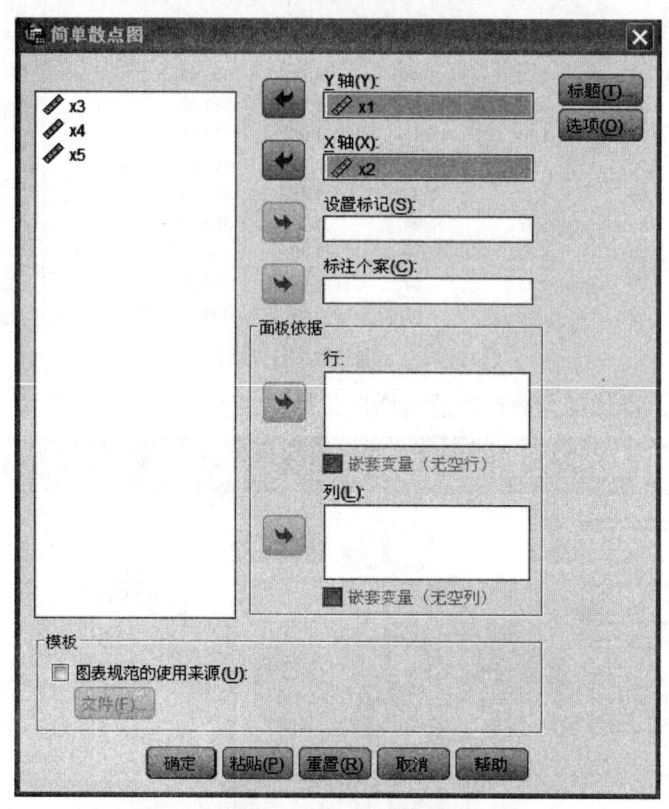

图3-14　"简单散点图"子对话框中变量被确定

7.点击"确定",得到"简单散点图"见图3-15:

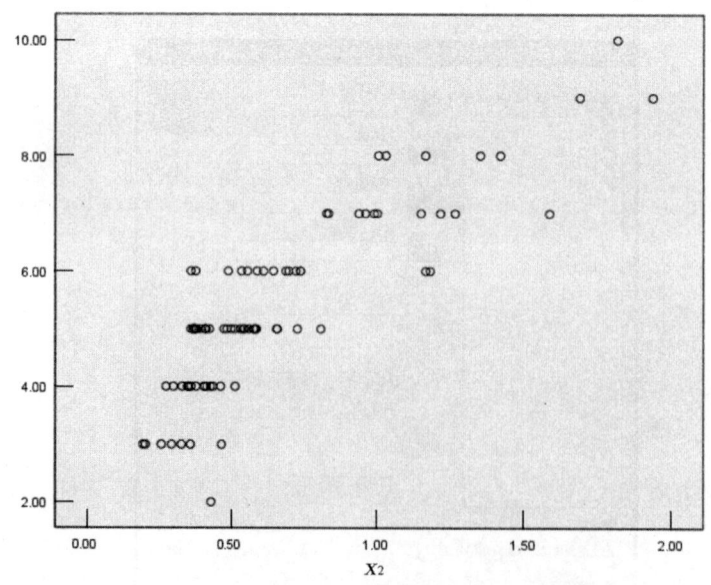

图3-15　根据我们给出的变量绘制的"简单散点图"

从图上看,x_1 和 x_2 大致在一条直线的附近,基本呈线性相关关系,则至少有一对变量可以做相关分析,所以继续进行相关分析。

8. 点击"分析"

下滑到"相关",再右滑到"双变量",见图 3-16:

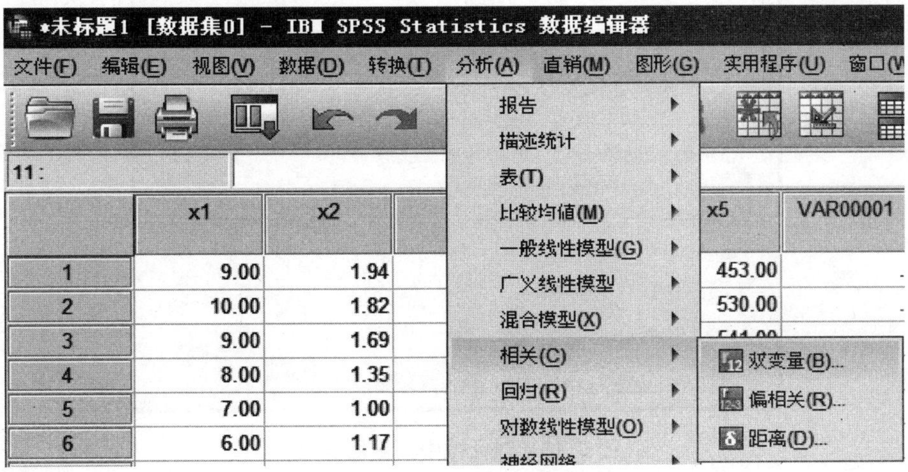

图 3-16 分析路径

9. 点击"双变量",得到"双变量相关"对话框

见图 3-17:

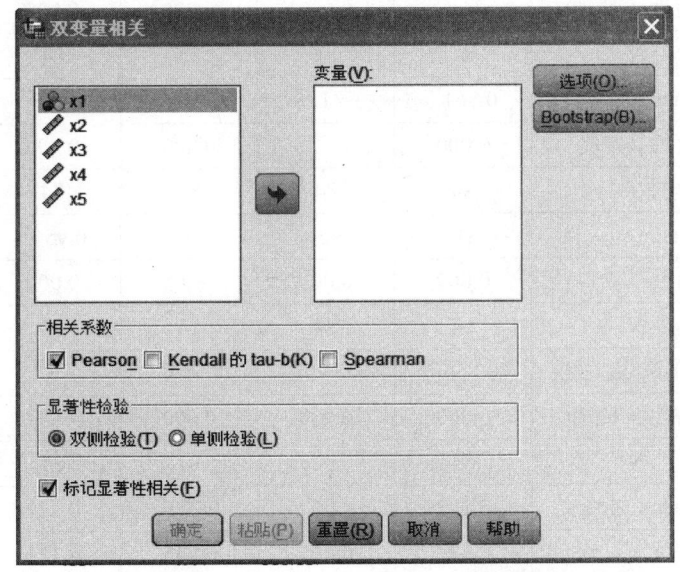

图 3-17 "双变量相关"对话框

10. 变量确定

我们把左侧列表中所有变量点进"变量"框,见图 3-18:

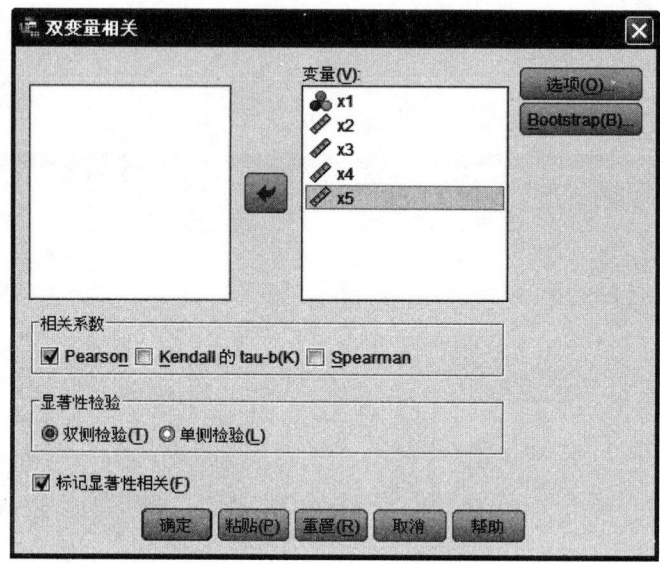

图 3-18 对话框中变量被确定

点击"确定"键,得到相关分析结果,见表 3-2:

表 3-2 相关系数矩阵

		x_1	x_2	x_3	x_4	x_5
x_1	Pearson 相关性	1	0.861**	0.819**	0.856**	0.172
	显著性(双侧)		0.000	0.000	0.000	0.120
	N	84	84	84	84	83
x_2	Pearson 相关性	0.861**	1	0.954**	0.995**	0.207
	显著性(双侧)	0.000		0.000	0.000	0.061
	N	84	84	84	84	83
x_3	Pearson 相关性	0.819**	0.954**	1	0.956**	0.221*
	显著性(双侧)	0.000	0.000		0.000	0.045
	N	84	84	84	84	83
x_4	Pearson 相关性	0.856**	0.995**	0.956**	1	0.171
	显著性(双侧)	0.000	0.000	0.000		0.121
	N	84	84	84	84	83
x_5	Pearson 相关性	0.172	0.207	0.221*	0.171	1
	显著性(双侧)	0.120	0.061	0.045	0.121	
	N	83	83	83	83	83

注: ** 表示在 0.01 水平(双侧)上显著相关,* 表示在 0.05 水平(双侧)上显著相关

11. 结果解释

H 指数与影响因子、五年影响因子、他引影响因子相关性很高,分别达到 0.861、0.819、0.856,双侧检验的显著性的概率为 0.000,小于 0.001,即在 0.001 水平上达到显著相关。这说明影响因子、五年影响因子、他引影响因子越高,H 指数也越高。

影响因子与 H 指数、五年影响因子、他引影响因子相关性很高,分别达到 0.861、0.954、0.995,双侧检验的显著性的概率为 0.000,小于 0.001,即在 0.001 水平上达到显著相关。影响因子、五年影响因子、他引影响因子三者相关性高达 0.95 以上,这说明三个指标高度重叠。

第二节　偏相关分析

当两个变量同时与第三个变量相关时，将第三个变量的影响剔除，只分析另外两个变量之间相关程度的过程叫偏相关分析。当两个变量同时与第三个变量相关时，单纯利用简单相关分析来评价变量间的相关性是不准确的，需要在剔除其他相关因素影响的条件下计算变量间的相关。偏相关的意义就在于此。

偏相关分析的工具是偏相关系数，偏相关系数计算式为：

$$r_{12.3} = \frac{r_{12} - r_{13}r_{23}}{\sqrt{(1-r_{13}^2)(1-r_{23}^2)}}$$

偏相关分析的 SPSS 操作步骤如下。

一、打开 SPSS 软件
二、点击"变量视图"，并填入变量代号

见图 3-19：

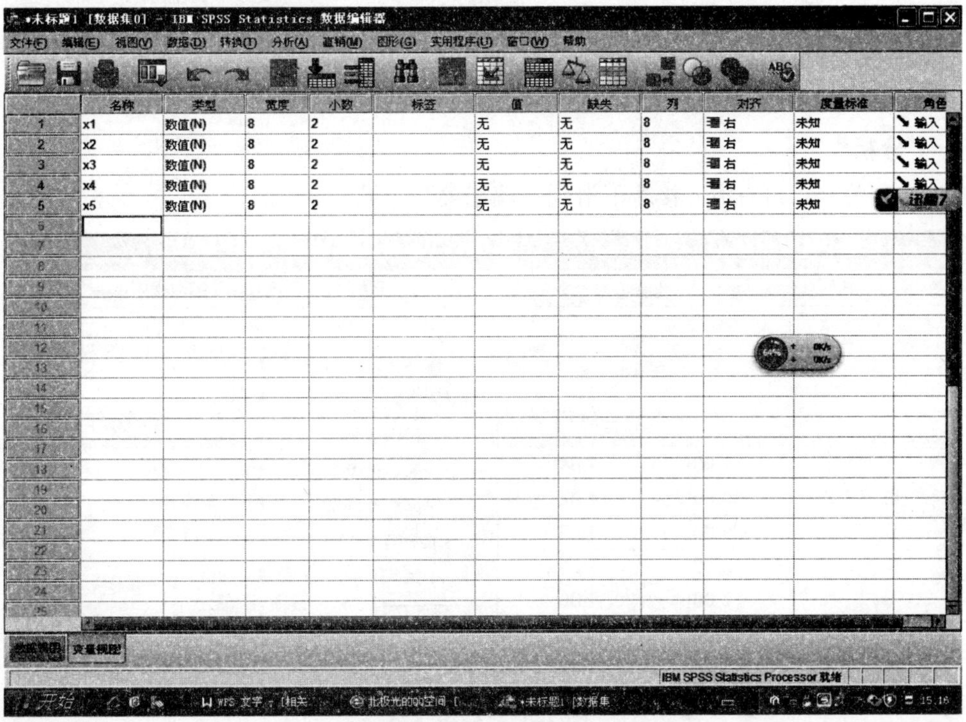

图 3-19　"变量视图"界面

三、点击"数量视图"，并填入数据

本文仍以陈巍、李文兰数据为例，见图 3-20：

图 3-20 SPSS 数据输入格式

四、点击"分析"

鼠标下滑到"相关",再右滑,接着下滑到"偏相关",见图 3-21:

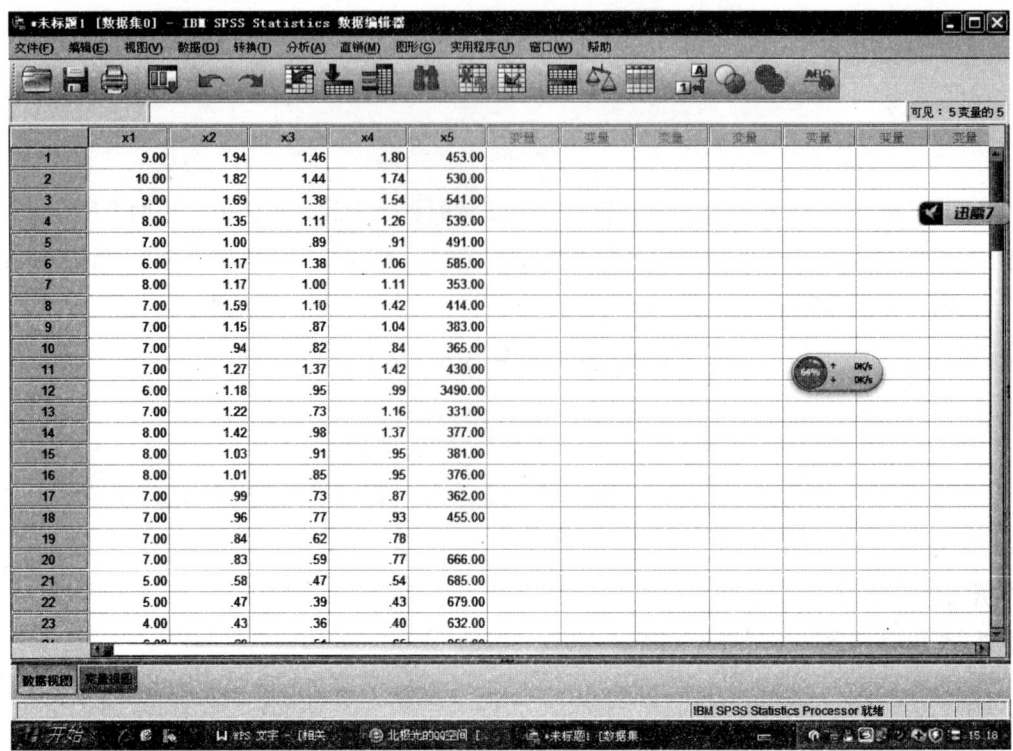

图 3-21 分析路径

点击"偏相关"键,得到"偏相关"对话框,见图 3-22:

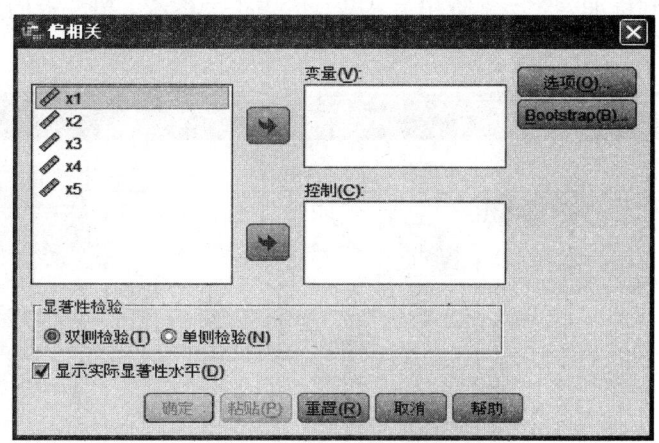

图 3-22 "偏相关"对话框

五、变量确定

假如影响因子与五年影响因子的相关性，但这两个变量与他引影响因子高度相关，为了排除他引影响因子的影响，我们求影响因子与五年影响因子的偏相关系数。我们把影响因子 x_2 和五年影响因子 x_3 点进"变量"框，把他引影响因子 x_4 点进"控制"框，得图 3-23：

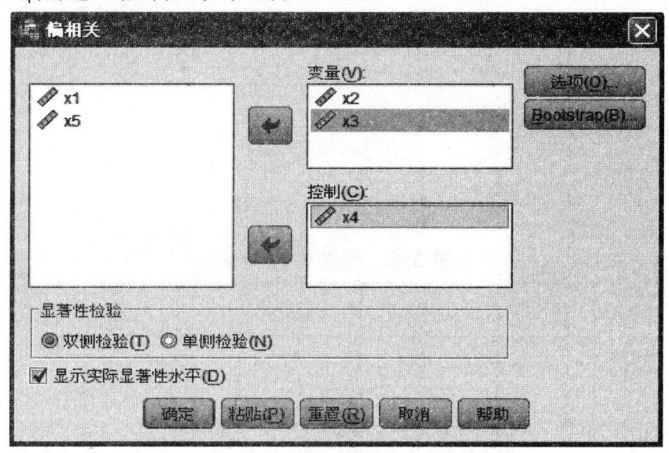

图 3-23 对话框中变量被确定

六、点击"选项"，得到"偏相关性：选项"对话框

见图 3-24：

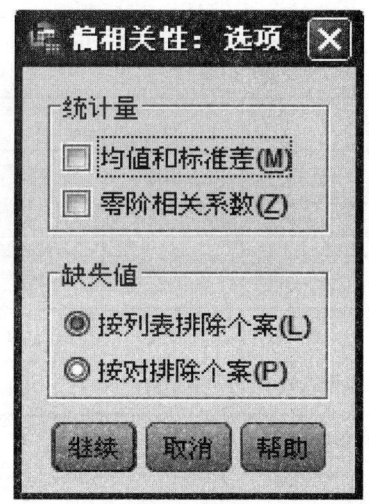

图 3-24 "偏相关性：选项"对话框

在选项框中选"均值和标准差""零阶相关系数",点击"继续"键,返回到"偏相关"对话框,见图 3-25:

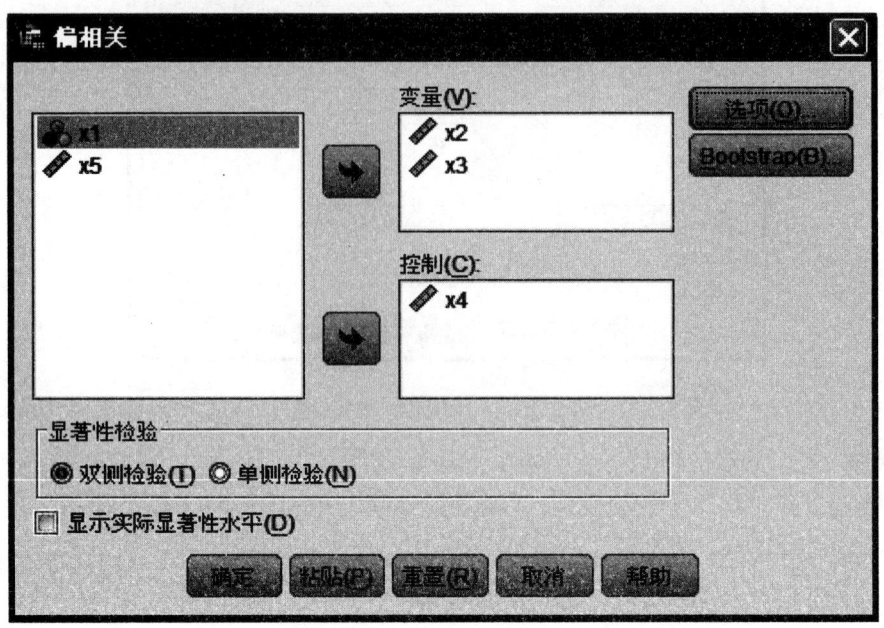

图 3-25 "偏相关"对话框

七、点击"确定",得到结果

其中描述性统计量见表 3-3:

表 3-3 描述性统计量

	均值	标准差	N
x_2	0.6484	0.38028	84
x_3	0.5053	0.32253	84
x_4	0.6054	0.35777	84

本表给出了各个变量的均值、标准差和观测数。

相关和偏相关矩阵见表 3-4:

表 3-4 相关性

控制变量			x_2	x_3	x_4
-无-[a]	x_2	相关性	1.000	0.954**	0.995**
	x_3	相关性	0.954**	1.000	0.956**
	x_4	相关性	0.995**	0.956**	1.000
x_4	x_2	相关性	1.000	0.100	
	x_3	相关性	0.100	1.000	

注:a 表示单元格包含零阶 (Pearson) 相关,** 表示在 0.01 水平上显著相关

八、结果解释

排除了他引影响因子后,我们发现影响因子与五年影响因子的相关系数仅 0.1。

当然我们还可计算其他变量的偏相关系数,这里不再重复。

第三节 距离分析

距离分析是研究多要素事物相关问题的数量方法,是对观测量或变量之间相似或不相似的程度的一种测量。距离分析可用于同一个变量内部各个取值间,以考察其他相互接近程度;也可用于变量间,以考察观测值对实际值的拟合优度。SPSS 提供的距离分析过程包含相似性和不相似性分析,分析对象又分为观测量之间和变量之间的距离分析。

例:三种中医期刊 2004~2012 年的影响因子见表 3-5:

表 3-5 2004 ~ 2012 年三种中医期刊的影响因子

时间	中草药	中国中药杂志	中药材
2004	0.25	0.2989	0.1991
2005	0.3007	0.3151	0.207
2006	0.3186	0.3602	0.2527
2007	0.3104	0.4823	0.2262
2008	0.2686	0.4029	0.2084
2009	0.3652	0.3868	0.2348
2010	0.6741	0.4035	0.2602
2011	0.76	0.4523	0.2573
2012	0.6644	0.5489	0.3058

我们分析的是三种期刊之间的距离,所以是变量之间的距离分析。

SPSS 距离分析步骤如下。

一、输入数据

打开 SPSS 界面输入数据,见图 3-26:

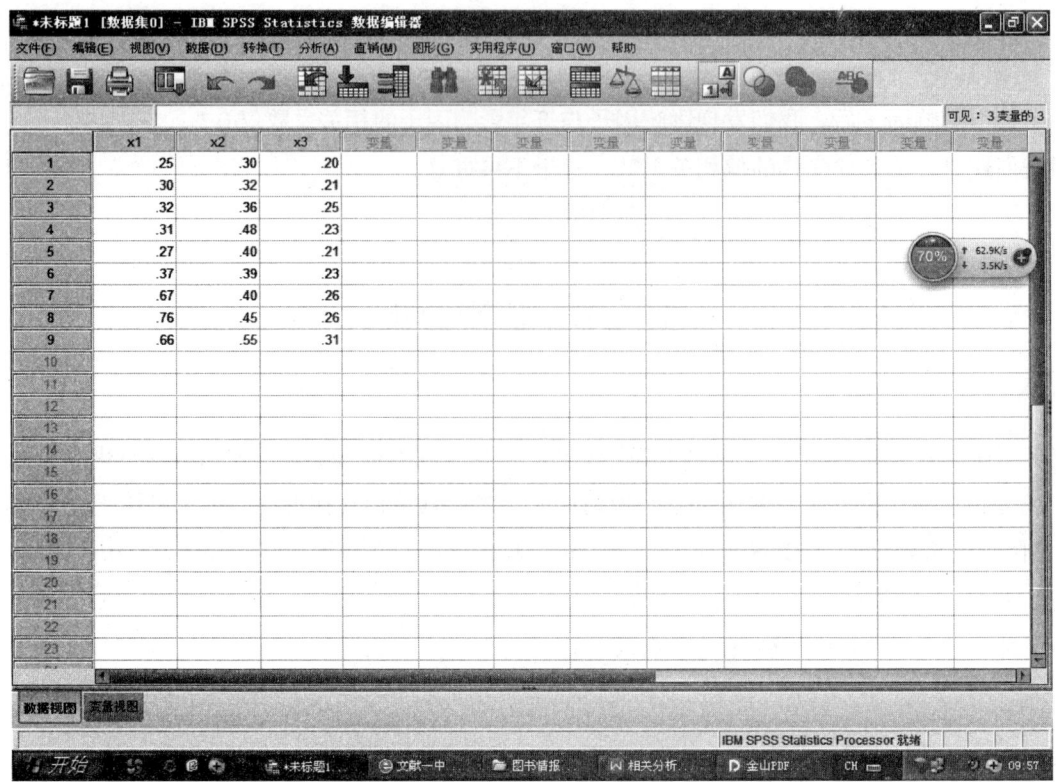

图 3-26　数据输入格式

其中 x_1 表示《中草药》，x_2 表示《中国中药杂志》，x_3 表示《中药材》。

二、分析路径

点击"分析"，鼠标下滑到"相关"，再右滑，接着下滑到"距离"，见图 3-27：

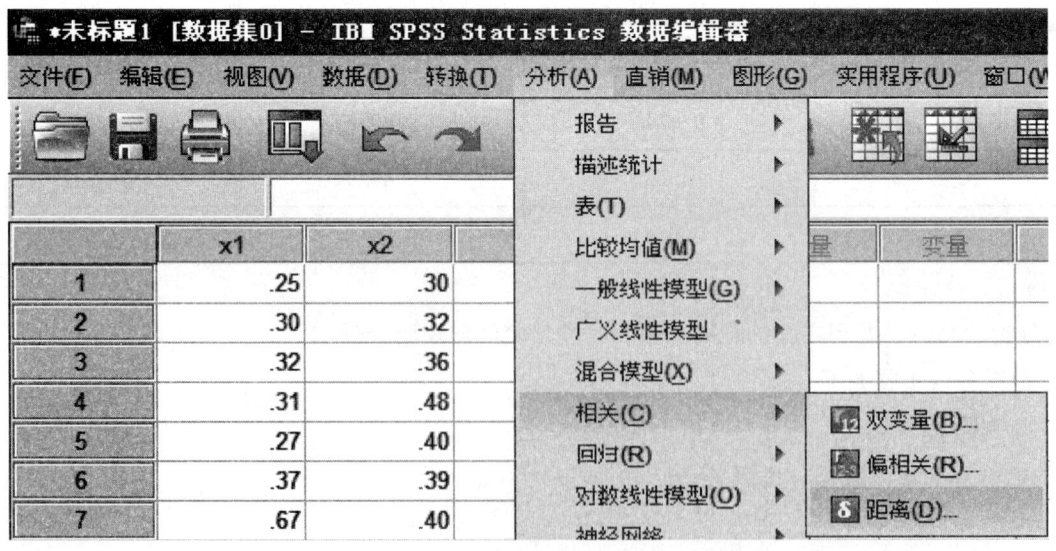

图 3-27　分析路径

点击之，得到"距离"对话框，见图 3-28：

图 3-28 "距离"对话框

三、变量确定

选择变量。从源变量清单中至少选择一个数值型变量移入"变量"框内（观测量之间的距离分析），如果要进行变量之间的距离分析，则必须选择两个以上的变量。我们考察三个变量的距离，所以三个变量全输入到"变量"框内，见图 3-29：

图 3-29 对话框中变量被确定

选择一个字符型标示变量移入"标注个案"（观测量标记）框内，在输出中将用这个标示变量值对各个观测量加以标记。缺省时，输出中用观测量的序号来标记。这步操作是为了方便数据的查找，本例忽略此操作。

四、指定计算距离

我们分析的是三种期刊,所以是变量之间的距离分析。在"计算距离"框中选择"变量间",见图 3-30:

图 3-30　对话框中计算距离的路线被确定

五、选择"度量标准"

"不相似性"选项为系统默认选项,系统默认使用"欧氏距离"测度观测量或变量之间的不相似性;若选择"相似性"选项,"度量"键旁边显示"Pearson 相关性"(皮尔逊相关系数),表示系统默认使用 Pearson 相关系数测度观测量或变量之间的相似性。

用两种度量标准都可以确定距离,但哪一种更好?目前没有看到确定答案。若选择"不相似性"作为"度量标准",那么计算出来的结果是距离阵,值越大,距离越远。若选择"相似性"作为"度量标准",那么计算出来的结果是相关阵,值越大,距离越近。

本例选"相似性"选项,见图 3-31:

图 3-31　对话框中度量标准被确定

六、"度量"的设置

若"度量标准"是"不相似性",那么点击"度量"键得到"距离:非相似性度量"对话框,见图 3-32:

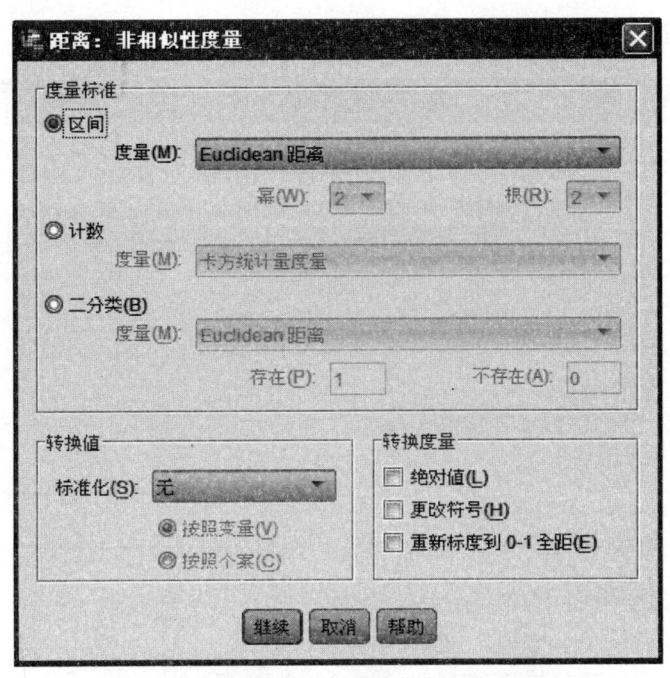

图 3-32 "距离:非相似性度量"对话框

对话框中包括 "度量标准" "转换值" "转换度量" 三个子选项栏。

1. "度量标准" 选项

在选择测度方法时首先要选择数据类型,然后,在选中的数据类型的下拉式菜单中选择适当的测度方法。数据类型及测度方法主要有:

第一, 区间数据。如果在主对话框里选择的分析变量为比例测度水平的变量,应选择此种数据类型。单击栏边的箭头按钮, 展开下拉式列表, 从中选择测度方法,见图 3-33:

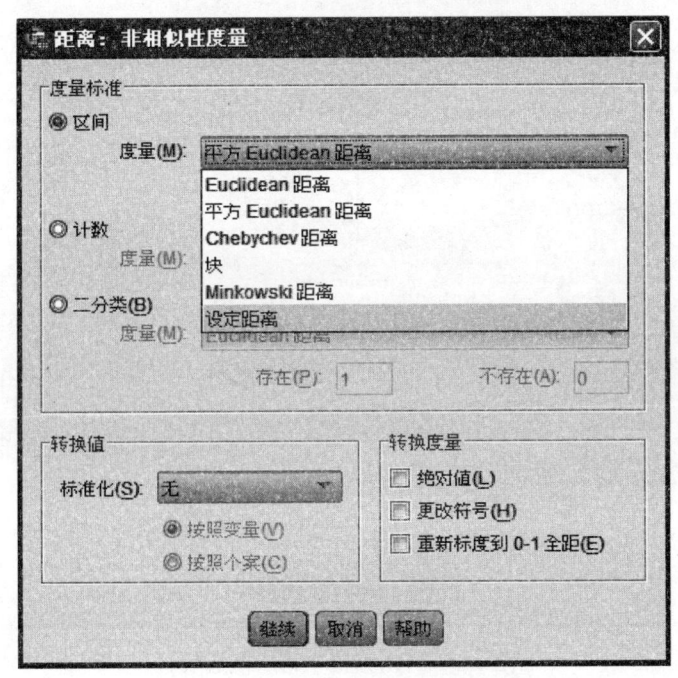

图 3-33 对话框中度量方法候选项

下拉式列表中包括："Euclidean（欧几里得）距离"，这是系统默认的距离测度方法；"平方 Euclidean（欧几里德）距离"；"Chebychev（切比雪夫）距离"；"块"（按网格距离公式计算观测量或变量之间的距离）；"Minkowski（闵可夫斯基）距离"。若选 Minkowski（闵可夫斯基）距离，选项下面的 Power（幂次）小框被激活，见图 3-34：

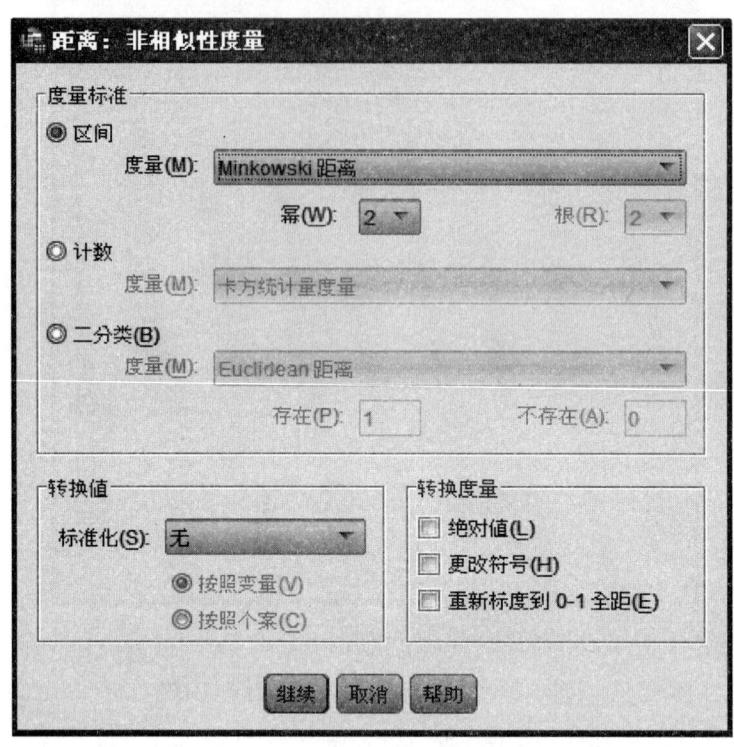

图 3-34　对话框中度量方法被确定

单击下拉箭头，见图 3-35：

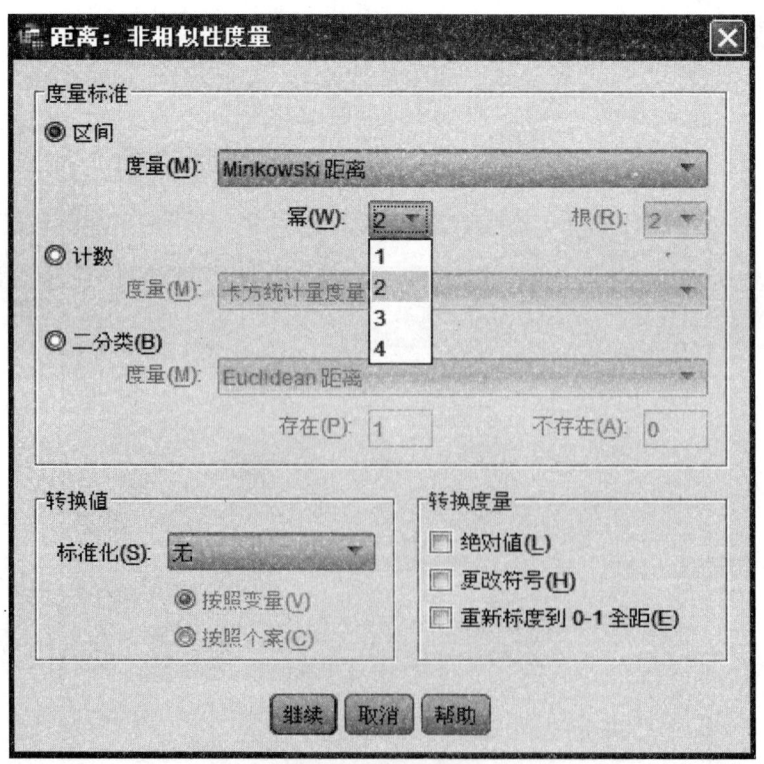

图 3-35　对话框中幂次候选项

我们可为 Minkowski 距离公式中的幂次 q 指定其数值，可以选择 1、3、4 替代系统默认的幂次值 2。若我们选择了"设定距离"，选择此项后，Power 和 Root（根次数）小框同时被激活，见图 3-36：

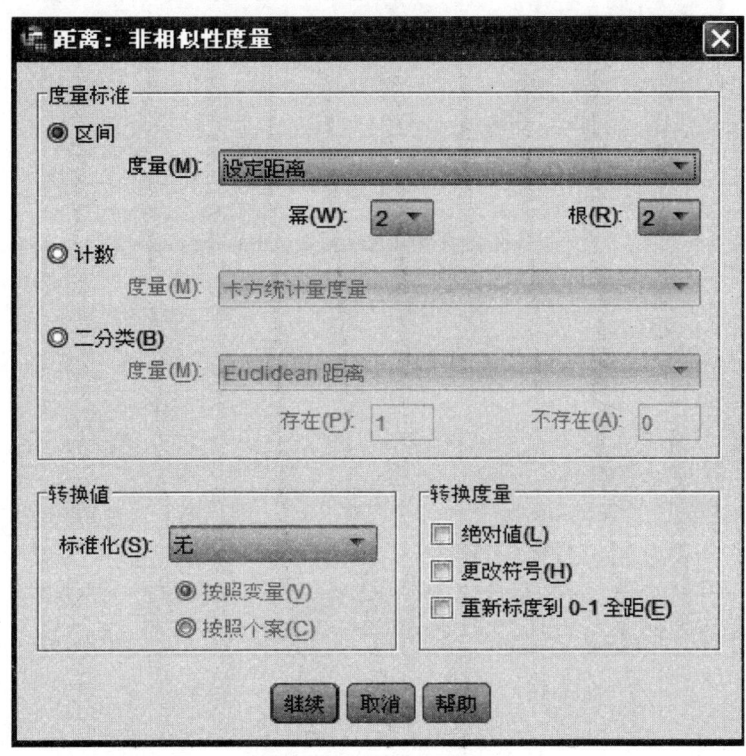

图 3-36　对话框中度量方法选择为"设定距离"

单击下拉键，可选择幂次数值 q 和根次数值 p，见图 3-37：

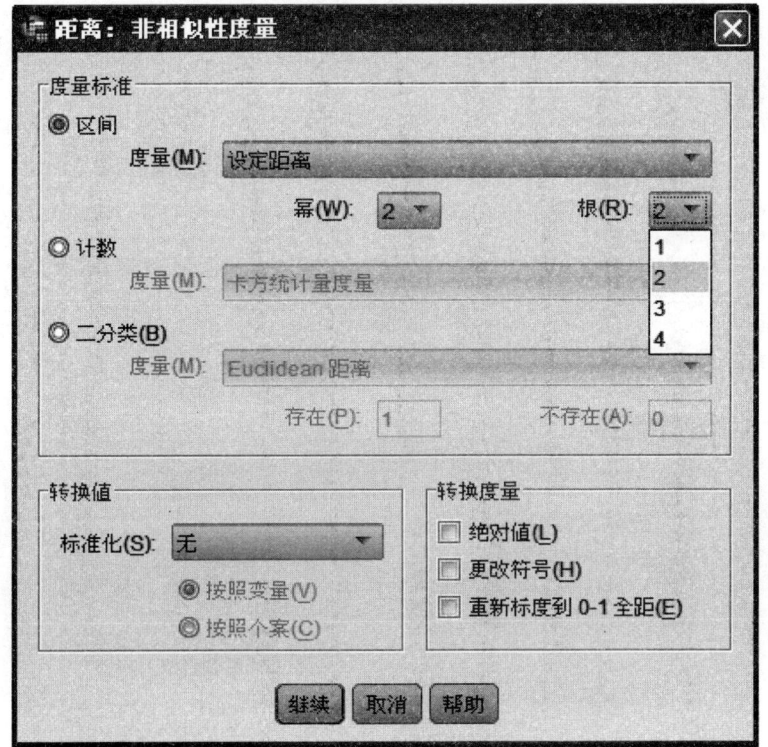

图 3-37　根次的候选数值

由于我们的"度量标准"选择的是"相似性"，所以在此不做任何设置。

第二，计数。在主对话框中选择的分析变量为频数计数变量时，应选择此种数据类型。单击栏边的箭头按钮，展开下拉式列表，选择测度方法，见图3-38：

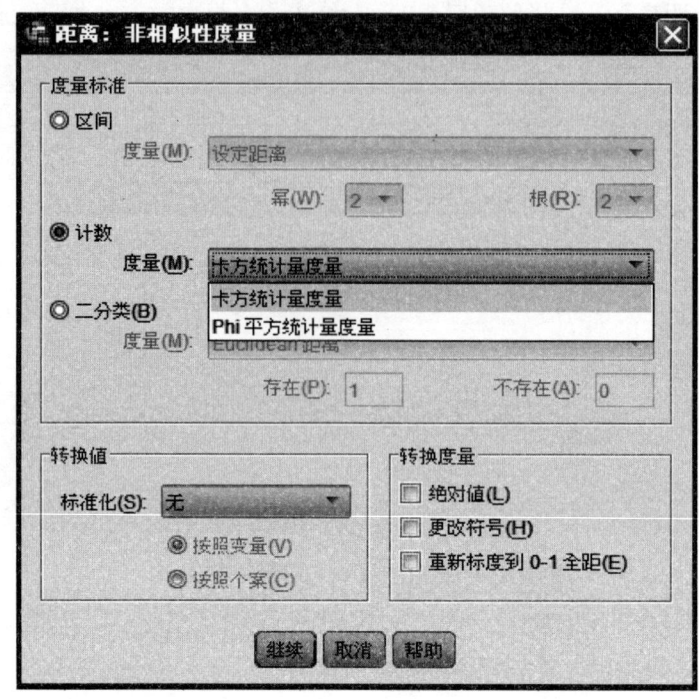

图3-38 "距离：非相似性度量"对话框

下拉式列表中包括："卡方统计量度量"，即系统性默认的测度方法，是基于对两组频数值相等与否进行卡方检验的不相似测度方法；"Phi平方统计量度量"，即 ϕ^2 测度，它等于卡方测度除以联合频数的平方根，将它正规化所得的值。

由于我们的数值不是"计数"数据，所以我们不做任何选择。

第三，二分类。选择二分类后，见图3-39：

图3-39 对话框中数据形态被确定

二元数据是表示某种特征有或无的变量。选择这种变量时，在被激活的"存在""不存在"小框中，分别输入表示具有某特征的有意义的变量值和不具有某特征的变量值。系统将对这两种变量值计算距离测度而不管其他的变量值。系统默认的具有某特征的变量值为1，不具有某特征的变量值为0。

然后单击箭头按钮，在下拉式列表中选择具体的测度方法，见图3-40：

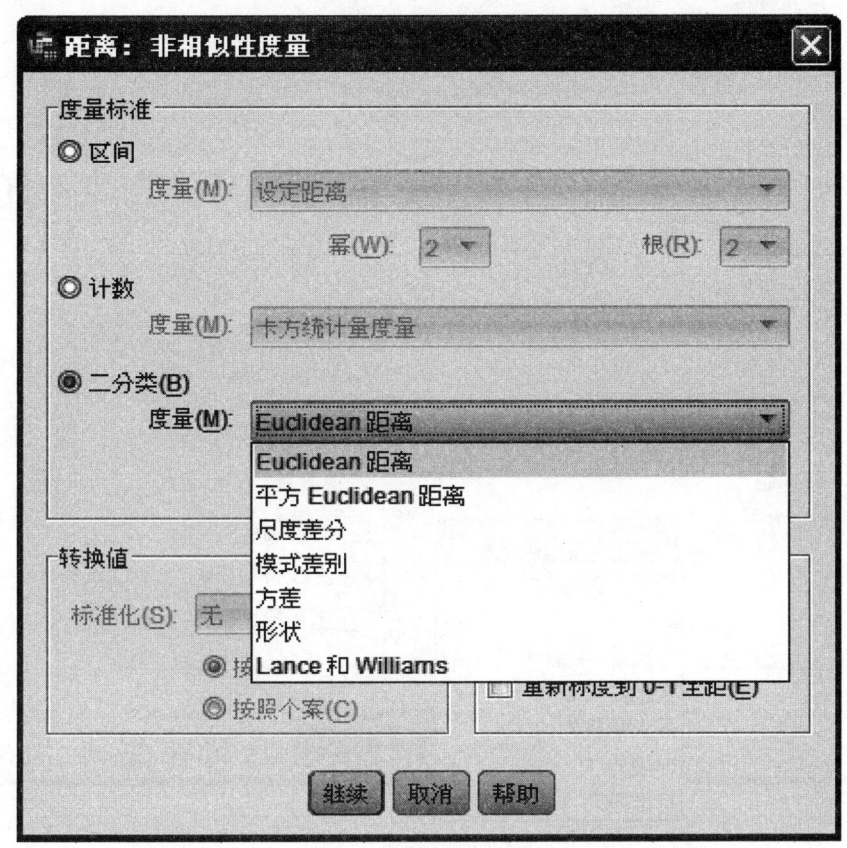

图3-40 对话框中度量方法候选项

"Euclidean（欧几里得）距离"：计算二元欧氏距离，最小值为0，无上限。

"平方Euclidean（欧几里得）距离"：计算二元l欧氏距离的平方，最小值为0，无上限。

"尺度差分"：大小差异测度是个非对称指标，其取值范围为0~1。

"模式差别"：型差异测度，取值范围为0~1。

"方差"：变差测度，取值范围为0~1。

"形状"：形状测度，取值范围为0~1。

"Lance和Williams"：兰斯和威廉姆斯非矩阵测度，也称为Bray-Curtis（布雷-柯蒂斯）非矩阵系数，也是一个取值范围为0~1的不相似性SPSS测度。

由于我们的数值不是"二分类"数据，所以我们不做任何选择。

2．"转换值"选项

"二分类"数据不存在数值转换问题，只有"区间"数和"计数"时，才有数值转换问题，若我们已选定数值是"区间"数或"计数"时，单击"标准化"框中的下拉键，见图3-41：

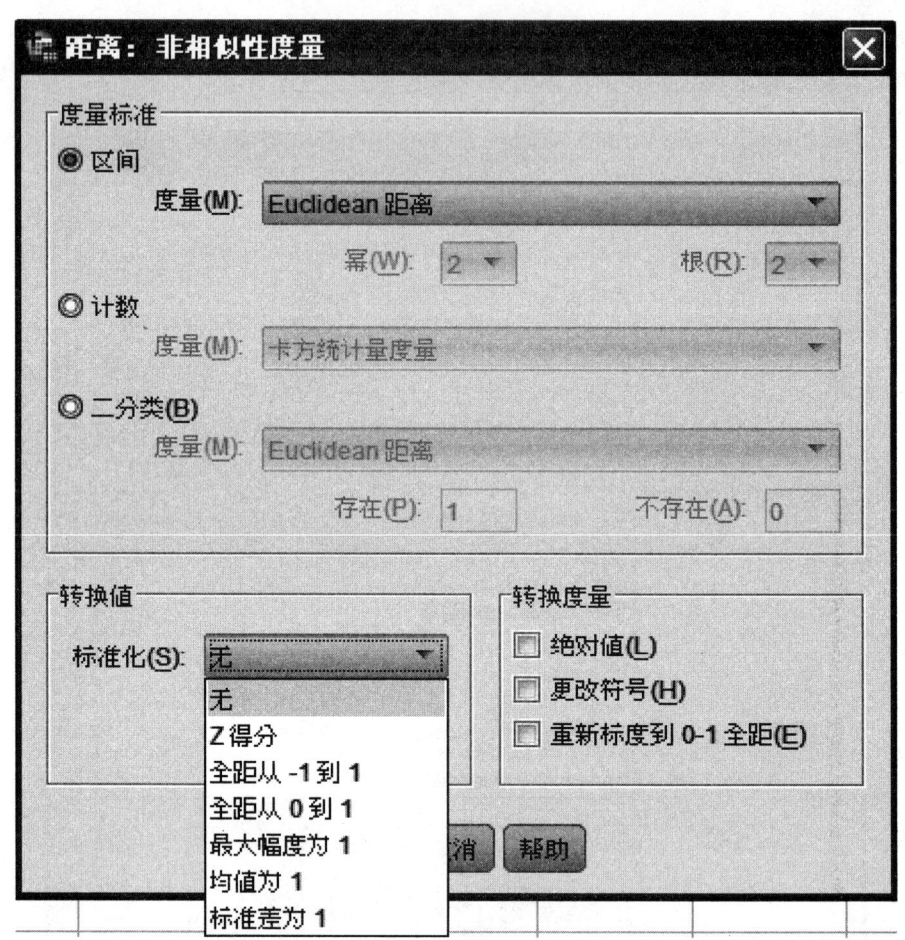

图 3-41 对话框中标准化方法候选项

在下拉列表中选择数值标准化转换方法，其中包括：

"无"，即不进行标准化，这是系统默认的设置。

"Z 得分"，即将每个观测量或变量值标准化到均值为 0、标准差为 1 的 Z 得分。

"全距从 –1 到 1"，即将每个观测量或变量值都除以观测量或变量值的极差，将它们标准化到 –1~1。

"全距从 0 到 1"，即将每个观测量或变量值减去它们的最小值，然后除以极差将其标准化到 0~1。

"最大幅度为 1"， 即将每个观测量或变量值除以最大值，然后将其标准化到最大值 1。

"均值为 1"，即将每个观测量或变量值除以其的均值，将它们标准化到 1。

"标准差为 1"， 即将每个观测量或变量值都除以它们的标准差，然后将其标准化到 1。

需要指出的是，除选择"无"外，其余的选择都会激活"标准化"下边的"按照变量"和"按照个案"前边的选择键，见图 3-42：

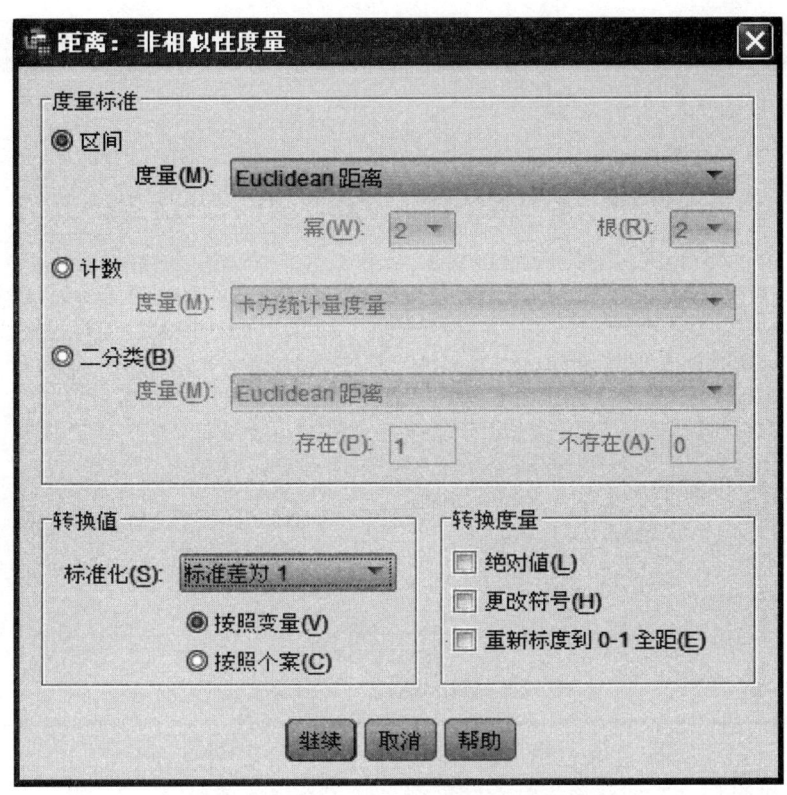

图 3-42　对话框中标准化方法被确定

在选择标准化方法之后，要在选择框下的对"按照变量"和"按照个案"施行标准化两个单选项中做出二中择一的选择。

由于我们的"度量标准"选择的是"相似性"，所以在此不做任何设置。

3."转换度量"选项

在"转换值"选择完毕后，可以选择本栏选项对距离度量的结果进行度量转换。栏中提供了如下3种并列的转换方法：

"绝对值"转换法：将度量值的负号移去。一般仅当对相关数量感兴趣的时候才使用这种转换法。

"更改符号"转换法：施行相似性测度和不相似性测度之间的相互转换。选择此项，通过改变符号来颠倒距离测度的顺序。

"重新标度到0~1全距"转换法：采用此法将各距离度量值减去最小距离值再除以其全距，使距离度量标准化。对按有意义方法已经施行了标准化的测度，通常不再使用这种转换法。

由于我们的"度量标准"选择的是"相似性"，所以在此不做任何设置。

在主对话框的"度量标准"栏中选择"相似性"，并单击"度量"，得到"距离：相似性度量"对话框，见图3-43：

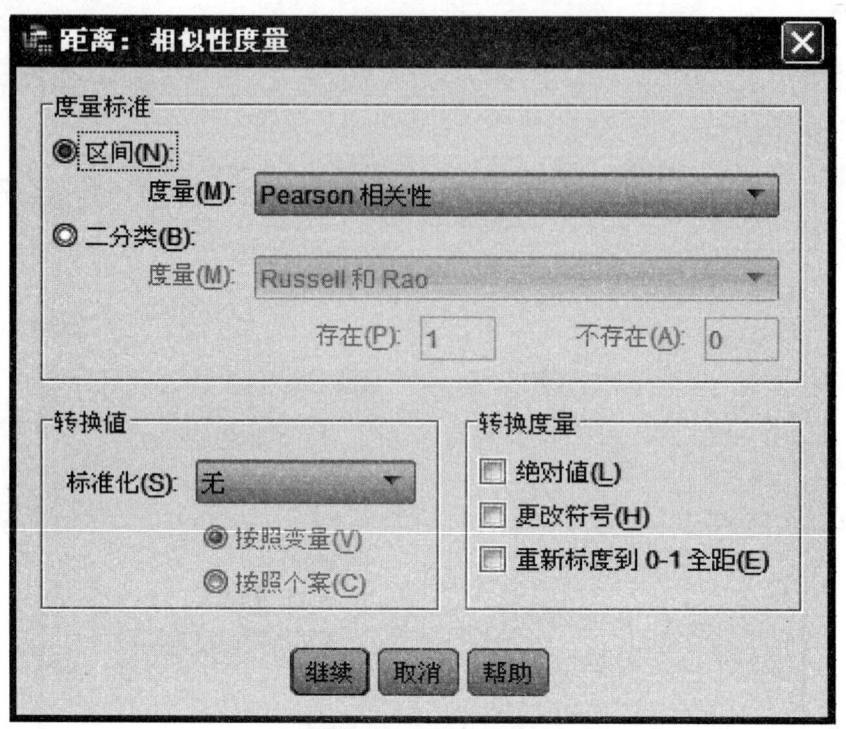

图 3-43 "距离：相似性度量"对话框

对话框中包括"度量标准""转换值""转换度量"三个子选项栏。

1. "度量标准"选项

在此栏里选择度量方法时，先选择数据类型，然后，在选中的数据类型的下拉式菜单中选择适当的测度方法。数据类型及测度方法主要有：

第一，区间数据。在主对话框里选择了测度水平为比率的分析变量时，应选择此种数据类型，计算结果为向量之间的相似系数。单击"度量"栏边的箭头下拉键，得到度量方法候选项，见图 3-44：

图 3-44 度量方法候选项

在展开的下拉式列表中选择度量方法:"Pearson 相关性"和"余弦"。本例的数据是区间数据,所以我们选择"区间",度量方法默认是"Pearson 相关性"。

第二,二分类。二元数据的意义与不相似性测度中所述完全相同。选择"二分类"后,"度量"框被激活,见图 3-45:

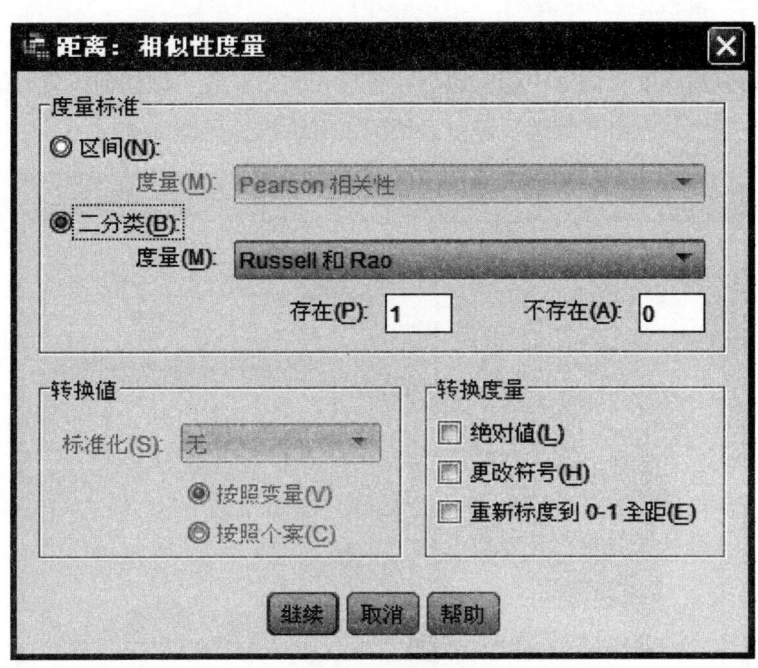

图 3-45 对话框中"度量标准"被确定

在选择度量方法前,先在被激活的"存在"和"不存在"小栏里分别输入表示具有某特征的有效变量值和不具有某特征的有效变量值。再单击箭头按钮展开下拉列表,列出了 20 种相似性度量方法可供选择,见图 3-46:

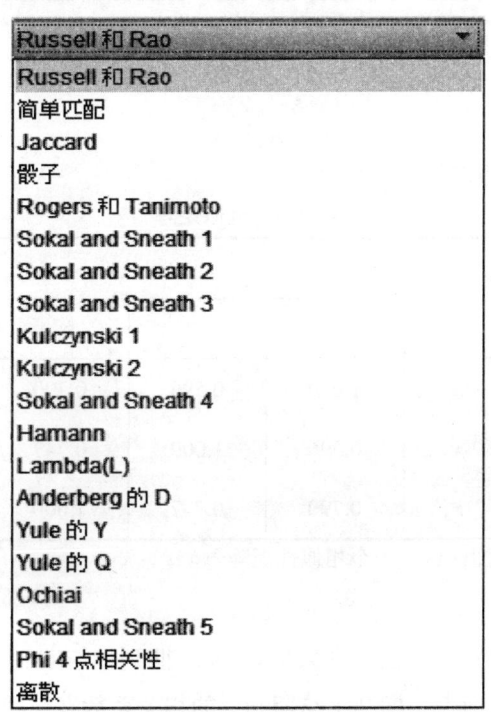

图 3-46 对话框中度量方法候选项

从中选择一种相似性测度方法,各种方法计算的结果统称为相似系数。但按照系数计算的特征,相似系数又分成匹配系数、条件概率测度和可预测性测度等。

本例数据是区间数据，所以在此不做任何设置。

2."转换值"选项

选项与前边不相似对话框中相应选项栏各项意义相同,仅"区间"数才用到"转换值"。在此不做任何设置。

3."转换度量"选项

各选项意义与不相似性测度对话框中相应选项栏各项相同。在此不做任何设置。

上述各选项选择完毕后，点击"继续"键，返回到主对话框，见图3-47：

图3-47 "距离"对话框

单击"确定"键，得到近似矩阵，见表3-6：

表3-6 近似矩阵

	值向量间的相关性		
	x_1	x_2	x_3
x_1	1.000	0.596	0.790
x_2	0.596	1.000	0.747
x_3	0.790	0.747	1.000

注：这是一个相似性矩阵

本表告诉我们，期刊1与期刊2的相关系数是0.596，期刊1与期刊3的相关系数是0.790，期刊2与期刊3的相关系数是0.747，相对而言，期刊1与期刊3的相关系数高，距离较近。

第四章 主成分与因子分析

第一节 主成分法

主成分分析是一种分析、简化数据集的技术。主成分分析经常用减少数据集的维数，同时保持数据集对方差贡献最大的特征。这是通过保留低阶主成分，忽略高阶主成分做到的。这样低阶成分往往能够保留住数据的最重要方面。主成分分析由卡尔·皮尔逊于1901年发明，用于分析数据及建立数理模型。其方法主要是通过对协方差矩阵进行特征分解以得出数据的主成分（即特征矢量）与它们的权值。

一、主成分分析在图书情报领域应用举例

宋丽萍、王建芳、刘芮等人提取大量文献中的"生命周期管理（ALM）"的指标后，统计每篇文章的引文数、阅读数、脸书纪录数等8项数据，利用主成分分析，对其分析，得到3个主成分，以3个主成分作为新的评价指标。

苏杨以37种中文体育类学术期刊为对象，选取其中复合影响因子、总被引频次、即年指标、载文量、基金论文比、被引半衰期及Web即年下载率7个文献计量指标进行主成分分析，得出37种中文体育类学术期刊的综合得分和排序，进行学术影响力综合评价。

孔超、丁璇、金玉以期刊篇均引文数、基金论文比、篇均被引数、篇均他刊引用数、影响因子为评价指标，对各个期刊进行主成分分析，得出期刊的综合得分和排序，然后选取要订购的期刊。

叶华、陈修颖以浙江省11个地市为基本单元，选择各地市公共图书馆的总藏量、每百人藏书数、机构数、从业人员数、建筑面积等9项指标进行主成分分析和聚类分析。结果表明，总藏量和每百人藏书两个指标能够很好地反映目前浙江省公共图书馆的发展情况。根据聚类分析的结果，将浙江省分为四大类型区，并定量测度了各类型区的差异状况。

还有用主成分分析法评价馆员、数据库、图书馆、图书馆服务、图书馆电子资源、论文、学报、网站、管理系统、阅读分析、科研实力等，不一一列举。

二、主成分分析的SPSS操作步骤

例：赵隽以工作数量x_1、工作质量x_2、专业水平x_3、研究成果x_4、职业道德x_5、学习能力x_6、服务意识x_7、组织纪律x_8、团队精神x_9 9个指标考察了某图书馆的20名馆员，每项指标满分20分，数据见表4-1：

表 4-1　馆员考核成绩

代号	x_1	x_2	x_3	x_4	x_5	x_6	x_7	x_8	x_9
1	16	16	13	18	16	17	15	16	16
2	18	19	15	16	18	18	18	17	19
3	17	17	17	14	17	18	16	16	16
4	18	16	16	20	15	16	19	14	17
5	16	15	16	17	18	18	15	16	16
6	20	17	16	17	18	18	17	19	18
7	17	14	12	14	14	18	15	15	13
8	20	18	18	17	18	19	18	19	18
9	14	16	15	19	19	19	18	19	14
10	19	19	20	14	18	20	19	17	20
11	15	16	15	17	16	16	16	15	16
12	15	15	18	16	18	18	19	17	18
13	16	17	15	17	15	18	16	14	13
14	19	19	14	14	16	17	16	17	18
15	14	16	14	15	16	16	17	16	17
16	10	11	13	18	17	20	17	16	20
17	16	17	15	16	14	16	14	15	17
18	17	17	17	16	19	18	19	20	19
19	16	19	18	15	17	12	19	18	18
20	16	16	13	18	16	17	15	16	16

1. 输入数据

打开 SPSS 界面，并输入数据，见图 4-1：

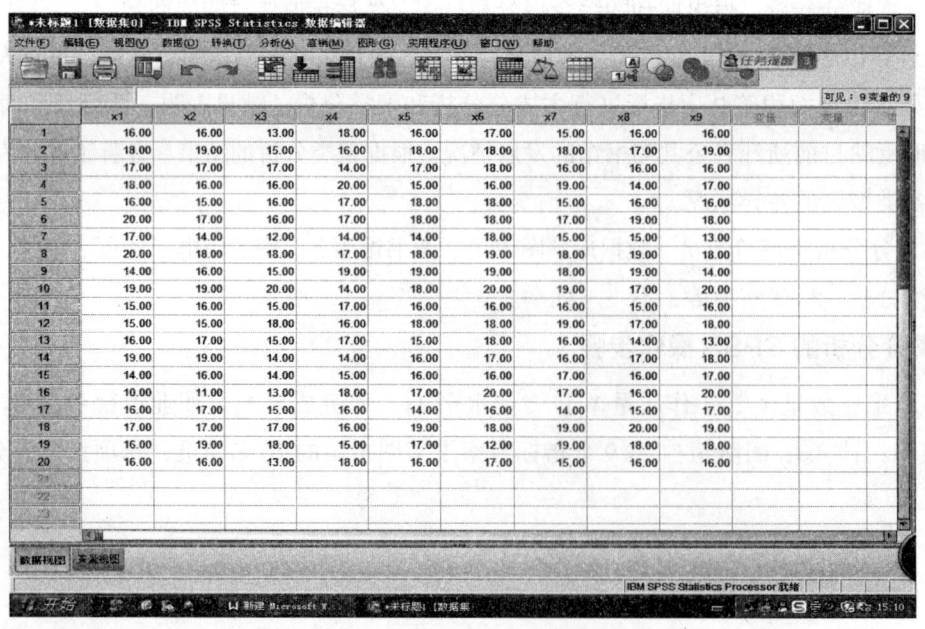

图 4-1　SPSS 数据输入格式

2. 分析路径

点击 SPSS 菜单中的"分析"键，鼠标下滑到"降维"，再右滑到"因子分析"，见图 4-2：

图 4-2 分析路径

点击之，得到"因子分析"对话框，见图 4-3：

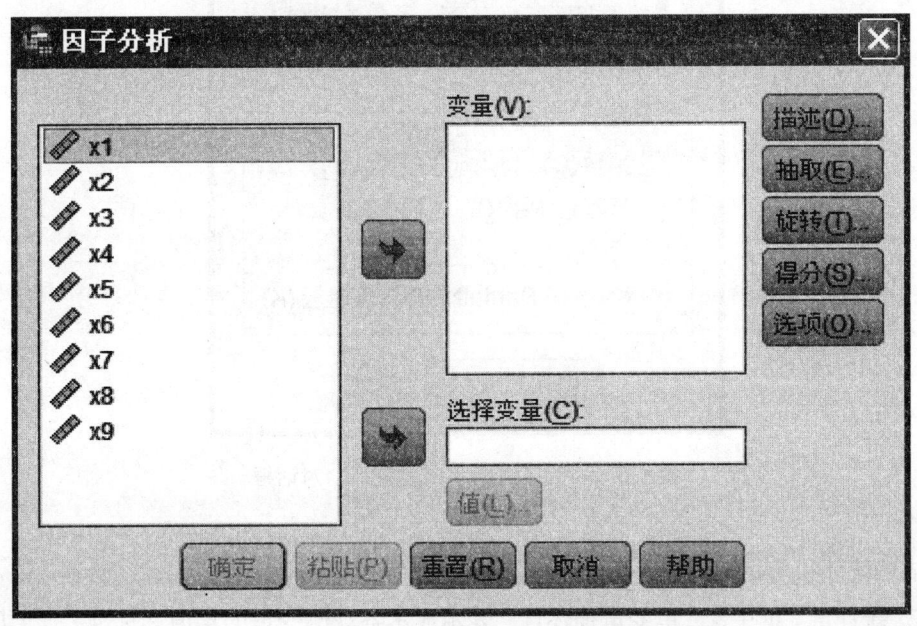

图 4-3 "因子分析"对话框

3. 变量确定

将变量 $x_1 \sim x_9$ 点进"变量"列表框中，见图 4-4：

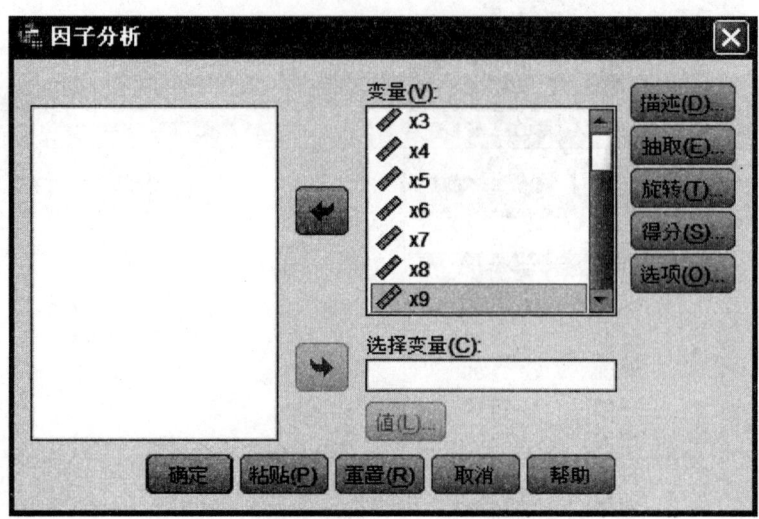

图 4-4 对话框中变量被确定

4. 因子特征描述项的选择

点击"描述"键,得到"因子分析:描述统计"对话框,见图 4-5:

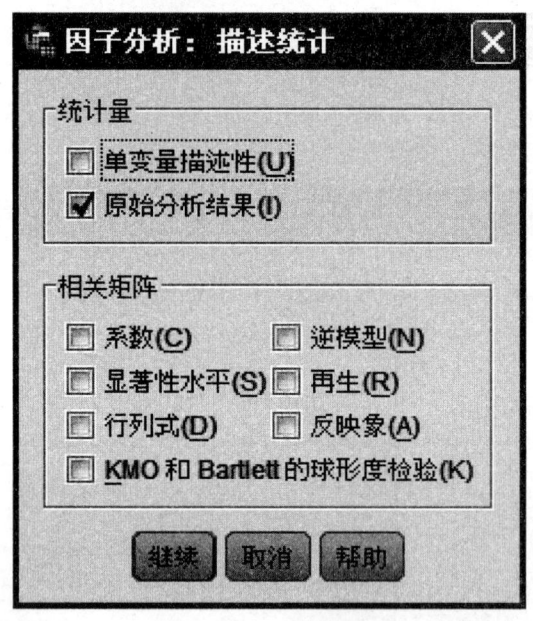

图 4-5 "因子分析:描述统计"对话框

本框提供描述统计和与相关矩阵有关的统计量。本框又分两个小框,一个是"统计量"框,另一个是"相关矩阵"框。在"统计量"框中,"单变量描述性"表示显示各观测变量的均值和标准差。"原始分析结果"表示显示公共因子方差、特征值、各因子解释的方差比例和累积比例。在这里,选中这两个复选框。

在"相关矩阵"框中,"系数"表示观测变量的相关矩阵。"显著性水平"表示每个相关系数的显著性水平,值越接近 0,越适合做因子分析。"行列式"表示相关系数矩阵的行列式值。"逆模型"表示相关系数矩阵的逆矩阵。"再生"表示由因子模型估计出的相关系数及残差,即原始相关系数矩阵与再生相关系数矩阵之间的差值。"反映象"表示反映射相关矩阵。"KMO 和 Bartlett 的球形度检验"表示 KMO 测度和 Bartlett 球形检验。KMO 值接近 1 时,意味着变量间的相关性较高,偏相关性较低,原有变量适合做因子分析;KMO 值接近 0 时,原有变量不适合做因子分析;KMO 大于 0.9 时,原有变量非常适合做因子分析;KMO 小于 0.9、大于 0.8 时,原有变量适合做因子分析;KMO 小于 0.8、大于 0.7 时,原有变量可以做因子分析;KMO 小于 0.7、大于 0.6 时,原有变量做因子分析不太好,但可接受;KMO 小于 0.6 时,原有变量不适合做因子分析。Bartlett 球形检验,若差异性显著,则适合做因子分析,否则,不能做因子分析。

在这里,选中"系数""显著性水平""逆模型""KMO 和 Bartlett 的球形度检验"复选框,见图 4-6:

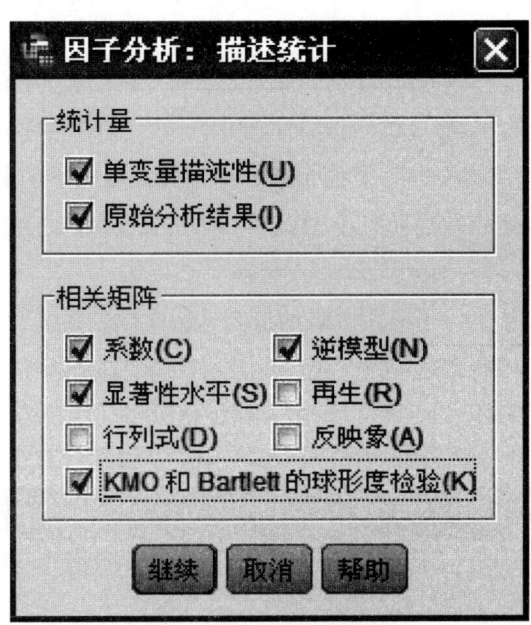

图 4-6 对话框中输出统计量被确定

单击"继续"键,回到"因子分析"对话框。

5. "抽取"方法的选择

点击主对话框右侧的"抽取"键,得到"因子分析:抽取"对话框,见图 4-7:

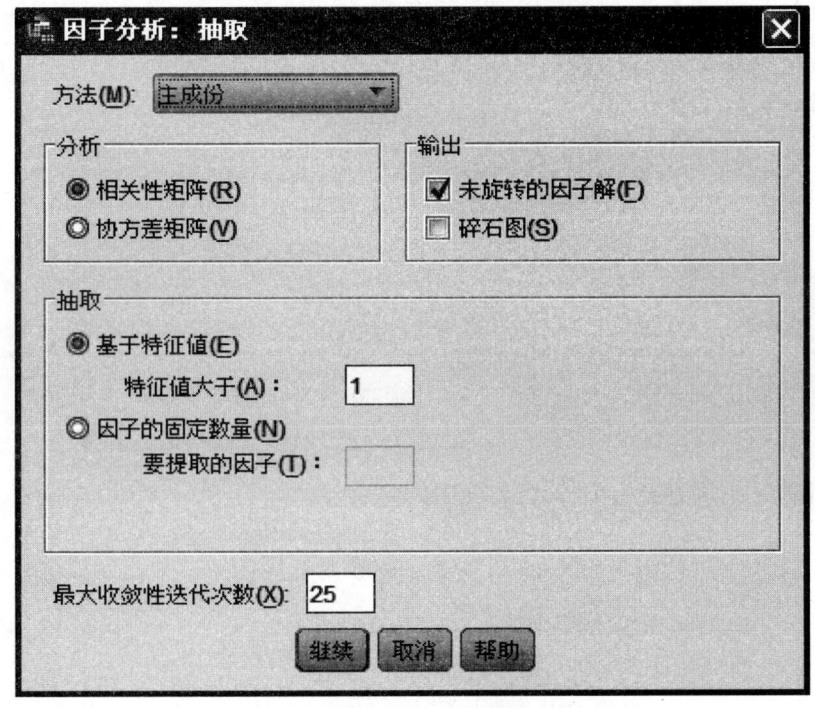

图 4-7 "因子分析:抽取"对话框

"因子分析：抽取"对话框提供与因子提取有关的选项。

在"方法"下拉列表框中，SPSS提供了7种提取因子的方法："主成分分析法""普通最小二乘法""广义最小二乘法""最大似然法""主轴因子法""α因子分析法""映像分析法"。若做主成分分析，就选"主成分分析法"，若做因子分析，就选六种方法之一，目前还没有哪种方法更好的结论。

在分析框中，若变量单位不相同，但方差相同，那么应选择"相关矩阵"。若变量方差不相等，那么应选择"协方差矩阵"。即等方差时用相关矩阵，异方差时用协方差矩阵。在有些方法选定的情形下，两种矩阵皆不可选，此时，二选框皆变暗。一般情形下，选"相关矩阵"。

在"输出"栏中，指定与初始因子有关的输出项。一个选择是显示"未旋转的因子解"，一个选择是显示"碎石图"，在碎石图中有一个明显的拐点，该拐点处对应的因子数可以作为最终提取因子数目的参考依据。

在抽取栏中，一个选择是确定提取的特征值个数，指定要提取因子的最小特征值，系统默认为1。系统根据指定因子的最小特征值决定提取的特征值个数。一个选择是直接指定提取的因子个数。我们一般选择默认最小特征值为1。

在最大迭代次数文本框中，指定因子分析收敛的最大迭代次数，系统默认为25。

由于我们是做主成分分析，因此方法就选"主成分分析法"，在分析框中选"相关矩阵"，在"输出"栏中选"未旋转的因子解"和"碎石图"，我们选最小特征值为1的特征值个数，见图4-8：

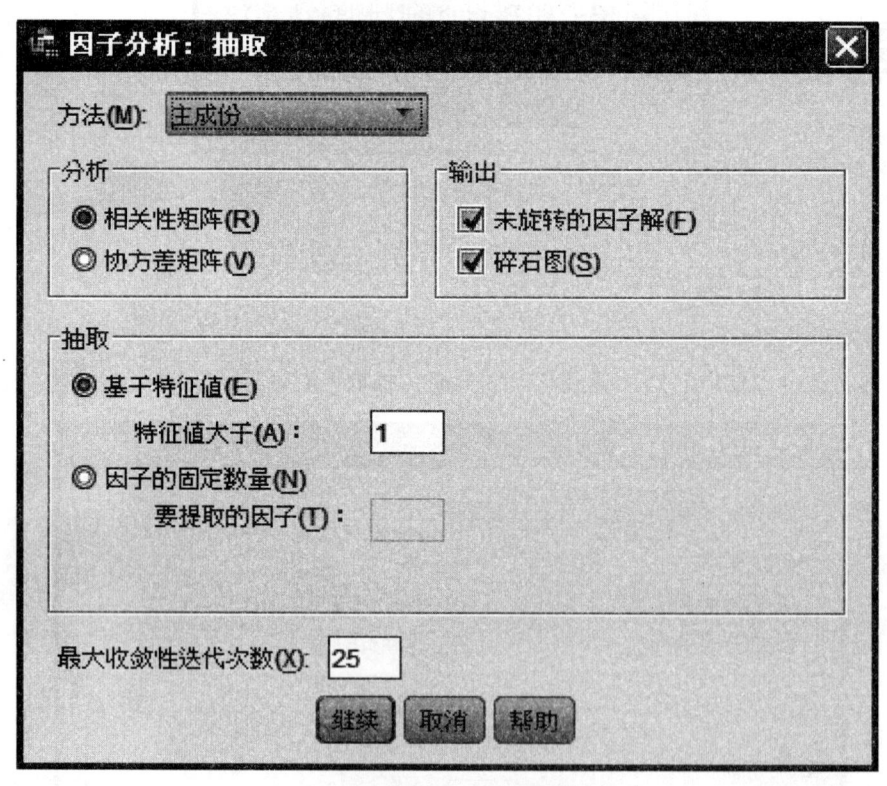

图4-8 对话框中抽取标准被确定

单击"继续"键返回"因子分析"对话框，见图4-9：

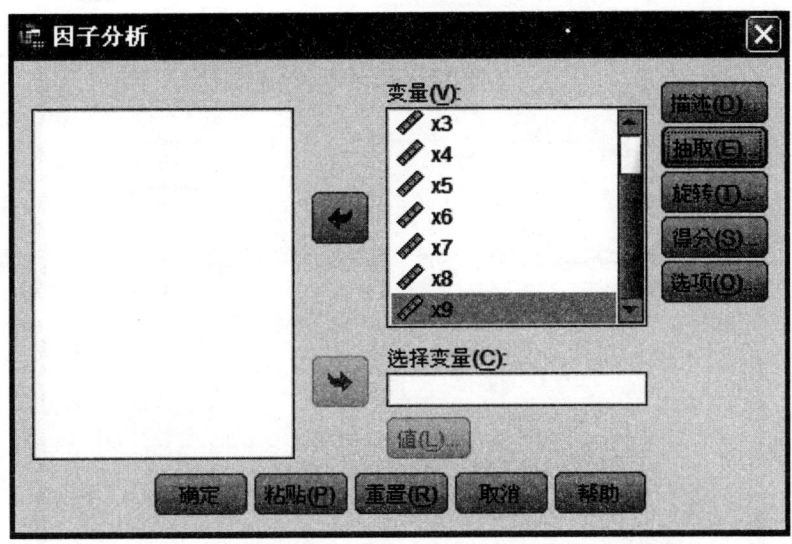

图 4-9 "因子分析"对话框

6. 旋转方法的选择

单击主对话框右边的"旋转"键,得到"因子分析:旋转"对话框,见图 4-10:

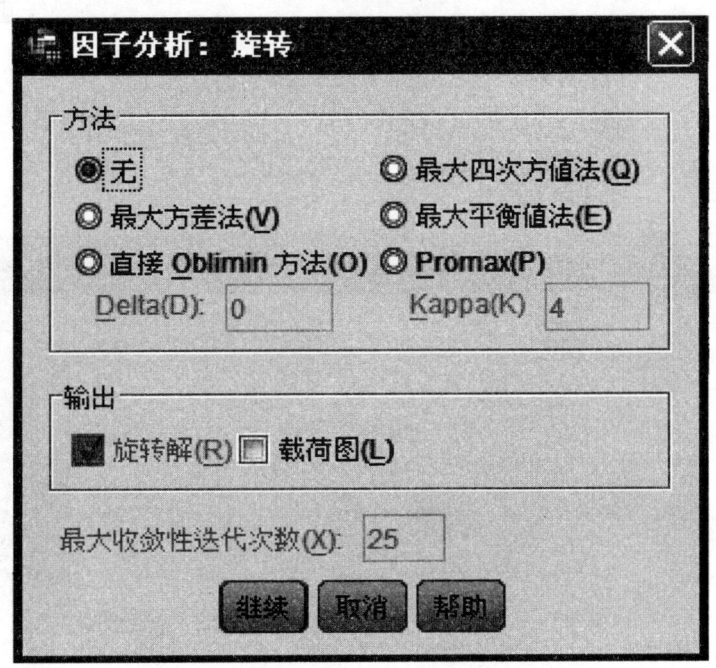

图 4-10 "因子分析:旋转"对话框

"因子分析:旋转"对话框提供与因子旋转有关的选项。

在"方法"框中,SPSS 提供了 6 种选项:"无(不进行旋转)""最大方差法""最大平衡值法""最大四次方值法""直接 Oblimin(斜交旋转)方法""Promax(正交旋转)"。在此若选"无",则是主成分分析。若选其余五种方法,则是因子分析。在"输出"框中,指定输出选项。一个是显示"旋转解",一个是显示"载荷图"(在这里,我们可理解为成分负荷),主成分不用旋转,我们选中"载荷图"。

在"最大收敛性迭代次数"文本框中,系统默认为 25。

因为我们是做主成分分析,所以,在"方法"框中选择"无"选项,在"输出"框中我们选中"载荷图",见图 4-11:

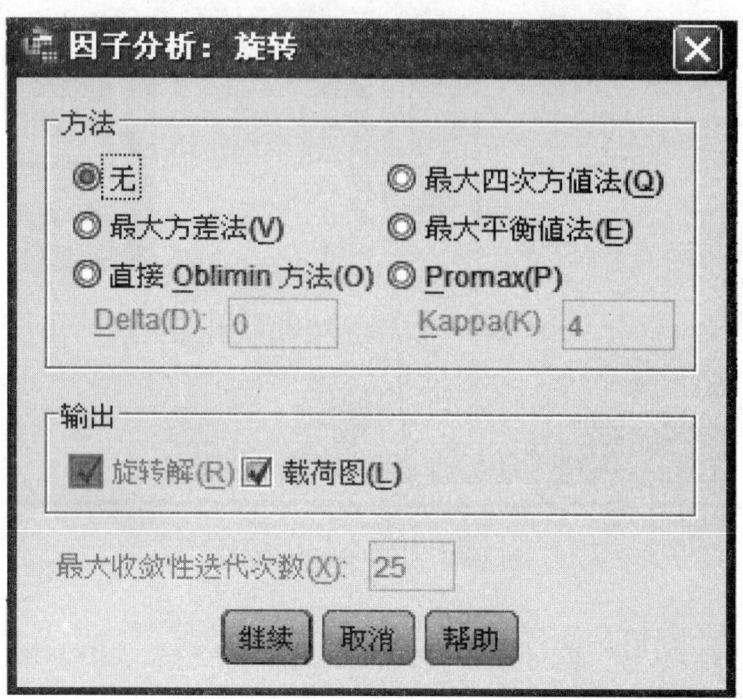

图 4-11 对话框中方法和输出选项被确定

单击"继续"键,返回到"因子分析"对话框,见图 4-12:

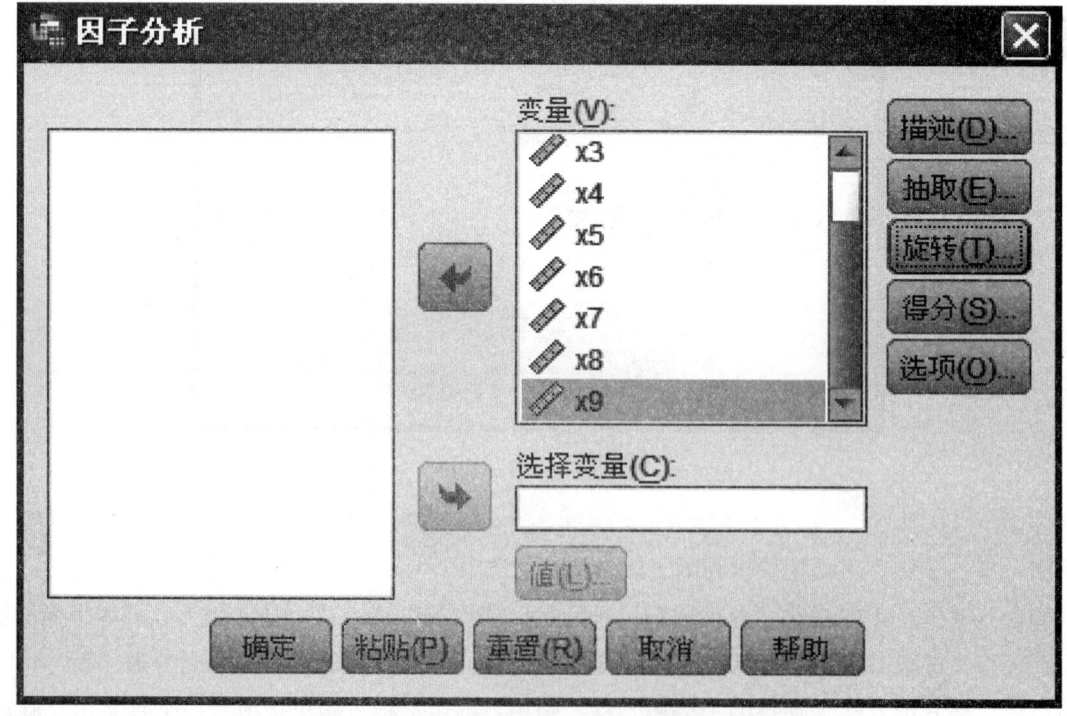

图 4-12 "因子分析"对话框

7. "得分"选项的选择

单击主对话框右侧的"得分"键,提供与因子得分有关的选项,得到"因子分析:得分"对话框,见图 4-13:

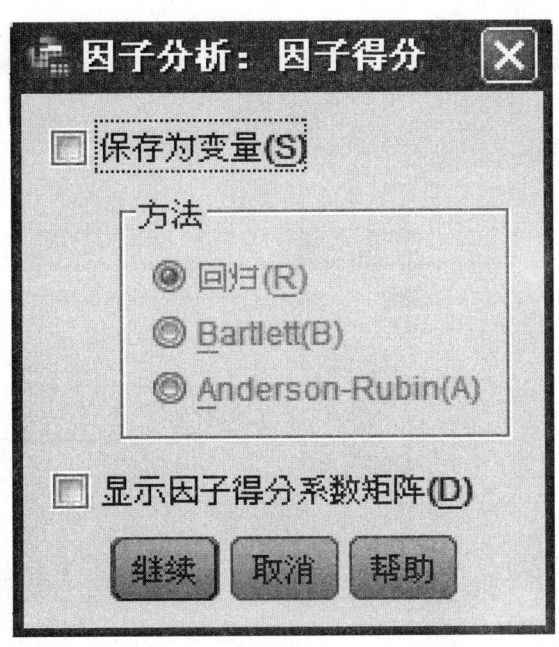

图 4-13 "因子分析：得分"对话框

"保存为变量"复选框表示将因子得分作为新变量保存在数据文件中。选中这个复选框。

在"方法"框中，SPSS 提供了 3 种计算因子得分的方法："回归""Bartlett""Anderson- Rubin"。

"显示因子得分系数矩阵"复选框表示显示因子得分系数矩阵。

在这里选中"保存为变量"的"回归""显示因子得分系数矩阵"两个选项，见图 4-14：

图 4-14 对话框中方法和输出选项被确定

单击"继续"键，返回到"因子分析"对话框，见图 4-15：

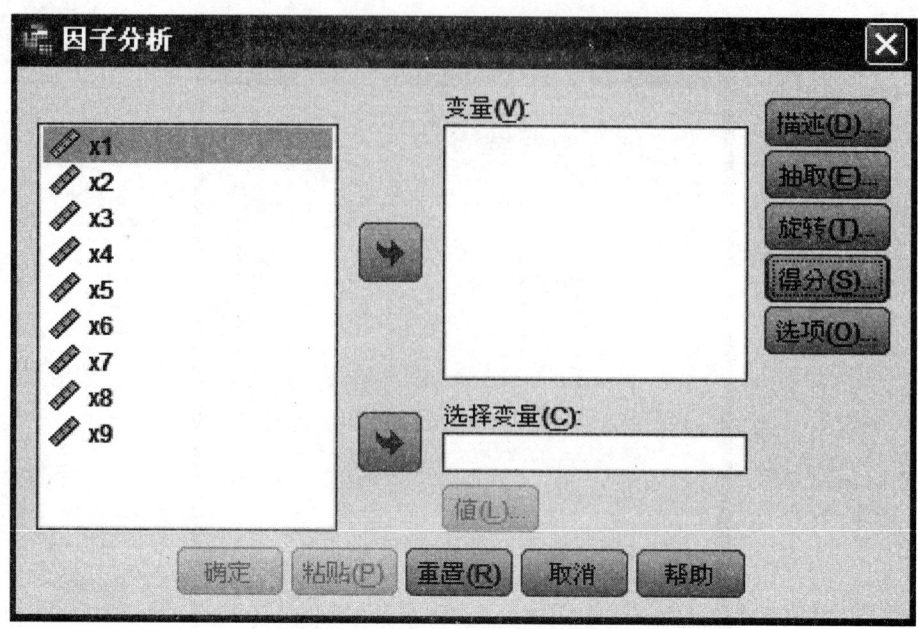

图 4-15 "因子分析"对话框

8. 输出选项的选择

单击主对话框右侧的"选项"键,得到"因子分析:选项"对话框,见图 4-16:

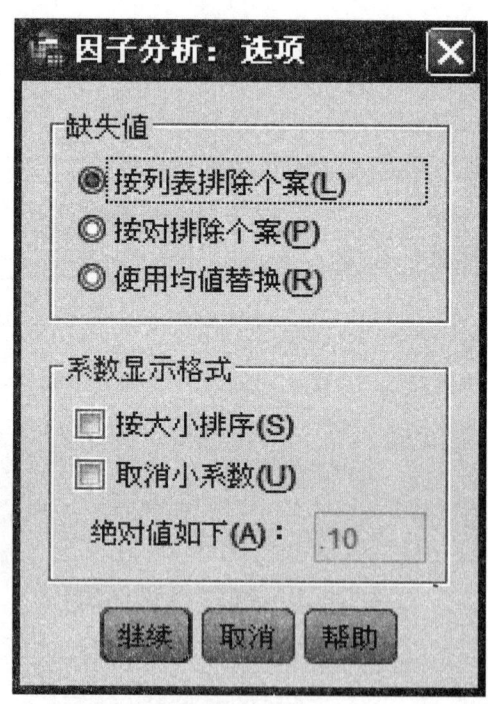

图 4-16 "因子分析:选项"对话框

该对话框提供有关缺失值处理及系数显示格式的选项。

在"缺失值"框中,提供了3种处理缺失值的方法:"按列表排除个案""按对排除个案""使用均值替换"。

在"系数显示格式"框中,有"按大小排序"的显示方式和"取消小系数"的显示方式两种,"按大小排序"表示按绝对值的大小排列,"取消小系数"表示不显示绝对值小于指定值的因子负荷。在这里,选中这个复选框,并将框内的值改为 0.40,表示只显示绝对值大于等于该值的因子负荷。

在这里,选"按列表排除个案""按大小排序""取消小系数"三个选项,见图 4-17:

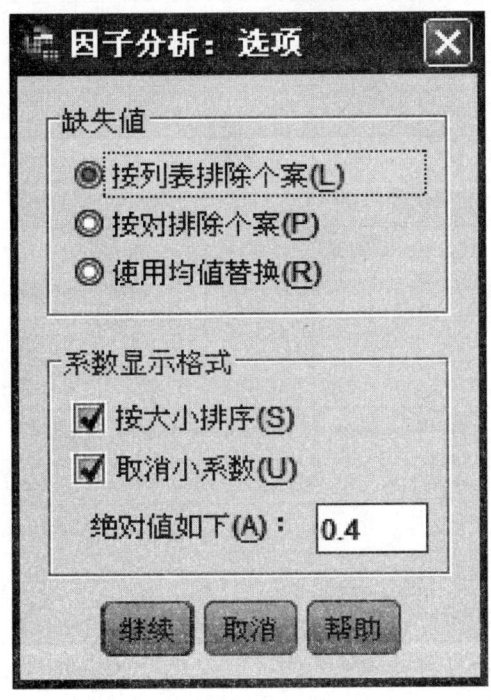

图 4-17 对话框中"缺失值"补充方法和输出选项被确定

单击"继续"键返回到"因子分析"对话框,见图 4-18:

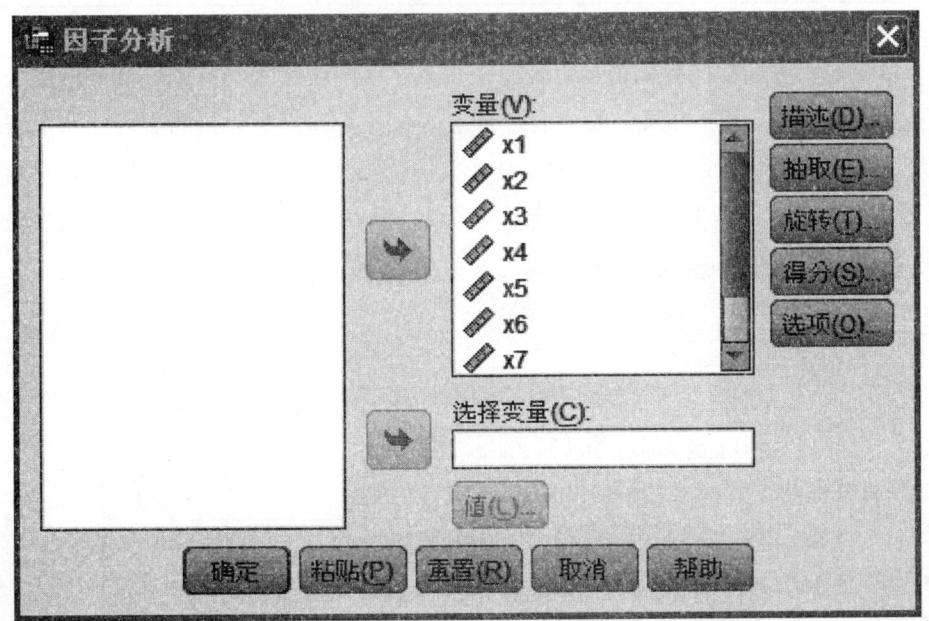

图 4-18 "因子分析"对话框

9. 结果与分析

返回主对话框后,整个主成分分析就设置完成了,单击"确定"键,即得结果,其中相关矩阵见表 4-2:

表 4-2 相关矩阵

		x_1	x_2	x_3	x_4	x_5	x_6	x_7	x_8	x_9
相关	x_1	1.000	0.731	0.411	-0.269	0.078	-0.001	0.136	0.261	0.106
	x_2	0.731	1.000	0.514	-0.378	0.170	-0.301	0.264	0.321	0.196
	x_3	0.411	0.514	1.000	-0.221	0.546	0.022	0.664	0.420	0.450
	x_4	-0.269	-0.378	-0.221	1.000	0.060	0.076	0.052	-0.086	-0.145
	x_5	0.078	0.170	0.546	0.060	1.000	0.379	0.599	0.817	0.461
	x_6	-0.001	-0.301	0.022	0.076	0.379	1.000	0.034	0.169	0.096
	x_7	0.136	0.264	0.664	0.052	0.599	0.034	1.000	0.511	0.521
	x_8	0.261	0.321	0.420	-0.086	0.817	0.169	0.511	1.000	0.425
	x_9	0.106	0.196	0.450	-0.145	0.461	0.096	0.521	0.425	1.000
Sig.（单侧）	x_1		0.000	0.036	0.125	0.372	0.499	0.284	0.133	0.328
	x_2	0.000		0.010	0.050	0.236	0.098	0.131	0.084	0.204
	x_3	0.036	0.010		0.174	0.006	0.464	0.001	0.033	0.023
	x_4	0.125	0.050	0.174		0.401	0.375	0.414	0.359	0.271
	x_5	0.372	0.236	0.006	0.401		0.050	0.003	0.000	0.020
	x_6	0.499	0.098	0.464	0.375	0.050		0.443	0.238	0.344
	x_7	0.284	0.131	0.001	0.414	0.003	0.443		0.011	0.009
	x_8	0.133	0.084	0.033	0.359	0.000	0.238	0.011		0.031
	x_9	0.328	0.204	0.023	0.271	0.020	0.344	0.009	0.031	

这个表是为变量的相关性检验提供依据，若变量相关，说明变量之间有内在共同的成分，才有进行主成分分析和因子分析的必要，若不相关，就没有进行主成分分析和因子分析的必要。从上表看，大部分非对角线元素都大于 0.3，小于 0.85，且对应的 Sig 值较小，说明值显著不为 0。若大部分非对角线元素都小于 0.3，说明变量不相关，不能做主成分分析。若大部分非对角线元素都大于 0.85，说明变量严重共线，也不能做主成分分析。我们的数据可以做主成分分析。

KMO 和 Bartlett 的检验见表 4-3：

表 4-3 KMO 和 Bartlett 的检验

取样足够度的 Kaiser-Meyer-Olkin 度量		0.573
Bartlett 的球形度检验	近似卡方	75.182
	df	36
	Sig.	0.000

KMO（Kaiser-Meyer-Olkin）检验统计量是用于比较变量间简单相关系数和偏相关系数的指标。KMO 统计量取值在 0 和 1 之间。当所有变量间的简单相关系数平方和远远大于偏相关系数平方和时，KMO 值接近 1，KMO 值越接近于 1，意味着变量间的相关性越强，原有变量越适合做因子分析；当所有变量间的简单相关系数平方和接近 0 时，KMO 值接近 0，KMO 值越接近于 0，意味着变量间的相关性越弱，原有变量越不适合做因子分析。

Kaiser 给出了常用的 KMO 度量标准：0.9 以上表示非常适合；0.8 表示适合；0.7 表示一般；0.6 表示不太适合；0.5 以下表示极不适合。

Bartlett 的球形度检验的统计量是根据相关系数矩阵的行列式得到的,如果该值较大,且其对应的相伴概率值小于用户心中的显著性水平,那么应该拒绝零假设,认为相关系数矩阵不可能是单位阵,即原始变量之间存在相关性,适合于做主成分分析和因子分析;相反,如果该统计量比较小,且其相对应的相伴概率大于显著性水平,则不能拒绝零假设,认为相关系数矩阵可能是单位阵,不宜于做主成分分析和因子分析。

由于本表 KMO 度量值为 0.573,小于 0.6,所以原有变量不太适合做因子分析。

本表 Bartlett 的球形度检验显著,说明各个变量间相关性显著,适合做主成分分析。

公因子方差见表 4-4:

表 4-4 公因子方差

	初始	提取
x_1	1.000	0.742
x_2	1.000	0.849
x_3	1.000	0.707
x_4	1.000	0.465
x_5	1.000	0.867
x_6	1.000	0.886
x_7	1.000	0.788
x_8	1.000	0.683
x_9	1.000	0.495

注:提取方法为主成分分析

公因子方差又称共同度,就是观测变量的方差中由公因子决定的比例。这是每一个变量的初始共同度和主成分法抽取主成分后的共同度。共同度越高,表示该变量与其他变量的共同特质越多,该变量越适合投入主成分分析中,反之,共同度越低,表示该变量与其他变量的共同特质越少,该变量越不适合投入主成分分析中。由于本例是以主成分法抽取共同因子,因此初始的共同度值都是 1。而根据最后的共同度估计值,研究者可了解某变量与其他变量所可测量的共同度特质的高低。本例除 x_2 和 x_9 外,其余变量的共同度都较高。总体上看,本例适合做主成分分析。

主成分解释的总方差见表 4-5:

表 4-5 解释的总方差

成分	初始特征值			提取平方和载入		
	合计	方差的占比 /%	累积占比 /%	合计	方差的占比 /%	累积占比 /%
1	3.580	39.777	39.777	3.580	39.777	39.777
2	1.898	21.092	60.869	1.898	21.092	60.869
3	1.005	11.169	72.038	1.005	11.169	72.038
4	0.845	9.387	81.425			
5	0.636	7.062	88.488			
6	0.510	5.668	94.155			
7	0.264	2.929	97.085			
8	0.186	2.061	99.146			
9	0.077	0.854	100.000			

注:提取方法为主成分分析

此表说明三个主成分已解释了 72.038% 的信息。

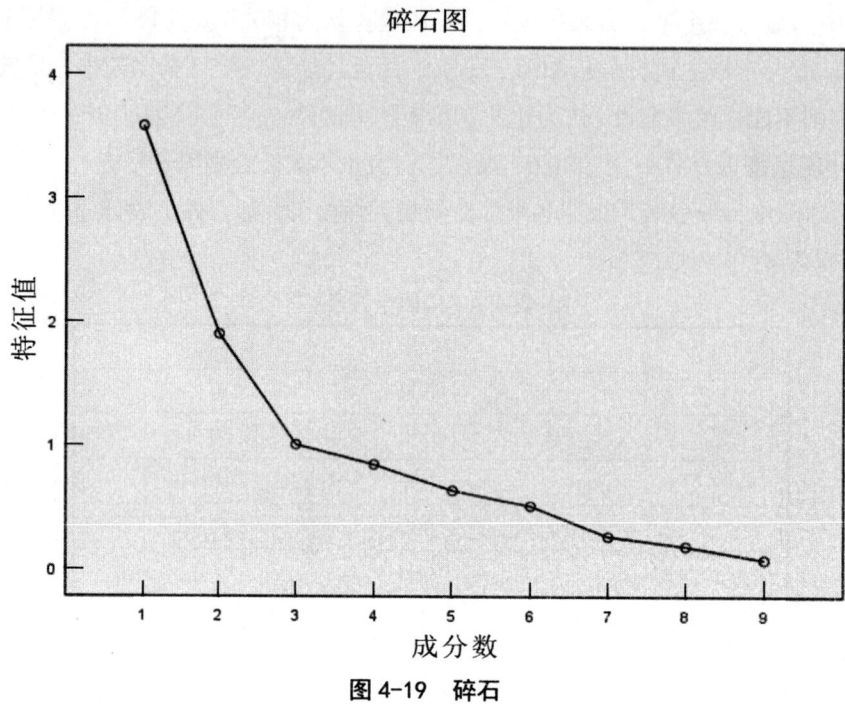

图 4-19　碎石

从图 4-19 可看到，第三个特征根处，曲线出现了明显的拐点。我们取三个主成分是合理的。

成分矩阵见表 4-6：

表 4-6　成分矩阵 a

	成分		
	1	2	3
x_1	0.495	−0.618	0.339
x_2	0.600	−0.700	−0.001
x_3	0.822	−0.120	−0.131
x_4	−0.235	0.550	−0.327
x_5	0.783	0.492	0.111
x_6	0.130	0.561	0.744
x_7	0.763	0.241	−0.385
x_8	0.781	0.241	0.124
x_9	0.650	0.191	−0.190

注：提取方法为主成分分析，a 表示已提取了 3 个成分

这是 SPSS 所输出各变量在主成分上的加权系数。加权系数是根据各变量的共同度估计得来，其性质与回归分析中的标准化回归系数相同（以各变量为自变量，主成分为因变量），而根据各变量在主成分上的加权系数，可以计算出共同度估计值。只要将每一变量在各主成分上系数值的平方加总，即为最后共同度估计值。以第一个变量"x_1"为例，由前边的表可知，其共同度估计值为 0.742，而它在三个主成分的系数值分别为 0.495、−0.618 及 0.339，因此有：

$$0.742=0.495^2+(-0.618)^2+0.339^2$$

同理将所有变量在同一个主成分上的加权系数的平方值加总后，所得到的值就是该主成分最后的特征值。以第一个主成分为例，由表可知，其最后的估计特征值为 3.58，因此：

$3.58=0.495^2+0.6^2+0.822^2+(-0.235)^2+0.783^2+0.13^2+0.763^2+0.781^2+0.65^2$，

成分得分系数矩阵见表 4-7：

表 4-7　成分得分系数矩阵

	成分		
	1	2	3
x_1	0.138	-0.326	0.338
x_2	0.167	-0.369	-0.001
x_3	0.230	-0.063	-0.130
x_4	-0.066	0.290	-0.326
x_5	0.219	0.259	0.110
x_6	0.036	0.296	0.741
x_7	0.213	0.127	-0.383
x_8	0.218	0.127	0.123
x_9	0.182	0.101	-0.189

注：提取方法为主成分分析

此矩阵是成分载荷矩阵，SPSS 所输出的主成分分数系数。主成分系数的值是将每一主成分的加权系数除以该主成分的特征值，例如变量"x_1"的加权系数为 0.495，第一个主成分的特征值为 3.58，因此 $0.495 \div 3.58 = 0.1382$。

根据表 4-7 可得三个主成分表达式：

$FAC_1=0.138z_1+0.167z_2+0.23z_3-0.066z_4+0.219z_5+0.036z_6+0.213z_7+0.218z_8+0.182z_9$

$FAC_2=-0.326z_1-0.369z_2-0.063z_3+0.29z_4+0.259z_5+0.296z_6+0.127z_7+0.127z_8+0.101z_9$

$FAC_3=0.338z_1-0.001z_2-0.13z_3-0.326z_4+0.11z_5+0.741z_6-0.383z_7+0.123z_8-0.189z_9$

利用上边三个式子也可直接得到主成分得分。

从成分得分系数矩阵可看出，第一主成分包含了变量 x_2、x_3、x_7、x_8、x_9，这些是工作质量 x_2、专业水平 x_3、服务意识 x_7、组织纪律 x_8、团队精神 x_9，这是图书馆服务必须具备的素质，我们称其为服务成分。第二主成分包含了变量 x_4、x_5，这些是研究成果 x_4、职业道德 x_5，这是图书馆馆员的精神追求，我们称其为精神成分。第三主成分包含了变量 x_1、x_6，这些是工作数量 x_1、学习能力 x_6，这是图书馆馆员的数量意识，我们称其为数量成分。

主成分的得分由下边界面给出，见图 4-20：

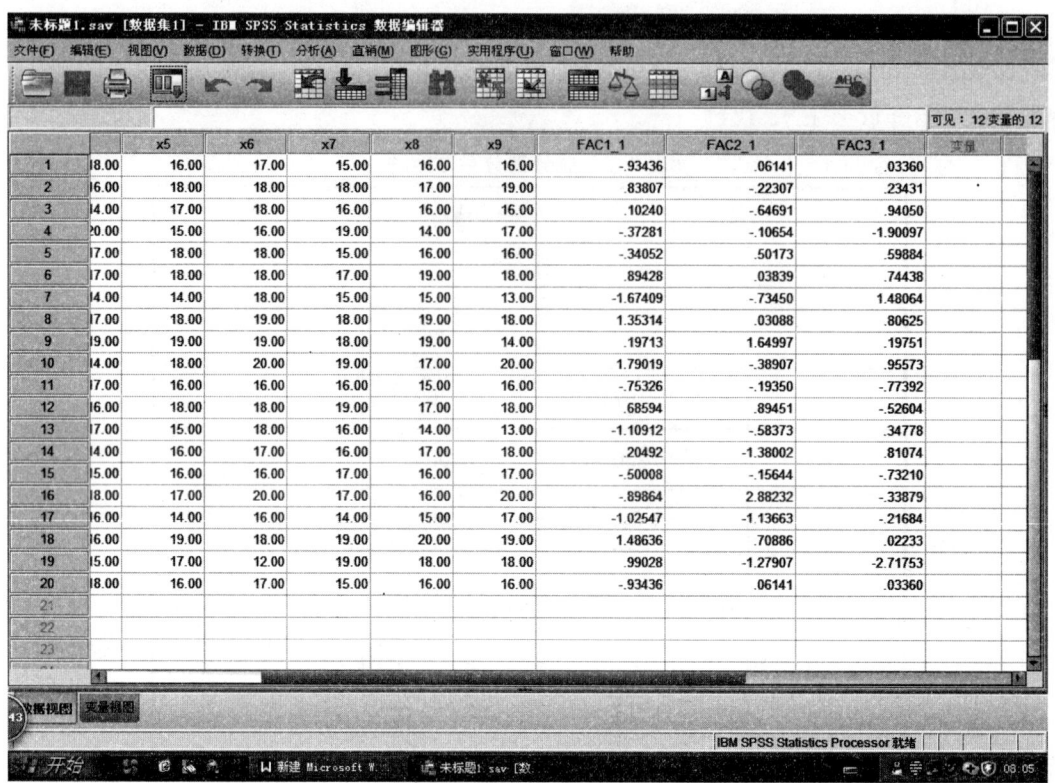

图 4-20 主成分的得分

后三列是各个样本的 3 个主成分的得分。主成分分数的计算过程是先将变量标准化，然后分别乘上其主成分分数的系数后相加而得。

第二节 因子分析

因子分析法是指从研究指标相关矩阵内部的依赖关系出发，把一些信息重叠、具有错综复杂关系的变量归结为少数几个不相关的综合因子的一种多元统计分析方法。基本思想是：根据相关性大小把变量分组，使得同组内的变量之间相关性较高，但不同组的变量不相关或相关性较低，每组变量代表一个基本结构即公共因子。

一、因子分析在图书馆的应用举例

因子分析在图书馆的应用十分广泛，主要体现在：

1. 评价和排序

马苏华通过对全国 31 个地区的公共图书馆发展水平进行分析得到因子得分，根据因子得分对 31 个地区进行评价。

2. 浓缩指标

方师师、郭文丰通过对 18 类网络抗议议题的因子分析，共得到 4 类因子，分别为"资源权力型网络抗议""公共论题型网络抗议""价值观念型网络抗议""个人困扰型网络抗议"。

3. 与聚类分析结合划分类别

赵阿敏、曹桂全构建政务微博影响力评价指标体系，并运用因子分析法浓缩指标，用聚类分析法对因子得分进行聚类。

4. 确定指标的权重

郝声云通过对不同行业顾客对报纸满意度的市场调查和总结分析，并从报纸这一特定行业出发，选择影响读者满意度的相关指标，进行问卷设计，并对包头市晚报读者进行问卷调查，运用因子分析方法对数据进行分析处理。

5. 为知识图谱的确定提供划分依据

张勤、王秀荣运用文献共被引分析方法，并结合因子分析、社会网络分析技术，利用 Excel、SPSS、UCINET、NetDraw 等软件来绘制国内知识管理领域的知识图谱，进而揭示其知识基础。

6. 分析主因素

参考王晶晶《基于因子分析的图书馆数字参考咨询服务质量影响因素测度研究》。

二、因子分析的 SPSS 操作步骤

例：陶秀杰选取互动交流指数 x_1、信息公开指数 x_2、日常监测指数 x_3、用户调查指数 x_4、工程建设指数 x_5、网站流量 x_6、人均页面访问量 x_7、网站访问时间 x_8、平均加载时间 x_9、反向链接 x_{10} 几个指标来测评全国省级政府门户网站，数据见表 4-8：

表 4-8 全国省级政府门户网站数据

编号	地区名称	互动交流指数 x_1	信息公开指数 x_2	日常监测指数 x_3	用户调查指数 x_4	工程建设指数 x_5	网站流量 x_6	人均页面访问量 x_7	网站访问时间 x_8	平均加载时间 x_9	反向链接 x_{10}
1	北京	0.84	0.8	0.76	0.35	0.65	33.84	2	2	0.61	1665
2	广东	0.79	0.83	0.75	0.27	0.71	31.66	3.89	5.1	6.448	1035
3	上海	0.83	0.78	0.74	0.35	0.19	12.036	3.28	3.3	2.757	1749
4	陕西	0.82	0.79	0.71	0.32	0.44	82.873	1.95	1.9	1.001	836
5	四川	0.66	0.84	0.69	0.31	0.59	111.444	2.23	2.2	1.266	881
6	福建	0.69	0.58	0.67	0.33	0.55	162.684	1.62	1.7	0.858	814
7	湖南	0.8	0.7	0.59	0.32	0.25	74.54	23.3	2.9	0.546	872
8	浙江	0.78	0.59	0.67	0.26	0.67	86.27	3.5	2.7	1.117	342
9	海南	0.71	0.68	0.71	0.26	0.26	79.419	2.31	2.3	0.821	637
10	江苏	0.68	0.57	0.62	0.28	0.46	141.227	1.68	1.5	1.204	751
11	安徽	0.73	0.49	0.67	0.23	0.45	113.593	3.5	3.1	1.25	982
12	辽宁	0.63	0.51	0.53	0.23	0.13	115.775	2.7	2.6	2.535	774
13	黑龙江	0.63	0.65	0.61	0.26	0.22	223.578	1.8	1.8	0.375	668
14	天津	0.55	0.58	0.58	0.23	0.17	370.637	2.5	2.1	1.516	761
15	山西	0.63	0.48	0.51	0.23	0.41	300.168	1.9	1.9	2.495	636
16	江西	0.66	0.57	0.52	0.26	0.3	79.882	2.41	2.2	0.453	732
17	湖北	0.45	0.52	0.51	0.23	0.46	203.079	2.3	2.3	1.352	778
18	河北	0.63	0.6	0.54	0.23	0.41	153.046	1.71	1.7	2.351	788
19	重庆	0.53	0.43	0.48	0.23	0.33	25.084	3.15	3	0.751	1018

续 表

编号	地区名称	互动交流指数 x_1	信息公开指数 x_2	日常监测指数 x_3	用户调查指数 x_4	工程建设指数 x_5	网站流量 x_6	人均页面访问量 x_7	网站访问时间 x_8	平均加载时间 x_9	反向链接 x_{10}
20	河南	0.63	0.42	0.55	0.24	0.15	31.281	8.5	6.9	0.943	841
21	青海	0.64	0.34	0.56	0.22	0.25	491.568	1.7	2	2.259	450
22	云南	0.34	0.44	0.53	0.22	0.19	70.555	3.4	2.8	1.467	822
23	吉林	0.65	0.39	0.49	0.21	0.3	54.315	3.3	2.6	2.758	679
24	贵州	0.63	0.37	0.48	0.2	0.01	453.227	3	2.2	1.148	703
25	新疆	0.56	0.31	0.27	0.18	0.07	301.964	3.2	3.3	1.578	545
26	广西	0.23	0.33	0.26	0.24	0.03	448.215	2.5	2.7	2.055	565
27	宁夏	0.28	0.32	0.3	0.22	0.01	670.134	3.4	2.6	1.523	565
28	内蒙古	0.37	0.3	0.24	0.18	0.02	196.063	1.9	1.7	1.124	589
29	西藏	0.27	0.34	0.23	0.2	0.11	1009.55	3.4	1.6	1.523	194
30	山东	0.27	0.26	0.31	0.22	0.05	587.398	2.4	1.6	0.743	272
31	甘肃	0.17	0.25	0.25	0.19	0.03	73.392	2.9	2.4	0.383	618

1. 输入数据

打开 SPSS 界面，并输入数据，见图 4-21：

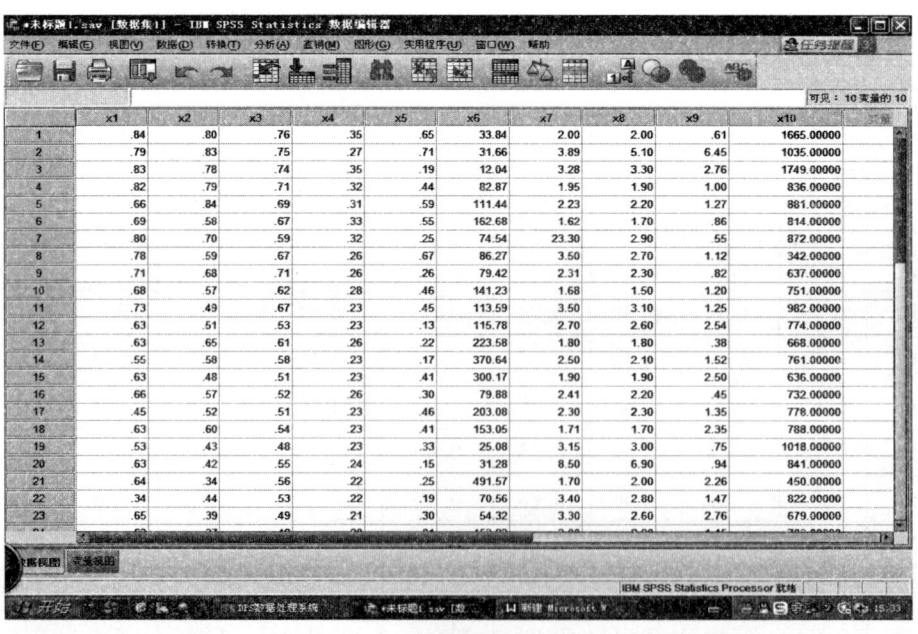

图 4-21　SPSS 数据输入格式

2. 分析路径

点击 SPSS 菜单中的"分析"键，鼠标下滑到"降维"，再右滑到"因子分析"，见图 4-22：

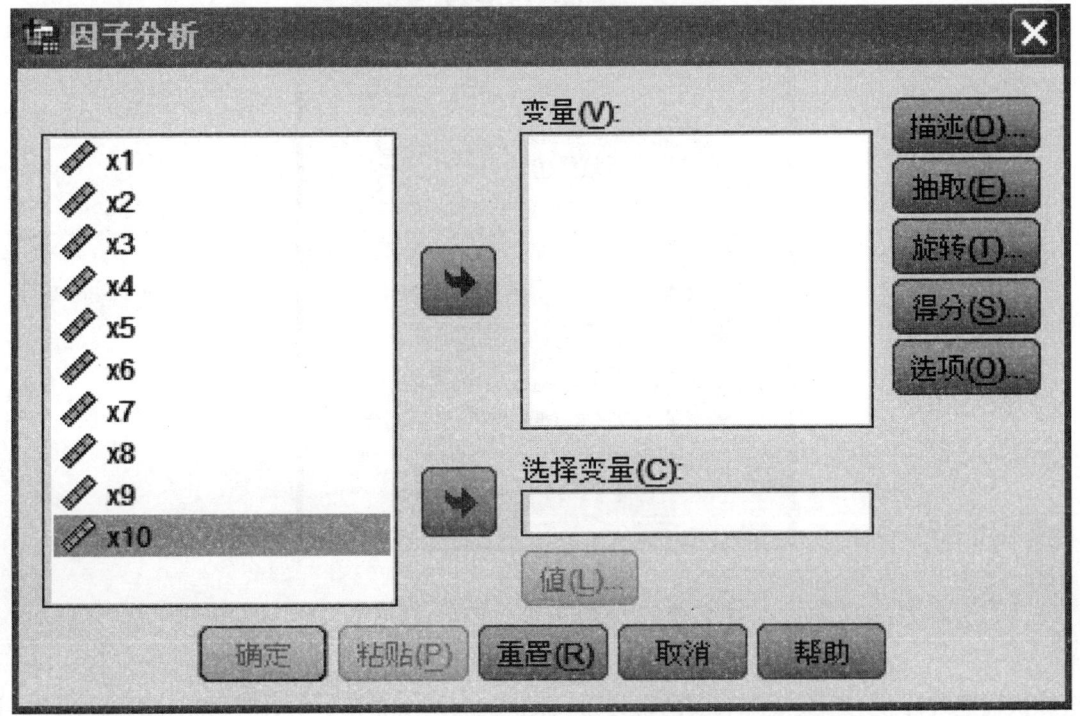

图 4-22 分析路径

点击之，得到"因子分析"对话框，见图 4-23：

图 4-23 "因子分析"对话框

3. 变量确定

将变量 $x_1 \sim x_{10}$ 点进"变量"列表框中，见图 4-24：

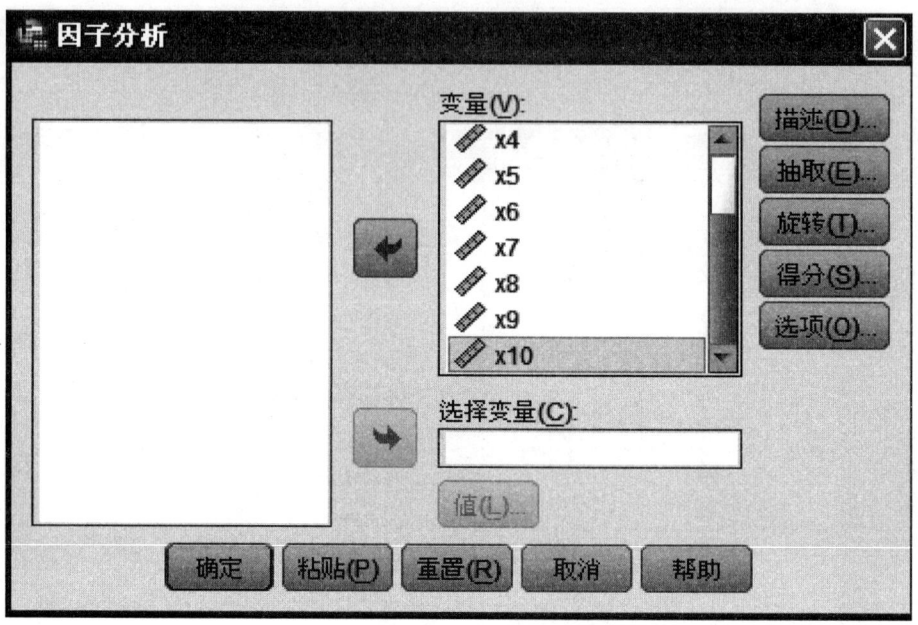

图 4-24 对话框中变量被确定

4. 特征描述的设置

点击"描述"键，得到"因子分析：描述统计"对话框，见图 4-25：

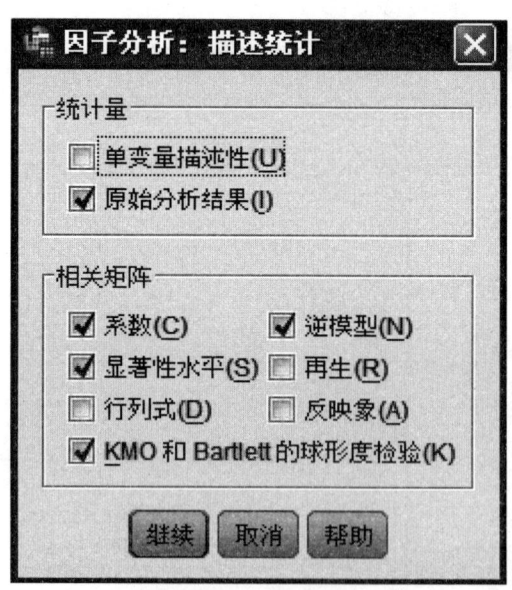

图 4-25 "因子分析：描述"对话框

本框提供描述统计和与相关矩阵有关的统计量。本框又分两个小框，一个是"统计量"框，另一个是"相关矩阵"框。在"统计量"框中，"单变量描述性"表示显示各观测变量的均值和标准差。"原始分析结果"表示显示公共因子方差、特征值、各因子解释的方差比例和累积比例。

在这里，选"单变量描述性""原始分析结果"，见图 4-26：

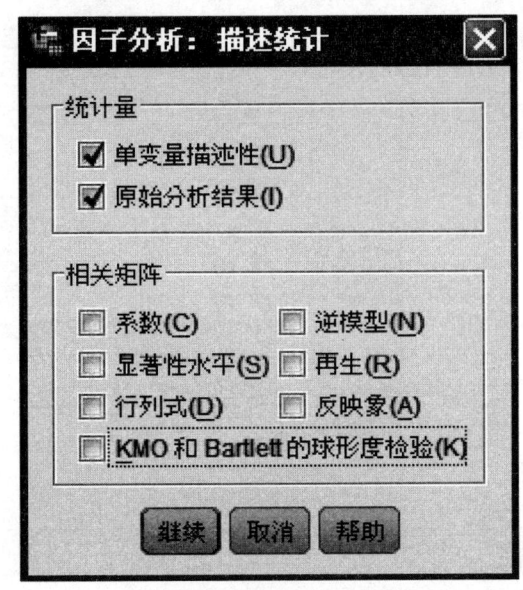

图 4-26　对话框中输出统计量被确定

在"相关矩阵"框中,"系数"表示观测变量的相关矩阵。"显著性水平"表示每个相关系数的显著性水平,值越接近 0,越适合做因子分析。"行列式"表示相关系数矩阵的行列式值。"逆模型"表示相关系数矩阵的逆矩阵。"再生"表示由因子模型估计出的相关系数及残差,即原始相关系数矩阵与再生相关系数矩阵之间的差值。"反映象"表示反映射相关矩阵。"KMO 和 Bartlett 的球形度检验"表示 KMO 测度和 Bartlett 球形检验。KMO 值接近 1 时,意味着变量间的相关性较高,偏相关性较低,原有变量适合做因子分析。KMO 值接近 0 时,原有变量不适合做因子分析。KMO > 0.9 时,原有变量非常适合做因子分析。0.8 < KMO < 0.9 时,原有变量适合做因子分析。0.7 < KMO < 0.8 时,原有变量可以做因子分析。0.6 < KMO < 0.7 时,原有变量做因子分析不太好,但可接受。KMO < 0.6 时,原有变量不适合做因子分析。Bartlett 球形检验,若差异性显著,则适合做因子分析,否则,不能做因子分析。

在这里,选"系数""显著性水平""逆模型""行列式""KMO 和 Bartlett 的球形度检验",见图 4-27:

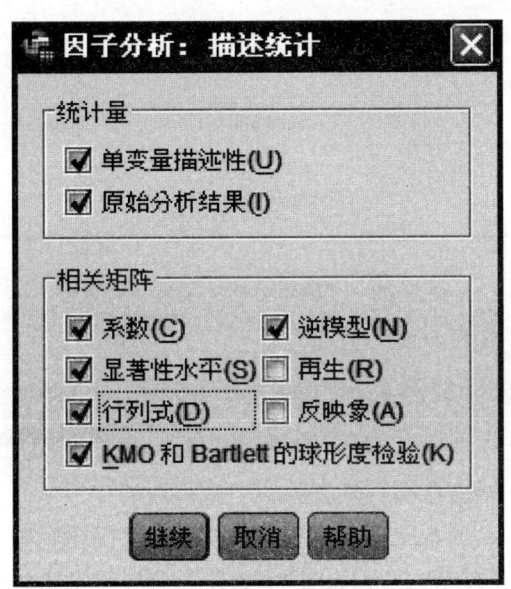

图 4-27　对话框中检验指标被确定

单击"继续"键,回到"因子分析"对话框,见图 4-28:

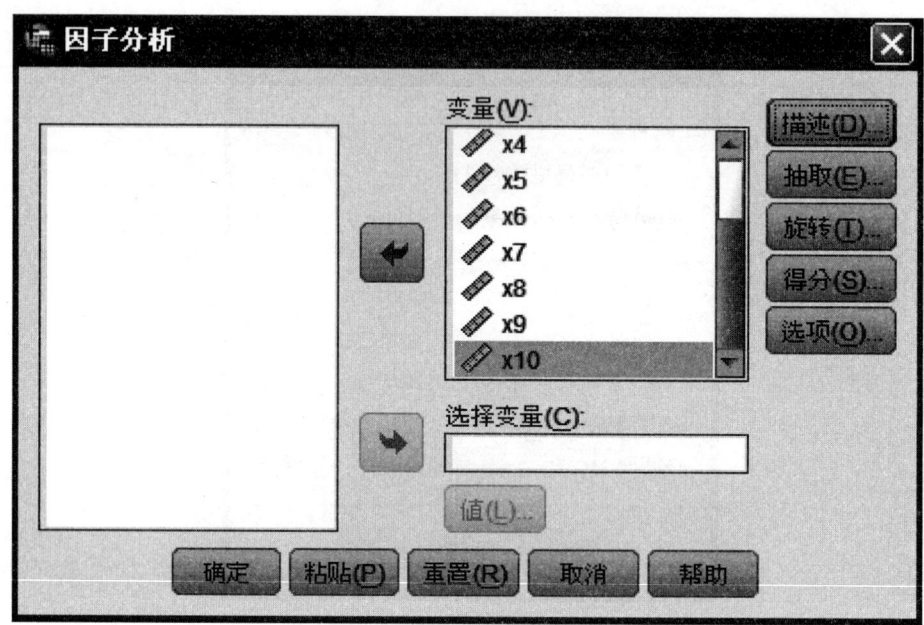

图 4-28 "因子分析"对话框

5. 子样的选取

点击主对话框右侧的"抽取"键，得到"因子分析：抽取"对话框，见图 4-29：

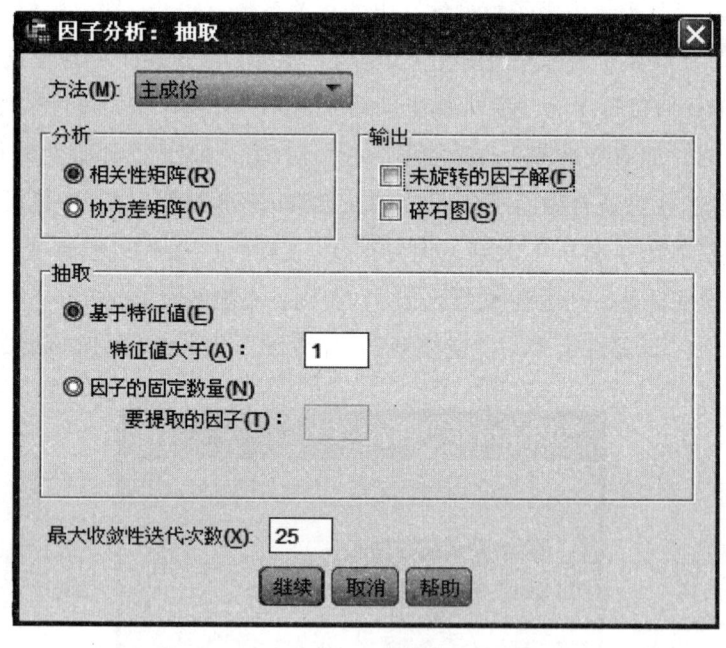

图 4-29 "因子分析：抽取"对话框

"抽取"对话框提供与因子提取有关的选项。

在"方法"下拉列表框中，SPSS 提供了 7 种提取因子的方法："主成分分析法""普通最小二乘法""广义最小二乘法""最大似然法""主轴因子法""α 因子分析法""映像分析法"。若做主成分分析，就选"主成分分析法"，若做因子分析，就选其余六种方法之一，目前还没有哪种方法更好的结论。在分析框中，若变量单位不相同，但方差相同，那么应选择"相关性矩阵"。若变量方差不相等，那么应选择"协方差矩阵"。即等方差时用相关性矩阵，异方差时用协方差矩阵。在有些方法选定的情形下，两种矩阵皆不可选，此时，二选框皆变暗。一般情形下，选"相关性矩阵"。但若用"最大似然法"时，"分析"框打不开，不用选。

方法选"最大似然法",其余五种方法也可以,见图 4-30:

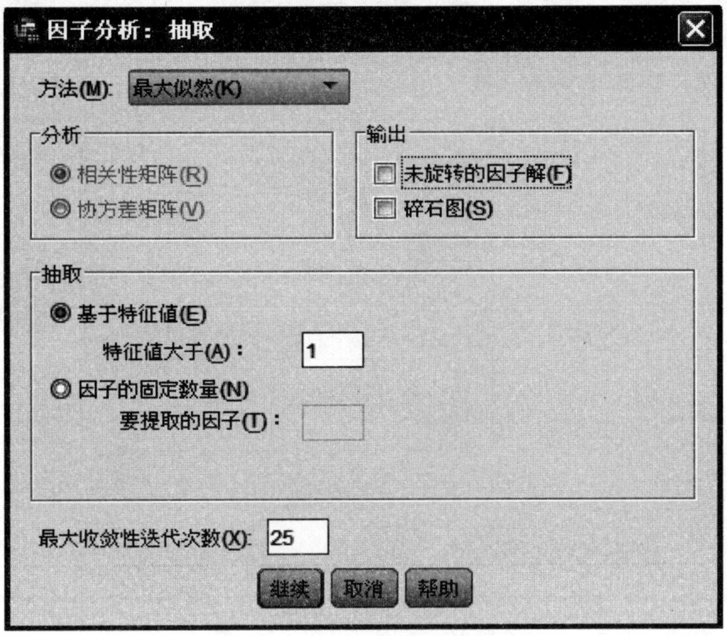

图 4-30　对话框中"抽取"方法被确定

在"输出"栏中,指定与初始因子有关的输出项。一个选择是显示"未旋转的因子解",一个选择是显示"碎石图",在碎石图中有一个明显的拐点,该拐点处对应的因子数可以作为最终提取因子数目的参考依据。

在抽取栏中,一个选择是确定提取的特征值个数,指定要提取因子的最小特征值,系统默认为 1。系统根据指定因子的最小特征值决定提取的特征值个数。一个选择是直接指定提取的因子个数。我们一般选择确定提取的特征值个数。默认最小特征值为 1。

在"最大收敛性迭代次数"文本框中,指定因子分析收敛的最大迭代次数,系统默认为 25。

这里选"未旋转的因子解""碎石图",见图 4-31:

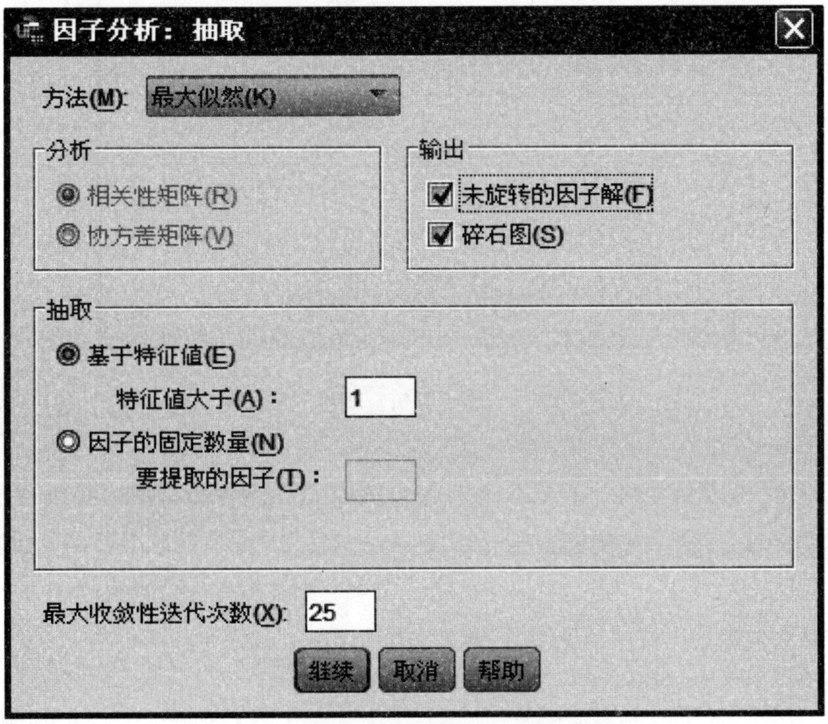

图 4-31　对话框中"输出"指标被确定

单击"继续"键返回"因子分析"对话框，见图4-32：

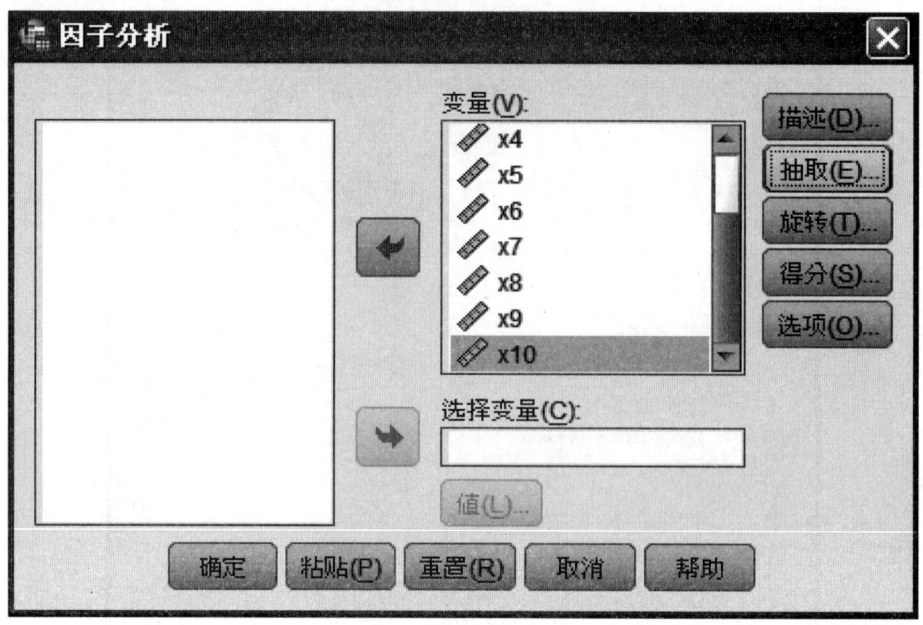

图4-32 "因子分析"对话框

6.旋转方法和输出结果的设置

单击主对话框右边的"旋转"键，得到"因子分析：旋转"对话框，见图4-33：

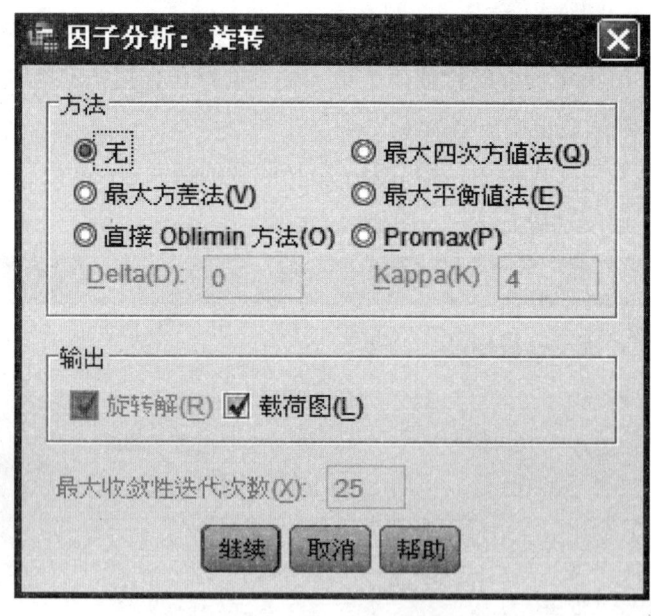

图4-33 "因子分析：旋转"对话框

"因子分析：旋转"对话框提供与因子旋转有关的选项。在方法框中，SPSS提供了6种选项："无（不进行旋转）""最大方差法""最大平衡值法""最大四次方值法""直接Oblimin（斜交旋转）方法""Promax（正交旋转）"。在此若选"无"，则是主成分分析。若选其余5种方法，则是因子分析。

在这里选择"最大方差法"选项，见图4-34：

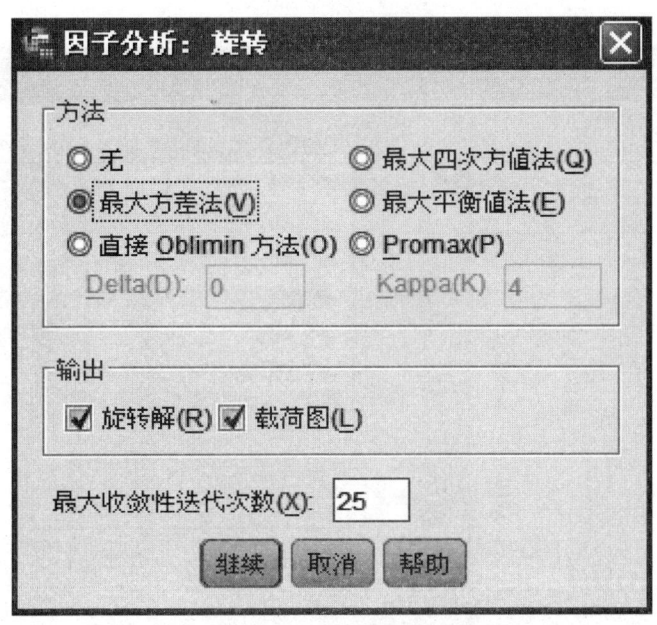

图 4-34 对话框中"旋转"方法被确定

在输出框中,指定输出选项。一个是显示"旋转解",一个是显示"载荷图"。在"最大收敛性迭代次数"文本框中,系统默认为 25。

这里我们选"旋转解""载荷图",见图 4-35:

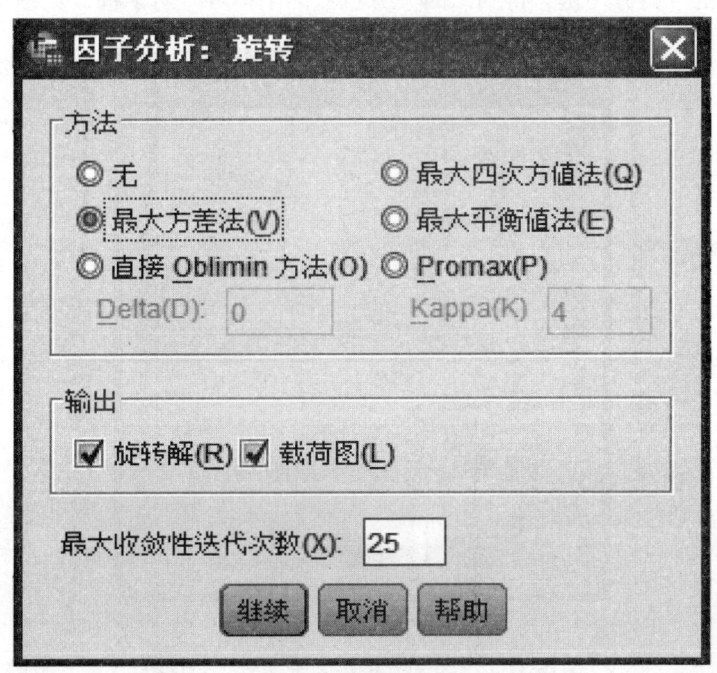

图 4-35 对话框中"输出"指标被确定

单击"继续"键,返回到"因子分析"对话框,见图 4-36:

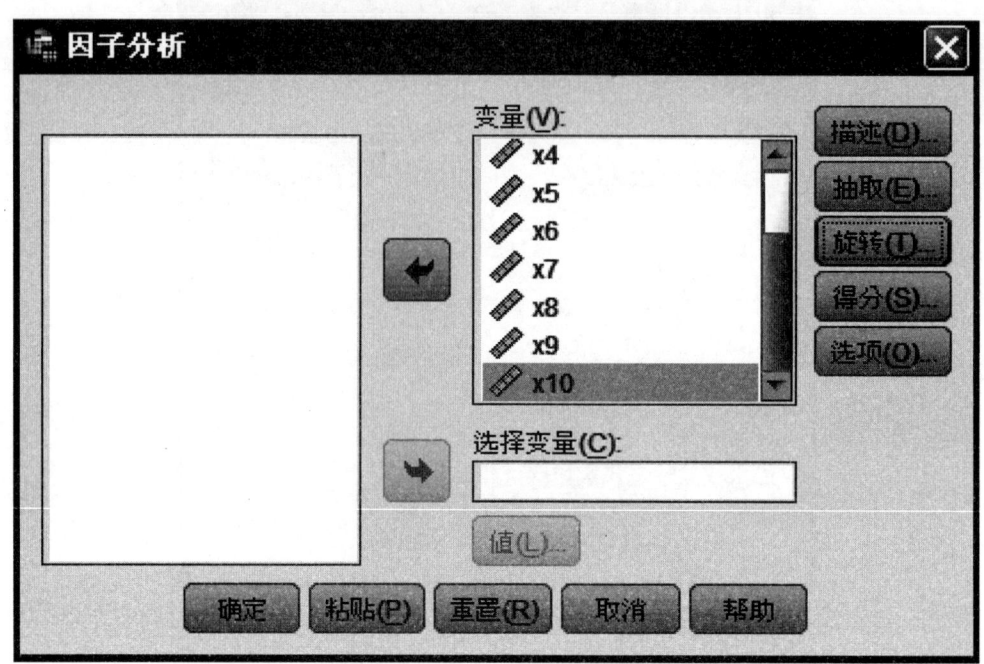

图 4-36 "因子分析"对话框

7. 得分方法的设置

单击主对话框右侧的"得分"键,得到"因子分析:因子得分"对话框,见图4-37:

图 4-37 "因子分析:因子得分"对话框

"保存为变量"复选框表示将因子得分作为新变量保存在数据文件中。在"方法"框中,SPSS 提供了3种计算因子得分的方法:"回归""Bartlett""Anderson-Rubin"。

"显示因子得分系数矩阵"复选框表示显示因子得分系数矩阵。此框我们也选。

在这里选中"回归""显示因子得分系数矩阵",见图 4-38:

图 4-38 对话框中"保存"方法和"保存"指标被确定

单击"继续"键,返回到"因子分析"对话框,见图 4-39:

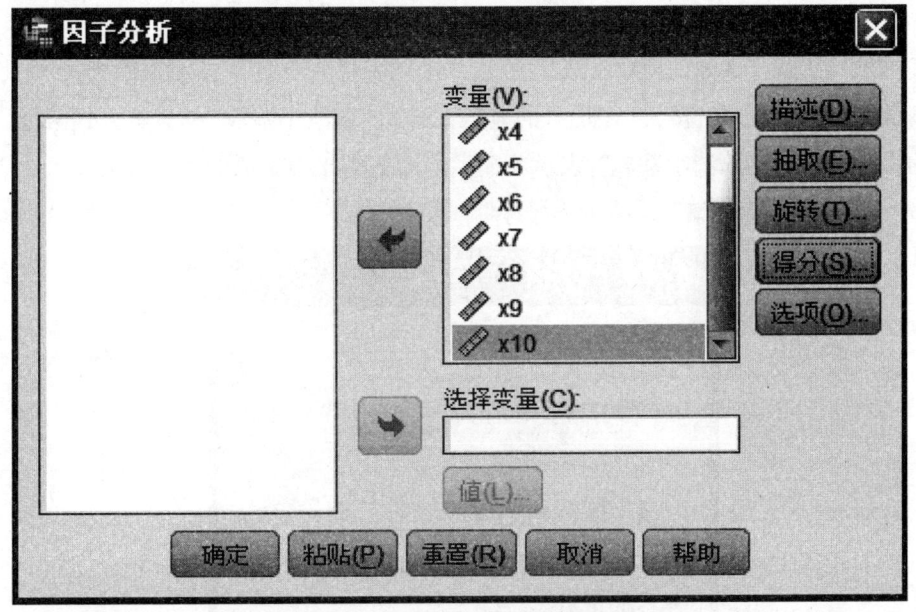

图 4-39 "因子分析"对话框

8.输出结果的设置

单击主对话框右侧的"选项"键,得到"因子分析:选项"对话框,见图 4-40:

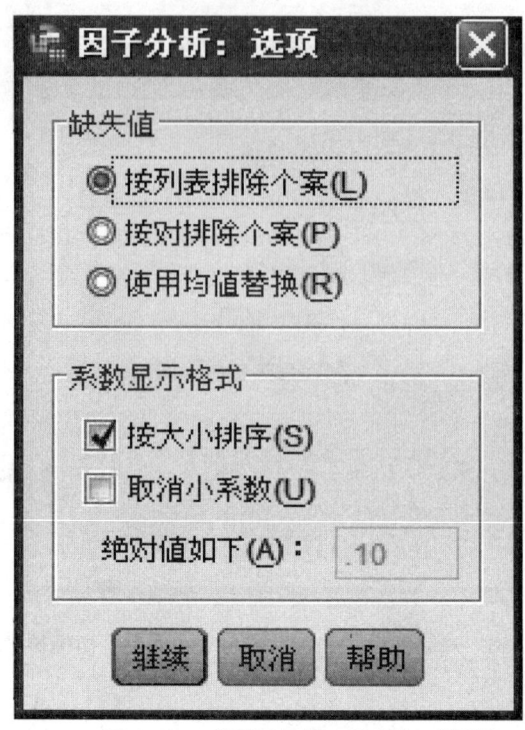

图 4-40 "因子分析：选项"对话框

该对话框提供有关缺失值处理及系数显示格式的选项。

在"缺失值"框中，提供了3种处理缺失值的方法："按列表排除个案""按对排除个案""使用均值替换"。

在"系数显示格式"框中，有"按大小排序"的显示方式和"取消小系数"的显示方式两种，"按大小排序"表示按绝对值的大小排列，"取消小系数"表示不显示绝对值小于指定值的因子负荷。

在这里，选"按列表排除个案""按大小排序"，见图 4-41：

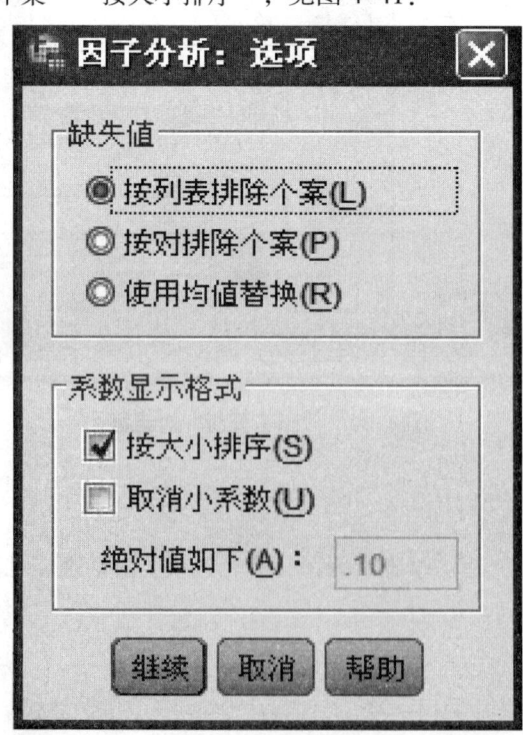

图 4-41 对话框中"缺失值"补充方法和"系数显示"方法被确定

单击"继续"键返回到"因子分析"对话框，见图 4-42：

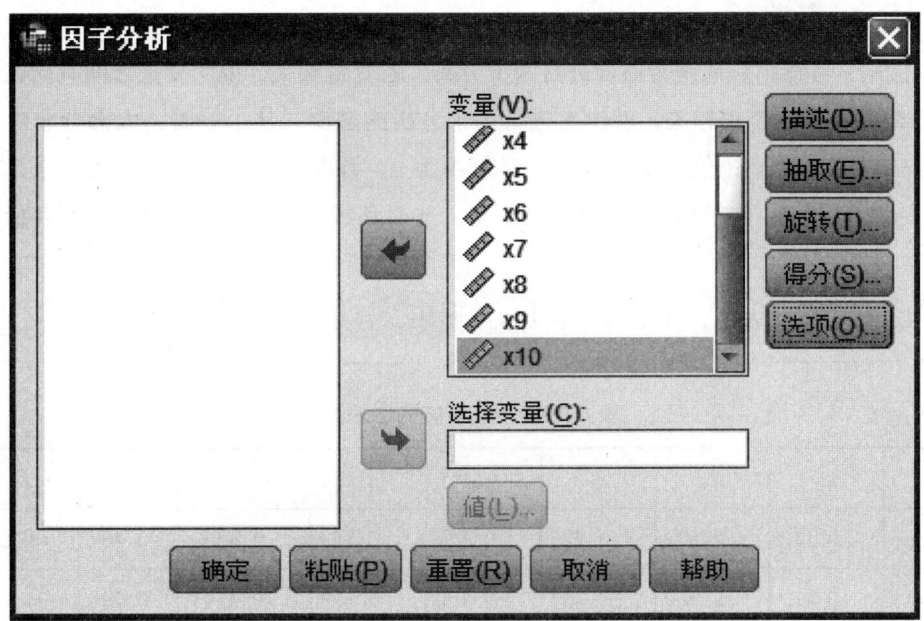

图 4-42 "因子分析"对话框

9. 结果与分析

单击"确定"键,即得结果,见表 4-9:

表 4-9 相关矩阵 [a]

		x_1	x_2	x_3	x_4	x_5	x_6	x_7	x_8	x_9	x_{10}
相关	x_1	1.000	0.755	0.861	0.650	0.638	-0.684	0.196	0.181	0.117	0.566
	x_2	0.755	1.000	0.861	0.831	0.697	-0.598	0.124	0.060	0.152	0.633
	x_3	0.861	0.861	1.000	0.747	0.740	-0.684	0.045	0.151	0.121	0.620
	x_4	0.650	0.831	0.747	1.000	0.570	-0.481	0.213	0.001	-0.077	0.663
	x_5	0.638	0.697	0.740	0.570	1.000	-0.527	-0.092	0.018	0.211	0.361
	x_6	-0.684	-0.598	-0.684	-0.481	-0.527	1.000	-0.148	-0.342	-0.057	-0.622
	x_7	0.196	0.124	0.045	0.213	-0.092	-0.148	1.000	0.346	-0.122	0.078
	x_8	0.181	0.060	0.151	0.001	0.018	-0.342	0.346	1.000	0.355	0.260
	x_9	0.117	0.152	0.121	-0.077	0.211	-0.057	-0.122	0.355	1.000	0.143
	x_{10}	0.566	0.633	0.620	0.663	0.361	-0.622	0.078	0.260	0.143	1.000
Sig.(单侧)	x_1		0.000	0.000	0.000	0.000	0.000	0.150	0.169	0.270	0.001
	x_2	0.000		0.000	0.000	0.000	0.000	0.257	0.377	0.212	0.000
	x_3	0.000	0.000		0.000	0.000	0.000	0.406	0.213	0.261	0.000
	x_4	0.000	0.000	0.000		0.001	0.004	0.129	0.498	0.343	0.000
	x_5	0.000	0.000	0.000	0.001		0.001	0.315	0.461	0.131	0.025
	x_6	0.000	0.000	0.000	0.004	0.001		0.217	0.032	0.382	0.000
	x_7	0.150	0.257	0.406	0.129	0.315	0.217		0.031	0.261	0.341
	x_8	0.169	0.377	0.213	0.498	0.461	0.032	0.031		0.027	0.083
	x_9	0.270	0.212	0.261	0.343	0.131	0.382	0.261	0.027		0.226
	x_{10}	0.001	0.000	0.000	0.000	0.025	0.000	0.341	0.083	0.226	

注:a 表示行列式 =0.001

这个表是变量间的相关系数矩阵,由于因子分析的目的是找出变量间的共同因子,因此通过变量间的相关系数的初步检验,可看出数据是否适合进行因子分析,若变量相关,说明变量之间有内在共同的成分,才有进行因子分析的必要,若不相关,就没有进行因子分析的必要。从上表看,大部分非对角线元素都大于 0.3,小于 0.85,且对应的 Sig 值较小,说明值显著不为 0,可以做因子分析。若大部分非对角线元素都小于 0.3,说明变量不相关,不能做因子分析。若大部分非对角线元素都大于 0.85,说明变量严重共线,也不能做因子分析。

上表给出的行列式值为 0.001,值虽小,但不算近似 0,我们用 Excel 可求逆矩阵(见第十章第一节),见表 4-10:

表 4-10 相关矩阵的逆矩阵

	x_1	x_2	x_3	x_4	x_5	x_6	x_7	x_8	x_9	x_{10}
x_1	4.591	0.113	-3.532	0.226	-0.121	0.753	-0.849	0.367	-0.256	-0.110
x_2	0.113	6.627	-2.909	-2.784	-0.460	0.526	-0.479	0.795	-1.074	-0.134
x_3	-3.532	-2.909	8.406	-0.876	-1.166	0.452	1.171	-0.846	0.485	-0.029
x_4	0.226	-2.784	-0.876	5.177	-0.736	-1.124	-0.815	0.266	1.061	-1.845
x_5	-0.121	-0.460	-1.166	-0.736	2.851	0.699	0.443	0.203	-0.550	0.968
x_6	0.753	0.526	0.452	-1.124	0.699	2.893	0.105	0.641	-0.674	1.174
x_7	-0.849	-0.479	1.171	-0.815	0.443	0.105	1.665	-0.781	0.283	0.536
x_8	0.367	0.795	-0.846	0.266	0.203	0.641	-0.781	1.858	-0.751	-0.352
x_9	-0.256	-1.074	0.485	1.061	-0.550	-0.674	0.283	-0.751	1.661	-0.464
x_{10}	-0.110	-0.134	-0.029	-1.845	0.968	1.174	0.536	-0.352	-0.464	2.886

逆矩阵的元素越接近 1 越好,越适合做因子分析。越接近 0 越不好。从数值看,非常适合进行因子分析。KMO 和 Bartlett 的检验结果见表 4-11:

表 4-11 KMO 和 Bartlett 的检验

取样足够度的 Kaiser-Meyer-Olkin 度量		0.769
Bartlett 的球形度检验	近似卡方	187.106
	df	45
	Sig.	0.000

由于 Kaiser-Meyer-Olkin 度量值为 0.769,大于 0.7,所以原有变量适合做因子分析。Bartlett 的球形度检验显著,说明各个变量间相关性显著,适合做因子分析。

公因子方差见表 4-12:

表 4-12 公因子方差 ^{a}

	初始	提取
x_1	0.782	0.775
x_2	0.849	0.843
x_3	0.881	0.943
x_4	0.807	0.999
x_5	0.649	0.595
x_6	0.654	0.569
x_7	0.399	0.224
x_8	0.462	0.999
x_9	0.398	0.192
x_{10}	0.653	0.532

注：提取方法为最大似然；a 表示在迭代中遇到一个或多个大于 1 的公因子方差估计；在解释所得到的解时应十分谨慎

这是每一个变量的初始共同度和最大似然法抽取主成分后的共同度。共同度越高，越接近1，表示该变量与其他变量的共同特质越多，该变量越适合投入因子分析中，反之，共同度越低，表示该变量与其他变量的共同特质越少，该变量越不适合投入因子分析中。而根据最后的共同度估计值，研究者可了解某变量与其他变量所可测量的共同度特质的高低。

解释的总方差见表 4-13：

表 4-13 解释的总方差

因子	初始特征值			提取平方和载入			旋转平方和载入		
	合计	方差的占比/%	累积占比/%	合计	方差的占比/%	累积占比/%	合计	方差的占比/%	累积占比/%
1	5.052	50.525	50.525	3.950	39.501	39.501	4.607	46.070	46.070
2	1.458	14.584	65.109	1.302	13.020	52.521	1.144	11.442	57.512
3	1.239	12.393	77.503	1.418	14.181	66.702	0.919	9.190	66.702
4	0.674	6.744	84.247						
5	0.597	5.974	90.221						
6	0.329	3.292	93.513						
7	0.279	2.792	96.305						
8	0.180	1.799	98.104						
9	0.109	1.091	99.195						
10	0.080	0.805	100.000						

注：提取方法为最大似然

此表说明三个主成分已解释了 6.7% 的信息。

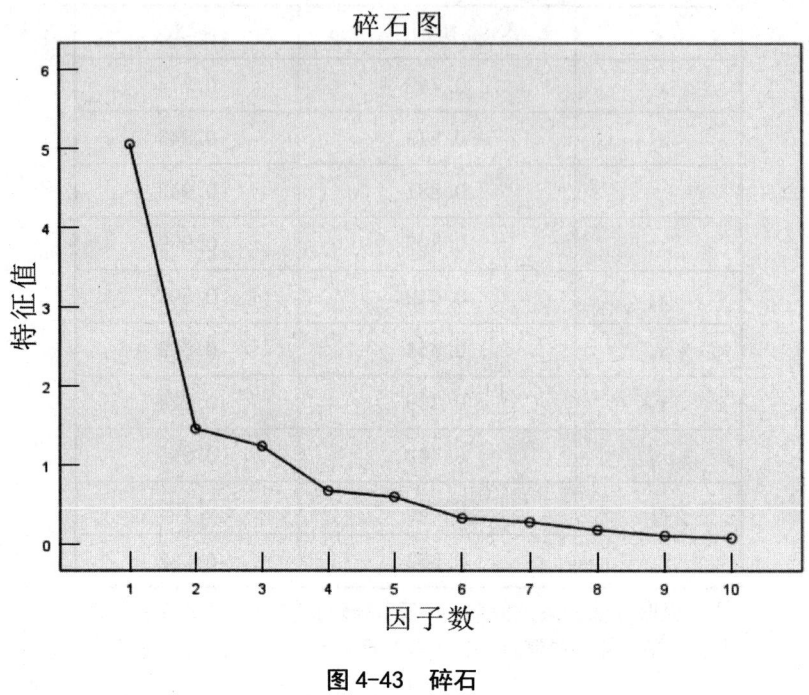

图 4-43　碎石

从图 4-43 可看到，第二个特征根处，曲线出现了明显的拐点。我们取二个因子是合理的。但是，SPSS 软件按特征根大于 1 的特征根个数取了 3 个因子。

因子矩阵见表 4-14：

表 4-14　因子矩阵[a]

	因子		
	1	2	3
x_4	0.969	-0.247	-0.013
x_2	0.825	-0.148	0.375
x_3	0.769	-0.039	0.592
x_{10}	0.709	0.088	0.147
x_1	0.682	0.014	0.557
x_5	0.563	-0.124	0.512
x_6	-0.557	-0.212	-0.461
x_7	0.289	0.283	-0.246
x_8	0.248	0.968	-0.003
x_9	0.017	0.363	0.244

注：提取方法为最大似然；a 表示已提取了 3 个因子；需要 15 次迭代

这是 SPSS 所输出各变量在主成分上的加权系数。加权系数是根据各变量的共同度估计得来，其性质与回归分析中的标准化回归系数相同（以各变量为自变量，主成分为因变量），而根据各变量在主成分上的加权系数，可以计算出共同度估计值。只要将每一变量在各主成分上系数值的平方加总，即为最后共同度估计值。以第一个变量"x_1"为例，由前边的表可知，其共同度估计值为 0.782，而它在三个主成分的系数值分别为 0.858、0.197 及 0.015，因此有：$0.782=0.858^2+0.197^2+0.015^2$。

同理将所有变量在同一个因子成分上的加权系数的平方值加总后，所得到的值不一定是该因子最后的特征值，这与抽取方法有关。以第一个因子为例，由表可知，其最后的估计特征值为 5.052。

成分矩阵见表 4-15：

表 4-15　成分矩阵 [a]

	成分		
	1	2	3
x_3	0.937	-0.116	0.061
x_2	0.913	-0.153	0.003
x_1	0.883	0.004	-0.040
x_4	0.830	-0.218	-0.255
x_6	-0.783	-0.184	0.046
x_5	0.759	-0.237	0.290
x_{10}	0.757	0.120	-0.027
x_8	0.235	0.887	0.057
x_9	0.165	0.456	0.766
x_7	0.166	0.524	-0.702

注：提取方法为主成分分析，a 表示已提取了 3 个成分

此时有

$$0.937^2+0.913^2+0.883^2+0.830^2+(-0.783)^2+0.759^2+0.757^2+0.235^2+0.165^2+0.166^2=5.05^2$$

因子矩阵见表 4-16：

表 4-16　因子矩阵 [a]

	因子		
	1	2	3
x_4	0.969	-0.247	-0.013
x_2	0.825	-0.148	0.375
x_3	0.769	-0.039	0.592
x_{10}	0.709	0.088	0.147
x_1	0.682	0.014	0.557
x_5	0.563	-0.124	0.512
x_6	-0.557	-0.212	-0.461
x_7	0.289	0.283	-0.246
x_8	0.248	0.968	-0.003
x_9	0.017	0.363	0.244

注：提取方法为最大似然；a 表示已提取了 3 个因子；需要 15 次迭代

此时，

$$0.969^2+0.825^2+0.769^2+0.709^2+0.682^2+0.563^2$$
$$+(-0.557)^2+0.289^2+0.248^2+0.017^2$$
$$=3.9513 \ne 5.052$$

从未旋转的因子矩阵可看出，除了 x_8 和 x_9 外，其他所有变量的载荷都在第一因子上较大，这意味着它们与第一因子的相关程度较高。x_8 和 x_9 与第二因子的相关程度较高。第三因子与原变量的相关性都很小，它们对原变量解释作用不显著，三个因子的实际含义比较模糊。

旋转因子矩阵见表 4-17：

表 4-17　旋转因子矩阵 [a]

	因子		
	1	2	3
x_3	0.958	0.157	0.016
x_2	0.906	-0.050	0.144
x_1	0.858	0.197	0.015
x_4	0.828	-0.343	0.443
x_5	0.763	0.071	-0.086
x_6	-0.667	-0.337	-0.102
x_{10}	0.641	0.057	0.343
x_8	0.017	0.804	0.594
x_9	0.079	0.431	0.013
x_7	0.046	0.088	0.462

注：提取方法为最大似然；旋转法为具有 Kaiser 标准化的正交旋转法；a 表示旋转在 6 次迭代后收敛

这是采用最大似然法对因子载荷矩阵实施正交旋转以使因子具有命名解释性，x_1、x_2、x_3、x_4、x_5、x_6、x_{10} 在第一因子中载荷较大，它们反映了网站的能动性，只要网站有资金且努力，这些指标都可以提高，我们把它们称为资金能动因子。加载时间就是您输入一个搜索词到给出结果的时间。x_8 和 x_9 都是从时间角度考察网站质量，我们把其称为时间因子。x_7 是从页面访问量角度考察网站质量，我们把其称为页面因子。

因子得分系数矩阵见表 4-18：

表 4-18 因子得分系数矩阵

	因子		
	1	2	3
x_1	0.126	0.110	-0.152
x_2	0.124	0.105	-0.146
x_3	0.534	0.462	-0.639
x_4	0.175	-0.907	1.221
x_5	0.064	0.056	-0.077
x_6	-0.054	-0.048	0.065
x_7	-0.016	-0.014	0.020
x_8	-0.119	0.688	0.754
x_9	0.015	0.014	-0.018
x_{10}	0.017	0.014	-0.018

注：提取方法为最大似然；旋转法为具有 Kaiser 标准化的正交旋转法；因子得分方法为回归

这是因子得分系数矩阵，根据这个矩阵，我们可得到因子得分函数：

$$F_1 = 0.126x_1 + 0.124x_2 + 0.534x_3 + 0.175x_4 + 0.064x_5$$
$$- 0.054x_6 - 0.016x_7 - 0.119x_8 + 0.015x_9 + 0.017x_{10}$$

$$F_2 = 0.110x_1 + 0.105x_2 + 0.462x_3 - 0.907x_4 + 0.056x_5$$
$$- 0.048x_6 - 0.014x_7 + 0.688x_8 + 0.014x_9 + 0.014x_{10}$$

$$F_3 = -0.152x_1 - 0.146x_2 - 0.639x_3 + 1.221x_4 - 0.077x_5$$
$$+ 0.065x_6 + 0.020x_7 + 0.754x_8 - 0.018x_9 - 0.018x_{10}$$

把各个指标的数据代入就得到各因子得分，见表 4-19：

表 4-19 各因子得分

编号	地区名称	因子1	因子2	因子3
1	北京	1.73618	-1.12964	0.64894
2	广东	1.11312	2.35802	0.68902
3	上海	1.39867	-0.48589	1.77669
4	陕西	1.33364	-0.87476	0.16154
5	四川	1.16452	-0.58229	0.22871
6	福建	1.03101	-1.50201	0.71196
7	湖南	0.60143	-0.79018	1.6005
8	浙江	0.76058	0.55406	-0.53254

续 表

编号	地区名称	因子1	因子2	因子3
9	海南	0.84401	0.33666	-0.85108
10	江苏	0.66439	-0.84075	-0.47658
11	安徽	0.46085	1.25518	-0.85863
12	辽宁	-0.09941	0.41217	-0.46651
13	黑龙江	0.43752	-0.37471	-0.64254
14	天津	0.05471	0.18362	-0.92759
15	山西	-0.07377	-0.06843	-0.88857
16	江西	0.11769	-0.36243	-0.03822
17	湖北	-0.18602	0.12007	-0.52954
18	河北	0.17483	0.00114	-1.29458
19	重庆	-0.3667	0.46781	0.07646
20	河南	-0.5378	2.89834	2.75419
21	青海	-0.15296	0.16103	-1.0444
22	云南	-0.3969	0.5225	-0.30232
23	吉林	-0.31628	0.67546	-0.81606
24	贵州	-0.57325	0.38809	-1.03302
25	新疆	-1.5099	0.81867	0.09193
26	广西	-1.51079	-0.96017	1.57898
27	宁夏	-1.48091	-0.55836	0.88153
28	内蒙古	-1.56734	-0.38097	-0.72893
29	西藏	-1.74212	-1.05475	0.03004
30	山东	-1.37898	-1.18749	0.20064

从此表可看出：北京、广东、上海、陕西、四川、福建 经济发达，人员努力，所以，在经济能动因子上得分较好。广东、安徽、河南在时间因子上表现较好。上海、湖南、河南、广西在页面因子上表现较好。

第五章　聚类分析

分类就是按照不同的特点、类型等分类事物，使事物更有规律。"物以类聚，人以群分"，在自然科学和社会科学中，存在着大量的分类问题。

聚类是将物理或抽象对象的集合分成由类似的对象组成的多个类的过程。由聚类所生成的簇是一组数据对象的集合，这些对象与同一个簇中的对象彼此相似，与其他簇中的对象相异。但聚类不等于分类。聚类与分类的不同在于，聚类所要求划分的类是未知的，而分类的类是已知的。

聚类分析是指将物理或抽象对象的集合分组成为由类似的对象组成的多个类的分析过程。聚类分析的目标就是在对象特征相似的数据基础上来分类对象，衡量不同数据源间的相似性，以及把数据源分类到不同的簇中。聚类分析又称群分析，它是研究（样品或指标）分类问题的一种统计分析方法。聚类分析起源于分类学。聚类分析内容非常丰富，有系统聚类法、有序样品聚类法、动态聚类法、模糊聚类法、图论聚类法、聚类预报法等。

常用的聚类分析大致包含三种：K-均值聚类（也叫快速聚类、逐步聚类、动态聚类）、两步聚类（也叫二阶聚类）、系统聚类（也叫分层聚类、层次聚类、谱系聚类）。各种聚类法各有千秋。

（1）K-均值聚类。K-均值聚类的优点是适应于计算量大的大样本数据、对系统要求低、处理速度快。缺点是这种聚类方法只适应于对样本的聚类，而不能对变量聚类。且聚类个数往往需要研究者事先指定。这个K值的选定是非常难以估计的。很多时候，事先并不知道给定的数据集应该分成多少个类别才最合适，对样本之间的关系和结构的描述不够详细和直观。在K-means算法中，首先需要根据初始聚类中心来确定一个初始划分，然后对初始划分进行优化。这个初始聚类中心的选择对聚类结果有较大的影响，一旦初始值选择得不好，可能无法得到有效的聚类结果，这也成为K-means算法的一个主要问题。从K-means算法框架可以看出，该算法需要不断地进行样本分类调整，不断地计算调整后的新的聚类中心，因此当数据量非常大时，算法的时间开销是非常大的。K-均值聚类不能处理二元数据或分类数据。K-均值聚类只能使用欧几里得距离。

（2）两步聚类。两步聚类的优点是同时处理连续数据和离散数据，自动确定最佳聚类个数，处理速度快，可有效地分析大样本数据。缺点是这种聚类方法只适应于对样本的聚类。连续数据必须近似满足正态分布，离散数据必须近似满足多项式分布。两个连续变量要注意变量独立性，即进行相关性检验。两个分类变量也要注意变量独立性，即进行列联表检验。

（3）系统聚类。系统聚类的优点是既可以对样本聚类（Q），又可以对变量聚类（R），聚类个数无须事先指定，可以利用各种距离。缺点是速度较慢，能处理二元数据、连续数据或分类数，但无法同时处理连续和分类变量混合数据。

但系统聚类又包含几种小的聚类法：

系统聚类有两种类型，分别是Q型聚类（样本聚类）和R型聚类（变量聚类）。系统聚类的方式又分两种,分别是凝聚法和分解法。系统聚类有五种常见的方法:①最短距离法;②最长距离法;③平均联结法;④重心法;⑤最小变异数和法。平均联结法效果最好,最长距离法效果最差。

K-均值聚类只有它本身一种方法。

两步聚类只有它本身一种方法。

确定分类数的问题是聚类分析中迄今为止尚未完全解决的问题之一,没有确定的方法,不过杰米尔曾根据树状结构图来确定分类的准则:

准则一:任何类都必须在邻近各类中是突出的,即与邻近各类有明显区别,各类重心之间的距离必须大。

准则二:各类所包含的因素都不应过多。

准则三:分类的数目应该符合使用的目的。

准则四:若使用几种不同的聚类方法,则在各自的聚类图上发现形同的类。

第一节 聚类分析在图书情报领域的应用

一、探究热点

王景文、董雪艳以 CNKI 数据库收录的 9 种档案学核心期刊为数据源,采用共词聚类分析法对其刊载的档案管理研究论文的关键词进行了分析,绘制了共词聚类分析树图,以揭示统计时域内我国档案管理的研究热点。

柴彦以《CNKI 中国知网学术期刊网络出版总库》作为数据源,对时间为 2005~2014 年、关键词为"知识管理"的期刊论文进行检索。利用共词分析法,结合文献计量 Bibexcel 软件生成的共词矩阵,利用 Ucient 和 Netdraw 软件绘制出了共词网络可视图,通过 SPSS 软件的聚类分析及多维尺度分析,研究关键词之间的内在联系,探讨近十年来在知识管理领域中的研究热点及研究现状。

二、分类和评价

彭松等人以扩展总被引频次、扩展影响因子、扩展即年指标等 17 种计量学指标为聚类分析变量,对医学类 108 种期刊进行聚类分析,得到等级分类。

梁秀霞对我国 31 个地区的公共图书馆 2002~2011 年的科研产出状况进行调研,选取发表论文总数、基金资助论文数、核心期刊发文数、核心期刊率、被引篇数、被引频次、篇均被引量、论文被引率、高频被引论文数、高频被引论文频次、H 指数作为评价指标,借助 SPSS 统计软件进行因子分析和聚类分析。结果显示:广东省和上海市公共图书馆分别具有较突出的论文产出能力和学术影响力。

王子珍运用多元统计的聚类分析法对我国 31 个省级地区公共图书馆和社会经济的发展情况进行分类研究,并根据分类研究结果对进一步提高我国各地区公共图书馆进行特征总结,我国 31 个省级地区公共图书馆有经济发展水平和图书馆发展水平双强型、经强图弱型、经弱图强型、双弱型。

岳增慧等人对中美 73 所大学图书馆网站链接的各项指标进行了详细的统计分析以及聚类分析,通过对中美大学图书馆网站链接特征的比较分析,明确了中美两国在图书馆馆际交流与合作、网站建设等方面的差异。

三、作为推荐系统的基础

孙彦超通过读者信息的采集、评分、聚类得出读者特征和读者兴趣,然后根据类似的读者特征推荐类似的书。

四、分析借阅特征

刘桂红等人利用聚类分析法和主成分分析法对图书馆繁杂的借阅数据及流通数据进行分析，揭示大学生图书馆借阅的三个主要特点：功利性借阅明显、专业性阅读目的显著、消遣性阅读倾向突出，并根据这些特点改进服务。

五、新兴趋势分析

黄鲁成等人对领域数据进行共被引聚类分析，找出突现文献的施引文献作为后续分析的数据源，通过分析高频关键词共现及聚类发现新兴趋势。

第二节　K-均值聚类的 SPSS 操作步骤

K-均值聚类方法的思想是研究者事先需要指定分类数 k（开始时形心是等距的），然后把每个样品聚集到其最近形心（均值）类中去，形成初始分类，由于一个样品的加入，形心变化，需要重新计算形心，然后按最近距离原则重新聚集样品，不断修改不合理分类，直到合理为止，也就是直到各类无元素进出为止。

这个过程很复杂，但由计算机完成。

例：对图书馆中六名图书馆员进行实证评价研究，将思想品德 x_1、工作量 x_2、业务能力 x_3、科研成果及论著 x_4、出勤率及遵守纪律情况 x_5 作为评价指标，量化分值为 x_{ij}（i=1, 2, 3, 4, 5, 6; j=1, 2, 3, 4, 5），根据评价专家的评价结果，得到馆员评价数据，见表 5-1：

表 5-1　馆员评价数据

馆员	思想品德 x_1	工作量 x_2	业务能力 x_3	科研成果及论著 x_4	出勤率及遵守纪律情况 x_5
1	85	95	88	75	90
2	88	92	85	89	74
3	90	68	63	75	45
4	87	89	63	45	56
5	70	80	79	40	85
6	75	76	77	32	8

馆长不想给馆员具体打分，同时想分出优、中、差三个类，就用 K-均值聚类来分析这 6 个馆员。注意所有变量都是连续变量，可以使用 K-均值聚类。

一、输入变量

为了方便查阅和可读,多输入一个变量"馆员",见图 5-1:

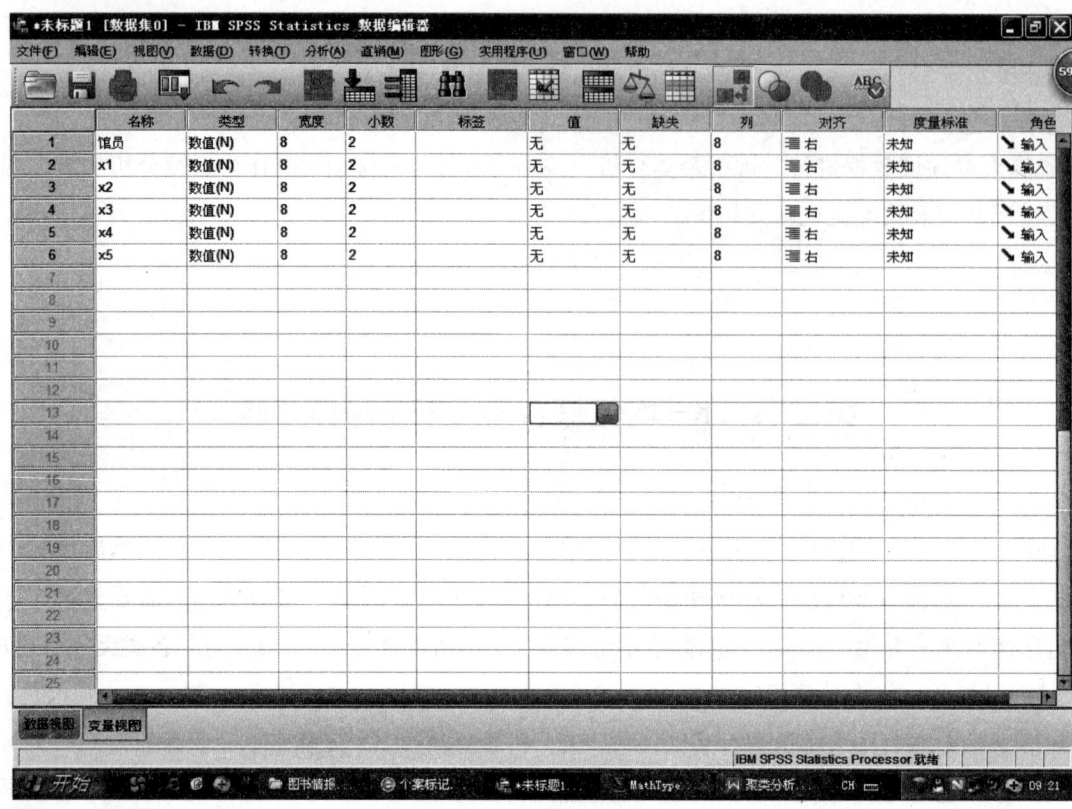

图 5-1 变量名界面

二、输入数据

点击数据界面,输入数据,见图 5-2:

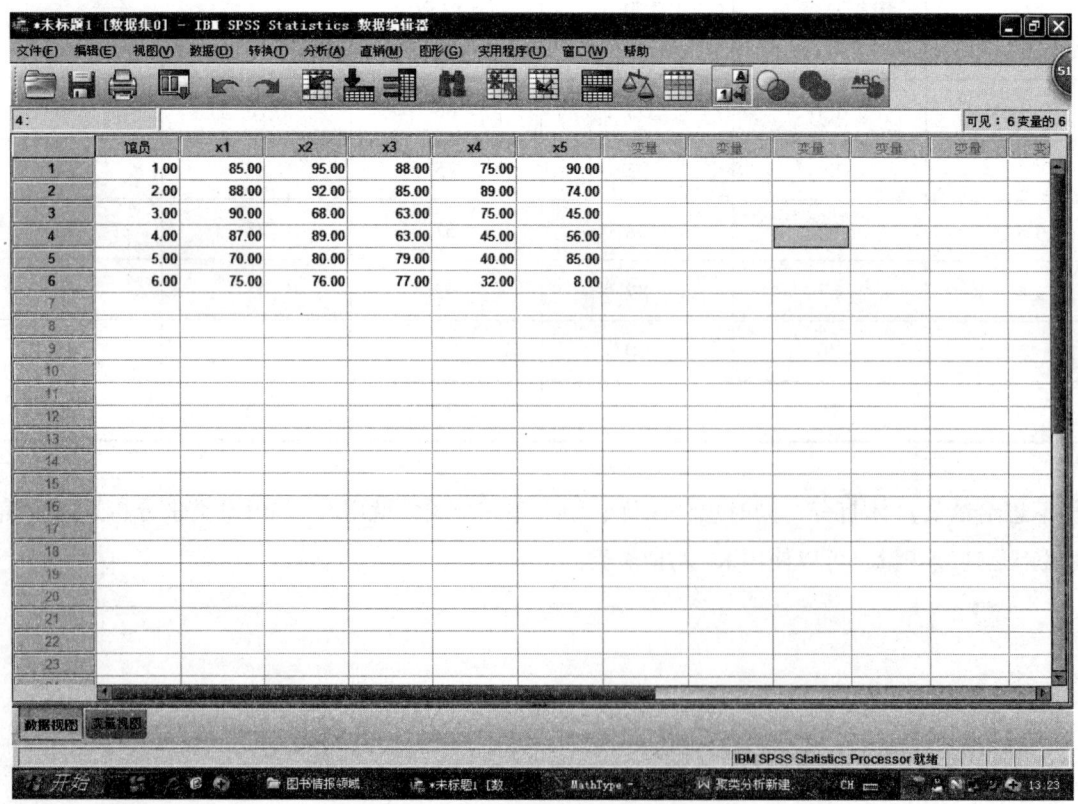

图 5-2 SPSS 数据输入格式

三、分析路径

点击菜单中的"分析"键，鼠标下拉到"分类"，接着右滑，再下滑到"K-均值聚类"，见图 5-3：

图 5-3 分析路径

点击得到"K-均值聚类分析"对话框，见图 5-4：

图 5-4 "K-均值聚类分析"对话框

四、变量确定

把变量从左边的变量筛选框点进"变量"框,见图 5-5:

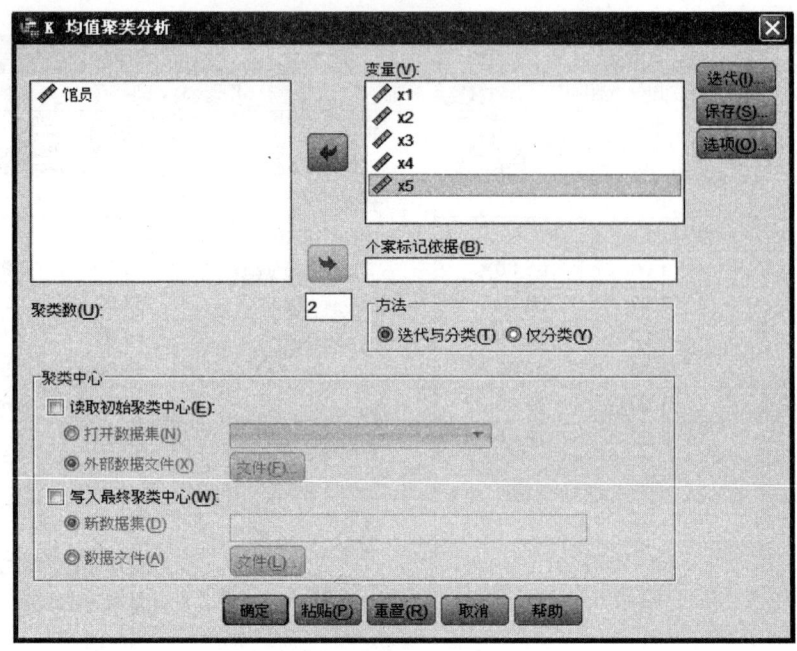

图 5-5 对话框中变量被确定

五、确定个案标记

个案就是指你所调查的个体,一个被调查对象可以称为一个个案,"个案标记依据"就是匹配个案的排列顺序的依据,本例个案的排列顺序的依据是馆员,把"馆员"点进"个案标记依据"框,见图 5-6:

图 5-6 对话框中"个案标记依据"被确定

六、指定聚类数

根据题意,我们取类数为 3,SPSS 中默认的类数为 2,我们把 2 去掉,换成 3,见图 5-7:

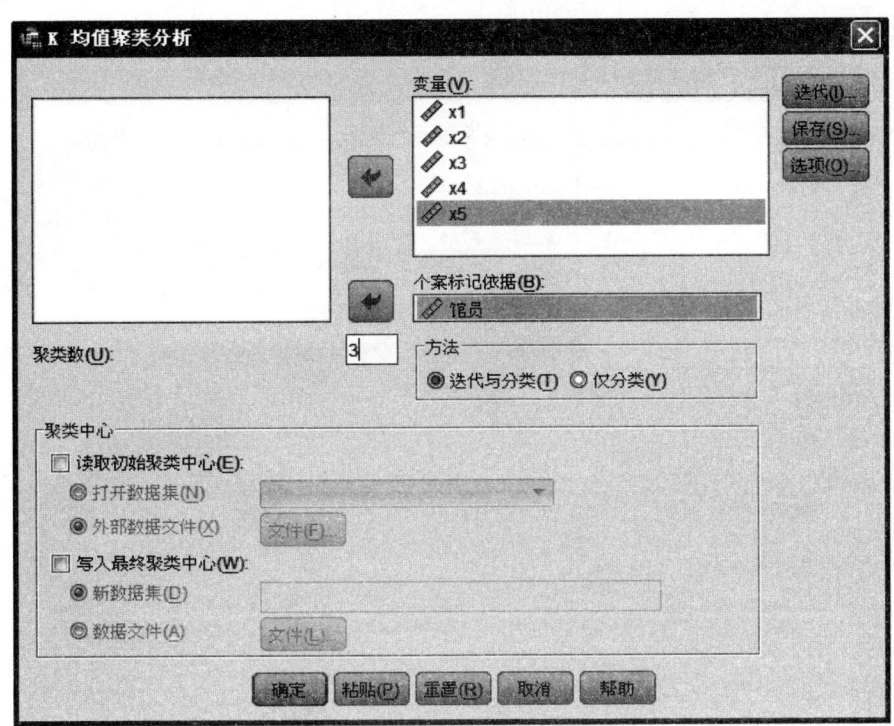

图 5-7 对话框中分类数被确定

七、选择输出结果

点击"保存"键,得"保存"对话框,见图 5-8:

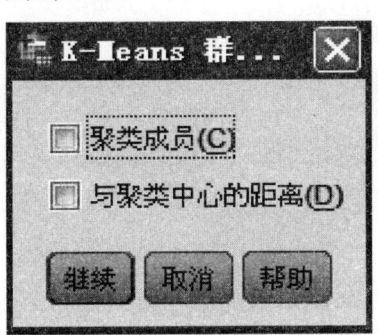

图 5-8 "保存"对话框

选择"聚类成员""与聚类中心的距离"。

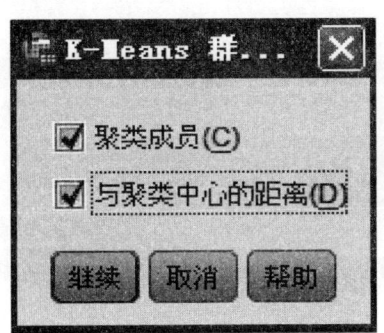

图 5-9 对话框中保存对象被确定

这里用"保存"而不用"输出",是因为结果出现在 SPSS 界面,而不是出现在输出的结果中。

点击"继续"键,返回到"K-均值聚类分析"对话框,见图5-10:

图 5-10 "K-均值聚类分析"对话框

八、结果与分析

剩余的全部默认所设值。点击"确定"键,得图 5-11:

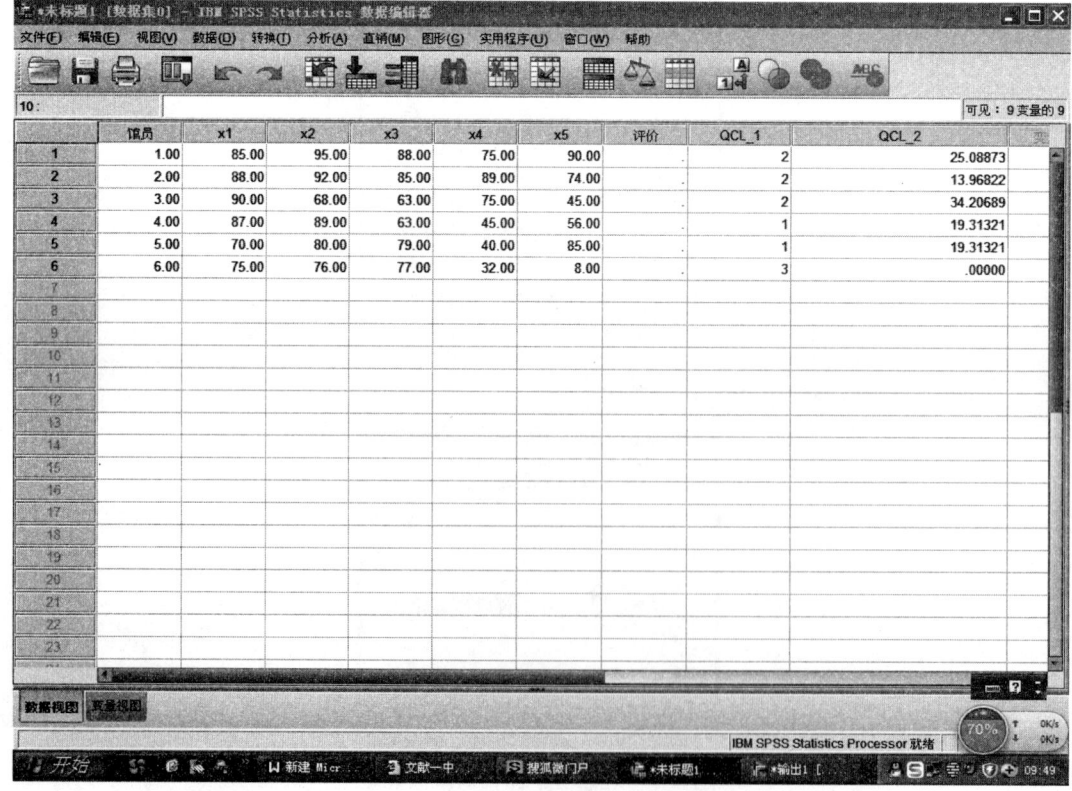

图 5-11 计算出的类别与距离

其中 QCL_1 表示类别，QCL_2 表示距离，我们将图 5-11 中的数据重新列表示出，见表 5-2：

表 5-2 馆员分类结果

馆员编号	类别	距离
1	2	25.08873
2	2	13.96822
3	2	34.20689
4	1	19.31321
5	1	19.31321
6	3	0

距离是聚类结果与所属类别中心点之间的距离。最终聚类中心见表 5-3：

表 5-3 最终聚类中心

	聚类		
	1	2	3
x_1	78.50	87.67	75.00
x_2	84.50	85.00	76.00
x_3	71.00	78.67	77.00
x_4	42.50	79.67	32.00
x_5	70.50	69.67	8.00

每个聚类中的案例数见表 5-4：

表 5-4 每个聚类中的案例数

聚类	1	2.000
	2	3.000
	3	1.000
有效		6.000
缺失		0.000

显然被分到 2 类的 3 名馆员（见 QCL_1 和 QCL_2 值）最好，被分到 1 类的 2 名馆员一般，被分到 3 类的 1 名馆员最差。

这个例题也告诉我们类别的类号并不代表实际类别的顺序，SPSS 软件会给出各类的成员，但不会给出各类的顺序，各类的顺序，只有我们结合实际问题才能给出。

为了使馆员分类呈现两头小、中间大的形状，我们可对最好组的馆员再进行一次 2 类别的 K-均值聚类，将相对差的一类并入一般组，此时，馆员分类就会呈现两头小、中间大的形状。

此方法可用于多馆员、多类别、多指标分类的情形，非常实用。

第三节 两步聚类的 SPSS 操作步骤

两步聚类就是两步可完成的聚类。第一步是预聚类，通过构建和修改特征树来完成，目的是简化类别数量,为第二步打基础。第二步是根据一定的统计标准确定聚类的类别数,用传统方法对第一步的聚类结果再聚类。

由于两步聚类法运算速度快,常被用来进行数据挖掘。

例:黄敏、都平平、王群把影响因子、被引次数、引次、发文综合成一个指标,具体综合方法见原文《科技期刊选订的系统聚类分析与决策》;把期发文数、年发文数综合成一个指标;把期订购价、年订购价综合成一个指标。期刊类型用 -0.5、0、1 表示:

-0.5 表示专业研究型期刊。

0 表示综合研究型期刊。

1 表示政策宣传型期刊。

23 种某一学科领域内的中文科技期刊的评价数据见表 5-5:

表 5-5 期刊评价表

期刊编号	期刊类型 x_1	期刊质量要素(影响因子、被引次数、引次、发文的综合)x_2	期刊信息量要素(期发文数、年发文数的综合)x_3	订购价格要素(期订购价、年订购价的综合)x_4
1	0	1.93	-0.78	0.32
2	0	2.23	-0.51	0.23
3	0	-0.14	-0.08	0.1
4	0	1.33	-0.31	-0.1
5	0	1.37	-0.65	-0.89
6	-0.5	-0.81	-0.17	0.52
7	-0.5	-0.61	0.01	-0.37
8	-0.5	-0.56	2.52	0.93
9	-0.5	-0.97	0.06	-0.09
10	1	-0.55	-0.08	0.31
11	1	0.42	-0.29	-0.1
12	0	0.2	0.87	0.23
13	0	-0.99	0.82	0.1
14	-0.5	0.72	-0.52	-0.57
15	-0.5	0.34	-0.63	-0.25
16	-0.5	-0.32	2.92	0.93
17	0	-0.29	0.11	-1.05
18	-0.5	-0.58	-0.53	-0.57
19	-0.5	-0.85	-0.22	-0.89
20	0	-0.72	-0.37	-0.73
21	0	-0.49	-0.73	-1.02
22	-0.5	-0.02	-0.66	-0.93
23	-0.5	-0.63	-0.78	1.03

一、输入数据

将数据粘贴到 SPSS 界面，见图 5-12：

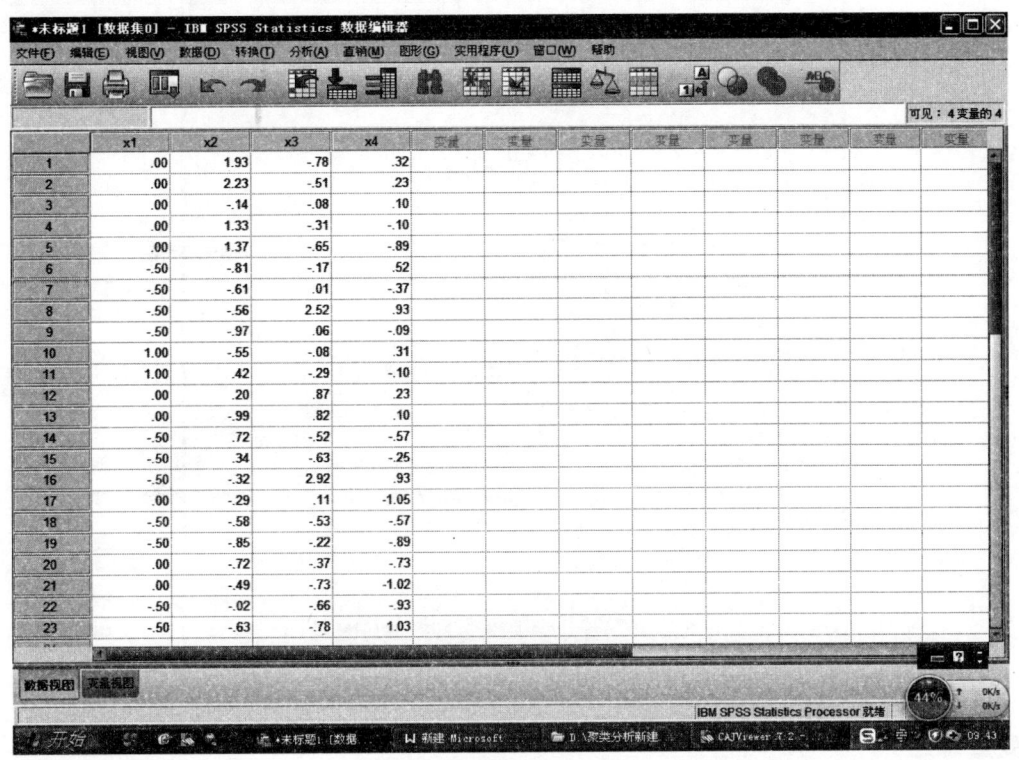

图 5-12　SPSS 数据输入格式

二、分析路径

点击菜单中的"分析"键，鼠标下滑到"分类"，再右滑到"两步聚类"，见图 5-13：

图 5-13　分析路径

点击之，得到"二阶聚类分析"对话框，见图 5-14：

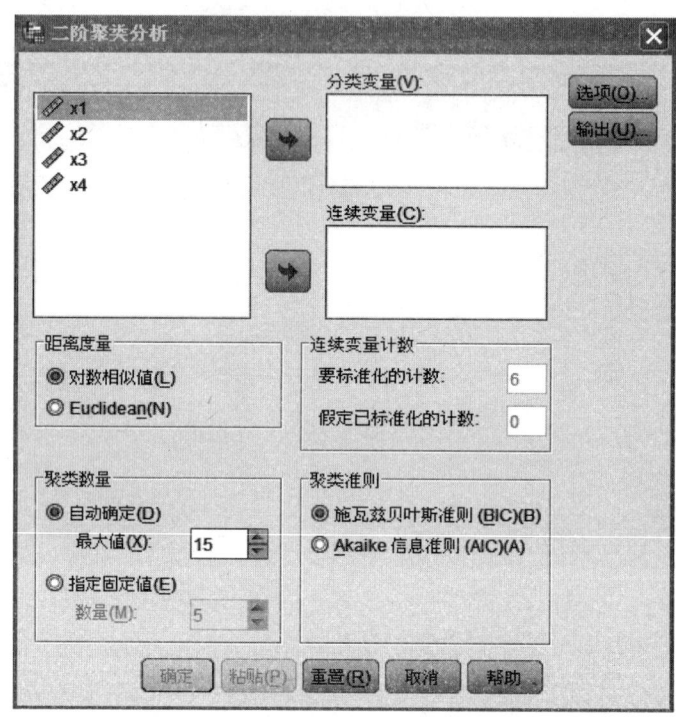

图 5-14 "二阶聚类分析"对话框

三、变量确定

由于四个变量都是连续变量，因此我们把其点进"连续变量"框。若变量中有分类变量，我们就要将分类变量点进"分类变量"框，见图 5-15：

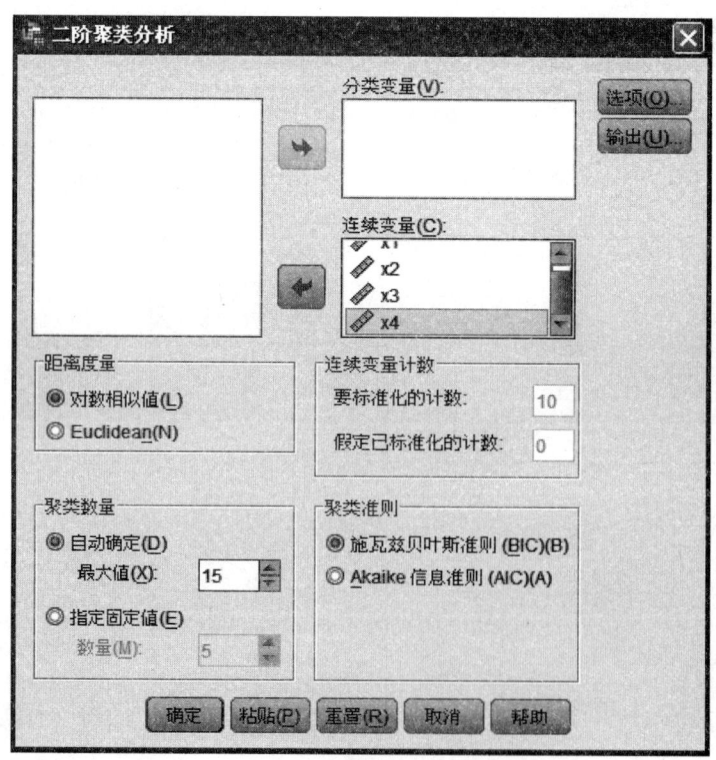

图 5-15 对话框中变量被确定

四、选项确定

点击"选项"框，得到"二阶聚类：选项"对话框，见图 5-16：

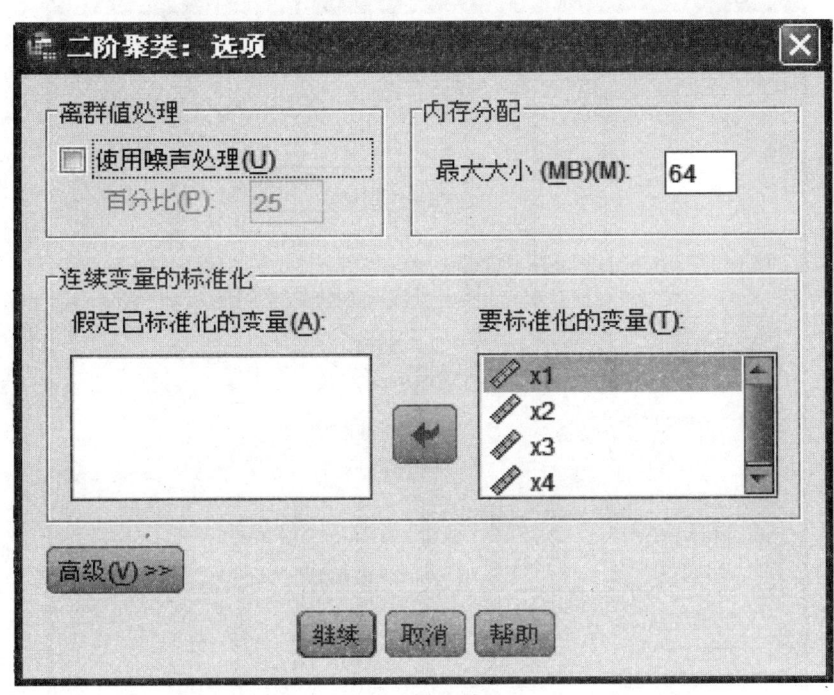

图 5-16 "二阶聚类：选项"对话框

我们点击"二阶聚类：选项"对话框中的"离群值处理"框下的"使用噪声处理"前的小方框，见图 5-17：

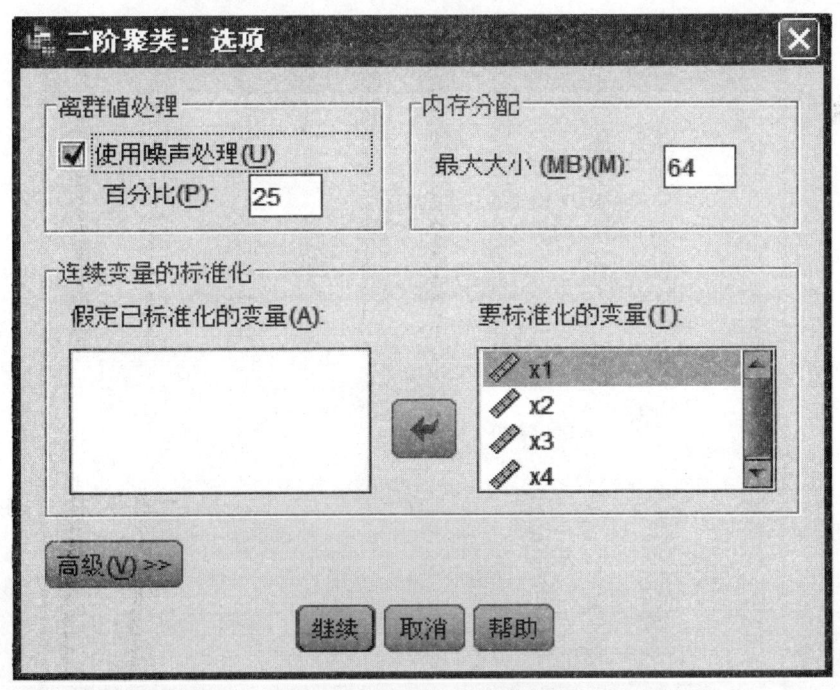

图 5-17 对话框中的离群值处理方法被确定

点击"继续"键，返回到"二阶聚类分析"对话框，见图 5-18：

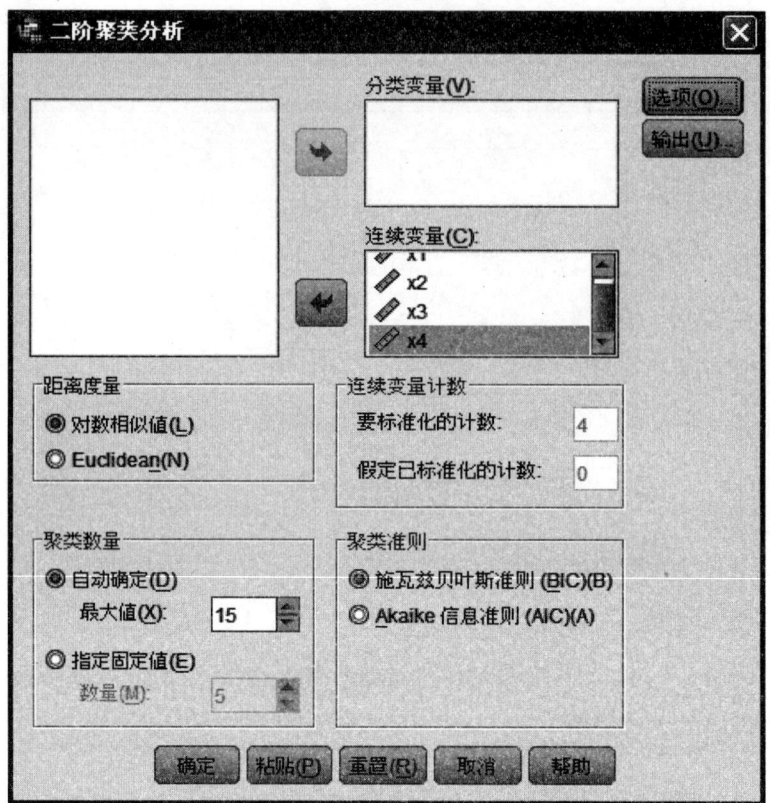

图 5-18　"二阶聚类分析"对话框

五、输出项确定

点击"输出"键,得到"二阶聚类:输出"对话框,见图 5-19:

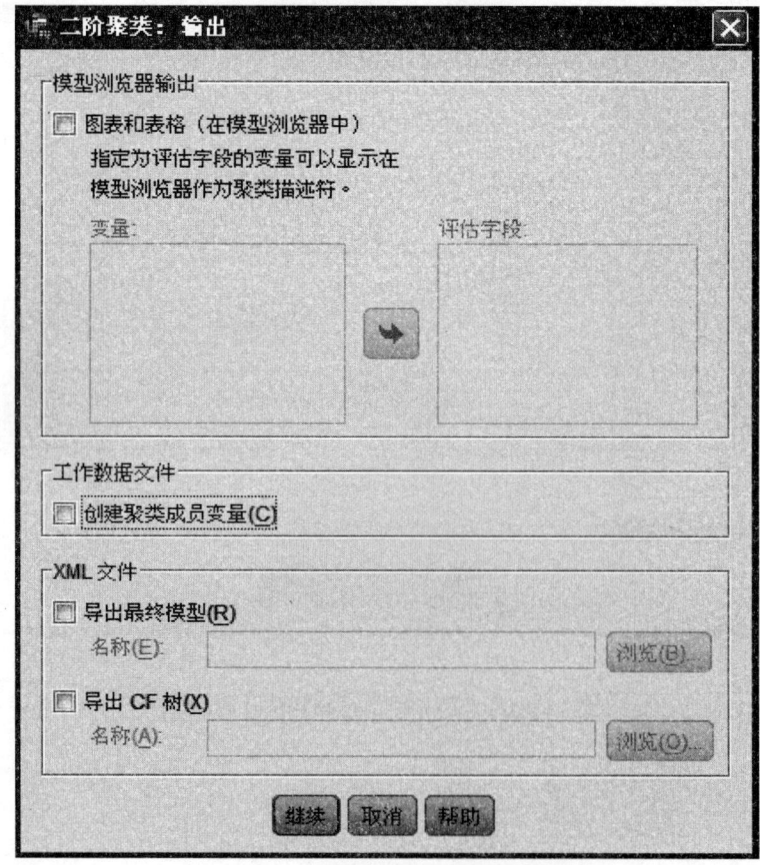

图 5-19　"二阶聚类:输出"对话框

点击"模型浏览器输出"框下的"图表和表格"前的小方框,并点击"工作数据文件"下"创建聚类成员变量"前的小方框,见图 5-20:

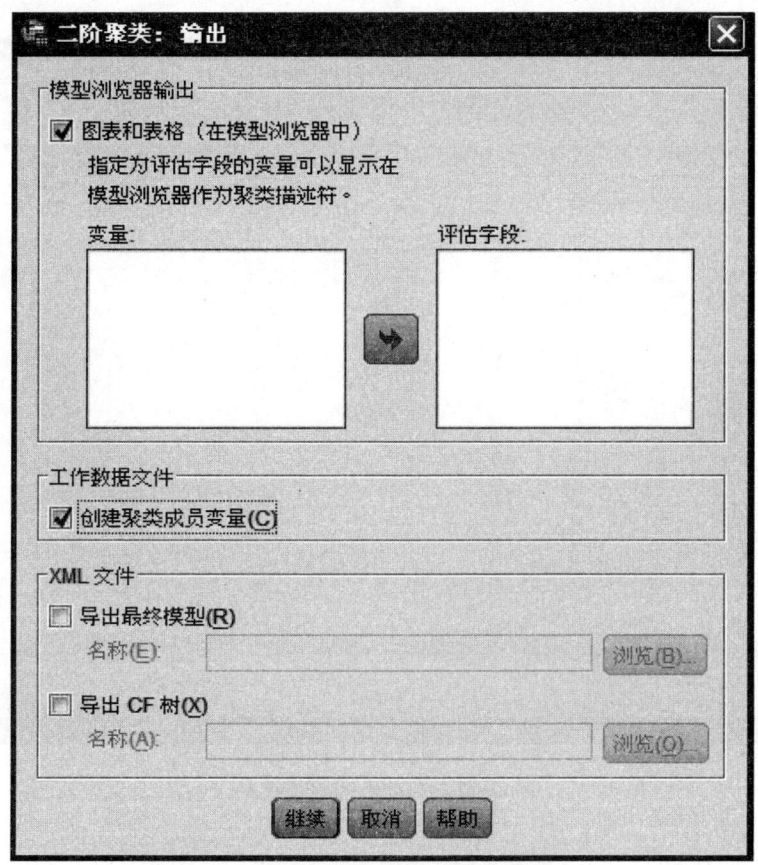

图 5-20 对话框中输出指标被确定

点击"继续"键,返回到"二阶聚类分析"对话框,见图 5-21:

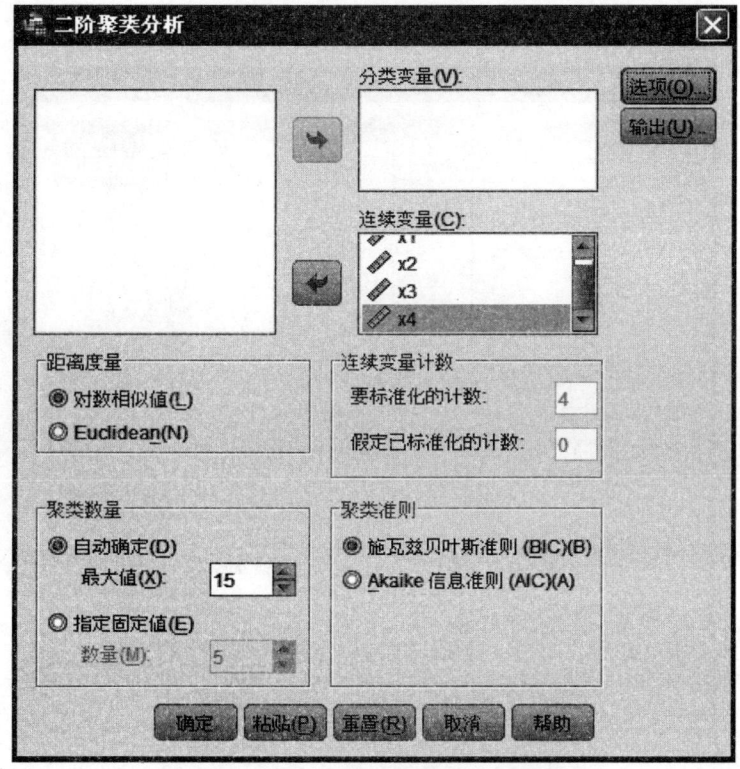

图 5-21 "二阶聚类分析"对话框

六、自动选择结果

其他键不动,点击"确定"键,得到结果:

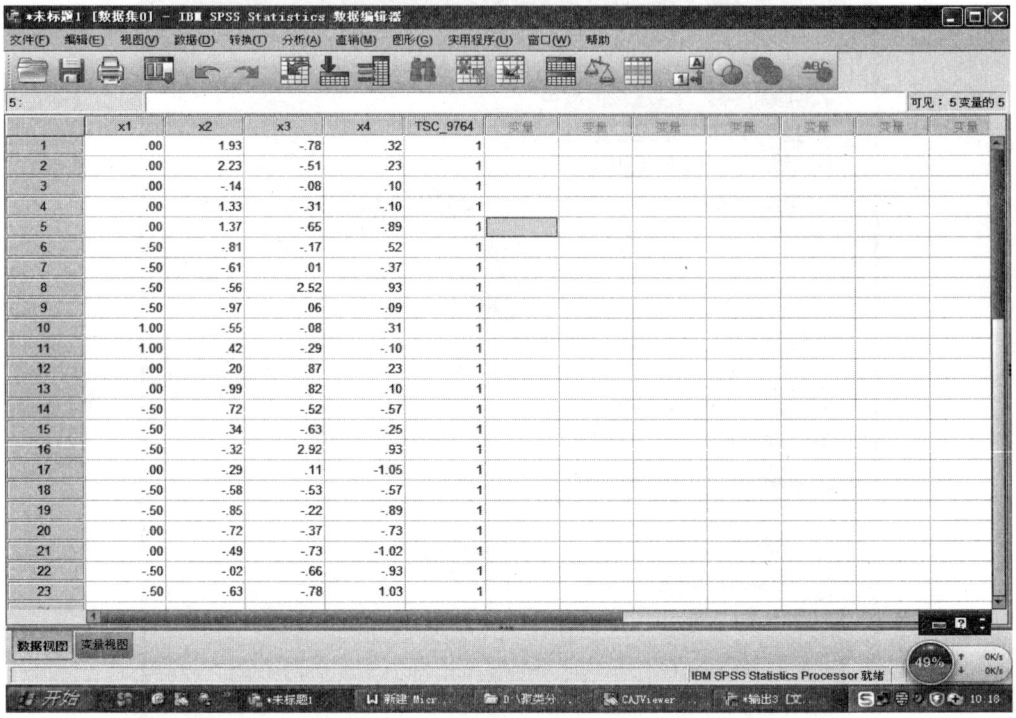

图 5-22 自动选择聚类结果

图 5-22 中只有一个类,与我们的期望有较大差距,这说明二阶聚类自动确定类数时,有时给不出理想结果。下面我们用指定类数法。

七、指定类数法

从第 5 步的返回"二阶聚类分析"对话框开始。

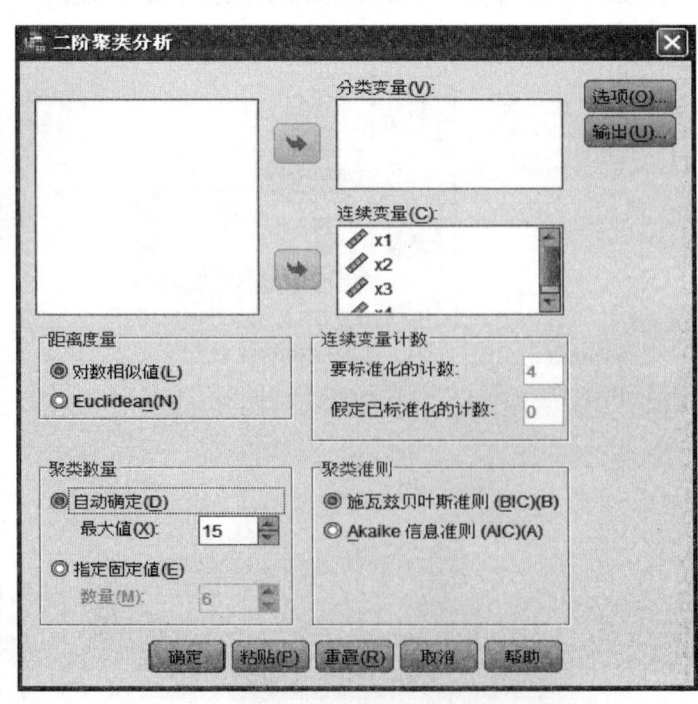

图 5-23 "二阶聚类分析"对话框

我们选择"聚类数量"框中的"指定固定值",此时"自动确定"框下"最大值"框变暗,而"指定固定值"框下的"数量"框变亮,我们选择自己感觉合适的数量,比如我们选择4,见图5-24:

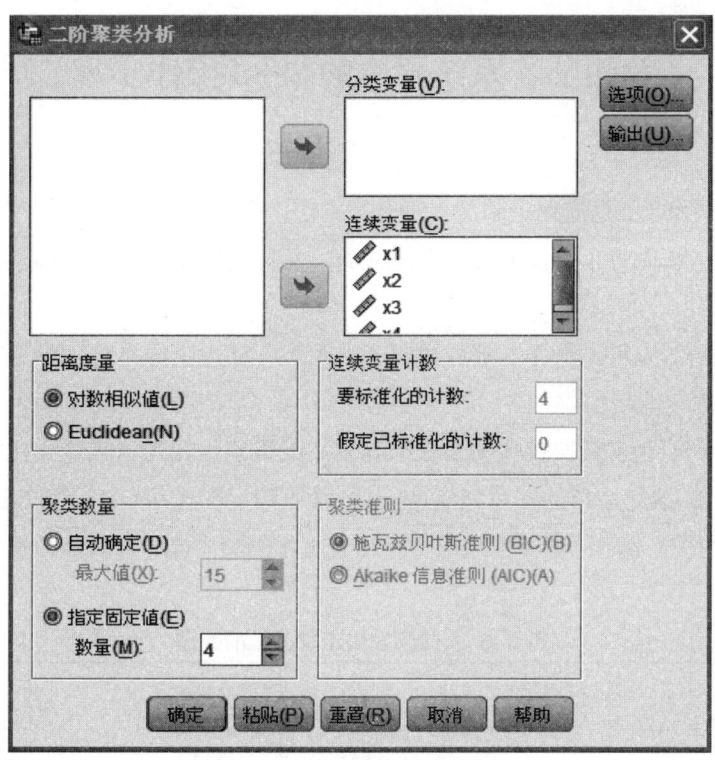

图 5-24 对话框中聚类数量被确定

八、指定类数法结果

点击"确定"键,得到指定类数法聚类结果,见图5-25:

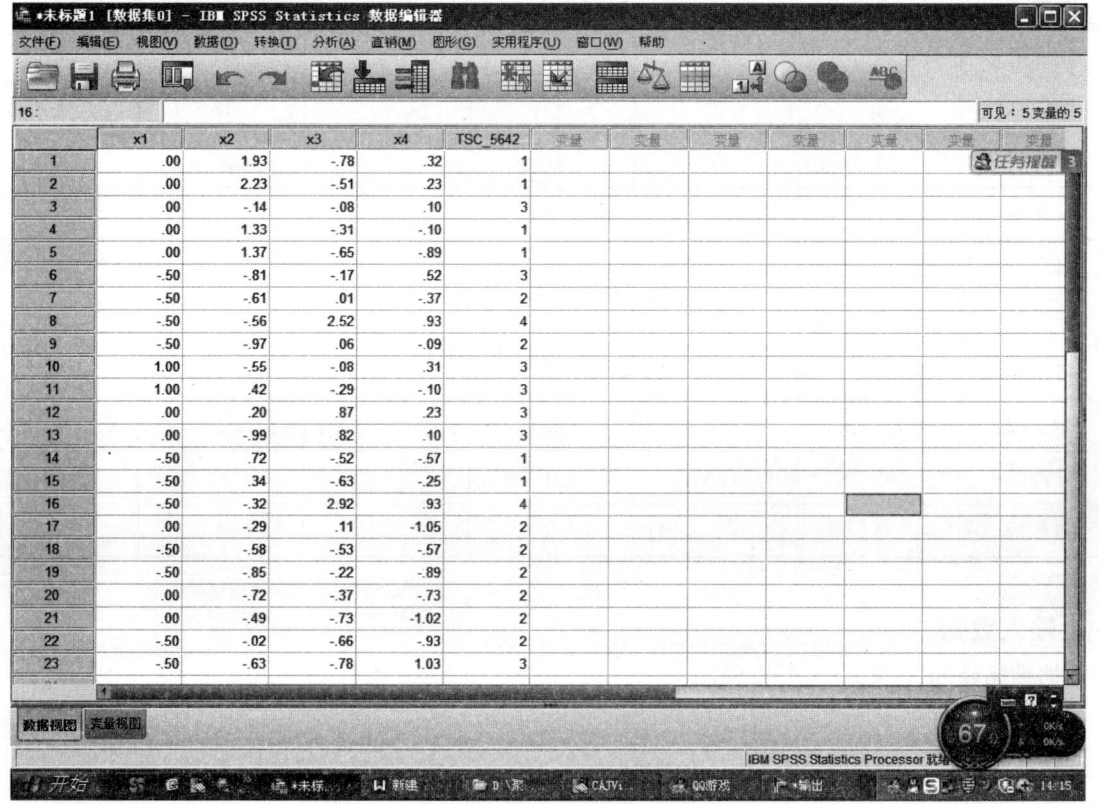

图 5-25 指定类数法聚类结果

图中最后一列就是具体的类别号。

第四节　系统聚类的 SPSS 操作步骤

系统聚类法也叫分层聚类,是应用最多的一种分类方法。根据聚类过程不同,又分为凝聚法和分解法。

凝聚法的基本思路是:先将 n 个样本各自看成一类,并规定样本之间的距离逐步合并,直到合并为一个大类为止。

分解法的基本思路是:先将 n 个样本都看成属于一大类,并规定样本之间的距离逐步分解,直到参与聚类的每个样本个体自成一类为止。

例:赵世华等人调研了北京高校教师中女教师利用文献资源困难与发表论文困难的数据,缺乏自己专业需要的全文数据库(x_1)、缺乏最新的资源和信息(x_2)、数据库种类太少(x_3)、不知道哪些是 SCI 期刊(y_1)、不知道哪些是学校认可的核心期刊(y_2)、缺乏科技论文写作经验(y_3),具体数据见表 5-6:

表 5-6 女教师发表论文困难的数据

学院	x_1	x_2	x_3	y_1	y_2	y_3
林学院	1	4	13	3	11	3
水保院	4	3	5	1	6	5
生物院	4	0	22	2	14	11
园林院	8	9	10	6	17	3
经管院	4	12	15	2	21	6
工学院	5	3	17	1	18	6
材料院	5	6	14	6	15	4
人文院	3	4	5	1	8	2
信息院	5	0	12	2	14	5
理学院	5	12	14	1	17	11
自保院	1	0	3	0	2	2
环工院	3	1	5	0	3	6
外语院	8	25	16	1	31	12
体教部	4	2	3	2	4	3

一、输入数据

把数据粘贴到 SPSS 界面,见图 5-26:

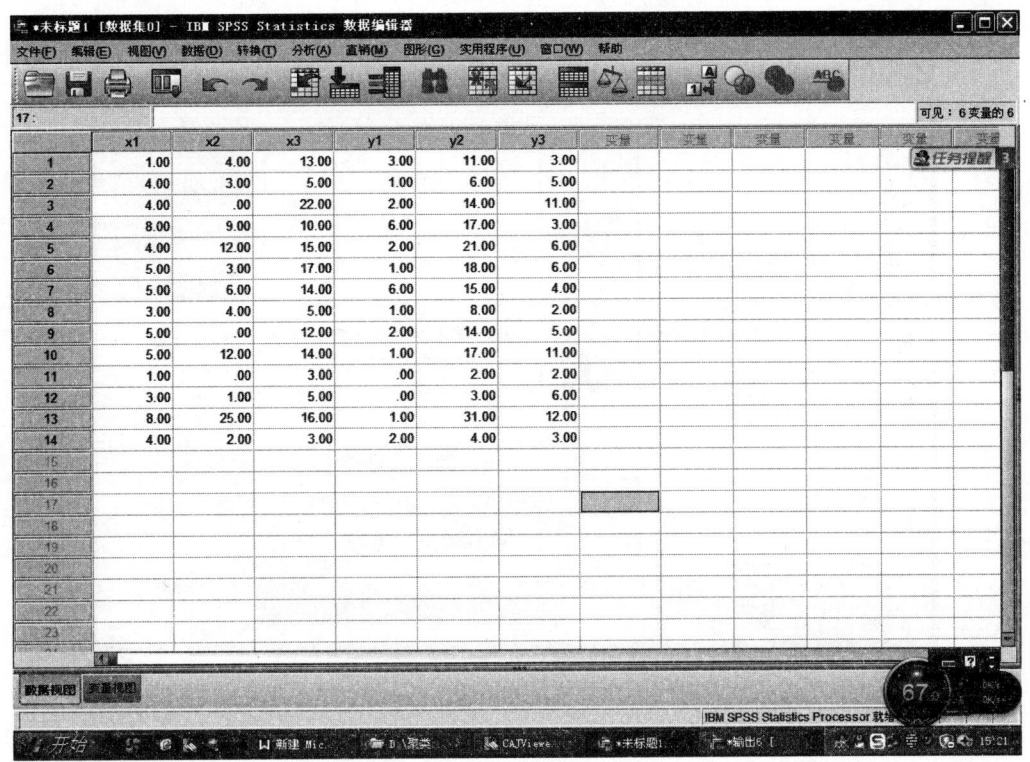

图 5-26　SPSS 数据输入格式

二、分析路径

点击菜单中的"分析"键，鼠标下滑到"分类"，鼠标右滑，接着下滑到"系统聚类"，见图 5-27：

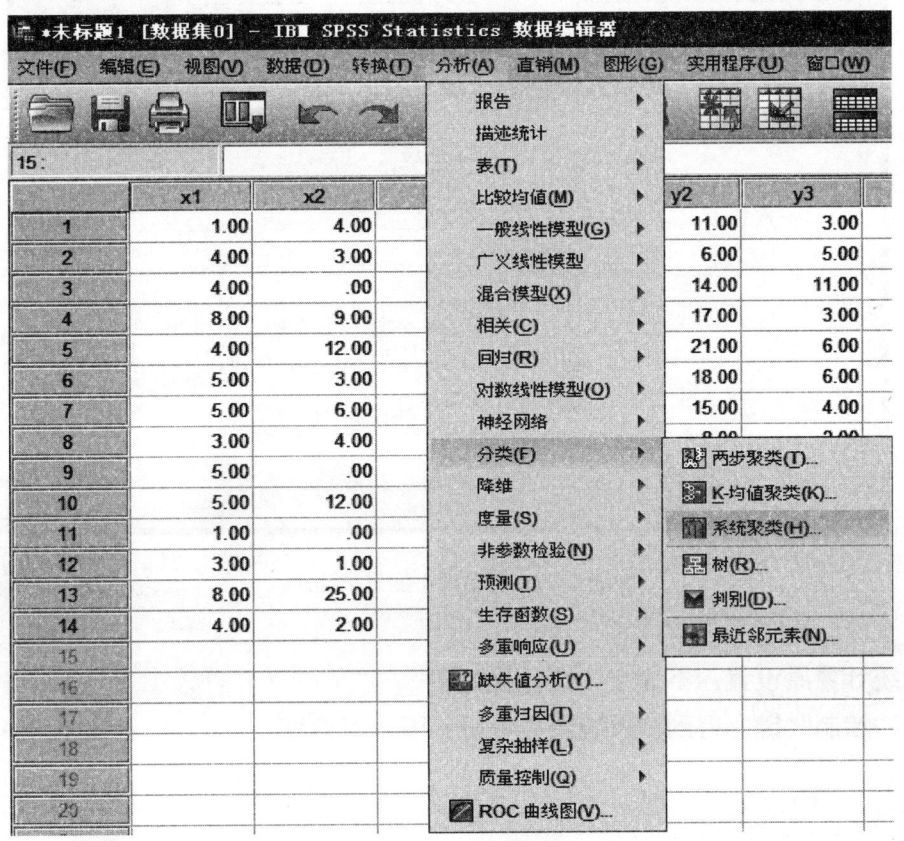

图 5-27　分析路径

点击之，得到"系统聚类分析"对话框，见图 5-28：

图 5-28 "系统聚类分析"对话框

三、变量确定

把左框中的备选变量点进"变量"框，见图 5-29：

图 5-29 对话框中变量被确定

四、默认统计量原设置，不理会"统计量"键

五、点击"绘制"键，得到"系统聚类分析：图"对话框

见图 5-30：

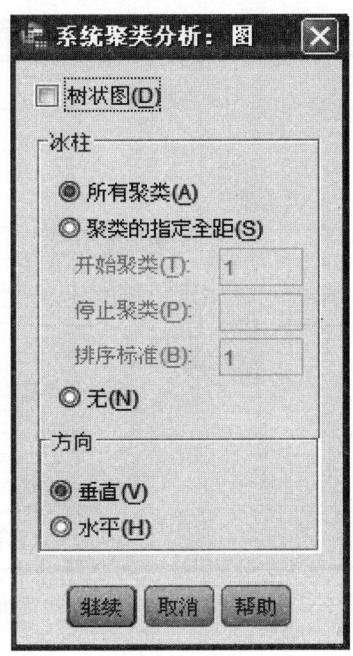

图 5-30 "系统聚类分析：图"对话框

选中框最上边的"树状图"，其余默认原设置，见图 5-31：

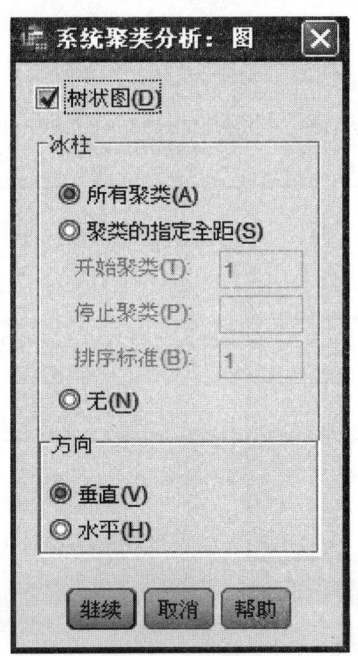

图 5-31 对话框中图的种类被确定

点击"继续"键，返回到"系统聚类分析"对话框，见图 5-32：

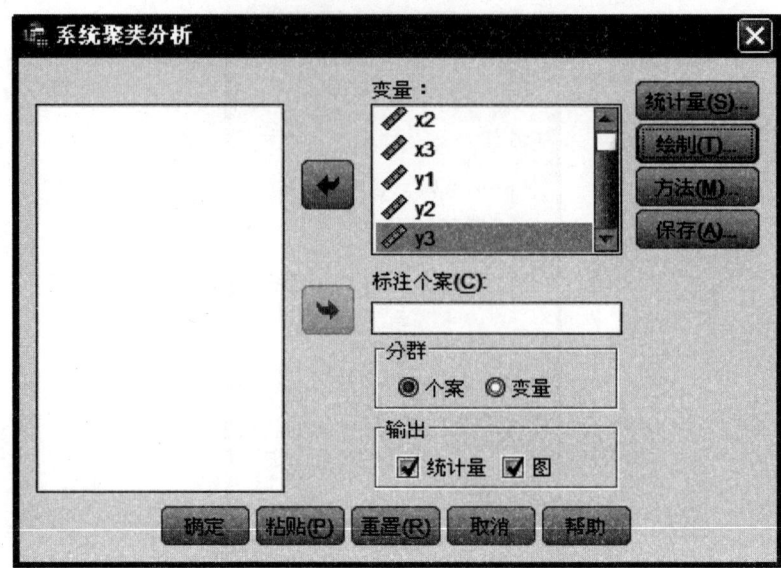

图 5-32 "系统聚类分析"对话框

六、聚类目标的选择

若选择"个案",我们就是进行样本聚类（Q）,若选择"变量"就是进行变量聚类（R）,本例目标是对样本聚类,所以我们选择"个案"键。

七、聚类数判断

默认其他设置,点击"确定"键,得到聚类图,见图 5-33：

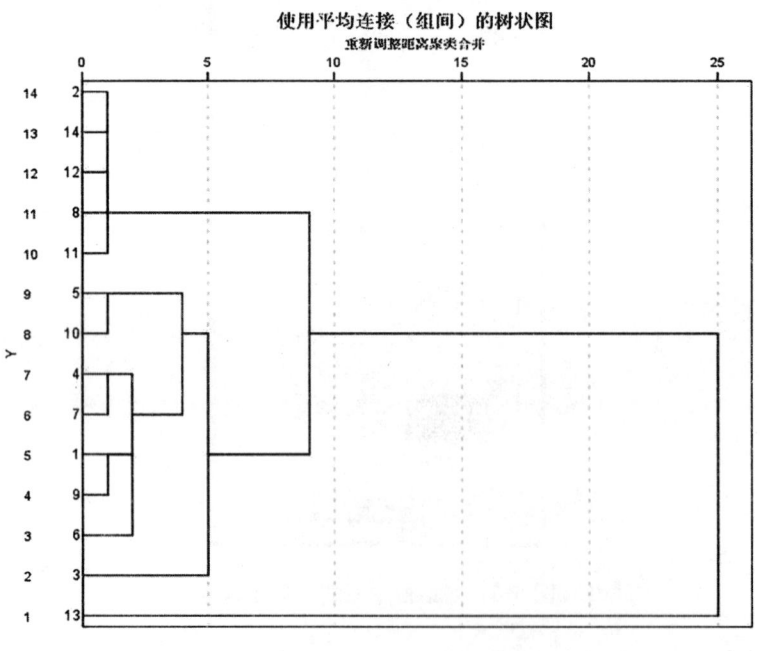

图 5-33 聚类

从聚类图上看,分三个类比较好。

八、输出结果的选择

点击"系统聚类分析"对话框中的"保存"键,得到"系统聚类分析：保存"对话框,见图 5-34：

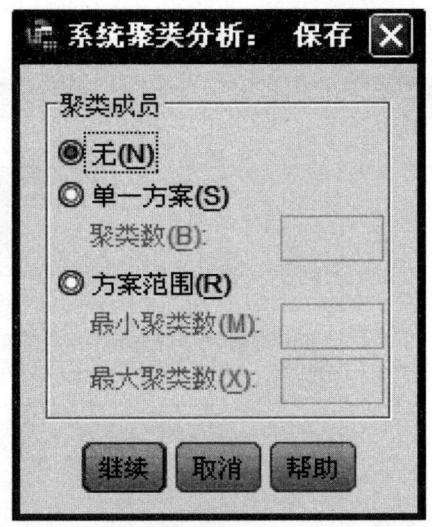

图 5-34 "系统聚类分析：保存"对话框

点击"单一方案"，此时"聚类数"框变亮，见图 5-35：

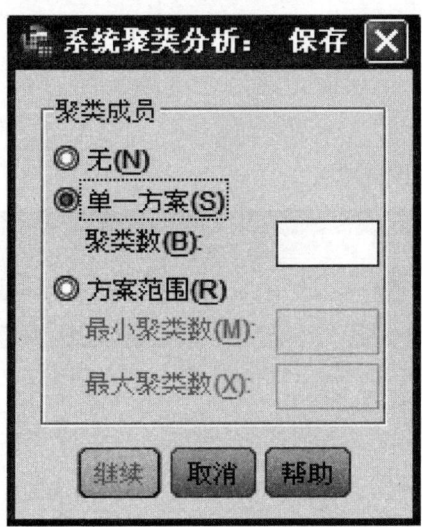

图 5-35 对话框中方案数被确定

在"聚类数"框中填入 3，见图 5-36：

图 5-36 对话框中聚类数被确定

点击"继续"键,返回到"系统聚类分析"对话框,见图 5-37:

图 5-37 "系统聚类分析"对话框

九、结果

点击"确定"键,得到结果,见图 5-38:

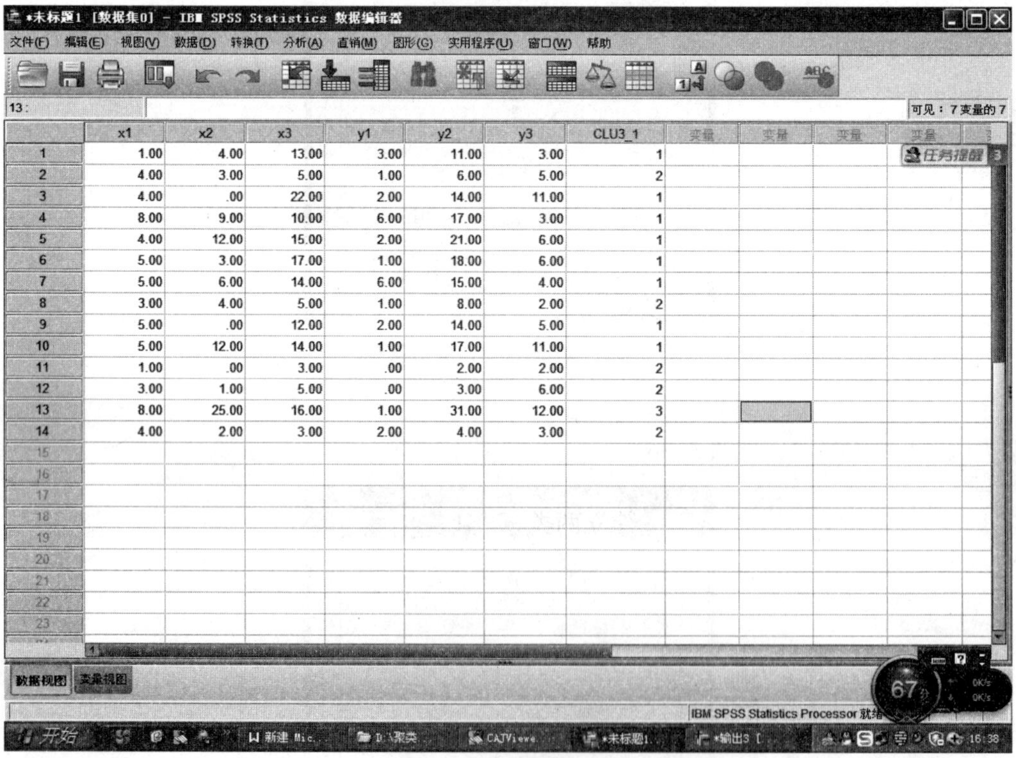

	x1	x2	x3	y1	y2	y3	CLU3_1
1	1.00	4.00	13.00	3.00	11.00	3.00	1
2	4.00	3.00	5.00	1.00	6.00	5.00	2
3	4.00	.00	22.00	2.00	14.00	11.00	1
4	8.00	9.00	10.00	6.00	17.00	3.00	1
5	4.00	12.00	15.00	2.00	21.00	6.00	1
6	5.00	3.00	17.00	1.00	18.00	6.00	1
7	5.00	6.00	14.00	6.00	15.00	4.00	1
8	3.00	4.00	5.00	1.00	8.00	2.00	2
9	5.00	.00	12.00	2.00	14.00	5.00	1
10	5.00	12.00	14.00	1.00	17.00	11.00	1
11	1.00	.00	3.00	.00	2.00	2.00	2
12	3.00	1.00	5.00	.00	3.00	6.00	2
13	8.00	25.00	16.00	1.00	31.00	12.00	3
14	4.00	2.00	3.00	2.00	4.00	3.00	2

图 5-38 聚类结果

第六章 判别分析

判别分析又称为线性判别分析（Linear Discriminant Analysis），产生于20世纪30年代，是在分类确定的条件下，利用已知类别的样本建立判别模型，为未知类别的样本进行判别的一种统计方法。近年来，判别分析在自然科学、社会学及经济管理学科中都有广泛的应用。判别分析的特点是根据已掌握的、历史上每个类别的若干样本的数据信息，总结出客观事物分类的规律性，建立判别公式和判别准则。当遇到新的样本点时，只要根据总结出来的判别公式和判别准则，就能判别该样本点所属的类别。判别分析按照判别的组数来区分，可以分为两组判别分析和多组判别分析。

判别分析的任务是根据已掌握的一批分类明确的样本，建立较好的判别函数，使产生错判的事例最少，进而对给定的一个新样本，判断它来自哪个总体。

根据资料的性质，分为定性资料的判别分析和定量资料的判别分析；采用不同的判别准则，又有费歇、贝叶斯、距离等判别方法。

第一节 判别分析在图书情报领域的应用

一、科研评价

郑凌莺、王绍宇应用线性判别分析理论建立科研成果 SCI 评价模型。该模型将不同学科期刊的影响因子和论文被引用次数进行修正，并从这两个维度综合评价科研成果。

二、分类

李英、陈景武运用多元判别分析方法建立两类医学高校学报判别函数对期刊分类。

孔繁超以事件的发生地点、发生原因、表现特征和动用资源类型为变量，并给这些变量赋值，根据图书馆，客观变量可以根据实际背景中的计量标准进行赋值，主观变量可以根据历史经验、现实判断及预期采用专家评分的方法进行赋值，最后建立多个判别函数，其目的是将判别函数用于观测值的分级，即将新例观测值代入多个判别函数中，哪一个判别函数值最大，就判为哪一级别。

第二节 利用 SPSS 进行判别分析的操作步骤

例：尹婷婷提出了图书馆供应商综合能力评价指标体系，共 17 个指标：图书质量、新书比率、一级出版社比率、数目信息提供率、采编数据加工、个性化服务、图书残损率（1 表示低，2 表示高）、信息反馈率、价格折扣率、规模、与高校合作、与一级出版社合作、订准率、订书提前期、交书率、现场采购、诚信资质。图书馆根据 10 个图书馆供应商的平时供货给 10 个图书馆供应商单指标能力进行了打分，聘请专家给 10 个图书馆供应商综合能力进行了打分，综合能力得到分值叫目标值，数据见表 6-1：

表 6-1　10 个图书馆供应商综合能力评价

	1	2	3	4	5	6	7	8	9	10
图书质量	0.87	0.89	0.8	0.88	0.86	0.84	0.85	0.86	0.85	0.84
新书比率	0.89	0.88	0.87	0.83	0.89	0.86	0.88	0.85	0.86	0.8
一级出版社比率	0.60	0.63	0.66	0.68	0.69	0.64	0.7	0.67	0.71	0.78
数目信息提供率	0.79	0.77	0.78	0.76	0.85	0.78	0.96	0.78	0.79	0.97
采编数据加工	0.9	0.87	0.89	0.91	0.93	0.86	0.86	0.89	0.95	0.92
个性化服务	0.8	0.84	0.85	0.84	0.87	0.93	0.91	0.88	0.93	0.9
图书残损率	1	1	1	1	1	2	1	2	1	1
信息反馈率	0.87	0.87	0.87	0.87	0.87	0.87	0.87	0.87	0.87	0.87
价格折扣率	0.32	0.31	0.3	0.28	0.27	0.32	0.32	0.3	0.27	0.29
规模	0.96	0.95	0.96	0.92	0.93	0.9	0.91	0.92	0.93	0.9
与高校合作	0.6	0.2	0.3	0.5	0.3	0.5	0.5	0.4	0.6	0.2
与一级出版社合作	0.5	0.4	0.3	0.5	0.6	0.3	0.6	0.6	0.4	0.5
订准率	0.96	0.95	0.91	0.92	0.92	0.94	0.95	0.95	0.93	0.96
订书提前期	0.16	0.11	0.14	0.15	0.12	0.13	0.12	0.14	0.11	0.16
交书率	0.85	0.83	0.84	0.85	0.83	0.86	0.88	0.89	0.86	0.85
现场采购	0.86	0.85	0.84	0.87	0.85	0.84	0.85	0.83	0.82	0.84
诚信资质	0.9	0.9	0.91	0.93	0.89	0.88	0.89	0.9	0.85	0.86
目标值	2	3	2	1	1	2	1	1	1	1

现有另外 3 个图书馆新供应商，图书馆根据供货给 3 个图书馆新供应商打出如下分数，见表 6-2，在不聘请专家的情形下，如何得到 3 个图书馆新供应商的综合评价？

表 6-2 3 个图书馆供应商综合能力评价

	1	2	3
图书质量	0.85	0.89	0.88
新书比率	0.85	0.87	0.85
一级出版社比率	0.60	0.75	0.65
数目信息提供率	0.79	0.77	0.9
采编数据加工	0.9	0.9	0.89
个性化服务	0.8	0.84	0.85
图书残损率	1	1	2
信息反馈率	0.9	0.87	0.87
价格折扣率	0.32	0.31	0.3
规模	0.93	0.95	0.9
与高校合作	0.4	0.5	0.3
与一级出版社合作	0.5	0.3	0.3
订准率	0.9	0.9	0.89
订书提前期	0.15	0.2	0.14
交书率	0.85	0.85	0.8
现场采购	0.86	0.8	0.84
诚信资质	0.91	0.94	0.9
目标值			

我们需要注意的是，SPSS 软件数表界面中，各列表示指标，各行表示样本，而本例的表中正好相反。所以我们先输入数据，然后转置。

一、输入数据

我们将 10 个观察值先复制粘贴到 SPSS 界面，把 3 个待判的数据也复制粘贴到 SPSS 界面。注意 3 个待判的数据的目标值是缺失值，见下图的最后一行后三列。

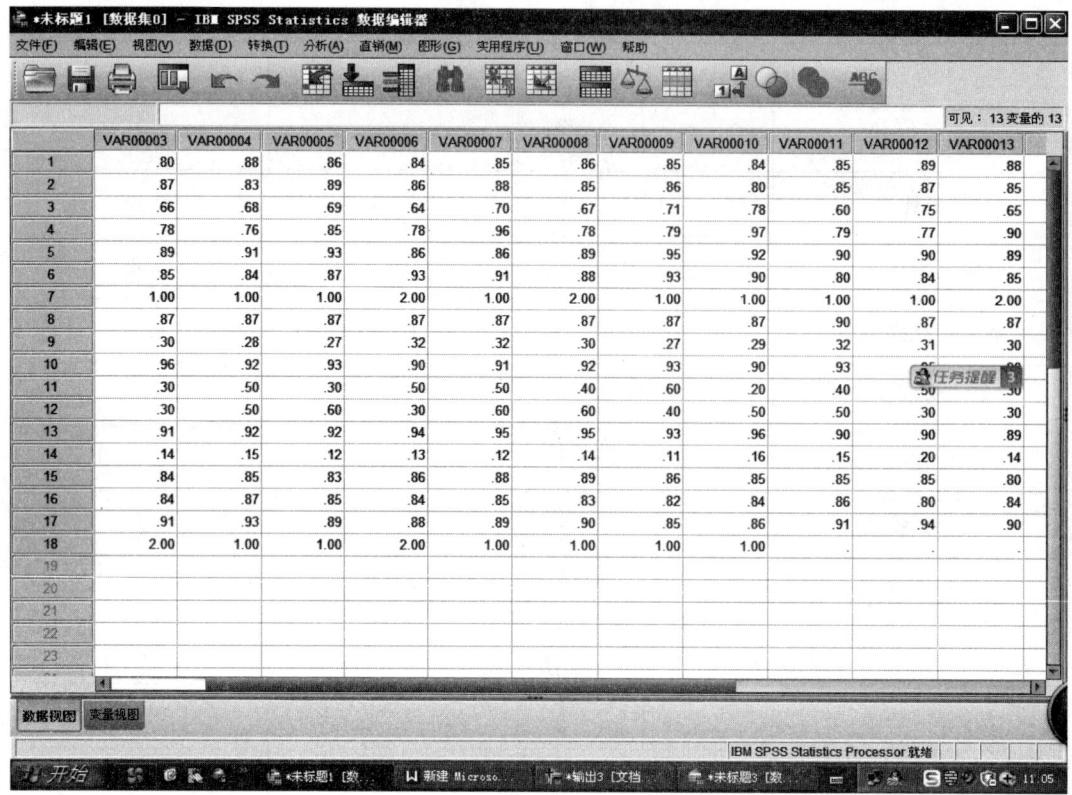

图 6-1 转置 SPSS 数据输入格式

二、分析路径

点击菜单中的"数据"键，鼠标下拉到"转置"，见图 6-2：

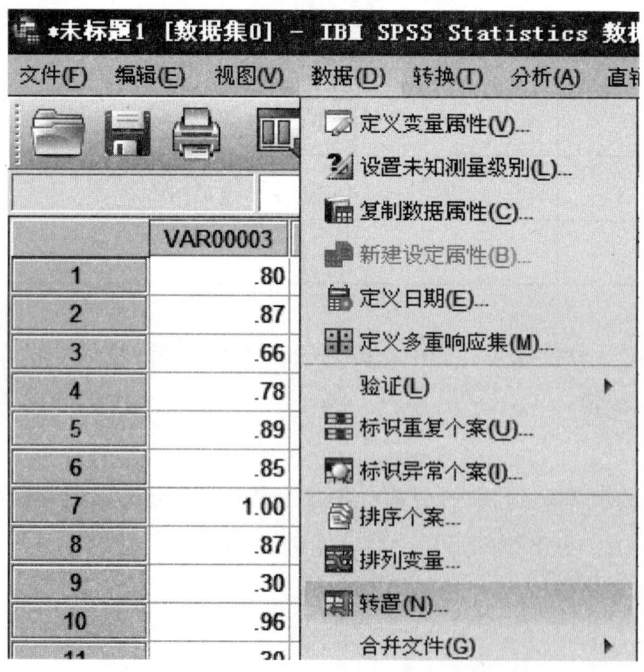

图 6-2 分析路径

点击之，得到"转置"对话框，见图 6-3：

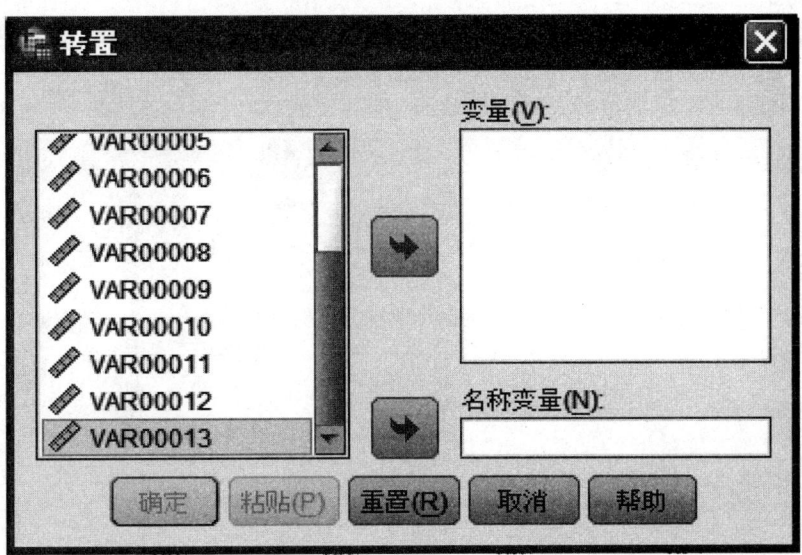

图 6-3 "转置"对话框

三、转置变量确定

把转置变量 VAR1，VAR2，…，VAR10 点进"变量"框，见图 6-4：

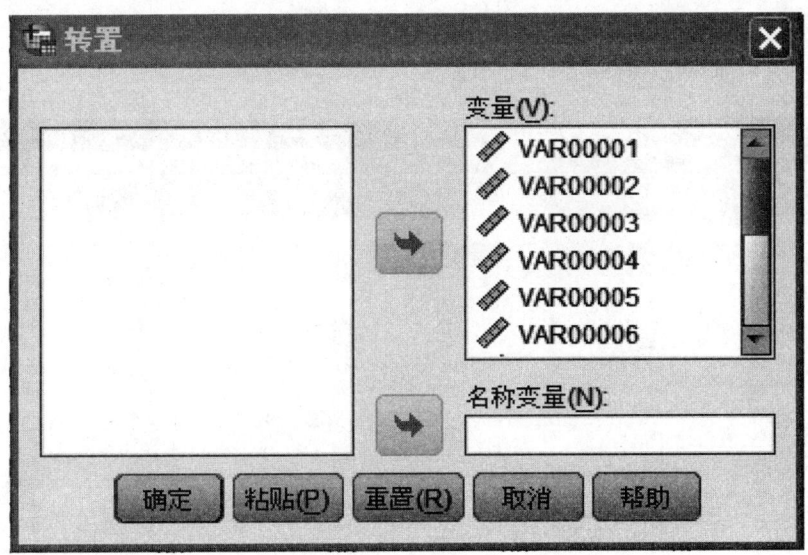

图 6-4 对话框"转置"变量被确定

点击"确定"键，得到"转置"界面，见图 6-5：

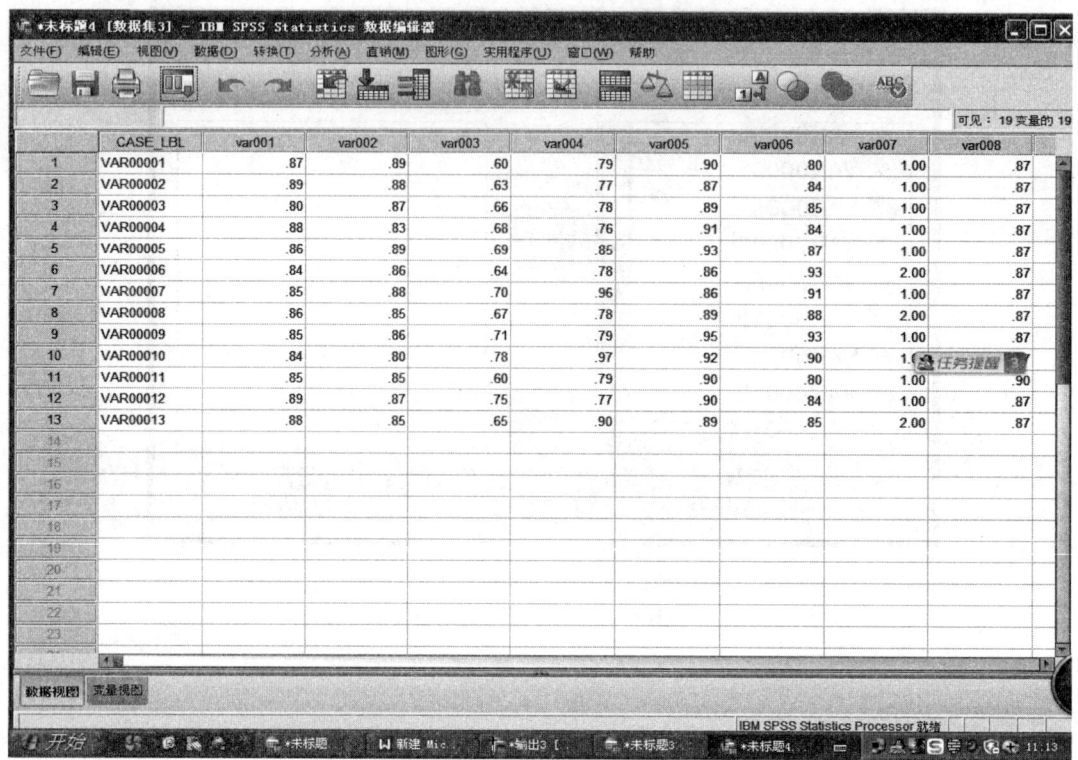

图 6-5 "转置"界面

清除无关的第一列，得"转置"矩阵，见图 6-6：

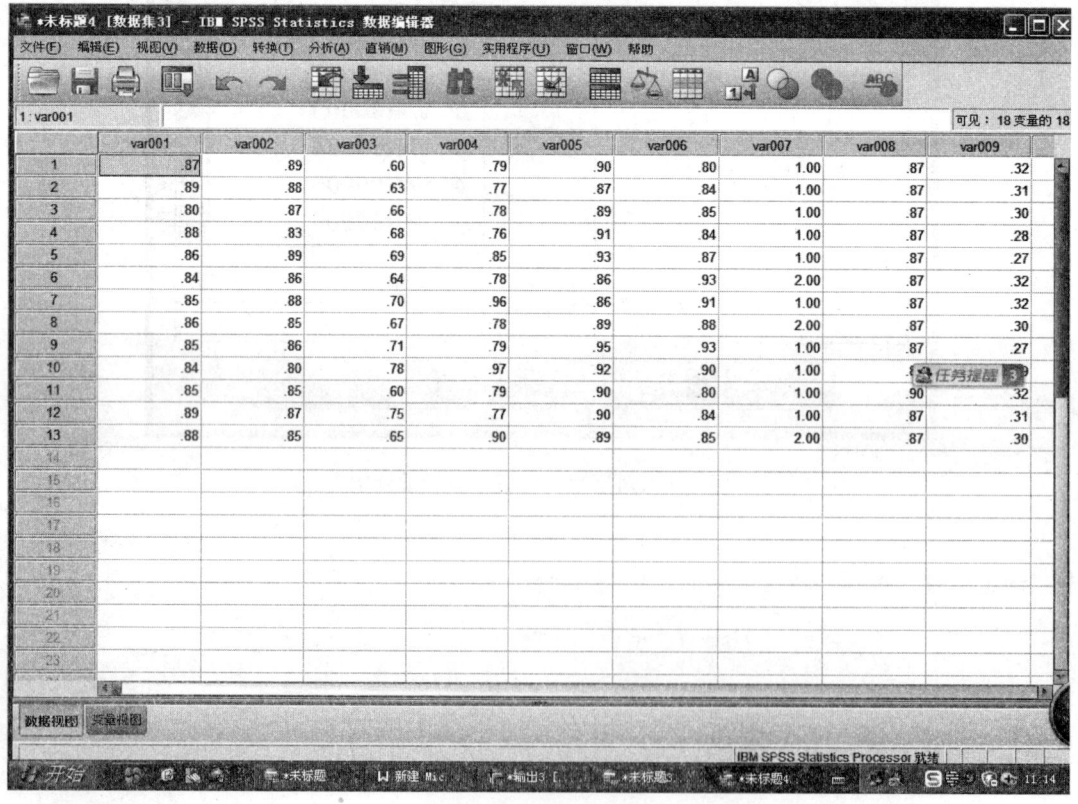

图 6-6 "转置"矩阵

四、变量替换

点击"变量视图"，得"变量视图"界面，见图 6-7：

图 6-7 "变量视图"界面

输入变量名，我们用 x_1，x_2，…，x_{17}，y 替换 VAR1，VAR2，…，VAR18，见图 6-8：

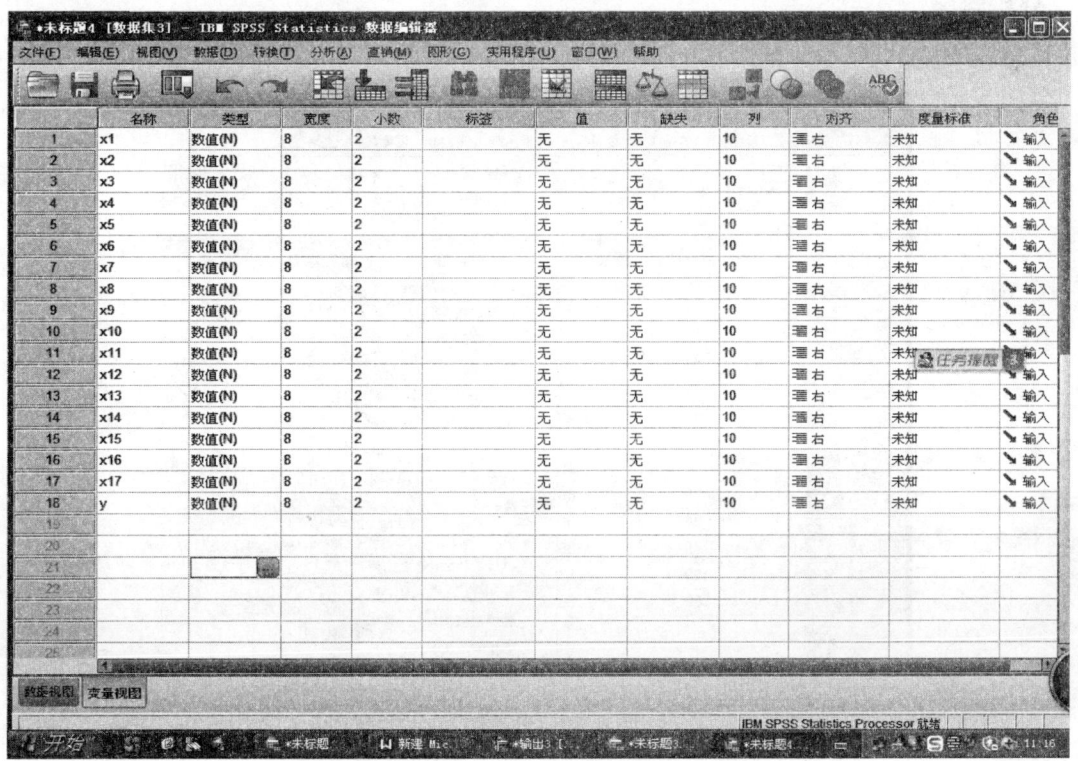

图 6-8 变量替换后的界面

五、数据输入格式

点击"数据视图"，得"数据视图"界面，本界面的数据格式就是判别分析 SPSS 数据输入格式，见

图 6-9：

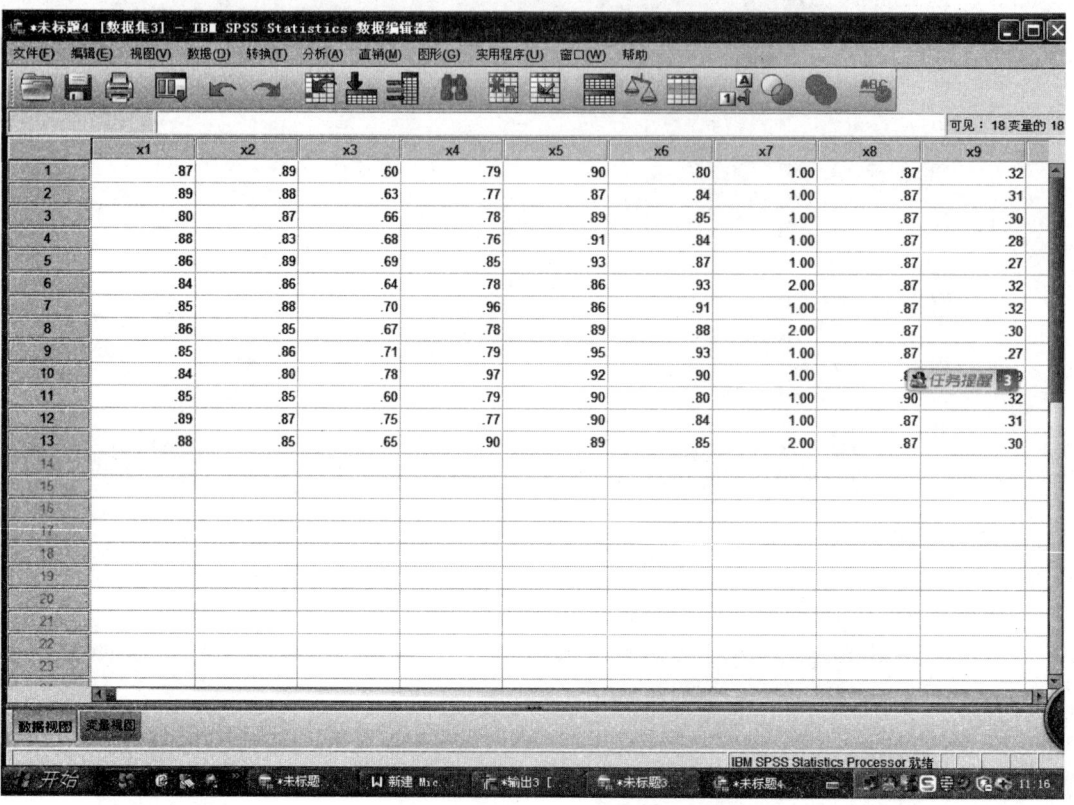

图 6-9　判别分析 SPSS 数据输入格式

六、分析路径

点击菜单中的"分析"键，鼠标下滑到"分类"，鼠标接着右滑，再下滑到"判别"，见图 6-10：

图 6-10　分析路径

点击之，得到"判别分析"对话框，见图 6-11：

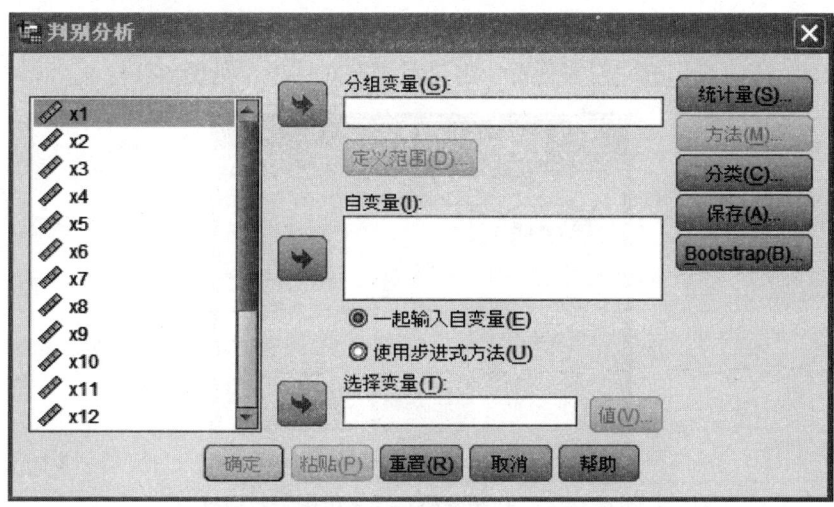

图 6-11 "判别分析"对话框

七、变量确定

把一般变量 x_1，x_2，$\cdots$，x_{17} 点进"自变量"框，见图 6-12：

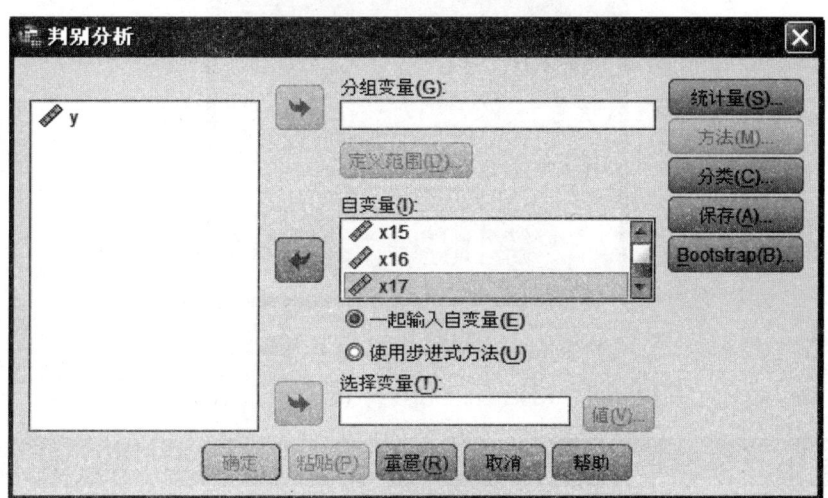

图 6-12 对话框中变量被确定

在变量列表窗口选择指定分组变量 y 点进"分组变量"框，见图 6-13：

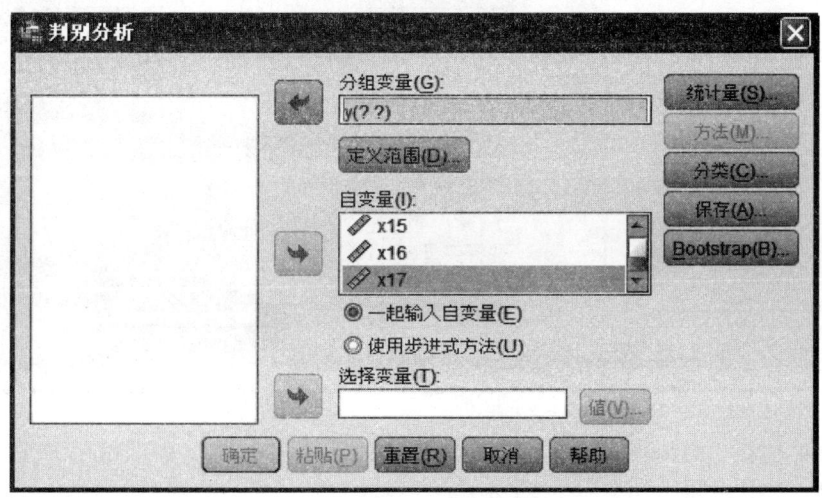

图 6-13 对话框中"分组变量"被确定

八、类别数确定

单击"定义范围"按钮,弹出"判别分析:定义范围"对话框,见图6-14:

图6-14 "判别分析:定义范围"对话框

在"最小值"栏中输入该分组变量的最小值1,在"最大"栏中输入该分组变量的最大值3,此时,"继续"键变亮,见图6-15:

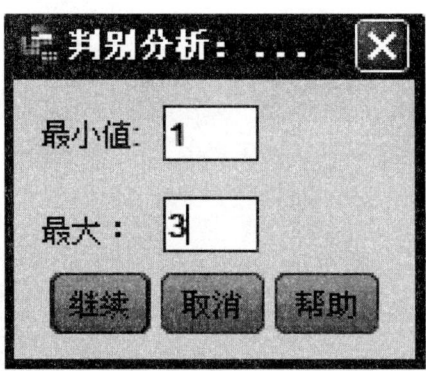

图6-15 对话框中分类范围被确定

单击"继续"键,返回"判别分析"对话框,见图6-16:

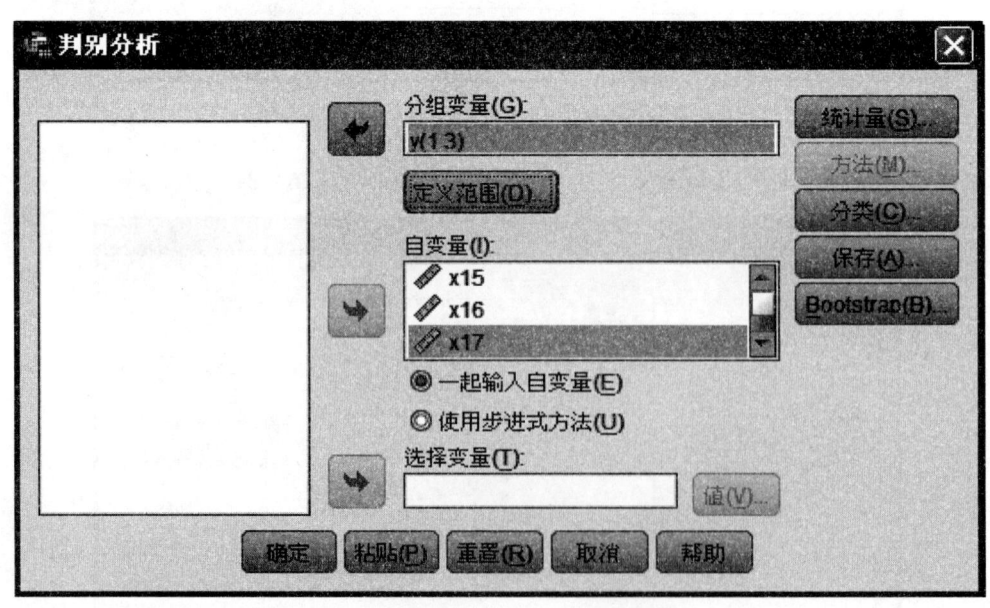

图6-16 "判别分析"对话框

九、选择判别分析方法

在主对话框中,"自变量"窗口下侧显示了两个单选项,用于指定选择判别分析的方法,具体如下:

（1）"一起输入自变量"为默认选项。当认为所有自变量都能对观测量特性提供丰富的信息时，选择该项。选择该项将不加选择地使用所有自变量进行判别分析，建立全模型，且不需要进行进一步选择。我们不选此项。

（2）"使用步进式方法"为备选项。当认为不是所有自变量都能对观测量特性提供丰富的信息时，选择该项，因此需要判别贡献的大小再进行选择。单击该选项时，"方法"按钮将被激活，可以进一步选择判别分析方法。一般情形下，我们默认"方法"的选择，不用点击"方法"键。

我们选"使用步进式方法"，见图 6-17：

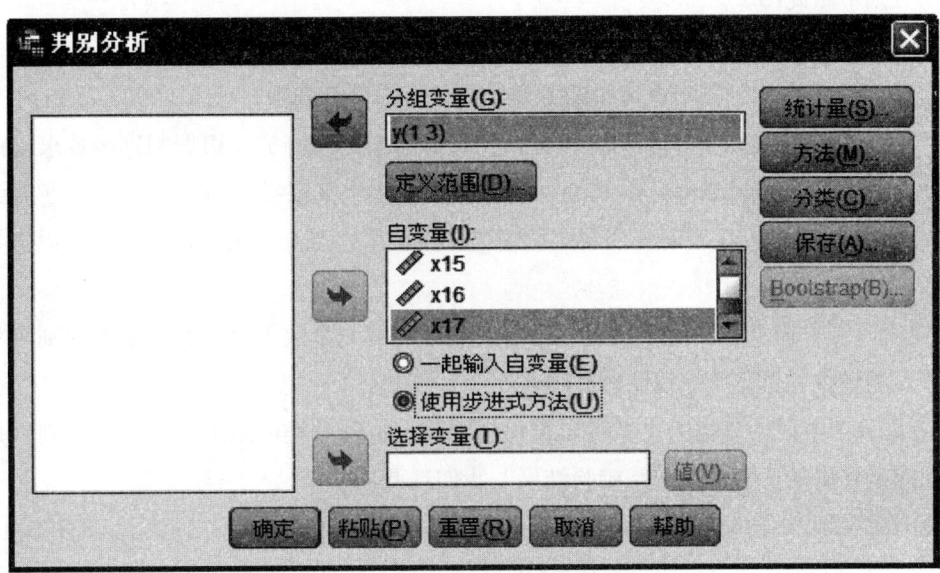

图 6-17　对话框中判别分析方法被确定

十、其他对话框的设置

不理会"选择变量"框。"统计量"选项一般采用默认。"方法"选项一般采用默认。

十一、分类框的设置

点击"分类"键，得到"判别分析：分类"对话框，见图 6-18：

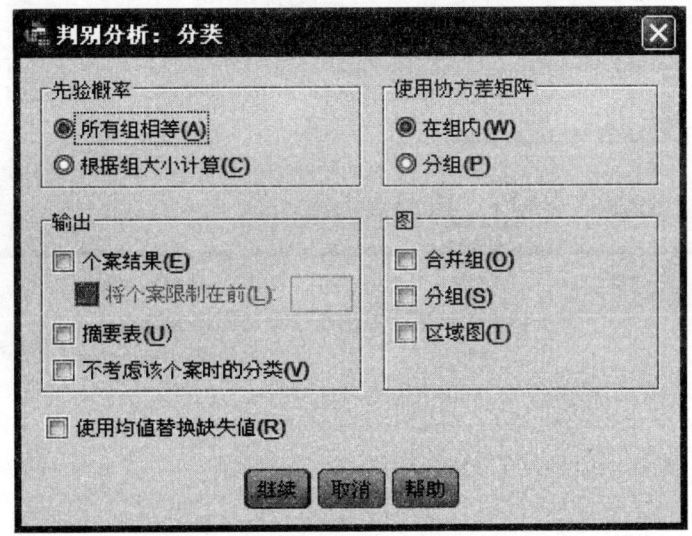

图 6-18　"判别分析：分类"对话框

在"图"窗口中选择要求输出的统计图形,有 3 个复选项。

(1)"合并组"。选择该项,表示生成一张包括各类的散点图,该散点图是根据前几个判别函数值做的散点图。如果只有一个判别函数,就输出直方图。

(2)"分组"。选择该项,表示根据前两个判别函数值对每一类都生成一张散点图,共分为几类就生成几张散点图。如果只有一个判别函数,就输出直方图。

(3)"区域图"。选择该项,表示生成用于根据函数值把观测量分到各组中去的边界图,此种统计图是把一张图的平面划分成与类数相同的区域,每一类占据一个区,各类的均值在各区中用 * 号标出。如果仅有一个判别函数则不做此图。

此 3 项我们都选。

在"输出"窗口选择生成到输出窗口中的分类结果,有 3 个复选项。

(1)"个案结果"要求输出每个观测量,包括判别分数实际预测类(根据判别函数求得的分类结果)和后验概率等。选择此项还可以选择其附属选择项,选择"将个案限制在前"选项,并在后面的输入栏中输入观测量数 n,选择此项,则仅对前 n 个观测量输出分类结果,当观测数量较大时,可以选择此项。我们选此项。

(2)"摘要表"要求输出分类的综述表,给出正确分类观测量数(原始类和根据判别函数计算的预测类相同)、错分观测量数和错分率。我们选此项。

(3)"不考虑该个案时的分类"要求输出对每个观测量进行分类的结果,所依据的判别是由除该观测量以外的其他观测量导出的,也称为交互校验结果。我们选此项。

该对话框给出了对缺失值的处理方法,用该变量的均值代替缺失值,不必理会,见图 6-19:

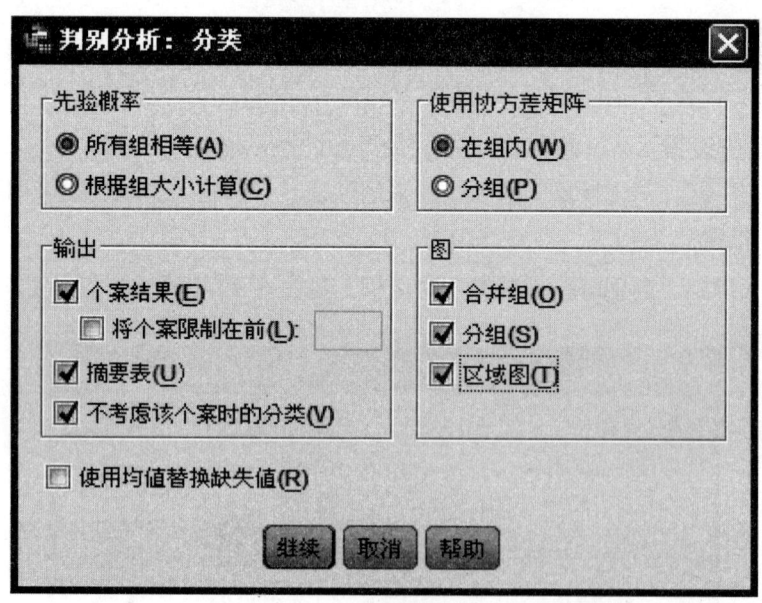

图 6-19 对话框中输出统计量和图形被确定

点击"继续"键,返回到"判别分析"对话框,见图 6-20:

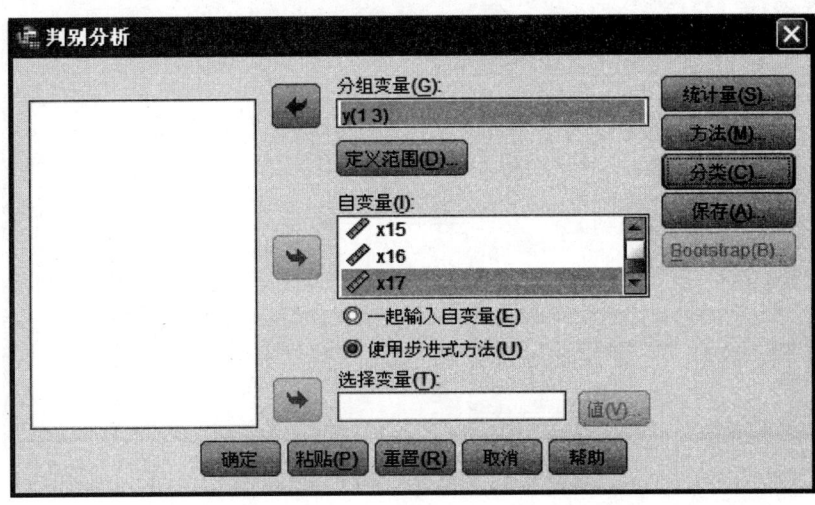

图 6-20 "判别分析"对话框

十二、保存框的设置

在主对话框中,单击"保存"按钮,得到"判别分析:保存"对话框,见图 6-21:

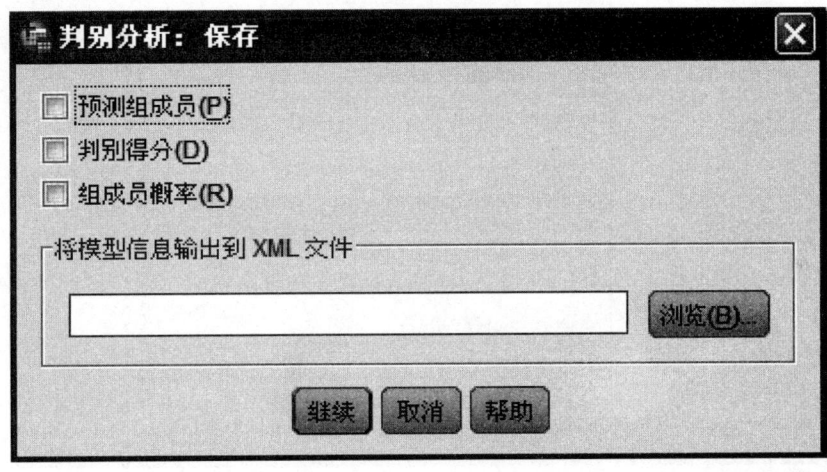

图 6-21 "判别分析:保存"对话框

该对话框用于指定生成并保存在数据文件中的新变量。包括如下选项:

(1)"预测组成员"。该项要求建立一个新变量,预测观测量的分类,每运行一次判别过程,就建立一个表明使用判别函数预测各观测量属于哪一类的新变量。第 1 次运行建立新变量的变量名为 dis 1,如果在工作数据文件中不把前一次建立的新变量删除,则第 n 次运行判别过程建立的新变量,默认的变量名为 dis n。我们选择此项。

(2)"判别得分"。该项要求建立表明判别分数的新变量,该分数是由未标准化的判别系数乘自变量的值,将这些乘积求和后加上常数得来的。每次判别运行过程都给出一组表明判别分数的新变量。建立几个判别函数,就有几个判别分数变量参与分析的观测量,如共分为 m 类,则建立 m 个判别函数,指定该选项就可以生成 $m-1$ 个表明判别分数的新变量。

(3)"组成员概率"。该项要求建立新变量,表明观测量属于某一类的概率。如果有 m 类,则对一个观测量就会给出 m 个概率值,因此建立 m 个新变量。我们不理会"组成员概率"选项,见图 6-22:

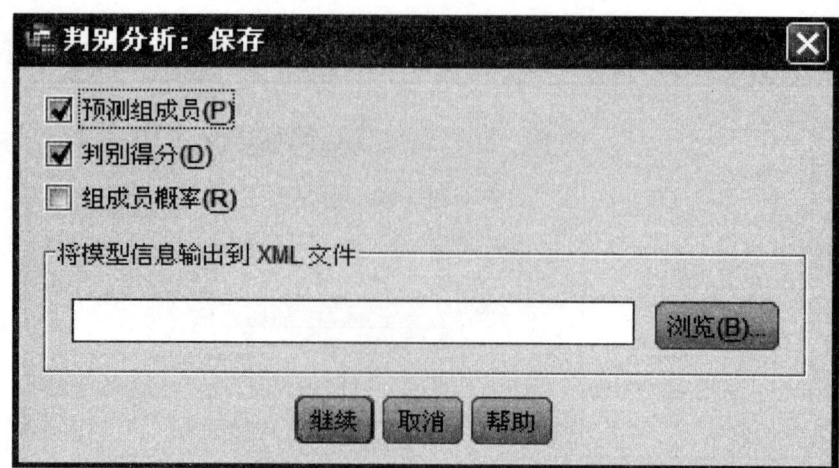

图 6-22　对话框中保存量被确定

点击"继续"键,返回到"判别分析"对话框,见图 6-23:

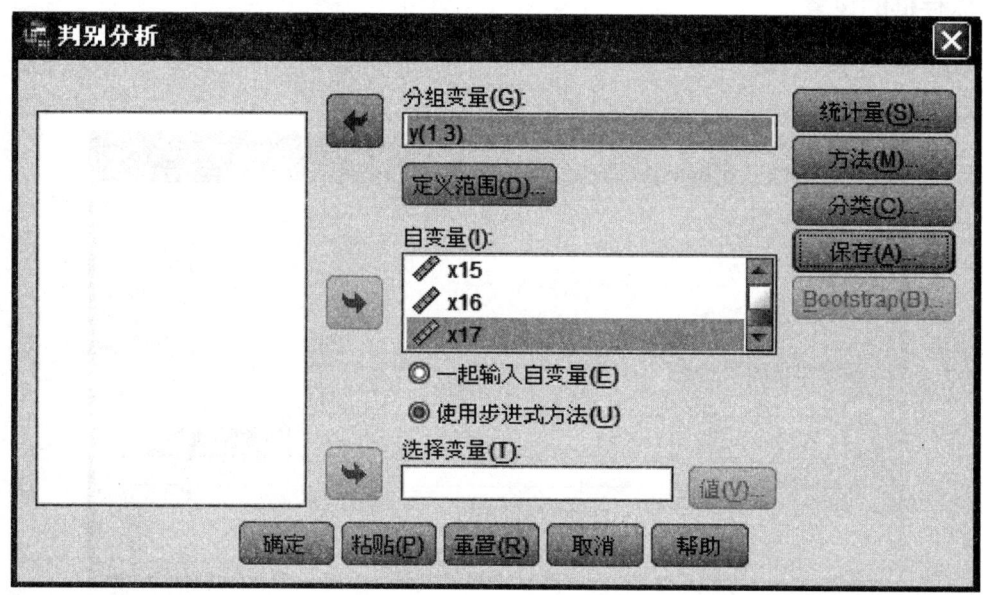

图 6-23　"判别分析"对话框

十三、结果与分析

点击"确定"键,得到结果,输入的/删除的变量见表 6-3:

表 6-3　输入的/删除的变量 [a, b, c, d]

步骤	输入的	Wilks 的 Lambda							
		统计量	df_1	df_2	df_3	精确 F			
						统计量	df_1	df_2	Sig.
1	x_1	0.432	1	2	7.000	4.594	2	7.000	0.053
2	x_3	0.139	2	2	7.000	5.045	4	12.000	0.013

注:在每个步骤中,输入了最小化整体 Wilk 的 Lambda 的变量;a 表示步骤的最大数目是 34;b 表示要输入的最小偏 F 是 3.84;c 表示要删除的最大偏 F 是 2.71;d 表示 F 级、容差或 VIN 不足以进行进一步计算

此表说明每一步骤变量的加入和剔除情况，从表中可看出第一步选入变量 x_1，Wilks 检验的 Sig 为 0.053，即对变量的正确判断分类有较显著的作用。第二步选入变量 x_3，Wilks 检验的 Sig 为 0.013，即对变量的正确判断分类有非常显著的作用。由于方程容差或 VIN 不足以进行进一步加入变量，所以其余的变量都要删除。

特征值见表 6-4：

表 6-4 特征值

函数	特征值	方差的占比/%	累积占比/%	正则相关性
1	4.094[a]	90.9	90.9	0.896
2	0.411[a]	9.1	100.0	0.540

注：a 表示分析中使用了前两个典型判别式函数

第一个典型判别式函数的特征根是 4.094，它解释了方差的 90.9%，第二个典型判别式函数的特征根是 0.411，它解释了方差的 9.1%。

Wilks 的 Lambda 见表 6-5：

表 6-5 Wilks 的 Lambda

函数检验	Wilks 的 Lambda	卡方	df	Sig.
1 到 2	0.139	12.823	4	0.012
2	0.708	2.240	1	0.134

第一个判别式的 Sig 值是 0.012，远小于 0.05，说明第一个判别式是显著成立的；第二个判别式的 Sig 值是 0.134，大于 0.05，说明第二个判别式不显著，无统计学意义。

标准化的典型判别式函数系数见表 6-6：

表 6-6 标准化的典型判别式函数系数

	函数	
	1	2
x_1	1.236	0.704
x_3	1.374	-0.369

此表告诉了我们判别系数。两个典型判别式分别为：

$$y_1 = 1.236x_1 + 1.374x_2$$
$$y_2 = 0.704x_1 - 0.369x_2$$

结构矩阵见表 6-7：

表 6-7 结构矩阵

	函数	
	1	2
x_2^a	-0.612*	0.364
x_{14}^a	0.565*	0.138
x_{10}^a	-0.428*	0.168
x_{15}^a	-0.302*	0.151
x_5^a	0.232*	-0.031
x_7^a	-0.209*	0.153
x_1	0.259	0.966*
x_3	0.495	-0.869*
x_{11}^a	-0.106	0.660*
x_{13}^a	-0.271	-0.656*
x_{12}^a	-0.090	0.556*
x_{16}^a	0.265	0.529*
x_6^a	0.007	-0.493*
x_4^a	0.402	-0.478*
x_{17}^a	-0.351	0.435*
x_9^a	0.007	0.151*

注：判别变量和标准化典型判别式函数之间的汇聚组间相关性；按函数内相关性的绝对大小排序的变量；a 表示该变量不在分析中使用；* 表示每个变量和任意判别式函数间最大的绝对相关性

此表说明第一个典型判别式受变量 x_2、x_{14}、x_{10}、x_4 影响较大，第二个典型判别式受变量 x_1、x_3、x_{11}、x_{13}、x_{12}、x_{16} 等影响较大。

案例顺序统计量见表 6-8：

表 6-8 案例顺序统计量

案例数目		实际组	最高组					第二最高组	
			预测组	$P(D>d\mid G=g)$		$P(G=g\mid D=d)$	到页心的平方 Mahalanobis 距离	组	$P(G=g\mid D=d)$
				p	df				
初始	1	2	2	0.309	2	0.794	2.351	3	0.200
	2	3	3	1.000	2	0.883	0.000	1	0.113
	3	2	2	0.202	2	1.000	3.203	1	0.000
	4	1	1	0.567	2	0.646	1.133	3	0.354
	5	1	1	0.904	2	0.776	0.202	3	0.221
	6	2	2	0.909	2	0.983	0.190	3	0.013
	7	1	1	0.844	2	0.858	0.339	3	0.136
	8	1	1	0.487	2	0.538	1.440	3	0.432
	9	1	1	0.949	2	0.912	0.105	3	0.086
	10	1	1	0.081	2	0.998	5.038	3	0.002
	11	未分组的	2	0.667	2	0.997	0.811	3	0.003
	12	未分组的	1	0.002	2	0.985	12.896	3	0.015
	13	未分组的	3	0.860	2	0.718	0.301	1	0.278
交验证[a]	1	2	3**	0.058	2	0.782	5.701	2	0.141
	2	3	1**	0.128	2	0.973	4.105	2	0.027
	3	2	2	0.000	2	1.000	19.699	1	0.000
	4	1	1	0.420	2	0.535	1.736	3	0.464
	5	1	1	0.879	2	0.739	0.258	3	0.256
	6	2	2	0.826	2	0.968	0.382	3	0.024
	7	1	1	0.801	2	0.810	0.445	3	0.181
	8	1	3**	0.440	2	0.573	1.640	1	0.400
	9	1	1	0.936	2	0.879	0.131	3	0.118
	10	1	1	0.000	2	1.000	45.604	3	0.000

注：对初始数据来说，平方 Mahalanobis 距离基于典则函数；对交叉数据验证来说，平方 Mahalanobis 距离基于观察值；a 表示仅对分析中的案例进行交叉验证，在交叉验证中，每个案例都是按照从该案例以外的所有其他案例派生的函数来分类的；** 表示错误分类的案例

从此表我们可看到未判别的三组被预测判别为2、1、3三个组。

第七章 调查问卷质量的信度分析

问卷调查法是图书情报领域研究中广泛采用的一种调查方法，根据调查目的设计的调查问卷是问卷调查法获取信息的工具，为了从现象深入地研究一些本质性的或者理论性的问题，研究者除了设计询问一般的事实外，常常还设计询问有关意见或者态度的问题，以测量某种较为抽象的"态度""看法""观念"等一类的问题。这就产生了一个问题：问卷调查质量高低对调查结果的真实性、适用性等具有决定性的作用，所测得到的数值是否可靠、准确？即是否可以看成是被调查者的"真实态度"的可靠、准确度量，这就涉及测量的信度问题。为了保证问卷具有较高的可靠性和有效性，在形成正式问卷之前，应当对问卷进行试测，并对试测结果进行信度和效度分析，根据分析结果筛选问卷题项，调整问卷结构，从而提高问卷的信度和效度。信度和效度分析的方法包括逻辑分析和统计分析，本文主要讨论后者。

第一节 调查问卷质量的信度分析的基本概念

一、概念

信度是指根据测验工具所得到的结果的一致性或稳定性，反映被测特征真实程度的指标。一般而言，两次或两个测验的结果越是一致，则误差越小，所得的信度越高，它具有以下特性：

（1）信度是指测验所得到的结果的一致性或稳定性，而非测验或量表本身。

（2）信度值是指在某一特定类型下的一致性，非泛指一般的一致性，信度系数会因不同时间、不同受试者或不同评分者而出现不同的结果。

（3）信度是效度的必要条件，非充分条件。信度低效度一定低，但信度高未必表示效度也高；信度检验完全依赖于统计方法。

信度可分为：①内在信度。表示对一组问题是否测量同一个概念，同时组成量表题项的内在一致性程度如何。常用的检测方法是 Cronbach's alpha 系数。②外在信度。表示对相同的测试者在不同时间测得的结果是否一致，再测信度是外在信度最常用的检验法。

二、信度指标

（1）用信度系数来表示信度的大小。信度系数越大，表明测量的可信程度越大。究竟信度系数要多少才算有高的信度，学者 DeVellis 认为，0.60~0.65 代表"最好不要"，0.65~0.70 代表"最小可接受值"，0.70~0.80 代表"相当好"，0.80~0.90 代表"非常好"。由此，一份信度系数好的量表或问卷，最好在 0.80 以上，0.70~0.80 还算是可以接受的范围；分量表最好在 0.70 以上，0.60~0.70 还算是可以接受的范围。若分量表的内部一致性系数在 0.60 以下或者总量表的信度系数在 0.80 以下，应考虑重新修订量表或增删题项。

（2）信度指标多以相关系数来表示，大致可分为三类：稳定系数（跨时间的一致性）、等值系数（跨形式的一致性）和内在一致性系数（跨项目的一致性）。

三、信度分析方法

1. 重测信度法

用同样的问卷对同一被测间隔一定时间的重复测试，也可称作测试－再测方法，计算两次测试结果的相关系数。很显然这是稳定系数，即跨时间的一致性。重测信度法适用于事实性的问卷，也可用于不易受环境影响的态度、意见式问卷。由于重测信度需要对同一样本试测两次，而被测容易受到各种事件、活动的影响，所以间隔时间需要适当。较常用者为间隔两星期或一个月。图书情报领域较少采用此方法。

2. 复本信度法（等同信度法）

复本信度法是让被测一次填写两份问卷复本，计算两个复本的相关系数。由于这种方法要求两个复本除表达方式不同外，在内容、格式、难度和对应题项的提问方式等方面都要完全一致，所以复本信度属于等值系数。在实际的调查中，问卷很难达到这种要求，这种方法较少被采用。

3. 折半信度法

折半信度法是指将测量项目按奇偶项分成两半，分别记分，测算出两半分数之间的相关系数，再据此确定整个测量的信度系数 RXX。折半信度属于内在一致性系数，测量的是两半项目间的一致性。这种方法不适合测量事实性问卷，常用于态度、意见式问卷的信度分析。在问卷调查中，态度测量最常见的形式是 5 级李克特量表。进行折半信度分析时，如果量表中含有反意题项，应先将反意题项的得分做逆向处理，以保证各题项得分方向的一致性，然后将全都题项按奇偶或前后分为尽可能相等的两半，计算二者的相关系数（rhh），即半个量表的信度系数，最后用斯皮尔曼-布朗（Spearman-Brown）公式：rtt=2rhh/（1+rhh），求出整个量表的信度系数 rtt。图书情报领域较少采用此方法。

4. 评分者信度

这种方法是在测量工具的标准化程度较低的情况下进行的。不同评分者的判分标准也会影响测量的信度，要检验评分者信度，可计算一个评分者的一组评分与另一个评分者的一组评分的相关系数。图书情报领域较少采用此方法。

5. a 信度系数法

克伦巴赫 a 信度系数是目前最常用的信度系数。其公式为：

$$a = \frac{k}{k-1}\left(1 - \frac{\sum_i^n s_i^2}{s_x^2}\right)$$

其中，k 为量表中题项的总数，s_i^2 为第 i 题得分的题内方差，s_x^2 为全部题项总得分的方差。从公式中可以看出，a 系数评价的是量表中各题项得分间的一致性，属于内在一致性系数。这种方法适用于态度、意见式问卷（量表）的信度分析。图书情报领域较多采用此方法。

第二节　信度分析在图书情报领域的应用

在图书情报领域信度分析的主要作用就是检验调查问卷的可信度。如：

金泽龙采用横断式调查法，调研广东四所国家示范高职的学生，利用自拟"高职学生信息素养能力评估"问卷，使用社会科学研究最常用的信度分析方法，采取克隆巴赫系数评值，分析学生对图书馆资源的利用情况。

阚德涛利用 SPSS19.0 软件对移动信息服务质量评价调查数据进行信度分析和主成分分析，剔除了 5 个不满足标准的指标，最终确定了包含 23 个指标的移动信息服务质量评价体系。

赵杨针对移动服务的多维属性，以用户需求为中心，应用多维度多层次方法构建了数字图书馆移动服务质量评价模型。在此基础上，综合相关文献设计了移动服务质量测度量表，并通过信度分析和探索性因子分析对量表题项进行了净化，验证了模型因子结构的合理性。

第三节　利用 SPSS 进行信度分析的操作步骤

例：为大学生心理测试设计了一套评价量表，其中包括的评价项目有：支配性、稳定性、社会性、激动性、活动性和深思性，每个评估项目的满分为 20 分，分数越高越理想。为研究被评价体系的可靠性，对 44 名学生进行预测试。请根据表 7-1 数据进行信度分析。

表 7-1　评价量表数值[①]

答卷号 t	支配性 x_1	稳定性 x_2	社会性 x_3	激动性 x_4	活动性 x_5	深思性 x_6
1	14	16	12	10	5	5
2	14	12	10	14	6.5	5
3	16	14	9.5	12	6.5	6
4	16	12	11	12	6.5	6
5	17	13	9	10	6.5	6.5
6	17	14	9.5	10	6.5	6.5
7	16	16	9.5	12	6.5	8
8	15	14	8.5	20	6.5	13.5
9	17	18	11	10	9.5	12
10	16	16	10.5	8	12	17.5
11	17	16	12.5	14	6.5	16.5
12	16	14	12	20	9.5	17.5
13	16	16	12	20	9.5	17.5
14	17	16	13	14	13.5	14.5
15	18	16	14.5	16	6.5	15.5

续 表

答卷号 t	支配性 x_1	稳定性 x_2	社会性 x_3	激动性 x_4	活动性 x_5	深思性 x_6
16	18	16	15	8	9.5	18.5
17	18	18	12.5	14	13.5	15.5
18	18	18	14.5	20	6.5	16
19	17	17	14	20	12	14.5
20	19	19	15.5	8	10.5	17.5
21	18	18	15	18	12	13.5
22	17	17	17.5	14	12	14.5
23	19	19	14.5	16	13.5	16
24	17	17	15.5	18	13.5	17.5
25	17	17	15.5	20	13.5	16
26	18	18	16	16	16	16
27	18	18	16	16	17.5	14.5
28	19	19	17	20	10.5	16
29	18	18	14.5	18	20	16.5
30	19	19	14	18	20	16
31	19	19	20	20	9.5	13.5
32	19	19	17	16	17.5	16.5
33	18	18	16	16	16	20
34	18	18	16.5	14	20	17.5
35	18	18	18	14	16	18.5
36	19	19	16.5	18	20	16
37	18	18	16.5	20	20	16
38	19	19	20	16	16	16.5
39	19	19	16.5	20	17.5	18.5
40	19	19	19.5	20	13.5	17.5
41	18	18	20	20	17.5	16
42	19	19	18.5	20	20	20
43	20	18	20	16	20	17.5
44	19	16	20	20	20	17.5

注：①薛薇：《SPSS 统计分析方法及应用》，电子工业出版社 2004 年版。

一、输入变量

打开 SPSS 界面，点击变量视图界面，注意"答卷序号"这个变量是字符串变量，其余的变量都是数值变量，在变量界面输入变量名称，见图 7-1：

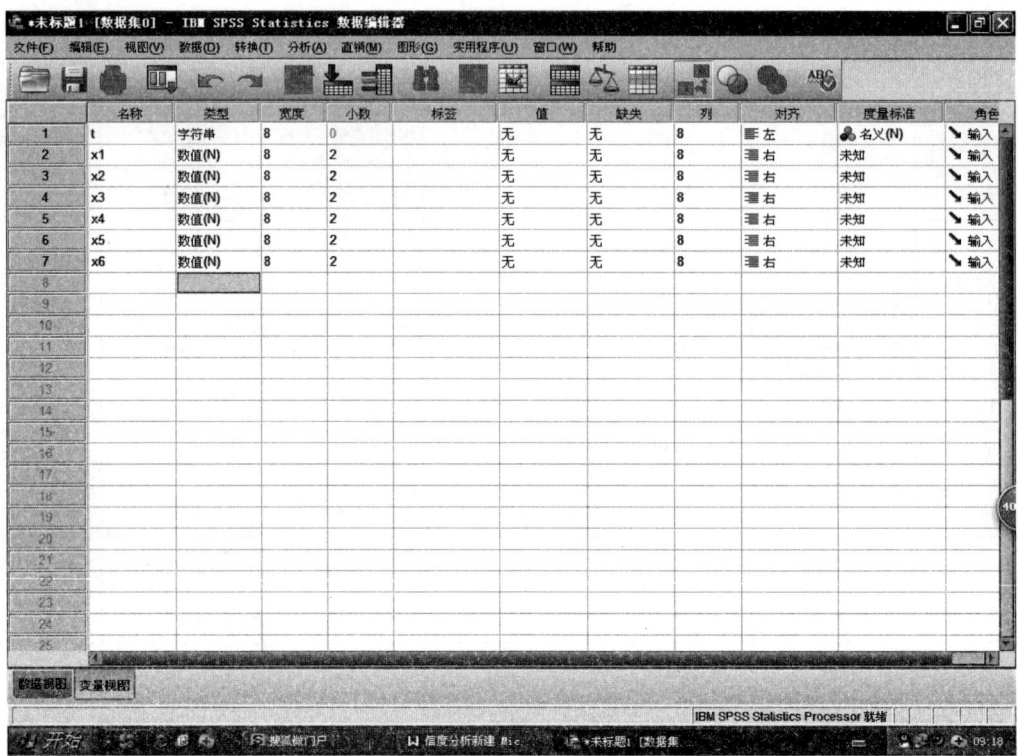

图 7-1 变量界面

二、输入数据

点击"数据视图",返回数据界面,把表中数据粘贴过来,见图 7-2:

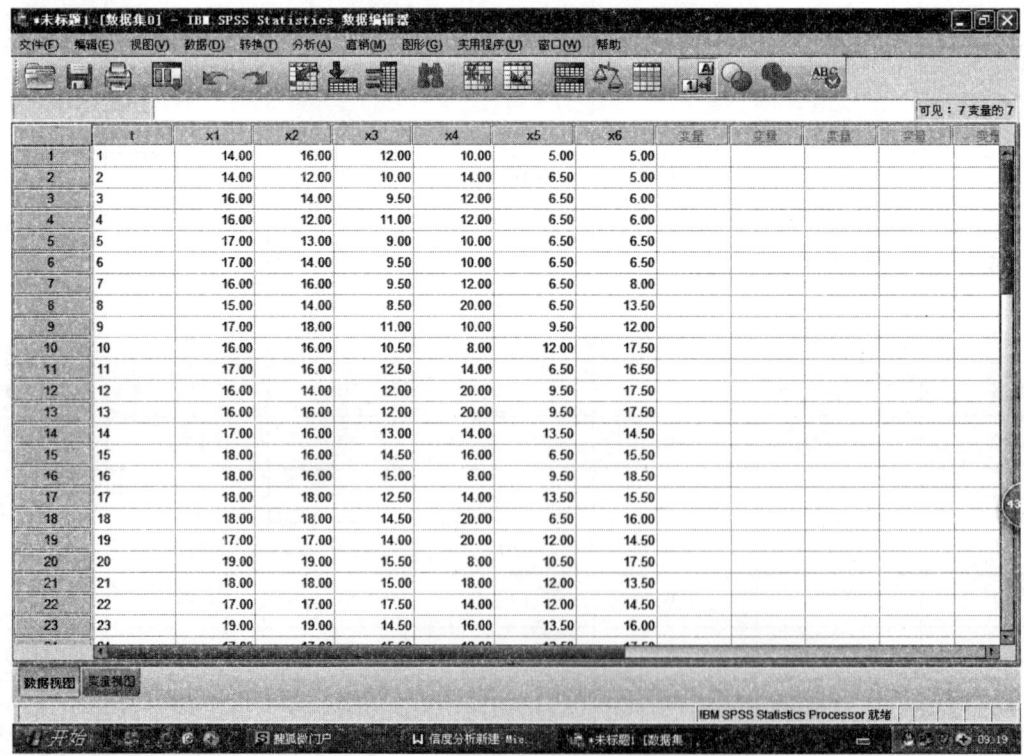

图 7-2 SPSS 数据输入格式

三、分析路径

点击菜单中的"分析",鼠标下滑到"度量",再右滑到"可靠性分析",见图 7-3:

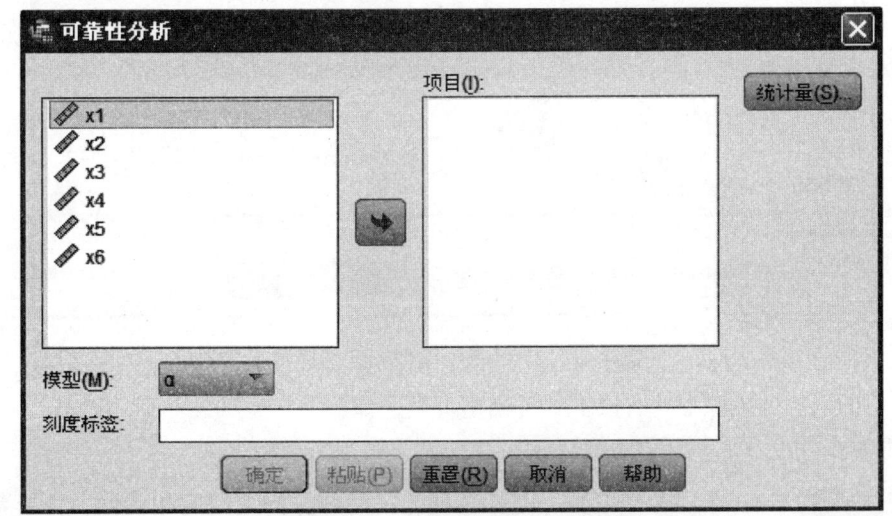

图 7-3 分析路径

点击之，得到"可靠性分析"对话框，见图 7-4：

图 7-4 "可靠性分析"对话框

四、变量确定

把左边备选框中的所有变量点进右边的"项目"框，见图 7-5：

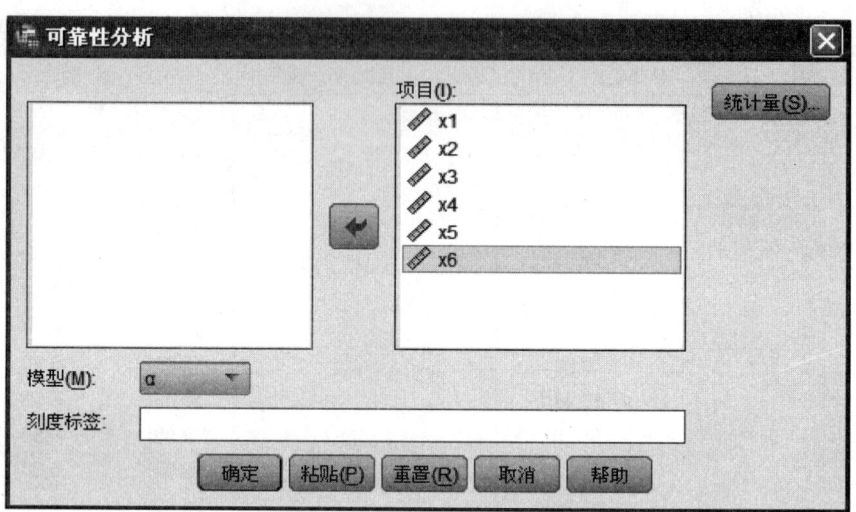

图 7-5　对话框中项目变量被确定

五、选择模型

点击图 7-5 中的"模型",得到四个模型选择项,见图 7-6：

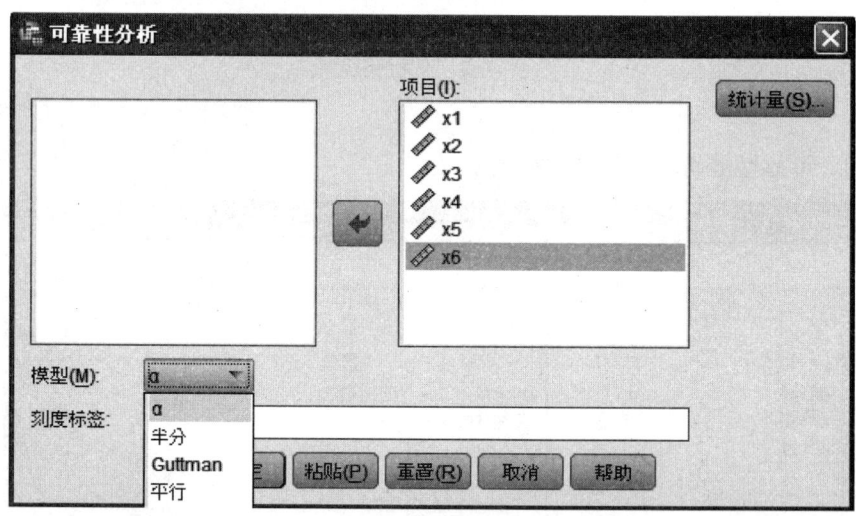

图 7-6　对话框中模型刻度选择项

在"模型"后的下拉列表框中,有以下 5 种模型可供选择：

（1）α：即克伦巴赫 α 系数,该系数用于计算测验的内部一致性系数。

（2）半分：即斯皮尔曼-布朗分半系数,是检查测验的两部分的之间的相关性。分半系数的计算是将一个量表分为两个子量表,如果题项数为奇数,则题项较多的为子量表一,题项较少的为子量表二；如果题项数为偶数,则分成的两个子量表题项数相等。

（3）Guttman：该模型计算 Guttman 的下界以获取真实可靠性。

（4）平行：该模型假设所有项具有相等的方差,并且重复项之间具有相等的误差方差。

（5）严格平行：该模型表示当各题目平均数与方差均同质时的最大概率信度。

我们主要考虑内部一致性,所以选 α。

六、选择统计量

单击"统计量"按钮,弹出"可靠性分析：统计量"对话框,见图 7-7：

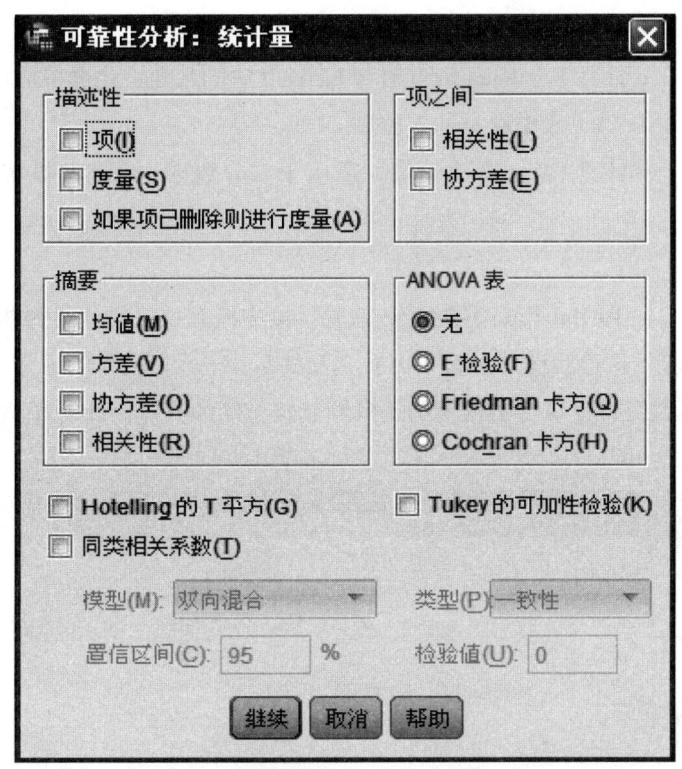

图 7-7 "可靠性分析：统计量"对话框

在该对话框内，被试可选择不同的描述性统计量。

"描述性"：在该选项组中可选择输出的描述性指标，有以下 3 个复选框：

（1）"项"：勾选该复选框后，结果中将呈现各题项的描述性统计量，包括均值、标准差和有效观测值数量。

（2）"度量"：呈现整个量表或问卷的描述统计量，包括均值、标准差和有效观测值数量。

（3）"如果项已删除则进行度量"：显示题项删除后的相关统计量的变化，包括项目删除后量表总体的平均值、方差、修正项目的总相关及 Alpha 系数的变化。

我们选"描述性"中的所有选项。

"摘要"：根据尺度中所有项目分布的描述性统计量，有以下 4 个复选框：

（1）"均值"：包括项均值的最小值、最大值和平均值，项均值的极差和方差，以及最大项方差与最小项方差的比。

（2）"方差"。

（3）"协方差"：包括项间协方差的最小值、最大值和平均值，项间协方差的极差和方差，以及最大项间的协方差与最小项间的协方差的比。

（4）"相关性"：包含项间的相关性的最小值、最大值和平均值，项间相关性的极差和方差，以及最大项间的相关性和最小项间的相关性的比。

我们选"摘要"中的所有选项。

"项之间"：在该选项组中可以选择"相关性"和"协方差"。

我们不选任何选项。

"ANOVA 表"：在该选项组可选择进行题项变量均值是否相等的检验。有 4 个单选按钮可供选择：

（1）"无"：不输出均值检验的信息。

（2）"F检验"：输出重复测量方差分析表。

（3）"Friedman 卡方"：计算 Friedman 卡方值与 Kendall 协同系数。此选项适用于以秩为形式的数据，卡方检验替换方差分析（ANOVA）表中通常的 F 检验。

（4）"Cochran 卡方"：计算 Cochran 检验值，适用于二分数据，Q 统计量替换方差分析（ANOVA）表中通常的 F 检验。

我们不选任何选项。

"Hotelling 的 T 平方"：即 Hotelling T^2 检验，检验尺度中所有项目均值是否相等的多变量检验。

"Tukey 的可加性检验"：检验项目中有无可乘交互关系。

我们选"同类相关系数"：生成个案内值的一致性或符合度的测量，此时模型框变亮，见图 7-8：

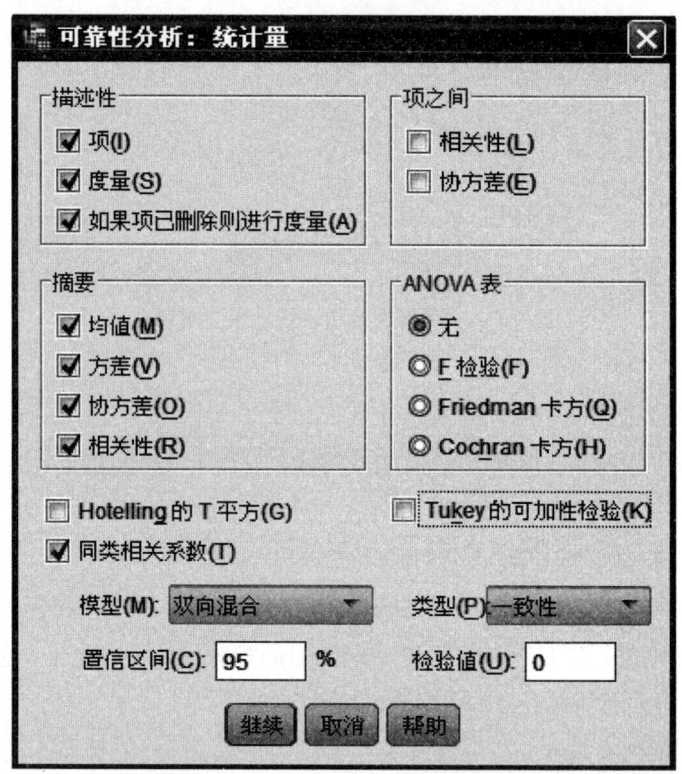

图 7-8 对话框中输出量被确定

"模型"下拉列表框：计算组内相关系数的模型，下拉列表框中有以下选项：

（1）"双向混合"：为默认选项，当个体效应是随机的，而项的作用固定时，选择此项。

（2）"双向随机"：当个体效应和项的作用均为随机时选择此项。

"类型"下拉列表框：指标的类型，在该列表框中可选择"一致性"或"绝对一致"。

"置信区间"：默认为 95%，也可根据研究需要自行设定。

"检验值"：可输入 0~1 的数，用于类间相关系数的比较。

这些我们都不选，见图 7-9：

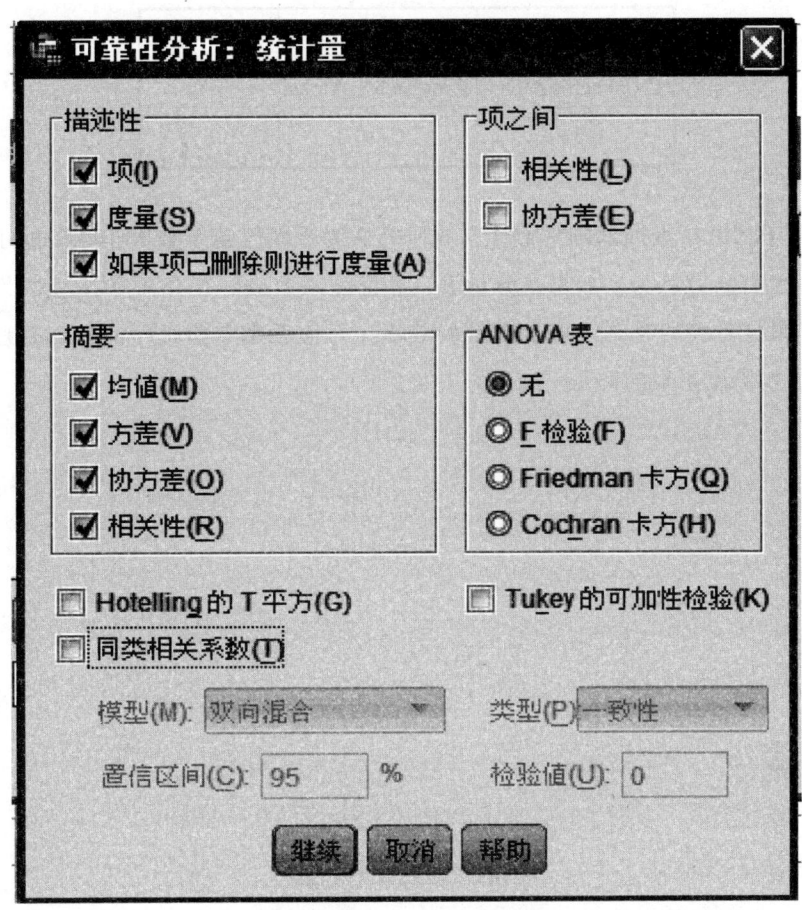

图 7-9 对话框中"同类相关系数"被否定

单击"继续",返回到"可靠性分析"对话框,见图 7-10:

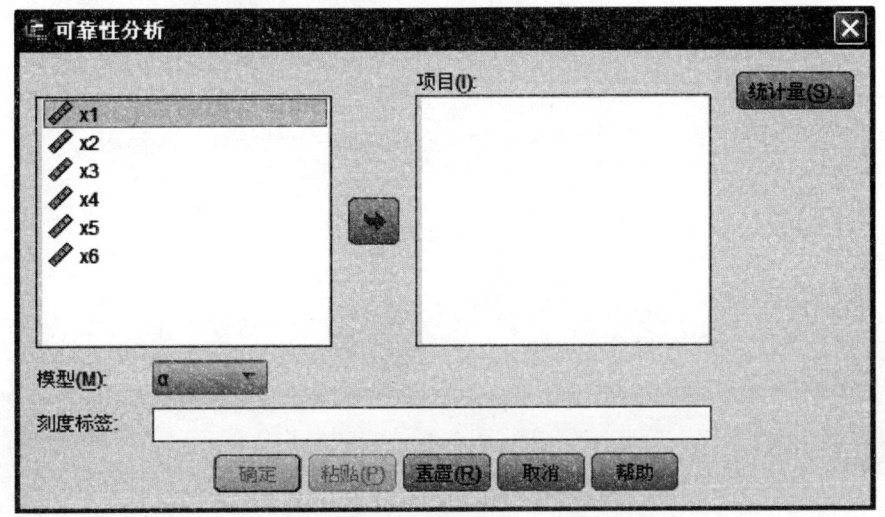

图 7-10 "可靠性分析"对话框

七、结果与分析

单击"确定"按钮,运行 SPSS,输出结果。可靠性统计量见表 7-2:

表 7-2 可靠性统计量

Cronbach's Alpha	基于标准化项的 Cronbach's Alpha	项数
0.849	0.897	6

克朗巴哈系数用于测度量表内部的一致性，有研究认为克朗巴哈系数大于 0.6 即可表明题目间的内在一致性较好和可靠。也有研究认为：如果是分量表，其信度系数最好在 0.70 以上，如果是在 0.60~0.70，还可以接受使用，如果分量表的克朗巴哈系数在 0.60 以下，应考虑重新修订量表或增删题目，本例的克朗巴哈系数为 0.849，说明测度量表内部是一致的。

第八章　对应分析

第一节　对应分析的基本概念

当 A 与 B 的取值较少时，把所得的数据放在一张列联表中，就可以很直观地对 A 与 B 之间及它们的各种取值之间的相关性做出判断，当列联表值 P_{ij} 较大时，则说明属性变量 A 的第 i 状态与 B 的第 j 状态之间有较强的依赖关系。但是，当 A 或者 B 的取值比较多时，就很难正确地做出判断，此时就需要利用降维的思想简化列联表的结构。

对应分析也称关联分析、R-Q 型因子分析，是一种多元相依变量统计分析技术，通过分析由定性变量构成的交互汇总表来揭示变量间的联系。可以揭示同一变量的各个类别之间的差异，以及不同变量各个类别之间的对应关系。

对应分析是一种视觉化的数据分析方法，它能将几组看不出任何联系的联列表的行和列中各元素的比例结构以点的形式在较低维的空间中，以视觉上可以接受的定位图表示出来，使样品的大类及其属性在图上直观而又明了地表示出来，具有直观性。另外，它还省去了因子选择和因子轴旋转等复杂的数学运算及中间过程，可以从因子载荷图上对样品进行直观的分类，而且能够指示分类的主要参数（主因子）及分类的依据，是一种直观、简单、方便的多元统计方法。

对应分析法整个处理过程由两部分组成：表格和关联图。对应分析法中的表格是一个二维的表格，由行和列组成。每一行代表事物的一个属性，依次排开。列则代表不同的事物本身，它由样本集合构成，排列顺序并没有特别的要求。在关联图上，各个样本都浓缩为一个点集合，而样本的属性变量在图上同样也是以点集合的形式显示出来。

这里主要介绍对应分析的基本方法、如何帮助探索数据、分析列联表和卡方的独立性检验、如何解释对应图，当然大家也可以看到如何用 SPSS 操作对应分析和对数据格式的要求。

数据的格式要求：对应分析数据的典型格式是列联表或交叉频数表。

两个变量间——简单对应分析。

多个变量间——多元对应分析。

对应分析方法的优缺点如下：

（1）定性变量划分的类别越多，这种方法的优越性越明显。

（2）揭示行变量类间与列变量类间的联系。

（3）将类别的联系直观地表现在图形中。

（4）不能用于相关关系的假设检验。

（5）维数由研究者自定。

（6）受极端值的影响。

第二节　对应分析在图书情报领域的应用

对应分析在图书情报领域的应用主要体现在以下 3 点。

一、图书管理分析

张红雁、田丽娜采用定量研究中的问卷调查方法，了解读者的借阅习惯及对借阅权限和借阅期限的需求，应用对应分析法和价格敏感度测试模型进行分析。

马费成、李东旻选取了 5 个指标作为媒体网站评价的标准：流量、访问量、被链接数、速度、浏览页面数，分别对 30 个中国新闻类媒体网站和中国大学网站定量地进行评测和对应分析，利用聚类分析法得出对应分类图，识别好的网站及特点。

二、情报分析

任智军等人在专利文献数据的基础上，利用专利情报分析中对应分析、关联分析等目前比较新型的分析方法对银行专利进行了研究，从而对银行产业专利防御和技术创新提供了决策支持。

三、用户特征识别

张忠华等人依据用户检索的关键词的语义标注用户的兴趣信息，将非结构化的关键词数据扩展为结构化的数据矩阵，利用聚类分析方法对搜索用户进行分类，并结合对应分析方法对不同类别的搜索用户的特征进行了解读。

第三节　二元对应分析在 SPSS 中的实现

一、输入数据

一个一个观测值输入。

例：某图书馆学生借书，他既可能一次只借一个方面的书，也可能一次借多方面的书，如既借文学方面的书，也可能同时借数学书，但每个学生借书一般有一个主要方向，我们忽略次要方向，只记主要方向的借书次数，得到借书次数的数据（量虚拟数据），我们用 1 表示文学、2 表示数学、3 表示外语、4 表示工科；我们用 1 表示一年级、2 表示二年级、3 表示三年级、4 表示四年级、5 表示研究生。

一个二年级男生一次主要借了一次数学书，列表形式见表 8-1：

表 8-1　学生借书数据

序号	年级	书种
1	2	2
…	…	…

把所有数据输完后，粘贴到 SPSS 数据界面，就可进行数据分析。

有时数据是表中数据，我们要分解成各个属性单次观测数据，然后进行分析。

例：沈祥兴、李东旻选取了 15 所高校图书馆网站作为统计对象，根据表 8-2 中的标准进行统计。

表 8-2 网站评价标准

属性	量化标准	说明
流量	top1,000=5 分 top2,500=4 分 top4,000=3 分 top5,500=2 分 top5,500 以上 =1 分	网站的信息交互量。流量是以所有的网络使用者,在很多骨干网的各种高速缓冲存储器中的点击记录为基础,利用在三个月内的 1 百万使用 Alexa.com 工具栏的用户,和页面观点及用户的联合测量,得到的全部的历史流量数据
访问量	先四舍五入,再除以 10	访问量是 Alexa 数据仓库中提供的访问该网站的人数。单位百万人
被链接数	先四舍五入,再除以 10	其他网站链接到该网站的数量,它反映了网站的普及程度
速度	2 s=5 分 2.1 s–3 s=4 分 3.1 s–4 s=3 分 4.1s–5 s=2 分 5 s 以上 =1 分	这个属性反映用户打开该网站页面时所用的平均时间。如果时间过长的话,有些用户可能会失去耐心而放弃访问该站点
浏览页面数	10 页以上 =5 分 8 页 =4 分 6 页 =3 分 4 页 =2 分 2 页以下 =1 分	这个属性是用户浏览该网站的平均页面数,它反映了网站提供信息和服务的质量
更新时间	1 个星期内更新 =5 3 个月内更新 =4 6 个月内更新 =3 24 个月内更新 =2 24 个月内没有更新 =1	反映网站的信息更新是否及时

其中流量用 5 个级别表示,top1 表示最高,top2 表示第二高……top5 表示第五高,也就是最低级。统计后得表 8-3:

表 8-3 各校网站统计数据

样本站点	流量	访问量	被链接数	速度	浏览页面数	更新时间
清华大学图书馆	4	79	244	5	2	5
上海交通大学图书馆	4	56	63	4	4	4
南京大学图书馆	4	47	29	4	5	4
北京大学图书馆	5	145	216	5	3	5
复旦大学图书馆	4	48	48	5	4	5
武汉大学图书馆	4	43	61	5	2	5
华中科技大学图书馆	2	29	10	5	1	5
南开大学图书馆	3	2	16	5	4	5
中山大学图书馆	4	41	36	3	2	5
电子科技大学图书馆	1	14	3	4	2	5
北京师范大学图书馆	1	19	27	5	2	5
厦门大学图书馆	3	30	7	3	4	5
浙江大学图书馆	4	60	33	5	2	5
同济大学图书馆	2	22	37	5	3	5
上海财经大学图书馆	1	17	11	5	2	5

我们用下表的第一列表示原表中数据的列数，$x_1=1$ 代表流量，$x_1=2$ 代表访问量，$x_1=3$ 代表被链接数，$x_1=4$ 代表速度，$x_1=5$ 代表浏览页面数，$x_1=6$ 代表更新时间；用下表的第二列表示原表中数据的行数（代表学校网站），$x_2=1$ 表示第一个网站，$x_2=s$ 表示第 s 个网站；用下表的第三列"频数"表示原表中的数据，如 $x_1=1$、$x_2=1$ 表示原表中的第一行、第一列，对应的表中的数据是 4。表 8-3 数据重构后得表 8-4：

表 8-4 分解后的数据

属性 x_1	网站 x_2	频数 x_3
1	1	4
1	2	4
1	3	4
1	4	5
1	5	4
1	6	4
1	7	2
1	8	3
1	9	4
1	10	1
1	11	1

续 表

属性 x_1	网站 x_2	频数 x_3
1	12	3
1	13	4
1	14	2
1	15	1
2	1	79
2	2	56
2	3	47
2	4	145
2	5	48
2	6	43
2	7	29
2	8	2
2	9	41
2	10	14
2	11	19
2	12	30
2	13	60
2	14	22
2	15	17
3	1	244
3	2	63
3	3	29
3	4	216
3	5	48
3	6	61
3	7	10
3	8	16
3	9	36
3	10	3
3	11	27
3	12	7
3	13	33
3	14	37

续 表

属性 x_1	网站 x_2	频数 x_3
3	15	11
4	1	5
4	2	4
4	3	4
4	4	5
4	5	5
4	6	5
4	7	5
4	8	5
4	9	3
4	10	4
4	11	5
4	12	3
4	13	5
4	14	5
4	15	5
5	1	2
5	2	4
5	3	5
5	4	3
5	5	4
5	6	2
5	7	1
5	8	4
5	9	2
5	10	2
5	11	2
5	12	4
5	13	2
5	14	3
5	15	2
6	1	5
6	2	4

续 表

属性 x_1	网站 x_2	频数 x_3
6	3	4
6	4	5
6	5	4
6	6	5
6	7	5
6	8	5
6	9	5
6	10	5
6	11	5
6	12	5
6	13	5
6	14	5
6	15	5

1. 输入数据

把数据复制粘贴到 SPSS 界面，见图 8-1：

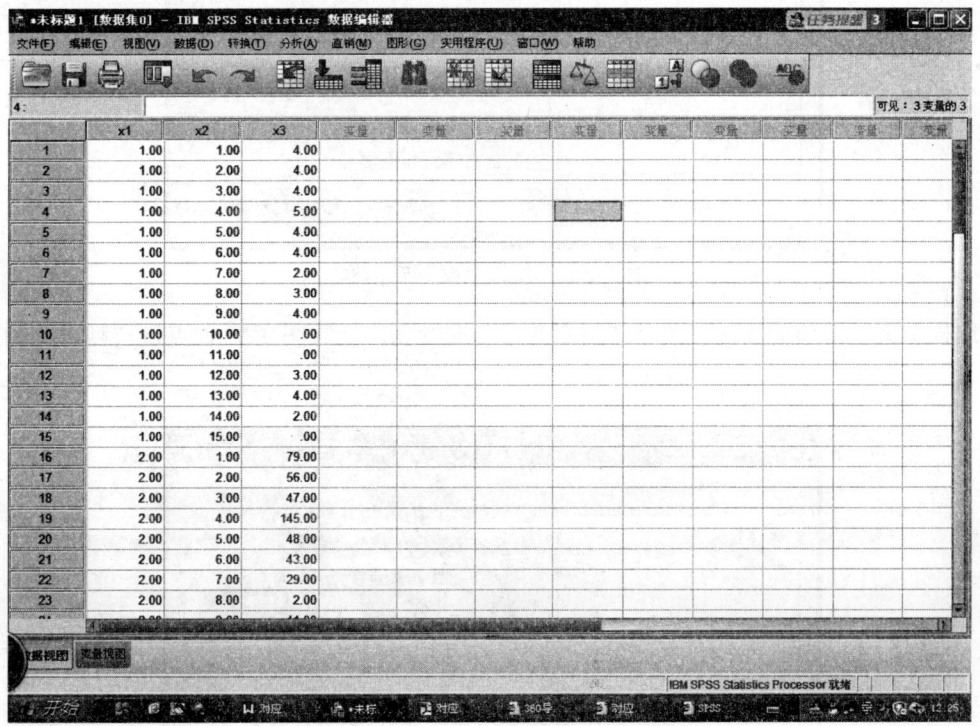

图 8-1 SPSS 数据输入格式

2. 加权分析路径

对应分析中的数据需要加权。点击菜单中的"数据"，鼠标下滑到"加权个案"，见图 8-2：

图 8-2 分析路径

点击之,得到"加权个案"对话框,见图 8-3:

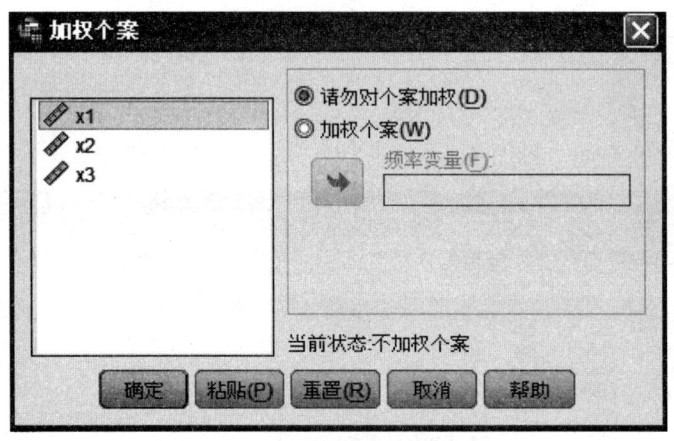

图 8-3 "加权个案"对话框

点击"加权个案"框前的圆框,此时"频率变量"框变亮,把频率变量 x_3 点进"频率变量"框,见图 8-4:

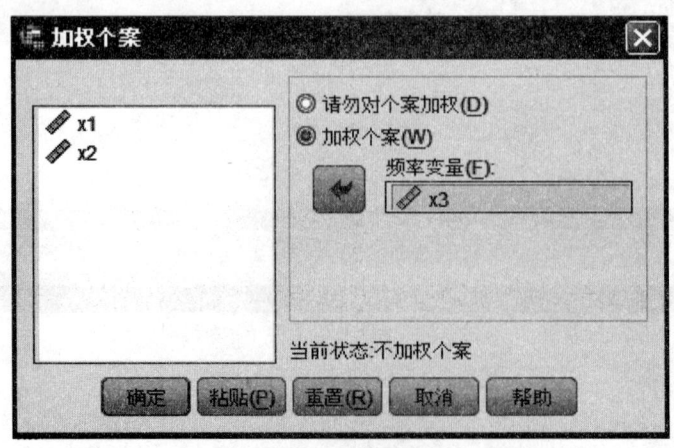

图 8-4 对话框中频率变量被确定

点击"确定"键,得到"输出"界面,见图 8-5:

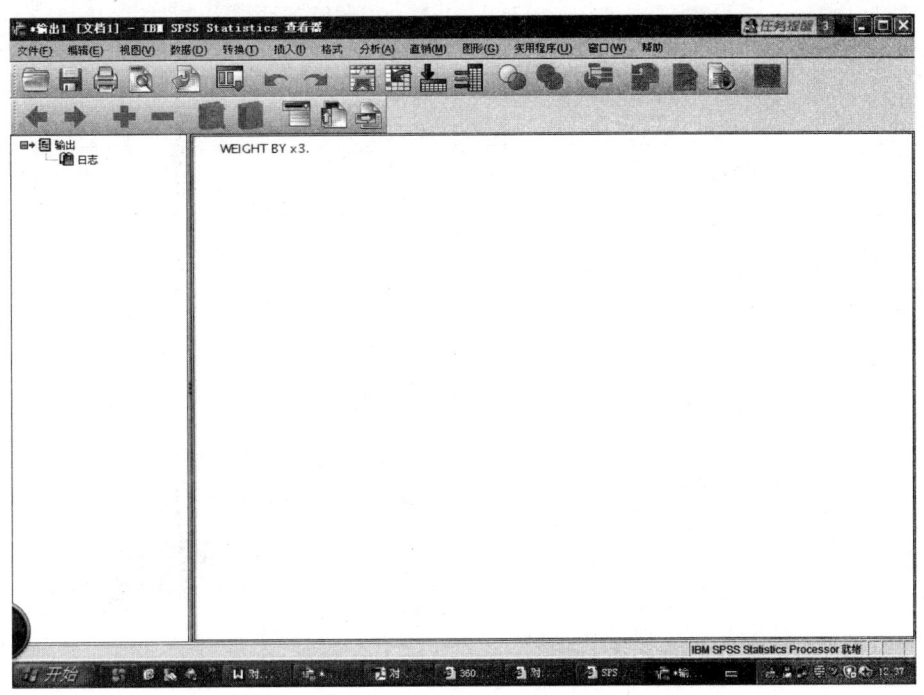

图 8-5 "输出"界面

删除该界面,返回到"数据界面",见图 8-6:

图 8-6 SPSS 数据输入格式

3."对应分析"分析路径

点击"分析",鼠标下滑到"降维",再右滑,接着下滑到"对应分析",见图 8-7:

394 图书情报领域实用多元统计

图 8-7 分析路径

点击之,得到"对应分析"对话框,见图 8-8:

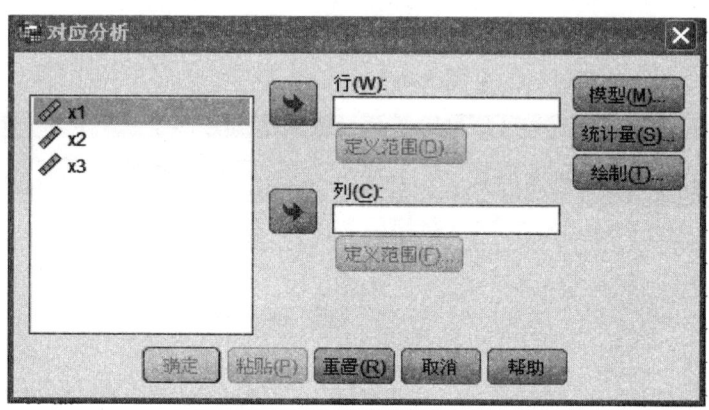

图 8-8 "对应分析"对话框

4. 变量确定

注意到 x_1 表示属性,每一个值表示一个属性,同一列的值的不同行表示不同样本的同一属性,所以 x_1 表示的是列,x_2 表示的是行。我们把 x_1 点进"列"框,见图 8-9:

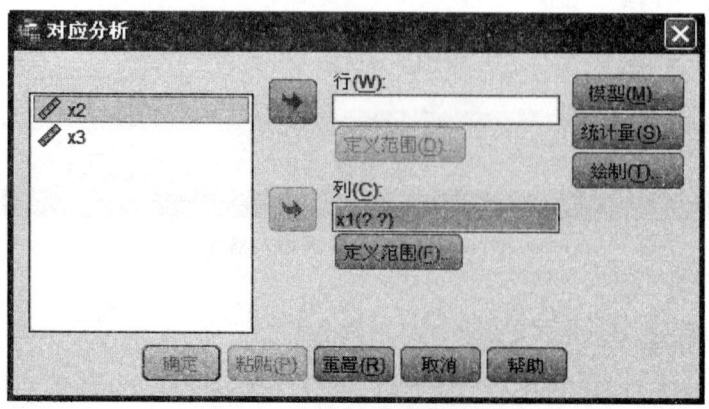

图 8-9 对话框中列变量被选定

注意到 x_1 有六个属性，所以 x_1 的最大值是 6，最小值是 1，点击"列"框下边的"定义范围"键，得到"对应分析：定义列范围"对话框，见图 8-10：

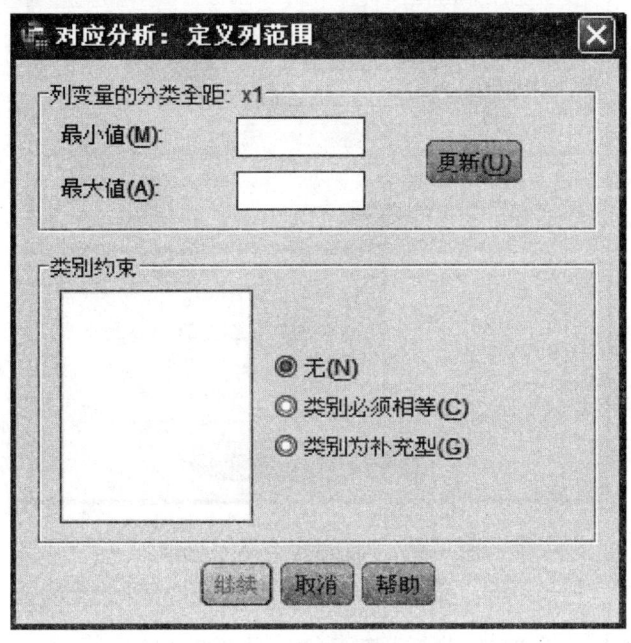

图 8-10　"对应分析：定义列范围"对话框

我们把 1 填进"最小值"框，把 6 填进"最大值"框，见图 8-11：

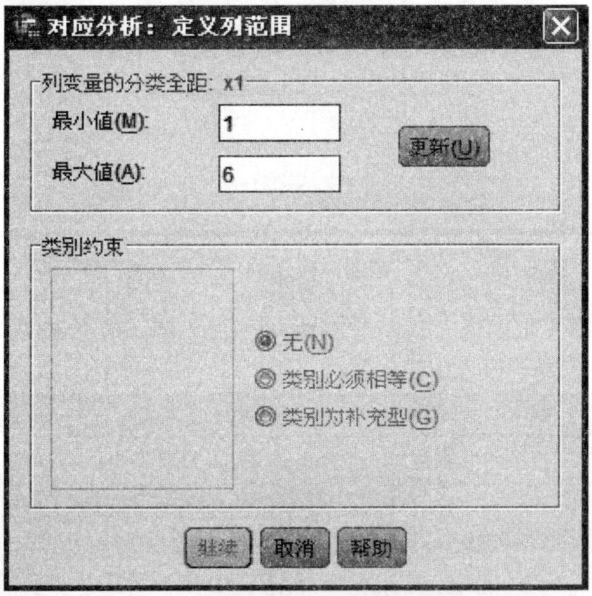

图 8-11　对话框中范围选定

点击右边的"更新"键，见图 8-12：

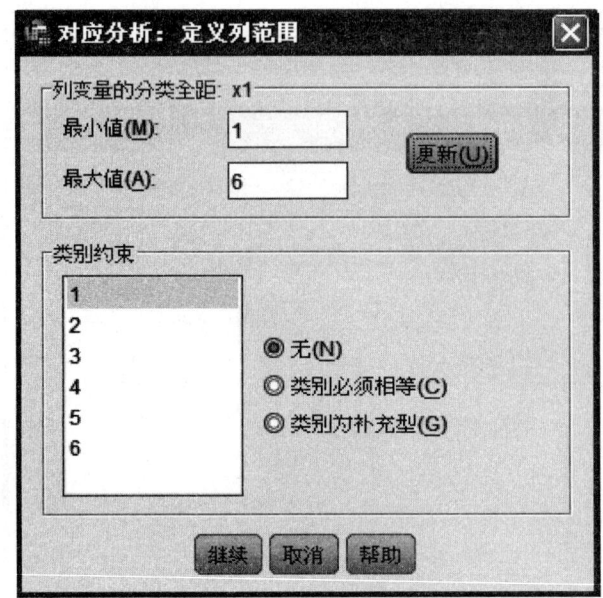

图 8-12 对话框中范围被确定

我们点击"继续"键,返回到"对应分析"对话框,见图 8-13:

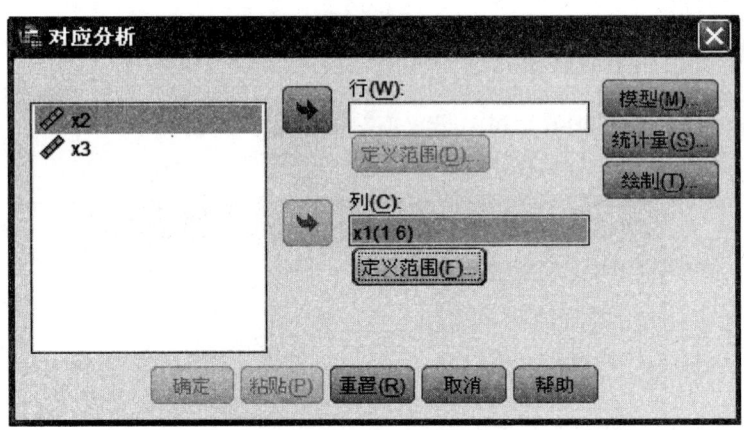

图 8-13 "列"范围被确定的"对应分析"对话框

此时,x_1 后边的括号中有了范围值。我们把 x_2 点进"行"框。重复上述做法,"行"范围被确定,见图 8-14:

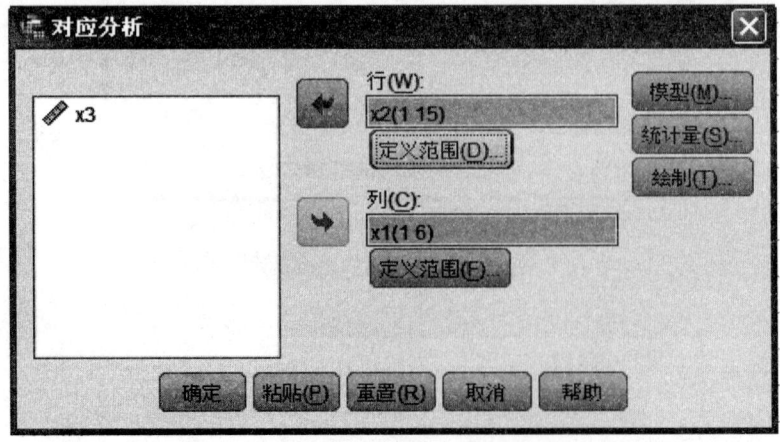

图 8-14 "行"范围被确定的"对应分析"对话框

此时 x_2 后边的括号中有了范围值。

5. 模型确定

我们点击"模型"键，得到"对应分析：模型"对话框，见图8-15：

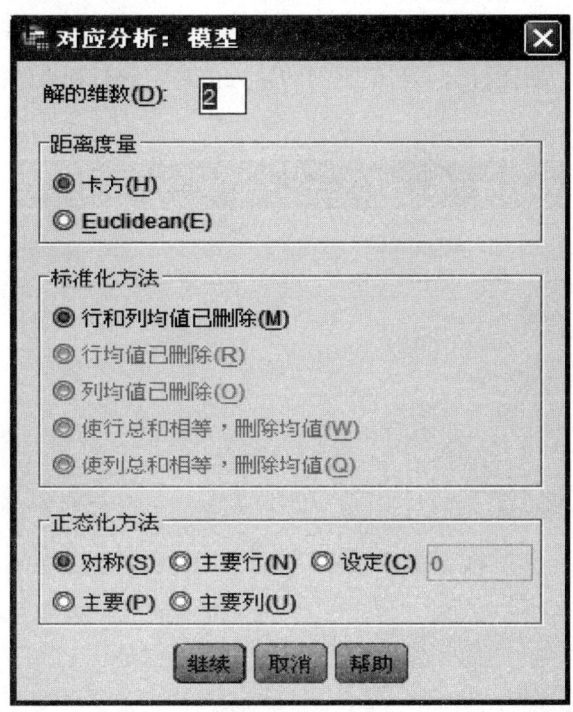

图8-15 "对应分析：模型"对话框

该对话框用于选择对应分析的方法和模型。

在"解的维数"栏中输入解的维度，即行列变量分类的最终提取因子的个数，默认值为2，可以将各分类点表示在二维平面上。通常选择尽可能小的维度解释多维的变量，最大维度取决于用于分析有效分类及相等的条件，可选最大维度为各变量中最小的分类数减1。

"距离度量"窗口用于确定分类点之间距离的定义方式，有两个选项：

（1）"卡方"：一般对定序型变量或者定类型变量选择该项。本例中学校是名义变量，可以看作类别变量，所以我们选此项。

（2）"Euclidean"：即两行间或两列间的差值平方和的根，对于定距型变量可选择该项。我们一般不选此项。

"标准化方法"窗口用于指定数据标准化的方式，有5个选项：

（1）"行和列均值已删除"：指行和列数据都被中心化，默认选项。行和列都为中心，该方法需要标准对应分析。若"距离度量"是"卡方"时，我们只有这唯一选项。但若"距离度量"是"Euclidean"时，五个选项中任意一个都可选，但只能选一个。

（2）"行均值已删除"：唯行数据被中心化，列数据不被中心化，只有行为中心。很少选。

（3）"列均值已删除"：唯列数据被中心化，行数据不被中心化，只有列为中心。很少选。

（4）"使行总和相等,删除均值"：在行的中心前，使行边缘相等，即使各行的数据总和都相等。很少选。

（5）"使列总和相等,删除均值"：在列的中心前，使列边缘相等，即使各列的数据总和都相等。很少选。

"正态化方法"窗口用于指定数据的正态化方法，有5个选项：

（1）"对称"：如果希望分析行、列变量各类别之间的差异，而不是每个变量之间的差异时，可选择该项。我们一般选此项。

（2）"主要"：如果希望分析两变量中类别的差异，而不是两变量之间的差异时，可选择该项。很少选。

（3）"主要行"：该方法适合于分析行变量分类间的差异或相似性。很少选。

（4）"主要列"：该方法适合于分析列变量分类间的差异或相似性。很少选。

（5）"设定"：选择该项，需要在后面的输入框中输入数值，数值范围在 –1 到 1 之间，–1 对应"主要列"，0 对应"对称"，1 对应"主要行"。利用不同的输入值可定制行列点图。很少选。

选择完毕后，得图 8-16：

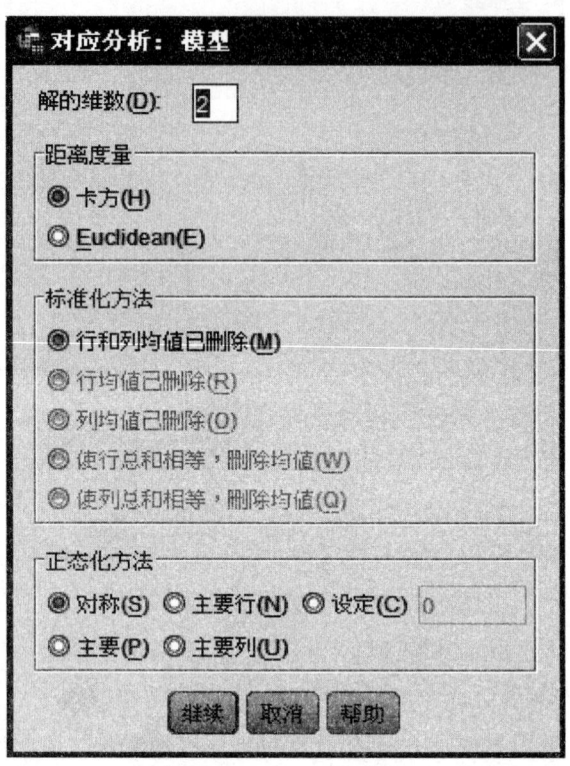

图 8-16　对话框中"模型"选取方法被确定

由于我们选取的结果都是系统默认的结果，所以图 8-15 与图 8-16 完全一致。我们选择完后点击"继续"键，返回到"对应分析"对话框，见图 8-17：

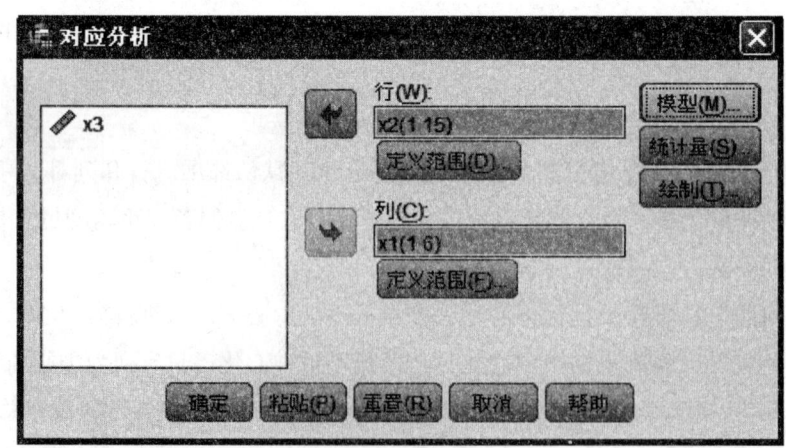

图 8-17　"对应分析"对话框

6. 输出统计量的选择

我们点击"统计量"键，得到"对应分析：统计量"对话框，见图 8-18：

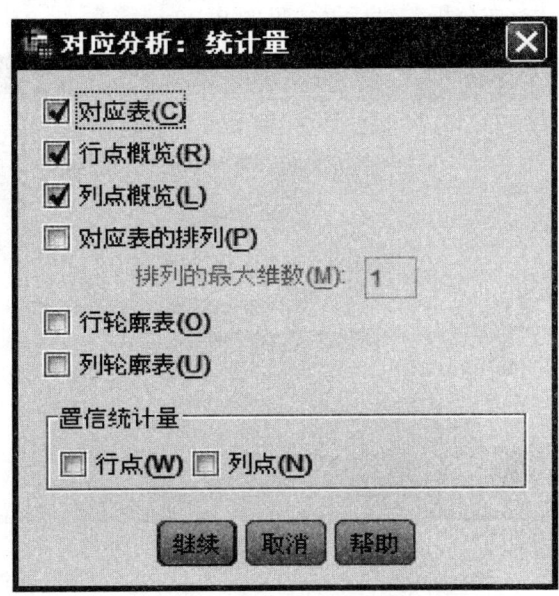

图 8-18 "对应分析：统计量"对话框

该对话框用于指定输出统计量。该对话框给出了 6 个统计量选项：

（1）"对应表"：默认选项，即含有输入变量的行、列变量的交叉列联表。

（2）"行点概览"：选择该项，表示输出行变量分类的因子载荷及方差贡献值。

（3）"列点概览"：选择该项，表示输出列变量分类的因子载荷及方差贡献值。

（4）"对应表的排列"：重组对应表，使行与列根据第一维度的分布按递增方式进行排序，需要设定"排列的最大维数"的值，默认为 1。

（5）"行轮廓表"：选择该项，表示输出频数的行百分比。

（6）"列轮廓表"：选择该项，表示输出频数的列百分比。

"置信统计量"窗口用于选择输出行或列的置信统计量，具体如下：

"行点" 表示输出统计量中包括所有的行点的标准差和所有维度的相关系数。

"列点" 表示输出统计量中包括所有的列点的标准差和所有维度的相关系数。

本例中选择全部统计量的选项，见图 8-19：

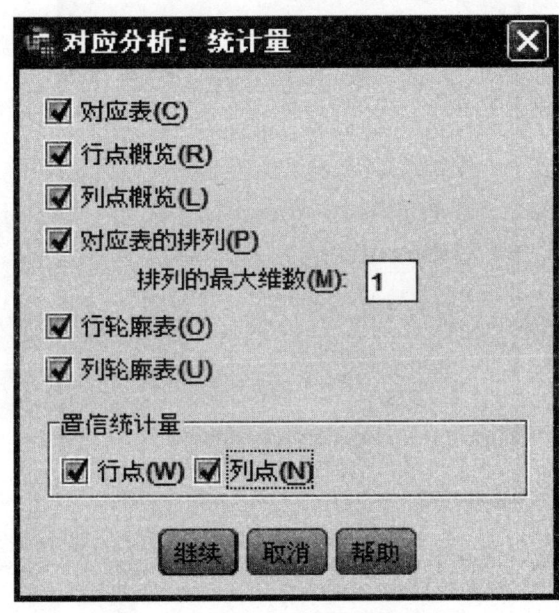

图 8-19 对话框中输出量被确定

点击"继续"键,返回到"对应分析"对话框,见图8-20:

图 8-20 "对应分析"对话框

7. 输出图形的设置

点击"绘制"键,得到"对应分析:图"对话框,见图8-21:

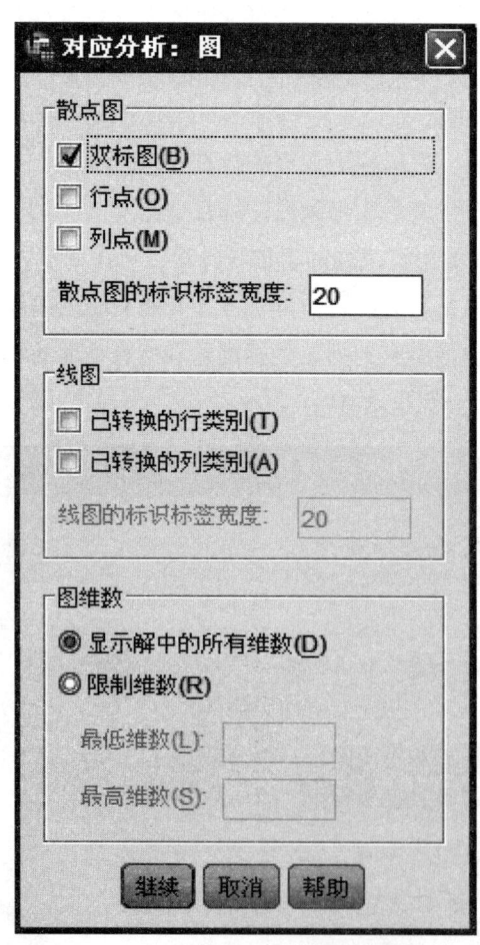

图 8-21 "对应分析:图"对话框

该对话框用于指定输出图形的选择和设置。

"散点图"窗口中给出产生散点图的形状和类型：

（1）"双标图"表示行列变量对应分布图。

（2）"行点"表示行变量各类别在第一因子和第二因子上的载荷图。

（3）"列点"表示列变量各类别在第一因子和第二因子上的载荷图。

"散点图的标识标签宽度"，在该框后面指定散点图的标识标签宽度，默认值为20。

"线图"窗口给出了各种线图选项：

（1）"已转换的行类别"表示行变量各分类的因子载荷图。

（2）"已转换的列类别"表示列变量各分类的因子载荷图。

"线图的标识标签宽度"，在该框后面指定线图的标识标签宽度，默认值为20。

"图维数"窗口用于控制输出窗口中显示结果的维数，包括如下选项：

（1）"显示解中的所有维数"。

（2）限制（输出窗口的显示）维数：若用此选项，点击"限制维数"前的键，此时"显示解中的所有维数"前的键关闭，"最低维数"框和"最高维数"框变亮，我们需要在后面的最低维数栏和最高维数栏中输入最小值和最大值。

我们选择"双标图"和"显示解中的所有维数"，见图8-22：

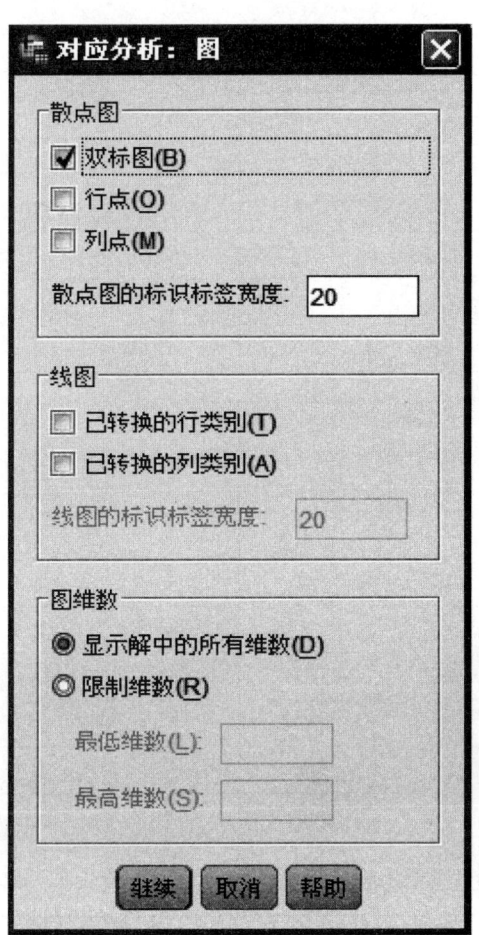

图8-22　对话框中输出图的条件被确定

点击"继续"键，返回到"对应分析"对话框，见图8-23：

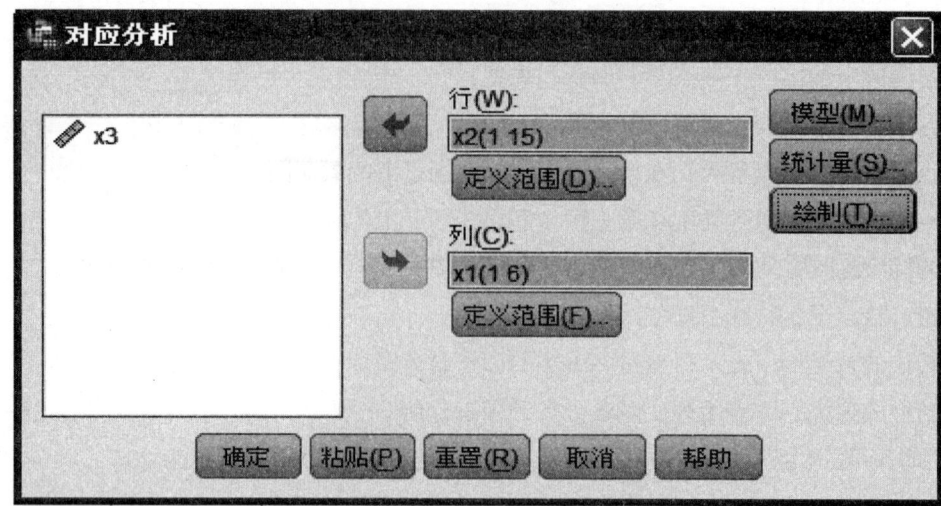

图 8-23 "对应分析"对话框

点击"确定"键,得到对应分析列联表,见表 8-5:

表 8-5 对应分析列联

x_2	x_1						有效边际(即同行各列数据和)
	1	2	3	4	5	6	
1	4	79	244	5	2	5	339
2	4	56	63	4	4	4	135
3	4	47	29	4	5	4	93
4	5	145	216	5	3	5	379
5	4	48	48	5	4	4	113
6	4	43	61	5	2	5	120
7	2	29	10	5	1	5	52
8	3	2	16	5	4	5	35
9	4	41	36	3	2	5	91
10	0	14	3	4	2	5	28
11	0	19	27	5	2	5	58
12	3	30	7	3	4	5	52
13	4	60	33	5	2	5	109
14	2	22	37	5	3	5	74
15	0	17	11	5	2	5	40
有效边际(即同列各行数据和)	43	652	841	68	42	72	1718

此表为对应分析列联,反映了不同网站不同属性组合下的实际样本。"有效边际"是相应行或列的个案和。行的"有效边际"看,北京大学图书馆($x_1=4$)的各项指标和最大。由于各个指标无可比性,所以列的"有效边际"无意义。

表 8-5 中各行数据除以行最后一个数据得行频数百分比简要表,见表 8-6:

表 8-6　行频数百分比简要

x_2	x_1						有效边际
	1	2	3	4	5	6	
1	0.012	0.233	0.720	0.015	0.006	0.015	1.000
2	0.030	0.415	0.467	0.030	0.030	0.030	1.000
3	0.043	0.505	0.312	0.043	0.054	0.043	1.000
4	0.013	0.383	0.570	0.013	0.008	0.013	1.000
5	0.035	0.425	0.425	0.044	0.035	0.035	1.000
6	0.033	0.358	0.508	0.042	0.017	0.042	1.000
7	0.038	0.558	0.192	0.096	0.019	0.096	1.000
8	0.086	0.057	0.457	0.143	0.114	0.143	1.000
9	0.044	0.451	0.396	0.033	0.022	0.055	1.000
10	0.000	0.500	0.107	0.143	0.071	0.179	1.000
11	0.000	0.328	0.466	0.086	0.034	0.086	1.000
12	0.058	0.577	0.135	0.058	0.077	0.096	1.000
13	0.037	0.550	0.303	0.046	0.018	0.046	1.000
14	0.027	0.297	0.500	0.068	0.041	0.068	1.000
15	0.000	0.425	0.275	0.125	0.050	0.125	1.000
质量	0.025	0.380	0.490	0.040	0.024	0.042	

此表反映了同一网站不同属性的实际样本所占比例。如清华大学图书馆网站流量值只占清华大学图书馆网站各种指标值的 1.2%，访问量值占清华大学图书馆网站各种指标值的 23.3%，被链接数值占清华大学图书馆网站各种指标值的 72%，速度值占清华大学图书馆网站各种指标值的 1.5%，浏览页面数值占清华大学图书馆网站各种指标值的 0.6%，更新时间占清华大学图书馆网站各种指标值的 1.5%。

表 8-6 中各列数据除以列最后一个数据得列频数百分比简要表，见表 8-7：

表 8-7　列频数百分比简要

x_2	x_1						质量
	1	2	3	4	5	6	
1	0.093	0.121	0.290	0.074	0.048	0.069	0.197
2	0.093	0.086	0.075	0.059	0.095	0.056	0.079
3	0.093	0.072	0.034	0.059	0.119	0.056	0.054
4	0.116	0.222	0.257	0.074	0.071	0.069	0.221
5	0.093	0.074	0.057	0.074	0.095	0.056	0.066
6	0.093	0.066	0.073	0.074	0.048	0.069	0.070
7	0.047	0.044	0.012	0.074	0.024	0.069	0.030
8	0.070	0.003	0.019	0.074	0.095	0.069	0.020
9	0.093	0.063	0.043	0.044	0.048	0.069	0.053
10	0.000	0.021	0.004	0.059	0.048	0.069	0.016
11	0.000	0.029	0.032	0.074	0.048	0.069	0.034
12	0.070	0.046	0.008	0.044	0.095	0.069	0.030
13	0.093	0.092	0.039	0.074	0.048	0.069	0.063
14	0.047	0.034	0.044	0.074	0.071	0.069	0.043
15	0.000	0.026	0.013	0.074	0.048	0.069	0.023
有效边际	1.000	1.000	1.000	1.000	1.000	1.000	

此表反映了同一属性不同网站的实际样本所占比例。

各维摘要见表 8-8：

表 8-8 摘要

维数	奇异值	惯量	卡方	Sig.	惯量比例		置信奇异值	相关
					解释	累积	标准差	2
1	0.350	0.122			0.692	0.692	0.022	0.182
2	0.198	0.039			0.221	0.913	0.025	
3	0.108	0.012			0.066	0.979		
4	0.054	0.003			0.016	0.995		
5	0.029	0.001			0.005	1.000		
总计		0.177	303.925	0.000a	1.000	1.000		

注：a 表示 70 自由度

本表是对应分析的核心结果，一个维数代表一个特征值，维数的个数等于变量的分类数减1，网站的指标为流量、访问量、被链接数、速度、浏览页面数、更新时间，共6类，所以维数是5。有时对应分析的是两组变量，此时，维数的个数等于变量最小分类数减1。第二列是奇异值，它的平方是惯量，即第三列，也即特征值，特征值由大到小排列。特征值的总和是0.177。第四列、第五列是对交叉列联表做卡方检验的卡方观测值303.925和相应的概率 p 值0.000。注意：有效边际为1718（见前边对应表），惯量和为0.177，则二者之积就是卡方值：

$$1718 \times 0.177 = 304.086$$

由于有效数字保留差异原因，表中值为303.925。如果显著水平 α 为0.05，则由于 p 值小于显著水平 α，所以拒绝零假设，认为变量与网站有显著的相关关系（或两组变量之间有显著的相关关系）。第六列是各个特征值的方差贡献率，如第一个特征值的方差贡献率为：

$$0.122 \div 0.177 = 0.689$$

表中的值为0.692，这是由于有效位取的少引起的误差。如第二个特征值的方差贡献率为：

$$0.039 \div 0.177 = 0.2203$$

表中的值为0.221，这也是由于有效位取的少引起的误差。第七列是各个特征值的方差累积贡献率，如第二个特征值的方差累积贡献率为：

$$(0.122+0.039) \div 0.177 = 0.9096$$

表中的值为0.913，这也是由于有效位取的少引起的误差，5个特征值的方差贡献率之和是1。由于两个特征根方差累积贡献率为91.3%，因此最终提取2个因子就足够了。实际应用中可以根据累积量确定最终提取的因子个数，累积量应达到0.8以上。

概述行点（行变量分类降维概述）见表8-9：

表 8-9 概述行点 [a]

x_2	质量	维中的得分		惯量	贡献				
					点对维惯量		维对点惯量		
		1	2		1	2	1	2	总计
1	0.197	−0.761	0.287	0.043	0.326	0.082	0.924	0.074	0.998
2	0.079	0.017	−0.191	0.001	0.000	0.015	0.008	0.584	0.593
3	0.054	0.542	−0.352	0.008	0.045	0.034	0.664	0.158	0.823
4	0.221	−0.392	−0.247	0.015	0.097	0.068	0.799	0.180	0.979
5	0.066	0.191	−0.140	0.002	0.007	0.007	0.516	0.156	0.672
6	0.070	−0.055	0.047	0.001	0.001	0.001	0.147	0.060	0.207
7	0.030	1.013	−0.267	0.013	0.089	0.011	0.848	0.033	0.881
8	0.020	0.884	2.092	0.026	0.045	0.451	0.216	0.683	0.899
9	0.053	0.262	−0.261	0.003	0.010	0.018	0.469	0.265	0.734
10	0.016	1.659	0.603	0.019	0.128	0.030	0.824	0.062	0.886
11	0.034	0.294	0.568	0.005	0.008	0.055	0.217	0.458	0.675
12	0.030	1.231	−0.312	0.018	0.131	0.015	0.893	0.032	0.925
13	0.063	0.481	−0.600	0.010	0.042	0.116	0.518	0.454	0.972
14	0.043	0.153	0.532	0.003	0.003	0.062	0.128	0.870	0.998
15	0.023	1.001	0.551	0.012	0.067	0.036	0.701	0.120	0.821
有效总计	1.000			0.177	1.000	1.000			

注：[a] 表示对称标准化

本表显示了变量各分类的情况。第二列显示了行变量各类别的百分比。第三、四列是行变量各分类在第一列、第二列因子上的因子载荷，它们将是分别图中数据点的坐标。第五列为各个特征值，贡献部分是指行的每一状态对每一维度（公共因子）特征值的贡献及每一维度对行各个状态的特征值的贡献，由此可以更好地理解维度的来源及意义。第六列、第七列是行变量各分类对第一列、第二列因子值差异的影响程度。如第一维度中，第一个点、第十个点、第十二个点对应的数值分别为 0.326、0.128、0.131，说明第一个点对第一维度的贡献最大，其次是第十二个点，第三个贡献最大的是第十个点，其余的点对第一维度的贡献都很小。如第二维度中，第八个点、第十三个点对应的数值分别为 0.451、0.116，说明第八个点对第二维度的贡献最大，其次是第十三个点，其余的点对第二维度的贡献都很小。第八列、第九列是第一因子、第二因子对各点（行变量）的解释程度（特征值的分量值），第一因子解释了第一点的 92.4%、第十二点的 89.3%、第七点的 84.8%、第十点的 82.4%、第四点的 79.9%、第十五点的 70.1%……同理我们可以分析第二因子的作用。

概述列点（列变量分类降维概述）见表 8-10：

表 8-10　概述列点[a]

x_1	质量	维中的得分		惯量	贡献				
					点对维惯量		维对点惯量		
		1	2		1	2	1	2	总计
1	0.025	0.627	−0.025	0.011	0.028	0.000	0.304	0.000	0.304
2	0.380	0.321	−0.500	0.033	0.112	0.481	0.418	0.575	0.993
3	0.490	−0.543	0.197	0.054	0.413	0.097	0.931	0.069	1.000
4	0.040	1.152	0.940	0.027	0.150	0.177	0.682	0.257	0.939
5	0.024	1.229	0.845	0.021	0.106	0.088	0.624	0.167	0.791
6	0.042	1.264	0.860	0.031	0.191	0.157	0.757	0.198	0.955
有效总计	1.000			0.177	1.000	1.000			

注：a 表示对称标准化

本表显示了变量各分类的情况。第二列显示了列变量各类别的百分比。第三、四列是列变量各分类在第一列、第二列因子上的因子载荷，它们将是分别图中数据点的坐标。第五列为各个特征值，贡献部分是指列的每一状态对每一维度（公共因子）特征值的贡献及每一维度对列各个状态的特征值的贡献，由此可以更好地理解维度的来源及意义。第六列、第七列是列变量各分类对第一列、第二列因子值差异的影响程度。如第一维度中，第三个点、第六个点、第四个点对应的数值分别为 0.413、0.191、0.15，说明第三个点（被链接数）对第一维度的贡献最大，其次是第六个点，第三个贡献最大的是第四个点，其余的点对第一维度的贡献都很小。如第二维度中，第二个点、第四个点对应的数值分别为 0.481、0.177，说明第二个点对第二维度的贡献最大，其次是第四个点，其余的点对第二维度的贡献都很小。第八列、第九列是第一因子、第二因子对各点（列变量）的解释程度（特征值的分量值），第一因子解释了第三点的 93.1%、第六点的 75.7%、第四点的 68.2%、第五点的 62.4%……同理我们可以分析第二因子的作用。

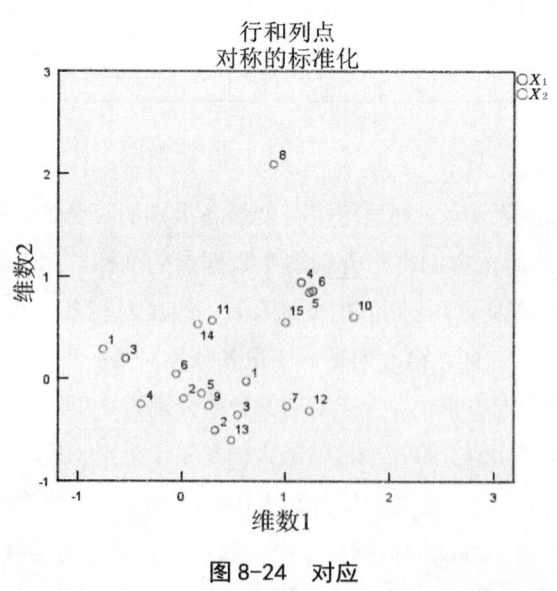

图 8-24　对应

从此图我们可看到哪些第一维点与第二维点比较接近，越接近说明关系越密切。

当参与对应分析的变量其类别间可能存在某种内在的次序关系时，分析者往往希望在表格中直接观察到这种次序。对应分析可以提供这种输出。由于各个类别在各个维度上已经算出相应的坐标值，因此只需要将各个类别按照坐标值从小到大排列即可。

二、多元对应分析在 SPSS 中的实现

在实际问题中，经常需要研究由 3 个或 3 个以上的变量形成的交叉列联表，并且需要研究分类变量之间的对应关系，即多变量的对应分析，也称之为多元对应分析，对应分析与最优尺度分析是在因子分析基础上发展起来的，由法国统计学家 J.P.Beozecri 于 1972 年提出一种统计方法，该两种方法成为 SPSS11.2 之后的两个应用程序。当超过两个以上定类变量进行对应分析时，就要用多重对应分析。多重对应分析是以最优尺度分析为基础的，所以两种方法紧密联系在一起出现，如果同一变量不同类别在某个方向上距离较远，说明这些类别在该维度上区别较大；如果同一变量不同类别在某个方向上距离较近，说明这些类别在该维度上区别不大。另外，从图形中心点出发相同方向上大致相同区域内的不同变量的分类点彼此存在联系。

多元对应分析的主要方法是同质性分析方法。多元对应分析的同质性分析技术，是一种对多个名义变量进行主成分分析的技术。从原理上讲，同质性分析属于最优尺度方法中的一种情况，同质性分析的优势是可以同时对多个定性变量进行对应，利用此方法可以对多个分类变量进行量化，并对量化的数据进行分析，利用此方法得出的结果比列联表分析和对数线性模型更为直观和精确。

例：某图书馆学生借书，他既可能一次只借一个方面的书，也可能一次借多方面的书，如既借文学方面的书，也可能同时借数学或其他书，但每个学生借书一般有一个主要方向，我们忽略次要方向，只记主要方向的借书次数，得到借书次数的数据，变量有"性别""借书类别""年级"等分类变量，这就形成了"性别""借书类别""年级"分类变量的多元对应分析问题。

二元对应分析的对象是列联表，多重对应分析的对象既可以是列联表，又可以是原始数据，这是二元对应分析与多重对应分析的重大区别，大部分书中论述多重对应分析时，分析的对象是原始数据。

1. 原始数据的多元对应分析

有时，我们面对的数据不是交叉表，而是原始数据，此时，数据输入时，要一个一个样本输入。

例：某图书馆读者满意度数据（虚拟数据）见表 8-11。其中性别中的 1 表示男，2 表示女。年级中的 1、2、3、4 表示大学 1、2、3、4 年级，5 表示研究生。满意度中的 1 表示不满意，2 表示不太满意，3 表示一般满意，4 表示较满意，5 表示非常满意。

表 8-11 某图书馆读者满意度数据

序号	性别 x_1	年级 x_2	满意度 y	序号	性别 x_1	年级 x_2	满意度 y
1	1	4	2	251	2	4	2
2	1	5	1	252	1	1	3
3	1	1	5	253	1	5	2
4	2	2	1	254	2	2	1
5	1	1	2	255	2	4	2
6	2	2	4	256	1	1	2
7	1	2	2	257	2	4	2
8	2	2	1	258	1	1	3
9	1	4	5	259	2	2	2
10	1	1	1	260	2	3	4
11	2	4	2	261	2	1	2
12	2	2	3	262	2	2	1

续 表

序号	性别 x_1	年级 x_2	满意度 y	序号	性别 x_1	年级 x_2	满意度 y
13	1	2	1	263	2	3	5
14	1	4	2	264	1	2	4
15	2	1	2	265	1	1	4
16	1	5	1	266	1	1	3
17	2	2	4	267	1	1	1
18	2	2	3	268	1	2	1
19	2	1	4	269	1	3	3
20	1	4	2	270	2	2	1
21	2	3	3	271	2	1	5
22	1	1	3	272	2	4	1
23	2	5	5	273	2	3	1
24	1	1	1	274	2	1	1
25	1	1	3	275	2	2	1
26	2	2	1	276	1	2	2
27	2	2	3	277	2	1	2
28	1	1	1	278	2	3	5
29	1	2	2	279	2	4	4
30	1	4	1	280	2	1	5
31	1	1	3	281	2	5	1
32	1	5	3	282	1	5	1
33	1	2	1	283	1	3	1
34	1	5	2	284	2	3	1
35	1	3	4	285	1	2	1
36	1	4	4	286	1	4	1
37	2	4	1	287	1	1	2
38	1	2	1	288	1	3	1
39	1	1	1	289	2	2	1
40	2	2	4	290	1	2	1
41	2	1	2	291	1	3	2
42	2	2	1	292	1	5	2
43	1	2	1	293	2	4	1
44	1	4	1	294	2	4	5

续 表

序号	性别 x_1	年级 x_2	满意度 y	序号	性别 x_1	年级 x_2	满意度 y
45	1	4	1	295	1	3	2
46	1	4	5	296	2	3	1
47	1	4	2	297	2	1	4
48	1	4	1	298	2	4	2
49	1	2	2	299	2	3	3
50	2	2	1	300	1	2	4
51	1	2	5	301	1	1	1
52	1	2	1	302	1	2	2
53	2	4	5	303	1	2	4
54	1	2	2	304	2	1	1
55	2	3	2	305	2	3	2
56	1	2	2	306	1	4	4
57	2	3	4	307	1	3	2
58	1	1	2	308	2	2	1
59	2	2	4	309	2	2	5
60	1	4	2	310	1	3	1
61	1	2	2	311	1	4	2
62	1	2	1	312	2	5	4
63	2	2	3	313	1	4	2
64	1	4	1	314	1	3	1
65	2	2	4	315	1	1	5
66	1	1	1	316	2	3	1
67	1	3	1	317	1	3	2
68	1	1	3	318	1	2	3
69	2	3	2	319	1	2	1
70	2	4	2	320	1	5	2
71	1	2	1	321	2	3	2
72	2	4	3	322	1	1	1
73	2	3	1	323	2	4	4
74	2	5	3	324	1	4	3
75	1	2	2	325	2	4	4
76	2	2	3	326	1	1	2

续 表

序号	性别 x_1	年级 x_2	满意度 y	序号	性别 x_1	年级 x_2	满意度 y
77	1	3	1	327	1	4	3
78	2	2	3	328	2	2	3
79	2	1	4	329	2	2	5
80	2	4	5	330	2	5	1
81	1	5	4	331	2	3	3
82	2	1	2	332	1	1	1
83	1	2	1	333	2	1	3
84	2	3	1	334	2	3	1
85	1	4	1	335	1	1	2
86	1	2	3	336	2	2	1
87	2	3	1	337	1	2	3
88	1	4	2	338	1	1	3
89	2	5	5	339	2	2	1
90	1	4	4	340	1	4	2
91	1	5	3	341	1	4	4
92	2	4	1	342	2	4	4
93	1	5	4	343	2	4	1
94	2	5	4	344	2	2	1
95	1	2	1	345	2	2	1
96	2	5	4	346	1	5	4
97	1	1	2	347	2	2	2
98	1	1	2	348	2	3	1
99	1	1	3	349	1	4	1
100	2	2	2	350	1	4	1
101	2	3	1	351	1	4	1
102	1	3	2	352	1	2	5
103	2	1	2	353	2	3	2
104	1	4	2	354	2	1	1
105	1	3	3	355	1	4	2
106	2	3	2	356	2	3	1
107	2	2	4	357	1	3	5
108	1	3	2	358	2	3	1

续 表

序号	性别 x_1	年级 x_2	满意度 y	序号	性别 x_1	年级 x_2	满意度 y
109	2	4	1	359	1	1	5
110	1	2	5	360	2	4	2
111	1	4	4	361	1	1	2
112	1	4	4	362	2	1	2
113	2	1	3	363	1	3	4
114	2	4	1	364	2	4	2
115	1	2	1	365	2	3	4
116	2	3	3	366	2	4	2
117	2	1	1	367	1	4	2
118	1	2	5	368	2	2	1
119	2	1	1	369	2	3	3
120	1	1	1	370	1	3	1
121	2	2	1	371	1	4	4
122	2	2	1	372	1	1	1
123	1	1	2	373	2	2	1
124	1	5	2	374	2	4	3
125	1	2	5	375	2	3	2
126	2	2	4	376	1	2	2
127	2	2	5	377	2	2	1
128	1	4	1	378	1	5	3
129	1	3	1	379	2	2	1
130	1	1	1	380	1	2	3
131	1	1	1	381	2	2	2
132	1	1	1	382	2	4	3
133	1	2	1	383	1	4	1
134	1	5	2	384	2	3	3
135	2	5	1	385	2	3	4
136	2	4	1	386	1	2	5
137	1	4	1	387	2	2	4
138	2	5	2	388	1	4	2
139	1	2	2	389	1	3	1
140	2	4	1	390	1	2	1

续 表

序号	性别 x_1	年级 x_2	满意度 y	序号	性别 x_1	年级 x_2	满意度 y
141	1	5	5	391	1	2	1
142	1	2	2	392	1	1	3
143	1	4	1	393	1	5	1
144	1	1	4	394	2	2	2
145	2	1	2	395	2	3	5
146	2	5	3	396	2	5	4
147	1	5	4	397	2	1	3
148	1	3	1	398	2	2	1
149	1	2	2	399	2	1	4
150	2	2	4	400	1	3	4
151	1	2	1	401	2	3	1
152	2	4	2	402	2	3	4
153	2	4	4	403	1	2	2
154	2	4	2	404	2	1	2
155	2	4	1	405	1	1	3
156	1	2	5	406	1	2	2
157	1	4	1	407	1	4	1
158	2	1	2	408	2	3	2
159	1	4	4	409	2	3	2
160	2	1	2	410	2	4	2
161	1	3	1	411	1	4	3
162	1	2	5	412	2	3	2
163	1	1	1	413	2	5	4
164	2	1	2	414	2	3	2
165	2	5	3	415	2	2	1
166	1	2	1	416	2	5	5
167	1	4	2	417	1	1	4
168	1	2	2	418	1	5	4
169	2	3	1	419	2	4	3
170	2	4	4	420	2	2	1
171	1	4	3	421	2	1	1
172	1	1	4	422	1	3	3

续 表

序号	性别 x_1	年级 x_2	满意度 y	序号	性别 x_1	年级 x_2	满意度 y
173	1	2	2	423	2	3	1
174	2	4	3	424	1	4	5
175	2	2	3	425	1	2	1
176	1	2	5	426	1	4	1
177	2	1	1	427	1	1	1
178	1	4	3	428	1	1	1
179	2	4	1	429	2	4	2
180	2	4	3	430	1	2	2
181	1	2	1	431	2	1	5
182	2	2	2	432	1	2	4
183	1	3	1	433	2	2	5
184	1	2	3	434	1	3	1
185	2	1	3	435	2	2	1
186	2	3	1	436	1	5	1
187	1	3	2	437	2	4	1
188	1	4	4	438	2	4	1
189	1	2	4	439	2	1	1
190	1	4	1	440	2	2	2
191	1	2	1	441	1	2	1
192	2	3	1	442	2	1	1
193	2	3	4	443	1	4	1
194	2	3	2	444	2	1	2
195	1	3	1	445	1	2	2
196	1	2	1	446	2	4	1
197	2	2	1	447	1	4	5
198	1	3	1	448	2	1	2
199	2	4	5	449	1	3	1
200	2	4	2	450	1	2	4
201	2	3	1	451	1	1	2
202	2	4	2	452	1	3	3
203	1	3	1	453	2	2	4
204	1	3	5	454	2	2	1

续 表

序号	性别 x_1	年级 x_2	满意度 y	序号	性别 x_1	年级 x_2	满意度 y
205	1	4	1	455	2	4	2
206	1	3	5	456	2	1	4
207	1	2	2	457	1	3	1
208	1	3	2	458	2	1	2
209	2	4	2	459	2	1	4
210	1	4	4	460	1	4	2
211	2	2	2	461	1	3	1
212	2	4	4	462	2	4	5
213	1	2	2	463	2	1	1
214	2	3	2	464	1	3	2
215	2	4	1	465	1	2	4
216	2	3	3	466	2	5	2
217	1	1	1	467	1	4	1
218	1	5	4	468	1	1	5
219	1	3	1	469	1	4	1
220	2	2	1	470	1	3	2
221	2	2	3	471	1	4	3
222	1	5	2	472	2	3	1
223	2	3	2	473	1	5	2
224	1	1	1	474	2	4	2
225	2	2	3	475	1	2	1
226	2	3	1	476	1	2	4
227	1	4	3	477	2	4	3
228	2	4	2	478	2	3	4
229	2	3	3	479	2	1	2
230	2	1	1	480	2	3	3
231	2	1	3	481	1	3	3
232	1	2	4	482	1	2	5
233	1	1	5	483	1	3	1
234	2	4	4	484	2	2	3
235	2	3	2	485	2	1	1
236	2	1	1	486	2	2	3

续 表

序号	性别 x_1	年级 x_2	满意度 y	序号	性别 x_1	年级 x_2	满意度 y
237	1	4	1	487	1	1	1
238	1	4	1	488	2	2	2
239	2	2	3	489	1	1	1
240	1	3	1	490	2	2	3
241	2	1	2	491	2	4	3
242	1	2	5	492	2	1	1
243	2	1	4	493	2	2	2
244	1	1	3	494	1	4	4
245	2	3	1	495	1	2	4
246	2	2	4	496	1	4	1
247	2	2	4	497	1	3	1
248	2	2	1	498	1	3	1
249	1	3	4	499	2	1	4
250	1	4	2	500	1	2	2

把所有数据输完后，粘贴到 SPSS 数据界面，就可进行数据分析。这种方法只能处理原始数据，不能处理交叉表数据。

SPSS 操作步骤如下。

（1）变量的选定

打开 SPSS 界面，确定变量，点击"变量视图"，我们用 x_1 表示性别、x_2 表示年级、y 表示满意等级。把这些变量填入"变量视图"界面，见图 8-25：

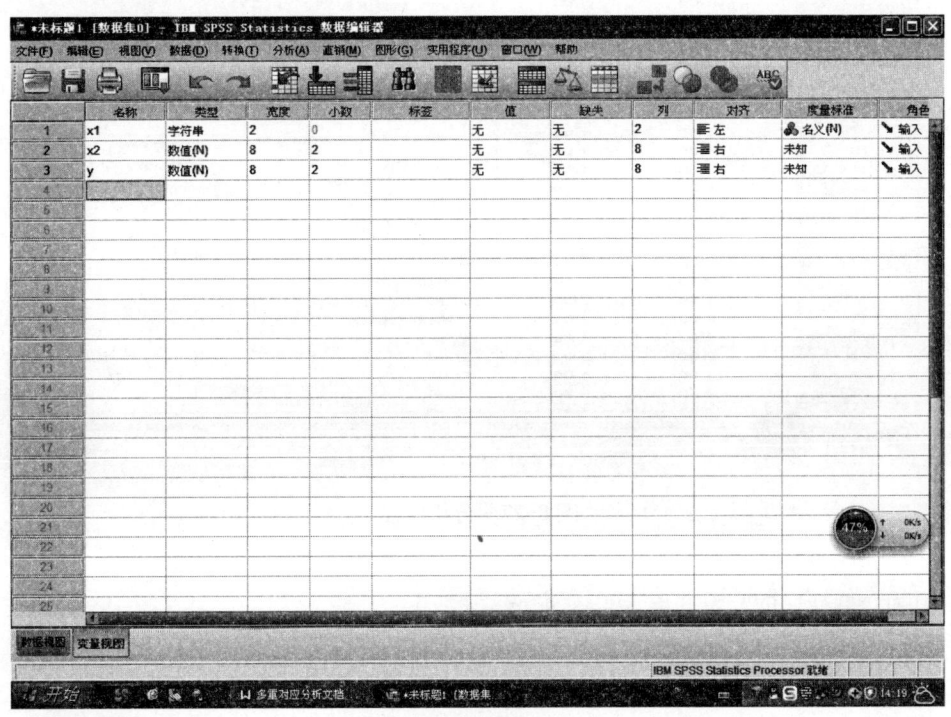

图 8-25 "变量视图"界面

（2）数据粘贴

点击"数据视图"，把数据粘贴过来，见图 8-26：

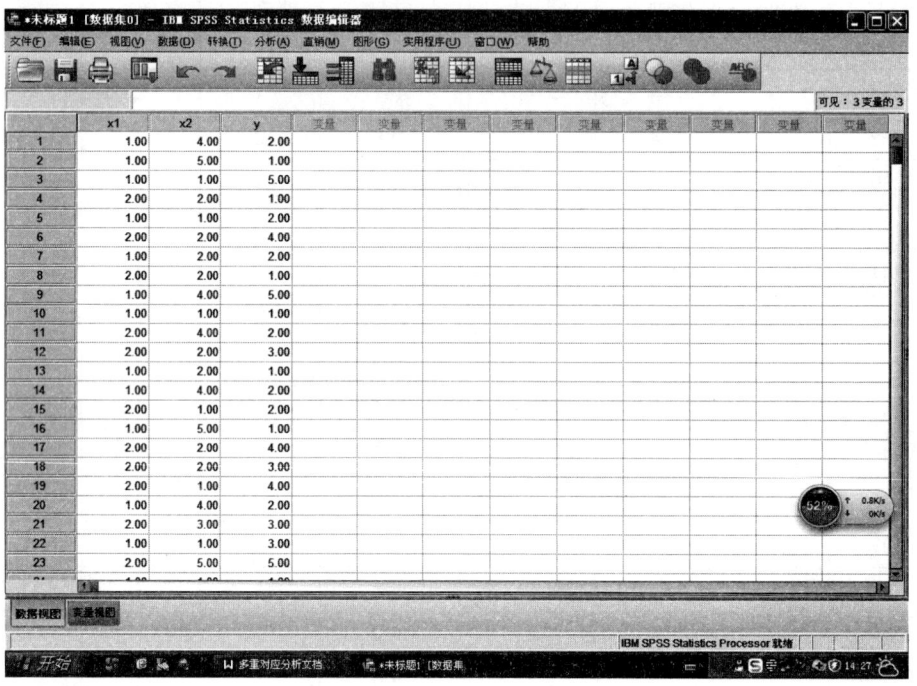

图 8-26　SPSS 数据输入格式

（3）分析路径

点击菜单中的"分析"，鼠标下滑到"降维"，鼠标右滑，接着下滑到"最优尺度"，见图 8-27：

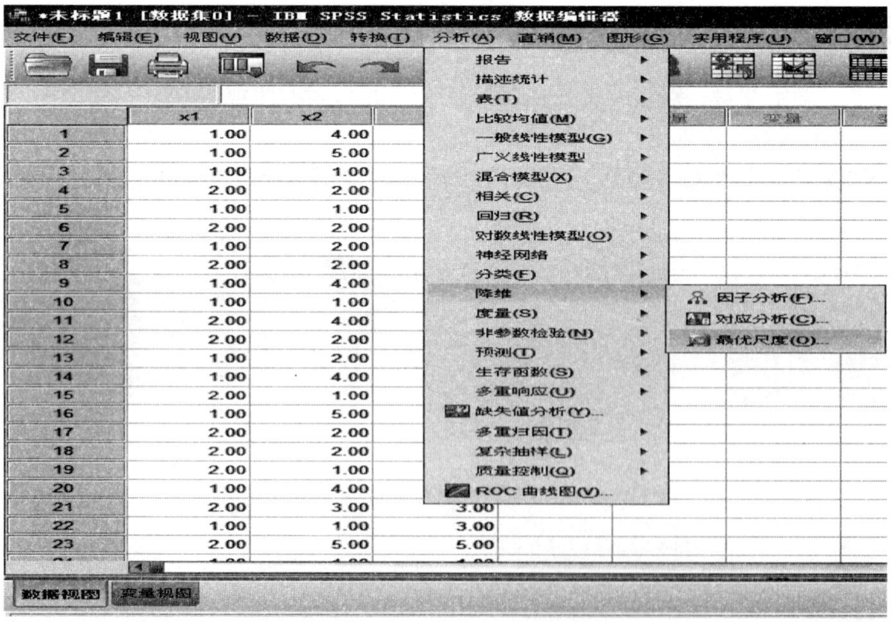

图 8-27　分析路径

点击之，得到"最佳尺度"对话框，见图 8-28：

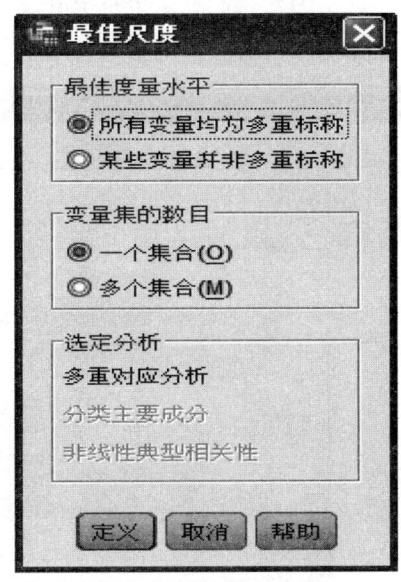

图 8-28 "最佳尺度"对话框

窗口用于指定分析中变量的最佳尺度水平，给出两个单选项，此选项是二择一选项。

"所有变量均为多重标称"是指所有变量都为多项定类型变量。即所有参与分析的变量都是可以表示在不同维的定类型分类变量。进行对应分析必须选择该项，这也是对应分析中对数据的基本要求。我们选此项。

"某些变量并非多重标称"是指变量中含有非定类型变量，参与分析的变量中至少含有一个定距型变量，而其他参与分析的变量都为定类型变量、定序型变量或不连续变量。最佳尺度分析进行回归时用。我们不选此项。

"变量集的数目"窗口用于指定参与分析的变量组数。

"一个集合"表示参与分析的数据包含一组变量。本选项仅适用于一组变量的最佳尺度分析，我们要分析的是多维对应分析，所以选此选项。

"多个集合"表示参与分析的数据包含一组以上的变量。即用多组不同的变量来分析此数据。主要用于非线性典型相关分析，我们不选此项，见图 8-29：

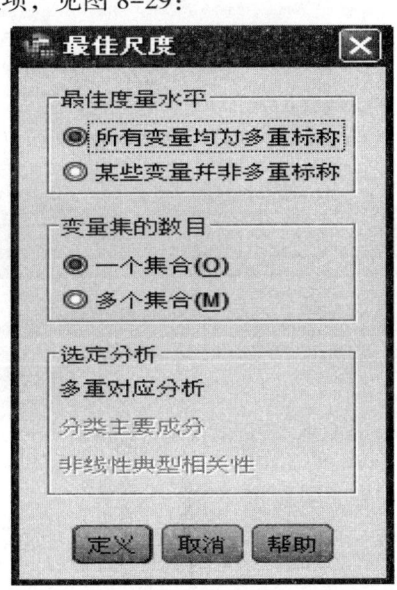

图 8-29 对话框中"最佳度量水平"和"变量集的数目"被确定

注意图 8-29 与图 8-28 完全一致，这是因为我们默认了系统的设置。

点击"定义"键，得到"多重对应分析"对话框，见图 8-30：

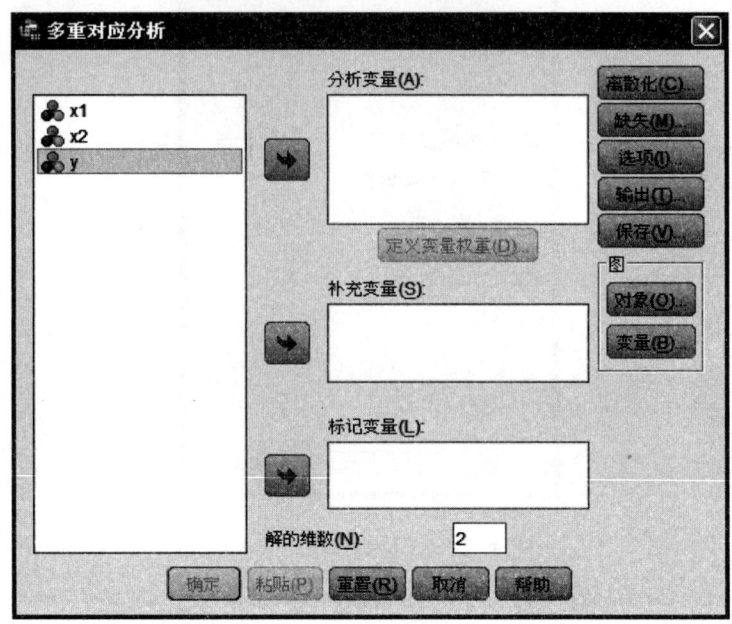

图 8-30 "多重对应分析"对话框

（4）变量的设置

从左边变量备选框中把所有变量点进"分析变量"框，见图 8-31：

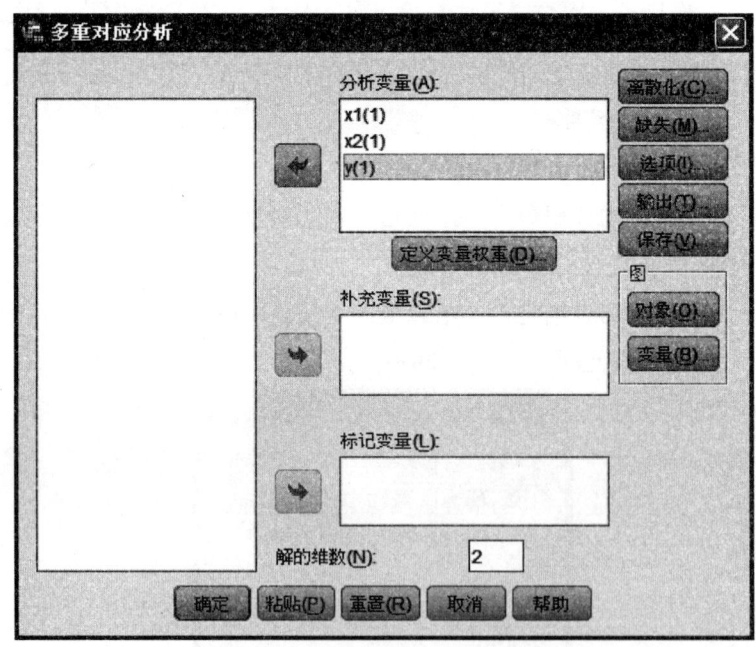

图 8-31 对话框中变量被选定

（5）输出项的设置

点击"输出"键，弹出"MCA（多元对应分析）：输出"对话框，见图 8-32：

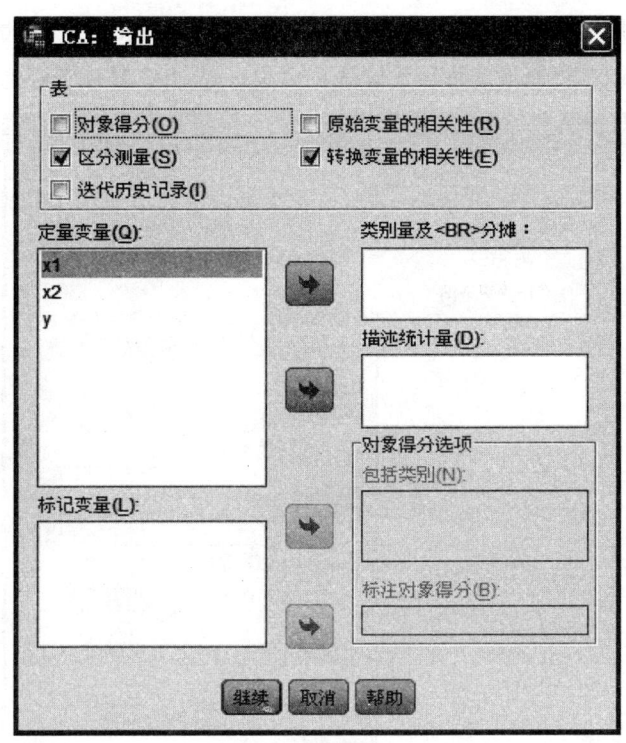

图 8-32 "MCA（多元对应分析）：输出"对话框

该对话框可以设置输出结果选项。

"表"窗口包括对象得分、区分测量、迭代历史记录、原始变量的相关性和转换变量的相关性等，有 5 个复选项。我们仅选"区分测量"项和"转换变量的相关性"项。

由于本例所有的变量都是分类变量，所以把"定量变量"框中的所有变量移至"类别量及
 分摊"框，见图 8-33：

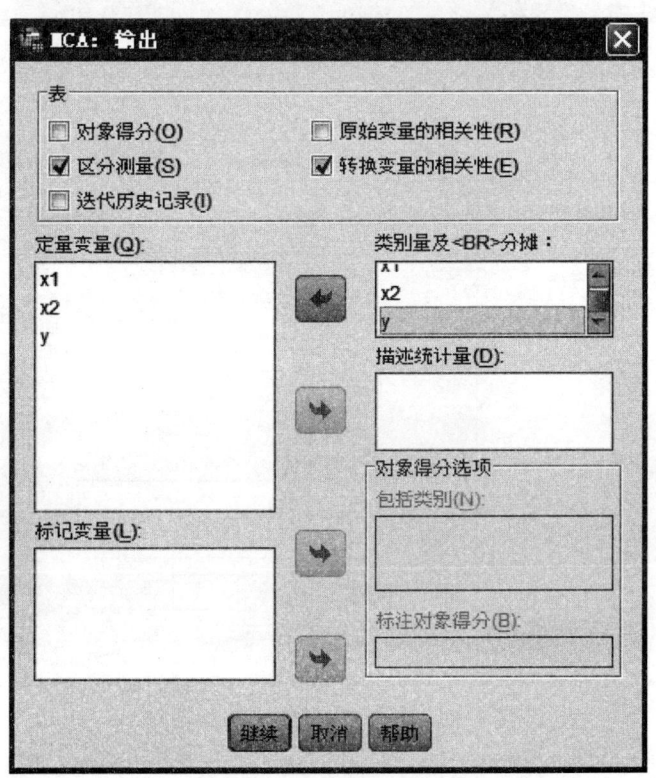

图 8-33 对话框中输出变量和相关统计量被确定

"描述统计量"窗口用于选择显示边际频数、缺失值及变量模式的分析变量,在左侧的变量列表框中选择变量,单击右向箭头按钮,将所选变量移动至该窗口内。我们把所有变量也点进此框,见图 8-34:

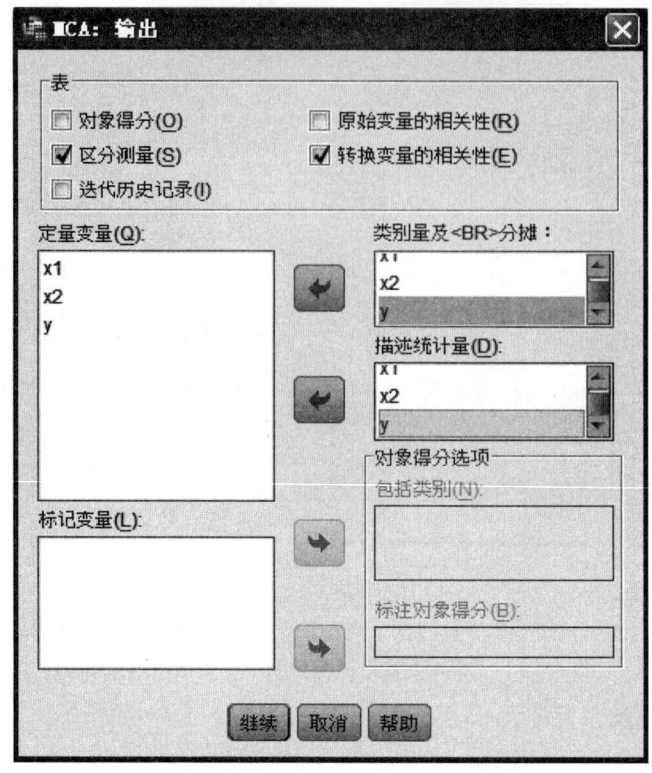

图 8-34 对话框中"描述统计量"被确定

其他框没有亮,不必理会,点"继续"键,返回到"多重对应分析"对话框,见图 8-35:

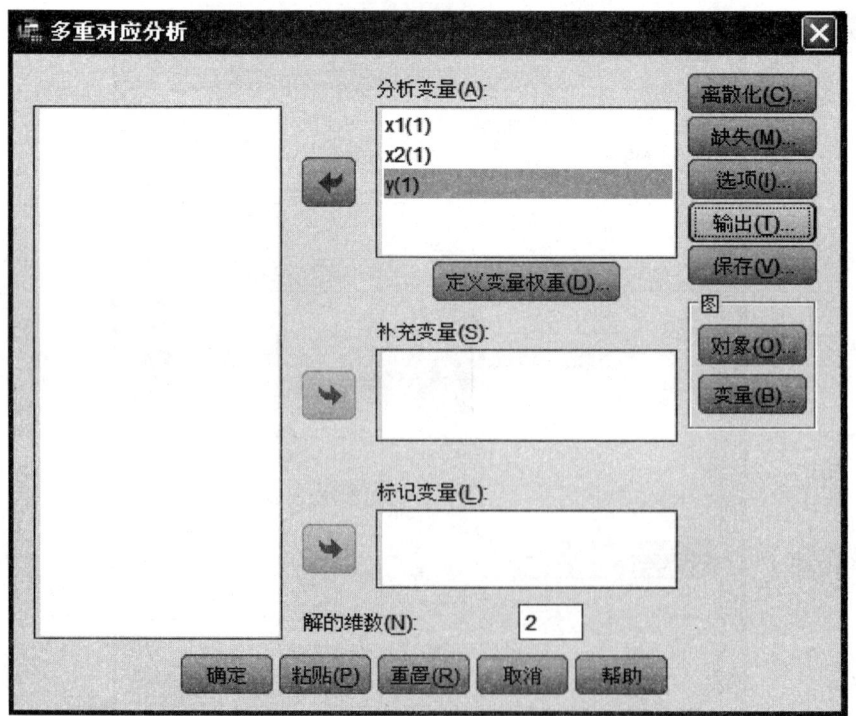

图 8-35 "多重对应分析"对话框

(6)变量图形的设置

点击"图"框中的"变量"键,得到"MCA:变量图"对话框,见图 8-36:

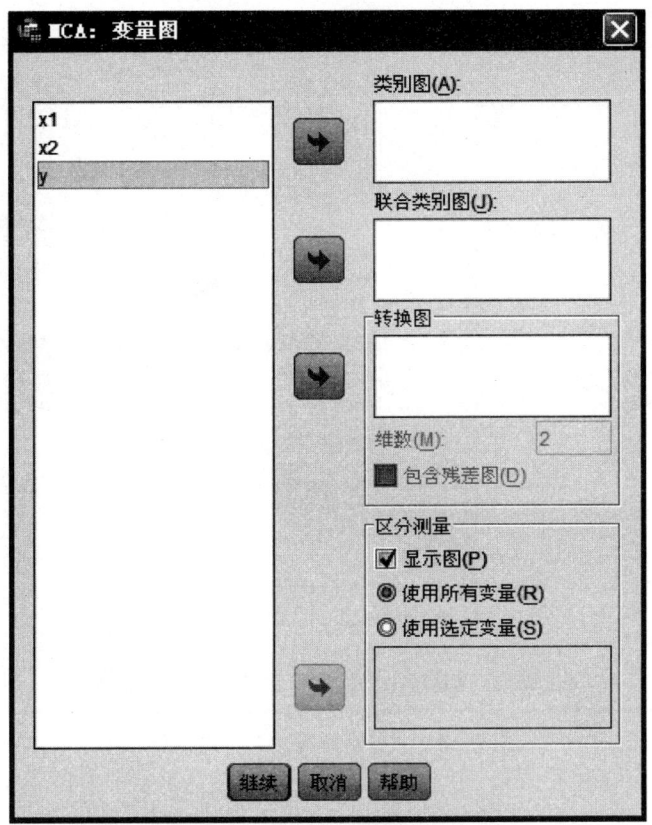

图 8-36 "MCA：变量图"对话框

把左框中所有变量点进"联合类别图"框，见图 8-37：

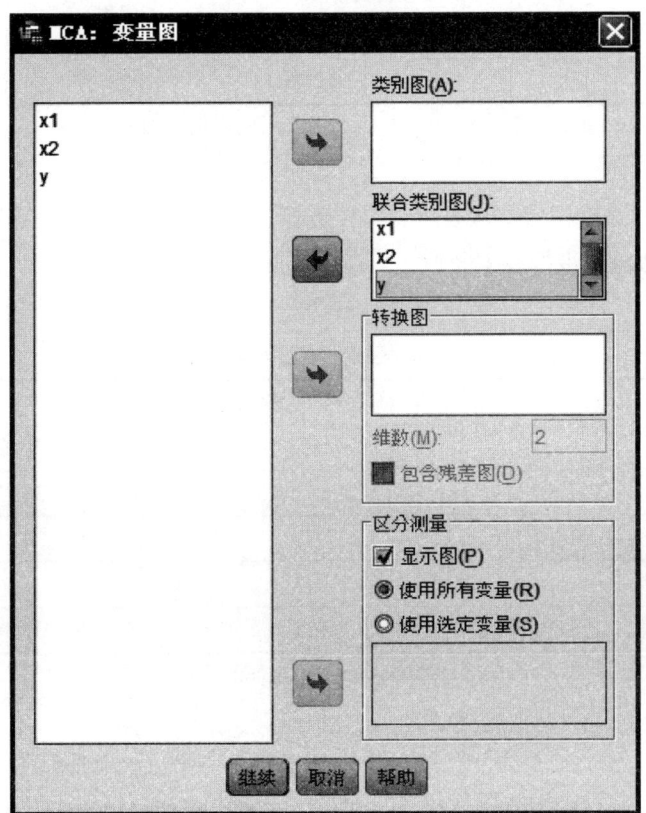

图 8-37 对话框中"联合类别图"的变量被确定

点击"继续"键，返回到"多重对应分析"对话框，见图 8-38：

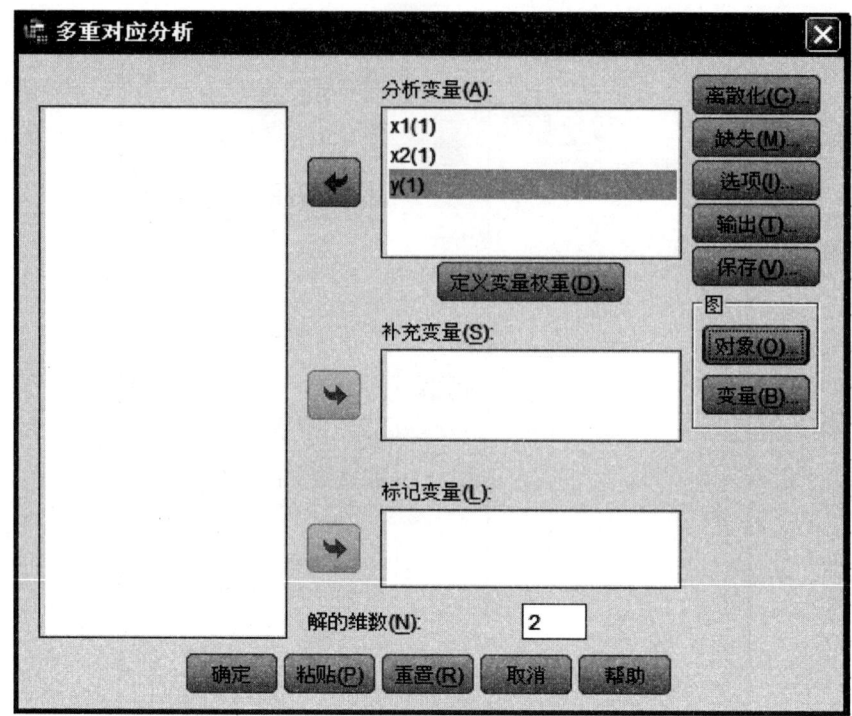

图 8-38 "多重对应分析"对话框

（7）结果与分析

其他一切选项采用默认，点击"确定"键，得到结果，其中迭代历史记录见表 8-12：

表 8-12 迭代历史记录

迭代数目	方差考虑情况		损失
	总计	增量	
100[a]	1.121425	0.000013	1.878575

注：a 表示因为达到最大迭代次数，所以迭代过程停止

此表是多重对应分析的迭代记录，从表可看出，进行了 100 次迭代后，没有达到默认的收敛精度，所以对应分析效果不好（虚拟数据没选好）。

模型汇总见表 8-13：

表 8-13 模型汇总

维数	Cronbach's Alpha	解释		
		总计（特征值）	惯量	方差的 %
1	0.197	1.151	0.384	38.371
2	0.126	1.092	0.364	36.391
总计		2.243	0.748	
均值	0.162[a]	1.121	0.374	37.381

注：a 表示总 Cronbach's Alpha 基于平均特征值

此表是多重对应分析的模型汇总表，是输出表中最重要的一个，主要告诉我们按照默认的二个维度对方差是否具有足够的解释信息。由于对应分析效果不好，虽然二个维度能解释的方差分别达到 38.371% 和 36.391%，但没有给出二个维度对方差解释的总和。一般来说，对方差解释的总和大于 60% 为好。

已转换变量的相关系数见表 8-14：

表 8-14 已转换变量的相关系数

	x_1	x_2	y
x_1	1.000	0.065	−0.041
x_2	0.065	1.000	0.149
y	−0.041	0.149	1.000
维数	1	2	3
特征值	1.151	1.029	0.820

注：维数为 1

此表为两个维度转换变量的相关系数矩阵，三个变量经过转变后，相关性很低。相关性低好，否则没有达到转换的目的。

辨别度量见表 8-15：

表 8-15 辨别度量

	维数		均值
	1	2	
x_1	0.020	0.384	0.202
x_2	0.603	0.186	0.395
y	0.528	0.521	0.524
有效总计	1.151	1.092	1.121
方差的 %	38.371	36.391	37.381

此表是各变量在两个维度上的区分测度，区分测度在 0 和 1 之间，数值越大表明区分测度越高。从表中可看出年级的区分测度最高，为 0.603，主要在第一维度上。满意度的区分测度为 0.528，主要在第一、第二维度上。性别区分测度较低，为 0.384，主要在第二维度上。

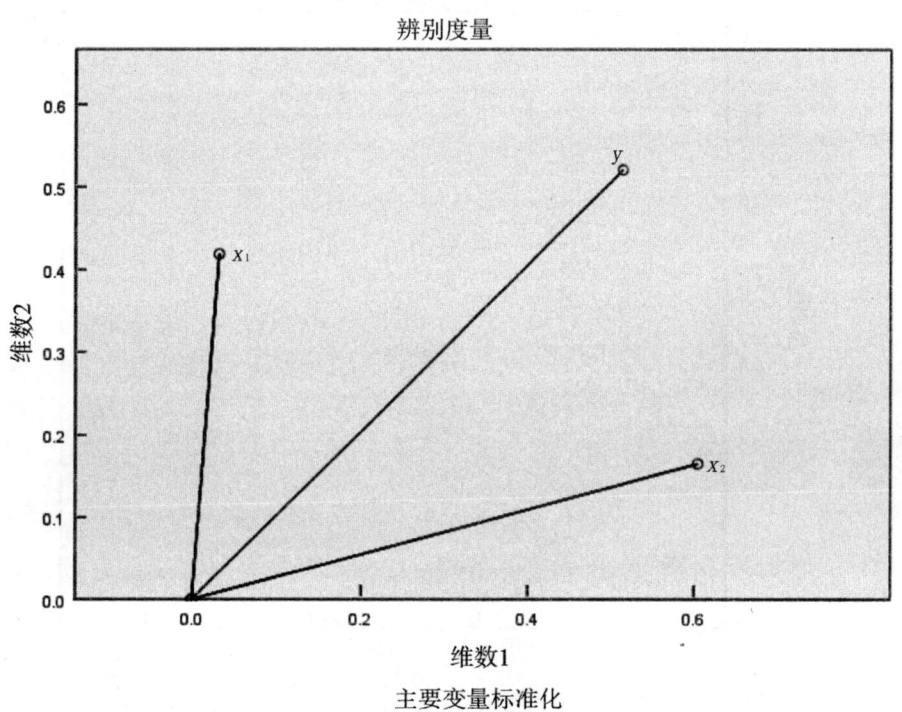

图 8-39 多元对应分析的区分测度

图 8-39 是多元对应分析的区分测度,性别 x_1 的差异主要体现在第二个维度上,年级 x_2 的差异主要体现在第一个维度上,满意度 y 的差异两个维度上都有体现。

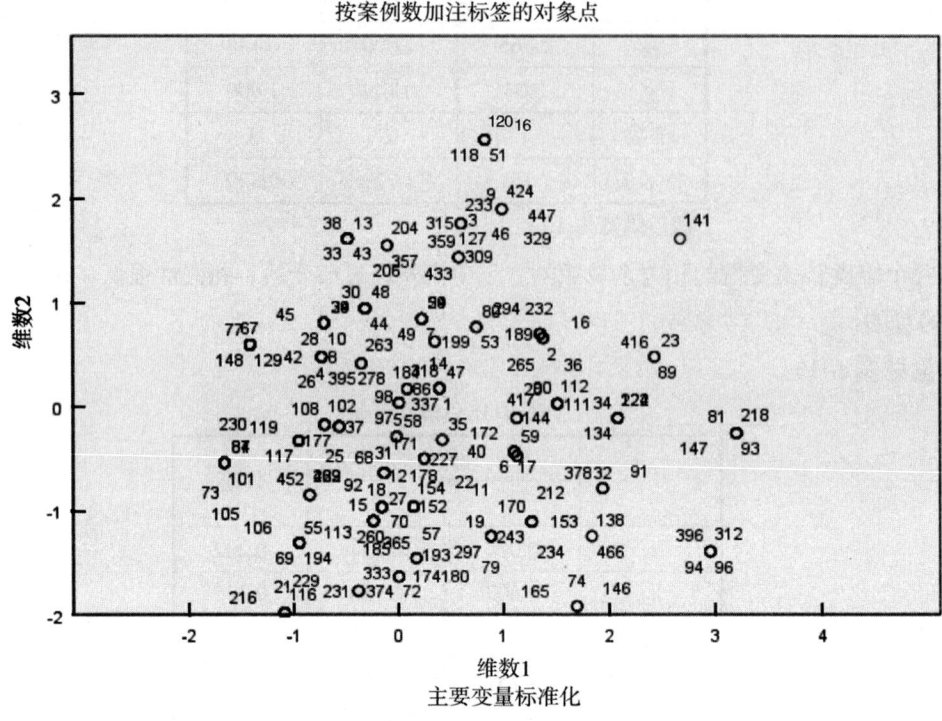

图 8-40 多元对应分析的案例坐标

图 8-40 是多元对应分析的案例坐标,一般认为从原点出发散点落在接近的方位的同一变量的不同类别具有相似的性质,从原点出发散点落在接近的方位的不同一变量的类别间可能有联系。注意 141 点是一个孤点,它的不同类别与任何其他变量的不同类别在性质上不相近。

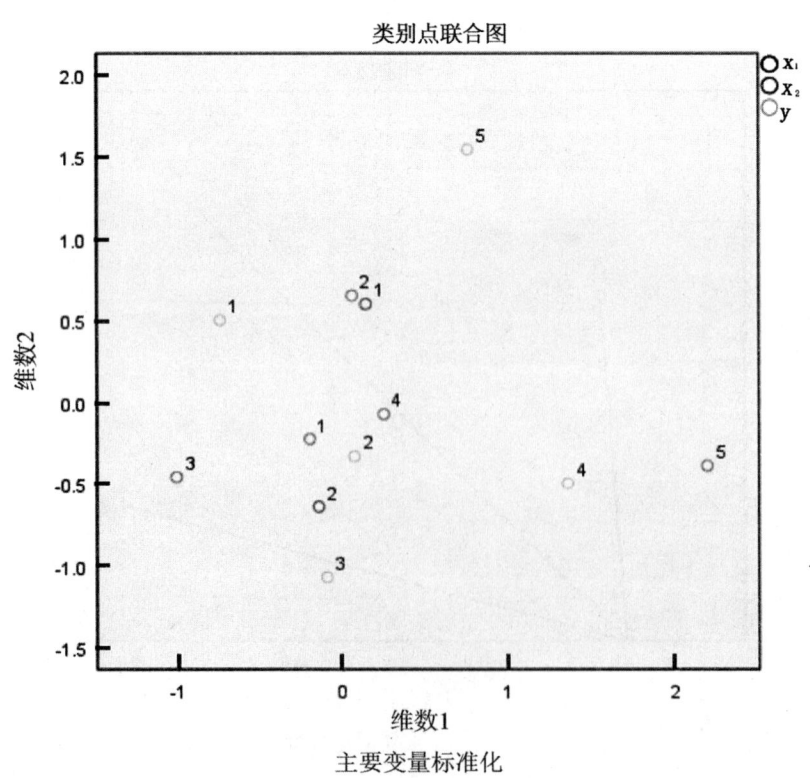

图 8-41 类别点联合

图 8-41 是类别点联合，从图可见，男生二年级满意度较低，但也有满意度较高者，但持一般评价的非常少，男生其他年级评价不明显。女生一、四年级评价低的多，女生其他年级评价不明显。总的说来评价高的都很少。

2. 交叉表输入法

大多情形下，我们面对的往往是交叉表。在对具体问题进行分析时，我们时常需要同时对多个分类变量的相关性进行考察，此时虽然能够使用多层次列联表进行分析，但观察不便，同时简单对应分析受到分析变量个数的限制对此也无能为力。这种情况下，我们可以借助多重对应分析过程来达到分析目的，并以图形的方式展示分析结果。

在进行多重对应分析时，须注意变量值（不是变量类型）必须为数值型，且取值不能出现 0，这是与简单对应分析的一个区别。另外，为保证与 SPSS 的默认设置相符，一般应使各分类变量的取值从 1 开始。下面说明操作步骤。

例：我们用 1 表示男、2 表示女；用 1 表示文学、2 表示数学、3 表示外语、4 表示工科；用 1 表示一年级、2 表示二年级、3 表示三年级、4 表示四年级、5 表示研究生。某工科图书馆学生借书，他既可能一次只借一个方面的书，也可能一次借多方面的书，如既借文学方面的书，也可能同时借数学或其他书，但每个学生借书一般有一个主要方向，我们忽略次要方向，只记主要方向的借书次数，得到借书次数的数据（量虚拟数据），见表 8-16：

表 8-16 借书次数的数据

		一年级	二年级	三年级	四年级	研究生
男	文学	1152	2823	2455	1531	939
	数学	883	525	335	221	45
	外语	2751	1524	212	112	575
	工科	132	275	327	852	212
女	文学	921	1875	2224	2283	1548
	数学	575	579	52	29	3
	外语	213	355	84	49	29
	工科	87	213	247	1481	139

我们用数字代表性别和书种，见表 8-17：

表 8-17 替换后的借书次数的数据

		1	2	3	4	5
1	1	1152	2823	2455	1531	939
	2	883	525	335	221	45
	3	2751	1524	212	112	575
	4	132	275	327	852	212
2	1	921	1875	2224	2283	1548
	2	575	579	52	29	3
	3	213	355	84	49	29
	4	87	213	247	1481	139

数据坐标化，对每一个数据先表明其对应的块（性别）、行（图书类别）、列（年级）。顺序是原表中一行填完后，再填下一行，见表 8-18：

表 8-18 数据输入格式

性别	图书类别	年级	频率
1	1	1	1152
1	1	2	2823
1	1	3	2455
1	1	4	1531
1	1	5	939
1	2	1	883
1	2	2	525
1	2	3	335
1	2	4	221
1	2	5	45
1	3	1	2751
1	3	2	1524
1	3	3	212
1	3	4	112
1	3	5	575
1	4	1	132
1	4	2	275
1	4	3	327
1	4	4	852
1	4	5	212
2	1	1	921
2	1	2	1875
2	1	3	2224
2	1	4	2283
2	1	5	1548
2	2	1	575
2	2	2	579
2	2	3	52
2	2	4	29
2	2	5	3
2	3	1	213

续　表

性别	图书类别	年级	频率
2	3	2	355
2	3	3	84
2	3	4	49
2	3	5	29
2	4	1	87
2	4	2	213
2	4	3	247
2	4	4	1481
2	4	5	139

SPSS 操作步骤如下。

（1）打开 SPSS 界面，确定变量

点击"变量视图"，我们用 x_1 表示性别、x_2 表示类别、x_3 表示年级、y 表示频次，把这些变量填入"变量视图"界面，见图 8-42：

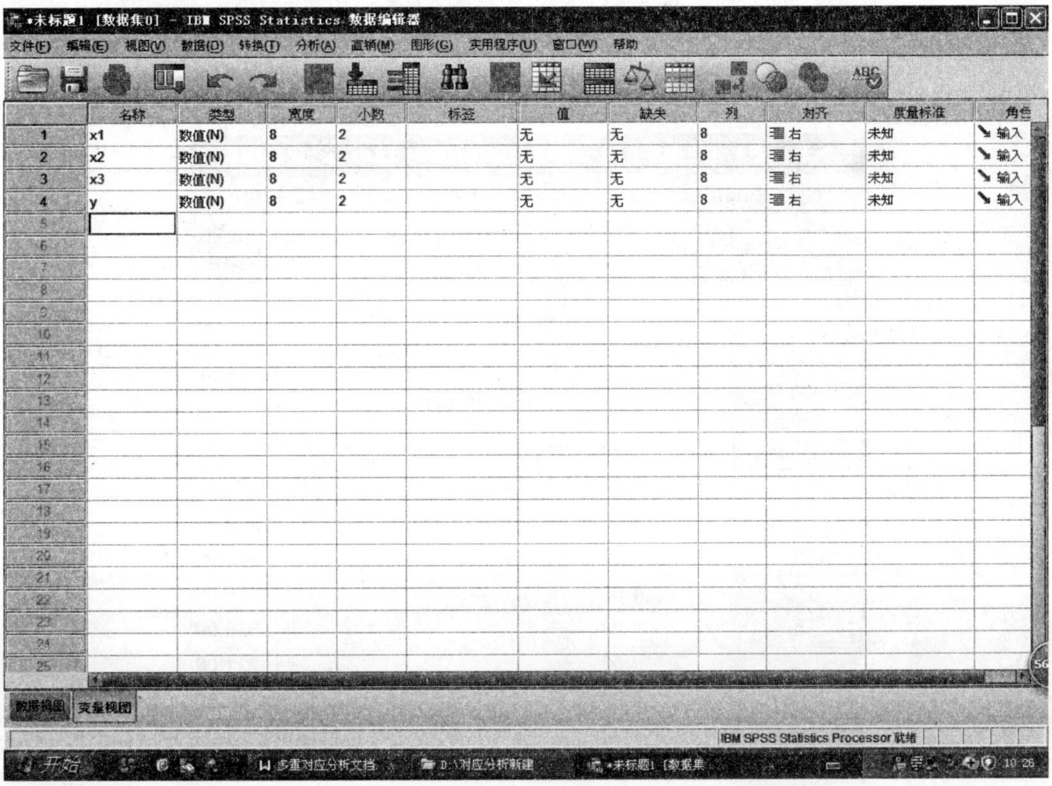

图 8-42　"变量视图"界面

（2）数据粘贴

点击"数据视图"，把数据粘贴过来，见图 8-43：

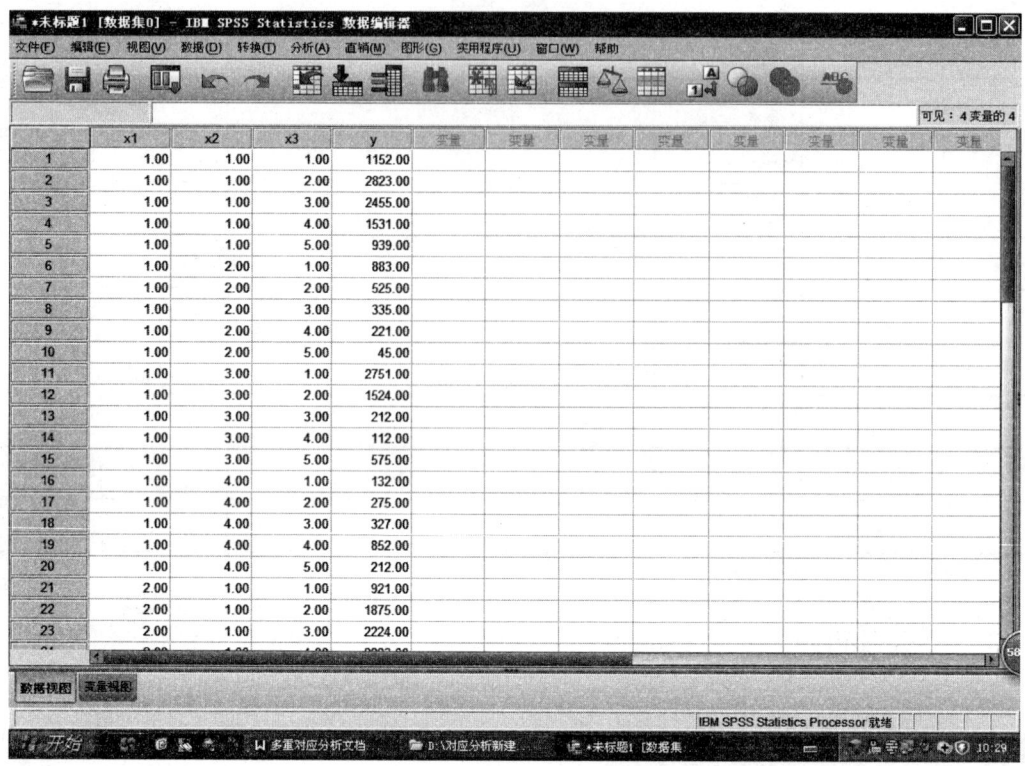

图 8-43 SPSS 数据输入格式

（3）数据加权分析路径

点击菜单中的"数据"，鼠标下滑到"加权个案"，见图 8-44：

图 8-44 分析路径

点击"加权个案"键,得到"加权个案"对话框,见图8-45:

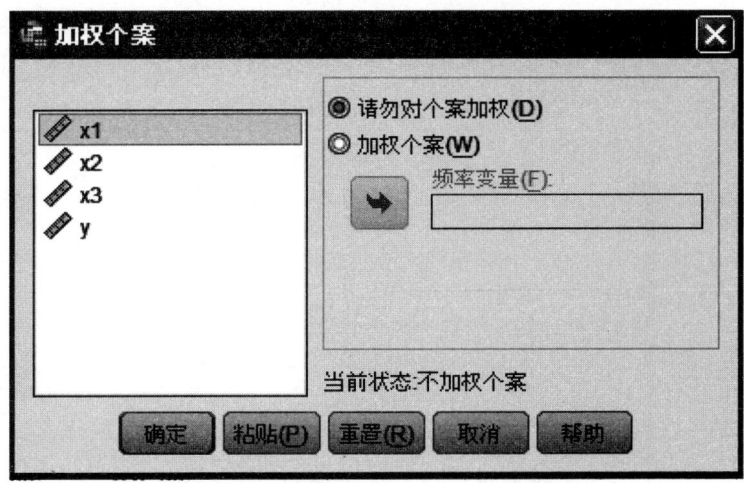

图 8-45 "加权个案"对话框

点击"加权个案"对话框中的"加权个案"键,此时"频率变量"框变亮,见图8-46:

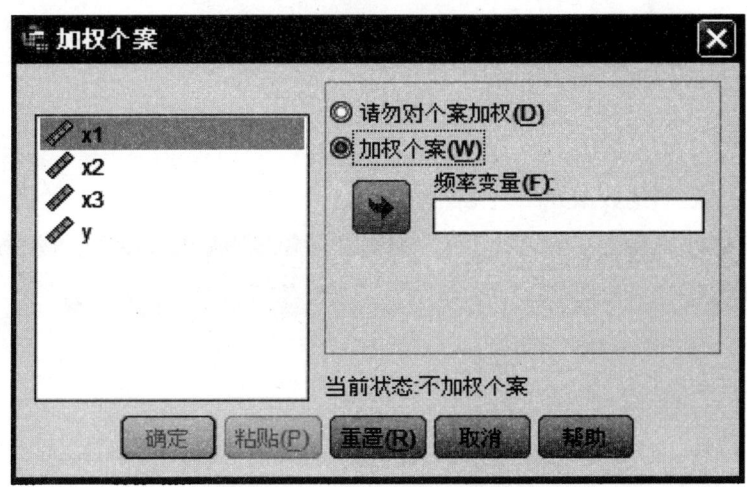

图 8-46 对话框中个案被确定加权

我们将 y 点进"频率变量"框,见图8-47:

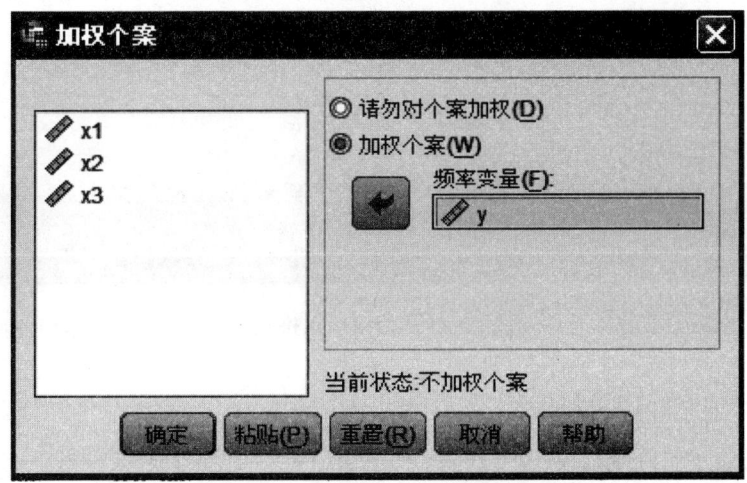

图 8-47 对话框中加权变量被确定

点击框中的"确定"键,完成对数据的加权。此时出现输出结果页,见图8-48:

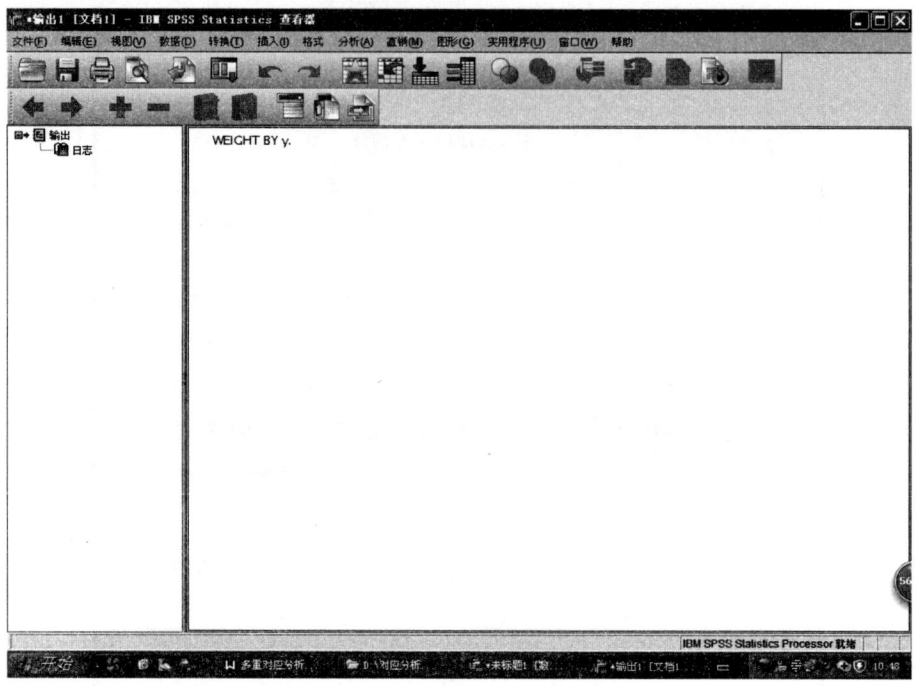

图8-48 输出结果页

我们删除此结果页,返回到数据界面,见图8-49:

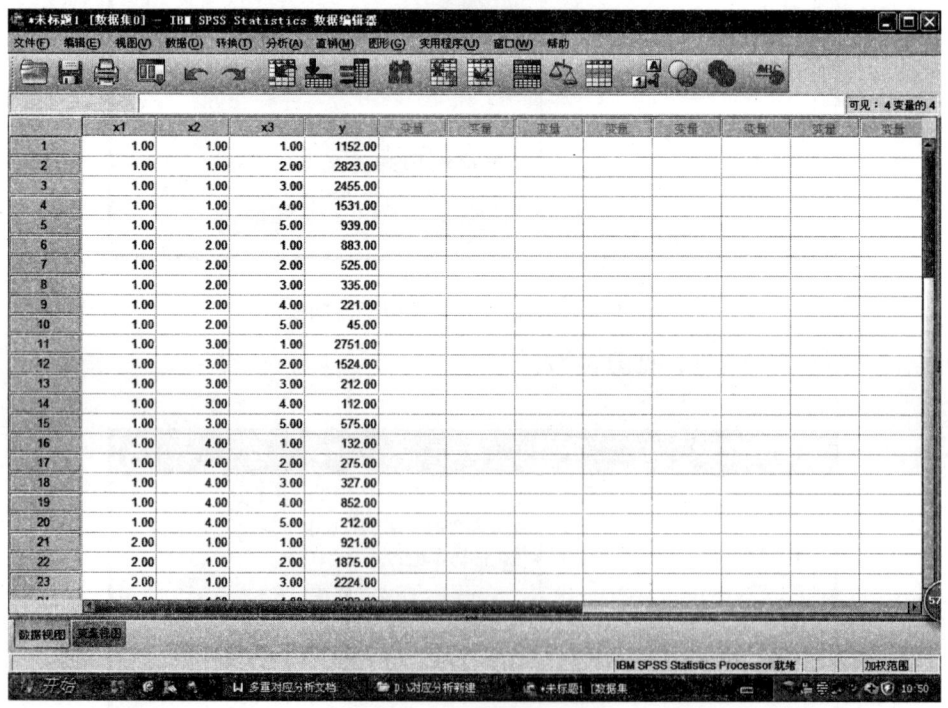

图8-49 数据输入格式

(4)"对应分析"分析路径

点击菜单中的"分析",鼠标下滑到"降维",鼠标右滑,接着下滑到"最优尺度",见图8-50:

图 8-50 分析路径

点击之,得到"最佳尺度"对话框,见图 8-51:

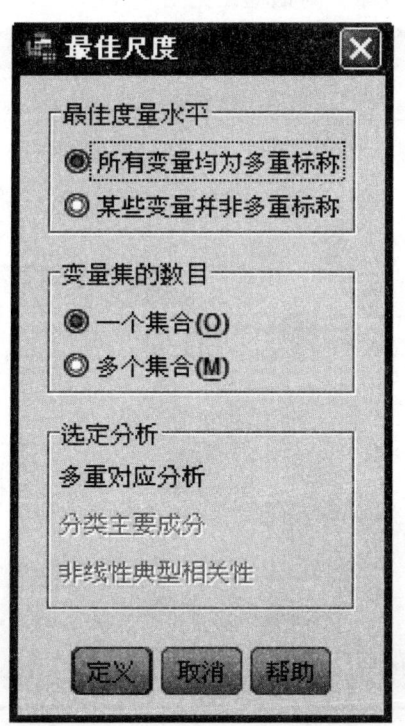

图 8-51 "最佳尺度"对话框

点击"定义"键,得到"多重对应分析"对话框,见图 8-52:

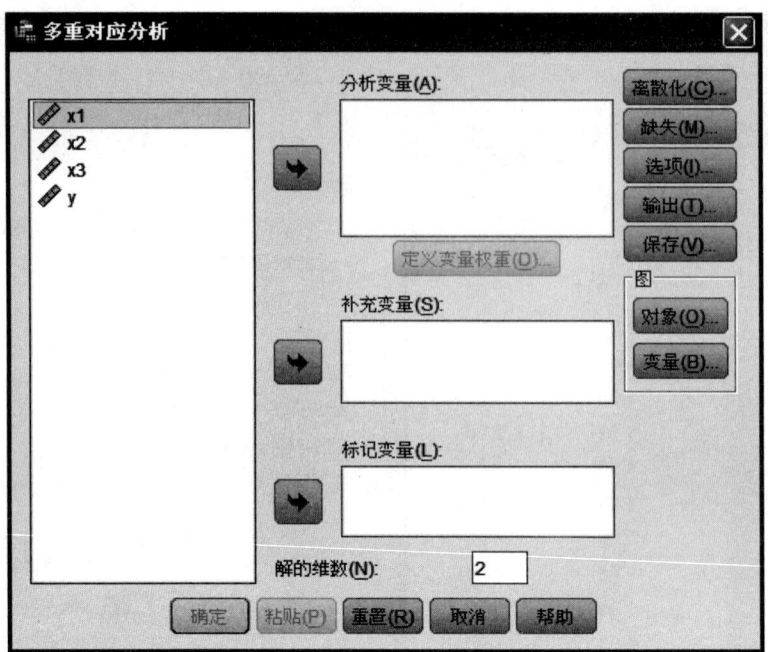

图 8-52 "多重对应分析"对话框

(5) 变量确定

我们将 x_1、x_2、x_3 点进"分析变量"对话框,见图 8-53:

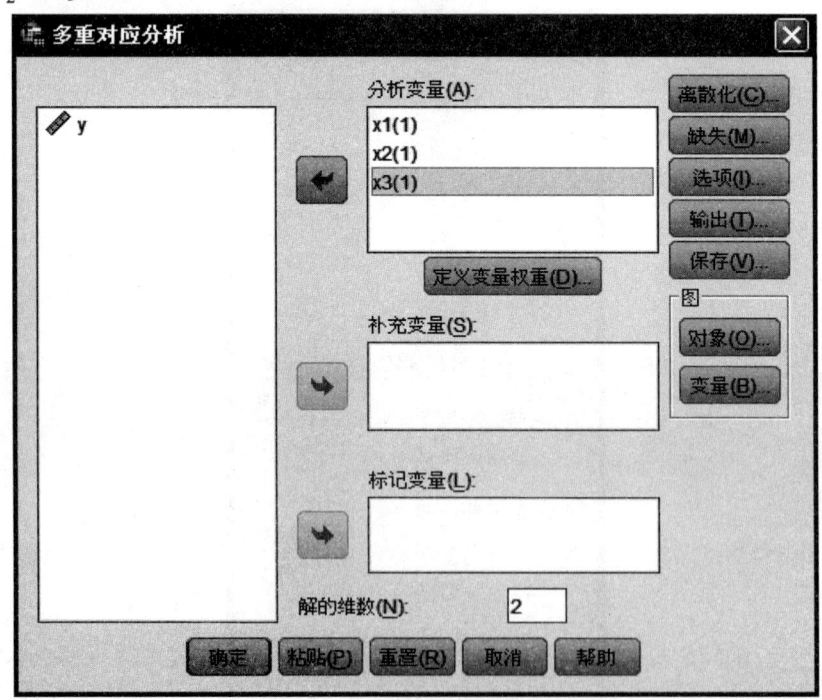

图 8-53 对话框中变量被确定

点击"分析变量"框中的 x_1(1),见图 8-54:

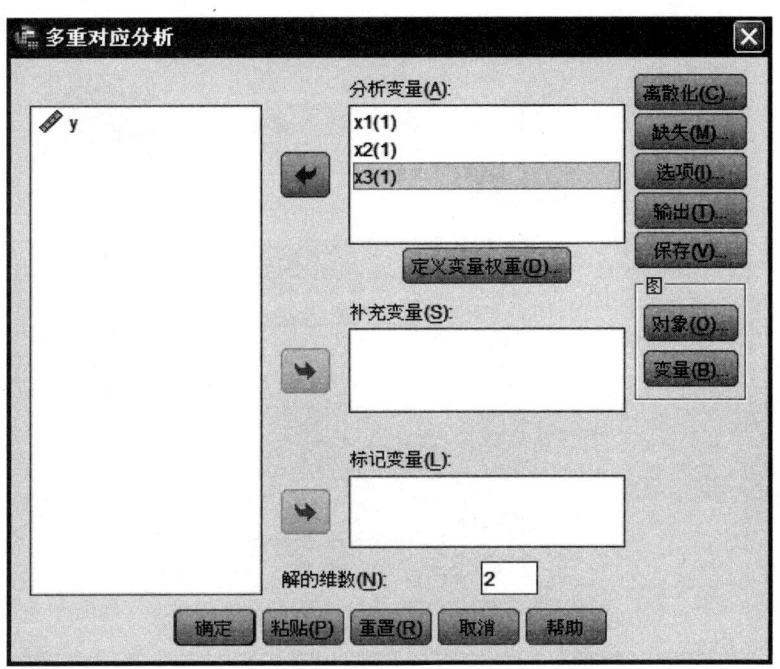

图 8-54

接着点击"定义变量权重"键,得到"MCA:定义变量权重"对话框,见图 8-55:

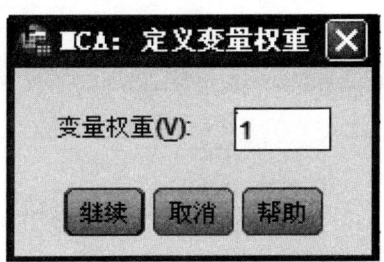

图 8-55 "MCA:定义变量权重"对话框

x_1 表示性别,默认值为 1,我们可根据自己的判断设置权重值,比如说权重为 2,见图 8-56:

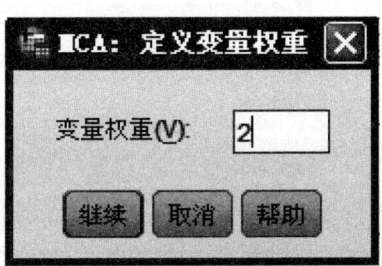

图 8-56 对话框中一个变量"权重"被设置

点击"继续"键,返回到"多重对应分析"对话框,见图 8-57:

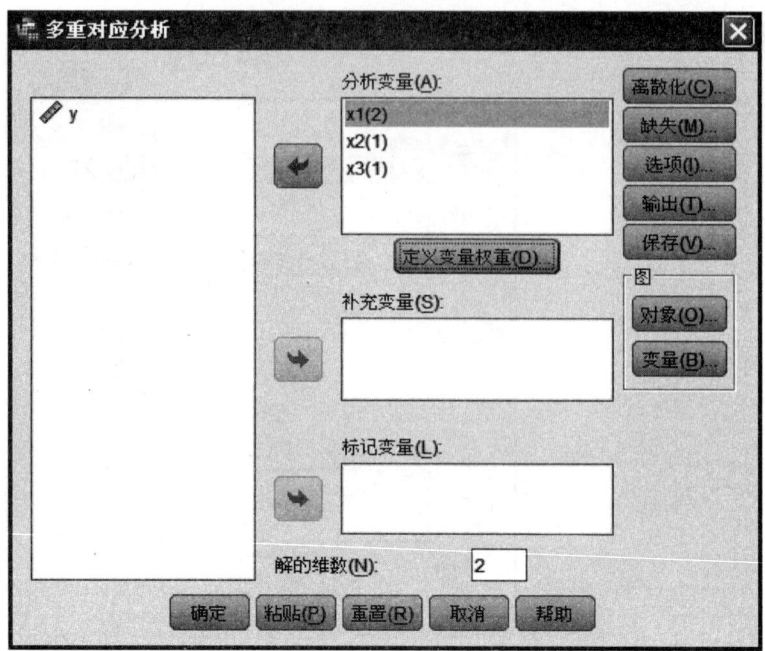

图 8-57 "多重对应分析"对话框

从上图可看到：x_1 后边括号中的值由原来的 1 变成了 2。同理定义 x_2、x_3 的权重值，如 x_2 的权重值为 4，x_3 的权重值为 5，见图 8-58：

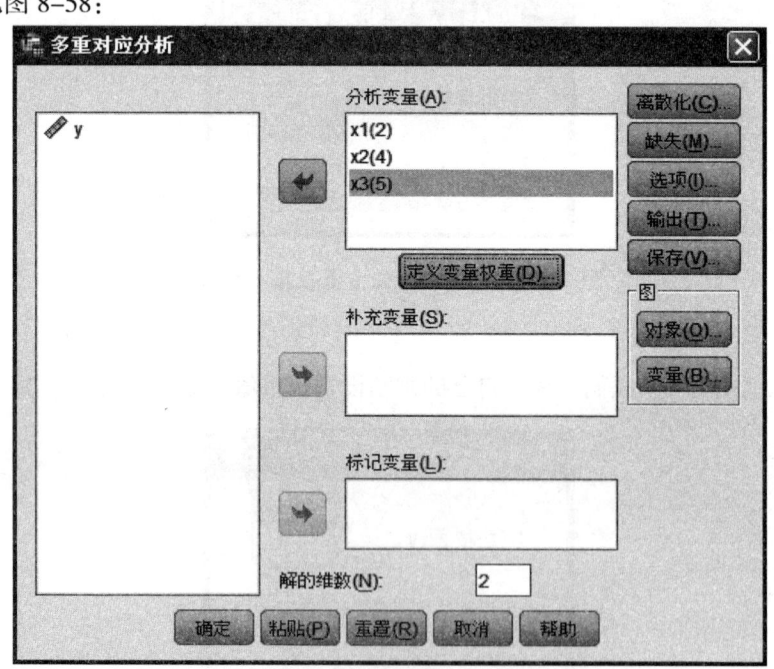

图 8-58 对话框中多个变量"权重"被设置

我们所给的权重仅是为了举例，并无实质意义。解决实际问题时，给出的权重必须符合实际，不能随意，若无把握时，就取系统的默认值 1 为权重。

（6）输出图形的设置

点击"图"框中的"变量"，得"MCA：变量图"对话框，见图 8-59：

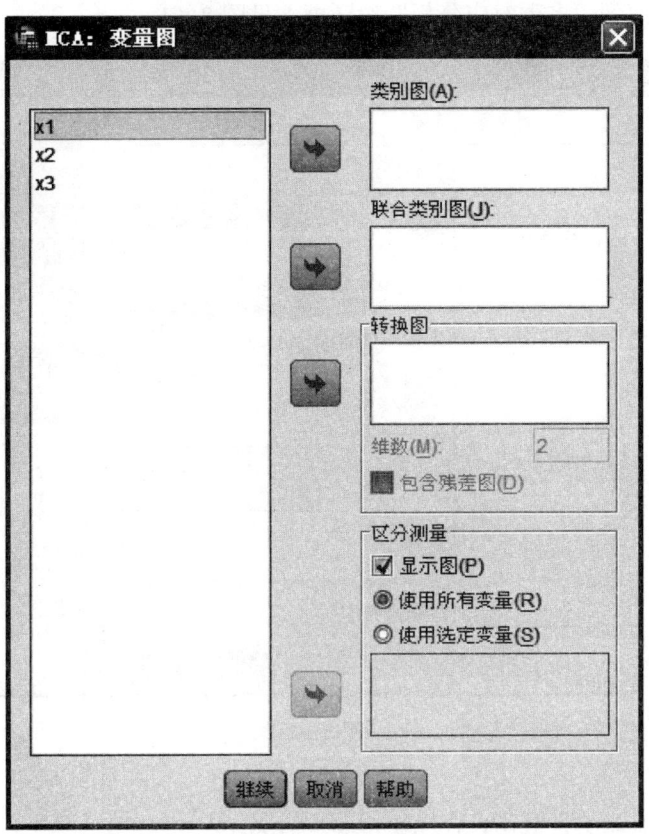

图 8-59 "MCA：变量图"对话框

把 x_1、x_2、x_3 点进"联合类别图"框，见图 8-60：

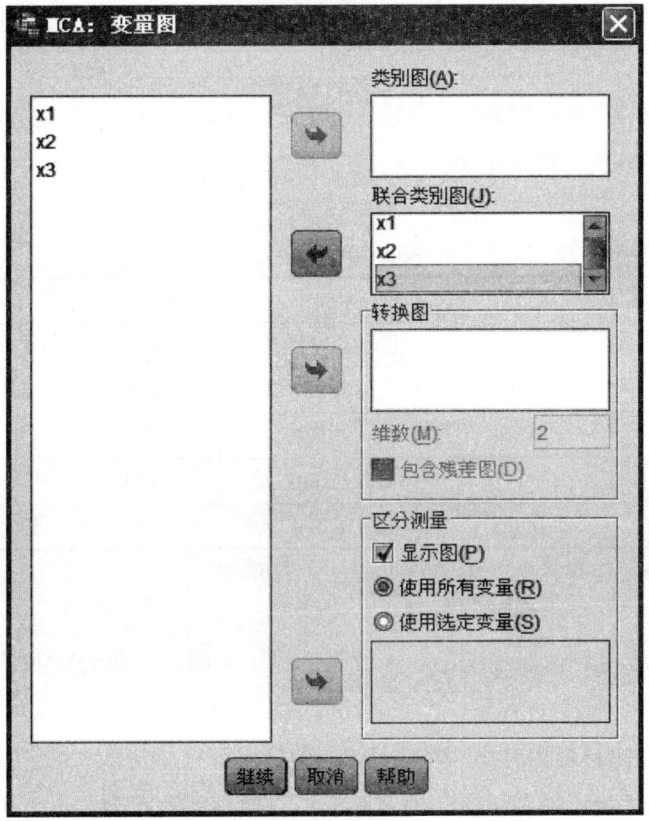

图 8-60 对话框中变量被确定

点击"继续"键,返回到"多重对应分析"对话框,见图 8-61:

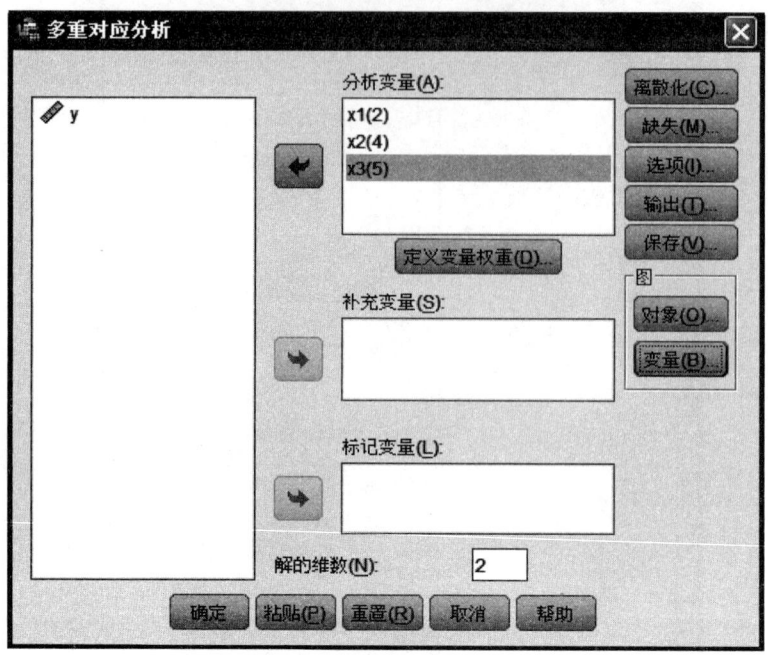

图 8-61

(7) 结果与分析

点击"确定"键,得到结果。其中迭代历史记录见表 8-19:

表 8-19　迭代历史记录

迭代数目	方差考虑情况		损失
	总计	增量	
46^a	6.393828	0.000009	4.606172

注:a 表示因为获得收敛的检验值,所以迭代过程停止

此表告诉我们,迭代 46 次,得到结果。

模型汇总见表 8-20:

表 8-20　模型汇总

维数	Cronbach's Alpha	解释		
		总计(特征值)	惯量	方差的 %
1	0.944	7.051	0.641	64.099
2	0.908	5.737	0.522	52.152
总计		12.788	1.163	
均值	0.928^a	6.394	0.581	58.126

注:a 表示总 Cronbach's Alpha 基于平均特征值

模型汇总表对得到的维度对原始变量的解释效果进行了说明,此表告诉我们本例的设置中默认了输出两个维度,故下表显示了两个维度的情况。其中,Cronbach's Alpha 系数是一个可靠性指标,也叫信度指标,是判断两个维度对数据信息的解释力有多大可靠性,一般情况下很难达到 0.9,当然最理想的状态是达到 1,也就是 100%,但这个只是理论上的最可信,而实际上可以说永远达不到。最低可以接受的值也是要看不同的学科要求的,像医学的要求会比较高,而一般的经济、社会学达到 0.6 以上即可。Cronbach's Alpha 系数在 0.8 以上非常好,在 0.7 以上较好,在 0.6 以上可以接受,在 0.6 以下,不能接受。

特征根的指标是特征根的取值大于 1 为好。本例的 Cronbach's Alpha 系数，在一个维度上为 0.944，一个为 0.908，都非常好。本例的两个维度的特征根都远大于 1，非常好。

由于在多重对应分析过程中进行了最优变换（因此 SPSS 将多重对应分析过程置于 Optimal Scaling 菜单下），两维度的特征根是独立提取的，故两者之间不宜进行比较，其加总也不能说明模型的总体解释程度，这是同简单对应分析的另外一个区别。

本例的联合分类见图 8-62：

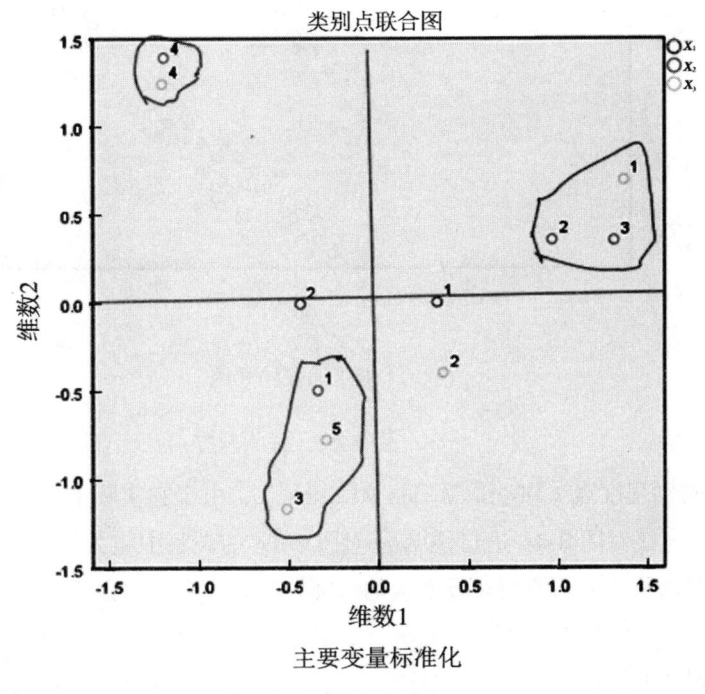

图 8-62　联合分类

联合分类图中，不同的点代表了不同的变量，变量的取值直接标注在图中，通过观察变量取值的相对位置，可以分析变量取值间相关性的强度。为了便于观察，在图中添加了参考线，将其划分为四个象限，可以认为处在同一象限且相对位置较近的变量取值之间存在着比整体分布情况更强的关联，对图 8-62 可以做出如下解读：

图中 1 表示性别，2 表示书的种类，3 表示年级。显然性别把图分成两半，左半边是男生，右半边是女生。一年级女学生喜欢借外语书籍和数学书；二年级女生喜欢借书无明显偏好，略喜欢文学；三年级男生和男研究生喜欢借文学书；四年级男生喜欢借工科专业书。

写科技论文，免不了截图。有时需要在图上添加曲线、直线、多边形等，要做到这一点，可以先建一个临时 word 文档，在 word 文档中复制粘贴图形，点击 wsp 上的"插入"，再点击 wsp "插入"界面上的"形状"键，选 s 形（表示曲线）点击之，把鼠标在图上需要画图的位置点击。拖动鼠标在图上画形状，边画边点击，否则画线变动不定，但不要一次画完封闭曲线，留个缺口，双击鼠标，鼠标不再画线，然后再画一次曲线，把缺口堵上，这样我们就得到一个想要的闭曲线图形，有时我们会画错，需要擦掉某个曲线，用鼠标左键选中所要删除的区域，同时按 delete 键即可。图画好后，画的图与粘贴图形仍然是两张皮，前边稍有变化，二者就会脱离，我们可用截图的方法来解决这个问题，把画好的图截图粘贴到科技论文需要处，然后裁剪掉多余部分，别忘记保存。

图 8-63 告诉我们哪些样本比较接近。

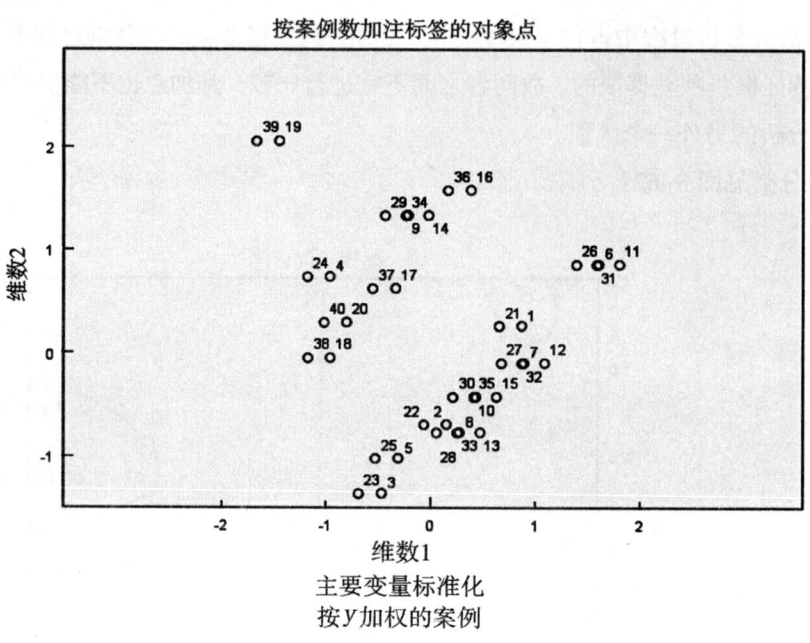

图 8-63 样本对应

接下来给出的是判别程度表（Discrimination Measures），由于它实际上就是各变量在判别程度测量图上的坐标，在此略过，直接对图 8-64 进行说明。对图 8-64 的观察中应关注各变量坐标同原点的距离，即线段的长度。线段长度越长，表明模型对改变量的解释性越好。图中可以看到年级变量的线段最长，且在两个维度上的取值都较高，则模型对该变量的解释力最强，即借书数量与年级有较大关系。性别变量的线段最短，实际上它特别接近原点，则模型对该变量的解释力最弱，即借书数量与性别差异不大。另外，观察中还应关注两两变量与原点连线间的夹角，该夹角越小，表明两变量间的关系越紧密。实际上，由于所有变量间的夹角都是较小的锐角，反映出各变量间均有一定的关系，而关系的强弱区分不大。图书类别线也较长，说明借书数量与图书类别有较大关系，有的类别的图书借的多，有的类别的图书借的少。

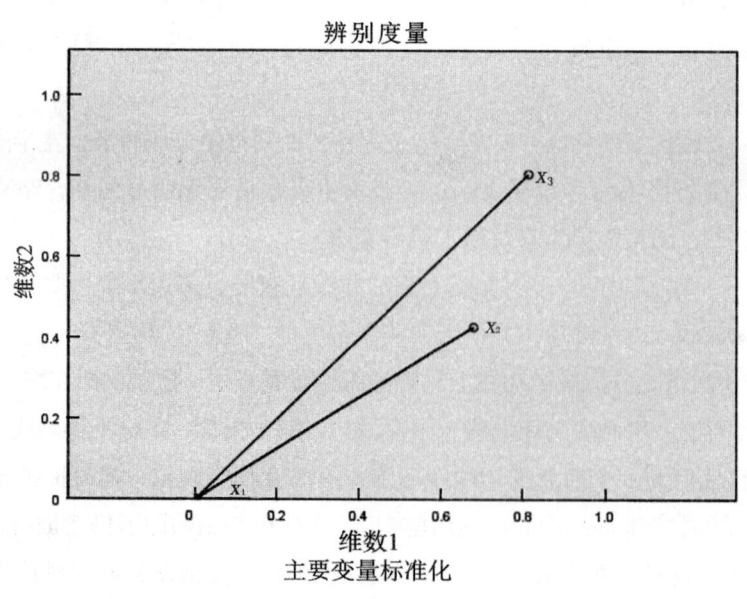

图 8-64 辨别度量

第九章　多维标度法

多维标度法也叫多维量表分析、多维尺度分析、相似度结构分析,是多重变量分析的方法之一,是社会学、图书馆学、数量心理学、市场营销等统计实证分析的常用方法。

给你一张地图,你很快就可以量得这张地图上任何一对城市间的距离,但若给你若干个城市之间的距离,你能不能在纸上确定它们之间的相对位置呢? 进一步,假定给你的仅仅是这些城市的等级距离,即只让你知道哪两个城市最近、哪两个城市次近等,你是否还能在纸上确定它们之间的相对位置? 显然, 这是一类令人感兴趣的问题。多年来,统计学家一直试图解决这类问题。

多维标度法往往是从收集被试对客体间的相似性(或不相似性)评价开始的。在得到客体间相似性数据以后,许多种多维标度法都要求把相似性数据或不相似性数据转换成绝对距离数据,一般认为:不相似数据与距离数据之间存在单调关系,但不一定是线性关系。多维标度法是一种利用客体间的相似性数据去揭示它们之间的空间关系的统计分析方法。因此,有不少文献作者将它称为研究相似性数据的空间表示的方法。

多维标度法分度量与非度量两种,若数据是尺度变量,我们用度量多维标度法,当数据是名义变量和尺度变量时,用非度量多维标度法。

多维尺度分析会给出 Stress 和 RSQ 值,分别表示信度和效度的估计值。一般而言 Stress<0.2、RSQ>0.8 时,结果是可信且有效的,并且 Stress 值越小、RSQ 值越大越好。运用多维尺度分析能通过低维空间(通常是二维空间)直观地展示资源实体(如文献、关键词、作者)之间的关联,并利用平面距离来反映资源实体之间的相似程度,从宏观上揭示学科研究领域的主题结构分支,而且多维尺度分析的图形显示结果非常直观和形象,但是如何确定各个聚合群体的边界和数? 一种方法难以做到的,一般需要借助聚类分析和因子分析的结果。多维尺度分析显然可以较好地观察到变量间的关系。有高度相似性的点聚集到一起,形成科学共同体,并且,越居中的关键词与其他关键词的联系越多,在该领域中的地域越核心,反之则越独立。

第一节　多维标度法在图书情报领域的应用

一、为绘制知识地图打基础

赵一鸣选择了 MDS 可视化的方法将词条在高维空间中的邻近关系投影到人们可视的低维 MDS 空间图中,使用低维的空间对象结构来映射高维空间中的对象之间的关系和结构。

张天等人以 CNKI 数据库收录的国内学科信息服务研究论文为基础,利用 SPSS 统计软件绘制多维尺度分析图谱并进行可视化分析。

二、为分析竞争对手打基础,在多维标度图中,距离越近越是对手

贾彦龙、谭宗颖将共链分析方法应用到了国内这一竞争激烈的行业中。通过多维尺度方法的选取,利用 SPSS 分析得到 31 家企业的二维散点图,对这些企业在饮料制造业中彼此间的竞争对手有了一个整体、清晰的判断。

第二节 距离数据对称矩阵的多维标度法的 SPSS 操作步骤

不相似数据:如果用较大的数值表示非常不相似、较小的数值表示非常相似,则数据为不相似数据,也叫距离数据。距离数据对称矩阵指矩阵完全对称,行与列表示相同的项目。此处多维标度法处理的是对称数据,即把数据列成矩阵,矩阵必是对称矩阵,或多个对称矩阵竖直连接成的矩阵,不符合此条件的数据不能用距离数据对称矩阵做多维标度分析。行与列的距离在行与列的交汇处。

例:为了从期刊质量、刊载内容上向读者了解 15 种期刊的相似度,我们从相异度入手。

首先,对每个被访者的每一级分类构造期刊分类矩阵,其方法如下:每个被访者的一级分类的资料可以排列成一个以 1 和 0 构成的期刊分类矩阵。该矩阵的对角线元素为 0,若行期刊 i 与列期刊 j 不属于同一组,则该期刊矩阵的 i 行 j 列的元素为 0;若两者属于同一组,则 i 行 j 列的元素为 1(只须考虑 $i \geq j$ 的情形)。

其次,将每个被访者的各分类矩阵的对应元素加起来,便可得到每个被访者的总和期刊分类矩阵,它表示对于该被访者,期刊两两之间有多少次机会被归为同类。

再次,构造总和期刊分类频数矩阵。将所有被访者的总和期刊分类矩阵的对应元素加起来,便可得到总和期刊分类频数矩阵。显然,矩阵中元素的值越大,则它对应的一对期刊间相异度越高。矩阵中元素的值越小,则它对应的一对期刊间相似度越高。

例:调查了 620 个读者,评价某领域 15 种期刊的质量和刊载内容,记录认为差异较大的人数,见表 9-1:

表 9-1 距离矩阵

	期刊1	期刊2	期刊3	期刊4	期刊5	期刊6	期刊7	期刊8	期刊9	期刊10	期刊11	期刊12	期刊13	期刊14	期刊15
期刊1	0	386	357	411	394	79	49	401	263	162	408	443	212	354	212
期刊2	386	0	115	236	303	429	476	229	214	302	237	245	360	175	449
期刊3	357	115	0	231	306	415	452	207	172	205	264	226	395	47	456
期刊4	411	236	231	0	259	493	494	88	320	383	392	391	428	201	509
期刊5	394	303	306	259	0	401	390	161	362	375	185	370	197	246	425
期刊6	82	429	415	493	401	0	0	486	280	182	405	452	219	430	45
期刊7	49	476	452	494	390	0	0	465	342	268	415	471	166	452	152
期刊8	401	229	207	88	161	486	465	0	314	378	318	296	387	185	506
期刊9	263	214	172	320	362	280	342	314	0	132	331	349	304	168	281
期刊10	162	302	205	383	375	182	268	378	132	0	335	318	291	240	276
期刊11	408	237	264	392	185	405	415	318	331	335	0	250	257	273	391
期刊12	443	245	226	391	370	452	471	296	349	318	250	0	401	288	476
期刊13	212	360	395	428	197	219	166	387	304	291	257	401	0	361	322
期刊14	354	175	47	201	246	430	452	185	168	240	273	288	361	0	449
期刊15	212	449	456	509	425	45	152	506	281	276	391	476	322	449	0

我们对其进行多维尺度分析如下。

一、输入变量

打开 SPSS 界面，点击变量视图界面，输入变量名称，见图 9-1：

图 9-1 输入变量后的变量视图界面

二、输入数据

点击数量视图，复制粘贴数据，见图 9-2：

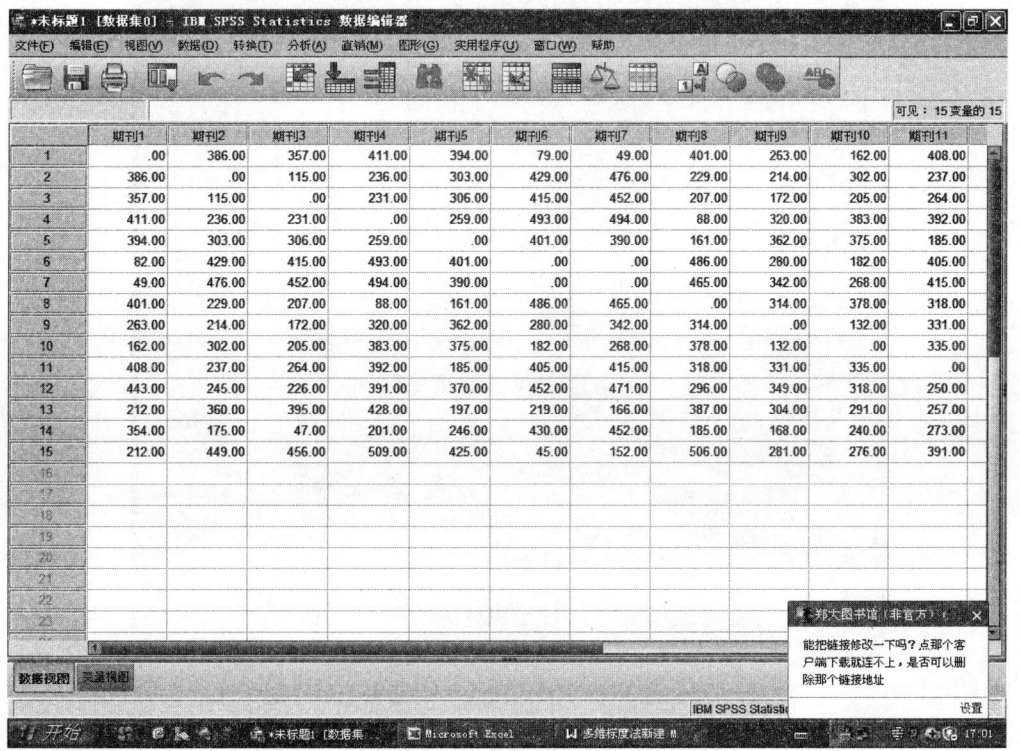

图 9-2 SPSS 数据输入格式

三、分析路径

点击菜单中的"分析"键,鼠标下滑到"度量",鼠标右滑,接着下滑到"多维尺度(ALSCAL)(M)",见图9-3:

图 9-3 分析路径

点击之,得到"多维尺度"对话框,见图9-4:

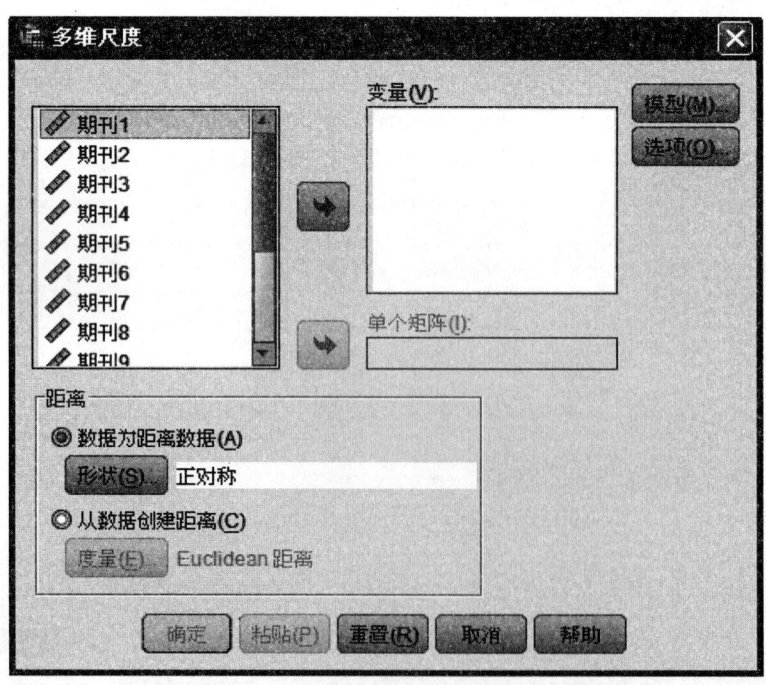

图 9-4 "多维尺度"对话框

四、变量确定

把备选框中的所有指标点进"变量"框,见图9-5:

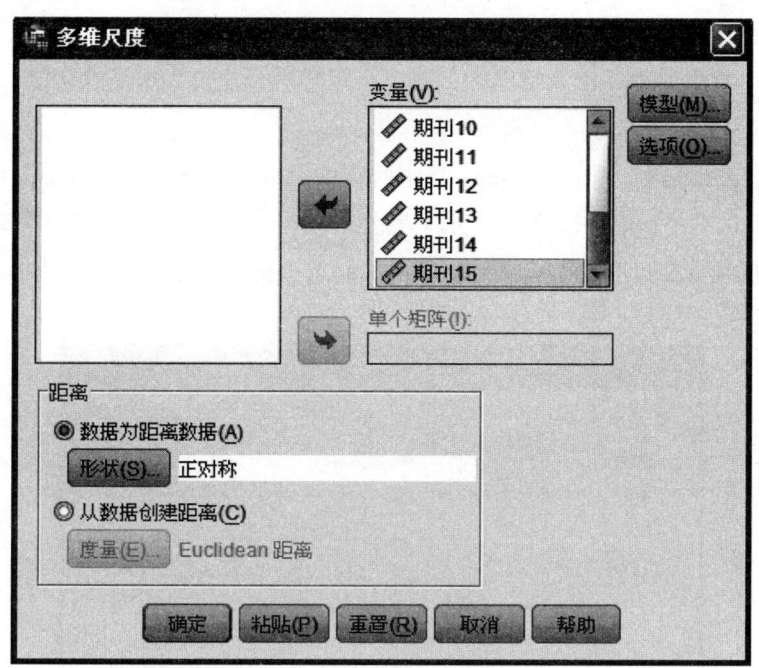

图9-5 对话框中变量被确定

由于原始数据已是距离矩阵,因此不必理会"从数据创建距离"项。

五、模型确定

点击"模型"键,得到"多维尺度:模型"对话框,见图9-6:

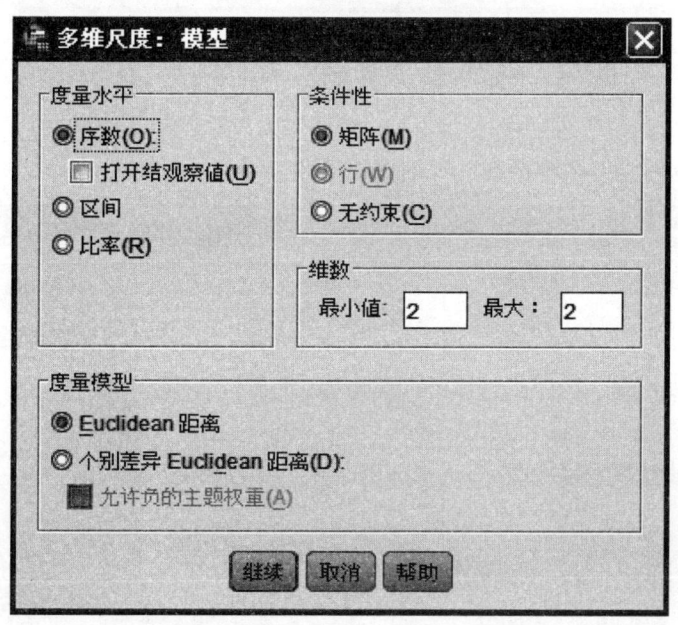

图9-6 "多维尺度:模型"对话框

"序数"表示数据是顺序尺度,这是默认值。表示如:高、中、低,强或弱,非常冷、较冷、适中、较热、非常热等。

"区间"表示数据是等距尺度。表示如:收入、年龄、工龄、受教育年限。做除法无意义,如一个人上四年级不等于两个人上二年级。

"比率"表示数据是等比尺度。表示如：重量、时间、长度、面积。做除法有意义。

"条件性"表示比较条件。

"矩阵"表示所有数据是由一个人给出的，可以全矩阵进行比较，这是默认值。若我们输入的数据是由一个人给出，标准统一，就选此项。

"行"表示行所有数据是由一个人给出的，行中所有单元格可以彼此进行比较（社会关系图就是这样，每行代表一个评分者）。不同于矩阵选项，要明白为什么这样，矩阵不一定适合每个案例。

我们的例子的数据是等距尺度的矩阵资料，所以我们选"比率"和"矩阵"两选项，见图9-7：

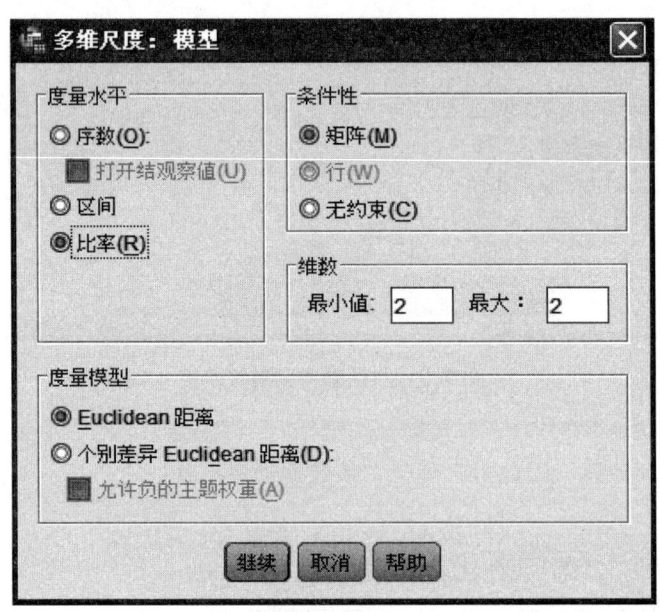

图9-7　对话框中"度量水平"和"条件性"被确定

点击"继续"键，返回到"多维尺度"对话框，见图9-7：

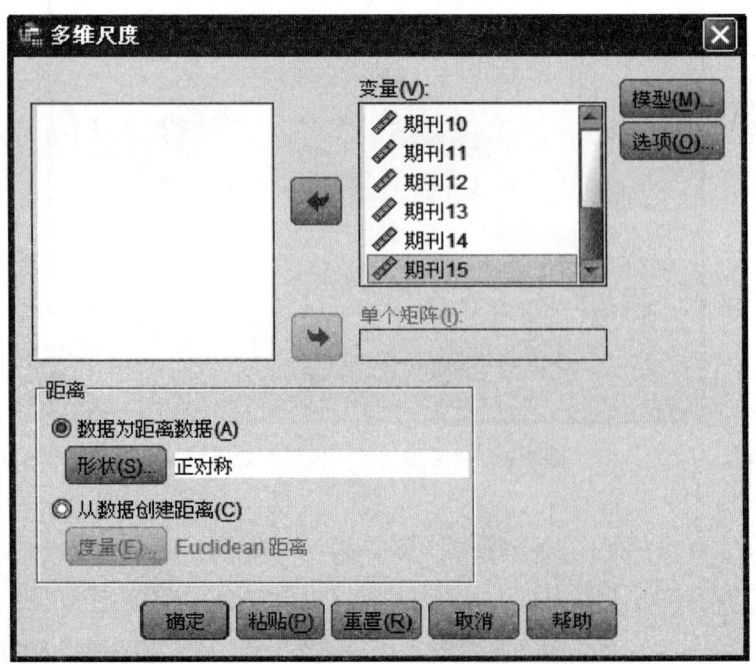

图9-7　"多维尺度"对话框

六、选项确定

点击"选项"键,得到"多维尺度:选项"对话框,见图9-8:

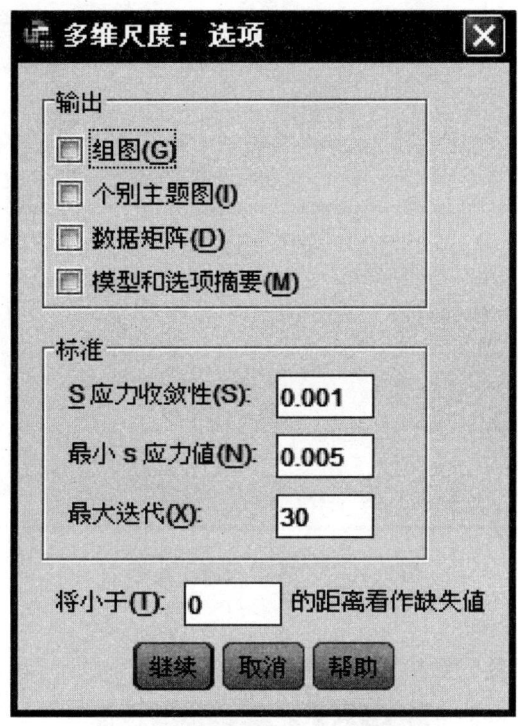

图9-8 "多维尺度:选项"对话框

在"输出"框选"组图",其余不理会,见图9-9:

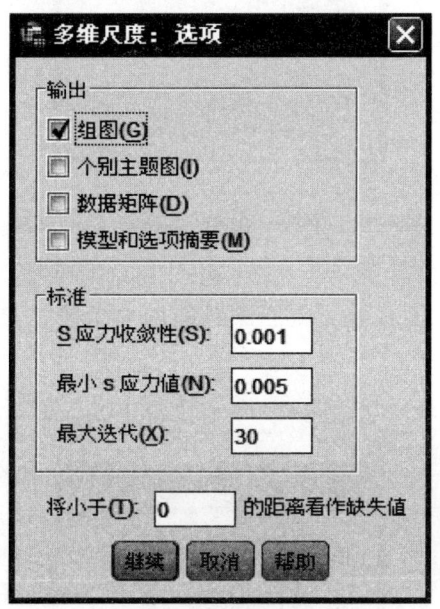

图9-9 对话框中输出图种被确定

点击"继续"键,返回到"多维尺度"对话框,见图9-10:

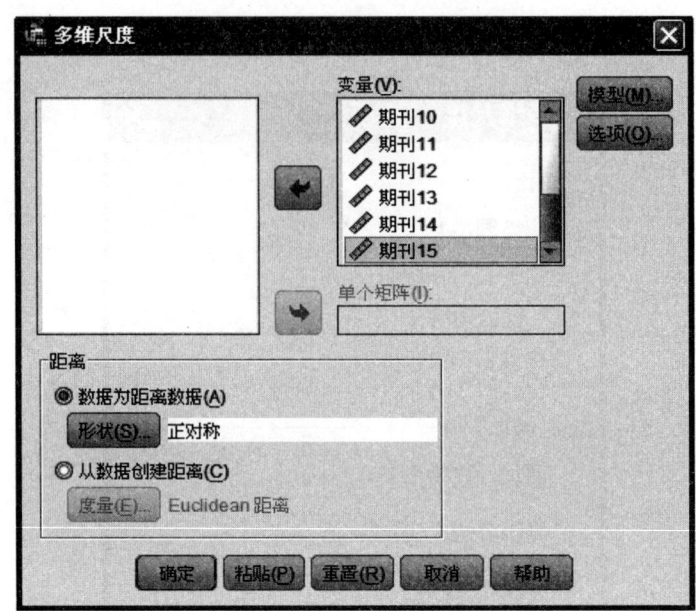

图 9-10 "多维尺度"对话框

七、确定数据矩阵形状

点击"数据为距离数据"下的"形状"键,得图 9-11:

图 9-11 表达"距离"数据形状的选择

有三种选项:①"正对称",指矩阵是正方阵,正好是一个对称矩阵。行与列代表相同项目,即样本与指标相同,上三角与下三角相应的值相等;②"正不对称",指矩阵是正方阵,但不是对称矩阵;③"矩形",指矩阵不是正方阵。

我们选"正对称"。此选项是软件默认选项,所以图形未变,见图 9-12:

图 9-12 "距离"数据形状被选定

点击"继续"键,返回到"多维尺度"对话框,见图9-13:

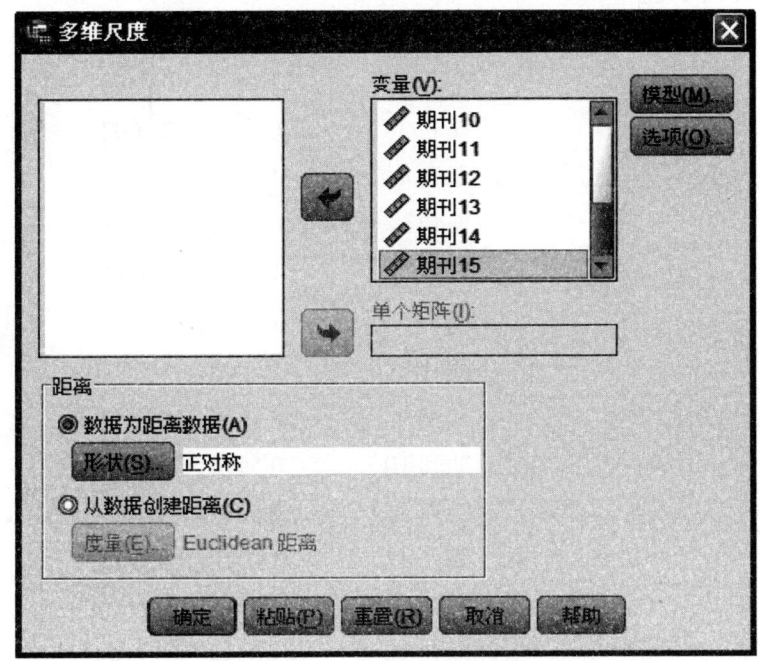

图9-13 "多维尺度"对话框

八、结果与分析

点击"确定"键,得到结果如下。

1. 二维解迭代记录(平方距离)

迭代次数	S-应力	改善幅度
1	0.26458	
2	0.21675	0.04782
3	0.21074	0.00602
4	0.21017	0.00057

因S-应力改善幅度小于0.001,迭代停止。仅迭代四次已达要求,收敛很快。由于迭代2次,应力误差小于0.05,故可进行二维多维尺度分析。

2. 应力与决定系数指标

决定系数代表各个客体间距离的变异量可以被该直觉构图解释的比例。Kruskal's应力系数与拟合优度间的关系见表9-2:

表9-2 Kruskal's应力系数与拟合优度的关系

应力系数	拟合优度
0.2	不好
0.1	尚可
0.05	好
0.025	非常好
0.000	完全拟合

对于本矩阵数据:应力=0.17491,决定系数=0.84296,说明拟合得尚可。

3. 用二维形式导出结构

观测物的坐标:

观测物序数	观测物名字	维数 1	维数 2
1	期刊 1	1.3723	0.2155
2	期刊 2	−1.1478	0.4336
3	期刊 3	−0.9933	0.6602
4	期刊 4	−1.5477	−0.5281
5	期刊 5	−0.5207	−1.3328
6	期刊 6	1.6770	0.1598
7	期刊 7	1.7761	−0.2906
8	期刊 8	−1.3704	−0.5607
9	期刊 9	0.1134	0.8886
10	期刊 10	0.5696	0.8462
11	期刊 11	−0.5067	−1.1448
12	期刊 12	−1.0928	1.1607
13	期刊 13	0.8942	−0.9671
14	期刊 14	−1.0344	0.2949
15	期刊 15	1.8113	0.1646

多维标度见图 9-14：

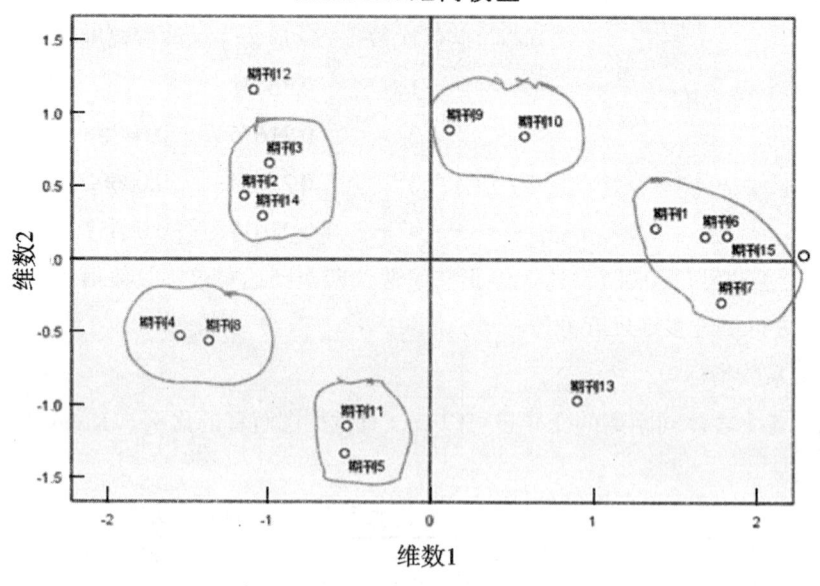

图 9-14 多维标度

从图 9-14 可发现：期刊 2、3、14 质量较接近；期刊 4、8 质量较接近；期刊 5、11 质量较接近；期刊 9、10 质量较接近；期刊 1、6、7、15 质量较接近；期刊 12、13 无质量接近期刊。

线性拟合的散点见图 9-15：

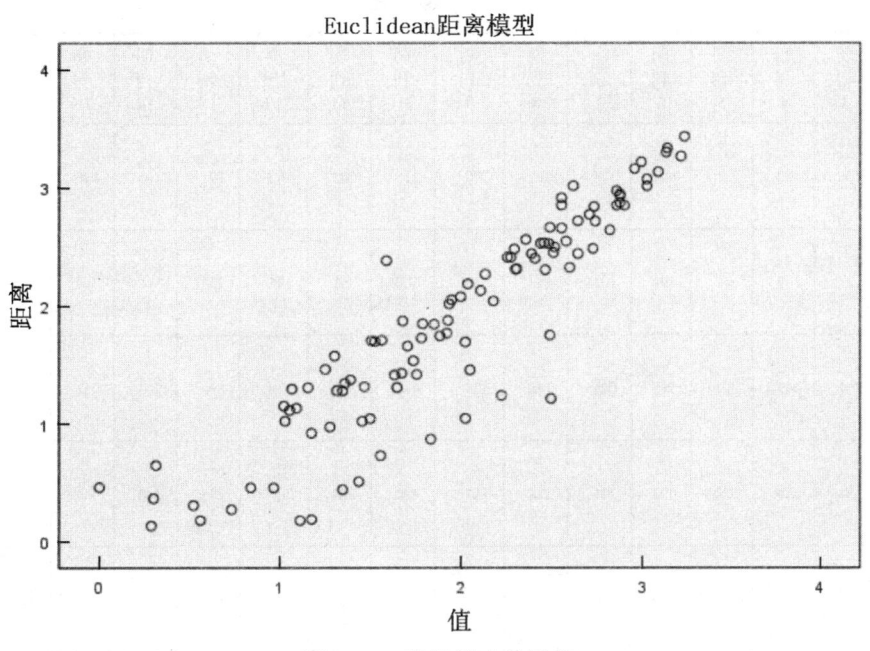

图 9-15 线性拟合的散点

从图 9-15 可看出拟合点不在一条直线上,所以拟合不算好。

第三节 距离数据正不对称矩阵的多维标度法的 SPSS 操作步骤

正不对称矩阵指矩阵是正方阵,但不是一个对称矩阵,虽然行与列代表相同项目,即样本与指标相同,行与列的距离在行与列的交汇处,但上三角与下三角相应的值不相等。

如排除自引的引用关系,甲引用乙的次数一般不等于乙引用甲的次数,形成了不对称矩阵,见表 9-3:

表 9-3 19 种图书情报领域核心期刊互引数据

	期刊1	期刊2	期刊3	期刊4	期刊5	期刊6	期刊7	期刊8	期刊9	期刊10	期刊11	期刊12	期刊13	期刊14	期刊15	期刊16	期刊17	期刊18	期刊19
期刊1	713	473	275	265	179	260	234	218	206	138	181	144	117	163	86	151	203	128	52
期刊2	1277	2359	889	871	699	679	542	1023	721	545	593	502	836	803	366	476	585	454	181
期刊3	190	260	752	64	65	48	56	276	324	414	353	370	645	704	161	184	248	195	59
期刊4	360	456	117	742	203	241	231	133	228	153	141	96	99	99	126	145	158	127	38
期刊5	905	837	200	676	1793	683	521	352	927	271	442	276	362	228	416	441	490	329	194

续 表

	期刊1	期刊2	期刊3	期刊4	期刊5	期刊6	期刊7	期刊8	期刊9	期刊10	期刊11	期刊12	期刊13	期刊14	期刊15	期刊16	期刊17	期刊18	期刊19
期刊6	553	592	146	460	330	697	325	202	398	216	205	160	171	136	170	206	263	183	86
期刊7	719	695	127	409	562	494	1034	243	580	100	308	196	233	146	304	346	421	303	123
期刊8	606	950	961	449	301	285	625	1487	324	414	353	370	645	704	161	184	248	195	59
期刊9	697	789	134	569	629	598	701	228	1115	172	288	201	235	142	346	353	400	258	167
期刊10	251	329	414	257	124	140	236	232	134	858	86	65	164	191	43	49	75	27	23
期刊11	400	431	249	268	191	201	320	241	227	135	566	141	198	182	95	130	129	121	36
期刊12	647	762	308	394	343	351	452	390	390	158	269	650	309	335	179	206	219	184	70
期刊13	795	1294	1038	654	473	431	411	1208	451	551	447	435	1970	852	240	298	309	274	90
期刊14	423	713	724	261	186	158	602	715	166	310	233	250	455	907	83	118	145	142	49
期刊15	495	611	84	420	536	460	401	231	585	136	221	197	249	145	650	339	352	193	125
期刊16	659	615	154	445	284	442	352	236	398	149	263	196	168	174	232	773	197	146	69
期刊17	811	1056	240	726	815	684	741	571	825	382	423	357	593	392	419	458	1075	354	139
期刊18	416	506	190	304	269	279	235	262	279	96	206	154	176	150	134	184	255	377	65
期刊19	165	150	32	96	96	101	98	45	102	39	51	36	39	26	58	53	78	38	94

这个矩阵是正不对称矩阵，因为其数据越大越好，所以不是距离数据，而是相似数据。图书情报领域暂时还未找到距离数据不对称矩阵的例子，我们借用其他领域的一个例子如下。

例：某教师想给班级编制一个完美的座次表，为此，他要求学生之间相互评分，1表示非常喜欢，5表示非常不喜欢。20个学生，每个学生对其他19个学生进行评分，得到数据，见表9-4：

表 9-4 学生相互评分

	a	b	c	d	e	f	g	h	i	j	k	l	m	n	o	p	q	r	s	t
a		1	2	2	2	2	5	5	2	2	4	3	4	3	4	3	2	2	4	3
b	1		1	2	2	1	5	5	1	2	2	2	4	1	5	3	1	2	4	3
c	2	1		2	2	2	4	5	2	2	3	2	4	2	4	3	3	2	5	3
d	3	2	2		1	3	4	2	3	2	3	1	5	3	4	3	3	3	3	3
e	3	2	2	1		3	4	5	3	2	3	1	5	3	2	3	3	3	3	3
f	2	1	1	2	2		5	4	1	3	2	1	4	2	3	1	1	1	5	3
g	4	5	5	4	4	5		3	5	5	5	4	4	5	5	4	5	5	2	3
h	5	5	4	3	5	3	3		5	4	5	5	4	4	3	1	5	5	4	3
i	2	1	2	2	2	1	5	5		1	3	3	4	1	3	3	2	2	4	3
j	3	2	2	2	2	2	4	5	2		1	1	4	3	3	3	3	3	5	3
k	3	2	3	2	2	3	4	4	2	1		1	4	3	3	3	3	3	4	3
l	3	3	3	1	1	2	4	5	3	1	4		3	3	3	3	2	3	4	3
m	3	4	5	2	2	4	5	1	4	3	3	3		2	1	3	3	3	4	3
n	3	2	3	3	3	4	5	4	3	3	3	3	2		2	3	3	1	5	3
o	3	3	4	2	1	4	3	2	4	3	3	3	1	1		3	3	3	4	3
p	2	3	2	3	3	2	4	1	3	4	4	2	3	3	3		3	2	5	3
q	2	2	3	2	2	1	5	5	2	1	3	1	3	3	3	2		1	5	3
r	2	2	1	2	2	1	5	5	2	1	2	1	4	3	3	2	1		5	3
s	5	3	5	5	5	4	5	4	3	4	5	1	5	4	3	4	4	4		3
t	2	3	1	1	2	1	5	5	3	2	3	1	5	3	3	2	2	2	5	

行代表评分者，列代表被评分者，不对自己评分，形成一个正方矩阵。由于值越小越好，所以是一个距离矩阵，两人相互之间评分不一定一样，所以不对称。显然这是一个正不对称距离矩阵。

一、输入变量

打开 SPSS 界面点击变量视图界面，输入变量名称，见图 9-16：

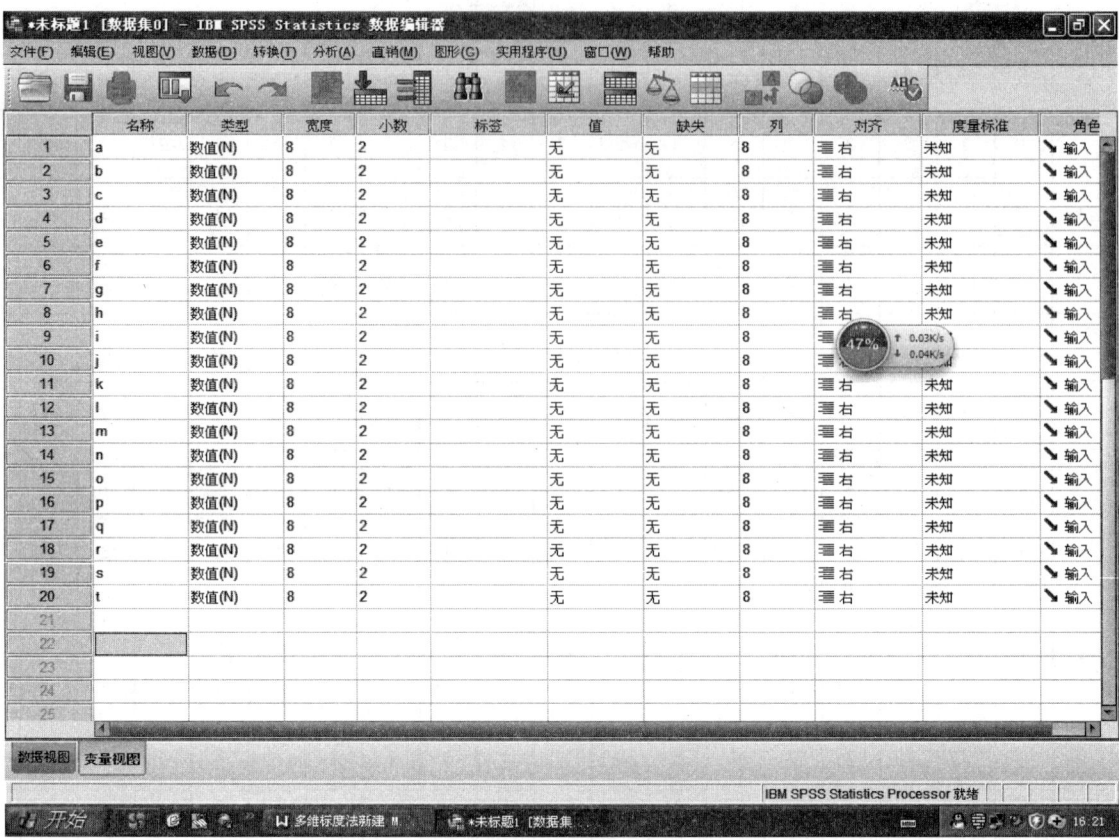

图 9-16 变量视图界面

二、输入数据

点击数量视图,复制粘贴数据,见图 9-17:

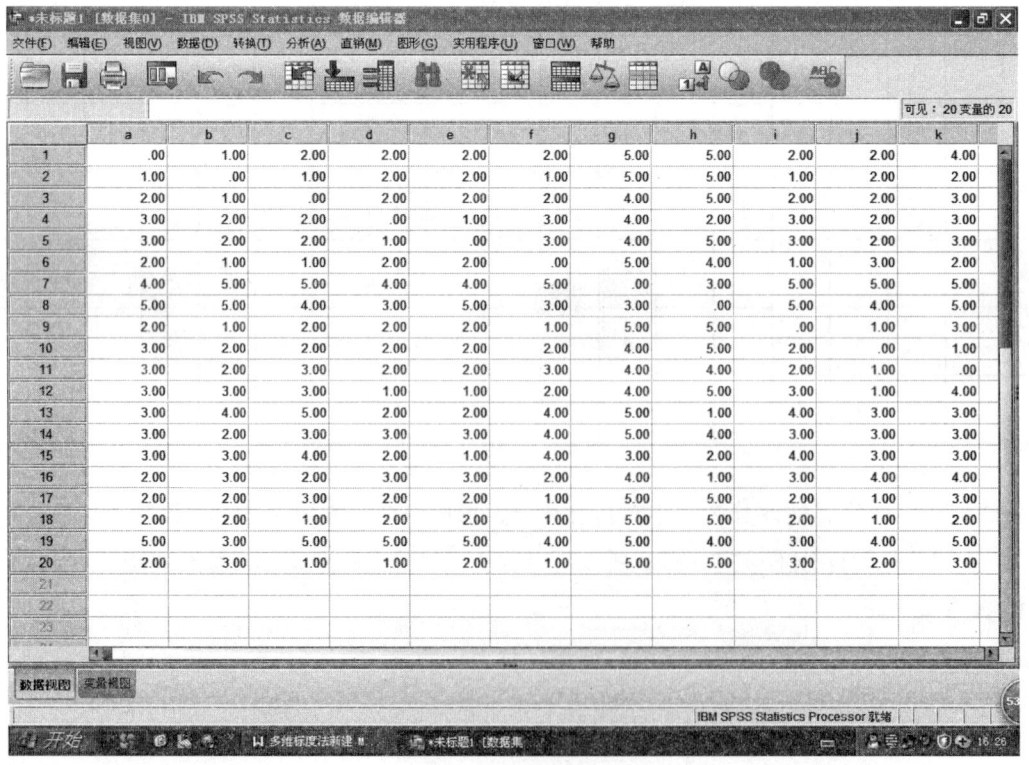

图 9-17 SPSS 数据输入格式

三、分析路径

点击菜单中的"分析"键，鼠标下滑到"度量"，鼠标右滑，接着下滑到"多维尺度（ALSCAL）（M）"，见图 9-18：

图 9-18　分析路径

点击之，得到"多维尺度"对话框，见图 9-19：

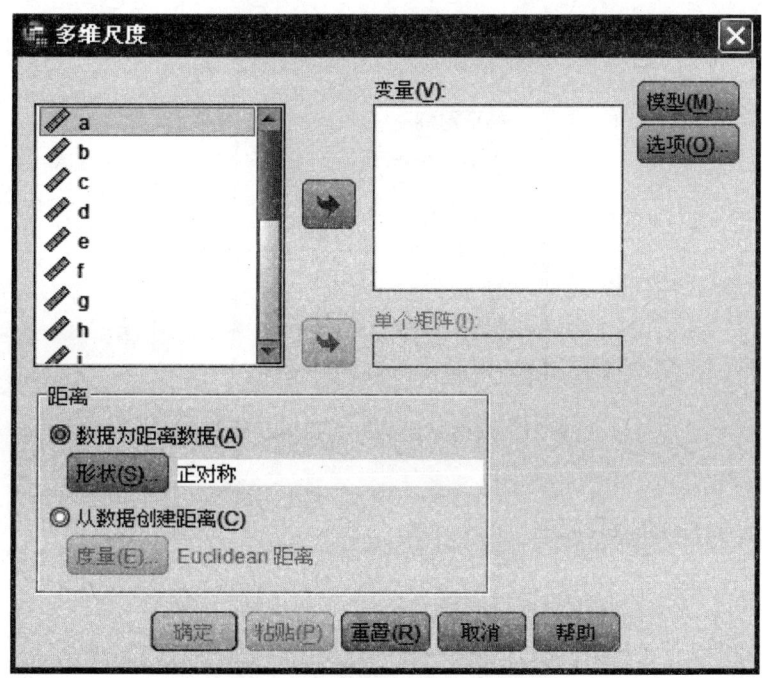

图 9-19　"多维尺度"对话框

四、变量确定

把备选框中的所有指标点进"变量"框,见图 9-20:

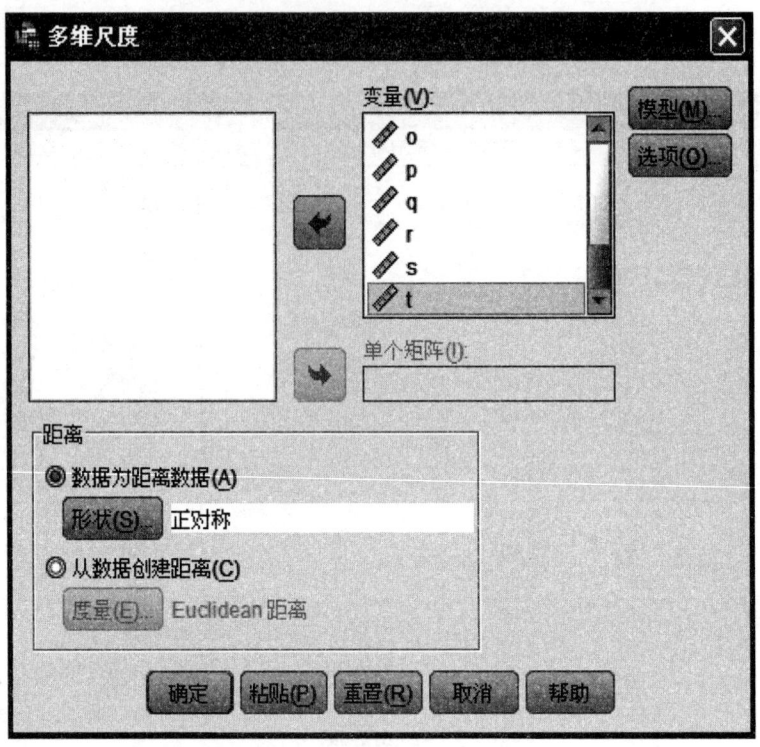

图 9-20 对话框中"变量"被确定

由于原始数据已是距离矩阵,因此不必理会"从数据创建距离"项。

五、矩阵形状确定

点击"数据为距离数据"下的"形状"键,得图 9-21:

图 9-21 表达"距离"数据形状的选择

我们的数据是正不对称,所以我们选"正不对称"选项。点击"继续"键,返回到"多维尺度"对话框,见图 9-22:

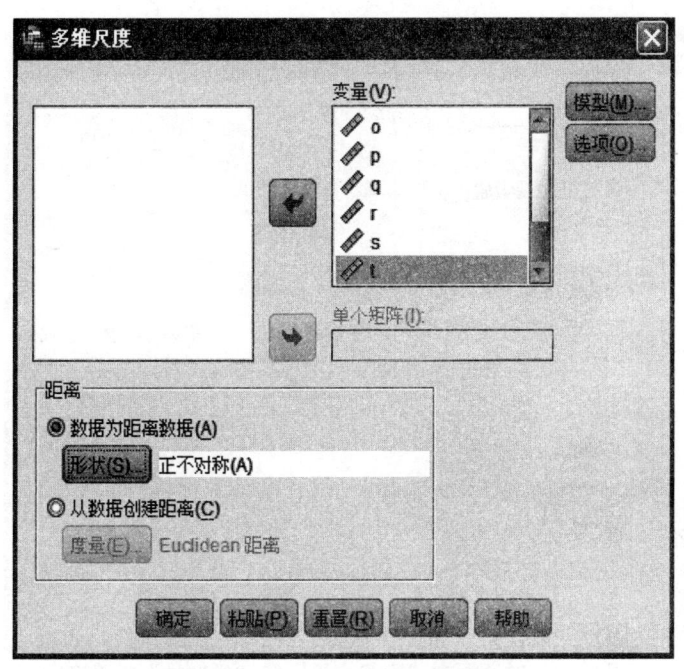

图 9-22 "多维尺度"对话框

六、模型确定

点击"模型"键,得到"多维尺度:模型"对话框,见图 9-23:

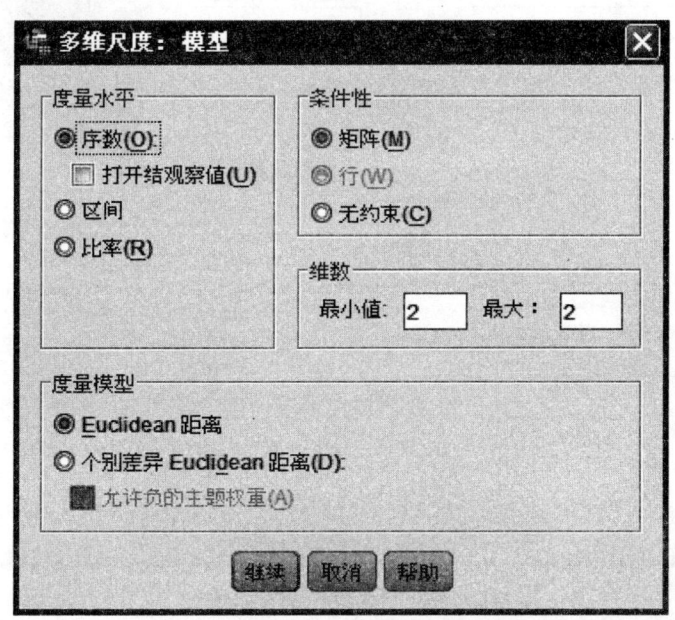

图 9-23 "多维尺度:模型"对话框

由于评价数据是"顺序数据",所以这里选择"度量水平"框中的"序数","打开结观察值"复选框用于对活动数据集中相同的评分赋予不同的权重,我们不理睬此选项。我们的数据是一个人给出一行数据,所以我们选"条件性"框中的"行",见图 9-24:

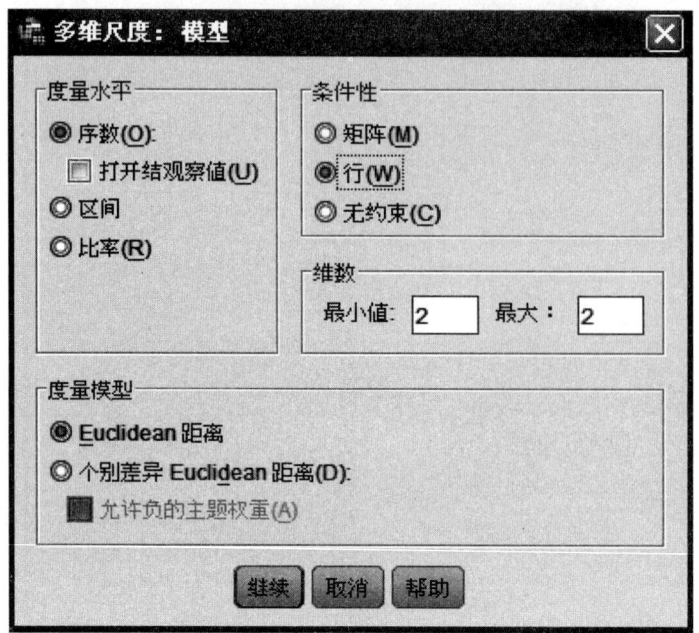

图 9-24 对话框中"度量水平"和"条件性"被确定

点击"继续"键，返回到"多维尺度"对话框，见图 9-25：

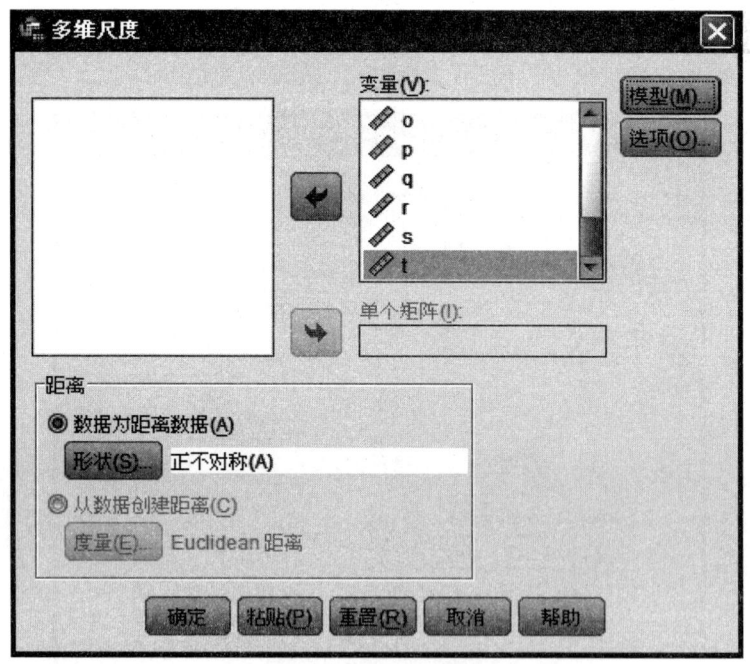

图 9-25 "多维尺度"对话框

七、输出"选项"确定

点击"选项"键，得到"多维尺度：选项"对话框，见图 9-26：

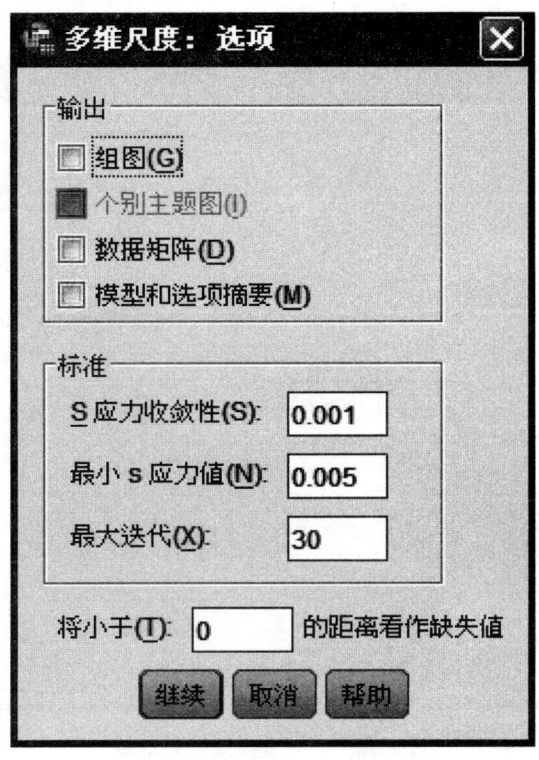

图 9-26 "多维尺度：选项"对话框

在"输出"框选"组图"，其余不理会，见图 9-27：

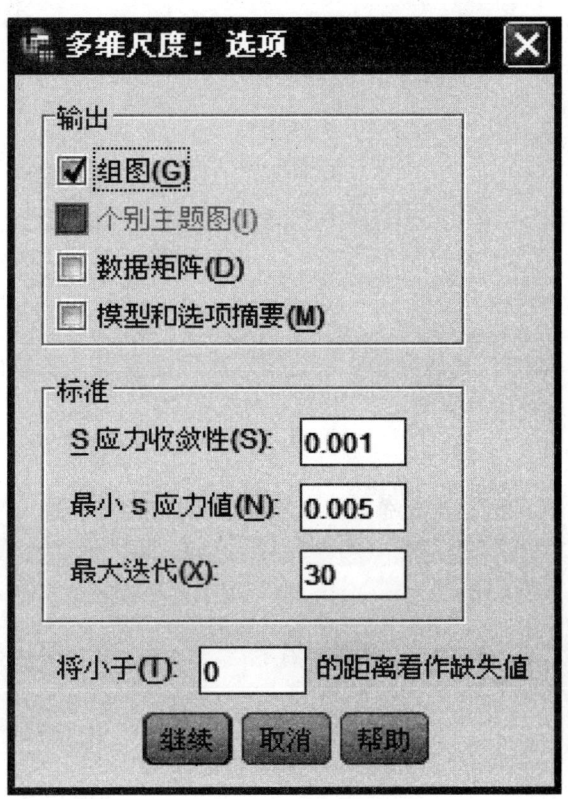

图 9-27 对话框中输出图种被确定

点击"继续"键，返回到"多维尺度"对话框，见图 9-28：

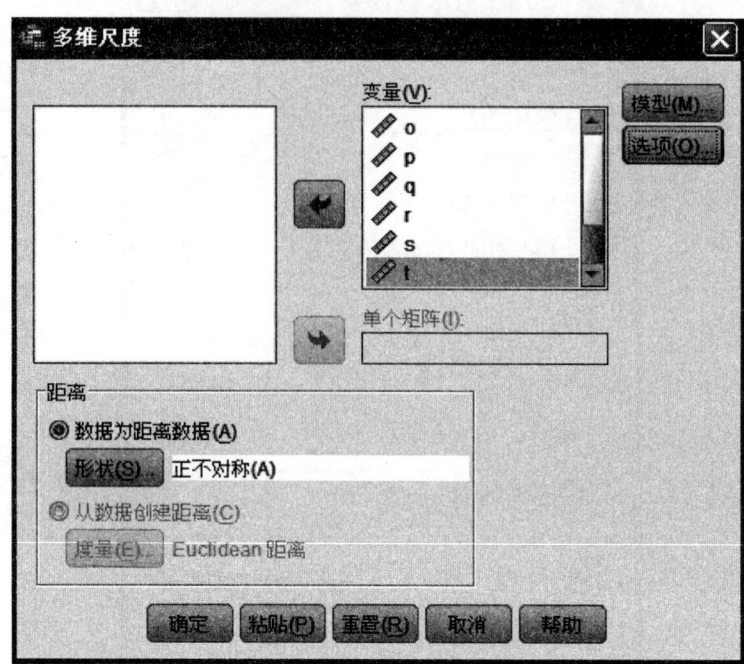

图 9-28 "多维尺度"对话框

八、结果与分析

点击"确定"键,得到结果如下。

1. 二维解迭代记录(平方距离)

迭代次数	S-应力	改善幅度
1	0.32956	
2	0.31484	0.01473
3	0.31077	0.00407
4	0.30857	0.00220
5	0.30710	0.00147
6	0.30615	0.00095

因 S-应力改善幅度小于 0.001,迭代停止。仅迭代六次已达要求,收敛很快。由于迭代 2 次,应力误差小于 0.05,故可进行二维多维尺度分析。

2. 应力与决定系数指标

对于本矩阵数据:应力 = 0.252,决定系数 = 0.764,说明拟合得不好。

3. 用二维形式导出结构

观测物的坐标:

观测物序数	观测物名字	维数 1	2
1	a	0.8897	−0.1654
2	b	1.1590	−0.0787
3	c	1.0260	−0.0107
4	d	0.1197	−0.6905
5	e	0.6076	−0.5792

观测物序数	观测物名字	维 数	
		1	2
6	f	0.8884	0.3638
7	g	−1.9541	−1.9060
8	h	−2.6109	0.5692
9	i	1.0635	0.1575
10	j	0.7192	0.2456
11	k	0.9004	0.4201
12	l	0.2847	−0.8479
13	m	−1.9004	1.0544
14	n	0.1242	0.9963
15	o	−1.1255	1.0164
16	p	−0.4764	0.5394
17	q	0.6825	0.6533
18	r	0.7996	0.4579
19	s	−1.2900	−2.1406
20	t	0.0929	−0.0552

多维标度见图 9-29：

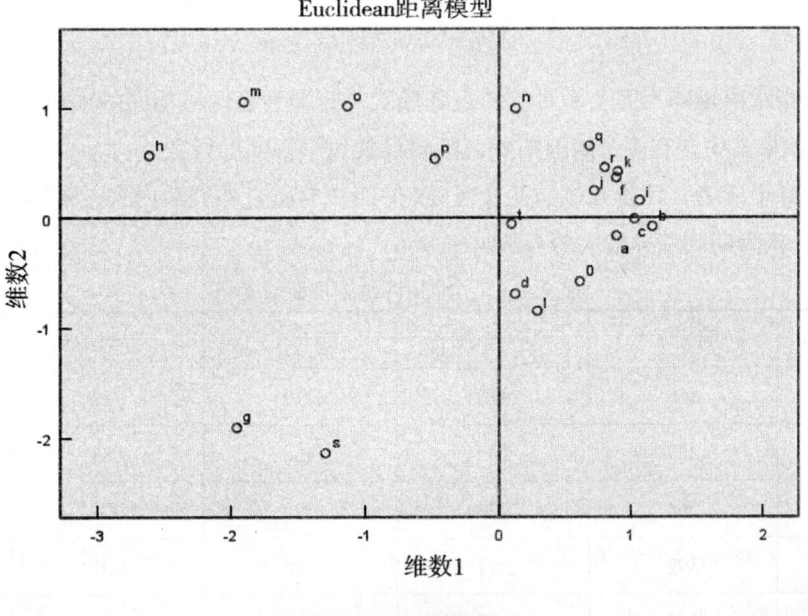

图 9-29 多维标度

从图可看出：（l, d）、（c, i, b）、（r, f, k）三组关系非常近。a、j、q 与三组中的一组或两组关系较近。其余的人之间关系较远。有几个孤独者为：h、m、o、p、g、s、n。

线性拟合散点见图 9-30：

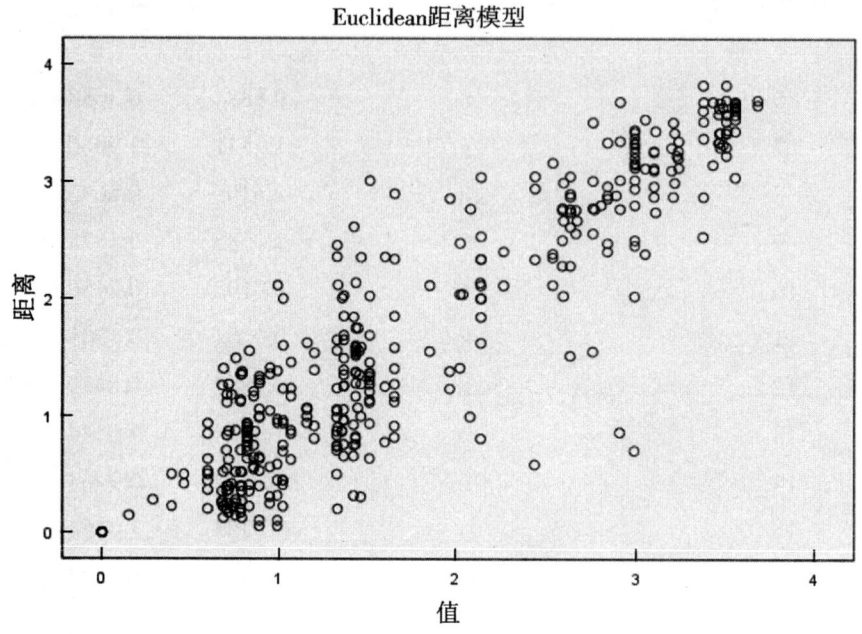

图 9-30 线性拟合散点

从此图可看出：散点不在一条直线上，拟合较差。

第四节 矩形距离数据的多维标度法的 SPSS 操作步骤

矩形距离矩阵指距离矩阵为完全不对称的矩阵形式，行与列表示不相同的项目。SPSS 把有序排列的数据当作矩形矩阵，如果其中含有多个矩形矩阵，则要设置每个矩阵的行数。

例：调查了 620 个读者，评价某领域两小类 15 种期刊的质量和刊载内容，前 10 种期刊是一个类，后 5 种期刊是一个类，认为期刊差异较大的人数见表 9-5：

表 9-5　期刊评价矩形距离矩阵

	期刊 11	期刊 12	期刊 13	期刊 14	期刊 15
期刊 1	408	443	212	354	212
期刊 2	237	245	360	175	449
期刊 3	264	226	395	47	456
期刊 4	392	391	428	201	509
期刊 5	185	370	197	246	425
期刊 6	405	452	219	430	45
期刊 7	415	471	166	452	152
期刊 8	318	296	387	185	506
期刊 9	331	349	304	168	281
期刊 10	335	318	291	240	276

对其进行多维尺度分析。

除形状标注为矩形外,其他数据处理过程完全与前边一样,不再赘述。

第五节 正对称个体差异模型距离数据多维标度法的 SPSS 操作步骤

例5:一位调查者让5位专家对4种期刊的每个期刊与其他期刊彼此间差异进行打分。对这5个对称的不相似矩阵进行分析,可以判断对每个期刊的感知程度,见表9-6:

表9-6 期刊评价个体差异距离数据

姓名	期刊1	期刊2	期刊3	期刊4
A		1	4	3
A	1		4	3
A	4	4		1
A	3	3	1	
B		1	4	1
B	1		4	1
B	4	4		3
B	1	1	3	
C		1	3	2
C	1		3	2
C	3	3		1
C	2	2	1	
D		1	2	1
D	1		3	2
D	2	3		1
D	1	2	1	
E		2	3	2
E	2		3	2
E	3	3		1
E	2	2	1	

其中被比的期刊无值。试对数据进行多维尺度分析。

一、输入变量

打开 SPSS 界面,点击变量视图界面,输入变量名称,见图9-31:

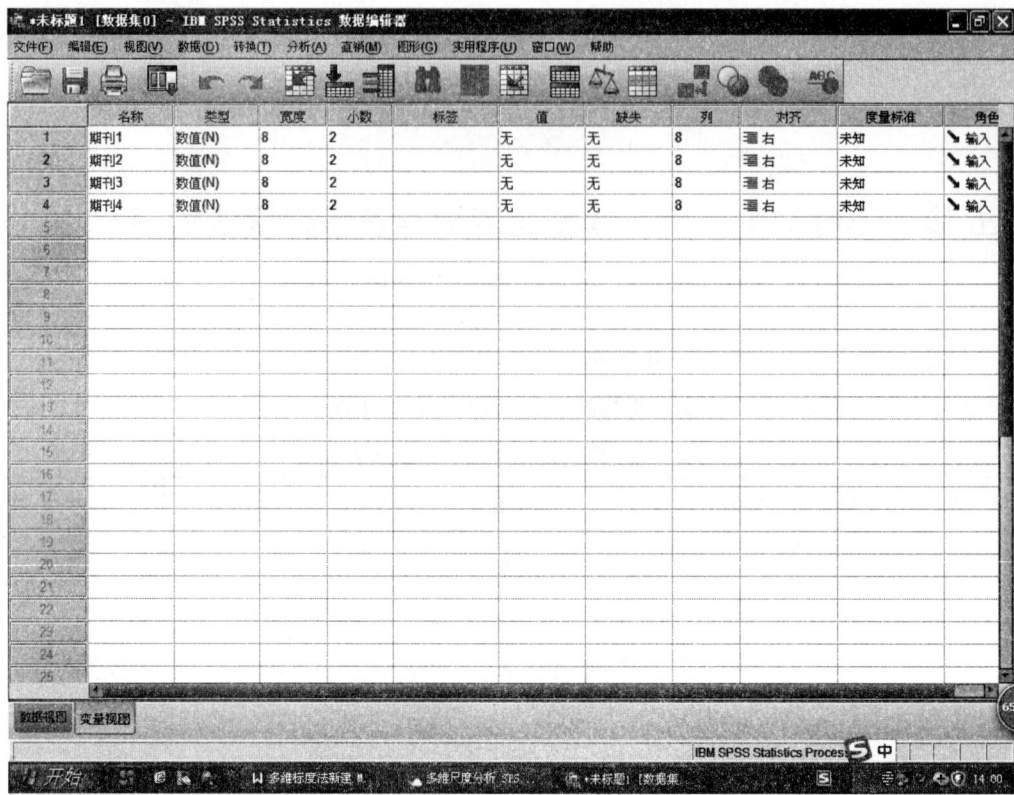

图 9-31 变量视图界面

二、输入数据

点击数量视图，复制粘贴数据，见图 9-32：

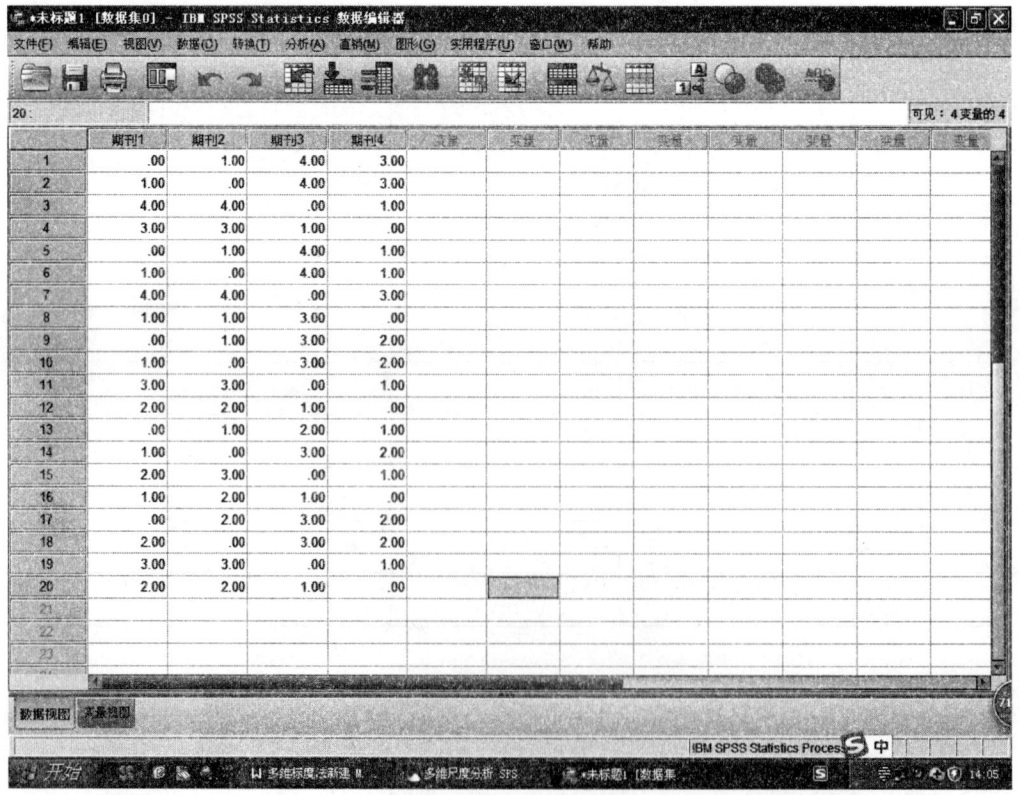

图 9-32 SPSS 数据输入格式

三、分析路径

点击菜单中的"分析"键，鼠标下滑到"度量"，鼠标右滑，接着下滑到"多维尺度（ALSCAL）（M）"，见图 9-33：

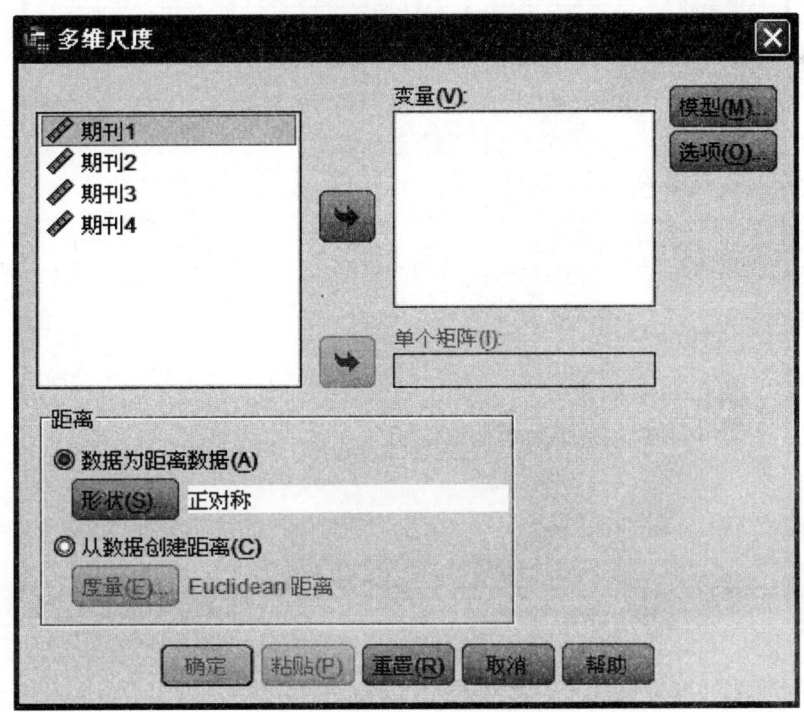

图 9-33 分析路径

点击之，得到"多维尺度"对话框，见图 9-34：

图 9-34 "多维尺度"对话框

四、变量确定

把备选框中的所有指标点进"变量"框，见图 9-35：

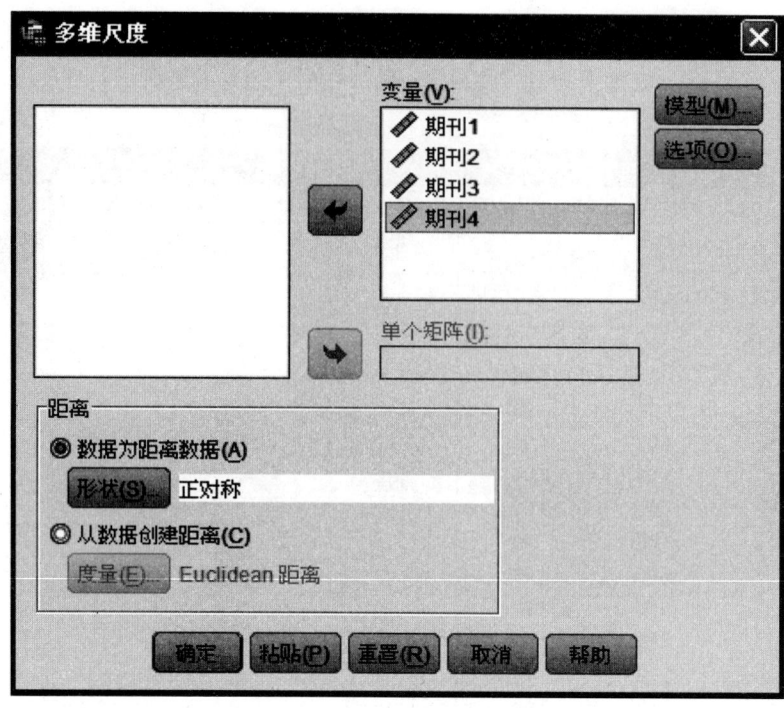

图 9-35 对话框中"变量"被确定

五、模型确定

点击"模型"键,得到"多维尺度:模型"对话框,见图 9-36:

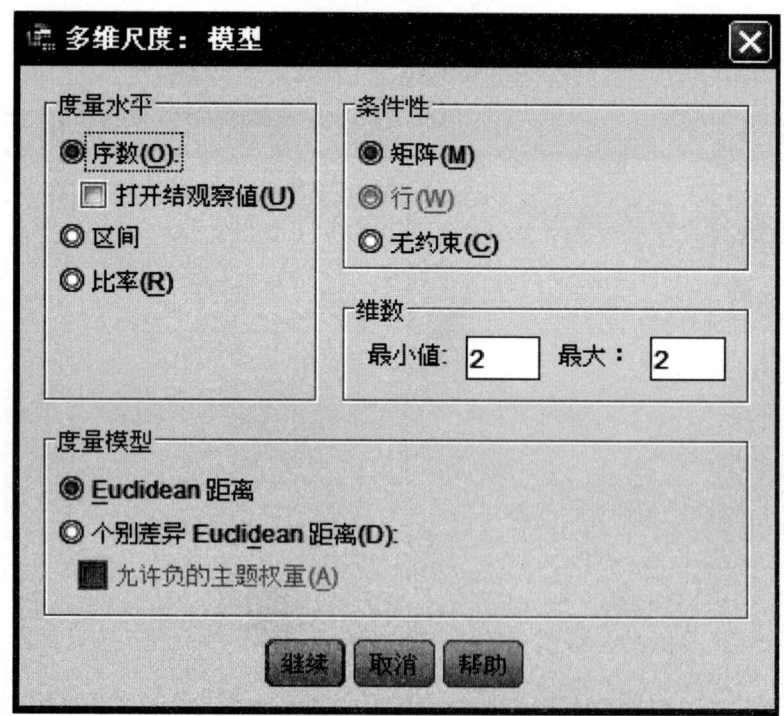

图 9-36 "多维尺度:模型"对话框

我们选择"比率""矩阵"和"个别差异 Euclidean 距离",见图 9-37:

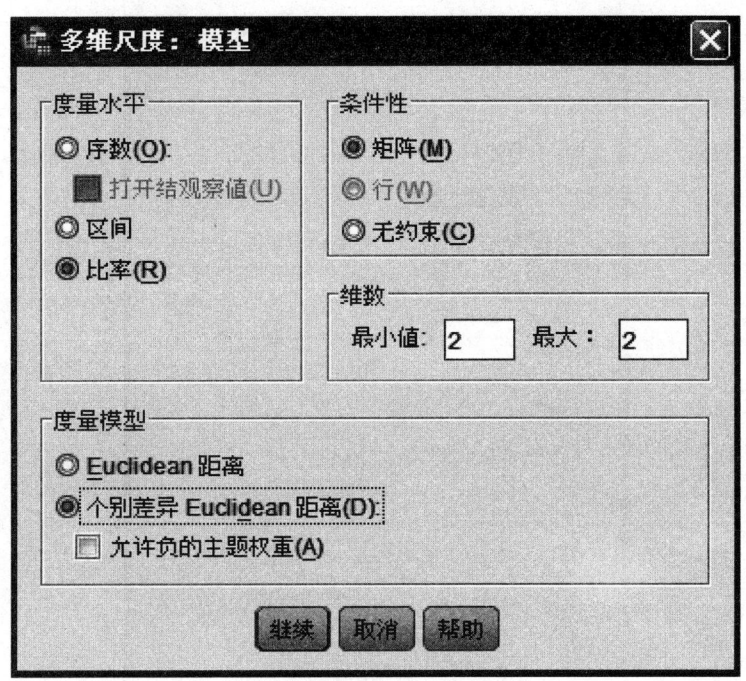

图 9-37 对话框中模型已知条件被确定

点击"继续"键,返回到"多维尺度"对话框,见图 9-38:

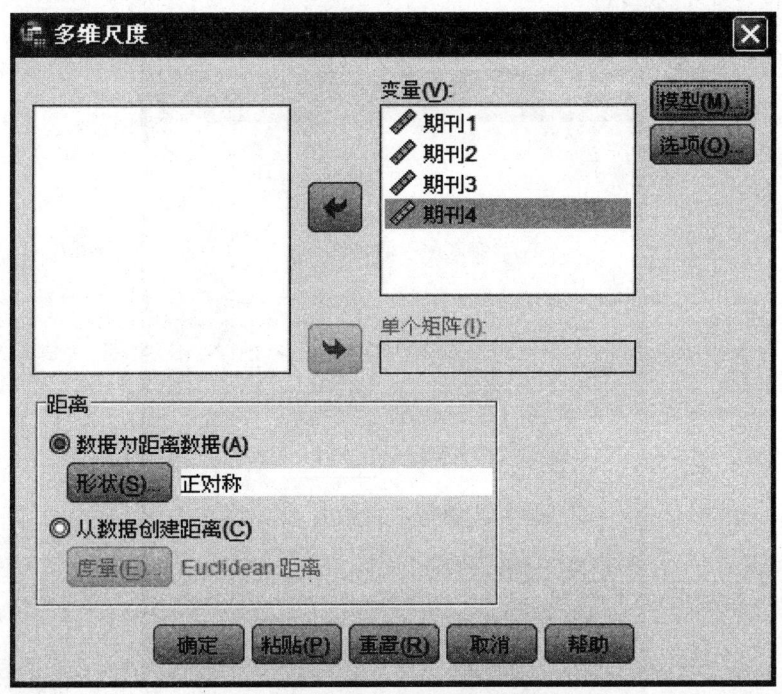

图 9-38 "多维尺度"对话框

六、输出量的选择

点击"选项"键,得到"多维尺度:选项"对话框,见图 9-39:

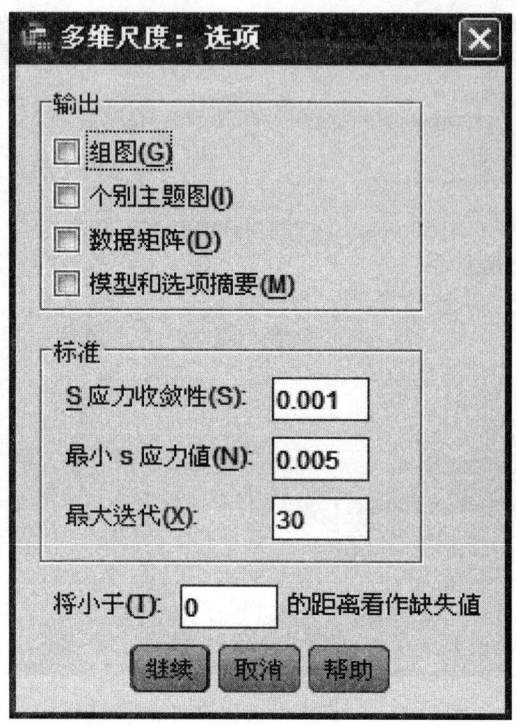

图 9-39 "多维尺度：选项"对话框

我们选择"组图"，见图 9-40：

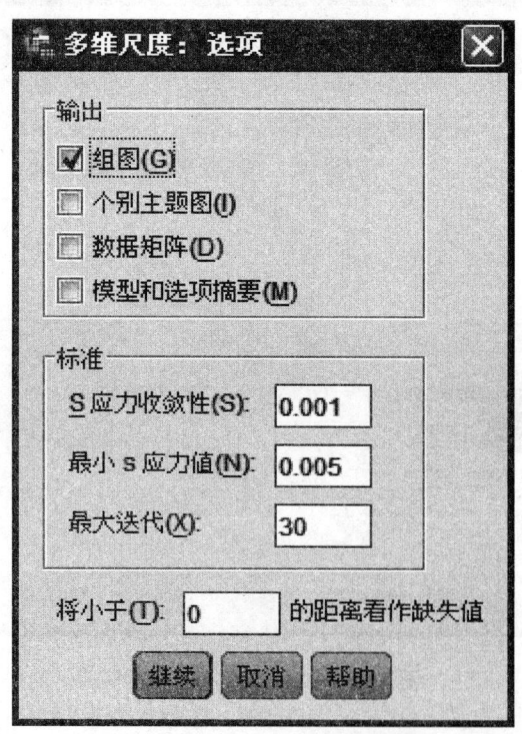

图 9-40 对话框输出图种被确定

点击"继续"键，返回到"多维尺度"对话框，见图 9-41：

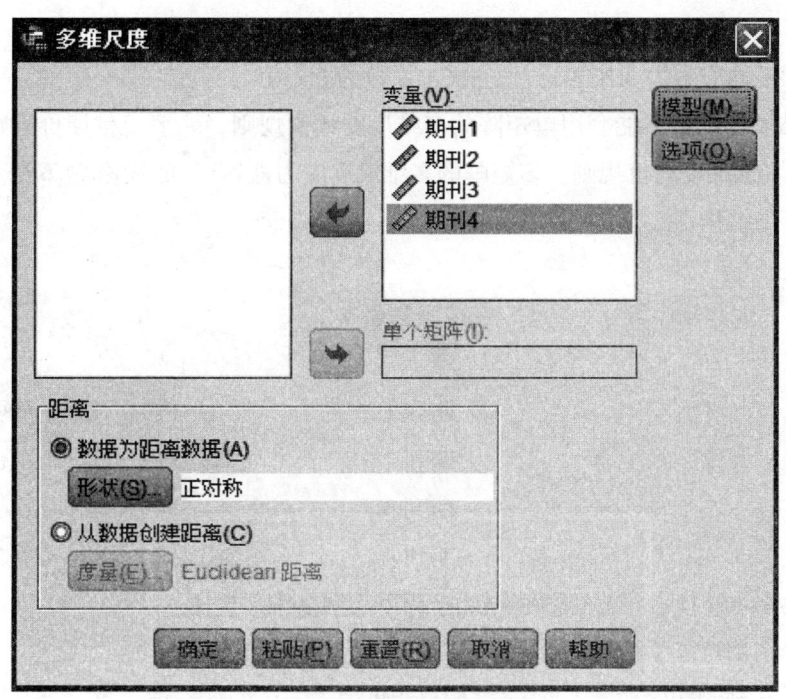

图 9-41 "多维尺度"对话框

七、结果与分析

点击"确定"键,得到结果如下。

1. 二维解迭代记录(平方距离)

迭代次数	S-应力	改善幅度
1	0.23686	
2	0.22485	0.01201
3	0.22079	0.00406
4	0.21938	0.00141
5	0.21835	0.00103
6	0.21766	0.00069

因 S-应力改善幅度小于 0.001,迭代停止。仅迭代六次已达要求,收敛很快。由于迭代 2 次,应力误差小于 0.05,故可进行二维多维尺度分析。

2. 应力与决定系数指标

模型首先先对 5 个矩阵分别进行多维尺度分析,对于五个矩阵数据:应力和决定系数都不相同。

Matrix	Stress	RSQ
1	0.185	0.849
2	0.391	0.441
3	0.104	0.947
4	0.054	0.983
5	0.083	0.932

最大应力达 0.391,其余四个矩阵数据的应力都小于 0.2。然后按照加权的办法进行模型汇总,之和除以矩阵数,所得结果作为最终结果。

Averaged (rms) over matrices
Stress = 0.20394   RSQ =0.83052

五个矩阵数据的平均应力为 0.20394，平均决定系数为 0.83052。

多维尺度拟合结果的评价不能套用单矩阵的多维尺度评价规则，一般而言评价规则要放宽一点，但目前没有发现多矩阵的多维尺度评价规则。多矩阵的多维尺度应力能达到 0.2 已非常不错。

3. 用二维形式导出结构

观测物的坐标：

观测物序数	观测物名字	维数 1	2
1	期刊 1	0.5179	1.5992
2	期刊 2	1.2817	−0.0168
3	期刊 3	−1.3845	−1.0996
4	期刊 4	−0.4150	−0.4828

这是四种期刊的多维尺度二维坐标。根据此坐标可绘制多维尺度图。

观测物（指 5 个小块矩阵）的权重：

观测物序数	偏离程度值	维数 1	2
1	0.1777	0.8233	0.4144
2	0.0652	0.6283	0.2151
3	0.1616	0.8739	0.4285
4	1.0000	0.9915	0.0000
5	0.3044	0.8190	0.5110

每个维度整体的重要性: 0.6980 、0.1325。

此数据是在每一个主体（即每个小矩阵）所设定的模型空间中，各空间维度在相应模型（最终模型）中的重要性。两个维度权重指标的平方和即为相应模型的决定系数。如第一个主体到第五个主体的决定系数分别为 0.849、0.441、0.947、0.983、0.932（前边应力与决定系数指标中给出的结果），而

$$0.8233^2+0.4144^2=0.8496$$
$$0.6283^2+0.2151^2=0.441$$
$$0.8739^2+0.4285^2=0.9473$$
$$0.9915^2+0^2=0.983$$
$$0.819^2+0.511^2=0.932$$

偏离程度值用于表示各主体模型偏离平均值的程度，最小值是 0，最大值是 1，值越小偏离程度越小，越理想。显然第二个主体模型偏离程度值是 0.0652，最小，第四个主体模型偏离程度值是 1，最大。结果还给出了每个维度整体的重要性，它是观测物（指 5 个小块矩阵）的各维权重平方和除以主体个数后的值，即平均值。可见维度一携带了原始信息的近 69.8%，而维度二携带了原始信息的 13.25%，0.698+0.1325=0.8305，这就是前边给出的决定系数。

矩阵权重：

可变因素	矩阵序数	符号特征
1	1	−0.5429
2	2	0.0408
3	3	−0.5004
4	4	1.9067
5	5	−0.9042

此数据是主体模型在总模型中的权重，有些模型的权重是负值。

多维标度见图 9-42：

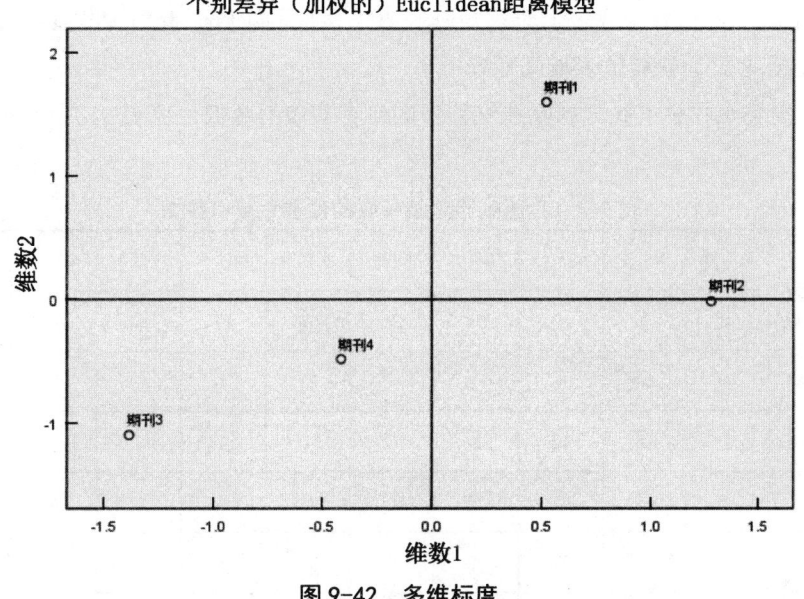

图 9-42 多维标度

图 9-42 是四种期刊的多维标度，从图上看，四种期刊关系并不亲密。

图 9-43 是各个样本线性拟合的散点，散点不在一条直线上，但在一条直线附近，这说明拟合得还行。

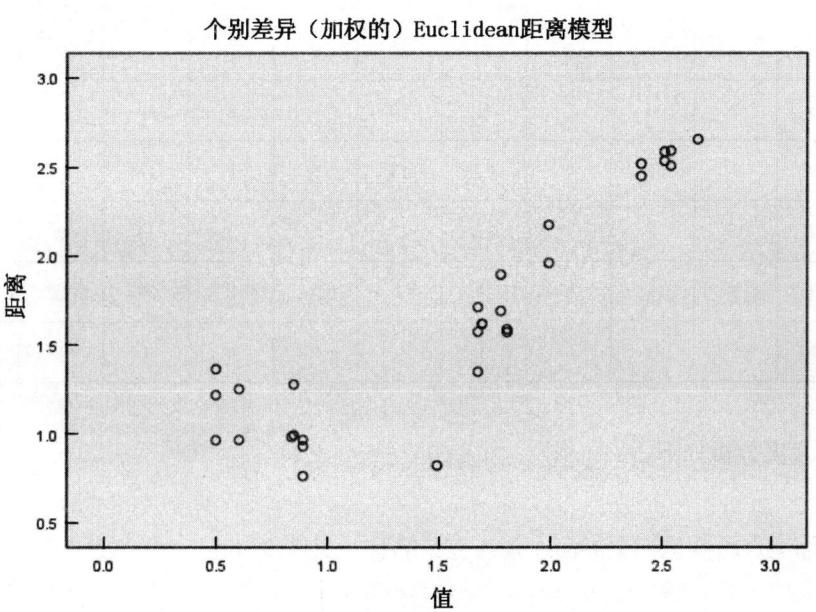

图 9-43 线性拟合的散点

第六节 相似正对称数据的多维标度法的 SPSS 操作步骤

相似数据：如果用较大的数值表示非常相似，用较小的数值表示非常不相似，则为相似数据。图书情报领域的作者或文献共被引、共引、关键词耦合、关键词共现等都有一个特点，就是数据越大越好，这样的数据是相似数据。以每列是一个指标的不同样本观察值、每行是一个样本的方式来填写表格。指标越大越好，若是反向指标必须做相应处理。注意古典多维标度法处理的是对称矩阵数据，即把数据列成矩阵，矩阵必是对称矩阵，或多个对称矩阵竖直连接成的矩阵，不符合此条件的数据不能直接做古典多维尺度分析。相似数据一般都不是对称矩阵数据或多个对称矩阵竖直连接成的矩阵，此时要先做相关分析，求出样本相关矩阵（已是对称矩阵）后，就能做多维尺度分析了。

例：邱均平、秦鹏飞收集了我国制浆造纸领域的作者共被引数据，见表 9-7：

表 9-7 我国制浆造纸领域的作者共被引数据

	陈嘉翔	詹怀宇	陈克复	李忠正	何北海	陈嘉川	李友明	秦梦华	房桂干	王双飞	余惠生	武书彬	林鹿	王德汉
陈嘉翔	186	185	18	56	20	95	25	100	17	63	45	33	91	23
詹怀宇	185	186	19	60	36	82	40	81	20	53	49	41	73	20
陈克复	18	19	20	15	10	9	12	4	4	7	3	13	5	1
李忠正	56	60	15	61	7	22	0	11	8	11	4	10	8	0
何北海	20	36	10	7	37	12	9	19	3	7	4	30	8	0
陈嘉川	95	82	9	22	12	96	13	33	20	11	12	13	18	3
李友明	25	40	12	0	9	13	41	10	9	10	13	17	7	0
秦梦华	100	81	4	11	19	33	10	101	9	31	22	19	19	3
房桂干	17	20	4	8	3	20	9	9	21	8	9	3	8	0
王双飞	63	53	7	11	7	11	10	31	8	64	18	14	37	1
余惠生	45	49	3	4	4	12	13	22	9	18	50	9	22	1
武书彬	33	41	13	1	30	13	17	19	3	14	9	42	21	13
林鹿	91	73	5	8	8	18	7	19	8	37	22	21	92	4
王德汉	23	20	1	0	0	3	0	3	0	1	1	13	4	24

对其进行多维尺度分析如下。

一、输入变量

打开 SPSS 界面，点击变量视图界面，输入变量名称，见图 9-44：

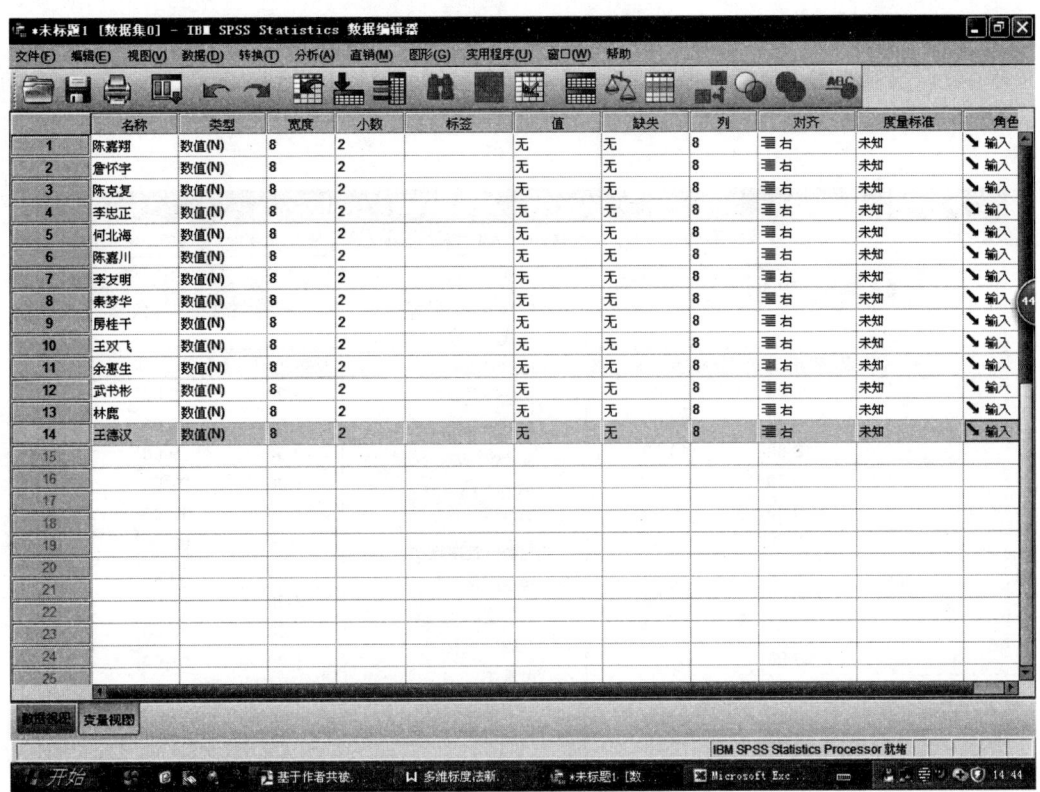

图 9-44 变量视图界面

二、输入数据

点击数量视图，复制粘贴数据，见图 9-45：

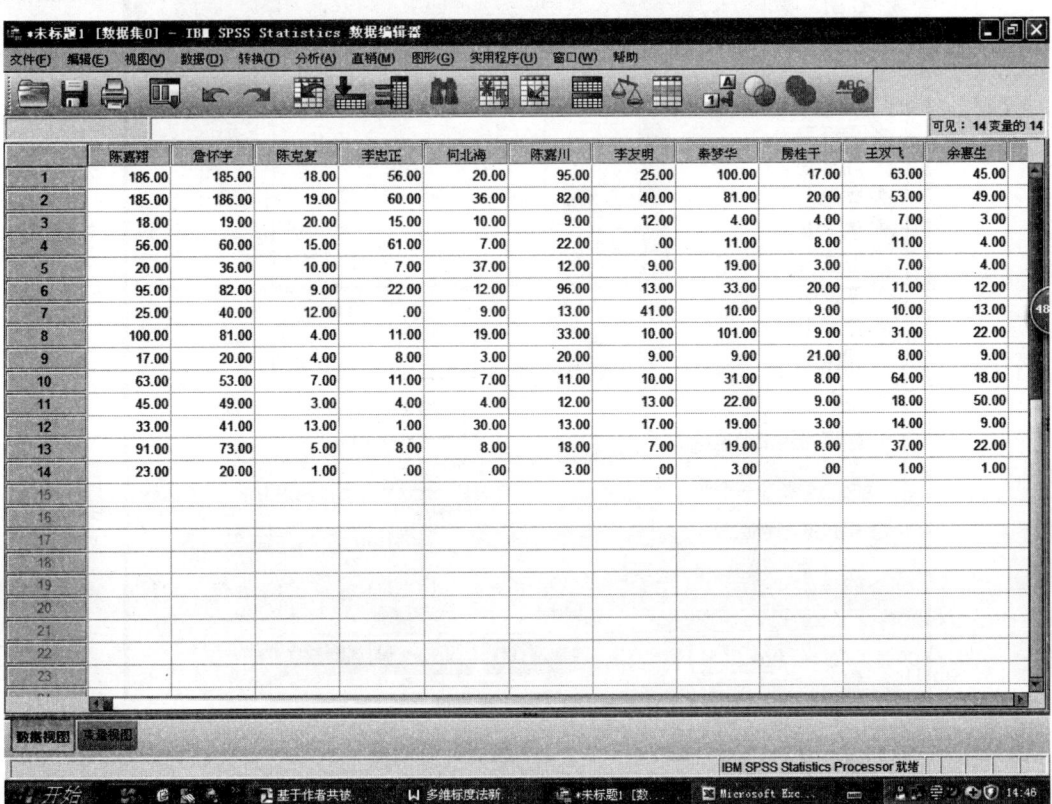

图 9-45 SPSS 数据输入格式

三、分析路径

点击菜单中的"分析"键，鼠标下滑到"度量"，鼠标右滑，接着下滑到"多维尺度（ALSCAL）（M）"，见图9-46：

图 9-46　分析路径

点击之，得到"多维尺度"对话框，见图9-47：

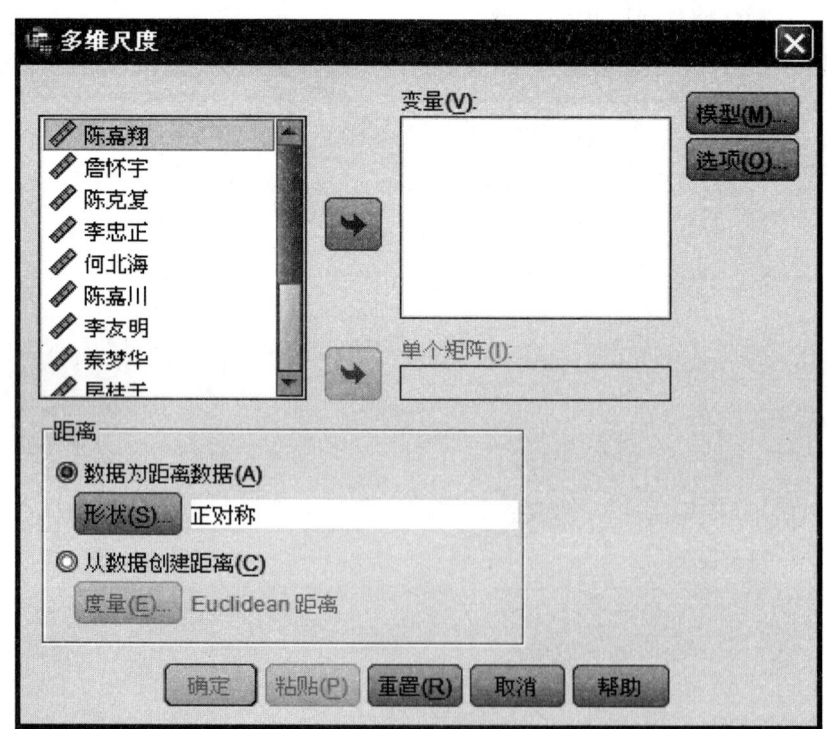

图 9-47　"多维尺度"对话框

四、变量确定

把备选框中的所有指标点进"变量"框，见图9-48：

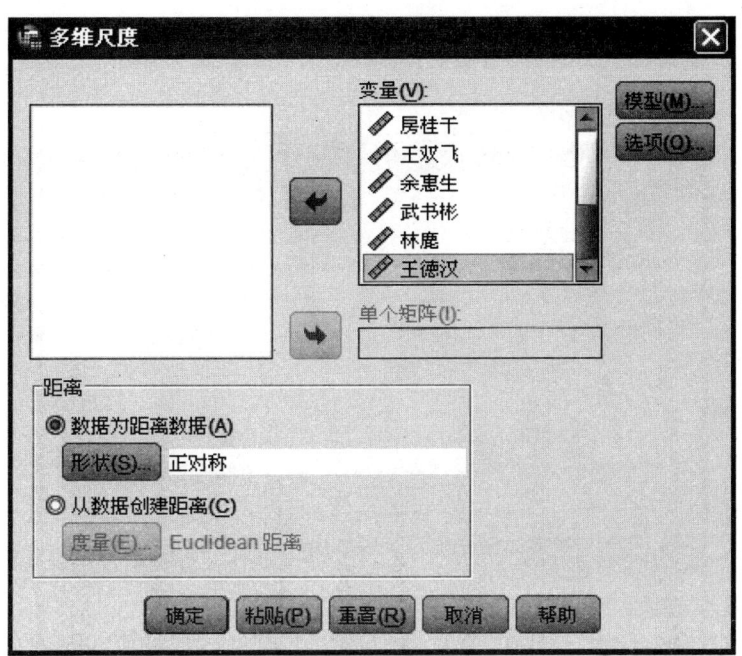

图 9-48 对话框中"变量"被确定

五、创建距离数据矩阵

由于原始数据并非距离矩阵,因此必须选择"从数据创建距离"项。点击"度量"键,得到"多维尺度:从数据中创建度量"对话框,见图 9-49:

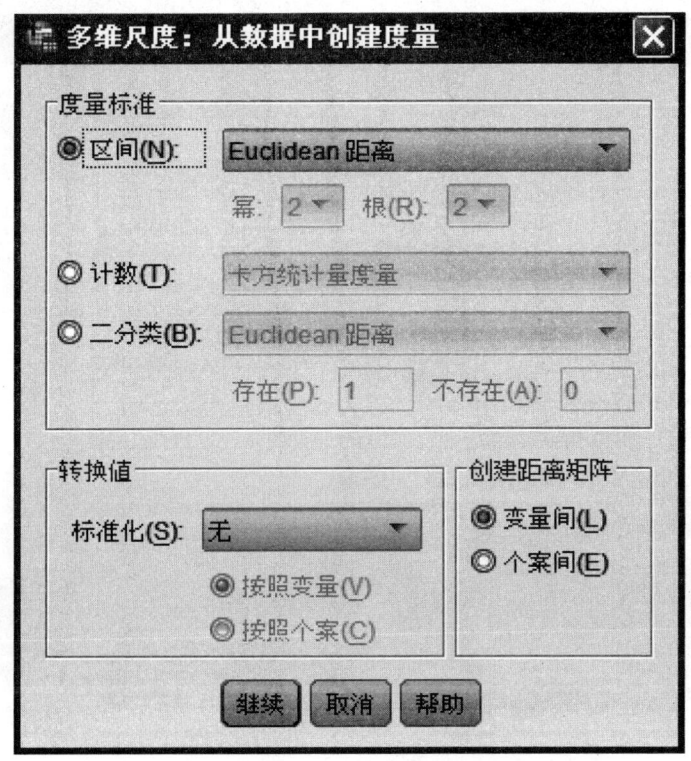

图 9-49 "多维尺度:从数据中创建度量"对话框

我们想得到变量间的多维标度图,所以我们选择"变量间",见图 9-50:

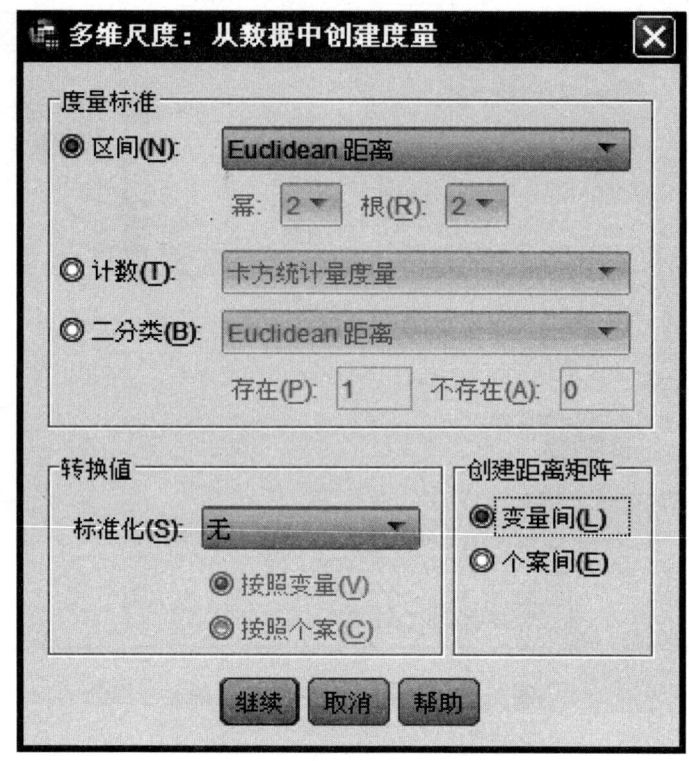

图 9-50　对话框中度量条件被确定

点击"继续"键,返回到"多维尺度"对话框,见图 9-51:

图 9-51　"多维尺度"对话框

六、模型确定

点击"模型"键,得到"多维尺度:模型"对话框,见图 9-52:

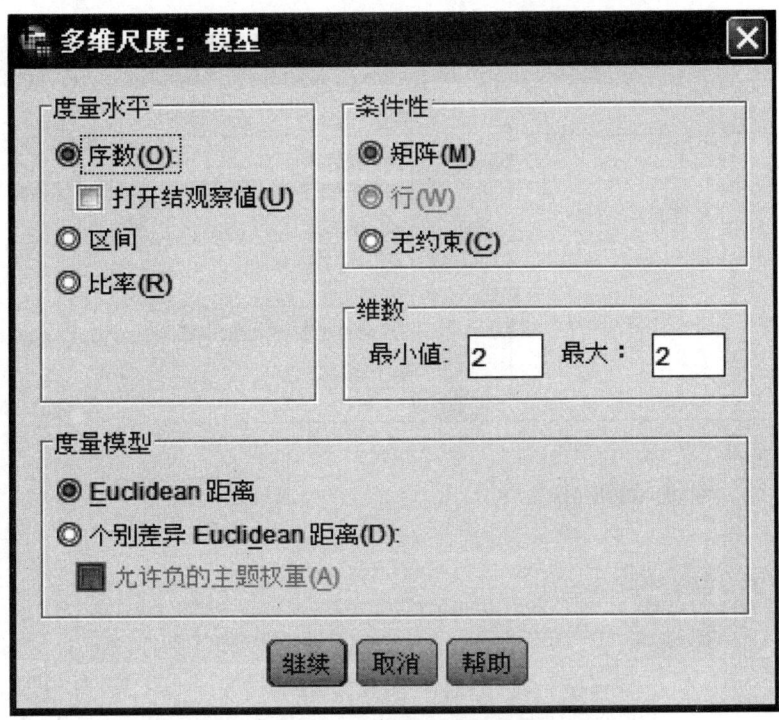

图 9-52 "多维尺度:模型"对话框

我们的例子的数据是等比尺度的矩阵资料,所以我们选"比率"和"矩阵"二项,见图 9-53:

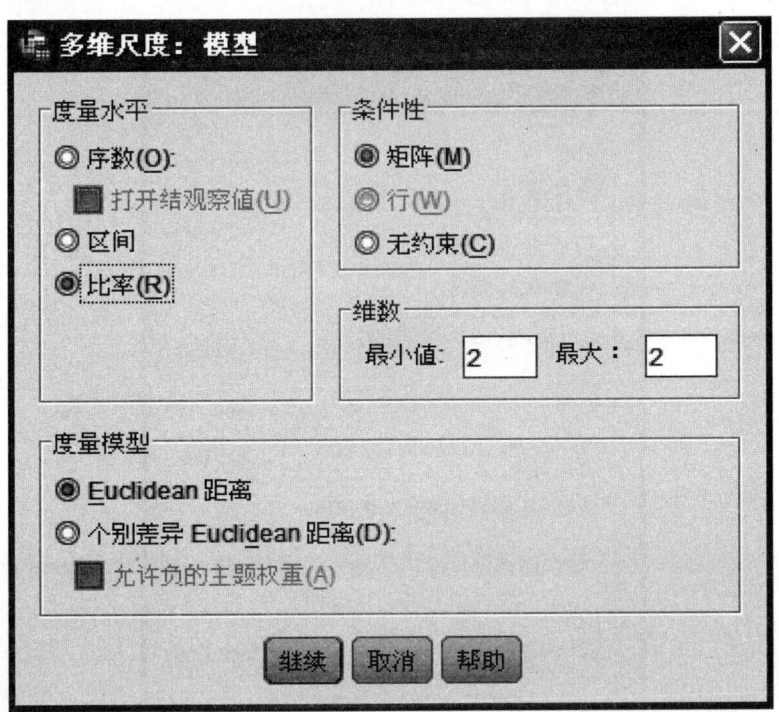

图 9-53 对话框中模型的已知条件被确定

点击"继续"键,返回到"多维尺度"对话框,见图 9-54:

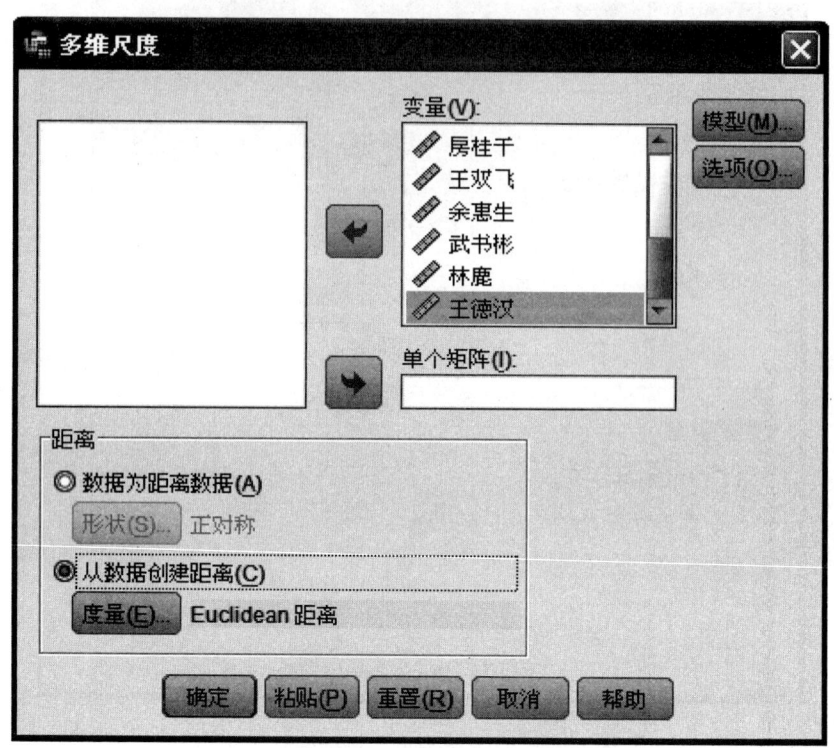

图 9-54 "多维尺度"对话框

七、输出项的选择

点击"选项"键,得到"多维尺度:选项"对话框,见图 9-55:

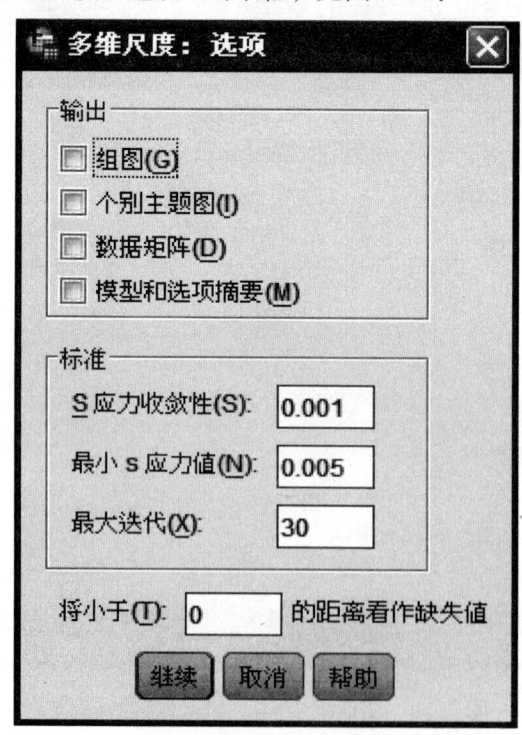

图 9-55 "多维尺度:选项"对话框

在"输出"框选"组图",其余不理会,见图 9-56:

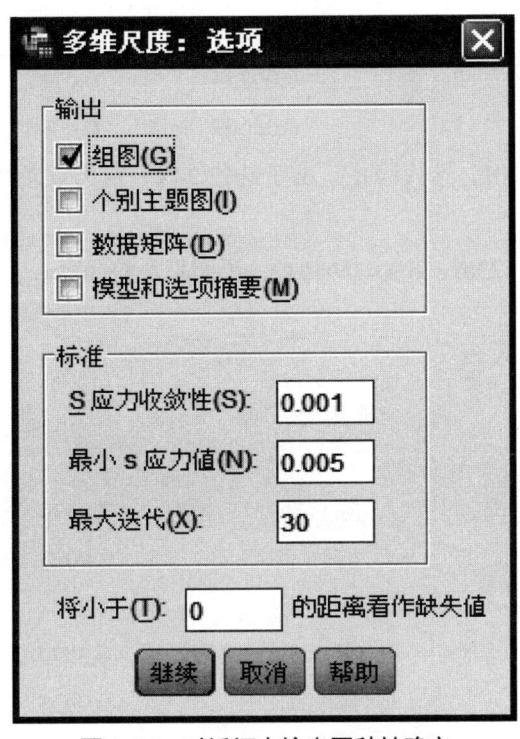

图 9-56　对话框中输出图种被确定

点击"继续"键,返回到"多维尺度"对话框,见图 9-57:

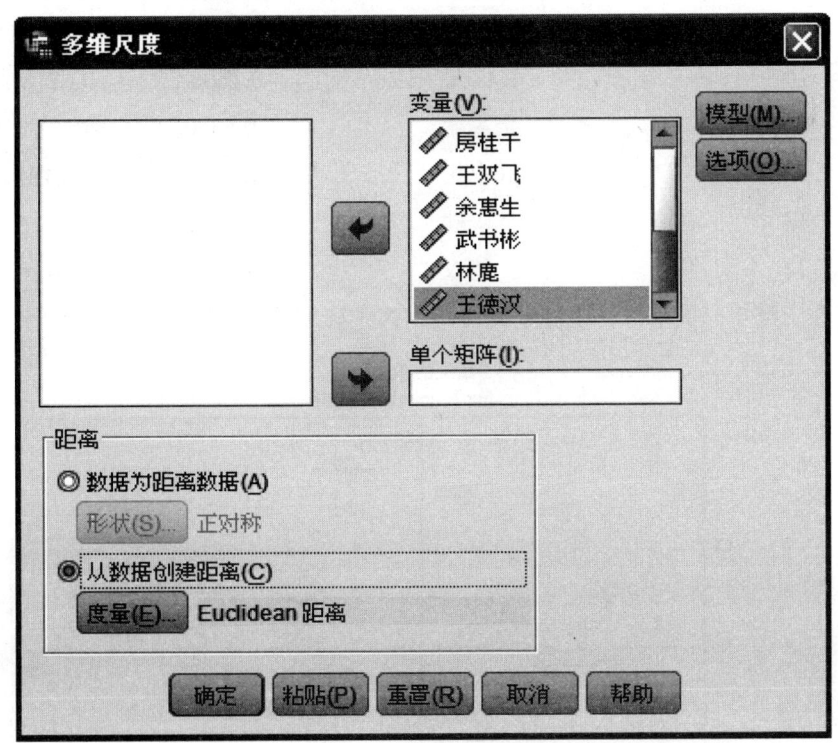

图 9-57　"多维尺度"对话框

八、结果与分析

点击"确定"键,得到结果如下。

1. 二维解迭代记录(平方距离)

迭代次数	S-应力	改善幅度
1	0.08928	
2	0.06754	0.02173
3	0.06669	0.00085

因 S-应力改善幅度小于 0.001，迭代停止。由于迭代 2 次，应力误差小于 0.05，故可进行二维多维尺度分析。

对于本矩阵数据：Stress=0.12301，RSQ=0.97617，说明拟合得尚可。

2. 用二维形式导出结构

观测物的坐标：

观测物序数	观测物名字	维数	
		1	2
1	陈嘉翔	2.9570	-0.1695
2	詹怀宇	2.8023	-0.1083
3	陈克复	-1.2138	0.0632
4	李忠正	-0.3777	0.6848
5	何北海	-0.9938	0.0686
6	陈嘉川	0.5632	0.8259
7	李友明	-0.9523	-0.0391
8	秦梦华	0.7076	0.6804
9	房桂干	-1.1572	0.1372
10	王双飞	-0.1606	-0.6118
11	余惠生	-0.5300	-0.3923
12	武书彬	-0.7233	-0.2185
13	林 鹿	0.3621	-0.9316
14	王德汉	-1.2836	0.0110

这是各个样本在二维空间的坐标，根据坐标可绘出多维标度图，见图 9-58：

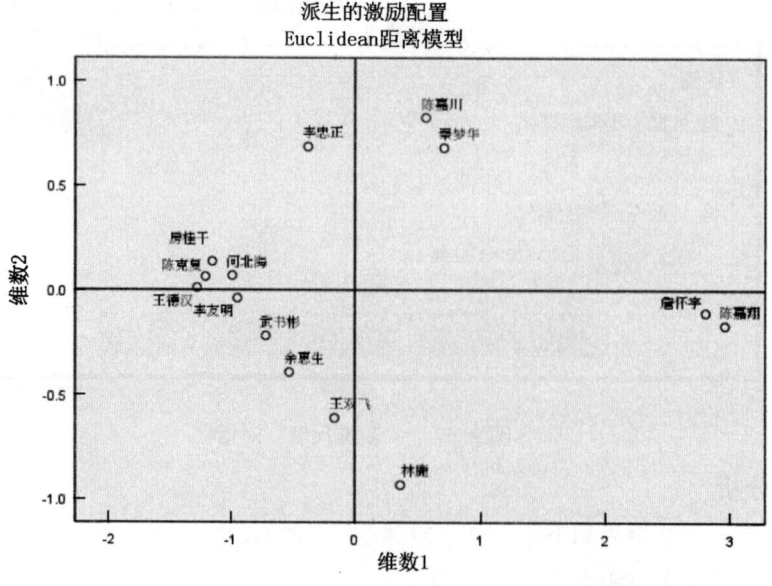

图 9-58 多维标度

二维图中各个样本距离越近，说明各个指标值越接近。

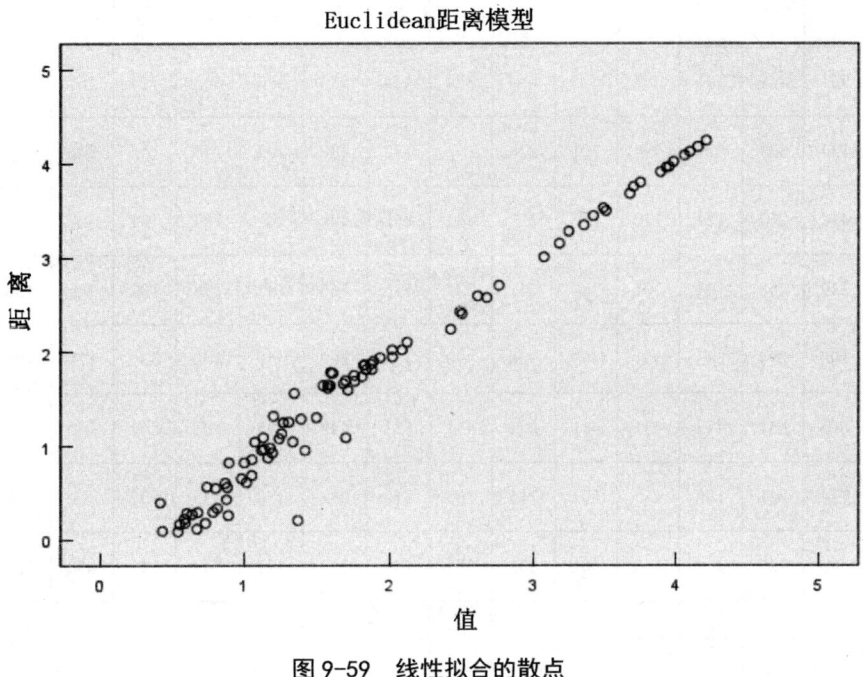

图 9-59　线性拟合的散点

若拟合得越好，那么散点越接近一条直线，从图 9-59 看，散点基本接近一条直线，所以拟合得较好。前半部拟合较差，后半步拟合较好。

第七节　相似数据为正不对称矩阵的多维标度法的 SPSS 操作步骤

例：下边是 19 种图书情报领域核心期刊互引数据。行指标是被引期刊，列指标是引用期刊。见表 9-8：

表 9-8　期刊互引数据

	期刊1	期刊2	期刊3	期刊4	期刊5	期刊6	期刊7	期刊8	期刊9	期刊10	期刊11	期刊12	期刊13	期刊14	期刊15	期刊16	期刊17	期刊18	期刊19
期刊1	713	473	275	265	179	260	234	218	206	138	181	144	117	163	86	151	203	128	52
期刊2	1277	2359	889	871	699	679	542	1023	721	545	593	502	836	803	366	476	585	454	181
期刊3	190	260	752	64	65	48	56	276	324	414	353	370	645	704	161	184	248	195	59
期刊4	360	456	117	742	203	241	231	133	228	153	141	96	99	99	126	145	158	127	38
期刊5	905	837	200	676	1793	683	521	352	927	271	442	276	362	228	416	441	490	329	194
期刊6	553	592	146	460	330	697	325	202	398	216	205	160	171	136	170	206	263	183	86
期刊7	719	695	127	409	562	494	1034	243	580	100	308	196	233	146	304	346	421	303	123

续 表

	期刊1	期刊2	期刊3	期刊4	期刊5	期刊6	期刊7	期刊8	期刊9	期刊10	期刊11	期刊12	期刊13	期刊14	期刊15	期刊16	期刊17	期刊18	期刊19
期刊8	606	950	961	449	301	285	625	1487	324	414	353	370	645	704	161	184	248	195	59
期刊9	697	789	134	569	629	598	701	228	1115	172	288	201	235	142	346	353	400	258	167
期刊10	251	329	414	257	124	140	236	232	134	858	86	65	164	191	43	49	75	27	23
期刊11	400	431	249	268	191	201	320	241	227	135	566	141	198	182	95	130	129	121	36
期刊12	647	762	308	394	343	351	452	390	390	158	269	650	309	335	179	206	219	184	70
期刊13	795	1294	1038	654	473	431	411	1208	451	551	447	435	1970	852	240	298	309	274	90
期刊14	423	713	724	261	186	158	602	715	166	310	233	250	455	907	83	118	145	142	49
期刊15	495	611	84	420	536	460	401	231	585	136	221	197	249	145	650	339	352	193	125
期刊16	659	615	154	445	284	442	352	236	398	149	263	196	168	174	232	773	197	146	69
期刊17	811	1056	240	726	815	684	741	571	825	382	423	357	593	392	419	458	1075	354	139
期刊18	416	506	190	304	269	279	235	262	279	96	206	154	176	150	134	184	255	377	65
期刊19	165	150	32	96	96	101	98	45	102	39	51	36	39	26	58	53	78	38	94

这个矩阵是正不对称矩阵，因为其数据越大越好，所以是相似数据。

这个题除形状选择正不对称矩阵外，其余步骤与上例相同。

第八节 相似矩形数据的多维标度法的 SPSS 操作步骤

例：中美与欧盟 24 国信息服务业发展数据，见表 9-9：

表 9-9 中美与欧盟 24 国信息服务业发展数据（亿元人民币）

	信息传输服务业	信息处理服务业	信息分析与咨询业	经济与代理业
中国	10002	7261.53	2309.49	1450.09
美国	33562.22	49659.48	89124.62	20929.29
法国	739.72	1109.98	2385.26	499.72
英国	129.15	1469.75	2106.36	706.24
德国	785.43	1191.55	722.87	487.02
意大利	531.84	670.09	1010.43	162.63
西班牙	457.57	521.82	403.22	151.63
荷兰	16.54	355.25	502.49	247.58
比利时	135.45	188.4	419.85	88.08

续 表

	信息传输服务业	信息处理服务业	信息分析与咨询业	经济与代理业
瑞典	98.53	279.21	260.15	67.32
波兰	161.71	162.7	204.72	94.55
奥地利	42.98	139.81	126.59	69.75
希腊	85.08	68.12	189.31	6.26
挪威	89.73	101.16	101.21	54.33
葡萄牙	83.76	72.08	103.88	27.41
芬兰	58.17	113.25	82.24	27.34
捷克	1.57	115.78	111.05	34.86
匈牙利	53.33	75.07	115.96	16.2
罗马尼亚	61.06	54.44	100.71	9.46
斯洛文尼亚	14.11	18.44	48.93	4.78
斯洛伐克	18.79	26.42	28.81	6.59
保加利亚	22.39	17.95	14.92	3.2
立陶宛	11.2	9.51	9.13	2.92
拉脱维亚	8.84	9.56	8.96	4.91
爱沙尼亚	7.48	7.8	9.03	4.04
塞浦路斯	7.88	3.82	8.09	1.07

对数据进行多维尺度分析如下。

一、输入数据

打开 SPSS 界面，输入变量名、复制粘贴数据，见图 9-60：

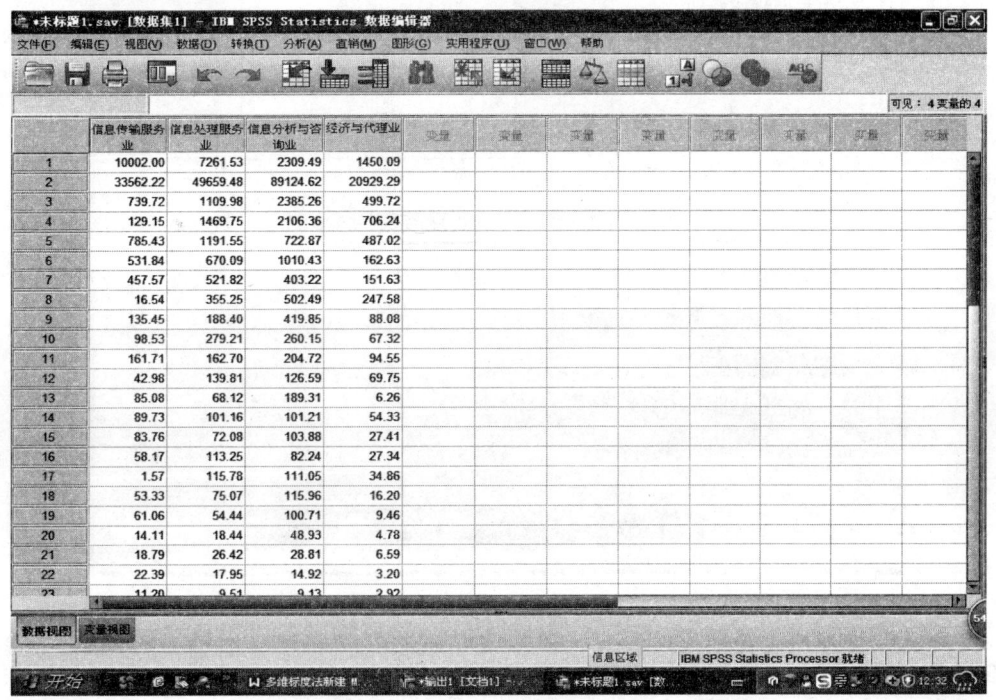

图 9-60 SPSS 数据输入格式

二、分析路径

点击菜单中的"分析",鼠标下滑到"度量",鼠标右滑,再下滑到"多维尺度(ALSCAL)(M)",见图9-61:

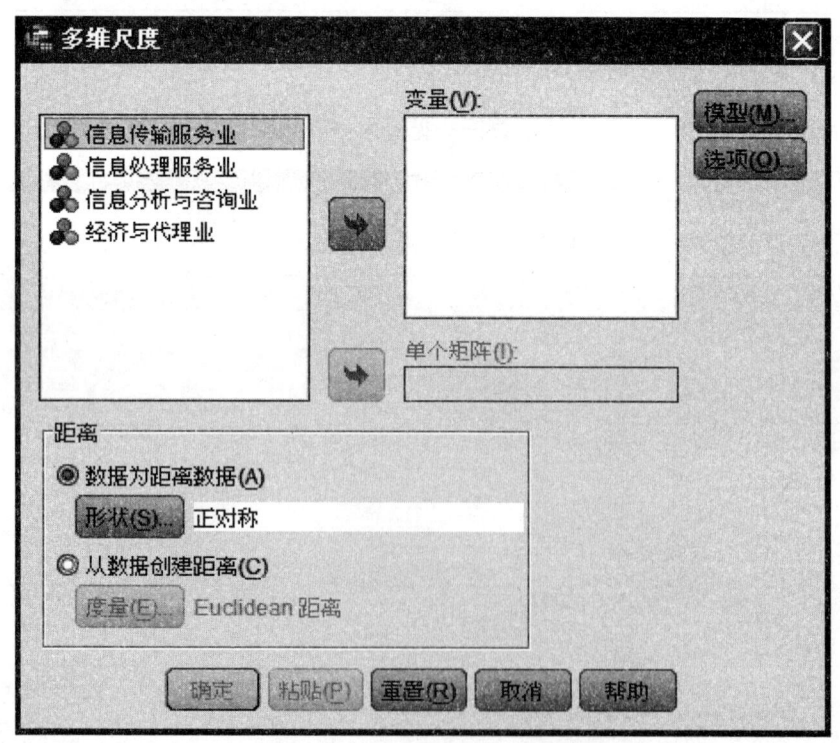

图9-61 分析路径

点击之,得到"多维尺度"对话框,见图9-62:

图9-62 "多维尺度"对话框

三、变量确定

把四个变量名从变量备选框点进"变量"框,见图9-63:

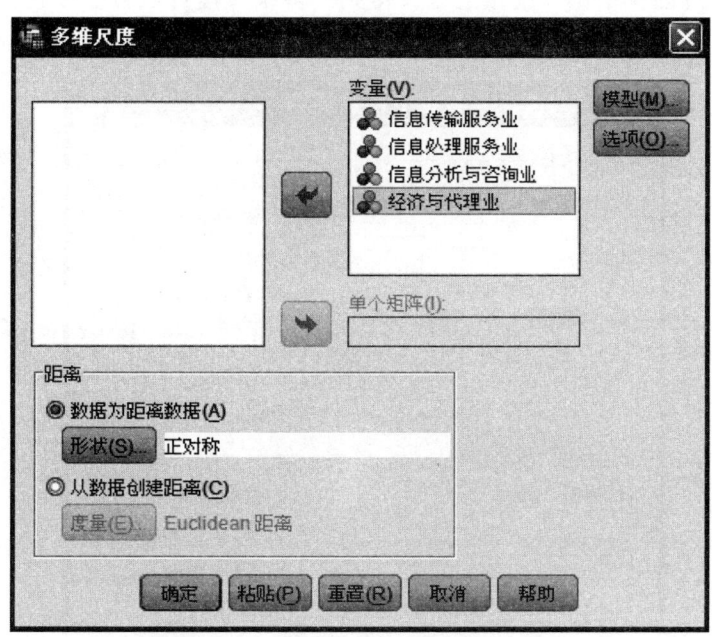

图 9-63 对话框中"变量"被确定

四、确定"距离"来源

如果您的数据集代表一组对象中的距离或者代表两组对象之间的距离,则指定数据矩阵的形状才能得到正确的结果。多维尺度使用不相似性数据创建尺度分析解。如果您的数据为多变量数据(度量到的变量的值),就必须创建不相似性数据才能计算多维尺度解。可以指定从数据创建非相似性测量的详细信息。从与您的数据类型相关的"度量"组选择一个选项,然后从与那一类度量相关的下拉列表选择一种度量。

由于我们的数据是原始数据,不是"距离"数据,所以在下面的"距离"框中选"从数据创建距离",见图 9-64:

图 9-64 对话框中"距离"来源被确定

点击"多维尺度"对话框中的"度量"键,得到"多维尺度:从数据中创建度量"对话框,见图 9-65:

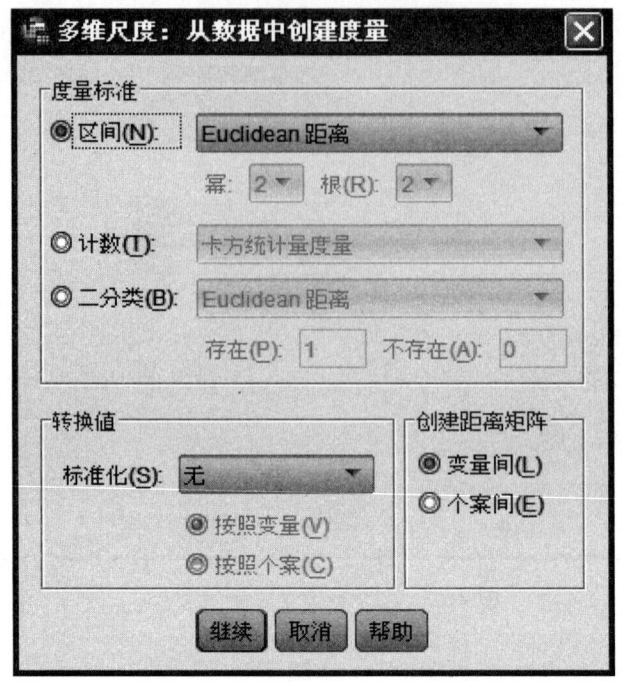

图 9-65 "多维尺度:从数据中创建度量"对话框

由于数据是区间数据(除分类、顺序、名义等数据以外的数据是区间数据),我们默认数据是区间数据,左下角有一个"转换值"对话框,点击"标准化"后的下拉框,会出现许多选项,见图 9-66:

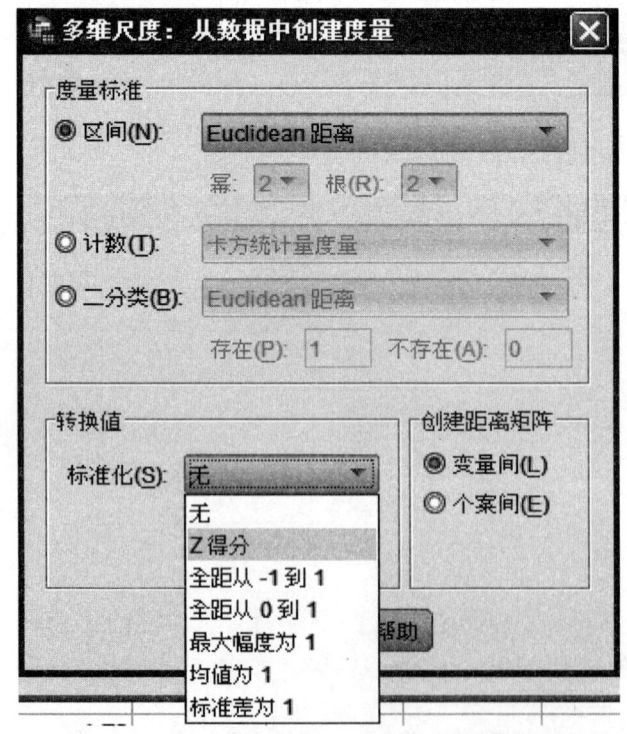

图 9-66 对话框中数据"标准化"方法的选项

数据标准化的主要功能就是消除变量间的量纲关系,从而使数据具有可比性。一般标准化采用的是 Z 标准化,即均值为 0,方差为 1,当然也有其他标准化,比如 0-1 标准化等,可根据自己的研究目的进行选择。由于无特定研究目的,所以我们选择最普通的"Z 得分",点击之,得图 9-67:

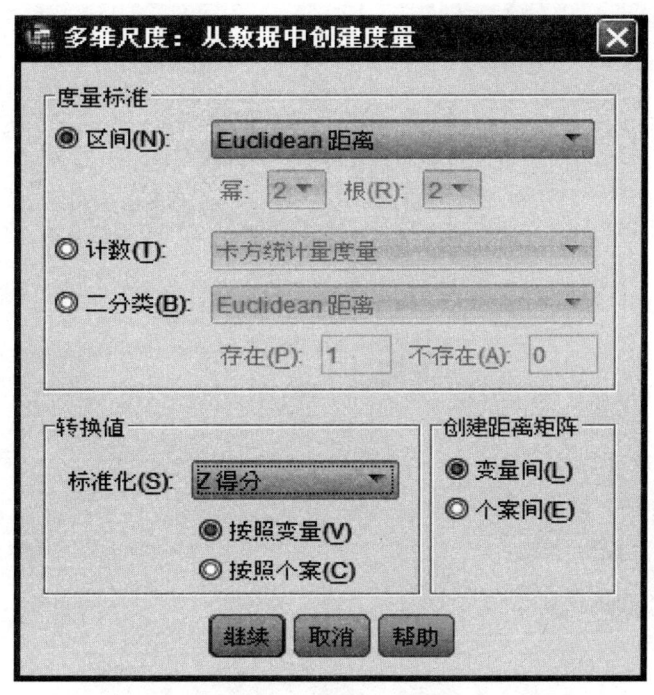

图 9-67 对话框中"标准化"方法被确定

右下角有一个"创建距离矩阵"框,选项有"变量间"和"个案间"。由于我们关心的是期刊之间的关系,而不是指标之间的关系,所以我们选择"个案间",见图 9-68:

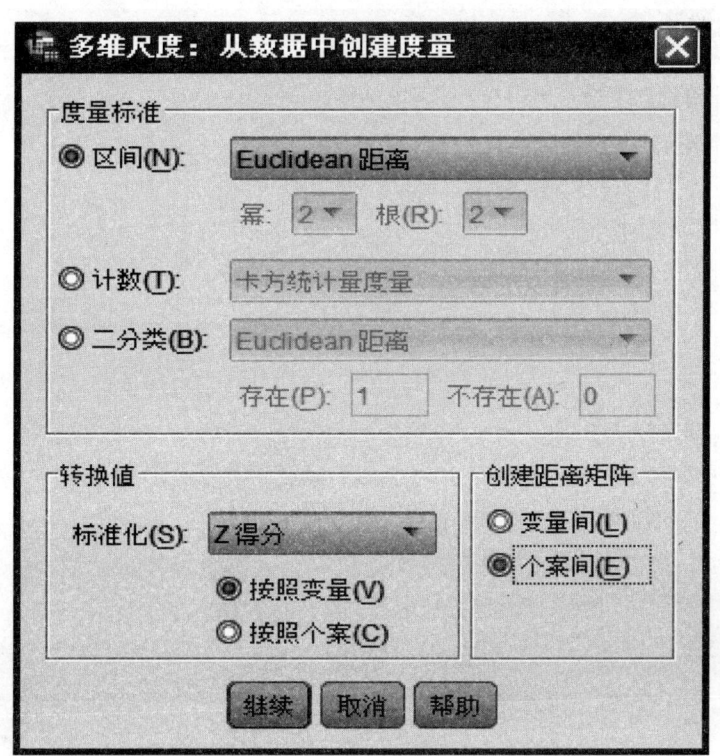

图 9-68 对话框中"创建距离矩阵"的对象被确定

点击"继续"键,返回到"多维尺度"对话框,见图 9-69:

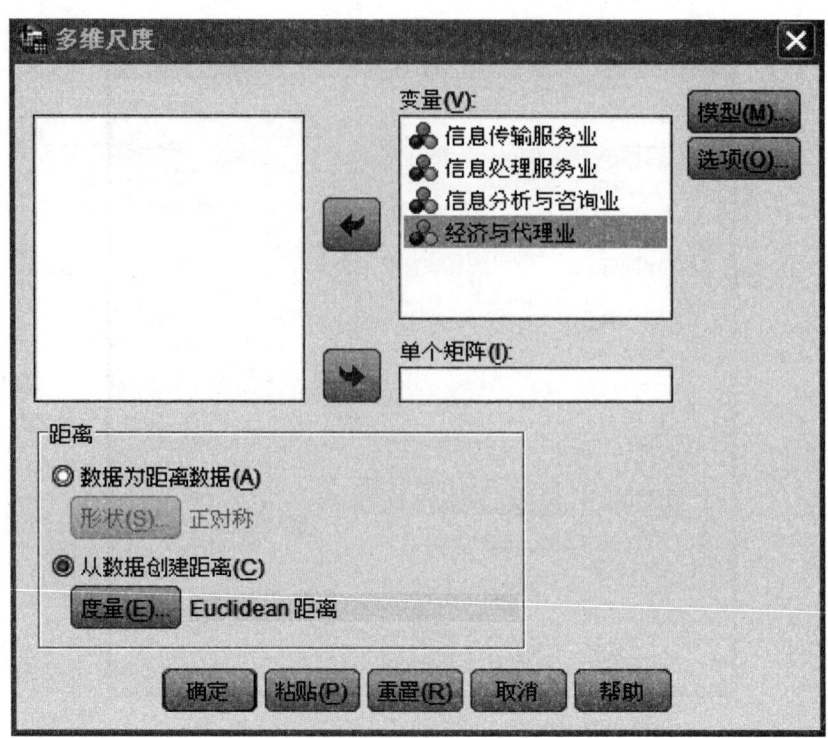

图 9-69 "多维尺度"对话框

五、模型确定

点击"模型"键,得到"多维尺度:模型"对话框,见图 9-70:

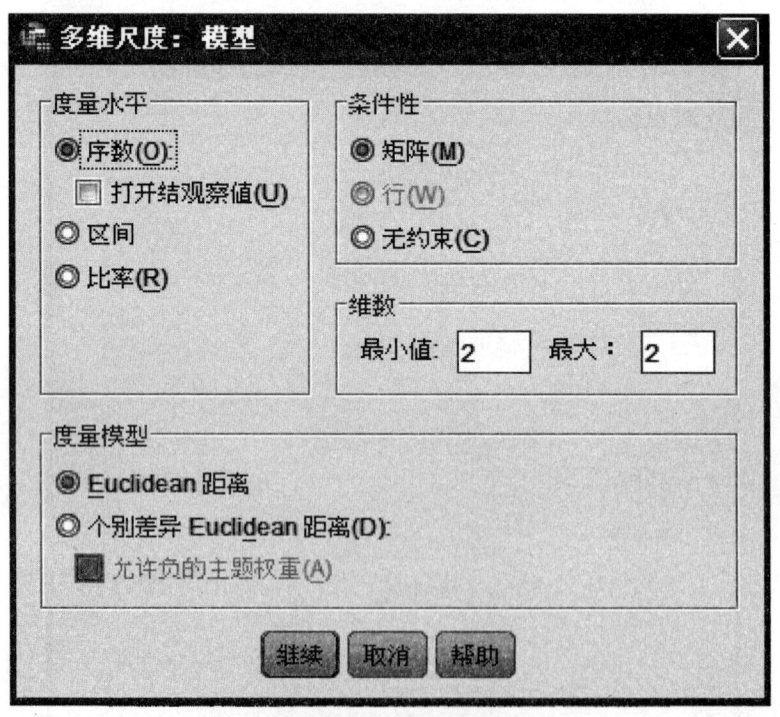

图 9-70 "多维尺度:模型"对话框

由于数据是连续数据,所以我们选"区间"。"条件性"是指指定哪些比较是有意义的。选项为"矩阵""行"和"无约束",我们默认系统的设置"矩阵"。"维数"使您可以指定尺度解决方案的维度性。对该范围中的每个数字都计算出一个答案。指定 1 到 6 之间的整数,但只有 2 维是直观的,所以我们默认系统的设置 2,其余不变,见图 9-71:

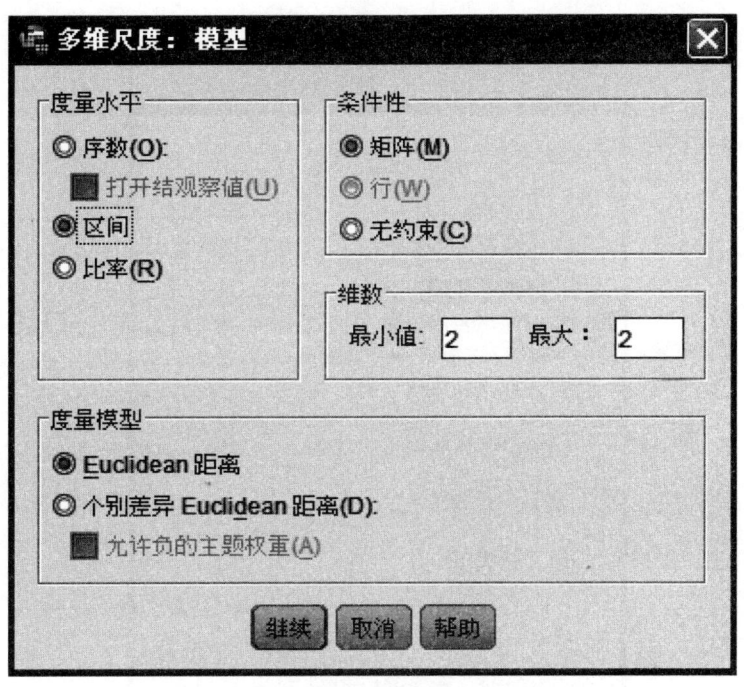

图 9-71　对话框中"模型"设置被确定

点击"继续"键,返回到"多维尺度"对话框,见图 9-72:

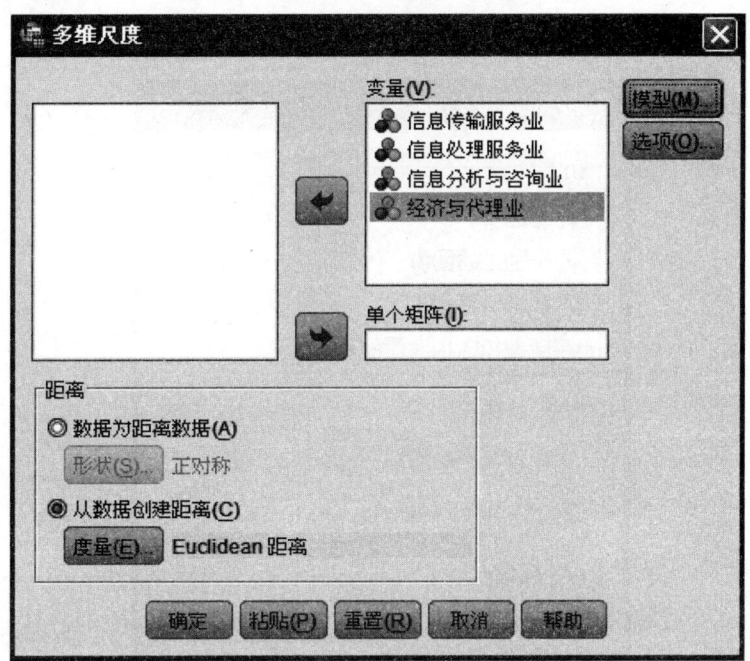

图 9-72　"多维尺度"对话框

六、输出结果的选择

点击"选项"键,得到"多维尺度:选项"对话框,见图 9-73:

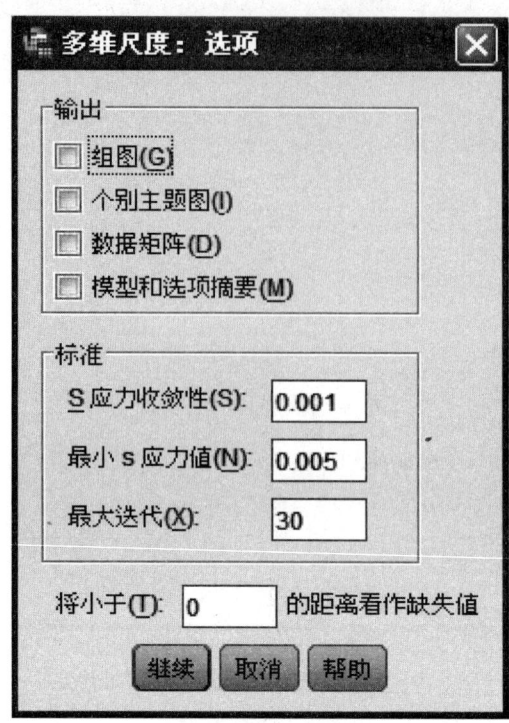

图 9-73 "多维尺度：选项"对话框

选择"组图""个别主题图""数据矩阵""模型和选项摘要"，见图 9-74：

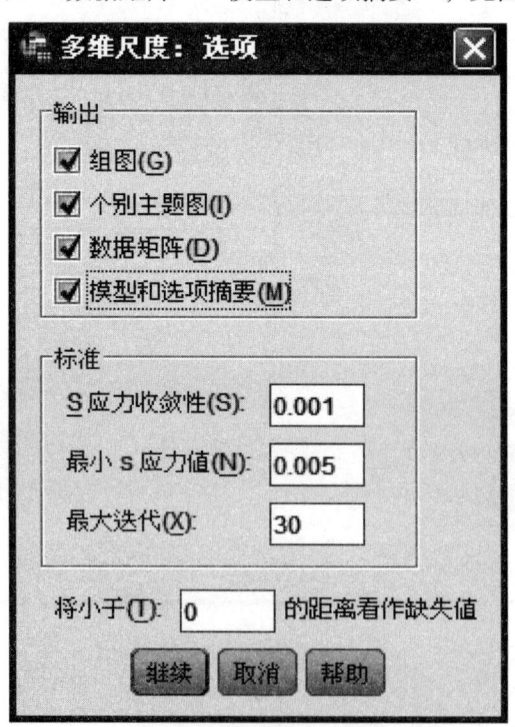

图 9-74 对话框中输出统计量被确定

点击"继续"键，返回到"多维尺度"对话框，见图 9-75：

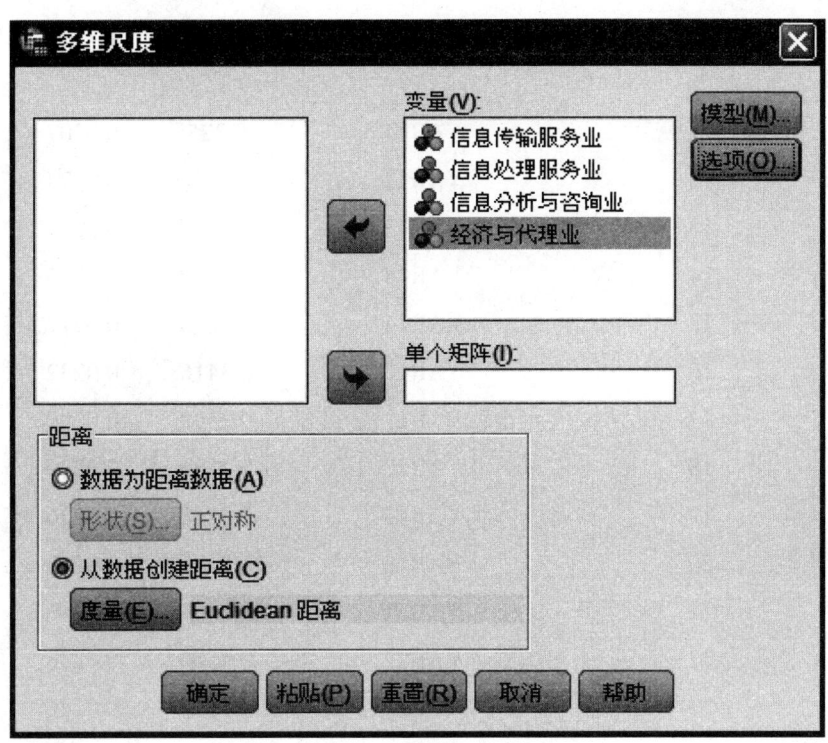

图 9-75 "多维尺度"对话框

七、结果与分析

点击"确定"键,得到结果,案例处理摘要见表 9-10:

表 9-10 案例处理摘要[a]

案例					
有效		缺失		合计	
N	百分比	N	百分比	N	百分比
26	100.0%	0	0.0%	26	100.0%

注:[a] 表示 Euclidean 距离已使用

应力为 0.00165,决定系数为 1,拟合得非常好。

二维分配坐标:

观测对象顺序号	观测对象名字	维数	
		1	2
1	VAR1	0.6229	−0.7164
2	VAR2	6.9713	0.0914
3	VAR3	−0.1789	0.0379
4	VAR4	−0.1853	0.0934
5	VAR5	−0.2090	−0.0029
6	VAR6	−0.2646	0.0086
7	VAR7	−0.2876	0.0018
8	VAR8	−0.3066	0.0472
9	VAR9	−0.3223	0.0271
10	VAR10	−0.3261	0.0252

观测对象顺序号	观测对象名字	维数 1	维数 2
11	VAR11	−0.3258	0.0207
12	VAR12	−0.3367	0.0277
13	VAR13	−0.3415	0.0223
14	VAR14	−0.3376	0.0225
15	VAR15	−0.3413	0.0217
16	VAR16	−0.3416	0.0232
17	VAR17	−0.3432	0.0290
18	VAR18	−0.3436	0.0239
19	VAR19	−0.3448	0.0226
20	VAR20	−0.3501	0.0253
21	VAR21	−0.3499	0.0246
22	VAR22	−0.3506	0.0238
23	VAR23	−0.3516	0.0246
24	VAR24	−0.3516	0.0250
25	VAR25	−0.3518	0.0250
26	VAR26	−0.3522	0.0248

这是二维标度空间的坐标值。

图 9-76 是拟合散点，几乎在一条直线上，拟合得非常好。

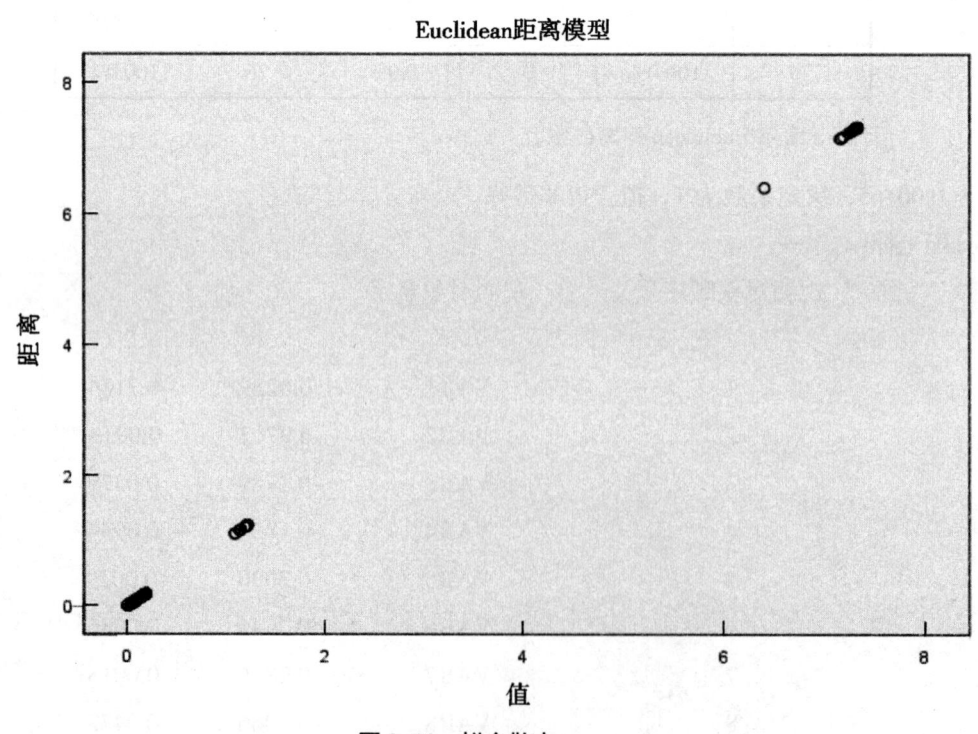

图 9-76　拟合散点

图 9-77 是多维标度，从图中可看到 26 个样本中分三个类，第一个样本是一个类，第二个样本是一个类，其余是一个类。

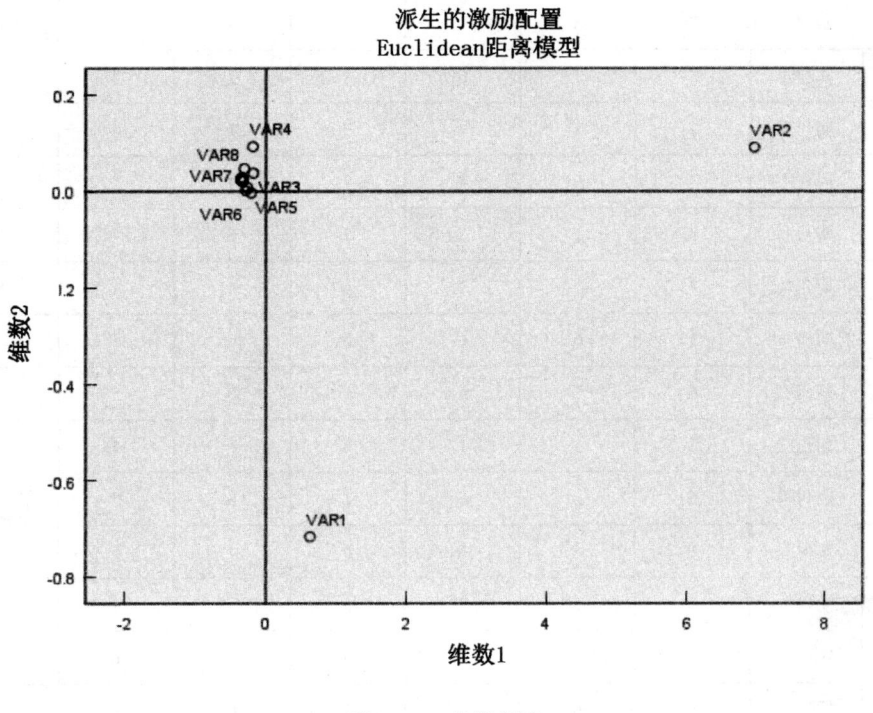

图 9-77 多维标度

第九节　多个距离阵多维标度法的 SPSS 操作步骤

例：七个专家对八种期刊的相似程度进行评价，1 表示几乎一样，2 表示非常相似，3 表示较相似，4 表示相似，5 表示不太相似，6 表示非常不相似，7 表示完全不相似。得到评价数据，见表 9-11：

表 9-11　八种期刊的相似程度距离阵

评价者	刊名	期刊一	期刊二	期刊三	期刊四	期刊五	期刊六	期刊七	期刊八
评价者一	期刊一	1	6	6	7	7	7	7	7
评价者一	期刊二	6	1	1	7	7	7	7	6
评价者一	期刊三	6	1	1	7	5	4	7	5
评价者一	期刊四	7	7	7	1	5	3	5	4
评价者一	期刊五	7	7	5	5	1	5	3	2
评价者一	期刊六	7	7	4	3	5	1	6	6
评价者一	期刊七	7	7	7	5	3	6	1	1
评价者一	期刊八	7	6	5	4	2	6	1	1
评价者二	期刊一	1	5	7	7	7	7	3	7
评价者二	期刊二	5	1	6	7	7	6	7	7

续 表

评价者	刊名	期刊一	期刊二	期刊三	期刊四	期刊五	期刊六	期刊七	期刊八
评价者二	期刊三	7	6	1	6	4	4	3	7
评价者二	期刊四	7	7	6	1	7	7	7	4
评价者二	期刊五	7	7	4	7	1	4	6	4
评价者二	期刊六	7	6	4	7	4	1	7	7
评价者二	期刊七	3	7	3	7	6	7	1	5
评价者二	期刊八	7	7	7	4	4	7	5	1
评价者三	期刊一	1	6	6	6	6	6	6	6
评价者三	期刊二	6	1	5	6	6	5	6	6
评价者三	期刊三	6	5	1	6	6	5	6	6
评价者三	期刊四	6	6	6	1	6	5	6	6
评价者三	期刊五	6	6	6	6	1	5	6	6
评价者三	期刊六	6	5	5	5	5	1	6	6
评价者三	期刊七	6	6	6	6	6	6	1	5
评价者三	期刊八	6	6	6	6	6	6	5	1
评价者四	期刊一	1	7	4	3	1	2	7	7
评价者四	期刊二	7	1	2	4	5	6	3	2
评价者四	期刊三	4	2	1	5	4	3	5	5
评价者四	期刊四	3	4	5	1	4	4	5	6
评价者四	期刊五	1	5	4	4	1	3	5	5
评价者四	期刊六	2	6	3	4	3	1	7	6
评价者四	期刊七	7	3	5	5	5	7	1	1
评价者四	期刊八	7	2	5	6	5	6	1	1
评价者五	期刊一	1	5	5	5	2	3	6	6
评价者五	期刊二	5	1	1	3	5	2	3	3
评价者五	期刊三	5	1	1	3	5	2	6	6
评价者五	期刊四	5	3	3	1	5	5	2	2
评价者五	期刊五	2	5	5	5	1	2	5	5
评价者五	期刊六	3	2	2	5	2	1	5	6
评价者五	期刊七	6	3	6	2	5	5	1	1
评价者五	期刊八	6	3	6	2	5	6	1	1
评价者六	期刊一	1	7	5	6	5	5	5	6
评价者六	期刊二	7	1	1	6	5	4	6	5
评价者六	期刊三	5	1	1	3	3	3	3	5

续　表

评价者	刊名	期刊一	期刊二	期刊三	期刊四	期刊五	期刊六	期刊七	期刊八
评价者六	期刊四	6	6	3	1	3	3	7	3
评价者六	期刊五	5	5	3	3	1	3	6	3
评价者六	期刊六	5	4	3	3	3	1	5	6
评价者六	期刊七	5	6	3	7	6	5	1	6
评价者六	期刊八	6	5	5	3	3	6	6	1
评价者七	期刊一	1	2	2	5	3	6	6	7
评价者七	期刊二	2	1	2	5	3	6	6	6
评价者七	期刊三	2	2	1	6	3	5	6	6
评价者七	期刊四	5	5	6	1	3	3	3	6
评价者七	期刊五	3	3	6	3	1	5	6	5
评价者七	期刊六	6	6	5	3	5	1	5	5
评价者七	期刊七	6	6	6	3	6	5	1	3
评价者七	期刊八	7	6	6	6	5	5	3	1

一、输入数据

打开 SPSS 界面，点击"变量视图"，输入变量名，见图 9-78：

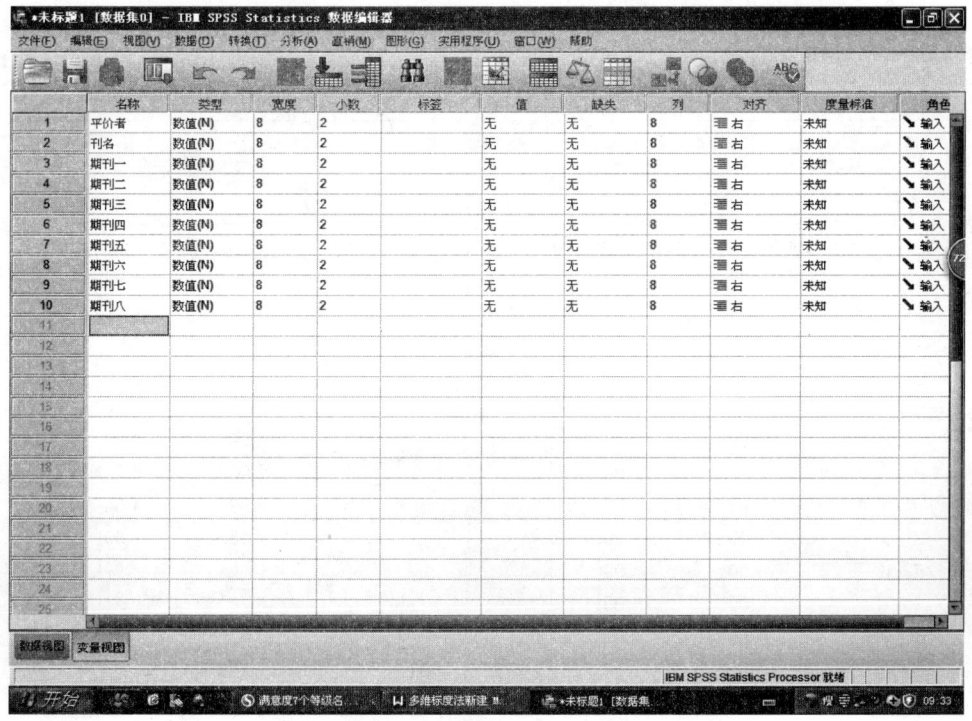

图 9-78　"变量视图"界面

点击"数据视图"，复制粘贴数据，见图 9-79：

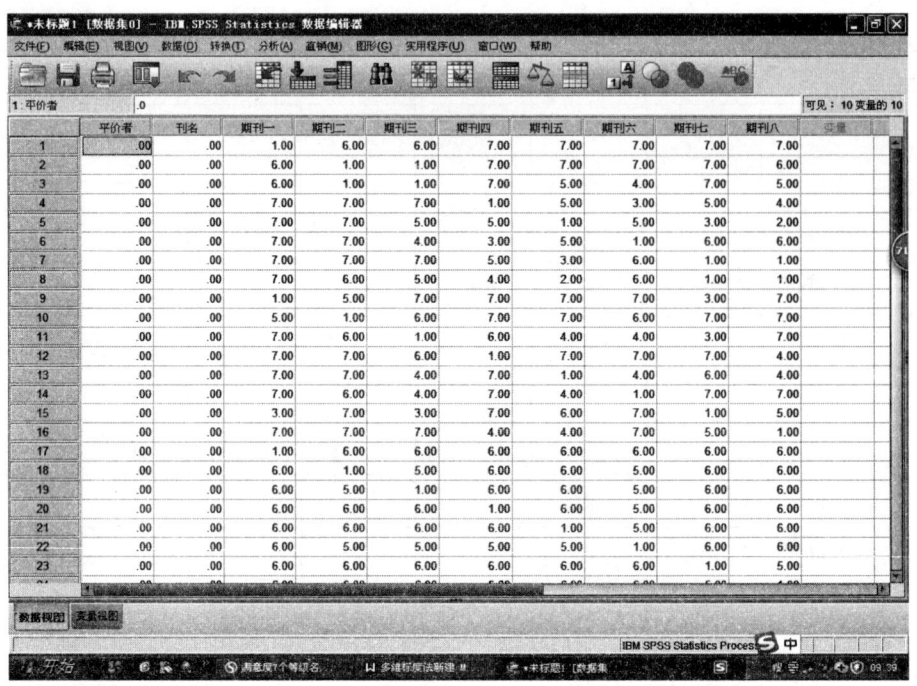

图 9-79　SPSS 数据输入格式

注意汉字在 SPSS 表格中粘贴不出来，所以变成 0，这不影响计算结果。

二、分析路径

点击菜单中的"分析"，鼠标下滑到"度量"，鼠标右滑，再下滑到"多维尺度（ALSCAL）（M）"，见图 9-80：

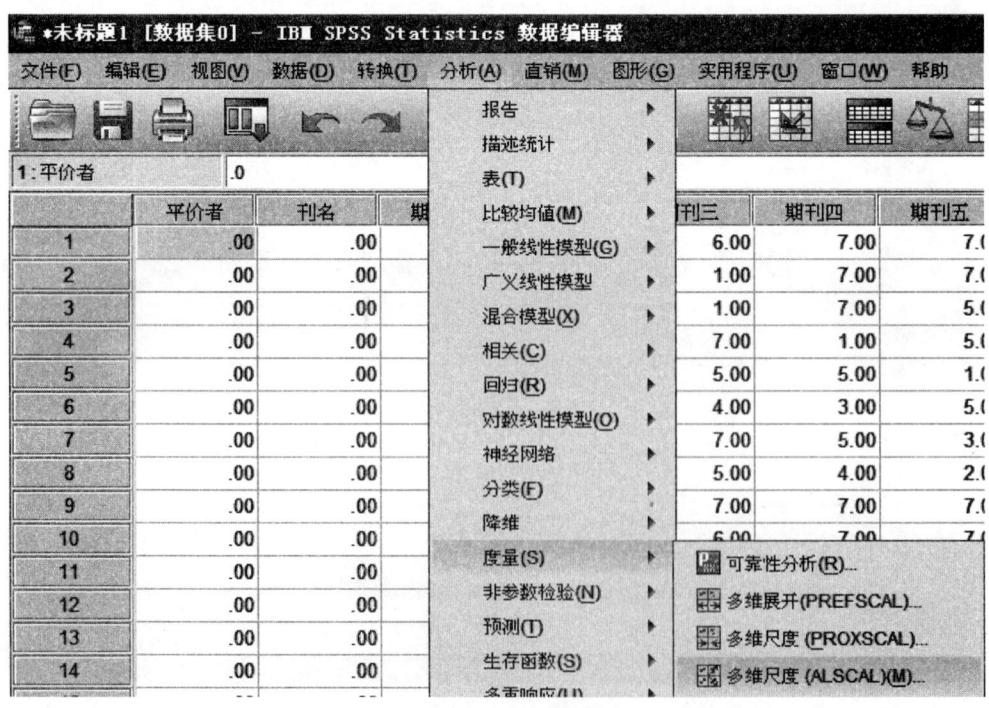

图 9-80　分析路径

点击之，得"多维尺度"对话框，见图 9-81：

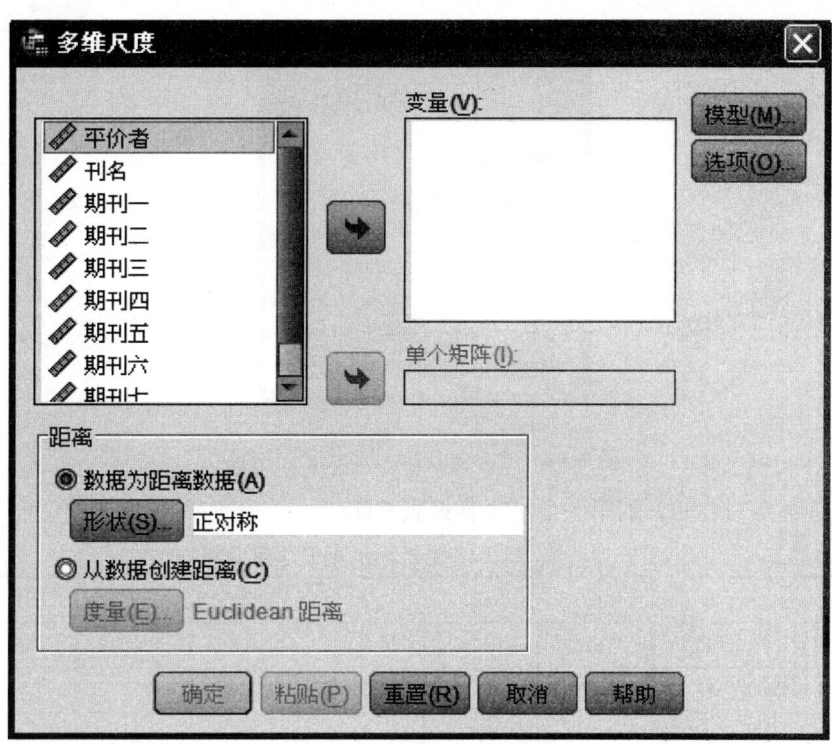

图 9-81 "多维尺度"对话框

三、变量确定

把八个期刊名点进"变量"框,见图 9-82:

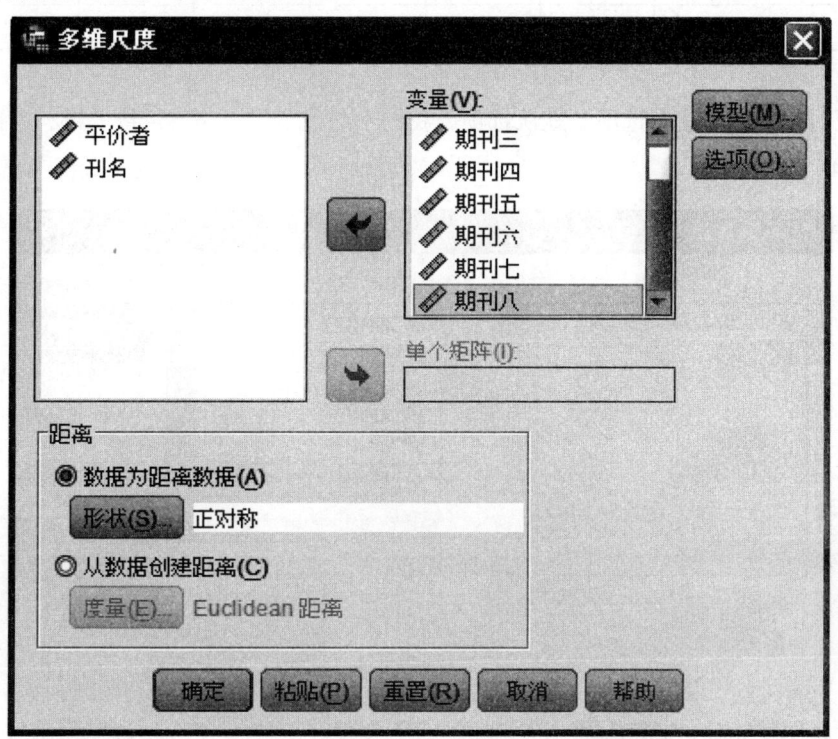

图 9-82 对话框中"变量"被确定

在"距离"框中,因我们的数据是距离矩阵,所以选"数据为距离数据",但这个选项是默认选项,我们不必改变。

四、数据排列方式确定

点击"形状"键,得"多维尺度:形状"对话框,见图 9-83:

图 9-83 "多维尺度:形状"对话框

由于每个小矩阵都是对称的,如第一个小矩阵见表 9-12:

表 9-12 第一个评价者给出的相似程度距离阵

1	6	6	7	7	7	7	7
6	1	1	7	7	7	7	6
6	1	1	7	5	4	7	5
7	7	7	1	5	3	5	4
7	7	5	5	1	5	3	2
7	7	4	3	5	1	6	6
7	7	7	5	3	6	1	1
7	6	5	4	2	6	1	1

所以应选"正对称",但这个选项是默认选项,我们不必改变。点击"继续"键,返回到"多维尺度"对话框,见图 9-84:

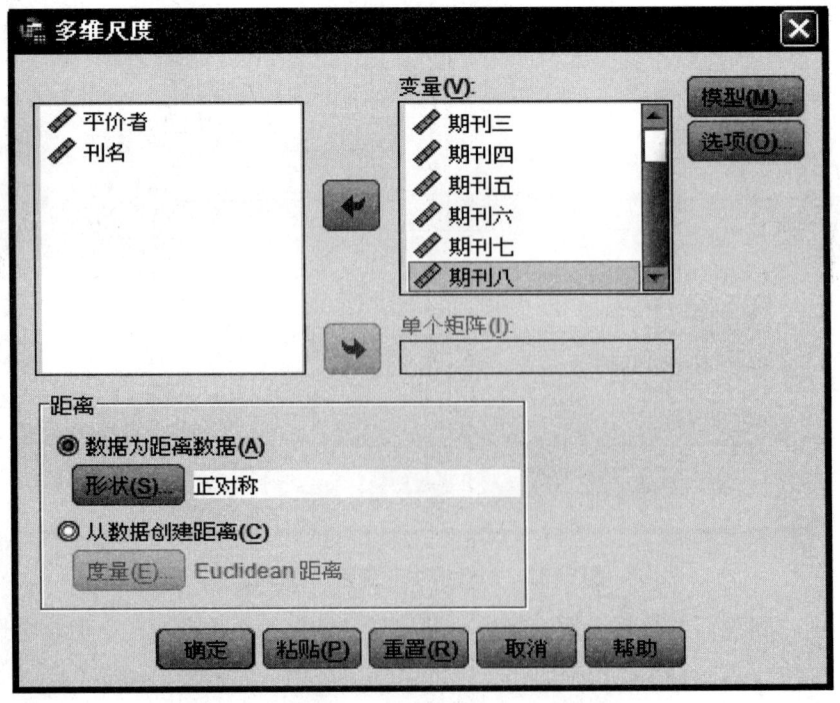

图 9-84 "多维尺度"对话框

五、模型确定

点击"模型"键,得"多维尺度:模型"对话框,见图9-85:

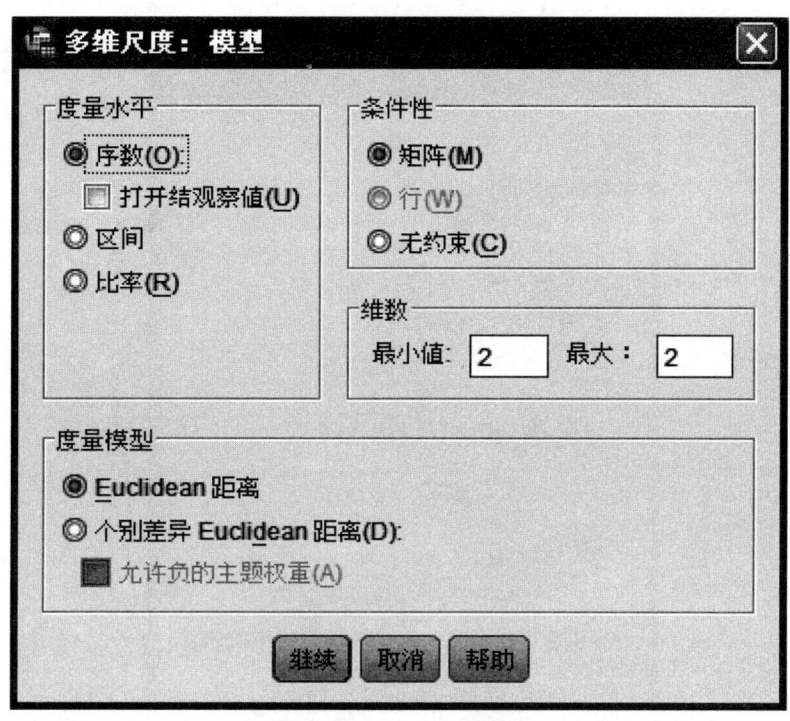

图9-85 "多维尺度:模型"对话框

由于我们的数据是1到7的等级数据,我们只能在"度量水平"框中选"序数"选项。由于我们的数据是正对称矩阵,只能在"条件性"框中选"矩阵",若我们的数据是正不对称矩阵,也只能选"矩阵",若我们的数据在"多维尺度"对话框中的"数据形状"选项中选的是"矩阵",这里只能选"行"。"度量模型"我们选"Euclidean距离",即系统默认的选项。点击"继续"键,返回到"多维尺度"对话框,见图9-86:

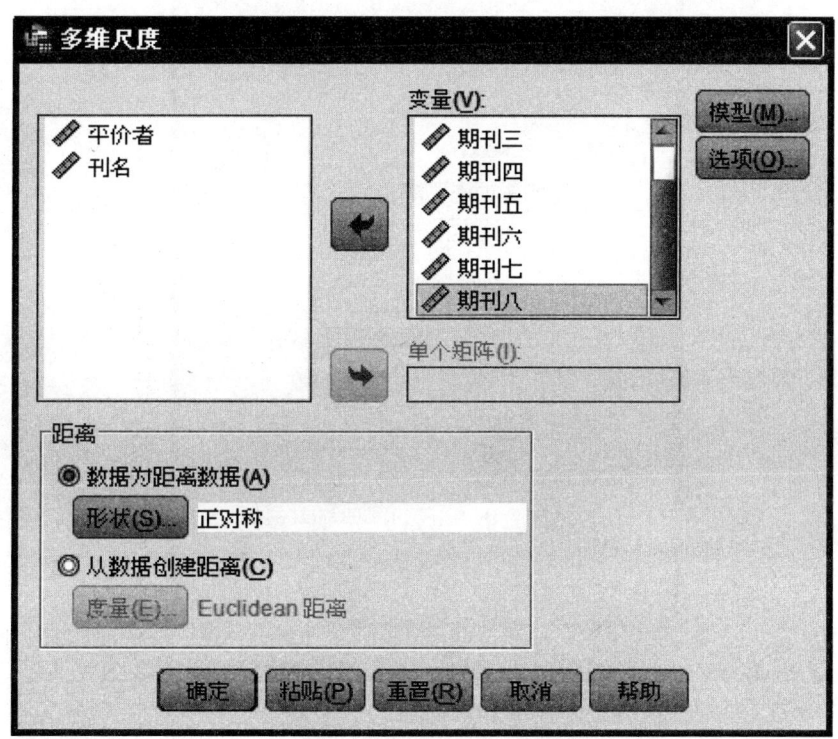

图9-86 "多维尺度"对话框

六、输出选项确定

点击"选项"键,得到"多维尺度:选项"对话框,见图9-87:

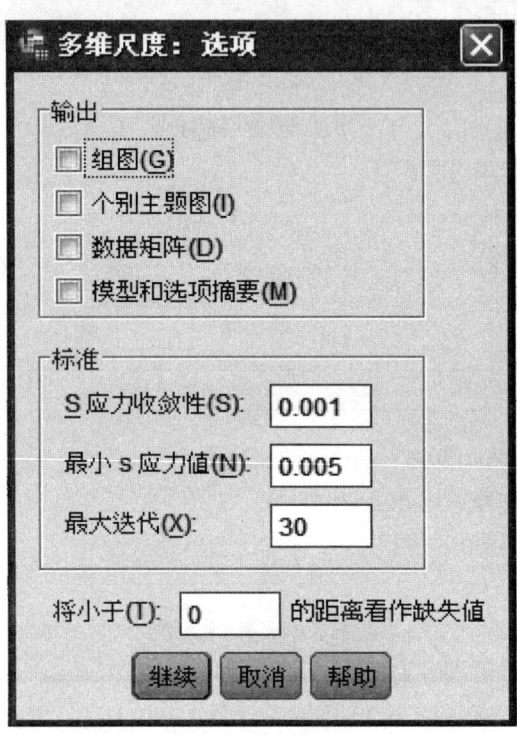

图9-87 "多维尺度:选项"对话框

我们选"组图",见图9-88:

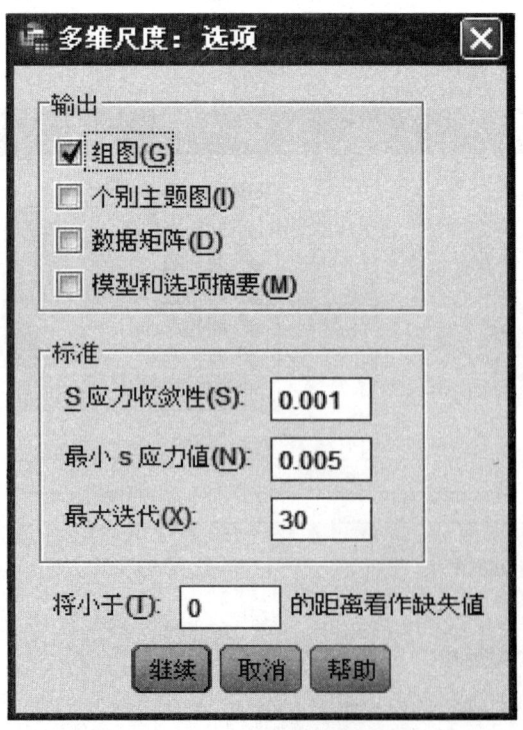

图9-88 对话框中输出图种被确定

点击"继续"键,返回到"多维尺度"对话框,见图9-89:

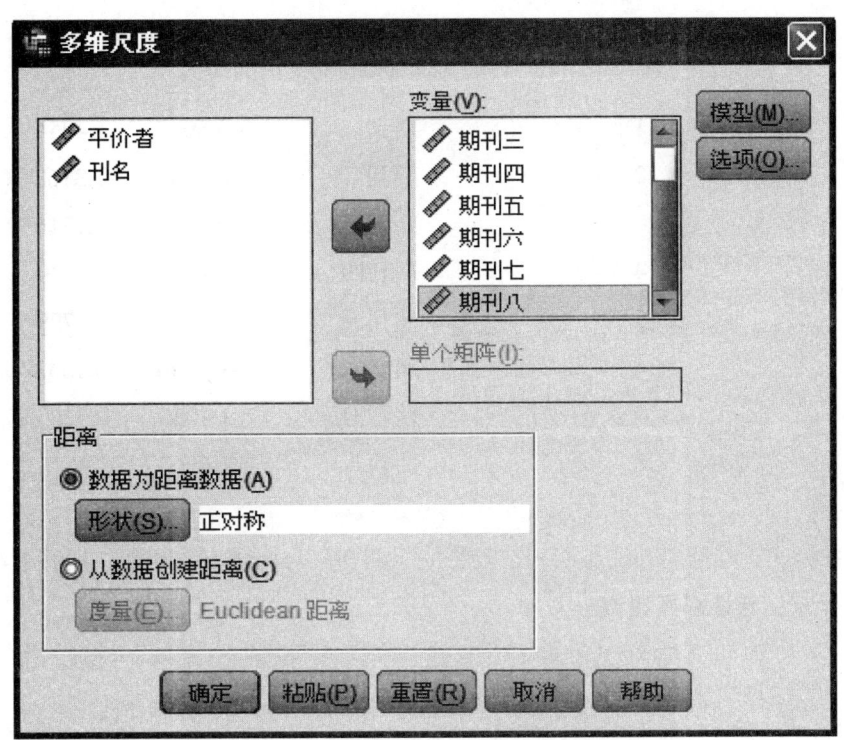

图 9-89 "多维尺度"对话框

七、结果与分析

点击"确定"键,得到结果如下。

1. 二维解迭代记录(平方距离)

迭代次数	应力	改善幅度
1	0.45653	
2	0.41326	0.04327
3	0.40999	0.00328
4	0.40936	0.00062

因 S-应力改善幅度小于 0.001 而停止。

2. 距离上的应力和决定系数

矩阵	应力	决定系数
1	0.285	0.450
2	0.375	0.045
3	0.318	0.322
4	0.247	0.582
5	0.147	0.851
6	0.343	0.195
7	0.354	0.164

矩阵的平均应力 = 0.30437,矩阵的平均决定系数 = 0.37281,从矩阵的平均应力和矩阵的平均决定系数看,拟合得不好。

3. 二维分配坐标

观测对象顺序号	观测对象名字	维数 1	维数 2
1	期刊一	−0.8083	1.4254
2	期刊二	−0.6470	−1.3162
3	期刊三	−0.7583	−1.1716
4	期刊四	1.1266	0.7920
5	期刊五	−0.5510	1.1729
6	期刊六	−1.1740	−0.1532
7	期刊七	1.4053	−0.3283
8	期刊八	1.4067	−0.4211

图 9-90 是多维标度，可见期刊二与期刊三较相似、期刊一与期刊五较相似、期刊七与期刊八较相似，期刊四与期刊六是孤点，与谁都不相似。

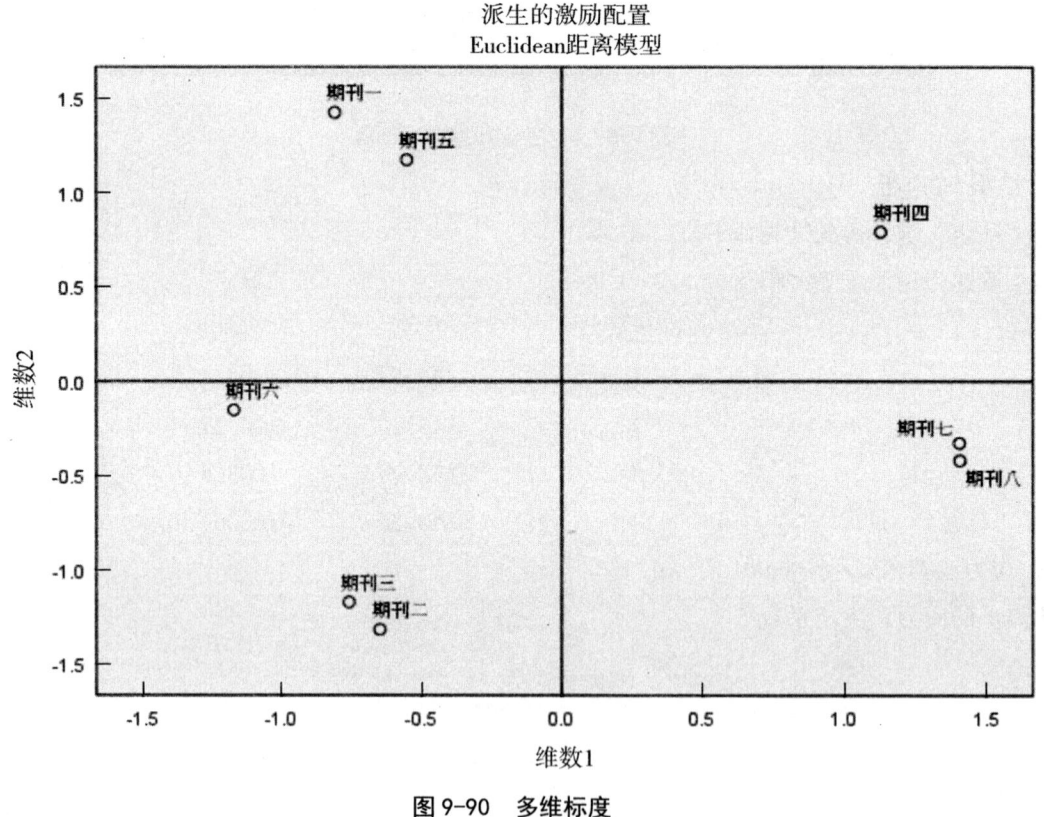

图 9-90　多维标度

图 9-91 是线性拟合散点，从图可看出，散点不在一条直线上，拟合得不好。

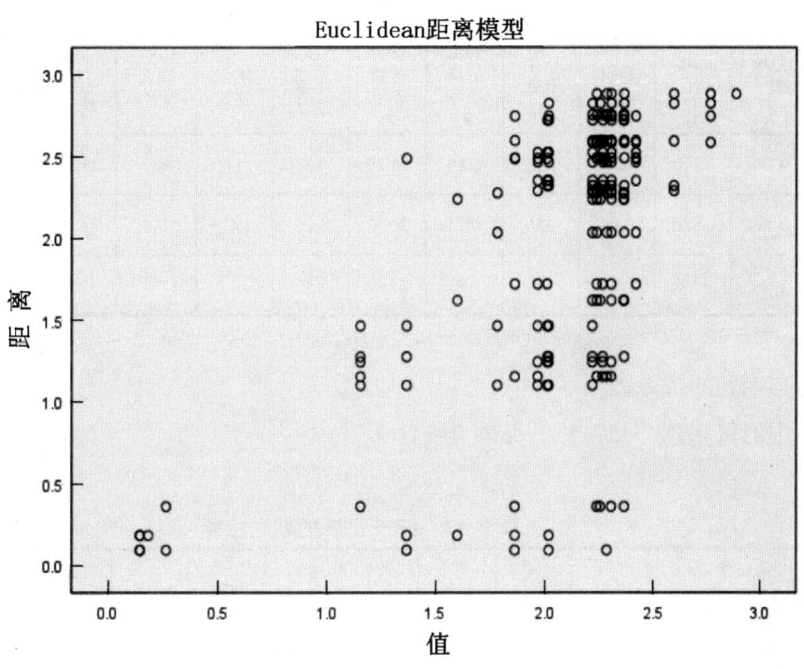

图 9-91 线性拟合散点

第十节 样本与指标共现的多维标度法的 SPSS 操作步骤

前边的多维标度法是样本的多维标度法，下面讨论样本与指标共现的多维标度法。

例：我们统计了 13 种力学类中文期刊的 15 项计量指标，见表 9-13：

表 9-13　13 种力学类中文期刊的 15 项计量指标

期刊	总被引频次 Z_1	影响因子 Z_2	即年指标 Z_3	他引率 Z_4	引用刊数 Z_5	学科影响指标 Z_6	学科扩散指标 Z_7	被引半衰期 Z_8	H指数 Z_9	载文量 Z_{10}	平均引文数 Z_{11}	平均作者数 Z_{12}	地区分布数 Z_{13}	机构分布数 Z_{14}	基金论文比 Z_{15}
动力学与控制学报	232	0.667	0.234	0.53	89	0.73	5.93	3.07	4	77	11.61	2.70	17	49	0.753
工程力学	2045	0.667	0.077	0.87	500	0.93	33.33	4.82	8	468	13.07	2.97	25	120	0.838
固体力学学报	476	0.538	0.079	0.88	209	0.87	13.93	6.10	5	63	14.16	2.70	20	40	0.937
计算力学学报	835	0.341	0.024	0.93	339	0.87	22.60	6.08	7	164	10.78	2.92	21	69	0.860
力学季刊	346	0.350	0.031	0.93	196	0.73	13.07	5.20	4	98	10.26	2.76	12	36	0.704
力学进展	1017	1.116	0.214	0.97	435	1.00	29.00	7.22	9	56	84.73	2.64	14	40	0.839
力学学报	1203	0.853	0.112	0.93	371	1.00	24.73	6.37	7	107	15.57	2.92	20	52	0.832
力学与实践	806	0.395	0.062	0.87	389	0.80	25.93	6.67	5	177	7.86	2.31	23	94	0.373
实验力学	399	0.278	0.013	0.91	221	0.80	17.73	5.64	5	77	10.97	3.70	15	40	0.597
岩石力学与工程学报	6999	1.771	0.266	0.81	622	0.93	41.47	4.63	14	327	17.56	3.80	22	98	0.807

续 表

期刊	总被引频次 Z_1	影响因子 Z_2	即年指标 Z_3	他引率 Z_4	引用刊数 Z_5	学科影响指标 Z_6	学科扩散指标 Z_7	被引半衰期 Z_8	H指数 Z_9	载文量 Z_{10}	平均引文数 Z_{11}	平均作者数 Z_{12}	地区分布数 Z_{13}	机构分布数 Z_{14}	基金论文比 Z_{15}
岩土力学	3768	0.798	0.110	0.78	492	0.80	32.80	4.37	11	637	11.15	3.35	27	160	0.714
应用力学学报	618	0.304	0.020	0.96	314	0.93	20.93	6.20	4	149	11.51	2.98	20	68	0.725
振动工程学报	962	0.582	0.056	0.93	339	0.93	22.60	6.47	7	108	12.32	2.97	17	44	0.815

试分析指标与期刊的关系。

我们将上表中的每一列都归一化，见表9-14：

表9-14 归一化后的期刊指标

期刊	总被引频次 Z_1	影响因子 Z_2	即年指标 Z_3	他引率 Z_4	引用刊数 Z_5	学科影响指标 Z_6	学科扩散指标 Z_7	被引半衰期 Z_8	H指数 Z_9	载文量 Z_{10}	平均引文数 Z_{11}	平均作者数 Z_{12}	地区分布数 Z_{13}	机构分布数 Z_{14}	基金论文比 Z_{15}
动力学与控制学报	0.0118	0.0770	0.1803	0.0469	0.0197	0.0645	0.0195	0.0421	0.0444	0.0307	0.0501	0.0672	0.0538	0.0769	0.0118
工程力学	0.1038	0.0770	0.0593	0.0770	0.1107	0.0822	0.1096	0.0662	0.0889	0.1866	0.0564	0.0988	0.1319	0.0856	0.1038
固体力学学报	0.0242	0.0621	0.0609	0.0779	0.0463	0.0769	0.0458	0.0837	0.0556	0.0251	0.0612	0.0791	0.0440	0.0957	0.0242
计算力学学报	0.0424	0.0394	0.0185	0.0823	0.0751	0.0769	0.0743	0.0835	0.0778	0.0654	0.0466	0.0830	0.0758	0.0878	0.0424
力学季刊	0.0176	0.0404	0.0239	0.0823	0.0434	0.0645	0.0430	0.0714	0.0444	0.0391	0.0443	0.0474	0.0396	0.0719	0.0176
力学进展	0.0516	0.1289	0.1649	0.0858	0.0963	0.0883	0.0954	0.0991	0.1000	0.0223	0.3659	0.0553	0.0440	0.0857	0.0516
力学学报	0.0610	0.0985	0.0863	0.0823	0.0822	0.0883	0.0813	0.0875	0.0778	0.0427	0.0672	0.0791	0.0571	0.0849	0.0610
力学与实践	0.0409	0.0456	0.0478	0.0770	0.0861	0.0707	0.0853	0.0916	0.0556	0.0706	0.0339	0.0909	0.1033	0.0381	0.0409
实验力学	0.0202	0.0321	0.0100	0.0805	0.0489	0.0707	0.0583	0.0774	0.0556	0.0307	0.0474	0.0593	0.0440	0.0610	0.0202
岩石力学与工程学报	0.3552	0.2045	0.2049	0.0717	0.1377	0.0822	0.1364	0.0636	0.1556	0.1304	0.0758	0.0870	0.1077	0.0824	0.3552
岩土力学	0.1912	0.0921	0.0847	0.0690	0.1089	0.0707	0.1079	0.0600	0.1222	0.2540	0.0482	0.1067	0.1758	0.0729	0.1912
应用力学学报	0.0314	0.0351	0.0154	0.0850	0.0695	0.0822	0.0688	0.0851	0.0444	0.0594	0.0497	0.0791	0.0747	0.0740	0.0314
振动工程学报	0.0488	0.0672	0.0431	0.0823	0.0751	0.0822	0.0743	0.0888	0.0778	0.0431	0.0532	0.0672	0.0484	0.0832	0.0488

注意输入变量这个数据是相似数据，即越大越好。

一、输入变量

打开 SPSS 界面，点击"变量视图"，输入变量名，见图 9-92：

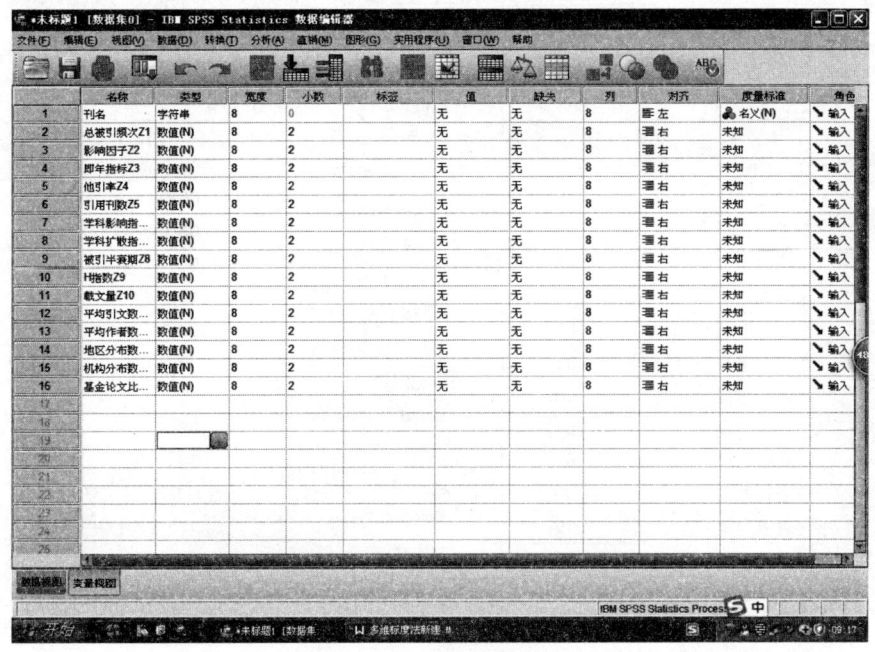

图 9-92 "变量视图"界面

注意，刊名的类型是字符串，而不是数值，点击"数量视图"得"数量视图"界面。

二、输入数据

把表中数据复制粘贴到"数据视图"界面，见图 9-93：

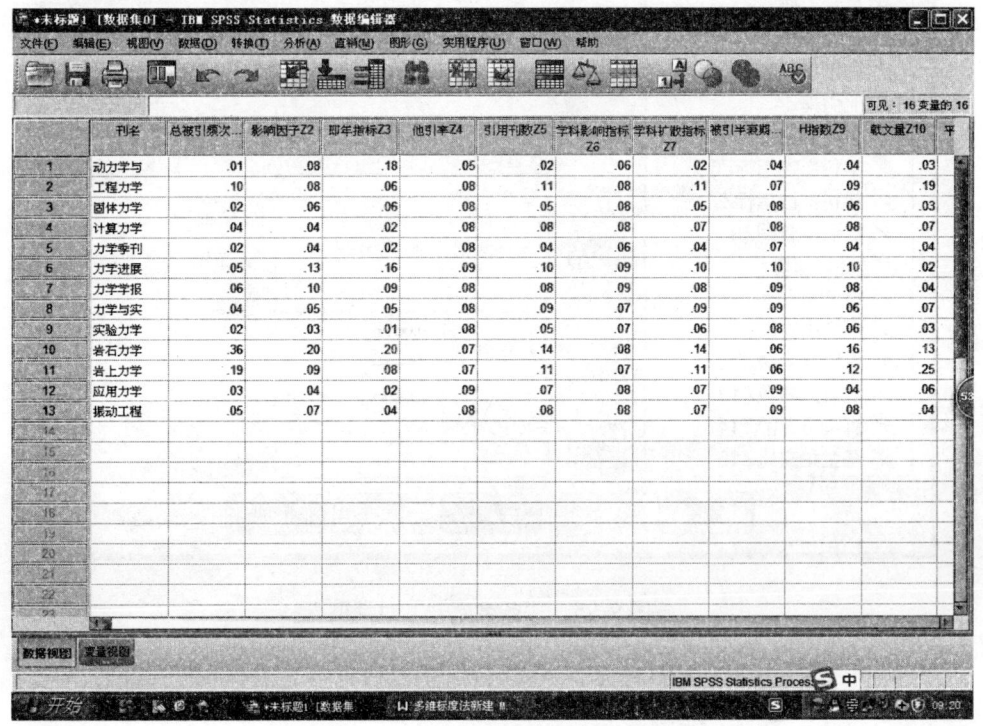

图 9-93 SPSS 数据输入格式

三、分析路径

点击"分析"，鼠标下滑到"度量"，鼠标右滑，再下滑到"多维展开（PREFSCAL)"，见图 9-94：

图 9-94　分析路径

点击之,得到"多维展开"对话框,见图 9-95:

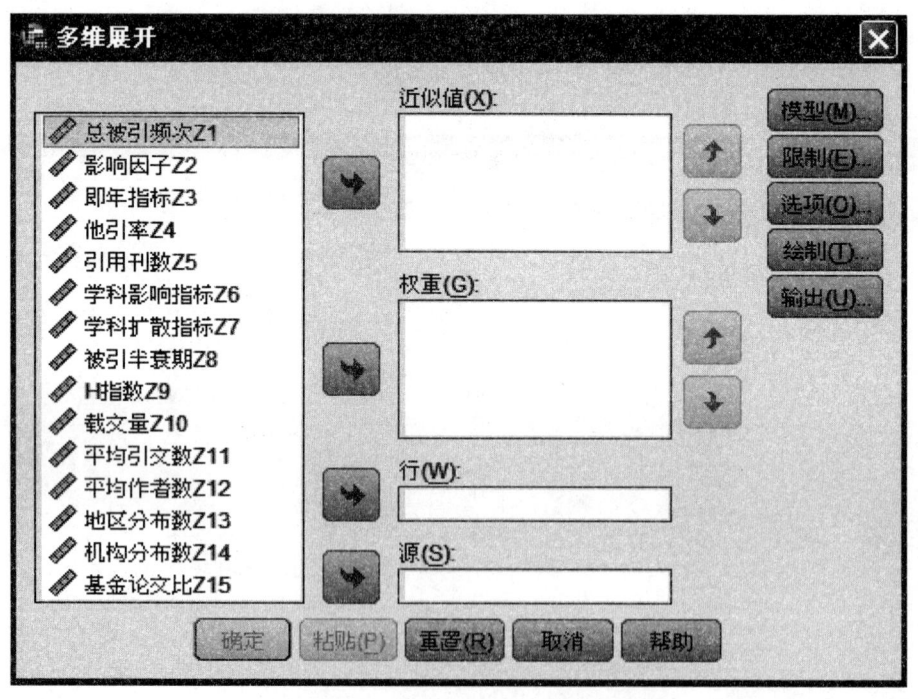

图 9-95　"多维展开"对话框

四、变量确定

把左框中的所有变量点进"近似值"框,见图 9-96:

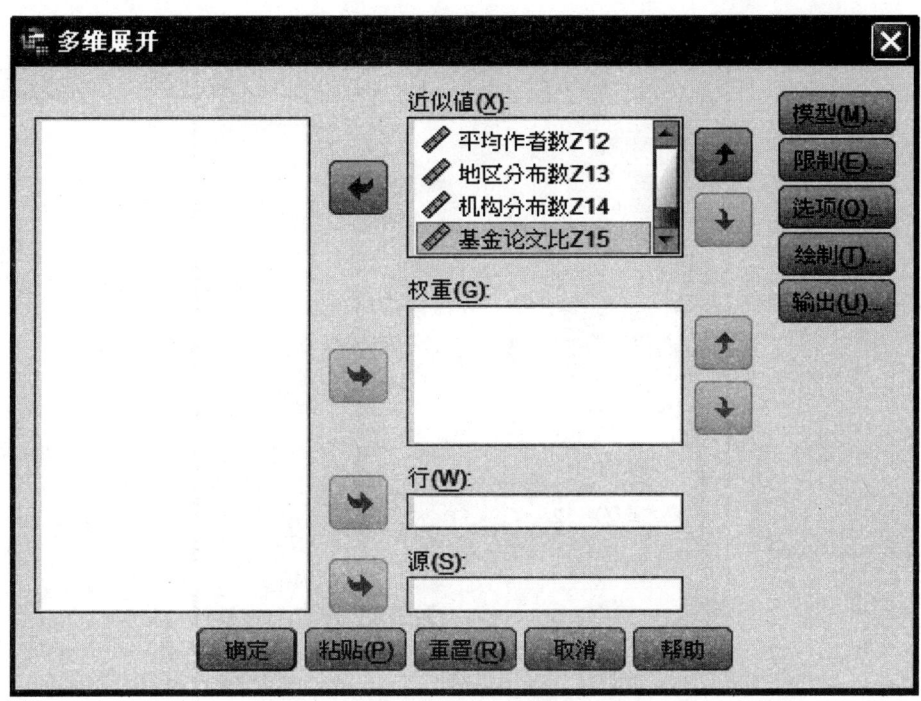

图 9-96 对话框中"变量"被确定

五、模型确定

在"多维展开"框中点击"模型",得到"多维展开:模型"对话框,见图 9-97:

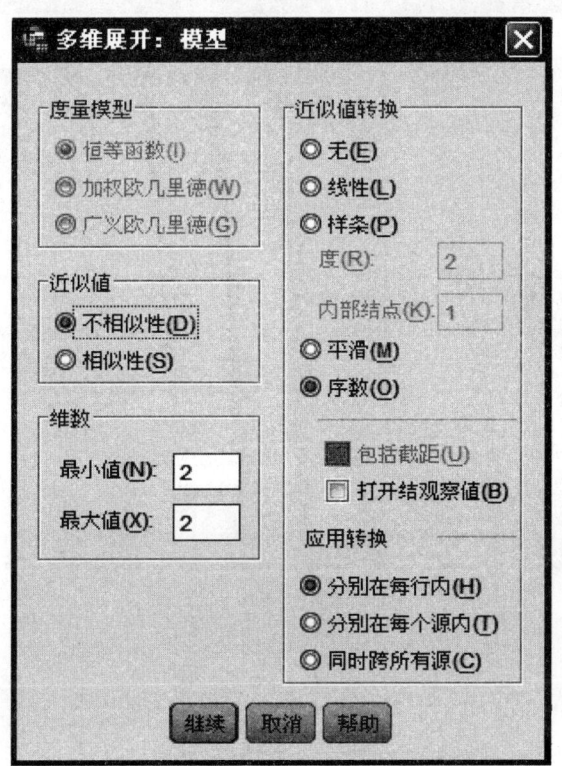

图 9-97 "多维展开:模型"对话框

由于我们的数据是相似数据,所以在"近似值"框中选"相似性"。由于数据是区间数据,所以在"近似值转换"框中选"线性",见图 9-98:

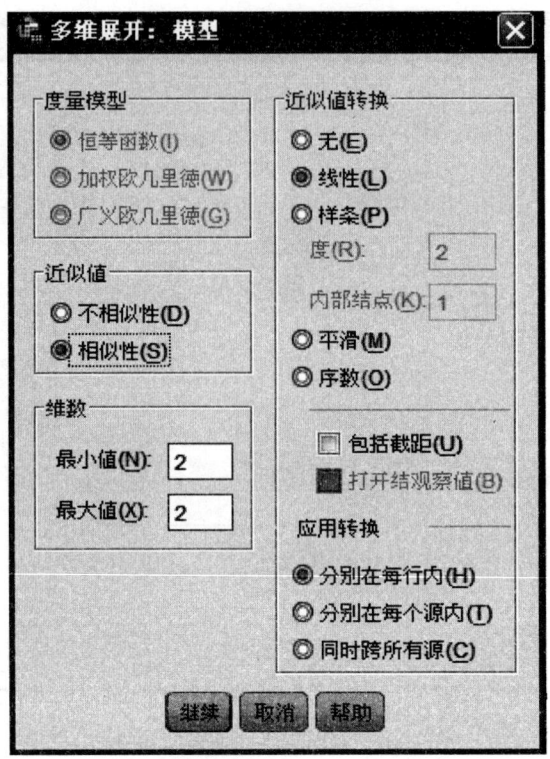

图 9-98　对话框中"模型"设置被确定

点击"继续"键,返回到"多维展开"对话框,见图 9-99:

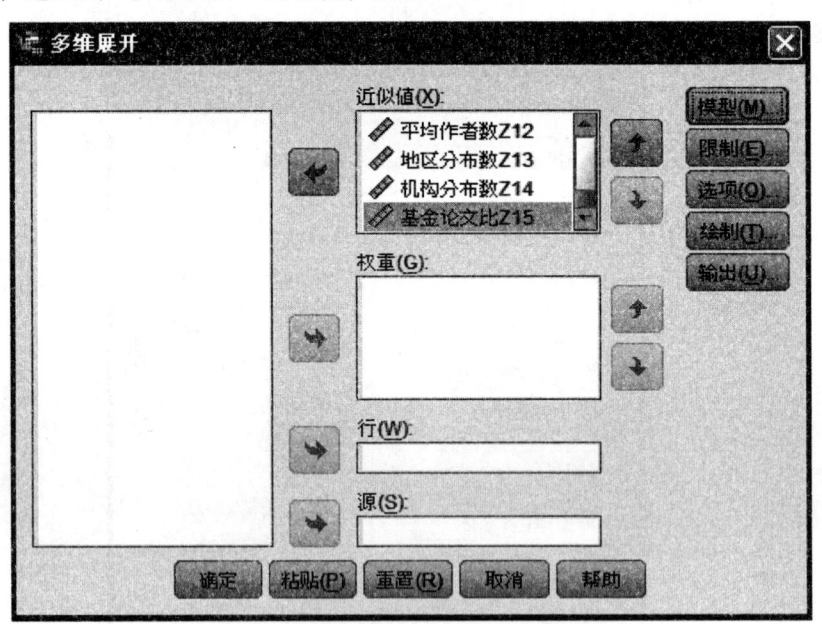

图 9-99　"多维展开"对话框

六、结果与分析

点击"确定"键,得到结果,迭代历史记录见表 9-15:

表 9-15　迭代历史记录

迭代	惩罚的应力	差分	应力	惩罚
0	1.1851598		0.6529053	2.1513132
535	0.5281119	0.0000005[a]	0.1296428	2.1513132

注:a 表示连续惩罚应力值之差小于 DIFFSTRESS 条件

迭代 535 次，达到要求，说明收敛比较慢，不过结果不错，应力为 0.1296428，远小于 0.2。

最终的行坐标见表 9-16：

表 9-16 最终的行坐标

	维度	
	1	2
1	−0.099	−0.059
2	0.265	0.056
3	−0.045	0.003
4	−0.004	0.023
5	−0.031	0.011
6	−0.232	−0.005
7	−0.034	−0.017
8	−0.005	0.002
9	−0.020	0.024
10	0.041	−0.123
11	0.172	−0.065
12	-0.001	0.067
13	-0.023	-0.003

这是各个指标的行坐标。

最终的列坐标见表 9-17：

表 9-17 最终的列坐标

	维度	
	1	2
总被引频次 Z_1	0.049	−0.059
影响因子 Z_2	−0.026	−0.067
即年指标 Z_3	−0.067	−0.075
他引率 Z_4	−0.026	0.047
引用刊数 Z_5	0.036	0.019
学科影响指标 Z_6	−0.033	0.051
学科扩散指标 Z_7	0.035	0.022
被引半衰期 Z_8	−0.024	0.045
H 指数 Z_9	0.037	−0.009
载文量 Z_{10}	0.063	0.014
平均引文数 Z_{11}	−0.090	0.044
平均作者数 Z_{12}	0.019	0.037
地区分布数 Z_{13}	0.042	0.027
机构分布数 Z_{14}	−0.046	0.046
基金论文比 Z_{15}	0.049	−0.059

这是各个指标的列坐标。

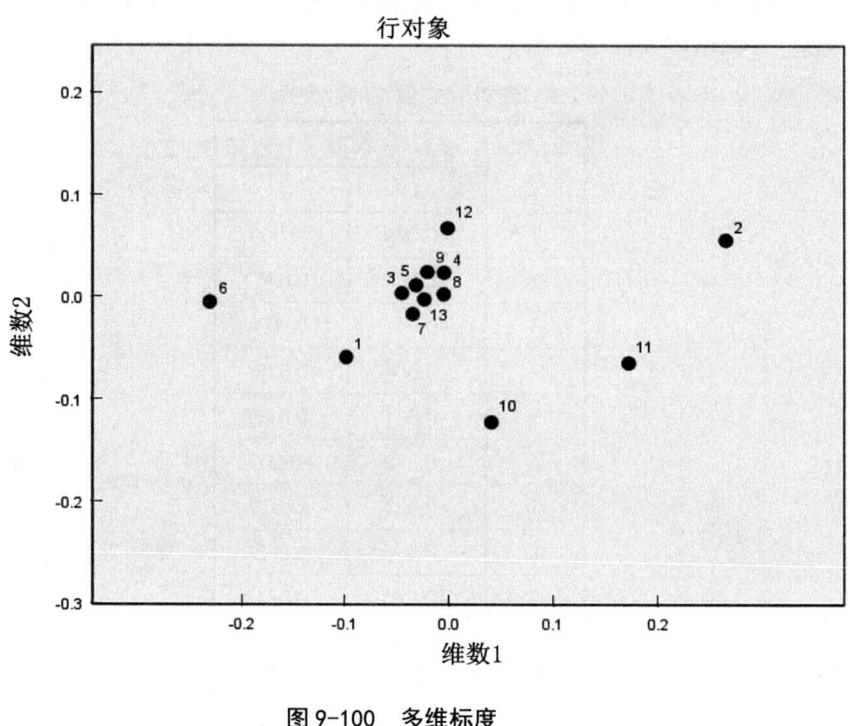

图 9-100　多维标度

图 9-100 是各个期刊的多维标度。从图上看，3、4、5、7、8、9、13 这 7 个期刊关系比较密切，其余的期刊关系较松散。

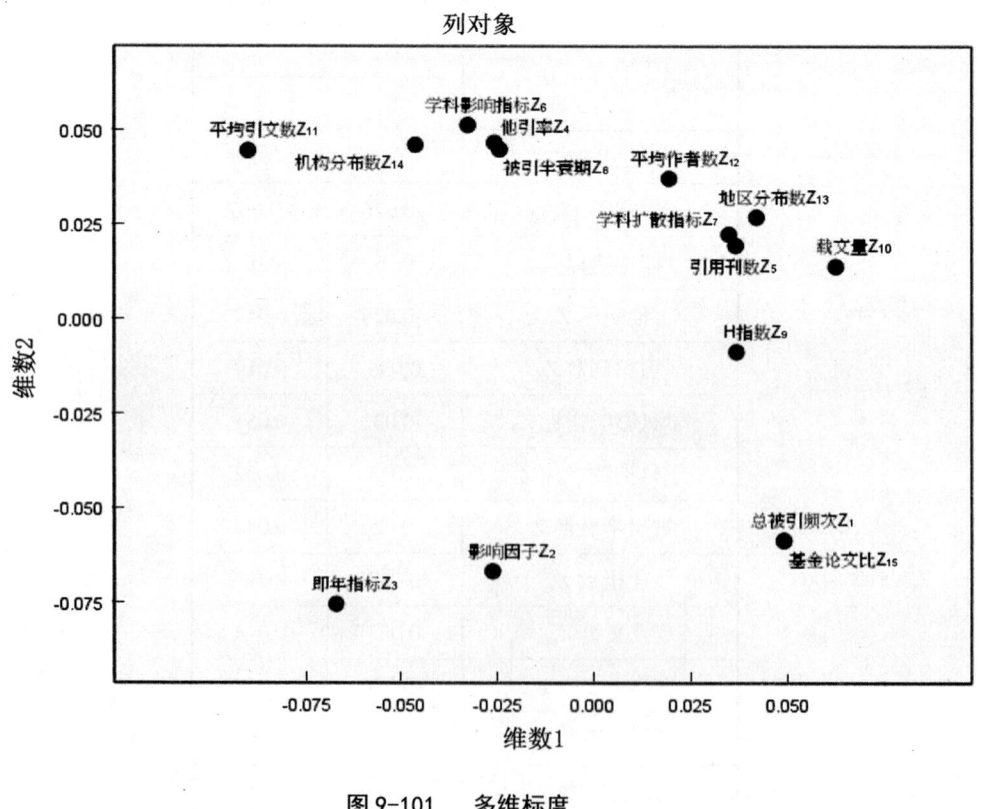

图 9-101　多维标度

图 9-101 是各个指标的多维标度。从图上看，学科扩散指标、地区分布数与引用刊数三者关系密切，

这符合人们的常识，学科扩散指标越大，引用刊数越多，地区分布越广。学科影响指标、他引率、被引半衰期三者关系密切，这也符合人们的常识，学科影响指标越大，说明期刊质量越高，那么其他领域的期刊也会引用，他引率就会高，从本领域扩大到他领域，需要较长时间，这无疑扩大了被引半衰期。其他指标关系不密切。

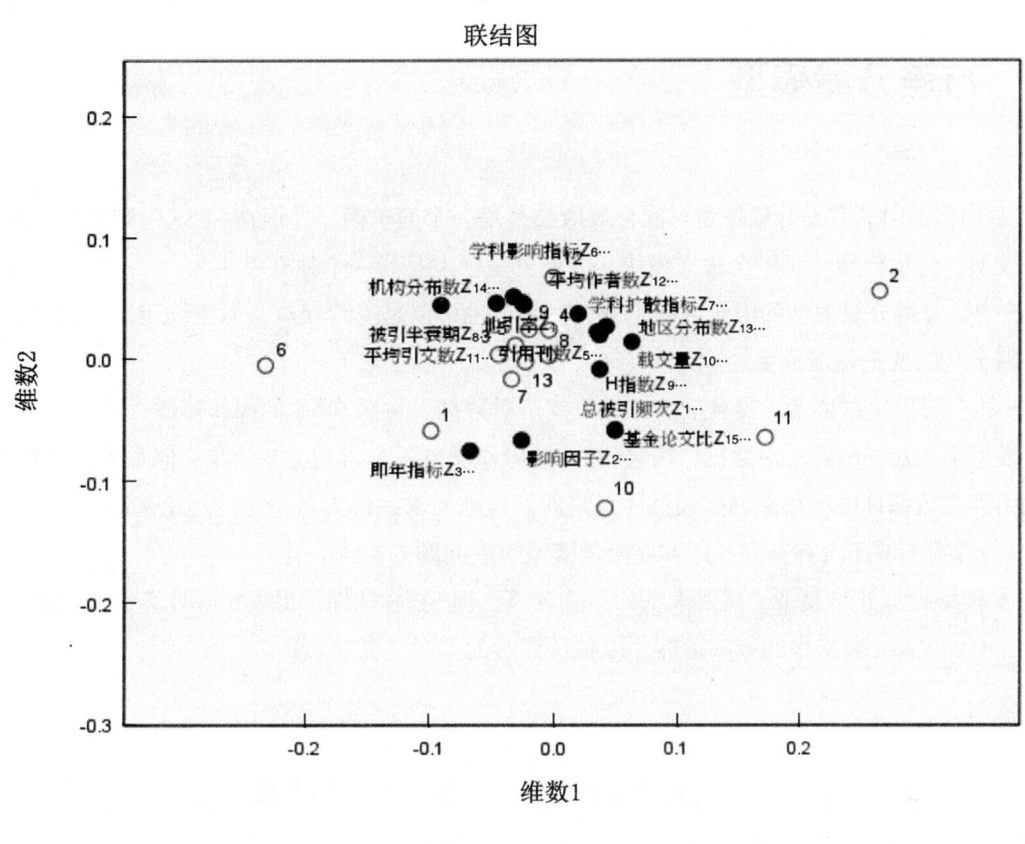

图 9-102　叠合

图 9-102 是上边二图的叠合。从这个图可看到：动力学与控制学报，即 1 的即年指标较高。力学学报，即 7 的影响因子较高。计算力学学报，即 4 的学科扩散指标较高。应用力学学报，即 12 的平均作者数和学科影响指标都比较高。力学季刊和实验力学，即 5 和 9 的学科影响指标、他引率、被引半衰期较好。固体力学学报，即 3 的平均引文数较高。工程力学和力学进展，即 2 和 6 哪一头都不占。其余的期刊在指标中无突出项。

第十章　方差分量模型

在中文期刊和书中，方差分量模型与混合效应模型是一个简单模型，但在 SPSS 中则不然，混合效应模型（多水平模型、分层模型）是一个独立模块，方差分量模型是另一个独立模块。

在 SPSS 中，方差分量模型的因子可以是分类变量，也可以是连续变量，但连续变量只能是固定因子，不能是随机因子。因变量是定量变量。

对 SPSS 的一般模块，读者无需基础知识，只要给对数据，按照 SPSS 的操作步骤，可得到有用的结论，但方差分量模型则不然，虽然给对数据，按照 SPSS 的操作步骤不难得到方差分量，但求方差分量不是目的，把方差分量用到参数估计中，得到回归模型才是目的。这就要求我们具备一定的理论基础和方法。

目前图书情报领域还没有查到利用方差分量模型解决问题的实例。

方差分量模型计算非常复杂，需要大量的矩阵计算，但 SPSS 软件不提供矩阵计算，所以我们先介绍一般计算机上都有的 Excel 表格中的矩阵运算，以备计算时的不时之需。

第一节　Excel 表格中的矩阵运算（预备知识）

一、矩阵加减

首先把行、列完全相同的两个相加（减）矩阵填入 Excel 表格中，见图 10-1：

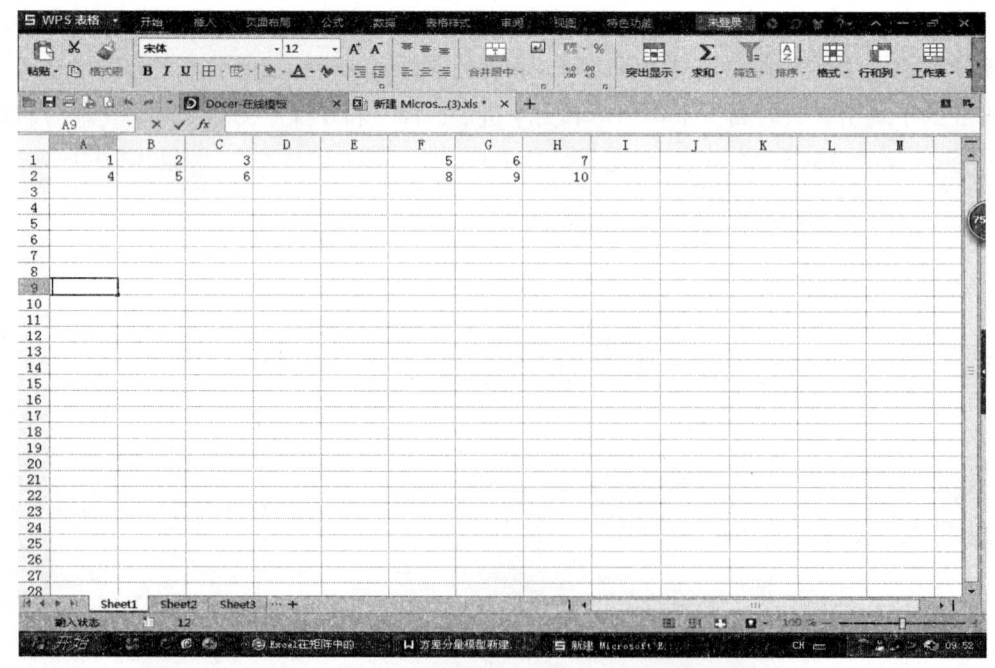

图 10-1　输入矩阵后的 Excel 界面

在表格的空白处，如 A9 处填写"=A1+F1(两个矩阵的左上角的表格坐标)"，然后按回车键，得图 10-2：

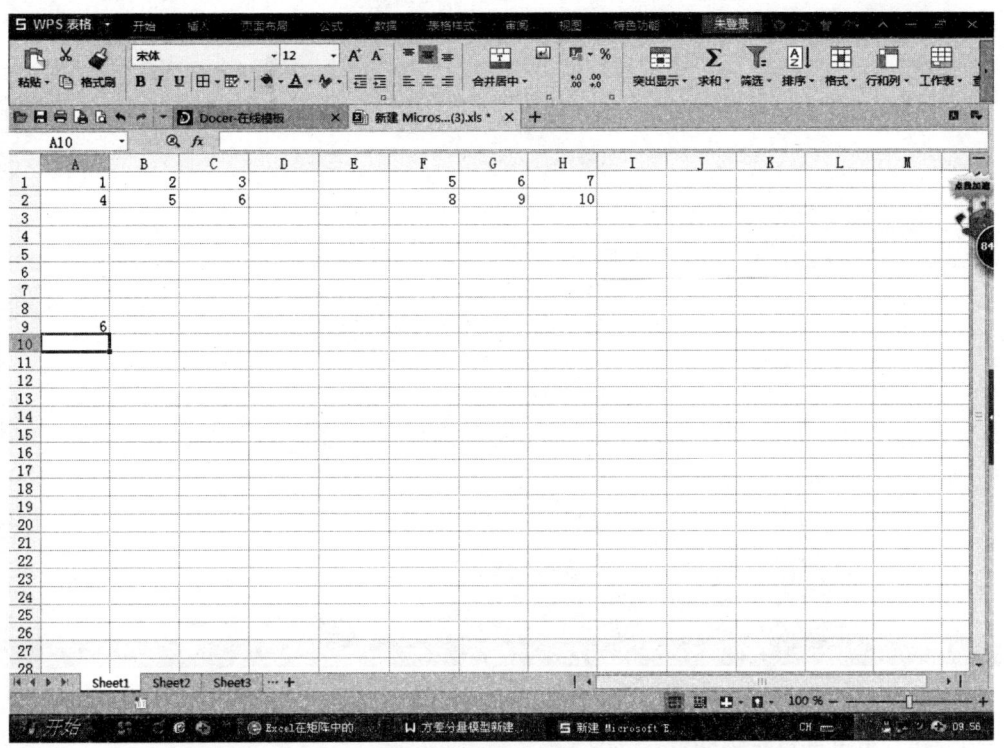

图 10-2　两个矩阵第一个元素之和

这个 6 是两个矩阵第一个元素（1 和 5）之和，点击 A9 处这个 6，见图 10-3：

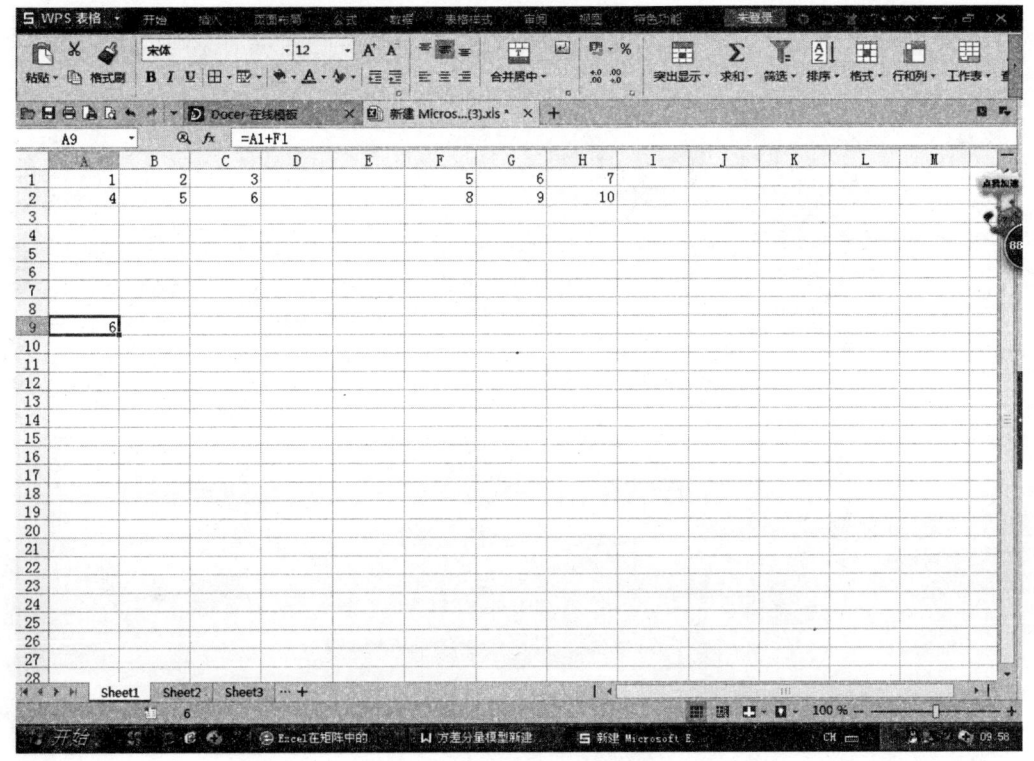

图 10-3　求矩阵和的初始处

点住这个方框右下角的小点，按住鼠标不放，向右和向下拉出一个方框，其中的格数与被加矩阵的行、列完全相同，然后放开鼠标键，就得到两个矩阵的和，见图 10-4：

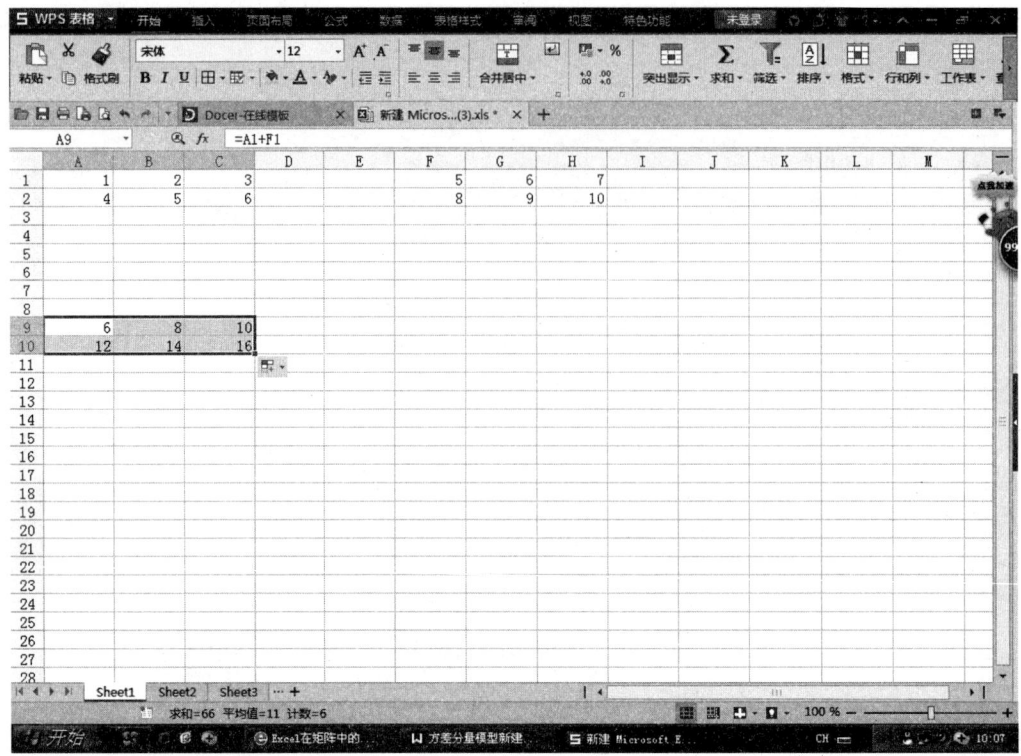

图 10-4　两个矩阵的和

用类似的方法，也可计算矩阵的差。

二、数与矩阵的乘法

把矩阵填入 Excel 表格中，见图 10-5：

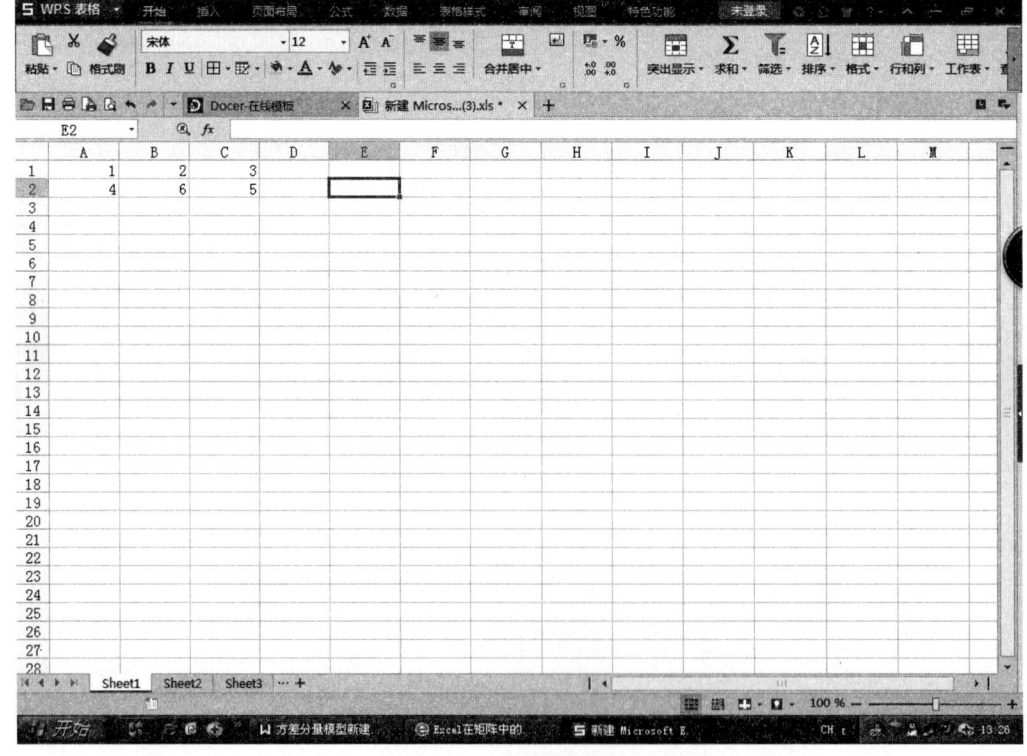

图 10-5　输入矩阵后的 Excel 界面

在表中的任意一格处填写等号，接着填写矩阵左上角的坐标，比如 A1，点击键盘中的乘号"*"键，再填上要乘的数，比如 5，见图 10-6：

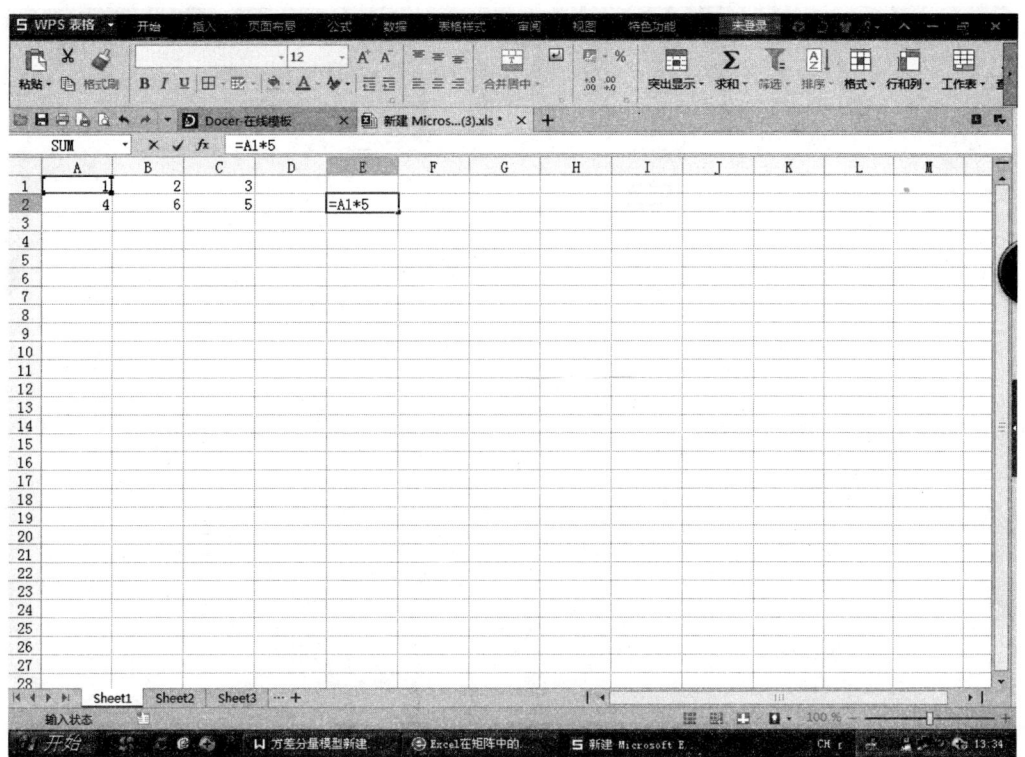

图 10-6 乘数路径

回车，得矩阵左上角元素与乘数的积，见图 10-7：

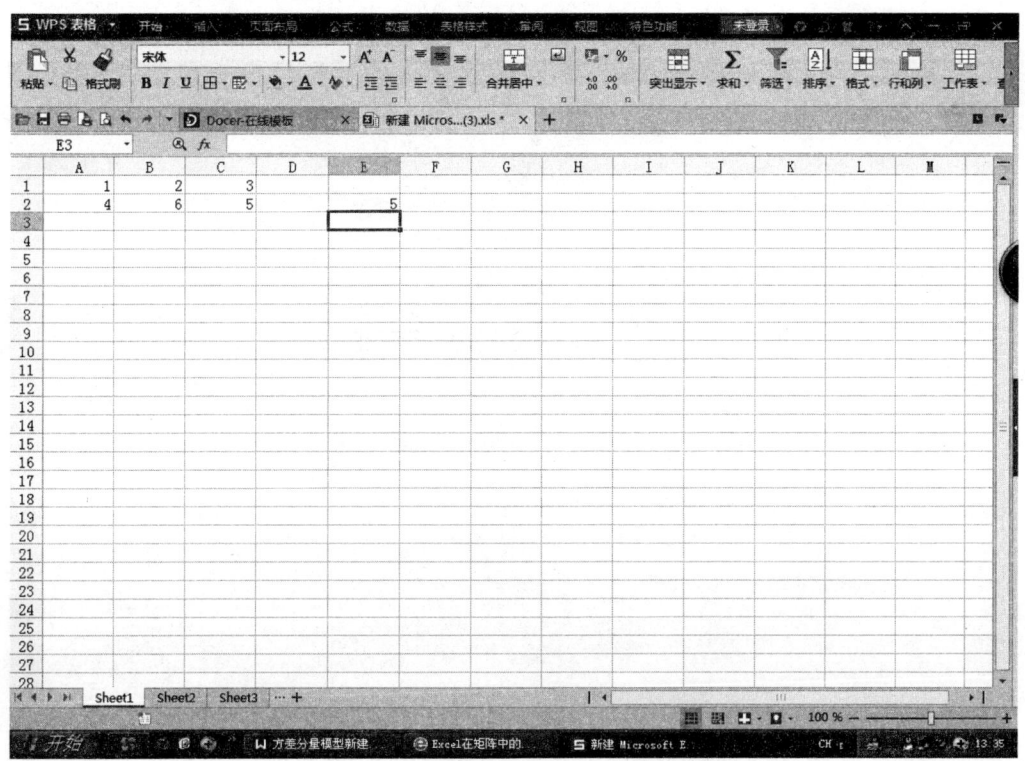

图 10-7 矩阵左上角元素与乘数的积

点击这个结果，见图 10-8：

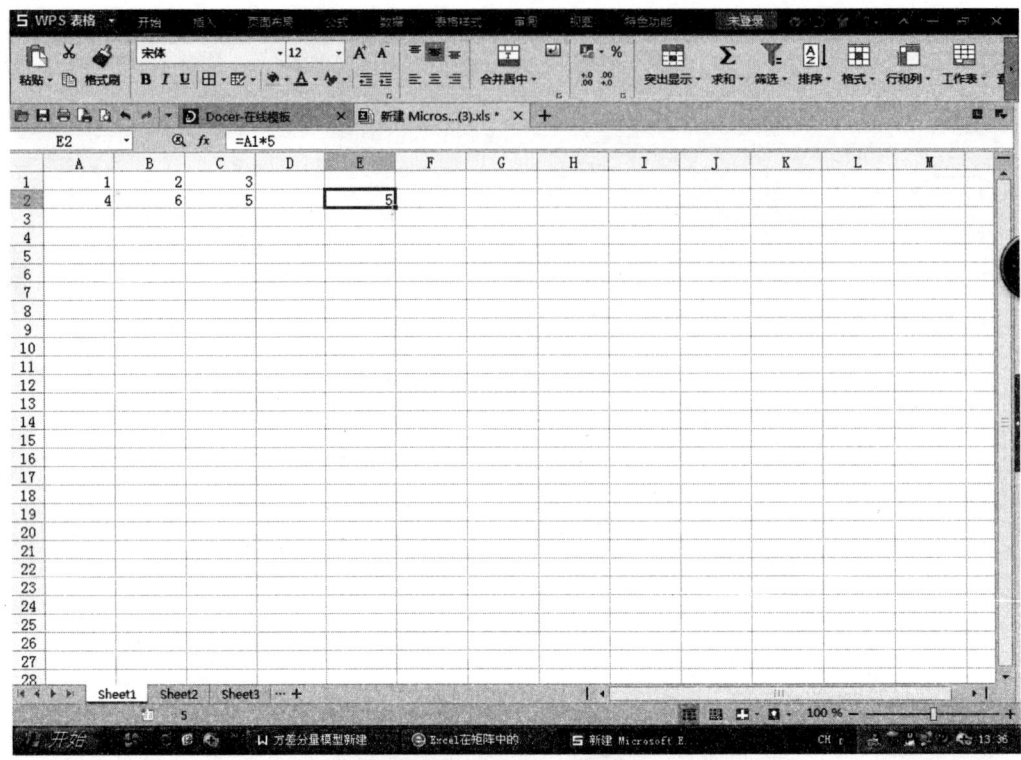

图 10-8 求矩阵与数积的初始处

点住这个方框右下角的小点,按住鼠标不放,向右和下拉出一个方框,其中的格数与被乘矩阵的行、列完全相同,然后放开鼠标键,就得到矩阵与数的乘积,见图 10-9:

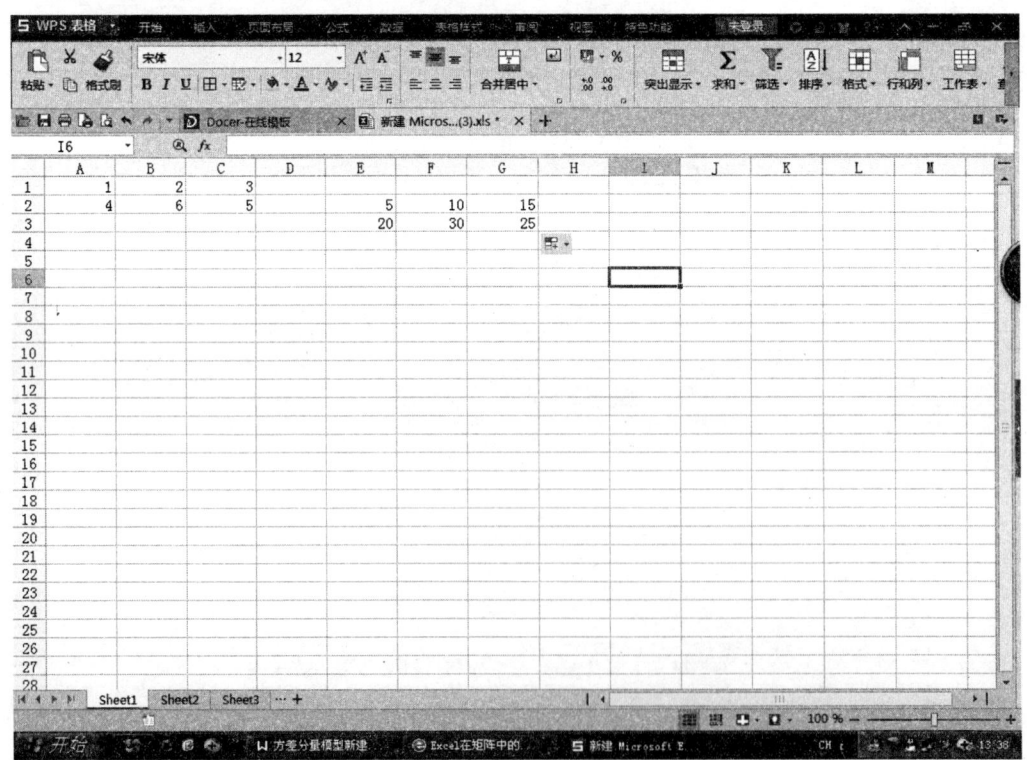

图 10-9 数与矩阵的积

三、矩阵的转置

输入要被转置的矩阵,见图 10-10:

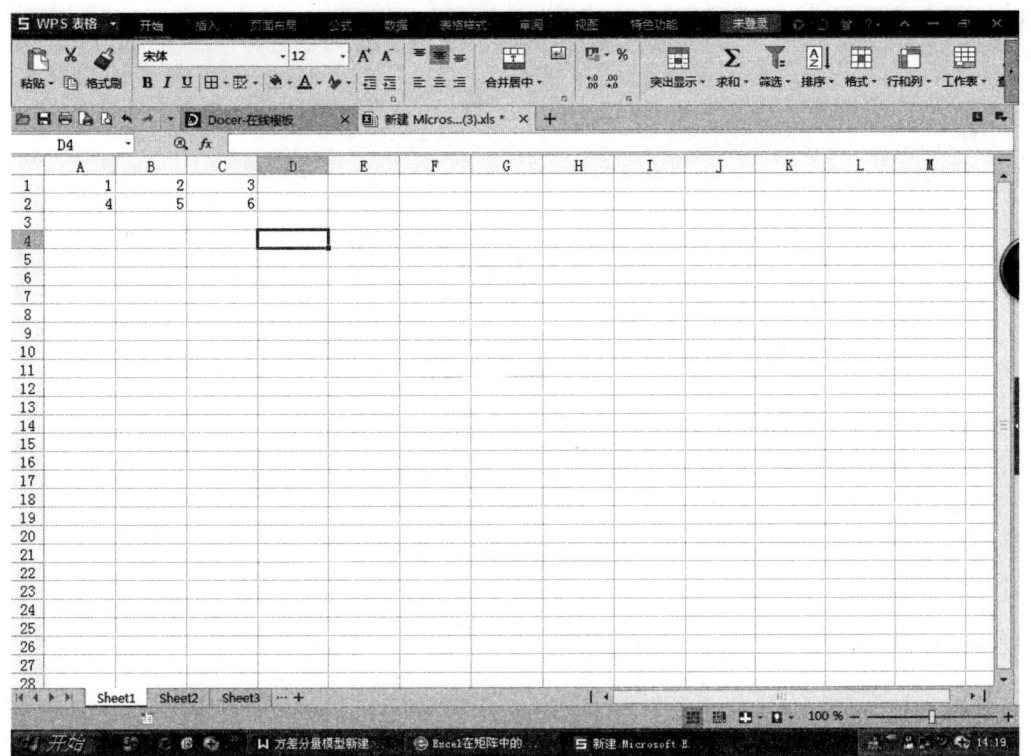

图 10-10　输入矩阵后的 Excel 界面

在表中的任意一格处开始画方框，其行数等于被转置矩阵的列数，其列数等于被转置矩阵的行数，见图 10-11：

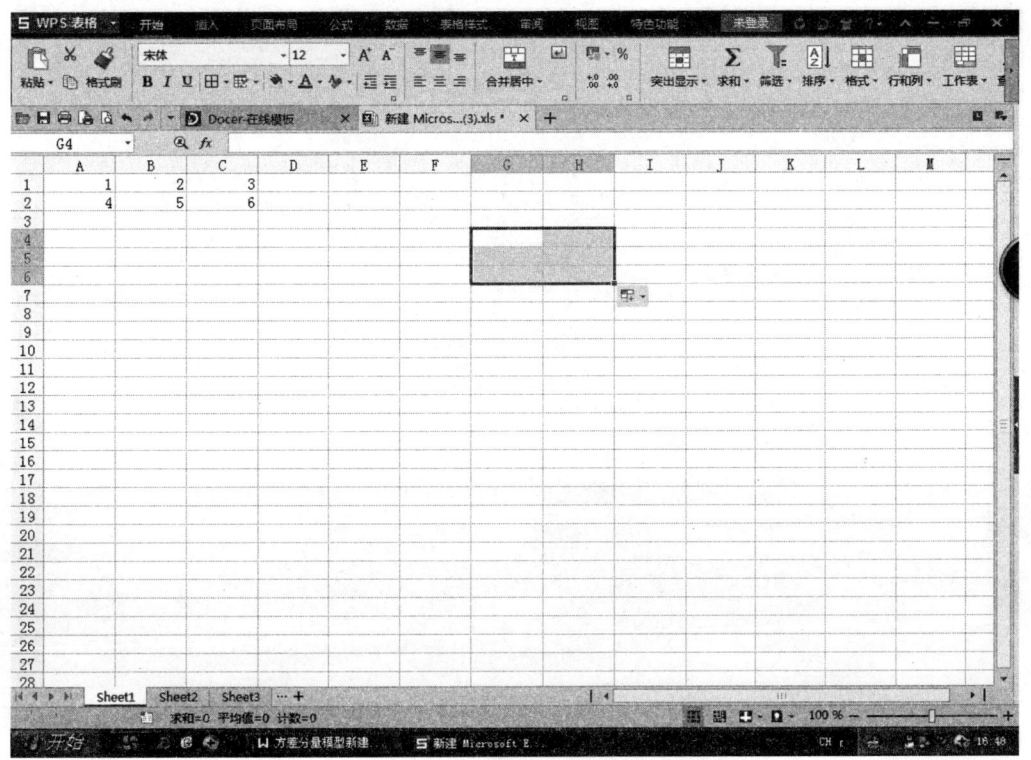

图 10-11　矩阵转置的位置

在公式栏输入"{=TRANSPOSE(矩阵左上角坐标：矩阵右下角坐标，比如说 A1：C2)}"，按住 Ctrl 键的同时，按住 Shift 键，再按回车键，得到结果，见图 10-12：

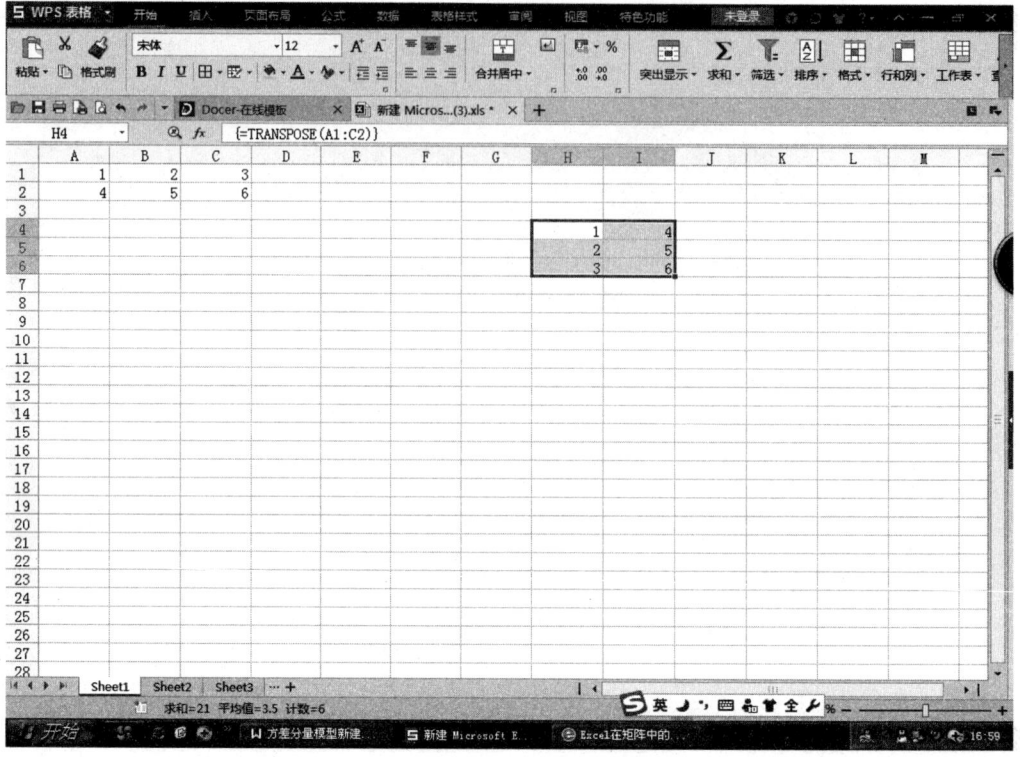

图 10-12　矩阵转置的结果

四、矩阵乘法

两矩阵 A_m、B_p 相乘时，第一个矩阵的列数必须等于第二个矩阵的行数，否则不能相乘。

把两个矩阵输入 Excel 表格，见图 10-13：

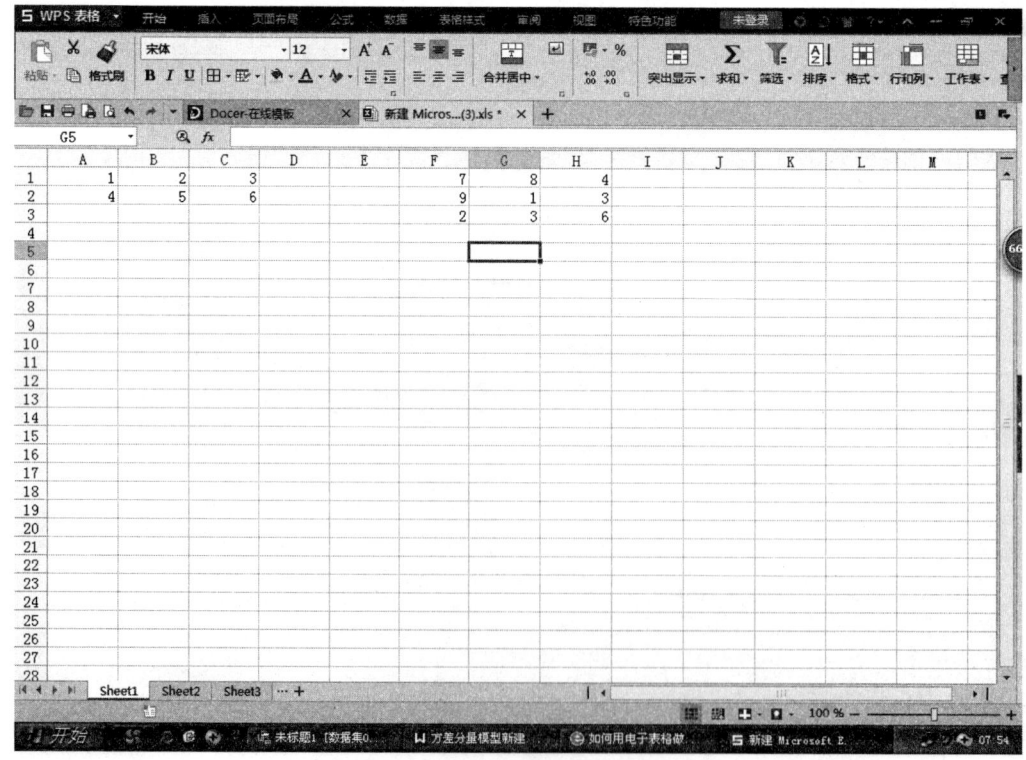

图 10-13　输入矩阵后的 Excel 界面

首先在 Excel 空白处，画一个 m 行、P 列的方框，见图 10-14：

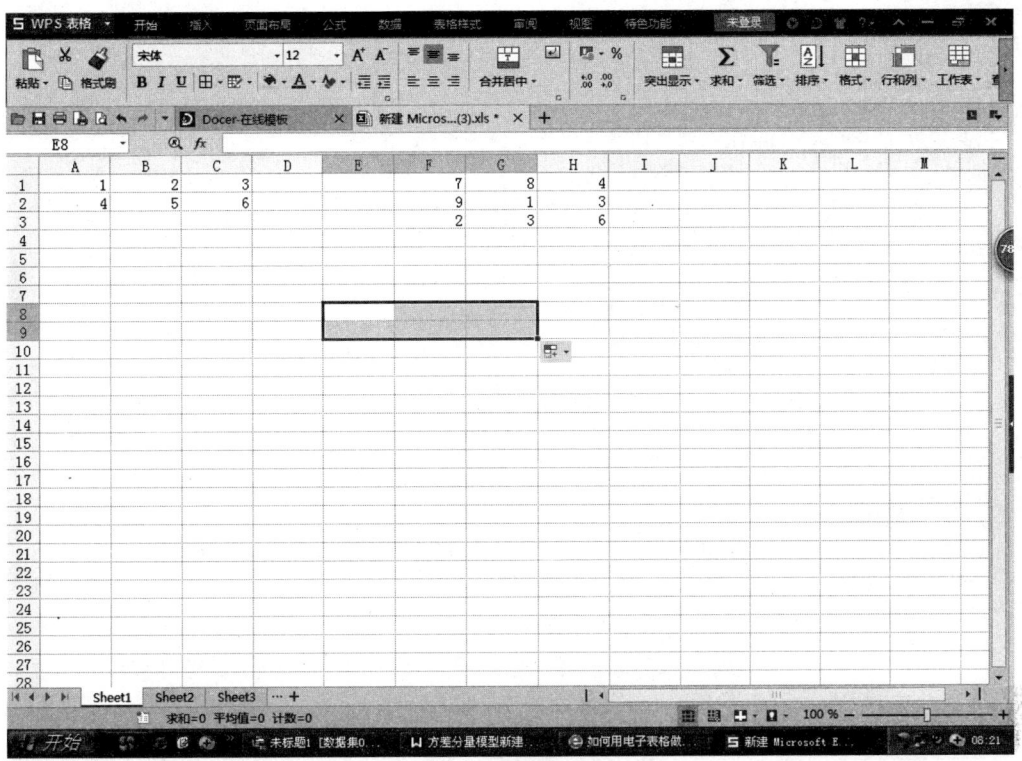

图 10-14 矩阵积的位置

在公式格输入"=MMULT(第一个矩阵左上角元素的坐标:第一个矩阵右下角元素的坐标,第二个矩阵左上角元素的坐标:第二个矩阵右下角元素的坐标)",见图 10-15:

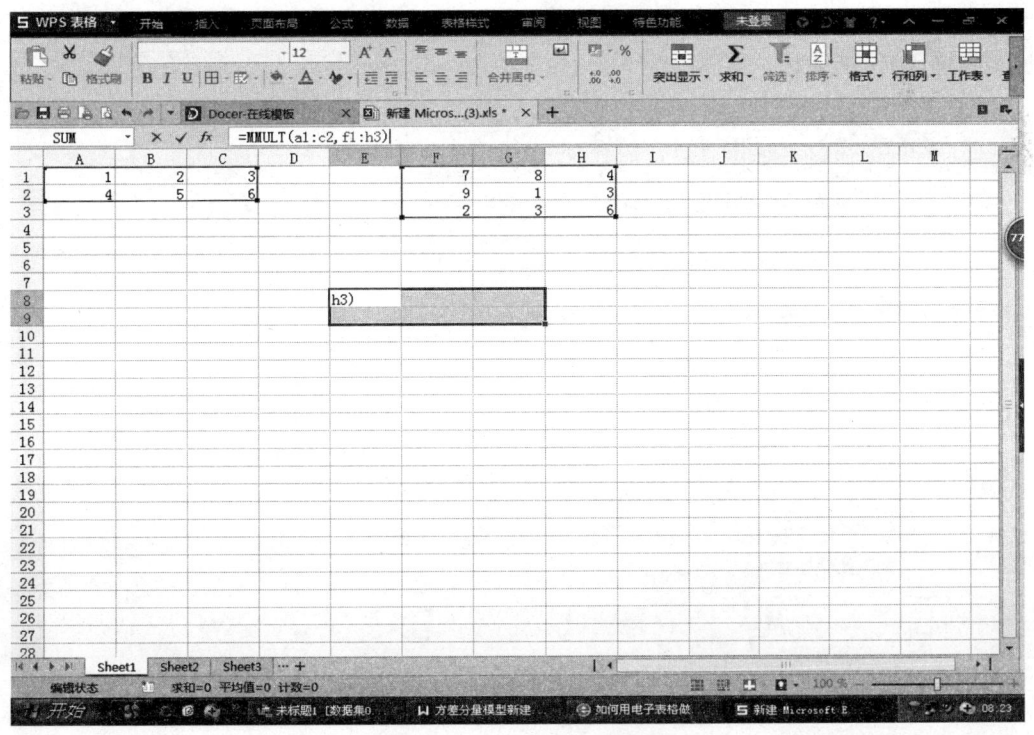

图 10-15 求矩阵积的路径

同时按住 Ctrl 和 Shift 键不放,再按回车键,得到矩阵积,见图 10-16:

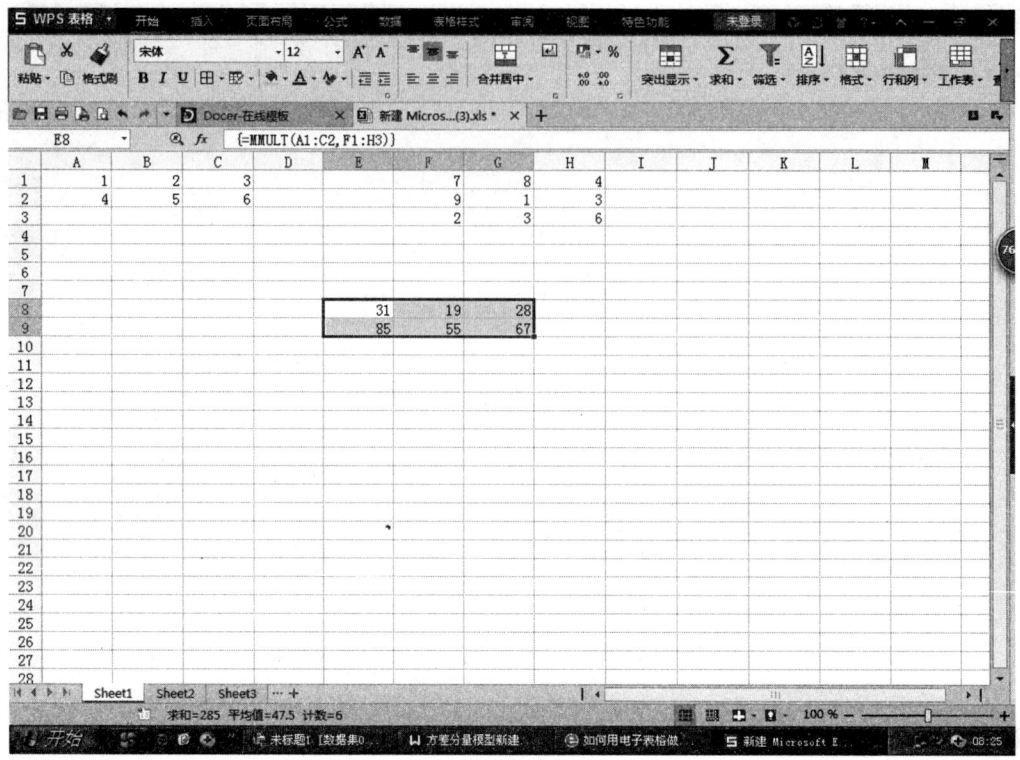

图 10-16 矩阵积

五、矩阵求逆

一般矩阵求逆的先决条件是逆存在，即原矩阵是方阵且满秩，否则要求广义逆。广义逆计算非常烦琐，有一些软件（如 DPS、MATLAB）中含有求广义逆的功能，但 Excel 中没有，所以我们仅求逆，不求广义逆。

把求逆矩阵输入 Excel 表格，见图 10-17：

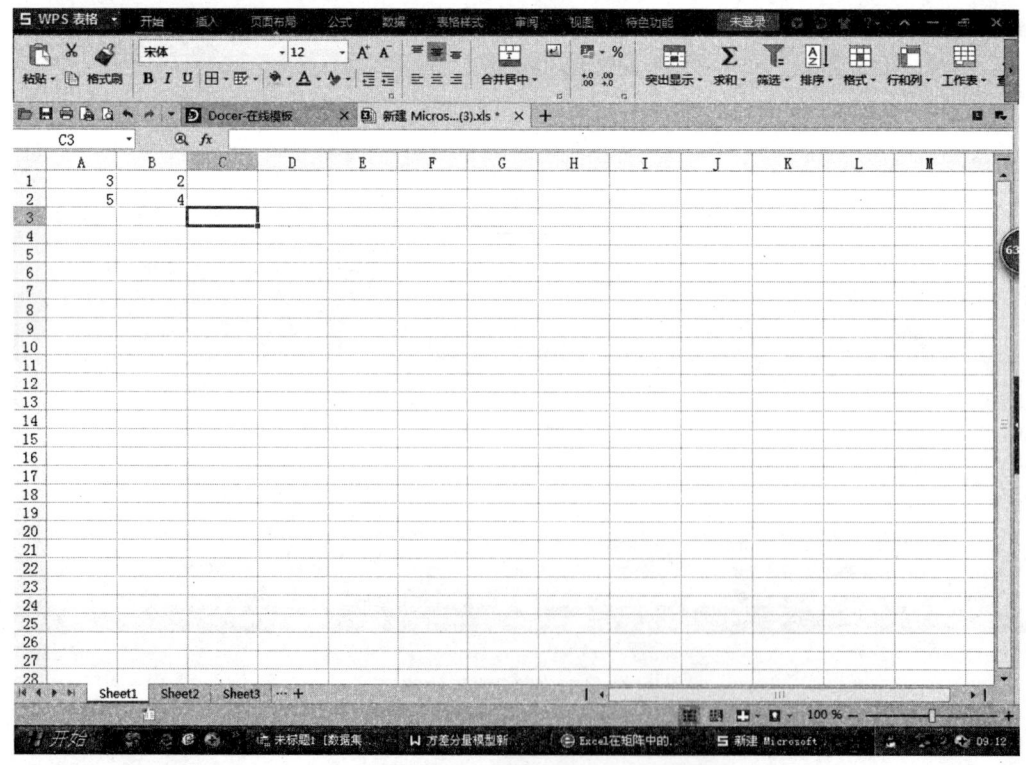

图 10-17 输入矩阵后的 Excel 界面

首先在 Excel 空白处，画一个与原矩阵大小完全相同的方框，见图 10-18：

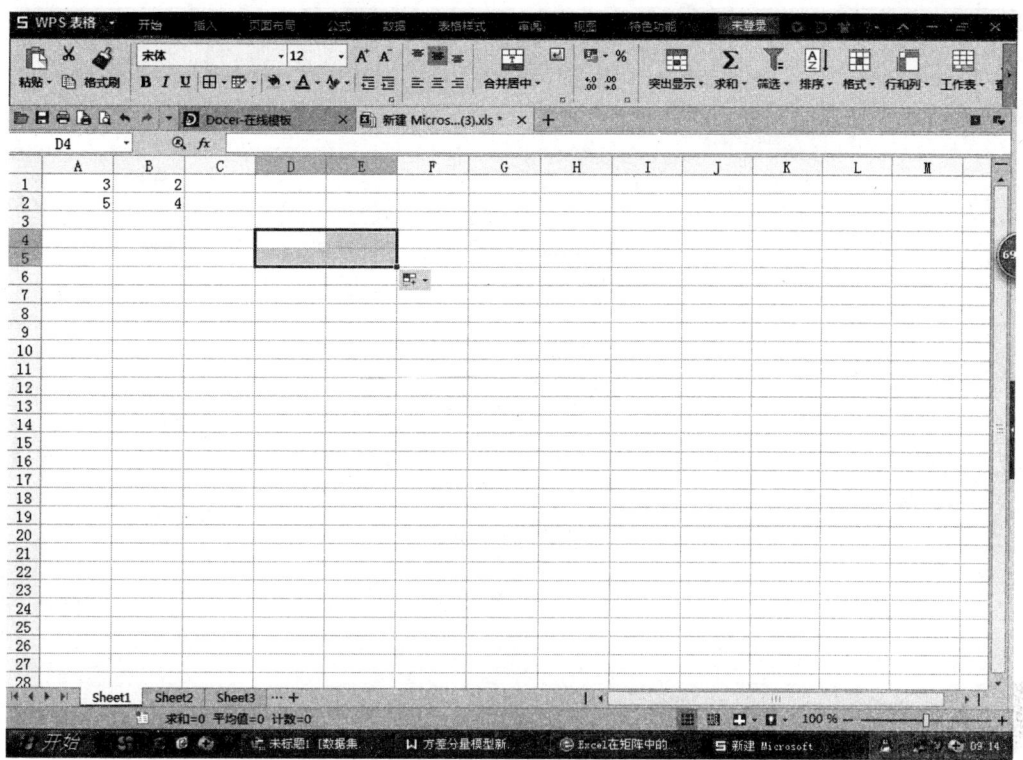

图 10-18 矩阵逆的位置

在公式栏输入"=MINVERSE（矩阵左上角坐标：矩阵右下角坐标）"，见图 10-19：

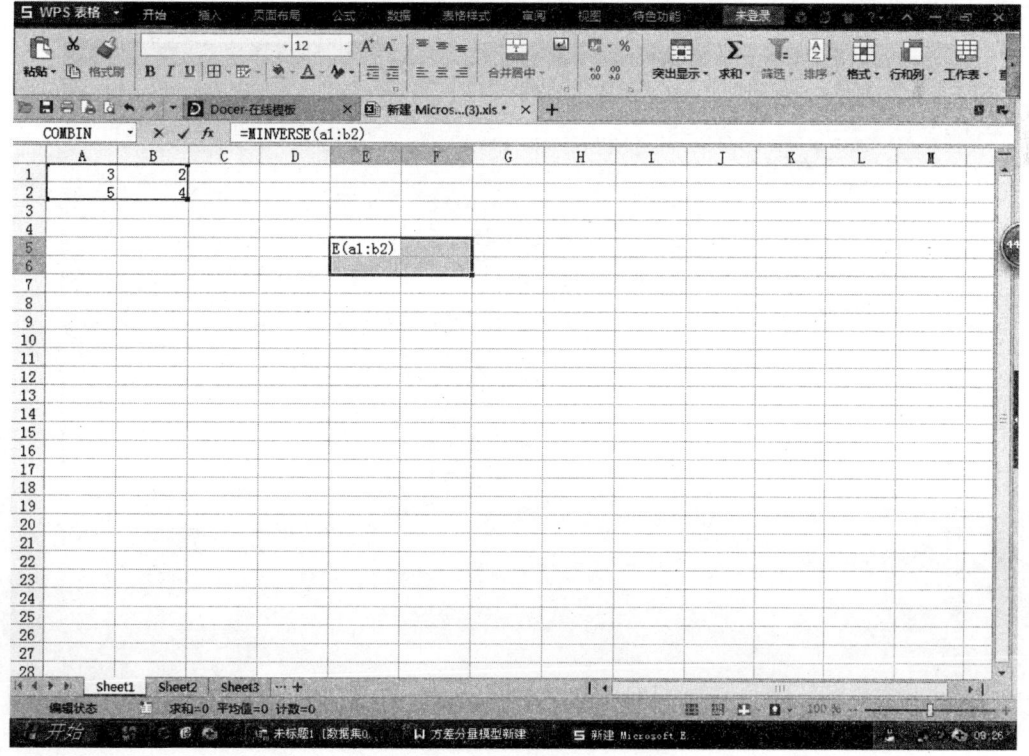

图 10-19 求矩阵逆的路径

同时按住 Ctrl 和 Shift 键不放，再按回车键，得到矩阵逆，见图 10-20：

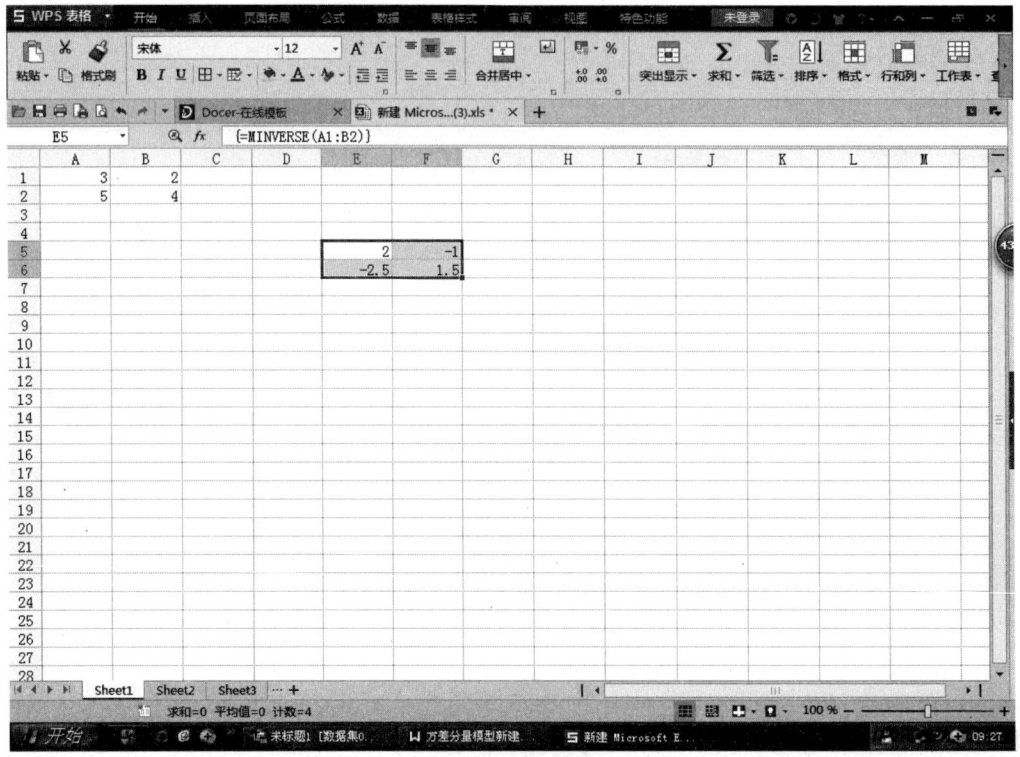

图 10-20 矩阵逆

六、计算方矩阵的行列式值

在工作表中输入方阵,见图 10-21:

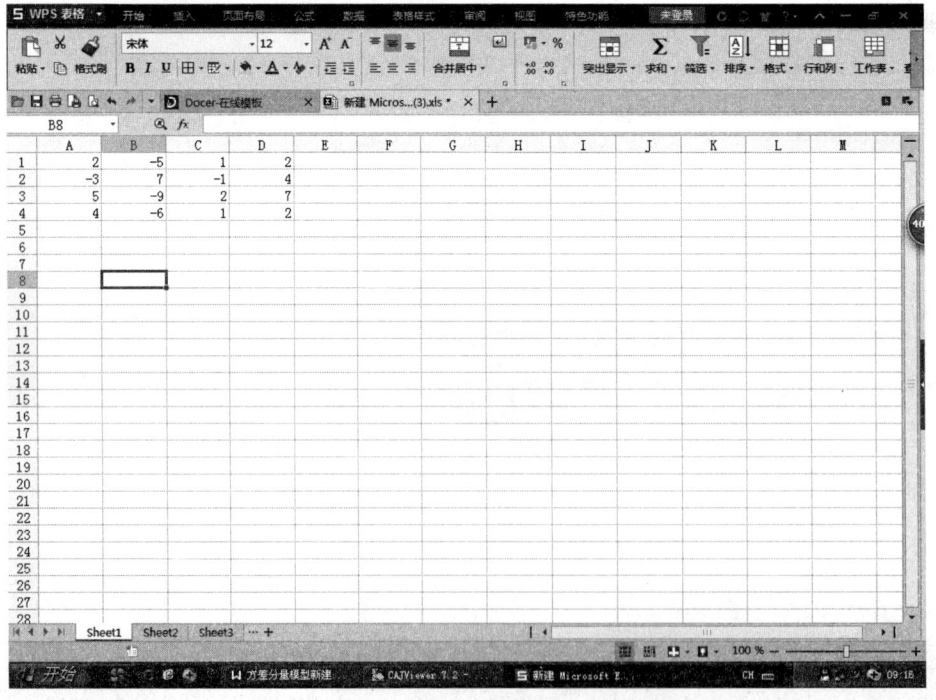

图 10-21 输入矩阵后的 Excel 界面

选中空白单元格点击出一个方形格,见图 10-22:

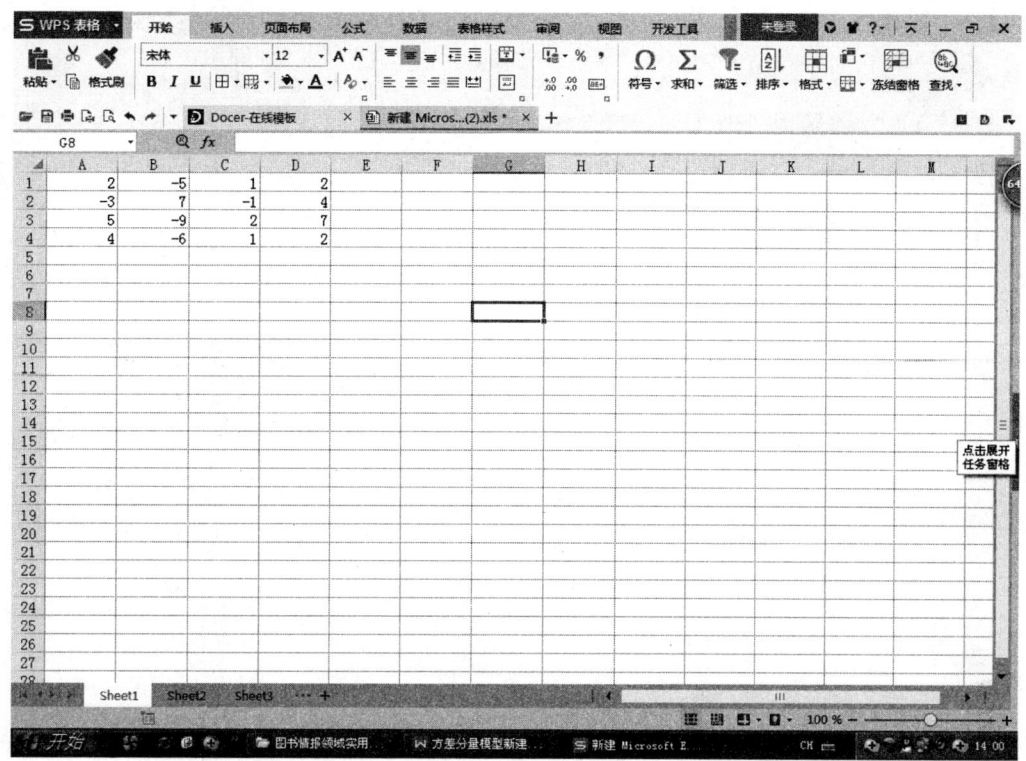

图 10-22　行列式值的位置

在公式栏输入"=mdeterm（矩阵左上角坐标：矩阵右下角坐标，比如说 $a_1:d_4$）"，见图 10-23：

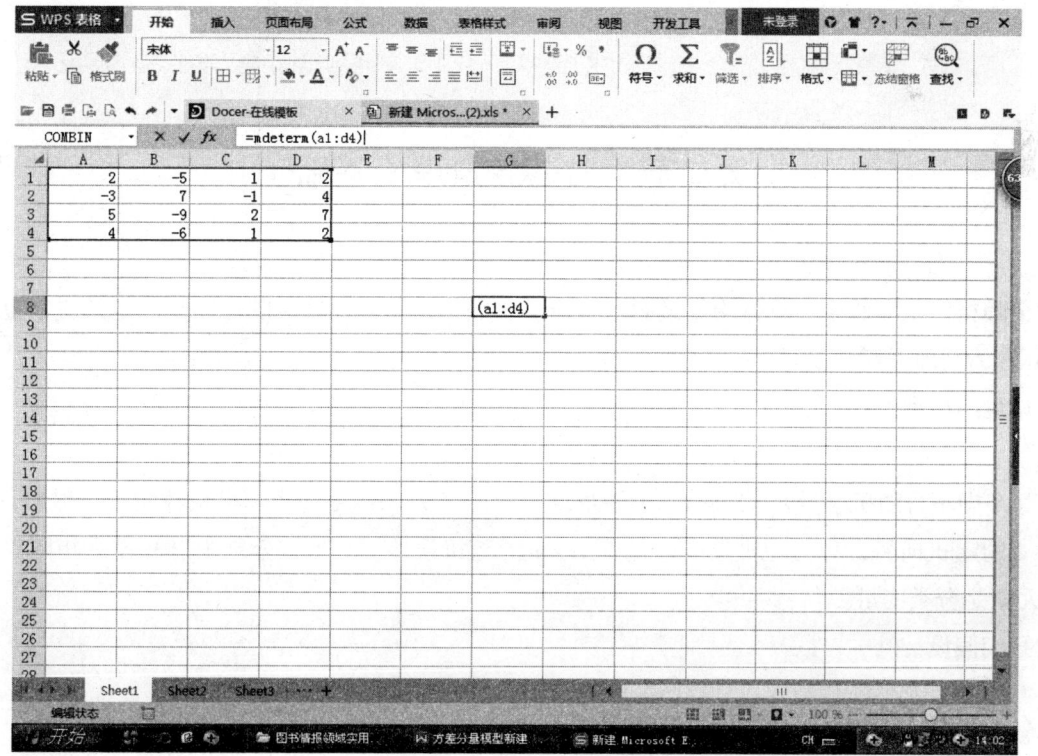

图 10-23　求行列式的路径

按回车键，得行列式的值，见图 10-24：

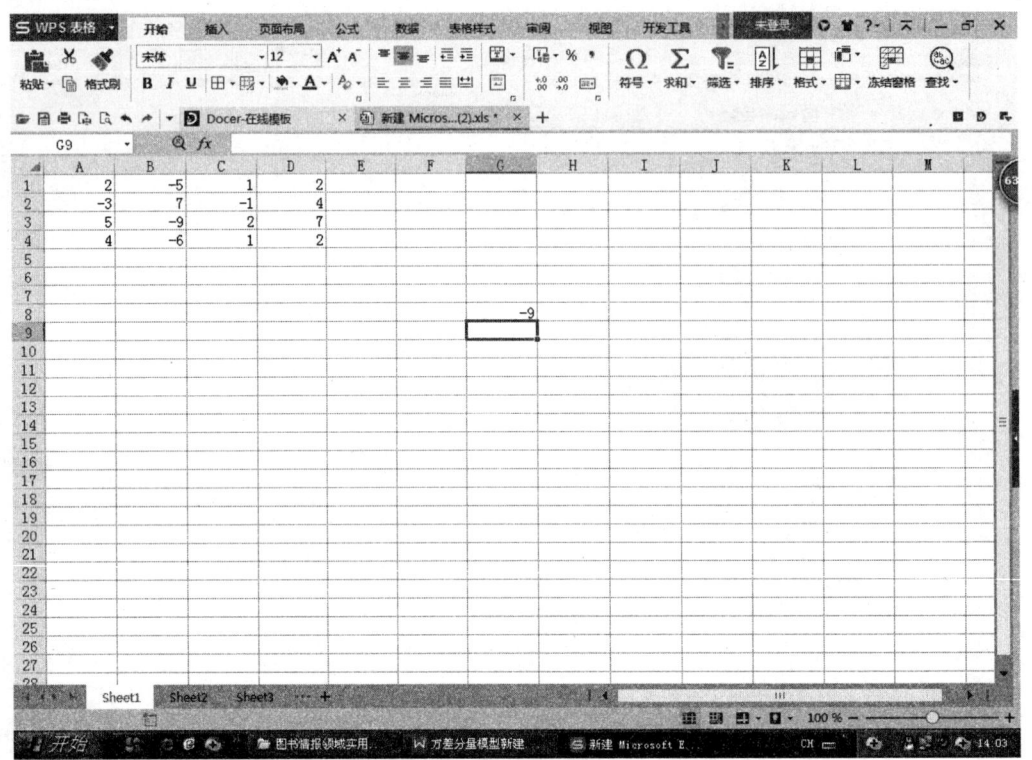

图 10-24 行列式的值

行列式计算，注意目的是判断矩阵是否满秩。若行列式值不为 0，则满秩，否则不满秩，不满秩就不能求逆。

第二节 方差分量理论基础

在完全随机区组实验中，总体均值是固定效应（参数），而处理效应既可以是固定效应，也可以是随机变量。区组效应则是随机变量。

方差分量的模型为：

$$Y = X\beta + Z\gamma + \varepsilon$$

其中，X 中不含随机变量 Z；Y 是 $n \times 1$ 的观测向量；β 是 $p \times 1$ 的非随机系数向量，称为固定效应；γ 是 $p \times 1$ 的随机向量，称为随机效应；ε 是 $n \times 1$ 的随机误差；X 和 Z 分别为已知设计矩阵，设计矩阵意味着其元素是分类变量。

通常我们假设

$$E(\gamma) = 0, \ Cov(\gamma) = D \geq 0$$
$$E(\varepsilon) = 0, \ Cov(\varepsilon) = R \geq 0$$

并且 γ 和 ε 是相互独立的，于是有 $Cov(\gamma) = ZDZ^\gamma + R$，$D$ 和 R 是未知的。本文中，我们假设模型的随机效应 γ 和随机误差 ε 一般服从正态分布。ε 并不要求具有一般线性模型的独立、等方差假定，但要求 γ 和 ε 的期望为 0，方差分别为 D、R。方差不等意味着多方差，ε 不独立意味着自变量相关。

方差分量模型实际上就是给不同领域的回归方程以不同的截距。

通常方差分量模型用下式表示：

$$y = Xb + \sum_{u=1}^{\gamma} U_u e_u + e_{\gamma+1}$$

其协方差为：

$$V = \sum_{u=1}^{m} \sigma_u^2 U_u U_u^T + \sigma_e^2 I$$

其中 σ_u 和 σ_e 由 SPSS 直接给出。根据加权最小二乘法，得：

$$\hat{b} = (X^T V^{-1} X)^{-1} X^T V^{-1} y$$

当观测矩阵 X 不满秩时，$(X^T V^{-1} X)$ 的逆不存在，此时可采用它的广义逆矩阵，则

$$\hat{b} = (X^T V^{-1} X)^{-1} X^T V^{-1} y$$

计算所得的 $\hat{b}$ 代入 $y = Xb + \sum_{u=1}^{\gamma} U_u e_u + e_{\gamma+1}$ 中，得到模型。

所以仅仅用 SPSS 得到 σ_u 和 σ_e 对实际问题没有什么价值，必须知道各种设计矩阵，进而知道方差-协方差矩阵，才能得到回归系数 $\hat{b}$，后边进一步得到模型和拟合图，到此问题才算真正解决。

注意观测数据有多少，V 的阶数就有多大，所以 V 的阶数比较大。

第三节　方差分量模型的 SPSS 操作步骤

一般的 SPSS 软件介绍书中很少有方差分量模型的讲解，偶尔一些书中讲到方差分量模型，也仅仅讲到参数 σ 的估计，到此为止，但如何用参数 σ 的估计得到有用的结论？一概讳莫如深。一般的统计书中也很少有方差分量模型的讲解，一些高深的统计书中讲到了方差分量模型，但大量章节论述的是理论，例子着墨很少，至今没有看到一个例子有完整的解题过程，这给无数读者学习带来很大困难。本书将呈现一个例子完整的解题过程，加深读者理解，但这也导致内容烦琐。

我们看一个具体的例子。

例：图书馆测量了学校 4 个系 18 个同学入馆教育分数，分析不同系别、性别间入馆教育分数的变异情况，并求其拟合模型。用 1 表示女，用 2 表示男。数据见表 10-1：

表 10-1 入馆教育分数数据

系别 x	性别 z	分数 y
1	1	67
1	1	66
1	1	64
1	2	71
1	2	72
2	1	63
2	1	63
2	1	67
2	2	69
2	2	68
2	2	70
3	1	63
3	2	64
4	1	67
4	1	66
4	2	67
4	2	67
4	2	69

我们取定系别，18 个人中随机选取测考学生，并根据回答给出分数，则性别是随机变量。

$$y_{ij} = \mu + x_i + z_j + x_i z_j + e_{ij}$$

其中：

μ 为总体均值。

x_i 为第 i 个系的效应（相当于自变量 x_i）。

z_j 为第 j 个性别的效应。

$x_i z_j$ 为第 i 个系与第 j 个性别的交互效。

e_{ij} 是残差效应。

写成矩阵形式，得：

$$y = X_0\mu + Xb + U_z e_z + U_{xz} e_{xz} + e_e$$

注意，X 中不含随机变量 Z。由于 $X_0\mu$ 是一个常量，可合并到 Xb 中，所以矩阵形式为：

$$y = Xb + U_z e_z + U_{xz} e_{xz} + e_e$$

方差-协方差矩阵为：

$$V = var(y) = \sigma_z^2 U_z U_z^T + \sigma_{xz}^2 U_{xz} U_{xz}^T + \sigma_e^2 I$$

其中 I 是单位矩阵。

我们下面讨论主效应项的设计矩阵。以性别主效应项的设计矩阵 U_z 为例，性别只有 2 个类型，所以 U_z 是一个 18×2 的矩阵。

用表 10-2 表示对性别的提问，是用 1 表示，否则用 0 表示，一行只能有一个 1，就得到设计矩阵 U_z，是表 10-2 的后二列。

表 10-2　设计矩阵 U_Z 的计算值

性别	是女吗	是男吗
1	1	0
1	1	0
1	1	0
2	0	1
2	0	1
1	1	0
1	1	0
1	1	0
2	0	1
2	0	1
2	0	1
1	1	0
2	0	0
1	1	0
1	1	0
2	0	1
2	0	1
2	0	1

同理可得系别与性别交互的设计矩阵，见表 10-3：

表 10-3　设计矩阵 U_{XZ}（后八列）的计算值

系别	性别	是1系且为女吗	是2系且为女吗	是3系且为女吗	是4系且为女吗	是1系且为男吗	是2系且为男吗	是3系且为男吗	是4系且为男吗
1	1	1	0	0	0	0	0	0	0
1	1	1	0	0	0	0	0	0	0
1	1	1	0	0	0	0	0	0	0
1	2	0	0	0	0	1	0	0	0
1	2	0	0	0	0	1	0	0	0
2	1	0	1	0	0	0	0	0	0
2	1	0	1	0	0	0	0	0	0
2	1	0	1	0	0	0	0	0	0
2	2	0	0	0	0	0	1	0	0
2	2	0	0	0	0	0	1	0	0
2	2	0	0	0	0	0	1	0	0
3	1	0	0	1	0	0	0	0	0
3	2	0	0	0	0	0	0	1	0
4	1	0	0	0	1	0	0	0	0
4	1	0	0	0	1	0	0	0	0
4	2	0	0	0	0	0	0	0	1
4	2	0	0	0	0	0	0	0	1
4	2	0	0	0	0	0	0	0	1

下面我们用 SPSS 计算本例的 σ_u 和 σ_e。

一、输入数据

把数据复制、粘贴到 SPSS 界面，见图 10-25：

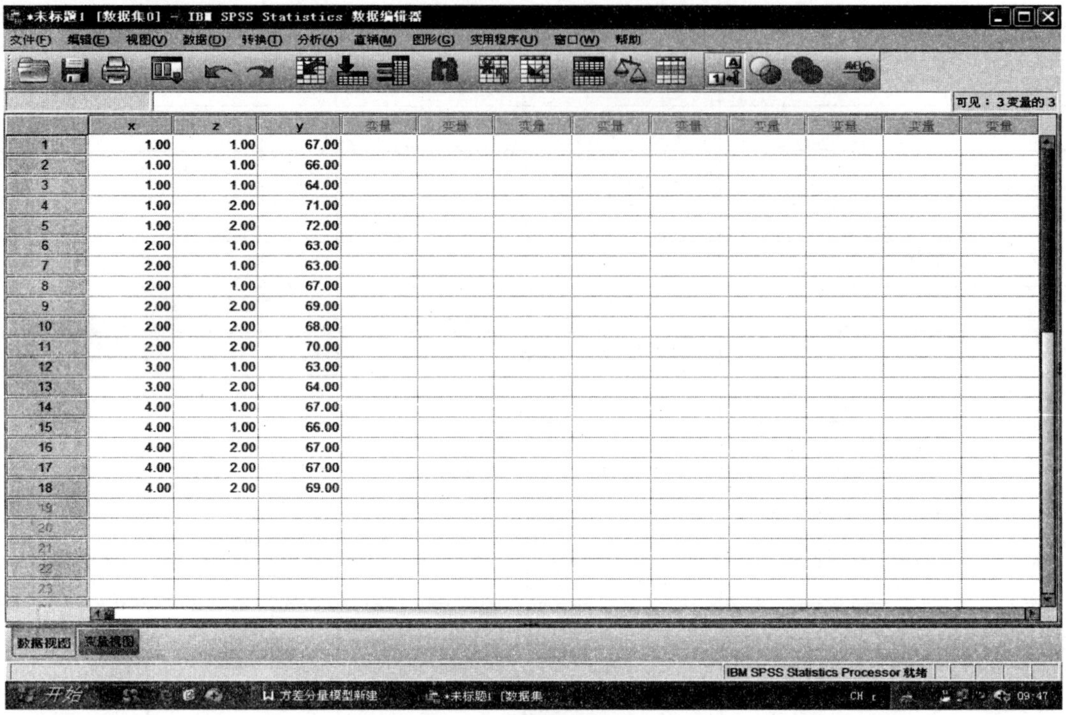

图 10-25　SPSS 数据输入格式

二、分析路径

点击菜单中的"分析"，鼠标下滑到"一般线性模型"，鼠标右滑，接着下滑到"方差分量估计"，见图 10-26：

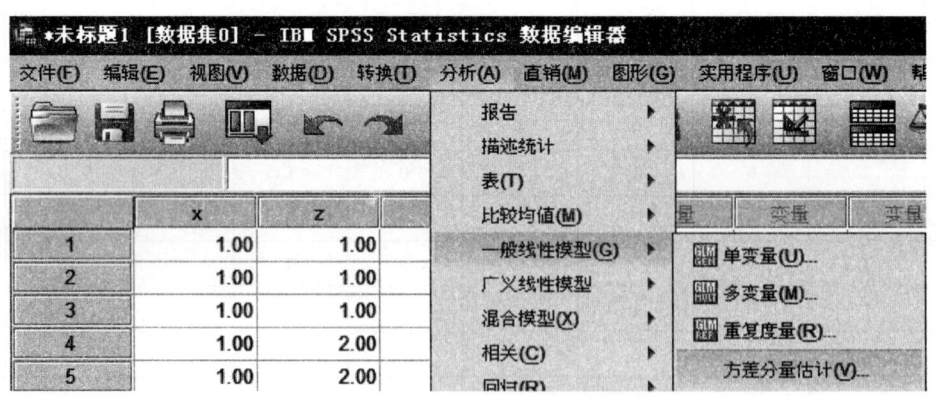

图 10-26　分析路径

点击之，得到"方差成分"对话框，见图 10-27：

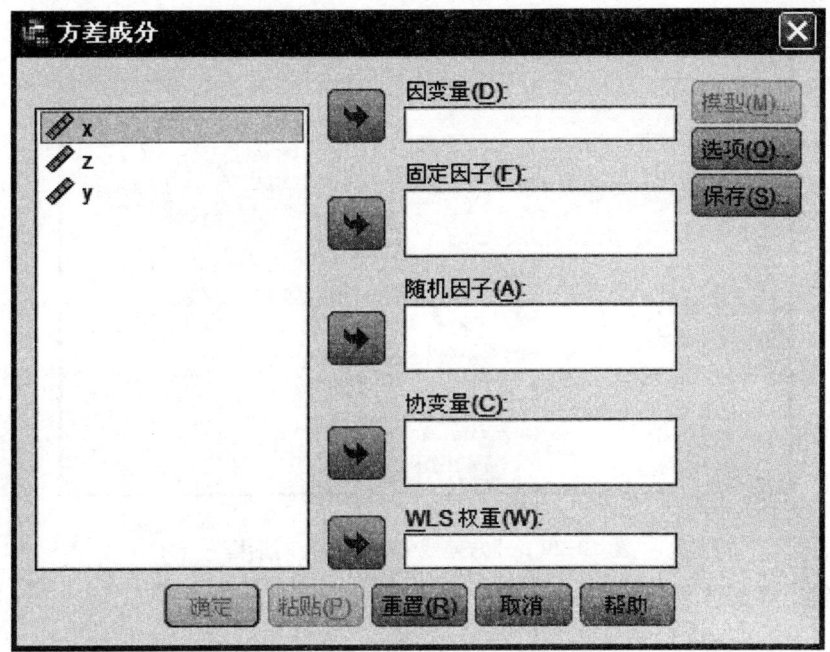

图 10-27 "方差成分"对话框

三、变量确定

把 y 点进"因变量"框,把 z 点进"随机因子"框,把 x 点进"固定因子"框,见图 10-28:

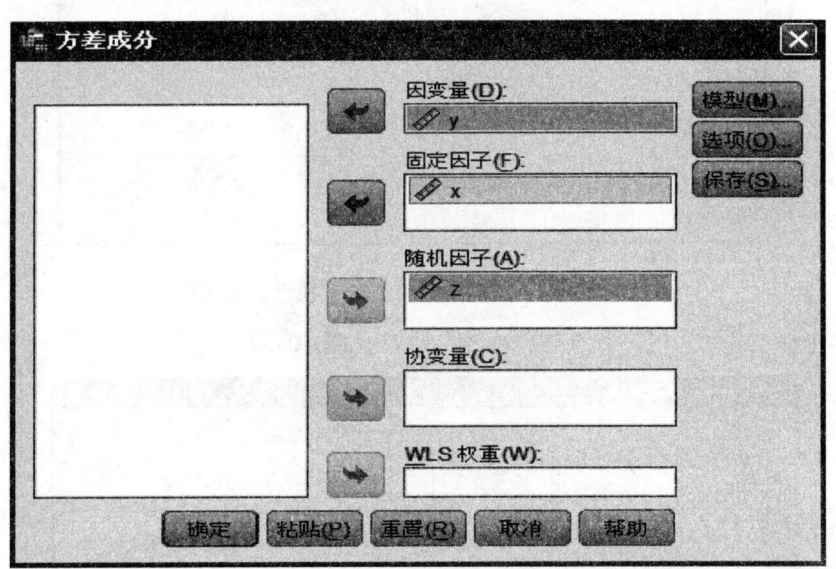

图 10-28 对话框中"变量"被确定

四、模型确定

点击"模型"键,得到"方差成分:模型"对话框,见图 10-29:

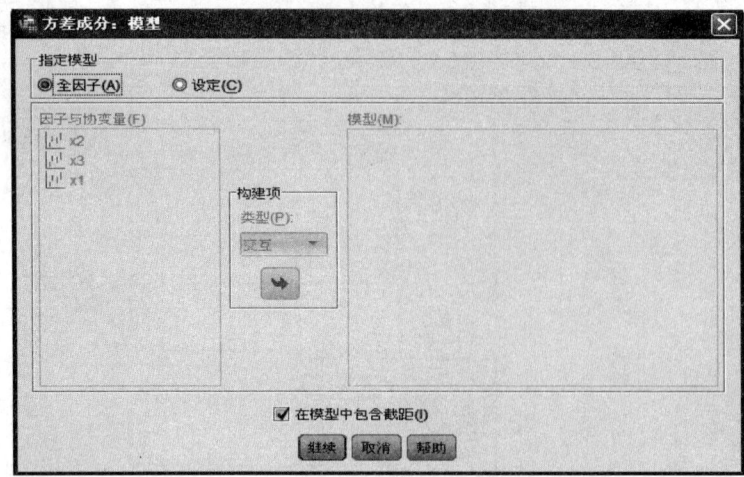

图 10-29 "方差成分:模型"对话框

点击"设定"键,界面被激活,见图 10-30:

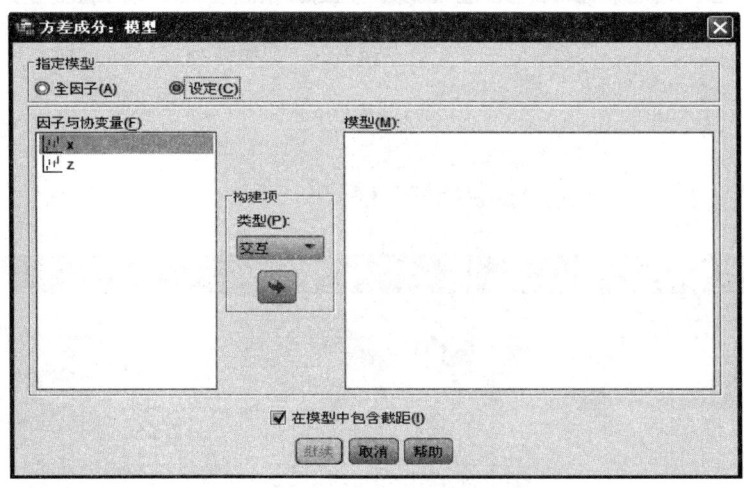

图 10-30 激活后的"方差成分:模型"对话框

将"因子与协变量"框中的 x、z 点进"模型"框,见图 10-31:

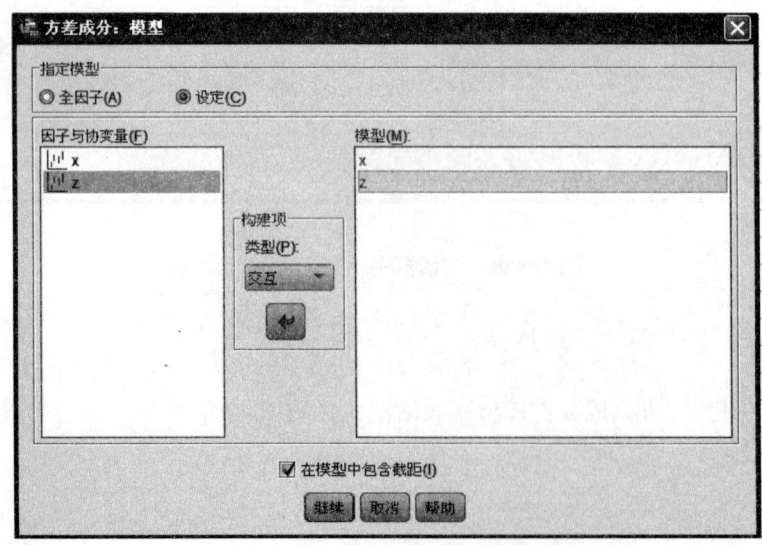

图 10-31 对话框中"变量"被确定

点击"因子与协变量"框中的 x 不放,然后按"Shift"键的同时,点击"因子与协变量"框中的 z,

此时 x、z 同时变色，连成一片，见图 10-32：

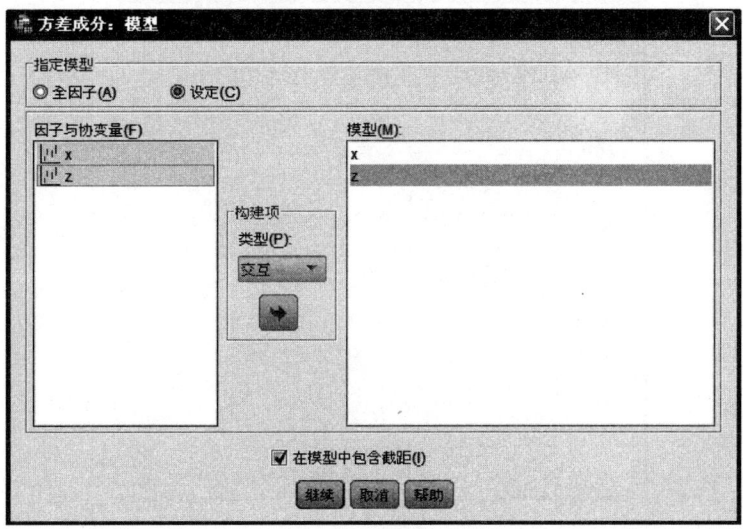

图 10-32 对话框中"变量"交互项被选定

将其点进"模型"框，见图 10-33：

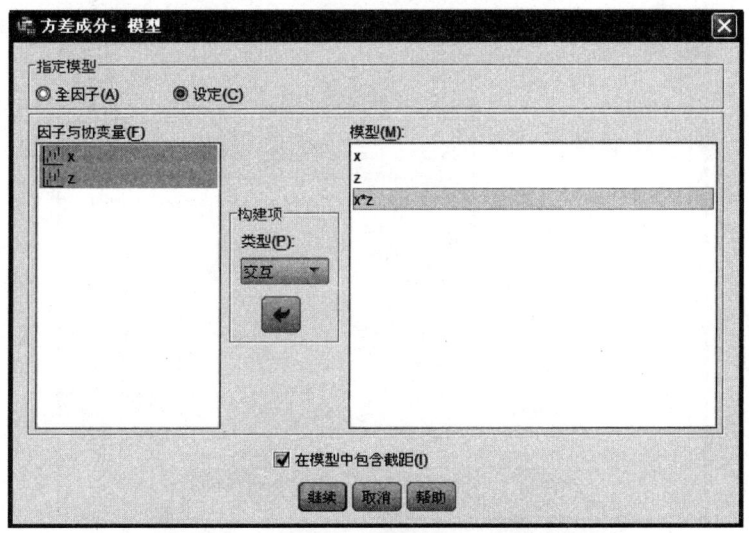

图 10-33 对话框中"变量"交互项被确定

选择"类型"框中的"交互"项，点击"继续"键，返回到"方差成分"对话框，见图 10-34：

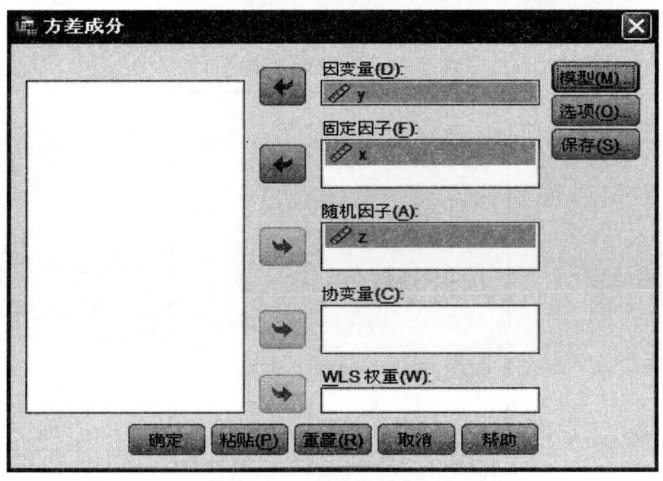

图 10-34 "方差成分"对话框

五、输出项的选择

点击"选项"键，得到"方差成分：选项"对话框，见图 10-35：

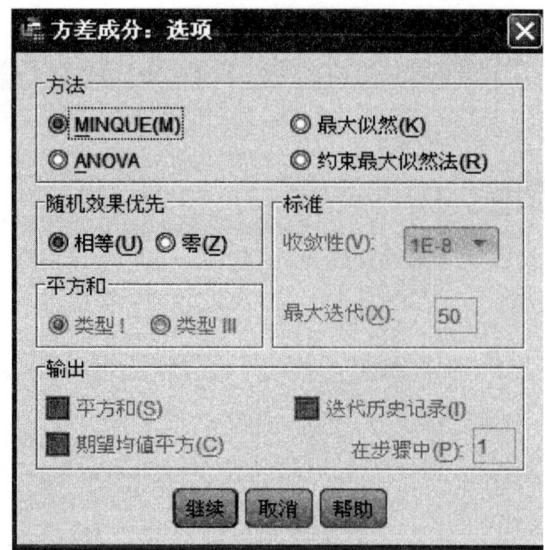

图 10-35 "方差成分：选项"对话框

默认其选择，点击"继续"键，返回到"方差成分"对话框，见图 10-36：

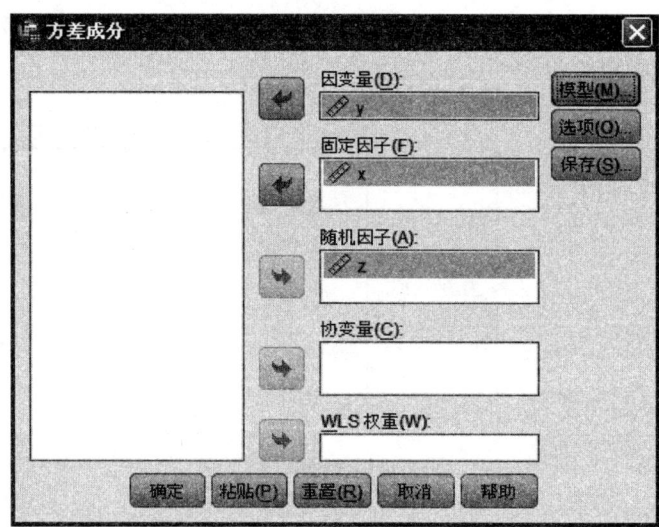

图 10-36 "方差成分"对话框

六、结果与分析

点击"确定"键得到结果，其中因子级别信息见表 10-4：

表 10-4 因子级别信息

		N
z	1.00	9
	2.00	9
x	1.00	5
	2.00	6
	3.00	2
	4.00	5

注：因变量为 y

方差估计见表 10-5：

表 10-5　方差估计

分量	估计
Var(z)	4.853
Var(z * x)	2.119
Var(误差)	2.059

注：因变量为 y，方法为最小平均 2 次无偏估计（随机效应和残差的权重均为 1）

即：

$\sigma_z^2 = 4.853$，$\sigma_{xz}^2 = 2.119$，$\sigma_e^2 = 2.059$

这几个值已求出，而设计矩阵都可求，则方差-协方差矩阵 V 也可求，观测矩阵 X 是已知的，则回归系数 b 从理论上而言，也可求。

$$V = var(y) = \hat{\sigma}_z^2 U_z U_z^T + \hat{\sigma}_{xz}^2 U_{xz} U_{xz}^T + \hat{\sigma}_e^2 I$$

因 U_z 前边已给出，则 U_z 与其转置 U_z^T 的积可计算出，结果见表 10-6：

表 10-6　矩阵 $U_z U_z^T$ 的元素值

1	1	1	0	0	1	1	1	0	0	0	1	0	1	1	0	0	0
1	1	1	0	0	1	1	1	0	0	0	1	0	1	1	0	0	0
1	1	1	0	0	1	1	1	0	0	0	1	0	1	1	0	0	0
0	0	0	1	1	0	0	0	1	1	1	0	0	0	0	1	1	1
0	0	0	1	1	0	0	0	1	1	1	0	0	0	0	1	1	1
1	1	1	0	0	1	1	1	0	0	0	1	0	1	1	0	0	0
1	1	1	0	0	1	1	1	0	0	0	1	0	1	1	0	0	0
1	1	1	0	0	1	1	1	0	0	0	1	0	1	1	0	0	0
0	0	0	1	1	0	0	0	1	1	1	0	0	0	0	1	1	1
0	0	0	1	1	0	0	0	1	1	1	0	0	0	0	1	1	1
0	0	0	1	1	0	0	0	1	1	1	0	0	0	0	1	1	1
1	1	1	0	0	1	1	1	0	0	0	1	0	1	1	0	0	0
0	0	0	0	0	0	0	0	0	0	0	0	0	0	0	0	0	0
1	1	1	0	0	1	1	1	0	0	0	1	0	1	1	0	0	0
1	1	1	0	0	1	1	1	0	0	0	1	0	1	1	0	0	0
0	0	0	1	1	0	0	0	1	1	1	0	0	0	0	1	1	1
0	0	0	1	1	0	0	0	1	1	1	0	0	0	0	1	1	1
0	0	0	1	1	0	0	0	1	1	1	0	0	0	0	1	1	1

表 10-6 中的各个元素乘上 σ_z^2，结果见表 10-7：

表 10-7 矩阵 $\sigma_z^2 U_z U_z^T$ 的元素值

4.853	4.853	4.853	0	0	4.853	4.853	4.853	0	0	0	4.853	0	4.853	4.853	0	0	0
4.853	4.853	4.853	0	0	4.853	4.853	4.853	0	0	0	4.853	0	4.853	4.853	0	0	0
4.853	4.853	4.853	0	0	4.853	4.853	4.853	0	0	0	4.853	0	4.853	4.853	0	0	0
0	0	0	4.853	4.853	0	0	0	4.853	4.853	4.853	0	0	0	0	4.853	4.853	4.853
0	0	0	4.853	4.853	0	0	0	4.853	4.853	4.853	0	0	0	0	4.853	4.853	4.853
4.853	4.853	4.853	0	0	4.853	4.853	4.853	0	0	0	4.853	0	4.853	4.853	0	0	0
4.853	4.853	4.853	0	0	4.853	4.853	4.853	0	0	0	4.853	0	4.853	4.853	0	0	0
4.853	4.853	4.853	0	0	4.853	4.853	4.853	0	0	0	4.853	0	4.853	4.853	0	0	0
0	0	0	4.853	4.853	0	0	0	4.853	4.853	4.853	0	0	0	0	4.853	4.853	4.853
0	0	0	4.853	4.853	0	0	0	4.853	4.853	4.853	0	0	0	0	4.853	4.853	4.853
0	0	0	4.853	4.853	0	0	0	4.853	4.853	4.853	0	0	0	0	4.853	4.853	4.853
4.853	4.853	4.853	0	0	4.853	4.853	4.853	0	0	0	4.853	0	4.853	4.853	0	0	0
0	0	0	0	0	0	0	0	0	0	0	0	0	0	0	0	0	0
4.853	4.853	4.853	0	0	4.853	4.853	4.853	0	0	0	4.853	0	4.853	4.853	0	0	0
4.853	4.853	4.853	0	0	4.853	4.853	4.853	0	0	0	4.853	0	4.853	4.853	0	0	0
0	0	0	4.853	4.853	0	0	0	4.853	4.853	4.853	0	0	0	0	4.853	4.853	4.853
0	0	0	4.853	4.853	0	0	0	4.853	4.853	4.853	0	0	0	0	4.853	4.853	4.853
0	0	0	4.853	4.853	0	0	0	4.853	4.853	4.853	0	0	0	0	4.853	4.853	4.853

前边已给出 U_{xz} 的值，则 U_{xz} 与其转置 U_{xz}^T 的积可计算出，结果见表 10-8：

表 10-8 矩阵 $U_{xz}U_{xz}^T$ 的元素值

1	1	1	0	0	0	0	0	0	0	0	0	0	0	0	0	0	0
1	1	1	0	0	0	0	0	0	0	0	0	0	0	0	0	0	0
1	1	1	0	0	0	0	0	0	0	0	0	0	0	0	0	0	0
0	0	0	1	1	0	0	0	0	0	0	0	0	0	0	0	0	0
0	0	0	1	1	0	0	0	0	0	0	0	0	0	0	0	0	0
0	0	0	0	0	1	1	1	0	0	0	0	0	0	0	0	0	0
0	0	0	0	0	1	1	1	0	0	0	0	0	0	0	0	0	0
0	0	0	0	0	1	1	1	0	0	0	0	0	0	0	0	0	0
0	0	0	0	0	0	0	0	1	1	1	0	0	0	0	0	0	0
0	0	0	0	0	0	0	0	1	1	1	0	0	0	0	0	0	0
0	0	0	0	0	0	0	0	1	1	1	0	0	0	0	0	0	0
0	0	0	0	0	0	0	0	0	0	0	1	0	0	0	0	0	0
0	0	0	0	0	0	0	0	0	0	0	0	1	0	0	0	0	0
0	0	0	0	0	0	0	0	0	0	0	0	0	1	1	0	0	0
0	0	0	0	0	0	0	0	0	0	0	0	0	1	1	0	0	0
0	0	0	0	0	0	0	0	0	0	0	0	0	0	0	1	1	1
0	0	0	0	0	0	0	0	0	0	0	0	0	0	0	1	1	1
0	0	0	0	0	0	0	0	0	0	0	0	0	0	0	1	1	1

表 10-8 中的各个元素乘上 σ_X^2，结果见表 10-9：

表10-9 矩阵 $\sigma_{xz}^2 U_{xz} U_{xz}^T$ 的元素值

2.119	2.119	2.119	0	0	0	0	0	0	0	0	0	0	0	0	0	0
2.119	2.119	2.119	0	0	0	0	0	0	0	0	0	0	0	0	0	0
2.119	2.119	2.119	0	0	0	0	0	0	0	0	0	0	0	0	0	0
0	0	0	2.119	2.119	0	0	0	0	0	0	0	0	0	0	0	0
0	0	0	2.119	2.119	0	0	0	0	0	0	0	0	0	0	0	0
0	0	0	0	0	2.119	2.119	2.119	0	0	0	0	0	0	0	0	0
0	0	0	0	0	2.119	2.119	2.119	0	0	0	0	0	0	0	0	0
0	0	0	0	0	2.119	2.119	2.119	0	0	0	0	0	0	0	0	0
0	0	0	0	0	0	0	0	2.119	2.119	2.119	0	0	0	0	0	0
0	0	0	0	0	0	0	0	2.119	2.119	2.119	0	0	0	0	0	0
0	0	0	0	0	0	0	0	2.119	2.119	2.119	0	0	0	0	0	0
0	0	0	0	0	0	0	0	0	0	0	2.119	0	0	0	0	0
0	0	0	0	0	0	0	0	0	0	0	0	2.119	0	0	0	0
0	0	0	0	0	0	0	0	0	0	0	0	0	2.119	2.119	0	0
0	0	0	0	0	0	0	0	0	0	0	0	0	2.119	2.119	0	0
0	0	0	0	0	0	0	0	0	0	0	0	0	0	0	2.119	2.119	2.119
0	0	0	0	0	0	0	0	0	0	0	0	0	0	0	2.119	2.119	2.119
0	0	0	0	0	0	0	0	0	0	0	0	0	0	0	2.119	2.119	2.119

注意 I 是单位矩阵，则 σ_e^2 乘上单位矩阵，结果见表10-10：

表10-10 矩阵 $\sigma_e^2 I$ 的元素值

2.059	0	0	0	0	0	0	0	0	0	0	0	0	0	0	0	0
0	2.059	0	0	0	0	0	0	0	0	0	0	0	0	0	0	0
0	0	2.059	0	0	0	0	0	0	0	0	0	0	0	0	0	0
0	0	0	2.059	0	0	0	0	0	0	0	0	0	0	0	0	0
0	0	0	0	2.059	0	0	0	0	0	0	0	0	0	0	0	0
0	0	0	0	0	2.059	0	0	0	0	0	0	0	0	0	0	0
0	0	0	0	0	0	2.059	0	0	0	0	0	0	0	0	0	0
0	0	0	0	0	0	0	2.059	0	0	0	0	0	0	0	0	0
0	0	0	0	0	0	0	0	2.059	0	0	0	0	0	0	0	0
0	0	0	0	0	0	0	0	0	2.059	0	0	0	0	0	0	0
0	0	0	0	0	0	0	0	0	0	2.059	0	0	0	0	0	0
0	0	0	0	0	0	0	0	0	0	0	2.059	0	0	0	0	0
0	0	0	0	0	0	0	0	0	0	0	0	2.059	0	0	0	0
0	0	0	0	0	0	0	0	0	0	0	0	0	2.059	0	0	0
0	0	0	0	0	0	0	0	0	0	0	0	0	0	2.059	0	0
0	0	0	0	0	0	0	0	0	0	0	0	0	0	0	2.059	0
0	0	0	0	0	0	0	0	0	0	0	0	0	0	0	0	2.059

根据方差分量的协方差的计算式：

$$V = var(y) = \acute{o}_z^2 U_z U_z^T + \acute{o}_{xz}^2 U_{xz} U_{xz}^T + \acute{o}_e^2 I$$

我们将相关三个表相加，结果见表 10-11：

表 10-11　协方差 V 的元素值

9.031	6.972	6.972	0	0	4.853	4.853	4.853	0	0	0	4.853	0	4.853	4.853	0	0	0
6.972	9.031	6.972	0	0	4.853	4.853	4.853	0	0	0	4.853	0	4.853	4.853	0	0	0
6.972	6.972	9.031	0	0	4.853	4.853	4.853	0	0	0	4.853	0	4.853	4.853	0	0	0
0	0	0	9.031	6.972	0	0	0	4.853	4.853	4.853	0	0	0	0	4.853	4.853	4.853
0	0	0	6.972	9.031	0	0	0	4.853	4.853	4.853	0	0	0	0	4.853	4.853	4.853
4.853	4.853	4.853	0	0	9.031	6.972	6.972	0	0	0	4.853	0	4.853	4.853	0	0	0
4.853	4.853	4.853	0	0	6.972	9.031	6.972	0	0	0	4.853	0	4.853	4.853	0	0	0
4.853	4.853	4.853	0	0	6.972	6.972	9.031	0	0	0	4.853	0	4.853	4.853	0	0	0
0	0	0	4.853	4.853	0	0	0	9.031	6.972	6.972	0	0	0	0	4.853	4.853	4.853
0	0	0	4.853	4.853	0	0	0	6.972	9.031	6.972	0	0	0	0	4.853	4.853	4.853
0	0	0	4.853	4.853	0	0	0	6.972	6.972	9.031	0	0	0	0	4.853	4.853	4.853
4.853	4.853	4.853	0	0	4.853	4.853	4.853	0	0	0	9.031	0	4.853	4.853	0	0	0
0	0	0	0	0	0	0	0	0	0	0	0	4.178	0	0	0	0	0
4.853	4.853	4.853	0	0	4.853	4.853	4.853	0	0	0	4.853	0	9.031	6.972	0	0	0
4.853	4.853	4.853	0	0	4.853	4.853	4.853	0	0	0	4.853	0	6.972	9.031	0	0	0
0	0	0	4.853	4.853	0	0	0	4.853	4.853	4.853	0	0	0	0	9.031	6.972	6.972
0	0	0	4.853	4.853	0	0	0	4.853	4.853	4.853	0	0	0	0	6.972	9.031	6.972
0	0	0	4.853	4.853	0	0	0	4.853	4.853	4.853	0	0	0	0	6.972	6.972	9.031

我们求协方差的逆，结果见表 10-12：

表 10-12　协方差 V 的逆矩阵 V^{-1} 的元素值

0.354	-0.132	-0.132	0.000	0.000	-0.010	-0.010	-0.010	0.000	0.000	0.000	-0.019	0.000	-0.013	-0.013	0.000	0.000	0.000
-0.132	0.354	-0.132	0.000	0.000	-0.010	-0.010	-0.010	0.000	0.000	0.000	-0.019	0.000	-0.013	-0.013	0.000	0.000	0.000
-0.132	-0.132	0.354	0.000	0.000	-0.010	-0.010	-0.010	0.000	0.000	0.000	-0.019	0.000	-0.013	-0.013	0.000	0.000	0.000
0.000	0.000	0.000	0.302	-0.184	0.000	0.000	0.000	-0.015	-0.015	-0.015	0.000	0.000	0.000	0.000	-0.015	-0.015	-0.015
0.000	0.000	0.000	-0.184	0.302	0.000	0.000	0.000	-0.015	-0.015	-0.015	0.000	0.000	0.000	0.000	-0.015	-0.015	-0.015
-0.010	-0.010	-0.010	0.000	0.000	0.354	-0.132	-0.132	0.000	0.000	0.000	-0.019	0.000	-0.013	-0.013	0.000	0.000	0.000
-0.010	-0.010	-0.010	0.000	0.000	-0.132	0.354	-0.132	0.000	0.000	0.000	-0.019	0.000	-0.013	-0.013	0.000	0.000	0.000
-0.010	-0.010	-0.010	0.000	0.000	-0.132	-0.132	0.354	0.000	0.000	0.000	-0.019	0.000	-0.013	-0.013	0.000	0.000	0.000
0.000	0.000	0.000	-0.015	-0.015	0.000	0.000	0.000	0.352	-0.134	-0.134	0.000	0.000	0.000	0.000	-0.011	-0.011	-0.011
0.000	0.000	0.000	-0.015	-0.015	0.000	0.000	0.000	-0.134	0.352	-0.134	0.000	0.000	0.000	0.000	-0.011	-0.011	-0.011
0.000	0.000	0.000	-0.015	-0.015	0.000	0.000	0.000	-0.134	-0.134	0.352	0.000	0.000	0.000	0.000	-0.011	-0.011	-0.011
-0.019	-0.019	-0.019	0.000	0.000	-0.019	-0.019	-0.019	0.000	0.000	0.000	0.201	0.000	-0.026	-0.026	0.000	0.000	0.000
0.000	0.000	0.000	0.000	0.000	0.000	0.000	0.000	0.000	0.000	0.000	0.000	0.239	0.000	0.000	0.000	0.000	0.000
-0.013	-0.013	-0.013	0.000	0.000	-0.013	-0.013	-0.013	0.000	0.000	0.000	-0.026	0.000	0.305	-0.181	0.000	0.000	0.000
-0.013	-0.013	-0.013	0.000	0.000	-0.013	-0.013	-0.013	0.000	0.000	0.000	-0.026	0.000	-0.181	0.305	0.000	0.000	0.000
0.000	0.000	0.000	-0.015	-0.015	0.000	0.000	0.000	-0.011	-0.011	-0.011	0.000	0.000	0.000	0.000	0.352	-0.134	-0.134
0.000	0.000	0.000	-0.015	-0.015	0.000	0.000	0.000	-0.011	-0.011	-0.011	0.000	0.000	0.000	0.000	-0.134	0.352	-0.134
0.000	0.000	0.000	-0.015	-0.015	0.000	0.000	0.000	-0.011	-0.011	-0.011	0.000	0.000	0.000	0.000	-0.134	-0.134	0.352

我们知矩阵 X 的各个元素为观测指标阵前边加一列 1，这是为了估计截距项，见表 10-13：

表 10-13　矩阵 X 的元素值

1	1
1	1
1	1
1	1
1	1
1	2
1	2
1	2
1	2
1	2
1	2
1	3
1	3
1	4
1	4
1	4
1	4
1	4

则设计矩阵 X 的转置、协方差的逆、设计矩阵 X 三者的积见表 10-14：

表 10-14　矩阵积 $X^T V^{-1} X$ 的元素

0.586	1.551
1.551	7.384

设计矩阵 X 的转置、协方差的逆、设计矩阵 X 三者的积的逆见表 10-15：

表 10-15　$(X^T V^{-1} X)^{-1}$ 的元素

3.8430	−0.8072
−0.8072	0.3050

设计矩阵 X 的转置、协方差的逆、观测变量 y 的积见表 10-16：

表 10-16　矩阵积 $X^T V^{-1} y$ 的元素

38.625
100.329

用设计矩阵 X 的转置、协方差的逆、设计矩阵 X 三者的积的逆乘上设计矩阵 X 的转置、协方差的逆、

观测变量 y 的积，得到加权最小二乘的参数：

$$\hat{b} = (X^T V^{-1} X)^{-1} X^T V^{-1} y$$

结果见表 10-17：

表 10-17　$\hat{b} = (X^T V^{-1} X)^{-1} X^T V^{-1} y$ 的元素

67.4503062
−0.577755

据此我们得到回归线性模型：

$$\hat{y} = 67.4503 - 0.5778x$$

但这不是最后的解，我们还没有考虑误差。根据方差成分残差的计算式：

$$\hat{e}_\mu = \sigma_\mu^2 U_U^T V^{-1}(y - X\hat{b})$$

我们需要首先计算残差 $(y - X\hat{b})$，根据回归模型得到计算值，进而得到残差，见表 10-18：

表 10-18　回归模型得到计算值和残差

系别 x	分数 y	Xb	残差 $(y - X\hat{b})$
1	67	66.8725	0.1275
1	66	66.8725	−0.8725
1	64	66.8725	−2.8725
1	71	66.8725	4.1275
1	72	66.8725	5.1275
2	63	66.2947	−3.2947
2	63	66.2947	−3.2947
2	67	66.2947	0.7053
2	69	66.2947	2.7053
2	68	66.2947	1.7053
2	70	66.2947	3.7053
3	63	65.7169	−2.7169
3	64	65.7169	−1.7169
4	67	65.1391	1.8609
4	66	65.1391	0.8609
4	67	65.1391	1.8609
4	67	65.1391	1.8609
4	69	65.1391	3.8609

我们可计算 $U_z^T V^{-1}(y - X\hat{b})$ 的值，结果见表 10-19：

表 10-19　$U_z^T V^{-1}(y - X\hat{b})$ 的值

0.015	0.015	0.015	0	0	0.015	0.015	0.015	0	0	0	0.035	0	0.02	0.02	0	0	0
0	0	0	0.028	0.028	0	0	0	0.021	0.021	0.021	0	0	0	0	0.021	0.021	0.021

我们可计算 $U_z^T V^{-1}(y - X\hat{b})$ 的值，结果见表 10-20：

表 10-20　$U_z^T V^{-1}(y - X\hat{b})$ 的值

−0.1832
0.5888

则

$$\hat{e}_z = \sigma_z^2 U_z^T V^{-1}(y - X\hat{b}) = \begin{pmatrix} -0.889 \\ 2.8575 \end{pmatrix}$$

我们可计算 $U_{xz}^T V^{-1}$ 的值，结果见表 10-21：

表 10-21　$U_{xz}^T V^{-1}$ 的值

0.09	0.09	0.09	0	0	−0.03	−0.03	−0.03	0	0	0	−0.057	0	−0.039	−0.039	0	0	0
−0.03	−0.03	−0.03	0	0	0.09	0.09	0.09	0	0	0	−0.057	0	−0.039	−0.039	0	0	0
−0.019	−0.019	−0.019	0	0	−0.019	−0.019	−0.019	0	0	0	0.201	0	−0.026	−0.026	0	0	0
−0.026	−0.026	−0.026	0	0	−0.026	−0.026	−0.026	0	0	0	−0.052	0	0.124	0.124	0	0	0
0	0	0	0.118	0.118	0	0	0	−0.03	−0.03	−0.03	0	0	0	0	−0.03	−0.03	−0.03
0	0	0	−0.045	−0.045	0	0	0	0.084	0.084	0.084	0	0	0	0	−0.033	−0.033	−0.033
0	0	0	0	0	0	0	0	0	0	0	0	0.239	0	0	0	0	0
0	0	0	−0.045	−0.045	0	0	0	−0.033	−0.033	−0.033	0	0	0	0	0.084	0.084	0.084

则

$$\hat{e}_{xz} = \sigma_{xz} U_{xz}^T V^{-1}(y - X\hat{b}) = \begin{pmatrix} -0.2126 \\ -0.789 \\ -0.9246 \\ 1.538 \\ 1.3162 \\ 0.0319 \\ -0.8695 \\ -0.1003 \end{pmatrix}$$

计算 $U_z e_z$、$U_{xz} e_{xz}$、$U_z e_z + U_{xz} e_{xz}$ 三个值，结果见表 10-22：

表 10-22　U_ze_z、$U_{xz}e_{xz}$、$U_ze_z+U_{xz}e_{xz}$ 三个向量的各个元素

U_ze_z	$U_{xz}e_{xz}$	$U_ze_z+U_{xz}e_{xz}$
−0.889	−0.2126	−1.1016
−0.889	−0.2126	−1.1016
−0.889	−0.2126	−1.1016
2.8575	1.3162	4.1737
2.8575	1.3162	4.1737
−0.889	−0.7890	−1.678
−0.889	−0.7890	−1.678
−0.889	−0.7890	−1.678
2.8575	0.0319	2.8894
2.8575	0.0319	2.8894
2.8575	0.0319	2.8894
−0.889	−0.9246	−1.8136
0	−0.8695	−0.8695
−0.889	1.5380	0.649
−0.889	1.5380	0.649
2.8575	−0.1003	2.7572
2.8575	−0.1003	2.7572
2.8575	−0.1003	2.7572

根据

$$y=Xb+U_ze_z+U_{xz}e_{xz}+e_e$$

可得下表第六列方差分量，分数减去方差分量得下表第七列，结果见表 10-23：

表 10-23 最终计算结果

系别 x	性别 z	分数 y	Xb	$U_z e_z + U_{xz} e_{xz}$	方差分量拟合值	残差	虚拟变量线性回归拟合值	残差
1	1	67	66.8725	−1.1016	65.7709	1.2291	65.111	1.889
1	1	66	66.8725	−1.1016	65.7709	0.2291	65.111	0.889
1	1	64	66.8725	−1.1016	65.7709	−1.7709	65.111	−1.111
1	2	71	66.8725	4.1737	71.0462	−0.0462	68.555	2.445
1	2	72	66.8725	4.1737	71.0462	0.9538	68.555	3.445
2	1	63	66.2947	−1.678	64.6167	−1.6167	65.111	−2.111
2	1	63	66.2947	−1.678	64.6167	−1.6167	65.111	−2.111
2	1	67	66.2947	−1.678	64.6167	2.3833	65.111	1.889
2	2	69	66.2947	2.8894	69.1841	−0.1841	68.555	0.445
2	2	68	66.2947	2.8894	69.1841	−1.1841	68.555	−0.555
2	2	70	66.2947	2.8894	69.1841	0.8159	68.555	1.445
3	1	63	65.7169	−1.8136	63.9033	−0.9033	65.111	−2.111
3	2	64	65.7169	−0.8695	64.8474	−0.8474	68.555	−4.555
4	1	67	65.1391	0.649	65.7881	1.2119	65.111	1.889
4	1	66	65.1391	0.649	65.7881	0.2119	65.111	0.889
4	2	67	65.1391	2.7572	67.8963	−0.8963	68.555	−1.555
4	2	67	65.1391	2.7572	67.8963	−0.8963	68.555	−1.555
4	2	69	65.1391	2.7572	67.8963	1.1037	68.555	0.445
平方和						24.4929		73.1111

到此我们可看出，方差分量模型实际上是对变量组合每一类型拟合值都给一个修正值，导致相同类型的方差分量是相同的。

此例也可由虚拟变量回归分析来解答，回归模型为：

$$y = 61.667 + 3.444 x_2$$

$$R^2 = 0.422$$

其中 x_1 不显著，没有包含在模型中。此例方差分量残差的平方和为 24.4929，虚拟变量回归分析的残差的平方和为 73.1111。由此得出：方差分量模型拟合值的残差方差与虚拟变量回归分析拟合值的残差方差相比，方差小得多。

第十一章 多水平线性模型

第一节 多水平线性模型的基本概念

我们经常碰到一些自变量是分类数据的问题，单类回归时，若数据较多时，可保证拟合精度，但往往数据太少，拟合精度较差，多类一起拟合时，个体间随机误差相互不独立，拟合误差也较大。为了解决此类问题，产生了方差分量模型，在此基础上再考虑变量的层次性和变量系数的多样性，产生了多水平模型。

我们在运用传统的线性回归模型分析和解决问题时，回归模型的基本假定数据是单一水平和单一的随机误差项，必须保证所需的数据符合四个基本假设：①变量间存在线性关系；②变量总体上服从正态分布；③方差齐性；④个体间随机误差相互独立。只有在这些条件下，传统的回归系数的估计才是有效估计，检验才是精确检验。

如一元单水平回归模型为：

$$y_i=\beta_0+\beta_1 x_i+e_i, \ e_i \sim N(0, \ \sigma_e^2), i=1,2,\cdots,n$$

若正态性不满足时，改变的方法是数据变换，或增加样本量。
若方差齐性不满足时，改变的方法是增加协变量、数据变换，或用广义线性模型、非线性模型。
若独立性不满足时，改变的方法是用稳健估计、广义估计方程或多水平模型。

多层（多水平）数据指的是观测数据在单位上具有嵌套的关系，如馆员嵌套于图书馆，图书馆嵌套于学校，学校嵌套于市，市嵌套于省（直辖市除外），省嵌套于国家。最低一级（如馆员）是一水平，最低二级（如图书馆）是二水平，再往上就是三水平、四水平。

一般而言，同一单位内的观测结果具有很大的相似性，不同单位间的观测结果具有很大差异。这就是层次结构数据问题。层次结构数据为一种非独立数据，即观测值在观察单位间或同一观测单位的各次观测间不独立或不完全独立，具有相似性（相关性）和聚集性。我们知道一个家庭的子女的长相、生理和心理比较像、脾气差不多，成年的弟兄个子高度相差不大，这就是相关性。相关的关联程度常用组内相关（ICC）度量。用此指标描述成员特征的组内相似性或聚集性。组内相关指同一个嵌套内的两个成员的相关，表示二者的相似性。若组内相关为0，表示数据不具层次结构，可忽略嵌套，转化为单水平模型。

一、忽略多水平层次结构的后果

经典的回归方法把所有的影响因素不分层次，混在一起处理，忽略层次本身的作用，如调查图书馆满意度时，文科生与理科生的视角不同，满意与否的原因也不同，本应区别研究的问题，却放在一起研究，导致结论失真。经典的回归方法有时通过设立哑变量来分析层次问题，但变量不分层，导致信息失真。把小范围的影响因素扩大到大范围去估计，或把大范围的影响因素缩小到小范围去估计，必失去估计的精度。

即估计出的参数和标准误都不准,有偏差,所以方差也随之增大,模型拟合优度差,另外也损失了高水平对结果影响的信息。

当数据带有层次特征时,不再满足基本假设的后两条,即方差齐性,个体间随机误差相互独立。此时若采用经典的回归方法就可能失去参数估计的有效性,并导致不合理的结论。我们必须寻找新的估计方法。多个嵌套形成了多层状态。由于宏观和微观的因果关系的机制不同,所以根据某一层次(分析单元)观察材料得出的分析结果不能简单地推论到更高或更低层次上去。

二、多水平分析的主要优点

多水平模型是假设误差服从正态分布,且既包括固定效应又包括随机效应的统计模型。固定效应类似于标准回归系数,直接估计得到。随机效应不是直接估计(尽管它可能取自事后估计),而是从它们的方差和协方差估计值中总结而来。随机效应以随机截距或者随机系数的形式呈现。拟合反应分布之变异的多水平模型的混合效应以符合正态分布的随机效应为条件。如果由协变量可能的水平组成的集合固定不变且可重复,我们使用固定效应参数建立关于协变量的模型。如果我们观测的水平代表了所有可能水平中的一个随机样本,我们就把随机效应包含在模型中。

多水平模型在数据层次结构相应的各水平上都设随机误差项,并估计相应的残差方差及协方差。此特征是多水平模型与经典回归模型相区别的根本特征。多水平模型由固定与随机两部分构成,其随机部分可以包含解释变量。

多水平模型就是用各水平的影响因素估计各水平的影响,并巧妙地解决了交互影响。多水平模型为人们提供了一个事物与背景特征相统一的分层框架。这些带来以下优点:

(1)获得回归系数及其标准误的有效估计。

(2)可在模型固定或随机部分引入任何水平上的协变量,可讨论各水平单位的特征对反应变量的影响,以及对反应变量在各单位间变异的影响,即这些特征可否解释这些变异。

(3)在调整了低水平单位甚至高水平单位的各种特征后,可对高水平单位的残差估计进行排序和比较,用于识别极端(不典型)的高水平单位。若对这些被识别出的极端(不典型)的高水平单位做进一步深入的个案考察,有助于探讨更详细的因果机制。

三、多水平模型的各种别名

由于多水平模型中既有固定回归系数,又有随机回归系数,所以称为混合效应模型。

在教育学领域:分层线性模型。

在社会学领域:多层线性模型、多水平分析。

在生物统计学领域:混合效应模型。

在计量经济学领域:随机系数回归模型。

在统计学领域:协方差成分模型、方差分量模型、混合模型。

四、方差分量模型

方差分量模型也叫方差成分模型,是最简单的混合效应模型,但在 SPSS 中,方差分量模型不在混合效应模型中,被安排在一般模型模块中,SPSS 中的混合效应模型单指多层模型(多水平模型),二者主要差别在于变量的系数,方差分量模型的常数项是随机的,但变量的系数是固定的,不随组的变化而变化。而 SPSS 中的混合效应模型的常数项和变量的系数都是随机的。用混合效应模型可求解方差分量模型问题,但用方差分量模型不能求解一般混合效应模型问题。

多水平模型有多种,如多水平非线性模型、二分类资料的多水平模型等,限于篇幅限制,本书仅讨论多水平线性模型。

五、数据不独立的来源

数据不独立的来源主要有嵌套、重复测量、实验时区组设计、多中心实验。

六、多水平模型应用对象

分析一个层次对另一个层次的影响。分析各层间的方差和协方差成分，看各种成分的大小，以便判断主要影响因素和次要影响因素。具体而言应用对象体现在以下方面：

（1）分析重复测量数据。对个体进行跟踪，进行发展研究。

（2）组织和管理研究。

（3）教育研究，比较学习进展、个体特征和影响。个体特征、行为与二水平的相关性。

（4）文献综述。

七、多水平模型的样本量要求

多水平模型的样本量最少 30 个，变量与样本量的最小比是 1 比 10。

八、多水平线性模型的假设

嵌套层上观测的独立性、层 1 的截距和斜率的二元正态性、预测变量与结果变量之间的线性相关性、随机残差的误差项是均数为 0 的正态分布。

九、随机效应变量识别

主要是通过随机效应检验来识别，一个统计显著的水平 2 残差方差表示相应的水平 1 回归系数是随机系数。因此，水平 2 残差方差的显著性检验事实上是检查哪个水平 1 回归系数 (如截距和斜率) 是随机系数。水平 1 回归系数存在显著性变异表明该系数是随机的，在组水平模型或宏观模型中应该作为应变量处理。如果在建模探索过程中发现某水平 1 回归系数是非随机的，则其在最终模型中一般被设为固定效应。

第二节 多水平线性模型在图书情报领域的应用

多水平线性模型在图书情报领域应用的文献只查到一例。

王正祥采用多层模型的方法对个体和城市层次的影响因素进行检验，结果发现，当前居民图书阅读既与个体的社会位置、家庭社会化因素相关，也与居民的媒介消费环境相关，同时，城市的文化资源也会影响居民阅读。

其实许多的图书情报领域的问题是多水平线性模型问题。

例：赵迎红统计了 48 所高校科学研究活动与高校图书馆系统所能够提供的科研、学术资源之间的数据，见表 11-1：

表 11-1 科研、学术资源相关数据

学校名称	ALR	SLC	SE	SW	CR	SCI	R&D	TS	NSRS	SSRS
清华大学	0.24	3760000	2475000	158	22105812	6273	37.6	113.21	93.81	19.4
北京大学	0.30	7780000	2308683	187	234208153	4340	20.3	117.66	77.44	40.22
浙江大学	0.31	3397947	1418300	224	11490000	9540	28.17	124.84	107.59	17.25
中国科学技术大学	0.12	1505609	1300000	92	7000000	490	16.2	48.52	46.69	1.84
复旦大学	0.28	4090242	1483445	208	12069631	6029	9.6	82.09	58.63	23.45
上海交通大学	0.26	3503309	3895227	254	26372232	7040	16.4	92.74	84.17	8.57
...	...	...	...	...	...	...	...	...	...	...

其中 ALR、SLC、SE、SW、CR、SCI、R&D、TS、NSRS、SSRS 分别表示文献资源购置费、图书馆收藏量、电子书数量、职工人数、点击率、科学引文索引收录论文数、研究与发展经费、科学研究总得分、自然科学研究得分、社会科学研究得分。

影响科学研究竞争力指标（科学引文索引收录论文数、研究与发展经费、科学研究总得分）的因素有很多，图书馆学术信息仅是其中的影响因素之一，但也是重要的影响因素。由于不同区域影响科学研究竞争力指标的因素效应不同，将区域分成北京（用1表示）、上海（用2表示）、其他区域（用3表示）三个类别，以这个类别作为主体分类变量。为进一步考察多个图书馆学术信息指标共同作用对高校科学研究竞争力的影响，构建科学研究总得分的多水平模型。为此我们将数据重新整理，见表11-2：

表 11-2 信息指标与科学研究竞争力数据

学校名称	序号	区域内学校 i	区域（主题 j）	文献资源购置费 ALR	点击率 CR	科学研究总得分 TS
清华大学	1	1	1	0.24	22105812	113.21
北京大学	2	2	1	0.3	234208153	117.66
中国人民大学	3	3	1	0.2	15981670	35.31
中国农业大学	4	4	1	0.1	8700000	27.67
北京科技大学	5	5	1	0.1	2504000	14.6
北京邮电大学	6	6	1	0.09	2617255	5.95
华北电力大学	7	7	1	0.11	1700000	7.32
复旦大学	8	1	2	0.28	12069631	82.09
上海交通大学	9	2	2	0.26	26372232	92.74
华东师范大学	10	3	2	0.2	18735766	22.67
同济大学	11	4	2	0.22	9741840	26.59
华东理工大学	12	5	2	0.11	526006	21.05
上海财经大学	13	6	2	0.07	2381234	7.97
上海大学	14	7	2	0.09	3271237	19
东华大学	15	8	2	0.12	2800000	15.12
浙江大学	16	1	3	0.31	11490000	124.84
中国科学技术大学	17	2	3	0.12	7000000	48.52
哈尔滨工业大学	18	3	3	0.15	1000000	50.9
南开大学	19	4	3	0.18	3160488	47.1
华中科技大学	20	5	3	0.23	24240088	53.05
西安交通大学	21	6	3	0.16	992362	44.95
武汉大学	22	7	3	0.29	10530000	55.4
四川大学	23	8	3	0.17	8600000	52.66
中山大学	24	9	3	0.34	2143909	58.97
东南大学	25	10	3	0.21	2300000	33.58

续 表

学校名称	序号	区域内学校 i	区域（主题 j）	文献资源购置费 ALR	点击率 CR	科学研究总得分 TS
大连理工大学	26	11	3	0.15	5538779	33.08
西北工业大学	27	12	3	0.1	3635000	26.81
厦门大学	28	13	3	0.24	7920876	29.89
山东大学	29	14	3	0.15	10280000	43.3
东北大学	30	15	3	0.12	38714319	13.18
华南理工大学	31	16	3	0.18	1765589	29.7
南京航空航天大学	32	17	3	0.1	1900000	19.4
东北师范大学	33	18	3	0.1	12960000	16.13
重庆大学	34	19	3	0.13	3639284	25.87
电子科技大学	35	20	3	0.12	57511301	17.25
西安电子科技大学	36	21	3	0.06	5900000	13.85
南京理工大学	37	22	3	0.08	318354	15.19
西北大学	38	23	3	0.07	3673000	10.95
西南交通大学	39	24	3	0.1	37061926	9.98
武汉理工大学	40	25	3	0.14	21181846	12.98
南京师范大学	41	26	3	0.11	3502500	13.79
湖南师范大学	42	27	3	0.07	5000000	10.77
华中农业大学	43	28	3	0.08	917696	11.58
中南财经政法大学	44	29	3	0.05	13887117	5.37
合肥工业大学	45	30	3	0.1	6937252	7.35
安徽大学	46	31	3	0.09	5850261	6.7
福州大学	47	32	3	0.11	1184712	8.67
长安大学	48	33	3	0.05	1590061	5.93

为进一步考察多个图书馆学术信息指标共同作用对高校科学研究竞争力的影响，主题变量选高校类别。我们将各类学校科学研究总得分的平均值作为二水平层次的变量。

文献资源购置费 ALR 与区域紧密相关，由于国家重视，北京地区的文献资源购置费要多于其他地区，所以是二水平变量，各类学校科学研究总得分的平均值也是二水平变量。点击率是各个学校学生素质、专业性质所决定，所以是一水平变量。

主题：区域。

例：王正祥采用多层模型的方法对个体和城市层次的影响因素进行了研究，城市和个人构成了二水平，研究国民阅读时，必须探讨城市宏观层次变量对居民图书阅读的影响。居民个体差异也影响阅读，个人因素有：教育程度年限（x_{1ij}）、经济资源用收入的对数表示（x_{2ij}）、性别（x_{3ij}）、年龄（x_{4ij}）、年龄平方（x_{5ij}）、父亲教育年限（x_{6ij}）、家庭藏书（x_{7ij}）、电视收视时间（x_{8ij}）。社会因素有：户口类别（w_{1j}）、城市级别（w_{2j}）、当地人均 GDP（w_{3j}）、当地教育均值（w_{4j}）、图书馆百人藏书量（w_{5j}）、当地电视收视平均时间（w_{6j}）。因变量 y_{ij} 为一年内的图书阅读量。

主题：居住地类别（即是城市还是农村）。

例：我们用 Mortimore et al（1998）数据集"小学项目"的一部分，48 所小学的 728 名学生的 8 岁的成绩和 11 岁的成绩，我们将 11 岁的成绩看作是最终效应 y_{ij}，而将 8 岁成绩看作是协变量 x_{ij}。注意，虽然有 3 个分类变量：性别、社会背景、学校，但三者无嵌套关系，而是交错关系。唯有的嵌套是学生与学校、学生与性别、学生与社会背景的关系。但我们不关注学生与性别、学生与社会背景的关系，所以这里把性别、社会背景仅看作是变量而已。我们不关注学生成绩受何因素影响，而关注学校如何影响学生成绩，所以学校是研究主题。主题变量是学校标号。见表 11-3：

表 11-3 JSP（Junior School Project）数据

11岁成绩正态得分 y_{ij}	常数	8岁成绩	性别 x_{2ij}	社会背景 x_{3ij}	学校标号（j 主题）	11岁成绩 y_{ij}	8岁成绩正态得分 x_{1ij}	学生标号 i	学校平均（8岁成绩）x_{4ij}
1.802743	1	36	1	0	1	39	1.551093	1	-3.5556
-2.29074	1	19	0	1	1	11	-0.98033	2	-3.5556
-0.04132	1	31	0	1	1	32	0.638187	3	-3.5556
-0.74993	1	23	0	0	1	27	-0.45987	4	-3.5556
...	...	...	...	...	...	...	...	...	...

注意 8 岁成绩正态得分 x_1、性别 x_2、社会背景 x_3 都是学生个人因素，每个学生都不相同，而学校平均成绩 w 是学校因素。主题是学校。

SPSS 混合模型的主题就是二层的类别变量。

第三节 二层多水平线性模型

多水平模型是指变量的系数估计不是固定的，而是随机的，变量对反应变量的效应在不同的水平 2 单位是不同的。这预示着每个考察对象都有其自身的斜率估计，也预示着变量对反应变量的效应在各个考察对象间是不同的。

二层多水平线性模型的分析建模过程如下：

二层多水平线性模型的基本形式为：

第一层：

$$Y_{ij} = \beta_{0j} + \beta_{1j}X_{1ij} + \beta_{2j}X_{2ij} + \beta_{3j}X_{3ij} + \cdots + \beta_{sj}X_{sij} + r_{ij}$$

$$= \beta_{0j} + \sum_{h=1}^{s} \beta_{hj}X_{hij} + r_{ij}$$

第二层：

$$\beta_{0j} = \gamma_{00} + \gamma_{01}w_{1j} + \gamma_{02}w_{2j} + \cdots + \gamma_{0q}w_{qj} + \mu_{0j}$$

$$\beta_{1j} = \gamma_{10} + \gamma_{11}w_{1j} + \gamma_{12}w_{2j} + \cdots + \gamma_{1q}w_{qj} + \mu_{1j}$$

$$\beta_{2j} = \gamma_{20} + \gamma_{21}w_{1j} + \gamma_{22}w_{2j} + \cdots + \gamma_{2q}w_{qj} + \mu_{2j}$$

……

$$\beta_{pj} = \gamma_{p0} + \gamma_{p1}w_{1j} + \gamma_{p2}w_{2j} + \cdots + \gamma_{pq}w_{qj} + \mu_{pj}$$

协变量的系数估计随着单位的 2 单位的变化而改变。随机回归系数则跨组就变。

将第二层系数代入第一层模型，合并后为：

$$Y_{ij} = \beta_{0j} + \sum_{h=1}^{s} \beta_{hj} X_{hij} + \left(u_{0j} w_{0ij} + u_{1j} w_{1ij} + u_{2j} w_{2ij} + \cdots + u_{qj} w_{qij} + r_{0ij} w_{0ij} \right)$$

用矩阵表示为：

$$Y = X\beta + WU + e$$

W 是随机效应设计矩阵，其元素或者是 1，或者是 0。

U 是随机效应系数参数。

X 是固定效应设计矩阵。

Y 是反应变量向量。

β 是固定效应参数向量。

e 是残差项。

i 是第 i 个观测目标，即水平 1 的单位。

j 是自变量第 j 个类，即水平 2 的单位。

Y_{ij} 是第 i 个观测目标、各个自变量第 j 个类作用下的观测值。

β_{0j} 是第一层方程的截距。

β_{sj} 是第一层第 s 个预测变量的回归系数。

X_{sij} 是第一层第 s 个预测变量。

γ_{ij} 是第一层的残差。

γ_{00} 是二层方程原截距 β_{0j} 的截距。

γ_{s0} 是第二层方程第 s 个预测变量回归系数的截距。

γ_{s1} 是第二层方程第 s 个预测变量回归系数的对第二层预测变量 W_{1j} 的回归系数。

μ_{0j} 是二层方程原截距 β_{0j} 的残差。

μ_{sj} 是第二层方程第 s 个预测变量回归系数的对第二层预测变量 W_{1j} 的残差。

W_{1j} 是第二层方程预测变量，也可以取多个预测变量。如学生作为 1 水平，那么学校是 2 水平，学校的管理风格、教师的水平等都是 2 水平的变量。

若二层完整模型中 W_{1j} 的系数 γ_{s1} 取 0，得到随机效应模型。随机效应模型实际上就是截距与斜率都不含变量但可含协变量的模型。

若二层完整模型中 W_{1j} 的系数 γ_{s1} 取 0，且各个预测变量 X_{sij} 的系数 β_{sj} 的取 0，得到零模型。零模型实际上就是截距与斜率都不含变量且不含协变量的模型。

若一层变量与二层变量无关，我们就设此一层变量为固定变量。

第四节　二水平线性模型的 SPSS 操作步骤

例：北京工业大学王雨硕士的论文中有一个例子，是 2002 年关于高科技行业的一次调查资料，年龄阶段划分为 7 级，数据见表 11-4：

表 11-4　年龄阶段划分标准

年龄阶段	类别
21~25	1
26~30	2
31~35	3
36~40	4
41~45	5
46~50	6
其他	7

员工从事本项工作的时间记为整数（连续变量）。

学历划分为 7 级，分别记作 1 至 7，由于只考虑大专以上被调查人员最低学历，因此定义小学、初中、中专和职高为其他，实际数据为 3 至 7，见表 11-5：

表 11-5　学历划分标准

学历水平	类别
其他	3
大专	4
大本	5
硕士	6
博士	7

外语水平划分为 3 级，见表 11-6：

表 11-6　外语水平划分标准

英语水平	类别
无证书	0
大学四级／六级	1
其他证书	2

王雨在考虑影响因素时,仅考虑了员工自身的因素,没有考虑公司的因素,我们在此基础上虚拟地加上公司的因素。公司的主要因素有公司效益、公司董事会的构成、公司的市场开拓能力、产品的价格和销路、人才政策的倾斜、总经理的魄力等。我们虚拟地仅加上公司效益。

我们将公司虚拟成更多公司(14个),数据有所改变,公司效益特好用0表示,公司效益相对好用1表示,公司效益相对一般用2表示,公司效益相对差用3表示。主题是公司。

各个公司员工数据见表11-7:

表11-7 各个公司员工数据

所属公司	公司效益	年龄阶段	工作时间	学历	英语程度	年薪
1	1	4	5	5	0	190000
1	1	3	3	5	1	84600
1	1	1	2	5	2	72000
1	1	2	3	4	0	42000
1	1	6	1	5	0	72000
1	1	1	3	3	0	33600
1	1	1	4	3	0	24000
1	1	2	7	5	1	102000
1	1	2	4	5	1	45000
1	1	1	4	4	0	33000
1	1	3	5	5	1	104500
1	1	2	4	5	1	57000
1	1	2	4	4	0	75600
...	...	...	...	...	...	...

工作时间 x_1、年龄阶段 x_{2ij}、学历 x_3、英语程度 x_4 显然都是个人因素,而不是公司因素。公司效益 w_{1j}(场景变量)影响员工的基本工资。

一、验证空模型

空模型为:

$$y_{ij} = \gamma_{00} + (\mu_{0j} + r_{ij})$$

先运行这个无变量(条件)的空模型(截距模型),目的是评估组内的同质性或组间的异质性,组内同质性意味着组间的异质性。组内同质性的测量标准是组内相关系数(ICC):

$$ICC = \frac{\hat{\sigma}_{u0}^2}{\hat{\sigma}_{u0}^2 + \hat{\sigma}^2}$$

若 ICC 较大,说明组内的同质性或组间的异质性存在。代表组间的异质性显著,概率就小于0.05,说明数据须用多水平模型进行分析。用另外一句话来讲,就是判断层1是否有足够的变异需要层2的变量来解释,以便确定组内是否显著相关,若是显著相关,我们才能引进能够帮助解释这个方差的预测变量,进行混合效应模型分析，否则，不能用混合效应模型分析。另外空模型可提供因变量的均值，以及各组均值的可靠性等信息。当我们用多水平模型分析后，往往发现残差仍然很显著，此时残差已无法继续分解，不必在意其显著，这个显著已无任何意义。

1. 输入数据

在 SPSS 界面为了输入方便，我们用 x_2 代替 x_{2ij}。

输入数据后，得图 11-1：

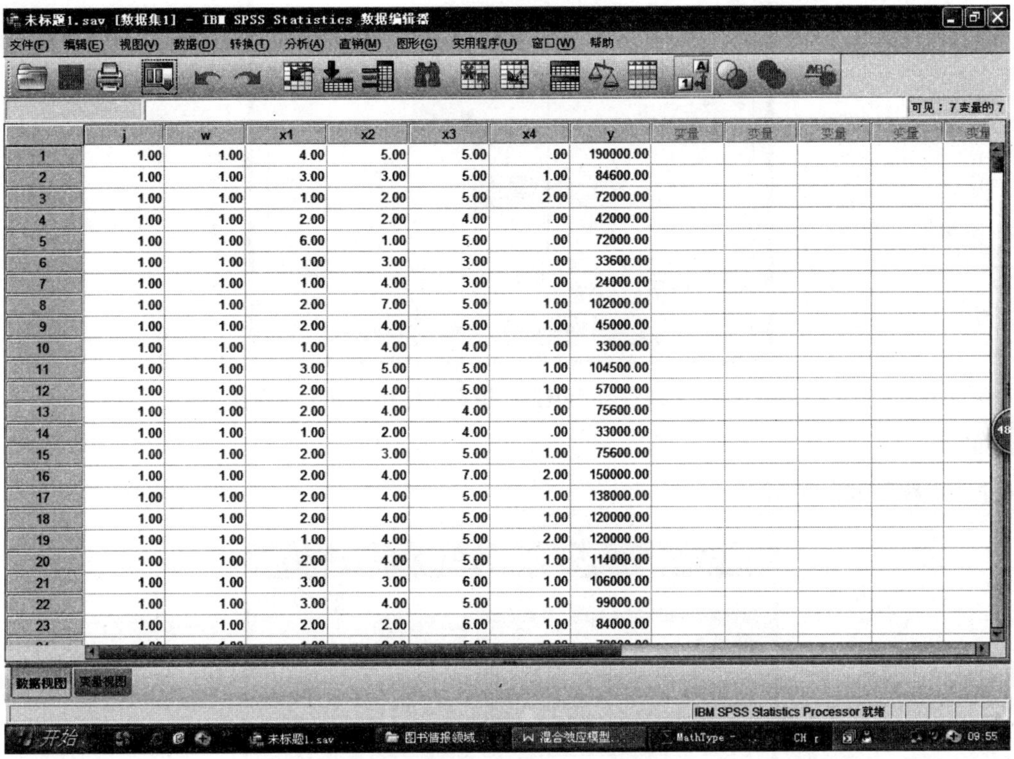

	j	w	x1	x2	x3	x4	y
1	1.00	1.00	4.00	5.00	5.00	.00	190000.00
2	1.00	1.00	3.00	3.00	5.00	1.00	84600.00
3	1.00	1.00	1.00	2.00	5.00	2.00	72000.00
4	1.00	1.00	2.00	2.00	4.00	.00	42000.00
5	1.00	1.00	6.00	1.00	5.00	.00	72000.00
6	1.00	1.00	1.00	3.00	3.00	.00	33600.00
7	1.00	1.00	1.00	4.00	3.00	.00	24000.00
8	1.00	1.00	2.00	7.00	5.00	1.00	102000.00
9	1.00	1.00	2.00	4.00	5.00	1.00	45000.00
10	1.00	1.00	1.00	4.00	4.00	.00	33000.00
11	1.00	1.00	3.00	5.00	5.00	1.00	104500.00
12	1.00	1.00	2.00	4.00	5.00	1.00	57000.00
13	1.00	1.00	2.00	4.00	4.00	.00	75600.00
14	1.00	1.00	1.00	2.00	4.00	.00	33000.00
15	1.00	1.00	2.00	3.00	5.00	1.00	75600.00
16	1.00	1.00	2.00	4.00	7.00	2.00	150000.00
17	1.00	1.00	2.00	4.00	5.00	1.00	138000.00
18	1.00	1.00	2.00	4.00	5.00	1.00	120000.00
19	1.00	1.00	1.00	4.00	5.00	2.00	120000.00
20	1.00	1.00	2.00	4.00	5.00	1.00	114000.00
21	1.00	1.00	3.00	3.00	6.00	1.00	106000.00
22	1.00	1.00	3.00	4.00	5.00	1.00	99000.00
23	1.00	1.00	2.00	2.00	6.00	1.00	84000.00

图 11-1 SPSS 数据输入格式

我们先运行空模型。

2. 分析路径

点击“分析”→“混合模型”→“线性”，见图 11-2：

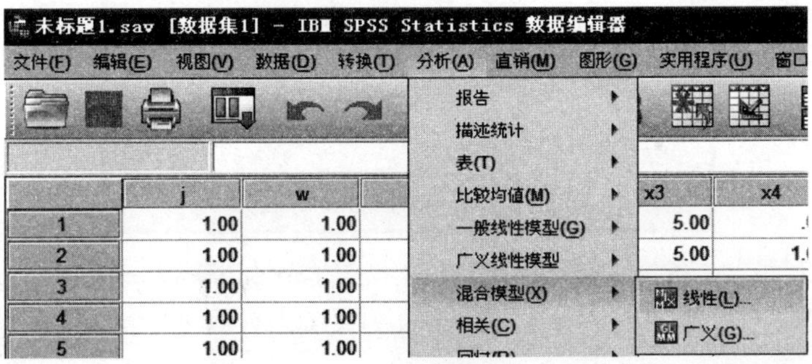

图 11-2 分析路径

点击之，得到“线性混合模型：指定群体和重复”对话框，见图 11-3：

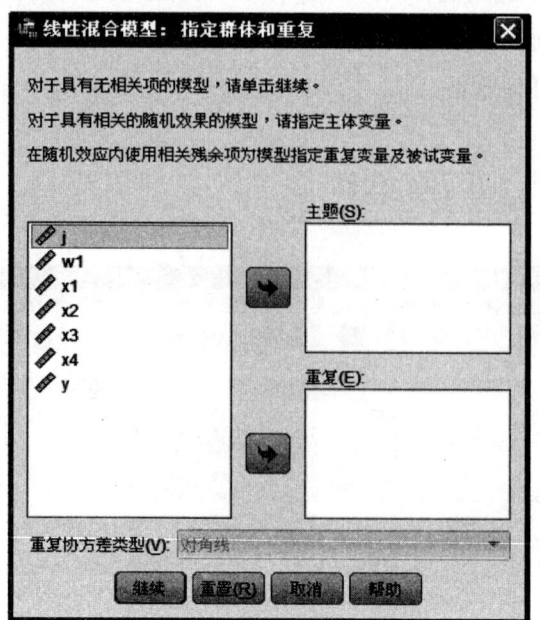

图 11-3 "线性混合模型：指定群体和重复"对话框

3. 变量确定

将 j 点进"主题"框，见图 11-4：

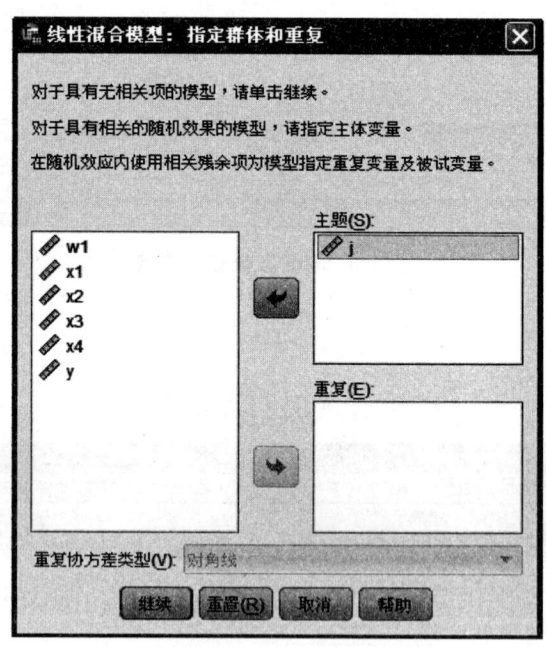

图 11-4 对话框中"主题"被选择

点击"继续"，得到"线性混合模型"对话框，见图 11-5：

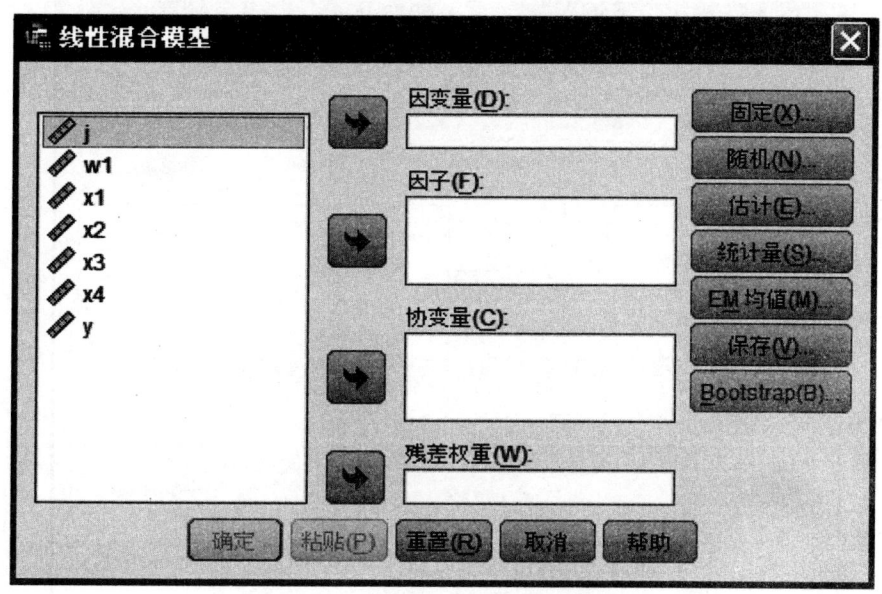

图 11-5 "线性混合模型"对话框

将 y 点进"因变量"框(空模型不包含自变量),见图 11-6:

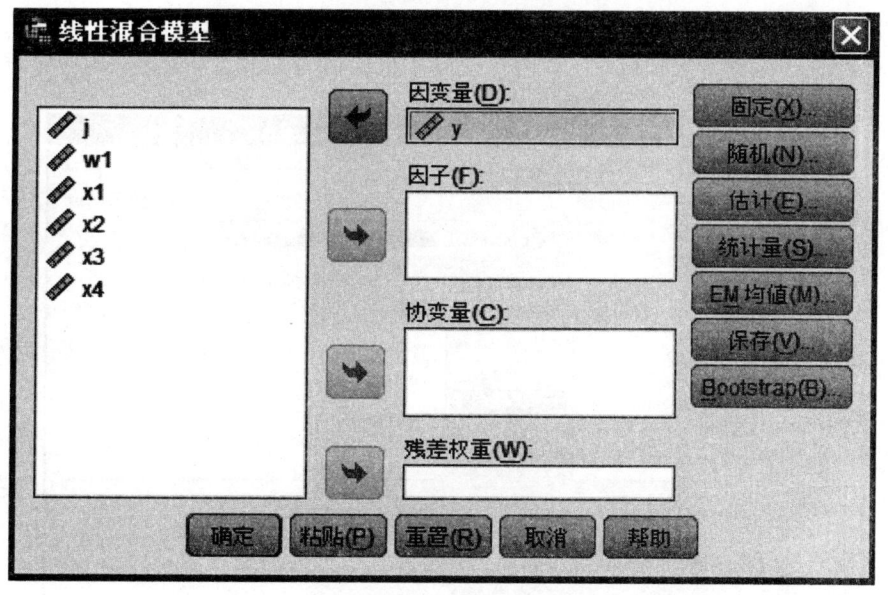

图 11-6 对话框中因变量被确定

4.随机成分确定

点击"随机"键,得到"线性混合模型:随机效果"对话框,见图 11-7:

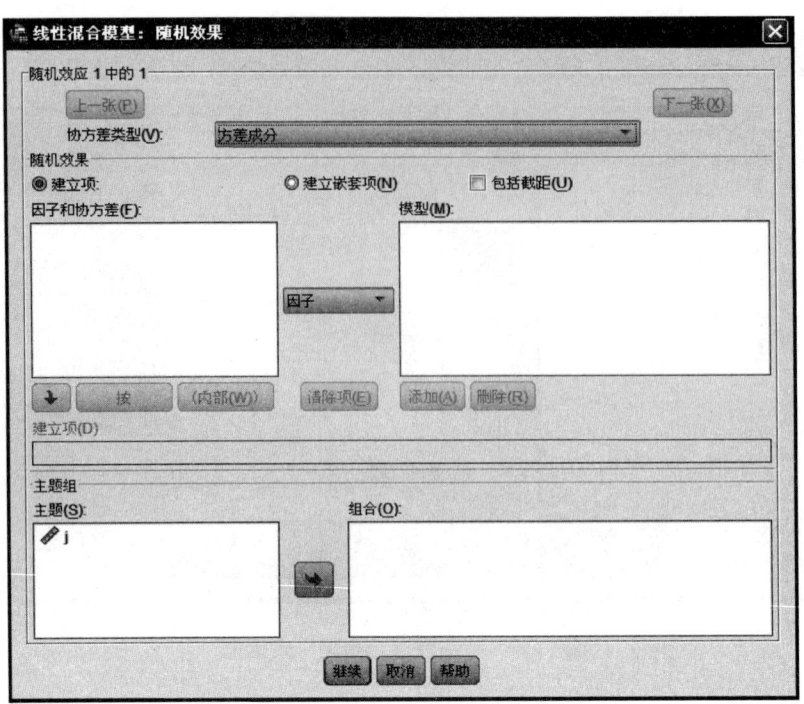

图 11-7 "线性混合模型：随机效果"对话框

在"随机效果"框中选择"包括截距"，将"主题"框中的主题变量 j 点进"组合"框，见图 11-8：

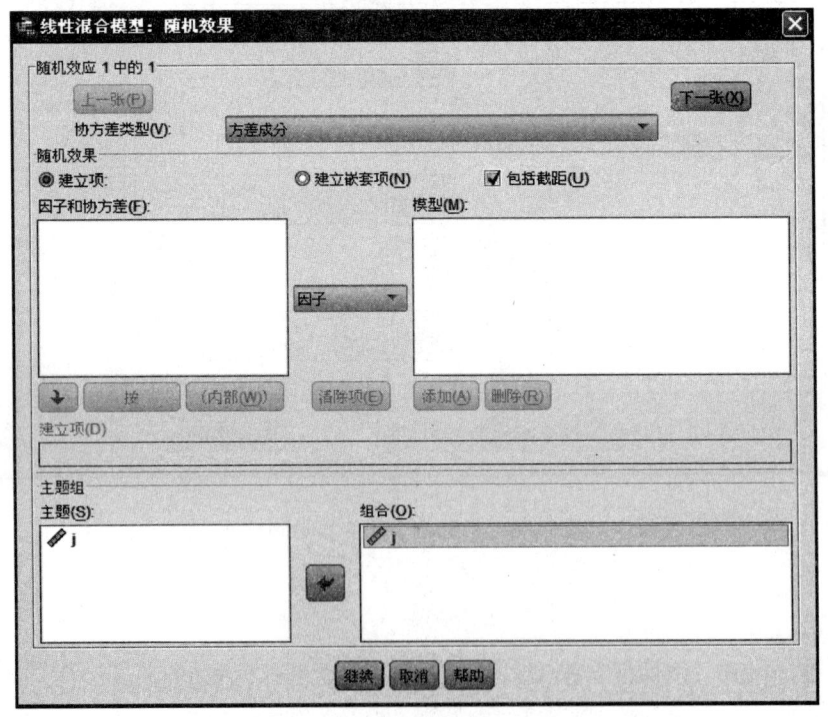

图 11-8 对话框中"截距"和"主题"被确定

点击"继续"键，返回到"线性混合模型"对话框，见图 11-9：

图 11-9 "线性混合模型"对话框

点击"统计量"键,得到"线性混合模型:统计量"对话框,见图 11-10:

图 11-10 "线性混合模型:统计量"对话框

在"模型统计量"对话框中选择"参数估计"和"协方差参数检验",见图 11-11:

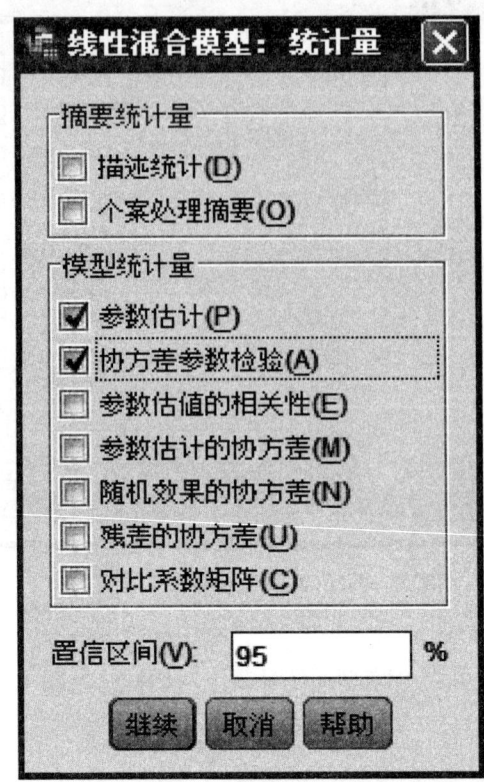

图 11-11 对话框中输出统计量被确定

点击"继续"键,返回到"线性混合模型"对话框,见图 11-12:

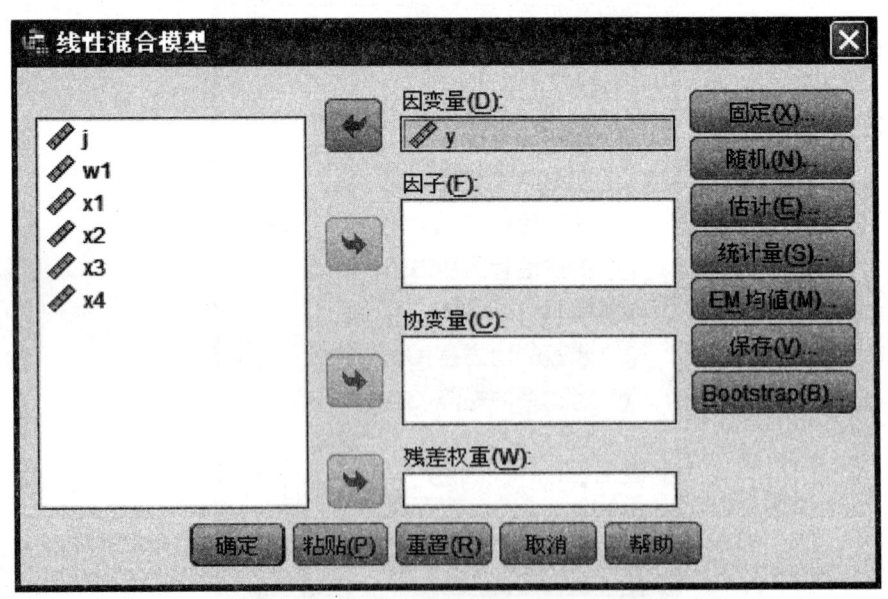

图 11-12 "线性混合模型"对话框

5. 空模型的结果与分析

点击"确定"键,得到结果,其中信息条件见表 11-8:

表 11-8　信息条件 [a]

-2 受约束的对数似然值	15952.787
Akaike 的信息条件（AIC）	15956.787
Hurvich 和 Tsai 的条件（AICC）	15956.806
Bozdogan 的条件（CAIC）	15967.704
Schwarz 的 Bayesian 条件（BIC）	15965.704

注：以"较少为较好"的格式显示信息条件；a 表示因变量为 y

此表是空模型的拟合信息，用此信息与后边的拟合信息比较，可判断模型中引入的因素是否有统计学意义。

固定效应类型的 F 检验结果见表 11-9：

表 11-9　固定效应的检验类型 [a]

源	分子 df	分母 df	F	显著性
截距	1	12.661	52.348	0.000

注：a 表示因变量为 y

此表告诉我们空模型的截距用 F 检验，检验结果是非常显著。

固定效应类型的 t 检验结果见表 11-10：

表 11-10　固定效应估计 [a]

参数	估计	标准误差	df	t	显著性	95% 置信区间	
						下限	上限
截距	88713.064129	12261.379024	12.661	7.235	0.000	62151.692632	115274.435625

注：a 表示因变量为 y

此表告诉我们空模型的截距估计值是 88713.064129，标准误差是 12261.379024，截距用 t 检验，检验结果是非常显著。此表给出参数的 95% 置信区间。

协方差参数估计结果见表 11-11：

表 11-11　协方差参数估计 [a]

参数	估计	标准误差	Wald Z	显著性	95% 置信区间	
					下限	上限
残差	3.939132E9	2.228899E8	17.673	0.000	3.525629E9	4.401133E9
截距 [个体 = j] 方差	1.994671E9	8.360773E8	2.386	0.017	8.771731E8	4.535833E9

注：a 表示因变量为 y

本表是随机效应的估计值、检验结果和可信区间。可见，代表公司差异的常数（截距）方差为 $\hat{\sigma}_{u0}^2 = 1.994671 \times 10^9$，显著性为 0.017，达到 0.05 水平，所以非常显著，有统计学意义，说明公司之间存在个体差异。残差 e_{ij} 的方差为 $\hat{\sigma}^2 = 3.939132 \times 10^9$，残差的显著性高达 0.000，远小于 0.05，非常显著，说明职工之间存在个体差异。

组内相关系数为：$ICC = \dfrac{\hat{\sigma}_{u0}^2}{\hat{\sigma}_{u0}^2 + \hat{\sigma}^2} = \dfrac{1.994671 \times 10^9}{1.994671 \times 10^9 + 3.939132 \times 10^9} = 0.3362$

此式表明，约 33.62% 的总变异是由调查点不同而引起的，即组间的异质性存在，工资在公司水平上的确存在差异，有集聚性。也就是组内的同质性存在，需用多水平模型分析。

二、用场景变量解释组间变异

上述空模型分析结果表明，$\hat{\sigma}_{u0}^2 = 1.994671 \times 10^9$，显著性概率为 Sig=0.017，非常显著。这说明在各个调查点的平均结局测量值中存在着未解释的变异。这就需要我们分析哪些场景变量 w（假如有多个场景变量）可以解释这种调查点之间的组间变异。

本例仅一个场景变量 w，我们将其纳入二水平模型中，二水平模型为：

$$Y_{ij} = \beta_{0j} + r_{ij}$$

$$\beta_{0j} = \gamma_{00} + \gamma_{01} w_{1j} + \mu_{0j}$$

此模型中不包含一水平的解释变量，不能解释组内变异，也不包含跨层的交互作用。

1. 场景效应的确定

在随机成分确定的基础上，在"线性混合模型"对话框中，将场景变量 w 点进"因子"框，见图 11-13：

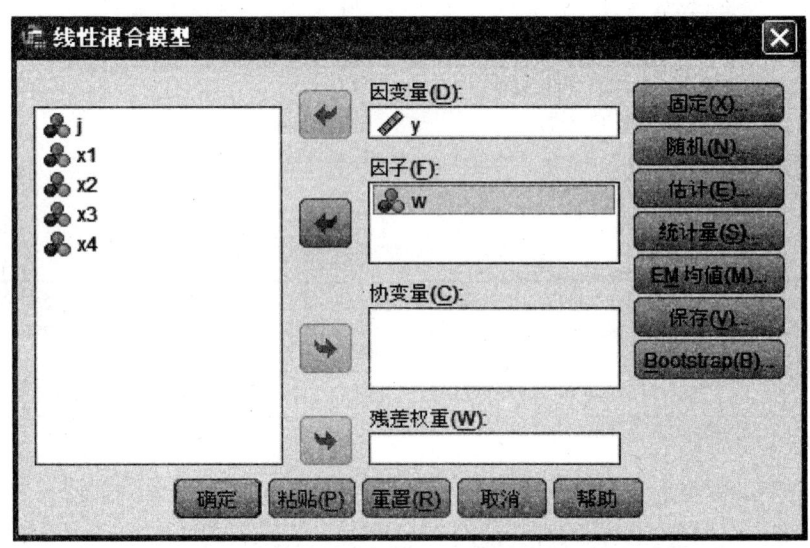

图 11-13　对话框中场景变量被选择

点击"固定"键，得到"线性混合模型：固定效应"对话框，见图 11-14：

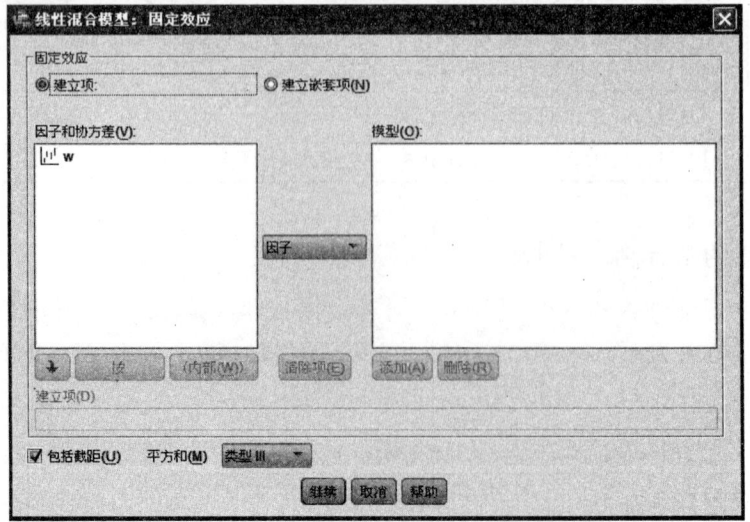

图 11-14　"线性混合模型：固定效应"对话框

从"因子和协方差"框中点击场景变量 w，此时"添加"键被激活，点击"添加"键，w 进到"模型"框中，选择"包括截距"，得图 11-15：

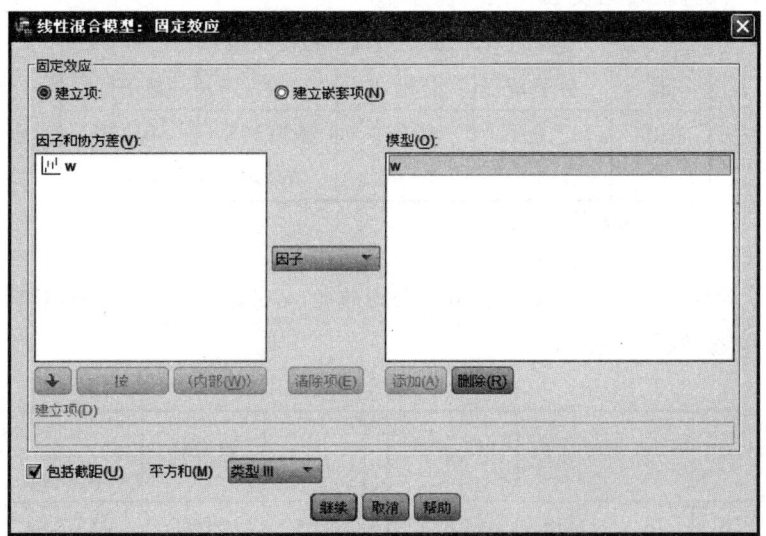

图 11-15　对话框中截距和场景变量被确定

点击"继续"键，返回到"线性混合模型"对话框，见图 11-16：

图 11-16　"线性混合模型"对话框

2. 场景效应的结果与解释

点击"确定"键，得到结果，信息条件见表 11-12：

表 11-12　信息条件 [a]

−2 受约束的对数似然值	15862.579
Akaike 的信息条件（AIC）	15866.579
Hurvich 和 Tsai 的条件（AICC）	15866.598
Bozdogan 的条件（CAIC）	15877.486
Schwarz 的 Bayesian 条件（BIC）	15875.486

注：以"较少为较好"的格式显示信息条件；[a] 表示因变量为 y

此表是模型的拟合信息，前边空模型时 −2 受约束的对数似然值为 15952.787，经过加入场景变量 w 后，−2 受约束的对数似然值为 15862.579，有所减少，其他指标也减少了，这说明模型拟合效果有改善，加入指标是合理的，使得模型能够解释更多的数据中的变异。

固定效应类型的 F 检验结果见表 11-13：

表 11-13　固定效应的检验类型[a]

源	分子 df	分母 df	F	显著性
截距	1	16.632	556.573	0.000
w	3	14.348	37.649	0.000

注：a 表示因变量为 y

此表是模型中固定效应部分的检验结果，可见公司效益 w 对职工工资有显著影响。

固定效应类型的 t 检验结果见表 11-14：

表 11-14　固定效应估计[b]

参数	估计	标准误差	df	t	显著性	95% 置信区间 下限	95% 置信区间 上限
截距	59683.827378	7839.971415	11.828	7.613	0.000	42574.483541	76793.171215
[w=0.00]	177489.880564	17161.771121	19.186	10.342	0.000	141593.443742	213386.317386
[w=1.00]	30400.973170	9310.107181	10.731	3.265	0.008	9846.815620	50955.130719
[w=2.00]	12689.460896	10846.937757	13.531	1.170	0.262	-10650.801790	36029.723581
[w=3.00]	0[a]	0	.	.	.	.	.

注：a 表示因为此参数冗余，所以将其设为零；b 表示因变量为 y

此表告诉我们好公司的平均工资比差公司的平均工资多 177489.880564 元，非常显著。相对好公司的平均工资比差公司的平均工资多 30400.97317 元，非常显著。一般公司的平均工资比差公司的平均工资多 12689.460896 元，但不太显著。最差公司的平均工资为 59683.827378 元。

协方差参数估计结果见表 11-15：

表 11-15　协方差参数估计[a]

参数	估计	标准误差	Wald Z	显著性	95% 置信区间 下限	95% 置信区间 上限
残差	3.972816E9	2.245571E8	17.692	0.000	3.556196E9	4.438245E9
截距 [个体=j] 方差	83607842.209081	75718987.883788	1.104	0.270	14169710.059576	4.933249E8

注：a 表示因变量为 y

此表是模型中随机效应部分的检验结果。空模型时，残差 e_{ij} 的方差为：

$$\hat{\sigma}^2 = 3.939132 \times 10^9$$

加入了场景变量 w 后，残差 e_{ij} 的方差略升为：

$$\hat{\sigma}^2 = 3.972816 \times 10^9$$

显著性为 0.000，残差 e_{ij} 的方差仍然具有统计学意义。

空模型时代表公司差异的常数（截距）方差为：

$$\hat{\sigma}_{u0}^2 = 3.079363 \times 10^8$$

加入了场景变量 w 后，代表公司差异的常数（截距）方差降为：

$$\hat{\sigma}_{u0}^2 = 8.36078422 \times 10^7$$

显著性为 0.27，此时公司差异已不显著，即在公司水平上的聚集性已消除，不必再考虑在随机效应中加入新场景变量。

组内相关系数为:

$$ICC = \frac{\hat{\sigma}_{u0}^2}{\hat{\sigma}_{u0}^2 + \hat{\sigma}^2} = \frac{8.36078422 \times 10^7}{8.36078422 \times 10^7 + 3.972816 \times 10^9} \approx 0.0206 = 2.06\%$$

此式表明,经过场景变量加入之后,剩余的残差约仅 2.06% 的总变异是由调查点不同而引起的,即剩余的残差组间的异质性基本不存在,剩余的残差在公司水平上不再存在差异,无集聚性。

$$\begin{aligned}
&\text{被解释的截距方差占原有的截距方差的比} \\
&= \frac{\text{被解释的截距方差}}{\text{原有的截距方差}} \\
&= \frac{\text{原有的截距方差} - \text{剩余的截距方差}}{\text{原有的截距方差}} \\
&= 1 - \frac{\text{剩余的截距方差}}{\text{原有的截距方差}} \\
&= 1 - \frac{8.36078422 \times 10^7}{3.079363 \times 10^8} \\
&\approx 0.7285 \\
&= 72.85\%
\end{aligned}$$

这是二水平可解释的变异。

三、在模型中纳入水平一的解释变量

将本例水平一的所有解释变量 x_1、x_2、x_3、x_4 看作是固定变量,纳入前边的模型

$$Y_{ij} = \beta_{0j} + r_{ij}$$

$$\beta_{0j} = \gamma_{00} + \gamma_{01}w_{1j} + \mu_{0j}$$

中,得到:

$$Y_{ij} = \beta_{0j} + \beta_1 x_1 + \beta_2 x_2 + \beta_3 x_3 + \beta_4 x_4 + r_{ij}$$

$$\beta_{0j} = \gamma_{00} + \gamma_{01}w_{1j} + \mu_{0j}$$

将 β_{0j} 的式子代入 Y_{ij} 中,得到:

$$\begin{aligned}
Y_{ij} &= \beta_{0j} + \beta_1 x_1 + \beta_2 x_2 + \beta_3 x_3 + \beta_4 x_4 + r_{ij} \\
&= \gamma_{00} + \gamma_{01}w_{1j} + \mu_{0j} + \beta_1 x_1 + \beta_2 x_2 + \beta_3 x_3 + \beta_4 x_4 + r_{ij} \\
&= \gamma_{00} + \gamma_{01}w_{1j} + \beta_1 x_1 + \beta_2 x_2 + \beta_3 x_3 + \beta_4 x_4 + (\mu_{0j} + r_{ij})
\end{aligned}$$

在"线性混合模型"对话框图 11-17 中,

图 11-17 "线性混合模型"对话框

将所有解释变量 x_1、x_2、x_3、x_4 点进"因子"框，见图 11-18：

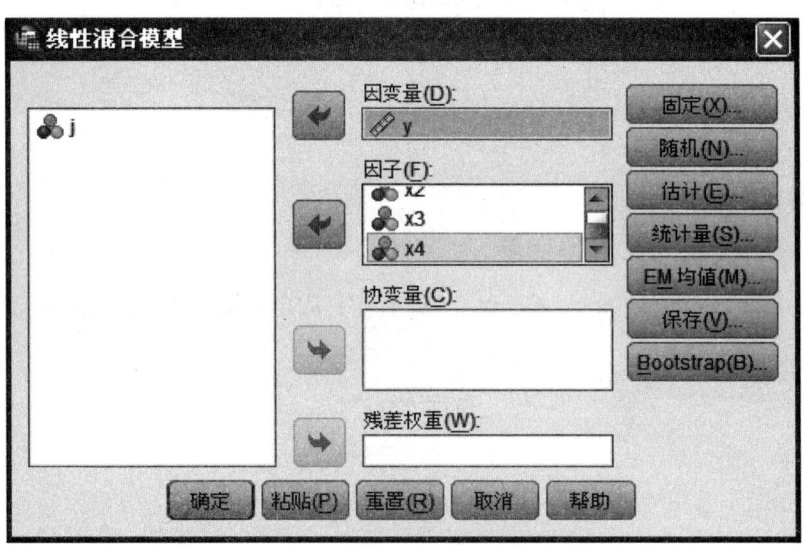

图 11-18 对话框中所有解释变量被选定

点击"固定"键，得到"线性混合模型：固定效应"对话框，见图 11-19：

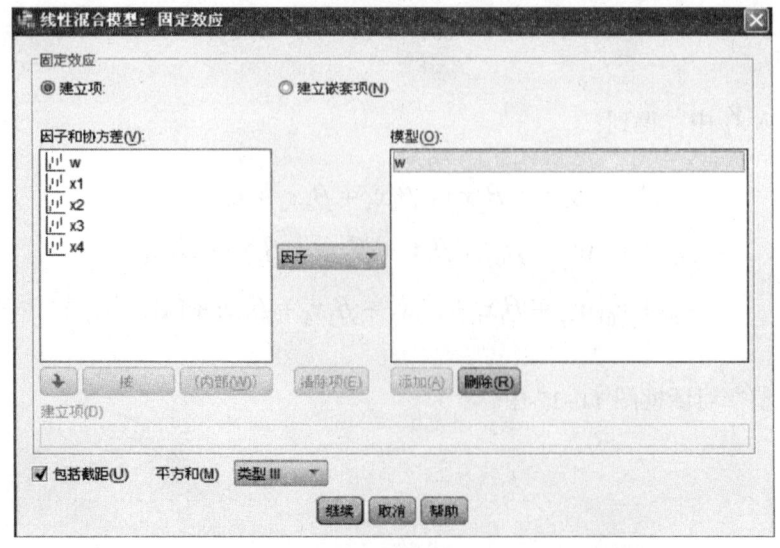

图 11-19 "线性混合模型：固定效应"对话框

点击"因子和协方差"框中的任意一个字符,"添加"键被激活,将"因子和协方差"框中的所有解释变量 x_1、x_2、x_3、x_4 添加到"模型"框中,见图 11-20:

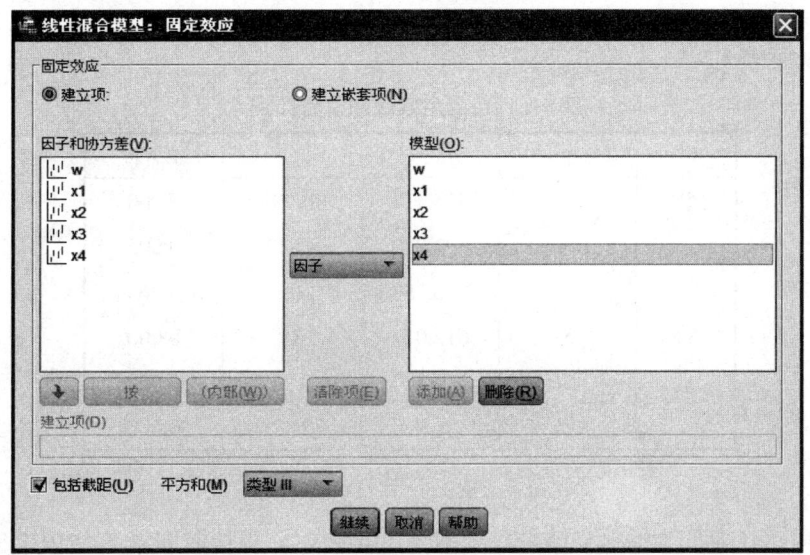

图 11-20 对话框中所有解释变量被确定

点击"继续"键,返回到"线性混合模型"对话框,见图 11-21:

图 11-21 "线性混合模型"对话框

由于"统计量"前边已定义过,所以无须再定义,点击"确定"键,得到结果,其中信息条件见表 11-16:

表 11-16 信息条件[a]

-2 受约束的对数似然值	15281.984
Akaike 的信息条件（AIC）	15285.984
Hurvich 和 Tsai 的条件（AICC）	15286.004
Bozdogan 的条件（CAIC）	15296.824
Schwarz 的 Bayesian 条件（BIC）	15294.824

注:以"较少为较好"的格式显示信息条件;a 表示因变量为 y

此表是模型的拟合信息，前边空模型经过加入场景变量 w 后，-2 受约束的对数似然值为 15862.579，现在加入了四个固定—水平的解释变量后，-2 受约束的对数似然值为 15281.984，有所减少，其他指标也减少了。

固定效应的检验见表 11-17：

表 11-17　固定效应的检验类型 [a]

源	分子 df	分母 df	F	显著性
截距	1	515.437	55.093	0.000
x_1	6	603.070	3.542	0.002
x_2	8	590.358	1.097	0.363
x_3	5	612.027	5.197	0.000
x_4	2	612.120	10.769	0.000
w	3	16.784	22.820	0.000

注：a 表示因变量为 y

此表是模型中固定效应部分的检验结果，可见公司效益 w、工作时间 x_1、学历 x_3、英语程度 x_4 对职工工资有显著影响，而年龄阶段 x_2 对职工工资没有显著影响。

协方差参数估计见表 11-18：

表 11-18　协方差参数估计 [a]

参数	估计	标准误差	Wald Z	显著性	95% 置信区间	
					下限	上限
残差	3.251257E9	1.867780E8	17.407	0.000	2.905036E9	3.638741E9
截距 [个体 = j] 方差	78983208.329886	65364435.109381	1.208	0.227	15599212.050258	3.999143E8

注：a 表示因变量为 y

此表是模型中随机效应部分的检验结果。

加入了场景变量 w 后，残差 e_{ij} 的方差为：

$$\hat{\sigma}^2 = 3.972816 \times 10^9$$

显著性为 0.000，残差 e_{ij} 的方差仍然具有统计学意义。加入四个一水平的解释变量后，残差 e_{ij} 的方差为：

$$\hat{\sigma}^2 = 3.251257 \times 10^9$$

显然，残差 e_{ij} 的方差减少了。

加入了场景变量 w 后，代表公司工资差异的常数（截距）方差为：

$$\hat{\sigma}_{u0}^2 = 8.36075422 \times 10^7$$

加入四个一水平的解释变量后，代表公司工资差异的常数（截距）方差为：

$$\hat{\sigma}_{u0}^2 = 7.8983208 \times 10^7$$

显然公司工资差异的常数（截距）方差也减少了，已不显著，即从公司水平的聚集性已不显著。

加入一水平新变量后，一水平解释了多少变异？我们用下式计算：

$$1 - \frac{\hat{\sigma}^2(\text{加入新变量后}) + \hat{\sigma}_{u0}^2(\text{加入新变量后})}{\hat{\sigma}^2(\text{空模型}) + \hat{\sigma}_{u0}^2(\text{空模型})}$$

$$= 1 - \frac{3.251257 \times 10^2 + 7.8983208}{3.939132 \times 10^2 + 3.079363 \times 10}$$

$$\approx 0.02159$$

$$= 21.59\%$$

加入一水平新变量后,二水平解释了多少变异?我们用下式计算:

$$1 - \frac{\hat{\sigma}_{u_0}^2(\text{加入新变量后})}{\hat{\sigma}_{u_0}^2(\text{空模型})}$$

$$= \frac{7.8983208 \times 10^7}{3.079363 \times 10^8}$$

$$\approx 0.2565$$

$$= 25.65\%$$

四、水平一随机变量的筛选

点击"线性混合模型"对话框的"随机"键,得到"线性混合模型:随机效果"对话框,见图11-22:

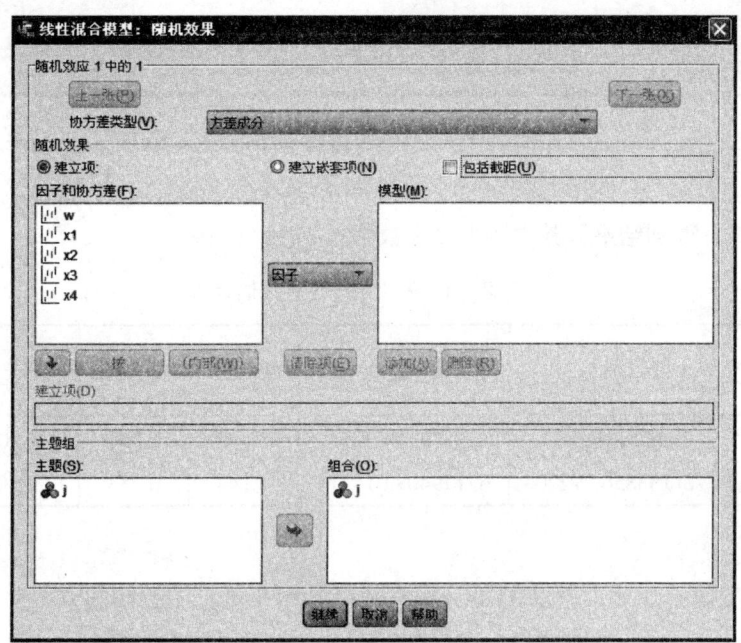

图11-22 "线性混合模型:随机效果"对话框

把x_1从"因子和协方差"框"添加"进"模型"框,但不包括截距,见图11-23:

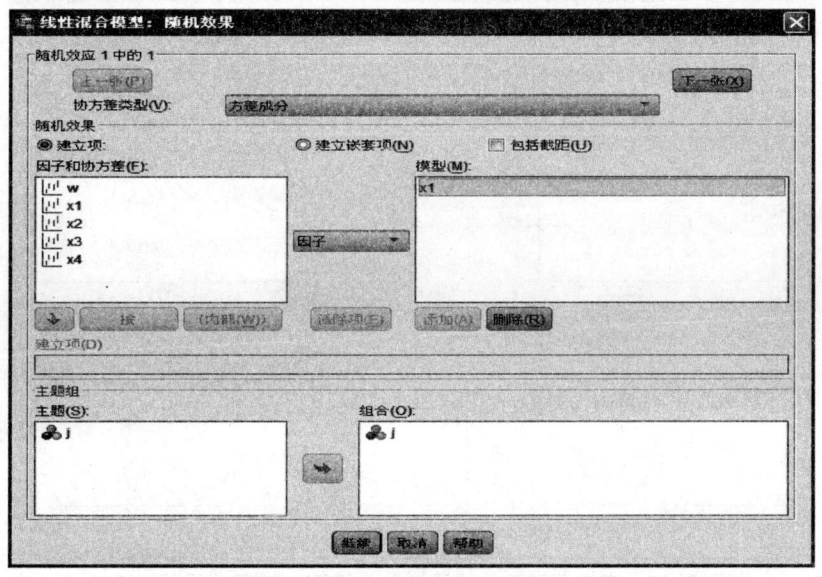

图11-23 对话框中随机效果变量被确定

点击"继续"键,返回到"线性混合模型"对话框,见图 11-24:

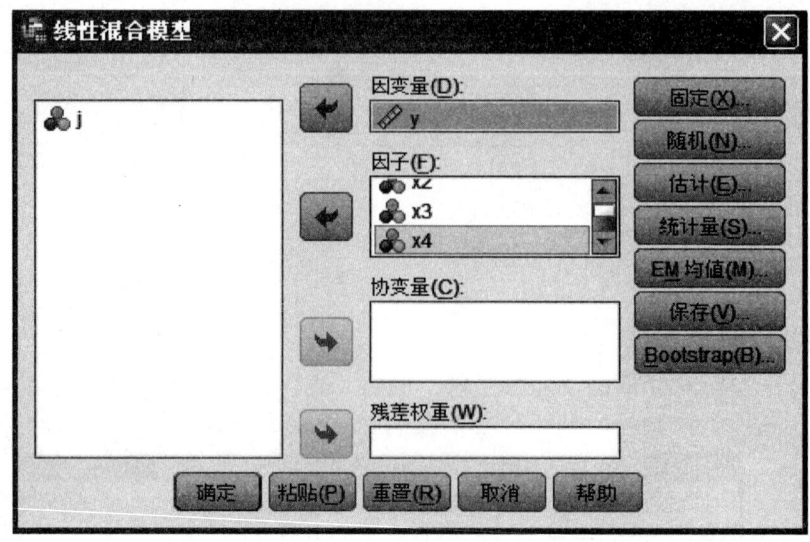

图 11-24 "线性混合模型"对话框

点击"确定"键,得到结果,其中协方差参数估计见表 11-19:

表 11-19 协方差参数估计 [a]

参数		估计	标准误差	Wald Z	显著性	95% 置信区间	
						下限	上限
残差		3.251192E9	1.892467E8	17.180	0.000	2.900651E9	3.644095E9
x_1 [个体 = j]	方差	71133856.772206	62179408.014776	1.144	0.253	12824058.354732	3.945729E8

注:a 表示因变量为 y

则 x_1 作为随机变量不显著,所以 x_1 不是随机效应的自变量,用相同的方法验证出 x_3、x_4 不是随机效应的自变量,我们返回到"线性混合模型:随机效果"对话框,把 x_2 从"因子和协方差"框"添加"进"模型"框,但不包括截距,见图 11-25:

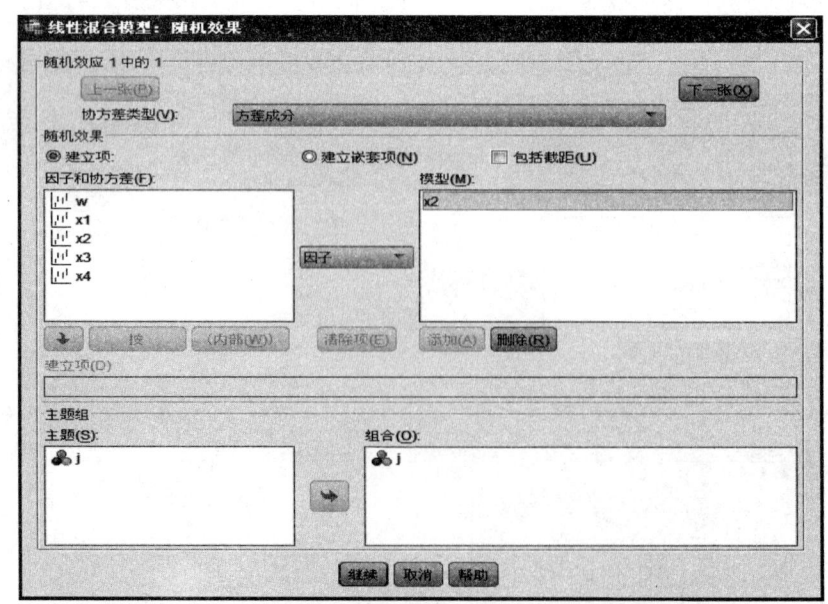

图 11-25 变量调整后的"线性混合模型:随机效果"对话框

点击"继续"键,返回到"线性混合模型"对话框,见图11-26:

图 11-26 "线性混合模型"对话框

点击"确定"键,得表11-20:

表 11-20 协方差参数估计 [a]

参数		估计	标准误差	Wald Z	显著性	95% 置信区间	
						下限	上限
残差		3.163206E9	1.859117E8	17.015	0.000	2.819029E9	3.549403E9
x_2 [个体 =j]	方差	1.532381E8	74906881.529721	2.046	0.041	58786375.605078	3.994449E8

注:a 表示因变量为 y

显然 x_2 非常显著,是随机效应的显著自变量。

若随机效应模型中再加入截距,得表 11-21:

表 11-21 协方差参数估计 [a]

参数		估计	标准误差	Wald Z	显著性	95% 置信区间	
						下限	上限
残差		3.158240E9	1.856066E8	17.016	0.000	2.814627E9	3.543802E9
截距 [个体 =j]	方差	48520326.916409	63096382.096639	0.769	0.442	3793251.173021	6.206344E8
x_2 [个体 =j]	方差	1.198383E8	74739567.900657	1.603	0.109	35296076.948570	4.068784E8

注:a 表示因变量为 y

此时截距和 x_2 都不显著,所以,随机效应中不含截距。

我们知道线性回归时,有时会出现某个自变量单独出现时不显著,但其他自变量加入后,这个自变量反而变显著了,因此随之产生了逐步回归。这种现象在多水平模型中会不会再现呢?有这种可能,但目前没有发现类似逐步回归的方法在多水平模型中出现。

我们可以将 x_1、x_2、x_3、x_4 任意组合作为随机变量分别实验,许多时会出现迭代不收敛的情形,个别收敛的情形下,除 x_2 外,其他变量估计值不显著,所以本例随机变量就是 x_2。

通过上边分析,知本例的模型的固定部分是含截距、w、x_1、x_3、x_4 的线性模型。随机部分是不含截距、仅含 x_2 的线性模型。

计算出结果,固定效应的检验见表 11-22:

表 11-22　固定效应的检验类型 [a]

源	分子 df	分母 df	F	显著性
截距	1	621.549	59.434	0.000
w	3	146.830	30.184	0.000
x_1	6	594.075	6.637	0.000
x_3	5	618.222	4.823	0.000
x_4	2	621.753	12.880	0.000

注：a 表示因变量为 y

此表说明：固定效应的四个变量非常显著。

固定效应估计见表 11-23：

表 11-23　固定效应估计

参数	估计	标准误差	df	t	显著性	95% 置信区间 下限	95% 置信区间 上限
截距	109687.4186	42840.2938	614.3970	2.5600	0.0110	25556.2527	193818.5845
[w=0]	136982.0479	14687.0158	210.7770	9.3270	0.0000	108029.7879	165934.3079
[w=1]	20987.4994	7000.9111	108.0100	2.9980	0.0030	7110.4940	34864.5048
[w=2]	9021.5782	8290.0873	148.8630	1.0880	0.2780	-7359.8667	25403.0231
[w=3]	0[a]	0.0000					
[x_1=1]	-45476.7202	36761.0055	609.9720	-1.2370	0.2170	-117670.2152	26716.7748
[x_1=2]	-10830.8920	36490.8563	613.6380	-0.2970	0.7670	-82493.0004	60831.2164
[x_1=3]	1517.4611	36517.4751	616.1550	0.0420	0.9670	-70196.3434	73231.2656
[x_1=4]	-9061.2110	35505.3064	607.0410	-0.2550	0.7990	-78789.3573	60666.9353
[x_1=5]	-22453.2394	40768.4597	618.4390	-0.5510	0.5820	-102514.6372	57608.1584
[x_1=6]	-5482.5906	47980.5999	612.9620	-0.1140	0.9090	-99708.8926	88743.7114
[x_1=7]	0[a]	0.0000					
[x_3=0]	18427.9454	62098.1088	611.2680	0.2970	0.7670	-103523.5778	140379.4686
[x_3=3]	-46669.4915	30078.3429	621.9920	-1.5520	0.1210	-105736.8985	12397.9155
[x_3=4]	-19162.3461	30001.8118	621.2740	-0.6390	0.5230	-78079.5952	39754.9030
[x_3=5]	10436.0421	23572.2707	620.4490	0.4430	0.6580	-35855.0605	56727.1446
[x_3=6]	35302.0863	23260.5575	620.8990	1.5180	0.1300	-10376.8110	80980.9835
[x_3=7]	0[a]	0.0000					
[x_4=0]	-23755.5666	20536.5765	621.6730	-1.1570	0.2480	-64085.0336	16573.9004
[x_4=1]	-46167.2400	9186.9662	621.3410	-5.0250	0.0000	-64208.5058	-28125.9743
[x_4=2]	0[a]	0.0000					

注：a 表示因为此参数冗余，所以将其设为零；因变量为 y

此表给出了参数在具体类别时的估计值，下面举例说明参数估计值的应用。

多水平模型为：

$$\hat{y} = c + [w] + [x_1] + [x_3] + [x_4]$$
$$= 109687.4186 + [w] + [x_1] + [x_3] + [x_4]$$

注意随机变量不出现在模型中，它只影响参数估计值。

协方差参数估计见表 11-24：

表 11-24 协方差参数估计 [a]

参数		估计	标准误差	Wald Z	显著性	95% 置信区间	
						下限	上限
残差		3.172200E9	1.860871E8	17.047	0.000	2.827662E9	3.558718E9
x_2 [个体 = j]	方差	1.269685E8	69183097.890485	1.835	0.066	43640535.811060	3.694044E8

注：a 表示因变量为 y

此表是随机效应参数估计值的方差分析表，由于固定效应中剔除了 x_2，所以协方差参数估计中 x_2 的显著性有所降低，变成了 0.066。

有时出现迭代不收敛等情形，此时我们可以换一换方差结构来试一试。具体做法如下：

点击"随机"键，得到"线性混合模型：随机效果"对话框，见图 11-27：

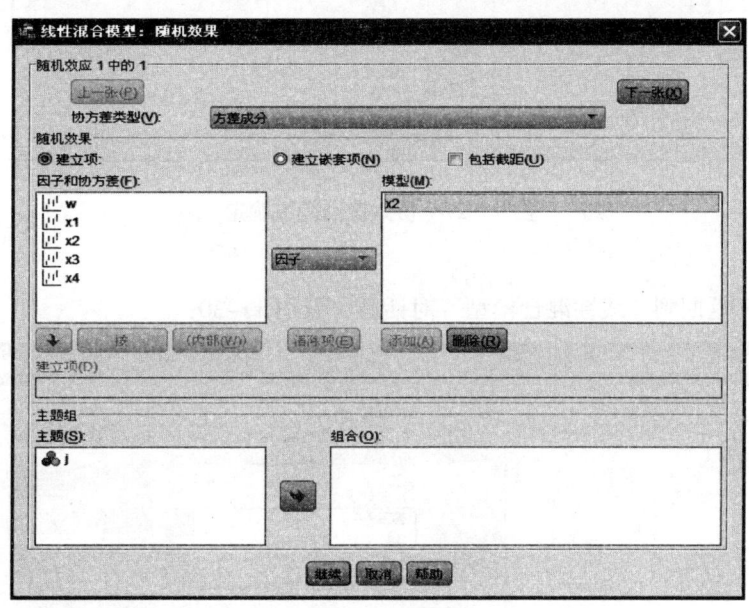

图 11-27 "线性混合模型：随机效果"对话框

点击"协方差类型"框的选择键，得到协方差结构的多种可选类型，见图 11-28：

图 11-28 协方差结构的多种可选类型

可以换一种协方差类型来实验，比如说"前因：一阶"，见图 11-29：

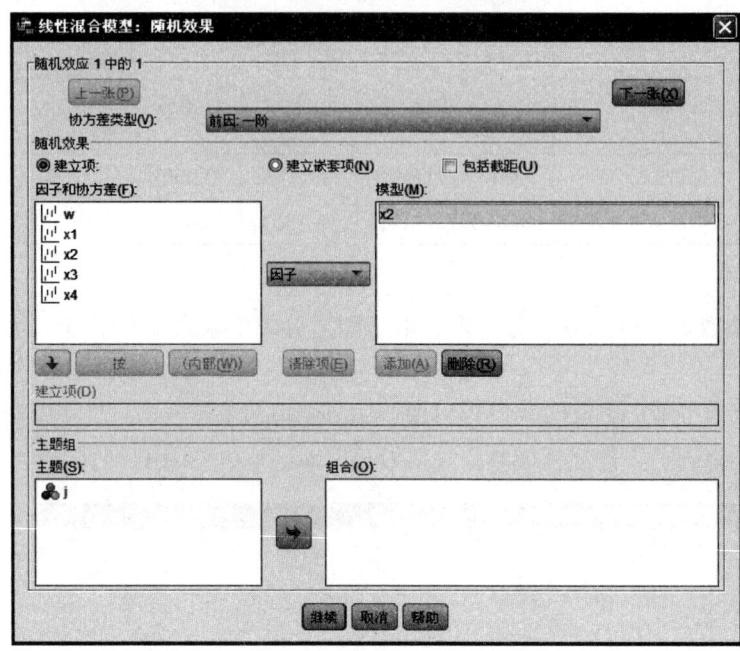

图 11-29　协方差结构被确定

点击"继续"键，返回到"线性混合模型"对话框，见图 11-30：

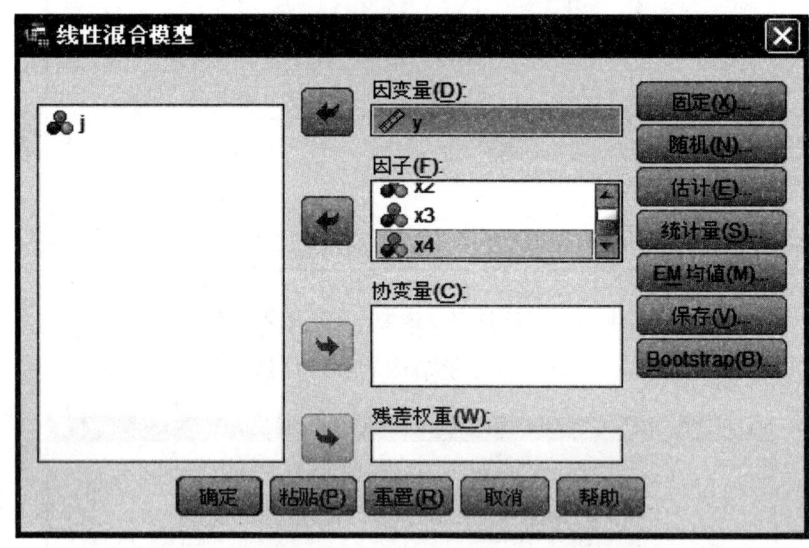

图 11-30　"线性混合模型"对话框

其余步骤雷同，不再赘述。

五、交互项设置

我们返回到"固定效应"界面，见图 11-31：

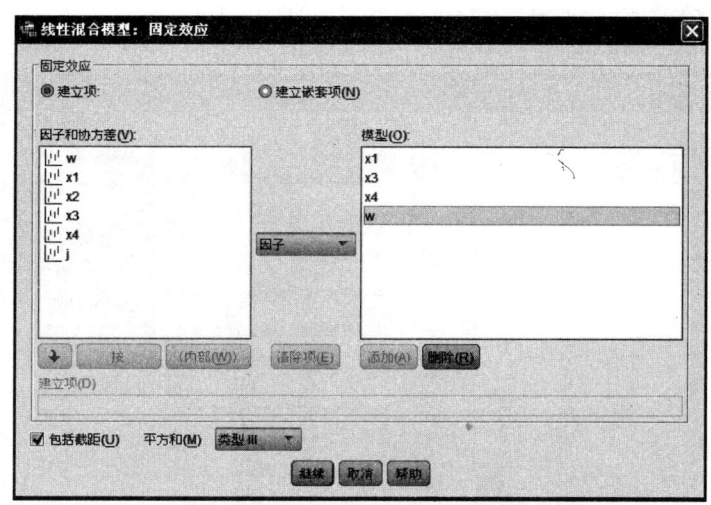

图 11-31 "线性混合模型：固定效应"对话框

因模型是线性模型，所以一水平变量之间无交互，二水平变量之间也无交互，交互项只能是二水平变量与一水平变量的交互。

我们点击二水平变量 w 然后按 Shift 键不放，同时点击一水平变量 x_1，此时 w 与 x_1 连成一片，见图 11-32：

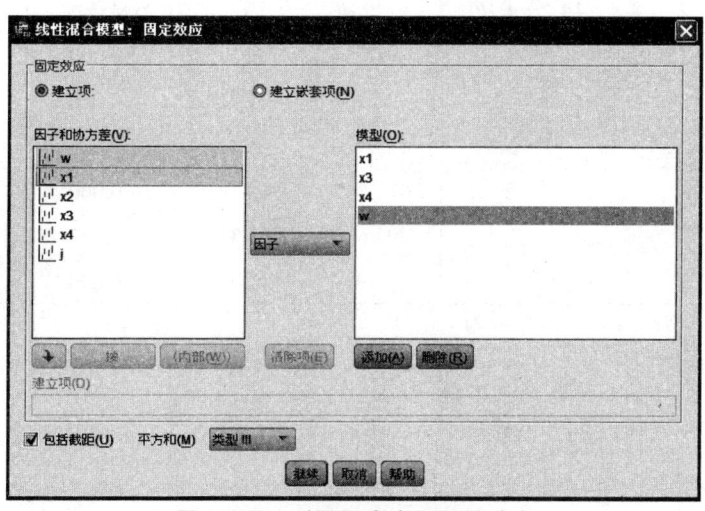

图 11-32　对话框中交互项被选定

再点击"添加"键，w 与 x_1 的交互项就进入"模型"框，见图 11-33：

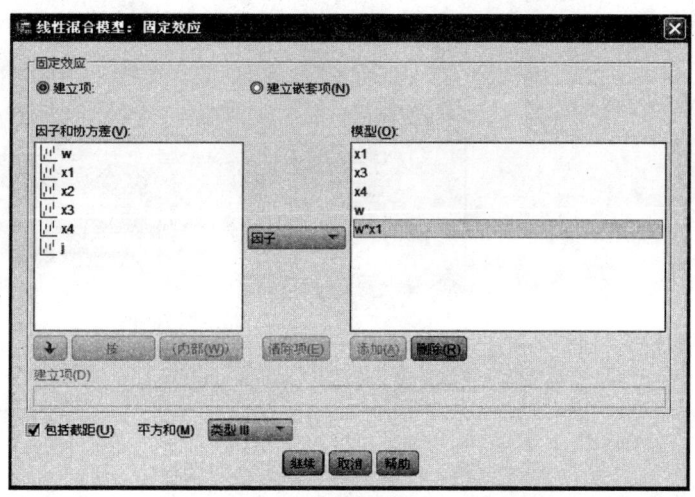

图 11-33　对话框中交互项被确定

点击"继续"键,返回到"线性混合模型"对话框,见图 11-34:

图 11-34 "线性混合模型"对话框

点击"确定"键,得到结果,其中固定效应的检验见表 11-25:

表 11-25 固定效应的检验类型 ^{a}

源	分子 df	分母 df	F	显著性
截距	1	614.384	33.463	0.000
x_1	6	590.236	5.526	0.000
x_3	5	613.920	5.004	0.000
x_4	2	611.547	27.062	0.000
w	2	493.666	3.316	0.037
$w * x_1$	8	564.989	1.342	0.220

注:a 表示因变量为 y

从本表可见,交互项 $w * x_1$ 不显著。本例用同样的方法将 w 与 x_2、x_3、x_4 分别组合,分别作为固定变量和随机变量,或固定和随机共同变量实验,要么不收敛,要么不显著,所以认为本例不存在跨层交互作用。

六、加入主题变量

下面我们将公司类别 j 作为新变量加入固定效应模型中。首先返回到"线性混合模型"对话框,见图 11-35:

图 11-35 "线性混合模型"对话框

将 j 点进"因子"框,见图 11-36:

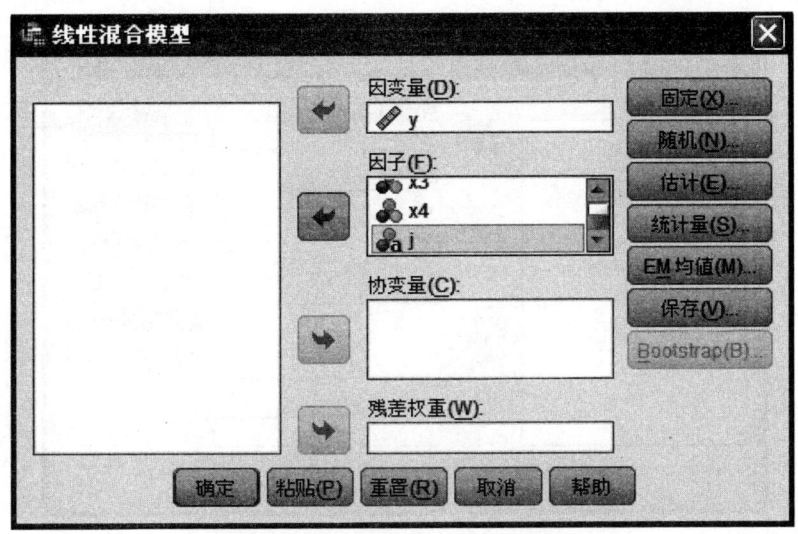

图 11-36 对话框中新变量被选定

点击"固定"键,得到"线性混合模型:固定效应"对话框,见图 11-37:

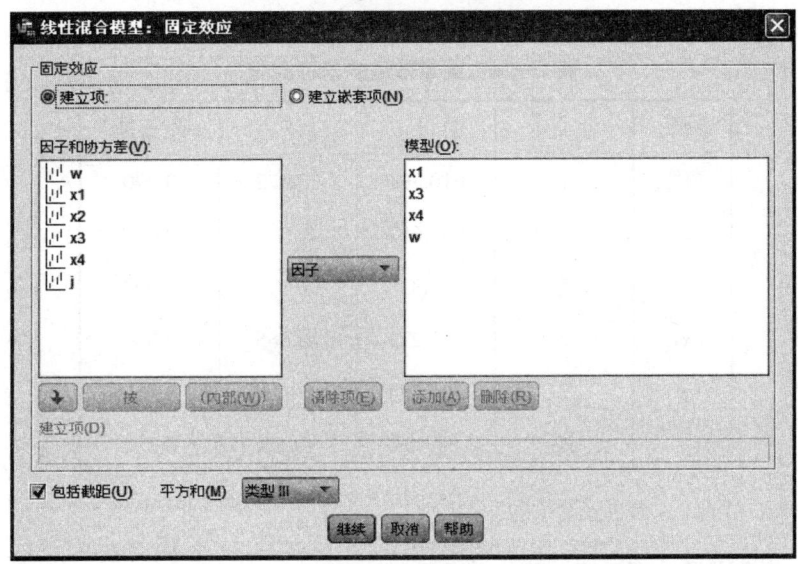

图 11-37 "线性混合模型:固定效应"对话框

将 j 从"因子和协方差"框"添加"进"模型"框,见图 11-38:

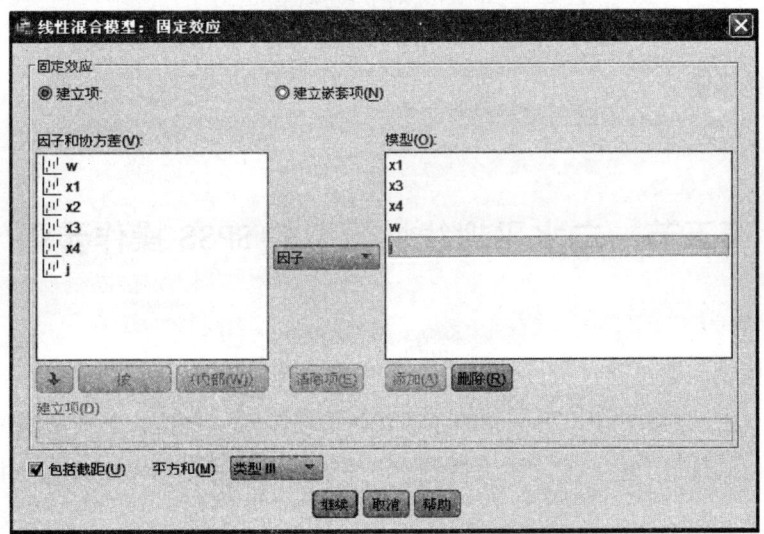

图 11-38 对话框中新变量被确定

点击"继续"键,返回到"线性混合模型"对话框,见图 11-39:

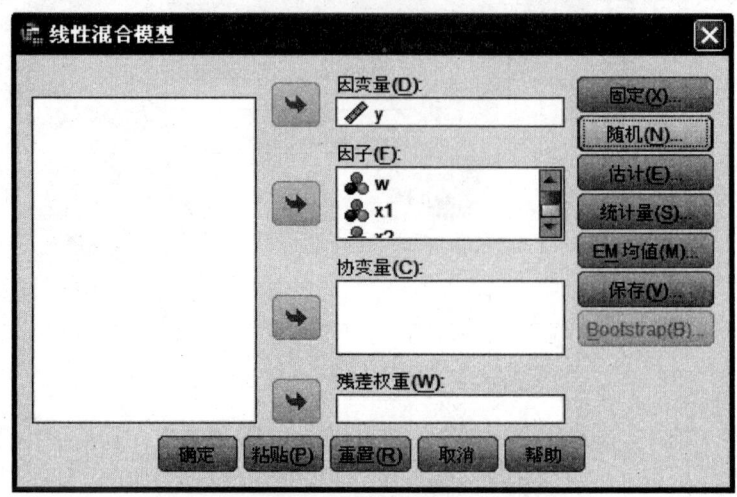

图 11-39 "线性混合模型"对话框

点击"确定"键,得到结果,其中固定效应的检验见表 11-26:

表 11-26 固定效应的检验类型 [a]

源	分子 df	分母 df	F	显著性
截距	1	610.700	27.972	0.000
x_1	6	567.652	8.319	0.000
x_3	5	609.338	6.318	0.000
x_4	2	607.272	25.665	0.000
w	2	604.894	1.629	0.197
j	12	89.909	1.086	0.382

注:a 表示因变量为 y

从此表可看出,分类变量 j 不显著。不加 j 前的模型为:

$$\hat{y} = c + [w] + [x_1] + [x_3] + [x_4]$$
$$= 109687.4186 + [w] + [x_1] + [x_3] + [x_4]$$

这就是本例的最终模型。

第五节 二水平拟线性模型的 SPSS 操作步骤

有的非线性混合模型问题可通过线性变换化为线性混合模型问题,化为线性混合模型后重复线性混合模型的步骤进行拟合,为了讲解方便,下面省略了前边的检验步骤,直接给出模型变量。

例:(张恒喜等人的数据)航空发动机大修费用及发动机相关特征参数的原始数据如表 11-27 所示。

表 11-27　航空发动机大修费用及发动机相关特征参数的原始数据

序号	型号系列	首翻期 x_1 /h	最大推力 x_2 /kN	最大耗油率 x_3 kg/(10kN·h)	重量 x_4 /kg	涡轮前温度 x_5 /℃	费用 y /千元
1	1	150	33.15	1.51	660	780	1.98
2	1	150	33.8	1.56	680	810	2.16
3	1	150	34.2	1.56	688	810	2.38
4	2	200	33.87	1.58	708	870	3.5
5	2	150	36.77	1.63	725	920	4.5
6	2	200	36.77	1.63	725	920	5.6
7	2	150	38.64	1.69	778	980	8.76
8	3	100	56.38	2.34	1128	1188	10.34
9	3	200	58.84	2.04	1158	1288	17.8
10	3	150	59.82	2.04	1191	1288	16.2
11	3	200	59.82	2.04	1198	1288	20.4
12	3	300	61.78	2.09	1104	1288	40.8
13	4	150	62.76	2.29	1132	1243	61
14	4	300	63.45	2.24	1201	1288	110
15	4	300	63.26	2.09	1118	1288	103
16	4	300	66.68	2.09	1136	1288	128

除 x_1 和 x_2 外，其余的自变量与这两个有很强的相关性，所以我们仅用 x_1 和 x_2 来描述模型，设一般回归方程为：

$$y = c x_1^d x_2^f \varepsilon$$

两边取对数，得

$$\ln y = \ln c + d \ln x_1 + f \ln x_2 + \ln \varepsilon \\ = C + d \ln x_1 + f \ln x_2 + \ln \varepsilon$$

一般回归方程没有考虑型号系列。若考虑型号系列，注意 x_1 和 x_2 都是协变量，没有分类变量，所以本问题是方差分量问题。

本问题的方差分量模型为：

$$\ln y_{ij} = \beta_{0j} + C + d \ln x_1 + f \ln x_2 + \ln \varepsilon$$

$$\beta_{0j} = \gamma_{00} + \mu_{0j}$$

令

$$Y_{ij} = \ln y_{ij}, \quad X_1 = \ln x_1, \quad X_2 = \ln x_2, \quad \delta = \ln \varepsilon$$

则有

$$Y_{ij} = \beta_{0j} + C + d X_1 + f X_2 + \delta$$
$$\beta_{0j} = \gamma_{00} + \mu_{0j}$$

我们将上表的数据进行变换，得表 11-28：

表 11-28　变换后的数据

序号 i	型号系列 j	X_1	X_2	Y_{ij}
1	1	5.0106	3.5010	0.6831
2	1	5.0106	3.5205	0.7701
3	1	5.0106	3.5322	0.8671
4	2	5.2983	3.5225	1.2528
5	2	5.0106	3.6047	1.5041
6	2	5.2983	3.6047	1.7228
7	2	5.0106	3.6543	2.1702
8	3	4.6052	4.0321	2.3360
9	3	5.2983	4.0748	2.8792
10	3	5.0106	4.0913	2.7850
11	3	5.2983	4.0913	3.0155
12	3	5.7038	4.1236	3.7087
13	4	5.0106	4.1393	4.1109
14	4	5.7038	4.1503	4.7005
15	4	5.7038	4.1473	4.6347
16	4	5.7038	4.1999	4.8520

一、输入数据

将数据输入 SPSS 界面，见图 11-40：

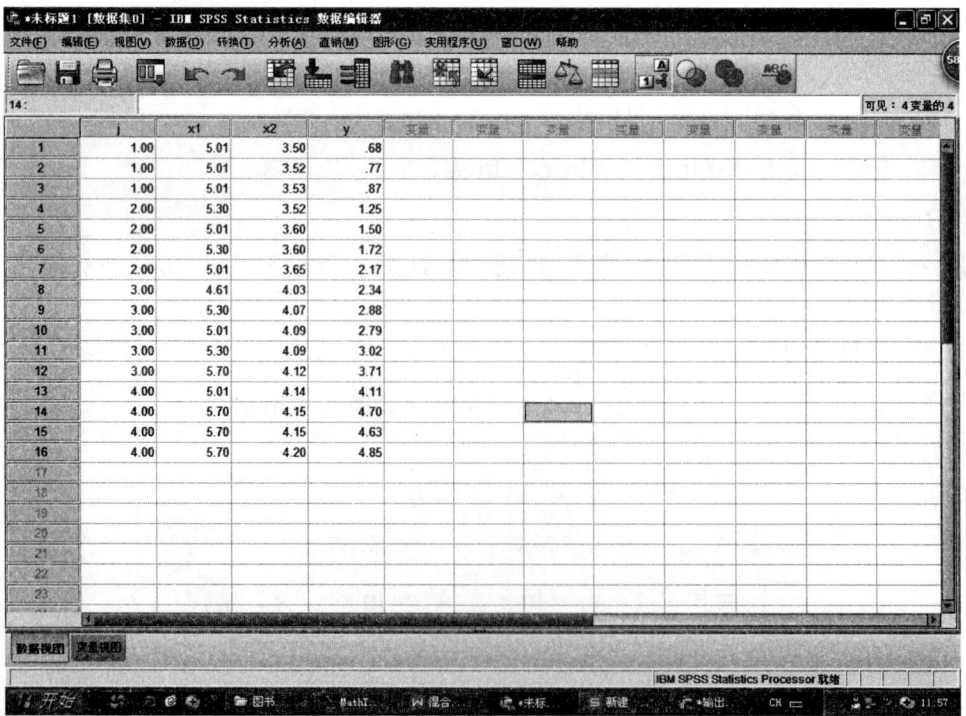

图 11-40　数据输入格式

二、分析路径

点击"分析"→"混合模型"→"线性",见图 11-41:

图 11-41 分析路径

点击之,得到"线性混合模型:指定群体和重复"对话框,见图 11-42:

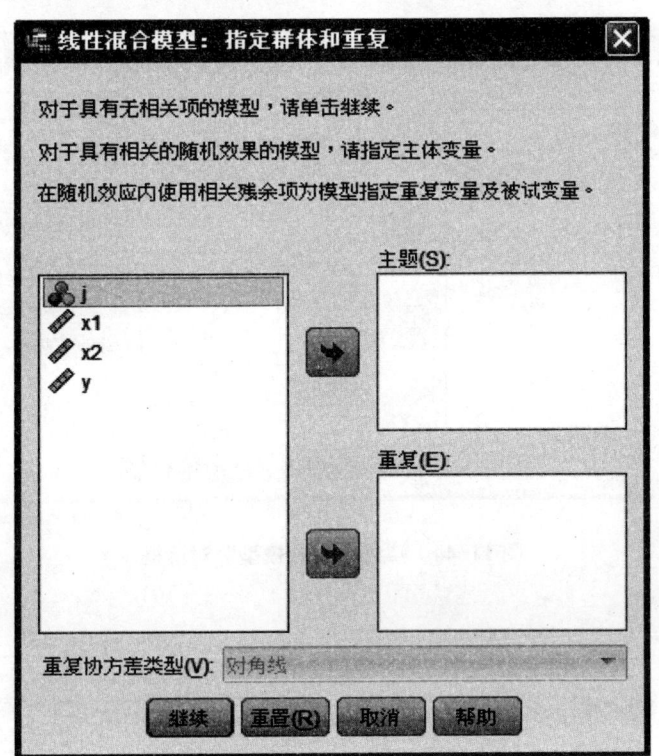

图 11-42 "线性混合模型:指定群体和重复"对话框

三、主题确定

将 j 点进"主题"框,见图 11-43:

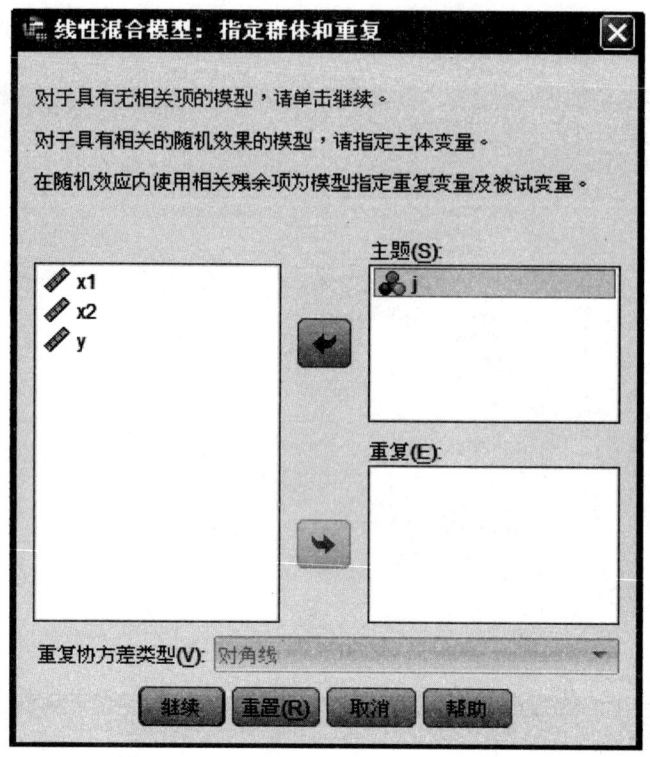

图 11-43 对话框中"主题"被确定

点击"继续",得到"线性混合模型"对话框,见图 11-44:

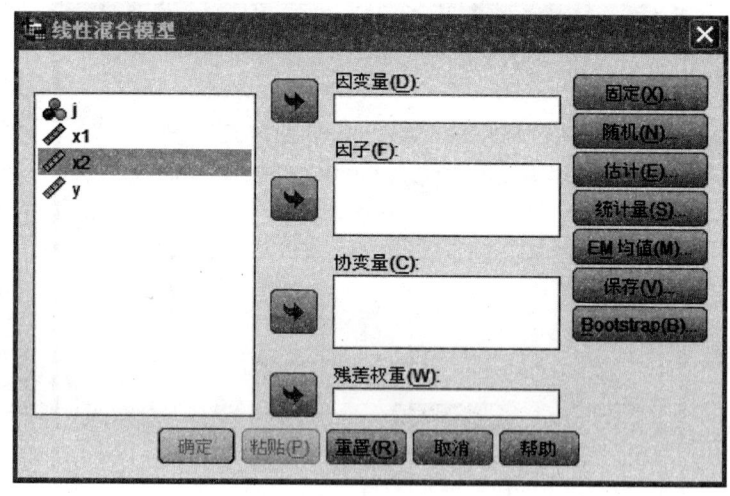

图 11-44 "线性混合模型"对话框

四、变量确定

将 y 点进"因变量"框,将 j 点进"因子"框,将 x_1、x_2 点进"协变量"框,见图 11-45:

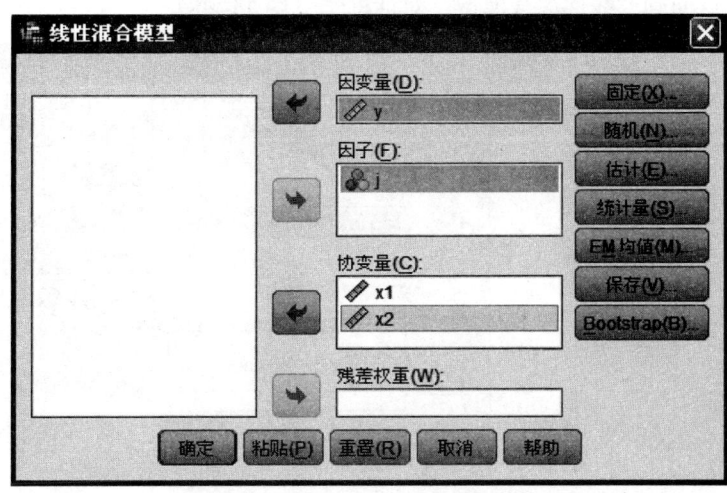

图 11-45　对话框中变量被确定

五、固定效应确定

点击"固定"键,得到"线性混合模型:固定效应"对话框,见图 11-46:

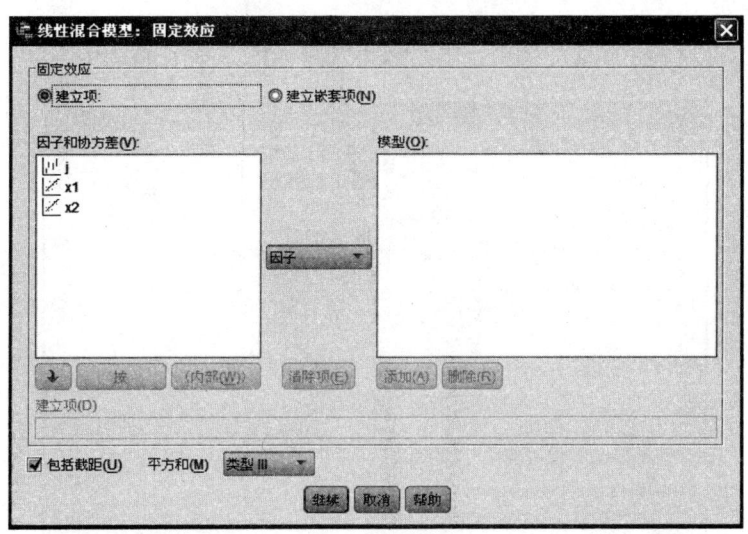

图 11-46　"线性混合模型:固定效应"对话框

将 j、x_1、x_2 点进"模型"框,并选择"包括截距"选项,见图 11-47:

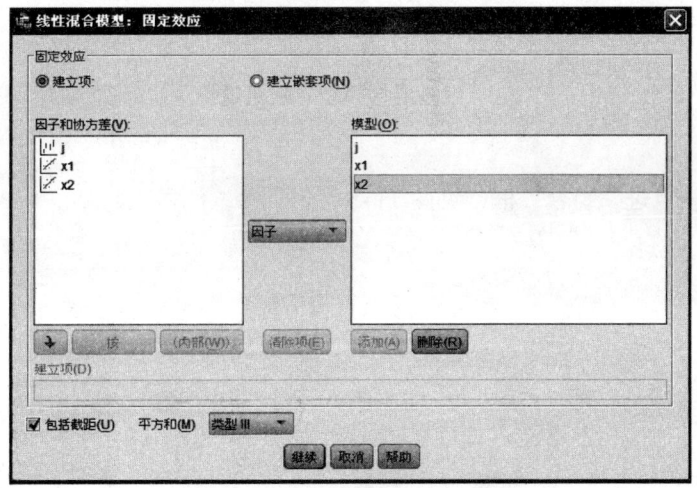

图 11-47　对话框中变量被确定

点击"继续"键,返回到"线性混合模型"对话框,见图11-48:

图 11-48 "线性混合模型"对话框

六、随机效果确定

点击"随机"键,得到"线性混合模型:随机效果"对话框,见图11-49:

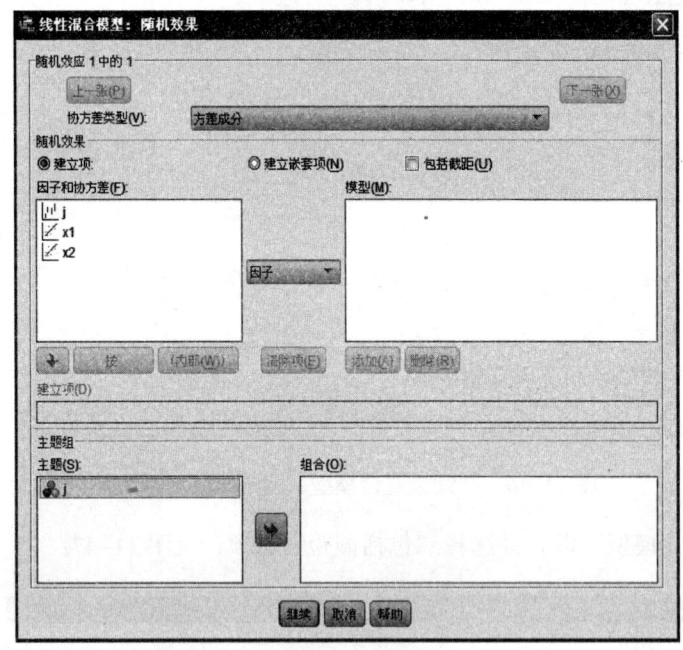

图 11-49 "线性混合模型:随机效果"对话框

将"主题"框中的 j 点进"组合"框,见图11-50:

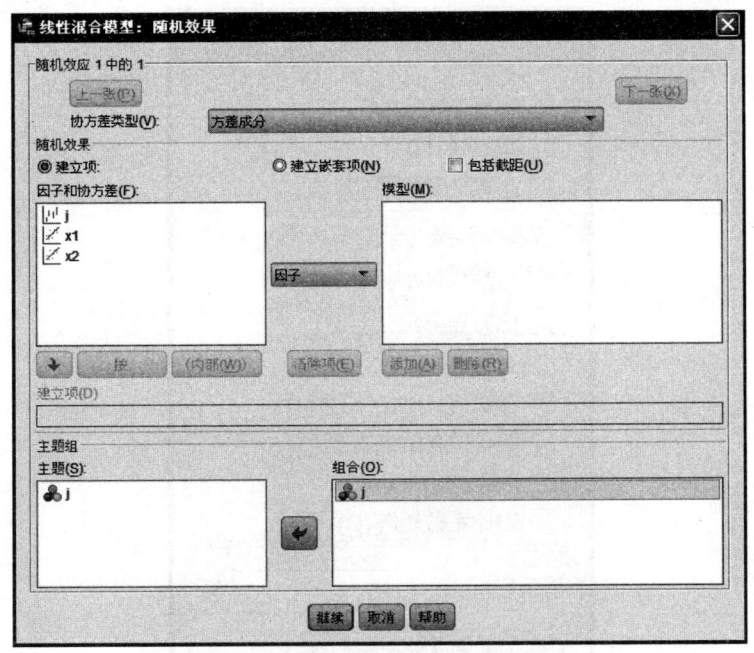

图 11-50 对话框中"主题"被确定

由于变量都是协变量,与随机无关,主题是固定分组,也与随机无关,所以模型中不包含任何变量。我们用"包括截距"去实验,得表 11-29:

表 11-29 警告

虽然满足了所有收敛条件,但最终的 Hessian 矩阵还非正定。忽略此警告,MIXED 过程继续进行。后续结果的验证无法确认。

所以模型中也不含截距。点击"继续"键,返回到"线性混合模型"对话框,见图 11-51:

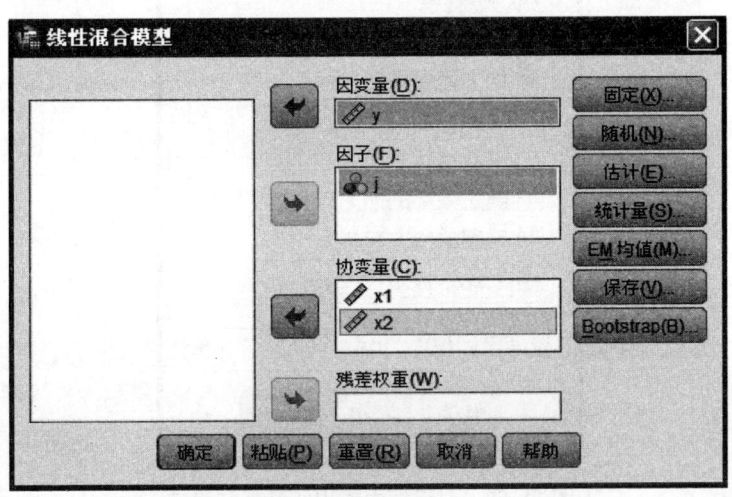

图 11-51 "线性混合模型"对话框

七、输出统计量确定

点击"统计量",得到"线性混合模型:统计量"对话框,见图 11-52:

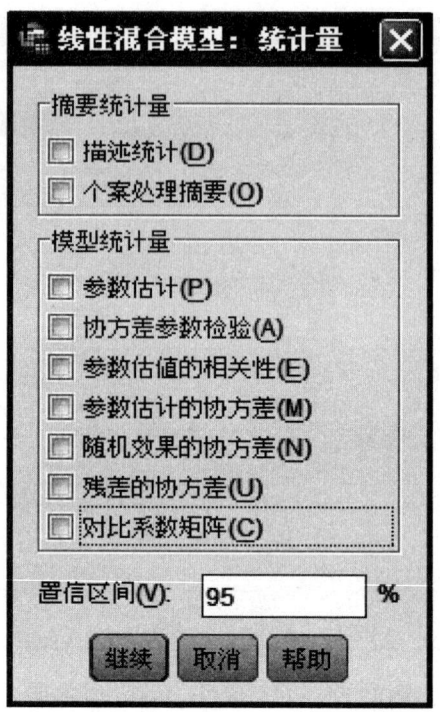

图 11-52 "线性混合模型：统计量"对话框

选择"参数估计""协方差参数检验""残差的协方差""对比系数矩阵"四个选项，见图 11-53：

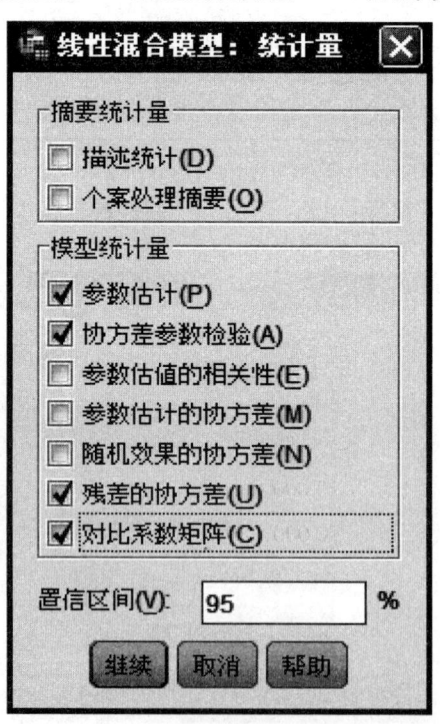

图 11-53 对话框中输出统计量被确定

点击"继续"键，返回到"线性混合模型"对话框，见图 11-54：

图 11-54 "线性混合模型"对话框

八、结果与分析

点击"确定"键,得到结果,其中固定效应的检验见表 11-30:

表 11-30 固定效应的检验类型 [a]

源	分子 df	分母 df	F	显著性
截距	1	10.000	59.423	0.000
j	3	10.000	59.158	0.000
x_1	1	10	26.989	0.000
x_2	1	10.000	51.707	0.000

注:a 表示因变量为 y

显然 j、x_1、x_2 都非常显著。

固定效应估计见表 11-31:

表 11-31 固定效应估计 [b]

参数	估计	标准误差	df	t	显著性	95% 置信区间	
						下限	上限
截距	−28.420593	3.943411	10.000	−7.207	0.000	−37.207061	−19.634125
[j=1.00]	1.079622	0.622814	10.000	1.733	0.114	−0.308095	2.467339
[j=2.00]	1.320338	0.549415	10.000	2.403	0.037	0.096164	2.544511
[j=3.00]	−0.869679	0.108263	10.000	−8.033	0.000	−1.110905	−0.628453
[j=4.00]	0[a]	0	.	.	.	.	.
x_1	0.621164	0.119566	10	5.195	0.000	0.354754	0.887575
x_2	7.107080	0.988364	10.000	7.191	0.000	4.904867	9.309293

注:a 表示因为此参数冗余,所以将其设为零;b 表示因变量为 y

此表是模型固定效应估计值,从此表可得到 4 个类型发动机的修理费用模型,此处 [$j=$] 表示的就是 β_{0j},则

$$\hat{Y}_{i1} = 1.079622 - 28.420593 + 0.621164 X_1 + 7.10708 X_2$$

$$\hat{Y}_{i2} = 1.320338 - 28.420593 + 0.621164 X_1 + 7.10708 X_2$$

$$\hat{Y}_{i3} = -0.869679 - 28.420593 + 0.621164 X_1 + 7.10708 X_2$$

$$\hat{Y}_{i4} = -28.420593 + 0.621164 X_1 + 7.10708 X_2$$

也就是

$$\ln \hat{y}_{01} = 1.079622 - 28.420593 + 0.621164 \ln x_1 + 7.10708 \ln x_2$$
$$\ln \hat{y}_{02} = 1.320338 - 28.420593 + 0.621164 \ln x_1 + 7.10708 \ln x_2$$
$$\ln \hat{y}_{03} = -0.869679 - 28.420593 + 0.621164 \ln x_1 + 7.10708 \ln x_2$$
$$\ln \hat{y}_{04} = -28.420593 + 0.621164 \ln x_1 + 7.10708 \ln x_2$$

则

$$\ln \hat{y}_{01} = -27.340971 + 0.621164 \ln x_1 + 7.10708 \ln x_2$$
$$\ln \hat{y}_{02} = -27.100205 + 0.621164 \ln x_1 + 7.10708 \ln x_2$$
$$\ln \hat{y}_{03} = -29.290272 + 0.621164 \ln x_1 + 7.10708 \ln x_2$$
$$\ln \hat{y}_{04} = -28.420593 + 0.621164 \ln x_1 + 7.10708 \ln x_2$$

即

$$\hat{y}_{01} = e^{-27.341} x_1^{0.6212} x_2^{7.1071}$$

$$\hat{y}_{02} = e^{-27.1003} x_1^{0.6212} x_2^{7.1071}$$

$$\hat{y}_{03} = e^{-29.2903} x_1^{0.6212} x_2^{7.1071}$$

$$\hat{y}_{04} = e^{-28.4206} x_1^{0.6212} x_2^{7.1071}$$

我们将16个数据全部计算出来，见表11-32：

表 11-32　方差分量结果和非线性回归结果

序号	型号系列	x_1	x_2	y	方差分量 $\hat{y}$	非线性回归 $\hat{y}$
1	1	150	33.15	1.98	1.923	0.0662
2	1	150	33.8	2.16	2.2075	0.0807
3	1	150	34.2	2.38	2.4	0.0910
4	2	200	33.87	3.5	3.4075	0.1035
5	2	150	36.77	4.5	5.1097	0.1903
6	2	200	36.77	5.6	6.1095	0.2390
7	2	150	38.64	8.76	7.2696	0.3154
8	3	100	56.38	10.34	9.2727	10.7303
9	3	200	58.84	17.8	19.3208	28.7036
10	3	150	59.82	16.2	18.1718	27.0427
11	3	200	59.82	20.4	21.7274	33.9626
12	3	300	61.78	40.8	35.1485	65.0235
13	4	150	62.76	61	60.9804	44.0828
14	4	300	63.45	110	101.3771	85.3200
15	4	300	63.26	103	99.2392	82.7533
16	4	300	66.68	128	144.277	141.4750

若用非线性回归，得

$$y = 4.807 \times 10^{-19} x_1^{0.792} x_2^{15.026}$$

拟合值见上表。可见非线性回归拟合值误差比较大，方差分量值误差比较小。

协方差参数估计见表 11-33：

表 11-33　协方差参数估计 [a]

参数	估计	标准误差	Wald Z	显著性	95% 置信区间	
					下限	上限
残差	0.014081	0.006297	2.236	0.025	0.005861	0.033830

注：a 表示因变量为 y

此表说明剩余残差仍然很显著。

第六节　重复测量数据的多水平模型及 SPSS 操作步骤

重复测量是指对同一观测对象的同一观测指标在不同时间点上进行多次测量。有时是不等距测量。由于观测对象是同一个，所以数据非独立，有相关性，多水平模型能较好地处理非独立数据，所以多水平模型常被用来处理重复测量数据。

估计重复测量数据的多水平模型，SPSS 提供了两种方法，我们先介绍第一种。

例：杜秀英对 2005~2010 年图书情报学的 33 种期刊发表学术论文影响因子的原始数据进行统计，数据见表 11-34：

表 11-34　2005~2010 年图书情报学的 33 种期刊论文影响因子原始数据

序号	刊名	是否核心期刊	2005 年	2006 年	2007 年	2008 年	2009 年	2010 年
1	中国图书馆学报	是	1.69	1.353	1.003	1.168	1.485	2.679
2	大学图书馆学报	是	1.032	1.007	0.992	0.963	1.214	3.739
3	现代图书情报技术	是	0.555	0.412	0.364	0.406	0.671	1.073
4	图书馆学研究	是	1.201	1.229	1.205	1.115	1.158	1.13
5	图书馆建设	是	1.689	1.746	1.785	1.88	1.878	1.87
6	国家图书馆学刊	是	1.283	1.257	1.353	1.638	1.593	1.678
7	图书馆杂志	是	0.39	0.298	0.37	0.369	0.479	1.306
8	图书馆论坛	是	0.588	0.53	0.357	0.358	0.323	2.213
9	图书馆工作与研究	是	0.425	0.416	0.257	0.325	0.312	2.036
10	图书馆	是	0.206	0.161	0.938	1.981	2.198	2.501
11	图书馆理论与实践	是	0.602	1.043	0.852	0.939	0.305	1.045
12	图书与情报	是	0.292	0.273	0.202	0.483	0.316	0.851
13	图书情报工作	是	0.582	0.472	0.434	0.687	0.727	1.193
14	大学图书情报学刊	否	0.761	0.806	0.936	0.998	1.288	1.247
15	情报学报	是	1.152	1.765	1.268	1.183	1.073	2.416
16	新世纪图书馆	否	0.86	0.907	0.848	0.957	0.913	0.883
17	图书情报知识	是	0.54	0.511	0.534	0.56	0.482	1.583
18	高校图书馆工作	否	1.154	1.373	1.289	1.427	1.361	1.27
19	情报资料工作	是	0.545	0.408	0.358	0.464	0.67	1.169
20	情报杂志	是	0.377	0.346	0.35	0.328	0.229	0.951
21	情报探索	否	0.318	0.618	0.678	0.741	0.788	0.562
22	情报理论与实践	是	0.655	0.577	0.585	0.498	0.635	1.501
23	情报科学	是	0.404	0.41	0.367	0.374	0.351	1.112
24	现代情报	否	0.443	0.621	0.681	0.869	0.853	0.801
25	晋图学刊	否	0.246	0.477	0.547	0.391	0.636	0.565
26	中国图书评论	否	0.000	0.000	0.000	0.000	0.001	0.005
27	四川图书馆学报	否	0.688	0.832	0.881	0.942	0.839	0.842
28	河北科技图苑	否	1.212	0.927	1.037	0.881	0.97	0.981
29	中华医学图书情报	否	0.45	0.741	0.866	0.878	0.797	0.716
30	山东图书馆季刊	否	0.355	0.608	0.621	0.505	0.718	0.589
31	河南图书馆学刊	否	0.241	0.489	0.478	0.641	0.572	0.515
32	农业图书情报学刊	否	0.743	0.485	0.876	0.937	0.899	0.864
33	江西图书馆学刊	否	0.000	0.409	0.552	0.548	0.508	0.439

我们重新整理上表，一年为一个样本，用期刊编号代替期刊名，用1表示核心期刊，用0表示非核心期刊，时间用1到6来表示2005年到2010年。重新整理后的数据见表11-35：

表11-35 SPSS混合模型重复测量输入格式

期刊编号 i	期刊类型 j	测量时间 x（协变量）	影响因子 y_{ij}
1	1	1	1.69
1	1	2	1.353
1	1	3	1.003
1	1	4	1.168
1	1	5	1.485
1	1	6	2.679
2	1	1	1.032
2	1	2	1.007
2	1	3	0.992
2	1	4	0.963
2	1	5	1.204
2	1	6	3.739
3	1	1	0.555
3	1	2	0.412
3	1	3	0.364
3	1	4	0.406
3	1	5	0.671
3	1	6	1.073
4	1	1	1.201
4	1	2	1.229
4	1	3	1.205
4	1	4	1.115
4	1	5	1.158
4	1	6	1.13
5	1	1	1.689
5	1	2	1.746
5	1	3	1.785
5	1	4	1.88
5	1	5	1.878
5	1	6	1.87
6	1	1	1.283
6	1	2	1.257
6	1	3	1.353
6	1	4	1.638

续　表

期刊编号 i	期刊类型 j	测量时间 x（协变量）	影响因子 y_{ij}
6	1	5	1.593
6	1	6	1.678
7	1	1	0.39
7	1	2	0.298
7	1	3	0.37
7	1	4	0.369
7	1	5	0.479
7	1	6	1.306
8	1	1	0.588
8	1	2	0.53
8	1	3	0.357
8	1	4	0.358
8	1	5	0.323
8	1	6	2.213
9	1	1	0.425
9	1	2	0.416
9	1	3	0.257
9	1	4	0.325
9	1	5	0.312
9	1	6	2.036
10	1	1	0.206
10	1	2	0.161
10	1	3	0.938
10	1	4	1.981
10	1	5	2.198
10	1	6	2.501
11	1	1	0.602
11	1	2	1.043
11	1	3	0.852
11	1	4	0.939
11	1	5	0.305
11	1	6	1.045
12	1	1	0.292
12	1	2	0.273
12	1	3	0.202
12	1	4	0.483

续 表

期刊编号 i	期刊类型 j	测量时间 x（协变量）	影响因子 y_{ij}
12	1	5	0.316
12	1	6	0.851
13	1	1	0.582
13	1	2	0.472
13	1	3	0.434
13	1	4	0.687
13	1	5	0.727
13	1	6	1.193
14	0	1	0.761
14	0	2	0.806
14	0	3	0.936
14	0	4	0.998
14	0	5	1.288
14	0	6	1.247
15	1	1	1.152
15	1	2	1.765
15	1	3	1.268
15	1	4	1.183
15	1	5	1.073
15	1	6	2.416
16	0	1	0.86
16	0	2	0.907
16	0	3	0.848
16	0	4	0.957
16	0	5	0.913
16	0	6	0.883
17	1	1	0.54
17	1	2	0.511
17	1	3	0.534
17	1	4	0.56
17	1	5	0.482
17	1	6	1.583
18	0	1	1.154
18	0	2	1.373
18	0	3	1.289
18	0	4	1.427

续 表

期刊编号 i	期刊类型 j	测量时间 x（协变量）	影响因子 y_{ij}
18	0	5	1.361
18	0	6	1.27
19	1	1	0.545
19	1	2	0.408
19	1	3	0.358
19	1	4	0.464
19	1	5	0.67
19	1	6	1.169
20	1	1	0.377
20	1	2	0.346
20	1	3	0.35
20	1	4	0.328
20	1	5	0.229
20	1	6	0.951
21	0	1	0.318
21	0	2	0.618
21	0	3	0.678
21	0	4	0.741
21	0	5	0.788
21	0	6	0.562
22	1	1	0.655
22	1	2	0.577
22	1	3	0.585
22	1	4	0.498
22	1	5	0.635
22	1	6	1.501
23	1	1	0.404
23	1	2	0.41
23	1	3	0.367
23	1	4	0.374
23	1	5	0.351
23	1	6	1.112
24	0	1	0.443
24	0	2	0.621
24	0	3	0.681
24	0	4	0.869
24	0	5	0.853
24	0	6	0.801

续 表

期刊编号 i	期刊类型 j	测量时间 x（协变量）	影响因子 y_{ij}
25	0	1	0.246
25	0	2	0.477
25	0	3	0.547
25	0	4	0.391
25	0	5	0.636
25	0	6	0.565
26	0	1	0
26	0	2	0
26	0	3	0
26	0	4	0
26	0	5	0.001
26	0	6	0.005
27	0	1	0.688
27	0	2	0.832
27	0	3	0.881
27	0	4	0.942
27	0	5	0.839
27	0	6	0.842
28	0	1	1.212
28	0	2	0.927
28	0	3	1.037
28	0	4	0.881
28	0	5	0.97
28	0	6	0.981
29	0	1	0.45
29	0	2	0.741
29	0	3	0.866
29	0	4	0.878
29	0	5	0.797
29	0	6	0.716
30	0	1	0.355
30	0	2	0.608
30	0	3	0.621
30	0	4	0.505
30	0	5	0.718
30	0	6	0.589
31	0	1	0.241
31	0	2	0.489
31	0	3	0.478

续 表

期刊编号 i	期刊类型 j	测量时间 x（协变量）	影响因子 y_{ij}
31	0	4	0.641
31	0	5	0.572
31	0	6	0.515
32	0	1	0.743
32	0	2	0.485
32	0	3	0.876
32	0	4	0.937
32	0	5	0.899
32	0	6	0.864
33	0	1	0
33	0	2	0.409
33	0	3	0.552
33	0	4	0.548
33	0	5	0.508
33	0	6	0.439

此问题是重复测量问题，我们想观察核心期刊与非核心期刊对影响因子的影响，主题是期刊级别（核心与否），期刊本身是核心期刊与非核心期刊的嵌套，1表示是核心，2表示不是核心，时间在这里是变量，所以是方差成分问题。

我们暂时不考虑观察对象在不同时间点的内部相关性。此时随机效应不包括截距。

一、输入数据

将数据粘贴到SPSS界面，见图11-55：

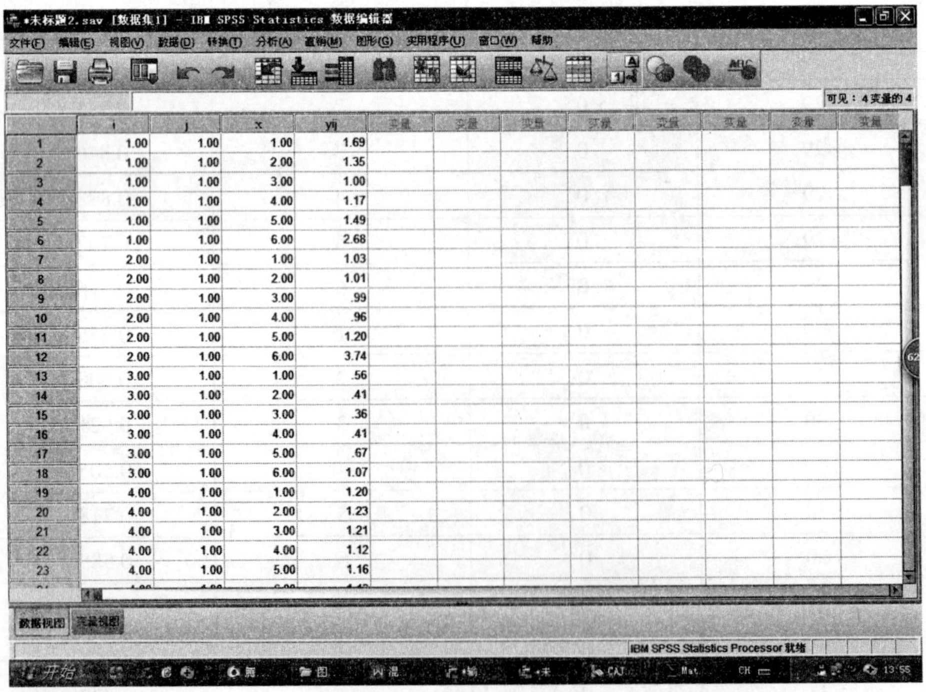

图11-55　数据输入格式

二、分析路径

点击"分析"→"混合模型"→"线性",见图11-56：

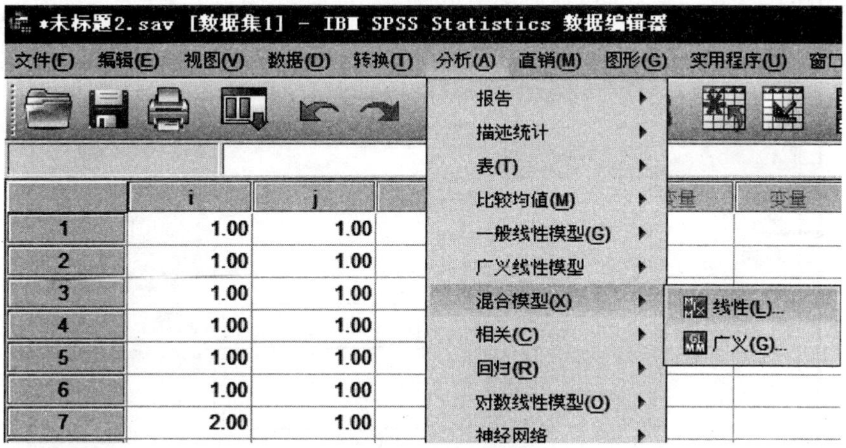

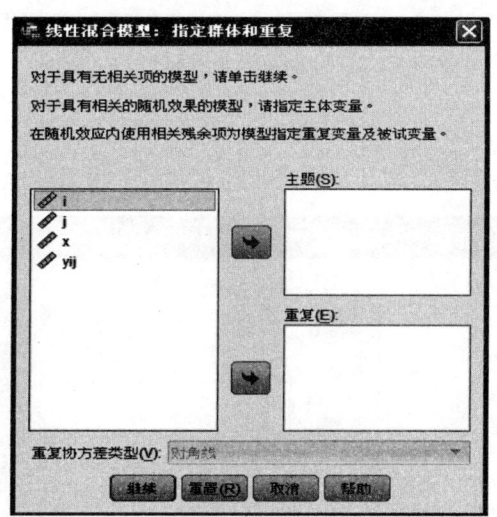

图 11-56 分析路径

点击之,得到"线性混合模型：指定群体和重复"对话框,见图11-57：

图 11-57 "线性混合模型：指定群体和重复"对话框

将 i 点进"主题"框,将测量时间 x 点进"重复"框,见图11-58：

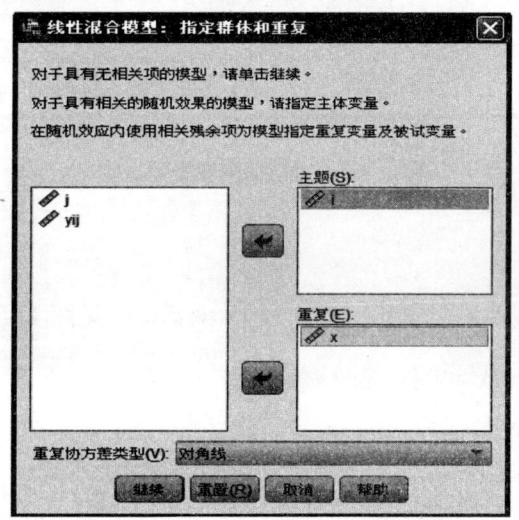

图 11-58 对话框中主题和重复因子被确定

重复变量点进"重复"框后,"重复协方差类型"框被激活,我们选择适合数据的重复协方差类型,若选不好,得不出结果,这个选择得多次实验,一次很难选好,这里我们默认"重复协方差类型"为"对角线",当然这是经过实验得出的类型。点击"继续"键,得到"线性混合模型"对话框,见图11-59:

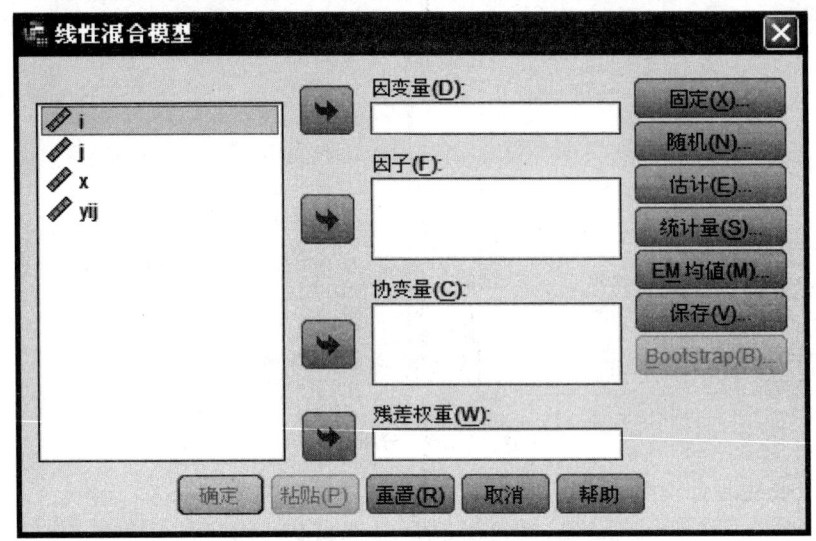

图11-59 "线性混合模型"对话框

三、变量确定

将y_{ij}点进"因变量"框,将期刊类型j和测量时间x点进"因子"框,见图11-60:

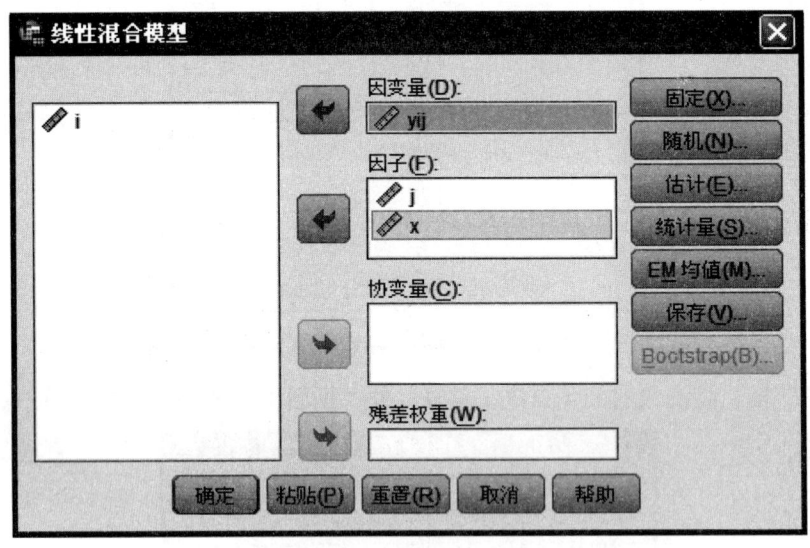

图11-60 对话框中变量被选定

四、固定效应确定

点击"固定"键,得到"线性混合模型:固定效应"对话框,见图11-61:

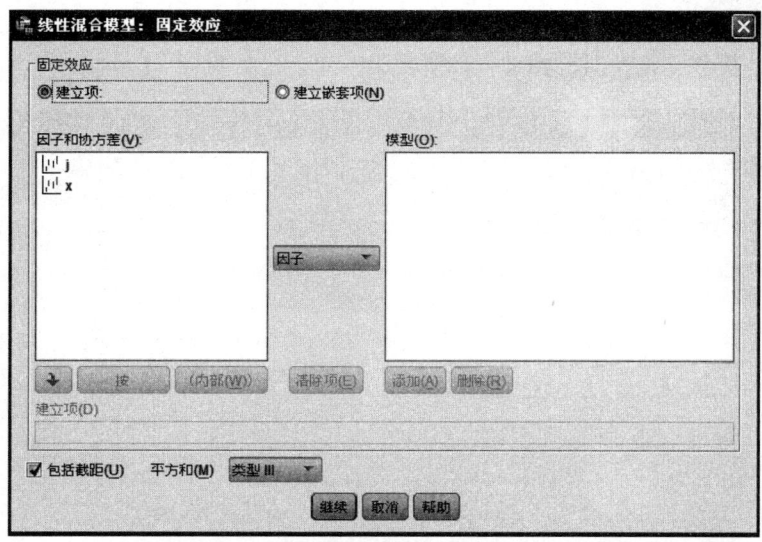

图 11-61 "线性混合模型：固定效应"对话框

点击"期刊类型"j，"添加"键被激活，将"期刊类型"j"添加"进"模型"框，将 x 也"添加"进"模型"框，将 j 与 x 的交互项 $j*x$ 也"添加"进"模型"框，见图 11-62：

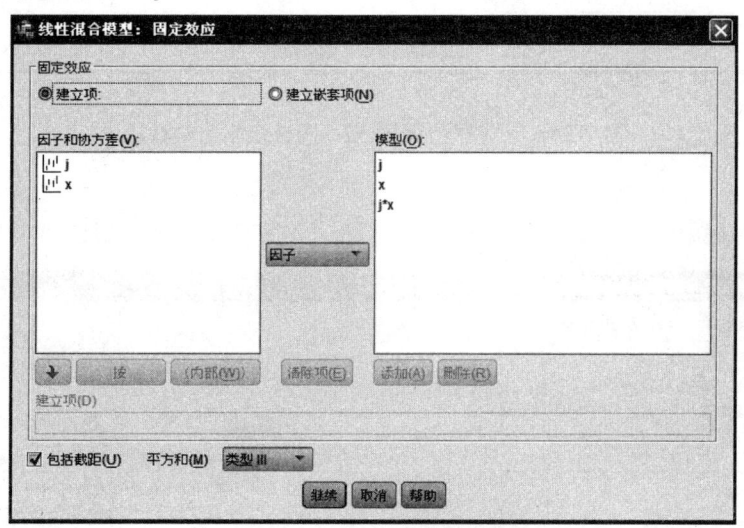

图 11-62 对话框中变量被确定

点击"继续"键返回到"线性混合模型"对话框，见图 11-63：

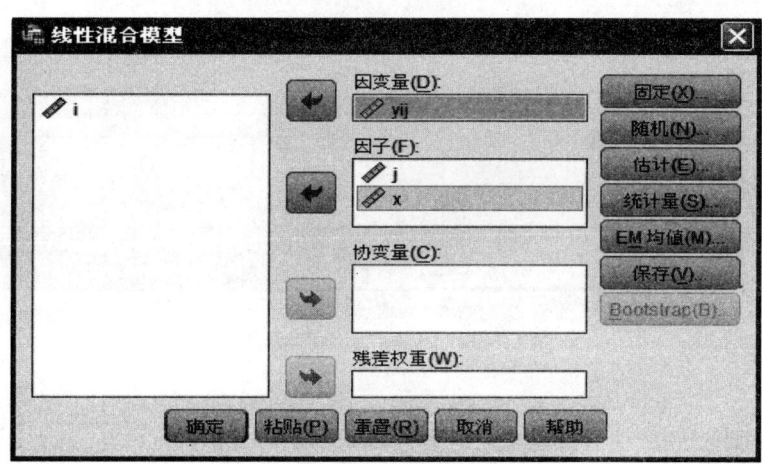

图 11-63 "线性混合模型"对话框

五、随机效应确定

点击"随机"键,得到"线性混合模型:随机效果"对话框,见图11-64:

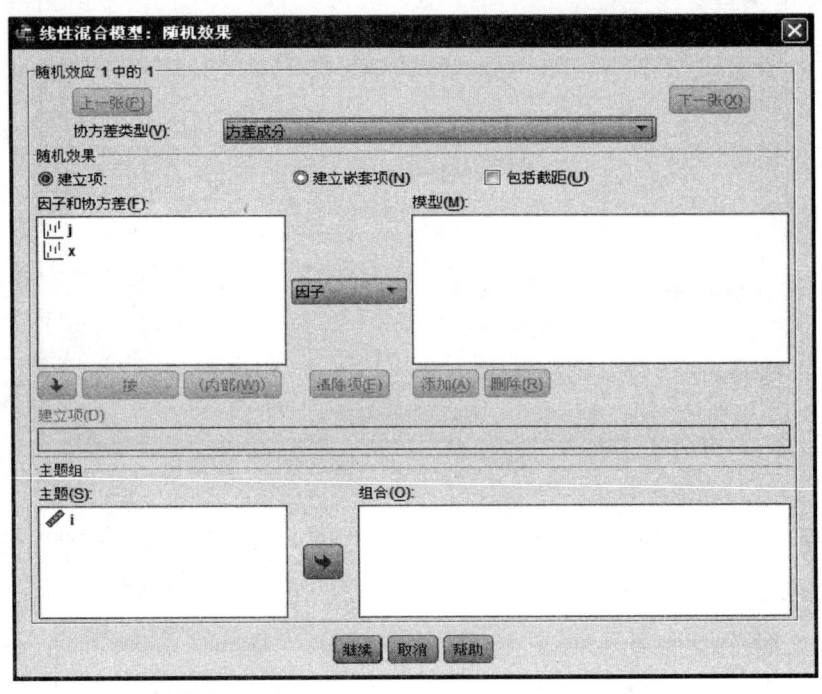

图 11-64 "线性混合模型:随机效果"对话框

将最下边"主题"框中的期刊编号 i 点进"组合"框,重复测量一般不设随机效果模型,见图11-65:

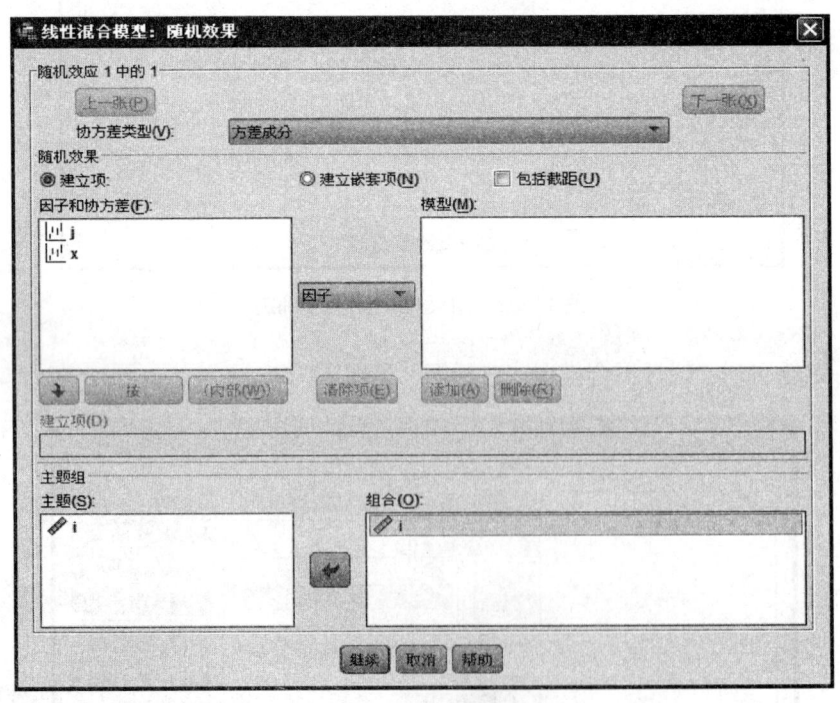

图 11-65 对话框中主题被确定

点击"继续"键返回到"线性混合模型"对话框,见图11-66:

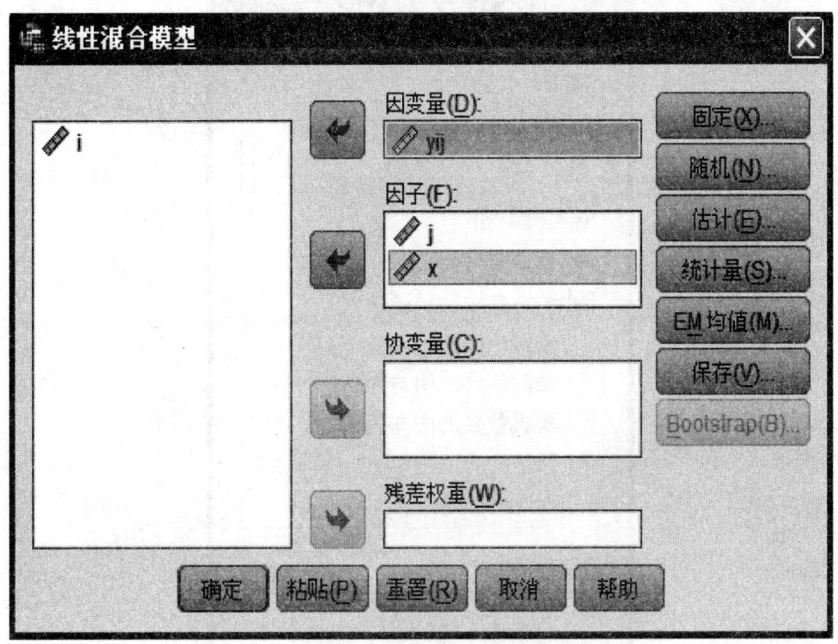

图 11-66 "线性混合模型"对话框

六、输出结果的选择

点击"统计量"键,得到"线性混合模型:统计量"对话框,见图 11-67:

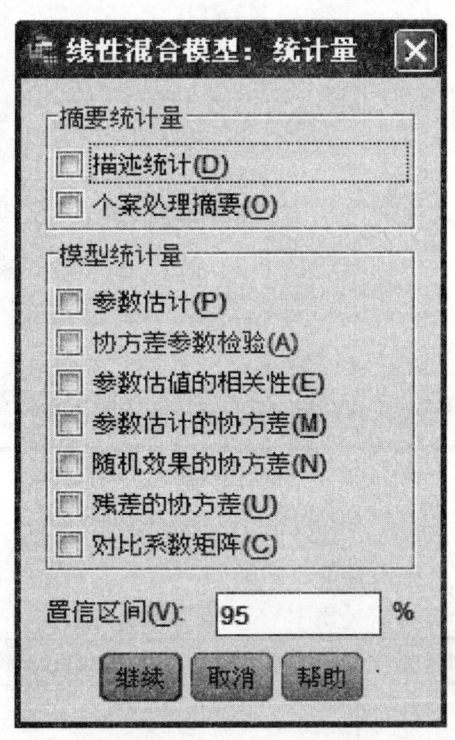

图 11-67 "线性混合模型:统计量"对话框

选择"参数估计"和"协方差参数检验",见图 11-68:

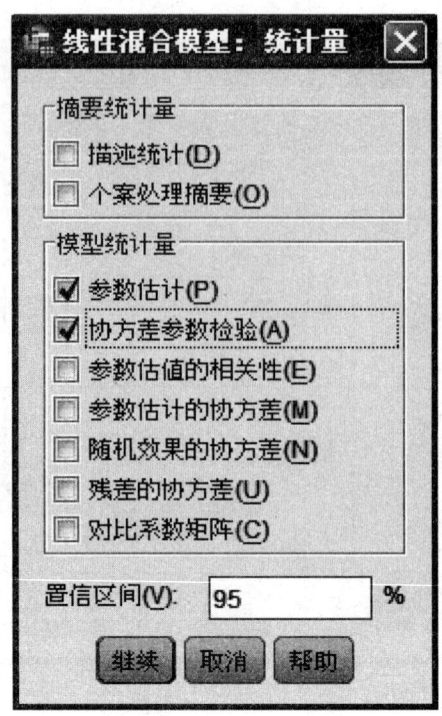

图 11-68 对话框中输出量被确定

点击"继续"键返回到"线性混合模型"对话框,见图 11-69:

图 11-69 "线性混合模型"对话框

七、结果与分析

点击"确定"键,得到结果,其中模型维数见表 11-36:

表 11-36 模型维数

		水平数	协方差结构	参数的数目	个体变量	个体的数目
固定效应	截距	1		1		
	j	2		1		
	x	6		5		
	$j*x$	12		5		
重复效应	x	6	对角线	6	i	33
合计		27		18		

注:因变量为 y

本表是模型的基本情况介绍,包括:变量有哪些,各个变量的水平数是多少,用哪个协方差结构估计了参数,各个变量的参数的数目是多少。

信息条件见表 11-37:

表 11-37 信息条件

-2 受约束的对数似然值	278.666
Akaike 的信息条件(AIC)	290.666
Hurvich 和 Tsai 的条件(AICC)	291.135
Bozdogan 的条件(CAIC)	316.020
Schwarz 的 Bayesian 条件(BIC)	310.020

注:以"较少为较好"的格式显示信息条件;a 表示因变量为 y

本表是模型分析的基本信息,-2 受约束的对数似然值统计量为 278.666,Akaike 的信息条件(AIC)为 290.666,Hurvich 和 Tsai 的条件统计量为 291.135,Bozdogan 的条件统计量为 316.020,Schwarz 的 Bayesian 条件统计量为 310.020,显然 -2 受约束的对数似然值最小。

固定效应的检验见表 11-38:

表 11-38 固定效应的检验类型 [a]

源	分子 df	分母 df	F	显著性
截距	1	169.435	565.485	0.000
j	1	169.435	10.624	0.001
x	5	52.827	4.242	0.003
j * x	5	52.827	3.261	0.012

注:a 表示因变量为 y

本表说明期刊类型 j 和时间 x 及交互项 x * j 都显著。

固定效应估计见表 11-39:

表 11-39 固定效应估计 [b]

参数	估计	标准误差	df	t	显著性	95% 置信区间 下限	95% 置信区间 上限
截距	1.686632	0.140379	31.000	12.015	0.000	1.400326	1.972937
[j=0.00]	−0.952417	0.215524	31.000	−4.419	0.000	−1.391982	−0.512852
[j=1.00]	0[a]	0	.	.	.	.	.
[x=1.00]	−0.938842	0.170949	55.280	−5.492	0.000	−1.281392	−0.596292
[x=2.00]	−0.938526	0.172568	56.127	−5.439	0.000	−1.284203	−0.592849
[x=3.00]	−0.972211	0.167325	53.163	−5.810	0.000	−1.307799	−0.636622
[x=4.00]	−0.859316	0.176303	57.846	−4.874	0.000	−1.212245	−0.506386
[x=5.00]	−0.839842	0.181049	59.560	−4.639	0.000	−1.202049	−0.477636
[x=6.00]	0[a]	0	.	.	.	.	.
[x=1.00] * [j=0.00]	0.738271	0.262458	55.280	2.813	0.007	0.212354	1.264188
[x=2.00] * [j=0.00]	0.868098	0.264943	56.127	3.277	0.002	0.337380	1.398816
[x=3.00] * [j=0.00]	0.972996	0.256895	53.163	3.788	0.000	0.457768	1.488225
[x=4.00] * [j=0.00]	0.890459	0.270678	57.846	3.290	0.002	0.348606	1.432311
[x=5.00] * [j=0.00]	0.901556	0.277964	59.560	3.243	0.002	0.345461	1.457652
[x=6.00] * [j=0.00]	0[a]	0	.	.	.	.	.
[x=1.00] * [j=1.00]	0[a]	0	.	.	.	.	.
[x=2.00] * [j=1.00]	0[a]	0	.	.	.	.	.
[x=3.00] * [j=1.00]	0[a]	0	.	.	.	.	.
[x=4.00] * [j=1.00]	0[a]	0	.	.	.	.	.
[x=5.00] * [j=1.00]	0[a]	0	.	.	.	.	.
[x=6.00] * [j=1.00]	0[a]	0	.	.	.	.	.

注:a 表示因为此参数冗余,所以将其设为零;b 表示因变量为 y

本表是模型固定效应估计值。

$$y \approx 截距+[j]+[x]+[j]*[x]$$
$$=1.686632+[j]+[x]+[j]*[x]$$

我们以表中前三个数据为例，数据见表 11-40：

表 11-40 原表片段

期刊编号 i	期刊类型 j	测量时间 x（协变量）	影响因子 y_{ij}
1	1	1	1.69
1	1	2	1.353
1	1	3	1.003

对于第一个数据，有

$$y \approx 截距+[j]+[x]+[j]*[x]$$
$$=1.686632+[j]+[x]+[j]*[x]$$
$$=1.686632+0-0.938842+0$$
$$\approx 0.7478$$

对于第二个数据，有

$$y \approx 截距+[j]+[x]+[j]*[x]$$
$$=1.686632+[j]+[x]+[j]*[x]$$
$$=1.686632+0-0.938526+0$$
$$\approx 0.7481$$

对于第三个数据，有

$$y \approx 截距+[j]+[x]+[j]*[x]$$
$$=11.686632+[j]+[x]+[j]*[x]$$
$$=1.686632+0-0.938526+0$$
$$\approx 0.7481$$

三个数据估计值都有差距，但前三个数据皆是中国图书馆学报的数据，中国图书馆学报是图书情报领域影响因子最大的期刊，与核心期刊平均值差距比较大，所以估计出的值差距也较大。

协方差参数估计见表 11-41：

表 11-41 协方差参数估计

参数		估计	标准误差	Wald Z	显著性	95% 置信区间	
						下限	上限
重复度量	Var: [x=1.00]	0.180825	0.045930	3.937	0.000	0.109914	0.297485
	Var: [x=2.00]	0.191391	0.048613	3.937	0.000	0.116336	0.314866
	Var: [x=3.00]	0.157537	0.040015	3.937	0.000	0.095759	0.259172
	Var: [x=4.00]	0.216153	0.054903	3.937	0.000	0.131388	0.355604
	Var: [x=5.00]	0.248374	0.063087	3.937	0.000	0.150973	0.408612
	Var: [x=6.00]	0.374421	0.095103	3.937	0.000	0.227591	0.615979

注：因变量为 y

本表是协方差参数估计值，说明时间变量非常显著。

若我们考虑观察对象在不同时间点的内部相关性，那么此时随机效应包括截距。除此之外，与前边运算无任何差别。不过估计出的协方差参数中多了一个截距参数，若此参数显著，说明观察对象在不同时间点的内部相关，若此参数不显著，说明观察对象在不同时间点的内部不相关。

估计重复测量数据的多水平模型，SPSS 提供了两种方法，我们接着介绍第二种。

例：一项尼美舒利对大鼠体重影响的药理学实验。45 只幼年大鼠随机分为 3 组，每组 15 只。第一组为对照组（ctrl），第二组为低剂量组 (low,10 mg/kg 体重)，第三组为高剂量组（high,30 mg/kg 体重）。分别在给药前（d0）、连续给药满 10 天（d10）及连续给药满 20 天（d20）后测量体温（d0）。测量结果列于表 11-42 中。

表 11-42　尼美舒利不同剂量连续给药对大鼠体重影响的实验结果（体重 g）

对照组（0 mg/kg 体重）				低剂量组（low,10 mg/kg 体重）				高剂量组（high,30 mg/kg 体重）			
组号	鼠号	d0	d10	d20	组号	鼠号	d0	d10	d20	组号	鼠号	d0	d10	d20
ctrl	1	230	240	300	low	1	290	302	340	high	1	256	290	392
ctrl	2	248	272	350	low	2	230	264	275	high	2	260	308	380
ctrl	3	270	306	368	low	3	250	290	304	high	3	350	350	255
ctrl	4	270	312	408	low	4	217	250	300	high	4	208	234	225
ctrl	5	280	314	410	low	5	278	314	352	high	5	280	327	354
ctrl	6	246	272	320	low	6	238	267	320	high	6	284	322	360
ctrl	7	354	410	470	low	7	320	366	462	high	7	260	304	345
ctrl	8	304	389	430	low	8	294	356	394	high	8	224	266	316
ctrl	9	250	291	340	low	9	256	300	339	high	9	260	295	378
ctrl	10	254	292	390	low	10	272	298	340	high	10	294	308	363
ctrl	11	260	318	410.	low	11	270	318	412	high	11	250	284	370
ctrl	12	230	262	356	low	12	262	294	390	high	12	260	296	290
ctrl	13	220	270	436	low	13	240	269	310	high	13	270	325	355
ctrl	14	270	331	418	low	14	282	312	350	high	14	260	291	329
ctrl	15	260	305	392	low	15	292	344	428	high	15	240	273	290

我们将表中数据重新排列，对照组用 1 表示，低剂量组用 2 表示，高剂量组用 3 表示，即 d0 用 1 表示，d10 用 2 表示，d20 用 3 表示，见表 11-43：

表 11-43 数据输入格式

大鼠 i	组号 j	时间 t	温度 y
1	1	1	230
1	1	1	248
1	1	1	270
2	1	1	270
2	1	1	280
2	1	1	246
3	1	1	354
3	1	1	304
3	1	1	250
4	1	1	254
4	1	1	260
4	1	1	230
5	1	1	220
5	1	1	270
5	1	1	260
6	1	2	240
6	1	2	272
6	1	2	306
7	1	2	312
7	1	2	314
7	1	2	272
8	1	2	410
8	1	2	389
8	1	2	291
9	1	2	292
9	1	2	318
9	1	2	262
10	1	2	270
10	1	2	331
10	1	2	305
11	1	3	300
11	1	3	350
11	1	3	368
12	1	3	408
12	1	3	410
12	1	3	320
13	1	3	470
13	1	3	430
13	1	3	340

续表

大鼠 i	组号 j	时间 t	温度 y
14	1	3	390
14	1	3	410
14	1	3	356
15	1	3	436
15	1	3	418
15	1	3	392
16	2	1	290
16	2	1	230
16	2	1	250
17	2	1	217
17	2	1	278
17	2	1	238
18	2	1	320
18	2	1	294
18	2	1	256
19	2	1	272
19	2	1	270
19	2	1	262
20	2	1	240
20	2	1	282
20	2	1	292
21	2	2	302
21	2	2	264
21	2	2	290
22	2	2	250
22	2	2	314
22	2	2	267
23	2	2	366
23	2	2	356
23	2	2	300
24	2	2	298
24	2	2	318
24	2	2	294
25	2	2	269
25	2	2	312
25	2	2	344
26	2	3	340
26	2	3	275

续 表

续 表

大鼠 i	组号 j	时间 t	温度 y
26	2	3	304
27	2	3	300
27	2	3	352
27	2	3	320
28	2	3	462
28	2	3	394
28	2	3	339
29	2	3	340
29	2	3	412
29	2	3	390
30	2	3	310
30	2	3	350
30	2	3	428
31	3	1	256
31	3	1	260
31	3	1	350
32	3	1	208
32	3	1	280
32	3	1	284
33	3	1	260
33	3	1	224
33	3	1	260
34	3	1	294
34	3	1	250
34	3	1	260
35	3	1	270
35	3	1	260
35	3	1	240
36	3	2	290
36	3	2	308
36	3	2	350
37	3	2	234
37	3	2	327
37	3	2	322
38	3	2	304
38	3	2	266
38	3	2	295
39	3	2	308
39	3	2	284

续 表

大鼠 i	组号 j	时间 t	温度 y
39	3	2	296
40	3	2	325
40	3	2	291
40	3	2	273
41	3	3	392
41	3	3	380
41	3	3	255
42	3	3	225
42	3	3	354
42	3	3	360
43	3	3	345
43	3	3	316
43	3	3	378
44	3	3	363
44	3	3	370
44	3	3	290
45	3	3	355
45	3	3	329
45	3	3	290

一、输入数据

将数据粘贴到 SPSS 界面，见图 11-70：

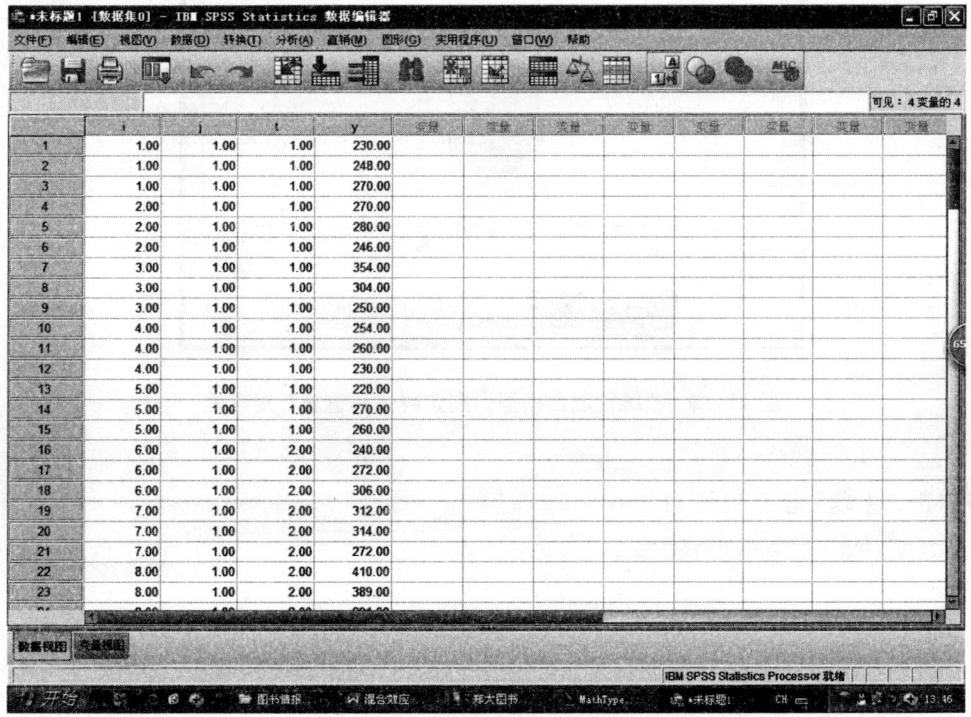

图 11-70 数据输入格式

二、分析路径

点击"分析"→"混合模型"→"线性",见图 11-71:

图 11-71 分析路径

点击之,得到"线性混合模型:指定群体和重复"对话框,见图 11-72:

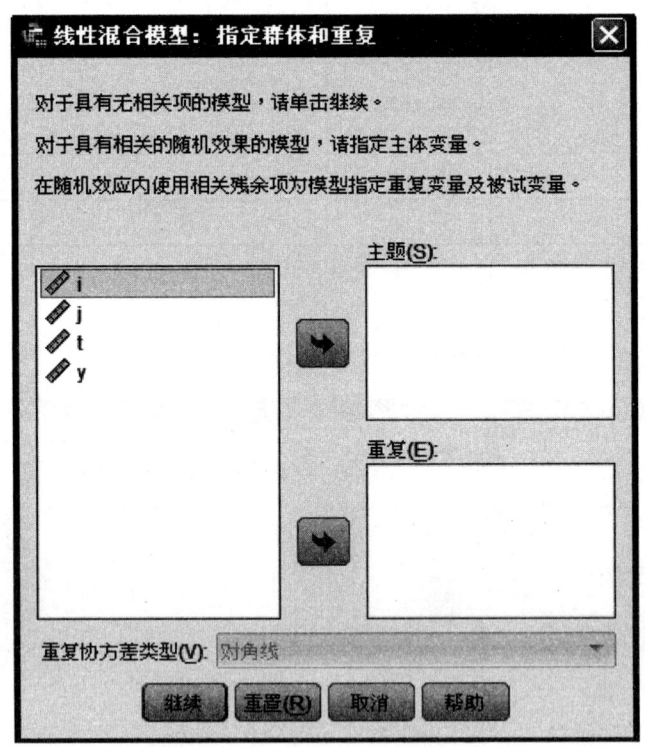

图 11-72 "线性混合模型:指定群体和重复"对话框

将主题 i 点进"主题"框,见图 11-73:

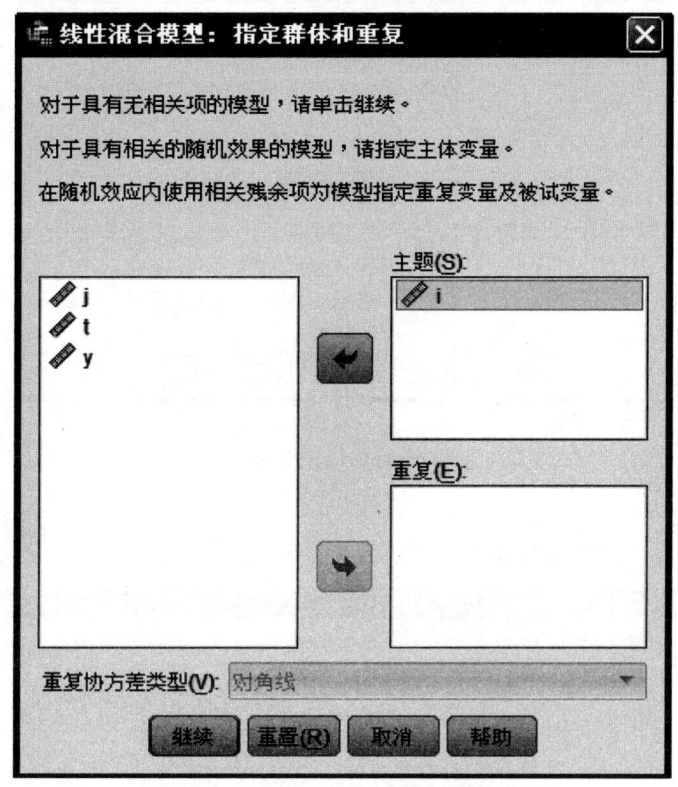

图 11-73 对话框中主题被确定

点击"继续"键,得到"线性混合模型"对话框,见图 11-74:

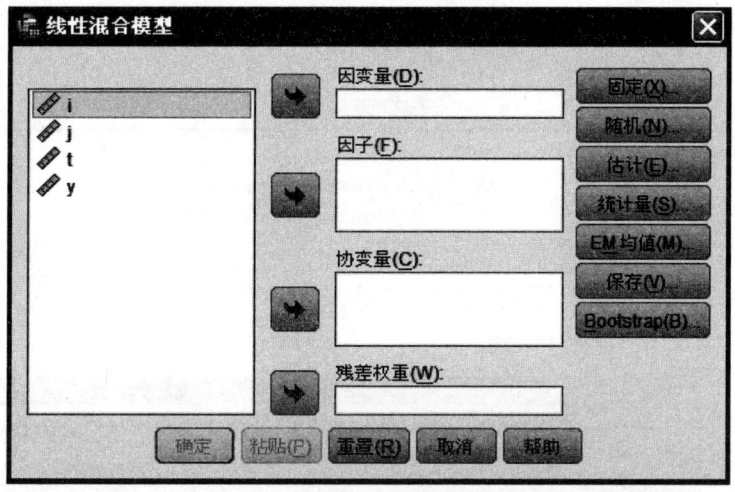

图 11-74 "线性混合模型"对话框

三、变量确定

将 y 点进"因变量"框,将实验类型 j 和测量时间 t 点进"因子"框,见图 11-75:

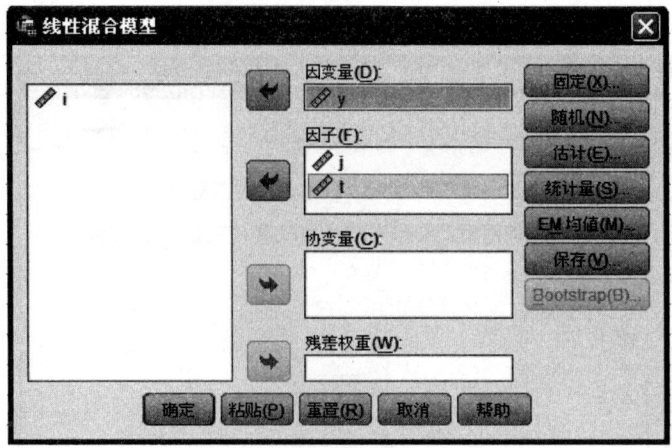

图 11-75 对话框中变量被确定

四、固定效应确定

点击"固定"键,得到"线性混合模型:固定效应"对话框,见图 11-76:

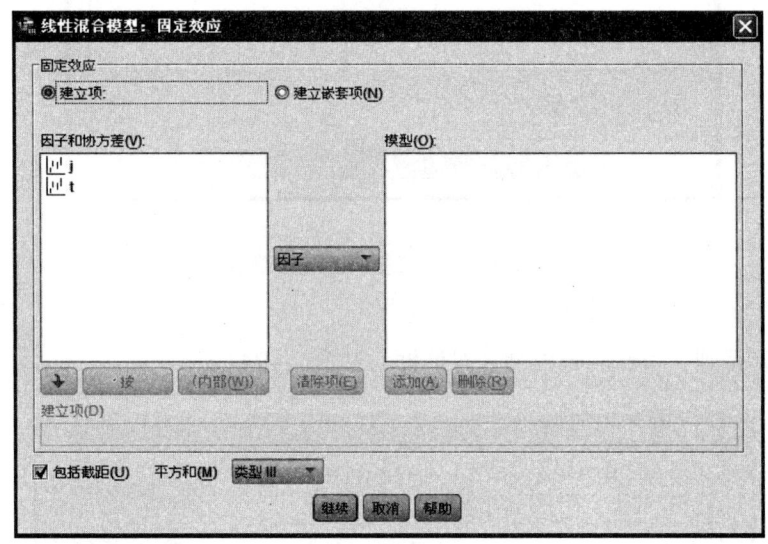

图 11-76 "线性混合模型:固定效应"对话框

点击实验类型 j,"添加"键被激活,将实验类型 j"添加"进"模型"框,将时间 t 也"添加"进"模型"框,我们将实验类型看作是场景变量,实验时间看作是一水平的自变量。点击 j,同时按住 Shift 键不放,再点击 t,此时 j 与 t 连成一片,见图 11-77:

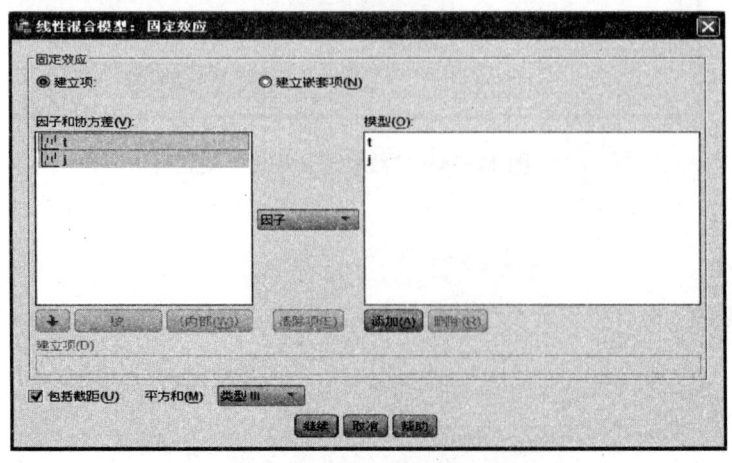

图 11-77 对话框中交互项被选定

点击"添加"键,交互项 $t*j$ 被添加进"模型"框,见图 11-78:

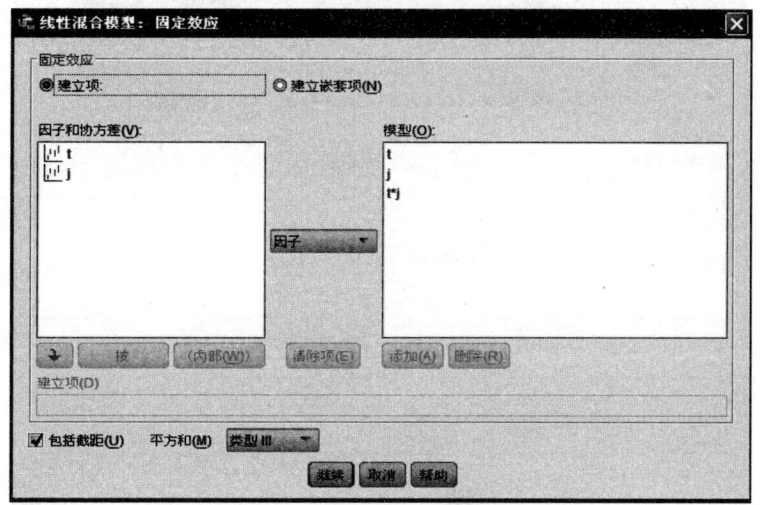

图 11-78 对话框中交互项被确定

点击"继续"键返回到"线性混合模型"对话框,见图 11-79:

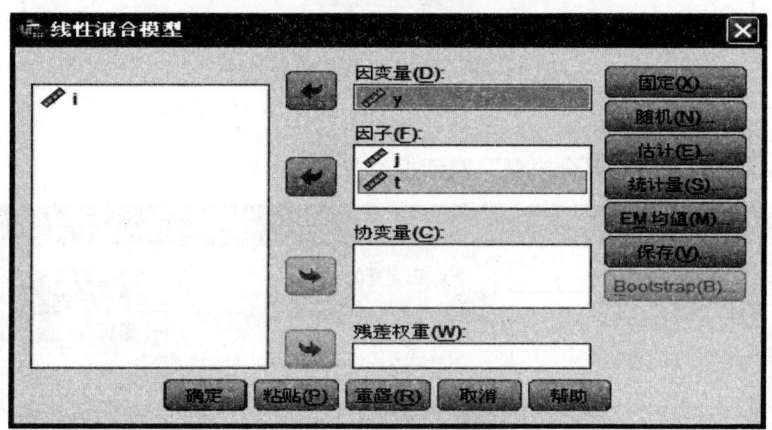

图 11-79 "线性混合模型"对话框

五、随机效果确定

点击"随机"键,得到"线性混合模型:随机效果"对话框,见图 11-80:

图 11-80 "线性混合模型:随机效果"对话框

将最下边"主题"框中的期刊编号 i 点进"组合"框,见图 11-81:

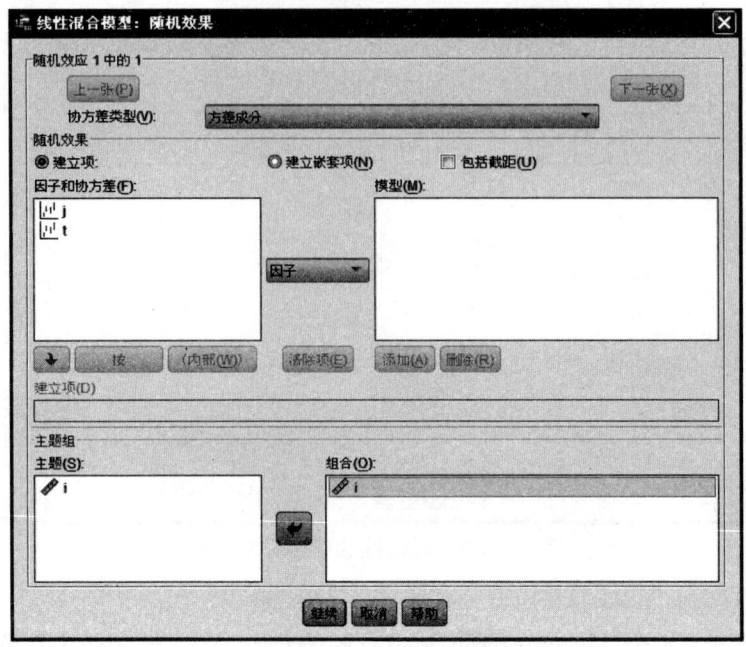

图 11-81　对话框中主题被确定

点击"继续"键返回到"线性混合模型"对话框,见图 11-82:

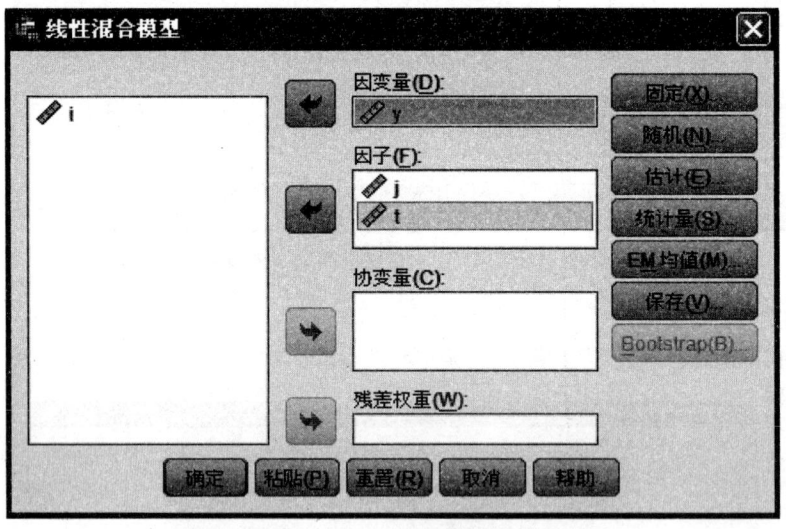

图 11-82　"线性混合模型"对话框

六、输出结果的选择

点击"统计量"键,得到"线性混合模型:统计量"对话框,见图 11-83:

图 11-83 "线性混合模型：统计量"对话框

选择"参数估计"和"协方差参数检验"，见图 11-84：

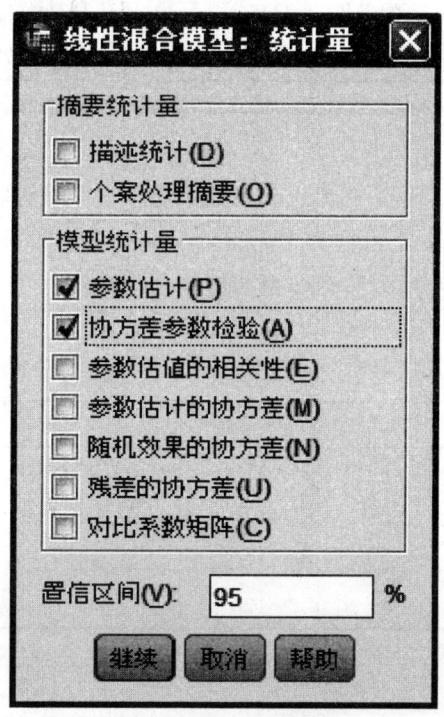

图 11-84 对话框中输出统计量被确定

点击"继续"键返回到"线性混合模型"对话框，见图 11-85：

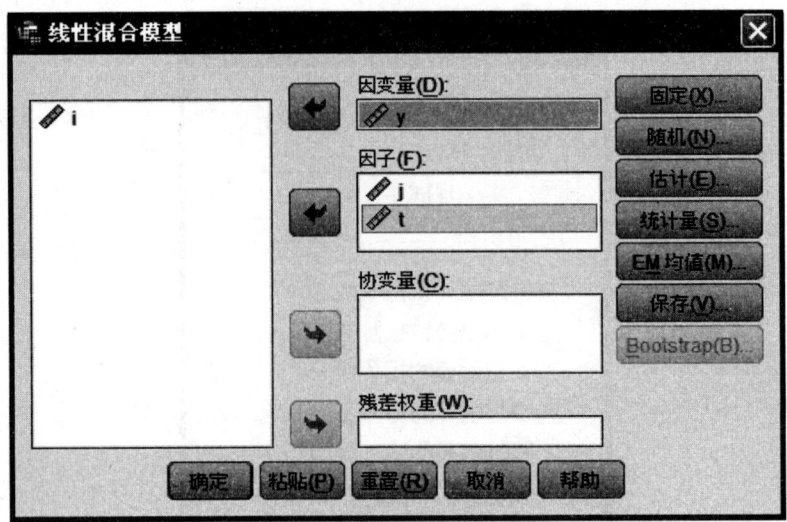

图 11-85 "线性混合模型"对话框

七、结果与分析

点击"确定"键,得到结果,其中信息条件见表 11-44:

表 11-44 信息条件

-2 受约束的对数似然值	1310.336
Akaike 的信息条件(AIC)	1312.336
Hurvich 和 Tsai 的条件(AICC)	1312.368
Bozdogan 的条件(CAIC)	1316.172
Schwarz 的 Bayesian 条件(BIC)	1315.172

注:以"较少为较好"的格式显示信息条件;因变量为 y

本表是模型分析的基本信息,-2 受约束的对数似然值统计量为 1310.336,Akaike 的信息条件 (AIC) 为 1312.336,Hurvich 和 Tsai 的条件统计量为 1312.368,Bozdogan 的条件统计量为 1316.172,Schwarz 的 Bayesian 条件统计量为 1315.172,显然 -2 受约束的对数似然值最小。

固定效应的检验见表 11-45:

表 11-45 固定效应的检验类型

源	分子 df	分母 df	F	显著性
截距	1	126	8092.827	0.000
t	2	126	63.279	0.000
j	2	126	2.824	0.063
$t*j$	4	126	2.047	0.092

注:a 表示因变量为 y

本表说明截距与时间都很显著,实验方式近似显著,时间与实验方式也近似显著。

固定效应估计见表 11-46:

表 11-46 固定效应估计

参数	估计	标准误差	df	t	显著性	95% 置信区间	
						下限	上限
截距	333.466667	10.278626	126	32.443	0.000	313.125567	353.807766
[t=1.00]	−69.733333	14.536173	126	−4.797	0.000	−98.499992	−40.966675
[t=2.00]	−35.266667	14.536173	126	−2.426	0.017	−64.033325	−6.500008
[t=3.00]	0[a]	0	.	.	.	.	.
[j=1.00]	53.066667	14.536173	126	3.651	0.000	24.300008	81.833325
[j=2.00]	20.933333	14.536173	126	1.440	0.152	−7.833325	49.699992
[j=3.00]	0[a]	0	.	.	.	.	.
[t=1.00] * [j=1.00]	−53.733333	20.557253	126	−2.614	0.010	−94.415532	−13.051135
[t=1.00] * [j=2.00]	−18.600000	20.557253	126	−0.905	0.367	−59.282199	22.082199
[t=1.00] * [j=3.00]	0[a]	0	.	.	.	.	.
[t=2.00] * [j=1.00]	−45.666667	20.557253	126	−2.221	0.028	−86.348865	−4.984468
[t=2.00] * [j=2.00]	−16.200000	20.557253	126	−0.788	0.432	−56.882199	24.482199
[t=2.00] * [j=3.00]	0[a]	0	.	.	.	.	.
[t=3.00] * [j=1.00]	0[a]	0	.	.	.	.	.
[t=3.00] * [j=2.00]	0[a]	0	.	.	.	.	.
[t=3.00] * [j=3.00]	0[a]	0	.	.	.	.	.

注：a 表示因为此参数冗余，所以将其设为零；因变量为 y

本表给出了各个参数的估计值，模型为：

$$y = 333.466667 + [t] + [j] + [t]*[j]$$

以第一个观测值为例，见表 11-47：

表 11-47 第一个观测值

大鼠 i	组号 j	时间 t	温度 y
1	1	1	230

显然有：

$$t = 1 、 j = 1。$$

而从参数的估计值看，有

$$[t=1] = -69.733333 、 [j=1] = 53.066667 、 [t=1]*[j=1] = -53.733333$$

则

$$\begin{aligned} y(t=1, j=1) &= 333.466667 + [t] + [j] + [t]*[j] \\ &= 333.466667 + [t=1] + [j=1] + [t=1]*[j=1] \\ &= 333.466667 - 69.733333 + 53.066667 - 53.733333 \\ &= 263.0667 \end{aligned}$$

但实际值为 230。由于实验比较多，我们不列出拟合值，估计出的参数与余松林等人用 sas 计算出来的结果完全一致,当然,数据前后顺序有所不同,见《重复测量资料分析方法与 sas 程序》144 页表 9.7。

协方差参数估计见表 11-48:

表 11-48 协方差参数估计

参数	估计	标准误差	Wald Z	显著性	95% 置信区间	
					下限	上限
残差	1584.752381	199.660033	7.937	0.000	1237.998444	2028.629456

注:因变量为 y

本表说明残差的协方差仍很显著。

我们觉得第二种方法不选协方差类型不但方法简单,而且省去了协方差类型不适配的麻烦。

第七节 协方差结构

多水平模型中,我们常遇到协方差结构,显得非常神秘,下面简单介绍一下协方差结构的具体内容,减少神秘感。

实验中效应一般可表示为:

$$\mu_{ij} = \mu + \alpha_i + \beta_j + (\alpha\beta)_{ij}$$

其中,μ_{ij} 为 i 实验品在 j 条件下的效应,μ 为总体平均值,α_i 为 i 实验品的主效应,β_j 为 j 条件下的主效应,$(\alpha\beta)_{ij}$ 为 i 实验品与 j 条件之间的互作效应。一般认为 α_i 为固定效应,β_j 与 $(\alpha\beta)_{ij}$ 都为随机效应。假设 β_j 与 $(\alpha\beta)_{ij}$ 的方差分别为 σ^2_β 和 $\sigma^2_{\alpha\beta}$,那么关于 μ_{ij} 的方差协方差对应于线性混合模型分析至少有以下几种结构,我们以 4 次测量为例。

前因:一阶。此协方差结构在相邻元素之间具有异质方差和异质相关性。非相邻元素之间的相关性是位于所涉及元素之间的元素间相关性的乘积。

满足关系:

$$x_n = \rho_{n-1} x_{n-1} + \varepsilon_n$$

其方差-协方差矩阵为:

$$\begin{pmatrix} \sigma_1^2 & \sigma_2\sigma_1\rho_1 & \sigma_3\sigma_1\rho_1\rho_2 & \sigma_4\sigma_1\rho_1\rho_2\rho_3 \\ \sigma_2\sigma_1\rho_1 & \sigma_2^2 & \sigma_3\sigma_2\rho_2 & \sigma_4\sigma_2\rho_2\rho_3 \\ \sigma_3\sigma_1\rho_1\rho_2 & \sigma_3\sigma_2\rho_2 & \sigma_3^2 & \sigma_4\sigma_3\rho_3 \\ \sigma_4\sigma_1\rho_1\rho_2\rho_3 & \sigma_4\sigma_2\rho_2\rho_3 & \sigma_4\sigma_3\rho_3 & \sigma_4^2 \end{pmatrix}$$

ρ_{n-1} 是相关系数。

AR(1)。这是具有方差齐性的一阶自回归方差结构。自回归方差结构说明任意两个元素测量结果之间是相关的。对于相邻元素相关系数为 r,第一个与第三个元素的元素相关系数为 r^2,依此类推。r 受到约束,以使 $-1<r<1$。

其方差-协方差矩阵为：

$$\sigma^2 \begin{pmatrix} 1 & \rho & \rho^2 & \rho^3 \\ \rho & 1 & \rho & \rho^2 \\ \rho^2 & \rho & 1 & \rho \\ \rho^3 & \rho^2 & \rho & 1 \end{pmatrix}$$

AR（1）：异质。 这是具有异质方差的一阶自回归结构。任意两个元素之间的相关性对于相邻元素为 r，对于由第三个元素分隔的两个元素为 r^2，依此类推。r 约束在 -1 和 1 之间。

在前因：一阶方差-协方差矩阵的基础上，令

$$\rho_1 = \rho_2 = \rho_3 = \rho$$

其方差-协方差矩阵变为：

$$\begin{pmatrix} \sigma_1^2 & \sigma_2\sigma_1\rho & \sigma_3\sigma_1\rho^2 & \sigma_4\sigma_1\rho^3 \\ \sigma_2\sigma_1\rho & \sigma_2^2 & \sigma_3\sigma_2\rho & \sigma_4\sigma_2\rho^2 \\ \sigma_3\sigma_1\rho^2 & \sigma_3\sigma_2\rho & \sigma_3^2 & \sigma_4\sigma_3\rho \\ \sigma_4\sigma_1\rho^3 & \sigma_4\sigma_2\rho^2 & \sigma_4\sigma_3\rho & \sigma_4^2 \end{pmatrix}$$

ARMA(1,1)。 这是一阶自回归移动平均结构。它具有同质方差。两个元素之间的相关性对于相邻元素为 f*r，对于由第三个元素分隔的元素为 f*（r^2），依此类推。

其方差-协方差矩阵变为：

$$\sigma^2 \begin{pmatrix} 1 & \varphi\rho & \varphi\rho^2 & \varphi\rho^3 \\ \varphi\rho & 1 & \varphi\rho & \varphi\rho^2 \\ \varphi\rho^2 & \varphi\rho & 1 & \varphi\rho \\ \varphi\rho^3 & \varphi\rho^2 & \varphi\rho & 1 \end{pmatrix}$$

r 是自回归平均参数，φ 是移动平均参数，它们的值约束在 -1 和 1 之间（含边界）。

复合对称。 此结构具有常数方差和常数协方差。表示所有实验品的方差相等，所有实验种间的协方差也相等，此方差协方差结构的线性混合模型分析相当于应用方差分析模型分析。

$$\begin{pmatrix} \sigma_1^2+\sigma^2 & \sigma_1^2 & \sigma_1^2 & \sigma_1^2 \\ \sigma_1^2 & \sigma_1^2+\sigma^2 & \sigma_1^2 & \sigma_1^2 \\ \sigma_1^2 & \sigma_1^2 & \sigma_1^2+\sigma^2 & \sigma_1^2 \\ \sigma_1^2 & \sigma_1^2 & \sigma_1^2 & \sigma_1^2+\sigma^2 \end{pmatrix}$$

复合对称：相关性度规。 此协方差结构的元素之间具有同质方差和同质相关性。

其方差-协方差矩阵变为：

$$\sigma^2 \begin{pmatrix} 1 & \rho & \rho & \rho \\ \rho & 1 & \rho & \rho \\ \rho & \rho & 1 & \rho \\ \rho & \rho & \rho & 1 \end{pmatrix}$$

复合对称：异质。此协方差结构在元素之间具有异质方差和常数相关性。
其方差–协方差矩阵变为：

$$\begin{pmatrix} \sigma_1^2 & \sigma_2\sigma_1\rho & \sigma_3\sigma_1\rho & \sigma_4\sigma_1\rho \\ \sigma_2\sigma_1\rho & \sigma_2^2 & \sigma_3\sigma_2\rho & \sigma_4\sigma_2\rho \\ \sigma_3\sigma_1\rho & \sigma_3\sigma_2\rho & \sigma_3^2 & \sigma_4\sigma_3\rho \\ \sigma_4\sigma_1\rho & \sigma_4\sigma_2\rho & \sigma_4\sigma_3\rho & \sigma_4^2 \end{pmatrix}$$

对角线。此协方差结构在元素之间具有异质方差和零相关性。
其方差–协方差矩阵变为：

$$\begin{pmatrix} \sigma_1^2 & 0 & 0 & 0 \\ 0 & \sigma_2^2 & 0 & 0 \\ 0 & 0 & \sigma_3^2 & 0 \\ 0 & 0 & 0 & \sigma_4^2 \end{pmatrix}$$

因子分析：一阶。此协方差结构具有异质方差，该方差由元素间的一个异质项和一个同质项组成。任意两个元素之间的协方差是它们的异质方差项乘积的平方根。

$$\begin{pmatrix} \lambda_1^2 + d & \lambda_2\lambda_1 & \lambda_3\lambda_1 & \lambda_4\lambda_1 \\ \lambda_1\lambda_2 & \lambda_2^2 + d & \lambda_3\lambda_2 & \lambda_4\lambda_2 \\ \lambda_1\lambda_3 & \lambda_2\lambda_3 & \lambda_3^2 + d & \lambda_4\lambda_3 \\ \lambda_1\lambda_4 & \lambda_2\lambda_4 & \lambda_3\lambda_4 & \lambda_4^2 + d \end{pmatrix}$$

因子分析：一阶，异质。此协方差结构具有异质方差，这些方差由元素间的两个异质项组成。任意两个元素之间的协方差是它们的第一个异质方差项乘积的平方根。

$$\begin{pmatrix} \lambda_1^2 + d_1 & \lambda_2\lambda_1 & \lambda_3\lambda_1 & \lambda_4\lambda_1 \\ \lambda_1\lambda_2 & \lambda_2^2 + d_2 & \lambda_3\lambda_2 & \lambda_4\lambda_2 \\ \lambda_1\lambda_3 & \lambda_2\lambda_3 & \lambda_3^2 + d_3 & \lambda_4\lambda_3 \\ \lambda_1\lambda_4 & \lambda_2\lambda_4 & \lambda_3\lambda_4 & \lambda_4^2 + d_4 \end{pmatrix}$$

λ 是异质方差项的平方根。

Huynh-Feldt。这是一个"圆形"矩阵，其中任意两个元素之间的协方差等于它们的方差平均值减去一个常数。方差和协方差都不是常数。

$$\begin{pmatrix} \sigma_1^2 & \dfrac{\sigma_1^2+\sigma_2^2}{2}-\lambda & \dfrac{\sigma_1^2+\sigma_3^2}{2}-\lambda & \dfrac{\sigma_1^2+\sigma_4^2}{2}-\lambda \\ \dfrac{\sigma_1^2+\sigma_2^2}{2}-\lambda & \sigma_2^2 & \dfrac{\sigma_2^2+\sigma_3^2}{2}-\lambda & \dfrac{\sigma_2^2+\sigma_4^2}{2}-\lambda \\ \dfrac{\sigma_1^2+\sigma_3^2}{2}-\lambda & \dfrac{\sigma_2^2+\sigma_3^2}{2}-\lambda & \sigma_3^2 & \dfrac{\sigma_3^2+\sigma_4^2}{2}-\lambda \\ \dfrac{\sigma_1^2+\sigma_4^2}{2}-\lambda & \dfrac{\sigma_2^2+\sigma_4^2}{2}-\lambda & \dfrac{\sigma_3^2+\sigma_4^2}{2}-\lambda & \sigma_4^2 \end{pmatrix}$$

已标度的恒等。此结构具有常数方差。假设任意两个元素之间没有相关性。

$$\sigma^2 \begin{pmatrix} 1 & 0 & 0 & 0 \\ 0 & 1 & 0 & 0 \\ 0 & 0 & 1 & 0 \\ 0 & 0 & 0 & 1 \end{pmatrix}$$

Toeplitz。此协方差结构的元素之间具有同质方差和 异质相关性。不同相邻元素对的相邻元素之间的相关性是同质的。被第三个元素分隔开的元素之间的相关性又是同质的，依此类推。

$$\sigma^2 \begin{pmatrix} 1 & \rho_1 & \rho_2 & \rho_3 \\ \rho_1 & 1 & \rho & \rho_2 \\ \rho_2 & \rho_1 & 1 & \rho_1 \\ \rho_3 & \rho_2 & \rho & 1 \end{pmatrix}$$

Toeplitz：异质。此协方差结构在元素之间具有异质方差和异质相关性。不同相邻元素对的相邻元素之间的相关性是同质的。被第三个元素分隔开的元素之间的相关性又是同质的，依此类推。

$$\begin{pmatrix} \sigma_1^2 & \sigma_2\sigma_1\rho_1 & \sigma_3\sigma_1\rho_2 & \sigma_4\sigma_1\rho_3 \\ \sigma_2\sigma_1\rho_1 & \sigma_2^2 & \sigma_3\sigma_2\rho_1 & \sigma_4\sigma_2\rho_2 \\ \sigma_3\sigma_1\rho_2 & \sigma_3\sigma_2\rho_1 & \sigma_3^2 & \sigma_4\sigma_3\rho_1 \\ \sigma_4\sigma_1\rho_3 & \sigma_4\sigma_2\rho_2 & \sigma_4\sigma_3\rho_1 & \sigma_4^2 \end{pmatrix}$$

未结构化。这是一个非常一般的协方差矩阵。由于经常存在一些实验品与另外的实验品对一种（或多种）条件因子反应的不一致性，各实验品间的协方差（相关性）也不尽相同。因此，除了上述各品种方差不同质问题外，所有品种间协方差相等的假设也是不符合实际的。基于这些问题，具有普遍意义的假设应该是，每个实验品有各自的方差和每对实验品有各自的协方差。

$$\begin{pmatrix} \sigma_1^2 & \sigma_{21} & \sigma_{31} & \sigma_{41} \\ \sigma_{21} & \sigma_2^2 & \sigma_{32} & \sigma_{42} \\ \sigma_{31} & \sigma_{32} & \sigma_3^2 & \sigma_{43} \\ \sigma_{41} & \sigma_{42} & \sigma_{43} & \sigma_4^2 \end{pmatrix}$$

未结构化：相关性度规。此协方差结构具有异质方差和异质相关性。
其方差-协方差矩阵变为：

$$\begin{pmatrix} \sigma_1^2 & \sigma_2\sigma_1\rho_2 & \sigma_3\sigma_1\rho_3 & \sigma_4\sigma_1\rho_4 \\ \sigma_2\sigma_1\rho_1^2 & \sigma_2^2 & \sigma_3\sigma_2\rho_3^2 & \sigma_4\sigma_2\rho_4^2 \\ \sigma_3\sigma_1\rho_1^3 & \sigma_3\sigma_2\rho_2^3 & \sigma_3^2 & \sigma_4\sigma_3\rho_4^3 \\ \sigma_4\sigma_1\rho_1^4 & \sigma_4\sigma_2\rho_2^4 & \sigma_4\sigma_3\rho_3^4 & \sigma_4^2 \end{pmatrix}$$

方差成分。此结构为每个指定的随机效应分配一个已标度的恒等（ID）结构。

第八节 三水平混合模型

三水平混合模型的 SPSS 操作步骤如下。

例：（余松林、向惠云数据）一项药物稳定性研究，抽出三批生产的药物在货架上的药效衰减速率。对每批产品进行化验，上架后时间月份分别为：0（刚上架）、1、3、6、9、12。每次抽样批次不等，用化验所得药效与产品标签上的药效对比得到相对药效，化验结果见表 11-49：

表 11-49 三批生产的药物在货架上的药效衰减速率

批号 k	月份 j	取样号 i					
		1	2	3	4	5	6
1	0	101.2	103.3	103.3	102.1	104.4	102.4
1	1	98.8	99.4	99.7	99.5		
1	3	98.4	99	97.3	99.8		
1	6	101.5	100.2	101.7	102.7		
1	9	96.3	97.2	97.2	96.3		
1	12	97.3	97.9	96.8	97.7	97.7	96.7
2	0	102.6	102.7	102.4	102.1	102.9	102.6
2	1	99.1	99	99.9	100.6		
2	3	105.7	103.3	103.4	104		
2	6	101.3	101.5	100.9	101.4		
2	9	94.1	96.5	97.2	95.6		
2	12	93.1	92.8	95.4	92.5	92.2	93
3	0	105.1	103.9	106.1	104.1	103.7	104.6
3	1	102.2	102	100.8	99.8		
3	3	101.2	101.8	100.8	102.6		
3	6	101.1	102	100.1	100.2		
3	9	100.9	99.5	102.5	100.8		
3	12	97.8	98.3	96.9	98.4	96.9	96.5

我们将表重新排列，得表 11-50：

表 11-50 数据输入格式

批号 k	月份 j	取样号 i	药效衰减速率 y_{ijk}
1	0	1	101.2
1	0	2	103.3
1	0	3	103.3
1	0	4	102.1
1	0	5	104.4
1	0	6	102.4
1	1	1	98.8
1	1	2	99.4
1	1	3	99.7
1	1	4	99.5
1	3	1	98.4
1	3	2	99
1	3	3	97.3
1	3	4	99.8
1	6	1	101.5
1	6	2	100.2
1	6	3	101.7
1	6	4	102.7
1	9	1	96.3
1	9	2	97.2
1	9	3	97.2
1	9	4	96.3
1	12	1	97.3
1	12	2	97.9
1	12	3	96.8
1	12	4	97.7
1	12	5	97.7
1	12	6	96.7
2	0	1	102.6
2	0	2	102.7
2	0	3	102.4
2	0	4	102.1
2	0	5	102.9

续 表

批号 k	月份 j	取样号 i	药效衰减速率 y_{ijk}
2	0	6	102.6
2	1	1	99.1
2	1	2	99
2	1	3	99.9
2	1	4	100.6
2	3	1	105.7
2	3	2	103.3
2	3	3	103.4
2	3	4	104
2	6	1	101.3
2	6	2	101.5
2	6	3	100.9
2	6	4	101.4
2	9	1	94.1
2	9	2	96.5
2	9	3	97.2
2	9	4	95.6
2	12	1	93.1
2	12	2	92.8
2	12	3	95.4
2	12	4	92.5
2	12	5	92.2
2	12	6	93
3	0	1	105.1
3	0	2	103.9
3	0	3	106.1
3	0	4	104.1
3	0	5	103.7
3	0	6	104.6
3	1	1	102.2
3	1	2	102
3	1	3	100.8
3	1	4	99.8

续　表

批号 k	月份 j	取样号 i	药效衰减速率 y_{ijk}
3	3	1	101.2
3	3	2	101.8
3	3	3	100.8
3	3	4	102.6
3	6	1	101.1
3	6	2	102
3	6	3	100.1
3	6	4	100.2
3	9	1	100.9
3	9	2	99.5
3	9	3	102.5
3	9	4	100.8
3	12	1	97.8
3	12	2	98.3
3	12	3	96.9
3	12	4	98.4
3	12	5	96.9
3	12	6	96.5

固定模型为截距和 j，随机模型为截距和 j，第一张的主题为 i，第二张的主题为 k，统计量为参数估计、参数估计的协方差即可。

一、输入数据

将数据复制粘贴到 SPSS 界面，见图 11-86：

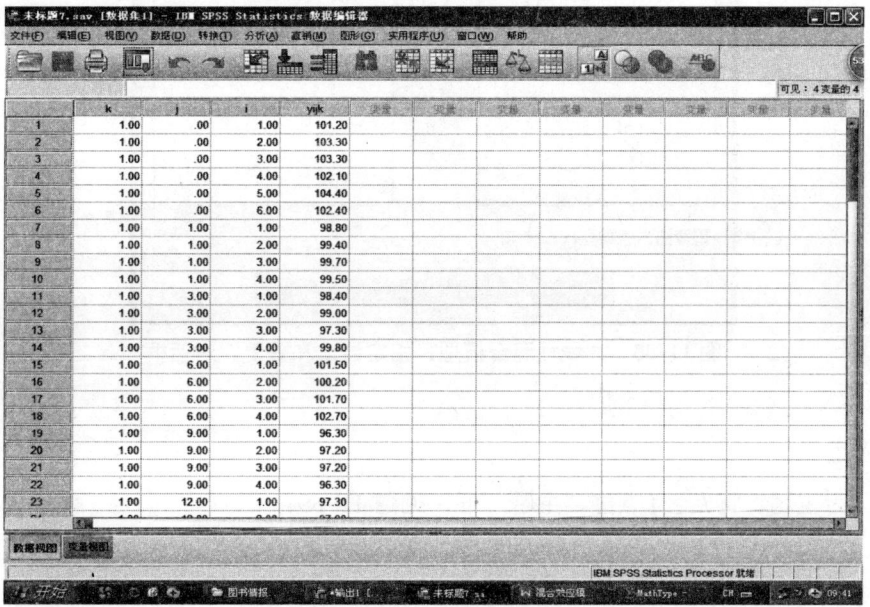

图 11-86　数据输入格式

二、分析路径

点击"分析"→"混合模型"→"线性",见图11-87:

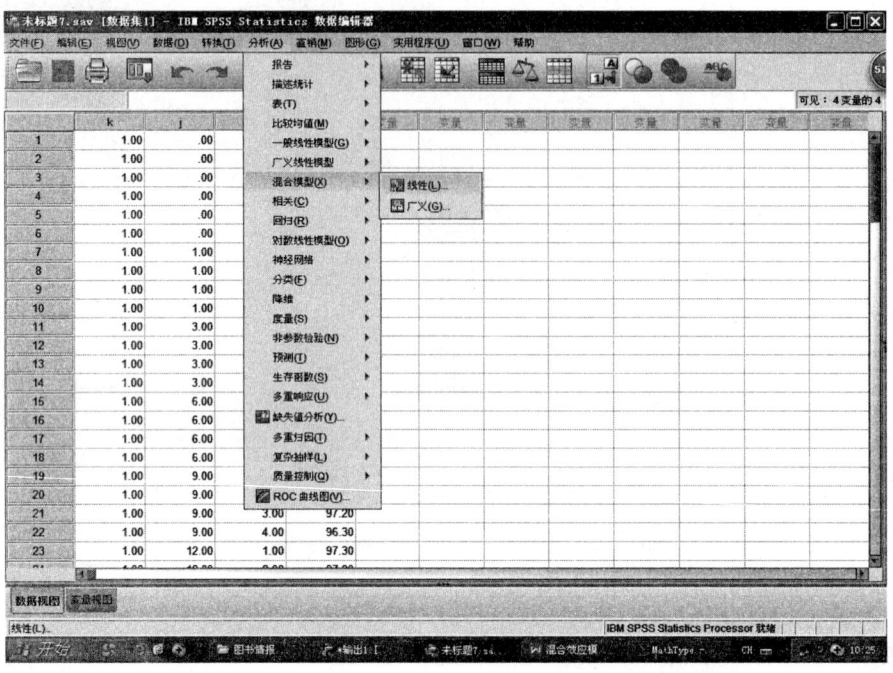

图11-87 分析路径

点击之,得到"线性混合模型:指定群体和重复"对话框,见图11-88:

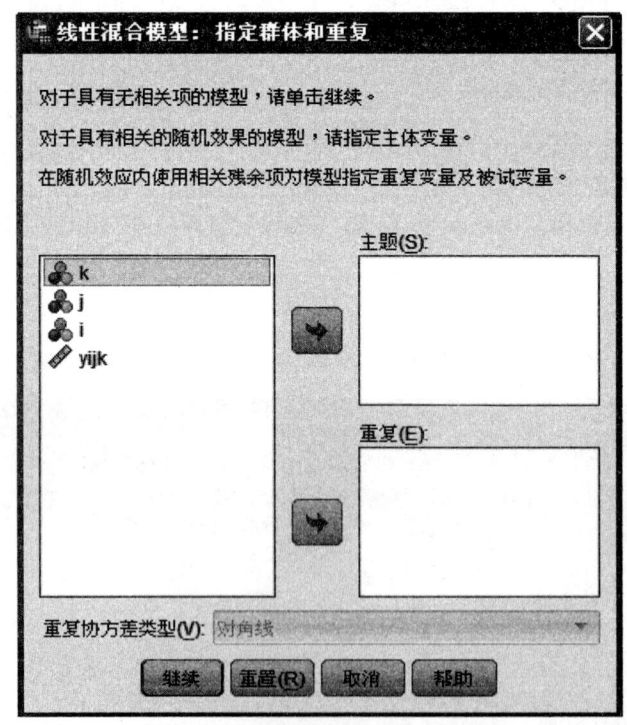

图11-88 "线性混合模型:指定群体和重复"对话框

三、主题选定

我们取 k、i 为主题,将 k、i 点进"主题"框,见图11-89:

第十一章 多水平线性模型　　621

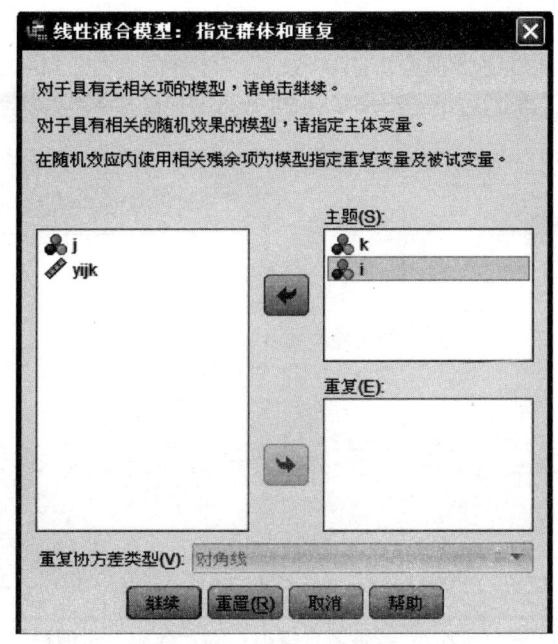

图 11-89　对话框中主题被选定

点击"继续"键,得到"线性混合模型"对话框,见图 11-90:

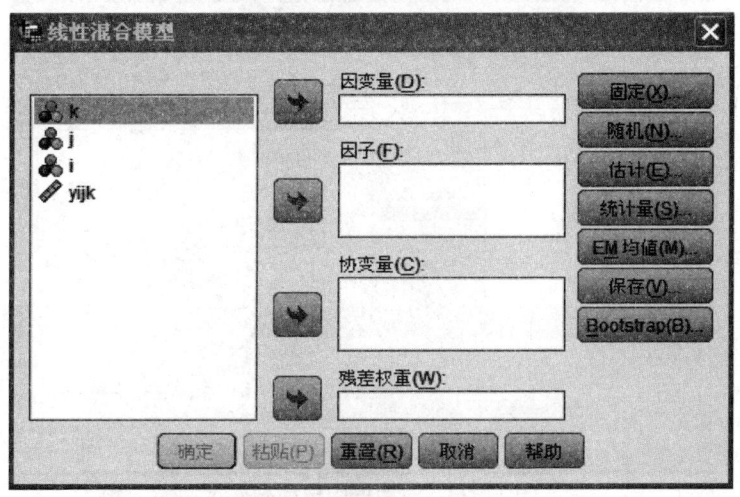

图 11-90　"线性混合模型"对话框

四、变量确定

我们将 y 点进"因变量"框,将 k 点进"因子"框,将 i、j 点进"协变量"框,见图 11-91:

图 11-91　对话框中变量被选定

五、固定效应模型确定

点击"固定"键,得到"线性混合模型:固定效应"对话框,见图 11-92:

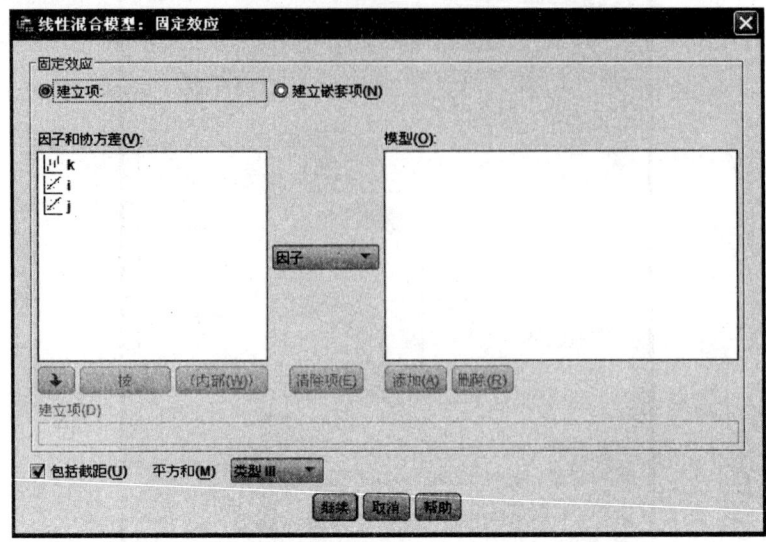

图 11-92 "线性混合模型:固定效应"对话框

点击"因子和协方差"框中的 j,"添加"键被激活,将 j "添加"进"模型"框,见图 11-93:

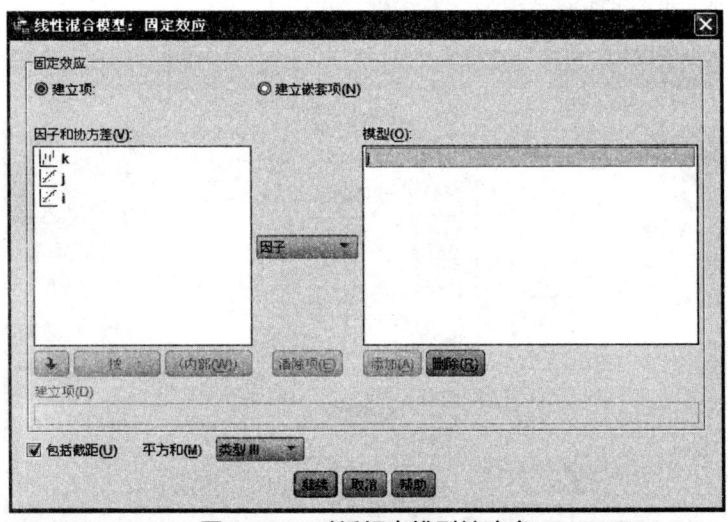

图 11-93 对话框中模型被确定

点击"继续"键返回到"线性混合模型"对话框,见图 11-94:

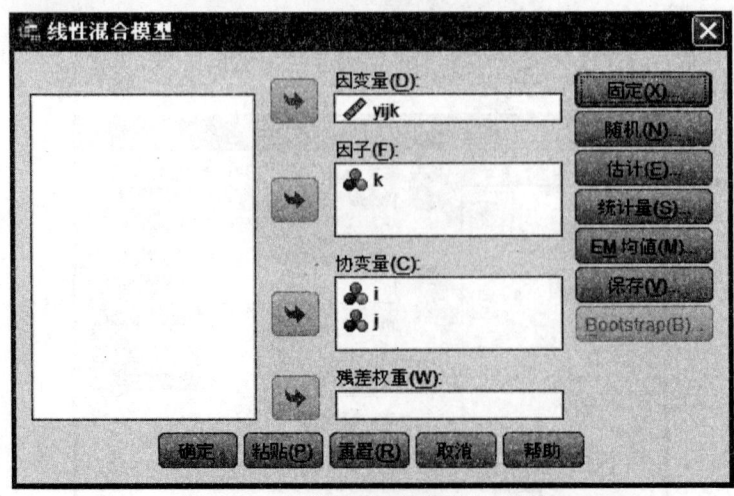

图 11-94 "线性混合模型"对话框

六、随机效果确定

点击"随机"键,得到"线性混合模型:随机效果"对话框,见图11-95:

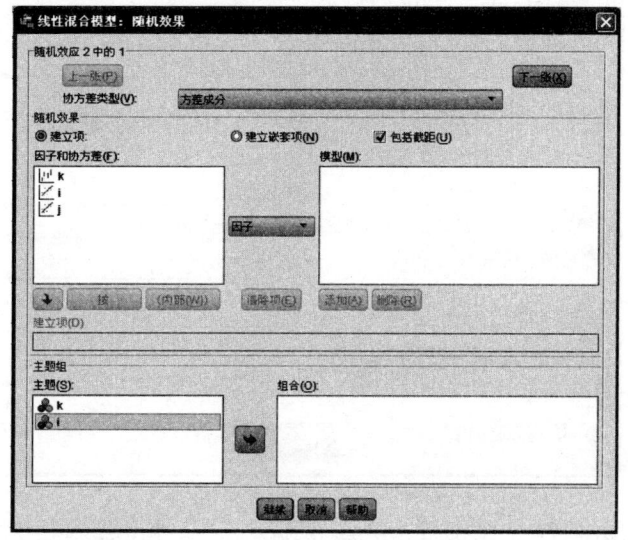

图 11-95 "线性混合模型:随机效果"二水平层次模型对话框

选择"包括截距"选项,将"因子和协方差"框中的 j 点进"模型"框,将最下边"主题"框中的 i 点进"组合"框,见图 11-96:

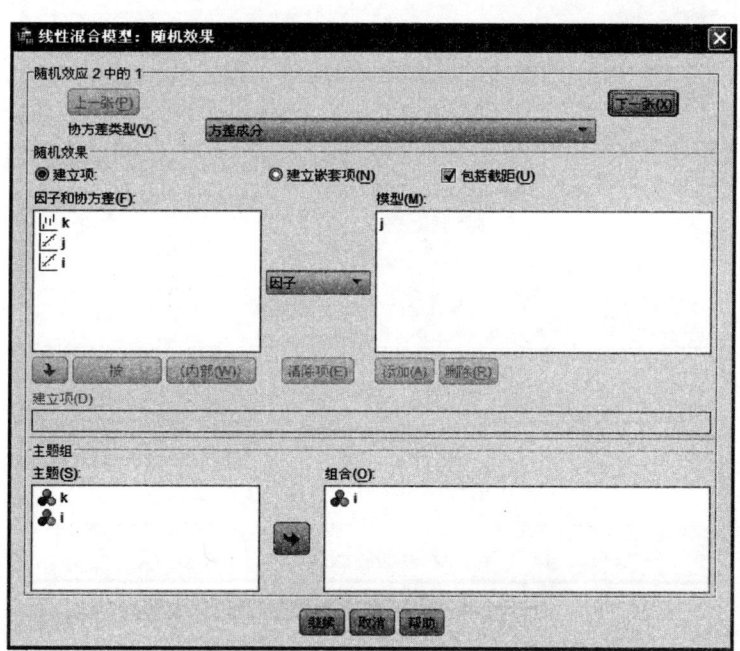

图 11-96 对话框中二水平层次模型的变量和主题被确定

点击右上角的"下一张"键,得到三水平层次模型对话框,见图 11-97:

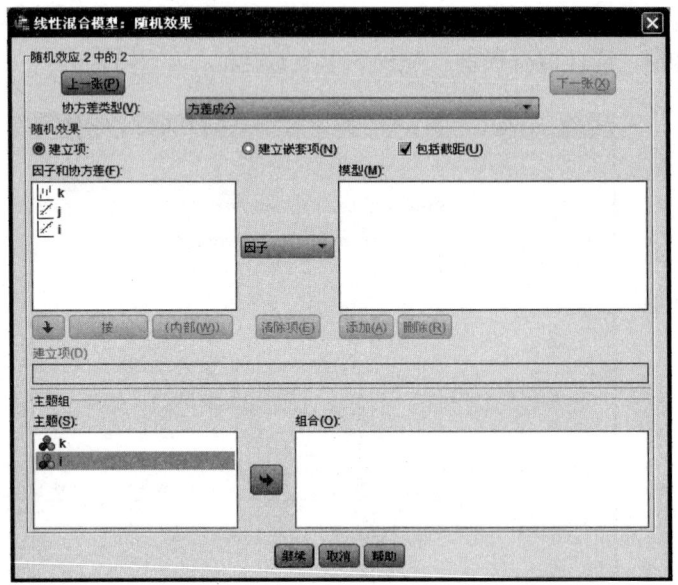

图 11-97 "线性混合模型：随机效果"三水平层次模型对话框

选择"包括截距"选项，将"因子和协方差"框中的 j 点进"模型"框，将最下边"主题"框中的 k 点进"组合"框，见图 11-98：

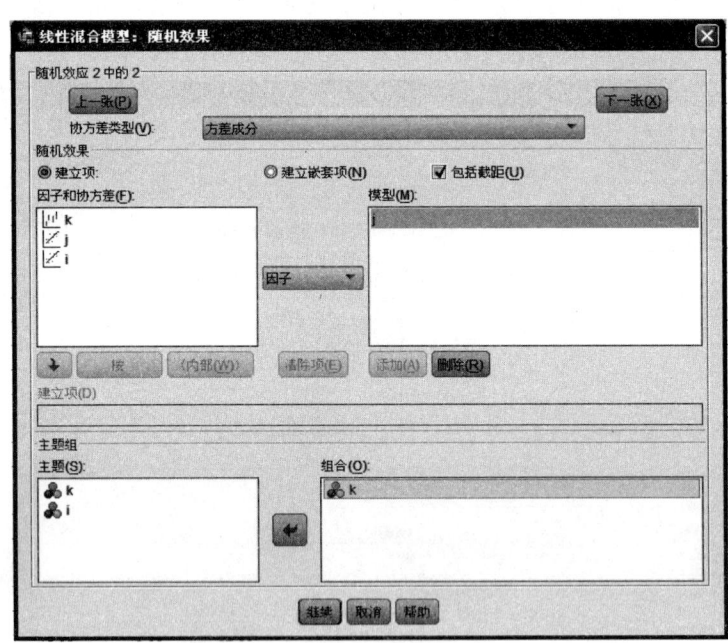

图 11-98 对话框中三水平层次模型的变量和主题被确定

点击"协方差类型"后边的下拉键，见图 11-99：

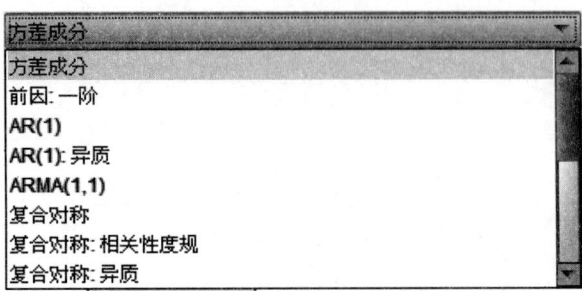

图 11-99 协方差类型选择窗口

我们选择"未结构化"选项,见图 11-100:

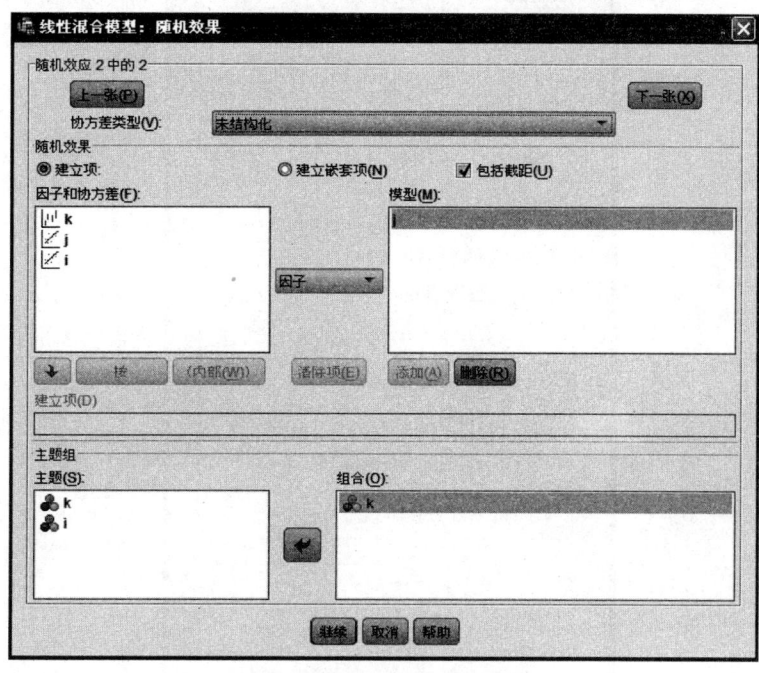

图 11-100 对话框中协方差类型被选定

点击"继续"键返回到"线性混合模型"对话框,见图 11-101:

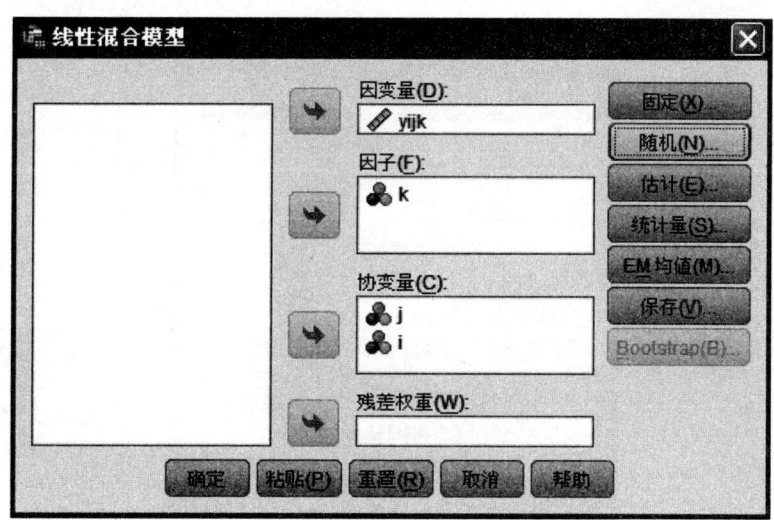

图 11-101 "线性混合模型"对话框

七、输出结果的选择

点击"统计量"键,得到"线性混合模型:统计量"对话框,见图 11-102:

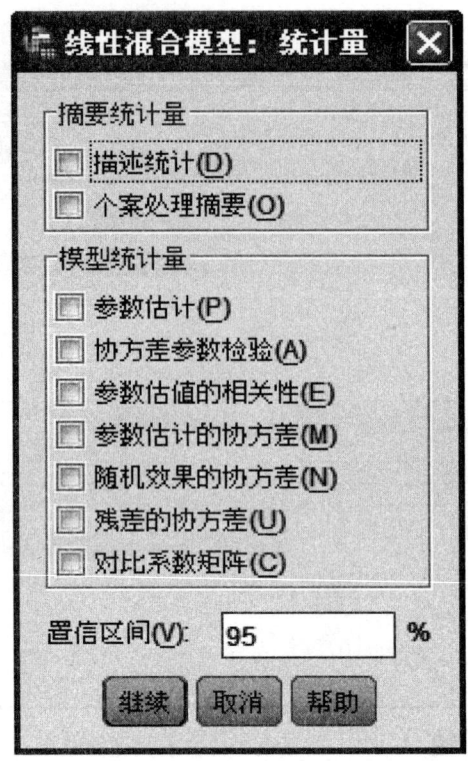

图 11-102 "线性混合模型：统计量"对话框

选择"参数估计"和"协方差参数检验"，见图 11-103：

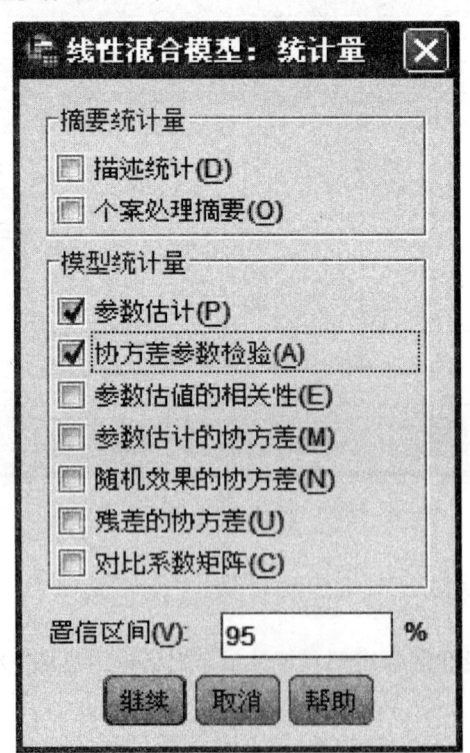

图 11-103 对话框中输出统计量被确定

点击"继续"键返回到"线性混合模型"对话框，见图 11-104：

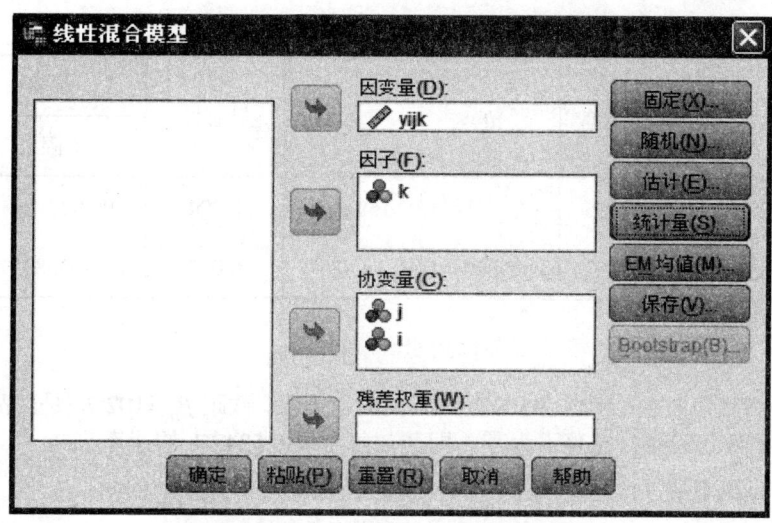

图 11-104 "线性混合模型"对话框

八、结果与分析

点击"确定"键,得到警告,见表 11-51:

表 11-51 警告

| 虽然满足了所有收敛条件,但最终的 Hessian 矩阵还非正定。忽略此警告,MIXED 过程继续进行。后续结果的验证无法确认。 |

本表说明拟合结果不好。不过我们作为例题是讲述三水平模型的 SPSS 操作步骤,数据不好不影响我们讲述三水平模型的 SPSS 操作步骤。

信息条件见表 11-52:

表 11-52 信息条件 [a]

-2 受约束的对数似然值	350.526
Akaike 的信息条件(AIC）	362.526
Hurvich 和 Tsai 的条件（AICC）	363.646
Bozdogan 的条件（CAIC）	382.966
Schwarz 的 Bayesian 条件（BIC）	376.966

注:以"较少为较好"的格式显示信息条件;a 表示因变量为 y_{ijk}

本表是模型分析的基本信息,-2 受约束的对数似然值统计量为 350.526,Akaike 的信息条件(AIC)为 362.526,Hurvich 和 Tsai 的条件统计量为 363.646,Bozdogan 的条件统计量为 382.966,Schwarz 的 Bayesian 条件统计量为 376.966,显然 -2 受约束的对数似然值最小。

固定效应的检验结果见表 11-53:

表 11-53 固定效应的检验类型 [a]

源	分子 df	分母 df	F	显著性
截距	1	2	25368.699	0.000
j	1	2.000	19.582	0.047

注:a 表示因变量为 y_{ijk}

本表说明截距和月份 j 都非常显著。

固定效应估计结果见表 11-54:

表 11-54 固定效应估计 [a]

参数	估计	标准误差	df	t	显著性	95% 置信区间	
						下限	上限
截距	102.701599	0.644805	2	159.276	0.000	99.927229	105.475969
j	−0.524176	0.118452	2.000	−4.425	0.047	−1.033835	−0.014517

注：a 表示因变量为 y_{ijk}

本表给出了截距和月份 j 的估计值、95% 置信区间的上下限。截距 $\hat{\beta}_0$ =102.7，是药品出厂时的平均药效，显著不为零。衰减速率为 0.5242，显著不为零。即药效每月以 0.5242% 的速率衰减。

协方差参数估计结果见表 11-55：

表 11-55 协方差参数估计 [b]

参数		估计	标准误差	Wald Z	显著性	95% 置信区间	
						下限	上限
残差		3.302295	0.528790	6.245	0.000	2.412763	4.519779
截距 [个体 = i]	方差	0.000000[a]	0.000000	.	.	.	.
j [个体 = i]	方差	0.000000[a]	0.000000	.	.	.	.
截距 + j [个体 = k]	UN (1,1)	0.972928	1.248092	0.780	0.436	0.078730	12.023204
	UN (2,1)	−0.101927	0.186878	−0.545	0.585	−0.468202	0.264348
	UN (2,2)	0.036493	0.042102	0.867	0.386	0.003803	0.350147

注：a 表示此协方差参数冗余，无法计算检验统计量和置信区间；b 表示因变量为 y_{ijk}

本表给出了二水平的方差和截距方差，但由于数据不收敛，无法估计出其值和显著性，也给出了三水平的协方差估计值，但都不显著，协方差结构为：

$$\begin{bmatrix} 0.9729 & -0.1019 & 0 & 0 & 0 & 0 \\ -0.1019 & 0.0365 & 0 & 0 & 0 & 0 \\ 0 & 0 & 0.9729 & -0.1019 & 0 & 0 \\ 0 & 0 & -0.1019 & 0.0365 & 0 & 0 \\ 0 & 0 & 0 & 0 & 0.9729 & -0.1019 \\ 0 & 0 & 0 & 0 & -0.1019 & 0.0365 \end{bmatrix}$$

从表可得到误差的方差为 $\hat{\sigma}$ =3.30233。

由于读者数据获得较难，下边在附表中给出几组数据，供读者参考和练习。

附表

附表一 48所高校学术信息与研究竞争力指标

学校名称	ALR	SLC	SE	SW	CR	SCI	R&D	TS	NSRS	SSRS
清华大学	0.24	3760000	2475000	158	22105812	6273	37.6	113.21	93.81	19.4
北京大学	0.30	7780000	2308683	187	234208153	4340	20.3	117.66	77.44	40.22
浙江大学	0.31	3397947	1418300	224	11490000	9540	28.17	124.84	107.59	17.25
中国科学技术大学	0.12	1505609	1300000	92	7000000	490	16.2	48.52	46.69	1.84
复旦大学	0.28	4090242	1483445	208	12069631	6029	9.6	82.09	58.63	23.45
上海交通大学	0.26	3503309	3895227	254	26372232	7040	16.4	92.74	84.17	8.57
哈尔滨工业大学	0.15	2796100	1456300	136	1000000	257	19.28	50.9	48.7	2.2
南开大学	0.18	2760000	3614000	136	3160488	2333	5.27	47.1	27.69	19.41
中国人民大学	0.20	3379000	138072	172	15981670	378	2.23	35.31	1.99	33.32
华中科技大学	0.23	2753106	1184000	226	24240088	4514	15.8	53.05	44.19	8.87
西安交通大学	0.16	3359695	1097336	161	992362	27	7.9	44.95	34.21	10.74
武汉大学	0.29	5260131	3743994	339	10530000	4498	10.48	55.4	34.12	21.28
四川大学	0.17	4007163	1930292	229	8600000	5241	16.5	52.66	42.65	10.01
中山大学	0.34	4428586	1467023	258	2143909	6306	8.04	58.97	43.85	15.12
东南大学	0.21	3076608	1056509	151	2300000	3053	11.38	33.58	28.32	5.27
大连理工大学	0.15	2336052	89000	122	5538779	2955	10.8	33.08	29.71	3.38
西北工业大学	0.10	1517739	3258162	74	3635000	49	19.1	26.81	25.05	1.76
厦门大学	0.24	2778294	1414500	176	7920876	2353	6.42	29.89	16.72	13.17
华东师范大学	0.20	3630838	1142402	144	18735766	1302	5.99	22.67	12.33	10.34
山东大学	0.15	3964248	1056000	252	10280000	5449	6.9	43.3	32.48	10.82
同济大学	0.22	3609662	2147734	179	9741840	3023	9.61	26.59	23.4	3.2
中国农业大学	0.10	1839600	1478783	IM	8700000	3082	8.75	27.67	24.43	3.21
东北大学	0.12	2738907	564837	94	38714319	2948	4.09	13.18	10.63	2.55
北京科技大学	0.10	1115263	1703258	67	2504000	3	11.6	14.6	13.52	1.08
华南理工大学	0.18	3130000	2360000	134	1765589	2385	8.28	29.7	26.09	3.61
南京航空航天大学	0.10	1286115	794893	85	1900000	35	4.68	19.4	16.29	3.1

续 表

学校名称	ALR	SLC	SE	SW	CR	SCI	R&D	TS	NSRS	SSRS
东北师范大学	0.10	3165839	900000	128	12960000	799	3.08	16.13	11.09	5.03
华东理工大学	0.11	2122923	1402980	106	526006	372	3.79	21.05	19.72	1.32
重庆大学	0.13	2660573	1566000	171	3639284	2310	7.54	25.87	17.78	8.09
电子科技大学	0.12	1842751	1433079	80	57511301	103	8.5	17.25	15.27	1.98
西安电子科技大学	0.06	1169523	1792053	65	5900000	1139	3.52	13.85	13.26	0.59
南京理工大学	0.08	1443118	4337720	84	318354	69	3.38	15.19	13.78	1.41
上海财经大学	0.07	1392983	1528030	63	2381234	2816	2.04	7.97	0.24	7.73
西北大学	0.07	2079578	180903	68	3673000	8736	1.72	10.95	6.56	4.39
北京邮电大学	0.09	1136604	1970000	62	2617255	28	2.87	5.95	5.38	0.57
西南交通大学	0.10	3063815	3732717	117	37061926	706	4.11	9.98	7.44	2.54
武汉理工大学	0.14	3300283	1608136	198	21181846	65	6.4	12.98	10.9	2.08
南京师范大学	0.11	2199240	1456519	137	3502500	590	3.46	13.79	6.47	7.32
上海大学	0.09	3596815	1034400	223	3271237	2864	6.5	19	14.05	4.95
湖南师范大学	0.07	3047328	1861710	120	5000000	390	2.73	10.77	5.58	5.19
华中农业大学	0.08	1113238	900000	70	917696	959	2.38	11.58	9.46	2.12
中南财经政法大学	0.05	3539291	831724	127	13887117	1	2.63	5.37	0.11	5.25
东华大学	0.12	1437822	1180000	90	2800000	931	3.47	15.12	14.36	0.76
合肥工业大学	0.10	1560739	1213543	136	6937252	31	3.04	7.35	6.37	0.98
安徽大学	0.09	2690000	1120254	122	5850261	975	2	6.7	4.53	2.17
福州大学	0.11	1767204	1161382	102	1184712	677	2.4	8.67	7.46	1.21
长安大学	0.05	1963724	347785	133	1590061	17	5.7	5.93	5.16	0.76
华北电力大学	0.11	165467	2473615	102	1700000	716	2	7.32	6.14	1.18

附表二　JSP (Junior School Project) 数据

11岁成绩正态得分 y_{ij}	常数	8岁成绩	性别 x_{2ij}	社会背景 x_{3ij}	学校标号（主题）z	11岁成绩	8岁成绩正态得分 x_{1ij}	学生标号	学校平均（8岁成绩）
1.802743	1	36	1	0	1	39	1.551093	1	−3.5556
−2.29074	1	19	0	1	1	11	−0.98033	2	−3.5556
−0.04132	1	31	0	1	1	32	0.638187	3	−3.5556
−0.74993	1	23	0	0	1	27	−0.45987	4	−3.5556
0.743105	1	39	0	0	1	36	2.149517	5	−3.5556
0.162541	1	25	1	1	1	33	−0.18176	6	−3.5556
−0.37163	1	27	1	1	1	30	0.072369	7	−3.5556
−1.63037	1	14	1	1	1	17	−1.52304	8	−3.5556
0.162541	1	30	1	1	1	33	0.454143	9	−3.5556
−1.40267	1	19	1	1	1	20	−0.98033	10	−3.5556
−2.05545	1	11	1	0	1	13	−2.04142	11	−3.5556
−0.8897	1	19	1	1	1	25	−0.98033	12	−3.5556
−0.74993	1	29	0	1	1	27	0.315018	13	−3.5556
−1.29576	1	22	1	0	1	21	−0.58831	14	−3.5556
−0.37163	1	21	1	1	1	30	−0.72731	15	−3.5556
−0.74993	1	19	0	0	1	27	−0.98033	16	−3.5556
−1.17746	1	17	1	1	1	22	−1.20903	17	−3.5556
−1.68477	1	11	1	1	1	16	−2.04142	18	−3.5556
−1.40267	1	14	0	1	1	20	−1.52304	19	−3.5556
−0.74993	1	19	0	0	2	27	−0.98033	20	−1.7766
1.061502	1	30	1	0	2	37	0.454143	21	−1.7766
−0.65516	1	24	0	1	2	28	−0.3277	22	−1.7766
1.061502	1	34	1	0	2	37	1.170603	23	−1.7766
−1.48051	1	14	0	1	2	19	−1.52304	24	−1.7766
1.061502	1	33	0	1	3	37	0.988715	25	3.19
1.802743	1	34	0	1	3	39	1.170603	26	3.19
1.061502	1	37	1	0	3	37	1.794068	27	3.19
0.516121	1	32	0	1	3	35	0.817817	28	3.19
0.162541	1	23	1	1	3	33	−0.45987	29	3.19
1.061502	1	33	1	1	3	37	0.988715	30	3.19
1.061502	1	24	1	1	3	37	−0.3277	31	3.19
−0.04132	1	18	0	1	3	32	−1.10483	32	3.19
−1.17746	1	31	1	1	3	22	0.638187	33	3.19

续 表

11岁成绩正态得分 y_{ij}	常数	8岁成绩	性别 x_{2ij}	社会背景 x_{3ij}	学校标号（主题）z	11岁成绩	8岁成绩正态得分 x_{1ij}	学生标号	学校平均（8岁成绩）
0.743105	1	29	0	1	3	36	0.315018	34	3.19
−1.76065	1	28	1	1	3	15	0.19052	35	3.19
1.061502	1	28	1	1	3	37	0.19052	36	3.19
−1.40267	1	12	0	1	4	20	−1.82051	37	−3.7624
−2.05545	1	7	0	1	4	13	−2.86875	38	−3.7624
−0.8897	1	28	1	1	4	25	0.19052	39	−3.7624
−1.29576	1	21	0	1	4	21	−0.72731	40	−3.7624
1.411941	1	37	1	1	4	38	1.794068	41	−3.7624
−0.99434	1	20	0	1	4	24	−0.85693	42	−3.7624
−1.89802	1	11	1	1	4	14	−2.04142	43	−3.7624
−0.81301	1	21	0	1	4	26	−0.72731	44	−3.7624
0.340451	1	30	0	1	4	34	0.454143	45	−3.7624
0.162541	1	21	1	1	4	33	−0.72731	46	−3.7624
0.743105	1	23	1	1	4	36	−0.45987	47	−3.7624
0.516121	1	23	1	1	4	35	−0.45987	48	−3.7624
0.340451	1	28	0	1	4	34	0.19052	49	−3.7624
0.162541	1	29	0	1	4	33	0.315018	50	−3.7624
−0.8897	1	12	1	1	5	25	−1.82051	51	2.9799
0.162541	1	26	1	1	5	33	−0.04477	52	2.9799
0.743105	1	30	0	0	5	36	0.454143	53	2.9799
−0.21688	1	25	1	0	5	31	−0.18176	54	2.9799
−0.8897	1	20	0	1	5	25	−0.85693	55	2.9799
1.061502	1	34	0	0	5	37	1.170603	56	2.9799
−1.08291	1	18	1	0	5	23	−1.10483	57	2.9799
0.340451	1	32	0	0	5	34	0.817817	58	2.9799
0.743105	1	33	0	0	5	36	0.988715	59	2.9799
−0.37163	1	25	1	1	5	30	−0.18176	60	2.9799
0.162541	1	31	0	0	5	33	0.638187	61	2.9799
−0.04132	1	29	1	0	5	32	0.315018	62	2.9799
−1.29576	1	25	0	1	5	21	−0.18176	63	2.9799
0.340451	1	31	0	1	5	34	0.638187	64	2.9799
1.411941	1	37	1	0	5	38	1.794068	65	2.9799
0.743105	1	26	1	0	5	36	−0.04477	66	2.9799

续 表

11岁成绩正态得分 y_{ij}	常数	8岁成绩	性别 x_{2ij}	社会背景 x_{3ij}	学校标号（主题）z	11岁成绩	8岁成绩正态得分 x_{1ij}	学生标号	学校平均（8岁成绩）
0.743105	1	35	0	1	5	36	1.340924	67	2.9799
1.061502	1	35	0	0	5	37	1.340924	68	2.9799
0.340451	1	30	0	0	5	34	0.454143	69	2.9799
−0.65516	1	33	0	0	5	28	0.988715	70	2.9799
−0.37163	1	28	1	0	5	30	0.19052	71	2.9799
1.061502	1	31	1	0	5	37	0.638187	72	2.9799
0.743105	1	40	1	0	5	36	2.589361	73	2.9799
−0.65516	1	21	0	1	6	28	−0.72731	74	1.7234
−0.21688	1	26	1	1	6	31	−0.04477	75	1.7234
−0.37163	1	24	0	1	6	30	−0.3277	76	1.7234
1.061502	1	29	1	1	6	37	0.315018	77	1.7234
−0.04132	1	32	0	1	6	32	0.817817	78	1.7234
0.743105	1	30	1	1	6	36	0.454143	79	1.7234
2.429734	1	33	1	1	6	40	0.988715	80	1.7234
0.743105	1	31	0	1	6	36	0.638187	81	1.7234
−0.37163	1	28	1	1	6	30	0.19052	82	1.7234
−1.17746	1	23	1	1	6	22	−0.45987	83	1.7234
1.061502	1	31	1	1	7	37	0.638187	84	−3.9766
1.061502	1	17	0	1	7	37	−1.20903	85	−3.9766
1.411941	1	31	0	0	7	38	0.638187	86	−3.9766
−1.29576	1	9	0	1	7	21	−2.31515	87	−3.9766
−0.37163	1	23	1	1	8	30	−0.45987	88	−0.2544
−0.74993	1	20	0	1	8	27	−0.85693	89	−0.2544
0.162541	1	30	1	1	8	33	0.454143	90	−0.2544
−0.21688	1	22	0	1	8	31	−0.58831	91	−0.2544
−0.53192	1	31	1	1	8	29	0.638187	92	−0.2544
0.516121	1	28	0	1	8	35	0.19052	93	−0.2544
1.061502	1	23	1	1	8	37	−0.45987	94	−0.2544
0.162541	1	30	0	1	8	33	0.454143	95	−0.2544
0.516121	1	34	1	0	8	35	1.170603	96	−0.2544
−0.8897	1	30	0	1	8	25	0.454143	97	−0.2544
−0.37163	1	22	0	1	8	30	−0.58831	98	−0.2544
−1.29576	1	22	1	0	8	21	−0.58831	99	−0.2544

续 表

11岁成绩正态得分 y_{ij}	常数	8岁成绩	性别 x_{2ij}	社会背景 x_{3ij}	学校标号（主题）z	11岁成绩	8岁成绩正态得分 x_{1ij}	学生标号	学校平均（8岁成绩）
−0.04132	1	25	0	1	8	32	−0.18176	100	−0.2544
−1.08291	1	18	0	1	8	23	−1.10483	101	−0.2544
1.411941	1	35	0	1	8	38	1.340924	102	−0.2544
0.340451	1	29	1	0	8	34	0.315018	103	−0.2544
−1.55685	1	13	0	1	8	18	−1.67769	104	−0.2544
0.162541	1	28	0	1	8	33	0.19052	105	−0.2544
−0.04132	1	26	1	1	9	32	−0.04477	106	1.7734
1.061502	1	39	0	0	9	37	2.149517	107	1.7734
0.516121	1	33	0	1	9	35	0.988715	108	1.7734
0.743105	1	33	0	0	9	36	0.988715	109	1.7734
1.061502	1	37	0	0	9	37	1.794068	110	1.7734
1.802743	1	36	1	0	9	39	1.551093	111	1.7734
1.061502	1	33	1	0	9	37	0.988715	112	1.7734
1.411941	1	36	1	0	9	38	1.551093	113	1.7734
−1.63037	1	11	1	0	9	17	−2.04142	114	1.7734
−0.04132	1	24	1	1	9	32	−0.3277	115	1.7734
−0.37163	1	30	1	1	9	30	0.454143	116	1.7734
−0.21688	1	23	1	0	9	31	−0.45987	117	1.7734
0.340451	1	26	0	1	9	34	−0.04477	118	1.7734
1.411941	1	33	1	0	9	38	0.988715	119	1.7734
1.411941	1	34	1	0	9	38	1.170603	120	1.7734
−0.65516	1	25	0	0	9	28	−0.18176	121	1.7734
−0.04132	1	29	0	0	9	32	0.315018	122	1.7734
−1.17746	1	18	0	1	9	22	−1.10483	123	1.7734
−1.55685	1	13	1	0	9	18	−1.67769	124	1.7734
−1.17746	1	16	1	0	9	22	−1.28783	125	1.7734
−0.04132	1	26	1	0	11	32	−0.04477	126	−0.31
−0.37163	1	28	1	0	11	30	0.19052	127	−0.31
−1.76065	1	21	1	1	11	15	−0.72731	128	−0.31
0.516121	1	25	0	0	11	35	−0.18176	129	−0.31
−0.99434	1	22	1	0	11	24	−0.58831	130	−0.31
−0.21688	1	29	0	0	11	31	0.315018	131	−0.31

续 表

11岁成绩正态得分 y_{ij}	常数	8岁成绩	性别 x_{2ij}	社会背景 x_{3ij}	学校标号（主题）z	11岁成绩	8岁成绩正态得分 x_{1ij}	学生标号	学校平均（8岁成绩）
0.162541	1	23	0	1	11	33	−0.45987	132	−0.31
1.411941	1	31	1	1	11	38	0.638187	133	−0.31
−0.53192	1	26	1	1	11	29	−0.04477	134	−0.31
0.340451	1	28	0	1	12	34	0.19052	135	−0.1345
−1.76065	1	9	1	1	12	15	−2.31515	136	−0.1345
0.340451	1	25	0	1	12	34	−0.18176	137	−0.1345
1.061502	1	32	1	1	12	37	0.817817	138	−0.1345
−0.04132	1	34	1	0	12	32	1.170603	139	−0.1345
1.411941	1	39	0	0	12	38	2.149517	140	−0.1345
1.802743	1	36	0	1	12	39	1.551093	141	−0.1345
−1.29576	1	26	1	0	12	21	−0.04477	142	−0.1345
0.743105	1	29	0	0	12	36	0.315018	143	−0.1345
−0.74993	1	21	0	1	12	27	−0.72731	144	−0.1345
−0.74993	1	23	1	0	12	27	−0.45987	145	−0.1345
1.061502	1	28	0	1	12	37	0.19052	146	−0.1345
0.162541	1	28	0	1	12	33	0.19052	147	−0.1345
−0.99434	1	28	0	0	12	24	0.19052	148	−0.1345
−1.89802	1	14	1	1	12	14	−1.52304	149	−0.1345
−0.8897	1	21	1	1	12	25	−0.72731	150	−0.1345
−0.04132	1	22	1	1	12	32	−0.58831	151	−0.1345
1.411941	1	32	0	1	12	38	0.817817	152	−0.1345
−1.40267	1	16	1	1	12	20	−1.28783	153	−0.1345
−0.37163	1	31	0	1	13	30	0.638187	154	−1.81
−0.65516	1	34	0	1	13	28	1.170603	155	−1.81
0.162541	1	33	0	1	13	33	0.988715	156	−1.81
−0.21688	1	25	0	1	13	31	−0.18176	157	−1.81
0.743105	1	21	1	1	13	36	−0.72731	158	−1.81
−2.46408	1	21	0	1	13	10	−0.72731	159	−1.81
−2.05545	1	20	1	1	13	13	−0.85693	160	−1.81
−0.53192	1	25	0	1	13	29	−0.18176	161	−1.81
−1.40267	1	23	0	0	13	20	−0.45987	162	−1.81
−0.53192	1	27	0	0	13	29	0.072369	163	−1.81
1.411941	1	35	1	1	13	38	1.340924	164	−1.81

续 表

11岁成绩正态得分 y_{ij}	常数	8岁成绩	性别 x_{2ij}	社会背景 x_{3ij}	学校标号(主题)z	11岁成绩	8岁成绩正态得分 x_{1ij}	学生标号	学校平均(8岁成绩)
0.162541	1	27	0	1	13	33	0.072369	165	−1.81
0.516121	1	24	1	1	13	35	−0.3277	166	−1.81
−0.04132	1	20	1	0	13	32	−0.85693	167	−1.81
1.061502	1	14	0	1	13	37	−1.52304	168	−1.81
−1.29576	1	14	1	1	13	21	−1.52304	169	−1.81
0.743105	1	26	0	0	13	36	−0.04477	170	−1.81
−0.99434	1	15	1	1	13	24	−1.38448	171	−1.81
−0.37163	1	30	0	1	14	30	0.454143	172	−3.7266
−1.17746	1	19	1	1	14	22	−0.98033	173	−3.7266
−0.81301	1	15	1	1	14	26	−1.38448	174	−3.7266
−0.37163	1	25	1	1	14	30	−0.18176	175	−3.7266
0.743105	1	38	0	0	15	36	1.964686	176	6.4234
1.061502	1	29	1	1	15	37	0.315018	177	6.4234
0.743105	1	37	0	0	15	36	1.794068	178	6.4234
1.061502	1	34	0	0	15	37	1.170603	179	6.4234
0.743105	1	24	0	1	15	36	−0.3277	180	6.4234
−0.04132	1	30	1	1	16	32	0.454143	181	−4.9766
−0.65516	1	23	0	1	16	28	−0.45987	182	−4.9766
−0.21688	1	27	1	1	16	31	0.072369	183	−4.9766
1.061502	1	22	0	1	16	37	−0.58831	184	−4.9766
−1.08291	1	18	0	1	16	23	−1.10483	185	−4.9766
1.411941	1	27	1	0	16	38	0.072369	186	−4.9766
−0.37163	1	22	1	1	16	30	−0.58831	187	−4.9766
−0.81301	1	27	1	1	16	26	0.072369	188	−4.9766
−1.63037	1	14	0	1	16	17	−1.52304	189	−4.9766
−2.77651	1	12	1	1	16	8	−1.82051	190	−4.9766
−2.05545	1	8	1	1	16	13	−2.54304	191	−4.9766
−0.37163	1	22	1	1	16	30	−0.58831	192	−4.9766
1.411941	1	39	1	0	17	38	2.149517	193	1.3567
−0.04132	1	23	0	1	17	32	−0.45987	194	1.3567
−0.81301	1	20	0	1	17	26	−0.85693	195	1.3567
0.516121	1	36	1	0	18	35	1.551093	196	0.7157
−1.40267	1	14	1	1	18	20	−1.52304	197	0.7157

续 表

11岁成绩正态得分 y_{ij}	常数	8岁成绩	性别 x_{2ij}	社会背景 x_{3ij}	学校标号（主题）z	11岁成绩	8岁成绩正态得分 x_{1ij}	学生标号	学校平均（8岁成绩）
−0.81301	1	22	1	1	18	26	−0.58831	198	0.7157
0.743105	1	30	0	1	18	36	0.454143	199	0.7157
1.411941	1	34	0	0	18	38	1.170603	200	0.7157
−0.8897	1	22	0	1	18	25	−0.58831	201	0.7157
−0.53192	1	24	0	1	18	29	−0.3277	202	0.7157
0.162541	1	32	1	0	18	33	0.817817	203	0.7157
−0.37163	1	25	0	1	18	30	−0.18176	204	0.7157
−1.29576	1	24	0	1	18	21	−0.3277	205	0.7157
1.411941	1	35	0	1	18	38	1.340924	206	0.7157
−0.21688	1	32	0	1	18	31	0.817817	207	0.7157
−0.53192	1	17	1	1	18	29	−1.20903	208	0.7157
0.162541	1	15	0	1	19	33	−1.38448	209	−2.2843
0.340451	1	30	1	1	19	34	0.454143	210	−2.2843
−0.8897	1	13	1	1	19	25	−1.67769	211	−2.2843
1.411941	1	18	1	0	19	38	−1.10483	212	−2.2843
0.516121	1	35	1	1	19	35	1.340924	213	−2.2843
−0.37163	1	15	0	1	19	30	−1.38448	214	−2.2843
−0.04132	1	19	1	1	19	32	−0.98033	215	−2.2843
−0.21688	1	26	0	0	19	31	−0.04477	216	−2.2843
−0.04132	1	22	0	1	19	32	−0.58831	217	−2.2843
0.162541	1	26	0	1	19	33	−0.04477	218	−2.2843
1.061502	1	36	0	1	19	37	1.551093	219	−2.2843
−0.37163	1	28	0	1	19	30	0.19052	220	−2.2843
−0.74993	1	25	1	1	19	27	−0.18176	221	−2.2843
0.516121	1	30	1	1	20	35	0.454143	222	2.4519
−0.04132	1	26	1	1	20	32	−0.04477	223	2.4519
1.061502	1	37	0	0	20	37	1.794068	224	2.4519
−0.04132	1	23	1	1	22	25	−0.45987	259	2.0234
2.429734	1	34	0	1	23	40	1.170603	260	3.2456
−0.65516	1	18	1	0	23	28	−1.10483	261	3.2456
−0.8897	1	28	1	1	23	25	0.19052	262	3.2456
0.516121	1	29	1	1	23	35	0.315018	263	3.2456
−0.04132	1	31	1	1	23	32	0.638187	264	3.2456

续 表

11岁成绩正态得分 y_{ij}	常数	8岁成绩	性别 x_{2ij}	社会背景 x_{3ij}	学校标号（主题）z	11岁成绩	8岁成绩正态得分 x_{1ij}	学生标号	学校平均（8岁成绩）
2.429734	1	36	1	1	23	40	1.551093	265	3.2456
1.061502	1	33	1	0	23	37	0.988715	266	3.2456
−0.65516	1	28	1	0	23	28	0.19052	267	3.2456
0.340451	1	26	0	1	23	34	−0.04477	268	3.2456
0.516121	1	25	1	0	24	35	−0.18176	269	−0.7414
−0.04132	1	15	0	1	24	32	−1.38448	270	−0.7414
0.340451	1	21	1	1	24	34	−0.72731	271	−0.7414
1.061502	1	35	1	0	24	37	1.340924	272	−0.7414
1.061502	1	31	0	0	24	37	0.638187	273	−0.7414
0.743105	1	31	1	1	24	36	0.638187	274	−0.7414
−0.74993	1	20	1	1	24	27	−0.85693	275	−0.7414
1.061502	1	34	0	1	24	37	1.170603	276	−0.7414
0.162541	1	27	1	1	24	33	0.072369	277	−0.7414
1.061502	1	35	0	0	24	37	1.340924	278	−0.7414
0.743105	1	20	0	1	24	36	−0.85693	279	−0.7414
−1.08291	1	12	0	1	24	23	−1.82051	280	−0.7414
−0.21688	1	18	0	1	24	31	−1.10483	281	−0.7414
−0.21688	1	22	0	1	24	31	−0.58831	282	−0.7414
0.743105	1	26	1	1	24	36	−0.04477	283	−0.7414
−0.53192	1	26	0	1	24	29	−0.04477	284	−0.7414
1.411941	1	31	0	1	24	38	0.638187	285	−0.7414
−0.04132	1	25	0	0	25	32	−0.18176	286	2.8567
1.802743	1	36	0	0	25	39	1.551093	287	2.8567
−0.37163	1	24	1	1	25	30	−0.3277	288	2.8567
0.162541	1	27	1	0	25	33	0.072369	289	2.8567
−0.53192	1	30	1	1	25	29	0.454143	290	2.8567
−0.04132	1	31	1	1	25	32	0.638187	291	2.8567
0.743105	1	31	0	1	26	36	0.638187	292	0.3567
0.516121	1	20	0	1	26	35	−0.85693	293	0.3567
0.340451	1	30	1	1	26	34	0.454143	294	0.3567
1.061502	1	29	1	1	26	37	0.315018	295	0.3567
−0.99434	1	15	1	1	26	24	−1.38448	296	0.3567
0.162541	1	30	1	1	26	33	0.454143	297	0.3567

续 表

11岁成绩正态得分 y_{ij}	常数	8岁成绩	性别 x_{2ij}	社会背景 x_{3ij}	学校标号（主题）z	11岁成绩	8岁成绩正态得分 x_{1ij}	学生标号	学校平均（8岁成绩）
−2.29074	1	11	1	1	26	11	−2.04142	298	0.3567
1.061502	1	32	0	1	26	37	0.817817	299	0.3567
0.162541	1	25	0	1	26	33	−0.18176	300	0.3567
−0.81301	1	22	1	1	26	26	−0.58831	301	0.3567
1.802743	1	33	0	1	26	39	0.988715	302	0.3567
−0.53192	1	25	0	1	26	29	−0.18176	303	0.3567
1.061502	1	31	0	1	26	37	0.638187	304	0.3567
0.743105	1	34	1	1	26	36	1.170603	305	0.3567
0.162541	1	24	0	1	26	33	−0.3277	306	0.3567
0.516121	1	32	0	1	26	35	0.817817	307	0.3567
−0.37163	1	33	1	1	26	30	0.988715	308	0.3567
−1.55685	1	17	1	1	26	18	−1.20903	309	0.3567
0.162541	1	22	0		27	33	−0.58831	310	−1.9211
−0.53192	1	19	1	1	27	29	−0.98033	311	−1.9211
−0.37163	1	25	0	1	27	30	−0.18176	312	−1.9211
−0.21688	1	28	1		27	31	0.19052	313	−1.9211
−1.89802	1	18	0	1	27	14	−1.10483	314	−1.9211
0.743105	1	28	1	1	27	36	0.19052	315	−1.9211
−1.08291	1	23	1	1	27	23	−0.45987	316	−1.9211
0.162541	1	20	0		27	33	−0.85693	317	−1.9211
0.162541	1	23	1		27	33	−0.45987	318	−1.9211
−0.21688	1	25	1	1	27	31	−0.18176	319	−1.9211
1.802743	1	27	0	1	27	39	0.072369	320	−1.9211
−0.04132	1	22	1		27	32	−0.58831	321	−1.9211
−0.04132	1	26	1	1	27	32	−0.04477	322	−1.9211
−1.29576	1	19	0	1	27	21	−0.98033	323	−1.9211
−0.53192	1	18	0		27	29	−1.10483	324	−1.9211
1.802743	1	36	0	1	27	39	1.551093	325	−1.9211
−0.65516	1	24	1	1	27	28	−0.3277	326	−1.9211
1.061502	1	30	1	1	27	37	0.454143	327	−1.9211
−1.89802	1	13	0	1	28	14	−1.67769	328	−5.7039
−1.89802	1	11	0	1	28	14	−2.04142	329	−5.7039
−1.17746	1	16	0	1	28	22	−1.28783	330	−5.7039

续 表

11岁成绩正态得分 y_{ij}	常数	8岁成绩	性别 x_{2ij}	社会背景 x_{3ij}	学校标号（主题）z	11岁成绩	8岁成绩正态得分 x_{1ij}	学生标号	学校平均（8岁成绩）
1.802743	1	25	0	1	28	39	−0.18176	331	−5.7039
−1.29576	1	24	0	0	28	21	−0.3277	332	−5.7039
−0.8897	1	12	0	0	28	25	−1.82051	333	−5.7039
−0.74993	1	11	1	0	28	27	−2.04142	334	−5.7039
−1.17746	1	27	1	1	28	22	0.072369	335	−5.7039
1.061502	1	29	1	1	28	37	0.315018	336	−5.7039
−0.53192	1	26	0	1	28	29	−0.04477	337	−5.7039
1.802743	1	29	0	1	28	39	0.315018	338	−5.7039
−0.53192	1	23	1	1	29	29	−0.45987	339	−2.7266
0.743105	1	32	0	1	29	36	0.817817	340	−2.7266
−0.53192	1	19	0	1	29	29	−0.98033	341	−2.7266
−0.04132	1	22	0	1	29	32	−0.58831	342	−2.7266
−1.40267	1	19	1	1	29	20	−0.98033	343	−2.7266
−0.65516	1	28	0	1	29	28	0.19052	344	−2.7266
−0.53192	1	24	1	0	29	29	−0.3277	345	−2.7266
−0.53192	1	31	1	1	29	29	0.638187	346	−2.7266
−1.89802	1	17	1	1	29	14	−1.20903	347	−2.7266
0.162541	1	24	1	1	29	33	−0.3277	348	−2.7266
−0.99434	1	19	0	0	29	24	−0.98033	349	−2.7266
−0.53192	1	21	1	1	29	29	−0.72731	350	−2.7266
1.411941	1	33	0	0	30	38	0.988715	351	−1.3576
0.516121	1	23	0	0	30	35	−0.45987	352	−1.3576
1.061502	1	29	1	0	30	37	0.315018	353	−1.3576
−0.21688	1	8	1	1	30	31	−2.54304	354	−1.3576
−0.74993	1	22	0	1	30	27	−0.58831	355	−1.3576
−0.8897	1	19	0	1	30	25	−0.98033	356	−1.3576
−0.04132	1	27	1	1	30	32	0.072369	357	−1.3576
−0.37163	1	22	0	1	30	30	−0.58831	358	−1.3576
−1.55685	1	13	1	0	30	18	−1.67769	359	−1.3576
0.743105	1	28	1	0	30	36	0.19052	360	−1.3576
1.061502	1	34	1	1	30	37	1.170603	361	−1.3576
1.411941	1	28	0	1	30	38	0.19052	362	−1.3576
−0.04132	1	30	0	1	30	32	0.454143	363	−1.3576

续 表

11岁成绩正态得分 y_{ij}	常数	8岁成绩	性别 x_{2ij}	社会背景 x_{3ij}	学校标号(主题) z	11岁成绩	8岁成绩正态得分 x_{1ij}	学生标号	学校平均(8岁成绩)
0.516121	1	30	0	0	30	35	0.454143	364	-1.3576
-0.04132	1	29	0	1	30	32	0.315018	365	-1.3576
0.516121	1	27	0	0	30	35	0.072369	366	-1.3576
0.340451	1	33	0	0	30	34	0.988715	367	-1.3576
-0.53192	1	20	1	0	30	29	-0.85693	368	-1.3576
0.516121	1	25	1	0	30	35	-0.18176	369	-1.3576
-2.29074	1	12	0	1	30	11	-1.82051	370	-1.3576
-0.8897	1	25	1	1	30	25	-0.18176	371	-1.3576
1.802743	1	18	1	1	31	39	-1.10483	372	2.5395
1.802743	1	35	1	0	31	39	1.340924	373	2.5395
1.061502	1	29	1	0	31	37	0.315018	374	2.5395
1.802743	1	32	1	0	31	39	0.817817	375	2.5395
0.743105	1	28	0	1	31	36	0.19052	376	2.5395
0.516121	1	25	0	1	31	35	-0.18176	377	2.5395
-0.37163	1	24	0	0	31	30	-0.3277	378	2.5395
0.516121	1	33	1	0	31	35	0.988715	379	2.5395
1.061502	1	35	1	0	31	37	1.340924	380	2.5395
0.340451	1	20	0	1	31	34	-0.85693	381	2.5395
-0.37163	1	20	0	1	31	30	-0.85693	382	2.5395
-0.21688	1	22	0	1	31	31	-0.58831	383	2.5395
-0.37163	1	18	1	0	31	30	-1.10483	384	2.5395
0.162541	1	14	1	1	31	33	-1.52304	385	2.5395
0.516121	1	13	1	1	31	35	-1.67769	386	2.5395
0.516121	1	27	1	1	31	35	0.072369	387	2.5395
1.061502	1	26	1	1	31	37	-0.04477	388	2.5395
2.429734	1	33	1	0	31	40	0.988715	389	2.5395
-0.37163	1	28	1	1	31	30	0.19052	390	2.5395
1.802743	1	34	0	0	31	39	1.170603	391	2.5395
2.429734	1	38	0	0	31	40	1.964686	392	2.5395
1.411941	1	35	0	0	31	38	1.340924	393	2.5395
2.429734	1	36	0	0	31	40	1.551093	394	2.5395
2.429734	1	40	1	0	31	40	2.589361	395	2.5395
0.743105	1	35	1	0	31	36	1.340924	396	2.5395

续　表

11岁成绩正态得分 y_{ij}	常数	8岁成绩	性别 x_{2ij}	社会背景 x_{3ij}	学校标号（主题）z	11岁成绩	8岁成绩正态得分 x_{1ij}	学生标号	学校平均（8岁成绩）
1.802743	1	37	1	0	31	39	1.794068	397	2.5395
2.429734	1	40	1	0	31	40	2.589361	398	2.5395
0.162541	1	33	1	0	31	33	0.988715	399	2.5395
0.743105	1	30	0	1	31	36	0.454143	400	2.5395
0.162541	1	24	0	0	31	33	−0.3277	401	2.5395
0.516121	1	22	0	1	31	35	−0.58831	402	2.5395
−1.17746	1	20	0	1	32	22	−0.85693	403	−0.8266
0.743105	1	33	0	0	32	36	0.988715	404	−0.8266
−0.04132	1	24	0	0	32	32	−0.3277	405	−0.8266
0.340451	1	32	0	0	32	34	0.817817	406	−0.8266
0.340451	1	21	0	0	32	34	−0.72731	407	−0.8266
−0.04132	1	29	0	0	32	32	0.315018	408	−0.8266
−1.55685	1	16	0	1	32	18	−1.28783	409	−0.8266
1.061502	1	36	0	1	32	37	1.551093	410	−0.8266
−0.21688	1	33	0	0	32	31	0.988715	411	−0.8266
−0.04132	1	20	0	1	32	32	−0.85693	412	−0.8266
−0.04132	1	31	0	0	32	32	0.638187	413	−0.8266
0.516121	1	31	0	1	32	35	0.638187	414	−0.8266
−0.8897	1	23	0	1	32	25	−0.45987	415	−0.8266
0.340451	1	30	0	0	32	34	0.454143	416	−0.8266
0.340451	1	34	0	0	32	34	1.170603	417	−0.8266
−2.05545	1	11	0	0	32	13	−2.04142	418	−0.8266
−0.37163	1	26	0	1	32	30	−0.04477	419	−0.8266
−0.74993	1	17	0	0	32	27	−1.20903	420	−0.8266
−1.29576	1	14	0	1	32	21	−1.52304	421	−0.8266
−1.48051	1	22	0	0	32	19	−0.58831	422	−0.8266
−0.21688	1	30	0	0	33	31	0.454143	423	3.2339
−1.29576	1	20	0	1	33	21	−0.85693	424	3.2339
−2.29074	1	21	1	1	33	11	−0.72731	425	3.2339
−1.08291	1	27	1	1	33	23	0.072369	426	3.2339
−0.37163	1	28	1	1	33	30	0.19052	427	3.2339
−0.99434	1	28	1	1	33	24	0.19052	428	3.2339
1.411941	1	34	0	1	33	38	1.170603	429	3.2339

续 表

11岁成绩正态得分 y_{ij}	常数	8岁成绩	性别 x_{2ij}	社会背景 x_{3ij}	学校标号（主题）z	11岁成绩	8岁成绩正态得分 x_{1ij}	学生标号	学校平均（8岁成绩）
−1.55685	1	19	0	1	33	18	−0.98033	430	3.2339
−0.99434	1	22	1	1	33	24	−0.58831	431	3.2339
−0.65516	1	27	0	1	33	28	0.072369	432	3.2339
−0.37163	1	30	1	1	33	30	0.454143	433	3.2339
−0.04132	1	31	1	0	33	32	0.638187	434	3.2339
−1.08291	1	24	0	1	33	23	−0.3277	435	3.2339
0.162541	1	33	1	1	33	33	0.988715	436	3.2339
0.516121	1	27	0	1	33	35	0.072369	437	3.2339
−0.21688	1	29	0	0	33	31	0.315018	438	3.2339
0.162541	1	32	1	1	33	33	0.817817	439	3.2339
−0.65516	1	31	0	0	33	28	0.638187	440	3.2339
0.743105	1	34	0	1	33	36	1.170603	441	3.2339
0.516121	1	35	1	1	33	35	1.340924	442	3.2339
−0.81301	1	24	0	1	33	26	−0.3277	443	3.2339
−1.29576	1	28	0	1	33	21	0.19052	444	3.2339
−0.8897	1	21	1	1	33	25	−0.72731	445	3.2339
1.061502	1	35	0	1	33	37	1.340924	446	3.2339
−0.04132	1	27	1	1	33	32	0.072369	447	3.2339
0.162541	1	33	1	1	33	33	0.988715	448	3.2339
1.061502	1	32	0	1	33	37	0.817817	449	3.2339
1.061502	1	31	1	1	33	37	0.638187	450	3.2339
−0.37163	1	30	1	0	33	30	0.454143	451	3.2339
0.162541	1	30	1	1	33	33	0.454143	452	3.2339
−0.65516	1	33	0	1	33	28	0.988715	453	3.2339
1.061502	1	36	0	0	33	37	1.551093	454	3.2339
−0.04132	1	30	1	0	33	32	0.454143	455	3.2339
−0.74993	1	26	1	0	33	27	−0.04477	456	3.2339
0.162541	1	31	0	1	33	33	0.638187	457	3.2339
0.162541	1	34	0	1	33	33	1.170603	458	3.2339
−0.04132	1	28	0	0	33	32	0.19052	459	3.2339
0.743105	1	39	0	1	33	36	2.149517	460	3.2339
0.340451	1	25	1	0	34	34	−0.18176	461	−0.06
0.743105	1	30	0	0	34	36	0.454143	462	−0.06

续 表

11岁成绩正态得分 y_{ij}	常数	8岁成绩	性别 x_{2ij}	社会背景 x_{3ij}	学校标号(主题) z	11岁成绩	8岁成绩正态得分 x_{1ij}	学生标号	学校平均(8岁成绩)
−1.08291	1	12	0	1	34	23	−1.82051	463	−0.06
0.743105	1	26	1	1	34	36	−0.04477	464	−0.06
−0.21688	1	24	0	1	34	31	−0.3277	465	−0.06
0.516121	1	30	0	1	34	35	0.454143	466	−0.06
0.516121	1	32	0	1	34	35	0.817817	467	−0.06
1.061502	1	30	0	1	34	37	0.454143	468	−0.06
0.340451	1	24	0	0	34	34	−0.3277	469	−0.06
1.411941	1	31	1	1	34	38	0.638187	470	−0.06
−0.37163	1	32	0	1	34	30	0.817817	471	−0.06
−0.37163	1	17	1	0	34	30	−1.20903	472	−0.06
0.516121	1	31	0	0	34	35	0.638187	473	−0.06
1.061502	1	33	0	1	34	37	0.988715	474	−0.06
−0.53192	1	19	0	1	34	29	−0.98033	475	−0.06
1.802743	1	31	1	1	34	39	0.638187	476	−0.06
−0.04132	1	21	0	1	34	32	−0.72731	477	−0.06
−0.21688	1	22	1	1	34	31	−0.58831	478	−0.06
0.743105	1	27	0	1	34	36	0.072369	479	−0.06
0.743105	1	33	0	1	34	36	0.988715	480	−0.06
0.340451	1	29	0	0	34	34	0.315018	481	−0.06
−0.37163	1	20	0	0	34	30	−0.85693	482	−0.06
−0.37163	1	23	1	1	34	30	−0.45987	483	−0.06
−0.37163	1	20	0	1	34	30	−0.85693	484	−0.06
1.061502	1	37	0	0	35	37	1.794068	485	4.4849
0.516121	1	32	0	0	35	35	0.817817	486	4.4849
0.340451	1	36	1	1	35	34	1.551093	487	4.4849
1.411941	1	37	0	0	35	38	1.794068	488	4.4849
−0.53192	1	31	1	1	35	29	0.638187	489	4.4849
−0.53192	1	34	0	0	35	29	1.170603	490	4.4849
−0.74993	1	30	1	0	35	27	0.454143	491	4.4849
0.340451	1	33	0	1	35	34	0.988715	492	4.4849
−0.99434	1	19	0	0	35	24	−0.98033	493	4.4849
0.340451	1	31	1	0	35	34	0.638187	494	4.4849
−2.58936	1	19	0	0	35	9	−0.98033	495	4.4849

续 表

11岁成绩正态得分 y_{ij}	常数	8岁成绩	性别 x_{2ij}	社会背景 x_{3ij}	学校标号(主题) z	11岁成绩	8岁成绩正态得分 x_{1ij}	学生标号	学校平均(8岁成绩)
0.340451	1	24	0	0	35	34	−0.3277	496	4.4849
0.743105	1	33	0	0	35	36	0.988715	497	4.4849
0.340451	1	30	0	1	36	34	0.454143	498	0.8494
−0.04132	1	20	0	1	36	32	−0.85693	499	0.8494
1.061502	1	19	0	1	36	37	−0.98033	500	0.8494
0.743105	1	31	1	1	36	36	0.638187	501	0.8494
0.516121	1	23	0	0	36	35	−0.45987	502	0.8494
1.802743	1	30	0	1	36	39	0.454143	503	0.8494
1.802743	1	33	0	0	36	39	0.988715	504	0.8494
−0.04132	1	26	0	1	36	32	−0.04477	505	0.8494
0.743105	1	35	1	1	36	36	1.340924	506	0.8494
0.743105	1	28	1	1	36	36	0.19052	507	0.8494
−0.21688	1	19	1	0	36	31	−0.98033	508	0.8494
−0.37163	1	26	0	1	36	30	−0.04477	509	0.8494
0.340451	1	15	1	1	36	34	−1.38448	510	0.8494
1.802743	1	26	0	1	36	39	−0.04477	511	0.8494
−0.04132	1	18	1	1	36	32	−1.10483	512	0.8494
2.429734	1	39	0	0	36	40	2.149517	513	0.8494
0.516121	1	35	1	0	36	35	1.340924	514	0.8494
0.162541	1	33	1	1	36	33	0.988715	515	0.8494
−0.04132	1	22	0	0	36	32	−0.58831	516	0.8494
1.061502	1	31	0	0	36	37	0.638187	517	0.8494
0.743105	1	26	0	1	36	36	−0.04477	518	0.8494
−0.04132	1	16	0	1	36	32	−1.28783	519	0.8494
2.429734	1	36	0	1	36	40	1.551093	520	0.8494
0.162541	1	32	1	1	37	33	0.817817	521	0.7567
−0.8897	1	19	0	1	37	25	−0.98033	522	0.7567
−0.21688	1	32	0	1	37	31	0.817817	523	0.7567
−0.04132	1	27	0	1	37	32	0.072369	524	0.7567
1.061502	1	31	1	0	37	37	0.638187	525	0.7567
0.516121	1	25	0	0	37	35	−0.18176	526	0.7567
0.162541	1	32	0	1	37	33	0.817817	527	0.7567
0.516121	1	29	1	1	37	35	0.315018	528	0.7567

续 表

11岁成绩正态得分 y_{ij}	常数	8岁成绩	性别 x_{2ij}	社会背景 x_{3ij}	学校标号（主题）z	11岁成绩	8岁成绩正态得分 x_{1ij}	学生标号	学校平均（8岁成绩）
−0.53192	1	24	0	1	37	29	−0.3277	529	0.7567
−0.04132	1	25	0	0	37	32	−0.18176	530	0.7567
0.743105	1	18	0	0	37	36	−1.10483	531	0.7567
−0.04132	1	31	1	1	37	32	0.638187	532	0.7567
1.061502	1	36	0	1	37	37	1.551093	533	0.7567
−0.53192	1	20	1	0	37	29	−0.85693	534	0.7567
−0.8897	1	20	1	1	37	25	−0.85693	535	0.7567
0.340451	1	26	1	0	38	34	−0.04477	536	−5.5322
0.516121	1	31	0	1	38	35	0.638187	537	−5.5322
−0.04132	1	11	1	1	38	32	−2.04142	538	−5.5322
1.061502	1	21	1	1	38	37	−0.72731	539	−5.5322
−0.21688	1	13	0	1	38	31	−1.67769	540	−5.5322
−0.04132	1	28	0	1	38	32	0.19052	541	−5.5322
0.340451	1	17	0	1	38	34	−1.20903	542	−5.5322
−0.21688	1	15	1	1	38	31	−1.38448	543	−5.5322
−0.04132	1	22	1	0	38	32	−0.58831	544	−5.5322
−0.8897	1	23	0	0	39	25	−0.45987	545	−1.1585
−0.99434	1	14	0	1	39	24	−1.52304	546	−1.1585
−0.37163	1	24	0	0	39	30	−0.3277	547	−1.1585
−0.37163	1	25	1	1	39	30	−0.18176	548	−1.1585
−0.53192	1	22	0	1	39	29	−0.58831	549	−1.1585
−0.04132	1	26	1	1	39	32	−0.04477	550	−1.1585
−0.04132	1	29	1	1	39	32	0.315018	551	−1.1585
−0.53192	1	25	0	0	39	29	−0.18176	552	−1.1585
1.061502	1	33	1	1	39	37	0.988715	553	−1.1585
0.162541	1	25	0	1	39	33	−0.18176	554	−1.1585
−0.04132	1	27	0	1	39	32	0.072369	555	−1.1585
−0.04132	1	23	0	1	40	32	−0.45987	556	−5.2766
−0.53192	1	22	0	1	40	29	−0.58831	557	−5.2766
−0.53192	1	28	0	0	40	29	0.19052	558	−5.2766
0.743105	1	24	0	1	40	36	−0.3277	559	−5.2766
−1.48051	1	24	1	1	40	19	−0.3277	560	−5.2766
−2.16719	1	15	1	1	40	12	−1.38448	561	−5.2766

续 表

11岁成绩正态得分 y_{ij}	常数	8岁成绩	性别 x_{2ij}	社会背景 x_{3ij}	学校标号（主题）z	11岁成绩	8岁成绩正态得分 x_{1ij}	学生标号	学校平均（8岁成绩）
−1.76065	1	13	0	1	40	15	−1.67769	562	−5.2766
−2.77651	1	9	0	1	40	8	−2.31515	563	−5.2766
−0.65516	1	18	1	1	40	28	−1.10483	564	−5.2766
0.743105	1	31	0	0	40	36	0.638187	565	−5.2766
−0.04132	1	21	1	1	41	32	−0.72731	566	1.0234
0.743105	1	23	1	0	41	36	−0.45987	567	1.0234
1.061502	1	33	0	1	41	37	0.988715	568	1.0234
−0.53192	1	25	0	1	41	29	−0.18176	569	1.0234
−0.04132	1	25	0	1	41	32	−0.18176	570	1.0234
−0.37163	1	24	0	1	41	30	−0.3277	571	1.0234
1.802743	1	30	0	0	41	39	0.454143	572	1.0234
1.802743	1	35	0	0	41	39	1.340924	573	1.0234
0.743105	1	20	1	1	42	36	−0.85693	574	−0.31
−0.04132	1	28	0	1	42	32	0.19052	575	−0.31
−0.37163	1	31	1	1	42	30	0.638187	576	−0.31
−1.48051	1	21	1	1	42	19	−0.72731	577	−0.31
−0.8897	1	29	1	1	42	25	0.315018	578	−0.31
−1.76065	1	24	1	1	42	15	−0.3277	579	−0.31
0.340451	1	32	1	1	42	34	0.817817	580	−0.31
−1.17746	1	21	0	0	42	22	−0.72731	581	−0.31
0.162541	1	36	1	1	42	33	1.551093	582	−0.31
−1.63037	1	21	0	1	42	17	−0.72731	583	−0.31
−0.53192	1	31	1	1	42	29	0.638187	584	−0.31
−0.21688	1	27	0	1	42	31	0.072369	585	−0.31
0.516121	1	38	0	1	42	35	1.964686	586	−0.31
−0.37163	1	22	1	1	42	30	−0.58831	587	−0.31
−0.65516	1	21	0	1	42	28	−0.72731	588	−0.31
0.516121	1	36	1	1	42	35	1.551093	589	−0.31
0.162541	1	37	1	1	42	33	1.794068	590	−0.31
−0.65516	1	22	1	1	42	28	−0.58831	591	−0.31
0.340451	1	23	1	1	42	34	−0.45987	592	−0.31
−1.48051	1	17	0	1	42	19	−1.20903	593	−0.31
0.340451	1	30	1	1	42	34	0.454143	594	−0.31

续 表

11岁成绩正态得分 y_{ij}	常数	8岁成绩	性别 x_{2ij}	社会背景 x_{3ij}	学校标号（主题）z	11岁成绩	8岁成绩正态得分 x_{1ij}	学生标号	学校平均（8岁成绩）
1.411941	1	30	0	1	42	38	0.454143	595	−0.31
−0.65516	1	14	1	1	42	28	−1.52304	596	−0.31
−0.37163	1	26	0	1	42	30	−0.04477	597	−0.31
0.162541	1	13	1	0	42	33	−1.67769	598	−0.31
−1.40267	1	19	0	1	42	20	−0.98033	599	−0.31
1.061502	1	24	0	1	42	37	−0.3277	600	−0.31
−0.21688	1	29	0	1	44	31	0.315018	601	1.2734
0.340451	1	32	0	1	44	34	0.817817	602	1.2734
1.061502	1	33	0	1	44	37	0.988715	603	1.2734
−1.29576	1	15	1	1	44	21	−1.38448	604	1.2734
−1.63037	1	14	1	1	45	17	−1.52304	605	−2.1989
−0.65516	1	24	0	0	45	28	−0.3277	606	−2.1989
−3.20013	1	11	0	1	45	7	−2.04142	607	−2.1989
0.162541	1	34	0	0	45	33	1.170603	608	−2.1989
−0.99434		20	1	1	45	24	−0.85693	609	−2.1989
1.802743	1	39	1	0	45	39	2.149517	610	−2.1989
−0.37163	1	31	0	1	45	30	0.638187	611	−2.1989
−1.68477	1	5	1	1	45	16	−3.20013	612	−2.1989
0.743105	1	36	1	0	45	36	1.551093	613	−2.1989
0.516121	1	34	0	0	46	35	1.170603	614	3.2234
0.340451	1	24	0	1	46	34	−0.3277	615	3.2234
0.162541	1	31	1	1	46	33	0.638187	616	3.2234
0.743105	1	27	0	1	46	36	0.072369	617	3.2234
0.743105	1	37	1	1	46	36	1.794068	618	3.2234
−0.04132	1	23	1	1	46	32	−0.45987	619	3.2234
−0.53192	1	19	0	1	46	29	−0.98033	620	3.2234
0.516121	1	32	0	0	46	35	0.817817	621	3.2234
−0.21688	1	25	1	1	46	31	−0.18176	622	3.2234
1.411941	1	40	1	0	46	38	2.589361	623	3.2234
2.429734	1	40	1	0	47	40	2.589361	624	0.653
0.743105	1	32	0	1	47	36	0.817817	625	0.653
1.802743	1	24	0	1	47	39	−0.3277	626	0.653
1.411941	1	27	0	1	47	38	0.072369	627	0.653

续 表

11岁成绩正态得分 y_{ij}	常数	8岁成绩	性别 x_{2ij}	社会背景 x_{3ij}	学校标号（主题）z	11岁成绩	8岁成绩正态得分 x_{1ij}	学生标号	学校平均（8岁成绩）
−0.65516	1	26	0	1	47	28	−0.04477	628	0.653
0.743105	1	21	1	1	47	36	−0.72731	629	0.653
−1.17746	1	21	1	1	47	22	−0.72731	630	0.653
−0.21688	1	34	1	1	47	31	1.170603	631	0.653
−0.37163	1	29	0	1	47	30	0.315018	632	0.653
−0.04132	1	36	1	1	47	32	1.551093	633	0.653
−0.04132	1	29	1	1	47	32	0.315018	634	0.653
0.743105	1	26	0	1	47	36	−0.04477	635	0.653
0.340451	1	29	0	1	47	34	0.315018	636	0.653
1.802743	1	31	1	1	47	39	0.638187	637	0.653
1.802743	1	35	0	0	47	39	1.340924	638	0.653
1.411941	1	33	0	1	47	38	0.988715	639	0.653
0.162541	1	26	1	0	47	33	−0.04477	640	0.653
0.516121	1	22	1	0	47	35	−0.58831	641	0.653
0.162541	1	28	1	1	47	33	0.19052	642	0.653
1.061502	1	26	0	0	47	37	−0.04477	643	0.653
0.743105	1	13	0	1	47	36	−1.67769	644	0.653
0.162541	1	24	1	1	47	33	−0.3277	645	0.653
−0.04132	1	18	1	1	47	32	−1.10483	646	0.653
0.516121	1	25	0	1	47	35	−0.18176	647	0.653
0.162541	1	21	0	1	47	33	−0.72731	648	0.653
−0.04132	1	26	1	1	47	32	−0.04477	649	0.653
−1.17746	1	17	0	1	47	22	−1.20903	650	0.653
−0.04132	1	32	0	1	48	32	0.817817	651	1.3091
−0.99434	1	16	0	1	48	24	−1.28783	652	1.3091
−0.37163	1	31	1	0	48	30	0.638187	653	1.3091
−1.08291	1	25	1	1	48	23	−0.18176	654	1.3091
0.340451	1	28	1	1	48	34	0.19052	655	1.3091
−1.08291	1	26	0	1	48	23	−0.04477	656	1.3091
−0.04132	1	32	1	1	48	32	0.817817	657	1.3091
0.340451	1	30	0	1	48	34	0.454143	658	1.3091
0.162541	1	22	1	1	48	33	−0.58831	659	1.3091
−0.21688	1	31	1	0	48	31	0.638187	660	1.3091

续 表

11岁成绩 正态得分 y_{ij}	常数	8岁成绩	性别 x_{2ij}	社会背景 x_{3ij}	学校标号(主题) z	11岁成绩	8岁成绩 正态得分 x_{1ij}	学生标号	学校平均(8岁成绩)
−0.81301	1	21	0	0	48	26	−0.72731	661	1.3091
−0.21688	1	25	1	0	48	31	−0.18176	662	1.3091
1.802743	1	25	0	0	48	39	−0.18176	663	1.3091
0.516121	1	27	0	1	48	35	0.072369	664	1.3091
0.743105	1	37	1	1	48	36	1.794068	665	1.3091
−1.17746	1	21	0	1	48	22	−0.72731	666	1.3091
−0.81301	1	30	1	1	48	26	0.454143	667	1.3091
−1.48051	1	15	0	0	48	19	−1.38448	668	1.3091
0.162541	1	27	0	0	48	33	0.072369	669	1.3091
1.411941	1	30	1	0	48	38	0.454143	670	1.3091
−0.21688	1	22	0	1	48	31	−0.58831	671	1.3091
0.743105	1	36	1	1	48	36	1.551093	672	1.3091
0.162541	1	27	0	1	48	33	0.072369	673	1.3091
−1.48051	1	24	1	1	48	19	−0.3277	674	1.3091
−2.46408	1	14	1	1	48	10	−1.52304	675	1.3091
−0.21688	1	40	0	1	48	31	2.589361	676	1.3091
0.516121	1	32	0	0	48	35	0.817817	677	1.3091
0.516121	1	38	1	0	48	35	1.964686	678	1.3091
0.340451	1	33	0	1	48	34	0.988715	679	1.3091
0.340451	1	31	0	1	48	34	0.638187	680	1.3091
−0.21688	1	31	0	0	48	31	0.638187	681	1.3091
−0.65516	1	24	1	0	48	28	−0.3277	682	1.3091
0.743105	1	40	0	1	48	36	2.589361	683	1.3091
−1.17746	1	29	0	0	48	22	0.315018	684	1.3091
−0.21688	1	29	1	1	48	31	0.315018	685	1.3091
−1.76065	1	24	0	0	48	15	−0.3277	686	1.3091
0.516121	1	35	0	0	48	35	1.340924	687	1.3091
0.162541	1	32	1	0	48	33	0.817817	688	1.3091
0.340451	1	33	0	0	48	34	0.988715	689	1.3091
−1.89802	1	11	0	1	48	14	−2.04142	690	1.3091
−0.21688	1	28	0	1	48	31	0.19052	691	1.3091
1.802743	1	36	1	0	48	39	1.551093	692	1.3091
−0.65516	1	24	0	1	48	28	−0.3277	693	1.3091

续 表

11岁成绩正态得分 y_{ij}	常数	8岁成绩	性别 x_{2ij}	社会背景 x_{3ij}	学校标号(主题) z	11岁成绩	8岁成绩正态得分 x_{1ij}	学生标号	学校平均(8岁成绩)
0.340451	1	27	0	0	48	34	0.072369	694	1.3091
−0.53192	1	23	0	1	48	29	−0.45987	695	1.3091
−0.53192	1	31	0	0	48	29	0.638187	696	1.3091
−0.8897	1	12	0	1	48	25	−1.82051	697	1.3091
−0.37163	1	25	0	1	48	30	−0.18176	698	1.3091
−1.68477	1	15	1	1	48	16	−1.38448	699	1.3091
−1.29576	1	15	1	1	48	21	−1.38448	700	0.8567
1.411941	1	31	1	1	49	38	0.638187	701	0.8567
1.061502	1	30	1	1	49	37	0.454143	702	0.8567
−0.04132	1	24	0	1	49	32	−0.3277	703	0.8567
−0.04132	1	28	0	0	49	32	0.19052	704	0.8567
−0.99434	1	29	0	1	49	24	0.315018	705	0.8567
0.162541	1	26	0	1	49	33	−0.04477	706	0.8567
0.516121	1	28	1	0	49	35	0.19052	707	0.8567
−2.16719	1	8	0	1	49	12	−2.54304	708	0.8567
0.743105	1	34	1	1	49	36	1.170603	709	0.8567
0.743105	1	23	1	0	49	36	−0.45987	710	0.8567
1.802743	1	35	1	0	49	39	1.340924	711	0.8567
−1.17746	1	21	0	1	49	22	−0.72731	712	0.8567
0.340451	1	31	1	1	49	34	0.638187	713	0.8567
−1.40267	1	8	0	1	49	20	−2.54304	714	0.8567
1.411941	1	39	1	0	49	38	2.149517	715	0.8567
1.802743	1	37	1	0	49	39	1.794068	716	0.8567
1.411941	1	36	1	0	49	38	1.551093	717	0.8567
1.061502	1	32	1	1	50	37	0.817817	718	−0.9766
−0.37163	1	18	1	1	50	30	−1.10483	719	−0.9766
−0.8897	1	22	0	0	50	25	−0.58831	720	−0.9766
1.411941	1	27	1	0	50	38	0.072369	721	−0.9766
−0.65516	1	24	1	1	50	28	−0.3277	722	−0.9766
0.743105	1	26	0	0	50	36	−0.04477	723	−0.9766
0.743105	1	11	0	1	50	36	−2.04142	724	−0.9766
−1.08291	1	20	0	1	50	23	−0.85693	725	−0.9766
1.061502	1	26	1	1	50	37	−0.04477	726	−0.9766
1.802743	1	35	1	0	50	39	1.340924	727	−0.9766
1.061502	1	34	1	1	50	37	1.170603	728	−0.9766

附表三　公司工资影响因素

所属公司	公司效益	年龄阶段	工作时间	学历	英语程度	年薪
1	1	4	5	5	0	190000
1	1	3	3	5	1	84600
1	1	1	2	5	2	72000
1	1	2	3	4	0	42000
1	1	6	1	5	0	72000
1	1	1	3	3	0	33600
1	1	1	4	3	0	24000
1	1	2	7	5	1	102000
1	1	2	4	5	1	45000
1	1	1	4	4	0	33000
1	1	3	5	5	1	104500
1	1	2	4	5	1	57000
1	1	2	4	4	0	75600
1	1	1	2	4	0	33000
1	1	2	3	5	1	75600
1	1	2	3	7	2	150000
1	1	2	3	5	1	138000
1	1	2	3	5	1	120000
1	1	1	4	5	2	120000
1	1	2	4	5	1	114000
1	1	3	3	6	1	106000
1	1	3	4	5	1	99000
1	1	2	2	6	1	84000
1	1	1	2	5	2	72000
1	1	2	3	5	1	96000
1	1	2	4	5	1	66000
1	1	2	5	5	1	182000
1	1	3	3	6	1	120000
1	1	2	3	6	2	108000
1	1	3	5	6	1	96000
1	1	2	2	6	2	66000
1	1	2	1	5	1	57600
1	1	2	4	6	2	204000
1	1	3	5	6	1	192000

续 表

所属公司	公司效益	年龄阶段	工作时间	学历	英语程度	年薪
1	1	2	3	5	1	162000
1	1	3	2	7	2	120000
1	1	2	5	6	2	192000
1	1	2	4	5	1	180000
1	1	2	5	5	1	114000
1	1	1	2	5	2	97200
1	1	4	3	5	0	25200
2	1	1	2	5	1	47000
2	1	3	1	5	1	106320
2	1	2	2	4	0	101808
2	1	2	1	5	1	72000
2	1	2	3	4	0	48000
2	1	2	1	4	0	46000
2	1	3	3	6	1	167712
2	1	2	3	5	1	61200
2	1	3	5	6	1	170000
2	1	4	5	5	0	84000
2	1	2	3	5	1	57600
2	1	3	3	4	0	40800
2	1	7	5	5	0	240000
2	1	2	1	5	1	60000
2	1	2	2	5	1	48000
2	1	2	3	5	1	61104
2	1	1	4	4	0	52560
2	1	3	8	3	0	62400
2	1	2	4	3	0	30000
2	1	1	1	3	0	18000
2	1	1	1	4	0	30400
2	1	2	3	3	0	34200
2	1	5	6	3	0	28800
2	1	6	7	3	0	28800
2	1	4	3	6	0	270000
2	1	4	3	5	0	253584
2	1	4	3	5	0	215460

续　表

所属公司	公司效益	年龄阶段	工作时间	学历	英语程度	年薪
2	1	4	2	5	0	162000
2	1	2	2	5	1	110796
2	1	3	3	5	1	137400
2	1	3	4	5	1	81468
2	1	3	3	5	1	54000
2	1	3	2	5	1	72000
2	1	3	3	6	1	115200
2	1	3	3	5	1	102336
2	1	2	1	5	1	100176
2	1	2	3	5	1	79296
2	1	2	3	5	1	98976
2	1	2	1	6	1	96000
2	1	3	2	5	1	89076
2	1	2	1	5	1	72000
2	1	2	1	5	1	72000
2	1	5	3	5	0	87600
2	1	2	3	5	1	62400
2	1	2	3	5	1	70000
2	1	3	2	5	1	832100
2	1	3	3	5	2	216000
2	1	2	2	5	1	108000
2	1	4	2	5	0	84000
2	1	3	3	6	1	138000
2	1	3	1	5	1	90000
2	1	2	2	5	1	84000
2	1	2	3	5	1	70000
2	1	2	2	5	1	84000
2	1	2	2	5	1	81216
2	1	4	3	6	0	260000
2	1	3	3	5	1	45000
2	1	3	3	5	1	72000
2	1	2	3	5	1	48000
2	1	2	3	5	1	42000
3	3	3	5	4	0	80000

续　表

所属公司	公司效益	年龄阶段	工作时间	学历	英语程度	年薪

续 表

所属公司	公司效益	年龄阶段	工作时间	学历	英语程度	年薪
3	3	4	6	5	0	52000
3	3	3	2	4	0	41600
3	3	1	4	3	0	19500
3	3	2	2	5	1	85000
3	3	3	6	5	1	45500
3	3	1	1	4	0	39000
3	3	1	6	4	0	39000
3	3	1	2	5	1	39000
3	3	1	4	4	0	52000
3	3	3	4	5	1	29900
3	3	1	2	4	0	31200
3	3	4	5	3	0	24700
3	3	3	5	3	0	20800
3	3	3	2	5	1	52000
3	3	1	2	4	0	100000
3	3	1	1	5	1	39000
3	3	3	8	4	0	78000
3	3	3	2	5	1	39000
3	3	3	2	5	1	35750
3	3	1	2	4	0	36400
3	3	2	4	5	1	87100
3	3	2	2	4	0	39000
3	3	5	2	4	0	32500
3	3	2	2	7	2	90000
3	3	2	3	5	1	90000
3	3	5	3	6	0	90400
3	3	3	5	5	1	100000
3	3	2	3	5	1	90000
3	3	3	5	6	1	83200
3	3	3	6	5	1	78000
3	3	2	2	5	1	49400
3	3	4	6	5	0	45500
3	3	3	6	4	0	45500
3	3	4	2	5	0	78000

续 表

所属公司	公司效益	年龄阶段	工作时间	学历	英语程度	年薪
3	3	2	3	5	1	52000
3	3	3	2	4	0	39000
3	3	2	2	5	1	52000
3	3	2	7	5	1	75400
3	3	1	1	5	1	26000
3	3	2	2	5	1	32500
3	3	2	3	5	1	46500
3	3	1	2	4	0	23400
3	3	2	2	5	1	24200
3	3	1	3	3	0	20800
4	2	3	5	5	1	90000
4	2	3	4	5	1	80000
4	2	3	5	5	1	33150
4	2	3	3	5	1	59160
4	2	3	5	5	1	63700
4	2	3	4	5	1	63700
4	2	3	5	5	1	54600
4	2	3	6	5	1	49725
4	2	2	5	5	1	50665
4	2	2	4	5	1	33150
4	2	2	2	6	2	123760
4	2	1	4	5	1	26730
4	2	2	2	6	1	97240
4	2	2	2	5	1	82875
4	2	2	3	5	1	71825
4	2	2	3	5	1	72930
4	2	2	2	5	1	72930
4	2	2	2	5	1	64000
4	2	1	2	5	2	64000
4	2	1	1	4	0	61880
4	2	1	2	5	1	38675
4	2	2	3	5	1	55250
4	2	2	3	4	0	57460
4	2	1	1	4	0	23400

续 表

所属公司	公司效益	年龄阶段	工作时间	学历	英语程度	年薪
4	2	1	1	4	0	19500
4	2	2	3	6	2	110500
4	2	2	2	5	1	66300
4	2	2	1	5	1	59670
4	2	2	2	5	1	49725
4	2	1	2	4	0	27625
4	2	2	2	5	1	49725
4	2	2	2	5	1	66300
4	2	2	3	5	1	69615
4	2	2	3	5	1	60775
4	2	2	4	4	0	60775
4	2	2	2	4	0	49738
4	2	3	3	4	0	60775
4	2	1	3	5	1	55250
4	2	1	1	4	0	19500
4	2	3	2	6	1	138125
4	2	3	1	5	1	66300
4	2	3	3	4	0	55250
4	2	1	1	5	1	27625
4	2	2	5	6	2	66300
4	2	2	3	4	0	35675
4	2	1	1	5	1	33150
4	2	2	3	5	1	74100
4	2	2	3	5	1	46900
4	2	2	4	4	0	43225
4	2	5	3	5	0	104975
4	2	4	6	5	0	64792
4	2	1	3	4	0	33345
4	2	2	5	6	2	318000
4	2	2	5	6	2	318000
4	2	3	3	6	1	168000
4	2	2	4	5	1	120000
4	2	2	4	6	2	160000
4	2	2	3	5	1	69000

续　表

所属公司	公司效益	年龄阶段	工作时间	学历	英语程度	年薪
5	1	2	3	6	1	72000
5	1	1	3	5	1	54000
5	1	1	3	5	1	36000
5	1	1	2	6	2	72000
5	1	1	2	5	1	54000
5	1	1	2	5	1	36000
5	1	1	2	5	1	36000
5	1	1	2	5	1	30000
5	1	1	1	5	1	24000
5	1	1	3	0	1	48000
5	1	1	2	5	1	36000
5	1	1	2	5	1	24000
5	1	3	3	5	1	48000
5	1	2	1	5	1	30000
5	1	1	1	5	1	24000
5	1	2	5	6	2	300000
5	1	2	5	6	2	240000
5	1	2	5	5	1	105800
5	1	3	5	6	2	240000
5	1	2	5	6	2	180000
5	1	2	5	5	1	120000
5	1	2	5	6	2	260000
5	1	2	4	5	1	198000
5	1	2	3	5	1	108000
5	1	2	4	6	1	120000
5	1	2	4	5	1	90000
5	1	2	4	5	1	60000
5	1	3	4	6	2	290000
5	1	3	5	6	2	280000
5	1	2	4	5	1	195000
5	1	2	4	5	1	90000
5	1	3	4	6	1	132000
5	1	2	3	5	1	90000
5	1	2	4	5	1	220000

续 表

所属公司	公司效益	年龄阶段	工作时间	学历	英语程度	年薪
5	1	3	4	5	2	216000
5	1	2	3	5	1	240000
5	1	2	3	5	1	230000
5	1	2	3	5	1	180000
5	1	2	3	5	1	120000
5	1	2	3	5	1	90000
5	1	2	3	5	1	60000
5	1	2	3	5	1	60000
5	1	2	3	5	1	39000
5	1	2	3	5	1	28000
5	1	2	3	5	1	120000
5	1	1	2	5	1	54000
5	2	2	6	6	2	66000
5	1	2	3	5	1	57000
5	1	2	3	4	0	45000
5	1	2	3	4	0	54000
5	1	3	3	4	0	24000
5	1	1	2	4	0	36000
5	1	1	2	4	0	27000
5	1	1	2	4	0	18000
5	1	1	1	4	0	18000
5	1	2	4	4	0	30000
5	1	4	4	3	0	21000
5	1	2	4	3	0	12000
5	1	2	4	5	1	45000
5	1	4	5	5	0	84000
5	1	3	3	5	1	66000
5	1	2	3	5	1	54000
5	1	2	5	5	1	54000
5	1	2	4	5	1	42000
5	1	2	3	4	0	30000
5	1	2	3	5	1	36000
5	1	1	3	5	1	27000
5	1	1	2	4	0	18000

续 表

所属公司	公司效益	年龄阶段	工作时间	学历	英语程度	年薪
5	1	4	5	6	0	162000
5	1	2	3	5	1	54000
5	1	2	3	4	0	45000
5	1	2	3	4	0	36000
5	1	2	3	4	0	54000
5	1	1	4	4	0	42000
5	1	2	4	6	1	96000
5	1	2	4	5	1	84000
5	1	2	4	5	1	72000
5	1	2	5	6	2	108000
5	1	3	4	5	1	100000
5	1	2	4	5	1	60000
6	3	3	8	5	1	50000
6	3	2	3	5	1	24000
6	3	2	8	6	1	66000
6	3	2	4	5	1	30000
6	3	2	8	6	1	66000
6	3	2	6	5	1	48000
6	3	2	5	5	1	36000
6	3	2	5	5	1	30000
6	3	3	6	3	0	18000
6	3	2	8	5	1	60000
6	3	2	4	5	1	48000
6	3	2	4	5	1	36000
6	3	2	8	6	2	130000
6	3	3	9	6	1	120000
6	3	2	8	5	1	110000
6	3	2	8	5	1	80000
6	3	2	6	5	1	60000
6	3	2	4	5	1	42000
6	3	2	4	5	1	42000
6	3	1	2	5	1	36000
6	3	1	1	5	1	30000
6	3	2	8	5	1	90000

续 表

所属公司	公司效益	年龄阶段	工作时间	学历	英语程度	年薪
6	3	2	6	5	1	96000
6	3	2	6	5	1	72000
6	3	2	8	5	1	98000
6	3	2	8	5	1	96000
6	3	2	8	6	1	96000
6	3	2	6	5	1	72000
6	3	2	6	5	1	72000
6	3	2	6	6	1	80000
6	3	2	8	5	1	84000
6	3	2	5	5	1	72000
6	3	2	6	5	1	72000
6	3	2	5	5	1	60000
6	3	2	5	5	1	48000
6	3	2	4	5	1	48000
6	3	2	4	5	1	42000
6	3	1	3	5	1	36000
6	3	1	2	5	1	42000
6	3	1	2	5	1	36000
6	3	1	1	5	1	30000
6	3	2	8	5	1	100000
6	3	2	8	5	1	80000
6	3	2	7	5	1	74000
6	3	2	6	5	1	60000
6	3	2	4	5	1	60000
7	2	3	9	5	1	91000
7	2	2	7	5	1	52000
7	2	1	2	5	1	29900
7	2	2	4	4	0	52000
7	2	2	6	4	0	65000
7	2	2	5	5	1	39000
7	2	1	2	3	0	17000
7	2	1	3	3	0	17000
7	2	1	2	4	0	32500
7	2	3	4	5	1	84500

续 表

所属公司	公司效益	年龄阶段	工作时间	学历	英语程度	年薪
7	2	3	6	5	1	54600
7	2	2	9	5	1	120000
7	2	2	5	5	1	91000
7	2	2	5	5	1	65000
7	2	2	2	6	1	84500
7	2	2	5	5	1	81500
7	2	1	2	5	1	45500
7	2	2	4	4	0	39000
8	1	3	4	7	2	206400
8	1	2	6	6	1	252000
8	1	3	8	5	2	210000
8	1	2	4	5	1	132000
8	1	2	7	5	1	99600
8	1	2	6	6	1	114000
8	1	3	9	5	1	96000
8	1	2	5	6	1	187500
8	1	2	4	5	1	67200
8	1	1	3	5	1	45200
8	1	1	3	5	1	42000
8	1	2	4	6	1	68400
8	1	1	1	5	2	64800
8	1	1	1	5	1	52800
8	1	1	1	5	1	46200
8	1	1	1	5	1	36000
8	1	2	4	5	1	116000
8	1	2	6	5	1	116400
8	1	2	3	5	1	90000
8	1	2	5	5	1	87600
8	1	1	3	5	2	78000
8	1	1	3	5	2	74400
8	1	2	3	5	1	64200
8	1	2	1	5	1	61800
8	1	2	5	6	2	159600
8	1	2	4	6	2	130000

续 表

所属公司	公司效益	年龄阶段	工作时间	学历	英语程度	年薪
8	1	2	1	7	2	102000
8	1	2	4	5	1	105000
8	1	1	4	5	2	90000
8	1	2	1	7	2	90000
8	1	2	5	6	2	132000
8	1	2	5	5	1	132000
8	1	3	7	6	1	133200
8	1	3	8	5	1	10800
8	1	3	5	5	1	10800
8	1	3	7	6	1	8400
8	1	1	4	5	1	61200
8	1	5	9	4	0	108000
8	1	3	4	5	1	72000
8	1	3	9	6	1	66000
8	1	2	5	4	0	78000
8	1	2	8	5	1	56400
8	1	3	9	5	1	84000
8	1	2	4	5	1	72000
8	1	3	6	4	0	41400
8	1	2	5	4	0	38400
8	1	1	2	5	1	44400
8	1	4	7	6	0	300000
8	1	3	6	5	1	54000
8	1	2	3	5	1	72000
8	1	4	4	6	0	84000
8	1	4	6	5	0	60000
8	1	3	5	6	1	56400
8	1	1	3	6	2	48000
8	1	3	4	5	1	52800
8	1	2	5	5	1	69300
8	1	2	3	5	1	60912
8	1	1	1	5	1	34800
8	1	2	1	6	1	42000
8	1	3	8	5	1	61200

续　表

所属公司	公司效益	年龄阶段	工作时间	学历	英语程度	年薪
8	1	4	6	4	0	48000
8	1	2	6	4	0	30000
8	1	1	4	4	0	35000
8	1	2	6	5	1	34900
8	1	3	7	5	1	36000
8	1	2	3	5	1	38400
8	1	1	3	5	1	32400
8	1	2	5	5	1	32400
8	1	2	3	5	1	30000
8	1	3	8	5	1	103200
8	1	2	6	5	1	72000
8	1	2	6	4	0	61200
8	1	2	5	5	1	56400
8	1	3	9	5	1	49000
8	1	1	1	5	1	44400
8	1	2	5	5	1	30000
8	1	2	4	5	1	61200
8	1	2	8	5	1	61200
8	1	3	6	3	0	56400
8	1	1	3	5	1	38400
8	1	2	4	5	1	44400
8	1	2	4	4	0	48000
8	1	4	6	5	0	240000
8	1	3	6	5	1	258000
8	1	3	6	4	0	237600
8	1	4	3	5	0	237600
8	1	3	8	5	1	147600
8	1	2	6	5	1	220000
8	1	4	6	5	0	136000
8	1	4	8	5	0	172800
8	1	3	5	5	1	187200
8	1	4	8	5	0	138600
8	1	2	7	4	0	52800
8	1	3	3	7	2	66000

续　表

所属公司	公司效益	年龄阶段	工作时间	学历	英语程度	年薪
8	1	2	7	4	0	78000
8	1	2	4	5	1	84000
8	1	5	7	6	0	81600
8	1	2	4	5	1	67500
8	1	2	3	5	1	61200
8	1	2	4	5	1	52800
8	1	4	8	5	0	66000
8	1	3	4	5	1	66000
8	1	2	5	4	0	16800
8	1	1	4	4	0	32400
8	1	3	6	5	2	147600
8	1	3	6	5	1	126000
8	1	3	9	5	1	220000
8	1	2	7	5	1	159600
8	1	3	5	5	1	116400
8	1	3	7	5	1	91200
8	1	4	7	5	0	108000
8	1	4	5	5	0	108000
8	1	3	5	5	1	108000
8	1	2	6	4	0	108000
8	1	3	4	5	1	132000
8	1	2	7	5	1	172500
8	1	2	4	5	1	126000
8	1	3	6	6	1	136800
8	1	4	8	6	0	84000
8	1	2	4	6	1	66000
8	1	2	5	5	1	41400
8	1	1	2	4	0	38400
8	1	1	2	5	1	41400
8	1	2	8	5	1	38400
9	2	1	2	4	0	21600
9	2	2	9	4	0	51600
9	2	3	4	4	0	72000
9	2	2	8	4	0	28800

续 表

所属公司	公司效益	年龄阶段	工作时间	学历	英语程度	年薪
9	2	2	8	6	1	54000
9	2	2	6	5	1	42000
9	2	3	9	3	0	28800
9	2	4	6	3	0	28800
9	2	2	2	5	1	60000
9	2	2	4	5	1	54000
9	2	1	2	4	0	25200
9	2	3	9	6	2	180000
9	2	3	9	5	2	180000
9	2	2	6	5	1	96000
9	2	2	8	5	1	96000
9	2	2	5	5	1	72000
9	2	2	5	5	1	60000
9	2	2	4	5	1	60000
9	2	2	7	5	1	72000
9	2	1	2	5	1	36000
9	2	1	2	5	1	42000
9	2	1	1	5	1	36000
10	1	3	2	5	1	45000
10	1	2	2	5	1	36000
10	1	3	4	5	2	192000
10	1	3	4	5	1	126000
10	1	2	3	5	1	48000
10	1	1	2	5	1	30000
10	1	1	1	5	1	12000
10	1	3	4	5	2	240000
10	1	3	5	6	1	120000
10	1	2	5	5	1	99000
10	1	3	2	6	1	90000
10	1	1	2	5	2	78000
10	1	2	3	5	1	92000
10	1	1	2	5	1	36000
10	1	2	4	6	2	210000
10	1	3	3	6	1	180000

续 表

所属公司	公司效益	年龄阶段	工作时间	学历	英语程度	年薪
10	1	3	5	4	0	120000
10	1	3	3	5	1	99600
10	1	2	3	4	0	916000
10	1	2	3	5	1	82800
10	1	7	5	5	1	84000
10	1	7	1	5	0	240000
10	1	2	1	5	1	70000
10	1	2	1	4	0	70000
10	1	3	5	5	2	200000
10	1	2	2	5	1	136500
10	1	3	5	5	1	90000
10	1	3	7	5	1	131100
10	1	4	8	5	0	116328
10	1	1	3	5	1	58400
10	1	3	5	5	1	88140
10	1	2	3	5	1	67080
10	1	3	5	4	0	42000
10	1	1	2	3	0	48000
10	1	1	2	3	0	30000
10	1	3	4	5	1	142440
10	1	3	5	6	2	202716
10	1	2	5	5	1	67000
10	1	2	2	5	1	45600
10	1	2	1	5	1	94344
10	1	3	5	5	1	148860
10	1	3	3	3	0	50400
10	1	3	5	3	1	65760
10	1	3	2	4	0	42000
10	1	1	2	3	0	33600
10	1	1	2	5	1	42000
10	1	2	2	3	0	28800
10	1	2	2	5	1	110000
10	1	2	3	5	1	74136
10	1	3	2	4	0	48000

所属公司	公司效益	年龄阶段	工作时间	学历	英语程度	年薪

续 表

所属公司	公司效益	年龄阶段	工作时间	学历	英语程度	年薪
10	1	2	1	5	1	48000
10	1	3	4	5	1	60000
10	1	4	4	6	0	262200
10	1	4	3	5	0	186000
10	1	3	3	6	2	270000
10	1	4	3	5	0	141000
10	1	3	3	5	2	220000
10	1	2	5	5	1	67200
10	1	1	3	4	0	60000
10	1	1	3	5	1	38400
10	1	2	7	6	2	186000
10	1	2	5	6	2	186000
10	1	2	5	5	1	111600
10	1	2	4	6	2	138000
10	1	2	8	5	1	132000
11	2	2	9	5	1	170000
11	2	1	5	5	2	91000
11	2	2	7	5	1	117000
11	2	2	4	6	1	78000
11	2	3	8	5	2	260000
11	2	4	9	5	0	144000
11	2	2	4	5	1	96000
11	2	2	3	5	1	41600
11	2	2	1	6	1	97240
11	2	2	3	5	1	82875
11	2	2	1	5	1	71825
11	2	2	1	5	1	60775
11	2	2	2	5	1	64090
11	2	2	6	5	1	64090
11	2	2	3	5	1	59670
11	2	1	1	5	1	36465
11	2	3	4	5	1	71825
11	2	2	9	5	1	180000
11	2	2	5	5	1	102000

续 表

所属公司	公司效益	年龄阶段	工作时间	学历	英语程度	年薪
11	2	2	7	5	1	96000
11	2	2	9	5	1	84000
11	2	2	8	4	0	72000
11	2	1	5	5	2	138000
11	2	2	2	5	1	54000
12	3	1	3	5	1	48000
12	3	1	2	5	1	36000
12	3	2	6	5	1	48000
12	3	1	3	5	1	36000
12	3	1	2	4	0	30000
12	3	2	4	5	1	80340
12	3	4	3	4	0	62400
12	3	2	4	5	1	78000
12	3	2	4	4	0	58500
12	3	2	4	5	1	39000
12	3	1	3	5	2	65000
12	3	2	4	5	1	45500
12	3	2	2	4	0	50000
12	3	2	4	5	1	52000
12	3	4	5	5	0	42900
12	3	3	2	5	1	91000
12	3	4	6	5	0	80000
12	3	3	5	5	1	100000
12	3	2	4	5	1	78000
12	3	1	2	5	1	55500
12	3	3	2	5	1	97500
12	3	3	2	5	1	48100
12	3	4	6	5	0	42900
12	3	2	6	4	0	65260
12	3	4	6	5	0	100000
12	3	2	6	5	1	90000
12	3	2	3	4	0	100000
12	3	2	2	3	0	78000
12	3	2	5	4	0	65000

续　表

所属公司	公司效益	年龄阶段	工作时间	学历	英语程度	年薪
12	1	2	3	4	0	57200
13	1	2	6	5	1	48000
13	1	2	8	5	1	52900
13	1	1	4	4	0	16800
13	1	1	2	3	0	18600
13	1	1	1	3	0	18000
13	1	6	7	5	0	178500
13	1	3	4	6	2	129600
13	1	3	6	5	2	174000
13	1	3	6	5	1	132000
13	1	3	4	6	2	159600
13	1	3	8	4	0	108000
13	1	2	4	5	1	180000
13	1	2	4	6	1	74400
13	1	2	3	5	1	52800
13	1	2	8	6	2	56400
13	1	1	1	5	1	38400
13	1	3	7	6	1	187200
13	1	3	1	5	1	61200
13	1	2	4	5	1	48000
13	1	3	5	6	1	105600
13	1	2	5	5	1	99000
13	1	3	8	5	1	106600
13	1	3	7	5	1	82800
13	1	4	9	4	0	90000
13	1	3	5	4	0	55200
13	1	3	5	5	0	61200

第十二章　试验设计

试验设计，也称为实验设计，是经济地、科学地安排试验的一项技术。试验设计的三个基本原理是重复、随机化及区组化。所谓重复，是指基本试验的重复进行。所谓随机化，是指试验材料的分配和试验的各个试验进行的次序，都是随机地确定的。所谓区组化，是用来提高试验的精确度的一种方法。一个区组就是试验材料的一个部分，相比于试验材料全体它们本身的性质应该更为类似。区组化牵涉在每个区组内部对感兴趣的试验条件进行比较。

在工农业生产和科学研究中，经常需要做试验，以求达到预期的目的。目前图书情报领域开始应用试验设计，期刊如何摆放才能提高阅读率？几种检索系统比较时，人们不可能将各个方面的检索词一一对比检索效果，可通过正交试验抽取检索词，比较检索系统的优劣。图书情报领域常做数据调查，调查研究时，将各种条件分成几个水平，用正交试验安排各个条件的水平组合，让人们按各种组合给出结论，研究人员根据各种条件和结论，了解人们的真实想法和要求，这就是联合分析，联合分析的基础就是试验设计中的正交试验。

试验设计内容十分广泛，我们仅讨论图书情报领域常用的方法：析因设计、正交试验设计。

第一节　试验设计在图书情报领域的应用

刘畅、赵瑜、杨帆使用实验法，对被试搜索时间进行严格的控制，分别验证时间限制和任务次序对被试搜索体验的影响。

潘幼乔、邓小昭在介绍并评价当前主要检索行为实验方法的基础上，引入美国 Marvin Zelen 教授的 Zelen 设计，综合已有检索行为实验方法的优缺点给出应用于网络用户信息检索行为实验的改进 Zelen 实验设计方案。最后，文章从实验对无关变量控制的规范化评价、实验方法的规范化评价、实验内在效度评价和实验外在效度评价 4 个方面对这一实验方案进行了评估。

王囡、薛昀、乔李明、刘琦设计了图书馆使用效率调查问卷，并基于正交设计方法进行问卷调查中样本点的选择，不仅缩减了样本空间，而且保证了样本的代表性。

谭凯波以湘贵地区信息用户为研究对象，借鉴联合分析的基本理论，并结合公共图书馆的实际，探讨当地信息用户对公共图书馆的馆藏量、馆藏结构、服务手段、建筑设计、服务环境、专业队伍等的偏好程度，以期在公共图书馆资源建设过程中进行合理布局，最大程度满足当地信息用户的需求。

第二节 $A \times B$ 析因设计

析因设计是对所有因子的所有水平的所有组合进行试验和分析的方法。由于此法基本等同双因素方差分析,所以这里略述一下。析因设计在图书情报领域已开始展露头角。刘丽娟在硕士论文《CNKI 资源利用的 IA 影响研究——基于用户体验的分析》中已提到析因设计,但没有看到实施过程与数据。

析因实验是指为了寻找、探究影响事物发生和变化过程的主要原因而安排的一种实验,其特点是:结果是已知的,而影响结果的因素特别是主要因素是未知的。它常通过排他的方法来寻求原因。其原理是:①造成结果的可能原因有多个因子时就通过逐一排除这些因子的方法观察结果有何变化。②如果排除的因子未引起结果的变化,则该因子不是原因;如果某个因子的排除引起了结果的变化,则这个因子就是原因。③析因实验要求尽可能全面掌握影响结果的各种因素,不放过任何微小的可疑线索。有时恰恰是一些微不足道的因素就是造成某种结果的重大原因。④如果有两个因素对析因实验产生影响时,可采用对照比较的方法来确定其主要影响因素。⑤对于有多个影响因素的析因实验可采用逐步逼近排除的方法,在控制几种因素不变的情况下只改变其中一种因素,以确定它的具体影响,最终找出其主要原因。

析因设计又称完全交叉分组设计,属于多因素、多水平、单效应变量设计的方法,通过析因设计可以迅速找到最佳的试验因子水平,同时能提供主影响因子和交互作用信息。

我们这里主要是寻找因素水平的最佳组合。

优点:析因设计可以有效控制或消除其他混杂因素对反应变量的干扰,分析更准确,可以同时研究几个因素的主效应和几个因素之间的交互作用,使得分析结果更可靠和稳定,为选择最优处理组合提供科学依据。

缺点:需要的样本较多,或者需要实验的次数较多,特别是因子的水平较多时更是如此。分析的因素不能多。

实验设计应用的基础是方差分析,所以,数据的整体分布应为正态分布,应方差齐性,但作为一种实用工具,实用是第一位,由于资金的限制,试验次数不能很多,所以正态分布这一条很难满足,另外,试验的现实有时使方差齐性也难满足,我们不能因此而不找最优条件,所以,我们很难看到实验设计数据分析时进行正态分布检验和方差齐性检验。

一、2^k 的析因设计的程式

2^k 的 2 表示 2 个水平,k 表示因素个数,k 不能太大。试验都是从低水平开始,用 0 表示低水平,用 1 表示高水平,所以第一行全是 0。

从第二列开始,以 0、1 轮替向下展开,相同数连续个数为 $2^0=1$,每 2(2×2^0)行一个轮回。

第三列以 0、0、1、1 轮替向下展开,相同数连续个数为 $2^1=2$,每 4(2×2^1)行一个轮回。

第四列以 0、0、0、0、1、1、1、1 轮替向下展开,相同数连续个数为 $2^2=4$,每 8(2×2^2)行一个轮回。

…………

第 $k+1$ 列有 2^{k-1} 个 0,2^{k-1} 个 1,不再轮回。2^k 的析因设计的程式见表 12-1:

表 12-1 2^k 的析因设计的程式

试验序号	因素 1 相同数连续个数为 2^0	因素 2 相同数连续个数为 2^1	因素 3 相同数连续个数为 2^2	...	因素 k 相同数连续个数为 2^{k-1}	观测值
1	0	0	0	...	0	y_1
2	1	0	0	...	0	y_2
3	0	1	0	...	0	y_3
4	1	1	0	...	0	y_4
5	0	0	1	...	0	y_5
6	1	0	1	...	0	y_6
7	0	1	1	...	0	y_7
8	1	1	1	...	0	y_8
9	0	0	0	...	0	y_9
10	1	0	0	...	0	y_{10}
...	...	...	...	...	...	...
2^{k-1}	...	...	...	...	0	$y_{2^{k-1}}$
$2^{k-1}+1$	...	...	...	...	1	$y_{2^{k-1}+1}$
...	...	...	...	...	...	...
2^k	1	...	...	...	1	y_{2^k}

如 2^2 的析因设计见表 12-2：

表 12-2 2^2 的析因设计

试验序号	因素 1	因素 2	试验值
1	0	0	y_1
2	1	0	y_2
3	0	1	y_3
4	1	1	y_4

例：有人事先在学校 4 个系做了图书馆满意度调查，得到满意度数据分别为：52、44、40、26（虚拟数据）。图书馆为了提高服务，允许图书开架，重新在学校 4 个系做了图书馆满意度调查，得到满意度数据分别为：52、48、44、44。单开架后，图书较乱，停止开架。后改为延长开放时间，又在学校 4 个系做了图书馆满意度调查，得到满意度数据分别为：57、64、52、45。随着技术的发展，射频技术在图书馆的图书安全和还书中得到了应用，此时，图书馆既延长了开放时间，又有开架服务，最后在学校 4 个系做了图书馆满意度调查，得到满意度数据分别为：84、88、90、88。我们把没有开展新服务的数据作为对照数据。我们把四个数据平均得到 2^2 析因设计的数据，见表 12-3：

表 12-3　图书馆满意度调查数据

系别	服务前满意度	开架后满意度	延长开放时间后满意度	开架并延长开放时间后满意度
一	52	52	57	84
二	44	48	64	88
三	40	44	52	90
四	26	44	45	88
平均值	40.5	47	54.5	87.5

此题高水平数据是明显的，但低水平数据并不明显。不过我们可以这样来看，开架后满意度可以看作是延长开放时间后满意度的低水平值，而延长开放时间后满意度可以看作是开架后满意度的低水平值。这样我们得到 2^2 析因设计的数据，见表 12-4：

表 12-4　数据输入格式

试验号	开架 x_1	延长 x_2	满意度 y
1	1	1	40.5
2	2	1	47
3	1	2	54.5
4	2	2	87.5

到了这一步，就变成方差分析问题了。

如 2^3 的析因设计见表 12-5：

表 12-5　2^3 的析因设计

试验序号	因素 1	因素 2	因素 3	试验值
1	0	0	0	y_1
2	1	0	0	y_2
3	0	1	0	y_3
4	1	1	0	y_4
5	0	0	1	y_5
6	1	0	1	y_6
7	0	1	1	y_7
8	1	1	1	y_8

如 2^4 的析因设计见表 12-6：

表12-6 2^4 的析因设计

试验序号	因素1	因素2	因素3	因素4	试验值
1	0	0	0	0	y_1
2	1	0	0	0	y_2
3	0	1	0	0	y_3
4	1	1	0	0	y_4
5	0	0	1	0	y_5
6	1	0	1	0	y_6
7	0	1	1	0	y_7
8	1	1	1	0	y_8
9	0	0	0	1	y_9
10	1	0	0	1	y_{10}
11	0	1	0	1	y_{11}
12	1	1	0	1	y_{12}
13	0	0	1	1	y_{13}
14	1	0	1	1	y_{14}
15	0	1	1	1	y_{15}
16	1	1	1	1	y_{16}

二、3^k 的析因设计的程式

3^k 的3表示3个水平，k 表示因素个数，k 不能太大。试验都是从低水平开始，用1表示低水平，用2表示中水平，用3表示高水平，所以第一行全是1。

从第二列开始，以1、2、3轮替向下展开，相同数连续个数为1（3^0），每3（3×3^0）行一个轮回。

第三列以1、1、1、2、2、2、3、3、3轮替向下展开，相同数连续个数为3（3^1），每9（3×3^1）行一个轮回。

第四列以1、1、1、1、1、1、1、1、1、2、2、2、2、2、2、2、2、2、3、3、3、3、3、3、3、3、3轮替向下展开，相同数连续个数为9（3^2），每27（3×3^2）行一个轮回。

…………

第 $k+1$ 列有 3^{k-1} 个1，3^{k-1} 个2，3^{k-1} 个3，不再轮回。3^k 的析因设计的程式见表12-7：

表12-7 3^k 的析因设计的程式

试验序号	因素1 相同数连续个数为3^0	因素2 相同数连续个数为3^1	因素3 相同数连续个数为3^2	…	因素k 相同数连续个数为3^{k-1}	观测值
1	1	1	1	…	1	y_1
2	2	1	1	…	1	y_2
3	3	1	1	…	1	y_3
4	1	2	1	…	1	y_4
5	2	2	1	…	1	y_5

续 表

试验序号	因素1 相同数连续个数为 3^0	因素2 相同数连续个数为 3^1	因素3 相同数连续个数为 3^2	…	因素 k 相同数连续个数为 3^{k-1}	观测值
6	3	2	1	…	1	y_6
7	1	3	1	…	1	y_7
8	2	3	1	…	1	y_8
9	3	3	1	…	1	y_9
10	1	1	2	…	1	y_{10}
…	…	…	…	…	…	…
3^{k-1}	…	…	…	…	1	$y_{3^{k-1}}$
$3^{k-1}+1$	…	…	…	…	2	$y_{3^{k-1}+1}$
…	…	…	…	…	…	…
$2\times 3^{k-1}$	…	…	…	…	2	$y_{2\times 3^{k-1}}$
$2\times 3^{k-1}+1$	…	…	…	…	3	$y_{2\times 3^{k-1}+1}$
…	…	…	…	…	…	…
3^k	…	…	…	…	3	y_{3^k}

如 3^2 的析因设计见表 12-8：

表 12-8 3^2 的析因设计

试验序号	因素1	因素2	试验值
1	1	1	y_1
2	2	1	y_2
3	3	1	y_3
4	1	2	y_4
5	2	2	y_5
6	3	2	y_6
7	1	3	y_7
8	2	3	y_8
9	3	3	y_9

如 3^3 的析因设计见表 12-9：

表 12-9 3^3 的析因设计

试验序号	因素 1	因素 2	因素 3	试验值
1	1	1	1	y_1
2	2	1	1	y_2
3	3	1	1	y_3
4	1	2	1	y_4
5	2	2	1	y_5
6	3	2	1	y_6
7	1	3	1	y_7
8	2	3	1	y_8
9	3	3	1	y_9
10	1	1	2	y_{10}
11	2	1	2	y_{11}
12	3	1	2	y_{12}
13	1	2	2	y_{13}
14	2	2	2	y_{14}
15	3	2	2	y_{15}
16	1	3	2	y_{16}
17	2	3	2	y_{17}
18	3	3	2	y_{18}
19	1	1	3	y_{19}
20	2	1	3	y_{20}
21	3	1	3	y_{21}
22	1	2	3	y_{22}
23	2	2	3	y_{23}
24	3	2	3	y_{24}
25	1	3	3	y_{25}
26	2	3	3	y_{26}
27	3	3	3	y_{27}

三水平更多因素的析因设计很少有人用。三水平三因素需 27 以上的析因试验，所以三水平更多因素的析因设计很少有人用。一般两水平采用 2~4 个因素，即最多两水平四因素进行 16 个试验，三水平采用 2~3 个因素。所以更多因素的析因试验不再介绍。

三、混合析因设计

实际工作中人们常遇到各个因素水平不一致的析因设计情形，此时就需要混合析因设计。由于水平不一致，总有一个水平容纳的因素多的析因设计部分，另一个水平容纳的因素少的析因设计部分，我们以容纳的因素多的析因设计部分为设计主体，从容纳的因素少的析因设计部分中取一部分设计，共同完成新的析因设计。

如 $2^2 \times 3$，先列出 2^2，2^2 的设计见表 12-10：

表 12-10 2^2 的设计

0	0
1	0
0	1
1	1

然后用 3 的各个水平与其组合，则 $2^2 \times 3$ 的设计见表 12-11：

表 12-11 $2^2 \times 3$ 混合

试验序号	因素 1	因素 2	因素 3	试验值
1	0	0	0	y_1
2	1	0	0	y_2
3	0	1	0	y_3
4	1	1	0	y_4
5	0	0	1	y_5
6	1	0	1	y_6
7	0	1	1	y_7
8	1	1	1	y_8
9	0	0	2	y_9
10	1	0	2	y_{10}
11	0	1	2	y_{11}
12	1	1	2	y_{12}

如 $2^3 \times 3$，2^3 的设计见表 12-12：

表 12-12 2^3 的设计

1	1	1
2	1	1
1	2	1
2	2	1
1	1	2
2	1	2
1	2	2
2	2	2

然后用 3 的各个水平与其组合，则 $2^3 \times 3$ 的设计见表 12-13：

表 12-13 $2^3 \times 3$ 的设计

试验序号	因素 1	因素 2	因素 3	因素 4	试验值
1	1	1	1	1	y_1
2	2	1	1	1	y_2
3	1	2	1	1	y_3
4	2	2	1	1	y_4
5	1	1	2	1	y_5
6	2	1	2	1	y_6
7	1	2	2	1	y_7
8	2	2	2	1	y_8
9	1	1	1	2	y_9
10	2	1	1	2	y_{10}
11	1	2	1	2	y_{11}
12	2	2	1	2	y_{12}
13	1	1	2	2	y_{13}
14	2	1	2	2	y_{14}
15	1	2	2	2	y_{15}
16	2	2	2	2	y_{16}
17	1	1	1	3	y_{17}
18	2	1	1	3	y_{18}
19	1	2	1	3	y_{19}
20	2	2	1	3	y_{20}
21	1	1	2	3	y_{21}
22	2	1	2	3	y_{22}
23	1	2	2	3	y_{23}
24	2	2	2	3	y_{24}

如 $2^2 \times 3^2$，2^2 的设计见表 12-14：

表 12-14 2^2 的设计

1	1
2	1
1	2
2	2

3^2 的析因设计见表 12-15：

表 12-15　3^2 的析因设计

1	1
2	1
3	1
1	2
2	2
3	2
1	3
2	3
3	3

3^2 设计的每一行都与 2^2 的设计组合一次，见表 12-16：

表 12-16　$2^2 \times 3^2$ 的混合

试验序号	因素 1	因素 2	因素 3	因素 4	试验值
1	1	1	1	1	y_1
2	2	1	1	1	y_2
3	1	2	1	1	y_3
4	2	2	1	1	y_4
5	1	1	2	1	y_5
6	2	1	2	1	y_6
7	1	2	2	1	y_7
8	2	2	2	1	y_8
9	1	1	3	1	y_9
10	2	1	3	1	y_{10}
11	1	2	3	1	y_{11}
12	2	2	3	1	y_{12}
13	1	1	1	2	y_{13}
14	2	1	1	2	y_{14}
15	1	2	1	2	y_{15}
16	2	2	1	2	y_{16}
17	1	1	2	2	y_{17}
18	2	1	2	2	y_{18}
19	1	2	2	2	y_{19}
20	2	2	2	2	y_{20}
21	1	1	3	2	y_{21}

续 表

试验序号	因素1	因素2	因素3	因素4	试验值
22	2	1	3	2	y_{22}
23	1	2	3	2	y_{23}
24	2	2	3	2	y_{24}
25	1	1	1	3	y_{25}
26	2	1	1	3	y_{26}
27	1	2	1	3	y_{27}
28	2	2	1	3	y_{28}
29	1	1	2	3	y_{29}
30	2	1	2	3	y_{30}
31	1	2	2	3	y_{31}
32	2	2	2	3	y_{32}
33	1	1	3	3	y_{33}
34	2	1	3	3	y_{34}
35	1	2	3	3	y_{35}
36	2	2	3	3	y_{36}

这是一个试验次数非常多的表。所以混合试验不宜过大。

2×3^3 需要 54 个试验，不再列出。

四、析因设计的SPSS操作步骤

例：为了考察英语成绩与主题熟悉程度及生字密度的关系，做了一次析因试验，主题熟悉程度只有两个水平：熟悉和不熟悉。生字密度分三个水平：多、中、少。$2\times3=6$ 种可能，4个学生每人测6次，数据见表12-17（虚拟数据）：

表12-17 英语成绩、主题熟悉程度及生字密度的数据

主题熟悉程度 x_1	生字密度 x_2	英语成绩 y
1	1	3
1	1	6
1	1	4
1	1	3
1	2	4
1	2	6
1	2	4
1	2	2
1	3	5
1	3	7
1	3	5

续　表

主题熟悉程度 x_1	生字密度 x_2	英语成绩 y
1	3	2
2	1	4
2	1	5
2	1	3
2	1	3
2	2	8
2	2	9
2	2	8
2	2	7
2	3	12
2	3	9
2	3	7
2	3	8

1. 输入数据

将数据输入 SPSS 界面，见图 12-1：

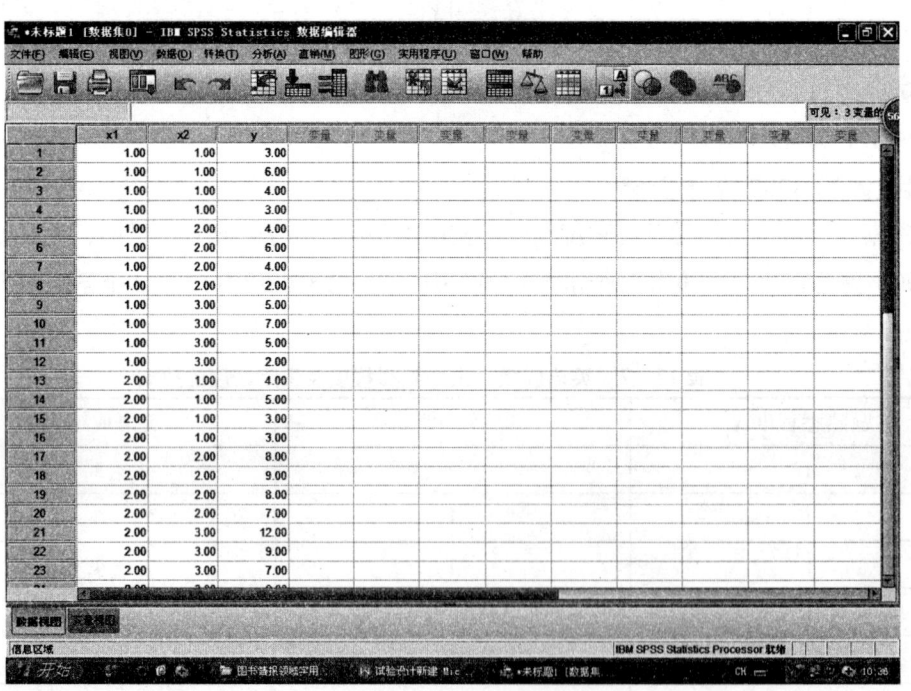

图 12-1　数据输入格式

2. 分析路径

在菜单中点击"分析"→"一般线性模型"→"单变量"，见图 12-2：

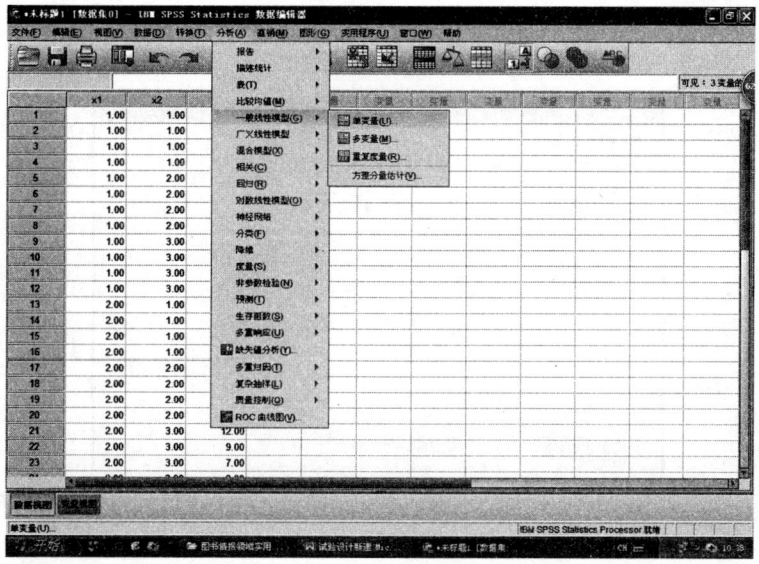

图 12-2　分析路径

弹出"单变量"对话框,见图 12-3:

图 12-3　"单变量"对话框

3. 变量被选定

将考察指标变量（因变量）y 选中点击进入"因变量"对话框,所有考察因素（自变量）x_1、x_2 选中点击进入"固定因子"栏,见图 12-4:

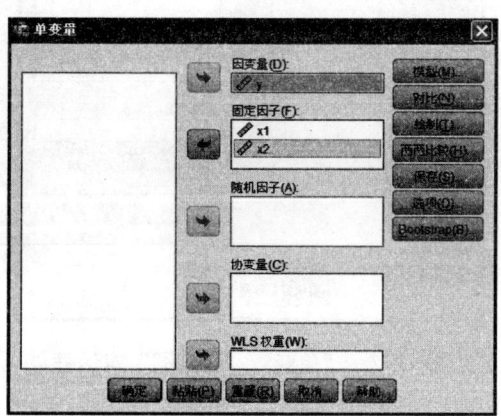

图 12-4　对话框中变量被选定

4. 模型确定

点击"模型"键，得到"单变量：模型"对话框，见图12-5：

图12-5 "单变量：模型"对话框

由于析因设计要考虑交互项，所以必须用全模型，系统默认的模型就是全模型，所以模型无需新设置。点击"继续"键，返回到"单变量"对话框，见图12-6：

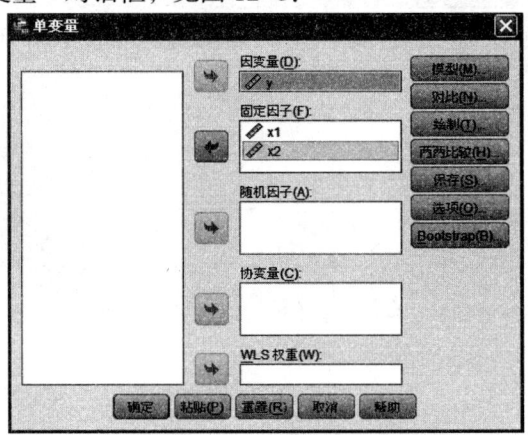

图12-6 "单变量"对话框

5. 轮廓图的"绘制"

点击"绘制"键，进入"单变量：轮廓图"对话框，见图12-7：

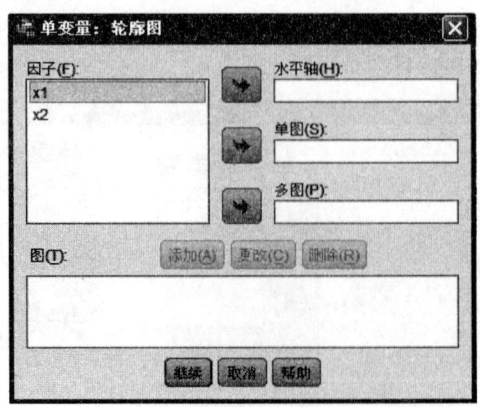

图12-7 "单变量：轮廓图"对话框

分别将"因子"框中的两个变量选中点击进入"水平轴"和"单图"框，见图12-8：

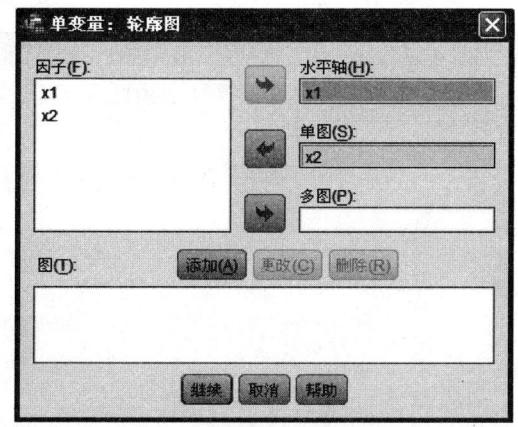

图 12-8 对话框中坐标系被确定

此时"添加"键被激活,点击"添加",确定做自变量水平组合相互作用结果图,见图 12-9:

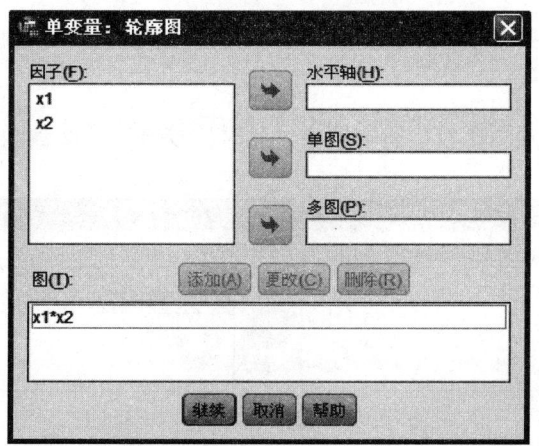

图 12-9 对话框中确定做自变量水平组合相互作用结果

定义图的格式后,点击"继续"键,返回"单变量"对话框,见图 12-10:

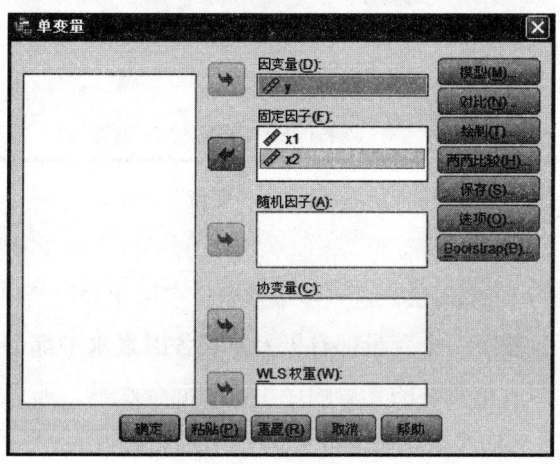

图 12-10 "单变量"对话框

6. 多重比较

点击"两两比较"键,进入"单变量:观测均值的两两比较"对话框,见图 12-11:

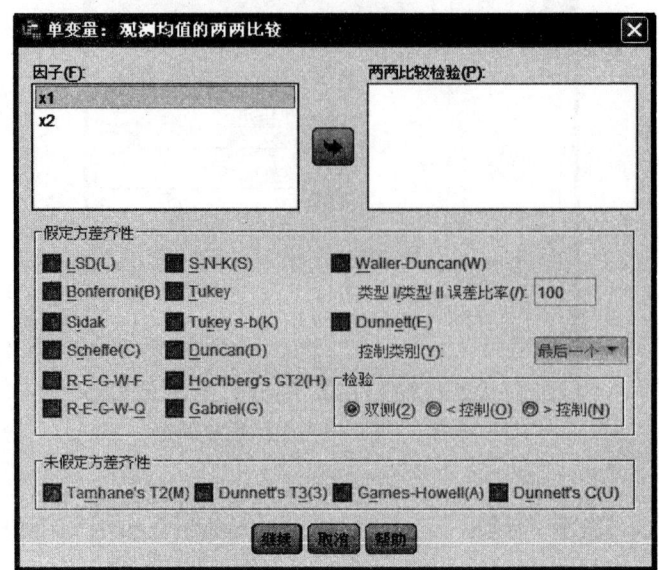

图 12-11 "单变量：观测均值的两两比较"对话框

将自变量选中点击进入"两两比较检验"框中，此时比较方法界面被激活，见图 12-12：

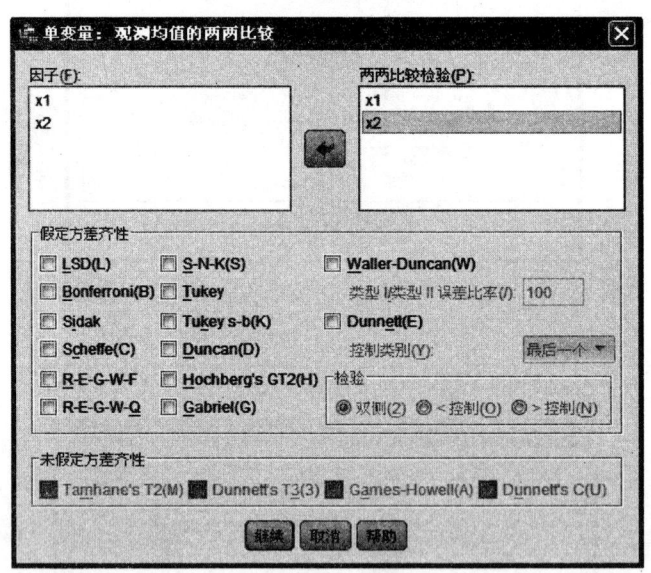

图 12-12 对话框中"变量"被确定

选择"多重比较"的方法为 Duncan 法，这一步很重要，多重比较可给出每一个变量各个水平的差值，差值绝对值的最大值叫极差。显然每一个变量都有极差，若各因素水平都一致，那么极差最大者最重要，以此类推，我们可区分出各个因素重要性的先后顺序。若是混合水平，那么需要各个极差都除以试验中各因素本水平重复次数，然后进行剩的比较，剩大者最重要，见图 12-13：

图 12-13　对话框中被确定"多重比较"的方法

点击"继续"键，返回"单变量"对话框，见图 12-14：

图 12-14　"单变量"对话框

点击"确定"，输出结果（结果与分析略）。

我们再看一个工业上的例子。

例：为了分析影响软饮料装罐高度的因素，做了一个实验，表中值是到理论高度的差值。数据见表 12-18：

表 12-18　影响软饮料装罐高度的因素数据

碳酸百分比 /%	压强 /Pa			
	25		30	
	流水速度 /(m/min)		流水速度 /(m/min)	
	200	250	200	250
10	−4	−1	−1	2
12	1	3	5	11
14	9	13	16	21

这显然是一个三因素的混合析因设计。我们把表重新排列一下，用 1、2、3 代替碳酸百分比的 10、

12、14。用 1、2 代替压强中的 25、30。用 1、2 代替流水速度的 200、250。见表 12-19：

表 12-19 数据输入格式

碳酸百分比 x_1	压强 x_2	流水速度 x_3	高度 y
1	1	1	-4
2	1	1	1
3	1	1	9
1	1	2	-1
2	1	2	3
3	1	2	13
1	2	1	-1
2	2	1	5
3	2	1	16
1	2	2	2
2	2	2	11
3	2	2	21

到了这一步，就可以用与前边例题类似的步骤进行分析。我们不再继续。

析因试验中还有部分析因试验，但部分析因试验不能分析高阶交互项，其功能与正交试验和均匀试验差不多，但不如正交试验和均匀试验好用，不再赘述。

第三节 正交试验设计

当实验涉及的多个实验因素之间的交互作用很复杂且都需要考察时，最好采用析因设计，其优点在于结论比较精确，不但能够检验各因素的主效应，还能全面检验所有因素间的各阶交互作用效应大小。但析因设计也存在着明显的缺点，那就是当实验涉及的因素个数较多或各因素水平数较多时，所需要的实验次数太多，研究者往往无法承受。这时，研究者就会思考，若能忽略掉一些专业上认为不重要的因素或交互作用项的话，有没有合适的实验设计可以通过较少的实验次数来检验所要考察的那些比较重要因素的主效应和少量因素间的低阶交互作用？这时，可采用正交设计或均匀设计。

正交设计有 3 个最突出的特点：其一，由正交表挑出来的试验点在空间具有"均匀分散性"；其二，由正交表挑出来的试验点在统计分析时具有"整齐可比性"；其三，某些好的未包括在正交表中的试验点，可以通过统计分析将其发现。

正交设计的特点及适用场合：正交设计是一种高效、多因素试验的设计。它是利用一套规格化的正交表将各试验因素和各水平之间的组合均匀搭配，合理安排，大大减少实验次数，并提供较多的信息。在可以应用析因设计的实验研究中，若高阶或部分低阶交互作用可以忽略不计，且因试验条件所限希望减少试验次数时，可采用正交设计。

例如：做一个三因素三水平的试验，按全面试验要求，须进行 27（3^3）种组合的试验，且尚未考虑每一组合的重复数。若按 $L_9(3^3)$ 正交表安排试验，只须做 9 次，按 $L_{18}(3^7)$ 正交表进行 18 次试验，显然大大减少了工作量。因而正交试验设计在很多领域的研究中已经得到广泛应用。

正因为正交试验是用部分试验代替全面试验，它不可能像全面试验那样对各个因素主效应、交互效应一一分析；当交互作用存在时，有可能出现交互作用的混杂。虽然正交试验设计有上述不足，但它能通过部分试验找到最优水平组合，因而很受实际工作者青睐。

使用正交试验一般主要有两个目的，一个是剔除次要因素，一个是寻找条件最优组合。将正交试验选择的水平组合列成表格，称为正交表。正交试验设计必须按正交表安排试验。常用的正交表已有数学工作者制定出来，供正交设计时选用，目前正交表有：

$L_4(2^3)$、$L_8(2^7)$、$L_8(4\times 2^4)$、$L_9(3^4)$、$L_9(2\times 3^3)$、$L_{12}(2^{11})$、$L_{12}(3\times 2^4)$、$L_{12}(6\times 2^4)$、

$L_{12}(6\times 2^2)$、$L_{16}(2^{15})$、$L_{16}(4\times 2^{12})$、$L_{16}(4^2\times 2^9)$、$L_{16}(4^3\times 2^6)$、$L_{16}(4^4\times 2^3)$、$L_{16}(4^5)$、

$L_{16}(8\times 2^8)$、$L_{18}(6\times 3^6)$、$L_{18}(2\times 3^7)$、$L_{20}(2^{19})$、$L_{20}(10\times 2^2)$、$L_{20}(5\times 2^8)$、$L_{24}(3\times 4\times 2^{13})$、

$L_{24}(3\times 4\times 2^4)$、$L_{24}(6\times 4\times 2^3)$、$L_{25}(5^6)$、$L_{27}(3^{13})$、$L_{27}(9\times 3^9)$、$L_{28}(7\times 2^{12})$、$L_{32}(2^{31})$、

$L_{32}(4^9)$、$L_{32}(2\times 4^9)$、$L_{32}(8\times 4^6\times 6^6)$、$L_{36}(2^2\times 3^2\times 6^2)$、$L_{36}(2^{11}\times 3^{12})$、$L_{36}(2^3\times 3^{13})$、

$L_{36}(4\times 3^{10})$、$L_{36}(2\times 6^2\times 3^5)$、$L_{36}(6^3\times 3^3)$、$L_{49}(7^8)$、$L_{64}(2^{63})$、$L_{64}(4^{21})$、$L_{81}(3^{40})$、

$L_{84}(6\times 7\times 2^{11})$、$L_{125}(5^{125})$、$L_{128}(2^{127})$、$L_{243}(3^{121})$

其中 $L_N(m^k)$ 表示表是 N 行、k 列、m 个水平的表，凡含×的表表示是两种水平的混合表。若只看主效应，那么 m 就表示因素个数。即最多可估计 m 个因素主效应（但此时无法估计误差）。

根据正交表的表示符号 $L_N(m^k)$ 和含交互项正交表的表示符号 $L_N(m_1^{k_1}\times m_2^{k_2}\times\cdots)$，就可知因素的个数和各因素的水平数，所以这些表根据因素的个数和水平都可由 SPSS 软件生成。

一、正交表生成的 SPSS 软件法

SPSS 软件可直接生成正交表，如我们想生成一个三因素的一个二水平、两个三水平的混合正交表，其生成的方法如下。

1. 输入数据

打开 SPSS 数据界面，点击菜单中的"数据"，鼠标下滑到"正交设计"，再右滑到"生成"，见图 12-15：

图 12-15　分析路径

点击之,得到"生成正交设计"对话框,见图 12-16:

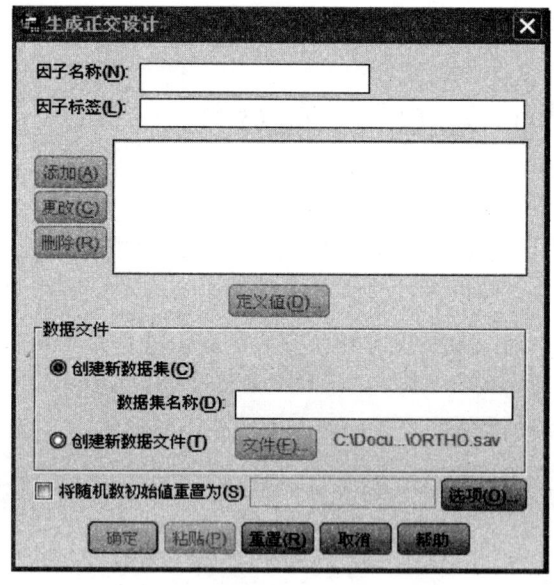

图 12-16　"生成正交设计"对话框

2. 因素确定

在"因子名称"框中输入 A,并点击"添加"按钮,A 进入"定义值"框,"定义值"键被激活,见图 12-17:

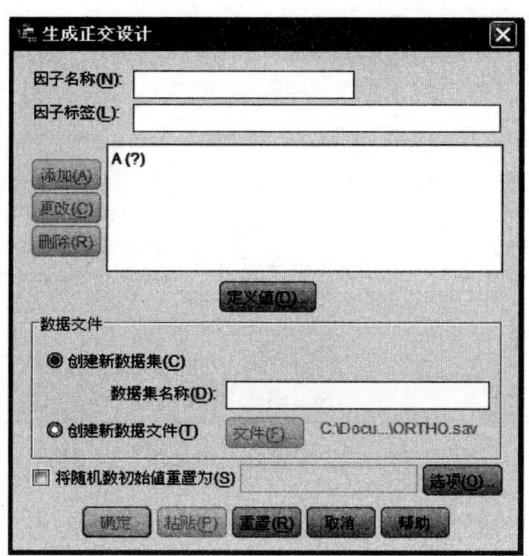

图 12-17　对话框中一个因子进入"定义值"框

依次将 B 、C 也添加进"定义值"框，见图 12-18：

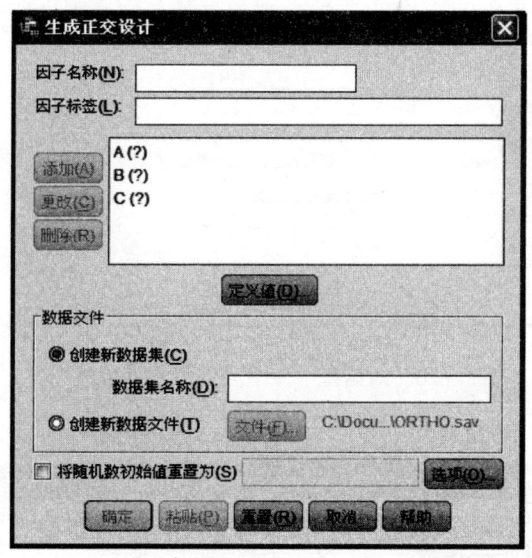

图 12-18　对话框中多个因子进入"定义值"框

3. 水平数确定

先点击"定义值"框中的"$A(?)$"，再点击"定义值"键，得到"生成设计：定义值"对话框，见图 12-19：

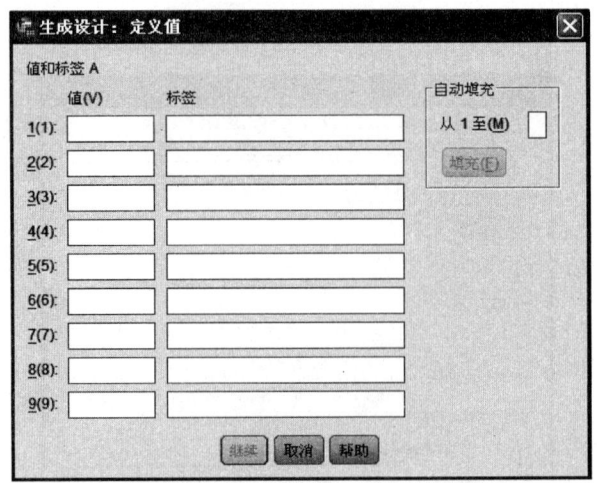

图 12-19 "生成设计：定义值"对话框

我们假定 A 是三水平的，就在"值"的列的前三行依次输入"1""2""3"三个水平，见图 12-20：

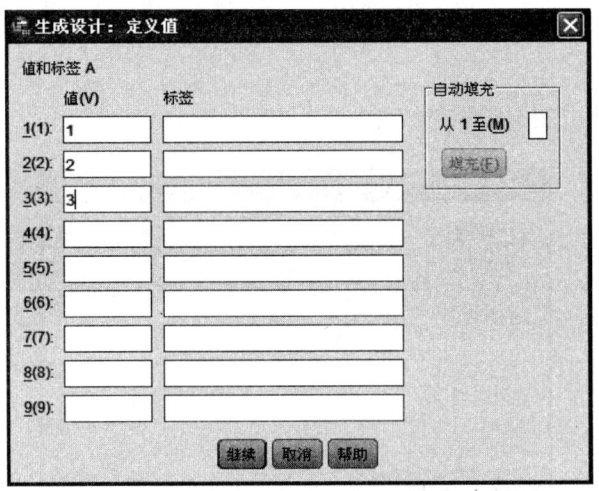

图 12-20 对话框中一个因素的水平数被选定

点击"继续"键，返回到"生成正交设计"对话框，见图 12-21：

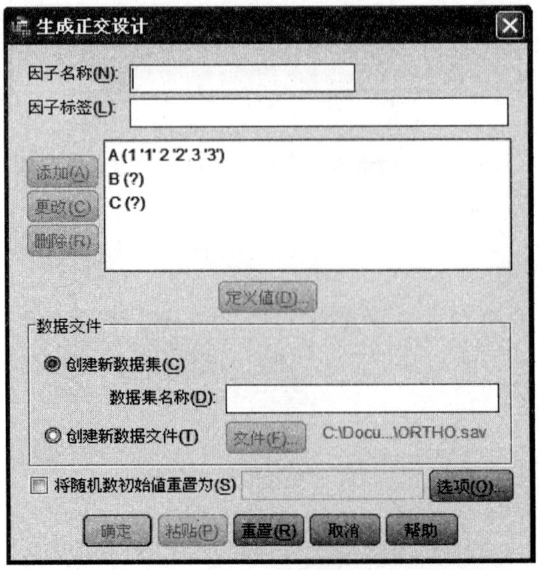

图 12-21 对话框中一个因素的水平数被确定

用类似的方法将 B 因素的水平数（假定为 2）和 C 因素的水平数（假定为 3）也确定，见图 12-22：

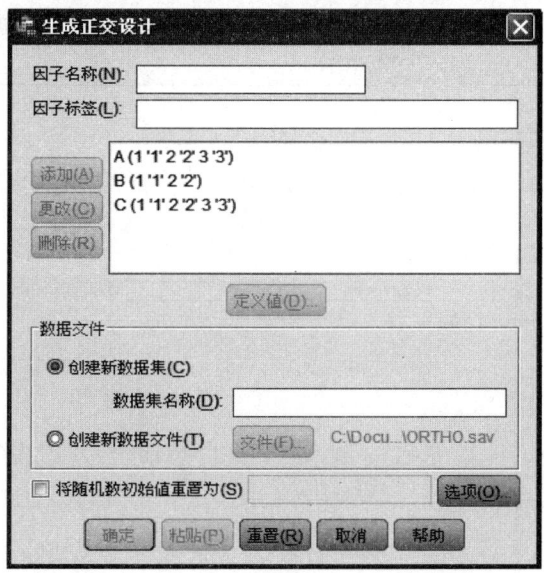

图 12-22　对话框中多因素多水平数被确定

4. 创建正交数据表

选择"生成正交设计"对话框"数据文件"框中的"创建新数据集"，并在"数据集名称"框中任意输入一个名称，比如 A，此时"确定"键被激活，见图 12-23：

图 12-23　对话框中数据名称被确定

点击"确定"键，得到日志页，见图 12-24：

图 12-24　日志

我们删除此页，得到正交设计表，见图 12-25：

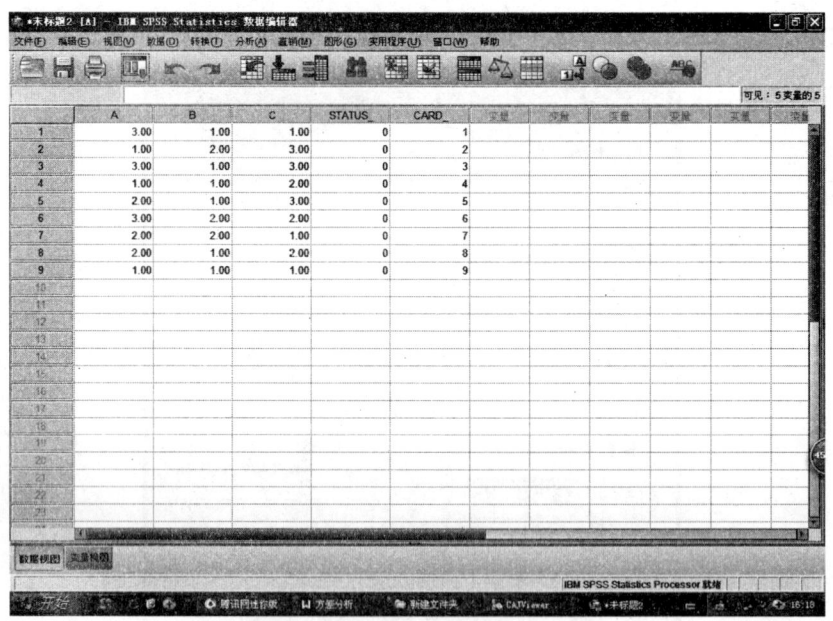

图 12-25　正交设计表

前三列就是生成的正交表。与我们在书中查到的正交表不一样。系统生成的数据文件与我们正交试验设计表所安排的实验一致，仅是顺序上略有不同。

二、表头的设计

但遗憾的是 SPSS 没有给出表头的设计。正交设计不完全是只考虑主效应，还考虑低阶的交互效应，因此表头设计很重要。同样的 $L_8(2^7)$ 正交表，可能不完全相同，如一般书中的 $L_8(2^7)$ 正交表与 SPSS 确定的 $L_8(2^7)$ 正交表形式可能不同，表头设计与具体的正交表形式密切相关，所以我们在这里既给出表头设计，又给出其对应的具体正交表。我们在附表中仅列出有交叉列表的正交表、交叉列表、表头设计表，其余的表可用 SPSS 软件生成。不过生成正交表时要按多一个因素来设计，以便留空格。

三、根据表逐步探索法

为了分析表头的设计，我们以 $L_8(2^7)$ 的正交表为例来说明。$L_8(2^7)$ 的正交见表 12-20：

表 12-20 $L_8(2^7)$ 的正交

试验号	1	2	3	4	5	6	7
1	1	1	1	1	1	1	1
2	1	1	1	2	2	2	2
3	1	2	2	1	1	2	2
4	1	2	2	2	2	1	1
5	2	1	2	1	2	1	2
6	2	1	2	2	1	2	1
7	2	2	1	1	2	2	1
8	2	2	1	2	1	1	2

一个列只设一个交互项，多个交互列在同一列时，我们只取主要的，忽略次要的，至于哪个主要、哪个次要，要根据实际情形和经验来决定。组合种数很多，如 $L_8(2^7)$ 的四因素时，组合种数至少达 17 种，五因素组合种数更多。从这里可看出，表头设计很烦琐，所以人们用另一种方式来描述表头设计，如 $L_8(2^7)$ 的表头设计见表 12-21：

表 12-21 $L_8(2^7)$ 的表头设计

1	2	3	4	5	6	7
(1)	3	2	3	4	5	6
	(2)	1	2	3	4	5
		(3)	1	2	3	4
			(4)	1	2	3
				(5)	1	2
					(6)	1
						(7)

此表中第一个因素的主效应是用列（ ）中的数表示，注意不能是交互项，若是交互项不算。第二个因素的主效应是用表头中的列数表示，注意不能是交互项，若是交互项不算。那么这两个主效应的交互项所在列用表中交叉处的数据表示。若这两个主效应的交互项所在列是另一个主效应，说明矛盾，即主因素放的位置有问题，需要调整。根据上表我们至少可得到如下的各种表头设计，见表 12-22：

表 12-22 各种表头设计

因子数	1	2	3	4	5	6	7
3	A	B	$A \times B$	C	$A \times C$	$B \times C$	空列
4	A	B	$A \times B$ $C \times D$	C	$A \times C$ $B \times D$	$B \times C$ $A \times D$	D
4	A	B $C \times D$	$A \times B$	C $B \times D$	$A \times C$	D $B \times C$	$A \times D$
4	A	$A \times B$	B	C	D	$A \times C$	$B \times C$
4	A	B	$A \times B$	$A \times C$	C	$A \times B \times C$	D
5	A $D \times E$	B $C \times D$	$A \times B$ $C \times E$	C $B \times D$	$A \times C$ $B \times E$	D $A \times E$ $B \times C$	E $A \times D$

可见，$L_8(2^7)$ 安排 3 个因素时，主效应和交互项都不混淆。而安排更多因素要么混淆，要么交互效应被忽略，这显然不合理。要么安排更大的正交表，我们主张后者。我们要根据实际、因素的多少、前后排序、主效应和一阶交互项来在高阶正交表中寻找对应的表头。一般 s 个主效应，有 C_s^2 个一阶交互效应，所以 $L_N(m^k)$ 中的 k 必须大于 $s + C_s^2$，即 $k > s + C_s^2$。如 $s = 3$，那么

$$s + C_s^2 = 3 + C_3^2 = 3 + 3 = 6 < 7$$

所以 $L_8(2^7)$ 只能安排 3 个因素。当然若知有些交互项可忽略，那么可安排更多因素。

例：设有 A、B、C、D、E、F 6 个二水平因素，同时还须考察 $A \times C$、$A \times E$、$C \times D$、$D \times E$、$A \times F$、$B \times F$、$C \times F$、$D \times F$、$E \times F$ 等 9 对两两间的交互作用。由于模型中各效应项之和为 15 项，故试选正交表 $L_{16}(2^{15})$。由于 F 须考察 5 次交互作用，A、C、D、E 各须考察 3 次交互作用，而 B 仅须考察 1 次交互作用，我们按考察交互作用较多的因素先行排定的顺序试排，即 F、A 分别排在第 1、2 列，则 $A \times F$ 排在第 3 列；C 排在第 4 列，则 $C \times F$、$A \times C$ 分别排在第 5、6 列；若将 D 排在第 7 列，则 $D \times F$、$C \times D$ 分别排在第 6、3 列，于是第 6、3 两列产生混杂（同一列上排量两个及其以上效应项），故将 D 顺延至第 8 列，此时 $D \times F$、$C \times D$ 分别排在第 9、12 列；E 直至顺延排在第 15 列时，$E \times F$、$A \times E$、$D \times E$ 分别排在第 14、13、7 列而无混杂；最后 B 排在第 10 列（或第 11 列），则 $B \times F$ 排在第 11 列（或第 10 列）。见表 12-23：

表 12-23 满足本题意要求的表头设计

列号	1	2	3	4	5	6	7	8	9	10	11	12	13	14	15
效应	F	A	AF	C	CF	AC	DE	D	DF	B	BF	CD	AE	EF	E

本例若不按上述顺序排列，则不易试探调整甚至无法容纳。可见若按交互作用越多的因素越先行前趋排列，则表头设计越趋合理、易排。

例：设有 A、B、C、D、E 5个三水平因素，同时还须考察 AB、BC、BD、BE 等4对两两间的交互作用。由于模型中各效应项之和共有9项须占12例，故试选正交表 $L_{27}(3^{13})$。若按 B、A、C、D、E 和 A、B、C、D、E 的顺序排列，其表头设计见表12-24：

表12-24 5个三水平因素的表头设计

列号	1	2	3	4	5	6	7	8	9	10	11	12	13
效应	B	A	AB	AB	C	BC	BC	D	BD	BD	E	BE	BE
效应	A	B	AB	AB	C	D	E	BC	BD	BE	BC	BD	BE

四、留空列

注意若用方差分析法而不是极差法时，主因素与交互项个数的和必须比正交表的列数少1，否则无法估计误差，得不到 F 值，更得不到显著性概率 Sig。这就是所谓的留空列。留空列并不是真的把无用的正交表列也填进 SPSS 中，只要正交表的列数相对于主因素与交互项个数的和大于1即可。多余列不输进 SPSS 表中。

我们看一个没有留空列的例子。

例：刘小云等人利用正交设计法研究不同外源添加物对揪树试管丛生芽继代增殖的影响，并尝试利用 SPSS13.0 软件在组培实验研究中进行正交设计及方差分析的实际应用。因素有：

x_1，活性炭，级别1、2、3代表0、1g/L、2g/L。

x_2，有机物，级别1、2、3代表100g/L香蕉泥、番茄汁、土豆泥。

x_3，聚乙烯吡咯烷酮，级别1、2、3代表50mg/L、100mg/L、500mg/L。

x_4，多效唑，级别1、2、3代表0、0.2mg/L、1mg/L。

由于4个因素3个水平，他们用了 $L_9(3^4)$ 来试验，4个因素，而 $L_9(3^4)$ 仅有4个列，这就导致无法估计误差。

他们的试验数据见表12-25：

表12-25 揪树试管丛生芽试验数据

试验号	因素				平均增值倍数 y
	x_1	x_2	x_3	x_4	
1	1	1	1	1	2.7
2	1	2	2	2	4.3
3	1	3	3	3	1.8
4	2	1	2	3	1
5	2	2	3	1	0.35
6	2	3	1	2	3.5
7	3	1	3	2	3.3
8	3	2	1	3	2.4
9	3	3	2	1	1

他们把数据输入 SPSS 界面，然后进行：

分析→一般线性模型→单变量→$\begin{cases} y \text{ 进 "因变量" 框} \\ x \text{ 进 "固定因子" 框} \end{cases}$→模型→设定→各个 x 进 "模型" 框→构建项→

主效应→继续→确定，得到结果，主体间效应的检验见表12-26：

表 12-26 主体间效应的检验

源	Ⅲ 型平方和	df	均方	F	Sig.
校正模型	14.029ª	8	1.754	.	.
截距	46.014	1	46.014	.	.
x_1	2.604	2	1.302	.	.
x_2	0.117	2	0.059	.	.
x_3	1.771	2	0.885	.	.
x_4	9.537	2	4.769	.	.
误差	0.000	0	.		
总计	60.043	9			
校正的总计	14.029	8			

注：a 表示 R 方 = 1.000；因变量为 y

表中没有任何有效检验结果，从这些结果中得不到任何有价值的东西。所以因素与交互项不能把正交表的列填满，必须留空列。

五、正交试验方案设计流程图

正交试验方案设计流程见图12-26：

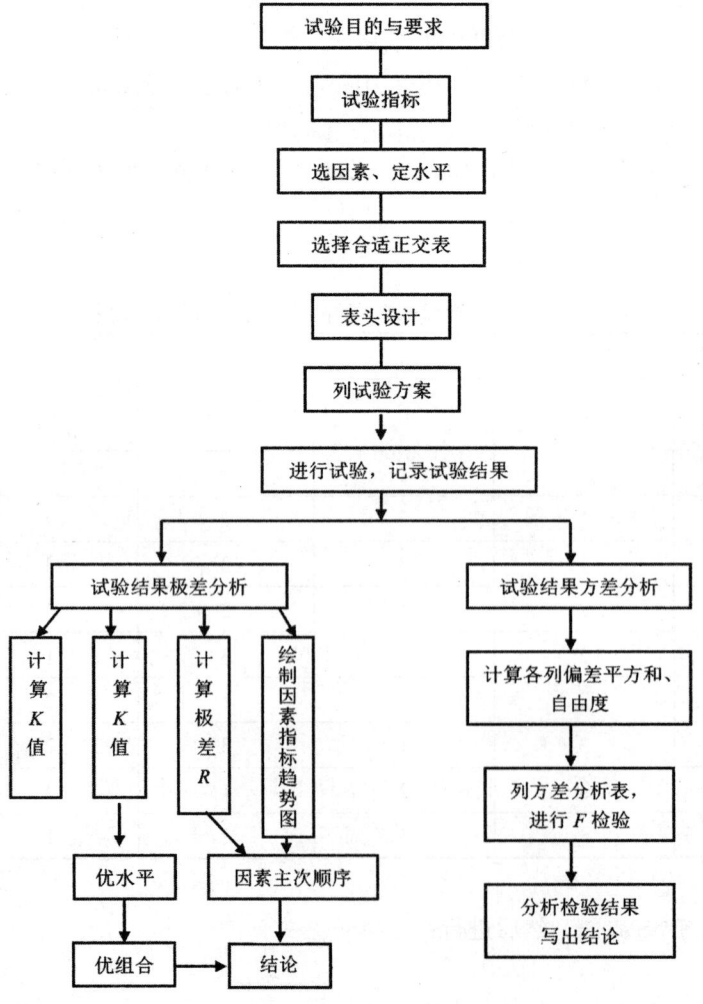

图 12-26 正交试验方案设计流程

六、试验方案设计流程说明

1. 明确试验目的，确定试验指标

试验设计前必须明确试验目的，即本次试验要解决什么问题。试验目的确定后，要确定出试验指标。试验指标可为定量指标，如产量、出品率、成本等；也可为定性指标，如颜色、口感、光泽等。一般为了便于试验结果的分析，定性指标可按相关的标准打分或模糊数学处理进行数量化，将定性指标定量化。

2. 选因素、定水平，列因素水平表

根据专业知识、以往的研究结论和经验，从影响试验指标的诸多因素中，通过因果分析筛选出需要考察的试验因素。一般确定试验因素时，应以对试验指标影响大的因素、尚未考察过的因素、尚未完全掌握其规律的因素为先。试验因素选定后，根据所掌握的信息资料和相关知识，确定每个因素的水平，一般以2~4个水平为宜。对主要考察的试验因素，可以多取水平，但不宜过多（≤6），否则试验次数骤增。因素的水平间距，应根据专业知识和已有的资料，尽可能把水平值取在理想区域。如香烟成分配比研究，烟叶水平间距可大点，而香料水平间距则要小，水平间距与考察对象相关，由考察对象所决定。

3. 选择合适的正交表

正交表的选择是正交试验设计的首要问题。确定了因素及其水平后，根据因素、水平及因素之间交互作用的多少来选择合适的正交表。正交表的选择原则是在能够安排下试验因素和交互作用的前提下，尽可能选用较小的正交表，以减少试验次数。

一般情况下，试验因素的水平数应等于正交表中的水平数；因素个数（包括交互作用）应小于正交表的列数，给正交表留空白列，没有安排因素或交互作用的列称为空白列，其可以反映试验误差，并以此作为衡量试验因素产生的效应是否可靠的标志；各因素及交互作用的自由度之和要小于所选正交表的总自由度，以便估计试验误差。若各因素及交互作用的自由度之和等于所选正交表总自由度，则可采用重复正交试验来估计试验误差。

正交表选择依据：

列：正交表列数 C ≥ 因素所占列数 + 交互作用所占列数 + 空列。

自由度：正交表的总自由度（$a-1$）≥ 因素自由度 + 交互作用自由度 + 误差自由度。

4. 表头设计

所谓表头设计，是指根据分析的需要，选用合适的正交表，将各个因素及需要考察的交互作用项安排在正交表适当各列的过程。在不考虑交互作用时，各因素可随机安排在各列上；而当考虑交互作用时，应该根据因素个数、水平数合理安排主效应和因素之间的交互作用，这就是按正交表的交互作用列表安排各试验因素与交互作用，否则，若一列上出现两个因子，或两个交互作用，或一个因子与一个交互作用时，就会出现混杂现象，当混杂现象所在列显著时，很难识别哪个因子或交互作用是显著的。所以在表头设计时，要尽量避免混杂现象的出现，这是表头设计的一个重要原则。还有一个原则就是设计时须考虑对正交实验数据做方差分析时误差的计算途径——从空白列获得或由重复实验提供的数据中获得。

表头设计必须避免主效应与交互作用效应的重叠，也要避免一阶交互作用重叠。事实上，仅当同一列上两对交互作用中的一个占据绝对主导地位时，才有可能估计其效应的大小。一列只能有一个交互效应，若低阶正交表安排不了，要有高阶正交表。使主效应、交互作用效应都不存在因子间存在交互作用重叠。

不要采用无交互作用的正交表安排，也不要用无法查交互作用的混合型正交表。如要考察因子间的交互作用，其交互作用的安排，要查相应的正交实验的交互使用表数(或相应的表头设计表)。

5. 编制试验方案

按方案进行试验，记录试验结果。把正交表中安排各因素的列（不包含欲考察的交互作用列）中的每

个水平数字换成该因素的实际水平值，便形成了正交试验方案。注意试验按正交试验方案进行，但数据分析时按正交表中水平数字进行。

七、考察交互作用的正交试验设计

1. 交互作用

在多因素试验中，不仅因素对指标有影响，而且因素之间的联合搭配也对指标产生影响。因素间的联合搭配对试验指标产生的影响作用称为交互作用。因素之间的交互作用总是存在的，这是客观存在的普遍现象，只不过因交互作用的程度不同而异。一般地，当交互作用很小时，就认为因素间不存在交互作用。对于交互作用，设计时应引起高度重视。在轮廓图中，若两条直线平行，则认为二因素无交互作用，当然如果考虑到试验误差的影响，两条直线近似平行的话也可以认为两因素间没有交互作用。

2. 交互作用的处理原则

在正交试验设计中，交互作用一律当作因素看待，这是处理交互作用问题的总原则。作为因素，各级交互作用都可以安排在能考察交互作用的正交表的相应列上，它们对试验指标的影响情况都可以分析清楚，而且计算非常简单。但交互作用又与因素不同，表现在：①用于考察交互作用的列不影响试验方案及其实施。②一个因素的交互作用有多列。表头设计时，交互作用所占列数与因素的个数 m 有关，与交互作用阶数 p 有关。2 因素的各阶交互作用均占 1 列；对于 3 因素，一阶交互作用占两列，二阶交互作用占四列……可见，m 和 p 越大，交互作用所占列数越多。例如，对一个 5 因素试验，表头设计时，如果考虑所有各级交互作用，那么连同这个因素本身与其相关的交互项总计应占列数为：$C_5^1+C_5^2+C_5^3+C_5^4+C_5^5=5+10+10+5+1=31$。

一般对于多因素试验，并不考察所有的交互项。在满足试验要求的条件下，有选择地、合理地考察某些交互作用，且一般不考察高阶交互项。综合考虑试验目的、专业知识、以往的经验及现有试验条件等多方面情况进行交互作用选择。一般原则是：① 忽略高级交互作用。② 有选择地考察一阶交互作用。通常只考察那些主效应作用明显因素的交互项，或试验要求必须考察的。③ 试验允许的条件下，试验因素尽量取 2 水平。

3. 有交互作用的试验表头设计

表头设计时，各因素及其交互作用不能任意安排，必须严格按交互作用列表进行安排。这是有交互作用正交试验设计的一个重要特点，也是关键的一步。在表头设计中，为了避免混杂，那些主要因素、重点要考察的因素、涉及交互作用较多的因素应该优先安排，次要因素、不涉及交互作用的因素后安排。

所谓混杂，就是指在正交表的同列中，安排了两个或两个以上的因素或交互作用，这样，就无法区分同一列中这些不同因素或交互作用对试验指标的影响效果。

结果分析时应根据互作效应，选择优化组合。

八、正交试验结果的方差分析

极差分析法简单明了，通俗易懂，计算工作量少便于推广普及。但这种方法不能将试验中由于试验条件改变引起的数据波动同试验误差引起的数据波动区分开来，也就是说，不能区分因素各水平间对应的试验结果的差异究竟是由于因素水平不同引起的，还是由于试验误差引起的，无法估计试验误差的大小。此外，各因素对试验结果的影响大小无法给以精确的数量估计，不能提出一个标准来判断所考察因素作用是否显著。为了弥补极差分析的缺陷，可采用方差分析。

本书分析因素重要顺序时用极差法，分析因素显著与否时用方差分析法。

通过极差法和方差分析法，分清哪个是主要因素，哪个是次要因素，分清各因素及其交互作用的主次顺序，了解各因素之间的交互作用情况，估计试验误差的大小，判断因素对试验指标影响的显著程度，找出试验因素的优水平和试验范围内的最优组合即试验因素各取什么水平时试验指标最好，分析因素与试验指标之间的关系即当因素变化时试验指标是如何变化的，找出指标随因素变化的规律和趋势以便为进一步试验指明方向。

九、正交设计在图书情报领域的应用

正交设计在图书情报领域已有应用。谭凯波用联合分析法分析信息用户的偏好，而联合分析法是以正交设计为基础的。刘俊英给出了指标评价体系，利用正交模拟试验评价16种情形，给出分数，并给出利用正交模拟试验思想素质的模拟过程，以此结果为导师，对神经网络进行训练，再利用神经网络评价馆员，其指标体系见图12-27：

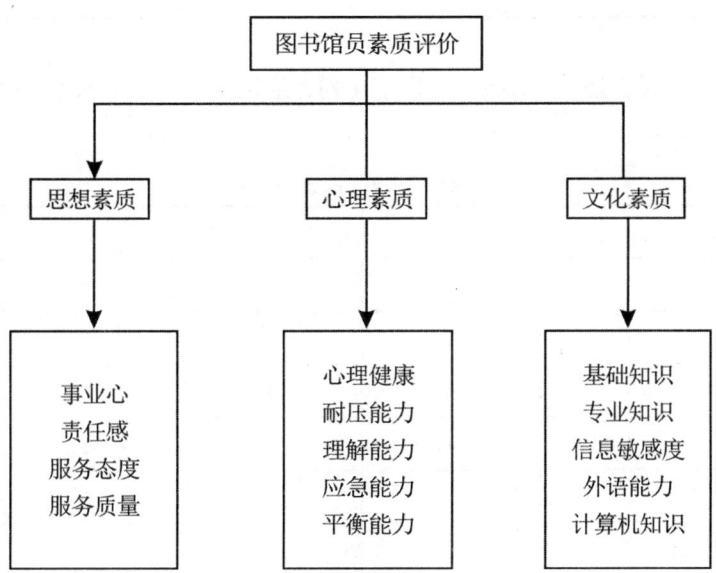

图 12-27　图书馆馆员素质评价体系

他们采用的是 $L_6(4^5)$ 试验设计，见表12-27：

表 12-27　$L_6(4^5)$

试验号	1	2	3	4	5
1	1	1	1	1	1
2	1	2	2	2	2
3	1	3	3	3	3
4	1	4	4	4	4
5	2	1	2	3	4
6	2	2	1	4	3
7	2	3	4	1	2
8	2	4	3	2	1
9	3	1	3	4	2
10	3	2	4	3	1
11	3	3	1	2	4
12	3	4	2	1	3
13	4	1	4	2	3
14	4	2	3	1	4
15	4	3	2	4	1
16	4	4	1	3	2

专家打分,得到 16 种情形的分数,我们以思想素质为例,指标与水平见表 12-28:

表 12-28　思想素质试验因素及水平

因素	1	2	3	4
事业心	强	较强	一般	弱
责任感	强	较强	一般	弱
服务态度	好	较好	一般	差
服务水平	高	较高	一般	差

由于仅有 4 个指标(正交表是 5 列,我们仅用了 4 列,给正交表留了空列),我们略去正交表第 5 列,得到的情形和分数见表 12-29:

表 12-29　数据输入格式

试验号	1	2	3	4	分数
1	1	1	1	1	96
2	1	2	2	2	94
3	1	3	3	3	82
4	1	4	4	4	51
5	2	1	2	3	85
6	2	2	1	4	67
7	2	3	4	1	65
8	2	4	3	2	84
9	3	1	3	4	58
10	3	2	4	3	55
11	3	3	1	2	92
12	3	4	2	1	87
13	4	1	4	2	63
14	4	2	3	1	76
15	4	3	2	4	61
16	4	4	1	3	74

到此为止,问题已转化成方差分析问题,我们不再继续。

利用 SPSS 进行正交设计的方差分析时,模型只能选主效应模型,若有低阶交互项,我们把交互项看作是一个新的主效应。要特别注意若想引入某些因素的平方项或交叉乘积项,它们必须作为派生的新"自变量"出现。

十、正交设计的 SPSS 操作步骤

例:农业专家认为花菜种子产量与生长期间的浇水、喷药、施肥、进室时间可能有关,但根据经验进室时间与浇水、喷药、施肥等因素无交互作用。他们认为喷药、施肥之间无交互作用。为了确定主要因素和寻找条件的最优组合,他们做了正交试验。

试验2个水平分别为：

浇水（A）：1~2次；需要就浇。

喷药（B）：发病才喷药；每半月1次。

施肥（C）：1次；4次。

进室时间：11月初；11月15日。

他们利用$L_8(2^7)$安排试验，表头设计见表12-30：

表 12-30　表头设计

A	B	$A \times B$	C	$A \times C$	$B \times C$	D

得到试验数据，见表12-31：

表 12-31　试验数据

A	B	$A \times B$	C	$A \times C$	$B \times C$	D	y
1	1	1	1	1	1	1	350
1	1	1	2	2	2	2	325
1	2	2	1	1	2	2	385
1	2	2	2	2	1	1	425
2	1	2	1	2	1	2	280
2	1	2	2	1	2	1	250
2	2	1	1	2	2	1	275
2	2	1	2	1	1	2	375

一般认为浇水与施药之间无交互作用，所以删除$A \times B$，作为空白列，见表12-32：

表 12-32　留有空白列的试验数据

A	B	$A \times B$	C	$A \times C$	$B \times C$	D	y
1	1		1	1	1	1	350
1	1		2	2	2	2	325
1	2		1	1	2	2	385
1	2		2	2	1	1	425
2	1		1	2	1	2	280
2	1		2	1	2	1	250
2	2		1	2	2	1	275
2	2		2	1	1	2	375

1. 输入变量

打开SPSS界面，输入变量名，粘贴数据，见图12-28：

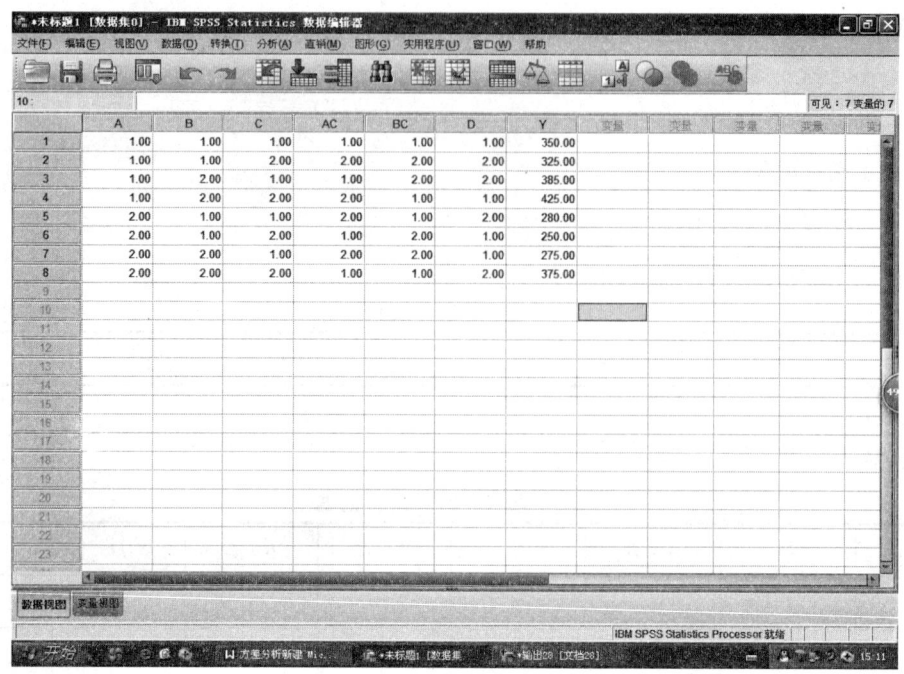

图 12-28　SPSS 数据输入格式

2. 分析路径

点击菜单中的"分析"，鼠标下滑到"一般线性模型"，再右滑到"单变量"，见图 12-29：

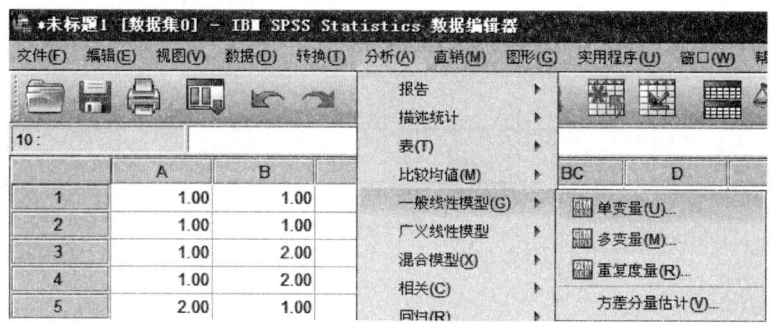

图 12-29　分析路径

点击"单变量"，得到"单变量"对话框，见图 12-30：

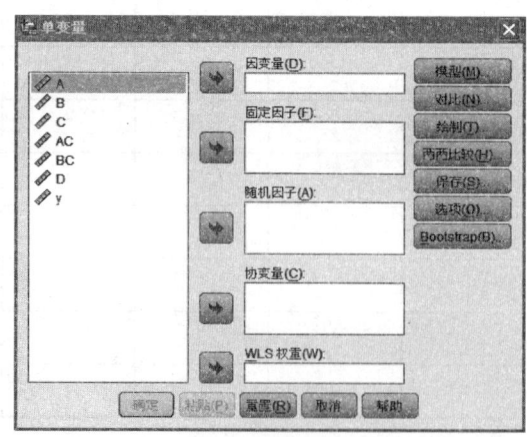

图 12-30　"单变量"对话框

3. 变量确定

在"单变量"对话框中，把因变量 Y 点进"因变量"框；把分类自变量 A、B、C、$A \times C$、$B \times C$、D 点进"固定因子"框，见图 12-31：

图 12-31 对话框中"变量"被选定

4. 模型确定

点击"单变量"对话框中的"模型"键,得到"单变量:模型"对话框,见图 12-32:

图 12-32 "单变量:模型"对话框

正交设计主要考虑指标筛选,所以一般只考虑主因素和一阶交互项,不考虑高次交互项,而 SPSS 模型中模型认定的是全因子模型,包含高阶交互项,与我们要求不符,模型必须重新设定。点击"单变量:模型"对话框中的"设定"键,对话框被激活,见图 12-33:

图 12-33 "单变量:模型"对话框

将"因子与协变量"框中的分类变量都点进"模型"框,见图 12-34:

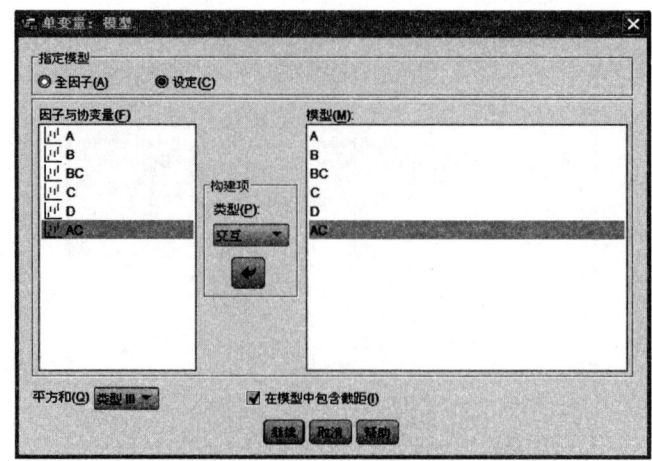

图 12-34 对话框中模型"变量"被确定

对话框中间"构建项"框中的"类型"框中选"主效应",见图 12-35:

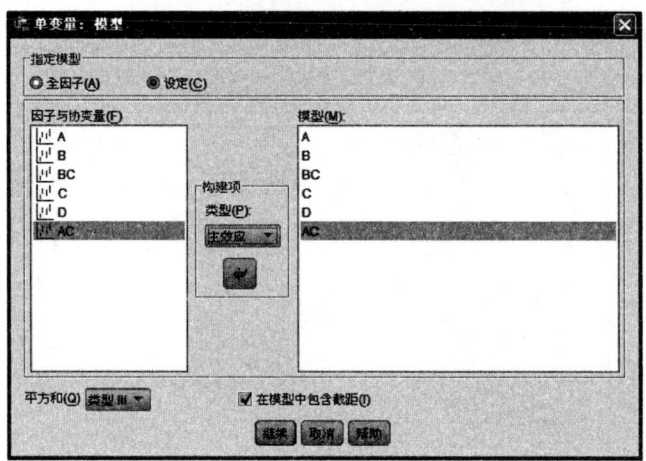

图 12-35 对话框中模型"构建项"被确定

点击"继续"键,返回到"单变量"对话框,见图 12-36:

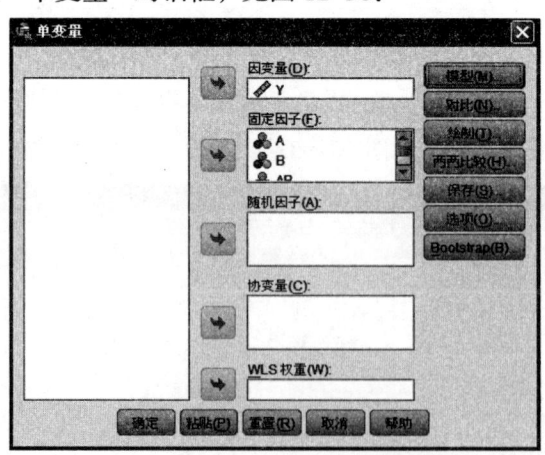

图 12-36 "单变量"对话框

5. 变量的筛选

由于我们的第一个目的是筛选变量,只有最终变量确定后,才有必要确定变量水平的比较、确定变量水平的最佳组合,所以我们不做别的设置,直接点击"确定"键,得到结果,其中主体间效应的检验结果见表 12-33:

表 12-33 主体间效应的检验

源	III 型平方和	df	均方	F	Sig.
校正模型	26318.750[a]	6	4386.458	155.963	0.061
截距	887778.125	1	887778.125	31565.444	0.004
A	11628.125	1	11628.125	413.444	0.031
B	8128.125	1	8128.125	289.000	0.037
BC	4753.125	1	4753.125	169.000	0.049
C	903.125	1	903.125	32.111	0.111
D	528.125	1	528.125	18.778	0.144
AC	378.125	1	378.125	13.444	0.170
误差	28.125	1	28.125		
总计	914125.000	8			
校正的总计	26346.875	7			

注：R 方 =0.999（调整 R 方 =0.993）；因变量为 y

从此表可看出，C、D、$A \times C$ 都不显著，我们剔除这三个变量，见表 12-34：

表 12-34 剔除三个变量后的试验数据

A	B	$B \times C$	y
1	1	1	350
1	1	2	325
1	2	2	385
1	2	1	425
2	1	1	280
2	1	2	250
2	2	2	275
2	2	1	375

6. 精简变量

由于我们前边已设定了变量、模型，不想通过重新复制粘贴来改变数据，使原来的工作毁于一旦，所以在表中精简变量。

点击原 SPSS 界面最右边的被剔除变量的列，点击鼠标的右键，会出现"清除"选项，见图 12-37：

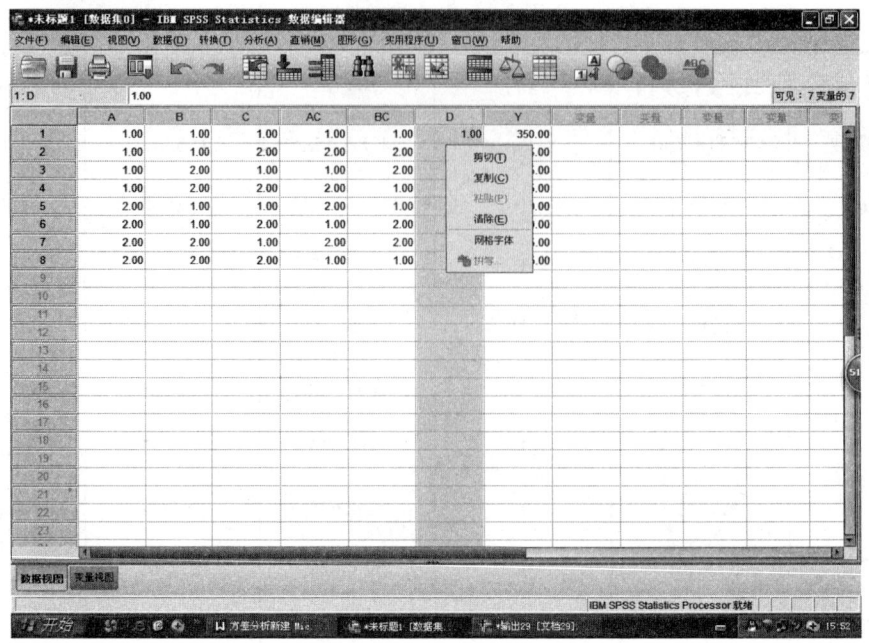

图 12-37 删除路径

点击之,该列被清除掉,见图 12-38:

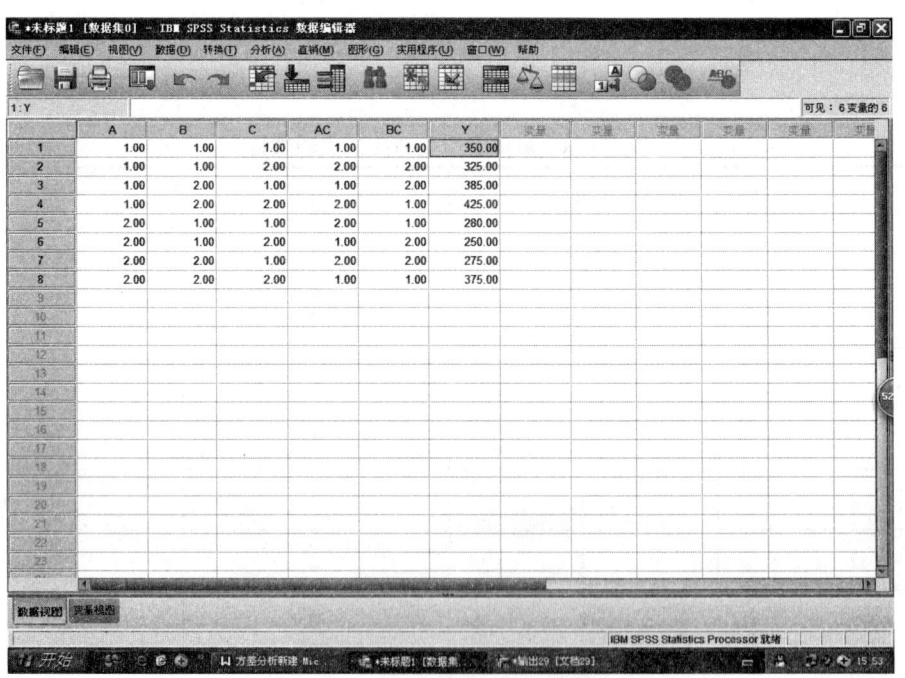

图 12-38 一个变量删除后的 SPSS 界面

用同样的方法把所有的欲剔除的列都剔除掉,见图 12-39:

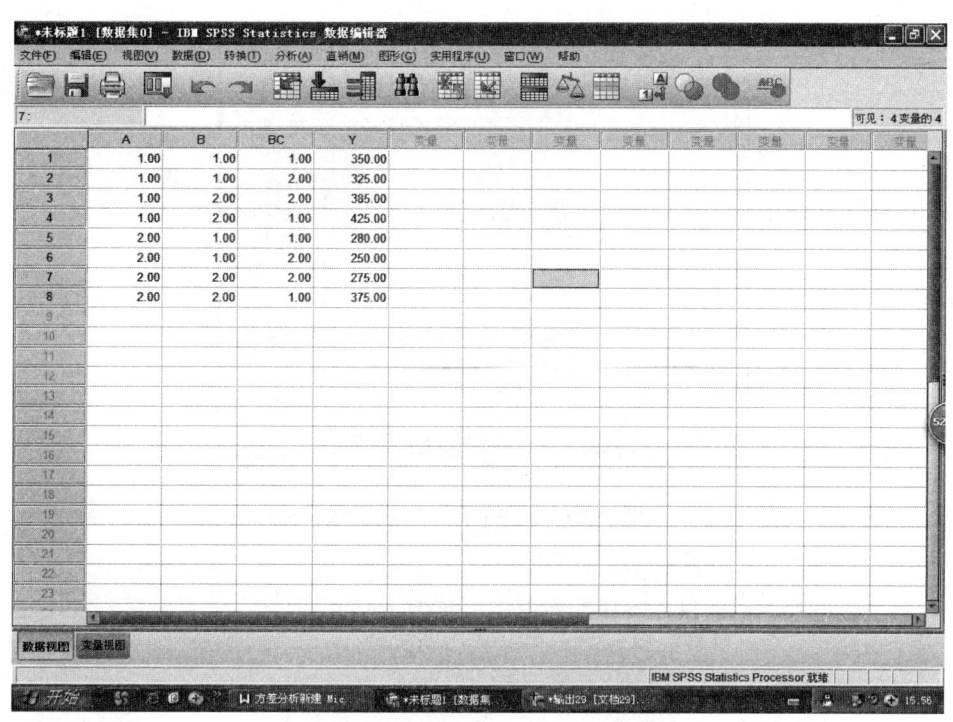

图 12-39　多个变量删除后的 SPSS 界面

7."对比"方法的确定

前边我们确定了显著变量，后边要确定变量重要性的先后顺序和显著变量水平的最优组合。

关于对比大小，SPSS 设了两个键，一个是"对比"，另一个是"两两比较"。这两个键的作用区别在于："对比"是某因素多个水平与其中一个指定好的水平比较，给出比较结果，而"两两比较"是某个因素多个水平互为参考系的反复比较。

从试验角度而言，通过各水平与某一个水平的比较，就可以得到"极差"和"最优水平"的组合，无须反复比较。所以我们选择"对比"，而不是"两两比较"。

点击菜单中的"分析"，鼠标下滑到"一般线性模型"，再右滑到"单变量"，见图 12-40：

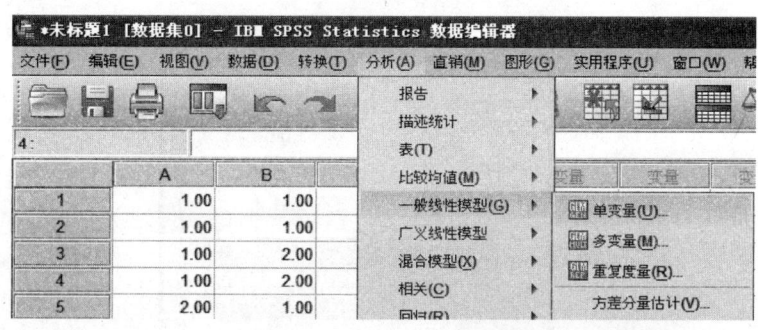

图 12-40　"对比"分析路径

点击"单变量"，得到"单变量"对话框，见图 12-41：

图 12-41 "单变量"对话框

点击"对比"键,得到"单变量:对比"对话框,见图 12-42:

图 12-42 "单变量:对比"对话框

我们点击"因子"框中的一个因子,此因子变色,点击"更改对比"框中"对比"后边的下拉键,得图 12-43:

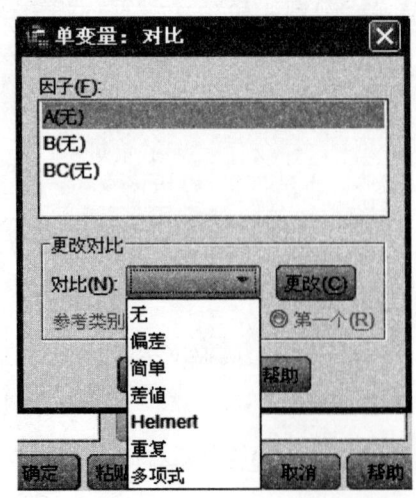

图 12-43 对话框中"对比"方法的展示

有多种选择,我们选择"简单",见图 12-44:

图 12-44 对话框中"对比"方法被选定

然后点击"更改"键,一个因子"对比"方法被确定,见图 12-45:

图 12-45 对话框中一个因子"对比"方法被确定

用同样的方法将所有因子的对比方法改成简单,见图 12-46:

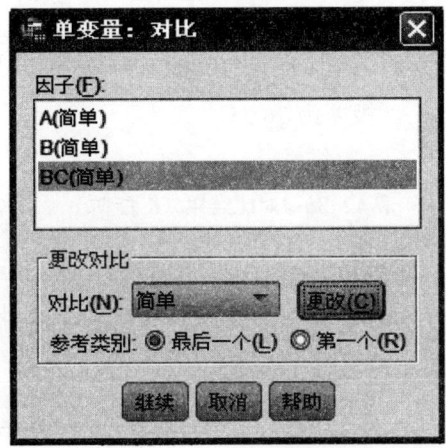

图 12-46 对话框中多个因子"对比"方法被确定

点击"继续"键,返回到"单变量"对话框,见图 12-47:

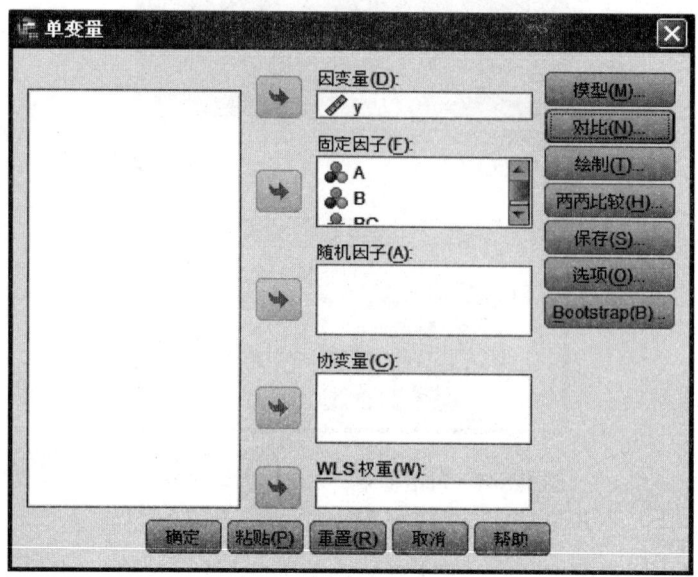

图 12-47 "单变量"对话框

8. 结果与分析

其他一切系统设置都被默认，点击"确定"键，得到结果，其中因素 A 对比结果见表 12-35：

表 12-35 对比结果（K 矩阵）

A 简单对比[a]		因变量
		y
级别 1 和级别 2	对比估算值	76.250
	假设值	0
	差分（估计 − 假设）	76.250
	标准 误差	15.155
	Sig.	0.007
	差分的 95% 置信区间 下限	34.172
	上限	118.328

注：a 表示参考类别 = 2

此表说明 A 的 1 水平好于 2 水平。极差为 76.25。

因素 B 对比结果见表 12-36：

表 12-36 对比结果（K 矩阵）

B 简单对比[a]		因变量
		y
级别 1 和级别 2	对比估算值	−63.750
	假设值	0
	差分（估计 − 假设）	−63.750
	标准 误差	15.155
	Sig.	0.014
	差分的 95% 置信区间 下限	−105.828
	上限	−21.672

注：a 表示参考类别 = 2

此表说明 B 的 2 水平好于 1 水平。极差为 63.75。

交互项 BC 对比结果见表 12-37：

表 12-37 对比结果（K 矩阵）

BC 简单对比 [a]		因变量
		y
级别 1 和级别 2	对比估算值	-48.750
	假设值	0
	差分（估计 - 假设）	48.750
	标准 误差	15.155
	Sig.	0.032
	差分的 95% 置信区间 下限	6.672
	差分的 95% 置信区间 上限	90.828

注：a 表示参考类别 = 2

此表说明 BC 的 1 水平好于 2 水平。BC 的 1 水平对应的 B、C 水平并不确定，我们先要计算这两个因子在 1 水平的所有搭配下数据的均值。从原数据表看，见表 12-38：

表 12-38 留有空白列的试验数据

A	B	C	$A \times C$	$B \times C$	D	y
1	1	1	1	1	1	350
1	1	2	2	2	2	325
1	2	1	1	2	2	385
1	2	2	2	1	1	425
2	1	1	2	1	2	280
2	1	2	1	2	1	250
2	2	1	2	2	1	275
2	2	2	1	1	2	375

我们把 $B \times C$ 的一水平单独抽出来，见表 12-39：

表 12-39 $B \times C$ 的一水平数据

B	C	$B \times C$	y
1	1	1	350
2	2	1	425
1	1	1	280
2	2	1	375

显然，$B \times C$ 取 1 水平，而 B、C 都取 1 水平时，y 的均值为：

$$\frac{350+280}{2}=315$$

$B \times C$ 取 1 水平，而 B、C 都取 2 水平时，y 的均值为：
$$\frac{425+375}{2}=400$$

所以 B、C 都取 2 水平好。

因此最优组合是：$A_1B_2C_2$，即 A 取 1 水平、B 取 2 水平、C 取 2 水平。

表 12-35 告诉我们 A 的差分值是 76.25，表 12-36 告诉我们 B 的差分值是 63.75，表 12-33 告诉我们 C 不显著，所以 A 最重要，B 次之。C 不重要，但不可无，组合水平中需要。

例：王囡等人欲对图书馆设施、文献及信息检索资源现状等进行调查，因分层抽样中层数过多时，导致样本过大，为了找到抽样精度高，且样本不大，他们采用了 $L_6(4^5)$ 正交设计，不过他们用的表与现在的正交表不太一样，我们将其换成现代的正交表。他们不考虑交互作用，只用正交表的一部分，得到数据见表 12-40：

表 12-40　分层抽样调查数据

	年级	培养类型	学习成绩			调查结果
1	1	1	1	1	1	95.8
2	1	2	2	2	2	88.9
3	1	3	3	3	3	87.4
4	1	4	4	4	4	82.4
5	2	1	2	3	4	93.3
6	2	2	1	4	3	92.5
7	2	3	4	1	2	81.7
8	2	4	3	2	1	90.1
9	3	1	3	4	2	70.9
10	3	2	4	3	1	69.1
11	3	3	1	2	4	67.5
12	3	4	2	1	3	66.7
13	4	1	4	2	3	70.2
14	4	2	3	1	4	65.6
15	4	3	2	4	1	58.1
16	4	4	1	3	2	55.3

我们忽略空白列（即软件 SPSS 中不输入"学习成绩"后边的 2 列），到这一步变成了方差分析问题，不再继续。

十一、交互项重复的 SPSS 操作步骤

有时为了特别考察交互作用，需要有反复考察交互作用的正交表，如 $L_{27}(3^{13})$ 其表头的一种取法见表 12-41：

表 12-41 $L_{27}(3^{13})$ 的表头设计

列号	1	2	3	4	5	6	7
因子	A	B	$(A \times B)_1$	$(A \times B)_2$	C	$(A \times C)_1$	$(A \times C)_2$
列号	8	9	10	11	12	13	
因子	$(B \times C)_1$	D	E	$(B \times C)_2$	F	G	

注意 $(A \times B)_1$ 就是 $A \times B$ 作为因子第一次出现，$(A \times B)_2$ 是 $A \times B$ 作为因子第二次出现，其他类似。但在 SPSS 软件中，因子不能重名，所以两次出现必须做两个因子对待。这就给方差分析带来麻烦。

例：研究塑料制品贴紧力的参数设计时，希望贴紧力越大越好，其因子及水平有以下几种，见表 12-42：

表 12-42 塑料制品贴紧力试验因子及水平

因子水平	腐蚀时间 A/min	腐蚀温度 B/℃	腐蚀成分 C	前处理 D	加速度 E	催化剂 F	中和方法 G
1	5	60	C_1	无	E_1	现在常用的	G_1
2	10	65	C_2	溶剂	E_2	(新)$_1$	G_2
3	15	80	C_3	温水	E_3	(新)$_2$	G_3

用 $L_{27}(3^{13})$ 来安排试验，表头见表 12-43：

表 12-43 $L_{27}(3^{13})$ 的试验表头设计

列号	1	2	3	4	5	6	7
因子	A	B	$(A \times B)_1$	$(A \times B)_2$	C	$(A \times C)_1$	$(A \times C)_2$
列号	8	9	10	11	12	13	
因子	$(B \times C)_1$	D	E	$(B \times C)_2$	F	G	

根据 $L_{27}(3^{13})$ 正交表和表头，我们得到删除空白列后的正交表，见表 12-44：

表 12-44 删除空白列后的 $L_{27}(3^{13})$ 正交

	A	B	C	D	E	F	G
1	1	1	1	1	1	1	1
2	1	1	2	2	2	2	2
3	1	1	3	3	3	3	3
4	1	2	1	2	2	3	3
5	1	2	2	3	3	1	1
6	1	2	3	1	1	2	2
7	1	3	1	3	3	2	2
8	1	3	2	1	1	3	3
9	1	3	3	2	2	1	1
10	2	1	1	2	3	2	3
11	2	1	2	3	1	3	1

续 表

	A	B	C	D	E	F	G
12	2	1	3	1	2	1	2
13	2	2	1	3	1	1	2
14	2	2	2	1	2	2	3
15	2	2	3	2	3	3	1
16	2	3	1	1	2	3	1
17	2	3	2	2	3	1	2
18	2	3	3	3	1	2	3
19	3	1	1	3	2	3	2
20	3	1	2	1	3	1	3
21	3	1	3	2	1	2	1
22	3	2	1	1	3	2	1
23	3	2	2	2	1	3	2
24	3	2	3	3	2	1	3
25	3	3	1	2	1	1	3
26	3	3	2	3	2	2	1
27	3	3	3	1	3	3	2

试验时用实际水平，我们将理论水平换成实际水平，得实际如下真实操作表和结果，见表 12-45：

表 12-45　嵌入实际因素水平的试验

	A	B	C	D	E	F	G	结果
1	5	60	C_1	无	E_1	现在常用的	G_1	0.6
2	5	60	C_2	溶剂	E_2	（新）$_1$	G_2	1
3	5	60	C_3	温水	E_3	（新）$_2$	G_3	1
4	5	65	C_1	溶剂	E_2	（新）$_2$	G_3	0.3
5	5	65	C_2	温水	E_3	现在常用的	G_1	1.8
6	5	65	C_3	无	E_1	（新）$_1$	G_2	2.3
7	5	80	C_1	温水	E_3	（新）$_1$	G_2	0.9
8	5	80	C_2	无	E_1	（新）$_2$	G_3	2.3
9	5	80	C_3	溶剂	E_2	现在常用的	G_1	2.9
10	10	60	C_1	溶剂	E_3	（新）$_1$	G_3	0.6
11	10	60	C_2	温水	E_1	（新）$_2$	G_1	0.7
12	10	60	C_3	无	E_2	现在常用的	G_2	2.3
13	10	65	C_1	温水	E_1	现在常用的	G_2	0.1
14	10	65	C_2	无	E_2	（新）$_1$	G_3	3.1

续 表

	A	B	C	D	E	F	G	结果
15	10	65	C_3	溶剂	E_3	（新）$_2$	G_1	3.2
16	10	80	C_1	无	E_2	（新）$_2$	G_1	1.6
17	10	80	C_2	溶剂	E_3	现在常用的	G_2	3.2
18	10	80	C_3	温水	E_1	（新）$_1$	G_3	2.9
19	15	60	C_1	温水	E_2	（新）$_2$	G_2	0.1
20	15	60	C_2	无	E_3	现在常用的	G_3	3.7
21	15	60	C_3	溶剂	E_1	（新）$_1$	G_1	3.3
22	15	65	C_1	无	E_3	（新）$_1$	G_1	1.3
23	15	65	C_2	溶剂	E_1	（新）$_2$	G_2	3.7
24	15	65	C_3	温水	E_2	现在常用的	G_3	3.1
25	15	80	C_1	溶剂	E_1	现在常用的	G_3	2.8
26	15	80	C_2	温水	E_2	（新）$_1$	G_1	3.5
27	15	80	C_3	无	E_3	（新）$_2$	G_2	3.6

得到试验数据后，就要分析数据，分析数据时结果用实际结果，水平用理论水平，我们用列号表示试验，则分析数据见表 12-46：

表 12-46 数据输入格式

列号	1	2	3	4	5	6	7	8	9	10	11	12	13	y
1	1	1	1	1	1	1	1	1	1	1	1	1	1	0.6
2	1	1	1	1	2	2	2	2	2	2	2	2	2	1
3	1	1	1	1	3	3	3	3	3	3	3	3	3	1
4	1	2	2	2	1	1	1	2	2	2	3	3	3	0.3
5	1	2	2	2	2	2	2	3	3	3	1	1	1	1.8
6	1	2	2	2	3	3	3	1	1	1	2	2	2	2.3
7	1	3	3	3	1	1	1	3	3	3	2	2	2	0.9
8	1	3	3	3	2	2	2	1	1	1	3	3	3	2.3
9	1	3	3	3	3	3	3	2	2	2	1	1	1	2.9
10	2	1	2	3	1	2	3	1	2	3	1	2	3	0.6
11	2	1	2	3	2	3	1	2	3	1	2	3	1	0.7
12	2	1	2	3	3	1	2	3	1	2	3	1	2	2.3
13	2	2	3	1	1	2	3	2	3	1	3	1	2	0.1
14	2	2	3	1	2	3	1	3	1	2	1	2	3	3.1
15	2	2	3	1	3	1	2	1	2	3	2	3	1	3.2
16	2	3	1	2	1	2	3	3	1	2	2	3	1	1.6

续　表

列号	1	2	3	4	5	6	7	8	9	10	11	12	13	y
17	2	3	1	2	2	3	1	1	2	3	3	1	2	3.2
18	2	3	1	2	3	1	2	2	3	1	1	2	3	2.9
19	3	1	3	2	1	3	2	1	3	2	1	3	2	0.1
20	3	1	3	2	2	1	3	2	1	3	2	1	3	3.7
21	3	1	3	2	3	2	1	3	2	1	3	2	1	3.3
22	3	2	1	3	1	2	3	2	1	3	3	2	1	1.3
23	3	2	1	3	2	1	3	3	2	1	1	3	2	3.7
24	3	2	1	3	3	2	1	1	3	2	2	1	3	3.1
25	3	3	2	1	1	3	2	3	2	1	2	1	3	2.8
26	3	3	2	1	2	1	3	1	3	2	3	2	1	3.5
27	3	3	2	1	3	2	1	2	1	3	1	3	2	3.6

由于有同一个交互因素的重复，不能用方差分析，我们可以用极差法来分析。同一个交互因素的两次重复用不同新变量表示，这样，就变成一般的方差分析问题，现在有一个问题是极差如何求？

由于每一个变量都有一个极差，所以两个重复的交互因素都有极差，那么这两个极差的平均数可作为两个重复的交互因素的极差。这样我们就得到了各个因素（包括交互项）的轻重顺序。

若交互项不显著，我们就看主效应的最高值，若交互项显著，我们就看交互项的最高值（这里假设是效应越大越好，若越小越好，可观测最低值）都对应什么水平。根据交互项的水平找出主因素都对应哪些水平，并求这些水平 Y 值的平均值，必有一个平均值最大，则这个平均值所对应的水平就是最优条件，根据此种选法，我们就可得所有的主效应最优条件。

此问题不再继续讨论。

十二、混合水平的正交设计的 SPSS 操作步骤

为了使试验设计简化和数据处理的方便，前面所介绍的正交试验设计问题，其各因素都取相同的水平数，但在实际问题中，有些因素会受到某些条件的限制，其水平数不能选取太多，而有些因素则是准备在试验中着重考察的，为了更好地了解这些因素与试验指标之间的关系，需要多取几个水平。因此，在试验设计中常常要考虑所谓混合水平的正交试验设计问题。

混合水平的正交设计一般都有表可查，也可用 SPSS 生成，直接套用混合水平正交表就行了，下面通过例子说明：

例：史巧霞等人通过正交实验设计比较不同煎煮次数、煎煮时间、不同药物配伍白芍对汤剂中芍药苷煎出量的影响。其因素水平见表 12-47：

表 12-47　汤剂中芍药苷煎出量试验因素水平

水平	x_1（煎煮次数）	x_2（总计煎煮时间）/h	x_3（配伍）
1	1	1	白芍
2	2	2	白芍、甘草
3		3	白芍、柴胡

他们用 $L_{18}(2 \times 3^7)$ 前三列做正交试验，得到试验结果，见表12-48：

表12-48　汤剂中芍药苷煎出量试验数据

实验号	x_1	x_2	x_3	y（芍药苷的总量）
1	1	1	1	71
2	1	1	2	75
3	1	1	3	65
4	1	2	1	78
5	1	2	2	73
6	1	2	3	57
7	1	3	1	72
8	1	3	2	75
9	1	3	3	64
10	2	1	1	112
11	2	1	2	98
12	2	1	3	78
13	2	2	1	101
14	2	2	2	101
15	2	2	3	96
16	2	3	1	94
17	2	3	2	118
18	2	3	3	86

1. 粘贴数据

我们把本表的数据复制粘贴到SPSS界面。

2. 路径分析

点击菜单中的"分析"，鼠标下滑到"一般线性模型"，再右滑到"单变量"。

点击"单变量"，得到"单变量"对话框：将y点进"因变量"框，将x_1、x_2、x_3点进"固定因子"框。

3. 模型确定

点击"模型"键，点击"设定"键，页面被激活。

将"因子与协变量"框中的因子x_1、x_2、x_3点进"模型"框。很少看到研究混合水平的交互作用，但不是说绝对没有，一般混合水平只研究主效应。我们在"构建项"的下拉框中选择"主效应"，点击"继续"键，返回到"单变量"对话框。

4. 对比方法确定

点击"对比"键，将"对比"改为"简单"，点击"继续"键，返回到"单变量"对话框。

5. 轮廓识别

点击"绘制"键，得到"绘制"对话框，分别将x_1和x_3两个变量选中点击进入"水平轴"和"单图"框，点击"添加"键，点击"继续"键，返回到"单变量"对话框。

6. 结果与分析

点击"确定"键,得到结果,其中主体间效应的检验结果见表12-49:

表12-49 主体间效应的检验

源	III型平方和	df	均方	F	Sig.
校正模型	4465.444[a]	5	893.089	16.379	0.000
截距	127344.222	1	127344.222	2335.401	0.000
x_1	3584.222	1	3584.222	65.732	0.000
x_2	8.778	2	4.389	0.080	0.923
x_3	872.444	2	436.222	8.000	0.006
误差	654.333	12	54.528		
总计	132464.000	18			
校正的总计	5119.778	17			

注:a 表示 R 方 =0.872(调整 R 方 =0.819);因变量为 y

此表说明煎煮次数和配伍影响芍药苷的总量,煎煮时间对其无明显影响。

x_1 对比结果见表12-50:

表12-50 对比结果(K 矩阵)

x_1 简单对比[a]		因变量
		y
级别1和级别2	对比估算值	−28.222
	假设值	0
	差分(估计−假设)	−28.222
	标准 误差	3.481
	Sig.	0.000
	差分的95% 置信区间 下限	−35.807
	上限	−20.638

注:a 表示参考类别 =2

此表说明煎煮次数的两个水平的极差是28.222。煎煮次数的两个水平的差别是显著的。水平2好。

x_2 对比结果见表12-51:

表12-51 对比结果(K 矩阵)

x_2 简单对比[a]		因变量
		y
级别1和级别3	对比估算值	−1.667
	假设值	0
	差分(估计−假设)	−1.667
	标准 误差	4.263
	Sig.	0.703
	差分的95% 置信区间 下限	−10.956
	上限	7.622
级别2和级别3	对比估算值	−0.500
	假设值	0
	差分(估计−假设)	−0.500
	标准 误差	4.263
	Sig.	0.909
	差分的95% 置信区间 下限	−9.789
	上限	8.789

注:a 表示 参考类别 =3

表说明煎煮时间的三个水平的极差是 1.667。差异不显著。水平 3 好。

x_3 对比结果见表 12-52：

表 12-52 对比结果（K 矩阵）

x_3 简单对比 ^{a}		因变量
		y
级别 1 和级别 3	对比估算值	13.667
	假设值	0
	差分（估计-假设）	13.667
	标准误差	4.263
	Sig.	0.008
	差分的 95% 置信区间　下限	4.378
	上限	22.956
级别 2 和级别 3	对比估算值	15.667
	假设值	0
	差分（估计-假设）	15.667
	标准误差	4.263
	Sig.	0.003
	差分的 95% 置信区间　下限	6.378
	上限	24.956

注：a 表示参考类别 = 3

此表说明配伍的三个水平的极差是 15.667。差异显著。水平 2 好。

通过平均极差比较，煎煮次数最重要，配伍次之，煎煮时间最不重要。

最佳组合是：x_1 的 2 水平、x_2 的 3 水平、x_3 的 2 水平。

图 12-48 是轮廓，此图说明 x_1 的 2 水平好于 1 水平，x_3 的 2 水平好于其他两个水平。

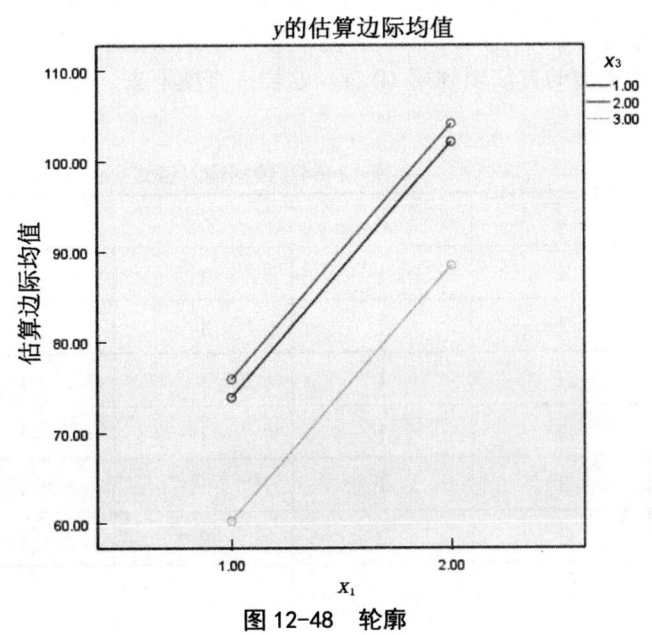

图 12-48 轮廓

十三、重复测量的正交设计

例：王兴仁等人为达到对牡丹矮生化控目的，采用 4 种生长延缓剂 A、B、C、D，用 $L_{16}(4^5)$ 做正交试验，并同一试验重复 5 次，第 6 列为空白列，得到数据见表 12-53：

表 12-53　牡丹生长延缓剂重复试验数据

处理号	A	B	C	D		y_1	y_2	y_3	y_4	y_5
1	1	1	1	1	1	34.6	33.3	28	30.8	30.6
2	1	2	2	2	2	31.4	37.3	29.7	33.2	33.8
3	1	3	3	3	3	26	36.5	22	17.7	24.6
4	1	4	4	4	4	28.3	26.7	26.3	26	19.6
5	2	1	2	3	4	35.7	41.9	33	36.6	35.7
6	2	2	1	4	3	42.1	31.3	35.7	27.3	28
7	2	3	4	1	2	23.3	22	36.1	35.2	31.1
8	2	4	3	2	1	32.2	27.6	23.2	10.9	4
9	3	1	3	4	2	34.3	38.6	35.6	36.7	34.2
10	3	2	4	3	1	28.7	34.7	33.1	38.3	38.2
11	3	3	1	2	4	15.1	27.2	25	24.2	25.5
12	3	4	2	1	3	28.4	23.6	31.2	26.7	27.5
13	4	1	4	2	3	30.7	34.2	32	40.6	38.6
14	4	2	3	1	4	32.7	27.3	35	33.4	36.6
15	4	3	2	4	1	30.6	17.8	27.1	25.1	27.6
16	4	4	1	3	2	33.7	37.2	33.7	24	19.1

我们将表改变一下，上表中每一行，设计部分基本不变，但第 6 列全部删除，连重复 5 行，第 1 行后边填写一个 y_1 的第 1 个观测值，第 2 行后边填写一个 y_2 的第 1 个观测值，第 3 行后边填写一个 y_3 的第 1 个观测值，第 4 行后边填写一个 y_4 的第 1 个观测值，第 5 行后边填写一个 y_5 的第 1 个观测值。然后开始上表的第 2 行，从第 6 行用类似的方法填到第 10 行。这样一直填下去，直到把 16 行改变完，得到一个 80 行的新表，见表 12-54：

表 12-54　数据输入格式

处理号	A	B	C	D	y
1	1	1	1	1	34.6
2	1	1	1	1	33.3
3	1	1	1	1	28
4	1	1	1	1	30.8
5	1	1	1	1	30.6
6	1	2	2	2	31.4
7	1	2	2	2	37.3
8	1	2	2	2	29.7
9	1	2	2	2	33.2
10	1	2	2	2	33.8

续 表

处理号	A	B	C	D	y
11	1	3	3	3	26
12	1	3	3	3	36.5
13	1	3	3	3	22
14	1	3	3	3	17.7
15	1	3	3	3	24.6
16	1	4	4	4	28.3
17	1	4	4	4	26.7
18	1	4	4	4	26.3
19	1	4	4	4	26
20	1	4	4	4	19.6
21	2	1	2	3	35.7
22	2	1	2	3	41.9
23	2	1	2	3	33
24	2	1	2	3	36.6
25	2	1	2	3	35.7
26	2	2	1	4	42.1
27	2	2	1	4	31.3
28	2	2	1	4	35.7
29	2	2	1	4	27.3
30	2	2	1	4	28
31	2	3	4	1	23.3
32	2	3	4	1	22
33	2	3	4	1	36.1
34	2	3	4	1	35.2
35	2	3	4	1	31.1
36	2	4	3	2	32.2
37	2	4	3	2	27.6
38	2	4	3	2	23.2
39	2	4	3	2	10.9
40	2	4	3	2	4
41	3	1	3	4	34.3
42	3	1	3	4	38.6
43	3	1	3	4	35.6
44	3	1	3	4	36.7
45	3	1	3	4	34.2

续 表

处理号	A	B	C	D	y
46	3	2	4	3	28.7
47	3	2	4	3	34.7
48	3	2	4	3	33.1
49	3	2	4	3	38.3
50	3	2	4	3	38.2
51	3	3	1	2	15.1
52	3	3	1	2	27.2
53	3	3	1	2	25
54	3	3	1	2	24.2
55	3	3	1	2	25.5
56	3	4	2	1	28.4
57	3	4	2	1	23.6
58	3	4	2	1	31.2
59	3	4	2	1	26.7
60	3	4	2	1	27.5
61	4	1	4	2	30.7
62	4	1	4	2	34.2
63	4	1	4	2	32
64	4	1	4	2	40.6
65	4	1	4	2	38.6
66	4	2	3	1	32.7
67	4	2	3	1	27.3
68	4	2	3	1	35
69	4	2	3	1	33.4
70	4	2	3	1	36.6
71	4	3	2	4	30.6
72	4	3	2	4	17.8
73	4	3	2	4	27.1
74	4	3	2	4	25.1
75	4	3	2	4	27.6
76	4	4	1	3	33.7
77	4	4	1	3	37.2
78	4	4	1	3	33.7
79	4	4	1	3	24
80	4	4	1	3	19.1

到了这一步,就变成了纯方差分析问题,我们不再继续。

十四、注意事项

在正交试验设计讨论结束之际,我们提醒以下几点:

(1)正交试验设计基本遵循一条重要的指导原则:"由稀到密,分批走着瞧。有苗头处着重加密,过稀处适当加密"。开始时稀疏布点,表性才强。很多连续型爬坡法对于单峰函数求极大值的能力可以不差;但是遇到多峰函数时,爬到一个不高的相对极大值时,就难以继续爬向绝对极大值了。遗憾的是,实际现象中常出现多峰函数。这是爬坡法的一项根本弱点。

(2)把有因素列的计算好位级组合在一起,称作最优组合(日语为最适条件)。国内不少著作随着这样称呼。这种用语不妥,容易引起误解,可以改称作计算的好组合或者可能好组合。我们认为最优组合具有唯一性,可是试验设计的不同表可得出不同的最优组合,不满足唯一性,所以称为最优组合是名不副实的,不过大家都如此称呼,本书也继承此种称呼。试验设计目的不是要找出真正的最优,最优方案固然好,但成本可能很高,为找到它而付出大的成本可能得不偿失。试验设计目的是找出满足要求的方案即可。

(3)忽略高阶交互项并不完全正确,理论上无据,不过从实际情况来看,也可行,得出的方案能基本满足要求。

十五、常见含交互项的正交表和表头设计

表 12-55 $L_8(2^7)$

试验号	1	2	3	4	5	6	7
1	1	1	1	1	1	1	1
2	1	1	1	2	2	2	2
3	1	2	2	1	1	2	2
4	1	2	2	2	2	1	1
5	2	1	2	1	2	1	2
6	2	1	2	2	1	2	1
7	2	2	1	1	2	2	1
8	2	2	1	2	1	1	2

表 12-56 $L_8(2^7)$ 二列间的交互作用

列号	1	2	3	4	5	6	7
	(1)	3	2	6	4	7	6
		(2)	1	5	7	4	5
			(3)	7	6	5	4
				(4)	1	2	3
					(5)	3	2
						(6)	1
							(7)

表 12-57　$L_8(2^7)$ 的表头设计

因子数	1	2	3	4	5	6	7
3	A	B	$A \times B$	C	$A \times C$	$B \times C$	
4	A	B	$A \times B$ $C \times D$	C	$A \times C$ $B \times D$	$B \times C$ $A \times D$	D
4	A	B $C \times D$	$A \times B$	C $B \times D$	$A \times C$	D $B \times C$	$A \times D$
4	$A \times B$	$A \times C$		D	C	B	A
5	A $D \times E$	B $C \times D$	$A \times B$ $C \times E$	C $B \times D$	$A \times C$ $B \times E$	D $A \times E$ $B \times C$	E $A \times D$

表 12-58　因素数为 4 时 $L_{16}(2^{15})$ 的表头设计

列号	1	2	3	4	5	6	7	8	9	10	11	12	13	14	15
符号	A	B	$A \times B$	C	$A \times C$	$B \times C$	空列	D	$A \times D$	$B \times D$	空列	$C \times D$	空列	空列	空列

表 12-59　$L_9(3^4)$

试验号	1	2	3	4
1	1	1	1	1
2	1	2	2	2
3	1	3	3	3
4	2	1	2	3
5	2	2	3	1
6	2	3	1	2
7	3	1	3	2
8	3	2	1	3
9	3	3	2	1

表 12-60　$L_9(3^4)$ 的表头设计

方案	1	2	3	4
1	A	B	C	空
2	空	A	B	C
3	C	空	A	B
4	B	C	空	A
	...			

表 12-61 $L_8(4\times 2^4)$

试验号	1	2	3	4	5
1	1	1	1	1	1
2	1	2	2	2	2
3	2	1	1	2	2
4	2	2	2	1	1
5	3	1	2	1	2
6	3	2	1	2	1
7	4	1	2	2	1
8	4	2	1	1	2

表 12-62 $L_8(4\times 2^4)$ 的表头设计

因子数	1	2	3	4	5
2	A	B	$(A\times B)_1$	$(A\times B)_2$	$(A\times B)_3$
3	A	B	C		
4	A	B	C	D	
5	A	B	C	D	E

表 12-63 $L_{16}(2^{15})$

试验号	1	2	3	4	5	6	7	8	9	10	11	12	13	14	15
1	1	1	1	1	1	1	1	1	1	1	1	1	1	1	1
2	1	1	1	1	1	1	1	2	2	2	2	2	2	2	2
3	1	1	1	2	2	2	2	1	1	1	1	2	2	2	2
4	1	1	1	2	2	2	2	2	2	2	2	1	1	1	1
5	1	2	2	1	1	2	2	1	1	2	2	1	1	2	2
6	1	2	2	1	1	2	2	2	2	1	1	2	2	1	1
7	1	2	2	2	2	1	1	1	1	2	2	2	2	1	1
8	1	2	2	2	2	1	1	2	2	1	1	1	1	2	2
9	2	1	2	1	2	1	2	1	2	1	2	1	2	1	2
10	2	1	2	1	2	1	2	2	1	2	1	2	1	2	1
11	2	1	2	2	1	2	1	1	2	1	2	2	1	2	1
12	2	1	2	2	1	2	1	2	1	2	1	1	2	1	2
13	2	2	1	1	2	2	1	1	2	2	1	1	2	2	1
14	2	2	1	1	2	2	1	2	1	1	2	2	1	1	2
15	2	2	1	2	1	1	2	1	2	2	1	2	1	1	2
16	2	2	1	2	1	1	2	2	1	1	2	1	2	2	1

表 12-64　$L_{16}(2^{15})$ 二列间的交互作用

列号	1	2	3	4	5	6	7	8	9	10	11	12	13	14	15
	(1)	3	2	5	4	7	6	9	8	11	10	13	12	15	14
		(2)	1	6	7	4	5	10	11	8	9	14	15	12	13
			(3)	7	6	5	4	11	10	9	8	15	14	13	12
				(4)	1	2	3	12	13	14	15	8	9	10	11
					(5)	3	2	13	12	15	14	9	8	11	10
						(6)	1	14	15	12	13	10	11	8	9
							(7)	15	14	13	12	11	10	9	8
								(8)	1	2	3	4	5	6	7
									(9)	3	2	5	4	7	6
										(10)	1	6	7	4	5
											(11)	7	6	5	4
												(12)	1	2	3
													(13)	3	2
														(14)	1

表 12-65　$L_{16}(2^{15})$ 的表头设计

列号	1	2	3	4	5	6	7	8	9	10	11	12	13	14	15
符号	A	B	A×B	C	A×C	B×C		D	A×D	B×D		C×D			
	A	B	A×B	C	A×C	B×C	D×E	D	A×D	B×D	C×E	C×D	B×E	A×E	E
	A	B	A×B D×E	C	A×C D×F	B×C E×F		D	A×D B×E C×F	B×D A×E	E	C×D A×F	F		C×E B×F
	A	B	A×B D×E F×G	C	A×C D×F E×G	B×C E×F D×G		D	A×D B×E C×F	B×D A×E C×G	E	C×D A×F A×G	F	G	C×E B×F A×G
	A	B	A×B D×E F×G C×H	C	A×C D×F E×G B×H	B×C E×F D×G A×H	H	D	A×D B×E C×F G×H	B×D A×E C×G F×H	E	C×D A×F A×G E×H	F	G	C×E B×F A×G D×H

表 12-66　$L_{16}(4\times 2^{12})$

试验号	1	2	3	4	5	6	7	8	9	10	11	12	13
1	1	1	1	1	1	1	1	1	1	1	1	1	1
2	1	1	1	1	1	2	2	2	2	2	2	2	2
3	1	1	2	2	2	1	1	1	1	2	2	2	2
4	1	2	2	2	2	2	2	2	2	1	1	1	1
5	2	1	1	2	2	1	1	2	2	1	1	2	2
6	2	1	1	2	2	2	2	1	1	2	2	1	1

续 表

试验号	1	2	3	4	5	6	7	8	9	10	11	12	13
7	2	2	2	1	1	1	1	2	2	2	2	1	1
8	2	2	2	1	1	2	2	1	1	1	1	2	2
9	3	1	2	1	2	1	2	1	2	1	2	1	2
10	3	1	2	1	2	2	1	2	1	2	1	2	1
11	3	2	1	2	1	1	2	1	2	2	1	2	1
12	3	2	1	2	1	2	1	2	1	1	2	1	2
13	4	1	2	2	1	1	2	2	1	1	2	2	1
14	4	1	2	2	1	2	1	1	2	2	1	1	2
15	4	2	1	1	2	1	2	2	1	2	1	1	2
16	4	2	1	1	2	2	1	1	2	1	2	2	1

表 12-67　$L_{16}(4 \times 2^{12})$ 的表头设计

因子数	1	2	3	4	5	6	7	8	9	10	11	12	13
3	A	B	$(A\times B)_1$	$(A\times B)_2$	$(A\times B)_3$	C	$(A\times C)_1$	$(A\times C)_2$	$(A\times C)_3$	$B\times C$			
4	A	B	$(A\times B)_1$ $C\times D$	$(A\times B)_2$	$(A\times B)_3$	C	$(A\times C)_1$ $B\times D$	$(A\times C)_2$	$(A\times C)_3$	$B\times C$ $(A\times D)_1$	D	$(A\times D)_3$	$(A\times D)_2$
5	A	B	$(A\times B)_1$ $C\times D$	$(A\times B)_2$ $C\times E$	$(A\times B)_3$	C	$(A\times C)_1$ $B\times D$	$(A\times C)_2$ $B\times E$	$(A\times C)_3$	$B\times C$ $(A\times D)_1$ $(A\times E)_2$	D $(A\times E)_3$	E $(A\times D)_3$	$(A\times E)_1$ $(A\times D)_2$

表 12-68　$L_{16}(4^5)$

试验号	试验因素及水平				
	x_1	x_2	x_3	x_4	x_5
1	1	1	1	1	1
2	1	2	2	2	2
3	1	3	3	3	3
4	1	4	4	4	4
5	2	1	2	3	4
6	2	2	1	4	3
7	2	3	4	1	2
8	2	4	3	2	1
9	3	1	3	4	2
10	3	2	4	3	1
11	3	3	1	2	4
12	3	4	2	1	3
13	4	1	4	2	3
14	4	2	3	1	4
15	4	3	2	4	1
16	4	4	1	3	2

任意两列交互作用为另三列。

表 12-69　$L_{27}(3^{13})$

试验号	1	2	3	4	5	6	7	8	9	10	11	12	13
1	1	1	1	1	1	1	1	1	1	1	1	1	1
2	1	1	1	1	2	2	2	2	2	2	2	2	2
3	1	1	1	1	3	3	3	3	3	3	3	3	3
4	1	2	2	2	1	1	1	2	2	2	3	3	3
5	1	2	2	2	2	2	2	3	3	3	1	1	1
6	1	2	2	2	3	3	3	1	1	1	2	2	2
7	1	3	3	3	1	1	1	3	3	3	2	2	2
8	1	3	3	3	2	2	2	1	1	1	3	3	3
9	1	3	3	3	3	3	3	2	2	2	1	1	1
10	2	1	1	3	1	2	3	1	2	3	1	2	3
11	2	1	2	3	2	3	1	2	3	1	2	3	1
12	2	1	3	3	3	1	2	3	1	2	3	1	2
13	2	2	1	1	1	2	3	2	3	1	3	1	2
14	2	2	2	1	2	3	1	3	1	2	1	2	3
15	2	2	3	1	3	1	2	1	2	3	2	3	1
16	2	3	1	2	1	2	3	3	1	2	2	3	1
17	2	3	2	2	2	3	1	1	2	3	3	1	2
18	2	3	3	2	3	1	2	2	3	1	1	2	3
19	3	1	3	2	1	3	2	1	3	1	1	3	2
20	3	1	3	2	2	1	3	2	1	2	2	1	3
21	3	1	3	2	3	2	1	3	2	3	3	2	1
22	3	2	1	3	1	3	2	2	1	3	3	2	1
23	3	2	1	3	2	1	3	3	2	1	1	3	2
24	3	2	1	3	3	2	1	1	3	2	2	1	3
25	3	3	2	1	1	3	2	3	2	2	2	1	3
26	3	3	2	1	2	1	3	1	3	3	3	2	1
27	3	3	2	1	3	2	1	2	1	1	1	3	2

表 12-70 $L_{27}(3^{13})$ 二列间的交互作用

列号	1	2	3	4	5	6	7	8	9	10	11	12	13
	(1)	3 4	2 4	2 3	6 7	5 7	5 6	9 10	8 10	8 9	12 13	11 13	11 12
		(2)	1 4	1 3	8 11	9 12	10 13	5 11	6 12	7 13	5 8	6 9	7 10
			(3)	1 2	9 13	10 11	8 12	7 12	5 13	6 11	6 10	7 8	5 9
				(4)	10 12	8 13	9 11	6 13	7 11	5 12	7 9	5 10	6 8
					(5)	1 7	1 6	2 11	3 13	4 12	2 8	4 10	3 9
						(6)	1 5	4 13	2 12	3 11	3 10	2 9	4 8
							(7)	3 12	4 11	2 13	4 9	3 8	2 10
								(8)	1 10	1 9	2 5	3 7	4 6
									(9)	1 8	4 7	2 6	3 5
										(10)	3 6	4 5	2 7
											(11)	1 13	1 12
												(12)	1 11

表 12-71 $L_{27}(3^{13})$ 的常见表头

因子数	1	2	3	4	5	6	7	8	9	10	11	12	13
3	A	B	$(A\times B)_1$	$(A\times B)_2$	C	$(A\times C)_1$	$(A\times C)_2$	$(B\times C)_1$			$(B\times C)_2$		
4	A	B	$(A\times B)_1$	$(A\times B)_2$	C	$(A\times C)_1$	$(A\times C)_2$	$(B\times C)_1$	D	$(A\times D)_1$	$(B\times C)_2$	$(B\times D)_1$	$(C\times D)_1$
4	A	B	$(A\times B)_1$ $(C\times D)_2$	$(A\times B)_2$	C	$(A\times C)_1$ $(B\times D)_2$	$(A\times C)_2$	$(B\times C)_1$ $(A\times D)_2$	D	$(A\times D)_1$	$(B\times C)_2$		

表 12-72 $L_{32}(2^{31})$

试验号	1	2	3	4	5	6	7	8	9	10	11	12	13	14	15	16	17	18	19	20	21	22	23	24	25	26	27	28	29	30	31
1	1	1	1	1	1	1	1	1	1	1	1	1	1	1	1	1	1	1	1	1	1	1	1	1	1	1	1	1	1	1	1
2	1	1	1	1	1	1	1	1	1	1	1	1	1	1	1	2	2	2	2	2	2	2	2	2	2	2	2	2	2	2	2
3	1	1	1	1	1	1	1	2	2	2	2	2	2	2	2	1	1	1	1	1	1	1	1	2	2	2	2	2	2	2	2
4	1	1	1	1	1	1	1	2	2	2	2	2	2	2	2	2	2	2	2	2	2	2	2	1	1	1	1	1	1	1	1
5	1	1	1	2	2	2	2	1	1	1	1	2	2	2	2	1	1	1	1	2	2	2	2	1	1	1	1	2	2	2	2
6	1	1	1	2	2	2	2	1	1	1	1	2	2	2	2	2	2	2	2	1	1	1	1	2	2	2	2	1	1	1	1
7	1	1	1	2	2	2	2	2	2	2	2	1	1	1	1	1	1	1	1	2	2	2	2	2	2	2	2	1	1	1	1
8	1	1	1	2	2	2	2	2	2	2	2	1	1	1	1	2	2	2	2	1	1	1	1	1	1	1	1	2	2	2	2
9	1	2	2	1	1	2	2	1	1	2	2	1	1	2	2	1	1	2	2	1	1	2	2	1	1	2	2	1	1	2	2
10	1	2	2	1	1	2	2	1	1	2	2	1	1	2	2	2	2	1	1	2	2	1	1	2	2	1	1	2	2	1	1
11	1	2	2	1	1	2	2	2	2	1	1	2	2	1	1	1	1	2	2	1	1	2	2	2	2	1	1	2	2	1	1
12	1	2	2	1	1	2	2	2	2	1	1	2	2	1	1	2	2	1	1	2	2	1	1	1	1	2	2	1	1	2	2
13	1	2	2	2	2	1	1	1	1	2	2	2	2	1	1	1	1	2	2	2	2	1	1	1	1	2	2	2	2	1	1
14	1	2	2	2	2	1	1	1	1	2	2	2	2	1	1	2	2	1	1	1	1	2	2	2	2	1	1	1	1	2	2
15	1	2	2	2	2	1	1	2	2	1	1	1	1	2	2	1	1	2	2	2	2	1	1	2	2	1	1	1	1	2	2
16	1	2	2	2	2	1	1	2	2	1	1	1	1	2	2	2	2	1	1	1	1	2	2	1	1	2	2	2	2	1	1
17	2	1	2	1	2	1	2	1	2	1	2	1	2	1	2	1	2	1	2	1	2	1	2	1	2	1	2	1	2	1	2
18	2	1	2	1	2	1	2	1	2	1	2	1	2	1	2	2	1	2	1	2	1	2	1	2	1	2	1	2	1	2	1
19	2	1	2	1	2	1	2	2	1	2	1	2	1	2	1	1	2	1	2	1	2	1	2	2	1	2	1	2	1	2	1
20	2	1	2	1	2	1	2	2	1	2	1	2	1	2	1	2	1	2	1	2	1	2	1	1	2	1	2	1	2	1	2
21	2	1	2	2	1	2	1	1	2	1	2	2	1	2	1	1	2	1	2	2	1	2	1	1	2	1	2	2	1	2	1
22	2	1	2	2	1	2	1	1	2	1	2	2	1	2	1	2	1	2	1	1	2	1	2	2	1	2	1	1	2	1	2
23	2	1	2	2	1	2	1	2	1	2	1	1	2	1	2	1	2	1	2	2	1	2	1	2	1	2	1	1	2	1	2
24	2	1	2	2	1	2	1	2	1	2	1	1	2	1	2	2	1	2	1	1	2	1	2	1	2	1	2	2	1	2	1
25	2	2	1	1	2	2	1	1	2	2	1	1	2	2	1	1	2	2	1	1	2	2	1	1	2	2	1	1	2	2	1
26	2	2	1	1	2	2	1	1	2	2	1	1	2	2	1	2	1	1	2	2	1	1	2	2	1	1	2	2	1	1	2
27	2	2	1	1	2	2	1	2	1	1	2	2	1	1	2	1	2	2	1	1	2	2	1	2	1	1	2	2	1	1	2
28	2	2	1	1	2	2	1	2	1	1	2	2	1	1	2	2	1	1	2	2	1	1	2	1	2	2	1	1	2	2	1
29	2	2	1	2	1	1	2	1	2	2	1	2	1	1	2	1	2	2	1	2	1	1	2	1	2	2	1	2	1	1	2
30	2	2	1	2	1	1	2	1	2	2	1	2	1	1	2	2	1	1	2	1	2	2	1	2	1	1	2	1	2	2	1
31	2	2	1	2	1	1	2	2	1	1	2	1	2	2	1	1	2	2	1	2	1	1	2	2	1	1	2	1	2	2	1
32	2	2	1	2	1	1	2	2	1	1	2	1	2	2	1	2	1	1	2	1	2	2	1	1	2	2	1	2	1	1	2

表 12-73　$L_{32}(2^{31})$ 二列间的交互作用

列号	1	2	3	4	5	6	7	8	9	10	11	12	13	14	15	16	17	18	19	20	21	22	23	24	25	26	27	28	29	30	31
1	(1)	3	2	5	4	7	6	9	8	11	10	13	12	15	14	17	16	19	18	20	20	23	22	25	24	27	26	29	28	31	30
2		(2)	1	6	7	4	5	10	11	8	9	14	15	12	13	18	19	16	17	23	23	20	21	26	27	24	25	30	31	28	29
3			(3)	7	6	5	4	11	10	9	8	15	14	13	12	19	18	17	16	22	22	21	20	27	26	25	24	31	30	29	28
4				(4)	1	2	3	12	13	14	15	8	9	10	11	20	21	22	23	16	17	18	19	28	29	30	31	24	25	26	27
5					(5)	3	2	13	12	15	14	9	8	11	10	21	20	23	22	17	16	19	18	29	28	31	30	25	24	27	26
6						(6)	1	14	15	12	13	10	11	8	9	22	23	20	21	18	19	16	17	30	31	28	29	26	27	24	25
7							(7)	15	14	13	12	11	10	9	8	23	22	21	20	19	18	17	16	31	30	29	28	27	26	25	24
8								(8)	1	2	3	4	5	6	7	24	25	26	27	28	29	30	31	16	17	18	19	20	21	22	23
9									(9)	3	2	5	4	7	6	25	24	27	26	29	28	31	30	17	16	19	18	21	20	23	22
10										(10)	1	6	7	4	5	26	27	24	25	30	31	28	29	18	19	16	17	22	23	20	21
11											(11)	7	6	5	4	27	26	25	24	31	30	29	28	19	18	17	16	23	22	21	20
12												(12)	1	2	3	28	29	30	31	24	25	26	27	20	21	22	23	16	17	18	19
13													(13)	3	2	29	28	31	30	25	24	27	26	21	20	23	22	17	16	19	18
14														(14)	1	30	31	28	29	26	27	24	25	22	23	20	21	18	19	16	17
15															(15)	31	30	29	28	27	26	25	24	23	22	21	20	19	18	17	16
16																(16)	1	2	3	4	5	6	7	8	9	10	11	12	13	14	15
17																	(17)	3	2	5	4	7	6	9	8	11	10	13	12	15	14
18																		(18)	1	6	7	4	5	10	11	8	9	14	15	12	13
19																			(19)	7	6	5	4	11	10	9	8	15	14	13	12
20																				(20)	1	2	3	12	13	14	15	8	9	10	11
21																					(21)	3	2	13	12	15	14	9	8	11	10
22																						(22)	1	14	15	12	13	10	11	8	9
23																							(23)	15	14	13	12	11	10	9	8
24																								(24)	1	2	3	4	5	6	7
25																									(25)	3	2	5	4	7	6
26																										(26)	1	6	7	4	5
27																											(27)	7	6	5	4
28																												(28)	1	2	3
29																													(29)	3	2
30																														(30)	1
31																															(31)

第十三章　联合分析

市场研究中一个经常遇到的问题是：在研究的产品或服务中，具有哪些特征的产品最能得到消费者的欢迎。一件产品通常拥有许多特征如价格、颜色、款式及产品的特有功能等，那么在这些特性之中，每个特性对消费者的重要程度如何？在同样的（机会）成本下，产品具有哪些特性最能赢得消费者的满意？要解决这类问题，传统的市场研究方法往往只能做定性研究，而难以做出定量的回答。联合分析（也称交互分析）就是针对这些需要而产生的一种市场分析方法。

联合分析法又称多属性组合模型，或状态优先分析，是一种多元的统计分析方法，它产生于1964年。虽然最初不是为市场营销研究而设计的，但这种分析法在提出不久就被引入市场营销领域，被用来分析产品的多个特性如何影响消费者购买决策问题。

联合分析是用于评估不同属性对消费者的相对重要性，以及不同属性水平给消费者带来的效用的统计分析方法。

联合分析始于消费者对产品或服务（刺激物）的总体偏好判断（渴望程度评分、购买意向、偏好排序等），从消费者对不同属性及其水平组成的产品的总体评价（权衡），可以得到联合分析所需要的信息。

联合分析是通过假定产品具有某些特征，对现实产品进行模拟，然后让消费者根据自己的喜好对这些虚拟产品进行评价，并采用数理统计方法将这些特性与特征水平的效用分离，从而对每一特征及特征水平的重要程度做出量化评价的方法。

联合分析假定分析的对象，如品牌、产品、商店等，是由一系列的基本特征（如质量、方便程度、价格等）及产品的专有特征（如电脑的CPU速度、硬盘容量等）所组成的；消费者的抉择过程是理性地考虑这些特征而进行的。

联合分析通常由以下几部分组成：

（1）确定产品特征与特征水平。联合分析首先要对产品或服务的特征进行识别。这些特征与特征水平必须是显著影响消费者购买的因素。一个典型的联合分析包含6~7个显著因素。确定了特征之后，还应该确定这些特征恰当的水平，例如CPU类型是电脑产品的一个特征，而目前市场上电脑的CPU类型主要有奔腾II 450、奔腾II350、赛场300等，这些是CPU特征的主要特征水平。特征与特征水平的个数决定了分析过程中要进行估计的参数的个数。

（2）产品模拟。联合分析将产品的所有特征与特征水平通盘考虑，并采用正交设计的方法将这些特征与特征水平进行组合，生成一系列虚拟产品。在实际应用中，通常每一种虚拟产品被分别描述在一卡片上。

（3）数据收集。请受访者对虚拟产品进行评价，通过打分、排序等方法调查受访者对虚拟产品的喜好、购买的可能性等。

（4）计算特征的效用。从收集的信息中分离出消费者对每一特征及特征水平的偏好值，这些偏好值也就是该特征的"效用"。

（5）市场预测。利用效用值来预测消费者将如何在不同产品中进行选择，从而决定应该采取的措施。

联合分析目前已经广泛应用于消费品、工业品、金融及其他服务等领域。在现代市场研究的各个方面，如新产品的概念筛选、开发、竞争分析、产品定价、市场细分、广告等领域，都可见到联合分析的应用。

目前，联合分析已成为图书情报领域的分析手段。如用联合分析法确定图书供应商的评价指标权重、图书馆信息用户偏好等。

正交试验是联合分析的基础，所以我们先介绍正交试验。试验设计的一个最重要的原则是：在做试验前，通过必要的事前考虑，做出合理周密的事先安排，从而在实际的试验中，动用最少的人力、物力、财力及尽可能短的时间，以便用最少的试验次数达到同做大量全面试验等效的结果。SPSS 中根据问题可直接给出试验方案。

例如，研究生课程评价研究，有以下的几个因素和几个水平，见表 13-1。

表 13-1 研究生课程评价因素与水平

属性水平	1	2	3
a. 课程难易程度	难	一般	简单
b. 教师职称	教授	副教授	讲师
c. 授课语速	较快	一般	较慢
d. 授课环境	设备齐全	有必要的设施	设施简陋
e. 学生兴趣	喜欢该课程	对该课程没感觉	讨厌该课程
f. 教师表达能力	强	一般	差

一、分析路径

打开 SPSS 界面，点击"数据"，鼠标下滑到"正交设计"，再右滑到"生成"，见图 13-1：

图 13-1 分析路径

点击之，得到"生成正交设计"对话框，见图 13-2：

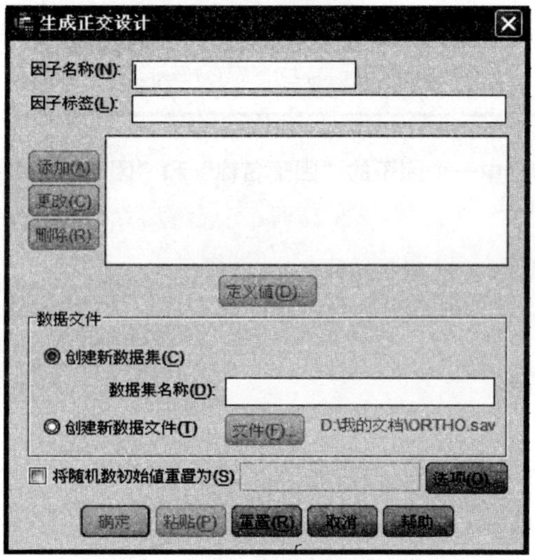

图 13-2 "生成正交设计"对话框

二、因子确定

因子名称用字母表示,因子标签用汉字表示,如:a.课程难易程度,a 是因子,课程难易程度是因子标签。把第一个因子和因子标签填入框中,见图 13-3:

图 13-3 对话框中一个因子的"因子名称"和"因子标签"被选定

三、水平确定

可发现"添加"键变亮,点击"添加"键,见图 13-4:

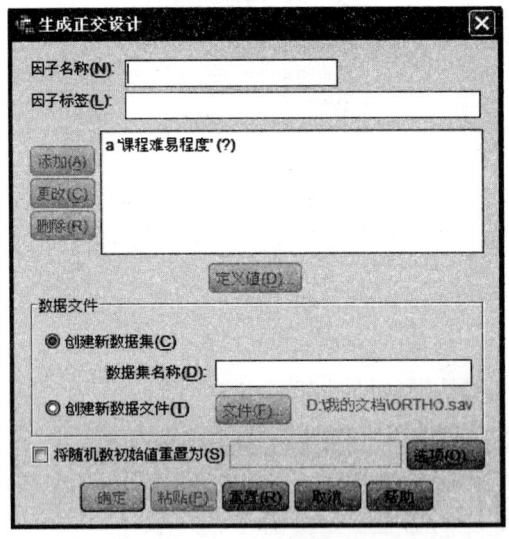

图 13-4 对话框中一个因子的"因子名称"和"因子标签"被确定

接着把其余的因子和因子标签填入,见图 13-5:

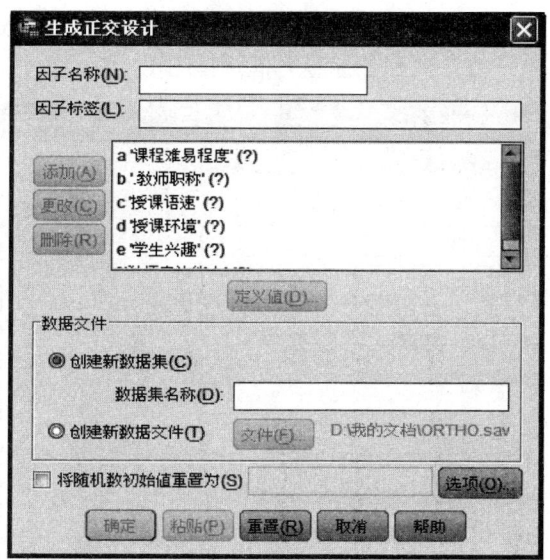

图 13-5　对话框中多个因子的"因子名称"和"因子标签"被确定

用鼠标点击某个因子和标签，见图 13-6：

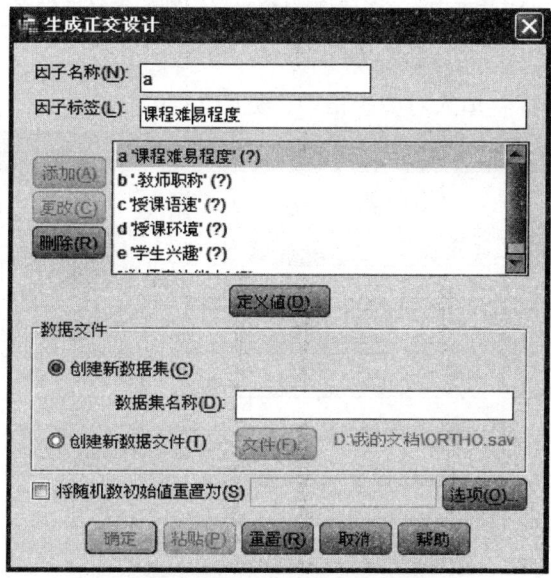

图 13-6　对话框中一个因子被选定

此时，"定义值"键变亮，点击"定义值"键，得到"生成设计：定义值"对话框，见图 13-7：

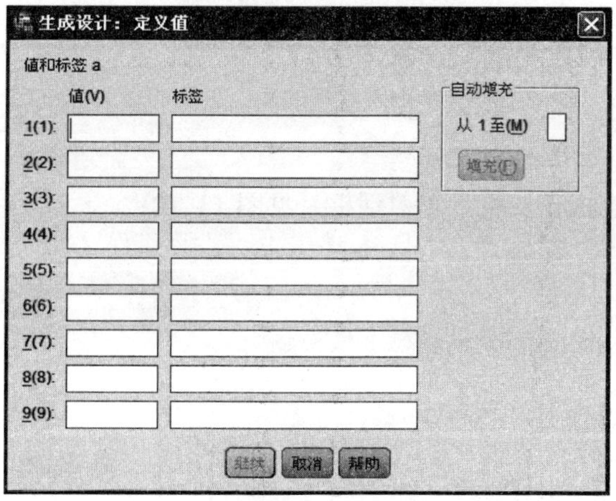

图 13-7　"生成设计：定义值"对话框

这里的"值"表示这个因素的水平级别,"标签"表示这个因素这个水平级别的含义,如:课程难易程度的水平1表示难,将其分别填入"值"框和"标签"框,见图13-8:

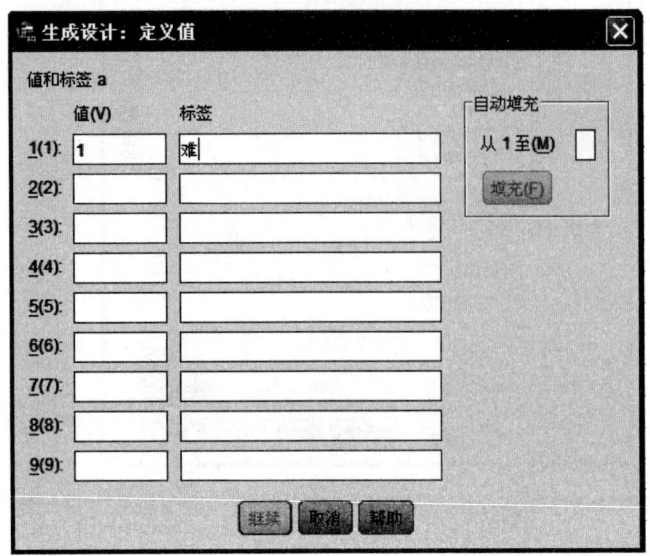

图13-8　对话框中一个因素的一个水平级别的含义被确定

将课程难易程度的其余水平和标签填入对应表格中,见图13-9:

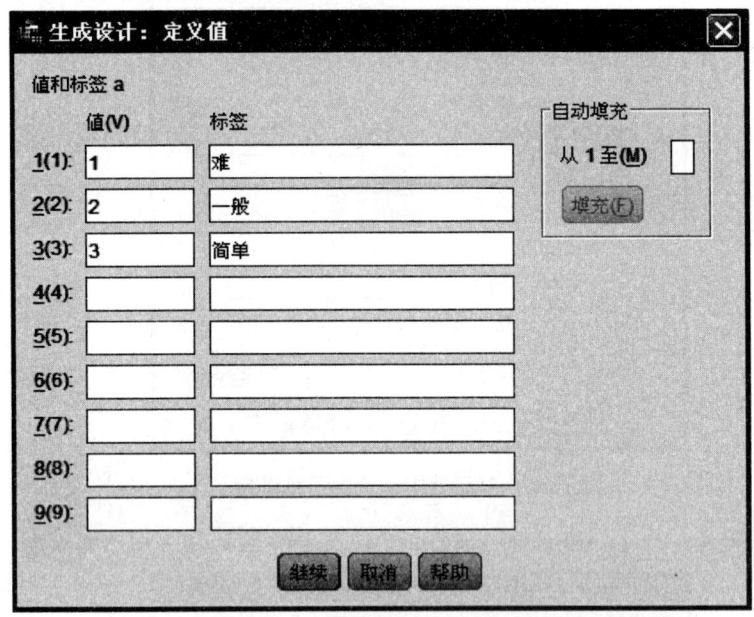

图13-9　对话框中一个因素水平的多个级别的含义被确定

点击"继续"键,返回到"生成正交设计"对话框,见图13-10:

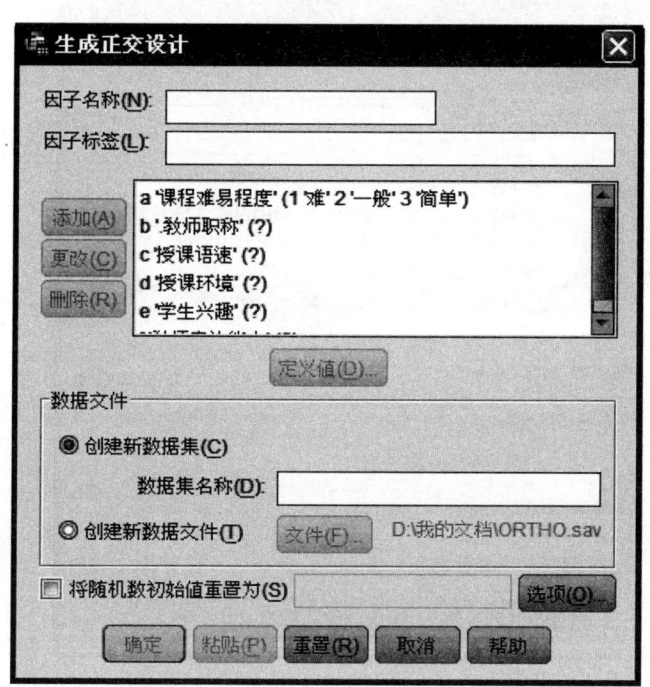

图 13-10 "生成正交设计"对话框

用同理的方法把其余因子的各个水平和标签都确定，见图 13-11：

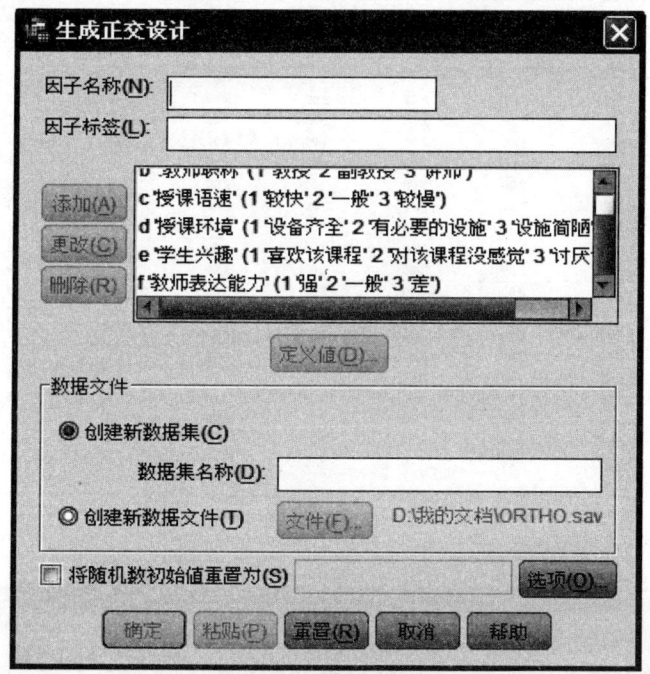

图 13-11 对话框中多个因素水平的多个级别的含义被确定

四、正交表确定

在"数据集名称"后空格中输入名称，如：正交表。此时"确定"键变亮，见图 13-12：

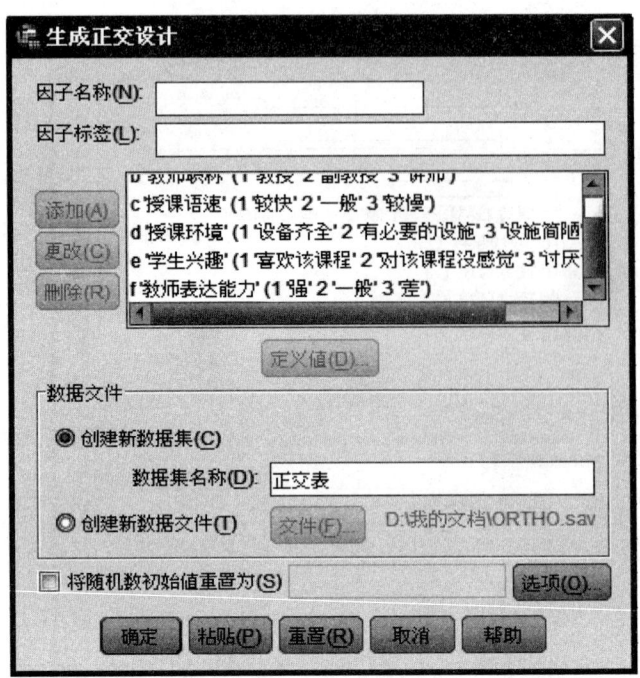

图 13-12 对话框中“数据集名称”被确定

点击“确定”得到正交表结果，见图 13-13：

	a	b	c	d	e	f	STATUS_	CARD_
1	2.00	2.00	1.00	2.00	2.00	3.00	0	1
2	1.00	3.00	3.00	2.00	2.00	2.00	0	2
3	3.00	1.00	1.00	2.00	3.00	3.00	0	3
4	3.00	1.00	3.00	2.00	1.00	2.00	0	4
5	2.00	1.00	2.00	3.00	3.00	2.00	0	5
6	1.00	2.00	1.00	3.00	3.00	2.00	0	6
7	1.00	1.00	2.00	1.00	2.00	3.00	0	7
8	2.00	1.00	3.00	3.00	2.00	1.00	0	8
9	1.00	2.00	3.00	3.00	1.00	3.00	0	9
10	3.00	3.00	2.00	3.00	1.00	3.00	0	10
11	2.00	3.00	1.00	1.00	1.00	2.00	0	11
12	2.00	2.00	2.00	2.00	1.00	1.00	0	12
13	3.00	2.00	3.00	1.00	3.00	1.00	0	13
14	3.00	3.00	1.00	3.00	2.00	1.00	0	14
15	1.00	1.00	1.00	1.00	1.00	1.00	0	15
16	3.00	2.00	2.00	1.00	2.00	2.00	0	16
17	1.00	3.00	2.00	2.00	3.00	1.00	0	17
18	2.00	3.00	3.00	1.00	3.00	3.00	0	18

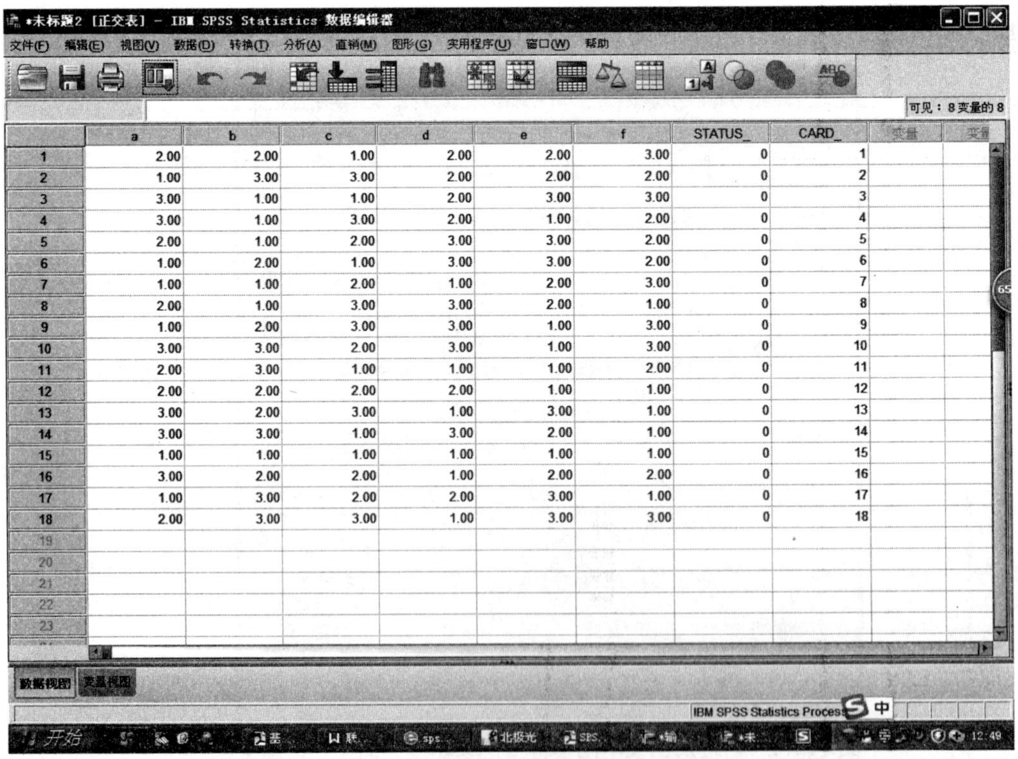

图 13-13 正交表

表中“STATUS_”列就是待考察的评价指标，问卷调查时，作者给出的评价就填在此列。由于现在还没有输值，所以其值都是 0。“CARD _”列就是实验序列号。为了清楚起见，我们列出正交表，见表 13-2：

表 13-2　正交

2	2	1	2	2	3	0	1
1	3	3	2	2	2	0	2
3	1	1	2	3	3	0	3
3	1	3	2	1	2	0	4
2	1	2	3	3	2	0	5
1	2	1	3	3	2	0	6
1	1	2	1	2	3	0	7
2	1	3	3	2	1	0	8
1	2	3	3	1	3	0	9
3	3	2	3	1	3	0	10
2	3	1	1	1	2	0	11
2	2	2	2	1	1	0	12
3	2	3	1	3	1	0	13
3	3	1	3	2	1	0	14
1	1	1	1	1	1	0	15
3	2	2	1	2	2	0	16
1	3	2	2	3	1	0	17
2	3	3	1	3	3	0	18

五、指标水平转换

为了把正交表中的数字对应换成指标，我们点击 SPSS 面上菜单中的"▦"键，得到与正交表对应的调查表，见图 13-14：

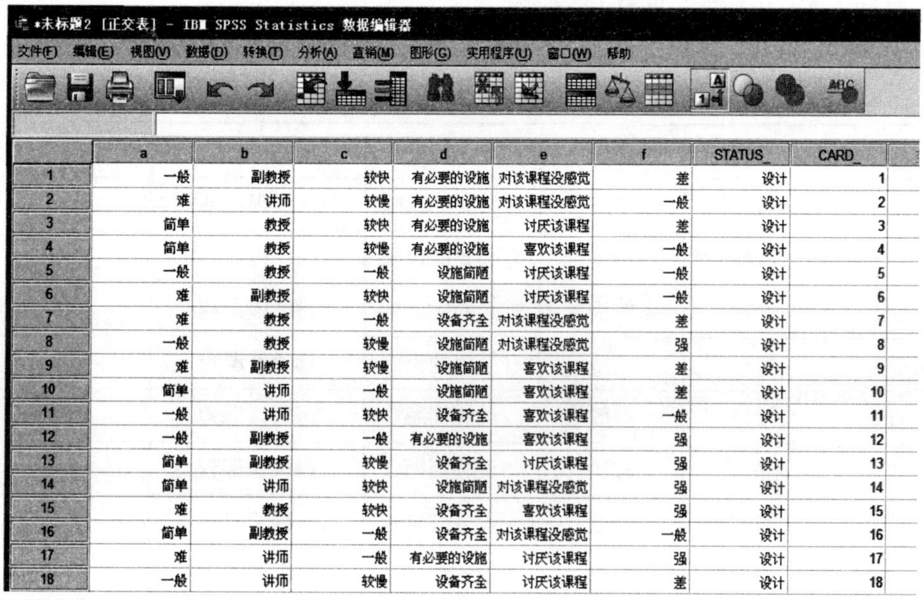

图 13-14　与正交表对应的调查表

我们把最后一列提前到第 1 列，把最后的第 2 列中的设计改成评价，见表 13-3：

表 13-3 调查问卷

情况	课程难易程度	教师职称	授课语速	授课环境	学生兴趣	教师表达能力	学生评价
1	一般	副教授	较快	有必要的设施	对该课程没感觉	差	
2	难	讲师	较慢	有必要的设施	对该课程没感觉	一般	
3	简单	教授	较快	有必要的设施	讨厌该课程	差	
4	简单	教授	较慢	有必要的设施	喜欢该课程	一般	
5	一般	教授	一般	设施简陋	讨厌该课程	一般	
6	难	副教授	较快	设施简陋	讨厌该课程	一般	
7	难	教授	一般	设备齐全	对该课程没感觉	差	
8	一般	教授	较慢	设施简陋	对该课程没感觉	强	
9	难	副教授	较慢	设施简陋	喜欢该课程	差	
10	简单	讲师	一般	设施简陋	喜欢该课程	差	
11	一般	讲师	较快	设备齐全	喜欢该课程	一般	
12	一般	副教授	一般	有必要的设施	喜欢该课程	强	
13	简单	副教授	较慢	设备齐全	讨厌该课程	强	
14	简单	讲师	较快	设施简陋	对该课程没感觉	强	
15	难	教授	较快	设备齐全	喜欢该课程	强	
16	简单	副教授	一般	设备齐全	对该课程没感觉	一般	
17	难	讲师	一般	有必要的设施	讨厌该课程	强	
18	一般	讲师	较慢	设备齐全	讨厌该课程	差	

这就是一张调查问卷,非常满意标值为10,一般标值为5,非常不满意标值为1。

例如,一个被调查者给出结果,见表13-4:

表 13-4 一个被调查者的调查结果

情况	课程难易程度	教师职称	授课语速	授课环境	学生兴趣	教师表达能力	学生评价
1	一般	副教授	较快	有必要的设施	对该课程没感觉	差	5
2	难	讲师	较慢	有必要的设施	对该课程没感觉	一般	8
3	简单	教授	较快	有必要的设施	讨厌该课程	差	6
4	简单	教授	较慢	有必要的设施	喜欢该课程	一般	5
5	一般	教授	一般	设施简陋	讨厌该课程	一般	6
6	难	副教授	较快	设施简陋	讨厌该课程	一般	5
7	难	教授	一般	设备齐全	对该课程没感觉	差	4
8	一般	教授	较慢	设施简陋	对该课程没感觉	强	4
9	难	副教授	较慢	设施简陋	喜欢该课程	差	6
10	简单	讲师	一般	设施简陋	喜欢该课程	差	5

续 表

情况	课程难易程度	教师职称	授课语速	授课环境	学生兴趣	教师表达能力	学生评价
11	一般	讲师	较快	设备齐全	喜欢该课程	一般	5
12	一般	副教授	一般	有必要的设施	喜欢该课程	强	4
13	简单	副教授	较慢	设备齐全	讨厌该课程	强	5
14	简单	讲师	较快	设施简陋	对该课程没感觉	强	8
15	难	教授	较快	设备齐全	喜欢该课程	强	5
16	简单	副教授	一般	设备齐全	对该课程没感觉	一般	7
17	难	讲师	一般	有必要的设施	讨厌该课程	强	2
18	一般	讲师	较慢	设备齐全	讨厌该课程	差	5

六、指标汇总

我们把评价结果转置，填入表中，上表最后一列数据就是下表中的第 2 行数据。假定 20 个被调查者给出如下结果（一般情形下问卷数应大于 100 份，但作为例题数目不宜大），见表 13-5：

表 13-5 20 个被调查者的调查结果

序号	Pro1	Pro2	Pro3	Pro4	Pro5	Pro6	Pro7	Pro8	Pro9	Pro10	Pro11	Pro12	Pro13	Pro14	Pro15	Pro16	Pro17	Pro18
1	5	8	6	5	6	5	4	4	6	5	5	4	5	8	5	7	2	5
2	3	9	4	4	5	4	4	4	6	5	6	4	4	7	4	7	1	4
3	2	9	4	4	5	5	4	5	6	6	4	4	4	7	4	6	3	5
4	4	8	5	4	6	6	5	6	8	5	3	5	4	7	4	6	4	4
5	5	7	5	5	7	7	5	4	6	5	4	5	5	5	5	5	4	5
6	6	10	4	4	7	8	5	5	7	5	3	5	4	5	4	5	4	4
7	5	7	4	4	6	7	4	5	8	4	4	5	4	6	4	6	3	5
8	5	6	5	3	7	6	3	5	7	6	5	6	3	6	5	6	3	4
9	4	7	5	5	8	6	3	5	5	6	6	6	5	8	5	7	3	5
10	3	8	5	5	6	7	1	5	5	6	6	6	5	8	5	7	4	5
11	4	6	4	5	6	7	2	5	5	6	6	7	5	7	4	7	5	6
12	5	7	5	3	6	5	5	5	5	6	6	6	3	4	6	6	4	5
13	6	7	5	3	5	5	6	5	5	6	5	3	5	6	5	6	4	3
14	5	7	5	4	5	4	5	3	5	5	6	6	5	6	4	6	4	5
15	5	6	6	4	5	6	6	5	4	5	7	7	4	6	5	6	4	5
16	4	8	5	4	5	5	6	5	6	7	6	6	4	6	5	6	3	4
17	5	7	5	5	5	5	4	6	6	7	5	5	5	7	4	6	4	5
18	5	7	5	5	5	5	5	4	7	7	6	6	5	5	5	6	4	5
19	3	7	5	5	5	6	5	5	5	6	6	5	5	5	5	5	4	6
20	4	7	6	5	6	6	5	5	8	7	5	5	6	5	6	6	3	5

七、变量确定

下面示例用 SPSS 软件求各列的平均值。

点击 SPSS 菜单中的"文件",鼠标下滑到"新建",再右滑到"数据",见图 13-15:

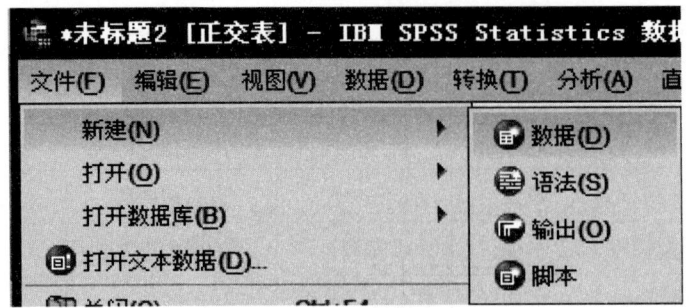

图 13-15 分析路径

点击之,得到一个新的 SPSS 界面,见图 13-16:

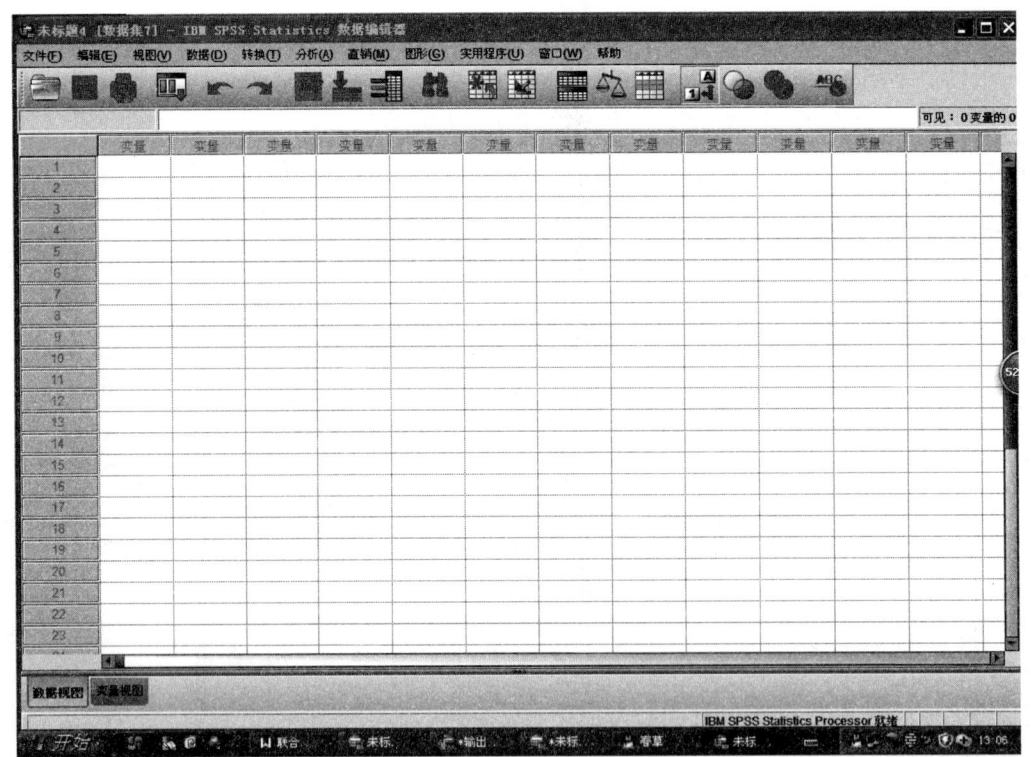

图 13-16 新的 SPSS 界面

我们把表中数据粘贴到这个界面,见图 13-17:

	VAR00001	VAR00002	VAR00003	VAR00004	VAR00005	VAR00006	VAR00007	VAR00008	VAR00009	VAR00010	VAR00011
1	5.00	8.00	6.00	5.00	6.00	5.00	4.00	4.00	6.00	5.00	5.00
2	3.00	9.00	4.00	4.00	5.00	4.00	4.00	4.00	6.00	5.00	6.00
3	2.00	9.00	4.00	4.00	5.00	5.00	4.00	5.00	6.00	6.00	4.00
4	4.00	8.00	5.00	4.00	6.00	6.00	5.00	6.00	8.00	5.00	3.00
5	5.00	7.00	5.00	5.00	7.00	7.00	5.00	4.00	6.00	7.00	4.00
6	6.00	10.00	4.00	4.00	7.00	8.00	5.00	5.00	7.00	5.00	3.00
7	5.00	7.00	4.00	4.00	6.00	7.00	4.00	5.00	8.00	4.00	4.00
8	5.00	6.00	5.00	3.00	7.00	6.00	3.00	5.00	7.00	6.00	5.00
9	4.00	7.00	5.00	5.00	8.00	6.00	3.00	5.00	5.00	6.00	6.00
10	3.00	8.00	5.00	5.00	7.00	6.00	1.00	5.00	5.00	6.00	6.00
11	4.00	6.00	4.00	5.00	6.00	7.00	2.00	5.00	5.00	6.00	6.00
12	5.00	7.00	5.00	3.00	6.00	5.00	5.00	4.00	5.00	6.00	6.00
13	6.00	7.00	5.00	3.00	5.00	5.00	5.00	4.00	5.00	6.00	7.00
14	5.00	7.00	5.00	4.00	5.00	4.00	5.00	3.00	5.00	5.00	6.00
15	5.00	6.00	6.00	4.00	5.00	6.00	6.00	5.00	4.00	5.00	7.00
16	4.00	8.00	5.00	4.00	5.00	5.00	6.00	5.00	6.00	7.00	6.00
17	5.00	7.00	5.00	5.00	5.00	5.00	4.00	6.00	6.00	7.00	5.00
18	5.00	7.00	5.00	5.00	5.00	5.00	5.00	4.00	7.00	7.00	6.00
19	3.00	7.00	5.00	5.00	5.00	6.00	5.00	5.00	5.00	6.00	6.00
20	4.00	7.00	6.00	5.00	6.00	6.00	5.00	5.00	8.00	7.00	5.00

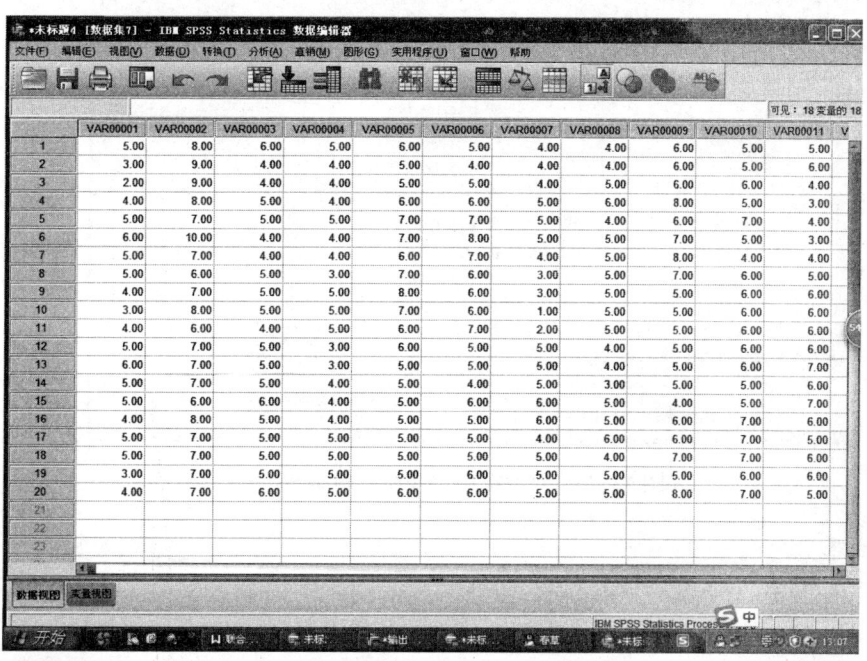

图 13-17 SPSS 数据输入格式

点击菜单中的“分析”键，鼠标下滑到“描述统计”，鼠标右滑，再下滑到“描述”，见图 13-18：

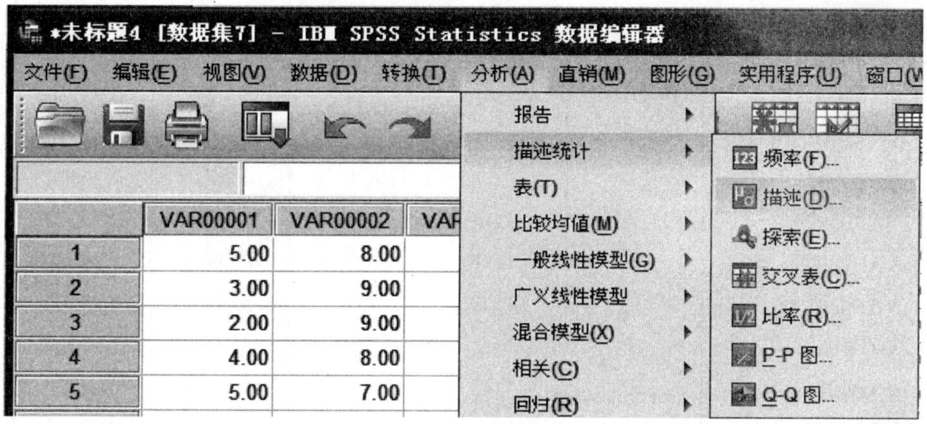

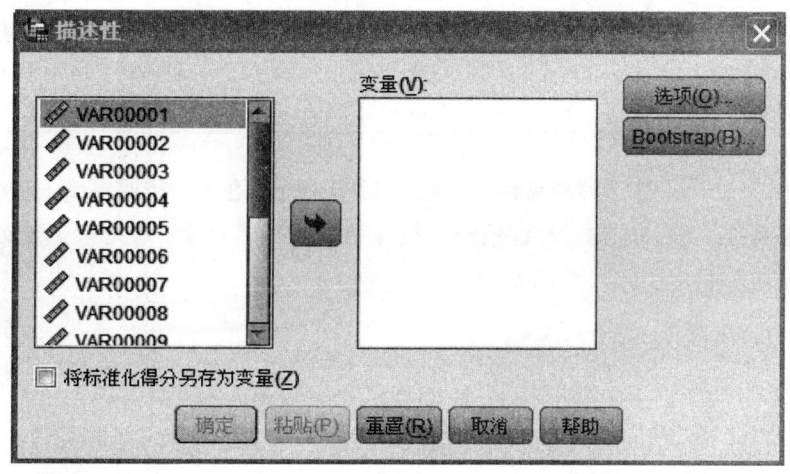

图 13-18 分析路径

点击之，得到“描述性”对话框，见图 13-19：

图 13-19 “描述性”对话框

将所有的变量从左框移到右框，见图 13-20：

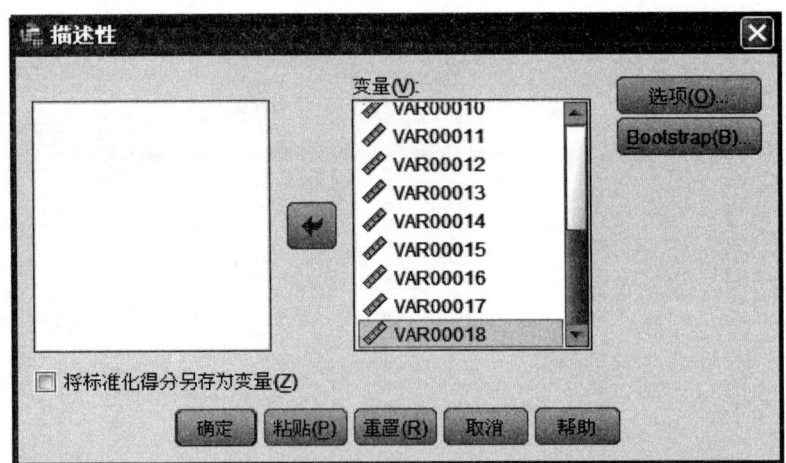

图 13-20　对话框中"变量"被确定

点击"确定"键,得到"描述"结果,见表 13-6:

表 13-6　"描述"结果

变　量	N	极小值	极大值	均值	标准差
VAR00001	20	2.00	6.00	4.4000	1.04630
VAR00002	20	6.00	10.00	7.4000	1.04630
VAR00003	20	4.00	6.00	4.9000	0.64072
VAR00004	20	3.00	5.00	4.3000	0.73270
VAR00005	20	5.00	8.00	5.8500	0.93330
VAR00006	20	4.00	8.00	5.7000	1.03110
VAR00007	20	1.00	6.00	4.3000	1.26074
VAR00008	20	3.00	6.00	4.7000	0.73270
VAR00009	20	4.00	8.00	6.0000	1.16980
VAR00010	20	4.00	7.00	5.8500	0.87509
VAR00011	20	3.00	7.00	5.3000	1.17429
VAR00012	20	4.00	7.00	5.4000	0.88258
VAR00013	20	3.00	5.00	4.3000	0.73270
VAR00014	20	5.00	8.00	6.4000	0.94032
VAR00015	20	3.00	5.00	4.4000	0.59824
VAR00016	20	5.00	7.00	6.1000	0.64072
VAR00017	20	1.00	5.00	3.4000	0.94032
VAR00018	20	3.00	6.00	4.7000	0.73270

我们把均值看作是因变量 y,把课程难易程度、教师职称、授课语速、授课环境、教师表达能力等看作是自变量,但课程难易程度、教师职称、授课语速、授课环境、学生兴趣、教师表达能力是分类变量,不能直接回归,必须用编码变量来表示,3 个等级用 3 个编码。

我们点击调查表界面,见图 13-21:

图 13-21　调查表

点击菜单中的 键，得到与调查表对应的正交表，见图 13-22：

图 13-22　正交表

删除最后两列，把均值填入，见图 13-23：

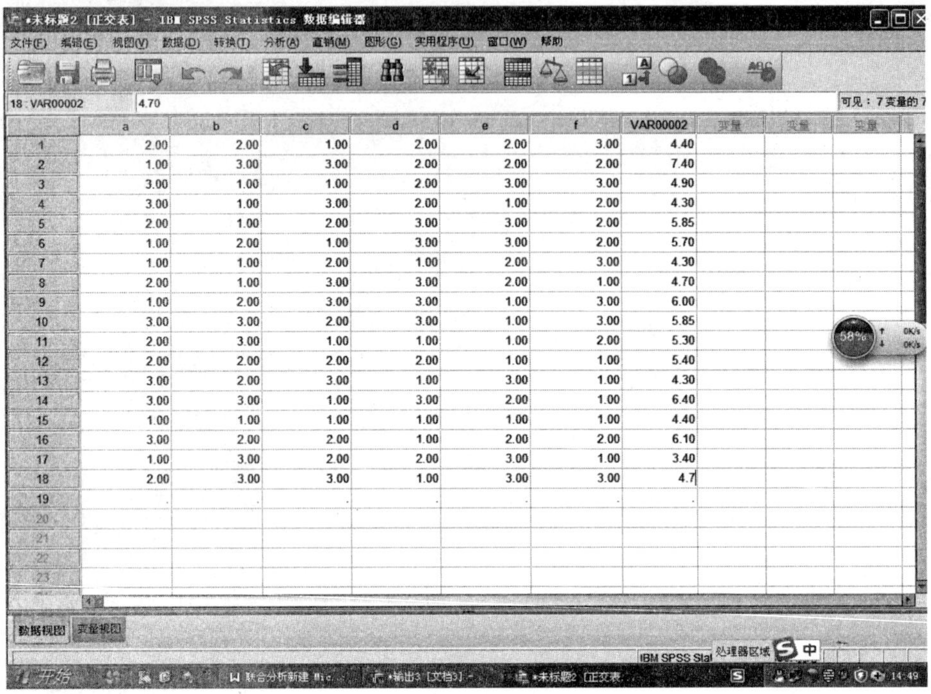

图 13-23 表中输入了因变量值

八、编码

正交表中 3 个等级的变量可用两个列编码表示。第 1 列只保留 1，其余为 0，第 2 列对应 2 的位置只保留 1，其余为 0，那么两列都是 0 就表示 3。每列属性都用两列编码来表示，正交表中 6 个属性共需 12 个列编码，见表 13-7：

表 13-7 变量编码矩阵

0	1	0	1	1	0	0	1	0	1	0	0
1	0	0	0	0	0	0	1	0	1	0	1
0	0	1	0	1	0	0	1	0	0	0	0
0	0	1	0	0	0	0	1	1	0	0	1
0	1	1	0	0	1	0	0	0	0	0	1
1	0	0	1	1	0	0	0	0	0	0	1
1	0	1	0	0	1	1	0	0	1	0	0
0	1	1	0	0	0	0	0	0	1	1	0
1	0	0	1	0	0	0	1	0	0	0	0
0	0	0	0	0	1	0	0	1	0	0	0
0	1	0	0	1	0	1	0	1	0	0	1
0	1	0	1	0	1	0	1	1	0	1	0
0	0	0	1	0	0	1	0	0	0	1	0
0	0	0	0	1	0	0	0	0	1	1	0
1	0	1	0	1	0	1	0	1	0	1	0
0	0	0	1	0	1	1	0	0	1	0	1
1	0	0	0	0	1	0	1	0	0	1	0
0	1	0	0	0	0	1	0	0	0	0	0

把数据粘贴到 SPSS 界面，把平均值也粘贴到 SPSS 界面数据的最后一列，并输入变量名，见图 13-24：

		x4	x5	x6	x7	x8	x9	x10	x11	x12	y
1	00	1.00	1.00	.00	.00	1.00	.00	1.00	.00	.00	4.40
2	00	.00	.00	.00	.00	1.00	.00	1.00	.00	1.00	7.40
3	00	.00	1.00	.00	.00	1.00	.00	.00	.00	.00	4.90
4	00	.00	.00	.00	.00	1.00	1.00	.00	.00	1.00	4.30
5	00	.00	.00	1.00	.00	.00	.00	.00	.00	1.00	5.85
6	00	1.00	1.00	.00	.00	.00	.00	.00	.00	1.00	5.70
7	00	.00	.00	1.00	1.00	.00	.00	1.00	.00	.00	4.30
8	00	.00	.00	.00	.00	.00	.00	1.00	1.00	.00	4.70
9	00	1.00	.00	.00	.00	.00	1.00	.00	.00	.00	6.00
10	00	.00	.00	1.00	.00	.00	1.00	.00	.00	.00	5.85
11	00	.00	1.00	.00	1.00	.00	1.00	.00	.00	1.00	5.30
12	00	1.00	.00	1.00	.00	1.00	1.00	.00	1.00	.00	5.40
13	00	1.00	.00	.00	1.00	.00	.00	.00	1.00	.00	4.30
14	00	.00	1.00	.00	.00	.00	.00	1.00	1.00	.00	6.40
15	00	.00	1.00	.00	1.00	.00	1.00	.00	1.00	.00	4.40
16	00	1.00	.00	1.00	1.00	.00	.00	1.00	.00	1.00	6.10
17	00	.00	.00	1.00	.00	1.00	.00	.00	1.00	.00	3.40
18	00	.00	.00	.00	1.00	.00	.00	.00	.00	.00	4.70

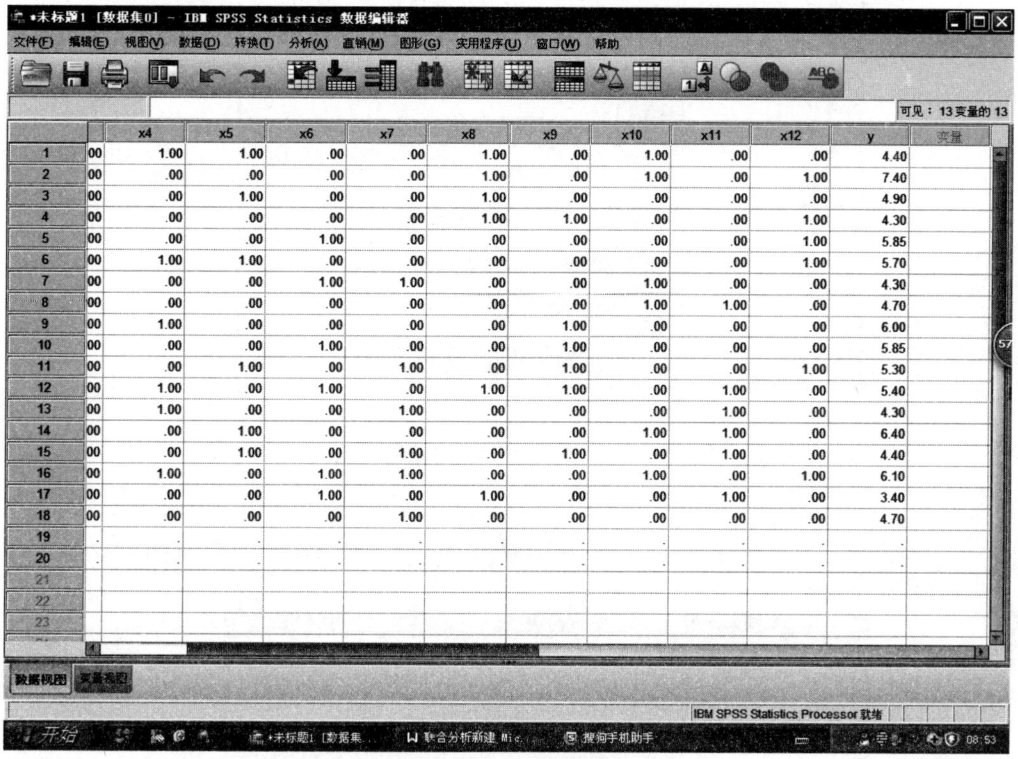

图 13-24　SPSS 数据输入格式

九、回归分析路径

点击菜单中的“分析”键，鼠标下滑到“回归”，再右滑，接着下滑到“线性”，见图 13-25：

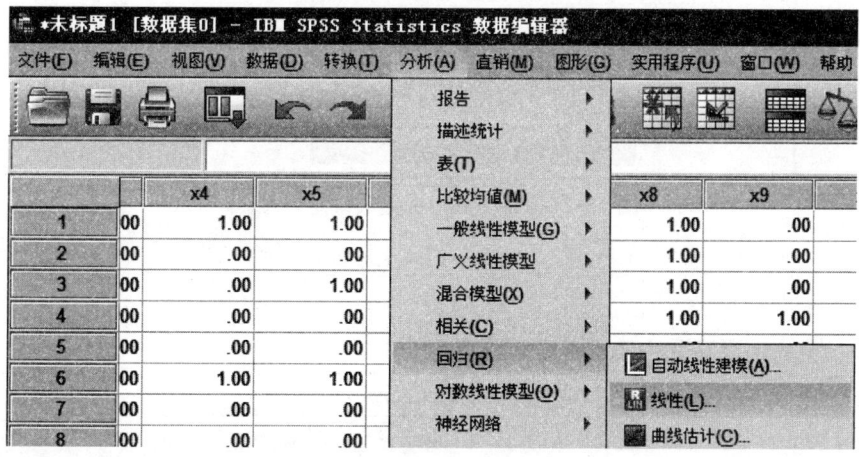

图 13-25　分析路径

点击之，得到“线性回归”对话框，见图 13-26：

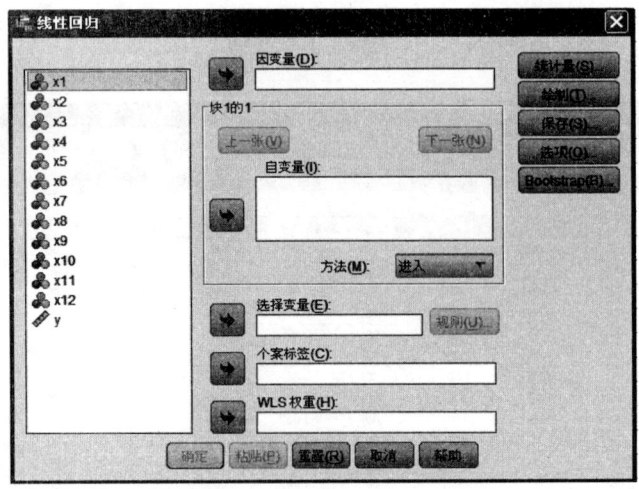

图 13-26 "线性回归"对话框

十、变量确定

把自变量 x_1, x_2, $\cdots$, x_{12} 点进"自变量"框,把因变量 y 点进"因变量"框,见图 13-27:

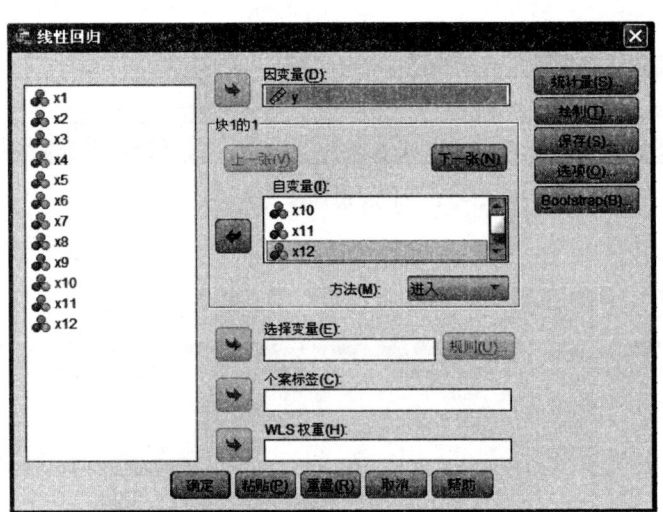

图 13-27 对话框中变量被确定

十一、结果与分析

点击"确定"键,得到结果,其中模型汇总见表 13-8:

表 13-8 模型汇总

模型	R	R 方	调整 R 方	标准 估计的误差
1	0.778[a]	0.606	−0.341	1.13779

注:a 表示预测变量为(常量)、x_{12}、x_{10}、x_8、x_6、x_4、x_2、x_{11}、x_9、x_7、x_5、x_3、x_1。

本表说明拟合得不太好,决定系数仅为 0.606。

方差分析见表 13-9:

表 13-9 Anova

模型		平方和	df	均方	F	Sig.
1	回归	9.940	12	0.828	0.640	0.757[a]
	残差	6.473	5	1.295		
	总计	16.413	17			

注：a 表示预测变量为 (常量)、x_{12}、x_{10}、x_8、x_6、x_4、x_2、x_{11}、x_9、x_7、x_5、x_3、x_1；因变量为 y

本表说明拟合得不太好，模型显著概率仅为 0.757。

系数见表 13-10：

表 13-10 系数

模型		非标准化系数		标准系数	t	Sig.
		B	标准 误差	试用版		
1	(常量)	5.689	0.967		5.883	0.002
	x_1	−0.108	0.657	−0.053	−0.165	0.875
	x_2	−0.250	0.657	−0.123	−0.381	0.719
	x_3	−0.767	0.657	−0.378	−1.167	0.296
	x_4	−0.192	0.657	−0.095	−0.292	0.782
	x_5	−0.050	0.657	−0.025	−0.076	0.942
	x_6	−0.083	0.657	−0.041	−0.127	0.904
	x_7	−0.900	0.657	−0.444	−1.370	0.229
	x_8	−0.783	0.657	−0.387	−1.192	0.287
	x_9	0.400	0.657	0.197	0.609	0.569
	x_{10}	0.742	0.657	0.366	1.129	0.310
	x_{11}	−0.258	0.657	−0.128	−0.393	0.710
	x_{12}	0.750	0.657	0.370	1.142	0.305

注：因变量为 y

可见 x_3、x_7、x_{10}、x_{12} 的系数绝对值较大，即教师职称、授课环境、学生兴趣和教师表达能力是学生最关心的问题。x_3 和 x_7 的系数是负值，说明教师职称等级越小越好，x_{10} 和 x_{12} 的系数是正值，说明学生兴趣和教师表达能力等级越大越好，所以学生满意的是：教授、设备齐全、喜欢该课程、教师表达能力强。变量系数都不显著。但我们不能用对回归分析的要求来要求联合分析。

有时测试者无法给出评分，但能给出 18 种情形的喜好顺序，此时我们就要用另一种方法。例如一个被调查者给出如下顺序，见表 13-11：

表 13-11 一个被调查者给出的顺序

受测体	1	2	3	4	5	6	7	8	9	10	11	12	13	14	15	16	17	18
偏好顺序	1	4	18	3	14	12	2	11	17	16	5	9	13	7	10	6	15	8

参照评价水平表，见表 13-12：

表 13-12　评价水平

情况	课程难易程度	教师职称	授课语速	授课环境	学生兴趣	教师表达能力
1	一般	副教授	较快	有必要的设施	对该课程没感觉	差
2	难	讲师	较慢	有必要的设施	对该课程没感觉	一般
3	简单	教授	较快	有必要的设施	讨厌该课程	差
4	简单	教授	较慢	有必要的设施	喜欢该课程	一般
5	一般	教授	一般	设施简陋	讨厌该课程	一般
6	难	副教授	较快	设施简陋	讨厌该课程	一般
7	难	教授	一般	设备齐全	对该课程没感觉	差
8	一般	教授	较慢	设施简陋	对该课程没感觉	强
9	难	副教授	较慢	设施简陋	喜欢该课程	差
10	简单	讲师	一般	设施简陋	喜欢该课程	差
11	一般	讲师	较快	设备齐全	喜欢该课程	一般
12	一般	副教授	一般	有必要的设施	喜欢该课程	强
13	简单	副教授	较慢	设备齐全	讨厌该课程	强
14	简单	讲师	较快	设施简陋	对该课程没感觉	强
15	难	教授	较快	设备齐全	喜欢该课程	强
16	简单	副教授	一般	设备齐全	对该课程没感觉	一般
17	难	讲师	一般	有必要的设施	讨厌该课程	强
18	一般	讲师	较慢	设备齐全	讨厌该课程	差

可知他（她）最喜欢的结果见表 13-13：

表 13-13　一个被调查者最喜欢的调查结果（虚拟数据）

情况	课程难易程度	教师职称	授课语速	授课环境	学生兴趣	教师表达能力
1	一般	副教授	较快	有必要的设施	对该课程没感觉	差

其次他（她）喜欢的结果见表 13-14：

表 13-14　一个被调查者次喜欢的调查结果

情况	课程难易程度	教师职称	授课语速	授课环境	学生兴趣	教师表达能力
4	简单	教授	较慢	有必要的设施	喜欢该课程	一般

其他情形依次类推。

根据前边知正交表见表 13-15：

表 13-15 正交

2	2	1	2	2	3
1	3	3	2	2	2
3	1	1	2	3	3
3	1	3	2	1	2
2	1	2	3	3	2
1	2	1	3	3	2
1	1	2	1	2	3
2	1	3	3	2	1
1	2	3	3	1	3
3	3	2	3	1	3
2	3	1	1	1	2
2	2	2	2	1	1
3	2	3	1	3	1
3	3	1	3	2	1
1	1	1	1	1	1
3	2	2	1	2	2
1	3	2	2	3	1
2	3	3	1	3	3

我们将正交表转置。

把正交表复制，粘贴到 SPSS 界面，见图 13-28：

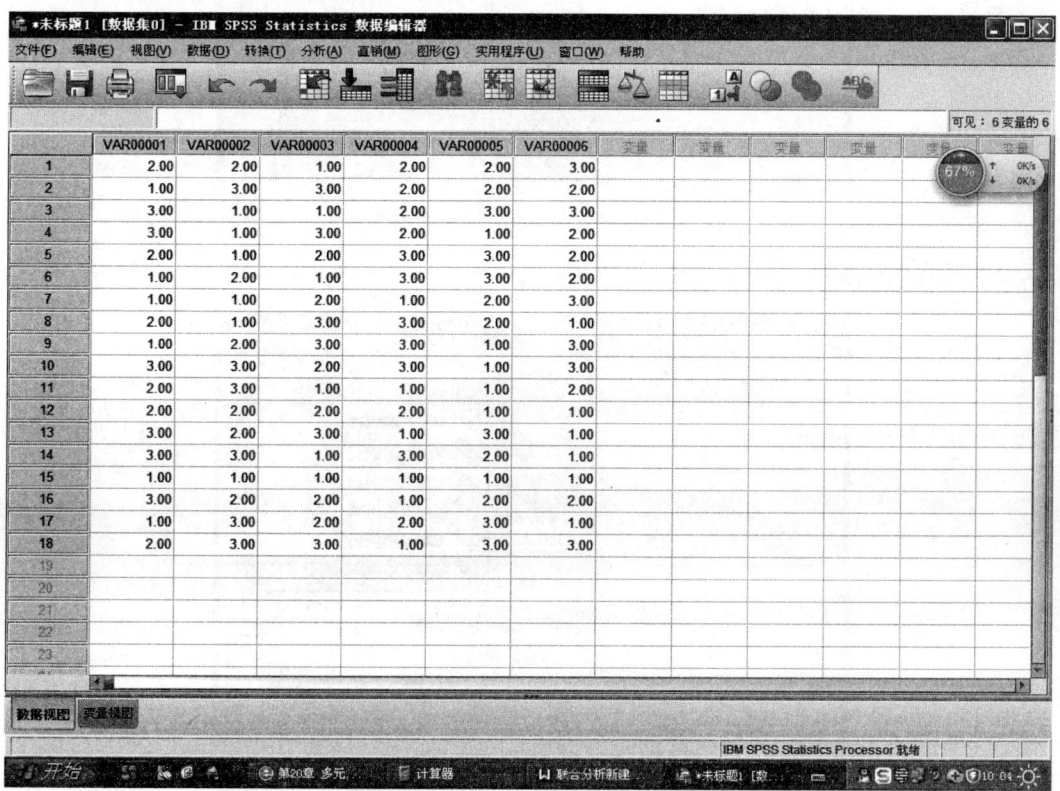

图 13-28 SPSS 数据输入格式

点击菜单中的"数据"键，鼠标下滑到"转置"，见图 13-29：

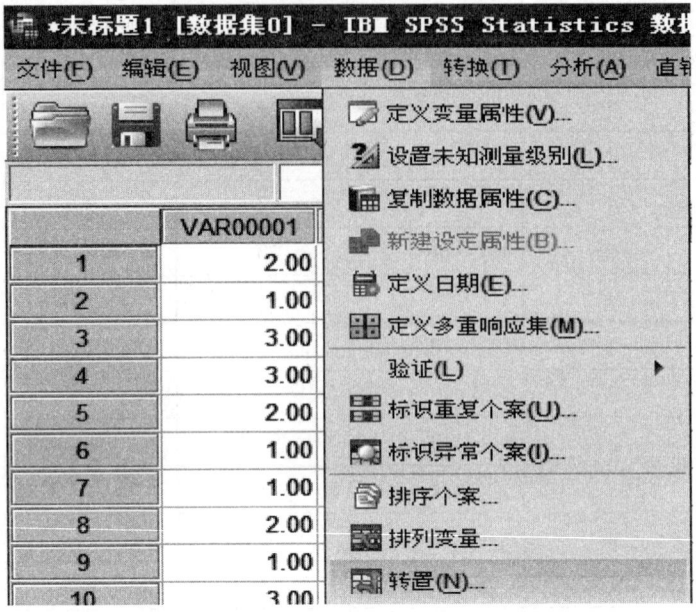

图 13-29　分析路径

点击之，得到"转置"对话框，见图 13-30：

图 13-30　"转置"对话框

将左框中的所有变量点进"变量"框，见图 13-31：

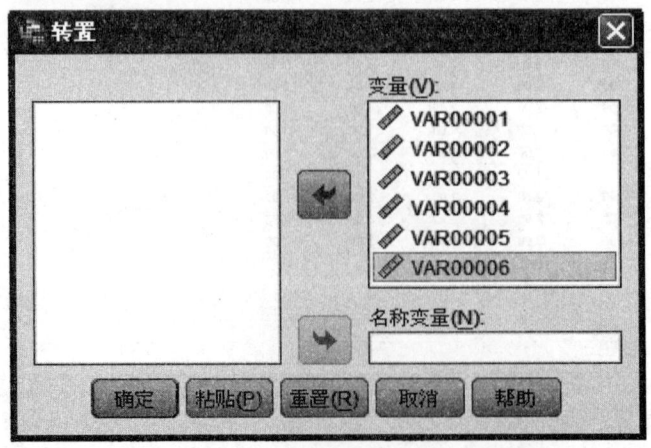

图 13-31　对话框中变量被确定

点击"确定"键，得到"转置"结果，见图 13-32：

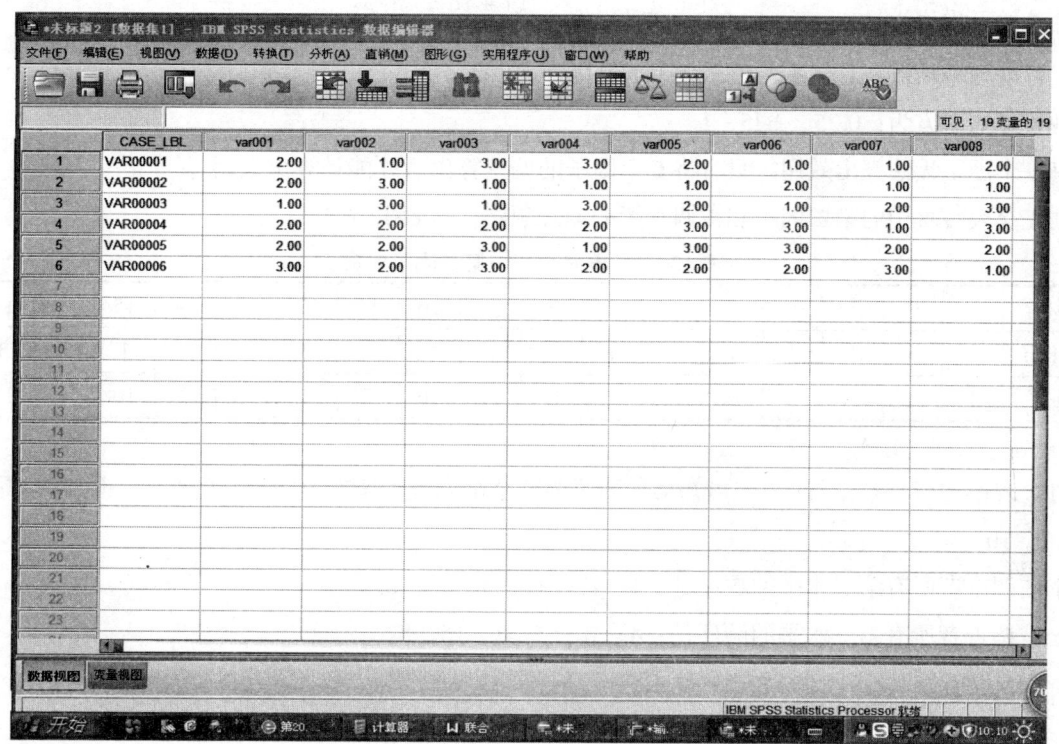

图 13-32 "转置"结果

即正交表已转置,用表格来表示,见表 13-16:

表 13-16 转置后的正交

2	1	3	3	2	1	1	2	1	3	2	2	3	3	1	3	1	2
2	3	1	1	1	2	1	1	2	3	3	2	2	3	1	2	3	3
1	3	1	3	2	1	2	3	2	1	2	3	1	1	1	2	2	3
2	2	2	3	3	1	3	3	3	1	2	1	3	1	1	1	2	1
2	2	3	1	3	2	2	1	1	1	1	3	2	1	2	3	1	1
3	2	3	2	2	3	1	3	3	2	1	1	1	1	2	1	3	3

我们把 6 行看作是 6 个因子。

现在计算这个被调查者的效用。6 个指标,每个指标 3 个水平,且以每个指标水平 1、水平 2、水平 3 交替排列,6 个指标形成了 18 水平,则根据正交表转置中的第一因子(表 13-16 中的行)和被调查者的偏好顺序,得表 13-17:

表 13-17 偏好顺序与第一因子对应

受测体	1	2	3	4	5	6	7	8	9	10	11	12	13	14	15	16	17	18
第一因子	2	1	3	3	2	1	1	2	1	3	2	2	3	3	1	3	1	2
偏好顺序	1	4	18	3	14	12	2	11	17	16	5	9	13	7	10	6	15	8

通过上表第二行与第三行比较,第二行找水平,第三行找顺序,可知第一因子的这个被调查者所有第一水平的顺序(也叫秩)是:4、12、2、17、10、15。

这个被调查者所有第二水平的顺序是:1、14、11、5、9、8。

这个被调查者所有第三水平的顺序是:18、3、16、13、7、6。

三种秩的平均值为：10、8、10.5。总体平均值为 $\frac{(1+18)}{2}=9.5$。

则三种秩的平均值与总体平均值的偏差为：0.5、-1.5、1。

三种偏差的平方为：0.25、2.25、1。

仅有一个因子无法算出效用，只有将6个因子的偏差算出后才能计算出效用。

根据正交表转置中的第二因子和被调查者的偏好顺序，得表13-18：

表 13-18　偏好顺序与第二因子对应

受测体	1	2	3	4	5	6	7	8	9	10	11	12	13	14	15	16	17	18
第二因子	2	3	1	1	1	2	1	1	2	3	3	2	2	3	1	2	3	3
偏好顺序	1	4	18	3	14	12	2	11	17	16	5	9	13	7	10	6	15	8

通过上表第二行与第三行比较，可知第二因子的这个被调查者所有第一水平的顺序（也叫秩）是：18、3、14、2、11、10。

这个被调查者所有第二水平的顺序是：1、12、17、9、13、6。

这个被调查者所有第三水平的顺序是：4、16、5、7、15、8。

三种秩的平均值为：9.667、9.667、9.167。总体平均值为 $\frac{(1+18)}{2}=9.5$。

则三种秩的平均值与总体平均值的偏差为：0.167、0.167、-0.34。

三种偏差的平方为：0.0279、0.0279、0.1156。

根据正交表转置中的第三因子和被调查者的偏好顺序，得表13-19：

表 13-19　偏好顺序与第三因子对应

受测体	1	2	3	4	5	6	7	8	9	10	11	12	13	14	15	16	17	18
第三因子	1	3	1	3	2	1	2	3	3	2	1	2	3	1	1	2	2	3
偏好顺序	1	4	18	3	14	12	2	11	17	16	5	9	13	7	10	6	15	8

通过上表第二行与第三行比较，可知第三因子的这个被调查者所有第一水平的顺序（也叫秩）是：1、18、12、5、7、10。

这个被调查者所有第二水平的顺序是：14、2、16、9、6、15。

这个被调查者所有第三水平的顺序是：4、3、11、17、13、8。

三种秩的平均值为：8.833、10.333、9.333。总体平均值为 $\frac{(1+18)}{2}=9.5$。

则三种秩的平均值与总体平均值的偏差为：-0.667、0.833、-0.167。

三种偏差的平方为：0.4449、0.6944、0.0279。

根据正交表转置中的第四因子和被调查者的偏好顺序，得表13-20：

表 13-20　偏好顺序与第四因子对应

受测体	1	2	3	4	5	6	7	8	9	10	11	12	13	14	15	16	17	18
第四因子	2	2	2	2	2	2	3	3	3	3	3	1	1	1	1	1	2	1
偏好顺序	1	4	18	3	14	12	2	11	17	16	5	9	13	7	10	6	15	8

通过上表第二行与第三行比较，可知第四因子的这个被调查者所有第一水平的顺序（也叫秩）是：2、5、13、10、6、8。

这个被调查者所有第二水平的顺序是：1、4、18、3、9、15。

这个被调查者所有第三水平的顺序是：14、12、11、17、16、7。

三种秩的平均值为：7.333、8.333、12.8333。总体平均值为 $\frac{(1+18)}{2}=9.5$。

则三种秩的平均值与总体平均值的偏差为：-2.167、-1.167、3.333。

三种偏差的平方为：6.8487、2.6147、11.1109。

根据正交表转置中的第五因子和被调查者的偏好顺序，得表13-21：

表13-21 偏好顺序与第五因子对应

受测体	1	2	3	4	5	6	7	8	9	10	11	12	13	14	15	16	17	18
第五因子	2	2	3	1	3	3	2	2	1	1	1	1	3	2	1	2	3	3
偏好顺序	1	4	18	3	14	12	2	11	17	16	5	9	13	7	10	6	15	8

通过上表第二行与第三行比较，可知第五因子的这个被调查者所有第一水平的顺序（也叫秩）是：3、17、16、5、9、10。

这个被调查者所有第二水平的顺序是：1、4、2、11、7、6。

这个被调查者所有第三水平的顺序是：18、14、12、13、15、8。

三种秩的平均值为：10、5.167、12。总体平均值为 $\frac{(1+18)}{2}=9.5$。

则三种秩的平均值与总体平均值的偏差为：0.5、-4.333、2.5。

三种偏差的平方为：0.25、18.7749、6.25。

根据正交表转置中的第六因子和被调查者的偏好顺序，得表13-22：

表13-22 偏好顺序与第六因子对应

受测体	1	2	3	4	5	6	7	8	9	10	11	12	13	14	15	16	17	18
第六因子	3	2	3	2	2	2	3	1	3	3	2	1	1	1	1	2	1	3
偏好顺序	1	4	18	3	14	12	2	11	17	16	5	9	13	7	10	6	15	8

通过上表第二行与第三行比较，可知第六因子的这个被调查者所有第一水平的顺序（也叫秩）是：11、9、13、7、10、15。

这个被调查者所有第二水平的顺序是：4、3、14、12、5、6。

这个被调查者所有第三水平的顺序是：1、18、2、17、16、8。

三种秩的平均值为：10.8333、7.333、10.3333。总体平均值为 $\frac{(1+18)}{2}=9.5$。

则三种秩的平均值与总体平均值的偏差为：1.3333、-2.167、0.8333。

三种偏差的平方为：1.7769、4.6959、0.6949。

有了各种因子的偏差平方之后，就可以计算效用了。

偏差平方和 =0.25+2.25+1+0.0279+0.0279+0.1156+0.4449+0.6944+0.0279+6.8487+2.6147+11.1109+0.25+18.7749+6.25+1.7769+4.6959+0.6949=57.8555。

全部水平数 = 因素1的水平数 + 因素2的水平数 + 因素3的水平数 + 因素4的水平数 + 因素5的水平数 + 因素6的水平数 =3+3+3+3+3+3=18。

标准化值计算公式为：标准化值 = $\frac{\text{全部水平数}}{\text{偏差平方和}}$。

则标准化值 =18÷57.8555=0.31112。

标准偏差平方计算公式为：标准偏差平方 = 偏差平方 × 标准化值 = 偏差平方 × 0.31112。

成分效用值的计算公式为：成分效用值 = $\pm\sqrt{\text{标准偏差平方}}$ 。

其符号与偏差符号相反。

则 6 个因子的 18 个水平的 标准偏差平方见表 13-23：

表 13-23 极差分析

因子的水平	因素水平的偏差	偏差的平方	标准偏差的平方	效用值	极差（同一因子的最大值减最小值）
因子 1 的水平 1	0.5	0.25	0.0778	−0.2789	1.3944
因子 1 的水平 2	−1.5	2.25	0.7	0.8366	
因子 1 的水平 3	1	1	0.3111	−0.5578	
因子 2 的水平 1	0.167	0.0279	0.0087	−0.0932	0.2828
因子 2 的水平 2	0.167	0.0279	0.0087	−0.0932	
因子 2 的水平 3	−0.34	0.1156	0.036	0.1896	
因子 3 的水平 1	−0.6667	0.4449	0.1384	0.3720	0.8368
因子 3 的水平 2	0.8333	0.6944	0.216	−0.4648	
因子 3 的水平 3	−0.167	0.0279	0.0087	0.0932	
因子 4 的水平 1	−2.617	6.8487	2.1306	1.4597	3.3189
因子 4 的水平 2	−1.617	2.6147	0.8134	0.9019	
因子 4 的水平 3	3.3333	11.1109	3.4566	−1.8592	
因子 5 的水平 1	0.5	0.25	0.0778	−0.2789	3.8112
因子 5 的水平 2	−4.333	18.7749	5.8409	2.4168	
因子 5 的水平 3	2.5	6.25	1.9444	−1.3944	
因子 6 的水平 1	1.3333	1.7769	0.5528	−0.7435	1.9522
因子 6 的水平 2	−2.167	4.6959	1.4609	1.2087	
因子 6 的水平 3	0.8333	0.6949	0.2162	−0.4650	

可见因子 4 与因子 5 的极差最大，因此这两个因子非常重要。即这个被调查者认为授课环境、学生兴趣最重要，其他是次要的。